סִדּוּר

שִׂים

שָׁלוֹם

**SIDDUR
SIM SHALOM**

A Prayerbook

for

Shabbat,

Festivals,

and Weekdays

Edited, with translations,
by RABBI JULES HARLOW

THE RABBINICAL ASSEMBLY
THE UNITED SYNAGOGUE OF AMERICA   *New York*

סִדּוּר שִׂים שָׁלוֹם

**SIDDUR
SIM SHALOM**

ACKNOWLEDGMENTS

Acknowledgments and copyrights may be found on page 880, which constitutes an extension of the copyright page.

Copyright © 1985 by The Rabbinical Assembly

All rights reserved. No part of the translation or of new Hebrew or English texts may be reproduced in any form, nor may any page be photographed and reproduced, without the written permission of the publisher.

Library of Congress Catalog Card Number: 85-62150
International Standard Book Number: 0-916219-01-1

10   9   8   7   6   5   4   3

MANUFACTURED IN THE UNITED STATES OF AMERICA

DESIGNED BY BETTY BINNS

The participation of
The United Synagogue of America
in the publication of this prayerbook
was made possible
by a gift of Robert D. Rapaport
in memory of his father

IRVING S. RAPAPORT

יצחק שמואל בן מאיר שמעון ופרומע
ז״ל

Contents

*An alphabetical index may be found
on the following two pages. A
detailed list of the contents may be
found on the opening pages of each
section above.*

Alphabetical Index

Preface

IT IS WITH a deep sense of privilege that we present this prayerbook, *Siddur Sim Shalom*, to the household of Israel. We are grateful to God that we have been given the opportunity to share in this sacred enterprise. We are very thankful to colleagues whose creative contributions have enriched immeasurably this book of prayer.

While this volume is, in a sense, the result of collective effort, it is quintessentially the product of the labors of one man, our editor, Rabbi Jules Harlow. It is a worthy companion to his widely acclaimed edition of the *Maḥzor for Rosh Hashanah and Yom Kippur*. Rabbi Harlow's rare talents, which combine scholarship with literary skill, poetic power, and religious sensitivity, have produced a liturgical work of deep spiritual quality and have also provided a setting of aesthetic delight.

It is fitting that we express our appreciation of the role played by those who served as President of the Rabbinical Assembly during our work on this volume: Rabbis Judah Nadich, Mordecai Waxman, Stanley Rabinowitz, Saul Teplitz, Seymour Cohen, Arnold Goodman, and Alexander Shapiro. We are also grateful for the support of Publications Committee Chairmen Rabbis Mordecai Waxman and Gilbert S. Rosenthal. We are pleased to record the cooperation of the officers and staff of The United Synagogue of America, including its President, Mr. Marshall Wolke, and its Executive Vice-President, Rabbi Benjamin Z. Kreitman.

It is our hope that *Siddur Sim Shalom* will strike a responsive chord in the hearts of our people and lead them to a deeper love and understanding of our rich liturgical tradition.

THE SIDDUR COMMITTEE
Rabbi Max J. Routtenberg, Chairman
Rabbi Avraham Holtz
Rabbi David J. Jacobs
Rabbi Hayyim Kieval

Introduction

ON JEWISH PRAYER

 ON THEMES AND STRUCTURE
IN JEWISH PRAYER

EVERY JEWISH WORSHIP SERVICE has a formal structure and a prescribed text. There are opportunities for an individual's personal expression of prayer, but the essential service consists of a classic text which emphasizes specific themes basic to Jewish theology. Like all classics, this text not only bears repetition; it constantly reveals layers of meaning and inspiration to those who become familiar with it through regular study. The following outline is not all-inclusive. It briefly presents some of the elements of Jewish prayer; other elements are introduced where they appear in the prayerbook.

A basic liturgical formula used throughout each service, as well as on other occasions, is usually referred to in English as a "blessing" or a "benediction." In this prayerbook it is referred to by its Hebrew name, *berakhah* (plural: *berakhot*). This formula was in common use by the second century. One of the most familiar *berakhot*, recited before eating bread, reads: "Praised are You, Lord our God, King of the universe who brings forth bread from the earth." The last element of the *berakhah* is varied to reflect the event or liturgical theme to which it responds. Although the worship service includes *berakhot* which are longer than the *berakhah* just cited, and different in form, all *berakhot* begin with the phrase "Praised are You, Lord . ." *(Barukh attah Adonai . . .).*

An expanded variation of the *berakhah* includes the Hebrew words *asher kid'shanu b'mitzvotav*, stating that God "has sanctified us with His commandments." A less literal translation emphasizes that God's commandments (mitzvot) add holiness to our lives. Our use of *berakhot* can heighten our awareness that the dimension of holiness is constantly available in each of our lives, that we are as holy as we allow ourselves to be.

The *berakhah*, like most of Jewish prayer, is both a declaration of dependence and an expression of gratitude praising our Creator for the many gifts with which we are blessed. Prayer, which begins with the self, can move us away from self-centeredness and an unreflective routinization of life. Too often we take the world for granted. The *berakhah* is a specific way of not taking the world for granted, of responding to each of God's gifts with awareness, awe, and gratitude.

The Hebrew wording of the *berakhah* contains a grammatical inconsistency which points to a basic quality of ancient Rabbinic prayer. The *berakhah* begins by addressing God directly (as "You"). It continues by referring to God in the third person ("King . . . who brings forth bread," "King . . . whose mitzvot add holiness to our lives . . ."). Thus the wording of the *berakhah* reflects our varying relationships to God, which include a bold, direct confrontation, as well as the distance between finite creatures and the immortal, sovereign Creator. These relationships are reflected in other passages too, such as those referring to God as "our Father, our King."

The core of the daily service, morning and evening, is ancient. Two of its obligatory components are to be recited daily, whether one prays with a congregation or as an individual, in a sanctuary or elsewhere. The first component (known as *K'riat Sh'ma)* entails the recitation of three biblical passages as an act of accepting God's sovereignty, affirming His providence, and embracing His mitzvot as deeds which lead to holiness. These biblical passages are preceded and followed by extended *berakhot*. The second component is the prayer *par excellence* in Jewish tradition, the *Amidah*, which consists of nineteen *berakhot*. In the morning, these major components are preceded by two sections, *Birkhot Hashaḥar* and *Pesukei De-zimra*, which were added to the service at a later date.

BIRKHOT HASHAḤAR (Morning berakhot)

This is the first section of the morning service *(Shaḥarit)*. Its *berakhot* (many of which are taken from the Talmud) celebrate the renewal of life in a new day. Together with other passages, these *berakhot* express an awareness of human mortality and gratitude for God's gifts of body and soul, for His compassion, for the Torah, and for our covenant with Him. Selections from the Torah and from Rabbinic literature are included to enable one to fulfill at least the minimal obligation for daily study. A passage from Rabbinic literature is followed by *Kaddish De-rabbanan*, a version of the Kaddish (see below) especially associated with the study of a text. The inclusion of a daily psalm continues a practice begun by the Levites, who would sing a special psalm designated for each day of the week at the Temple in ancient Jerusalem. Many congregations add the daily psalm at this point, together with other psalms for special occasions, such as the first day of a new month *(Rosh Ḥodesh)* or at a service in a house of mourning. (Some congregations include this unit of psalms at the end of the entire morning service, following *Aleinu.*) Psalm 30 and the Mourner's Kaddish conclude this first part of the morning service.

PESUKEI DE-ZIMRA (Passages of Song)

K'riat Sh'ma and the *Amidah*, the core of the service, are approached only after preparation. In the morning this preparation consists of *Birkhot Hashaḥar*, outlined above, and *Pesukei De-zimra*, most of whose passages are from the Book of Psalms. Proper concentration while reciting the words of these sections can help us to approach the core of our prayer in the proper spirit, with an informed heart, freely, openly, and gladly.

The basic component of this section consists of Psalms 145 through 150. Since these are the final chapters in the Book of Psalms, the worshiper can symbolically "complete the Praise of the Lord" each day. Psalms 146 through 150 each open and close with *Halleluyah*, "Praise the Lord." Later additions to this section include other psalms and passages from the biblical books of Exodus, Chronicles, and Nehemiah. Two *berakhot* were also added, one *(barukh sheh-amar)* at the beginning and one *(yish-tabaḥ)* at the end of the section. On Shabbat and Festivals, biblical and Rabbinic passages are added to those which are recited on weekdays.

K'RIAT SH'MA AND ITS BERAKHOT

Hear, O Israel: The Lord our God, the Lord is One.

This familiar declaration is a verse from the Book of Deuteronomy (6:4). In the prayerbook, it is followed by a declaration which is not in the Bible ("Praised be His glorious sovereignty throughout all time"). This phrase, taken from the ancient Temple liturgy, was placed by the Rabbis at this point in the service (even though it thus interrupts a passage from the Torah) to emphasize the purpose of reciting the passage from Deuteronomy: to declare our acceptance of God's sovereignty in our lives *(kabbalat ol malkhut shamayim)* and our ultimate loyalty to God alone. The passage from Deuteronomy is then continued, through verse 9 of chapter 6.

This is followed by two other groups of verses (Deuteronomy 11:13–21 and Numbers 15:37–41). These passages tell of God's providence and call for the unqualified love of God, for the fulfillment of His mitzvot (including the use of *tallit, tefillin,* and *mezuzah*) which lead to holiness, for the study and transmission of Torah, and for the remembrance of the spiritual goals of the redemption from ancient Egyptian bondage.

The *berakhah* which follows *K'riat Sh'ma* in the morning and evening (with a different wording for each service) praises God as Redeemer of the people Israel. In the evening service, a second *berakhah* is added, praising God for His peace and protection.

K'riat Sh'ma is always preceded by two *berakhot.* While the words of these *berakhot* are not identical in the morning and evening services, the themes are the same. The first *berakhah* praises God for His gift of Creation; the second praises God for Revelation, His gift of Torah, a sign of His love. This statement of God's love for the people Israel is followed by a passage in *K'riat Sh'ma* which calls for the love of the people Israel for God. In services with a congregation, the first *berakhah* before *K'riat Sh'ma* is itself preceded by a formal call to public prayer. All stand as the leader chants *Barkhu* ("Praise the Lord, Source of all blessing"). *Barkhu* is recited only with a *minyan,* a quorum of at least ten adults which is required for acts of public worship.

This liturgical unit has been part of Jewish prayer since at least the second century.

AMIDAH

The *Amidah,* recited while standing (as its Hebrew name indicates), and while facing the direction of Jerusalem, follows *K'riat Sh'ma* and its *berakhot* in the morning and evening *(Arvit)* services. At the afternoon service *(Minḥah),* which has no *K'riat Sh'ma,* the *Amidah* follows *Ashrei* (Psalm 145) and a variation of the Kaddish (see below). On Shabbat, Festivals, and other occasions when an additional *(Musaf)* service is added, the *Amidah* constitutes the major element of that service. The *Amidah* (a post-Talmudic term) originally was called *Tefillah* ("prayer") or *Shemonah Esreh Berakhot,* (eighteen *berakhot*"). In Talmudic times a nineteenth *berakhah* was added to the original eighteen. It is also known as the Silent Prayer, or Silent Devotion. Individuals chant it in an undertone; the leader of a service chants it aloud when it is repeated.

The first three *berakhot* of the *Amidah* celebrate God's presence as reflected in history and nature, and praise His holiness. The final three *berakhot* ask that our prayers be accepted, express gratitude to God for life, and ask that we be blessed with peace.

These six *berakhot* begin and conclude all versions of the *Amidah* for weekdays and for special days of the Jewish calendar. The *berakhot* appearing between the first and the final three *berakhot* vary in number and content, depending upon the occasion. The weekday *Amidah* includes thirteen middle *berakhot*, requesting and praising God for knowledge, the acceptance of repentance, forgiveness, redemption, health, a productive year of good crops, the ingathering of exiles, justice, retribution for persecutors and plotters, reward for the righteous, the building of Jerusalem, messianic redemption, and His listening to prayer.

In the *Amidah* for Shabbat, Festivals, *Rosh Ḥodesh Musaf* or *Ḥol Ha-mo'ed Musaf*, only one *berakhah*, reflecting the special nature of the day, is recited between the first three and the final three *berakhot*, for a total of seven *berakhot*.

On special occasions, such as Ḥanukkah, Purim, *Rosh Ḥodesh*, Festivals (including *Ḥol Ha-mo'ed*), Fast Days, Israel's Independence Day, and the ten days between Rosh Hashanah and Yom Kippur, specified passages appropriate to the occasion are added to the text of the *Amidah*.

Although the *Amidah* is a formal structure of classic prayer, it is appropriate to add one's own prayers during the recitation of the petitionary middle *berakhot*. For example, the *berakhah* concerning health could contain one's own words on behalf of someone who is not well. Other statements could be added at appropriate points according to theme, and especially during the last of the petitionary *berakhot*, "Lord who hears prayer" *(shomeia tefillah)*, when any theme may be stressed. At the conclusion of the *Amidah*, after the prayer for peace, it is also appropriate for an individual to add his or her own words or moments of meditation, in addition to or in place of the printed texts.

Whenever the *Amidah* is recited aloud by the person chanting any Morning, Afternoon, or *Musaf* Service, a special section proclaiming God's holiness *(Kedushah)* is added, for responsive chanting. In one variation of reciting the *Amidah*, the congregation and the person who leads the service begin chanting the *Amidah* together and continue through *Kedushah*, after which individuals conclude the *Amidah* silently.

The *Amidah* has been an integral part of Jewish prayer since at least the first century.

K'RIAT HA-TORAH (Reading of the Torah)

The public cantillation of Scripture in Hebrew, with translation and elucidation of the text, is an ancient practice instituted to enable all members of the community to share in the content of Revelation. It is a third basic component of Jewish worship. Every Shabbat and Festival morning service includes a prescribed Reading from the Torah. On Shabbat afternoons and on Monday and Thursday mornings, the first section of the Torah Reading prescribed for the following Shabbat is chanted. Passages from the Torah are also read on Rosh Ḥodesh, Ḥol Ha-mo'ed of Passover and Sukkot, on Ḥanukkah, Purim, Israel's Independence Day, Tisha B'av morning and afternoon, and on other Fast Days in the afternoon. On Shabbat and Festivals, Israel's Independence Day, and on Tisha B'av morning and afternoon and on all other Fast Days in the afternoon, a passage from the Prophets (Haftarah) is chanted as well.

During each Torah Reading, some members of the congregation are honored by being "called up" to the Torah (for an aliyah), to recite appropriate berakhot before and after each of the portions which make up the Reading. The Torah Service is an appropriate time for the insertion of additional prayers commemorating rites of passage or responding to times of crisis in the life of the individual or the community.

Other books of the Bible, known as Megillot ("Scrolls"), are chanted on other occasions: The Book of Esther on Purim, the Book of Lamentations on Tisha B'av, the Book of Ruth on Shavuot, The Song of Songs on Passover, and Ecclesiastes on Sukkot. The first two are mandatory. Customs vary concerning the other three.

ALEINU

Since the fourteenth century, Aleinu has been included toward the end of every service. Through its words, Jews daily envision and pray for the universal recognition of God's sovereignty by a united humanity.

KADDISH

According to a widely accepted theory, Kaddish was originally a brief Aramaic prayer with a response, recited at the close of a lesson in the ancient synagogues or houses of study. Such lessons, which featured the teaching of biblical or Rabbinic passages, would end with a message of hope. The Kaddish is a formalized extension of that message. The earliest Kaddish consisted of a few words recited by the teacher or preacher:

Hallowed and enhanced may He be throughout the world of His own creation. May He cause His sovereignty soon to be accepted, during our life and the life of all Israel. And let us say: Amen.

This was followed by a response:

Amen. May He be praised throughout all time.

The Kaddish emphasizes the act of hallowing and praising God through the redemption of life in this world and through the universal acceptance of His sovereignty.

By the seventh century, the Kaddish held a fixed place in the service. Today we know the Kaddish in several variations, even the shortest of which is longer than the original version. The shortest form, known as Ḥatzi Kaddish, adds the following passage to the brief prayer and response cited above:

Glorified and celebrated, lauded and praised, acclaimed and honored, extolled and exalted may the Holy One be, beyond all song and psalm, beyond all tributes which mortals can utter. And let us say: Amen.

Ḥatzi Kaddish separates certain sections of the service.

Kaddish Shalem also separates units of the service. Its text consists of Ḥatzi Kaddish plus these three passages.

May the prayers and pleas of the whole House of Israel be accepted by our Father in Heaven. / Let there be abundant peace from Heaven, with life's goodness for us and for all the people Israel. / He who brings peace to His universe will bring peace to us and to all the people Israel. ("And let us say: Amen" concludes each passage.)

The Mourner's Kaddish consists of the text of Kaddish Shalem less the first of the three passages above, beginning "May the prayers." The Mourner's Kaddish is recited by mourners for the first eleven months after the burial of a close relative, at every anniversary of the death, and at memorial services. Its use dates from the twelfth or the thirteenth century.

Kaddish De-rabbanan substitutes for that same passage a longer passage concerning teachers and their disciples:

Heavenly Father, grant lasting peace to our people and their leaders, to our teachers and their disciples, to all who engage in the study of Torah in this land and in all other lands. Let there be grace and kindness, compassion and love for them and for us all. Grant us fullness of life, and sustenance. Save us from all danger and distress. And let us say: Amen.

The Kaddish, in any form, is recited only in the presence of a minyan, since it is an act of praising God in public.

ON RITUALS DURING PRAYER

JEWISH WORSHIP includes ritual acts as well as words of prayer. Two major examples of this accompany the recitation of *K'riat Sh'ma* and the *Amidah*.

Proper devotion while saying the six Hebrew words beginning *Sh'ma Yisrael* ("Hear, O Israel") during *K'riat Sh'ma* demands complete concentration. This has led to the custom of covering or closing one's eyes during the recitation of that verse. (This practice is not followed when the verse appears elsewhere in a service.)

The fringes of the *tallit*, known as *tzitzit*, are the focus of the final passage of *K'riat Sh'ma* (Numbers 15:37–41). *Tzitzit* symbolize devotion to all of the mitzvot. During the morning service it is customary to be holding the *tzitzit* before reciting this passage. The four fringes are gathered, and held in the hand, while one recites the last phrases of the *berakhah* which precedes *Sh'ma Yisrael: Va-havi-enu l'shalom* . . . ("Bring us safely . . ."). Then, during the recitation of the passage from Numbers, one kisses the *tzitzit* each of the three times the word *tzitzit* is recited. The *tzitzit* are kissed again, and released, during the first part of the passage which follows, when the leader recites *ve-emunato la'ad kayamet*.

The *Amidah* is known as *the* prayer *(tefillah)* in Rabbinic tradition. Since it is our prayer *par excellence*, we prepare for it with a heightened sense of approaching God's Presence, the throne of the sovereign Creator. The ritual acts associated with the *Amidah* resemble those practiced in a court of royalty: approaching the throne; standing respectfully in the sovereign's presence, feet together; bowing at appropriate times; and finally stepping backward.

When reciting the *Amidah* one stands facing in the direction of Jersualem (sometimes this is not possible because of the architecture in some synagogue sanctuaries). In Jerusalem, one stands facing in the direction of the Western Wall and the site of the ancient Temple.

Before beginning the *Amidah*, one takes three steps forward and declares, *Adonai s'fatai tiftaḥ* . . . ("Open my mouth, O Lord . . ."). Some step forward only after having taken three steps backward.

One bows at the knee and at the waist four times while reciting the *Amidah*: at the beginning and at the ending of the first *berakhah* and of the next to last *berakhah*. During the first, one bows while pronouncing the first word, *Barukh* ("Praised") and stands erect at the word *Adonai* ("Lord"). During the close of this *berakhah* ("Praised are You, Lord, Shield of Abraham"), one bows at *Barukh* and stands erect at *Adonai*. During the next to last *berakhah*, one bows while saying the first words, *Modim anaḥnu lakh* ("We proclaim that You . . .") and stands erect before pronouncing the word *Adonai*. At the closing of this *berakhah* ("Praised are You, beneficent Lord to whom all praise is due"), one bows at *Barukh* and stands erect at *Adonai*.

At the end of the personal meditation which follows the *Amidah*, one takes three steps backward while bowing at the waist to the left, to the right, and then straight ahead. This usually occurs during the passage which begins *Oseh shalom bimromav* ("He who brings peace . . .").

This passage is also found at the end of most versions of the Kaddish (Mourner's Kaddish, Kaddish Shalem and Kaddish De-rabbanan). In these instances as well it is customary to step backward while bowing.

At the formal call to worship, which the leader begins by chanting *Barkhu* while bowing at the waist, one bows at the waist while reciting the first word of the congregational response: *Barukh*.

Bowing is also customary during the first passage of *Aleinu*. One bows at the knee and at the waist while saying *va-anaḥnu* ("we . . ."), standing erect at *lifnei melekh* ("before the King . . .").

ON SIDDUR SIM SHALOM

ON THE LITURGY OF THE CONSERVATIVE MOVEMENT

AN AUTHENTIC Jewish prayerbook has its roots in the biblical and ancient Rabbinic texts which constitute the core of every service. Passages from the Torah, from Psalms, and from the Prophets, among other biblical sources, were arranged for prayer by the ancient Rabbis (of the first to the sixth centuries), who also contributed their own liturgical formulations. These two elements—biblical and Rabbinic—together with additions and modifications which have been made throughout the centuries, continue to sustain and inspire us as the basic elements of Jewish prayer.

The two oldest versions of the prayerbook we know (arranged by Rav Amram Gaon of ninth-century Babylonia and by Rav Saadiah Gaon of tenth-century Egypt) incorporate the contributions of the generations which preceded them, while adding commentary, new prayers, poetry, and modifications to the texts which they had received. Individuals and groups in the succeeding generations, through modern times, have introduced their own modifications, deletions, additions, commentary, and poetry, producing a great variety of prayerbooks. A number of other versions or Rites (called *minhagim*) were also developed, each of them within a country or a smaller geographical area where a distinctive Jewish community flourished. At times a version was produced which communities in many locales adopted. Some prayerbooks differ substantially from those in the mainstream of Jewish liturgy, but most prayerbooks incorporate and perpetuate the classic Jewish liturgical texts of biblical and Rabbinic origin as their essential core.

This edition of the prayerbook is an heir to the wealth of classic Jewish prayerbook traditions. It looks to Rav Amram and Rav Saadiah for instruction, and it also benefits from Rites, commentaries, and editions of the succeeding centuries, only some of which are mentioned in the confines of this introduction. The modifications, additions, and deletions which distinguish this prayerbook affect a small portion of the classical texts of Jewish prayer. A Jew of ancient or medieval times familiar with Jewish prayer would be at home with the overwhelming majority of the Hebrew texts in this volume. We are linked to Jews of centuries past who have used these same liturgical formulations in addressing our Creator, confronting challenges of faith, and expressing gratitude and praise. The Jew in prayer does not stand alone before God. The first person plural form of almost all Jewish prayer reflects the fact that we in our time stand in prayer together with

Jews of all places and all times in our distinctive history. We hope that this will bind us to future generations as well.

This prayerbook is also part of that liturgical development within Jewish tradition which began in 1927 with the publication of the *Festival Prayer Book* by the United Synagogue of America. That volume was produced to meet the needs "of Conservative congregations and of American congregations in general." The Committee which produced it included Professor Alexander Marx and Mr. Maurice Farbridge, both of blessed memory, as Chairman and as Editor, respectively. One of their aims was "to endow the traditional Jewish service with all the beauty and dignity befitting it and inherent therein." This involved presenting a satisfactory English translation, as well as a correct Hebrew text, and devoting careful attention to layout and design. The format of some texts allowed for responsive reading with ease.

A prayer for the Government appropriate to a democratic society, composed in Hebrew by Professor Louis Ginzberg, of blessed memory, was added, as well as some brief prayers in English. The *Festival Prayer Book* introduced in one of its two versions a significant textual modification (by Rabbi Jacob Kohn, of blessed memory) in the *Musaf* Service for Shabbat and Festivals. The petition for the restoration of the ritual of animal sacrifice as worship in a rebuilt Temple was changed to a recollection of the sacrificial service, which had been central to our ancestors' worship in ancient times.

The special features of the *Festival Prayer Book* were maintained and further developed in the *Sabbath and Festival Prayer Book* published jointly in 1946 by the United Synagogue of America and the Rabbinical Assembly. It was produced by a committee, of which Rabbi Robert Gordis served as Chairman and of which Rabbi Morris Silverman and Rabbi Max Arzt, both of blessed memory, served as Editor and as Secretary, respectively. Three principles stressed by the committee—continuity with tradition, relevance to the modern age, and intellectual integrity—are discussed in the introduction to that prayerbook. They are treated in greater detail, along with other aspects of producing a new prayerbook, in an essay by Rabbi Robert Gordis, "A Jewish Prayer Book for the Modern Age," published in *Conservative Judaism* (October, 1945).

The *Sabbath and Festival Prayer Book* retains the change in the *Musaf* Service that had been introduced in 1927 and adds further changes. Following a modification found in the prayerbook of Rav Saadiah Gaon, the committee made explicit the traditional Jewish concern for *universal* peace by adding the Hebrew word *ba-olam* ("in the world") to the daily prayer for peace *(sim shalom)* at the end of the

Amidah. A prayer for the welfare of the community, recited following the Torah Service on Shabbat, was modified to include a phrase commending those who are devoted to the rebuilding of the Land of Israel. Three of the early morning blessings *(berakhot)* were also modified, to praise God for having created each individual in His image, as a free person, and as a Jew, rather than to express gratitude for *not* having been created a woman, a slave, or a non-Jew (as does the conventional version). New prayers and meditations in English were introduced, and many supplementary prayers in English were added, for responsive reading and for contemplation, with a focus on fundamental elements of Jewish life and thought.

In 1961, the Rabbinical Assembly published the *Weekday Prayer Book.* Under the chairmanship of Rabbi Gershon Hadas, of blessed memory, with Rabbi Jules Harlow serving as Secretary, a contemporary approach to the language of the English translation was developed. The introduction to this volume expresses the felt need for "fresh translations of our liturgy, for revisions of its text, and for more attractive designs in its printing." The approach of recalling the ritual of animal sacrifice was further modified in this volume's *Musaf* Service for *Rosh Ḥodesh* and for *Ḥol Ha-mo'ed.* Two versions of the appropriate passages were included as alternatives (in the middle *berakhah* of the *Amidah*). One version follows the precedent set in the *Festival Prayer Book,* as mentioned above. The other version adds a petition for the privilege of worship in Jerusalem, where the Temple stood, as well as a petition on behalf of all Jews wherever they may dwell. Another innovation of the *Weekday Prayer Book* is the introduction of a prayer to be recited on Israel's Independence Day *(Yom Ha-atzmaut).* This prayer is similar in style and structure to the *al ha-nissim* which is recited on Ḥanukkah and on Purim. The volume also includes Torah and Haftarah Readings for the day, and prescribes the recitation of Hallel on *Yom Ha-atzmaut.* The *Minḥah* Service for Tisha B'av presents a basic change in the text of the traditional prayer *(Naḥem)* which is distinctive for that service. This change was made to reflect the contemporary reality of Jerusalem restored and our hopes for its future, not only the sense of grief over its destruction in ancient times.

In 1964 the Rabbinical Assembly published a new service for *Seliḥot,* with the Chairman and the Secretary of the *Weekday Prayer Book* Committee serving in the same capacities. This *Seliḥot* booklet features a new edition of the Hebrew text as well as contemporary translation and design. It adds three Hebrew poems, one from the eleventh century and two from the twentieth century, which expand upon themes of the High Holy Day season which the *Seliḥot* Service introduces.

The Maḥzor for Rosh Hashanah and Yom Kippur was published by the Rabbinical Assembly in 1972, with Rabbi Jules Harlow serving as Editor, continuing and developing Rabbi Hadas' principles of liturgical translation and concern for design, as well as his goal of presenting a liturgy meaningful for contemporary Jews.

The Musaf Services in the Maḥzor maintain the change introduced for Shabbat and Festivals in 1927. Additional passages were added that reflect the reality of the State of Israel in the Land of Israel and that ask for the deliverance of Jews who suffer persecution. The changes in Musaf introduced in the Weekday Prayer Book were retained as well.

The reenactment of the sacrificial service of the Kohen Gadol on Yom Kippur (Seder Ha-avodah) was presented in an adaptation of an ancient description of that service (in Mishnah Yoma) rather than in the medieval poem commonly used. This adaptation more clearly teaches what the ritual procedures and the meaning of gaining ritual atonement were for our ancestors. A reading, based upon biblical and Rabbinic passages, was added to point a way to atonement in a world such as ours, in which the Temple sacrificial ritual is no longer available. Also for Yom Kippur, the traditional martyrology (Eileh Ezkerah), which recalls the memory of Rabbis martyred in Talmudic times, was adapted to include selections which form a liturgical reaction to the mass murder of Jews during the Holocaust. The text for the blessing of the congregation by its kohanim (n'siat kapayim) was reintroduced as an option in the Musaf Services. An alternative Torah Reading was added for the Minḥah Service on Yom Kippur.

New readings, including poetry and prose of modern and contemporary writers, rabbis, and scholars, were incorporated into the services or presented in separate sections, arranged for responsive reading or for reflection and study. Ancient and medieval sources not usually included in prayerbooks were also added for this purpose. Rubrics pointing to the structure and themes of services appear throughout the volume. Explanatory notes were added on basic themes of the High Holy Day liturgy and on the Kaddish.

In 1982 the Rabbinical Assembly published a new edition of the Passover Haggadah, The Feast of Freedom, with Rachel Rabinowicz as Editor and Rabbi Max J. Routtenberg as Chairman of the Haggadah Committee. The Feast of Freedom features a commentary to explain Haggadah passages and to provoke discussion, a guide presenting hows and whys of Seder rituals, a revision of the Hebrew text which reflects Conservative ideology, additions to augment the text, a new English translation, and the graphic art of Dan Reisinger.

ON THIS SIDDUR

THIS SIDDUR, called *Sim Shalom*, is the most comprehensive in scope of the prayerbooks which have been published within the Conservative movement. It includes services for Shabbat, Festivals, and weekdays, as well as texts for various other occasions at home and in the synagogue and a Rabbinic text for study, *Pirkei Avot*. It incorporates the basic features introduced in the prayerbooks described above and presents further modifications and additions, extending the principles of its predecessors.

Reflecting the reality of differing practices in various congregations, the text of this Siddur makes options and alternatives available. For example, some passages are preceded by the rubric "Some congregations add," to clarify the options of inclusion or noninclusion. Elsewhere it is pointed out, as in *Pesukei De-zimra* (page 55), that the text in some sections of a service may be treated as an anthology.

Alternative texts are provided for personal prayer immediately following the conclusion of the silent *Amidah*. The words or thoughts of any individual are also appropriate at this point, and are as acceptable as any printed text.

There are two alternatives for the *Weekday Amidah*. One alternative, in English only (page 232), is a version of the Hebrew text, composed by Rabbi Andre Ungar, which reflects contemporary concerns and attitudes. The other alternative is the traditional condensation of the *Amidah*, known as *Havineinu* (the first Hebrew word of its central section, which replaces the thirteen middle *berakhot*). Alternatives for the Amidah on Shabbat and on Festivals have also been added, in versions by Rabbi Ungar.

The psalm usually associated with prayer in a house of mourning, Psalm 49, is accompanied by an alternative, Psalm 42 (page 45), which articulates other thoughts felt by many mourners. The text of Blessings after Meals (*Birkat Ha-mazon*) is printed together with an alternative (page 779) which is based upon the shorter text of these *berakhot* found in the Siddur of Rav Saadiah Gaon.

The language of the prayer for our country (page 415) has been modified so that it may be used by congregations in other countries as well as in the United States. A prayer on behalf of the State of Israel and a prayer for universal peace are included in the same section.

An alternative *Amidah* for Shabbat *Musaf* (page 443) presents a revised middle *berakhah* which differs from the standard version in previous Conservative prayerbooks.

In *Musaf* services (except the alternative for Shabbat), biblical passages describing the sacrifices for the day are preceded by the rubric "Some congregations add," indicating that these passages are optional. This follows the view of the twelfth-century rabbi Moses Maimonides (Rambam). In the *Musaf* service for Festivals these passages, which repeat part of each Festival's Torah Reading, appear in Hebrew only, with an English summary of their content.

A further change associated with ritual sacrifice occurs in the early morning service *(Birkhot Ha-shaḥar)*. Conventionally, this part of the service contains a number of Rabbinic passages describing sacrifices and offerings in ancient times. Most of these passages were omitted in the *Sabbath and Festival Prayer Book*. One passage which remained is known as Rabbi Ishmael's thirteen principles of biblical interpretation. It was included originally in this section because it opens the Rabbinic commentary known as *Sifra*, the oldest midrash on the book of Leviticus, which is the classic source on sacrifices. This Siddur replaces that passage with other Rabbinic texts (page 15). The sacrificial ritual in ancient times was construed as a means whereby a Jew gained atonement for sin. After the destruction of the Temple and the consequent end of the sacrificial rites there, the Jewish people were deprived of this means. "How can we gain atonement in a world without the Temple altar?" This is an ancient question. The passages introduced in this Siddur to replace the passage from *Sifra* begin with the ancient Rabbinic teaching that deeds of lovingkindness must now atone for sin, and present classic examples of such deeds from Rabbinic texts in a unit for personal or congregational study.

Another textual change in the morning service involves *Taḥanun* (page 129), a series of supplications which follow the Weekday morning *Amidah*. Originally, this point in the service was considered appropriate for the personal supplications of each individual, and it still is. Over the years, however, certain formalized passages for recitation were included as the printed text of *Taḥanun*. These passages, because of the date of their composition, contain references to the desolation of Jerusalem and statements of excessive self-abasement. To reflect present reality, such references and statements have been deleted, other portions have been abridged or adapted, and brief supplications from the texts of Rav Amram and Rav Saadiah have been added. They are closer to us in spirit than many of the passages of later origin which were canonized by the printing press.

One's own prayers and supplications are traditionally appropriate during a service. Notes to that effect are included, along with suggested texts as a guide (as, for example, in *Taḥanun*, before candle-lighting on Shabbat and Festivals, immediately following the conclusion of the silent *Amidah*, and before the open Ark at the beginning of the Torah Service).

Responsive readings in English (as well as translations of the

Hebrew texts) enable people who otherwise would not be able to partic-
ipate in a service with comprehension to do so. While everyone should
be encouraged and helped to learn enough Hebrew to be able to pray in
the original, translations are provided, and responsive readings in Eng-
lish on various themes are presented in a supplementary section. The
translation is intended to present the meaning of the original text to
those who do not understand Hebrew and to provide a devotional text
in English which will help to involve them in prayer.

Almost without exception, the Psalms included in this Siddur are
arranged to provide the option of their being read responsively. It
should be kept in mind that any of these Psalms may be read at any
time, not only in the context of the particular section in which it ap-
pears. Psalms 120–134, traditionally associated with Shabbat after-
noon, are also included in this Siddur.

In response to requests for variety in the evening services for
Shabbat and Festivals (a feature of several Rites), this Siddur includes
supplementary readings on the pages designated for the early part of
those services (beginning on page 279). On each page, care has been
taken to differentiate clearly between the core of Rabbinic prayer and
the additional readings which elaborate upon the themes of K'riat
Sh'ma and of the berakhot which precede and follow it.

The Torah Service includes prayers to be recited on behalf of
those called to the Torah. The language of the liturgical formulas re-
flects the reality that in many congregations both men and women
participate in this service. They also include reference to both the pa-
triarchs and the matriarchs. Passages designated for use on Simḥat To-
rah, when the conclusion and the renewal of the annual cycle of Torah
Readings are celebrated, include texts appropriate for those congrega-
tions which designate women as well as men as honorees. The prayer
on behalf of the congregation recited after the Torah Reading on Shab-
bat morning (page 415) has been amended to reflect that women as well
as men are members of a congregation.

On the twenty-seventh of the Hebrew month of Nissan, we for-
mally as a community remember the Jews who were tortured and mur-
dered during the Holocaust. Appropriate readings for that day, Yom
Ha-shoah, are included in the supplementary section (pages 828–843).
It is suggested that these readings be added to any of the services held
on that day.

Careful attention has been paid to the Hebrew text of this Siddur.
While new modifications and additions have been introduced, espe-
cially in the Musaf service and in the sections of the morning service
described above, suggestions made by authorities of past generations
have been incorporated as well. As in the text of the Maḥzor for Rosh

Hashanah and Yom Kippur, an innovation of sixteenth-century Rabbi Isaac Luria has been followed: the early morning service includes the declaration that one is prepared to take upon oneself the mitzvah "love your neighbor as yourself" (page 11). In the prayers recited on Ḥanukkah, Purim, and Israel's Independence Day, this Siddur follows the text of Rav Amram Gaon's *al ha-nissim,* amending the introductory formula which expresses gratitude for miracles "in other times, at this season," to read "in other times, and in our day," *bayamim ha-hem u-vazman ha-zeh.* In the prayer known as *Magen Avot,* recited on Friday evening (page 315), the phrase *mei-ein ha-berakhot* ("appropriate form of blessings") has been replaced by *ma-on ha-berakhot* ("Source of blessings"), following the prayerbook of Rav Saadiah Gaon. (The first phrase has been retained as an alternative reading.) As in the *Sabbath and Festival Prayer Book* and subsequent volumes described above, Rav Saadiah's prayerbook has been a precedent for articulating a concern for peace throughout the world in the final *berakhah* of the *Amidah* whose opening words are *sim shalom.* In that same spirit, the text of the *Amidah* for afternoon and evening services has been expanded in the parallel *berakhah* whose initial words are *shalom rav.*

In the special prayer recited on the Shabbat which precedes the beginning of a new month *(Rosh Ḥodesh),* the phrase asking for renewal "in this month," *ha-ḥodesh ha-zeh,* has been changed to read "in the coming month," *ha-ḥodesh ha-ba,* in keeping with the plain meaning of the passage (page 418). In the third *berakhah of Birkat Ha-mazon* (Blessings after Meals), an emendation has been inserted so that the commonly used phrase *ha-kedoshah v'ha-r'ḥavah* now reads *ha-gedushah v'ha-r'ḥavah. Ha-gedushah* ("full") is more appropriate as a synonym for words meaning "open and generous" than is the word *hakedoshah* ("holy"). The prayerbook commentary of twentieth-century Rabbi Menaḥem Mendel Ḥayyim Landau and other traditional editions point this out. In the hymn *Yigdal,* the phrase commonly printed as *l'khol notzar* reads *v'khol notzar* in this Siddur, following a reading cited by nineteenth-century Rabbi Jacob Tzvi Mecklenburg in his prayerbook commentary.

In all versions of the Kaddish for the days between Rosh Hashanah and Yom Kippur, the phrase which commonly appears as *l'eila u-l'eila* has been corrected to read *l'eila l'eila* as in the Italian Rite and other sources, such as the commentary of nineteenth-century Rabbi Seligman Isaac Baer in his edition of the prayerbook. A phrase in Kaddish De-rabbanan as commonly printed contains another passage which requires correction: *avuhon di vishmaya v'ara.* The correct version deletes the final word, following the text and commentary of Rabbi Baer in his *Seder Avodat Yisrael* and the prayerbook commentary of

Rabbi Menaḥem Mendel Ḥayyim Landau, both of whom cite Maimonides.

Reflecting the custom of many congregations in Israel and in North America, this Siddur adds the text of the hymn *Yedid Nefesh* at the beginning of the service for Kabbalat Shabbat. Errors have crept into the printed form of this poem. The text in this Siddur has been corrected according to the manuscript of the author, sixteenth-century Rabbi Eleazar ben Mosheh Azikri, which is found in the library of the Jewish Theological Seminary of America.

ON SPECIAL SYMBOLS

THIS SIDDUR uses special symbols to aid those who are concerned with the correct pronunciation of Hebrew and to guide those who lead the service in Hebrew.

It is customary for the leader of the Hebrew service to repeat the last phrases of a passage which has just been recited by the congregation. An open box □ precedes the Hebrew words to be chanted at such times by the Ḥazzan or other leader of the service. Local custom should be followed when it differs from this guide. In some instances, the Ḥazzan or congregation chants the entire passage preceding the box.

The transliteration of Hebrew in this Siddur follows the Sephardic pronunciation rather than the Ashkenazic. Thus, for example, we read Shabbat and mitzvah, not Shabbos and mitzvoh. Sephardic pronunciation distinguishes between two types of the vowel known as *kametz*: one called "long" *(kametz gadol)* and another called "short" *(kametz katan)*. Both types usually are represented by the same symbol: ָ . In this Siddur, that symbol is retained only for the *kametz gadol* (pronounced *a* as in father). A new symbol is introduced in this Siddur to signify *kametz katan*: ָ (pronounced *o* as in north). Another type of *kametz*, known as "half" *(ḥataf kametz)*, is always represented by the symbol ֳ and is always pronounced *o* as in north. Some examples follow, with transliteration:

קַיָּם	זָכְרֵנוּ	צָהֳרָיִם
kayyam	*zokh-reinu*	*tzo-horayim*

The syllable to be stressed in Hebrew is usually the final syllable of the word. For example, אָבוֹת is pronounced a*vot*. When the stress is made on another syllable, a symbol known as *meteg* (ׄ) is placed beneath that syllable. For example, אֲבוֹתֵֽינוּ is pronounced avo*tei*nu. This Siddur, following the precedent set in the Rabbinical Assembly Mahzor, adds a *meteg* in one other instance. A *meteg* has been placed under the last syllable of words commonly mispronounced, to emphasize where the stress should be placed, for example, וַיְכֻלּֽוּ (va-y'khu*lu*) and וְיָדַעְתָּֽ (v'yada*ta*) as it appears in *Aleinu*, though no *meteg* is technically required beneath the final syllables of those words.

ON PERSONAL INVOLVEMENT

People with varying degrees of knowledge, and of familiarity with the prayerbook, are usually found at the same service. The service may at first seem strange and unwieldy to those unfamiliar with it. They are encouraged to acquaint themselves with the prayerbook, beginning with the presentation of themes and structure in this introduction and with a careful reading of the prayers. Although Hebrew is clearly the language of Jewish prayer, it should be remembered that Jewish tradition permits one to recite the *Amidah*, the *Sh'ma*, and the Blessings after Meals in any language that one understands.

For those least familiar with the service, the regular participants may appear to be rushing through their prayers at an impossible pace. What appears to some as incomprehensible ritual muttering may be a meaningful devotional experience for others. If you attend a service which proceeds too quickly for you, do not be discouraged. Do not resort to speed-reading devoid of meaning for you in order to keep pace with others. Find a reading rate with which you are comfortable. Join the others only for congregational chanting, singing, or reading.

Those who are most familiar with the service should be conscious of the problems of those who are less familiar with the service but who have nevertheless come in order to participate and should therefore be helped to feel at home in the synagogue. Accommodations should be made to involve them in at least some parts of the service. A number of passages could be read more slowly so that the recitation by those less familiar need not be for them a hurried and frustrating gesture.

There are many paths, many ways. Each person must find his or her own appropriate path. Your personal involvement is more important than your reading rate. It is better to say a few words with devotion than many pages of words without it. Remember, however, that these are not the only alternatives. In time, you will be able to increase both the number of passages which you recite and the depth of your devotion.

Various options and alternatives are presented in this Siddur. One must always keep in mind that neither variety and brevity on the one hand nor a standard complete service on the other can in and of itself guarantee meaningful involvement.

Some pages in this Siddur contain notes which point out the appropriateness of adding one's own words at certain times of prayer. It is difficult for many individuals to appreciate the fact that their own words of prayer or reflection are as authentic at certain times as those of an ancient or medieval sage. Individuals should be encouraged to overcome the initial difficulties of expressing their own prayers, just as they should be encouraged to participate actively in the service, whatever their level of knowledge may be at first. The results will be well worth the effort, for their own life of prayer and for that of the congregation.

 ## IN ACKNOWLEDGMENT

THE EDITOR AND TRANSLATOR of this Siddur is indebted to many people for their help during years of preparation. As noted in the preface to the *Maḥzor for Rosh Hashanah and Yom Kippur,* the English translation would not have been possible without the help of Rabbi Gershon Hadas, of blessed memory. As in the Maḥzor, the final version of the translation, which is the work of the editor, incorporates passages from the translations of Rabbi Hadas. His general approach to translation and to liturgy is a continuing influence. None of the editor's contributions would have been possible without the example of his grandfather and earliest teacher, Samuel Lipman, of blessed memory, whose life illumined a path to the rabbinate.

Rabbi Max J. Routtenberg, Chairman of the Rabbinical Assembly Siddur Committee, contributed the distinguished translation of *Pirkei Avot* which enhances this Siddur. He has been a constant source of suggestions, stimulation, and encouragement and is responsible for countless improvements in the manuscript. Rabbi Ḥayyim Kieval and Rabbi Avraham Holtz, who have contributed their knowledge and discernment to Rabbinical Assembly liturgical publications in the past, have also reacted to the entire manuscript. Each of them made significant suggestions concerning the Hebrew and English texts which were incorporated into the finished work. Rabbi Yoḥanan Muffs once again has been generous with his learned insights, which have benefited the manuscript. The manuscript was improved by the reactions of Navah Harlow, by conversations with Rabbi Simon Greenberg, and by suggestions of Rabbi Richard J. Margolis and Rabbi David Jacobs. The published works of Rabbi Max Kadushin, of blessed memory, have led to a better understanding of Rabbinic texts in the prayerbook and thus have influenced the translation. The insights of Dr. H. L. Ginsberg, reflected in his studies and translations of the Bible, enhance the translations of biblical passages in this Siddur. Rabbi Wolfe Kelman, always a source of counsel and support, contributed valuable suggestions as well. The Siddur has benefited from discussions held at regional meetings of the Rabbinical Assembly and with many individual colleagues, including members of the Rabbinical Assembly Publications Committee. Leaders of the Cantors Assembly have reacted to the Hebrew text and have made helpful recommendations. Rabbi Stephan O. Parnes served as copy editor, gave invaluable assistance in production, and made suggestions to improve the layout and style of the volume. Betty Binns and her design staff, who have added a dimension of beauty to the volume, were sources of support during its complicated production.

This Siddur bears the name *Sim Shalom*. The final *berakhah* of the Jewish prayer *par excellence*, the *Amidah*, begins with these words, which in themselves constitute a prayer for peace. All versions of the Kaddish (except for Ḥatzi Kaddish) conclude with a prayer for peace. Rabbinic tradition teaches that there is no vessel that contains and maintains blessing for the people Israel so much as peace. As a community and as individuals, may we "seek peace and pursue it." May the Master of peace bless us as a community and as individuals with all the dimensions of peace.

Jules Harlow
New York City

סֵדֶר

הַתְּפִלּוֹת

לִימוֹת הַחֹל

**WEEKDAY
SERVICES**

SHAḤARIT SERVICE

BIRKHOT HASHAḤAR

Upon arising in the morning, we acknowledge God's presence and compassion

מוֹדֶה (female: מוֹדָה) אֲנִי לְפָנֶיךָ, מֶלֶךְ חַי וְקַיָּם
שֶׁהֶחֱזַרְתָּ בִּי נִשְׁמָתִי בְּחֶמְלָה, רַבָּה אֱמוּנָתֶךָ.

Upon ritual washing of hands:

בָּרוּךְ אַתָּה יהוה אֱלֹהֵינוּ מֶלֶךְ הָעוֹלָם,
אֲשֶׁר קִדְּשָׁנוּ בְּמִצְוֹתָיו וְצִוָּנוּ עַל נְטִילַת יָדָיִם.

Upon entering the sanctuary:

מַה טֹּבוּ אֹהָלֶיךָ יַעֲקֹב, מִשְׁכְּנֹתֶיךָ יִשְׂרָאֵל. וַאֲנִי בְּרֹב חַסְדְּךָ אָבוֹא בֵיתֶךָ, אֶשְׁתַּחֲוֶה אֶל הֵיכַל קָדְשְׁךָ בְּיִרְאָתֶךָ. יהוה, אָהַבְתִּי מְעוֹן בֵּיתֶךָ, וּמְקוֹם מִשְׁכַּן כְּבוֹדֶךָ. וַאֲנִי אֶשְׁתַּחֲוֶה וְאֶכְרָעָה, אֶבְרְכָה לִפְנֵי יהוה עֹשִׂי. וַאֲנִי תְפִלָּתִי לְךָ, יהוה, עֵת רָצוֹן. אֱלֹהִים, בְּרָב חַסְדֶּךָ, עֲנֵנִי בֶּאֱמֶת יִשְׁעֶךָ.

בָּרְכִי נַפְשִׁי אֶת־יהוה. יהוה אֱלֹהַי גָּדַלְתָּ מְּאֹד, הוֹד וְהָדָר לָבָשְׁתָּ. עֹטֶה אוֹר כַּשַּׂלְמָה, נוֹטֶה שָׁמַיִם כַּיְרִיעָה.

Meditation before putting on the tallit

הִנְנִי מִתְעַטֵּף (מִתְעַטֶּפֶת) בְּטַלִּית שֶׁל צִיצִת כְּדֵי לְקַיֵּם מִצְוַת בּוֹרְאִי, כַּכָּתוּב בַּתּוֹרָה: וְעָשׂוּ לָהֶם צִיצִת עַל כַּנְפֵי בִגְדֵיהֶם לְדֹרֹתָם.

MORNING SERVICE

✣ BIRKHOT HASHAḤAR

*Upon arising in the morning, we acknowledge
God's presence and compassion*

I am grateful to You, living, enduring King, for restoring my soul to me
in compassion. You are faithful beyond measure.

Upon ritual washing of hands:

Praised are You, Lord our God, King of the universe whose mitzvot
add holiness to our life and who gave us the mitzvah to wash the
hands ritually.

Upon entering the sanctuary:

How lovely are your sanctuaries, people of Jacob, your prayer
houses, descendants of Israel. Your great love inspires me to enter
Your house, to worship in Your holy sanctuary, filled with awe for
You. I love Your house, the place of Your glory. Before my Maker will
I bow in worship, bending the knee. I pray that this be an acceptable
time for my prayer. O God, Your love is great; answer me with Your
true deliverance.

Let all my being praise the Lord who is clothed in splendor and
majesty, wrapped in light as in a garment, unfolding the heavens like
a curtain.

PSALM 104:1–2

Meditation before putting on the tallit

I wrap myself in a tallit with fringes to fulfill the mitzvah of my
Creator, as written in the Torah: "They shall put fringes on the cor-
ners of their garments in every generation."

NUMBERS 15:38

We put on the tallit,
which reminds us of all the mitzvot

בָּרוּךְ אַתָּה יהוה אֱלֹהֵינוּ מֶלֶךְ הָעוֹלָם,
אֲשֶׁר קִדְּשָׁנוּ בְּמִצְוֹתָיו וְצִוָּנוּ לְהִתְעַטֵּף בַּצִּיצִית.

מַה יָּקָר חַסְדְּךָ, אֱלֹהִים, וּבְנֵי אָדָם בְּצֵל כְּנָפֶיךָ יֶחֱסָיוּן. יִרְוְיֻן
מִדֶּשֶׁן בֵּיתֶךָ, וְנַחַל עֲדָנֶיךָ תַשְׁקֵם. כִּי עִמְּךָ מְקוֹר חַיִּים, בְּאוֹרְךָ
נִרְאֶה אוֹר. מְשֹׁךְ חַסְדְּךָ לְיֹדְעֶיךָ, וְצִדְקָתְךָ לְיִשְׁרֵי לֵב.

(Tefillin are not worn on Shabbat or Festivals
or on Tisha B'av in the morning)

Meditation before putting on tefillin

הִנְנִי מְכַוֵּן (מְכַוֶּנֶת) בְּהַנָּחַת תְּפִלִּין לְקַיֵּם מִצְוַת בּוֹרְאִי, שֶׁצִּוָּנוּ
לְהָנִיחַ תְּפִלִּין, כַּכָּתוּב בַּתּוֹרָה: וּקְשַׁרְתָּם לְאוֹת עַל יָדֶךָ, וְהָיוּ
לְטֹטָפֹת בֵּין עֵינֶיךָ. וְהֵם אַרְבַּע פָּרָשִׁיּוֹת אֵלּוּ: שְׁמַע, וְהָיָה אִם
שָׁמֹעַ, קַדֶּשׁ, וְהָיָה כִּי יְבִאֲךָ, שֶׁיֵּשׁ בָּהֶם יִחוּדוֹ וְאַחְדּוּתוֹ
יִתְבָּרַךְ שְׁמוֹ. וְצִוָּנוּ לְהָנִיחַ עַל הַיָּד לְזִכְרוֹן זְרוֹעוֹ הַנְּטוּיָה,
וְשֶׁהִיא נֶגֶד הַלֵּב, לְשַׁעְבֵּד בָּזֶה תַּאֲווֹת וּמַחְשְׁבוֹת לִבֵּנוּ
לַעֲבוֹדָתוֹ, יִתְבָּרַךְ שְׁמוֹ, וְעַל הָרֹאשׁ נֶגֶד הַמֹּחַ, שֶׁהַנְּשָׁמָה
שֶׁבְּמֹחִי עִם שְׁאָר חוּשַׁי וְכֹחוֹתַי כֻּלָּם יִהְיוּ מְשֻׁעְבָּדִים
לַעֲבוֹדָתוֹ, יִתְבָּרַךְ שְׁמוֹ.

Berakhah for tefillah (plural: tefillin) on the arm

בָּרוּךְ אַתָּה יהוה אֱלֹהֵינוּ מֶלֶךְ הָעוֹלָם,
אֲשֶׁר קִדְּשָׁנוּ בְּמִצְוֹתָיו וְצִוָּנוּ לְהָנִיחַ תְּפִלִּין.

Wind the strap seven times around the arm

Berakhah for tefillah on the head

בָּרוּךְ אַתָּה יהוה אֱלֹהֵינוּ מֶלֶךְ הָעוֹלָם,
אֲשֶׁר קִדְּשָׁנוּ בְּמִצְוֹתָיו וְצִוָּנוּ עַל מִצְוַת תְּפִלִּין.
בָּרוּךְ שֵׁם כְּבוֹד מַלְכוּתוֹ לְעוֹלָם וָעֶד.

We put on the tallit,
which reminds us of all the mitzvot

Praised are You, Lord our God, King of the universe whose mitzvot add holiness to our life and who gave us the mitzvah to wrap ourselves in *tzitzit*.

How precious is Your constant love, O God. Mortals take shelter under Your wings. They feast on the abundance of Your house, You give them drink from Your stream of delights. With You is the fountain of life, in Your light we are bathed in light. Maintain Your constant love for those who acknowledge You, and Your beneficence for those who are honorable.

PSALM 36:8–11

(Tefillin are not worn on Shabbat or Festivals or
on Tisha B'av in the morning)

Meditation before putting on tefillin

I put on tefillin to fulfill the mitzvah of my Creator, as written in the Torah: "Bind them as a sign upon Your hand, and set them as a symbol above your eyes." The tefillin contain four passages from the Torah. They teach us the unity and uniqueness of God, recall the miracle of the Exodus, declare God's dominion over all that is in the heavens and on earth, and affirm our duty to serve God with all our being. We place one *tefillah* on the arm, pointed toward the heart, that we may recall God's outstretched arm and be reminded to direct our impulses and desires to His service. We place the other *tefillah* on the head to remind us of the duty to devote all the power of our mind to the service of God, praised be He.

Berakhah for tefillah (plural: tefillin) on the arm

Praised are You, Lord our God, King of the universe whose mitzvot add holiness to our life and who gave us the mitzvah to put on tefillin.

Wind the strap seven times around the arm

Berakhah for tefillah on the head

Praised are You, Lord our God, King of the universe whose mitzvot add holiness to our life and who gave us the mitzvah of tefillin.

Praised be God's glorious sovereignty throughout all time.

As we wind the strap three times around the middle finger, we recite:

וְאֵרַשְׂתִּיךְ לִי לְעוֹלָם, וְאֵרַשְׂתִּיךְ לִי בְּצֶדֶק וּבְמִשְׁפָּט וּבְחֶסֶד וּבְרַחֲמִים. וְאֵרַשְׂתִּיךְ לִי בֶּאֱמוּנָה, וְיָדַעַתְּ אֶת־יהוה.

אֲדוֹן עוֹלָם אֲשֶׁר מָלַךְ בְּטֶרֶם כָּל־יְצִיר נִבְרָא.
לְעֵת נַעֲשָׂה בְחֶפְצוֹ כֹּל אֲזַי מֶלֶךְ שְׁמוֹ נִקְרָא.
וְאַחֲרֵי כִּכְלוֹת הַכֹּל לְבַדּוֹ יִמְלֹךְ נוֹרָא.
וְהוּא הָיָה וְהוּא הֹוֶה וְהוּא יִהְיֶה בְּתִפְאָרָה.
וְהוּא אֶחָד וְאֵין שֵׁנִי לְהַמְשִׁיל לוֹ לְהַחְבִּירָה.
בְּלִי רֵאשִׁית בְּלִי תַכְלִית וְלוֹ הָעֹז וְהַמִּשְׂרָה.
וְהוּא אֵלִי וְחַי גּוֹאֲלִי וְצוּר חֶבְלִי בְּעֵת צָרָה.
וְהוּא נִסִּי וּמָנוֹס לִי מְנָת כּוֹסִי בְּיוֹם אֶקְרָא.
בְּיָדוֹ אַפְקִיד רוּחִי בְּעֵת אִישַׁן וְאָעִירָה.
וְעִם רוּחִי גְּוִיָּתִי יהוה לִי וְלֹא אִירָא.

We are grateful for the gift of our body

בָּרוּךְ אַתָּה יהוה אֱלֹהֵינוּ מֶלֶךְ הָעוֹלָם, אֲשֶׁר יָצַר אֶת־הָאָדָם בְּחָכְמָה וּבָרָא בוֹ נְקָבִים נְקָבִים חֲלוּלִים חֲלוּלִים. גָּלוּי וְיָדוּעַ לִפְנֵי כִסֵּא כְבוֹדֶךָ שֶׁאִם יִפָּתֵחַ אֶחָד מֵהֶם אוֹ יִסָּתֵם אֶחָד מֵהֶם אִי אֶפְשַׁר לְהִתְקַיֵּם וְלַעֲמֹד לְפָנֶיךָ. בָּרוּךְ אַתָּה יהוה רוֹפֵא כָל־בָּשָׂר וּמַפְלִיא לַעֲשׂוֹת.

We are grateful for the gift of Torah

בָּרוּךְ אַתָּה יהוה אֱלֹהֵינוּ מֶלֶךְ הָעוֹלָם,
אֲשֶׁר קִדְּשָׁנוּ בְּמִצְוֹתָיו וְצִוָּנוּ לַעֲסֹק בְּדִבְרֵי תוֹרָה.

וְהַעֲרֶב־נָא יהוה אֱלֹהֵינוּ אֶת־דִּבְרֵי תוֹרָתְךָ בְּפִינוּ וּבְפִי עַמְּךָ בֵּית יִשְׂרָאֵל, וְנִהְיֶה אֲנַחְנוּ וְצֶאֱצָאֵינוּ וְצֶאֱצָאֵי עַמְּךָ בֵּית יִשְׂרָאֵל כֻּלָּנוּ יוֹדְעֵי שְׁמֶךָ וְלוֹמְדֵי תוֹרָתֶךָ לִשְׁמָהּ. בָּרוּךְ אַתָּה

*As we wind the strap three times around the
middle finger, we recite:*

Thus says the Lord: I will betroth you to Me forever. I will betroth
you with righteousness, with justice, with love, and with compassion.
I will betroth you to Me with faithfulness, and you shall love the
Lord.

HOSEA 2:21–22

The Lord eternal reigned before the birth of every living thing.
When all was made as He ordained, then only He was known as King.
When all is ended He will reign alone in awesome majesty.
He was, He is, and He will be, glorious in eternity.
Peerless and unique is He, with none at all to be compared.
Beginningless and endless, His vast dominion is not shared.
He is my God, my life's redeemer, my refuge in distress,
My shelter sure, my cup of life, His goodness limitless.
I place my spirit in His care, when I wake as when I sleep.
God is with me, I shall not fear, body and spirit in His keep.

We are grateful for the gift of our body

Praised are You, Lord our God, King of the universe who with wis-
dom fashioned the human body, creating openings, arteries, glands
and organs, marvelous in structure, intricate in design. Should but
one of them, by being blocked or opened, fail to function, it would be
impossible to exist. Praised are You, Lord, healer of all flesh who
sustains our bodies in wondrous ways.

We are grateful for the gift of Torah

Praised are You, Lord our God, King of the universe whose mitzvot
add holiness to our life and who gave us the mitzvah to study words of
Torah.

May the words of Torah, Lord our God, be sweet in our mouths and in
the mouths of all Your people so that we, our children, and all the
children of the House of Israel may come to love You and to study
Your Torah on its own merit. Praised are You, Lord who teaches

יהוה הַמְלַמֵּד תּוֹרָה לְעַמּוֹ יִשְׂרָאֵל. בָּרוּךְ אַתָּה יהוה אֱלֹהֵינוּ מֶלֶךְ הָעוֹלָם, אֲשֶׁר בָּחַר בָּנוּ מִכָּל־הָעַמִּים וְנָתַן לָנוּ אֶת־תּוֹרָתוֹ. בָּרוּךְ אַתָּה יהוה נוֹתֵן הַתּוֹרָה.

Select one passage from the Torah

יְבָרֶכְךָ יהוה וְיִשְׁמְרֶךָ. יָאֵר יהוה פָּנָיו אֵלֶיךָ וִיחֻנֶּךָּ. יִשָּׂא יהוה פָּנָיו אֵלֶיךָ וְיָשֵׂם לְךָ שָׁלוֹם.

קְדֹשִׁים תִּהְיוּ כִּי קָדוֹשׁ אֲנִי יהוה אֱלֹהֵיכֶם. לֹא תְקַלֵּל חֵרֵשׁ, וְלִפְנֵי עִוֵּר לֹא תִתֵּן מִכְשֹׁל. לֹא תַעֲשׂוּ עָוֶל בַּמִּשְׁפָּט, לֹא תִשָּׂא פְנֵי דָל וְלֹא תֶהְדַּר פְּנֵי גָדוֹל, בְּצֶדֶק תִּשְׁפֹּט עֲמִיתֶךָ. לֹא תַעֲמֹד עַל דַּם רֵעֶךָ. לֹא תִשְׂנָא אֶת־אָחִיךָ בִּלְבָבֶךָ. וְאָהַבְתָּ לְרֵעֲךָ כָּמוֹךָ, אֲנִי יהוה.

A passage from the Mishnah

אֵלּוּ דְבָרִים שֶׁאֵין לָהֶם שִׁעוּר: הַפֵּאָה וְהַבִּכּוּרִים וְהָרֵאָיוֹן וּגְמִילוּת חֲסָדִים וְתַלְמוּד תּוֹרָה.

A passage from the Gemara

אֵלּוּ דְבָרִים שֶׁאָדָם אוֹכֵל פֵּרוֹתֵיהֶם בָּעוֹלָם הַזֶּה וְהַקֶּרֶן קַיֶּמֶת לוֹ לָעוֹלָם הַבָּא, וְאֵלּוּ הֵן: כִּבּוּד אָב וָאֵם, וּגְמִילוּת חֲסָדִים, וְהַשְׁכָּמַת בֵּית הַמִּדְרָשׁ שַׁחֲרִית וְעַרְבִית, וְהַכְנָסַת אוֹרְחִים, וּבִקּוּר חוֹלִים, וְהַכְנָסַת כַּלָּה, וּלְוָיַת הַמֵּת, וְעִיּוּן תְּפִלָּה, וַהֲבָאַת שָׁלוֹם בֵּין אָדָם לַחֲבֵרוֹ וּבֵין אִישׁ לְאִשְׁתּוֹ, וְתַלְמוּד תּוֹרָה כְּנֶגֶד כֻּלָּם.

We are grateful for the gift of our soul

אֱלֹהַי, נְשָׁמָה שֶׁנָּתַתָּ בִּי טְהוֹרָה הִיא. אַתָּה בְרָאתָהּ, אַתָּה יְצַרְתָּהּ, אַתָּה נְפַחְתָּהּ בִּי, וְאַתָּה מְשַׁמְּרָהּ בְּקִרְבִּי, וְאַתָּה עָתִיד לִטְּלָהּ מִמֶּנִּי וּלְהַחֲזִירָהּ בִּי לֶעָתִיד לָבוֹא. כָּל־זְמַן שֶׁהַנְּשָׁמָה

Torah to His people Israel. Praised are You, Lord our God, King of the universe who has chosen us from among all peoples by giving us His Torah. Praised are You, Lord who gives the Torah.

Select one passage from the Torah

May the Lord bless you and guard you.   May the Lord show you favor and be gracious to you. May the Lord show you kindness and grant you peace.

NUMBERS 6:24–26

You shall be holy for I, the Lord your God, am holy. You shall not insult the deaf, or put a stumbling block before the blind. You shall not render an unjust decision; do not be partial to the poor or show deference to the rich; judge your neighbor fairly. Do not stand idly by the blood of your neighbor. You shall not hate your brother in your heart. Love your neighbor as yourself; I am the Lord.

SELECTED FROM LEVITICUS 19:2, 14–18

A passage from the Mishnah

These are the deeds for which there is no prescribed measure: leaving crops at the corner of a field for the poor, offering first fruits as a gift to the Temple, bringing special offerings to the Temple on the three Festivals, doing deeds of lovingkindness, and studying Torah.

PEAH 1:1

A passage from the Gemara

These are the deeds which yield immediate fruit and continue to yield fruit in time to come: honoring parents; doing deeds of lovingkindness; attending the house of study punctually, morning and evening; providing hospitality; visiting the sick; helping the needy bride; attending the dead; probing the meaning of prayer; making peace between one person and another, and between man and wife. And the study of Torah is the most basic of them all.

BASED UPON SHABBAT 127a

We are grateful for the gift of our soul

The soul which You, my God, have given me is pure. You created it, You formed it, You breathed it into me; You keep body and soul together. One day You will take my soul from me, to restore it to me in

בְּקִרְבִּי מוֹדֶה (מוֹדָה) אֲנִי לְפָנֶיךָ יהוה אֱלֹהַי וֵאלֹהֵי אֲבוֹתַי רִבּוֹן כָּל־הַמַּעֲשִׂים אֲדוֹן כָּל־הַנְּשָׁמוֹת. בָּרוּךְ אַתָּה יהוה הַמַּחֲזִיר נְשָׁמוֹת לִפְגָרִים מֵתִים.

הֲרֵינִי מְקַבֵּל (מְקַבֶּלֶת) עָלַי מִצְוַת הַבּוֹרֵא: וְאָהַבְתָּ לְרֵעֲךָ כָּמוֹךָ.

We are grateful for the renewal of each day

☐ בָּרוּךְ אַתָּה יהוה אֱלֹהֵינוּ מֶלֶךְ הָעוֹלָם, אֲשֶׁר נָתַן לַשֶּׂכְוִי בִינָה לְהַבְחִין בֵּין יוֹם וּבֵין לָיְלָה.

בָּרוּךְ אַתָּה יהוה אֱלֹהֵינוּ מֶלֶךְ הָעוֹלָם, שֶׁעָשַׂנִי בְּצַלְמוֹ.

בָּרוּךְ אַתָּה יהוה אֱלֹהֵינוּ מֶלֶךְ הָעוֹלָם, שֶׁעָשַׂנִי יִשְׂרָאֵל.

בָּרוּךְ אַתָּה יהוה אֱלֹהֵינוּ מֶלֶךְ הָעוֹלָם, שֶׁעָשַׂנִי בֶּן־ (בַּת־)חוֹרִין.

בָּרוּךְ אַתָּה יהוה אֱלֹהֵינוּ מֶלֶךְ הָעוֹלָם, פּוֹקֵחַ עִוְרִים.

בָּרוּךְ אַתָּה יהוה אֱלֹהֵינוּ מֶלֶךְ הָעוֹלָם, מַלְבִּישׁ עֲרֻמִּים.

בָּרוּךְ אַתָּה יהוה אֱלֹהֵינוּ מֶלֶךְ הָעוֹלָם, מַתִּיר אֲסוּרִים.

בָּרוּךְ אַתָּה יהוה אֱלֹהֵינוּ מֶלֶךְ הָעוֹלָם, זוֹקֵף כְּפוּפִים.

בָּרוּךְ אַתָּה יהוה אֱלֹהֵינוּ מֶלֶךְ הָעוֹלָם, רוֹקַע הָאָרֶץ עַל הַמָּיִם.

בָּרוּךְ אַתָּה יהוה אֱלֹהֵינוּ מֶלֶךְ הָעוֹלָם, שֶׁעָשָׂה לִי כָּל־צָרְכִּי.

בָּרוּךְ אַתָּה יהוה אֱלֹהֵינוּ מֶלֶךְ הָעוֹלָם, הַמֵּכִין מִצְעֲדֵי־גָבֶר.

בָּרוּךְ אַתָּה יהוה אֱלֹהֵינוּ מֶלֶךְ הָעוֹלָם, אוֹזֵר יִשְׂרָאֵל בִּגְבוּרָה.

בָּרוּךְ אַתָּה יהוה אֱלֹהֵינוּ מֶלֶךְ הָעוֹלָם, עוֹטֵר יִשְׂרָאֵל בְּתִפְאָרָה.

בָּרוּךְ אַתָּה יהוה אֱלֹהֵינוּ מֶלֶךְ הָעוֹלָם, הַנּוֹתֵן לַיָּעֵף כֹּחַ.

We are grateful for compassion, for which we pray

בָּרוּךְ אַתָּה יהוה אֱלֹהֵינוּ מֶלֶךְ הָעוֹלָם, הַמַּעֲבִיר שֵׁנָה מֵעֵינַי וּתְנוּמָה מֵעַפְעַפָּי. וִיהִי רָצוֹן מִלְּפָנֶיךָ יהוה אֱלֹהֵינוּ וֵאלֹהֵי אֲבוֹתֵינוּ, שֶׁתַּרְגִּילֵנוּ בְּתוֹרָתֶךָ וְדַבְּקֵנוּ בְּמִצְוֹתֶיךָ, וְאַל תְּבִיאֵנוּ לֹא לִידֵי חֵטְא, וְלֹא לִידֵי עֲבֵרָה וְעָוֹן, וְלֹא לִידֵי נִסָּיוֹן, וְלֹא

life eternal. So long as this soul is within me I acknowledge You, Lord my God, my ancestors' God, Master of all creation, sovereign of all souls. Praised are You, Lord who restores the soul to the lifeless, exhausted body.

I hereby accept the obligation of fulfilling my Creator's mitzvah in the Torah: Love your neighbor as yourself.

We are grateful for the renewal of each day

Praised are You, Lord our God, King of the universe

who enables His creatures to distinguish between night and day,
who made me in His image,
who made me a Jew,
who made me free,
who gives sight to the blind,
who clothes the naked,
who releases the bound,
who raises the downtrodden,
who creates the heavens and the earth,
who provides for all my needs,
who guides us on our path,
who strengthens the people Israel with courage,
who crowns the people Israel with glory,
who restores vigor to the weary.

We are grateful for compassion, for which we pray

Praised are You, Lord our God, King of the universe who removes sleep from my eyes and slumber from my eyelids. May we feel at home with Your Torah and cling to Your mitzvot. Keep us from error, from sin and transgression. Bring us not to trial or to disgrace. Let no evil impulse control us. Keep us far from wicked people and corrupt companions. Strengthen our desire to do good deeds; teach us humi-

לִידֵי בִזָּיוֹן, וְאַל תַּשְׁלֶט־בָּנוּ יֵצֶר הָרָע, וְהַרְחִיקֵנוּ מֵאָדָם רָע וּמֵחָבֵר רָע. וְדַבְּקֵנוּ בְּיֵצֶר הַטּוֹב וּבְמַעֲשִׂים טוֹבִים, וְכוֹף אֶת־יִצְרֵנוּ לְהִשְׁתַּעְבֶּד־לָךְ. □ וּתְנֵנוּ הַיּוֹם וּבְכָל־יוֹם לְחֵן וּלְחֶסֶד וּלְרַחֲמִים בְּעֵינֶיךָ וּבְעֵינֵי כָל־רוֹאֵינוּ, וְתִגְמְלֵנוּ חֲסָדִים טוֹבִים. בָּרוּךְ אַתָּה יהוה גּוֹמֵל חֲסָדִים טוֹבִים לְעַמּוֹ יִשְׂרָאֵל.

Personal thoughts and supplications may be added to the following:

יְהִי רָצוֹן מִלְּפָנֶיךָ יהוה אֱלֹהַי וֵאלֹהֵי אֲבוֹתַי, שֶׁתַּצִּילֵנִי הַיּוֹם וּבְכָל־יוֹם מֵעַזֵּי פָנִים וּמֵעַזּוּת פָּנִים, מֵאָדָם רָע וּמֵחָבֵר רָע, וּמִשָּׁכֵן רָע וּמִפֶּגַע רָע וּמִשָּׂטָן הַמַּשְׁחִית, מִדִּין קָשֶׁה וּמִבַּעַל דִּין קָשֶׁה, בֵּין שֶׁהוּא בֶן־בְּרִית וּבֵין שֶׁאֵינוֹ בֶן־בְּרִית.

Aware of our mortality, we are grateful for the covenant

לְעוֹלָם יְהֵא אָדָם יְרֵא שָׁמַיִם בַּסֵּתֶר וּבַגָּלוּי,
וּמוֹדֶה עַל הָאֱמֶת וְדוֹבֵר אֱמֶת בִּלְבָבוֹ, וְיַשְׁכֵּם וְיֹאמַר:

רִבּוֹן כָּל־הָעוֹלָמִים, לֹא עַל צִדְקוֹתֵינוּ אֲנַחְנוּ מַפִּילִים תַּחֲנוּנֵינוּ לְפָנֶיךָ, כִּי עַל רַחֲמֶיךָ הָרַבִּים. מָה אֲנַחְנוּ, מֶה חַיֵּינוּ, מֶה חַסְדֵּנוּ, מַה־צִּדְקֵנוּ, מַה־יִּשְׁעֵנוּ, מַה־כֹּחֵנוּ, מַה־גְּבוּרָתֵנוּ. מַה נֹּאמַר לְפָנֶיךָ יהוה אֱלֹהֵינוּ וֵאלֹהֵי אֲבוֹתֵינוּ, הֲלֹא כָּל־הַגִּבּוֹרִים כְּאַיִן לְפָנֶיךָ, וְאַנְשֵׁי הַשֵּׁם כְּלֹא הָיוּ, וַחֲכָמִים כִּבְלִי מַדָּע, וּנְבוֹנִים כִּבְלִי הַשְׂכֵּל, כִּי רוֹב מַעֲשֵׂיהֶם תֹּהוּ וִימֵי חַיֵּיהֶם הֶבֶל לְפָנֶיךָ. וּמוֹתַר הָאָדָם מִן הַבְּהֵמָה אָיִן, כִּי הַכֹּל הָבֶל.

אֲבָל אֲנַחְנוּ עַמְּךָ בְּנֵי בְרִיתֶךָ, בְּנֵי אַבְרָהָם אֹהַבְךָ שֶׁנִּשְׁבַּעְתָּ לּוֹ בְּהַר הַמּוֹרִיָּה, זֶרַע יִצְחָק יְחִידוֹ שֶׁנֶּעֱקַד עַל גַּב הַמִּזְבֵּחַ, עֲדַת יַעֲקֹב בִּנְךָ בְּכוֹרֶךָ שֶׁמֵּאַהֲבָתְךָ שֶׁאָהַבְתָּ אוֹתוֹ וּמִשִּׂמְחָתְךָ שֶׁשָּׂמַחְתָּ בּוֹ קָרָאתָ אֶת־שְׁמוֹ יִשְׂרָאֵל וִישֻׁרוּן.

לְפִיכָךְ אֲנַחְנוּ חַיָּבִים לְהוֹדוֹת לְךָ וּלְשַׁבֵּחֲךָ וּלְפָאֶרְךָ וּלְבָרֵךְ וּלְקַדֵּשׁ וְלָתֵת שֶׁבַח וְהוֹדָיָה לִשְׁמֶךָ. □ אַשְׁרֵינוּ, מַה־טּוֹב חֶלְקֵנוּ וּמַה־נָּעִים גּוֹרָלֵנוּ וּמַה יָּפָה יְרֻשָּׁתֵנוּ. אַשְׁרֵינוּ שֶׁאֲנַחְנוּ

lity, that we may serve You. May we find grace, love, and compassion in Your sight and in the sight of all who look upon us, this day and every day. Grant us a full measure of lovingkindness. Praised are You, Lord who bestows lovingkindness upon His people Israel.

Personal thoughts and supplications may be
added to the following:

May it be Your will, Lord my God and God of my ancestors, to protect me this day and every day from insolence in others and from arrogance in myself. Save me from vicious people, from evil neighbors and from corrupt companions. Preserve me from misfortune and from powers of destruction. Save me from harsh judgments; spare me from ruthless opponents, be they members of the covenant or not.

Aware of our mortality, we are grateful for
the covenant

We should always revere God, in private as in public. We should acknowledge the truth in our hearts, and practice it in thought as in deed. On arising one should declare:

Master of all worlds! Not upon our merit do we rely in our supplication, but upon Your limitless love. What are we? What is our life? What is our piety? What is our righteousness? What is our attainment, our power, our might? What can we say, Lord our God and God of our ancestors? Compared to You, all the mighty are nothing, the famous nonexistent, the wise lack wisdom, the clever lack reason. For most of their actions are meaningless, the days of their lives emptiness. Human preeminence over beasts is an illusion when all is seen as futility.

But we are Your people, partners to Your covenant, descendants of Your beloved Abraham to whom You made a pledge on Mount Moriah. We are the heirs of Isaac, his son bound upon the altar. We are Your firstborn people, the congregation of Isaac's son Jacob whom You named Israel and Jeshurun, because of Your love for him and Your delight in him.

Therefore it is our duty to thank You and praise You, to glorify and sanctify Your name. How good is our portion, how pleasant our lot,

מַשְׁכִּימִים וּמַעֲרִיבִים עֶרֶב וָבֹקֶר, וְאוֹמְרִים פַּעֲמַיִם בְּכָל־יוֹם:
שְׁמַע יִשְׂרָאֵל יהוה אֱלֹהֵינוּ יהוה אֶחָד.
בָּרוּךְ שֵׁם כְּבוֹד מַלְכוּתוֹ לְעוֹלָם וָעֶד.

We are grateful for holiness

אַתָּה הוּא עַד שֶׁלֹּא נִבְרָא הָעוֹלָם, אַתָּה הוּא מִשֶּׁנִּבְרָא הָעוֹלָם, אַתָּה הוּא בָּעוֹלָם הַזֶּה וְאַתָּה הוּא לָעוֹלָם הַבָּא. □ קַדֵּשׁ אֶת־שִׁמְךָ עַל מַקְדִּישֵׁי שְׁמֶךָ, וְקַדֵּשׁ אֶת־שִׁמְךָ בְּעוֹלָמֶךָ. וּבִישׁוּעָתְךָ תָּרִים וְתַגְבִּיהַּ קַרְנֵנוּ. בָּרוּךְ אַתָּה יהוה מְקַדֵּשׁ אֶת־שִׁמְךָ בָּרַבִּים.

אַתָּה הוּא יהוה אֱלֹהֵינוּ בַּשָּׁמַיִם וּבָאָרֶץ, וּבִשְׁמֵי הַשָּׁמַיִם הָעֶלְיוֹנִים. אֱמֶת, אַתָּה הוּא רִאשׁוֹן וְאַתָּה הוּא אַחֲרוֹן וּמִבַּלְעָדֶיךָ אֵין אֱלֹהִים. קַבֵּץ קוֶֹיךָ מֵאַרְבַּע כַּנְפוֹת הָאָרֶץ. יַכִּירוּ וְיֵדְעוּ כָּל־בָּאֵי עוֹלָם כִּי אַתָּה הוּא הָאֱלֹהִים לְבַדְּךָ לְכֹל מַמְלְכוֹת הָאָרֶץ. אַתָּה עָשִׂיתָ אֶת־הַשָּׁמַיִם וְאֶת־הָאָרֶץ, אֶת־הַיָּם וְאֶת־כָּל־אֲשֶׁר בָּם, וּמִי בְּכָל־מַעֲשֵׂה יָדֶיךָ בָּעֶלְיוֹנִים אוֹ בַתַּחְתּוֹנִים שֶׁיֹּאמַר לְךָ מַה תַּעֲשֶׂה. אָבִינוּ שֶׁבַּשָּׁמַיִם, עֲשֵׂה עִמָּנוּ חֶסֶד בַּעֲבוּר שִׁמְךָ הַגָּדוֹל שֶׁנִּקְרָא עָלֵינוּ, וְקַיֶּם־לָנוּ, יהוה אֱלֹהֵינוּ, מַה שֶּׁכָּתוּב: בָּעֵת הַהִיא אָבִיא אֶתְכֶם, וּבָעֵת קַבְּצִי אֶתְכֶם, כִּי אֶתֵּן אֶתְכֶם לְשֵׁם וְלִתְהִלָּה בְּכֹל עַמֵּי הָאָרֶץ, בְּשׁוּבִי אֶת־שְׁבוּתֵיכֶם לְעֵינֵיכֶם, אָמַר יהוה.

Rabbinic texts on lovingkindness

פַּעַם אַחַת הָיָה רַבָּן יוֹחָנָן בֶּן־זַכַּאי יוֹצֵא מִירוּשָׁלַיִם, וְהָיָה רַבִּי יְהוֹשֻׁעַ הוֹלֵךְ אַחֲרָיו וְרָאָה אֶת־בֵּית הַמִּקְדָּשׁ חָרֵב. אָמַר רַבִּי יְהוֹשֻׁעַ: אוֹי לָנוּ עַל זֶה שֶׁהוּא חָרֵב, מָקוֹם שֶׁמְּכַפְּרִים בּוֹ עֲוֹנוֹתֵיהֶם שֶׁל יִשְׂרָאֵל! אָמַר לוֹ רַבָּן יוֹחָנָן: בְּנִי, אַל יֵרַע לְךָ. יֵשׁ לָנוּ כַּפָּרָה אַחֶרֶת שֶׁהִיא כְּמוֹתָהּ. וְאֵיזוֹ? גְּמִילוּת חֲסָדִים, שֶׁנֶּאֱמַר: כִּי חֶסֶד חָפַצְתִּי וְלֹא זָבַח.

how beautiful our heritage. How blessed are we that twice each day, morning and evening, we are privileged to declare:

HEAR, O ISRAEL: THE LORD OUR GOD, THE LORD IS ONE.
Praised be His glorious sovereignty throughout all time.

We are grateful for holiness

You are the Lord eternal, before Creation and since Creation, in this world and in the world to come. Manifest Your holiness through those who hallow You, raising us to dignity and strength. Praised are You, Lord who manifests His holiness to all humanity.

You are the Lord our God on earth and in all the spheres of heaven. Truly You are first and You are last; there is no God but You. From the four corners of the earth, gather those who hope in You under Your protecting Presence. All who dwell on earth will acknowledge You alone as God over all the kingdoms of the world. You made the heavens, earth, and sea, and all that they contain. Who among all of Your creatures, in the heavens or on earth, can question You? Our Father in heaven, be merciful to us for we bear Your great name. Fulfill the promise made through Your prophet Zephaniah: "A time will come when I will gather you in, a time when I will bring you home. Renown and praise shall be yours among all the peoples of the earth. This you yourself will see as I bring your captives back home, says the Lord."

Rabbinic texts on lovingkindness

Rabban Yoḥanan ben Zakkai once was walking with his disciple Rabbi Joshua near Jerusalem after the destruction of the Temple. Rabbi Joshua looked at the Temple ruins and said: "Alas for us! The place which atoned for the sins of the people Israel through the ritual of animal sacrifice lies in ruins!" Then Rabban Yoḥanan ben Zakkai spoke to him these words of comfort: "Be not grieved, my son. There is another way of gaining atonement even though the Temple is destroyed. We must now gain atonement through deeds of loving-kindness." For it is written, "Lovingkindness I desire, not sacrifice" (Hosea 6:6).

AVOT D'RABBI NATAN 11a

Continue with one or more of the following sources, concluding with יהי רצון מלפניך *on page 18:*

I

אָמַר רַבִּי אֶלְעָזָר: מַאי דִּכְתִיב, הִגִּיד לְךָ אָדָם מַה טּוֹב וּמָה יהוה דּוֹרֵשׁ מִמְּךָ, כִּי אִם עֲשׂוֹת מִשְׁפָּט וְאַהֲבַת חֶסֶד וְהַצְנֵעַ לֶכֶת עִם אֱלֹהֶיךָ. עֲשׂוֹת מִשְׁפָּט, זֶה הַדִּין. וְאַהֲבַת חֶסֶד, זוֹ גְּמִילוּת חֲסָדִים. וְהַצְנֵעַ לֶכֶת עִם אֱלֹהֶיךָ, זוֹ הוֹצָאַת הַמֵּת וְהַכְנָסַת כַּלָּה לַחוּפָּה.... אָמַר רַבִּי אֶלְעָזָר: גָּדוֹל הָעוֹשֶׂה צְדָקָה יוֹתֵר מִכָּל־הַקָּרְבָּנוֹת, שֶׁנֶּאֱמַר, עֲשֹׂה צְדָקָה וּמִשְׁפָּט נִבְחָר לַיהוה מִזָּבַח.... וְאָמַר רַבִּי אֶלְעָזָר: אֵין צְדָקָה מִשְׁתַּלֶּמֶת אֶלָּא לְפִי חֶסֶד שֶׁבָּהּ, שֶׁנֶּאֱמַר, זִרְעוּ לָכֶם לִצְדָקָה וְקִצְרוּ לְפִי חֶסֶד.

תָּנוּ רַבָּנָן: בִּשְׁלֹשָׁה דְּבָרִים גְּדוֹלָה גְּמִילוּת חֲסָדִים יוֹתֵר מִן הַצְּדָקָה. צְדָקָה בְּמָמוֹנוֹ, גְּמִילוּת חֲסָדִים בֵּין בְּגוּפוֹ בֵּין בְּמָמוֹנוֹ. צְדָקָה לָעֲנִיִּים, גְּמִילוּת חֲסָדִים בֵּין לָעֲנִיִּים בֵּין לָעֲשִׁירִים. צְדָקָה לַחַיִּים, גְּמִילוּת חֲסָדִים בֵּין לַחַיִּים בֵּין לַמֵּתִים.

II

אָמַר רַבִּי אֶלְעָזָר: כָּל־הָעוֹשֶׂה צְדָקָה וּמִשְׁפָּט כְּאִילּוּ מִלֵּא כָּל־הָעוֹלָם כּוּלּוֹ חֶסֶד, שֶׁנֶּאֱמַר, אוֹהֵב צְדָקָה וּמִשְׁפָּט חֶסֶד יהוה מָלְאָה הָאָרֶץ....

אָמַר רַבִּי אֶלְעָזָר: מַאי דִּכְתִיב, פִּיהָ פָּתְחָה בְחָכְמָה וְתוֹרַת חֶסֶד עַל לְשׁוֹנָהּ. וְכִי יֵשׁ תּוֹרָה שֶׁל חֶסֶד וְיֵשׁ תּוֹרָה שֶׁאֵינָהּ שֶׁל חֶסֶד? אֶלָּא תּוֹרָה לִשְׁמָהּ זוֹ הִיא תּוֹרָה שֶׁל חֶסֶד, שֶׁלֹּא לִשְׁמָהּ זוֹ הִיא תּוֹרָה שֶׁאֵינָהּ שֶׁל חֶסֶד. אִיכָּא דְּאָמְרֵי, תּוֹרָה

Continue with one or more of the following sources, concluding with "May it be Your will, . . ." on page 19:

I

Rabbi Elazar quoted this verse: "You have been told what is good and what the Lord requires of you: to act justly, to love kindness, and to walk humbly with your God" (Micah 6:8). What does this verse imply? "To act justly" means to act in accordance with the principles of justice. "To love kindness" means to let your actions be guided by principles of lovingkindness. "To walk humbly with your God" means to assist needy families at their funerals and weddings by giving humbly, in private.

Rabbi Elazar said: Doing righteous deeds of charity is greater than offering all of the sacrifices, as it is written, "Doing charity and justice is more acceptable to the Lord than sacrifice" (Proverbs 21:3). Rabbi Elazar further said: The reward for charity depends upon the degree of lovingkindness, as it is written, "Sow according to your charity, but reap according to your lovingkindness" (Hosea 10:12).

Our Rabbis taught: Deeds of lovingkindness are superior to charity in three respects. Charity can be accomplished only with money; deeds of lovingkindness can be accomplished through personal involvement as well as with money. Charity can be given only to the poor; deeds of lovingkindness can be done for both rich and poor. Charity applies only to the living; deeds of lovingkindness apply to both the living and the dead.

SUKKAH 49b

II

Rabbi Elazar said: Whoever does deeds of charity and justice is considered as having filled the world with lovingkindness, as it is written, "He loves charity and justice; the earth is filled with the lovingkindness of the Lord" (Psalm 33:5).

Rabbi Elazar quoted this verse: "She opens her mouth with wisdom, and the Torah of lovingkindness is on her tongue" (Proverbs 31:26). What is the intent of this verse? Is there a Torah of lovingkindness and a Torah which is not of lovingkindness? Torah which is studied on its own merit is a Torah of lovingkindness, whereas Torah which is studied for an ulterior motive is not a Torah of lovingkindness. And some say that Torah which is studied in order to teach is a Torah of

לְלַמְּדָהּ, זוֹ הִיא תּוֹרָה שֶׁל חֶסֶד, שֶׁלֹּא לְלַמְּדָהּ, זוֹ הִיא תּוֹרָה שֶׁאֵינָהּ שֶׁל חֶסֶד.

III

לָלֶכֶת בְּכָל־דְּרָכָיו. אֵילוּ דַּרְכֵי הַקָּדוֹשׁ בָּרוּךְ הוּא, שֶׁנֶּאֱמַר: יהוה יהוה אֵל רַחוּם וְחַנּוּן אֶרֶךְ אַפַּיִם וְרַב חֶסֶד וֶאֱמֶת, נֹצֵר חֶסֶד לָאֲלָפִים נֹשֵׂא עָוֹן וָפֶשַׁע וְחַטָּאָה וְנַקֵּה.... מָה הַמָּקוֹם נִקְרָא רַחוּם וְחַנּוּן, אַף אַתָּה הֱוֵי רַחוּם וְחַנּוּן.... מָה הַקָּדוֹשׁ בָּרוּךְ הוּא נִקְרָא צַדִּיק, שֶׁנֶּאֱמַר, צַדִּיק יהוה בְּכָל־דְּרָכָיו, אַף אַתָּה הֱוֵי צַדִּיק. הַקָּדוֹשׁ בָּרוּךְ הוּא נִקְרָא חָסִיד, שֶׁנֶּאֱמַר, וְחָסִיד בְּכָל־מַעֲשָׂיו, אַף אַתָּה הֱוֵי חָסִיד.

IV

אָמַר רַבִּי חָמָא בְּרַבִּי חֲנִינָא: מַאי דִּכְתִיב, אַחֲרֵי יהוה אֱלֹהֵיכֶם תֵּלֵכוּ. וְכִי אֶפְשָׁר לוֹ לְאָדָם לַהֲלֹךְ אַחַר שְׁכִינָה? אֶלָּא לַהֲלֹךְ אַחַר מִדּוֹתָיו שֶׁל הַקָּדוֹשׁ בָּרוּךְ הוּא. מָה הוּא מַלְבִּישׁ עֲרֻמִּים אַף אַתָּה הַלְבֵּשׁ עֲרֻמִּים. הַקָּדוֹשׁ בָּרוּךְ הוּא בִּקֵּר חוֹלִים, אַף אַתָּה בַּקֵּר חוֹלִים. הַקָּדוֹשׁ בָּרוּךְ הוּא נִחֵם אֲבֵלִים, אַף אַתָּה נַחֵם אֲבֵלִים. הַקָּדוֹשׁ בָּרוּךְ הוּא קָבַר מֵתִים, אַף אַתָּה קְבוֹר מֵתִים.... דָּרַשׁ רַב שִׂמְלָאִי: תּוֹרָה תְּחִילָּתָהּ גְּמִילוּת חֲסָדִים וְסוֹפָהּ גְּמִילוּת חֲסָדִים. תְּחִילָּתָהּ גְּמִילוּת חֲסָדִים דִּכְתִיב, וַיַּעַשׂ יהוה אֱלֹהִים לְאָדָם וּלְאִשְׁתּוֹ כָּתְנוֹת עוֹר וַיַּלְבִּישֵׁם. וְסוֹפָהּ גְּמִילוּת חֲסָדִים דִּכְתִיב, וַיִּקְבֹּר אוֹתוֹ בַגַּי בְּאֶרֶץ מוֹאָב.

□ יְהִי רָצוֹן מִלְּפָנֶיךָ יהוה אֱלֹהֵינוּ וֵאלֹהֵי אֲבוֹתֵינוּ, שֶׁתִּתֵּן חֶלְקֵנוּ בְּתוֹרָתֶךָ, וְנִהְיֶה מִתַּלְמִידָיו שֶׁל אַהֲרֹן הַכֹּהֵן, אוֹהֵב שָׁלוֹם וְרוֹדֵף שָׁלוֹם, אוֹהֵב אֶת־הַבְּרִיּוֹת וּמְקָרְבָן לַתּוֹרָה.

lovingkindness, whereas Torah which is not studied in order to teach is a Torah which is not of lovingkindness.

SUKKAH 49b

III

"To walk in all His ways" (Deuteronomy 11:22). These are the ways of the Holy One: "gracious and compassionate, patient, abounding in kindness and faithfulness, assuring love for a thousand generations, forgiving iniquity, transgression, and sin, and granting pardon. . . ." (Exodus 34:6). This means that just as God is gracious and compassionate, you too must be gracious and compassionate. "The Lord is righteous in all His ways and loving in all His deeds" (Psalm 145:17). As the Holy One is righteous, you too must be righteous. As the Holy One is loving, you too must be loving.

SIFRE DEUTERONOMY, EKEV

IV

"Follow the Lord your God" (Deuteronomy 13:5). What does this mean? Is it possible for a mortal to follow God's Presence? The verse means to teach us that we should follow the attributes of the Holy One, praised be He. As He clothes the naked, you should clothe the naked. The Bible teaches that the Holy One visited the sick; you should visit the sick. The Holy One comforted those who mourned; you should comfort those who mourn. The Holy One buried the dead; you should bury the dead.

Rabbi Simlai taught: The Torah begins with deeds of lovingkindness and ends with deeds of lovingkindness. It begins with deeds of lovingkindness, as it is written, "And the Lord God made for Adam and for his wife garments of skins and clothed them" (Genesis 3:21). It ends with deeds of lovingkindness, as it is written. "And He buried him in the valley in the land of Moab" (Deuteronomy 34:6).

SOTAH 14a

May it be Your will, Lord our God and God of our ancestors, to grant our portion in Your Torah. May we be disciples of Aaron the *kohen*, loving peace and pursuing peace, loving our fellow creatures and drawing them near to the Torah.

Recitation of Kaddish De-rabbanan need not necessarily be limited to mourners. All who have read or who have heard the teaching of a text may participate fully.

Mourners and those observing Yahrzeit:

יִתְגַּדַּל וְיִתְקַדַּשׁ שְׁמֵהּ רַבָּא בְּעָלְמָא דִּי בְרָא כִרְעוּתֵהּ, וְיַמְלִיךְ מַלְכוּתֵהּ בְּחַיֵּיכוֹן וּבְיוֹמֵיכוֹן וּבְחַיֵּי דְכָל־בֵּית יִשְׂרָאֵל, בַּעֲגָלָא וּבִזְמַן קָרִיב, וְאִמְרוּ אָמֵן.

Congregation and mourners:

יְהֵא שְׁמֵהּ רַבָּא מְבָרַךְ לְעָלַם וּלְעָלְמֵי עָלְמַיָּא.

Mourners:

יִתְבָּרַךְ וְיִשְׁתַּבַּח וְיִתְפָּאַר וְיִתְרוֹמַם וְיִתְנַשֵּׂא, וְיִתְהַדַּר וְיִתְעַלֶּה וְיִתְהַלַּל שְׁמֵהּ דְּקֻדְשָׁא, בְּרִיךְ הוּא לְעֵלָּא (לְעֵלָּא מִכָּל־) מִן כָּל־בִּרְכָתָא וְשִׁירָתָא, תֻּשְׁבְּחָתָא וְנֶחֱמָתָא דַּאֲמִירָן בְּעָלְמָא, וְאִמְרוּ אָמֵן.

עַל יִשְׂרָאֵל וְעַל רַבָּנָן וְעַל תַּלְמִידֵיהוֹן, וְעַל כָּל־תַּלְמִידֵי תַלְמִידֵיהוֹן, וְעַל כָּל־מָאן דְּעָסְקִין בְּאוֹרַיְתָא, דִּי בְּאַתְרָא הָדֵין וְדִי בְּכָל־אֲתַר וַאֲתַר, יְהֵא לְהוֹן וּלְכוֹן שְׁלָמָא רַבָּא, חִנָּא וְחִסְדָּא וְרַחֲמִין, וְחַיִּין אֲרִיכִין וּמְזוֹנָא רְוִיחָא, וּפוּרְקָנָא מִן קֳדָם אֲבוּהוֹן דִּי בִשְׁמַיָּא, וְאִמְרוּ אָמֵן.

יְהֵא שְׁלָמָא רַבָּא מִן שְׁמַיָּא וְחַיִּים טוֹבִים עָלֵינוּ וְעַל כָּל־יִשְׂרָאֵל, וְאִמְרוּ אָמֵן.

עוֹשֶׂה שָׁלוֹם בִּמְרוֹמָיו, הוּא בְּרַחֲמָיו יַעֲשֶׂה שָׁלוֹם עָלֵינוּ וְעַל כָּל־יִשְׂרָאֵל, וְאִמְרוּ אָמֵן.

✺ KADDISH DE-RABBANAN

After the study of Torah we praise God and we
pray for teachers and students. For such praise
and prayer sustain the world.

Mourners and those observing Yahrzeit:

Yitgadal v'yitkadash sh'mei raba b'alma di v'ra khir'utei, v'yamlikh
malkhutei b'ḥayeikhon u-v'yomeikhon u-v'ḥayei d'khol beit
yisrael, ba-agala u-vi-z'man kariv, v'imru amen.

Congregation and mourners:

Y'hei sh'mei raba m'varakh l'alam u-l'almei almaya.

Mourners:

Yitbarakh v'yishtabaḥ v'yitpa'ar v'yitromam v'yitnasei, v'yit-hadar
v'yit'aleh v'yit-halal sh'mei d'kudsha, b'rikh hu l'ela (l'ela mi-kol)
min kol birkhata v'shirata, tushb'ḥata v'neḥemata da-amiran b'alma,
v'imru amen.

Al yisrael v'al rabbanan v'al talmideihon, v'al kol talmidei talmidei-
hon, v'al kol man d'askin b'oraita, di v'atra ha-dein v'di v'khol atar
v'atar, y'hei l'hon u-l'khon sh'lama raba, ḥina v'ḥisda v'raḥamin,
v'ḥayin arikhin u-m'zona r'viḥa, u-furkana min kodam avuhon di
vi-sh'maya, v'imru amen.

Heavenly Father, grant lasting peace to our people and their leaders,
to our teachers and their disciples, to all who engage in the study of
Torah in this land and in all other lands. Let there be grace and kind-
ness, compassion and love for them and for us all. Grant us fullness of
life, and sustenance. Save us from all danger and distress. And let us
say: Amen.

Y'hei sh'lama raba min sh'maya v'ḥayim tovim aleinu v'al kol yisrael,
v'imru amen.

Oseh shalom bi-m'romav, hu b'raḥamav ya'aseh shalom aleinu v'al
kol yisrael, v'imru amen.

After the recitation of the appropriate following psalm or psalms the service continues with מזמור שיר*, on page 50.*

In some congregations, the following psalms are added at the end of the service (weekdays, page 162; Shabbat and Festivals, page 510). In such congregations, the service now continues with מזמור שיר*, on page 50.*

THE PSALM FOR SUNDAY

הַיּוֹם יוֹם רִאשׁוֹן בְּשַׁבָּת,
שֶׁבּוֹ הָיוּ הַלְוִיִּם אוֹמְרִים בְּבֵית הַמִּקְדָּשׁ:

לְדָוִד מִזְמוֹר.
לַיהוה הָאָרֶץ וּמְלוֹאָהּ, תֵּבֵל וְיֹשְׁבֵי בָהּ.
כִּי הוּא עַל יַמִּים יְסָדָהּ, וְעַל נְהָרוֹת יְכוֹנְנֶהָ.

מִי יַעֲלֶה בְהַר יהוה, וּמִי יָקוּם בִּמְקוֹם קָדְשׁוֹ.

נְקִי כַפַּיִם וּבַר לֵבָב, אֲשֶׁר לֹא נָשָׂא לַשָּׁוְא נַפְשִׁי,
וְלֹא נִשְׁבַּע לְמִרְמָה.

יִשָּׂא בְרָכָה מֵאֵת יהוה, וּצְדָקָה מֵאֱלֹהֵי יִשְׁעוֹ.
זֶה דּוֹר דֹּרְשָׁיו, מְבַקְשֵׁי פָנֶיךָ יַעֲקֹב, סֶלָה.

שְׂאוּ שְׁעָרִים רָאשֵׁיכֶם,
וְהִנָּשְׂאוּ פִּתְחֵי עוֹלָם,
וְיָבוֹא מֶלֶךְ הַכָּבוֹד.

מִי זֶה מֶלֶךְ הַכָּבוֹד,
יהוה עִזּוּז וְגִבּוֹר,
יהוה גִּבּוֹר מִלְחָמָה.

□ שְׂאוּ שְׁעָרִים רָאשֵׁיכֶם,
וּשְׂאוּ פִּתְחֵי עוֹלָם,
וְיָבֹא מֶלֶךְ הַכָּבוֹד.
מִי הוּא זֶה מֶלֶךְ הַכָּבוֹד,
יהוה צְבָאוֹת הוּא מֶלֶךְ הַכָּבוֹד, סֶלָה.

Mizmor Shir: page 50; Mourner's Kaddish: page 52

After the recitation of the appropriate following psalm or psalms the service continues with "A psalm of David . . ." on page 51.

In some congregations, the following psalms are added at the end of the service (weekdays, page 163; Shabbat and Festivals, page 511). In such congregations, the service now continues with "A psalm of David . . ." on page 51.

 ## THE PSALM FOR SUNDAY

On the first day of the week the Levites would recite this Psalm in the Temple:

A Psalm of David.

The earth belongs to the Lord, and all it contains; the world and its inhabitants.

He founded it upon the seas, and set it firm upon flowing waters.

Who may ascend the mountain of the Lord? Who may rise in His sanctuary?

One who has clean hands and a pure heart, who has not used God's name in false oaths, who has not sworn deceitfully.

He shall receive a blessing from the Lord, a just reward from the God of his deliverance.

Such are the people who seek Him, who long for the Presence of Jacob's God.

Lift high your lintels, O you gates; open wide, you ancient doors! Welcome the glorious King.

Who is the glorious King? The Lord, with triumph and might, the Lord, triumphant in battle.

Lift high your lintels, O you gates; open wide, you ancient doors! Welcome the glorious King.

Who is the glorious King? Adonai tzeva'ot, He is the glorious King.

PSALM 24

הַיּוֹם יוֹם שֵׁנִי בְּשַׁבָּת
שֶׁבּוֹ הָיוּ הַלְוִיִּם אוֹמְרִים בְּבֵית הַמִּקְדָּשׁ:

שִׁיר מִזְמוֹר לִבְנֵי קֹרַח.

גָּדוֹל יהוה וּמְהֻלָּל מְאֹד, בְּעִיר אֱלֹהֵינוּ, הַר קָדְשׁוֹ.

יְפֵה נוֹף, מְשׂוֹשׂ כָּל־הָאָרֶץ הַר צִיּוֹן,
יַרְכְּתֵי צָפוֹן, קִרְיַת מֶלֶךְ רָב.

אֱלֹהִים בְּאַרְמְנוֹתֶיהָ נוֹדַע לְמִשְׂגָּב.
כִּי הִנֵּה הַמְּלָכִים נוֹעֲדוּ, עָבְרוּ יַחְדָּו.
הֵמָּה רָאוּ, כֵּן תָּמָהוּ, נִבְהֲלוּ נֶחְפָּזוּ.

רְעָדָה אֲחָזָתַם שָׁם, חִיל כַּיּוֹלֵדָה.
בְּרוּחַ קָדִים תְּשַׁבֵּר אֳנִיּוֹת תַּרְשִׁישׁ.

כַּאֲשֶׁר שָׁמַעְנוּ, כֵּן רָאִינוּ בְּעִיר יהוה צְבָאוֹת,
בְּעִיר אֱלֹהֵינוּ, אֱלֹהִים יְכוֹנְנֶהָ עַד עוֹלָם, סֶלָה.

דִּמִּינוּ אֱלֹהִים חַסְדֶּךָ, בְּקֶרֶב הֵיכָלֶךָ.
כְּשִׁמְךָ אֱלֹהִים, כֵּן תְּהִלָּתְךָ עַל קַצְוֵי אֶרֶץ,
צֶדֶק מָלְאָה יְמִינֶךָ.

יִשְׂמַח הַר צִיּוֹן, תָּגֵלְנָה בְּנוֹת יְהוּדָה,
לְמַעַן מִשְׁפָּטֶיךָ. סֹבּוּ צִיּוֹן וְהַקִּיפוּהָ,
סִפְרוּ מִגְדָּלֶיהָ. שִׁיתוּ לִבְּכֶם לְחֵילָה,
פַּסְּגוּ אַרְמְנוֹתֶיהָ, לְמַעַן תְּסַפְּרוּ לְדוֹר אַחֲרוֹן.

□ כִּי זֶה אֱלֹהִים אֱלֹהֵינוּ עוֹלָם וָעֶד,
הוּא יְנַהֲגֵנוּ עַל מוּת.

Mizmor Shir: page 50; Mourner's Kaddish: page 52

THE PSALM FOR MONDAY

On the second day of the week the Levites would recite this Psalm in the Temple:

A song. A psalm of the sons of Koraḥ.

Great is the Lord, and highly praised
in the city of our God, on His holy mountain.

Splendid, sublime on the north is Mount Zion,
joy of all the earth, city of the great King.

Through her citadels God is known as a refuge.

The kings conspired and advanced,
but when they saw her they were astounded.
Panic stunned them, they fled in fright,

seized with trembling like a woman in labor,
shattered like a fleet wrecked by an east wind.

What we once heard we now have witnessed
in the city of Adonai tzeva'ot, in the city of our God.
May God preserve it forever.

In Your temple, God, we meditate upon Your kindness.
Your glory, like Your name, reaches the ends of the earth.
Your right hand is filled with justice.

Let Zion be glad, let the cities of Judah rejoice
because of Your judgments.

Walk all about Zion, encircle her. Count her towers,
review her ramparts, scan her citadels.

Then tell her story to later generations,
tell of our God who will guide us forever.

PSALM 48

THE PSALM FOR TUESDAY

הַיּוֹם יוֹם שְׁלִישִׁי בְּשַׁבָּת
שֶׁבּוֹ הָיוּ הַלְוִיִּם אוֹמְרִים בְּבֵית הַמִּקְדָּשׁ:

מִזְמוֹר לְאָסָף.

אֱלֹהִים נִצָּב בַּעֲדַת אֵל,
בְּקֶרֶב אֱלֹהִים יִשְׁפֹּט:

„עַד מָתַי תִּשְׁפְּטוּ־עָוֶל,
וּפְנֵי רְשָׁעִים תִּשְׂאוּ, סֶלָה.
שִׁפְטוּ דָל וְיָתוֹם, עָנִי וָרָשׁ הַצְדִּיקוּ.
פַּלְּטוּ דַל וְאֶבְיוֹן, מִיַּד רְשָׁעִים הַצִּילוּ.״

לֹא יָדְעוּ וְלֹא יָבִינוּ, בַּחֲשֵׁכָה יִתְהַלָּכוּ,
יִמּוֹטוּ כָּל־מוֹסְדֵי אָרֶץ.

אֲנִי אָמַרְתִּי אֱלֹהִים אַתֶּם, וּבְנֵי עֶלְיוֹן כֻּלְּכֶם.
אָכֵן כְּאָדָם תְּמוּתוּן, וּכְאַחַד הַשָּׂרִים תִּפֹּלוּ.

□ קוּמָה אֱלֹהִים, שָׁפְטָה הָאָרֶץ,
כִּי אַתָּה תִנְחַל בְּכָל־הַגּוֹיִם.

Mizmor Shir: page 50; Mourner's Kaddish: page 52

THE PSALM FOR WEDNESDAY

הַיּוֹם יוֹם רְבִיעִי בְּשַׁבָּת
שֶׁבּוֹ הָיוּ הַלְוִיִּם אוֹמְרִים בְּבֵית הַמִּקְדָּשׁ:

אֵל נְקָמוֹת, יהוה, אֵל נְקָמוֹת, הוֹפִיעַ.

הִנָּשֵׂא, שֹׁפֵט הָאָרֶץ, הָשֵׁב גְּמוּל עַל גֵּאִים.

עַד מָתַי רְשָׁעִים, יהוה, עַד מָתַי רְשָׁעִים יַעֲלֹזוּ.

יַבִּיעוּ יְדַבְּרוּ עָתָק, יִתְאַמְּרוּ כָּל־פֹּעֲלֵי אָוֶן.

עַמְּךָ יהוה יְדַכְּאוּ, וְנַחֲלָתְךָ יְעַנּוּ.
אַלְמָנָה וְגֵר יַהֲרֹגוּ, וִיתוֹמִים יְרַצֵּחוּ.

THE PSALM FOR TUESDAY

*On the third day of the week the Levites would
recite this Psalm in the Temple:*

A Psalm of Asaph.

God rises in the court of the mighty;
He pronounces judgment over judges:

*"How long will you pervert justice?
How long will you favor the wicked?*

"Champion the weak and the orphan;
uphold the downtrodden and destitute.

*"Rescue the weak and the needy,
save them from the grip of the wicked."*

But they neither know nor understand;
they wander about in darkness
while the earth's foundations are shaken.

*I thought you were Godlike, children of the Most High,
but you will die like mortals,
like any prince will you fall.*

Arise, O God, and judge the earth,
for Your dominion is over all nations.

PSALM 82

THE PSALM FOR WEDNESDAY

*On the fourth day of the week the Levites would
recite this Psalm in the Temple:*

God of retribution, Lord, God of retribution appear.
Judge of the earth, give the arrogant their deserts.

*How long, Lord, how long shall the wicked exult?
They pour out arrogance, swaggering, boasting.*

They crush Your people, Lord, they oppress Your very own.

Widows and strangers they slay; orphans they murder.

וַיֹּאמְרוּ לֹא יִרְאֶה יָּהּ, וְלֹא יָבִין אֱלֹהֵי יַעֲקֹב.

בִּינוּ בֹּעֲרִים בָּעָם, וּכְסִילִים מָתַי תַּשְׂכִּילוּ.

הֲנֹטַע אֹזֶן הֲלֹא יִשְׁמָע, אִם יוֹצֵר עַיִן הֲלֹא יַבִּיט.

הֲיֹסֵר גּוֹיִם הֲלֹא יוֹכִיחַ, הַמְלַמֵּד אָדָם דָּעַת.

יהוה יֹדֵעַ מַחְשְׁבוֹת אָדָם, כִּי הֵמָּה הָבֶל.

אַשְׁרֵי הַגֶּבֶר אֲשֶׁר תְּיַסְּרֶנּוּ יָּהּ, וּמִתּוֹרָתְךָ תְלַמְּדֶנּוּ.
לְהַשְׁקִיט לוֹ מִימֵי רָע, עַד יִכָּרֶה לָרָשָׁע שָׁחַת.

כִּי לֹא יִטֹּשׁ יהוה עַמּוֹ, וְנַחֲלָתוֹ לֹא יַעֲזֹב.

כִּי עַד צֶדֶק יָשׁוּב מִשְׁפָּט, וְאַחֲרָיו כָּל־יִשְׁרֵי לֵב.

מִי יָקוּם לִי עִם מְרֵעִים, מִי יִתְיַצֵּב לִי עִם פֹּעֲלֵי אָוֶן.

לוּלֵי יהוה עֶזְרָתָה לִּי, כִּמְעַט שָׁכְנָה דוּמָה נַפְשִׁי.

אִם אָמַרְתִּי מָטָה רַגְלִי, חַסְדְּךָ יהוה יִסְעָדֵנִי.
בְּרֹב שַׂרְעַפַּי בְּקִרְבִּי, תַּנְחוּמֶיךָ יְשַׁעַשְׁעוּ נַפְשִׁי.

הַיְחָבְרְךָ כִּסֵּא הַוּוֹת, יֹצֵר עָמָל עֲלֵי חֹק.

יָגוֹדּוּ עַל נֶפֶשׁ צַדִּיק, וְדָם נָקִי יַרְשִׁיעוּ.

וַיְהִי יהוה לִי לְמִשְׂגָּב, וֵאלֹהַי לְצוּר מַחְסִי.

וַיָּשֶׁב עֲלֵיהֶם אֶת־אוֹנָם, וּבְרָעָתָם יַצְמִיתֵם,
יַצְמִיתֵם יהוה אֱלֹהֵינוּ.

□ לְכוּ נְרַנְּנָה לַיהוה, נָרִיעָה לְצוּר יִשְׁעֵנוּ.

נְקַדְּמָה פָנָיו בְּתוֹדָה, בִּזְמִרוֹת נָרִיעַ לוֹ.

כִּי אֵל גָּדוֹל יהוה, וּמֶלֶךְ גָּדוֹל עַל כָּל־אֱלֹהִים.

Mizmor Shir: page 50; Mourner's Kaddish: page 52

They say, "The Lord does not see,
the God of Jacob pays no heed."

Be discerning, you dullards. When will you fools be wise?

Surely He who shapes the ear can hear.
Surely He who forms the eye can see.

*Surely He who disciplines nations will chastise,
He who teaches mortals knowledge.*

The Lord knows human schemes, how futile they are.
Blessed the one whom He disciplines and teaches Torah,

*training him to wait calmly in adversity
until a pit be dug for the wicked.*

The Lord will not abandon His people,
He will not forsake His very own.

*Justice will return to the righteous;
all the upright in heart will strive for it.*

Who will stand up for me against the ungodly?
Who will take my part against evildoers?

Were it not for God's help, I would be in my grave.

When my foot slips, the Lord's love supports me.
When I am filled with cares, His comfort soothes my soul.

*Are You allied with seats of wickedness,
those who frame injustice by statute?*

They organize against the righteous,
they condemn the innocent to death.

The Lord is my refuge; my God is my sheltering Rock.

He will repay them for their wickedness,
destroy them with their own evil.
The Lord our God will destroy them.

> PSALM 94

*Let us sing to the Lord,
acclaim our Rock of deliverance.*

Let us greet Him with praise and sing songs in joy.
The Lord is exalted, beyond all that is worshiped.

> PSALM 95:1–3

הַיּוֹם יוֹם חֲמִישִׁי בְּשַׁבָּת
שֶׁבּוֹ הָיוּ הַלְוִיִּם אוֹמְרִים בְּבֵית הַמִּקְדָּשׁ:

לַמְנַצֵּחַ עַל הַגִּתִּית לְאָסָף.

הַרְנִינוּ לֵאלֹהִים עוּזֵּנוּ,
הָרִיעוּ לֵאלֹהֵי יַעֲקֹב.

שְׂאוּ זִמְרָה וּתְנוּ תֹף,
כִּנּוֹר נָעִים עִם נָבֶל.

תִּקְעוּ בַחֹדֶשׁ שׁוֹפָר,
בַּכֶּסֶה לְיוֹם חַגֵּנוּ.

כִּי חֹק לְיִשְׂרָאֵל הוּא, מִשְׁפָּט לֵאלֹהֵי יַעֲקֹב.

עֵדוּת בִּיהוֹסֵף שָׂמוֹ, בְּצֵאתוֹ עַל אֶרֶץ מִצְרָיִם,
שְׂפַת לֹא יָדַעְתִּי אֶשְׁמָע.

הֲסִירוֹתִי מִסֵּבֶל שִׁכְמוֹ, כַּפָּיו מִדּוּד תַּעֲבֹרְנָה.

בַּצָּרָה קָרָאתָ וָאֲחַלְּצֶךָּ, אֶעֶנְךָ בְּסֵתֶר רַעַם,
אֶבְחָנְךָ עַל מֵי מְרִיבָה, סֶלָה.

שְׁמַע עַמִּי וְאָעִידָה בָּךְ, יִשְׂרָאֵל אִם תִּשְׁמַע לִי:

לֹא יִהְיֶה בְךָ אֵל זָר, וְלֹא תִשְׁתַּחֲוֶה לְאֵל נֵכָר.

אָנֹכִי יהוה אֱלֹהֶיךָ, הַמַּעַלְךָ מֵאֶרֶץ מִצְרָיִם,
הַרְחֶב פִּיךָ וַאֲמַלְאֵהוּ.

וְלֹא שָׁמַע עַמִּי לְקוֹלִי, וְיִשְׂרָאֵל לֹא אָבָה לִי.

וָאֲשַׁלְּחֵהוּ בִּשְׁרִירוּת לִבָּם, יֵלְכוּ בְּמוֹעֲצוֹתֵיהֶם.

לוּ עַמִּי שֹׁמֵעַ לִי, יִשְׂרָאֵל בִּדְרָכַי יְהַלֵּכוּ.
כִּמְעַט אוֹיְבֵיהֶם אַכְנִיעַ, וְעַל צָרֵיהֶם אָשִׁיב יָדִי.

☐ מְשַׂנְאֵי יהוה יְכַחֲשׁוּ לוֹ, וִיהִי עִתָּם לְעוֹלָם.

וַיַּאֲכִילֵהוּ מֵחֵלֶב חִטָּה, וּמִצּוּר דְּבַשׁ אַשְׂבִּיעֶךָ.

Mizmor Shir: page 50; Mourner's Kaddish: page 52

THE PSALM FOR THURSDAY

On the fifth day of the week the Levites would recite this Psalm in the Temple:

Sing with joy to God, our strength;
shout with gladness to the God of Jacob.

Strike up a melody, sound the timbrel;
play sweet tones on harp and lyre.

Sound the shofar on the New Moon,
on the full moon for our festive day.

It is the law for the people Israel,
the God of Jacob sits in judgment.

He ordained it as a decree for Joseph
when He rose against the land of Egypt.

Then I heard a voice I never knew:
"I removed the burden from your shoulder,
your hands were freed from the load.

"When you called in distress I rescued you;
unseen, I answered you in thunder.
I tested your faith in the wilderness."

Hear this warning, My people; Israel, if you would only listen:

"You shall have no strange god among you;
you shall not worship an alien god.

"I am your God who brought you up out of Egypt;
open your mouth wide and I will fill it."

But My people did not listen, Israel would have none of Me.

So I gave them over to their stubborness,
I let them follow their own devices.

If only My people would listen to Me,
if the people Israel would walk in My ways,

then would I soon subdue their foes
and strike out at their oppressors.

Enemies of the Lord shall be humbled; their doom shall be eternal.

But you would I feed with richest wheat,
with honey from the rock would I satisfy you.

PSALM 81

THE PSALM FOR FRIDAY

הַיּוֹם יוֹם שִׁשִּׁי בְּשַׁבָּת
שֶׁבּוֹ הָיוּ הַלְוִיִּם אוֹמְרִים בְּבֵית הַמִּקְדָּשׁ:

יהוה מָלָךְ גֵּאוּת לָבֵשׁ,
לָבֵשׁ יהוה, עֹז הִתְאַזָּר,
אַף תִּכּוֹן תֵּבֵל בַּל תִּמּוֹט.

נָכוֹן כִּסְאֲךָ מֵאָז, מֵעוֹלָם אָתָּה.

נָשְׂאוּ נְהָרוֹת יהוה, נָשְׂאוּ נְהָרוֹת קוֹלָם,
יִשְׂאוּ נְהָרוֹת דָּכְיָם.

מִקֹּלוֹת מַיִם רַבִּים אַדִּירִים מִשְׁבְּרֵי יָם,
אַדִּיר בַּמָּרוֹם יהוה.

□ עֵדֹתֶיךָ נֶאֶמְנוּ מְאֹד,
לְבֵיתְךָ נַאֲוָה קֹדֶשׁ יהוה לְאֹרֶךְ יָמִים.

Mizmor Shir: page 50; Mourner's Kaddish: page 52

THE PSALM FOR SHABBAT

הַיּוֹם יוֹם שַׁבַּת קֹדֶשׁ,
שֶׁבּוֹ הָיוּ הַלְוִיִּם אוֹמְרִים בְּבֵית הַמִּקְדָּשׁ.

מִזְמוֹר שִׁיר לְיוֹם הַשַּׁבָּת.

טוֹב לְהֹדוֹת לַיהוה, וּלְזַמֵּר לְשִׁמְךָ עֶלְיוֹן.
לְהַגִּיד בַּבֹּקֶר חַסְדֶּךָ, וֶאֱמוּנָתְךָ בַּלֵּילוֹת.
עֲלֵי עָשׂוֹר וַעֲלֵי נָבֶל, עֲלֵי הִגָּיוֹן בְּכִנּוֹר.
כִּי שִׂמַּחְתַּנִי יהוה בְּפָעֳלֶךָ, בְּמַעֲשֵׂי יָדֶיךָ אֲרַנֵּן.
מַה־גָּדְלוּ מַעֲשֶׂיךָ יהוה, מְאֹד עָמְקוּ מַחְשְׁבֹתֶיךָ.
אִישׁ בַּעַר לֹא יֵדָע, וּכְסִיל לֹא יָבִין אֶת־זֹאת.

THE PSALM FOR FRIDAY

On the sixth day of the week the Levites would
recite this Psalm in the Temple:

The Lord is King, crowned with splendor;
the Lord reigns, robed in strength.

He set the earth on a sure foundation.
He created a world that stands firm.

His kingdom stands from earliest time.
He is eternal.

The rivers may rise and rage,
the waters may pound and roar,
the floods may spread and storm;

above the crash of the sea and its breakers,
awesome is the Lord our God.

Your decrees, O Lord, never fail.
Holiness befits Your house for eternity.

PSALM 93

THE PSALM FOR SHABBAT

On Shabbat the Levites would recite
this Psalm in the Temple:

A Song for Shabbat.

It is good to acclaim the Lord,
to sing Your praise, exalted God,

to proclaim Your love each morning,
to tell of Your faithfulness each night,

to the music of the lute and the melody of the harp.

Your works, O Lord, make me glad;
I sing with joy of Your creation.

How vast Your works, O Lord.
Your designs are beyond our grasp.

The thoughtless cannot comprehend,
the foolish cannot fathom this:

בִּפְרֹחַ רְשָׁעִים כְּמוֹ עֵשֶׂב, וַיָּצִיצוּ כָּל־פֹּעֲלֵי אָוֶן,
לְהִשָּׁמְדָם עֲדֵי עַד. וְאַתָּה מָרוֹם לְעֹלָם יהוה.

כִּי הִנֵּה אֹיְבֶיךָ, יהוה,
כִּי הִנֵּה אֹיְבֶיךָ יֹאבֵדוּ,
יִתְפָּרְדוּ כָּל־פֹּעֲלֵי אָוֶן.

וַתָּרֶם כִּרְאֵים קַרְנִי,
בַּלֹּתִי בְּשֶׁמֶן רַעֲנָן.

וַתַּבֵּט עֵינִי בְּשׁוּרָי,
בַּקָּמִים עָלַי מְרֵעִים תִּשְׁמַעְנָה אָזְנָי.

צַדִּיק כַּתָּמָר יִפְרָח,
כְּאֶרֶז בַּלְּבָנוֹן יִשְׂגֶּה.

שְׁתוּלִים בְּבֵית יהוה
בְּחַצְרוֹת אֱלֹהֵינוּ יַפְרִיחוּ.

□ עוֹד יְנוּבוּן בְּשֵׂיבָה, דְּשֵׁנִים וְרַעֲנַנִּים יִהְיוּ.
לְהַגִּיד כִּי יָשָׁר יהוה, צוּרִי וְלֹא עַוְלָתָה בּוֹ.

Mizmor Shir: page 50; Mourner's Kaddish: page 52

THE PSALM FOR ROSH HODESH

בָּרְכִי נַפְשִׁי אֶת־יהוה.

יהוה אֱלֹהַי גָּדַלְתָּ מְאֹד, הוֹד וְהָדָר לָבָשְׁתָּ.

עֹטֶה אוֹר כַּשַּׂלְמָה, נוֹטֶה שָׁמַיִם כַּיְרִיעָה.

הַמְקָרֶה בַמַּיִם עֲלִיּוֹתָיו,
הַשָּׂם עָבִים רְכוּבוֹ,
הַמְהַלֵּךְ עַל כַּנְפֵי־רוּחַ.

עֹשֶׂה מַלְאָכָיו רוּחוֹת, מְשָׁרְתָיו אֵשׁ לֹהֵט.

יָסַד אֶרֶץ עַל מְכוֹנֶיהָ, בַּל תִּמּוֹט עוֹלָם וָעֶד.
תְּהוֹם כַּלְּבוּשׁ כִּסִּיתוֹ, עַל הָרִים יַעַמְדוּ מָיִם.

The wicked may flourish,
they may spring up like grass,
but their doom is forever sealed,
for You are supreme forever.

Your enemies, Lord, Your enemies shall perish;
all the wicked shall disintegrate.

But You have greatly exalted me;
I am anointed as with fragrant oil.

I have seen the downfall of my foes;
I have heard the doom of my attackers.

The righteous shall flourish like the palm tree;
they shall thrive like a cedar of Lebanon.

Planted in the house of the Lord,
they shall flourish in the courts of our God.

They shall bear fruit even in old age;
they shall be ever fresh and fragrant.

They shall proclaim: The Lord is just.
He is my Rock, in whom there is no flaw.

PSALM 92

THE PSALM FOR ROSH ḤODESH

Praise the Lord, my soul.
O Lord, my God, You are great indeed,
clothed in grandeur and glory,

wrapped in light as in a garment,
unfolding the heavens like a curtain.

On waters You lay the beams of Your chambers;
You take the clouds for Your chariot,
riding the wings of the wind.

You make the winds Your messengers,
fire and flame Your servants.

You set the earth on its foundation
so that it should never collapse.

The deep covered it like a cloak,
till the waters rose over the mountains.

מִן גַּעֲרָתְךָ יְנוּסוּן,
מִן קוֹל רַעַמְךָ יֵחָפֵזוּן.

יַעֲלוּ הָרִים יֵרְדוּ בְקָעוֹת,
אֶל מְקוֹם זֶה יָסַדְתָּ לָהֶם.

גְּבוּל שַׂמְתָּ בַּל יַעֲבֹרוּן,
בַּל יְשֻׁבוּן לְכַסּוֹת הָאָרֶץ.

הַמְשַׁלֵּחַ מַעְיָנִים בַּנְּחָלִים, בֵּין הָרִים יְהַלֵּכוּן.

יַשְׁקוּ כָּל־חַיְתוֹ שָׂדָי, יִשְׁבְּרוּ פְרָאִים צְמָאָם.

עֲלֵיהֶם עוֹף הַשָּׁמַיִם יִשְׁכּוֹן,
מִבֵּין עֳפָאיִם יִתְּנוּ קוֹל.

מַשְׁקֶה הָרִים מֵעֲלִיּוֹתָיו,
מִפְּרִי מַעֲשֶׂיךָ תִּשְׂבַּע הָאָרֶץ.

מַצְמִיחַ חָצִיר לַבְּהֵמָה
וְעֵשֶׂב לַעֲבֹדַת הָאָדָם,
לְהוֹצִיא לֶחֶם מִן הָאָרֶץ.

וְיַיִן יְשַׂמַּח לְבַב אֱנוֹשׁ לְהַצְהִיל פָּנִים מִשָּׁמֶן,
וְלֶחֶם לְבַב אֱנוֹשׁ יִסְעָד.

יִשְׂבְּעוּ עֲצֵי יהוה, אַרְזֵי לְבָנוֹן אֲשֶׁר נָטָע.
אֲשֶׁר שָׁם צִפֳּרִים יְקַנֵּנוּ, חֲסִידָה בְּרוֹשִׁים בֵּיתָהּ.
הָרִים הַגְּבֹהִים לַיְּעֵלִים, סְלָעִים מַחְסֶה לַשְׁפַנִּים.
עָשָׂה יָרֵחַ לְמוֹעֲדִים, שֶׁמֶשׁ יָדַע מְבוֹאוֹ.
תָּשֶׁת חֹשֶׁךְ וִיהִי לָיְלָה, בּוֹ תִרְמֹשׂ כָּל־חַיְתוֹ־יָעַר.
הַכְּפִירִים שֹׁאֲגִים לַטָּרֶף וּלְבַקֵּשׁ מֵאֵל אָכְלָם.
תִּזְרַח הַשֶּׁמֶשׁ יֵאָסֵפוּן, וְאֶל מְעוֹנֹתָם יִרְבָּצוּן.

At Your rebuke they fled,
rushing away at the sound of Your thunder,

climbing mountains, pouring into valleys
to the place You had established for them.

You set the bounds which they may not pass,
so that never again shall they cover the earth.

You make springs gush forth in torrents
to flow between the hills.

The wild beasts all drink from them,
wild asses quench their thirst.

Birds of the heavens rest on their banks
and lift their voices among the branches.

From Your lofty abode You water the hills;
the earth is sated with the fruit of Your works.

You cause grass to grow for cattle
and plants for people to cultivate,
bringing forth bread from the earth,

wine to gladden the human heart,
and bread to sustain human life.

The trees of the Lord drink their fill,
the cedars of Lebanon which He planted.

Birds build their nests in them;
storks have their homes in the pines.

The high hills are for the wild goats;
the rocks are a refuge for badgers.

You made the moon to measure the seasons;
the sun knows its time for setting.

You bring on darkness and it is night
when all the beasts of the forest stir.

The young lions roar for prey,
seeking their food from God.

When the sun rises they steal away
and go to lie down in their dens.

יֵצֵא אָדָם לְפָעֳלוֹ וְלַעֲבֹדָתוֹ עֲדֵי עָרֶב.

מָה רַבּוּ מַעֲשֶׂיךָ יהוה,
כֻּלָּם בְּחָכְמָה עָשִׂיתָ,
מָלְאָה הָאָרֶץ קִנְיָנֶךָ.

זֶה הַיָּם גָּדוֹל וּרְחַב יָדָיִם,
שָׁם רֶמֶשׂ וְאֵין מִסְפָּר,
חַיּוֹת קְטַנּוֹת עִם גְּדֹלוֹת.

שָׁם אֳנִיּוֹת יְהַלֵּכוּן,
לִוְיָתָן זֶה יָצַרְתָּ לְשַׂחֶק בּוֹ.

כֻּלָּם אֵלֶיךָ יְשַׂבֵּרוּן
לָתֵת אָכְלָם בְּעִתּוֹ.

תִּתֵּן לָהֶם יִלְקֹטוּן,
תִּפְתַּח יָדְךָ יִשְׂבְּעוּן טוֹב.

תַּסְתִּיר פָּנֶיךָ יִבָּהֵלוּן,
תֹּסֵף רוּחָם יִגְוָעוּן,
וְאֶל עֲפָרָם יְשׁוּבוּן.

תְּשַׁלַּח רוּחֲךָ יִבָּרֵאוּן, וּתְחַדֵּשׁ פְּנֵי אֲדָמָה.

יְהִי כְבוֹד יהוה לְעוֹלָם, יִשְׂמַח יהוה בְּמַעֲשָׂיו.

הַמַּבִּיט לָאָרֶץ וַתִּרְעָד, יִגַּע בֶּהָרִים וְיֶעֱשָׁנוּ.

אָשִׁירָה לַיהוה בְּחַיָּי, אֲזַמְּרָה לֵאלֹהַי בְּעוֹדִי.

☐ יֶעֱרַב עָלָיו שִׂיחִי, אָנֹכִי אֶשְׂמַח בַּיהוה.

יִתַּמּוּ חַטָּאִים מִן הָאָרֶץ, וּרְשָׁעִים עוֹד אֵינָם.
בָּרְכִי נַפְשִׁי אֶת־יהוה, הַלְלוּיָהּ.

Mizmor Shir: page 50; Mourner's Kaddish: page 52

Then people go out to their work,
to their labor until evening.

How varied are Your works, O Lord;
in wisdom have You made them all.
The earth is filled with Your creatures.

Here is the great, vast sea, teeming
with numberless living things, great and small.

Here ships sail to and fro;
here is Leviathan which You made as a plaything.

All of them look to You
to give them their food at the proper time.

What You give them they gather up;
when You open Your hand, they eat their fill.

When You hide Your face they feel panic;
when You take their breath they perish
and return to their dust.

With Your breath they are created,
and You renew the face of the earth.

The glory of the Lord endures forever;
may He rejoice in His works.

When He looks at the earth, it quakes;
He touches the hills and they smoke.

I will sing to the Lord as long as I live;
all my life I will chant to my God.

May my meditations please Him;
I will rejoice in the Lord.

Let sins disappear from the earth
and the wicked will be no more.

Praise the Lord, my soul. Halleluyah.

PSALM 104

From Rosh Ḥodesh Elul through Hoshana Rabbah (in some congregations, through Yom Kippur)

THE PSALM ON DAYS OF AWE

לְדָוִד.

יהוה אוֹרִי וְיִשְׁעִי, מִמִּי אִירָא.
יהוה מָעוֹז חַיַּי, מִמִּי אֶפְחָד.

בִּקְרֹב עָלַי מְרֵעִים לֶאֱכֹל אֶת־בְּשָׂרִי,
צָרַי וְאֹיְבַי לִי הֵמָּה כָשְׁלוּ וְנָפָלוּ.

אִם תַּחֲנֶה עָלַי מַחֲנֶה לֹא יִירָא לִבִּי,
אִם תָּקוּם עָלַי מִלְחָמָה בְּזֹאת אֲנִי בוֹטֵחַ.

אַחַת שָׁאַלְתִּי מֵאֵת יהוה, אוֹתָהּ אֲבַקֵּשׁ:
שִׁבְתִּי בְּבֵית יהוה כָּל־יְמֵי חַיַּי,
לַחֲזוֹת בְּנֹעַם יהוה וּלְבַקֵּר בְּהֵיכָלוֹ.

כִּי יִצְפְּנֵנִי בְּסֻכֹּה בְּיוֹם רָעָה,
יַסְתִּרֵנִי בְּסֵתֶר אָהֳלוֹ, בְּצוּר יְרוֹמְמֵנִי.

וְעַתָּה יָרוּם רֹאשִׁי עַל אֹיְבַי סְבִיבוֹתַי,
וְאֶזְבְּחָה בְאָהֳלוֹ זִבְחֵי תְרוּעָה,
אָשִׁירָה וַאֲזַמְּרָה לַיהוה.

שְׁמַע יהוה, קוֹלִי אֶקְרָא, וְחָנֵּנִי וַעֲנֵנִי.

לְךָ אָמַר לִבִּי בַּקְּשׁוּ פָנָי,
אֶת־פָּנֶיךָ יהוה אֲבַקֵּשׁ.

אַל תַּסְתֵּר פָּנֶיךָ מִמֶּנִּי,
אַל תַּט בְּאַף עַבְדֶּךָ, עֶזְרָתִי הָיִיתָ,
אַל תִּטְּשֵׁנִי וְאַל תַּעַזְבֵנִי אֱלֹהֵי יִשְׁעִי.

כִּי אָבִי וְאִמִּי עֲזָבוּנִי וַיהוה יַאַסְפֵנִי.

הוֹרֵנִי יהוה דַּרְכֶּךָ וּנְחֵנִי בְּאֹרַח מִישׁוֹר לְמַעַן שׁוֹרְרָי.

From Rosh Ḥodesh Elul through Hoshana Rabbah (in some congregations, through Yom Kippur)

 ## THE PSALM ON DAYS OF AWE

A Psalm of David.

The Lord is my light and my help.
Whom shall I fear?

The Lord is the strength of my life.
Whom shall I dread?

When evildoers draw near to slander me,
when foes threaten, they stumble and fall.

Though armies be arrayed against me,
I will have no fear.

Though wars threaten, I remain steadfast in my faith.

One thing I ask of the Lord, for this I yearn:
To dwell in the House of the Lord all the days of my life,
to behold His beauty, to pray in His sanctuary.

He will hide me in His shrine, safe from peril.
He will shelter me beyond the reach of disaster.

He will raise my head high above my enemies.
I will bring Him offerings with shouts of joy,
singing, chanting praise to the Lord.

O Lord, hear my voice when I call;
be gracious to me, and answer.

It is You that I seek, says my heart.
It is Your Presence that I seek, O Lord.

Hide not from me, reject not Your servant.

You have always been my help, do not abandon me.
Forsake me not, my God of deliverance.

Though my father and my mother leave me,
the Lord will care for me.

Teach me Your way, O Lord;
guide me on the right path, to confound my oppressors.

אַל תִּתְּנֵנִי בְּנֶפֶשׁ צָרָי,

כִּי קָמוּ בִי עֵדֵי שֶׁקֶר וִיפֵחַ חָמָס.

□ לוּלֵא הֶאֱמַנְתִּי לִרְאוֹת בְּטוּב יהוה בְּאֶרֶץ חַיִּים.

קַוֵּה אֶל יהוה, חֲזַק וְיַאֲמֵץ לִבֶּךָ וְקַוֵּה אֶל יהוה.

Mizmor Shir: page 50; Mourner's Kaddish: page 52

*In a house of mourning, select one of the
following two psalms*

A PSALM FOR A HOUSE OF MOURNING

לַמְנַצֵּחַ, לִבְנֵי־קֹרַח, מִזְמוֹר.

שִׁמְעוּ זֹאת, כָּל־הָעַמִּים,

הַאֲזִינוּ, כָּל־יוֹשְׁבֵי חָלֶד.

גַּם בְּנֵי אָדָם גַּם בְּנֵי אִישׁ,

יַחַד עָשִׁיר וְאֶבְיוֹן.

פִּי יְדַבֵּר חָכְמוֹת, וְהָגוּת לִבִּי תְבוּנוֹת.

אַטֶּה לְמָשָׁל אָזְנִי, אֶפְתַּח בְּכִנּוֹר חִידָתִי.

לָמָּה אִירָא בִּימֵי רָע, עֲוֹן עֲקֵבַי יְסוּבֵּנִי.

הַבֹּטְחִים עַל חֵילָם, וּבְרֹב עָשְׁרָם יִתְהַלָּלוּ.

אָח לֹא פָדֹה יִפְדֶּה אִישׁ,

לֹא יִתֵּן לֵאלֹהִים כָּפְרוֹ.

וְיֵקַר פִּדְיוֹן נַפְשָׁם, וְחָדַל לְעוֹלָם.

וִיחִי עוֹד לָנֶצַח, לֹא יִרְאֶה הַשָּׁחַת.

כִּי יִרְאֶה חֲכָמִים יָמוּתוּ,

יַחַד כְּסִיל וָבַעַר יֹאבֵדוּ,

וְעָזְבוּ לַאֲחֵרִים חֵילָם.

קִרְבָּם בָּתֵּימוֹ לְעוֹלָם,

מִשְׁכְּנֹתָם לְדוֹר וָדֹר,

קָרְאוּ בִשְׁמוֹתָם עֲלֵי אֲדָמוֹת.

Abandon me not to the will of my foes.

False witnesses have risen against me,
people who breathe out lies.

Mine is the faith that I surely shall see
the Lord's goodness in the land of the living.

Hope in the Lord and be strong.
Take courage, hope in the Lord.

PSALM 27

In a house of mourning, select one of the following two psalms

A PSALM FOR A HOUSE OF MOURNING

For the leader, a psalm of the Koraḥites.
Hear this, all you nations;
listen well, all who dwell on earth

the mighty as well as the humble,
the rich as well as the poor.

My mouth will utter wisdom, probings of a discerning heart.

I will turn my attention to teaching,
present my lesson to the music of a harp.

Why should I fear in time of trouble,
even when surrounded by treachery,
by those who put their trust in riches,
who glory in their great wealth?

None can save a brother from death,
or pay his ransom to God.

The price of life is too high.
There is no way to evade death forever.

Shall we live eternally? Shall we never see the grave?

The wise must die, even as the foolish and senseless,
leaving their possessions to others.

Their home eternal is the grave,
though they were famous on earth.

וְאָדָם בִּיקָר בַּל יָלִין,
נִמְשַׁל כַּבְּהֵמוֹת נִדְמוּ.
זֶה דַרְכָּם כֵּסֶל לָמוֹ,
וְאַחֲרֵיהֶם בְּפִיהֶם יִרְצוּ, סֶלָה.

כַּצֹּאן לִשְׁאוֹל שַׁתּוּ, מָוֶת יִרְעֵם,
וַיִּרְדּוּ בָם יְשָׁרִים לַבֹּקֶר,
וְצוּרָם לְבַלּוֹת שְׁאוֹל מִזְּבֻל לוֹ.

אַךְ אֱלֹהִים יִפְדֶּה נַפְשִׁי מִיַּד שְׁאוֹל כִּי יִקָּחֵנִי, סֶלָה.

אַל תִּירָא כִּי יַעֲשִׁר אִישׁ, כִּי יִרְבֶּה כְּבוֹד בֵּיתוֹ.
כִּי לֹא בְמוֹתוֹ יִקַּח הַכֹּל, לֹא יֵרֵד אַחֲרָיו כְּבוֹדוֹ.

כִּי נַפְשׁוֹ בְּחַיָּיו יְבָרֵךְ, וְיוֹדֻךָ כִּי תֵיטִיב לָךְ.

תָּבֹא עַד דּוֹר אֲבוֹתָיו, עַד נֵצַח לֹא יִרְאוּ אוֹר.

□ אָדָם בִּיקָר וְלֹא יָבִין, נִמְשַׁל כַּבְּהֵמוֹת נִדְמוּ.

Mizmor Shir: page 50; Mourner's Kaddish: page 52

A PSALM FOR A HOUSE OF MOURNING

לַמְנַצֵּחַ מַשְׂכִּיל לִבְנֵי קֹרַח.

כְּאַיָּל תַּעֲרֹג עַל אֲפִיקֵי מָיִם כֵּן נַפְשִׁי תַעֲרֹג אֵלֶיךָ אֱלֹהִים.

צָמְאָה נַפְשִׁי לֵאלֹהִים, לְאֵל חָי,
מָתַי אָבוֹא וְאֵרָאֶה פְּנֵי אֱלֹהִים.

הָיְתָה לִּי דִמְעָתִי לֶחֶם יוֹמָם וָלָיְלָה
בֶּאֱמֹר אֵלַי כָּל־הַיּוֹם, אַיֵּה אֱלֹהֶיךָ.

אֵלֶּה אֶזְכְּרָה וְאֶשְׁפְּכָה עָלַי נַפְשִׁי
כִּי אֶעֱבֹר בַּסָּךְ אֶדַּדֵּם עַד בֵּית אֱלֹהִים
בְּקוֹל רִנָּה וְתוֹדָה הָמוֹן חוֹגֵג.

For all the glory that they cherish,
mortals die, as the beasts that perish.

Such is the fate of the foolishly self-confident,
those who delight in their own speech.

Like sheep they are marked for death;
like sheep they are herded to their graves.

Straight into their tombs they go,
where they remain to waste away.

But God will redeem my life;
when He takes me He will save my soul.

Envy not a man his riches,
nor be jealous of his growing possessions.

For in death he can take nothing with him;
his wealth cannot follow him to the grave.

He may flatter himself in his lifetime
when praised for his good fortune.

Yet he must join his ancestors
who will never see daylight again.

For all the glory that they cherish,
mortals die, as the beasts that perish.

PSALM 49

A PSALM FOR A HOUSE OF MOURNING

For the leader, a psalm of the Koraḥites.
As a deer longs for flowing streams
I long for You, O God.

My soul thirsts for God, the living God.
When shall I sense God's Presence?

Day and night tears are my nourishment,
taunted all day with, "Where is your God?"

My soul in secret sorrow melts with grief,
recalling our procession to the house of God,
a festive throng, chanting songs of praise.

מַה תִּשְׁתּוֹחֲחִי נַפְשִׁי וַתֶּהֱמִי עָלָי,
הוֹחִילִי לֵאלֹהִים כִּי עוֹד אוֹדֶנּוּ יְשׁוּעוֹת פָּנָיו.
אֱלֹהַי עָלַי נַפְשִׁי תִשְׁתּוֹחָח,
עַל כֵּן אֶזְכָּרְךָ מֵאֶרֶץ יַרְדֵּן, וְחֶרְמוֹנִים מֵהַר מִצְעָר.
תְּהוֹם אֶל תְּהוֹם קוֹרֵא לְקוֹל צִנּוֹרֶיךָ,
כָּל־מִשְׁבָּרֶיךָ וְגַלֶּיךָ עָלַי עָבָרוּ.
יוֹמָם יְצַוֶּה יהוה חַסְדּוֹ וּבַלַּיְלָה שִׁירֹה עִמִּי תְּפִלָּה לְאֵל חַיָּי.
אוֹמְרָה לְאֵל סַלְעִי, לָמָה שְׁכַחְתָּנִי,
לָמָּה קֹדֵר אֵלֵךְ בְּלַחַץ אוֹיֵב.
בְּרֶצַח בְּעַצְמוֹתַי חֵרְפוּנִי צוֹרְרָי
בְּאָמְרָם אֵלַי כָּל־הַיּוֹם, אַיֵּה אֱלֹהֶיךָ.
מַה תִּשְׁתּוֹחֲחִי נַפְשִׁי וּמַה תֶּהֱמִי עָלָי.
□ הוֹחִילִי לֵאלֹהִים כִּי עוֹד אוֹדֶנּוּ יְשׁוּעֹת פָּנַי וֵאלֹהָי.

Mizmor Shir: page 50; Mourner's Kaddish: page 52

HYMN OF GLORY

The Ark is opened

אַנְעִים זְמִירוֹת וְשִׁירִים אֶאֱרוֹג, כִּי אֵלֶיךָ נַפְשִׁי תַעֲרוֹג.
נַפְשִׁי חָמְדָה בְּצֵל יָדֶךָ, לָדַעַת כָּל־רָז סוֹדֶךָ.
מִדֵּי דַבְּרִי בִּכְבוֹדֶךָ הוֹמֶה לִבִּי אֶל דּוֹדֶיךָ.
עַל כֵּן אֲדַבֵּר בְּךָ נִכְבָּדוֹת, וְשִׁמְךָ אֲכַבֵּד בְּשִׁירֵי יְדִידוֹת.
אֲסַפְּרָה כְבוֹדְךָ וְלֹא רְאִיתִיךָ, אֲדַמְּךָ אֲכַנְּךָ וְלֹא יְדַעְתִּיךָ.
בְּיַד נְבִיאֶיךָ בְּסוֹד עֲבָדֶיךָ דִּמִּיתָ הֲדַר כְּבוֹד הוֹדֶךָ.

How downcast my soul in despair.
Still I have hope in God;
I will yet praise Him for His saving Presence.

With my spirit brought low I remember the past,
Your miracles at Mount Sinai and the Jordan.

Deep calls to deep in the roar of Your torrents;
all of Your breakers and billows overwhelm me.

May the Lord show me His love by day;
then at night will I sing, praying to God of my life.

To God, my Rock, I cry: Why have You forgotten me?
Why must I walk in darkness, oppressed by evil?

When evil men taunt me murderously it is agony,
when all day long I hear, "Where is your God?"

How downcast my soul in despair.

Still I hope in God; I will yet praise Him,
my ever-present help, my God.

PSALM 42

 HYMN OF GLORY

The Ark is opened

Melodies I weave, songs I sweetly sing;
longing for Your Presence, to You I yearn to cling.

In Your shelter would my soul delight to dwell,
to grasp Your mystery, captured by Your spell.

Whenever I speak of Your glory so resplendent,
my heart yearns deeply for Your love transcendent.

Thus I glorify You in speech as in song,
declaring with my love: to You do I belong.

Without having seen You I declare Your praise;
without having known You I laud You and Your ways.

To Your assembled servants and in Your prophets' speech,
You alluded to Your glory which is beyond our reach.

גְּדֻלָּתְךָ וּגְבוּרָתֶךָ, כִּנּוּ לְתֹקֶף פְּעֻלָּתֶךָ.
דִּמּוּ אוֹתְךָ וְלֹא כְּפִי יֶשְׁךָ, וַיְשַׁוּוּךָ לְפִי מַעֲשֶׂיךָ.

הִמְשִׁילוּךָ בְּרוֹב חֶזְיוֹנוֹת, הִנְּךָ אֶחָד בְּכָל־דִּמְיוֹנוֹת.
וַיֶּחֱזוּ בְךָ זִקְנָה וּבַחֲרוּת, וּשְׂעַר רֹאשְׁךָ בְּשֵׂיבָה וְשַׁחֲרוּת.

זִקְנָה בְּיוֹם דִּין וּבַחֲרוּת בְּיוֹם קְרָב,
כְּאִישׁ מִלְחָמוֹת יָדָיו לוֹ רָב.

חָבַשׁ כּוֹבַע יְשׁוּעָה בְּרֹאשׁוֹ, הוֹשִׁיעָה לּוֹ יְמִינוֹ וּזְרוֹעַ קָדְשׁוֹ.

טַלְלֵי אוֹרוֹת רֹאשׁוֹ נִמְלָא, קְוֻצּוֹתָיו רְסִיסֵי לָיְלָה.
יִתְפָּאֵר בִּי כִּי חָפֵץ בִּי, וְהוּא יִהְיֶה לִּי לַעֲטֶרֶת צְבִי.

כֶּתֶם טָהוֹר פָּז דְּמוּת רֹאשׁוֹ, וְחַק עַל מֵצַח כְּבוֹד שֵׁם קָדְשׁוֹ.
לְחֵן וּלְכָבוֹד צְבִי תִפְאָרָה, אֻמָּתוֹ לוֹ עִטְּרָה עֲטָרָה.

מַחְלְפוֹת רֹאשׁוֹ כְּבִימֵי בְחֻרוֹת, קְוֻצּוֹתָיו תַּלְתַּלִּים שְׁחוֹרוֹת.
נְוֵה הַצֶּדֶק, בֵּית תִּפְאַרְתּוֹ, יַעֲלֶה נָּא עַל רֹאשׁ שִׂמְחָתוֹ.

סְגֻלָּתוֹ תְּהִי בְיָדוֹ עֲטֶרֶת, וּצְנִיף מְלוּכָה צְבִי תִפְאֶרֶת.
עֲמוּסִים נְשָׂאָם עֲטֶרֶת עִנְּדָם, מֵאֲשֶׁר יָקְרוּ בְעֵינָיו כִּבְּדָם.

פְּאֵרוֹ עָלַי וּפְאֵרִי עָלָיו, וְקָרוֹב אֵלַי בְּקָרְאִי אֵלָיו.
צַח וְאָדוֹם לִלְבוּשׁוֹ אָדוֹם, פּוּרָה בְדָרְכוֹ בְּבוֹאוֹ מֵאֱדוֹם.

קֶשֶׁר תְּפִלִּין הֶרְאָה לֶעָנָו, תְּמוּנַת יהוה לְנֶגֶד עֵינָיו.
רוֹצֶה בְּעַמּוֹ עֲנָוִים יְפָאֵר, יוֹשֵׁב תְּהִלּוֹת בָּם לְהִתְפָּאֵר.

The scope of Your greatness and the marvel of Your strength
are reflected in Your actions all described at length.

They have imagined You, but never as You are;
they tell of Your deeds, to portray You from afar.

They speak of You with parables in countless varied visions,
while You remain as One throughout all of their renditions.

They try to portray You as one now young, now old,
with hair now dark, now gray, as if it could be told.

Youth and force in battle, old age on judgment day;
like a seasoned warrior, with strength He clears the way.

He wears triumph as a helmet on His head,
His power and holiness have stood Him in good stead.

His head is covered with dawn-dew bathed in light,
His locks of hair are covered with dewdrops of the night.

He takes pride in me, the source of His delight;
and He will be my splendor whose praise I will recite.

His head is envisioned as pure and beaten gold,
bearing His holy name in letters large and bold.

With kindness and dignity, with splendor that they share,
His people Israel crown Him with their prayer.

Adorned is His head with the curly locks of youth,
black as a raven. He is splendid as the truth.

Nothing is more precious among all His good pleasures
than Zion, seat of splendor, chief among His treasures.

His cherished people adorn Him as a crown,
a royal diadem of beauty and renown.

In mutual devotion, in each other we glorify;
I know that He is near when unto Him I cry.

Radiant and ruddy, His garments red as wine,
He compresses sinning nations as grapes on a vine.

The knot of His tefillin He showed to Moses, humble, wise;
the Lord's vision and His ways revealed only to his eyes.

Exalting the humble, enthroned upon their praise,
He takes pleasure in His people, exalted through their ways.

רֹאשׁ דְּבָרְךָ אֱמֶת קוֹרֵא מֵרֹאשׁ דּוֹר וָדוֹר, עַם דּוֹרֶשְׁךָ דְּרוֹשׁ.

שִׁית הֲמוֹן שִׁירַי נָא עָלֶיךָ, וְרִנָּתִי תִּקְרַב אֵלֶיךָ.

תְּהִלָּתִי תְּהִי לְרֹאשְׁךָ עֲטֶרֶת, וּתְפִלָּתִי תִּכּוֹן קְטֹרֶת.

תִּיקַר שִׁירַת רָשׁ בְּעֵינֶיךָ, כַּשִּׁיר יוּשַׁר עַל קָרְבָּנֶיךָ.

בִּרְכָתִי תַעֲלֶה לְרֹאשׁ מַשְׁבִּיר, מְחוֹלֵל וּמוֹלִיד צַדִּיק כַּבִּיר.

וּבְבִרְכָתִי תְנַעֲנַע לִי רֹאשׁ, וְאוֹתָהּ קַח לְךָ כִּבְשָׂמִים רֹאשׁ.

יֶעֱרַב נָא שִׂיחִי עָלֶיךָ, כִּי נַפְשִׁי תַעֲרוֹג אֵלֶיךָ.

The Ark is closed

לְךָ יהוה הַגְּדֻלָּה וְהַגְּבוּרָה וְהַתִּפְאֶרֶת וְהַנֵּצַח וְהַהוֹד, כִּי כֹל בַּשָּׁמַיִם וּבָאָרֶץ, לְךָ יהוה הַמַּמְלָכָה וְהַמִּתְנַשֵּׂא לְכֹל לְרֹאשׁ. מִי יְמַלֵּל גְּבוּרוֹת יהוה, יַשְׁמִיעַ כָּל־תְּהִלָּתוֹ.

In some congregations, the Mourner's Kaddish is recited, on page 52

The service continues here:

מִזְמוֹר שִׁיר חֲנֻכַּת הַבַּיִת לְדָוִד.

אֲרוֹמִמְךָ יהוה כִּי דִלִּיתָנִי וְלֹא שִׂמַּחְתָּ אֹיְבַי לִי.

יהוה אֱלֹהָי, שִׁוַּעְתִּי אֵלֶיךָ וַתִּרְפָּאֵנִי.

יהוה הֶעֱלִיתָ מִן שְׁאוֹל נַפְשִׁי,
חִיִּיתַנִי מִיָּרְדִי־בוֹר.

זַמְּרוּ לַיהוה חֲסִידָיו, וְהוֹדוּ לְזֵכֶר קָדְשׁוֹ.

כִּי רֶגַע בְּאַפּוֹ, חַיִּים בִּרְצוֹנוֹ,
בָּעֶרֶב יָלִין בֶּכִי וְלַבֹּקֶר רִנָּה.

וַאֲנִי אָמַרְתִּי בְשַׁלְוִי, בַּל אֶמּוֹט לְעוֹלָם.

Your word is based on truth from the start of all Creation;
since we always seek You, seek the welfare of our nation.

Cherish my plentitude of song as Your own;
may my verses be permitted to approach Your throne.

My praise I humbly offer as a crown upon Your head;
we no longer offer incense, accept my prayer instead.

May the words of this my song be precious as the psalter
once offered in the Temple with sacrifice upon the altar.

May my prayer rise to the Creator of the miracle of birth,
Master of beginnings whose might and justice fill the earth.

And when I chant my prayer, may You greet it with assent;
the spirit of ancient offerings to You is my intent.

May You find sweet and pleasing my prayer and my songs;
my soul goes out in yearning, for You alone it longs.

The Ark is closed

Yours, O Lord, is the greatness and the power and the splendor. Yours
is the triumph and the majesty, for all in the heavens and on earth is
Yours. Yours, O Lord, is supreme sovereignty. Who can recount the
Lord's mighty deeds, who can do full justice to His praise?

*In some congregations, the Mourner's Kaddish is
recited, on page 53*

The service continues here:

A psalm of David, a song for the dedication of the temple.
I extol you, O Lord. You raised me up.
You did not permit foes to rejoice over me.

*Lord, I cried out and You healed me.
You saved me from the pit of death.*

Sing to the Lord, you faithful,
Acclaiming His holiness.

*His anger lasts a moment;
His love is for a lifetime.*

Tears may linger for a night,
but joy comes with the dawn.

*While at ease I once thought:
nothing can shake my security.*

יהוה בִּרְצוֹנְךָ הֶעֱמַדְתָּה לְהַרְרִי עֹז,
הִסְתַּרְתָּ פָנֶיךָ, הָיִיתִי נִבְהָל.

אֵלֶיךָ יהוה אֶקְרָא, וְאֶל אֲדֹנָי אֶתְחַנָּן.

מַה־בֶּצַע בְּדָמִי, בְּרִדְתִּי אֶל שָׁחַת.
הֲיוֹדְךָ עָפָר, הֲיַגִּיד אֲמִתֶּךָ.

שְׁמַע יהוה וְחָנֵּנִי, יהוה הֱיֵה עֹזֵר לִי.

הָפַכְתָּ מִסְפְּדִי לְמָחוֹל לִי,
פִּתַּחְתָּ שַׂקִּי וַתְּאַזְּרֵנִי שִׂמְחָה.

☐ לְמַעַן יְזַמֶּרְךָ כָבוֹד וְלֹא יִדֹּם,
יהוה אֱלֹהַי לְעוֹלָם אוֹדֶךָּ.

MOURNER'S KADDISH

Mourners and those observing Yahrzeit rise

יִתְגַּדַּל וְיִתְקַדַּשׁ שְׁמֵהּ רַבָּא בְּעָלְמָא דִּי בְרָא כִרְעוּתֵהּ, וְיַמְלִיךְ מַלְכוּתֵהּ בְּחַיֵּיכוֹן וּבְיוֹמֵיכוֹן וּבְחַיֵּי דְכָל־בֵּית יִשְׂרָאֵל, בַּעֲגָלָא וּבִזְמַן קָרִיב, וְאִמְרוּ אָמֵן.

Congregation and mourner:

יְהֵא שְׁמֵהּ רַבָּא מְבָרַךְ לְעָלַם וּלְעָלְמֵי עָלְמַיָּא.

Mourner:

יִתְבָּרַךְ וְיִשְׁתַּבַּח וְיִתְפָּאַר וְיִתְרוֹמַם וְיִתְנַשֵּׂא, וְיִתְהַדַּר וְיִתְעַלֶּה וְיִתְהַלַּל שְׁמֵהּ דְּקֻדְשָׁא, בְּרִיךְ הוּא לְעֵלָּא (לְעֵלָּא מִכָּל־) מִן כָּל־בִּרְכָתָא וְשִׁירָתָא, תֻּשְׁבְּחָתָא וְנֶחֱמָתָא דַּאֲמִירָן בְּעָלְמָא, וְאִמְרוּ אָמֵן.

יְהֵא שְׁלָמָא רַבָּא מִן שְׁמַיָּא וְחַיִּים עָלֵינוּ וְעַל כָּל־יִשְׂרָאֵל, וְאִמְרוּ אָמֵן.

עוֹשֶׂה שָׁלוֹם בִּמְרוֹמָיו, הוּא יַעֲשֶׂה שָׁלוֹם עָלֵינוּ וְעַל כָּל־יִשְׂרָאֵל, וְאִמְרוּ אָמֵן.

Favor me and I am a mountain of strength.
Hide Your face, Lord, and I am terrified.

To You, Lord, would I call;
before the Lord would I plead.

What profit is there if I am silenced,
what benefit if I go to my grave?

Will the dust praise You?
Will it proclaim Your faithfulness?

Hear me, Lord. Be gracious, be my help.

You turned my mourning into dancing.
You changed my sackcloth into robes of joy

that I might sing Your praise unceasingly,
that I might thank You, Lord my God, forever.

PSALM 30

 ## MOURNER'S KADDISH

Mourners and those observing Yahrzeit rise

Yitgadal ve-yitkadash sh'mei raba b'alma di v'ra khir'utei,
v'yamlikh malkhutei be-ḥayeikhon u-ve'yomeikhon u-ve-ḥayei
d'khol beit yisrael, ba-agala u-vi-z'man kariv, v'imru amen.

Congregation and mourner:

Y'hei sh'mei raba m'varakh l'alam u-l'almei almaya.

Mourner:

Yitbarakh v'yishtabaḥ v'yitpa'ar v'yitromam v'yitnasei, v'yit-hadar
v'yit'aleh v'yit-halal sh'mei d'kudsha, b'rikh hu l'ela (l'ela mi'kol)
min kol birkhata v'shirata, tushb'ḥata v'neḥemata da'amiran b'alma
v'imru amen.

Y'hei sh'lama raba min sh'maya v'ḥayim aleinu v'al kol yisrael,
v'imru amen.

Oseh shalom bi-m'romav, hu ya'aseh shalom aleinu v'al kol yisrael,
v'imru amen.

PESUKEI DE-ZIMRA

BARUKH SHEH-AMAR 🌿

*In the berakhah which introduces Pesukei
De-zimra, we praise our eternal, compassionate
Creator. Our chanting of Psalms celebrates
God's sovereignty.*

בָּרוּךְ שֶׁאָמַר וְהָיָה הָעוֹלָם, בָּרוּךְ הוּא.
בָּרוּךְ עֹשֶׂה בְרֵאשִׁית, בָּרוּךְ אוֹמֵר וְעוֹשֶׂה,
בָּרוּךְ גּוֹזֵר וּמְקַיֵּם, בָּרוּךְ מְרַחֵם עַל הָאָרֶץ,
בָּרוּךְ מְרַחֵם עַל הַבְּרִיּוֹת, בָּרוּךְ מְשַׁלֵּם שָׂכָר טוֹב לִירֵאָיו,
בָּרוּךְ חַי לָעַד וְקַיָּם לָנֶצַח, בָּרוּךְ פּוֹדֶה וּמַצִּיל, בָּרוּךְ שְׁמוֹ.

בָּרוּךְ אַתָּה יהוה אֱלֹהֵינוּ מֶלֶךְ הָעוֹלָם, הָאֵל, הָאָב הָרַחֲמָן,
הַמְהֻלָּל בְּפִי עַמּוֹ, מְשֻׁבָּח וּמְפֹאָר בִּלְשׁוֹן חֲסִידָיו וַעֲבָדָיו.
וּבְשִׁירֵי דָוִד עַבְדֶּךָ נְהַלֶּלְךָ יהוה אֱלֹהֵינוּ, בִּשְׁבָחוֹת וּבִזְמִירוֹת,
נְגַדֶּלְךָ וּנְשַׁבֵּחֲךָ וּנְפָאֶרְךָ וְנַזְכִּיר שִׁמְךָ וְנַמְלִיכְךָ מַלְכֵּנוּ אֱלֹהֵינוּ,
☐ יָחִיד חֵי הָעוֹלָמִים. מֶלֶךְ מְשֻׁבָּח וּמְפֹאָר עֲדֵי עַד שְׁמוֹ
הַגָּדוֹל. בָּרוּךְ אַתָּה יהוה מֶלֶךְ מְהֻלָּל בַּתִּשְׁבָּחוֹת.

*Some congregations select from among the
passages on the following pages (54–88),
varying the selections from day to day*

הוֹדוּ לַיהוה, קִרְאוּ בִשְׁמוֹ, הוֹדִיעוּ בָעַמִּים עֲלִילֹתָיו.
שִׁירוּ לוֹ, זַמְּרוּ לוֹ, שִׂיחוּ בְּכָל־נִפְלְאוֹתָיו.
הִתְהַלְלוּ בְּשֵׁם קָדְשׁוֹ, יִשְׂמַח לֵב מְבַקְשֵׁי יהוה.
הִתְהַלְלוּ בְּשֵׁם קָדְשׁוֹ,
יִשְׂמַח לֵב מְבַקְשֵׁי יהוה.
דִּרְשׁוּ יהוה וְעֻזּוֹ, בַּקְּשׁוּ פָנָיו תָּמִיד.
זִכְרוּ נִפְלְאֹתָיו אֲשֶׁר עָשָׂה,
מֹפְתָיו וּמִשְׁפְּטֵי־פִיהוּ.
זֶרַע יִשְׂרָאֵל עַבְדּוֹ, בְּנֵי יַעֲקֹב בְּחִירָיו.
הוּא יהוה אֱלֹהֵינוּ, בְּכָל־הָאָרֶץ מִשְׁפָּטָיו.

PESUKEI DE-ZIMRA

 ## BARUKH SHEH-AMAR

*In the berakhah which introduces Pesukei
De-zimra, we praise our eternal, compassionate
Creator. Our chanting of Psalms celebrates
God's sovereignty.*

He created the world with His word.
Praise Him.
Praise Him, Author of Creation.
His word is performance.
His decree is fulfillment. Praise Him.
His mercy embraces the world and all creatures.
Praise Him. He rewards those who revere Him.
He lives forever, endures eternally. Praise Him.
He redeems, He rescues. Praise Him.

We praise You, Lord our God, King of the universe, compassionate Father extolled by His people, glorified by His faithful servants. We laud You with the Psalms of Your servant David. We extol You in song; we celebrate Your fame in melody. We proclaim You King, singular, eternal God. Praised are You, Lord, King extolled with songs of praise.

*Some congregations select from among the
passages on the following pages (55–89),
varying the selections from day to day*

Acclaim the Lord, invoke His name,
make His deeds known among all people.

*Praise Him in song and in psalm,
recalling all of His wonders.*

Exult in His hallowed name;
let His seekers rejoice in their heart.

Seek the Lord and His strength, seek His Presence always.

Children of Israel His servant, chosen people of Jacob,

*remember the wonders He has wrought,
His marvels and His justice.*

He is the Lord our God; His justice fills the earth.

זִכְרוּ לְעוֹלָם בְּרִיתוֹ, דָּבָר צִוָּה לְאֶלֶף דּוֹר,
אֲשֶׁר כָּרַת אֶת־אַבְרָהָם, וּשְׁבוּעָתוֹ לְיִצְחָק,
וַיַּעֲמִידֶהָ לְיַעֲקֹב לְחֹק, לְיִשְׂרָאֵל בְּרִית עוֹלָם,
לֵאמֹר: לְךָ אֶתֵּן אֶרֶץ כְּנָעַן, חֶבֶל נַחֲלַתְכֶם.

בִּהְיוֹתְכֶם מְתֵי מִסְפָּר, כִּמְעַט וְגָרִים בָּהּ.
וַיִּתְהַלְּכוּ מִגּוֹי אֶל גּוֹי, וּמִמַּמְלָכָה אֶל עַם אַחֵר.

לֹא הִנִּיחַ לְאִישׁ לְעָשְׁקָם, וַיּוֹכַח עֲלֵיהֶם מְלָכִים:
אַל תִּגְּעוּ בִּמְשִׁיחָי, וּבִנְבִיאַי אַל תָּרֵעוּ.

שִׁירוּ לַיהוה כָּל־הָאָרֶץ,
בַּשְּׂרוּ מִיּוֹם אֶל יוֹם יְשׁוּעָתוֹ.
סַפְּרוּ בַגּוֹיִם אֶת־כְּבוֹדוֹ,
בְּכָל־הָעַמִּים נִפְלְאֹתָיו.

□ כִּי גָדוֹל יהוה וּמְהֻלָּל מְאֹד,
וְנוֹרָא הוּא עַל כָּל־אֱלֹהִים.
כִּי כָּל־אֱלֹהֵי הָעַמִּים אֱלִילִים,
וַיהוה שָׁמַיִם עָשָׂה.

הוֹד וְהָדָר לְפָנָיו, עֹז וְחֶדְוָה בִּמְקֹמוֹ.

הָבוּ לַיהוה מִשְׁפְּחוֹת עַמִּים,
הָבוּ לַיהוה כָּבוֹד וָעֹז.
הָבוּ לַיהוה כְּבוֹד שְׁמוֹ,
שְׂאוּ מִנְחָה וּבֹאוּ לְפָנָיו,
הִשְׁתַּחֲווּ לַיהוה בְּהַדְרַת קֹדֶשׁ.

חִילוּ מִלְּפָנָיו כָּל־הָאָרֶץ,
אַף תִּכּוֹן תֵּבֵל בַּל תִּמּוֹט.
יִשְׂמְחוּ הַשָּׁמַיִם וְתָגֵל הָאָרֶץ, וְיֹאמְרוּ בַגּוֹיִם יהוה מָלָךְ.

יִרְעַם הַיָּם וּמְלוֹאוֹ, יַעֲלֹץ הַשָּׂדֶה וְכָל־אֲשֶׁר בּוֹ.
אָז יְרַנְּנוּ עֲצֵי הַיָּעַר, מִלִּפְנֵי יהוה, כִּי בָא לִשְׁפּוֹט אֶת־הָאָרֶץ.

Remember His covenant always,
His word to a thousand generations,

His covenant with Abraham, His oath to Isaac,
His unchanging compact with Jacob,
His everlasting promise to Israel:

"I will give you the land of Canaan
as your inheritance, your possession."

You were very few in number, little more
than strangers in the land, wandering
from nation to nation, from kingdom to kingdom.

He would let no one oppress you,
admonishing kings for your sake:

"Touch not My anointed, harm not My prophets."

Sing to the Lord, all the earth;
proclaim His triumph day by day.

Declare His glory among the nations,
His marvels among all peoples.

Great is the Lord, and worthy of praise,
to be revered beyond all gods.

All the pagan gods are mere idols,
but the Lord created the heavens.

Grandeur and glory attend Him,
strength and joy abide in His dwelling.

Acclaim the Lord, you families of nations,
acclaim His glory and might.

Come into His Presence with an offering;
worship the Lord in the splendor of holiness.

Let all on earth tremble before Him,
for He fashioned and steadied the world.

Let the heavens rejoice and the earth exult.
Let the nations declare: the Lord is King.

Let the sea roar, and all that is in it;
let the fields exult, and all they contain.

Let trees of the forest sing for joy; the Lord comes to judge the earth.

הוֹדוּ לַיהוה כִּי טוֹב, כִּי לְעוֹלָם חַסְדּוֹ. וְאִמְרוּ: הוֹשִׁיעֵנוּ אֱלֹהֵי יִשְׁעֵנוּ, וְקַבְּצֵנוּ וְהַצִּילֵנוּ מִן הַגּוֹיִם, לְהוֹדוֹת לְשֵׁם קָדְשֶׁךָ, לְהִשְׁתַּבֵּחַ בִּתְהִלָּתֶךָ. בָּרוּךְ יהוה אֱלֹהֵי יִשְׂרָאֵל מִן הָעוֹלָם וְעַד הָעֹלָם, וַיֹּאמְרוּ כָל־הָעָם אָמֵן וְהַלֵּל לַיהוה.

□ רוֹמְמוּ יהוה אֱלֹהֵינוּ וְהִשְׁתַּחֲווּ לַהֲדֹם רַגְלָיו, קָדוֹשׁ הוּא. רוֹמְמוּ יהוה אֱלֹהֵינוּ וְהִשְׁתַּחֲווּ לְהַר קָדְשׁוֹ, כִּי קָדוֹשׁ יהוה אֱלֹהֵינוּ.

וְהוּא רַחוּם יְכַפֵּר עָוֺן וְלֹא יַשְׁחִית וְהִרְבָּה לְהָשִׁיב אַפּוֹ וְלֹא יָעִיר כָּל־חֲמָתוֹ. אַתָּה יהוה לֹא תִכְלָא רַחֲמֶיךָ מִמֶּנִּי, חַסְדְּךָ וַאֲמִתְּךָ תָּמִיד יִצְּרוּנִי. זְכֹר רַחֲמֶיךָ יהוה וַחֲסָדֶיךָ, כִּי מֵעוֹלָם הֵמָּה. תְּנוּ עֹז לֵאלֹהִים, עַל יִשְׂרָאֵל גַּאֲוָתוֹ וְעֻזּוֹ בַּשְּׁחָקִים. נוֹרָא אֱלֹהִים מִמִּקְדָּשֶׁיךָ, אֵל יִשְׂרָאֵל הוּא נֹתֵן עֹז וְתַעֲצֻמוֹת לָעָם בָּרוּךְ אֱלֹהִים. אֵל נְקָמוֹת יהוה, אֵל נְקָמוֹת הוֹפִיעַ. הִנָּשֵׂא שֹׁפֵט הָאָרֶץ, הָשֵׁב גְּמוּל עַל גֵּאִים. לַיהוה הַיְשׁוּעָה, עַל עַמְּךָ בִרְכָתֶךָ סֶּלָה. יהוה צְבָאוֹת עִמָּנוּ, מִשְׂגָּב לָנוּ אֱלֹהֵי יַעֲקֹב סֶלָה. □ יהוה צְבָאוֹת, אַשְׁרֵי אָדָם בֹּטֵחַ בָּךְ. יהוה הוֹשִׁיעָה, הַמֶּלֶךְ יַעֲנֵנוּ בְיוֹם קָרְאֵנוּ.

הוֹשִׁיעָה אֶת־עַמֶּךָ וּבָרֵךְ אֶת־נַחֲלָתֶךָ וּרְעֵם וְנַשְּׂאֵם עַד הָעוֹלָם. נַפְשֵׁנוּ חִכְּתָה לַיהוה, עֶזְרֵנוּ וּמָגִנֵּנוּ הוּא. כִּי בוֹ יִשְׂמַח לִבֵּנוּ, כִּי בְשֵׁם קָדְשׁוֹ בָטָחְנוּ. יְהִי חַסְדְּךָ יהוה עָלֵינוּ כַּאֲשֶׁר יִחַלְנוּ לָךְ. הַרְאֵנוּ יהוה חַסְדֶּךָ, וְיֶשְׁעֲךָ תִּתֶּן לָנוּ. קוּמָה עֶזְרָתָה לָּנוּ וּפְדֵנוּ לְמַעַן חַסְדֶּךָ. אָנֹכִי יהוה אֱלֹהֶיךָ הַמַּעַלְךָ מֵאֶרֶץ מִצְרָיִם, הַרְחֶב פִּיךָ וַאֲמַלְאֵהוּ. אַשְׁרֵי הָעָם שֶׁכָּכָה לּוֹ, אַשְׁרֵי הָעָם שֶׁיהוה אֱלֹהָיו. □ וַאֲנִי בְּחַסְדְּךָ בָטַחְתִּי, יָגֵל לִבִּי בִּישׁוּעָתֶךָ, אָשִׁירָה לַיהוה כִּי גָמַל עָלָי.

It is good to acclaim the Lord, for His love endures forever. Declare: "Save us, God of our salvation; gather us and deliver us from oppression, that we may acknowledge Your holiness, that we may take pride in Your praise. Praised be the Lord God of Israel from age to age. And all the people said "Amen" and "Praise the Lord."

I CHRONICLES 16:8–36

Exalt the Lord our God, worship Him in His sanctuary; He is holy. Exalt the Lord our God, worship Him at His holy mountain; for the Lord our God is holy.

God, being merciful, grants atonement for sin and does not destroy. Time and again He restrains wrath, refuses to let rage be all-consuming. Lord, withhold not Your compassion from me; may Your unfailing love always guard me. Lord, remember Your compassion and Your lovingkindness, for they are eternal. Acclaim the power of God, whose pride is in the people Israel, whose majesty is in the heavens. Awesome is God in His holy place; the God of Israel gives courage and strength to His people. Praised be God. God of vengeance, Lord, God of vengeance appear. Judge of the earth, give the arrogant their just deserts. Salvation is Yours, O Lord; may Your blessing be upon Your people. *Adonai tzeva'ot*, be with us. God of Jacob, be our protection. *Adonai tzeva'ot*, blessed are those who trust in You. O Lord, help us. Answer us, O King, when we call.

Save Your people, bless Your heritage; tend Your flock and sustain them forever. We wait hopefully for the Lord; He is our help and our shield. In Him our hearts rejoice, for in His holy name do we trust. May Your lovingkindness be extended to us, Lord, for we have placed our hope in You. Show us Your love, grant us Your saving power. Arise and come to our help; redeem us because of Your love. "I am the Lord your God who brought you out of the land of Egypt. Speak your desire and I will fulfill it." Blessed the people who are so privileged, blessed the people whose God is the Lord. I have trusted in Your love; may I rejoice in Your saving power. I shall sing to the Lord, for He has been bountiful to me.

On Shabbat and Festivals, we omit the following Psalm. It is also omitted on the day before Passover, on Ḥol Ha-Mo'ed Passover, and on the day before Yom Kippur.

מִזְמוֹר לְתוֹדָה.

הָרִיעוּ לַיהוה כׇּל־הָאָרֶץ.
עִבְדוּ אֶת־יהוה בְּשִׂמְחָה, בֹּאוּ לְפָנָיו בִּרְנָנָה.

דְּעוּ כִּי יהוה הוּא אֱלֹהִים,
הוּא עָשָׂנוּ וְלוֹ אֲנַחְנוּ, עַמּוֹ וְצֹאן מַרְעִיתוֹ.

בֹּאוּ שְׁעָרָיו בְּתוֹדָה,
חֲצֵרֹתָיו בִּתְהִלָּה,
הוֹדוּ לוֹ, בָּרְכוּ שְׁמוֹ.

□ כִּי טוֹב יהוה, לְעוֹלָם חַסְדּוֹ,
וְעַד דֹּר וָדֹר אֱמוּנָתוֹ.

On ordinary weekdays, we continue with יהי כבוד *on page 80*

On Shabbat and Festivals and on Hoshana Rabbah, the following psalms (or selections from among them) are recited, through page 78

לַמְנַצֵּחַ מִזְמוֹר לְדָוִד.
הַשָּׁמַיִם מְסַפְּרִים כְּבוֹד אֵל,
וּמַעֲשֵׂה יָדָיו מַגִּיד הָרָקִיעַ.
יוֹם לְיוֹם יַבִּיעַ אֹמֶר, וְלַיְלָה לְּלַיְלָה יְחַוֶּה־דָּעַת.
אֵין אֹמֶר וְאֵין דְּבָרִים, בְּלִי נִשְׁמָע קוֹלָם.
בְּכׇל־הָאָרֶץ יָצָא קַוָּם וּבִקְצֵה תֵבֵל מִלֵּיהֶם,
לַשֶּׁמֶשׁ שָׂם אֹהֶל בָּהֶם
וְהוּא כְּחָתָן יֹצֵא מֵחֻפָּתוֹ,
יָשִׂישׂ כְּגִבּוֹר לָרוּץ אֹרַח.

מִקְצֵה הַשָּׁמַיִם מוֹצָאוֹ,
וּתְקוּפָתוֹ עַל קְצוֹתָם וְאֵין נִסְתָּר מֵחַמָּתוֹ.

*On Shabbat and Festivals, we omit the following
Psalm. It is also omitted on the day before
Passover, on Ḥol Ha-mo'ed Passover and on the
day before Yom Kippur.*

A Psalm of praise.

Acclaim the Lord, all people on earth.

*Worship the Lord in gladness;
come before Him with joyous song.*

Know that the Lord is God. He fashioned us
and we are His, His people, the flock that He shepherds.

*Enter His gates with acclamation, His courts with praise.
Acclaim Him and praise Him.*

For the Lord is good, His love is eternal,
His faithfulness endures for all generations.

     PSALM 100

*On ordinary weekdays, we continue with "God's
glory . . ." on page 81*

*On Shabbat and Festivals and on Hoshana
Rabbah, the following psalms (or selections
from among them) are recited, through page 79*

A Song of David.
The heavens declare the glory of God;
the sky proclaims His handiwork.

*Day after day the word goes forth;
night after night the story is told.*

Soundless the speech, voiceless the talk,
yet the story is echoed throughout the world.

*The sun, from its tent in the heavens,
comes out like a bridegroom from his chamber,
exulting and eager as a champion to run his course.*

From the rim of the east it rises,
to sweep in majesty upward, westward,
warming all on earth as it passes.

תּוֹרַת יהוה תְּמִימָה, מְשִׁיבַת נָֽפֶשׁ.
עֵדוּת יהוה נֶאֱמָנָה, מַחְכִּימַת פֶּֽתִי.
פִּקּוּדֵי יהוה יְשָׁרִים, מְשַׂמְּחֵי־לֵב.

מִצְוַת יהוה בָּרָה, מְאִירַת עֵינָֽיִם.
יִרְאַת יהוה טְהוֹרָה, עוֹמֶֽדֶת לָעַד.
מִשְׁפְּטֵי יהוה אֱמֶת, צָֽדְקוּ יַחְדָּו.

הַנֶּחֱמָדִים מִזָּהָב וּמִפַּז רָב,
וּמְתוּקִים מִדְּבַשׁ וְנֹֽפֶת צוּפִים.
גַּם עַבְדְּךָ נִזְהָר בָּהֶם, בְּשָׁמְרָם עֵֽקֶב רָב.

שְׁגִיאוֹת מִי יָבִין, מִנִּסְתָּרוֹת נַקֵּֽנִי.
גַּם מִזֵּדִים חֲשֹׂךְ עַבְדֶּֽךָ, אַל יִמְשְׁלוּ בִי.
אָז אֵיתָם, וְנִקֵּֽיתִי מִפֶּֽשַׁע רָב.

□ יִהְיוּ לְרָצוֹן אִמְרֵי־פִי וְהֶגְיוֹן לִבִּי לְפָנֶֽיךָ,
יהוה צוּרִי וְגֹאֲלִי.

לְדָוִד בְּשַׁנּוֹתוֹ אֶת־טַעְמוֹ לִפְנֵי אֲבִימֶֽלֶךְ וַיְגָרְשֵֽׁהוּ וַיֵּלַךְ.

אֲבָרְכָה אֶת־יהוה בְּכָל־עֵת,
תָּמִיד תְּהִלָּתוֹ בְּפִי.

בַּיהוה תִּתְהַלֵּל נַפְשִׁי,
יִשְׁמְעוּ עֲנָוִים וְיִשְׂמָֽחוּ.

גַּדְּלוּ לַיהוה אִתִּי, וּנְרוֹמְמָה שְׁמוֹ יַחְדָּו.
דָּרַֽשְׁתִּי אֶת־יהוה וְעָנָֽנִי, וּמִכָּל־מְגוּרוֹתַי הִצִּילָֽנִי.
הִבִּֽיטוּ אֵלָיו וְנָהָֽרוּ, וּפְנֵיהֶם אַל יֶחְפָּֽרוּ.
זֶה עָנִי קָרָא וַיהוה שָׁמֵֽעַ, וּמִכָּל־צָרוֹתָיו הוֹשִׁיעוֹ.
חֹנֶה מַלְאַךְ יהוה סָבִיב לִירֵאָיו וַיְחַלְּצֵם.

טַֽעֲמוּ וּרְאוּ כִּי טוֹב יהוה,
אַשְׁרֵי הַגֶּֽבֶר יֶחֱסֶה בּוֹ.

The Torah of the Lord is perfect, reviving the spirit.

The decrees of the Lord are sure, enlightening the simple.

The precepts of the Lord are just, gladdening the heart.

The mitzvah of the Lord is clear, opening the eyes.

The fear of the Lord is pure, enduring forever.

The laws of the Lord are true, altogether just.

More precious are they than gold, than purest gold;
sweeter than honey, drippings of the honeycomb.

Your servant strives to keep them;
to observe them brings great reward.

Yet who can discern his own errors?
Cleanse me of secret faults, restrain Your servant
from willful sins; may they not control me.

Then shall I be clear of wrongs,
innocent of grave transgression.

May the words of my mouth and the meditations of my heart
be acceptable to You, O Lord, my Rock and my Redeemer.

PSALM 19

A Psalm of David, when he feigned madness before
Avimelekh, who forced him to leave.

I will praise the Lord at all times, His glory always on my lips.

In the Lord will I glory; let the humble hear and be glad.

Proclaim God's greatness with me; let us exalt Him together.

I sought the Lord and He answered me;
He freed me from all my fears.

Look to Him and be radiant;
then you shall never be downcast.

This poor wretch cried; the Lord heard
and delivered him from all his troubles.

The Lord's angel is on guard
around those who revere Him, and rescues them.

Taste and see how good is the Lord;
blessed the one who takes refuge in Him.

יְראוּ אֶת־יהוה קְדֹשָׁיו,
כִּי אֵין מַחְסוֹר לִירֵאָיו.
כְּפִירִים רָשׁוּ וְרָעֵבוּ,
וְדֹרְשֵׁי יהוה לֹא יַחְסְרוּ כָל־טוֹב.

לְכוּ בָנִים שִׁמְעוּ לִי, יִרְאַת יהוה אֲלַמֶּדְכֶם.

מִי הָאִישׁ הֶחָפֵץ חַיִּים, אֹהֵב יָמִים לִרְאוֹת טוֹב.

נְצֹר לְשׁוֹנְךָ מֵרָע וּשְׂפָתֶיךָ מִדַּבֵּר מִרְמָה.
סוּר מֵרָע וַעֲשֵׂה טוֹב, בַּקֵּשׁ שָׁלוֹם וְרָדְפֵהוּ.

עֵינֵי יהוה אֶל צַדִּיקִים וְאָזְנָיו אֶל שַׁוְעָתָם.
פְּנֵי יהוה בְּעֹשֵׂי רָע, לְהַכְרִית מֵאֶרֶץ זִכְרָם.

צָעֲקוּ וַיהוה שָׁמֵעַ, וּמִכָּל־צָרוֹתָם הִצִּילָם.

קָרוֹב יהוה לְנִשְׁבְּרֵי־לֵב, וְאֶת־דַּכְּאֵי־רוּחַ יוֹשִׁיעַ.

רַבּוֹת רָעוֹת צַדִּיק, וּמִכֻּלָּם יַצִּילֶנּוּ יהוה.
שֹׁמֵר כָּל־עַצְמֹתָיו, אַחַת מֵהֵנָּה לֹא נִשְׁבָּרָה.

תְּמוֹתֵת רָשָׁע רָעָה, וְשֹׂנְאֵי צַדִּיק יֶאְשָׁמוּ.

☐ פּוֹדֶה יהוה נֶפֶשׁ עֲבָדָיו,
וְלֹא יֶאְשְׁמוּ כָּל־הַחֹסִים בּוֹ.

תְּפִלָּה לְמֹשֶׁה אִישׁ הָאֱלֹהִים.
אֲדֹנָי מָעוֹן אַתָּה הָיִיתָ לָּנוּ בְּדֹר וָדֹר.

בְּטֶרֶם הָרִים יֻלָּדוּ וַתְּחוֹלֵל אֶרֶץ וְתֵבֵל,
וּמֵעוֹלָם עַד עוֹלָם אַתָּה אֵל.

תָּשֵׁב אֱנוֹשׁ עַד דַּכָּא
וַתֹּאמֶר שׁוּבוּ בְנֵי אָדָם.

כִּי אֶלֶף שָׁנִים בְּעֵינֶיךָ
כְּיוֹם אֶתְמוֹל כִּי יַעֲבֹר,
וְאַשְׁמוּרָה בַלָּיְלָה.

Let His holy ones revere the Lord,
for those who revere Him lack nothing.

The faithless deniers may famish and starve,
but those who seek the Lord will not lack any good.

Come, children, listen to me; I will teach you to revere the Lord.

Which of you desires life,
loves long years in which to see goodness?

Keep your tongue from telling evil,
your lips from speaking lies.

Shun evil and do good; seek peace and pursue it.

The eyes of the Lord are on the righteous;
His ears are open to their cry.

The face of the Lord is set against evildoers,
to cut off their remembrance from the earth.

When the righteous cry out, the Lord listens
and sets them free from all their troubles.

The Lord is close to the brokenhearted
and helps those who are crushed in spirit.

Many are the troubles of the righteous,
but the Lord delivers him from them all,

keeping all his bones intact; not one of them is broken.

Misfortune slays the wicked,
and those who hate the righteous are doomed.

The Lord redeems the life of His servants;
none will be doomed who take refuge in Him.

PSALM 34

A prayer of Moses, man of God.
Lord, You have been our refuge from generation to generation.

Before the mountains were born, before the earth was fashioned,

from age to age, everlastingly, You are God.

But mortals You crumble to dust; You say: "Return, O mortals."

A thousand years are in Your sight
as a passing day, an hour of night.

זְרַמְתָּם שֵׁנָה יִהְיוּ, בַּבֹּקֶר כֶּחָצִיר יַחֲלֹף.

בַּבֹּקֶר יָצִיץ וְחָלָף, לָעֶרֶב יְמוֹלֵל וְיָבֵשׁ.

כִּי כָלִינוּ בְאַפֶּךָ, וּבַחֲמָתְךָ נִבְהָלְנוּ.

שַׁתָּה עֲוֹנֹתֵינוּ לְנֶגְדֶּךָ,
עֲלֻמֵנוּ לִמְאוֹר פָּנֶיךָ.

כִּי כָל־יָמֵינוּ פָּנוּ בְעֶבְרָתֶךָ,
כִּלִּינוּ שָׁנֵינוּ כְמוֹ הֶגֶה.

יְמֵי שְׁנוֹתֵינוּ בָהֶם שִׁבְעִים שָׁנָה,
וְאִם בִּגְבוּרֹת שְׁמוֹנִים שָׁנָה
וְרָהְבָּם עָמָל וָאָוֶן,
כִּי גָז חִישׁ וַנָּעֻפָה.

מִי יוֹדֵעַ עֹז אַפֶּךָ וּכְיִרְאָתְךָ עֶבְרָתֶךָ.

לִמְנוֹת יָמֵינוּ כֵּן הוֹדַע, וְנָבִא לְבַב חָכְמָה.
שׁוּבָה יהוה, עַד מָתָי, וְהִנָּחֵם עַל עֲבָדֶיךָ.

שַׂבְּעֵנוּ בַבֹּקֶר חַסְדֶּךָ
וּנְרַנְּנָה וְנִשְׂמְחָה בְּכָל־יָמֵינוּ.

שַׂמְּחֵנוּ כִּימוֹת עִנִּיתָנוּ,
שְׁנוֹת רָאִינוּ רָעָה.

□ יֵרָאֶה אֶל עֲבָדֶיךָ פָעֳלֶךָ, וַהֲדָרְךָ עַל בְּנֵיהֶם.
וִיהִי נֹעַם אֲדֹנָי אֱלֹהֵינוּ עָלֵינוּ,
וּמַעֲשֵׂה יָדֵינוּ כּוֹנְנָה עָלֵינוּ,
וּמַעֲשֵׂה יָדֵינוּ כּוֹנְנֵהוּ.

יֹשֵׁב בְּסֵתֶר עֶלְיוֹן, בְּצֵל שַׁדַּי יִתְלוֹנָן.
אֹמַר לַיהוה מַחְסִי וּמְצוּדָתִי, אֱלֹהַי אֶבְטַח בּוֹ.

Your sleep engulfs all mortals.
They flourish for a day, like grass.

In the morning it sprouts afresh;
by nightfall it fades and withers.

By Your anger we are consumed,
by Your wrath we are overcome.

You set out our transgressions before You,
our secret sins before Your Presence.

Your wrath darkens our days;
our lives are over like a sigh.

Three score and ten our years may number,
four score years if granted the vigor.

Laden with trouble and travail,
life quickly passes and flies away.

Who can know the power of Your wrath?
Who can measure the reverence due You?

Teach us to use all of our days,
that we may attain a heart of wisdom.

Relent, O Lord! How long must we suffer?
Have compassion upon Your servants.

Grant us of Your love in the morning
that we may sing for joy all our days.

Match days of sorrow with days of joy
equal to the years we have suffered.

Then Your servants will see Your power,
then their children will know Your glory.

May the Lord our God show us compassion,
and may He establish the work of our hands.

May He firmly establish the work of our hands.

PSALM 90

Dwelling in the shelter of the Most High,
abiding in the shadow of the Almighty,

I call the Lord my refuge and fortress, my God in whom I trust.

כִּי הוּא יַצִּילְךָ מִפַּח יָקוּשׁ, מִדֶּבֶר הַוּוֹת.

בְּאֶבְרָתוֹ יָסֶךְ לָךְ וְתַחַת כְּנָפָיו תֶּחְסֶה,
צִנָּה וְסֹחֵרָה אֲמִתּוֹ.

לֹא תִירָא מִפַּחַד לָיְלָה, מֵחֵץ יָעוּף יוֹמָם.

מִדֶּבֶר בָּאֹפֶל יַהֲלֹךְ, מִקֶּטֶב יָשׁוּד צָהֳרָיִם.

יִפֹּל מִצִּדְּךָ אֶלֶף וּרְבָבָה מִימִינֶךָ, אֵלֶיךָ לֹא יִגָּשׁ.

רַק בְּעֵינֶיךָ תַבִּיט וְשִׁלֻּמַת רְשָׁעִים תִּרְאֶה.

כִּי אַתָּה יהוה מַחְסִי, עֶלְיוֹן שַׂמְתָּ מְעוֹנֶךָ.

לֹא תְאֻנֶּה אֵלֶיךָ רָעָה
וְנֶגַע לֹא יִקְרַב בְּאָהֳלֶךָ.

כִּי מַלְאָכָיו יְצַוֶּה־לָּךְ לִשְׁמָרְךָ בְּכָל־דְּרָכֶיךָ.

עַל כַּפַּיִם יִשָּׂאוּנְךָ פֶּן תִּגֹּף בָּאֶבֶן רַגְלֶךָ.

עַל שַׁחַל וָפֶתֶן תִּדְרֹךְ, תִּרְמֹס כְּפִיר וְתַנִּין.

כִּי בִי חָשַׁק וַאֲפַלְּטֵהוּ, אֲשַׂגְּבֵהוּ כִּי יָדַע שְׁמִי.

▢ יִקְרָאֵנִי וְאֶעֱנֵהוּ, עִמּוֹ אָנֹכִי בְצָרָה,
אֲחַלְּצֵהוּ וַאֲכַבְּדֵהוּ.

אֹרֶךְ יָמִים אַשְׂבִּיעֵהוּ, וְאַרְאֵהוּ בִּישׁוּעָתִי.
אֹרֶךְ יָמִים אַשְׂבִּיעֵהוּ, וְאַרְאֵהוּ בִּישׁוּעָתִי.

הַלְלוּיָהּ.

הַלְלוּ אֶת־שֵׁם יהוה, הַלְלוּ עַבְדֵי יהוה.
שֶׁעֹמְדִים בְּבֵית יהוה, בְּחַצְרוֹת בֵּית אֱלֹהֵינוּ.
הַלְלוּיָהּ כִּי טוֹב יהוה, זַמְּרוּ לִשְׁמוֹ כִּי נָעִים.
כִּי יַעֲקֹב בָּחַר לוֹ יָהּ, יִשְׂרָאֵל לִסְגֻלָּתוֹ.

He will save you from the fowler's snare, from deadly pestilence.

He will cover you with His wings;
in His shelter you will find refuge.

Fear not the terror by night
or the arrow that flies by day,

the pestilence that stalks in darkness
or the plague that rages at noon.

Though a thousand fall at your side,
ten thousand close at hand, it will never touch you;
His faithfulness will shield you.

You need only look with your eyes
to see the recompense of the wicked.

You have made the Lord your refuge, the Most High your haven.

No evil shall befall you; no plague shall approach your dwelling.

He will instruct His angels to guard you in all your paths,

to carry you in their hands lest you stumble on a stone.

You will step on cubs and cobras,
tread safely on lions and serpents.

"Since he is devoted to Me I will deliver him;
I will protect him because he cares for Me.

"When he calls to Me I will answer,
I will be with him in time of trouble;
I will rescue him and honor him.

"I will satisfy him with long life,
and lead him to enjoy My salvation fully."

PSALM 91

Halleluyah. Praise the glory of the Lord;
give praise, servants of the Lord

who stand in the house of the Lord,
in the courts of the house of our God.

Halleluyah, for the Lord is good;
sing to Him for He is gracious.

He chose Jacob for His own,
the people Israel as His special treasure.

כִּי אֲנִי יָדַעְתִּי כִּי גָדוֹל יהוה,
וַאֲדֹנֵינוּ מִכָּל־אֱלֹהִים.

כֹּל אֲשֶׁר חָפֵץ יהוה עָשָׂה,
בַּשָּׁמַיִם וּבָאָרֶץ בַּיַּמִּים וְכָל־תְּהֹמוֹת.

מַעֲלֶה נְשִׂאִים מִקְצֵה הָאָרֶץ,
בְּרָקִים לַמָּטָר עָשָׂה,
מֽוֹצֵא רוּחַ מֵאוֹצְרוֹתָיו.

שֶׁהִכָּה בְּכוֹרֵי מִצְרָיִם, מֵאָדָם עַד בְּהֵמָה.
שָׁלַח אֹתֹת וּמֹפְתִים בְּתוֹכֵכִי מִצְרָיִם,
בְּפַרְעֹה וּבְכָל־עֲבָדָיו.

שֶׁהִכָּה גּוֹיִם רַבִּים וְהָרַג מְלָכִים עֲצוּמִים.

לְסִיחוֹן מֶלֶךְ הָאֱמֹרִי וּלְעוֹג מֶלֶךְ הַבָּשָׁן,
וּלְכֹל מַמְלְכוֹת כְּנָעַן.

וְנָתַן אַרְצָם נַחֲלָה, נַחֲלָה לְיִשְׂרָאֵל עַמּוֹ.

יהוה שִׁמְךָ לְעוֹלָם, יהוה זִכְרְךָ לְדֹר וָדֹר.
כִּי יָדִין יהוה עַמּוֹ וְעַל עֲבָדָיו יִתְנֶחָם.

עֲצַבֵּי הַגּוֹיִם כֶּסֶף וְזָהָב, מַעֲשֵׂה יְדֵי אָדָם.
פֶּה לָהֶם וְלֹא יְדַבֵּרוּ, עֵינַיִם לָהֶם וְלֹא יִרְאוּ.
אָזְנַיִם לָהֶם וְלֹא יַאֲזִינוּ, אַף אֵין יֶשׁ־רוּחַ בְּפִיהֶם.
כְּמוֹהֶם יִהְיוּ עֹשֵׂיהֶם, כֹּל אֲשֶׁר בֹּטֵחַ בָּהֶם.

☐ בֵּית יִשְׂרָאֵל בָּרְכוּ אֶת־יהוה,
בֵּית אַהֲרֹן בָּרְכוּ אֶת־יהוה,
בֵּית הַלֵּוִי בָּרְכוּ אֶת־יהוה,
יִרְאֵי יהוה בָּרְכוּ אֶת־יהוה.

בָּרוּךְ יהוה מִצִּיּוֹן, שֹׁכֵן יְרוּשָׁלָיִם.
הַלְלוּיָהּ.

I know that the Lord is great,
greater than everything worshiped as divine.

Whatever He pleases has the Lord done
in the heavens and on earth, in the sea and all the depths.

He brings up clouds from the ends of the earth,
He makes lightning for the rain
and brings forth the wind from His vaults.

He smote the firstborn of Egypt, human and beast alike.

He sent signs and portents in Egypt,
against Pharaoh and all of his subjects.

He smote many nations and slew mighty kings:

Siḥon, king of the Amorites; Og, king of Bashan;
and all the princes of Canaan.

He gave their land as a heritage, a heritage to His people Israel.

O Lord, Your glory endures forever;
Your fame, O Lord, for all generations.

The Lord will provide for His people;
He will have compassion for His servants.

The idols of the nations are silver and gold,
made by human hands.

They have mouths that cannot speak;
they have eyes that cannot see.

They have ears that cannot hear,
neither is there breath in their mouths.

Their makers shall become like them;
so shall all who trust in them.

House of Israel, praise the Lord;
House of Aaron, praise the Lord.

House of Levi, praise the Lord;
You who revere the Lord, praise the Lord.

Praised from Zion be the Lord
who dwells in Jerusalem. Halleluyah.

PSALM 135

הוֹדוּ לַיהוה כִּי טוֹב — כִּי לְעוֹלָם חַסְדּוֹ.
הוֹדוּ לֵאלֹהֵי הָאֱלֹהִים — כִּי לְעוֹלָם חַסְדּוֹ.
הוֹדוּ לַאֲדֹנֵי הָאֲדֹנִים — כִּי לְעוֹלָם חַסְדּוֹ.
לְעֹשֵׂה נִפְלָאוֹת גְּדֹלוֹת לְבַדּוֹ — כִּי לְעוֹלָם חַסְדּוֹ.

לְעֹשֵׂה הַשָּׁמַיִם בִּתְבוּנָה — כִּי לְעוֹלָם חַסְדּוֹ.
לְרֹקַע הָאָרֶץ עַל הַמָּיִם — כִּי לְעוֹלָם חַסְדּוֹ.
לְעֹשֵׂה אוֹרִים גְּדֹלִים — כִּי לְעוֹלָם חַסְדּוֹ.
אֶת־הַשֶּׁמֶשׁ לְמֶמְשֶׁלֶת בַּיּוֹם — כִּי לְעוֹלָם חַסְדּוֹ.

אֶת־הַיָּרֵחַ וְכוֹכָבִים לְמֶמְשְׁלוֹת בַּלָּיְלָה — כִּי לְעוֹלָם חַסְדּוֹ.
לְמַכֵּה מִצְרַיִם בִּבְכוֹרֵיהֶם — כִּי לְעוֹלָם חַסְדּוֹ.
וַיּוֹצֵא יִשְׂרָאֵל מִתּוֹכָם — כִּי לְעוֹלָם חַסְדּוֹ.
בְּיָד חֲזָקָה וּבִזְרוֹעַ נְטוּיָה — כִּי לְעוֹלָם חַסְדּוֹ.

לְגֹזֵר יַם־סוּף לִגְזָרִים — כִּי לְעוֹלָם חַסְדּוֹ.
וְהֶעֱבִיר יִשְׂרָאֵל בְּתוֹכוֹ — כִּי לְעוֹלָם חַסְדּוֹ.
וְנִעֵר פַּרְעֹה וְחֵילוֹ בְיַם־סוּף — כִּי לְעוֹלָם חַסְדּוֹ.
לְמוֹלִיךְ עַמּוֹ בַּמִּדְבָּר — כִּי לְעוֹלָם חַסְדּוֹ.

לְמַכֵּה מְלָכִים גְּדֹלִים — כִּי לְעוֹלָם חַסְדּוֹ.
וַיַּהֲרֹג מְלָכִים אַדִּירִים — כִּי לְעוֹלָם חַסְדּוֹ.
לְסִיחוֹן מֶלֶךְ הָאֱמֹרִי — כִּי לְעוֹלָם חַסְדּוֹ.
וּלְעוֹג מֶלֶךְ הַבָּשָׁן — כִּי לְעוֹלָם חַסְדּוֹ.

וְנָתַן אַרְצָם לְנַחֲלָה — כִּי לְעוֹלָם חַסְדּוֹ.
נַחֲלָה לְיִשְׂרָאֵל עַבְדּוֹ — כִּי לְעוֹלָם חַסְדּוֹ.
שֶׁבְּשִׁפְלֵנוּ זָכַר לָנוּ — כִּי לְעוֹלָם חַסְדּוֹ.
וַיִּפְרְקֵנוּ מִצָּרֵינוּ — כִּי לְעוֹלָם חַסְדּוֹ.

□ נֹתֵן לֶחֶם לְכָל־בָּשָׂר — כִּי לְעוֹלָם חַסְדּוֹ.
הוֹדוּ לְאֵל הַשָּׁמָיִם — כִּי לְעוֹלָם חַסְדּוֹ.

Praise the Lord, for He is good; His love endures forever.

Praise God supreme; His love endures forever.

Praise the Lord supreme; His love endures forever;

who works great wonders alone, His love endures forever;

who made the heavens with wisdom, His love endures forever;

who suspended the earth over the waters, His love endures forever;

who made the great lights, His love endures forever;

the sun to rule by day, His love endures forever;

the moon and the stars to rule by night, His love endures forever;

who smote the Egyptian firstborn, ki l'olam ḥasdo;

who brought the people Israel out of their midst, ki l'olam ḥasdo;

with a strong hand and an outstretched arm, ki l'olam ḥasdo;

who split the Sea of Reeds, ki l'olam ḥasdo;

and brought the people Israel through it, ki l'olam ḥasdo;

who swept Pharaoh and his troops into the sea, ki l'olam ḥasdo;

who led His people Israel through the wilderness, ki l'olam ḥasdo;

who smote great kings, ki l'olam ḥasdo;

and slew mighty kings, ki l'olam ḥasdo;

Siḥon, king of the Amorites; ki l'olam ḥasdo;
and Og, king of Bashan, ki l'olam ḥasdo;

and gave their land as a heritage, ki l'olam ḥasdo;

a heritage to His servant Israel, ki l'olam ḥasdo;

who remembered us when we were low, ki l'olam ḥasdo;

and rescued us from our oppressors, ki l'olam ḥasdo;

who gives food to all flesh, ki l'olam ḥasdo;

Praise the God of heaven; His love endures forever.

PSALM 136

רַנְּנוּ צַדִּיקִים בַּיהוה לַיְשָׁרִים נָאוָה תְהִלָּה.

הוֹדוּ לַיהוה בְּכִנּוֹר,
בְּנֵבֶל עָשׂוֹר זַמְּרוּ־לוֹ.

שִׁירוּ לוֹ שִׁיר חָדָשׁ,
הֵיטִיבוּ נַגֵּן בִּתְרוּעָה.

כִּי יָשָׁר דְּבַר יהוה,
וְכָל־מַעֲשֵׂהוּ בֶּאֱמוּנָה.

אֹהֵב צְדָקָה וּמִשְׁפָּט,
חֶסֶד יהוה מָלְאָה הָאָרֶץ.

בִּדְבַר יהוה שָׁמַיִם נַעֲשׂוּ,
וּבְרוּחַ פִּיו כָּל־צְבָאָם.

כֹּנֵס כַּנֵּד מֵי הַיָּם,
נֹתֵן בְּאוֹצָרוֹת תְּהוֹמוֹת.

יִירְאוּ מֵיהוה כָּל־הָאָרֶץ,
מִמֶּנּוּ יָגוּרוּ כָּל־יֹשְׁבֵי תֵבֵל.

כִּי הוּא אָמַר וַיֶּהִי, הוּא צִוָּה וַיַּעֲמֹד.

יהוה הֵפִיר עֲצַת גּוֹיִם, הֵנִיא מַחְשְׁבוֹת עַמִּים.
עֲצַת יהוה לְעוֹלָם תַּעֲמֹד, מַחְשְׁבוֹת לִבּוֹ לְדֹר וָדֹר.
אַשְׁרֵי הַגּוֹי אֲשֶׁר יהוה אֱלֹהָיו, הָעָם בָּחַר לְנַחֲלָה לוֹ.

מִשָּׁמַיִם הִבִּיט יהוה, רָאָה אֶת־כָּל־בְּנֵי הָאָדָם.
מִמְּכוֹן שִׁבְתּוֹ הִשְׁגִּיחַ, אֶל כָּל־יֹשְׁבֵי הָאָרֶץ.
הַיֹּצֵר יַחַד לִבָּם, הַמֵּבִין אֶל כָּל־מַעֲשֵׂיהֶם.

אֵין הַמֶּלֶךְ נוֹשָׁע בְּרָב־חָיִל,
גִּבּוֹר לֹא יִנָּצֵל בְּרָב־כֹּחַ.
שֶׁקֶר הַסּוּס לִתְשׁוּעָה,
וּבְרֹב חֵילוֹ לֹא יְמַלֵּט.

Sing to the Lord, you righteous.
It is fitting for the upright to praise Him.

Praise the Lord on the harp;
sing Him songs with the ten-stringed lute.

Sing to Him a new song;
play sweetly with shouts of joy.

For the word of the Lord holds true,
and all His deeds endure.

He loves righteousness and justice;
the earth is filled with His love.

By the word of the Lord were the heavens made,
and all they contain at His command.

He gathers the waters of the sea as a mound;
He stores the deep in vaults.

Let all the earth revere the Lord,
and all who inhabit the world stand in awe.

For He spoke, and it came to be;
He commanded, and it stood firm.

The Lord annuls the plans of nations;
He thwarts the designs of peoples.

The plans of the Lord stand firm forever,
His designs shall endure throughout the ages.

Blessed the nation whose God is the Lord,
the people He has chosen as His heritage.

The Lord looks out from heaven;
He beholds all mortals.

From His dwelling place He surveys
all the inhabitants of the earth.

He fashions the hearts of all,
and discerns all of their deeds.

A king is not rescued by an army,
nor is a warrior saved by sheer strength.

Horses are a delusion of security;
their great power provides no escape.

הִנֵּה עֵין יהוה אֶל יְרֵאָיו, לַמְיַחֲלִים לְחַסְדּוֹ.
לְהַצִּיל מִמָּוֶת נַפְשָׁם, וּלְחַיּוֹתָם בָּרָעָב.

▢ **נַפְשֵׁנוּ חִכְּתָה לַיהוה, עֶזְרֵנוּ וּמָגִנֵּנוּ הוּא.**
כִּי בוֹ יִשְׂמַח לִבֵּנוּ, כִּי בְשֵׁם קָדְשׁוֹ בָטָחְנוּ.
יְהִי חַסְדְּךָ יהוה עָלֵינוּ כַּאֲשֶׁר יִחַלְנוּ לָךְ.

מִזְמוֹר שִׁיר לְיוֹם הַשַּׁבָּת.
טוֹב לְהֹדוֹת לַיהוה, וּלְזַמֵּר לְשִׁמְךָ עֶלְיוֹן.
לְהַגִּיד בַּבֹּקֶר חַסְדֶּךָ, וֶאֱמוּנָתְךָ בַּלֵּילוֹת.
עֲלֵי עָשׂוֹר וַעֲלֵי נָבֶל, עֲלֵי הִגָּיוֹן בְּכִנּוֹר.
כִּי שִׂמַּחְתַּנִי יהוה בְּפָעֳלֶךָ, בְּמַעֲשֵׂי יָדֶיךָ אֲרַנֵּן.
מַה־גָּדְלוּ מַעֲשֶׂיךָ יהוה, מְאֹד עָמְקוּ מַחְשְׁבֹתֶיךָ.
אִישׁ בַּעַר לֹא יֵדָע, וּכְסִיל לֹא יָבִין אֶת־זֹאת.
בִּפְרֹחַ רְשָׁעִים כְּמוֹ עֵשֶׂב וַיָּצִיצוּ כָּל־פֹּעֲלֵי אָוֶן,
לְהִשָּׁמְדָם עֲדֵי עַד. וְאַתָּה מָרוֹם לְעֹלָם יהוה.
כִּי הִנֵּה אֹיְבֶיךָ, יהוה,
כִּי הִנֵּה אֹיְבֶיךָ יֹאבֵדוּ,
יִתְפָּרְדוּ כָּל־פֹּעֲלֵי אָוֶן.
וַתָּרֶם כִּרְאֵים קַרְנִי, בַּלֹּתִי בְּשֶׁמֶן רַעֲנָן.
וַתַּבֵּט עֵינִי בְּשׁוּרָי,
בַּקָּמִים עָלַי מְרֵעִים תִּשְׁמַעְנָה אָזְנָי.

The Lord watches over those who revere Him,
over those who hope for His lovingkindness,

that He may save them from death,
and sustain their lives in famine.

Longingly we hope in the Lord;
He is our help and our shield.

In Him our hearts rejoice,
in His holy name have we put our trust.

May we enjoy Your lovingkindness, Lord,
as we have placed our hope in You.

PSALM 33

A Song for Shabbat.
It is good to acclaim the Lord,
to sing Your praise, exalted God,

to proclaim Your love each morning,
to tell of Your faithfulness each night,

to the music of the lute and the melody of the harp.

Your works, O Lord, make me glad;
I sing with joy of Your creation.

How vast Your works, O Lord.
Your designs are beyond our grasp.

The thoughtless cannot comprehend,
the foolish cannot fathom this:

The wicked may flourish,
they may spring up like grass,
but their doom is forever sealed,
for You are supreme forever.

Your enemies, Lord, Your enemies shall perish;
all the wicked shall disintegrate.

But You have greatly exalted me;
I am anointed as with fragrant oil.

I have seen the downfall of my foes;
I have heard the doom of my attackers.

צַדִּיק כַּתָּמָר יִפְרָח,
כְּאֶרֶז בַּלְּבָנוֹן יִשְׂגֶּה.
שְׁתוּלִים בְּבֵית יהוה,
בְּחַצְרוֹת אֱלֹהֵינוּ יַפְרִיחוּ.
▢ עוֹד יְנוּבוּן בְּשֵׂיבָה, דְּשֵׁנִים וְרַעֲנַנִּים יִהְיוּ.
לְהַגִּיד כִּי יָשָׁר יהוה, צוּרִי וְלֹא עַוְלָתָה בּוֹ.

יהוה מָלָךְ גֵּאוּת לָבֵשׁ,
לָבֵשׁ יהוה, עֹז הִתְאַזָּר,
אַף תִּכּוֹן תֵּבֵל בַּל תִּמּוֹט.
נָכוֹן כִּסְאֲךָ מֵאָז, מֵעוֹלָם אָתָּה.
נָשְׂאוּ נְהָרוֹת יהוה, נָשְׂאוּ נְהָרוֹת קוֹלָם,
יִשְׂאוּ נְהָרוֹת דָּכְיָם.
מִקֹּלוֹת מַיִם רַבִּים אַדִּירִים מִשְׁבְּרֵי יָם,
אַדִּיר בַּמָּרוֹם יהוה.
▢ עֵדֹתֶיךָ נֶאֶמְנוּ מְאֹד,
לְבֵיתְךָ נַאֲוָה קֹדֶשׁ יהוה לְאֹרֶךְ יָמִים.

The righteous shall flourish like the palm tree;
they shall thrive like a cedar of Lebanon.

Planted in the house of the Lord,
they shall flourish in the courts of our God.

They shall bear fruit even in old age;
they shall be ever fresh and fragrant.

They shall proclaim: The Lord is just.
He is my Rock, in whom there is no flaw.

PSALM 92

The Lord is King, crowned with splendor.
The Lord reigns, robed in strength.

He set the earth on a sure foundation.
He created a world that stands firm.

His kingdom stands from earliest time.
He is eternal.

The rivers may rise and rage,
the waters may pound and roar,
the floods may spread and storm;

above the crash of the sea and its breakers,
awesome is the Lord our God.

Your decrees, O Lord, never fail.
Holiness befits Your house for eternity.

PSALM 93

Weekday services continue here (from page 60), as do all other services

יְהִי כְבוֹד יהוה לְעוֹלָם, יִשְׂמַח יהוה בְּמַעֲשָׂיו. יְהִי שֵׁם יהוה
מְבֹרָךְ מֵעַתָּה וְעַד עוֹלָם. מִמִּזְרַח שֶׁמֶשׁ עַד מְבוֹאוֹ, מְהֻלָּל שֵׁם
יהוה. רָם עַל כָּל־גּוֹיִם יהוה, עַל הַשָּׁמַיִם כְּבוֹדוֹ. יהוה שִׁמְךָ
לְעוֹלָם, יהוה זִכְרְךָ לְדֹר וָדֹר. יהוה בַּשָּׁמַיִם הֵכִין כִּסְאוֹ,
וּמַלְכוּתוֹ בַּכֹּל מָשָׁלָה. יִשְׂמְחוּ הַשָּׁמַיִם וְתָגֵל הָאָרֶץ, וְיֹאמְרוּ
בַגּוֹיִם יהוה מָלָךְ. יהוה מֶלֶךְ, יהוה מָלָךְ, יהוה יִמְלֹךְ לְעֹלָם
וָעֶד. יהוה מֶלֶךְ עוֹלָם וָעֶד, אָבְדוּ גוֹיִם מֵאַרְצוֹ. יהוה הֵפִיר
עֲצַת גּוֹיִם, הֵנִיא מַחְשְׁבוֹת עַמִּים. רַבּוֹת מַחֲשָׁבוֹת בְּלֶב אִישׁ,
וַעֲצַת יהוה הִיא תָקוּם. עֲצַת יהוה לְעוֹלָם תַּעֲמֹד, מַחְשְׁבוֹת
לִבּוֹ לְדֹר וָדֹר. כִּי הוּא אָמַר וַיֶּהִי, הוּא צִוָּה וַיַּעֲמֹד. כִּי בָחַר
יהוה בְּצִיּוֹן, אִוָּהּ לְמוֹשָׁב לוֹ. כִּי יַעֲקֹב בָּחַר לוֹ יָהּ, יִשְׂרָאֵל
לִסְגֻלָּתוֹ. כִּי לֹא יִטֹּשׁ יהוה עַמּוֹ, וְנַחֲלָתוֹ לֹא יַעֲזֹב. □ וְהוּא
רַחוּם יְכַפֵּר עָוֹן וְלֹא יַשְׁחִית, וְהִרְבָּה לְהָשִׁיב אַפּוֹ וְלֹא יָעִיר
כָּל־חֲמָתוֹ. יהוה הוֹשִׁיעָה, הַמֶּלֶךְ יַעֲנֵנוּ בְיוֹם קָרְאֵנוּ.

אַשְׁרֵי יוֹשְׁבֵי בֵיתֶךָ, עוֹד יְהַלְלוּךָ סֶּלָה.
אַשְׁרֵי הָעָם שֶׁכָּכָה לּוֹ, אַשְׁרֵי הָעָם שֶׁיהוה אֱלֹהָיו.
תְּהִלָּה לְדָוִד.

אֲרוֹמִמְךָ אֱלוֹהַי הַמֶּלֶךְ, וַאֲבָרְכָה שִׁמְךָ לְעוֹלָם וָעֶד.
בְּכָל־יוֹם אֲבָרְכֶךָּ, וַאֲהַלְלָה שִׁמְךָ לְעוֹלָם וָעֶד.
גָּדוֹל יהוה וּמְהֻלָּל מְאֹד, וְלִגְדֻלָּתוֹ אֵין חֵקֶר.
דּוֹר לְדוֹר יְשַׁבַּח מַעֲשֶׂיךָ, וּגְבוּרֹתֶיךָ יַגִּידוּ.
הֲדַר כְּבוֹד הוֹדֶךָ, וְדִבְרֵי נִפְלְאֹתֶיךָ אָשִׂיחָה.
וֶעֱזוּז נוֹרְאֹתֶיךָ יֹאמֵרוּ, וּגְדֻלָּתְךָ אֲסַפְּרֶנָּה.
זֵכֶר רַב טוּבְךָ יַבִּיעוּ, וְצִדְקָתְךָ יְרַנֵּנוּ.

Weekday services continue here (from page 61), *as do all other services*

God's glory endures forever; may God rejoice in His creatures. May the Lord be praised now and forever. Praised be He from East to West. The Lord is exalted beyond all nations, His glory extends beyond the heavens. Your glory, Lord, endures forever, Your fame throughout all generations. The Lord established His throne in Heaven. His sovereignty encompasses all. The heavens rejoice and the earth is glad; the nations declare: "The Lord is King." The Lord is King, the Lord was King, the Lord shall be King throughout all time. The Lord shall be King forever and ever; many peoples shall vanish from His land. The Lord thwarts the designs of such nations, He foils the plans of such peoples. Many plans rise in human hearts, but the designs of the Lord are fulfilled. For when He spoke it came to be; He issued a command and the world took form. The Lord has chosen Zion, He desired it for His dwelling place. The Lord has chosen Jacob for Himself, the people Israel as His treasure. The Lord will not abandon His people, He will not forsake His heritage. God, being merciful, grants atonement for sin and does not destroy. Time and again He restrains wrath, refuses to let rage be all-consuming. Save us, Lord. Answer us, O King, when we call.

Blessed are they who dwell in Your house;
they shall praise You forever.

PSALM 84:5

Blessed the people who are so favored;
blessed the people whose God is the Lord.

PSALM 144:15

A Psalm of David.

I glorify You, my God, my King; I praise You throughout all time.

Every day do I praise You, exalting Your glory forever.

Great is the Lord, and praiseworthy;
His greatness exceeds definition.

One generation lauds Your works to another,
declaring Your mighty deeds.

They tell of Your wonders, and of Your glorious splendor.

They speak of Your greatness, and of Your awesome power.

They recall Your goodness; they sing of Your faithfulness.

חַנּוּן וְרַחוּם יהוה, אֶרֶךְ אַפַּיִם וּגְדׇל־חָסֶד.
טוֹב יהוה לַכֹּל, וְרַחֲמָיו עַל כׇּל־מַעֲשָׂיו.
יוֹדוּךָ יהוה כׇּל־מַעֲשֶׂיךָ, וַחֲסִידֶיךָ יְבָרְכוּכָה.
כְּבוֹד מַלְכוּתְךָ יֹאמֵרוּ, וּגְבוּרָתְךָ יְדַבֵּרוּ.
לְהוֹדִיעַ לִבְנֵי הָאָדָם גְּבוּרֹתָיו, וּכְבוֹד הֲדַר מַלְכוּתוֹ.
מַלְכוּתְךָ מַלְכוּת כׇּל־עֹלָמִים, וּמֶמְשַׁלְתְּךָ בְּכׇל־דּוֹר וָדֹר.
סוֹמֵךְ יהוה לְכׇל־הַנֹּפְלִים, וְזוֹקֵף לְכׇל־הַכְּפוּפִים.
עֵינֵי כֹל אֵלֶיךָ יְשַׂבֵּרוּ, וְאַתָּה נוֹתֵן לָהֶם אֶת־אׇכְלָם בְּעִתּוֹ.
פּוֹתֵחַ אֶת־יָדֶךָ, וּמַשְׂבִּיעַ לְכׇל־חַי רָצוֹן.
צַדִּיק יהוה בְּכׇל־דְּרָכָיו, וְחָסִיד בְּכׇל־מַעֲשָׂיו.
קָרוֹב יהוה לְכׇל־קֹרְאָיו, לְכֹל אֲשֶׁר יִקְרָאֻהוּ בֶאֱמֶת.
רְצוֹן יְרֵאָיו יַעֲשֶׂה, וְאֶת־שַׁוְעָתָם יִשְׁמַע וְיוֹשִׁיעֵם.
שׁוֹמֵר יהוה אֶת־כׇּל־אֹהֲבָיו, וְאֵת כׇּל־הָרְשָׁעִים יַשְׁמִיד.
□ תְּהִלַּת יהוה יְדַבֶּר פִּי,
וִיבָרֵךְ כׇּל־בָּשָׂר שֵׁם קׇדְשׁוֹ לְעוֹלָם וָעֶד.
וַאֲנַחְנוּ נְבָרֵךְ יָהּ, מֵעַתָּה וְעַד עוֹלָם. הַלְלוּיָהּ.

הַלְלוּיָהּ.
הַלְלִי נַפְשִׁי אֶת־יהוה.
אֲהַלְלָה יהוה בְּחַיָּי, אֲזַמְּרָה לֵאלֹהַי בְּעוֹדִי.
אַל תִּבְטְחוּ בִנְדִיבִים, בְּבֶן־אָדָם שֶׁאֵין לוֹ תְשׁוּעָה.
תֵּצֵא רוּחוֹ יָשֻׁב לְאַדְמָתוֹ,
בַּיּוֹם הַהוּא אָבְדוּ עֶשְׁתֹּנֹתָיו.
אַשְׁרֵי שֶׁאֵל יַעֲקֹב בְּעֶזְרוֹ, שִׂבְרוֹ עַל יהוה אֱלֹהָיו.

Gracious and compassionate is the Lord;
patient, and abounding in love.

The Lord is good to all; His compassion embraces all.

All of Your creatures shall praise You;
the faithful shall repeatedly bless You.

They shall describe Your glorious kingship,
declaring Your power.

And people will know of Your might,
the splendor of Your dominion.

Your kingship is an everlasting kingship;
Your dominion endures for all generations.

The Lord supports all who stumble,
He raises all who are bowed down.

All eyes look hopefully to You, to receive their food in due time.

You open Your hand, and Your favor sustains all the living.

In all His paths the Lord is faithful; in all His deeds He is loving.

The Lord is near to all who call, to all who call upon Him in truth.

He fulfills the desire of those who revere Him;
He hears their cry and delivers them.

All who love the Lord He preserves, but all the wicked He destroys.

My mouth shall praise the Lord.
Let all flesh praise His name throughout all time.

     PSALM 145

We shall praise the Lord now and always. Halleluyah!

     PSALM 115:18

Halleluyah. Let my soul praise the Lord.

I will praise the Lord all my life, sing to my God with all my being.

Put no trust in the powerful, in mortals who cannot save.

Their breath departs, they return to dust,
and that is the end of their grand designs.

Blessed are those whose help is Jacob's God,
whose hope is the Lord our God,

עֹשֶׂה שָׁמַיִם וָאָרֶץ, אֶת־הַיָּם וְאֶת־כָּל־אֲשֶׁר בָּם,
הַשֹּׁמֵר אֱמֶת לְעוֹלָם.

עֹשֶׂה מִשְׁפָּט לַעֲשׁוּקִים, נֹתֵן לֶחֶם לָרְעֵבִים,
יהוה מַתִּיר אֲסוּרִים. יהוה פֹּקֵחַ עִוְרִים,
יהוה זֹקֵף כְּפוּפִים, יהוה אֹהֵב צַדִּיקִים.

יהוה שֹׁמֵר אֶת־גֵּרִים, יָתוֹם וְאַלְמָנָה יְעוֹדֵד
וְדֶרֶךְ רְשָׁעִים יְעַוֵּת.
☐ יִמְלֹךְ יהוה לְעוֹלָם, אֱלֹהַיִךְ צִיּוֹן לְדֹר וָדֹר.
הַלְלוּיָהּ.

הַלְלוּיָהּ.
כִּי טוֹב זַמְּרָה אֱלֹהֵינוּ,
כִּי נָעִים נָאוָה תְהִלָּה.

בּוֹנֵה יְרוּשָׁלַיִם יהוה, נִדְחֵי יִשְׂרָאֵל יְכַנֵּס.
הָרוֹפֵא לִשְׁבוּרֵי לֵב וּמְחַבֵּשׁ לְעַצְּבוֹתָם.

מוֹנֶה מִסְפָּר לַכּוֹכָבִים, לְכֻלָּם שֵׁמוֹת יִקְרָא.
גָּדוֹל אֲדוֹנֵינוּ וְרַב כֹּחַ, לִתְבוּנָתוֹ אֵין מִסְפָּר.

מְעוֹדֵד עֲנָוִים יהוה, מַשְׁפִּיל רְשָׁעִים עֲדֵי אָרֶץ.
עֱנוּ לַיהוה בְּתוֹדָה, זַמְּרוּ לֵאלֹהֵינוּ בְכִנּוֹר.

הַמְכַסֶּה שָׁמַיִם בְּעָבִים, הַמֵּכִין לָאָרֶץ מָטָר,
הַמַּצְמִיחַ הָרִים חָצִיר.

נוֹתֵן לִבְהֵמָה לַחְמָהּ, לִבְנֵי עֹרֵב אֲשֶׁר יִקְרָאוּ.
לֹא בִגְבוּרַת הַסּוּס יֶחְפָּץ, לֹא בְשׁוֹקֵי הָאִישׁ יִרְצֶה.
רוֹצֶה יהוה אֶת־יְרֵאָיו, אֶת־הַמְיַחֲלִים לְחַסְדּוֹ.
שַׁבְּחִי יְרוּשָׁלַיִם אֶת־יהוה, הַלְלִי אֱלֹהַיִךְ צִיּוֹן.
כִּי חִזַּק בְּרִיחֵי שְׁעָרָיִךְ, בֵּרַךְ בָּנַיִךְ בְּקִרְבֵּךְ.
הַשָּׂם גְּבוּלֵךְ שָׁלוֹם, חֵלֶב חִטִּים יַשְׂבִּיעֵךְ.

Maker of the heavens and the earth, the seas
and all they contain, who keeps faith forever,

who brings justice to the oppressed
and provides food for the hungry.

The Lord frees the bound, the Lord gives sight to the blind,
He raises those bowed down, He loves the just.

The Lord protects the stranger, supports the orphan and widow.
He frustrates the designs of the wicked.

The Lord shall reign through all generations;
Your God, Zion, shall reign forever. Halleluyah.

    PSALM 146

Halleluyah. It is good to sing psalms to our God,
it is pleasant to praise Him.

The Lord rebuilds Jerusalem, gathers Israel's dispersed.

He heals the broken-hearted and binds up their wounds.
He numbers all the stars and gives each one a name.

Great is our Lord, vast His power, beyond measure is His wisdom.

The Lord heartens the humble and casts evildoers to the ground.

Lift your voice in thanks to the Lord;
sound the harp in praise of our God.

He covers the sky with clouds and provides rain for the earth;
He makes grass grow upon the hills.

He gives to the beasts their food,
and to ravens that for which they call.

He cares not for the power of horses,
He delights not in man's vaunted strength.

The Lord delights in those who revere Him,
in those who trust in His lovingkindness.

Jerusalem, praise the Lord. Sing to your God, Zion.

He has fortified your gates and blessed your children within.

He has brought peace to your borders
and satisfied you with choice wheat.

הַשֹּׁלֵחַ אִמְרָתוֹ אָרֶץ, עַד מְהֵרָה יָרוּץ דְּבָרוֹ.
הַנֹּתֵן שֶׁלֶג כַּצָּמֶר, כְּפוֹר כָּאֵפֶר יְפַזֵּר.
מַשְׁלִיךְ קַרְחוֹ כְפִתִּים, לִפְנֵי קָרָתוֹ מִי יַעֲמֹד.
יִשְׁלַח דְּבָרוֹ וְיַמְסֵם, יַשֵּׁב רוּחוֹ יִזְּלוּ־מָיִם.
☐ מַגִּיד דְּבָרָיו לְיַעֲקֹב, חֻקָּיו וּמִשְׁפָּטָיו לְיִשְׂרָאֵל.
לֹא עָשָׂה כֵן לְכָל־גּוֹי, וּמִשְׁפָּטִים בַּל־יְדָעוּם.
הַלְלוּיָהּ.

הַלְלוּיָהּ.
הַלְלוּ אֶת־יהוה מִן הַשָּׁמַיִם, הַלְלוּהוּ בַּמְּרוֹמִים.
הַלְלוּהוּ כָל־מַלְאָכָיו, הַלְלוּהוּ כָּל־צְבָאָיו.
הַלְלוּהוּ שֶׁמֶשׁ וְיָרֵחַ, הַלְלוּהוּ כָּל־כּוֹכְבֵי אוֹר.
הַלְלוּהוּ שְׁמֵי הַשָּׁמָיִם וְהַמַּיִם אֲשֶׁר מֵעַל הַשָּׁמָיִם.
יְהַלְלוּ אֶת־שֵׁם יהוה, כִּי הוּא צִוָּה וְנִבְרָאוּ.
וַיַּעֲמִידֵם לָעַד לְעוֹלָם, חָק־נָתַן וְלֹא יַעֲבוֹר.
הַלְלוּ אֶת־יהוה מִן הָאָרֶץ, תַּנִּינִים וְכָל־תְּהֹמוֹת.
אֵשׁ וּבָרָד, שֶׁלֶג וְקִיטוֹר, רוּחַ סְעָרָה עֹשָׂה דְבָרוֹ,
הֶהָרִים וְכָל־גְּבָעוֹת, עֵץ פְּרִי וְכָל־אֲרָזִים,
הַחַיָּה וְכָל־בְּהֵמָה, רֶמֶשׂ וְצִפּוֹר כָּנָף,
מַלְכֵי־אֶרֶץ וְכָל־לְאֻמִּים, שָׂרִים וְכָל־שֹׁפְטֵי אָרֶץ,
בַּחוּרִים וְגַם בְּתוּלוֹת, זְקֵנִים עִם נְעָרִים.
יְהַלְלוּ אֶת־שֵׁם יהוה, כִּי נִשְׂגָּב שְׁמוֹ לְבַדּוֹ,
הוֹדוֹ עַל אֶרֶץ וְשָׁמָיִם.
☐ וַיָּרֶם קֶרֶן לְעַמּוֹ, תְּהִלָּה לְכָל־חֲסִידָיו,
לִבְנֵי יִשְׂרָאֵל עַם קְרֹבוֹ.
הַלְלוּיָהּ.

He gives His command to the earth; swiftly His word issues forth.

He sends down snow white as wool and scatters frost thick as ashes.

He pelts the earth with a storm of ice.
Who can withstand His wintry blasts?

At His command the ice melts,
He stirs the wind and the waters flow.

He makes His word known to Jacob,
His statutes and decrees to the people Israel.

This He has not done for other nations,
nor has He taught them His decrees. Halleluyah.

PSALM 147

Halleluyah. Praise the Lord from the heavens.
Praise Him, angels on high.

Praise Him, sun and moon, all shining stars.
Praise Him, highest heavens.

Let them praise the glory of the Lord
at whose command they were created,

at whose command they endure forever
and by whose laws nature abides.

Praise the Lord, all who share the earth:
all sea monsters and ocean depths,

fire and hail, snow and smoke, storms which obey His command,

all mountains and hills, all fruit trees and cedars,

all beasts, wild and tame, creeping creatures, winged birds,

earthly rulers, all the nations, officers and mortal judges,

men and women, young and old, let all praise the glory of the Lord.

He alone is sublime,
His splendor beyond earth and the heavens.

He has exalted the fame of His people
for the glory of all His faithful.

He has exalted the people Israel,
the people drawn close to Him. Halleluyah.

PSALM 148

הַלְלוּיָהּ.

שִׁירוּ לַיהוה שִׁיר חָדָשׁ, תְּהִלָּתוֹ בִּקְהַל חֲסִידִים.

יִשְׂמַח יִשְׂרָאֵל בְּעֹשָׂיו, בְּנֵי צִיּוֹן יָגִילוּ בְמַלְכָּם.

יְהַלְלוּ שְׁמוֹ בְמָחוֹל, בְּתֹף וְכִנּוֹר יְזַמְּרוּ־לוֹ.

כִּי רוֹצֶה יהוה בְּעַמּוֹ, יְפָאֵר עֲנָוִים בִּישׁוּעָה.

יַעְלְזוּ חֲסִידִים בְּכָבוֹד, יְרַנְּנוּ עַל מִשְׁכְּבוֹתָם.

רוֹמְמוֹת אֵל בִּגְרוֹנָם, וְחֶרֶב פִּיפִיּוֹת בְּיָדָם.

לַעֲשׂוֹת נְקָמָה בַּגּוֹיִם, תּוֹכֵחוֹת בַּלְאֻמִּים.

☐ לֶאְסֹר מַלְכֵיהֶם בְּזִקִּים וְנִכְבְּדֵיהֶם בְּכַבְלֵי בַרְזֶל.

לַעֲשׂוֹת בָּהֶם מִשְׁפָּט כָּתוּב, הָדָר הוּא לְכָל־חֲסִידָיו.

הַלְלוּיָהּ.

הַלְלוּיָהּ.

הַלְלוּ אֵל בְּקָדְשׁוֹ, הַלְלוּהוּ בִּרְקִיעַ עֻזּוֹ.

הַלְלוּהוּ בִגְבוּרֹתָיו, הַלְלוּהוּ כְּרֹב גֻּדְלוֹ.

הַלְלוּהוּ בְּתֵקַע שׁוֹפָר, הַלְלוּהוּ בְּנֵבֶל וְכִנּוֹר.

הַלְלוּהוּ בְּתֹף וּמָחוֹל, הַלְלוּהוּ בְּמִנִּים וְעֻגָב.

הַלְלוּהוּ בְצִלְצְלֵי־שָׁמַע, הַלְלוּהוּ בְּצִלְצְלֵי תְרוּעָה.

☐ כֹּל הַנְּשָׁמָה תְּהַלֵּל יָהּ

הַלְלוּיָהּ.

כֹּל הַנְּשָׁמָה תְּהַלֵּל יָהּ

הַלְלוּיָהּ.

On weekdays, some congregations continue with ישתבח,
on page 94

*On Shabbat and Festivals, some congregations
continue on page 334*

Halleluyah. Sing a new song for the Lord.
Where the faithful gather, let God be praised.

Let the people Israel rejoice in their Maker,
let the people of Zion delight in their King.

Let them dance in praise of God, celebrate with drum and harp.

For the Lord cherishes His people,
He crowns the humble with victory.

Let His faithful sing in triumph and rejoice both night and day.

Let praise of God be on their lips
and a double-edged sword in their hands,

to execute judgment on the godless,
to bring punishment upon the nations,

to bind their kings in chains and put their princes in irons,

executing the judgment decreed against them.
This is glory for all of His faithful. Halleluyah.

    PSALM 149

Halleluyah. Praise God in His sanctuary,
in His heaven; for His power praise Him.

Praise Him for His mighty deeds,
for His infinite greatness praise Him.

Praise Him with trumpet calls,
with harp and lyre praise Him.

Praise Him with drum and dance,
with flute and strings praise Him.

Praise Him with clashing cymbals,
with resounding cymbals praise Him.

Let every breath of life praise the Lord. Halleluyah.

    PSALM 150

On weekdays, some congregations continue with
"You shall always be praised . . ." on page 95

On Shabbat and Festivals, some congregations
continue on page 335

בָּרוּךְ יהוה לְעוֹלָם, אָמֵן וְאָמֵן. בָּרוּךְ יהוה מִצִּיּוֹן, שֹׁכֵן יְרוּשָׁלָיִם, הַלְלוּיָהּ. □ בָּרוּךְ יהוה אֱלֹהִים אֱלֹהֵי יִשְׂרָאֵל, עֹשֵׂה נִפְלָאוֹת לְבַדּוֹ. וּבָרוּךְ שֵׁם כְּבוֹדוֹ לְעוֹלָם וְיִמָּלֵא כְבוֹדוֹ אֶת־כָּל־הָאָרֶץ, אָמֵן וְאָמֵן.

וַיְבָרֶךְ דָּוִיד אֶת־יהוה לְעֵינֵי כָּל־הַקָּהָל וַיֹּאמֶר דָּוִיד: בָּרוּךְ אַתָּה יהוה אֱלֹהֵי יִשְׂרָאֵל אָבִינוּ, מֵעוֹלָם וְעַד עוֹלָם. לְךָ יהוה הַגְּדֻלָּה וְהַגְּבוּרָה וְהַתִּפְאֶרֶת וְהַנֵּצַח וְהַהוֹד, כִּי כֹל בַּשָּׁמַיִם וּבָאָרֶץ, לְךָ יהוה הַמַּמְלָכָה וְהַמִּתְנַשֵּׂא לְכֹל לְרֹאשׁ. וְהָעֹשֶׁר וְהַכָּבוֹד מִלְּפָנֶיךָ, וְאַתָּה מוֹשֵׁל בַּכֹּל, וּבְיָדְךָ כֹּחַ וּגְבוּרָה, וּבְיָדְךָ לְגַדֵּל וּלְחַזֵּק לַכֹּל. וְעַתָּה אֱלֹהֵינוּ מוֹדִים אֲנַחְנוּ לָךְ, וּמְהַלְלִים לְשֵׁם תִּפְאַרְתֶּךָ.

אַתָּה הוּא יהוה לְבַדֶּךָ, אַתָּה עָשִׂיתָ אֶת־הַשָּׁמַיִם, שְׁמֵי הַשָּׁמַיִם וְכָל־צְבָאָם, הָאָרֶץ וְכָל־אֲשֶׁר עָלֶיהָ, הַיַּמִּים וְכָל־אֲשֶׁר בָּהֶם, וְאַתָּה מְחַיֶּה אֶת־כֻּלָּם, וּצְבָא הַשָּׁמַיִם לְךָ מִשְׁתַּחֲוִים. □ אַתָּה הוּא יהוה הָאֱלֹהִים אֲשֶׁר בָּחַרְתָּ בְּאַבְרָם, וְהוֹצֵאתוֹ מֵאוּר כַּשְׂדִּים, וְשַׂמְתָּ שְׁמוֹ אַבְרָהָם, וּמָצָאתָ אֶת־לְבָבוֹ נֶאֱמָן לְפָנֶיךָ

וְכָרוֹת עִמּוֹ הַבְּרִית לָתֵת אֶת־אֶרֶץ הַכְּנַעֲנִי הַחִתִּי הָאֱמֹרִי וְהַפְּרִזִּי וְהַיְבוּסִי וְהַגִּרְגָּשִׁי לָתֵת לְזַרְעוֹ, וַתָּקֶם אֶת־דְּבָרֶיךָ כִּי צַדִּיק אָתָּה. וַתֵּרֶא אֶת־עֳנִי אֲבֹתֵינוּ בְּמִצְרָיִם, וְאֶת־זַעֲקָתָם שָׁמַעְתָּ עַל יַם סוּף. וַתִּתֵּן אֹתֹת וּמֹפְתִים בְּפַרְעֹה וּבְכָל־עֲבָדָיו וּבְכָל־עַם אַרְצוֹ, כִּי יָדַעְתָּ כִּי הֵזִידוּ עֲלֵיהֶם, וַתַּעַשׂ לְךָ שֵׁם כְּהַיּוֹם הַזֶּה. □ וְהַיָּם בָּקַעְתָּ לִפְנֵיהֶם וַיַּעַבְרוּ בְתוֹךְ הַיָּם בַּיַּבָּשָׁה, וְאֶת־רֹדְפֵיהֶם הִשְׁלַכְתָּ בִמְצוֹלֹת כְּמוֹ אֶבֶן בְּמַיִם עַזִּים.

וַיּוֹשַׁע יהוה בַּיּוֹם הַהוּא אֶת־יִשְׂרָאֵל מִיַּד מִצְרָיִם וַיַּרְא יִשְׂרָאֵל אֶת־מִצְרַיִם מֵת עַל־שְׂפַת הַיָּם. □ וַיַּרְא יִשְׂרָאֵל אֶת־הַיָּד הַגְּדֹלָה אֲשֶׁר עָשָׂה יהוה בְּמִצְרַיִם וַיִּירְאוּ הָעָם אֶת־יהוה, וַיַּאֲמִינוּ בַּיהוה וּבְמֹשֶׁה עַבְדּוֹ.

Praised be the Lord forever. Amen! Amen! Praised from Zion be the Lord who abides in Jerusalem. Halleluyah. Praised be the Lord, God of the people Israel, who alone works wonders. Praised be His glory throughout all time. May His glory fill the whole world. Amen! Amen!

David praised the Lord in the presence of all the assembled, saying: Praised are You, God of our father Israel, from the past to the future. Yours are greatness and power, O Lord, glory and splendor and majesty, for everything in the heavens and on earth is Yours. Sovereignty is Yours, You are exalted as Ruler of all. You are the source of wealth and honor; dominion over all the earth is Yours. Might and courage come from You, greatness and strength are Your gifts. We praise You now, our God, and we extol Your glory.

I CHRONICLES 29:10–13

You alone are the Lord. You created the heavens, the high heavens and all their array, the land and all that is on it, the seas and all they contain. You sustain them all; the array of the heavens reveres You. You are the Lord God who chose Abram and brought him out of Ur of the Chaldees, naming him Abraham, finding in him a faithful servant.

You made a covenant with him, to give the land of the Canaanites, Hittites, Amorites, Perizites, Jebusites, and Girgashites to his descendants; and You did keep Your promise, for You are just. You saw the suffering of our ancestors in Egypt, You heard their cry at the Sea of Reeds. You sent signs and portents against Pharaoh, all of his servants and all the people of his land, because You knew of their shamelessness against our ancestors, and You gained for Yourself a name that lives on to this day. You divided the sea for our ancestors, and they passed through it as on dry land. But You cast their pursuers into the depths, like a stone into turbulent waters.

NEHEMIAH 9:6–11

Thus the Lord saved the people Israel from the Egyptians on that day; they saw the Egyptians lying dead on the shore of the sea. When the people Israel witnessed the great power which the Lord wielded against the Egyptians, the people feared the Lord; they trusted in Him and in His servant Moses.

EXODUS 14:30–31

אָז יָשִׁיר־מֹשֶׁה וּבְנֵי יִשְׂרָאֵל
אֶת־הַשִּׁירָה הַזֹּאת לַיהוה וַיֹּאמְרוּ לֵאמֹר:

אָשִׁירָה לַיהוה כִּי־גָאֹה גָּאָה, סוּס וְרֹכְבוֹ רָמָה בַיָּם.
עָזִּי וְזִמְרָת יָהּ וַיְהִי־לִי לִישׁוּעָה
זֶה אֵלִי וְאַנְוֵהוּ אֱלֹהֵי אָבִי וַאֲרֹמְמֶנְהוּ.

יהוה אִישׁ מִלְחָמָה, יהוה שְׁמוֹ.
מַרְכְּבֹת פַּרְעֹה וְחֵילוֹ יָרָה בַיָּם
וּמִבְחַר שָׁלִשָׁיו טֻבְּעוּ בְיַם־סוּף.
תְּהֹמֹת יְכַסְיֻמוּ, יָרְדוּ בִמְצוֹלֹת כְּמוֹ־אָבֶן.

יְמִינְךָ יהוה נֶאְדָּרִי בַּכֹּחַ, יְמִינְךָ יהוה תִּרְעַץ אוֹיֵב.
וּבְרֹב גְּאוֹנְךָ תַּהֲרֹס קָמֶיךָ, תְּשַׁלַּח חֲרֹנְךָ יֹאכְלֵמוֹ כַּקַּשׁ.
וּבְרוּחַ אַפֶּיךָ נֶעֶרְמוּ מַיִם, נִצְּבוּ כְמוֹ־נֵד נֹזְלִים,
קָפְאוּ תְהֹמֹת בְּלֶב־יָם.

אָמַר אוֹיֵב: אֶרְדֹּף אַשִּׂיג אֲחַלֵּק שָׁלָל,
תִּמְלָאֵמוֹ נַפְשִׁי, אָרִיק חַרְבִּי, תּוֹרִישֵׁמוֹ יָדִי.

נָשַׁפְתָּ בְרוּחֲךָ כִּסָּמוֹ יָם, צָלְלוּ כַּעוֹפֶרֶת בְּמַיִם אַדִּירִים.
מִי־כָמֹכָה בָּאֵלִם יהוה, מִי כָּמֹכָה נֶאְדָּר בַּקֹּדֶשׁ,
נוֹרָא תְהִלֹּת עֹשֵׂה־פֶלֶא.

נָטִיתָ יְמִינְךָ תִּבְלָעֵמוֹ אָרֶץ.
נָחִיתָ בְחַסְדְּךָ עַם־זוּ גָּאָלְתָּ, נֵהַלְתָּ בְעָזְּךָ אֶל־נְוֵה קָדְשֶׁךָ.
שָׁמְעוּ עַמִּים יִרְגָּזוּן, חִיל אָחַז יֹשְׁבֵי פְּלָשֶׁת.
אָז נִבְהֲלוּ אַלּוּפֵי אֱדוֹם, אֵילֵי מוֹאָב יֹאחֲזֵמוֹ רָעַד,
נָמֹגוּ כֹּל יֹשְׁבֵי כְנָעַן.

תִּפֹּל עֲלֵיהֶם אֵימָתָה וָפַחַד, בִּגְדֹל זְרוֹעֲךָ יִדְּמוּ כָּאָבֶן,
עַד־יַעֲבֹר עַמְּךָ יהוה, עַד־יַעֲבֹר עַם־זוּ קָנִיתָ.

תְּבִאֵמוֹ וְתִטָּעֵמוֹ בְּהַר נַחֲלָתְךָ, מָכוֹן לְשִׁבְתְּךָ פָּעַלְתָּ יהוה
מִקְּדָשׁ אֲדֹנָי כּוֹנְנוּ יָדֶיךָ.

יהוה יִמְלֹךְ לְעֹלָם וָעֶד.

יהוה יִמְלֹךְ לְעֹלָם וָעֶד.

Then Moses and the people Israel sang this song to the Lord:

I will sing to the Lord, mighty in majestic triumph.
Horse and driver He has hurled into the sea.
The Lord is my strength and my might; He is my deliverance.
He is my God and I give Him glory,
my father's God and I exalt Him.
The Lord, the Warrior, His name is the Lord.
Pharaoh's chariots and army He has cast into the sea;
Pharaoh's choice captains are sunken in the Sea of Reeds.
The depths cover them; down they sank in the deep like a stone.
Your right hand, Lord, singular in strength,
Your right hand, Lord, shatters the enemy.
With Your majestic might You crush Your foes;
You let loose Your fury, to consume them like straw.
In the rush of Your rage the waters were raised;
the sea stood motionless, the great deep congealed.
The enemy said: "I will pursue and plunder,
I will devour them, I will draw my sword,
with my bare hands will I dispatch them."
You loosed the wind, the sea covered them;
like lead they sank in the swelling waters.

Who is like You, Lord, among all that is worshiped?
Who is like You, majestic in holiness,
awesome in splendor, working wonders?
You stretched out Your hand, the earth swallowed them.
In Your love You lead the people You redeemed,
with Your strength You guide them to Your holy habitation.
Nations take note and tremble, panic grips the dwellers of Philistia.
Edom's chieftains are chilled with dismay,
trembling seizes the mighty of Moab,
all the citizens of Canaan are confused,
dread and dismay descend upon them.
Your overwhelming power makes them still as stone,
while Your people, Lord, pass peacefully over,
the people whom You have redeemed.

Lead them to Your lofty mountain; let them lodge there
in Your abode, the sanctuary which You have established.
The Lord shall reign throughout all time.

EXODUS 15:1–18

□ כִּי לַיהוה הַמְּלוּכָה וּמוֹשֵׁל בַּגּוֹיִם. וְעָלוּ מוֹשִׁעִים בְּהַר צִיּוֹן לִשְׁפֹּט אֶת־הַר עֵשָׂו, וְהָיְתָה לַיהוה הַמְּלוּכָה. וְהָיָה יהוה לְמֶלֶךְ עַל כָּל־הָאָרֶץ, בַּיּוֹם הַהוּא יִהְיֶה יהוה אֶחָד וּשְׁמוֹ אֶחָד.

On Shabbat and Festivals, we continue on page 334

In this berakhah we affirm that our eternal King will always be praised

יִשְׁתַּבַּח שִׁמְךָ לָעַד, מַלְכֵּנוּ, הָאֵל הַמֶּלֶךְ הַגָּדוֹל וְהַקָּדוֹשׁ בַּשָּׁמַיִם וּבָאָרֶץ. כִּי לְךָ נָאֶה, יהוה אֱלֹהֵינוּ וֵאלֹהֵי אֲבוֹתֵינוּ, שִׁיר וּשְׁבָחָה, הַלֵּל וְזִמְרָה, עֹז וּמֶמְשָׁלָה, נֶצַח גְּדֻלָּה וּגְבוּרָה, תְּהִלָּה וְתִפְאֶרֶת, קְדֻשָּׁה וּמַלְכוּת, □ בְּרָכוֹת וְהוֹדָאוֹת מֵעַתָּה וְעַד עוֹלָם. בָּרוּךְ אַתָּה יהוה אֵל מֶלֶךְ גָּדוֹל בַּתִּשְׁבָּחוֹת, אֵל הַהוֹדָאוֹת, אֲדוֹן הַנִּפְלָאוֹת, הַבּוֹחֵר בְּשִׁירֵי זִמְרָה, מֶלֶךְ אֵל חֵי הָעוֹלָמִים.

Between Rosh Hashanah and Yom Kippur, add Psalm 130 on page 134

ḤATZI KADDISH

Reader:

יִתְגַּדַּל וְיִתְקַדַּשׁ שְׁמֵהּ רַבָּא בְּעָלְמָא דִּי בְרָא כִרְעוּתֵהּ, וְיַמְלִיךְ מַלְכוּתֵהּ בְּחַיֵּיכוֹן וּבְיוֹמֵיכוֹן וּבְחַיֵּי דְכָל־בֵּית יִשְׂרָאֵל, בַּעֲגָלָא וּבִזְמַן קָרִיב, וְאִמְרוּ אָמֵן.

Congregation and Reader:

יְהֵא שְׁמֵהּ רַבָּא מְבָרַךְ לְעָלַם וּלְעָלְמֵי עָלְמַיָּא.

Reader:

יִתְבָּרַךְ וְיִשְׁתַּבַּח וְיִתְפָּאַר וְיִתְרוֹמַם וְיִתְנַשֵּׂא, וְיִתְהַדַּר וְיִתְעַלֶּה וְיִתְהַלַּל שְׁמֵהּ דְּקֻדְשָׁא, בְּרִיךְ הוּא לְעֵלָּא (לְעֵלָּא מִכָּל־) מִן כָּל־בִּרְכָתָא וְשִׁירָתָא, תֻּשְׁבְּחָתָא וְנֶחֱמָתָא דַּאֲמִירָן בְּעָלְמָא, וְאִמְרוּ אָמֵן.

For sovereignty belongs to the Lord, who rules the nations. Deliverers shall rise on Mount Zion to judge the mountain of Esau, and the Lord shall be sovereign. The Lord shall be King of all the earth. On that day the Lord shall be One and His name One.

On Shabbat and Festivals, we continue on page 335

In this berakhah we affirm that our eternal King will always be praised

You shall always be praised, great and holy God, our King in heaven and on earth. Songs of praise and psalms of gratitude become You, acknowledging Your might and Your dominion. Yours are strength and sovereignty, sanctity, grandeur, and glory always. We offer You our devotion, open our hearts in acclamation. Praised are You, Sovereign of wonders, crowned with adoration, delighting in mortal song and psalm, exalted King, eternal life of the universe.

Between Rosh Hashanah and Yom Kippur, add Psalm 130 on page 135

ḤATZI KADDISH

Reader:

Hallowed and enhanced may He be throughout the world of His own creation. May He cause His sovereignty soon to be accepted, during our life and the life of all Israel. And let us say: Amen.

Congregation and Reader:

Y'hei sh'mei raba m'varakh l'alam u-l'almei almaya.
May He be praised throughout all time.

Reader:

Glorified and celebrated, lauded and praised, acclaimed and honored, extolled and exalted may the Holy One be, praised beyond all song and psalm, beyond all tributes which mortals can utter. And let us say: Amen.

Reader:

בָּרְכוּ אֶת־יהוה הַמְבֹרָךְ.

Congregation, then Reader:

בָּרוּךְ יהוה הַמְבֹרָךְ לְעוֹלָם וָעֶד.

In the first berakhah before K'riat Sh'ma, we praise God for His gift of Creation

בָּרוּךְ אַתָּה יהוה אֱלֹהֵינוּ מֶלֶךְ הָעוֹלָם, יוֹצֵר אוֹר וּבוֹרֵא חֹשֶׁךְ עֹשֶׂה שָׁלוֹם וּבוֹרֵא אֶת־הַכֹּל.

הַמֵּאִיר לָאָרֶץ וְלַדָּרִים עָלֶיהָ בְּרַחֲמִים, וּבְטוּבוֹ מְחַדֵּשׁ בְּכָל־יוֹם תָּמִיד מַעֲשֵׂה בְרֵאשִׁית. מָה רַבּוּ מַעֲשֶׂיךָ יהוה, כֻּלָּם בְּחָכְמָה עָשִׂיתָ, מָלְאָה הָאָרֶץ קִנְיָנֶךָ. הַמֶּלֶךְ הַמְרוֹמָם לְבַדּוֹ מֵאָז, הַמְשֻׁבָּח וְהַמְפֹאָר וְהַמִּתְנַשֵּׂא מִימוֹת עוֹלָם. אֱלֹהֵי עוֹלָם, בְּרַחֲמֶיךָ הָרַבִּים רַחֵם עָלֵינוּ, אֲדוֹן עֻזֵּנוּ, צוּר מִשְׂגַּבֵּנוּ, מָגֵן יִשְׁעֵנוּ, מִשְׂגָּב בַּעֲדֵנוּ.

אֵל בָּרוּךְ גְּדוֹל דֵּעָה, הֵכִין וּפָעַל זָהֳרֵי חַמָּה. טוֹב יָצַר כָּבוֹד לִשְׁמוֹ, מְאוֹרוֹת נָתַן סְבִיבוֹת עֻזּוֹ. פִּנּוֹת צְבָאָיו קְדוֹשִׁים, רוֹמְמֵי שַׁדַּי, תָּמִיד מְסַפְּרִים כְּבוֹד אֵל וּקְדֻשָּׁתוֹ. תִּתְבָּרַךְ יהוה אֱלֹהֵינוּ עַל שֶׁבַח מַעֲשֵׂה יָדֶיךָ וְעַל מְאוֹרֵי אוֹר שֶׁעָשִׂיתָ, יְפָאֲרוּךָ סֶּלָה.

תִּתְבָּרַךְ, צוּרֵנוּ מַלְכֵּנוּ וְגוֹאֲלֵנוּ, בּוֹרֵא קְדוֹשִׁים. יִשְׁתַּבַּח שִׁמְךָ לָעַד מַלְכֵּנוּ, יוֹצֵר מְשָׁרְתִים, וַאֲשֶׁר מְשָׁרְתָיו כֻּלָּם עוֹמְדִים בְּרוּם עוֹלָם וּמַשְׁמִיעִים בְּיִרְאָה יַחַד בְּקוֹל דִּבְרֵי אֱלֹהִים חַיִּים וּמֶלֶךְ עוֹלָם. כֻּלָּם אֲהוּבִים, כֻּלָּם בְּרוּרִים, כֻּלָּם גִּבּוֹרִים, וְכֻלָּם עֹשִׂים בְּאֵימָה וּבְיִרְאָה רְצוֹן קוֹנָם, ☐ וְכֻלָּם פּוֹתְחִים אֶת־פִּיהֶם בִּקְדֻשָּׁה וּבְטָהֳרָה, בְּשִׁירָה וּבְזִמְרָה, וּמְבָרְכִים וּמְשַׁבְּחִים וּמְפָאֲרִים וּמַעֲרִיצִים וּמַקְדִּישִׁים וּמַמְלִיכִים

K'RIAT SH'MA AND ITS BERAKHOT

Reader:

Praise the Lord, Source of blessing.

Congregation, then Reader:

Praised be the Lord, Source of blessing, throughout all time.

*In the first berakhah before K'riat Sh'ma, we
praise God for His gift of Creation*

Praised are You, Lord our God, King of the universe, creating light
and fashioning darkness, ordaining the order of all creation.

You illumine the world and its creatures with mercy; in Your good-
ness, day after day You renew Creation. How manifold Your works, O
Lord; with wisdom You fashioned them all. The earth abounds with
Your creations. Uniquely exalted since earliest time, enthroned on
praise and prominence since the world began, eternal God, with Your
manifold mercies continue to love us, our Pillar of strength, protect-
ing Rock, sheltering Shield, sustaining Stronghold.

Our praiseworthy God with vast understanding fashioned the rays of
the sun. The good light He created reflects His splendor; radiant
lights surround His throne. His heavenly servants in holiness exalt
the Almighty, constantly recounting His sacred glory. Praise shall be
Yours, Lord our God, for Your wondrous works, for the lights You
have fashioned, the sun and the moon which reflect Your glory.

Our Rock, our Redeemer, our King, Creator of holy beings, You shall
be praised forever. You fashion angelic spirits to serve You; beyond
the heavens, they all await Your command. In chorus they proclaim
with reverence words of the living God, eternal King. Adoring,
beloved, and choice are they all, in awe fulfilling their Creator's will.
In purity and sanctity they raise their voices in song and psalm,
extolling and exalting, declaring the power, praise, holiness, and
majesty of God, the great, mighty, awesome King, the Holy One. One
to another they vow loyalty to God's kingship, one to another they
join to hallow their Creator with serenity, pure speech, and sacred
song, in unison chanting with reverence:

אֶת־שֵׁם הָאֵל הַמֶּלֶךְ הַגָּדוֹל הַגִּבּוֹר וְהַנּוֹרָא, קָדוֹשׁ הוּא. וְכֻלָּם מְקַבְּלִים עֲלֵיהֶם עֹל מַלְכוּת שָׁמַיִם זֶה מִזֶּה, וְנוֹתְנִים רְשׁוּת זֶה לָזֶה □ לְהַקְדִּישׁ לְיוֹצְרָם בְּנַחַת רוּחַ, בְּשָׂפָה בְרוּרָה וּבִנְעִימָה קְדוֹשָׁה, כֻּלָּם כְּאֶחָד עוֹנִים וְאוֹמְרִים בְּיִרְאָה:

קָדוֹשׁ קָדוֹשׁ קָדוֹשׁ יהוה צְבָאוֹת, מְלֹא כָל־הָאָרֶץ כְּבוֹדוֹ.

□ וְהָאוֹפַנִּים וְחַיּוֹת הַקֹּדֶשׁ בְּרַעַשׁ גָּדוֹל מִתְנַשְּׂאִים לְעֻמַּת שְׂרָפִים, לְעֻמָּתָם מְשַׁבְּחִים וְאוֹמְרִים:

בָּרוּךְ כְּבוֹד יהוה מִמְּקוֹמוֹ.

לְאֵל בָּרוּךְ, נְעִימוֹת יִתֵּנוּ. לַמֶּלֶךְ אֵל חַי וְקַיָּם, זְמִירוֹת יֹאמֵרוּ וְתִשְׁבָּחוֹת יַשְׁמִיעוּ, כִּי הוּא לְבַדּוֹ פּוֹעֵל גְּבוּרוֹת, עוֹשֶׂה חֲדָשׁוֹת, בַּעַל מִלְחָמוֹת, זוֹרֵעַ צְדָקוֹת, מַצְמִיחַ יְשׁוּעוֹת, בּוֹרֵא רְפוּאוֹת, נוֹרָא תְהִלּוֹת, אֲדוֹן הַנִּפְלָאוֹת, הַמְחַדֵּשׁ בְּטוּבוֹ בְּכָל־יוֹם תָּמִיד מַעֲשֵׂה בְרֵאשִׁית, כָּאָמוּר: לְעֹשֵׂה אוֹרִים גְּדֹלִים, כִּי לְעוֹלָם חַסְדּוֹ. □ אוֹר חָדָשׁ עַל צִיּוֹן תָּאִיר, וְנִזְכֶּה כֻלָּנוּ מְהֵרָה לְאוֹרוֹ. בָּרוּךְ אַתָּה יהוה יוֹצֵר הַמְּאוֹרוֹת.

In the second berakhah before K'riat Sh'ma, we
praise God for His gift of Torah, sign of His love

אַהֲבָה רַבָּה אֲהַבְתָּנוּ, יהוה אֱלֹהֵינוּ, חֶמְלָה גְדוֹלָה וִיתֵרָה חָמַלְתָּ עָלֵינוּ. אָבִינוּ מַלְכֵּנוּ, בַּעֲבוּר אֲבוֹתֵינוּ שֶׁבָּטְחוּ בְךָ וַתְּלַמְּדֵם חֻקֵּי חַיִּים, כֵּן תְּחָנֵּנוּ וּתְלַמְּדֵנוּ. אָבִינוּ הָאָב הָרַחֲמָן, הַמְרַחֵם, רַחֵם עָלֵינוּ וְתֵן בְּלִבֵּנוּ לְהָבִין וּלְהַשְׂכִּיל, לִשְׁמֹעַ, לִלְמֹד וּלְלַמֵּד, לִשְׁמֹר וְלַעֲשׂוֹת וּלְקַיֵּם אֶת־כָּל־דִּבְרֵי תַלְמוּד תּוֹרָתֶךָ בְּאַהֲבָה. וְהָאֵר עֵינֵינוּ בְּתוֹרָתֶךָ, וְדַבֵּק לִבֵּנוּ בְּמִצְוֹתֶיךָ, וְיַחֵד לְבָבֵנוּ לְאַהֲבָה וּלְיִרְאָה אֶת־שְׁמֶךָ, וְלֹא נֵבוֹשׁ לְעוֹלָם וָעֶד. כִּי בְשֵׁם קָדְשְׁךָ הַגָּדוֹל וְהַנּוֹרָא בָּטָחְנוּ, נָגִילָה וְנִשְׂמְחָה בִּישׁוּעָתֶךָ. וַהֲבִיאֵנוּ לְשָׁלוֹם מֵאַרְבַּע כַּנְפוֹת הָאָרֶץ, וְתוֹלִיכֵנוּ קוֹמְמִיּוּת לְאַרְצֵנוּ, כִּי אֵל פּוֹעֵל יְשׁוּעוֹת אָתָּה, וּבָנוּ בָחַרְתָּ מִכָּל־עַם וְלָשׁוֹן, □ וְקֵרַבְתָּנוּ לְשִׁמְךָ הַגָּדוֹל סֶלָה בֶּאֱמֶת, לְהוֹדוֹת לְךָ וּלְיַחֶדְךָ בְּאַהֲבָה. בָּרוּךְ אַתָּה יהוה הַבּוֹחֵר בְּעַמּוֹ יִשְׂרָאֵל בְּאַהֲבָה.

Holy, holy, holy, *Adonai tzeva'ot*; the whole world is filled with His glory.

As in the prophet's vision, soaring celestial creatures roar, responding with a chorus of adoration:

Praised be the glory of the Lord throughout the universe.

To praiseworthy God they sweetly sing; the living, enduring God they celebrate in song. For He is unique, doing mighty deeds, creating new life, championing justice, sowing righteousness, reaping victory, bringing healing. Awesome in praise, Sovereign of wonders, day after day in His goodness He renews Creation. So sang the Psalmist: "Praise the Creator of great lights, for His love endures forever." Cause a new light to illumine Zion. May we all soon share a portion of its radiance. Praised are You, Lord, Creator of lights.

In the second berakhah before K'riat Sh'ma, we
praise God for His gift of Torah, sign of His love

Deep is Your love for us, Lord our God, boundless Your tender compassion. You taught our ancestors life-giving laws. They trusted in You, our Father and King. For their sake graciously teach us. Father, merciful Father, show us mercy; grant us discernment and understanding. Then will we study Your Torah, heed its words, teach its precepts and follow its instruction, lovingly fulfilling all its teachings. Open our eyes to Your Torah, help our hearts cleave to Your mitzvot. Unite all our thoughts to love and revere You. Then shall we never be brought to shame. Trusting in Your awesome holiness, we will delight in Your deliverance. Bring us safely from the ends of the earth, and lead us in dignity to our holy land. You are the Source of deliverance. You have called us from all peoples and tongues, constantly drawing us nearer to You, that we may lovingly offer You praise, proclaiming Your Oneness. Praised are You, Lord who loves His people Israel.

If there is no minyan, add:

אֵל מֶלֶךְ נֶאֱמָן

We formally affirm God's sovereignty, freely pledging Him our loyalty. We are His witnesses.

שְׁמַע יִשְׂרָאֵל יהוה אֱלֹהֵינוּ יהוה | אֶחָד:

Silently:

בָּרוּךְ שֵׁם כְּבוֹד מַלְכוּתוֹ לְעוֹלָם וָעֶד.

וְאָהַבְתָּ אֵת יהוה אֱלֹהֶיךָ בְּכָל־לְבָבְךָ וּבְכָל־נַפְשְׁךָ וּבְכָל־מְאֹדֶךָ: וְהָיוּ הַדְּבָרִים הָאֵלֶּה אֲשֶׁר אָנֹכִי מְצַוְּךָ הַיּוֹם עַל־לְבָבֶךָ: וְשִׁנַּנְתָּם לְבָנֶיךָ וְדִבַּרְתָּ בָּם בְּשִׁבְתְּךָ בְּבֵיתֶךָ וּבְלֶכְתְּךָ בַדֶּרֶךְ וּבְשָׁכְבְּךָ וּבְקוּמֶךָ: וּקְשַׁרְתָּם לְאוֹת עַל־יָדֶךָ וְהָיוּ לְטֹטָפֹת בֵּין עֵינֶיךָ: וּכְתַבְתָּם עַל־מְזֻזוֹת בֵּיתֶךָ וּבִשְׁעָרֶיךָ:

וְהָיָה אִם־שָׁמֹעַ תִּשְׁמְעוּ אֶל־מִצְוֹתַי אֲשֶׁר אָנֹכִי מְצַוֶּה אֶתְכֶם הַיּוֹם לְאַהֲבָה אֶת־יהוה אֱלֹהֵיכֶם וּלְעָבְדוֹ בְּכָל־לְבַבְכֶם וּבְכָל־נַפְשְׁכֶם: וְנָתַתִּי מְטַר־אַרְצְכֶם בְּעִתּוֹ יוֹרֶה וּמַלְקוֹשׁ וְאָסַפְתָּ דְגָנֶךָ וְתִירֹשְׁךָ וְיִצְהָרֶךָ: וְנָתַתִּי עֵשֶׂב בְּשָׂדְךָ לִבְהֶמְתֶּךָ וְאָכַלְתָּ וְשָׂבָעְתָּ: הִשָּׁמְרוּ לָכֶם פֶּן־יִפְתֶּה לְבַבְכֶם וְסַרְתֶּם וַעֲבַדְתֶּם אֱלֹהִים אֲחֵרִים וְהִשְׁתַּחֲוִיתֶם לָהֶם: וְחָרָה אַף־יהוה בָּכֶם וְעָצַר אֶת־הַשָּׁמַיִם וְלֹא־יִהְיֶה מָטָר וְהָאֲדָמָה לֹא תִתֵּן אֶת־יְבוּלָהּ וַאֲבַדְתֶּם מְהֵרָה מֵעַל הָאָרֶץ הַטֹּבָה אֲשֶׁר יהוה נֹתֵן לָכֶם: וְשַׂמְתֶּם אֶת־דְּבָרַי אֵלֶּה עַל־לְבַבְכֶם וְעַל־נַפְשְׁכֶם

 **K'RIAT SH'MA**

If there is no minyan, add:

God is a faithful King.

We formally affirm God's sovereignty, freely
pledging Him our loyalty. We are His witnesses.

Hear, O Israel: The Lord our God, the Lord is One.

Silently:

Praised be His glorious sovereignty throughout all time.

Love the Lord Your God with all your heart, with all your soul, with all your might. And these words which I command you this day you shall take to heart. You shall diligently teach them to your children. You shall recite them at home and away, morning and night. You shall bind them as a sign upon your hand, they shall be a reminder above your eyes, and you shall inscribe them upon the doorposts of your homes and upon your gates.

DEUTERONOMY 6:4–9

If you will earnestly heed the mitzvot that I give you this day, to love the Lord your God and to serve Him with all your heart and all your soul, then I will favor your land with rain at the proper season—rain in autumn and rain in spring—and you will have an ample harvest of grain and wine and oil. I will assure abundance in the fields for your cattle. You will eat to contentment. Take care lest you be tempted to forsake God and turn to false gods in worship. For then the wrath of the Lord will be directed against you. He will close the heavens and hold back the rain; the earth will not yield its produce. You will soon disappear from the good land which the Lord is giving you.

וּקְשַׁרְתֶּם אֹתָם לְאוֹת עַל־יֶדְכֶם וְהָיוּ לְטוֹטָפֹת בֵּין עֵינֵיכֶם: וְלִמַּדְתֶּם אֹתָם אֶת־בְּנֵיכֶם לְדַבֵּר בָּם בְּשִׁבְתְּךָ בְּבֵיתֶךָ וּבְלֶכְתְּךָ בַדֶּרֶךְ וּבְשָׁכְבְּךָ וּבְקוּמֶךָ: וּכְתַבְתָּם עַל־מְזוּזוֹת בֵּיתֶךָ וּבִשְׁעָרֶיךָ: לְמַעַן יִרְבּוּ יְמֵיכֶם וִימֵי בְנֵיכֶם עַל הָאֲדָמָה אֲשֶׁר נִשְׁבַּע יהוה לַאֲבֹתֵיכֶם לָתֵת לָהֶם כִּימֵי הַשָּׁמַיִם עַל־הָאָרֶץ:

וַיֹּאמֶר יהוה אֶל־מֹשֶׁה לֵּאמֹר: דַּבֵּר אֶל־בְּנֵי יִשְׂרָאֵל וְאָמַרְתָּ אֲלֵהֶם וְעָשׂוּ לָהֶם צִיצִת עַל־כַּנְפֵי בִגְדֵיהֶם לְדֹרֹתָם וְנָתְנוּ עַל־צִיצִת הַכָּנָף פְּתִיל תְּכֵלֶת: וְהָיָה לָכֶם לְצִיצִת וּרְאִיתֶם אֹתוֹ וּזְכַרְתֶּם אֶת־כָּל־מִצְוֹת יהוה וַעֲשִׂיתֶם אֹתָם וְלֹא תָתוּרוּ אַחֲרֵי לְבַבְכֶם וְאַחֲרֵי עֵינֵיכֶם אֲשֶׁר־אַתֶּם זֹנִים אַחֲרֵיהֶם: לְמַעַן תִּזְכְּרוּ וַעֲשִׂיתֶם אֶת־כָּל־מִצְוֹתָי וִהְיִיתֶם קְדֹשִׁים לֵאלֹהֵיכֶם: אֲנִי יהוה אֱלֹהֵיכֶם אֲשֶׁר הוֹצֵאתִי אֶתְכֶם מֵאֶרֶץ מִצְרַיִם לִהְיוֹת לָכֶם לֵאלֹהִים אֲנִי יהוה אֱלֹהֵיכֶם: *(Individuals add: אֱמֶת)*

□ יהוה אֱלֹהֵיכֶם אֱמֶת

In the berakhah after K'riat Sh'ma, we praise God alone as eternal Redeemer of the people Israel.

אֱמֶת וְיַצִּיב וְנָכוֹן וְקַיָּם וְיָשָׁר וְנֶאֱמָן וְאָהוּב וְחָבִיב וְנֶחְמָד וְנָעִים וְנוֹרָא וְאַדִּיר וּמְתֻקָּן וּמְקֻבָּל וְטוֹב וְיָפֶה הַדָּבָר הַזֶּה עָלֵינוּ לְעוֹלָם וָעֶד. אֱמֶת, אֱלֹהֵי עוֹלָם מַלְכֵּנוּ, צוּר יַעֲקֹב מָגֵן יִשְׁעֵנוּ. □ לְדֹר וָדֹר הוּא קַיָּם וּשְׁמוֹ קַיָּם וְכִסְאוֹ נָכוֹן וּמַלְכוּתוֹ וֶאֱמוּנָתוֹ לָעַד קַיָּמֶת.

וּדְבָרָיו חָיִים וְקַיָּמִים נֶאֱמָנִים וְנֶחֱמָדִים לָעַד וּלְעוֹלְמֵי עוֹלָמִים, עַל אֲבוֹתֵינוּ וְעָלֵינוּ, עַל בָּנֵינוּ וְעַל דּוֹרוֹתֵינוּ, וְעַל כָּל־דּוֹרוֹת זֶרַע יִשְׂרָאֵל עֲבָדֶיךָ. עַל הָרִאשׁוֹנִים וְעַל הָאַחֲרוֹנִים דָּבָר טוֹב וְקַיָּם לְעוֹלָם וָעֶד. אֱמֶת וֶאֱמוּנָה, חֹק וְלֹא יַעֲבֹר. □ אֱמֶת שָׁאַתָּה הוּא יהוה אֱלֹהֵינוּ וֵאלֹהֵי אֲבוֹתֵינוּ, מַלְכֵּנוּ מֶלֶךְ אֲבוֹתֵינוּ, גֹּאֲלֵנוּ גֹּאֵל אֲבוֹתֵינוּ, יוֹצְרֵנוּ צוּר יְשׁוּעָתֵנוּ, פּוֹדֵנוּ וּמַצִּילֵנוּ, מֵעוֹלָם שְׁמֶךָ, אֵין אֱלֹהִים זוּלָתֶךָ.

Therefore, impress these words of Mine upon your heart. Bind them as a sign upon your hand, and let them be a reminder above your eyes. Teach them to your children. Repeat them at home and away, morning and night. Inscribe them upon the doorposts of your homes and upon your gates. Then your days and the days of your children on the land which the Lord swore to give to your ancestors will endure as the days of the heavens over the earth.

DEUTERONOMY 11:13–21

The Lord said to Moses: Instruct the people Israel that in every generation they shall put fringes on the corners of their garments and bind a thread of blue to the fringe of each corner. Looking upon it, you will be reminded of all the mitzvot of the Lord and fulfill them and not be seduced by your heart or led astray by your eyes. Then you will remember and observe all My mitzvot and be holy before your God. I am the Lord your God who brought you out of the land of Egypt to be your God. I, the Lord, am your God.

NUMBERS 15:37–41

Reader:

The Lord your God is truth.

In the berakhah after K'riat Sh'ma, we praise
God alone as eternal Redeemer of the people Israel.

Your teaching is true and enduring. Your words are established forever. Awesome and revered are they, eternally right; well ordered are they, always acceptable. They are sweet and pleasant and precious, good and beautiful and beloved. True it is that eternal God is our King, that the Rock of Jacob is our protecting shield. He is eternal and His glory is eternal; He is God for all generations. His sovereign throne is firmly established; His faithfulness endures for all time.

His teachings are precious and abiding; they live forever. For our ancestors, for us, for our children, for every generation of the people Israel, for all ages from the first to the last, His teachings are true, everlasting. True it is that You are the Lord our God, even as You were the God of our ancestors. Our King and our ancestors' King, our Redeemer and our ancestors' Redeemer, our Creator, our victorious Stronghold, You have always helped us and saved us. Your name endures forever. There is no God but You.

עֶזְרַת אֲבוֹתֵינוּ אַתָּה הוּא מֵעוֹלָם, מָגֵן וּמוֹשִׁיעַ לִבְנֵיהֶם אַחֲרֵיהֶם בְּכָל־דּוֹר וָדוֹר. בְּרוּם עוֹלָם מוֹשָׁבֶךָ וּמִשְׁפָּטֶיךָ וְצִדְקָתְךָ עַד אַפְסֵי אָרֶץ. אַשְׁרֵי אִישׁ שֶׁיִּשְׁמַע לְמִצְוֹתֶיךָ, וְתוֹרָתְךָ וּדְבָרְךָ יָשִׂים עַל לִבּוֹ. אֱמֶת אַתָּה הוּא אָדוֹן לְעַמֶּךָ, וּמֶלֶךְ גִּבּוֹר לָרִיב רִיבָם. אֱמֶת אַתָּה הוּא רִאשׁוֹן וְאַתָּה הוּא אַחֲרוֹן, וּמִבַּלְעָדֶיךָ אֵין לָנוּ מֶלֶךְ גּוֹאֵל וּמוֹשִׁיעַ. מִמִּצְרַיִם גְּאַלְתָּנוּ, יהוה אֱלֹהֵינוּ, וּמִבֵּית עֲבָדִים פְּדִיתָנוּ. כָּל־בְּכוֹרֵיהֶם הָרָגְתָּ, וּבְכוֹרְךָ גָּאָלְתָּ, וְיַם סוּף בָּקַעְתָּ, וְזֵדִים טִבַּעְתָּ, וִידִידִים הֶעֱבַרְתָּ, וַיְכַסּוּ מַיִם צָרֵיהֶם, אֶחָד מֵהֶם לֹא נוֹתָר. עַל זֹאת שִׁבְּחוּ אֲהוּבִים וְרוֹמְמוּ אֵל, וְנָתְנוּ יְדִידִים זְמִירוֹת שִׁירוֹת וְתִשְׁבָּחוֹת, בְּרָכוֹת וְהוֹדָאוֹת לַמֶּלֶךְ אֵל חַי וְקַיָּם. רָם וְנִשָּׂא, גָּדוֹל וְנוֹרָא, מַשְׁפִּיל גֵּאִים וּמַגְבִּיהַּ שְׁפָלִים, מוֹצִיא אֲסִירִים וּפוֹדֶה עֲנָוִים וְעוֹזֵר דַּלִּים וְעוֹנֶה לְעַמּוֹ בְּעֵת שַׁוְּעָם אֵלָיו. ☐ תְּהִלּוֹת לְאֵל עֶלְיוֹן בָּרוּךְ הוּא וּמְבֹרָךְ. מֹשֶׁה וּבְנֵי יִשְׂרָאֵל לְךָ עָנוּ שִׁירָה בְּשִׂמְחָה רַבָּה, וְאָמְרוּ כֻלָּם:

מִי כָמֹכָה בָּאֵלִם יהוה,
מִי כָּמֹכָה נֶאְדָּר בַּקֹּדֶשׁ,
נוֹרָא תְהִלֹּת, עֹשֵׂה פֶלֶא.

☐ שִׁירָה חֲדָשָׁה שִׁבְּחוּ גְאוּלִים לְשִׁמְךָ עַל שְׂפַת הַיָּם. יַחַד כֻּלָּם הוֹדוּ וְהִמְלִיכוּ וְאָמְרוּ:

יהוה יִמְלֹךְ לְעֹלָם וָעֶד.

☐ צוּר יִשְׂרָאֵל, קוּמָה בְּעֶזְרַת יִשְׂרָאֵל, וּפְדֵה כִנְאֻמֶךָ יְהוּדָה וְיִשְׂרָאֵל. גֹּאֲלֵנוּ יהוה צְבָאוֹת שְׁמוֹ קְדוֹשׁ יִשְׂרָאֵל. בָּרוּךְ אַתָּה יהוה גָּאַל יִשְׂרָאֵל.

You were always the help of our ancestors, a shield for them and for their children, our deliverer in every generation. Though You abide at the pinnacle of the universe, Your just decrees extend to the ends of the earth. Happy the one who obeys Your mitzvot, who takes to heart the words of Your Torah. You are, in truth, Lord of Your people, their defender and mighty King. You are first and You are last. We have no King or Redeemer but You. You rescued us from Egypt; You redeemed us from the house of bondage. The firstborn of the Egyptians were slain; Your firstborn were saved. You split the waters of the sea. The faithful You rescued; the wicked drowned. The waters engulfed Israel's enemies; not one of the arrogant remained alive. Then Your beloved sang hymns of acclamation, extolling You with psalms of adoration. They acclaimed God King, great and awesome Source of all blessing, the everliving God, exalted in majesty, who humbles the proud and raises the lowly, frees the captive and redeems the meek, helps the needy and answers His people's call. Praises to God supreme, ever praised is He. Moses and the people Israel sang with great joy this song to the Lord:

Mi khamokha ba-elim Adonai, mi kamokha, nedar ba-kodesh, nora t'hilot, oseh feleh.

Who is like You, Lord, among all that is worshiped? Who is like You, majestic in holiness, awesome in splendor, working wonders?

EXODUS 15:11

The redeemed sang a new song for You. They sang in chorus at the shore of the sea, acclaiming Your sovereignty:

Adonai yimlokh l'olam va-ed.

"The Lord shall reign throughout all time."

EXODUS 15:18

Rock of Israel, rise to Israel's defense. Fulfill Your promise to deliver Judah and Israel. Our Redeemer is the Holy One of Israel, *Adonai tzeva'ot* is His name. Praised are You, Lord, Redeemer of the people Israel.

אֲדֹנָי, שְׂפָתַי תִּפְתָּח וּפִי יַגִּיד תְּהִלָּתֶךָ.

בָּרוּךְ אַתָּה יהוה אֱלֹהֵינוּ וֵאלֹהֵי אֲבוֹתֵינוּ, אֱלֹהֵי אַבְרָהָם אֱלֹהֵי יִצְחָק וֵאלֹהֵי יַעֲקֹב, הָאֵל הַגָּדוֹל הַגִּבּוֹר וְהַנּוֹרָא, אֵל עֶלְיוֹן, גּוֹמֵל חֲסָדִים טוֹבִים וְקוֹנֵה הַכֹּל, וְזוֹכֵר חַסְדֵי אָבוֹת וּמֵבִיא גוֹאֵל לִבְנֵי בְנֵיהֶם לְמַעַן שְׁמוֹ בְּאַהֲבָה.

Between Rosh Hashanah and Yom Kippur:

זָכְרֵנוּ לְחַיִּים, מֶלֶךְ חָפֵץ בְּחַיִּים,
וְכָתְבֵנוּ בְּסֵפֶר הַחַיִּים לְמַעַנְךָ אֱלֹהִים חַיִּים.

מֶלֶךְ עוֹזֵר וּמוֹשִׁיעַ וּמָגֵן. בָּרוּךְ אַתָּה יהוה מָגֵן אַבְרָהָם.

אַתָּה גִּבּוֹר לְעוֹלָם אֲדֹנָי, מְחַיֵּה מֵתִים אַתָּה רַב לְהוֹשִׁיעַ.

From Sh'mini Atzeret to Pesaḥ:

מַשִּׁיב הָרוּחַ וּמוֹרִיד הַגָּשֶׁם.

מְכַלְכֵּל חַיִּים בְּחֶסֶד, מְחַיֵּה מֵתִים בְּרַחֲמִים רַבִּים, סוֹמֵךְ נוֹפְלִים וְרוֹפֵא חוֹלִים וּמַתִּיר אֲסוּרִים, וּמְקַיֵּם אֱמוּנָתוֹ לִישֵׁנֵי עָפָר. מִי כָמוֹךָ בַּעַל גְּבוּרוֹת וּמִי דּוֹמֶה לָּךְ, מֶלֶךְ מֵמִית וּמְחַיֶּה וּמַצְמִיחַ יְשׁוּעָה.

Between Rosh Hashanah and Yom Kippur:

מִי כָמוֹךָ אַב הָרַחֲמִים, זוֹכֵר יְצוּרָיו לְחַיִּים בְּרַחֲמִים.

וְנֶאֱמָן אַתָּה לְהַחֲיוֹת מֵתִים. בָּרוּךְ אַתָּה יהוה מְחַיֵּה הַמֵּתִים.

The silent recitation of the Amidah continues with אתה קדוש *on page 110*

AMIDAH

Open my mouth, O Lord, and my lips will proclaim Your praise.

Praised are You, Lord our God and God of our ancestors, God of Abraham, of Isaac, and of Jacob, great, mighty, awesome, exalted God who bestows lovingkindness, Creator of all. You remember the pious deeds of our ancestors and will send a redeemer to their children's children because of Your loving nature.

Between Rosh Hashanah and Yom Kippur:

Remember us that we may live, O King who delights in life.
Inscribe us in the Book of Life, for Your sake, living God.

You are the King who helps and saves and shields. Praised are You, Lord, Shield of Abraham.

Your might, O Lord, is boundless. You give life to the dead; great is Your saving power.

From Sh'mini Atzeret to Pesaḥ:

You cause the wind to blow and the rain to fall.

Your lovingkindness sustains the living, Your great mercies give life to the dead. You support the falling, heal the ailing, free the fettered. You keep Your faith with those who sleep in dust. Whose power can compare with Yours? You are the master of life and death and deliverance.

Between Rosh Hashanah and Yom Kippur:

Whose mercy can compare with Yours, merciful Father?
In mercy You remember Your creatures with life.

Faithful are You in giving life to the dead. Praised are You, Lord, Master of life and death.

The silent recitation of the Amidah continues with "Holy are You . . ." on page 111

When the Reader chants the Amidah aloud,
Kedushah is added. The congregation chants
the indented verses aloud.

נְקַדֵּשׁ אֶת־שִׁמְךָ בָּעוֹלָם, כְּשֵׁם שֶׁמַּקְדִּישִׁים אוֹתוֹ בִּשְׁמֵי מָרוֹם,
כַּכָּתוּב עַל יַד נְבִיאֶךָ, וְקָרָא זֶה אֶל זֶה וְאָמַר:

קָדוֹשׁ קָדוֹשׁ קָדוֹשׁ יהוה צְבָאוֹת, מְלֹא כָל־הָאָרֶץ כְּבוֹדוֹ.

לְעֻמָּתָם בָּרוּךְ יֹאמֵרוּ:

בָּרוּךְ כְּבוֹד יהוה מִמְּקוֹמוֹ.

וּבְדִבְרֵי קָדְשְׁךָ כָּתוּב לֵאמֹר:

יִמְלֹךְ יהוה לְעוֹלָם, אֱלֹהַיִךְ צִיּוֹן לְדֹר וָדֹר, הַלְלוּיָהּ.

לְדוֹר וָדוֹר נַגִּיד גָּדְלֶךָ, וּלְנֵצַח נְצָחִים קְדֻשָּׁתְךָ נַקְדִּישׁ. וְשִׁבְחֲךָ
אֱלֹהֵינוּ מִפִּינוּ לֹא יָמוּשׁ לְעוֹלָם וָעֶד, כִּי אֵל מֶלֶךְ גָּדוֹל וְקָדוֹשׁ
אָתָּה.

Between Rosh Hashanah and Yom Kippur
substitute these words for the line which follows:

בָּרוּךְ אַתָּה יהוה הַמֶּלֶךְ הַקָּדוֹשׁ.

בָּרוּךְ אַתָּה יהוה הָאֵל הַקָּדוֹשׁ.

Continue with: אתה חונן

 **KEDUSHAH**

When the Reader chants the Amidah aloud,
Kedushah is added. The congregation chants the
italicized verses aloud.

We proclaim Your holiness on earth as it is proclaimed in the heavens above. We sing the words of heavenly voices as recorded in Your prophet's vision:

Kadosh kadosh kadosh Adonai tzeva'ot, m'lo khol ha-aretz k'vodo.
Holy, holy, holy Adonai tzeva'ot, the whole world is filled with His glory.

Heavenly voices respond with praise:

Barukh k'vod Adonai mi-m'komo.
Praised is the glory of the Lord throughout the universe.

And in Your holy psalms it is written:

Yimlokh Adonai l'olam Elohayikh tziyon l'dor va-dor. Halleluyah.
The Lord shall reign through all generations; your God, Zion, shall reign forever. Halleluyah.

We declare Your greatness through all generations, hallow Your holiness to all eternity. Your praise will never leave our lips, for You are God and King, great and holy.

> *Between Rosh Hashanah and Yom Kippur*
> *substitute these words for the line which follows:*
>
> Praised are You, Lord, holy King.

Praised are You, Lord, holy God.

Continue with: "You graciously endow . . ."

The silent recitation of the Amidah continues here:

אַתָּה קָדוֹשׁ וְשִׁמְךָ קָדוֹשׁ, וּקְדוֹשִׁים בְּכָל־יוֹם יְהַלְלוּךָ סֶּלָה.

Between Rosh Hashanah and Yom Kippur substitute these words for the line which follows:

בָּרוּךְ אַתָּה יהוה הַמֶּלֶךְ הַקָּדוֹשׁ.

בָּרוּךְ אַתָּה יהוה הָאֵל הַקָּדוֹשׁ.

אַתָּה חוֹנֵן לְאָדָם דַּעַת, וּמְלַמֵּד לֶאֱנוֹשׁ בִּינָה. חָנֵּנוּ מֵאִתְּךָ דֵּעָה בִּינָה וְהַשְׂכֵּל. בָּרוּךְ אַתָּה יהוה חוֹנֵן הַדָּעַת.

הֲשִׁיבֵנוּ אָבִינוּ לְתוֹרָתֶךָ, וְקָרְבֵנוּ מַלְכֵּנוּ לַעֲבוֹדָתֶךָ, וְהַחֲזִירֵנוּ בִּתְשׁוּבָה שְׁלֵמָה לְפָנֶיךָ. בָּרוּךְ אַתָּה יהוה הָרוֹצֶה בִּתְשׁוּבָה.

סְלַח לָנוּ אָבִינוּ כִּי חָטָאנוּ, מְחַל לָנוּ מַלְכֵּנוּ כִּי פָשָׁעְנוּ, כִּי מוֹחֵל וְסוֹלֵחַ אָתָּה. בָּרוּךְ אַתָּה יהוה חַנּוּן הַמַּרְבֶּה לִסְלֹחַ.

רְאֵה נָא בְעָנְיֵנוּ, וְרִיבָה רִיבֵנוּ, וּגְאָלֵנוּ מְהֵרָה לְמַעַן שְׁמֶךָ, כִּי גוֹאֵל חָזָק אָתָּה. בָּרוּךְ אַתָּה יהוה גּוֹאֵל יִשְׂרָאֵל.

Reader, on Fast Day:

עֲנֵנוּ יהוה, עֲנֵנוּ בְּיוֹם צוֹם תַּעֲנִיתֵנוּ, כִּי בְצָרָה גְדוֹלָה אֲנָחְנוּ. אַל תֵּפֶן אֶל רִשְׁעֵנוּ, וְאַל תַּסְתֵּר פָּנֶיךָ מִמֶּנּוּ, וְאַל תִּתְעַלַּם מִתְּחִנָּתֵנוּ. הֱיֵה נָא קָרוֹב לְשַׁוְעָתֵנוּ, יְהִי נָא חַסְדְּךָ לְנַחֲמֵנוּ. טֶרֶם נִקְרָא אֵלֶיךָ עֲנֵנוּ, כַּדָּבָר שֶׁנֶּאֱמַר: וְהָיָה טֶרֶם יִקְרָאוּ וַאֲנִי אֶעֱנֶה, עוֹד הֵם מְדַבְּרִים, וַאֲנִי אֶשְׁמָע. כִּי אַתָּה, יהוה, הָעוֹנֶה בְּעֵת צָרָה, פּוֹדֶה וּמַצִּיל בְּכָל־עֵת צָרָה וְצוּקָה. בָּרוּךְ אַתָּה יהוה הָעוֹנֶה בְּעֵת צָרָה.

The silent recitation of the Amidah continues here:

Holy are You and holy is Your name. Holy are those who praise You daily.

> *Between Rosh Hashanah and Yom Kippur*
> *substitute these words for the line which follows:*
> Praised are You. Lord, holy King.

Praised are You, Lord, holy God.

You graciously endow mortals with intelligence, teaching wisdom and understanding. Grant us knowledge, discernment, and wisdom. Praised are You, Lord who graciously grants intelligence.

Our Father, bring us back to Your Torah. Our King, draw us near to Your service. Lead us back to You, truly repentant. Praised are You, Lord who welcomes repentance.

Forgive us, our Father, for we have sinned; pardon us, our King, for we have transgressed, for You forgive and pardon. Praised are You, gracious and forgiving Lord.

Behold our affliction and deliver us. Redeem us soon because of Your mercy, for You are the mighty Redeemer. Praised are You, Lord, Redeemer of the people Israel.

> *Reader, on Fast Day:*
>
> Answer us, Lord, answer us on our Fast Day, for grievous trouble has overtaken us. Consider not our guilt, turn not away from us. Be mindful of our plea and heed our supplication. Your love is our comfort; answer before we call. This is the promise uttered by Your prophet: "I shall answer before they have spoken, I shall heed their call before it is uttered." You, O Lord, answer us in time of trouble; You rescue and redeem in time of distress. Praised are You, Lord who answers the afflicted.

רְפָאֵנוּ יהוה וְנֵרָפֵא, הוֹשִׁיעֵנוּ וְנִוָּשֵׁעָה כִּי תְהִלָּתֵנוּ אָתָּה. וְהַעֲלֵה רְפוּאָה שְׁלֵמָה לְכָל־מַכּוֹתֵינוּ.

On behalf of someone ill, you may add:

וִיהִי רָצוֹן מִלְּפָנֶיךָ יהוה אֱלֹהֵינוּ וֵאלֹהֵי אֲבוֹתֵינוּ, שֶׁתִּשְׁלַח מְהֵרָה רְפוּאָה שְׁלֵמָה מִן הַשָּׁמַיִם, רְפוּאַת הַנֶּפֶשׁ וּרְפוּאַת הַגּוּף, לְ_____ בֶּן/בַּת _____ בְּתוֹךְ שְׁאָר חוֹלֵי יִשְׂרָאֵל.

כִּי אֵל מֶלֶךְ רוֹפֵא נֶאֱמָן וְרַחֲמָן אָתָּה. בָּרוּךְ אַתָּה יהוה רוֹפֵא חוֹלֵי עַמּוֹ יִשְׂרָאֵל.

בָּרֵךְ עָלֵינוּ יהוה אֱלֹהֵינוּ אֶת־הַשָּׁנָה הַזֹּאת וְאֶת־כָּל־מִינֵי תְבוּאָתָהּ לְטוֹבָה, וְתֵן

Summer (Between Pesaḥ and December fourth): בְּרָכָה

Winter (Between December fifth and Pesaḥ): טַל וּמָטָר לִבְרָכָה

עַל פְּנֵי הָאֲדָמָה, וְשַׂבְּעֵנוּ מִטּוּבָהּ, וּבָרֵךְ שְׁנָתֵנוּ כַּשָּׁנִים הַטּוֹבוֹת. בָּרוּךְ אַתָּה יהוה מְבָרֵךְ הַשָּׁנִים.

תְּקַע בְּשׁוֹפָר גָּדוֹל לְחֵרוּתֵנוּ, וְשָׂא נֵס לְקַבֵּץ גָּלֻיּוֹתֵינוּ, וְקַבְּצֵנוּ יַחַד מֵאַרְבַּע כַּנְפוֹת הָאָרֶץ. בָּרוּךְ אַתָּה יהוה מְקַבֵּץ נִדְחֵי עַמּוֹ יִשְׂרָאֵל.

הָשִׁיבָה שׁוֹפְטֵינוּ כְּבָרִאשׁוֹנָה, וְיוֹעֲצֵינוּ כְּבַתְּחִלָּה, וְהָסֵר מִמֶּנּוּ יָגוֹן וַאֲנָחָה, וּמְלוֹךְ עָלֵינוּ אַתָּה יהוה לְבַדְּךָ בְּחֶסֶד וּבְרַחֲמִים, וְצַדְּקֵנוּ בַּמִּשְׁפָּט.

Between Rosh Hashanah and Yom Kippur substitute these words for the line which follows:

בָּרוּךְ אַתָּה יהוה הַמֶּלֶךְ הַמִּשְׁפָּט.

בָּרוּךְ אַתָּה יהוה מֶלֶךְ אֹהֵב צְדָקָה וּמִשְׁפָּט.

וְלַמַּלְשִׁינִים אַל תְּהִי תִקְוָה, וְכָל־הָרִשְׁעָה כְּרֶגַע תֹּאבֵד. וְכָל־אֹיְבֶיךָ מְהֵרָה יִכָּרֵתוּ, וְהַזֵּדִים מְהֵרָה תְעַקֵּר וּתְשַׁבֵּר וּתְמַגֵּר וְתַכְנִיעַ בִּמְהֵרָה בְיָמֵינוּ. בָּרוּךְ אַתָּה יהוה שֹׁבֵר אֹיְבִים וּמַכְנִיעַ זֵדִים.

Heal us, O Lord, and we shall be healed. Help us and save us, for You are our glory. Grant perfect healing for all our afflictions.

On behalf of someone ill, you may add:

May it be Your will, Lord our God and God of our ancestors, to send perfect healing, of body and of soul, to _____, along with all others who are stricken.

For You are the faithful and merciful God of healing. Praised are You, Lord, Healer of His people Israel.

Lord our God, make this a blessed year. May its varied produce bring us happiness. Grant

Summer (Between Pesaḥ and December fourth): blessing to

Winter (Between December fifth and Pesaḥ): dew and rain to bless

the earth. Satisfy us with its abundance, and bless our year as the best of years. Praised are You, Lord who blesses the years.

Sound the great shofar to herald our freedom, raise high the banner to gather all exiles. Gather the dispersed from the ends of the earth. Praised are You, Lord who gathers our dispersed.

Restore our judges as in days of old, restore our counsellors as in former times. Remove from us sorrow and anguish. Reign alone over us with lovingkindness; with justice and mercy sustain our cause.

Between Rosh Hashanah and Yom Kippur
substitute these words for the line which follows:

Praised are You, Lord, King of judgment.

Praised are You, Lord, King who loves justice.

Frustrate the hopes of all those who malign us; let all evil very soon disappear. Let all Your enemies soon be destroyed. May You quickly uproot and crush the arrogant; may You subdue and humble them in our time. Praised are You, Lord who humbles the arrogant.

עַל הַצַּדִּיקִים וְעַל הַחֲסִידִים, וְעַל זִקְנֵי עַמְּךָ בֵּית יִשְׂרָאֵל, וְעַל פְּלֵיטַת סוֹפְרֵיהֶם, וְעַל גֵּרֵי הַצֶּדֶק וְעָלֵינוּ, יֶהֱמוּ נָא רַחֲמֶיךָ יהוה אֱלֹהֵינוּ, וְתֵן שָׂכָר טוֹב לְכָל־הַבּוֹטְחִים בְּשִׁמְךָ בֶּאֱמֶת, וְשִׂים חֶלְקֵנוּ עִמָּהֶם לְעוֹלָם, וְלֹא נֵבוֹשׁ כִּי בְךָ בָטָחְנוּ. בָּרוּךְ אַתָּה יהוה מִשְׁעָן וּמִבְטָח לַצַּדִּיקִים.

וְלִירוּשָׁלַיִם עִירְךָ בְּרַחֲמִים תָּשׁוּב, וְתִשְׁכּוֹן בְּתוֹכָהּ כַּאֲשֶׁר דִּבַּרְתָּ, וּבְנֵה אוֹתָהּ בְּקָרוֹב בְּיָמֵינוּ בִּנְיַן עוֹלָם, וְכִסֵּא דָוִד מְהֵרָה לְתוֹכָהּ תָּכִין. בָּרוּךְ אַתָּה יהוה בּוֹנֵה יְרוּשָׁלָיִם.

אֶת־צֶמַח דָּוִד עַבְדְּךָ מְהֵרָה תַצְמִיחַ, וְקַרְנוֹ תָּרוּם בִּישׁוּעָתֶךָ, כִּי לִישׁוּעָתְךָ קִוִּינוּ כָּל־הַיּוֹם. בָּרוּךְ אַתָּה יהוה מַצְמִיחַ קֶרֶן יְשׁוּעָה.

שְׁמַע קוֹלֵנוּ יהוה אֱלֹהֵינוּ, חוּס וְרַחֵם עָלֵינוּ, וְקַבֵּל בְּרַחֲמִים וּבְרָצוֹן אֶת־תְּפִלָּתֵנוּ, כִּי אֵל שׁוֹמֵעַ תְּפִלּוֹת וְתַחֲנוּנִים אָתָּה. וּמִלְּפָנֶיךָ מַלְכֵּנוּ רֵיקָם אַל תְּשִׁיבֵנוּ. כִּי אַתָּה שׁוֹמֵעַ תְּפִלַּת עַמְּךָ יִשְׂרָאֵל בְּרַחֲמִים. בָּרוּךְ אַתָּה יהוה שׁוֹמֵעַ תְּפִלָּה.

רְצֵה יהוה אֱלֹהֵינוּ בְּעַמְּךָ יִשְׂרָאֵל וּבִתְפִלָּתָם, וְהָשֵׁב אֶת־הָעֲבוֹדָה לִדְבִיר בֵּיתֶךָ, וּתְפִלָּתָם בְּאַהֲבָה תְקַבֵּל בְּרָצוֹן, וּתְהִי לְרָצוֹן תָּמִיד עֲבוֹדַת יִשְׂרָאֵל עַמֶּךָ.

On Rosh Ḥodesh and on Ḥol Ha-mo'ed:

אֱלֹהֵינוּ וֵאלֹהֵי אֲבוֹתֵינוּ, יַעֲלֶה וְיָבֹא וְיַגִּיעַ, וְיֵרָאֶה וְיֵרָצֶה וְיִשָּׁמַע, וְיִפָּקֵד וְיִזָּכֵר זִכְרוֹנֵנוּ וּפִקְדוֹנֵנוּ, וְזִכְרוֹן אֲבוֹתֵינוּ, וְזִכְרוֹן מָשִׁיחַ בֶּן־דָּוִד עַבְדֶּךָ, וְזִכְרוֹן יְרוּשָׁלַיִם עִיר קָדְשֶׁךָ, וְזִכְרוֹן כָּל־עַמְּךָ בֵּית יִשְׂרָאֵל לְפָנֶיךָ, לִפְלֵיטָה לְטוֹבָה, לְחֵן וּלְחֶסֶד וּלְרַחֲמִים, לְחַיִּים וּלְשָׁלוֹם בְּיוֹם

Rosh Ḥodesh: רֹאשׁ הַחֹדֶשׁ

Pesaḥ: חַג הַמַּצּוֹת

Sukkot: חַג הַסֻּכּוֹת

הַזֶּה. זָכְרֵנוּ יהוה אֱלֹהֵינוּ בּוֹ לְטוֹבָה, וּפָקְדֵנוּ בוֹ לִבְרָכָה, וְהוֹשִׁיעֵנוּ בוֹ לְחַיִּים. וּבִדְבַר יְשׁוּעָה וְרַחֲמִים חוּס וְחָנֵּנוּ וְרַחֵם עָלֵינוּ וְהוֹשִׁיעֵנוּ כִּי אֵלֶיךָ עֵינֵינוּ, כִּי אֵל מֶלֶךְ חַנּוּן וְרַחוּם אָתָּה.

Let Your tender mercies be stirred for the righteous, the pious, and the leaders of the House of Israel, devoted scholars and faithful proselytes. Be merciful to us of the House of Israel. Reward all who trust in You, cast our lot with those who are faithful to You. May we never come to despair, for our trust is in You. Praised are You, Lord who sustains the righteous.

Have mercy, Lord, and return to Jerusalem, Your city. May Your Presence dwell there as You have promised. Build it now, in our days and for all time. Reestablish there the majesty of David, Your servant. Praised are You, Lord who builds Jerusalem.

Bring to flower the shoot of Your servant David. Hasten the advent of Messianic redemption. Each and every day we hope for Your deliverance. Praised are You, Lord who assures our deliverance.

Lord our God, hear our voice. Have compassion upon us, pity us, accept our prayer with loving favor. You listen to entreaty and prayer. Do not turn us away unanswered, our King, for You mercifully heed Your people's supplication. Praised are You, Lord who hears prayer.

Accept the prayer of Your people as lovingly as it is offered. Restore worship to Your sanctuary. May the worship of Your people Israel always be acceptable to You.

On Rosh Ḥodesh and on Ḥol Ha-mo'ed:

Our God and God of our ancestors, on this day of

Rosh Ḥodesh   Pesaḥ   Sukkot

remember our ancestors and be gracious to us. Consider the people Israel standing before You praying for the days of Messiah and for Jerusalem, Your holy city. Grant us life, well-being, lovingkindness, and peace. Bless us, Lord our God, with all that is good. Remember Your promise of mercy and redemption. Be merciful to us and save us, for we place our hope in You, gracious and merciful God and King.

וְתֶחֱזֶינָה עֵינֵינוּ בְּשׁוּבְךָ לְצִיּוֹן בְּרַחֲמִים.
בָּרוּךְ אַתָּה יהוה הַמַּחֲזִיר שְׁכִינָתוֹ לְצִיּוֹן.

When the Reader chants the Amidah, the
congregation reads this passage silently,
while the Reader continues with the next passage

מוֹדִים אֲנַחְנוּ לָךְ שָׁאַתָּה הוּא יהוה אֱלֹהֵינוּ וֵאלֹהֵי אֲבוֹתֵינוּ, אֱלֹהֵי
כָל־בָּשָׂר, יוֹצְרֵנוּ יוֹצֵר בְּרֵאשִׁית. בְּרָכוֹת וְהוֹדָאוֹת לְשִׁמְךָ הַגָּדוֹל
וְהַקָּדוֹשׁ עַל שֶׁהֶחֱיִיתָנוּ וְקִיַּמְתָּנוּ. כֵּן תְּחַיֵּנוּ וּתְקַיְּמֵנוּ וְתֶאֱסוֹף
גָּלֻיּוֹתֵינוּ לְחַצְרוֹת קָדְשֶׁךָ לִשְׁמוֹר חֻקֶּיךָ וְלַעֲשׂוֹת רְצוֹנֶךָ וּלְעָבְדְּךָ
בְּלֵבָב שָׁלֵם, עַל שֶׁאֲנַחְנוּ מוֹדִים לָךְ. בָּרוּךְ אֵל הַהוֹדָאוֹת.

מוֹדִים אֲנַחְנוּ לָךְ שָׁאַתָּה הוּא יהוה אֱלֹהֵינוּ וֵאלֹהֵי אֲבוֹתֵינוּ
לְעוֹלָם וָעֶד, צוּר חַיֵּינוּ מָגֵן יִשְׁעֵנוּ אַתָּה הוּא לְדוֹר וָדוֹר.
נוֹדֶה לְּךָ וּנְסַפֵּר תְּהִלָּתֶךָ, עַל חַיֵּינוּ הַמְּסוּרִים בְּיָדֶךָ וְעַל
נִשְׁמוֹתֵינוּ הַפְּקוּדוֹת לָךְ וְעַל נִסֶּיךָ שֶׁבְּכָל־יוֹם עִמָּנוּ וְעַל
נִפְלְאוֹתֶיךָ וְטוֹבוֹתֶיךָ שֶׁבְּכָל־עֵת, עֶרֶב וָבֹקֶר וְצָהֳרָיִם. הַטּוֹב
כִּי לֹא כָלוּ רַחֲמֶיךָ, וְהַמְרַחֵם כִּי לֹא תַמּוּ חֲסָדֶיךָ, מֵעוֹלָם
קִוִּינוּ לָךְ.

On Ḥanukkah:

עַל הַנִּסִּים וְעַל הַפֻּרְקָן, וְעַל הַגְּבוּרוֹת, וְעַל הַתְּשׁוּעוֹת, וְעַל
הַמִּלְחָמוֹת שֶׁעָשִׂיתָ לַאֲבוֹתֵינוּ בַּיָּמִים הָהֵם וּבַזְּמַן הַזֶּה.

בִּימֵי מַתִּתְיָהוּ בֶּן־יוֹחָנָן כֹּהֵן גָּדוֹל, חַשְׁמוֹנַי וּבָנָיו, כְּשֶׁעָמְדָה
מַלְכוּת יָוָן הָרְשָׁעָה עַל עַמְּךָ יִשְׂרָאֵל לְהַשְׁכִּיחָם תּוֹרָתֶךָ וּלְהַעֲבִירָם
מֵחֻקֵּי רְצוֹנֶךָ, וְאַתָּה בְּרַחֲמֶיךָ הָרַבִּים עָמַדְתָּ לָהֶם בְּעֵת צָרָתָם,
רַבְתָּ אֶת־רִיבָם, דַּנְתָּ אֶת־דִּינָם, נָקַמְתָּ אֶת־נִקְמָתָם, מָסַרְתָּ גִבּוֹרִים
בְּיַד חַלָּשִׁים, וְרַבִּים בְּיַד מְעַטִּים, וּטְמֵאִים בְּיַד טְהוֹרִים, וּרְשָׁעִים
בְּיַד צַדִּיקִים, וְזֵדִים בְּיַד עוֹסְקֵי תוֹרָתֶךָ. וּלְךָ עָשִׂיתָ שֵׁם גָּדוֹל
וְקָדוֹשׁ בְּעוֹלָמֶךָ, וּלְעַמְּךָ יִשְׂרָאֵל עָשִׂיתָ תְּשׁוּעָה גְדוֹלָה וּפֻרְקָן
כְּהַיּוֹם הַזֶּה. וְאַחַר כֵּן בָּאוּ בָנֶיךָ לִדְבִיר בֵּיתֶךָ וּפִנּוּ אֶת־הֵיכָלֶךָ,
וְטִהֲרוּ אֶת־מִקְדָּשֶׁךָ, וְהִדְלִיקוּ נֵרוֹת בְּחַצְרוֹת קָדְשֶׁךָ, וְקָבְעוּ
שְׁמוֹנַת יְמֵי חֲנֻכָּה אֵלּוּ לְהוֹדוֹת וּלְהַלֵּל לְשִׁמְךָ הַגָּדוֹל.

May we witness Your merciful return to Zion. Praised are You, Lord who restores His Presence to Zion.

When the Reader chants the Amidah, the congregation reads this passage silently, while the Reader continues with the next passage

We proclaim that You are the Lord our God and God of our ancestors, Creator of all who created us, God of all flesh. We praise You and thank You for granting us life and for sustaining us. May You continue to grant us life and sustenance. Gather our dispersed to Your holy place, to fulfill Your mitzvot and to serve You wholeheartedly, doing Your will. For this we shall thank You. Praised be God to whom thanksgiving is due.

We proclaim that You are the Lord our God and God of our ancestors throughout all time. You are the Rock of our lives, the Shield of our salvation in every generation. We thank You and praise You morning, noon, and night for Your miracles which daily attend us and for Your wondrous kindnesses. Our lives are in Your hand; our souls are in Your charge. You are good, with everlasting mercy; You are compassionate, with enduring lovingkindness. We have always placed our hope in You.

On Ḥanukkah:

We thank You for the heroism, for the triumphs, and for the miraculous deliverance of our ancestors, in other days and in our time.

In the days of Mattathias son of Yoḥanan, the Hasmonean *kohen gadol*, and in the days of his sons, a cruel power rose against Israel, demanding that they abandon Your Torah and violate Your mitzvot. You, in great mercy, stood by Your people in time of trouble. You defended them, vindicated them, and avenged their wrongs. You delivered the strong into the hands of the pure in heart, the guilty into the hands of the innocent. You delivered the arrogant into the hands of those who were faithful to Your Torah. You have wrought great victories and miraculous deliverance for Your people Israel to this day, revealing Your glory and Your holiness to all the world. Then Your children came into Your shrine, cleansed Your Temple, purified Your sanctuary, and kindled lights in Your sacred courts. They set aside these eight days as a season for giving thanks and reciting praises to You.

On Purim:

עַל הַנִּסִּים וְעַל הַפֻּרְקָן, וְעַל הַגְּבוּרוֹת, וְעַל הַתְּשׁוּעוֹת, וְעַל הַמִּלְחָמוֹת שֶׁעָשִׂיתָ לַאֲבוֹתֵינוּ בַּיָּמִים הָהֵם וּבַזְּמַן הַזֶּה.

בִּימֵי מָרְדְּכַי וְאֶסְתֵּר בְּשׁוּשַׁן הַבִּירָה, כְּשֶׁעָמַד עֲלֵיהֶם הָמָן הָרָשָׁע, בִּקֵּשׁ לְהַשְׁמִיד לַהֲרוֹג וּלְאַבֵּד אֶת־כָּל־הַיְּהוּדִים, מִנַּעַר וְעַד זָקֵן, טַף וְנָשִׁים, בְּיוֹם אֶחָד, בִּשְׁלוֹשָׁה עָשָׂר לְחֹדֶשׁ שְׁנֵים־עָשָׂר, הוּא חֹדֶשׁ אֲדָר, וּשְׁלָלָם לָבוֹז. וְאַתָּה בְּרַחֲמֶיךָ הָרַבִּים הֵפַרְתָּ אֶת־עֲצָתוֹ, וְקִלְקַלְתָּ אֶת־מַחֲשַׁבְתּוֹ, וַהֲשֵׁבוֹתָ גְּמוּלוֹ בְּרֹאשׁוֹ, וְתָלוּ אוֹתוֹ וְאֶת־בָּנָיו עַל הָעֵץ.

On Israel's Independence Day:

עַל הַנִּסִּים וְעַל הַפֻּרְקָן, וְעַל הַגְּבוּרוֹת, וְעַל הַתְּשׁוּעוֹת, וְעַל הַמִּלְחָמוֹת שֶׁעָשִׂיתָ לַאֲבוֹתֵינוּ בַּיָּמִים הָהֵם וּבַזְּמַן הַזֶּה.

בִּימֵי שִׁיבַת בָּנִים לִגְבוּלָם, בְּעֵת תְּקוּמַת עַם בְּאַרְצוֹ כִּימֵי קֶדֶם, נִסְגְּרוּ שַׁעֲרֵי אֶרֶץ אָבוֹת בִּפְנֵי אַחֵינוּ פְּלִיטֵי חֶרֶב, וְאוֹיְבִים בָּאָרֶץ וְשִׁבְעָה עֲמָמִים בַּעֲלֵי בְרִיתָם קָמוּ לְהַכְרִית עַמְּךָ יִשְׂרָאֵל, וְאַתָּה בְּרַחֲמֶיךָ הָרַבִּים עָמַדְתָּ לָהֶם בְּעֵת צָרָתָם, רַבְתָּ אֶת־רִיבָם, דַּנְתָּ אֶת־דִּינָם, חִזַּקְתָּ אֶת־לִבָּם לַעֲמוֹד בַּשַּׁעַר, וְלִפְתֹּחַ שְׁעָרִים לַנִּרְדָּפִים וּלְגָרֵשׁ אֶת־צִבְאוֹת הָאוֹיֵב מִן הָאָרֶץ. מָסַרְתָּ רַבִּים בְּיַד מְעַטִּים, וּרְשָׁעִים בְּיַד צַדִּיקִים, וּלְךָ עָשִׂיתָ שֵׁם גָּדוֹל וְקָדוֹשׁ בְּעוֹלָמֶךָ, וּלְעַמְּךָ יִשְׂרָאֵל עָשִׂיתָ תְּשׁוּעָה גְדוֹלָה וּפֻרְקָן כְּהַיּוֹם הַזֶּה.

וְעַל כֻּלָּם יִתְבָּרַךְ וְיִתְרוֹמַם שִׁמְךָ מַלְכֵּנוּ תָּמִיד לְעוֹלָם וָעֶד.

Between Rosh Hashanah and Yom Kippur:

וּכְתוֹב לְחַיִּים טוֹבִים כָּל־בְּנֵי בְרִיתֶךָ.

וְכֹל הַחַיִּים יוֹדוּךָ סֶּלָה, וִיהַלְלוּ אֶת־שִׁמְךָ בֶּאֱמֶת, הָאֵל יְשׁוּעָתֵנוּ וְעֶזְרָתֵנוּ סֶלָה. בָּרוּךְ אַתָּה יהוה הַטּוֹב שִׁמְךָ וּלְךָ נָאֶה לְהוֹדוֹת.

On Purim:

We thank You for the heroism, for the triumphs, and for the miraculous deliverance of our ancestors, in other days and in our time.

In the days of Mordecai and Esther, in Shushan, the capital of Persia, the wicked Haman rose up against all Jews and plotted their destruction. In a single day, the thirteenth of Adar, the twelfth month of the year, Haman planned to annihilate all Jews, young and old, and to permit the plunder of their property. You, in great mercy, thwarted his designs, frustrated his plot, and visited upon him the evil he planned to bring on others. Haman, together with his sons, suffered death on the gallows he had made for Mordecai.

On Israel's Independence Day:

We thank You for the heroism, for the triumphs, and for the miraculous deliverance of our ancestors, in other days and in our time.

In the days when Your children were returning to their borders, at the time of a people revived in its land as in days of old, the gates to the land of our ancestors were closed before those who were fleeing the sword. When enemies from within the land together with seven neighboring nations sought to annihilate Your people, You, in Your great mercy, stood by them in time of trouble. You defended them and vindicated them. You gave them the courage to meet their foes, to open the gates to those seeking refuge, and to free the land of its armed invaders. You delivered the many into the hands of the few, the guilty into the hands of the innocent. You have wrought great victories and miraculous deliverance for Your people Israel to this day, revealing Your glory and Your holiness to all the world.

For all these blessings we shall ever praise and exalt You.

Between Rosh Hashanah and Yom Kippur:

Inscribe all the people of Your covenant for a good life.

May every living creature thank You and praise You faithfully, our deliverance and our help. Praised are You, beneficent Lord to whom all praise is due.

Reader adds:

אֱלֹהֵינוּ וֵאלֹהֵי אֲבוֹתֵינוּ, בָּרְכֵנוּ בַּבְּרָכָה הַמְשֻׁלֶּשֶׁת, בַּתּוֹרָה הַכְּתוּבָה עַל יְדֵי מֹשֶׁה עַבְדֶּךָ, הָאֲמוּרָה מִפִּי אַהֲרֹן וּבָנָיו, כֹּהֲנִים, עַם קְדוֹשֶׁךָ, כָּאָמוּר:

Congregation:

יְבָרֶכְךָ יהוה וְיִשְׁמְרֶךָ. כֵּן יְהִי רָצוֹן.
יָאֵר יהוה פָּנָיו אֵלֶיךָ וִיחֻנֶּךָּ. כֵּן יְהִי רָצוֹן.
יִשָּׂא יהוה פָּנָיו אֵלֶיךָ וְיָשֵׂם לְךָ שָׁלוֹם. כֵּן יְהִי רָצוֹן.

שִׂים שָׁלוֹם בָּעוֹלָם, טוֹבָה וּבְרָכָה, חֵן וָחֶסֶד וְרַחֲמִים עָלֵינוּ וְעַל כָּל־יִשְׂרָאֵל עַמֶּךָ. בָּרְכֵנוּ אָבִינוּ כֻּלָּנוּ כְּאֶחָד בְּאוֹר פָּנֶיךָ, כִּי בְאוֹר פָּנֶיךָ נָתַתָּ לָּנוּ, יהוה אֱלֹהֵינוּ, תּוֹרַת חַיִּים וְאַהֲבַת חֶסֶד, וּצְדָקָה וּבְרָכָה וְרַחֲמִים וְחַיִּים וְשָׁלוֹם. וְטוֹב בְּעֵינֶיךָ לְבָרֵךְ אֶת־עַמְּךָ יִשְׂרָאֵל בְּכָל־עֵת וּבְכָל־שָׁעָה בִּשְׁלוֹמֶךָ.

Between Rosh Hashanah and Yom Kippur substitute these words for the line which follows:

בְּסֵפֶר חַיִּים, בְּרָכָה וְשָׁלוֹם, וּפַרְנָסָה טוֹבָה, נִזָּכֵר וְנִכָּתֵב לְפָנֶיךָ, אֲנַחְנוּ וְכָל־עַמְּךָ בֵּית יִשְׂרָאֵל, לְחַיִּים טוֹבִים וּלְשָׁלוֹם. בָּרוּךְ אַתָּה יהוה עֹשֵׂה הַשָּׁלוֹם.

בָּרוּךְ אַתָּה יהוה הַמְבָרֵךְ אֶת־עַמּוֹ יִשְׂרָאֵל בַּשָּׁלוֹם.

The Reader's chanting of the Amidah ends here.

At the conclusion of the Amidah, personal prayers may be added

אֱלֹהַי, נְצוֹר לְשׁוֹנִי מֵרָע וּשְׂפָתַי מִדַּבֵּר מִרְמָה, וְלִמְקַלְלַי נַפְשִׁי תִדּוֹם, וְנַפְשִׁי כֶּעָפָר לַכֹּל תִּהְיֶה. פְּתַח לִבִּי בְּתוֹרָתֶךָ וּבְמִצְוֹתֶיךָ תִּרְדּוֹף נַפְשִׁי. וְכָל־הַחוֹשְׁבִים עָלַי רָעָה, מְהֵרָה הָפֵר עֲצָתָם וְקַלְקֵל מַחֲשַׁבְתָּם. עֲשֵׂה לְמַעַן שְׁמֶךָ, עֲשֵׂה לְמַעַן יְמִינֶךָ, עֲשֵׂה לְמַעַן קְדֻשָּׁתֶךָ, עֲשֵׂה לְמַעַן תּוֹרָתֶךָ, לְמַעַן יֵחָלְצוּן יְדִידֶיךָ, הוֹשִׁיעָה יְמִינְךָ וַעֲנֵנִי. יִהְיוּ לְרָצוֹן אִמְרֵי־פִי וְהֶגְיוֹן לִבִּי לְפָנֶיךָ, יהוה צוּרִי וְגֹאֲלִי. עוֹשֶׂה שָׁלוֹם בִּמְרוֹמָיו, הוּא יַעֲשֶׂה שָׁלוֹם עָלֵינוּ וְעַל כָּל־יִשְׂרָאֵל, וְאִמְרוּ אָמֵן.

Reader adds:

Bless us, our God and God of our ancestors, with the threefold blessing written in the Torah by Moses, Your servant, pronounced by Aaron and by his descendants, *kohanim,* Your holy people.

	Congregation:
May the Lord bless you and guard you.	*Ken y'hi ratzon.*
May the Lord show you favor	
and be gracious to you.	*Ken y'hi ratzon.*
May the Lord show you kindness	
and grant you peace.	*Ken y'hi ratzon.*

Grant peace to the world, with happiness, and blessing, grace, love, and mercy for us and for all the people Israel. Bless us, our Father, one and all, with Your light; for by that light did You teach us Torah and life, love and tenderness, justice, mercy, and peace. May it please You to bless Your people Israel in every season and at all times with Your gift of peace.

Between Rosh Hashanah and Yom Kippur
substitute these words for the line which follows:

May we and the entire House of Israel be remembered and recorded in the Book of life, blessing, sustenance, and peace. Praised are You, Lord, Source of peace.

Praised are You, Lord who blesses His people Israel with peace.

The Reader's chanting of the Amidah ends here.

At the conclusion of the Amidah, personal
prayers may be added

My God, keep my tongue from evil, my lips from lies. Help me ignore those who slander me. Let me be humble before all. Open my heart to Your Torah, so that I may pursue Your mitzvot. Frustrate the designs of those who plot evil against me. Make nothing of their schemes. Do so because of Your compassion, Your holiness, and Your Torah. Answer my prayer for the deliverance of Your people. May the words of my mouth and the meditations of my heart be acceptable to You, my Rock and my Redeemer. He who brings peace to His universe will bring peace to us and to all the people Israel. Amen.

An alternative:

יְהִי רָצוֹן מִלְּפָנֶיךָ, יהוה אֱלֹהַי וֵאלֹהֵי אֲבוֹתַי, שֶׁיִּכְבְּשׁוּ רַחֲמֶיךָ אֶת־כַּעַסְךָ וְשֶׁתִּפְנֶה אֵלֵינוּ בְּמִדַּת חֶסֶד. רַחֵם עָלַי וְעַל כָּל־נַפְשׁוֹת בֵּיתִי, וְהָגֵן עָלֵינוּ מִכָּל־אַכְזְרִיּוּת. דֶּרֶךְ שֶׁקֶר הָסֵר מִמֶּנִּי, וְהַעֲבֵר עֵינַי מֵרְאוֹת שָׁוְא. נְחֵנִי בְּאֹרַח מִישׁוֹר, גַּל עֵינַי וְאַבִּיטָה נִפְלָאוֹת מִתּוֹרָתֶךָ. אַל תַּצְרִיכֵנִי לִידֵי מַתְּנַת בָּשָׂר וָדָם, וְעַד זִקְנָה וְשֵׂיבָה אַל תַּעַזְבֵנִי. תַּשְׂכִּילֵנִי שֵׂכֶל טוֹב מִלְּפָנֶיךָ לְמַעַן אַשְׂכִּיל בְּכָל־אֲשֶׁר אֶעֱשֶׂה, וְאֶמְצָא חֵן וְחֶסֶד וְרַחֲמִים בְּעֵינֶיךָ וּבְעֵינֵי כָל־רוֹאָי. יִהְיוּ לְרָצוֹן אִמְרֵי־פִי וְהֶגְיוֹן לִבִּי לְפָנֶיךָ יהוה צוּרִי וְגֹאֲלִי.

On Rosh Ḥodesh, Ḥanukkah, Ḥol Ha-mo'ed, Hoshanah Rabbah, and Israel's Independence Day, the service continues with Hallel on page 378

An alternative:

May it be your will, Lord my God and God of my ancestors, that Your compassion overwhelm Your demand for strict justice; turn to us with Your lovingkindness. Have compassion for me and for my entire family; shield us from all cruelty. Put false ways far from me, turn me away from visions that lead to futility. Lead me on a proper path, open my eyes to the wonders which come from Your Torah. May I not be dependent upon the gifts of others; forsake me not as I grow older. Bless me with a wisdom that will be reflected in all that I do. May kindness, compassion, and love be my lot, from You and from all who know me. May the words of my mouth and the meditations of my heart be acceptable to You, Lord, my Rock and my Redeemer.

On Rosh Ḥodesh, Ḥanukkah, Ḥol Ḥa-mo'ed,
Hoshana Rabbah, and Israel's Independence
Day, the service continues with Hallel on page 378

AVINU MALKENU

Recited between Rosh Hashanah and Yom Kippur and on Fast Days

OUR FATHER, OUR KING

We rise as the Ark is opened

אָבִינוּ מַלְכֵּנוּ, חָטָאנוּ לְפָנֶיךָ.

אָבִינוּ מַלְכֵּנוּ, אֵין לָנוּ מֶלֶךְ אֶלָּא אָתָּה.

אָבִינוּ מַלְכֵּנוּ, עֲשֵׂה עִמָּנוּ לְמַעַן שְׁמֶךָ.

אָבִינוּ מַלְכֵּנוּ, בַּטֵּל מֵעָלֵינוּ כָּל־גְּזֵרוֹת קָשׁוֹת.

אָבִינוּ מַלְכֵּנוּ, בַּטֵּל מַחְשְׁבוֹת שׂוֹנְאֵינוּ.

אָבִינוּ מַלְכֵּנוּ, הָפֵר עֲצַת אוֹיְבֵינוּ.

אָבִינוּ מַלְכֵּנוּ, כַּלֵּה כָּל־צַר וּמַשְׂטִין מֵעָלֵינוּ.

אָבִינוּ מַלְכֵּנוּ, כַּלֵּה דֶּבֶר וְחֶרֶב וְרָעָב, וּשְׁבִי וּמַשְׁחִית וְעָוֹן וּשְׁמַד מִבְּנֵי בְרִיתֶךָ.

אָבִינוּ מַלְכֵּנוּ, סְלַח וּמְחַל לְכָל־עֲוֹנוֹתֵינוּ.

אָבִינוּ מַלְכֵּנוּ, מְחֵה וְהַעֲבֵר פְּשָׁעֵינוּ וְחַטֹּאתֵינוּ מִנֶּגֶד עֵינֶיךָ.

אָבִינוּ מַלְכֵּנוּ, הַחֲזִירֵנוּ בִּתְשׁוּבָה שְׁלֵמָה לְפָנֶיךָ.

אָבִינוּ מַלְכֵּנוּ, שְׁלַח רְפוּאָה שְׁלֵמָה לְחוֹלֵי עַמֶּךָ.

אָבִינוּ מַלְכֵּנוּ, זָכְרֵנוּ בְּזִכָּרוֹן טוֹב לְפָנֶיךָ.

Between Rosh Hashanah and Yom Kippur:

אָבִינוּ מַלְכֵּנוּ, כָּתְבֵנוּ בְּסֵפֶר חַיִּים טוֹבִים.
אָבִינוּ מַלְכֵּנוּ, כָּתְבֵנוּ בְּסֵפֶר גְּאֻלָּה וִישׁוּעָה.
אָבִינוּ מַלְכֵּנוּ, כָּתְבֵנוּ בְּסֵפֶר פַּרְנָסָה וְכַלְכָּלָה.
אָבִינוּ מַלְכֵּנוּ, כָּתְבֵנוּ בְּסֵפֶר זְכֻיּוֹת.
אָבִינוּ מַלְכֵּנוּ, כָּתְבֵנוּ בְּסֵפֶר סְלִיחָה וּמְחִילָה.
אָבִינוּ מַלְכֵּנוּ, חַדֵּשׁ עָלֵינוּ שָׁנָה טוֹבָה.

✻ AVINU MALKENU

*Recited between Rosh Hashanah and Yom
Kippur and on Fast Days*

OUR FATHER, OUR KING

We rise as the Ark is opened

Avinu malkenu, we have sinned against You.
Avinu malkenu, we have no King but You.
Avinu malkenu, help us because of Your merciful nature.

Avinu malkenu, annul all evil decrees against us.
Avinu malkenu, annul the plots of our enemies.
Avinu malkenu, frustrate the designs of our foes.
Avinu malkenu, rid us of tyrants.
Avinu malkenu, rid us of pestilence, sword, famine, captivity, sin,
and destruction.

Avinu malkenu, forgive and pardon all our sins.
Avinu malkenu, ignore the record of our transgressions.
Avinu malkenu, help us return to You fully repentant.
Avinu malkenu, send complete healing to the sick.
Avinu malkenu, remember us with favor.

Between Rosh Hashanah and Yom Kippur:

Avinu malkenu, inscribe us in the Book of happiness.
Avinu malkenu, inscribe us in the Book of deliverance.
Avinu malkenu, inscribe us in the Book of prosperity.
Avinu malkenu, inscribe us in the Book of merit.
Avinu malkenu, inscribe us in the Book of forgiveness.
Avinu malkenu, renew our lives with a blessed year.

On Fast Days:

אָבִֽינוּ מַלְכֵּֽנוּ, זָכְרֵֽנוּ לְחַיִּים טוֹבִים.
אָבִֽינוּ מַלְכֵּֽנוּ, זָכְרֵֽנוּ לִגְאֻלָּה וִישׁוּעָה.
אָבִֽינוּ מַלְכֵּֽנוּ, זָכְרֵֽנוּ לְפַרְנָסָה וְכַלְכָּלָה.
אָבִֽינוּ מַלְכֵּֽנוּ, זָכְרֵֽנוּ לִזְכֻיּוֹת.
אָבִֽינוּ מַלְכֵּֽנוּ, זָכְרֵֽנוּ לִסְלִיחָה וּמְחִילָה.
אָבִֽינוּ מַלְכֵּֽנוּ, בָּרֵךְ עָלֵֽינוּ שָׁנָה טוֹבָה.

אָבִֽינוּ מַלְכֵּֽנוּ, הַצְמַח לָֽנוּ יְשׁוּעָה בְּקָרוֹב.

אָבִֽינוּ מַלְכֵּֽנוּ, הָרֵם קֶֽרֶן יִשְׂרָאֵל עַמֶּֽךָ.

אָבִֽינוּ מַלְכֵּֽנוּ, שְׁמַע קוֹלֵֽנוּ, חוּס וְרַחֵם עָלֵֽינוּ.

אָבִֽינוּ מַלְכֵּֽנוּ, קַבֵּל בְּרַחֲמִים וּבְרָצוֹן אֶת־תְּפִלָּתֵֽנוּ.

אָבִֽינוּ מַלְכֵּֽנוּ, נָא אַל תְּשִׁיבֵֽנוּ רֵיקָם מִלְּפָנֶֽיךָ.

אָבִֽינוּ מַלְכֵּֽנוּ, זְכֹר כִּי עָפָר אֲנָֽחְנוּ.

אָבִֽינוּ מַלְכֵּֽנוּ, חֲמוֹל עָלֵֽינוּ וְעַל עוֹלָלֵֽינוּ וְטַפֵּֽנוּ.

אָבִֽינוּ מַלְכֵּֽנוּ, עֲשֵׂה לְמַֽעַן הֲרוּגִים עַל שֵׁם קָדְשֶֽׁךָ.

אָבִֽינוּ מַלְכֵּֽנוּ, עֲשֵׂה לְמַֽעַן טְבוּחִים עַל יִחוּדֶֽךָ.

אָבִֽינוּ מַלְכֵּֽנוּ, עֲשֵׂה לְמַֽעַן בָּאֵי בָאֵשׁ וּבַמַּֽיִם עַל קִדּוּשׁ שְׁמֶֽךָ.

אָבִֽינוּ מַלְכֵּֽנוּ, עֲשֵׂה לְמַעַנְךָ אִם לֹא לְמַעֲנֵֽנוּ.

□ אָבִֽינוּ מַלְכֵּֽנוּ, חָנֵּֽנוּ וַעֲנֵֽנוּ, כִּי אֵין בָּֽנוּ מַעֲשִׂים,
עֲשֵׂה עִמָּֽנוּ צְדָקָה וָחֶֽסֶד וְהוֹשִׁיעֵֽנוּ.

The Ark is closed.

On Fast Days:

Avinu malkenu, remember us with happiness.
Avinu malkenu, remember us with deliverance.
Avinu malkenu, remember us with prosperity.
Avinu malkenu, remember us with merit.
Avinu malkenu, remember us with forgiveness.
Avinu malkenu, bless us with a good year.

Avinu malkenu, hasten our deliverance.

Avinu malkenu, exalt Your people Israel.

Avinu malkenu, hear us; show us mercy and compassion.

Avinu malkenu, accept our prayer with favor and mercy.

Avinu malkenu, do not turn us away unanswered.

Avinu malkenu, remember that we are dust.

Avinu malkenu, have pity for us and for our children.

Avinu malkenu, act for those slain for Your holy name.

Avinu malkenu, act for those slaughtered for proclaiming Your unique holiness.

Avinu malkenu, act for those who went through fire and water to sanctify You.

Avinu malkenu, act for Your sake if not for ours.

Avinu malkenu, answer us though we have no deeds to plead our cause; save us with mercy and lovingkindness.

Avinu malkenu, ḥonenu va-anenu, ki ein banu ma'asim;
aseh imanu tzedakah va-ḥesed v'hoshi'enu.

The Ark is closed.

PERSONAL PRAYERS AND SUPPLICATIONS

When Taḥanun is not recited. Since Taḥanun includes supplications and confession of sin, it is not recited on the following occasions: Shabbat or Festivals, Rosh Ḥodesh, Ḥanukkah, Tu Bishvat, Purim and Purim Katan (fourteenth and fifteenth of Adar), the entire month of Nisan (includes Pesaḥ), Israel's Independence Day (fifth of Iyyar), the fourteenth of Iyyar (Pesaḥ Sheni), Yom Yerushalayim, (twenty-eighth of Iyyar), from Rosh Ḥodesh Sivan until the eighth of Sivan (includes Shavuot), the ninth of Av, the fifteenth of Av, the day before Rosh Hashanah, from the day before Yom Kippur until after Rosh Ḥodesh Ḥeshvan (includes Sukkot and Simḥat Torah) and Lag Ba'omer.

Taḥanun is omitted on the day of a *brit milah* when the mother or father is present and during the week following a wedding when the bride or groom is present. It is also deleted on special festive days in the general calendar, such as Thanksgiving. Taḥanun is omitted in a house of mourning.

A note on the meaning and practice of Taḥanun is found on the opposite page.

If Taḥanun is not recited, we continue with
Ḥatzi Kaddish, on page 136.

On Monday and on Thursday, start with one or
more of the passages designated by a Roman
numeral. On other days, begin with וַיֹּאמֶר דָּוִד,
on page 132.

I

וְהוּא רַחוּם, יְכַפֵּר עָוֹן וְלֹא יַשְׁחִית, וְהִרְבָּה לְהָשִׁיב אַפּוֹ, וְלֹא יָעִיר כָּל־חֲמָתוֹ. אַתָּה, יהוה, לֹא תִכְלָא רַחֲמֶיךָ מִמֶּנּוּ, חַסְדְּךָ וַאֲמִתְּךָ תָּמִיד יִצְּרוּנוּ. הוֹשִׁיעֵנוּ, יהוה אֱלֹהֵינוּ, וְקַבְּצֵנוּ יַחַד לְהוֹדוֹת לְשֵׁם קָדְשֶׁךָ, לְהִשְׁתַּבֵּחַ בִּתְהִלָּתֶךָ. אִם עֲוֹנוֹת תִּשְׁמָר־יָהּ, אֲדֹנָי, מִי יַעֲמֹד. כִּי עִמְּךָ הַסְּלִיחָה, לְמַעַן תִּוָּרֵא. לֹא כַחֲטָאֵינוּ תַּעֲשֶׂה לָּנוּ, וְלֹא כַעֲוֹנֹתֵינוּ תִּגְמוֹל עָלֵינוּ. אִם עֲוֹנֵינוּ עָנוּ בָנוּ, יהוה, עֲשֵׂה לְמַעַן שְׁמֶךָ. זְכֹר רַחֲמֶיךָ יהוה, וַחֲסָדֶיךָ, כִּי מֵעוֹלָם הֵמָּה. יַעֲנֵנוּ יהוה בְּיוֹם צָרָה, יְשַׂגְּבֵנוּ שֵׁם אֱלֹהֵי יַעֲקֹב. יהוה, הוֹשִׁיעָה, הַמֶּלֶךְ יַעֲנֵנוּ בְיוֹם קָרְאֵנוּ. אָבִינוּ

TAḤANUN

PERSONAL PRAYERS AND SUPPLICATIONS

Jewish tradition provides for optional and personal prayer as well as obligatory and statutory prayer. The obligation to recite fixed prayers is partially fulfilled through our recitation of the Amidah. This part of the service (Taḥanun) provides an opportunity for each individual to offer personal prayers, as well as various supplications and confessions from traditional sources. Any words or thoughts that one cares to offer are appropriate at this point, from a brief reflection to a lengthy expression of deep feelings. Suggested texts follow. You are free to supplement or to replace the texts which are headed by Roman numerals.

A listing of occasions when Taḥanun is *not* recited is found on the opposite page.

If Taḥanun is not recited, we continue with Ḥatzi Kaddish, on page 137.

On Monday and on Thursday, start with one or more of the passages designated by a Roman numeral. On other days, begin with "King David said . . ." on page 133.

I

God, being merciful, grants atonement from sin and does not destroy. Time and again He restrains wrath, refuses to let rage be all-consuming. Lord, do not withhold Your compassion from us. Let Your love and Your faithfulness constantly shield us. Help us, Lord, and gather us together that we may thank You and glory in Your praise. Who could endure, O Lord, if You kept count of every sin? But forgiveness is Yours, that we may worship You. Deal with us not in accordance with our sins; punish us not in accordance with our transgressions. When our sins testify against us, forgive us because of Your mercy. Remember Your compassion, Lord, and Your lovingkindness, which endure forever. The Lord will answer us in time of trouble. The God of Jacob will exalt us. O Lord, help us; O King, answer us when we call. *Avinu malkenu*, answer us graciously though we lack

מַלְכֵּנוּ, חָנֵּנוּ וַעֲנֵנוּ, כִּי אֵין בָּנוּ מַעֲשִׂים, צְדָקָה עֲשֵׂה עִמָּנוּ לְמַעַן שְׁמֶךָ. אֲדוֹנֵינוּ אֱלֹהֵינוּ, שְׁמַע קוֹל תַּחֲנוּנֵינוּ, וּזְכָר־לָנוּ אֶת־בְּרִית אֲבוֹתֵינוּ, וְהוֹשִׁיעֵנוּ לְמַעַן שְׁמֶךָ.

II

אֵל רַחוּם וְחַנּוּן, רַחֵם עָלֵינוּ וְעַל כָּל־מַעֲשֶׂיךָ, כִּי אֵין כָּמוֹךָ, יהוה אֱלֹהֵינוּ. אָנָּא, שָׂא נָא פְשָׁעֵינוּ, אָבִינוּ מַלְכֵּנוּ, צוּרֵנוּ וְגוֹאֲלֵנוּ, אֵל חַי וְקַיָּם, הֶחָסִין בַּכֹּחַ, חָסִיד וָטוֹב עַל כָּל־מַעֲשֶׂיךָ, כִּי אַתָּה הוּא יהוה אֱלֹהֵינוּ. אֵל אֶרֶךְ אַפַּיִם וּמָלֵא רַחֲמִים, עֲשֵׂה עִמָּנוּ כְּרֹב רַחֲמֶיךָ, וְהוֹשִׁיעֵנוּ לְמַעַן שְׁמֶךָ. שְׁמַע מַלְכֵּנוּ תְּפִלָּתֵנוּ, וּמִיַּד אוֹיְבֵינוּ הַצִּילֵנוּ. שְׁמַע מַלְכֵּנוּ תְּפִלָּתֵנוּ, וּמִכָּל־צָרָה וְיָגוֹן הַצִּילֵנוּ. אָבִינוּ מַלְכֵּנוּ אַתָּה, וְשִׁמְךָ עָלֵינוּ נִקְרָא, אַל תַּנִּיחֵנוּ. אַל תַּעַזְבֵנוּ אָבִינוּ, וְאַל תִּטְּשֵׁנוּ בּוֹרְאֵנוּ, וְאַל תִּשְׁכָּחֵנוּ יוֹצְרֵנוּ, כִּי אֵל מֶלֶךְ חַנּוּן וְרַחוּם אָתָּה.

III

יְהִי רָצוֹן מִלְּפָנֶיךָ יהוה אֱלֹהֵינוּ, שֶׁתִּנְהַג עִמָּנוּ בְּמִדַּת הָרַחֲמִים כָּל־יְמֵי חַיֵּינוּ, וְתָנִיחַ לָנוּ מִמְּגוּרָתֵנוּ וּתְכוֹנֵן מַעֲשֵׂי יָדֵינוּ, וּתְרַפֵּא אֶת־מַכּוֹתֵינוּ וְתַצִּילֵנוּ מִכַּף אוֹיְבֵינוּ, וְלֹא יִשָּׁמְעוּ צְעָקָה וּבְכִי בְּבָתֵּינוּ וְלֹא שׁוֹד וָשֶׁבֶר בִּגְבוּלֵנוּ, וְנִהְיֶה רְצוּיֶךָ וְיִרְאֵי שְׁמֶךָ, כִּי תְלַמְּדֵנוּ תוֹרָתֶךָ וְתַשְׂכִּילֵנוּ שֶׂכֶל טוֹב מִלְּפָנֶיךָ. וּתְיַחֵד לְבָבֵנוּ לְיִרְאָה אֶת־שְׁמֶךָ לְמַעַן נַשְׂכִּיל בְּכָל־אֲשֶׁר נֵלֵךְ וּבְכָל־אֲשֶׁר נִפְנֶה שָׁם עַד הַיּוֹם אֲשֶׁר תַּאַסְפֵנוּ אֵלֶיךָ, וְתוֹצִיאֵנוּ מִשָּׁלוֹם אֶל שָׁלוֹם, וְנִמְצָא מְנוּחָה בְּאֹרַח הַחַיִּים לְפָנֶיךָ וּנְעִימוֹת בִּימִינְךָ נֶצַח.

אֵין כָּמוֹךָ חַנּוּן וְרַחוּם, יהוה אֱלֹהֵינוּ, אֵין כָּמוֹךָ אֵל אֶרֶךְ אַפַּיִם וְרַב חֶסֶד וֶאֱמֶת. הוֹשִׁיעֵנוּ בְּרַחֲמֶיךָ הָרַבִּים, מֵרַעַשׁ וּמֵרֹגֶז הַצִּילֵנוּ. אָבִינוּ מַלְכֵּנוּ, אִם אֵין בָּנוּ צְדָקָה וּמַעֲשִׂים טוֹבִים, זְכָר־לָנוּ אֶת־בְּרִית אֲבוֹתֵינוּ וְעֵדוֹתֵינוּ בְּכָל־יוֹם: יהוה אֶחָד.

merit. Be kind to us because of Your merciful nature. Heed our plea; remember the covenant with our ancestors and help us because of Your merciful nature.

II

Gracious and merciful God, beyond compare, have mercy upon us and upon all of Your creatures. Forgive our wrongdoing, we beseech You, *avinu malkenu*, our Rock and our Redeemer, living, everlasting God, mighty in power, loving and good to all Your creation. Patient, compassionate God, be generous to us with Your abundant mercy because of Your nature. Heed our prayer, our King, and save us from our enemies. Heed our prayer, our King, and save us from all trouble and sorrow. *Avinu malkenu*, we bear Your name; abandon us not. Abandon us not, our Father; desert us not, our Creator; forget us not, our Maker, for You are gracious and merciful.

III

Lord our God, treat us with compassion all the days of our lives. Assuage our fears, establish the work of our hands, heal our wounds, and save us from the grasp of our enemies. May weeping and wailing not be heard in our homes; may destruction and devastation not be found in our borders. May we be worthy and reverent before You when You teach us Your Torah, and enlighten us in Your presence. Unite our hearts to revere You that we may prosper in all our paths, wherever we turn, until the day when You gather us unto You. Bring us from peace to peace that we may find tranquility in our way of life in Your presence and delight at Your right hand forever.

Merciful and gracious Lord, beyond compare. Patient God, abundant in love and faithfulness, help us with Your great compassion; save us from rage and from wrath. *Avinu malkenu*, if we are without righteousness or good deeds, remember Your covenant with our ancestors and remember our daily affirmation: *Adonai eḥad.*

IV

רִבּוֹן הָעוֹלָמִים, יְהִי רָצוֹן מִלְּפָנֶיךָ שֶׁתָּבֹא לְפָנֶיךָ תְּפִילָּתִי כִּתְפִילַּת אֲבוֹתַי הַטּוֹבִים אֲשֶׁר הִתְפַּלְלוּ לְפָנֶיךָ וַאֲשֶׁר שָׁמַעְתָּ בְּקוֹלָם. כֵּן תִּשְׁמַע בְּקוֹלִי, וּתְקַבֵּל בְּרַחֲמִים אֶת־תְּפִלָּתִי. תַּצִּילֵנִי מִכָּל־צָרָה וְצוּקָה וּמִכָּל־יָגוֹן וַאֲנָחָה, וּמִכָּל־דְּבַר פֶּשַׁע וָרֶשַׁע, מֵעַיִן הָרַע, מִיֵּצֶר הָרַע, מִדָּבָר מְשֻׁנֶּה, וּמִכָּל־אוֹיֵב וְשׂוֹנֵא. הָפֵר עֲצָתָם וְקַלְקֵל מַחְשְׁבוֹתָם. וּפְדֵנִי וְהַצִּילֵנִי מִכָּל־מִינֵי פוּרְעָנִיּוֹת וּגְזֵרוֹת קָשׁוֹת וַעֲלִילוֹת רָעוֹת. וְתֵן לִי מִן הָעֹשֶׁר וְהַכָּבוֹד אֲשֶׁר לְפָנֶיךָ וְהַטְרִיפֵנִי לֶחֶם חֻקִּי כָּל־יָמַי, בְּכָבוֹד וְלֹא בְּבָזוּי, בְּנַחַת וְלֹא בְמָנוֹד, בְּהֶתֵּר וְלֹא בְאִסּוּר, בְּרֶוַח וְלֹא בְצִמְצוּם. פְּתַח לִבִּי לְהָבִין דַּעַת וְחָכְמָה וְזַכֵּנִי לִלְמוֹד וּלְלַמֵּד, לִשְׁמוֹר וְלַעֲשׂוֹת. וְתֵן יִרְאָתְךָ בְּלִבִּי לְאַהֲבָה אוֹתְךָ וּלְדָבְקָה בָךְ.

V

יְהִי רָצוֹן מִלְּפָנֶיךָ יהוה אֱלֹהֵינוּ וֵאלֹהֵי אֲבוֹתֵינוּ, שֶׁתִּתֵּן לָנוּ לֵב טוֹב וְחֵלֶק טוֹב וְרוּחַ נְמוּכָה וְנֶפֶשׁ שְׁפָלָה וְחָבֵר טוֹב. וְאַל יִתְחַלֵּל שִׁמְךָ בָּנוּ, וְאַל תַּעֲשֵׂנוּ שִׂיחָה בְּפִי כָּל־הַבְּרִיּוֹת, וְאַל תַּעֲשֵׂנוּ קְלָלָה בִּפְנֵי כָּל־הַבְּרִיּוֹת, וְאַל תְּהִי אַחֲרִיתֵנוּ לְהַכְרִית וְתִקְוָתֵנוּ לְמַפַּח נֶפֶשׁ, וְאַל תַּצְרִיכֵנוּ לְמַתְּנַת בָּשָׂר וָדָם, שֶׁמַּתְּנָתָם מְעוּטָה וְחֶרְפָּתָם מְרוּבָּה. וְתֵן חֶלְקֵנוּ בְּתוֹרָתֶךָ עִם עוֹשֵׂי רְצוֹנֶךָ. וּפְדֵנוּ מִכָּל־גְּזֵרוֹת קָשׁוֹת, וְהוֹשַׁע בְּרַחֲמֶיךָ הָרַבִּים מְשִׁיחַ צִדְקֶךָ וְעַמֶּךָ. אָבִינוּ מַלְכֵּנוּ, אַל תְּשִׁיבֵנוּ רֵיקָם מִלְּפָנֶיךָ, וְאַל לְמַעֲנֵנוּ תַעֲשֶׂה, כִּי לְשִׁמְךָ תֵּן כָּבוֹד עַל חַסְדְּךָ וְעַל אֲמִתֶּךָ. □ וְחֹן אֹם הַמְיַחֲדִים שִׁמְךָ פַּעֲמַיִם בְּכָל־יוֹם תָּמִיד בְּאַהֲבָה וְאוֹמְרִים: שְׁמַע יִשְׂרָאֵל יהוה אֱלֹהֵינוּ יהוה אֶחָד.

וַיֹּאמֶר דָּוִד אֶל גָּד: צַר לִי מְאֹד, נִפְּלָה נָּא בְיַד יהוה,
כִּי רַבִּים רַחֲמָיו, וּבְיַד אָדָם אַל אֶפֹּלָה.

רַחוּם וְחַנּוּן, חָטָאתִי לְפָנֶיךָ,
יהוה מָלֵא רַחֲמִים, רַחֵם עָלַי וְקַבֵּל תַּחֲנוּנָי.

IV

Sovereign, Creator: You cherished the prayers offered by my ancestors; please accept and cherish my prayers with compassion. Save me from trouble and torment, from sorrow and sighing; deliver me from the powers of wickedness and from my own waywardness, from perversity and from every foe, destroying the plans of those who hate; shield me from all suffering, harsh decrees, and accusations. Bless me with prosperity and honor that I may provide for my needs and my family's needs in dignity, not in dishonor, pleasantly, not offensively, by permitted, not by forbidden means, abundantly, not meagerly. Open my heart to wisdom and understanding, leading me to knowledge of Torah and observance of Your mitzvot. May my heart, filled with awe for You, lead me to love You and cling to Your ways.

V

Grant us a generous spirit, humility and modesty, a good portion in life, and good companions. Our God and God of our ancestors, may Your name not be profaned through us. May we not become a mockery or a curse among our fellow creatures. May we be assured of a future, may our hopes not be snuffed out by despair. May we not be dependent upon the gifts of other mortals, for their gifts are meager and the embarrassment is great. Grant us a share in Your Torah, with all who do Your will. Save us from all harsh decrees; with Your limitless love help Your messiah to help Your people. *Avinu malkenu*, turn us not away unanswered. Answer our prayers, not for our sake but for the sake of Your love and Your faithfulness. Be gracious to a people who declare Your Oneness twice daily with love: "Hear O Israel: The Lord our God, the Lord is One."

King David said to the prophet Gad: I am in deep distress. Let us fall into the hands of the Lord, for great is His compassion; let me not fall into the hands of mortals.

II SAMUEL 24:14

Gracious and Merciful, I have sinned against You.
Compassionate God, have compassion for me;
accept my supplication.

Continue with א *or* ב

Those wearing the tefillah on the right arm, or those wearing no tefillin, should rest the forehead upon the left forearm.

א

יהוה, אַל בְּאַפְּךָ תוֹכִיחֵנִי, וְאַל בַּחֲמָתְךָ תְיַסְּרֵנִי. חָנֵּנִי יהוה, כִּי אֻמְלַל אָנִי, רְפָאֵנִי יהוה, כִּי נִבְהֲלוּ עֲצָמָי. וְנַפְשִׁי נִבְהֲלָה מְאֹד, וְאַתָּה יהוה, עַד מָתָי. שׁוּבָה יהוה, חַלְּצָה נַפְשִׁי, הוֹשִׁיעֵנִי לְמַעַן חַסְדֶּךָ. כִּי אֵין בַּמָּוֶת זִכְרֶךָ, בִּשְׁאוֹל מִי יוֹדֶה לָּךְ. יָגַעְתִּי בְּאַנְחָתִי, אַשְׂחֶה בְכָל־לַיְלָה מִטָּתִי, בְּדִמְעָתִי עַרְשִׂי אַמְסֶה. עָשְׁשָׁה מִכַּעַס עֵינִי, עָתְקָה בְּכָל־צוֹרְרָי. סוּרוּ מִמֶּנִּי כָּל־פֹּעֲלֵי אָוֶן, כִּי שָׁמַע יהוה קוֹל בִּכְיִי. שָׁמַע יהוה תְּחִנָּתִי, יהוה תְּפִלָּתִי יִקָּח. יֵבֹשׁוּ וְיִבָּהֲלוּ מְאֹד כָּל־אֹיְבָי, יָשֻׁבוּ יֵבֹשׁוּ רָגַע.

ב

שִׁיר הַמַּעֲלוֹת. מִמַּעֲמַקִּים קְרָאתִיךָ יהוה. אֲדֹנָי שִׁמְעָה בְקוֹלִי, תִּהְיֶינָה אָזְנֶיךָ קַשֻּׁבוֹת לְקוֹל תַּחֲנוּנָי. אִם עֲוֹנוֹת תִּשְׁמָר־יָהּ, אֲדֹנָי מִי יַעֲמֹד. כִּי עִמְּךָ הַסְּלִיחָה לְמַעַן תִּוָּרֵא. קִוִּיתִי יהוה, קִוְּתָה נַפְשִׁי, וְלִדְבָרוֹ הוֹחָלְתִּי. נַפְשִׁי לַאדֹנָי מִשֹּׁמְרִים לַבֹּקֶר, שֹׁמְרִים לַבֹּקֶר. יַחֵל יִשְׂרָאֵל אֶל יהוה, כִּי עִם יהוה הַחֶסֶד, וְהַרְבֵּה עִמּוֹ פְדוּת. וְהוּא יִפְדֶּה אֶת־יִשְׂרָאֵל מִכֹּל עֲוֹנוֹתָיו.

שׁוֹמֵר יִשְׂרָאֵל, שְׁמוֹר שְׁאֵרִית יִשְׂרָאֵל,
וְאַל יֹאבַד יִשְׂרָאֵל, הָאֹמְרִים שְׁמַע יִשְׂרָאֵל.

שׁוֹמֵר גּוֹי אֶחָד, שְׁמוֹר שְׁאֵרִית עַם אֶחָד,
וְאַל יֹאבַד גּוֹי אֶחָד, הַמְיַחֲדִים שִׁמְךָ,
יהוה אֱלֹהֵינוּ, יהוה אֶחָד.

שׁוֹמֵר גּוֹי קָדוֹשׁ, שְׁמוֹר שְׁאֵרִית עַם קָדוֹשׁ,
וְאַל יֹאבַד גּוֹי קָדוֹשׁ, הַמְשַׁלְּשִׁים בְּשָׁלֹשׁ קְדֻשּׁוֹת לְקָדוֹשׁ.

Continue with A or B

*To maintain an attitude symbolic of respectful
and humble supplication, while reciting
passage A or B, rest the forehead
against the right forearm.*

*Those wearing the tefillah on the right arm, or
those wearing no tefillin, should rest the
forehead upon the left forearm.*

A

Chastise me not in Your anger, Lord, chasten me not in Your wrath.
Be merciful to me, for I am weak. Heal me, for my very bones trem-
ble, my entire being trembles. Lord—how long? Turn to me, Lord;
save my life. Help me because of Your love. In death there is no
remembering you. In the grave who can praise You? Weary am I with
groaning and weeping, nightly my pillow is soaked with tears. Grief
dims my eyes; they are worn out with all my woes. Away with you,
doers of evil! The Lord has heard my cry, my supplication; the Lord
accepts my prayer. All my enemies shall be shamed. In dismay they
shall quickly withdraw.

PSALM 6

B

Out of the depths I call to You. O Lord, hear my cry, heed my plea. Be
attentive to my prayers, to my sigh of supplication. Who could
endure, Lord, if You kept count of every sin? But forgiveness is Yours,
that we may worship You. I wait for the Lord; my soul yearns. Hope-
fully, I await His word. I wait for the Lord more eagerly than watch-
men wait for dawn. Put your hope in the Lord, for the Lord is gener-
ous with mercy. Abundant is His power to redeem. May He redeem
the people Israel from all sin.

PSALM 130

Guardian of the people Israel, guard the remnant of Israel
and let not Israel perish, those who say: Sh'ma Yisrael.

Guardian of the unique people, guard the remnant of that people
and let not that people perish who proclaim:
The Lord our God, the Lord is One.

Guardian of a holy people, guard the remnant of the holy people
and let not the holy people perish who repeat:
Holy, holy, holy is the Lord.

מִתְרַצֶּה בְּרַחֲמִים וּמִתְפַּיֵּס בְּתַחֲנוּנִים, הִתְרַצֵּה וְהִתְפַּיֵּס לְדוֹר עָנִי, כִּי אֵין עוֹזֵר. אָבִינוּ מַלְכֵּנוּ, חָנֵּנוּ וַעֲנֵנוּ, כִּי אֵין בָּנוּ מַעֲשִׂים, עֲשֵׂה עִמָּנוּ צְדָקָה וָחֶסֶד וְהוֹשִׁיעֵנוּ.

וַאֲנַחְנוּ לֹא נֵדַע מַה נַּעֲשֶׂה, כִּי עָלֶיךָ עֵינֵינוּ. זְכֹר רַחֲמֶיךָ יהוה, וַחֲסָדֶיךָ, כִּי מֵעוֹלָם הֵמָּה. יְהִי חַסְדְּךָ יהוה עָלֵינוּ, כַּאֲשֶׁר יִחַלְנוּ לָךְ. אַל תִּזְכָּר לָנוּ עֲוֹנוֹת רִאשֹׁנִים, מַהֵר יְקַדְּמוּנוּ רַחֲמֶיךָ, כִּי דַלּוֹנוּ מְאֹד. חָנֵּנוּ יהוה חָנֵּנוּ, כִּי רַב שָׂבַעְנוּ בוּז. בְּרֹגֶז רַחֵם תִּזְכּוֹר. כִּי הוּא יָדַע יִצְרֵנוּ, זָכוּר כִּי עָפָר אֲנָחְנוּ. □ עָזְרֵנוּ אֱלֹהֵי יִשְׁעֵנוּ, עַל דְּבַר כְּבוֹד שְׁמֶךָ, וְהַצִּילֵנוּ וְכַפֵּר עַל חַטֹּאתֵינוּ לְמַעַן שְׁמֶךָ.

ḤATZI KADDISH

Reader:

יִתְגַּדַּל וְיִתְקַדַּשׁ שְׁמֵהּ רַבָּא בְּעָלְמָא דִּי בְרָא כִרְעוּתֵהּ, וְיַמְלִיךְ מַלְכוּתֵהּ בְּחַיֵּיכוֹן וּבְיוֹמֵיכוֹן וּבְחַיֵּי דְכָל־בֵּית יִשְׂרָאֵל, בַּעֲגָלָא וּבִזְמַן קָרִיב, וְאִמְרוּ אָמֵן.

Congregation and Reader:

יְהֵא שְׁמֵהּ רַבָּא מְבָרַךְ לְעָלַם וּלְעָלְמֵי עָלְמַיָּא.

Reader:

יִתְבָּרַךְ וְיִשְׁתַּבַּח וְיִתְפָּאַר וְיִתְרוֹמַם וְיִתְנַשֵּׂא, וְיִתְהַדָּר וְיִתְעַלֶּה וְיִתְהַלַּל שְׁמֵהּ דְּקֻדְשָׁא, בְּרִיךְ הוּא לְעֵלָּא (לְעֵלָּא מִכָּל־) מִן כָּל־בִּרְכָתָא וְשִׁירָתָא, תֻּשְׁבְּחָתָא וְנֶחֱמָתָא דַּאֲמִירָן בְּעָלְמָא, וְאִמְרוּ אָמֵן.

When the Torah is not read, we continue with Ashrei, on page 152.

On Monday and on Thursday, when Taḥanun is recited add:

אֵל אֶרֶךְ אַפַּיִם וְרַב חֶסֶד וֶאֱמֶת אַל תַּסְתֵּר פָּנֶיךָ מִמֶּנּוּ. חוּסָה יהוה עַל עַמֶּךָ וְהוֹשִׁיעֵנוּ מִכָּל־רָע. חָטָאנוּ לְךָ, אָדוֹן, סְלַח נָא כְּרֹב רַחֲמֶיךָ, אֵל.

O God, moved by prayer and reconciled by supplication, accept the prayers and the supplications of our afflicted generation, for there is none else to help. Our Father, our King, answer us though we have no deeds to plead our cause; save us with mercy and lovingkindness.

We look to You, for alone we are helpless. Remember Your compassion, Lord, and Your lovingkindness, which have endured forever. May Your kindness be with us, for we have put our hope in You. Do not hold former sins against us; meet us with Your mercy, for we are brought so very low. Have pity, for we are sated with contempt. He who knows our weaknesses remembers that we are dust. Help us, God of our deliverance, for the sake of Your glory. Grant atonement for our sins, and save us because of Your mercy.

 ## ḤATZI KADDISH

Reader:

Hallowed and enhanced may He be throughout the world of His own creation. May He cause His sovereignty soon to be accepted, during our life and the life of all Israel. And let us say: Amen.

Congregation and Reader:

Y'hei sh'mei raba m'varakh l'alam u-l'almei almaya.

May He be praised throughout all time.

Reader:

Glorified and celebrated, lauded and praised, acclaimed and honored, extolled and exalted may the Holy One be, praised beyond all song and psalm, beyond all tributes which mortals can utter. And let us say: Amen.

When the Torah is not read, we continue with
Ashrei, on page 153.

On Monday and on Thursday, when Taḥanun is recited add:

Patient God, abounding in love and faithfulness, hide not Your Presence from us. Have pity for Your people and deliver us from every evil. Though we have sinned against You, Lord, forgive us with Your abundant compassion.

Prescribed selections from the Torah are read on each Monday and Thursday, on Rosh Ḥodesh, Ḥol Ha-mo'ed, Ḥanukkah, Purim, Israel's Independence Day, and Fast Days. A list of Readings for various occasions is found on page 871.

We rise as the Ark is opened

וַיְהִי בִּנְסֹעַ הָאָרֹן וַיֹּאמֶר מֹשֶׁה:
קוּמָה יהוה וְיָפֻצוּ אֹיְבֶיךָ, וְיָנֻסוּ מְשַׂנְאֶיךָ מִפָּנֶיךָ.
כִּי מִצִּיּוֹן תֵּצֵא תוֹרָה, וּדְבַר יהוה מִירוּשָׁלָיִם.
בָּרוּךְ שֶׁנָּתַן תּוֹרָה לְעַמּוֹ יִשְׂרָאֵל בִּקְדֻשָּׁתוֹ.

The Sefer Torah is taken out of the Ark
Reader:

גַּדְּלוּ לַיהוה אִתִּי, וּנְרוֹמְמָה שְׁמוֹ יַחְדָּו.

Reader and congregation:

לְךָ יהוה הַגְּדֻלָּה וְהַגְּבוּרָה וְהַתִּפְאֶרֶת וְהַנֵּצַח וְהַהוֹד, כִּי כֹל
בַּשָּׁמַיִם וּבָאָרֶץ, לְךָ יהוה הַמַּמְלָכָה וְהַמִּתְנַשֵּׂא לְכֹל לְרֹאשׁ.
רוֹמְמוּ יהוה אֱלֹהֵינוּ וְהִשְׁתַּחֲווּ לַהֲדֹם רַגְלָיו, קָדוֹשׁ הוּא.
רוֹמְמוּ יהוה אֱלֹהֵינוּ וְהִשְׁתַּחֲווּ לְהַר קָדְשׁוֹ, כִּי קָדוֹשׁ יהוה
אֱלֹהֵינוּ.

Torah Reader:

אַב הָרַחֲמִים הוּא יְרַחֵם עַם עֲמוּסִים, וְיִזְכֹּר בְּרִית אֵיתָנִים,
וְיַצִּיל נַפְשׁוֹתֵינוּ מִן הַשָּׁעוֹת הָרָעוֹת, וְיִגְעַר בְּיֵצֶר הָרָע מִן

TORAH SERVICE

Prescribed selections from the Torah are read on each Monday and Thursday, on Rosh Ḥodesh, Ḥol Ha-mo'ed, Ḥanukkah, Purim, Israel's Independence Day, and Fast Days. A list of Readings for various occasions is found on page 871.

We rise as the Ark is opened

Whenever the Ark was carried forward, Moses would say: Arise, Lord. May Your enemies be scattered; may Your foes be put to flight.

Ki mi-tzion tetze Torah, u-d'var Adonai mirushalayim.

Torah shall come from Zion, the word of the Lord from Jerusalem.

Barukh she-natan Torah l'amo yisrael bi-k'dushato.

Praised is He who in His holiness gave the Torah to His people Israel.

The Sefer Torah is taken out of the Ark

Reader:

Proclaim the Lord's greatness with me; let us exalt Him together.

Reader and congregation:

L'kha Adonai ha-g'dulah ve'ha-g'vurah ve'ha-tiferet v'ha-netzaḥ v'ha-hod, ki khol ba-shamayim u-va-aretz, l'kha Adonai ha-mamlakhah v'ha-mitnase l'khol l'rosh.

Yours, O Lord, is the greatness and the power and the splendor. Yours is the triumph and the majesty, for all in the heavens and on earth is Yours. Yours, O Lord, is supreme sovereignty.

Exalt the Lord our God and worship Him, for He is holy. Exalt and worship Him at His holy mountain. The Lord our God is holy.

Torah Reader:

May our merciful Father have mercy upon the people He has always sustained, remembering His covenant with our ancestors. May He

הַנְּשׂוּאִים, וְיָחוֹן אוֹתָנוּ לִפְלֵיטַת עוֹלָמִים, וִימַלֵּא מִשְׁאֲלוֹתֵינוּ בְּמִדָּה טוֹבָה יְשׁוּעָה וְרַחֲמִים.

וְתִגָּלֶה וְתֵרָאֶה מַלְכוּתוֹ עָלֵינוּ בִּזְמַן קָרוֹב, וְיָחוֹן פְּלֵיטָתֵנוּ וּפְלֵיטַת עַמּוֹ בֵּית יִשְׂרָאֵל לְחֵן וּלְחֶסֶד, לְרַחֲמִים וּלְרָצוֹן, וְנֹאמַר אָמֵן.

הַכֹּל הָבוּ גֹדֶל לֵאלֹהֵינוּ, וּתְנוּ כָבוֹד לַתּוֹרָה. [כֹּהֵן, קְרָב. יַעֲמֹד _____ בֶּן־_____ הַכֹּהֵן.] בָּרוּךְ שֶׁנָּתַן תּוֹרָה לְעַמּוֹ יִשְׂרָאֵל בִּקְדֻשָּׁתוֹ.

Congregation and Torah Reader:

וְאַתֶּם הַדְּבֵקִים בַּיהוה אֱלֹהֵיכֶם חַיִּים כֻּלְּכֶם הַיּוֹם.

*Each congregant honored with an aliyah recites
these berakhot:*
Before the Reading:

בָּרְכוּ אֶת־יהוה הַמְבֹרָךְ.

Congregation:

בָּרוּךְ יהוה הַמְבֹרָךְ לְעוֹלָם וָעֶד.

Congregant continues:

בָּרוּךְ יהוה הַמְבֹרָךְ לְעוֹלָם וָעֶד.

בָּרוּךְ אַתָּה יהוה אֱלֹהֵינוּ מֶלֶךְ הָעוֹלָם אֲשֶׁר בָּחַר בָּנוּ מִכָּל־הָעַמִּים וְנָתַן לָנוּ אֶת־תּוֹרָתוֹ. בָּרוּךְ אַתָּה יהוה נוֹתֵן הַתּוֹרָה.

deliver us from evil times, restrain the impulse to evil within us, and grace our lives with enduring deliverance. May He answer our petition with an abundant measure of kindness and compassion.

May His sovereignty be revealed to us soon. May He favor the remnant of His people Israel with grace and kindness, with compassion and love. And let us say: Amen. Let us all declare the greatness of God and give honor to the Torah. [Let the Kohen come forward.] Praised is He who in His holiness entrusted the Torah to His people Israel.

Congregation and Torah Reader:

V'atem ha-d'vekim badonai Elohei-khem ḥayim kul-khem ha-yom.

You who cling to the Lord your God have been sustained to this day.

Each congregant honored with an aliyah recites these berakhot:
Before the Reading:

Praise the Lord, Source of blessing.

Barkhu et Adonai ha-m'vorakh.

Congregation:

Praised be the Lord, Source of blessing, throughout all time.

Barukh Adonai ha-m'vorakh l'olam va-ed.

Congregant continues:

Praised be the Lord, Source of blessing, throughout all time.

Barukh Adonai ha-m'vorakh l'olam va-ed.

Praised are You, Lord our God, King of the universe who has chosen us from among all peoples by giving us His Torah. Praised are You, Lord who gives the Torah.

Barukh attah Adonai, Eloheinu melekh ha-olam, asher baḥar banu mi-kol ha-amim, v'natan lanu et torato. Barukh attah Adonai, noten ha-torah.

After the Reading:

בָּרוּךְ אַתָּה יהוה אֱלֹהֵינוּ מֶלֶךְ הָעוֹלָם אֲשֶׁר נָתַן לָנוּ תּוֹרַת אֱמֶת וְחַיֵּי עוֹלָם נָטַע בְּתוֹכֵנוּ. בָּרוּךְ אַתָּה יהוה נוֹתֵן הַתּוֹרָה.

BIRKAT HA-GOMEL

Berakhah recited by one who has recovered from serious illness, one who has returned safely from a long journey, or one who has survived any type of danger (including childbirth)

בָּרוּךְ אַתָּה יהוה אֱלֹהֵינוּ מֶלֶךְ הָעוֹלָם, הַגּוֹמֵל לְחַיָּבִים טוֹבוֹת, שֶׁגְּמָלַנִי כָּל־טוֹב.

Congregation responds:

מִי שֶׁגְּמָלְךָ (שֶׁגְּמָלֵךְ) כָּל־טוֹב הוּא יִגְמָלְךָ (יִגְמְלֵךְ) כָּל־טוֹב סֶלָה.

MI SHE-BERAKH

For a male called to the Torah:

מִי שֶׁבֵּרַךְ אֲבוֹתֵינוּ, אַבְרָהָם יִצְחָק וְיַעֲקֹב, שָׂרָה רִבְקָה רָחֵל וְלֵאָה, הוּא יְבָרֵךְ אֶת־______ בֶּן־______ שֶׁעָלָה הַיּוֹם לִכְבוֹד הַמָּקוֹם וּלִכְבוֹד הַתּוֹרָה. הַקָּדוֹשׁ בָּרוּךְ הוּא יְבָרֵךְ אוֹתוֹ וְאֶת־כָּל־מִשְׁפַּחְתּוֹ, וְיִשְׁלַח בְּרָכָה וְהַצְלָחָה בְּכָל־מַעֲשֵׂה יָדָיו עִם כָּל־יִשְׂרָאֵל אֶחָיו, וְנֹאמַר אָמֵן.

After the Reading:

Praised are You, Lord our God, King of the universe who has given us the Torah of truth, planting within us life eternal. Praised are You, Lord who gives the Torah.

Barukh attah Adonai, Eloheinu melekh ha-olam, asher natan lanu torat emet, v'ḥayei olam nata b'tokhenu. Barukh attah Adonai, noten ha-torah.

BIRKAT HA-GOMEL

Berakhah recited by one who has recovered
from serious illness, one who has returned
safely from a long journey, or one who has
survived any type of danger (including childbirth)

Praised are You, Lord our God, King of the universe who graciously bestows favor upon the undeserving, even as He has bestowed favor upon me.

Barukh attah Adonai, Elohenu melekh ha-olam, ha-gomel l'ḥayavim tovot, she-g'malani kol tov.

Congregation responds:

May He who has been gracious to you continue to favor you with all that is good.

Mi she-g'malkha (she-g'maleikh) kol tov, hu yigmolkha (yig-m'leikh) kol tov, selah.

MI SHE-BERAKH

For a male called to the Torah:

May He who blessed our ancestors, Abraham, Isaac, and Jacob, Sarah, Rebecca, Rachel, and Leah, bless _____ who has come for an *aliyah* with reverence for God and respect for the Torah. May the Holy One bless him and his family and prosper all his deeds, together with our fellow Jews everywhere. And let us say: Amen.

For a female called to the Torah:

מִי שֶׁבֵּרַךְ אֲבוֹתֵינוּ, אַבְרָהָם יִצְחָק וְיַעֲקֹב, שָׂרָה רִבְקָה רָחֵל וְלֵאָה, הוּא יְבָרֵךְ אֶת־______ בַּת־______ שֶׁעָלְתָה הַיּוֹם לִכְבוֹד הַמָּקוֹם וְלִכְבוֹד הַתּוֹרָה. הַקָּדוֹשׁ בָּרוּךְ הוּא יְבָרֵךְ אוֹתָהּ וְאֶת־כָּל־מִשְׁפַּחְתָּהּ, וְיִשְׁלַח בְּרָכָה וְהַצְלָחָה בְּכָל־מַעֲשֵׂה יָדֶיהָ עִם כָּל־יִשְׂרָאֵל אַחֶיהָ, וְנֹאמַר אָמֵן.

For a male who is ill:

מִי שֶׁבֵּרַךְ אֲבוֹתֵינוּ, אַבְרָהָם יִצְחָק וְיַעֲקֹב, שָׂרָה רִבְקָה רָחֵל וְלֵאָה, הוּא יְבָרֵךְ וִירַפֵּא אֶת־הַחוֹלֶה ______ בֶּן־______. הַקָּדוֹשׁ בָּרוּךְ הוּא יִמָּלֵא רַחֲמִים עָלָיו, לְהַחֲזִיקוֹ וּלְרַפְּאוֹתוֹ, וְיִשְׁלַח לוֹ מְהֵרָה רְפוּאָה שְׁלֵמָה לְכָל־אֵבָרָיו וְגִידָיו בְּתוֹךְ שְׁאָר חוֹלֵי יִשְׂרָאֵל, רְפוּאַת הַנֶּפֶשׁ וּרְפוּאַת הַגּוּף, וְנֹאמַר אָמֵן.

For a female who is ill:

מִי שֶׁבֵּרַךְ אֲבוֹתֵינוּ, אַבְרָהָם יִצְחָק וְיַעֲקֹב, שָׂרָה רִבְקָה רָחֵל וְלֵאָה, הוּא יְבָרֵךְ וִירַפֵּא אֶת־הַחוֹלָה ______ בַּת־______. הַקָּדוֹשׁ בָּרוּךְ הוּא יִמָּלֵא רַחֲמִים עָלֶיהָ, לְהַחֲזִיקָהּ, וּלְרַפְּאוֹתָהּ, וְיִשְׁלַח לָהּ מְהֵרָה רְפוּאָה שְׁלֵמָה לְכָל־אֵבָרֶיהָ וְגִדֶיהָ בְּתוֹךְ שְׁאָר חוֹלֵי יִשְׂרָאֵל, רְפוּאַת הַנֶּפֶשׁ וּרְפוּאַת הַגּוּף, וְנֹאמַר אָמֵן.

Inclusive mi she-berakh for all who were called to the Torah:

מִי שֶׁבֵּרַךְ אֲבוֹתֵינוּ, אַבְרָהָם יִצְחָק וְיַעֲקֹב, שָׂרָה רִבְקָה רָחֵל וְלֵאָה, הוּא יְבָרֵךְ אֶת־כָּל־הַקְּרוּאִים אֲשֶׁר עָלוּ לַתּוֹרָה הַיּוֹם. הַקָּדוֹשׁ בָּרוּךְ הוּא יְבָרֵךְ אוֹתָם וְאֶת־כָּל־מִשְׁפְּחוֹתֵיהֶם, וְיִשְׁלַח בְּרָכָה וְהַצְלָחָה בְּכָל־מַעֲשֵׂה יְדֵיהֶם, עִם כָּל־יִשְׂרָאֵל אֲחֵיהֶם, וְנֹאמַר אָמֵן.

For a female called to the Torah:

May He who blessed our ancestors, Abraham, Isaac, and Jacob, Sarah, Rebecca, Rachel, and Leah, bless _____ who has come for an *aliyah* with reverence for God and respect for the Torah. May the Holy One bless her and her family and prosper all her deeds, together with our fellow Jews everywhere. And let us say: Amen.

For a male who is ill:

May He who blessed our ancestors, Abraham, Isaac, and Jacob, Sarah, Rebecca, Rachel, and Leah, bless and heal _____. May the Holy One in mercy strengthen him and heal him soon, body and soul, together with others who suffer illness. And let us say: Amen.

For a female who is ill:

May He who blessed our ancestors, Abraham, Isaac, and Jacob, Sarah, Rebecca, Rachel and Leah, bless and heal _____. May the Holy One in mercy strengthen her and heal her soon, body and soul, together with others who suffer illness. And let us say: Amen.

*Inclusive mi she-berakh for all who were called
to the Torah:*

May He who blessed our ancestors, Abraham, Isaac, and Jacob, Sarah, Rebecca, Rachel, and Leah, bless all of those who have come for an *aliyah* with reverence for God and respect for the Torah. May the Holy One bless them and their families and prosper all their deeds, together with our fellow Jews everywhere. And let us say: Amen.

Reader:

יִתְגַּדַּל וְיִתְקַדַּשׁ שְׁמֵהּ רַבָּא בְּעָלְמָא דִּי בְרָא כִרְעוּתֵהּ, וְיַמְלִיךְ מַלְכוּתֵהּ בְּחַיֵּיכוֹן וּבְיוֹמֵיכוֹן וּבְחַיֵּי דְכָל־בֵּית יִשְׂרָאֵל, בַּעֲגָלָא וּבִזְמַן קָרִיב, וְאִמְרוּ אָמֵן.

Congregation and Reader:

יְהֵא שְׁמֵהּ רַבָּא מְבָרַךְ לְעָלַם וּלְעָלְמֵי עָלְמַיָּא.

Reader:

יִתְבָּרַךְ וְיִשְׁתַּבַּח וְיִתְפָּאַר וְיִתְרוֹמַם וְיִתְנַשֵּׂא, וְיִתְהַדַּר וְיִתְעַלֶּה וְיִתְהַלַּל שְׁמֵהּ דְּקֻדְשָׁא, בְּרִיךְ הוּא לְעֵלָּא (לְעֵלָּא מִכָּל־) מִן כָּל־בִּרְכָתָא וְשִׁירָתָא, תֻּשְׁבְּחָתָא וְנֶחֱמָתָא דַּאֲמִירָן בְּעָלְמָא, וְאִמְרוּ אָמֵן.

The Sefer Torah is raised

וְזֹאת הַתּוֹרָה אֲשֶׁר שָׂם מֹשֶׁה לִפְנֵי בְּנֵי יִשְׂרָאֵל, עַל פִּי יהוה בְּיַד מֹשֶׁה.

On Monday and on Thursday, when Taḥanun is recited add:

יְהִי רָצוֹן מִלִּפְנֵי אָבִינוּ שֶׁבַּשָּׁמַיִם לְכוֹנֵן אֶת־בֵּית חַיֵּינוּ, וּלְהָשִׁיב אֶת־שְׁכִינָתוֹ בְּתוֹכֵנוּ בִּמְהֵרָה בְיָמֵינוּ, וְנֹאמַר אָמֵן.

יְהִי רָצוֹן מִלִּפְנֵי אָבִינוּ שֶׁבַּשָּׁמַיִם לְרַחֵם עָלֵינוּ וְעַל פְּלֵטָתֵנוּ, וְלִמְנֹעַ מַשְׁחִית וּמַגֵּפָה מֵעָלֵינוּ וּמֵעַל כָּל־עַמּוֹ בֵּית יִשְׂרָאֵל, וְנֹאמַר אָמֵן.

יְהִי רָצוֹן מִלִּפְנֵי אָבִינוּ שֶׁבַּשָּׁמַיִם לְקַיֶּם בָּנוּ חַכְמֵי יִשְׂרָאֵל, הֵם וּמִשְׁפְּחוֹתֵיהֶם, וְתַלְמִידֵיהֶם וְתַלְמִידֵי תַלְמִידֵיהֶם, בְּכָל־מְקוֹמוֹת מוֹשְׁבוֹתֵיהֶם, וְנֹאמַר אָמֵן.

ḤATZI KADDISH

Reader:

Hallowed and enhanced may He be throughout the world of His own creation. May He cause His sovereignty soon to be accepted, during our life and the life of all Israel. And let us say: Amen.

Congregation and Reader:

Y'hei sh'mei raba m'varakh l'alam u-l'almei almaya.

May He be praised throughout all time.

Reader:

Glorified and celebrated, lauded and worshiped, acclaimed and honored, extolled and exalted may the Holy One be, praised beyond all song and psalm, beyond all tributes which mortals can utter. And let us say: Amen.

The Sefer Torah is raised

This is the Torah that Moses set before the people Israel; the Torah, given by God, through Moses.

On Monday and on Thursday, when Taḥanun is recited add:

May it be the will of our heavenly Father to assure the holiness of Jerusalem, our city, and soon to restore among us His divine Presence. And let us say: Amen.

May it be the will of our heavenly Father to show mercy toward us, and may He ward off desolation and pestilence from all His people, the House of Israel. And let us say: Amen.

May it be the will of our heavenly Father to sustain the learned among the people Israel. May He safeguard them and their families, their pupils and disciples. And let us say: Amen.

יְהִי רָצוֹן מִלִּפְנֵי אָבִינוּ שֶׁבַּשָּׁמַיִם שֶׁנִּשְׁמַע וְנִתְבַּשֵּׂר בְּשׂוֹרוֹת טוֹבוֹת, יְשׁוּעוֹת וְנֶחָמוֹת, וִיקַבֵּץ נִדָּחֵינוּ מֵאַרְבַּע כַּנְפוֹת הָאָרֶץ, וְנֹאמַר אָמֵן.

אַחֵינוּ כָּל־בֵּית יִשְׂרָאֵל הַנְּתוּנִים בְּצָרָה וּבְשִׁבְיָה, הָעוֹמְדִים בֵּין בַּיָּם וּבֵין בַּיַּבָּשָׁה, הַמָּקוֹם יְרַחֵם עֲלֵיהֶם וְיוֹצִיאֵם מִצָּרָה לִרְוָחָה, וּמֵאֲפֵלָה לְאוֹרָה, וּמִשִּׁעְבּוּד לִגְאֻלָּה, הַשְׁתָּא בַּעֲגָלָא וּבִזְמַן קָרִיב, וְנֹאמַר אָמֵן.

EL MALEI RAḤAMIM

In memory of a male:

אֵל מָלֵא רַחֲמִים, שׁוֹכֵן בַּמְּרוֹמִים, הַמְצֵא מְנוּחָה נְכוֹנָה תַּחַת כַּנְפֵי הַשְּׁכִינָה, בְּמַעֲלוֹת קְדוֹשִׁים וּטְהוֹרִים כְּזֹהַר הָרָקִיעַ מַזְהִירִים, אֶת־נִשְׁמַת ________ בֶּן־ ________ שֶׁהָלַךְ לְעוֹלָמוֹ, בְּגַן עֵדֶן תְּהֵא מְנוּחָתוֹ. אָנָּא, בַּעַל הָרַחֲמִים הַסְתִּירֵהוּ בְּסֵתֶר כְּנָפֶיךָ לְעוֹלָמִים, וּצְרוֹר בִּצְרוֹר הַחַיִּים אֶת־נִשְׁמָתוֹ, יהוה הוּא נַחֲלָתוֹ, וְיָנוּחַ בְּשָׁלוֹם עַל מִשְׁכָּבוֹ, וְנֹאמַר אָמֵן.

In memory of a female:

אֵל מָלֵא רַחֲמִים, שׁוֹכֵן בַּמְּרוֹמִים, הַמְצֵא מְנוּחָה נְכוֹנָה תַּחַת כַּנְפֵי הַשְּׁכִינָה, בְּמַעֲלוֹת קְדוֹשִׁים וּטְהוֹרִים כְּזֹהַר הָרָקִיעַ מַזְהִירִים, אֶת־נִשְׁמַת ________ בַּת־ ________ שֶׁהָלְכָה לְעוֹלָמָהּ, בְּגַן עֵדֶן תְּהֵא מְנוּחָתָהּ. אָנָּא, בַּעַל הָרַחֲמִים הַסְתִּירֶהָ בְּסֵתֶר כְּנָפֶיךָ לְעוֹלָמִים, וּצְרוֹר בִּצְרוֹר הַחַיִּים אֶת־נִשְׁמָתָהּ, יהוה הוּא נַחֲלָתָהּ, וְתָנוּחַ בְּשָׁלוֹם עַל מִשְׁכָּבָהּ, וְנֹאמַר אָמֵן.

May it be the will of our heavenly Father that we be gladdened with happy tidings of deliverance and consolation. May He gather our exiles from the far corners of the world. And let us say: Amen.

May God be merciful to our fellow Jews who wander over sea and land or who suffer persecution and imprisonment. May He soon bring them relief from distress and deliver them from darkness to light, from subjugation to redemption. And let us say: Amen.

EL MALEI RAḤAMIM

In memory of a male:

Exalted, compassionate God, grant perfect peace in Your sheltering Presence, among the holy and the pure who shine with the splendor of the firmament, to the soul of our dear _____ who has gone to his eternal home. Master of mercy, remember all his worthy deeds in the land of the living. May his soul be bound up in the bond of life. The Lord is his portion. May he rest in peace. And let us say: Amen.

In memory of a female:

Exalted, compassionate God, grant perfect peace in Your sheltering Presence, among the holy and the pure who shine with the splendor of the firmament, to the soul of our dear _____ who has gone to her eternal home. Master of mercy, remember all her worthy deeds in the land of the living. May her soul be bound up in the bond of life. The Lord is her portion. May she rest in peace. And let us say: Amen.

Reader (holding Sefer Torah):

יְהַלְלוּ אֶת־שֵׁם יהוה כִּי נִשְׂגָּב שְׁמוֹ לְבַדּוֹ.

Reader and Congregation:

הוֹדוֹ עַל אֶרֶץ וְשָׁמָיִם. וַיָּרֶם קֶרֶן לְעַמּוֹ
תְּהִלָּה לְכָל־חֲסִידָיו, לִבְנֵי יִשְׂרָאֵל עַם קְרֹבוֹ. הַלְלוּיָהּ.

לְדָוִד מִזְמוֹר. לַיהוה הָאָרֶץ וּמְלוֹאָהּ, תֵּבֵל וְיֹשְׁבֵי בָהּ. כִּי הוּא עַל יַמִּים יְסָדָהּ, וְעַל נְהָרוֹת יְכוֹנְנֶהָ. מִי יַעֲלֶה בְהַר יהוה, וּמִי יָקוּם בִּמְקוֹם קָדְשׁוֹ. נְקִי כַפַּיִם וּבַר לֵבָב, אֲשֶׁר לֹא נָשָׂא לַשָּׁוְא נַפְשִׁי, וְלֹא נִשְׁבַּע לְמִרְמָה. יִשָּׂא בְרָכָה מֵאֵת יהוה, וּצְדָקָה מֵאֱלֹהֵי יִשְׁעוֹ. זֶה דּוֹר דֹּרְשָׁיו, מְבַקְשֵׁי פָנֶיךָ יַעֲקֹב, סֶלָה. שְׂאוּ שְׁעָרִים רָאשֵׁיכֶם, וְהִנָּשְׂאוּ פִּתְחֵי עוֹלָם, וְיָבוֹא מֶלֶךְ הַכָּבוֹד. מִי זֶה מֶלֶךְ הַכָּבוֹד, יהוה עִזּוּז וְגִבּוֹר, יהוה גִּבּוֹר מִלְחָמָה. שְׂאוּ שְׁעָרִים רָאשֵׁיכֶם, וּשְׂאוּ פִּתְחֵי עוֹלָם, וְיָבֹא מֶלֶךְ הַכָּבוֹד. מִי הוּא זֶה מֶלֶךְ הַכָּבוֹד, יהוה צְבָאוֹת הוּא מֶלֶךְ הַכָּבוֹד, סֶלָה.

The Sefer Torah is placed in the Ark

וּבְנֻחֹה יֹאמַר: שׁוּבָה יהוה רִבְבוֹת אַלְפֵי יִשְׂרָאֵל. קוּמָה יהוה לִמְנוּחָתֶךָ, אַתָּה וַאֲרוֹן עֻזֶּךָ. כֹּהֲנֶיךָ יִלְבְּשׁוּ־צֶדֶק, וַחֲסִידֶיךָ יְרַנֵּנוּ. בַּעֲבוּר דָּוִד עַבְדֶּךָ, אַל תָּשֵׁב פְּנֵי מְשִׁיחֶךָ. כִּי לֶקַח טוֹב נָתַתִּי לָכֶם, תּוֹרָתִי אַל תַּעֲזֹבוּ.

עֵץ חַיִּים הִיא לַמַּחֲזִיקִים בָּהּ, וְתוֹמְכֶיהָ מְאֻשָּׁר.

דְּרָכֶיהָ דַרְכֵי־נֹעַם, וְכָל־נְתִיבוֹתֶיהָ שָׁלוֹם.

הֲשִׁיבֵנוּ יהוה אֵלֶיךָ וְנָשׁוּבָה, חַדֵּשׁ יָמֵינוּ כְּקֶדֶם.

Reader (holding Sefer Torah):

Praise the glory of the Lord, for He is unique, exalted.

Reader and Congregation:

Hodo al eretz v'shamayim, va-yarem keren l'amo, t'hilah l'khol ḥasidav, li-v'nei yisrael am kerovo. Halleluyah!

His glory encompasses heaven and earth. He exalts and extols His faithful, the people Israel who are close to Him. Halleluyah.

A Psalm of David. The earth is the Lord's, and all it contains; the world and its inhabitants. He founded it upon the seas, and set it firm upon flowing waters. Who may ascend the Lord's mountain? Who may stand firm in His sanctuary? One who has clean hands and a pure heart, who has not used God's name in false oaths, who has not sworn deceitfully. He shall receive a blessing from the Lord, a just reward from the God of his deliverance. Such are the people who seek Him, who long for the Presence of Jacob's God. Lift high your lintels, O you gates; open wide, you ancient doors! Welcome the glorious King. Who is the glorious King? The Lord, with triumph and might, the Lord, triumphant in battle. Lift high your lintels, O you gates; open wide, you ancient doors! Welcome the glorious King. Who is the glorious King? *Adonai tzeva'ot,* He is the glorious King.

PSALM 24

The Sefer Torah is placed in the Ark

Whenever the Ark was set down, Moses would say: Lord, may You dwell among the myriad families of the people Israel. Return, O Lord, to Your sanctuary, You and Your glorious Ark. May Your *kohanim* be clothed in triumph, may Your faithful sing for joy. For the sake of David Your servant, do not reject Your anointed. Precious teaching do I give you: never forsake My Torah.

It is a tree of life for those who grasp it, and all who uphold it are blessed. Its ways are pleasantness, and all its paths are peace. Help us turn to You, and we shall return. Renew our lives as in days of old.

Etz ḥayyim hi la-maḥazikim bah, v'tomkheha m'ushar.
D'rakheha darkhei no'am v'khol n'tivoteha shalom.
Hashivenu Adonai elekha v'nashuvah, ḥadesh yameinu k'kedem.

ASHREI

אַשְׁרֵי יוֹשְׁבֵי בֵיתֶךָ, עוֹד יְהַלְלוּךָ סֶּלָה.
אַשְׁרֵי הָעָם שֶׁכָּכָה לּוֹ, אַשְׁרֵי הָעָם שֶׁיהוה אֱלֹהָיו.
תְּהִלָּה לְדָוִד

אֲרוֹמִמְךָ אֱלוֹהַי הַמֶּלֶךְ, וַאֲבָרְכָה שִׁמְךָ לְעוֹלָם וָעֶד.
בְּכָל־יוֹם אֲבָרְכֶךָּ, וַאֲהַלְלָה שִׁמְךָ לְעוֹלָם וָעֶד.
גָּדוֹל יהוה וּמְהֻלָּל מְאֹד, וְלִגְדֻלָּתוֹ אֵין חֵקֶר.
דּוֹר לְדוֹר יְשַׁבַּח מַעֲשֶׂיךָ, וּגְבוּרֹתֶיךָ יַגִּידוּ.
הֲדַר כְּבוֹד הוֹדֶךָ, וְדִבְרֵי נִפְלְאֹתֶיךָ אָשִׂיחָה.
וֶעֱזוּז נוֹרְאֹתֶיךָ יֹאמֵרוּ, וּגְדֻלָּתְךָ אֲסַפְּרֶנָּה.
זֵכֶר רַב טוּבְךָ יַבִּיעוּ, וְצִדְקָתְךָ יְרַנֵּנוּ.
חַנּוּן וְרַחוּם יהוה, אֶרֶךְ אַפַּיִם וּגְדָל־חָסֶד.
טוֹב יהוה לַכֹּל, וְרַחֲמָיו עַל כָּל־מַעֲשָׂיו.
יוֹדוּךָ יהוה כָּל־מַעֲשֶׂיךָ, וַחֲסִידֶיךָ יְבָרְכוּכָה.
כְּבוֹד מַלְכוּתְךָ יֹאמֵרוּ, וּגְבוּרָתְךָ יְדַבֵּרוּ.
לְהוֹדִיעַ לִבְנֵי הָאָדָם גְּבוּרֹתָיו, וּכְבוֹד הֲדַר מַלְכוּתוֹ.
מַלְכוּתְךָ מַלְכוּת כָּל־עֹלָמִים, וּמֶמְשַׁלְתְּךָ בְּכָל־דּוֹר וָדֹר.
סוֹמֵךְ יהוה לְכָל־הַנֹּפְלִים, וְזוֹקֵף לְכָל־הַכְּפוּפִים.
עֵינֵי כֹל אֵלֶיךָ יְשַׂבֵּרוּ, וְאַתָּה נוֹתֵן לָהֶם אֶת־אָכְלָם בְּעִתּוֹ.
פּוֹתֵחַ אֶת־יָדֶךָ, וּמַשְׂבִּיעַ לְכָל־חַי רָצוֹן.

CONCLUDING THE WEEKDAY SERVICE

ASHREI

Blessed are they who dwell in Your house;
they shall praise You forever.

Blessed the people who are so favored;
blessed the people whose God is the Lord.

David sang: I glorify You, my God, my King;
I praise You throughout all time.

Every day do I praise You, exalting Your glory forever.

Great is the Lord, and praiseworthy;
His greatness exceeds definition.

One generation lauds Your works to another,
declaring Your mighty deeds.

They tell of Your wonders, and of Your glorious splendor.

They speak of Your greatness, and of Your awesome power.

They recall Your goodness; they sing of Your faithfulness.

Gracious and compassionate is the Lord;
patient, and abounding in love.

The Lord is good to all; His compassion embraces all.

All of Your creatures shall praise You;
the faithful shall repeatedly bless You.

They shall describe Your glorious kingship,
declaring Your power.

And people will know of Your might,
the splendor of Your dominion.

Your kingship is an everlasting kingship;
Your dominion endures for all generations.

The Lord supports all who stumble,
He raises all who are bowed down.

All eyes look hopefully to You,
to receive their food in due time.

You open Your hand,
and Your favor sustains all the living.

צַדִּיק יהוה בְּכָל־דְּרָכָיו, וְחָסִיד בְּכָל־מַעֲשָׂיו.
קָרוֹב יהוה לְכָל־קֹרְאָיו, לְכֹל אֲשֶׁר יִקְרָאֻהוּ בֶאֱמֶת.
רְצוֹן יְרֵאָיו יַעֲשֶׂה, וְאֶת־שַׁוְעָתָם יִשְׁמַע וְיוֹשִׁיעֵם.
שׁוֹמֵר יהוה אֶת־כָּל־אֹהֲבָיו, וְאֵת כָּל־הָרְשָׁעִים יַשְׁמִיד.
□ תְּהִלַּת יהוה יְדַבֶּר פִּי,
וִיבָרֵךְ כָּל־בָּשָׂר שֵׁם קָדְשׁוֹ לְעוֹלָם וָעֶד.
וַאֲנַחְנוּ נְבָרֵךְ יָהּ, מֵעַתָּה וְעַד עוֹלָם. הַלְלוּיָהּ.

The following psalm is omitted on Rosh Ḥodesh; Ḥanukkah; Ḥol Ha-mo'ed; Purim and Purim Katan (fourteenth and fifteenth of Adar); the day before and the day after Pesaḥ, Shavuot, and Sukkot; the day before Rosh Hashanah; the day before Yom Kippur; Israel's Independence Day (fifth of Iyyar); Yom Yerushalayim (twenty-eighth of Iyyar); Tisha B'av; and in a house of mourning

לַמְנַצֵּחַ, מִזְמוֹר לְדָוִד. יַעַנְךָ יהוה בְּיוֹם צָרָה, יְשַׂגֶּבְךָ שֵׁם אֱלֹהֵי יַעֲקֹב. יִשְׁלַח עֶזְרְךָ מִקֹּדֶשׁ, וּמִצִּיּוֹן יִסְעָדֶךָּ. יִזְכֹּר כָּל־מִנְחֹתֶיךָ, וְעוֹלָתְךָ יְדַשְּׁנֶה סֶּלָה. יִתֶּן לְךָ כִלְבָבֶךָ, וְכָל־עֲצָתְךָ יְמַלֵּא. נְרַנְּנָה בִּישׁוּעָתֶךָ, וּבְשֵׁם אֱלֹהֵינוּ נִדְגֹּל, יְמַלֵּא יהוה כָּל־מִשְׁאֲלוֹתֶיךָ. עַתָּה יָדַעְתִּי כִּי הוֹשִׁיעַ יהוה מְשִׁיחוֹ, יַעֲנֵהוּ מִשְּׁמֵי קָדְשׁוֹ, בִּגְבוּרוֹת יֵשַׁע יְמִינוֹ. אֵלֶּה בָרֶכֶב וְאֵלֶּה בַסּוּסִים, וַאֲנַחְנוּ בְּשֵׁם יהוה אֱלֹהֵינוּ נַזְכִּיר. הֵמָּה כָּרְעוּ וְנָפָלוּ, וַאֲנַחְנוּ קַּמְנוּ וַנִּתְעוֹדָד. □ יהוה הוֹשִׁיעָה, הַמֶּלֶךְ יַעֲנֵנוּ בְיוֹם קָרְאֵנוּ.

In all His paths the Lord is faithful;
in all His deeds He is loving.

The Lord is near to all who call,
to all who call upon Him in truth.

He fulfills the desire of those who revere Him;
He hears their cry and delivers them.

All who love the Lord He preserves,
but all the wicked He destroys.

My mouth shall praise the Lord.

Let all flesh praise His name throughout all time.
We shall praise the Lord now and always. Halleluyah!

> *The following psalm is omitted on Rosh*
> *Ḥodesh; Ḥanukkah; Ḥol Ha-mo'ed; Purim and*
> *Purim Katan (fourteenth and fifteenth of Adar);*
> *the day before and the day after Pesaḥ,*
> *Shavuot, and Sukkot; the day before Rosh*
> *Hashanah; the day before Yom Kippur; Israel's*
> *Independence Day (fifth of Iyyar); Yom*
> *Yerushalayim (twenty-eighth of Iyyar); Tisha*
> *B'av; and in a house of mourning*

A Psalm of David. May the Lord answer you in time of trouble, may the God of Jacob be your strength. May He send you help from His sanctuary, sustaining you from Zion. May He remember all your offerings and accept your sacrifices, granting your heart's desires, fulfilling all your hopes. We shall sing of Your victory, we shall acclaim the glory of our God. May the Lord fulfill all that you ask. Now I know that the Lord delivers His anointed. He will answer from His heavenly abode, bringing victory with mighty deeds. Some trust in chariots, others in horses, but we honor the name of the Lord our God. They stumble and fall, but we rise and stand firm. O Lord, deliver us! Answer us, O King, when we call.

PSALM 20

וּבָא לְצִיּוֹן גּוֹאֵל וּלְשָׁבֵי פֶשַׁע בְּיַעֲקֹב, נְאֻם יהוה. וַאֲנִי זֹאת בְּרִיתִי אֹתָם אָמַר יהוה, רוּחִי אֲשֶׁר עָלֶיךָ וּדְבָרַי אֲשֶׁר שַׂמְתִּי בְּפִיךָ, לֹא יָמוּשׁוּ מִפִּיךָ וּמִפִּי זַרְעֲךָ וּמִפִּי זֶרַע זַרְעֲךָ, אָמַר יהוה, מֵעַתָּה וְעַד עוֹלָם. וְאַתָּה קָדוֹשׁ יוֹשֵׁב תְּהִלּוֹת יִשְׂרָאֵל. וְקָרָא זֶה אֶל זֶה וְאָמַר: קָדוֹשׁ קָדוֹשׁ קָדוֹשׁ יהוה צְבָאוֹת, מְלֹא כָל־הָאָרֶץ כְּבוֹדוֹ. וּמְקַבְּלִין דֵּין מִן דֵּין וְאָמְרִין: קַדִּישׁ בִּשְׁמֵי מְרוֹמָא עִלָּאָה בֵּית שְׁכִינְתֵּהּ, קַדִּישׁ עַל אַרְעָא עוֹבַד גְּבוּרְתֵּהּ, קַדִּישׁ לְעָלַם וּלְעָלְמֵי עָלְמַיָּא. יהוה צְבָאוֹת, מַלְיָא כָל־אַרְעָא זִיו יְקָרֵהּ.

וַתִּשָּׂאֵנִי רוּחַ וָאֶשְׁמַע אַחֲרַי קוֹל רַעַשׁ גָּדוֹל: בָּרוּךְ כְּבוֹד יהוה מִמְּקוֹמוֹ. וּנְטָלַתְנִי רוּחָא וְשִׁמְעֵית בַּתְרַי קָל זִיעַ סַגִּיא דִּמְשַׁבְּחִין וְאָמְרִין: בְּרִיךְ יְקָרָא דַיהוה מֵאֲתַר בֵּית שְׁכִינְתֵּהּ. יהוה יִמְלֹךְ לְעוֹלָם וָעֶד. יהוה מַלְכוּתֵהּ קָאֵים לְעָלַם וּלְעָלְמֵי עָלְמַיָּא.

יהוה אֱלֹהֵי אַבְרָהָם יִצְחָק וְיִשְׂרָאֵל אֲבוֹתֵינוּ,
שָׁמְרָה־זֹּאת לְעוֹלָם לְיֵצֶר מַחְשְׁבוֹת לְבַב עַמֶּךָ,
וְהָכֵן לְבָבָם אֵלֶיךָ.

וְהוּא רַחוּם יְכַפֵּר עָוֹן וְלֹא יַשְׁחִית,
וְהִרְבָּה לְהָשִׁיב אַפּוֹ וְלֹא יָעִיר כָּל־חֲמָתוֹ.

כִּי אַתָּה אֲדֹנָי טוֹב וְסַלָּח, וְרַב חֶסֶד לְכָל־קֹרְאֶיךָ.
צִדְקָתְךָ צֶדֶק לְעוֹלָם וְתוֹרָתְךָ אֱמֶת.

תִּתֵּן אֱמֶת לְיַעֲקֹב, חֶסֶד לְאַבְרָהָם,
אֲשֶׁר נִשְׁבַּעְתָּ לַאֲבוֹתֵינוּ מִימֵי קֶדֶם.

בָּרוּךְ אֲדֹנָי, יוֹם יוֹם יַעֲמָס־לָנוּ הָאֵל יְשׁוּעָתֵנוּ, סֶלָה.

יהוה צְבָאוֹת עִמָּנוּ, מִשְׂגָּב לָנוּ אֱלֹהֵי יַעֲקֹב, סֶלָה.

יהוה צְבָאוֹת, אַשְׁרֵי אָדָם בֹּטֵחַ בָּךְ.
יהוה הוֹשִׁיעָה, הַמֶּלֶךְ יַעֲנֵנוּ בְיוֹם קָרְאֵנוּ.

KEDUSHAH D'SIDRA

The words in italics are a midrashic interpretation of the biblical verses which precede them

The Lord has assured a redeemer for Zion, for those of the House of Jacob who turn from sin. The Lord has said, "This is My covenant with them: My spirit shall remain with you and with your descendants. My words shall be upon your lips and upon the lips of your children and your children's children, now and forever." For You are holy, enthroned upon the praises of the people Israel. "The angels on high called one to another: 'Holy, holy, holy *Adonai tzeva'ot*; His glory fills the whole world.'" *They receive sanction from one another, saying "Adonai tzeva'ot is holy in the highest heaven, holy on the earth and holy forever, throughout all time; the radiance of His glory fills the whole world."*

"Then a wind lifted me up and I heard the sound of a great rushing behind me, saying, 'Praised be the glory of the Lord from His place.'" *Then a wind lifted me up and I heard the sound of a great rushing behind me, the sound of those who utter praise, saying, "Praised be the glory of the Lord from the place of His Presence."* "The Lord shall reign throughout all time." *The sovereignty of the Lord endures forever, throughout all time.*

Lord our God and God of our ancestors,
impress this forever upon Your people,
directing our hearts toward You:

God, being merciful, grants atonement for sin
and does not destroy. Time and again He restrains wrath,
refuses to let rage be all-consuming.

You, Lord, are kind and forgiving, loving all who call to You.

Your righteousness is everlasting, Your Torah is truth.

You will be faithful to Jacob, merciful to Abraham,
fulfilling the promise You made to our ancestors.

Praised is the Lord who daily sustains us;
He is the God of our deliverance.

Adonai tzeva'ot is with us,
the God of Jacob is our Refuge.

Adonai tzeva'ot, blessed is the one who trusts in You.
O Lord, help us; answer us, O King, when we call.

בָּרוּךְ הוּא אֱלֹהֵינוּ שֶׁבְּרָאָנוּ לִכְבוֹדוֹ, וְהִבְדִּילָנוּ מִן הַתּוֹעִים,
וְנָתַן לָנוּ תּוֹרַת אֱמֶת, וְחַיֵּי עוֹלָם נָטַע בְּתוֹכֵנוּ.

הוּא יִפְתַּח לִבֵּנוּ בְּתוֹרָתוֹ וְיָשֵׂם בְּלִבֵּנוּ אַהֲבָתוֹ וְיִרְאָתוֹ,
וְלַעֲשׂוֹת רְצוֹנוֹ וּלְעָבְדוֹ בְּלֵבָב שָׁלֵם,
לְמַעַן לֹא נִיגַע לָרִיק וְלֹא נֵלֵד לַבֶּהָלָה.

יְהִי רָצוֹן מִלְּפָנֶיךָ יהוה אֱלֹהֵינוּ וֵאלֹהֵי אֲבוֹתֵינוּ,
שֶׁנִּשְׁמֹר חֻקֶּיךָ בָּעוֹלָם הַזֶּה,
וְנִזְכֶּה וְנִחְיֶה וְנִרְאֶה וְנִירַשׁ טוֹבָה וּבְרָכָה
לִשְׁנֵי יְמוֹת הַמָּשִׁיחַ וּלְחַיֵּי הָעוֹלָם הַבָּא.

לְמַעַן יְזַמֶּרְךָ כָבוֹד וְלֹא יִדֹּם, יהוה אֱלֹהַי לְעוֹלָם אוֹדֶךָּ.
בָּרוּךְ הַגֶּבֶר אֲשֶׁר יִבְטַח בַּיהוה, וְהָיָה יהוה מִבְטַחוֹ.
בִּטְחוּ בַיהוה עֲדֵי עַד, כִּי בְּיָהּ יהוה צוּר עוֹלָמִים.

□ וְיִבְטְחוּ בְךָ יוֹדְעֵי שְׁמֶךָ, כִּי לֹא עָזַבְתָּ דֹרְשֶׁיךָ יהוה.
יהוה חָפֵץ לְמַעַן צִדְקוֹ, יַגְדִּיל תּוֹרָה וְיַאְדִּיר.

On Rosh Ḥodesh, and on Ḥol Ha-mo'ed, we
continue with Ḥatzi Kaddish, on page 428

KADDISH SHALEM 🦋

Reader:

יִתְגַּדַּל וְיִתְקַדַּשׁ שְׁמֵהּ רַבָּא בְּעָלְמָא דִּי בְרָא כִרְעוּתֵהּ, וְיַמְלִיךְ
מַלְכוּתֵהּ בְּחַיֵּיכוֹן וּבְיוֹמֵיכוֹן וּבְחַיֵּי דְכָל־בֵּית יִשְׂרָאֵל, בַּעֲגָלָא
וּבִזְמַן קָרִיב, וְאִמְרוּ אָמֵן.

Congregation and Reader:

יְהֵא שְׁמֵהּ רַבָּא מְבָרַךְ לְעָלַם וּלְעָלְמֵי עָלְמַיָּא.

Praised is our God who created us for His glory.

By giving us His Torah He set us apart from those who go astray,
and planted within us life eternal.

May He open our hearts to His Torah,
inspiring us to love and revere Him, wholeheartedly to serve Him.

Thus shall we not labor in vain,
nor shall our children suffer confusion.

May we fulfill Your precepts in this world, Lord our God,
to be worthy of happiness and blessing
in the messianic era and in the world to come.

Thus I will sing Your praise unceasingly,
thus I will exalt You, Lord my God, forever.

Blessed is the one who trusts in the Lord.

Trust in the Lord for ever and ever;
the Lord is an unfailing stronghold.

Those who love Him trust in Him;
He never forsakes those who seek Him.

The Lord, through His righteousness,
exalts the Torah with greatness and glory.

On Rosh Ḥodesh, and on Ḥol Ha-mo'ed, we
continue with Ḥatzi Kaddish, on page 429

 **KADDISH SHALEM**

Reader:

Hallowed and enhanced may He be throughout the world of His own
creation. May He cause His sovereignty soon to be accepted, during
our life and the life of all Israel. And let us say: Amen.

Congregation and Reader:

Y'hei sh'mei raba m'varakh l'alam almaya.

May He be praised throughout all time.

Reader:

יִתְבָּרַךְ וְיִשְׁתַּבַּח וְיִתְפָּאַר וְיִתְרוֹמַם וְיִתְנַשֵּׂא, וְיִתְהַדַּר וְיִתְעַלֶּה וְיִתְהַלַּל שְׁמֵהּ דְּקֻדְשָׁא, בְּרִיךְ הוּא לְעֵֽלָּא (לְעֵֽלָּא מִכָּל־) מִן כָּל־בִּרְכָתָא וְשִׁירָתָא, תֻּשְׁבְּחָתָא וְנֶחֱמָתָא דַּאֲמִירָן בְּעָלְמָא, וְאִמְרוּ אָמֵן.

תִּתְקַבַּל צְלוֹתְהוֹן וּבָעוּתְהוֹן דְּכָל־יִשְׂרָאֵל קֳדָם אֲבוּהוֹן דִּי בִשְׁמַיָּא, וְאִמְרוּ אָמֵן.

יְהֵא שְׁלָמָא רַבָּא מִן שְׁמַיָּא וְחַיִּים עָלֵינוּ וְעַל כָּל־יִשְׂרָאֵל, וְאִמְרוּ אָמֵן.

עוֹשֶׂה שָׁלוֹם בִּמְרוֹמָיו, הוּא יַעֲשֶׂה שָׁלוֹם עָלֵינוּ וְעַל כָּל־יִשְׂרָאֵל, וְאִמְרוּ אָמֵן.

ALEINU

עָלֵינוּ לְשַׁבֵּחַ לַאֲדוֹן הַכֹּל, לָתֵת גְּדֻלָּה לְיוֹצֵר בְּרֵאשִׁית, שֶׁלֹּא עָשָׂנוּ כְּגוֹיֵי הָאֲרָצוֹת וְלֹא שָׂמָנוּ כְּמִשְׁפְּחוֹת הָאֲדָמָה, שֶׁלֹּא שָׂם חֶלְקֵנוּ כָּהֶם וְגוֹרָלֵנוּ כְּכָל־הֲמוֹנָם. וַאֲנַחְנוּ כּוֹרְעִים וּמִשְׁתַּחֲוִים וּמוֹדִים לִפְנֵי מֶלֶךְ מַלְכֵי הַמְּלָכִים הַקָּדוֹשׁ בָּרוּךְ הוּא, שֶׁהוּא נוֹטֶה שָׁמַיִם וְיוֹסֵד אָרֶץ, וּמוֹשַׁב יְקָרוֹ בַּשָּׁמַיִם מִמַּעַל וּשְׁכִינַת עֻזּוֹ בְּגָבְהֵי מְרוֹמִים. הוּא אֱלֹהֵינוּ, אֵין עוֹד. אֱמֶת מַלְכֵּנוּ, אֶפֶס זוּלָתוֹ, כַּכָּתוּב בְּתוֹרָתוֹ: וְיָדַעְתָּ הַיּוֹם וַהֲשֵׁבֹתָ אֶל לְבָבֶךָ, כִּי יהוה הוּא הָאֱלֹהִים בַּשָּׁמַיִם מִמַּעַל וְעַל הָאָרֶץ מִתָּחַת, אֵין עוֹד.

עַל כֵּן נְקַוֶּה לְּךָ יהוה אֱלֹהֵינוּ לִרְאוֹת מְהֵרָה בְּתִפְאֶרֶת עֻזֶּךָ, לְהַעֲבִיר גִּלּוּלִים מִן הָאָרֶץ וְהָאֱלִילִים כָּרוֹת יִכָּרֵתוּן, לְתַקֵּן עוֹלָם בְּמַלְכוּת שַׁדַּי וְכָל־בְּנֵי בָשָׂר יִקְרְאוּ בִשְׁמֶךָ, לְהַפְנוֹת אֵלֶיךָ כָּל־רִשְׁעֵי אָרֶץ. יַכִּירוּ וְיֵדְעוּ כָּל־יוֹשְׁבֵי תֵבֵל כִּי לְךָ תִּכְרַע כָּל־בֶּרֶךְ, תִּשָּׁבַע כָּל־לָשׁוֹן. לְפָנֶיךָ יהוה אֱלֹהֵינוּ יִכְרְעוּ וְיִפֹּלוּ. וְלִכְבוֹד שִׁמְךָ יְקָר יִתֵּנוּ, וִיקַבְּלוּ כֻלָּם אֶת־עֹל מַלְכוּתֶךָ וְתִמְלֹךְ עֲלֵיהֶם מְהֵרָה לְעוֹלָם וָעֶד, כִּי הַמַּלְכוּת שֶׁלְּךָ הִיא

Reader:

Glorified and celebrated, lauded and worshiped, acclaimed and honored, extolled and exalted may the Holy One be, praised beyond all song and psalm, beyond all tributes which mortals can utter. And let us say: Amen.

May the prayers and pleas of the whole House of Israel be accepted by our Father in Heaven. And let us say: Amen.

Let there be abundant peace from Heaven, with life's goodness for us and for all the people Israel. And let us say: Amen.

He who brings peace to His universe will bring peace to us and to all the people Israel. And let us say: Amen.

 ALEINU

We rise to our duty to praise the Lord of all, to acclaim the Creator. He made our lot unlike that of other people, assigning to us a unique destiny. We bend the knee and bow, acknowledging the King of kings, the Holy One praised be He, who spread out the heavens and laid the foundations of the earth, whose glorious abode is in the highest heaven, whose mighty dominion is in the loftiest heights. He is our God, there is no other. In truth, He alone is our King, as it is written in His Torah: "Know this day and take it to heart that the Lord is God in heaven above and on earth below; there is no other."

*Va-anaḥnu kor'im u-mishtaḥavim u-modim
lifnei melekh malkhei ha-melakhim, ha-kadosh barukh hu.*

And so we hope in You, Lord our God, soon to see Your splendor, sweeping idolatry away so that false gods will be utterly destroyed, perfecting earth by Your kingship so that all mankind will invoke Your name, bringing all the earth's wicked back to You, repentant. Then all who live will know that to You every knee must bend, every tongue pledge loyalty. To You, Lord, may all bow in worship, may they give honor to Your glory. May everyone accept the rule of Your kingship. Reign over all, soon and for all time. Sovereignty is Yours in glory, now and forever. Thus is it written in Your Torah: The Lord reigns for ever and ever. Such is the assurance of Your prophet

וּלְעוֹלְמֵי עַד תִּמְלֹךְ בְּכָבוֹד, כַּכָּתוּב בְּתוֹרָתֶךָ: יהוה יִמְלֹךְ לְעֹלָם וָעֶד. □ וְנֶאֱמַר: וְהָיָה יהוה לְמֶלֶךְ עַל כָּל־הָאָרֶץ, בַּיּוֹם הַהוּא יִהְיֶה יהוה אֶחָד וּשְׁמוֹ אֶחָד.

Some congregations recite the Psalm of the Day and other psalms for special occasions at this point in the service. They are found on *pages 22–46.*

MOURNER'S KADDISH

Mourners and those observing Yahrzeit:

יִתְגַּדַּל וְיִתְקַדַּשׁ שְׁמֵהּ רַבָּא בְּעָלְמָא דִּי בְרָא כִרְעוּתֵהּ, וְיַמְלִיךְ מַלְכוּתֵהּ בְּחַיֵּיכוֹן וּבְיוֹמֵיכוֹן וּבְחַיֵּי דְכָל־בֵּית יִשְׂרָאֵל, בַּעֲגָלָא וּבִזְמַן קָרִיב, וְאִמְרוּ אָמֵן.

Congregation and mourner:

יְהֵא שְׁמֵהּ רַבָּא מְבָרַךְ לְעָלַם וּלְעָלְמֵי עָלְמַיָּא.

Mourner:

יִתְבָּרַךְ וְיִשְׁתַּבַּח וְיִתְפָּאַר וְיִתְרוֹמַם וְיִתְנַשֵּׂא, וְיִתְהַדַּר וְיִתְעַלֶּה וְיִתְהַלַּל שְׁמֵהּ דְּקֻדְשָׁא, בְּרִיךְ הוּא לְעֵלָּא (לְעֵלָּא מִכָּל־) מִן כָּל־בִּרְכָתָא וְשִׁירָתָא, תֻּשְׁבְּחָתָא וְנֶחֱמָתָא דַּאֲמִירָן בְּעָלְמָא, וְאִמְרוּ אָמֵן.

יְהֵא שְׁלָמָא רַבָּא מִן שְׁמַיָּא וְחַיִּים עָלֵינוּ וְעַל כָּל־יִשְׂרָאֵל, וְאִמְרוּ אָמֵן.

עוֹשֶׂה שָׁלוֹם בִּמְרוֹמָיו, הוּא יַעֲשֶׂה שָׁלוֹם עָלֵינוּ וְעַל כָּל־יִשְׂרָאֵל, וְאִמְרוּ אָמֵן.

Zechariah: The Lord shall be acknowledged King of all the earth. On that day the Lord shall be One and His name One.

V'ne'emar, v'haya Adonai l'melekh al kol ha-aretz,
bayom ha-hu yiyeh Adonai eḥad u-sh'mo eḥad.

Some congregations recite the Psalm of the Day and other psalms for special occasions at this point in the service. They are found on pages 23–47.

MOURNER'S KADDISH

Mourners and those observing Yahrzeit rise:

Yitgadal v'yitkadash sh'mei raba b'alma di v'ra khir'utei, v'yamlikh malkhutei b'ḥayeikhon u-v'yomeikhon u-v'ḥayei d'khol beit yisrael, ba-agala u-vi-z'man kariv, v'imru amen.

Congregation and mourner:

Y'hei sh'mei raba m'varakh l'alam u-l'almei almaya.

Mourner:

Yitbarakh v'yishtabaḥ v'yitpa'ar v'yitromam v'yitnasei, v'yit-hadar v'yit'aleh v'yit-halal sh'mei d'kudsha, b'rikh hu l'ela (l'ela mi-kol) min kol birkhata v'shirata, tushb'ḥata v'neḥemata da-amiran b'alma, v'imru amen.

Y'hei sh'lama raba min sh'maya v'ḥayim aleinu v'al kol yisrael, v'imru amen.

Oseh shalom bi-m'romav, hu ya'aseh shalom aleinu v'al kol yisrael, v'imru amen.

MINḤAH SERVICE

ASHREI

אַשְׁרֵי יוֹשְׁבֵי בֵיתֶךָ, עוֹד יְהַלְלוּךָ סֶּלָה.
אַשְׁרֵי הָעָם שֶׁכָּכָה לּוֹ, אַשְׁרֵי הָעָם שֶׁיהוה אֱלֹהָיו.
תְּהִלָּה לְדָוִד.

אֲרוֹמִמְךָ אֱלוֹהַי הַמֶּלֶךְ, וַאֲבָרְכָה שִׁמְךָ לְעוֹלָם וָעֶד.
בְּכָל־יוֹם אֲבָרְכֶךָּ, וַאֲהַלְלָה שִׁמְךָ לְעוֹלָם וָעֶד.
גָּדוֹל יהוה וּמְהֻלָּל מְאֹד, וְלִגְדֻלָּתוֹ אֵין חֵקֶר.
דּוֹר לְדוֹר יְשַׁבַּח מַעֲשֶׂיךָ, וּגְבוּרֹתֶיךָ יַגִּידוּ.
הֲדַר כְּבוֹד הוֹדֶךָ, וְדִבְרֵי נִפְלְאֹתֶיךָ אָשִׂיחָה.
וֶעֱזוּז נוֹרְאֹתֶיךָ יֹאמֵרוּ, וּגְדֻלָּתְךָ אֲסַפְּרֶנָּה.
זֵכֶר רַב טוּבְךָ יַבִּיעוּ, וְצִדְקָתְךָ יְרַנֵּנוּ.
חַנּוּן וְרַחוּם יהוה, אֶרֶךְ אַפַּיִם וּגְדָל־חָסֶד.
טוֹב יהוה לַכֹּל, וְרַחֲמָיו עַל כָּל־מַעֲשָׂיו.
יוֹדוּךָ יהוה כָּל־מַעֲשֶׂיךָ, וַחֲסִידֶיךָ יְבָרְכוּכָה.
כְּבוֹד מַלְכוּתְךָ יֹאמֵרוּ, וּגְבוּרָתְךָ יְדַבֵּרוּ.
לְהוֹדִיעַ לִבְנֵי הָאָדָם גְּבוּרֹתָיו, וּכְבוֹד הֲדַר מַלְכוּתוֹ.
מַלְכוּתְךָ מַלְכוּת כָּל־עֹלָמִים, וּמֶמְשַׁלְתְּךָ בְּכָל־דּוֹר וָדֹר.
סוֹמֵךְ יהוה לְכָל־הַנֹּפְלִים, וְזוֹקֵף לְכָל־הַכְּפוּפִים.
עֵינֵי כֹל אֵלֶיךָ יְשַׂבֵּרוּ, וְאַתָּה נוֹתֵן לָהֶם אֶת־אָכְלָם בְּעִתּוֹ.
פּוֹתֵחַ אֶת־יָדֶךָ, וּמַשְׂבִּיעַ לְכָל־חַי רָצוֹן.
צַדִּיק יהוה בְּכָל־דְּרָכָיו, וְחָסִיד בְּכָל־מַעֲשָׂיו.

AFTERNOON SERVICE

ASHREI

What happiness to be in Your house,
to sing Your praise, to belong to Your people.

What happiness to worship God.

A Psalm of David.
My God, my Guide, I will praise You always.
Day after day will I extol You.

God is infinite and awesome,
beyond all praise and all description.

Age after age Your works are praised,
Your power is felt, Your deeds are lauded.

I too am touched by Your glory,
the wonders of Your creation.

Some may speak of You only in awe,
but I speak of You with vast joy.

The very mention of Your goodness yields delight.

God is gracious and kind, patient and very loving,
good to everyone, compassionate to all creatures.

May all Your children be worthy of You.

May all who claim to love You be a blessing,
by honoring Your sovereignty,
by declaring Your power,
by showing the splendor of Godliness.

Your realm is the unbounded cosmos;
Your reign endures throughout eternity.

God upholds all who falter;
He lifts up all the downtrodden.

All eyes must look to You with hope;
satisfy our needs in due time.

Your hand is always ready to fill all life with joy.

You are just in every way, loving in every gesture.

קָרוֹב יהוה לְכָל־קֹרְאָיו, לְכֹל אֲשֶׁר יִקְרָאֻהוּ בֶאֱמֶת.
רְצוֹן יְרֵאָיו יַעֲשֶׂה, וְאֶת־שַׁוְעָתָם יִשְׁמַע וְיוֹשִׁיעֵם.
שׁוֹמֵר יהוה אֶת־כָּל־אֹהֲבָיו, וְאֵת כָּל־הָרְשָׁעִים יַשְׁמִיד.
□ תְּהִלַּת יהוה יְדַבֶּר פִּי,
וִיבָרֵךְ כָּל־בָּשָׂר שֵׁם קָדְשׁוֹ לְעוֹלָם וָעֶד.
וַאֲנַחְנוּ נְבָרֵךְ יָהּ, מֵעַתָּה וְעַד עוֹלָם. הַלְלוּיָהּ.

ḤATZI KADDISH

Reader:

יִתְגַּדַּל וְיִתְקַדַּשׁ שְׁמֵהּ רַבָּא בְּעָלְמָא דִּי בְרָא כִרְעוּתֵהּ, וְיַמְלִיךְ מַלְכוּתֵהּ בְּחַיֵּיכוֹן וּבְיוֹמֵיכוֹן וּבְחַיֵּי דְכָל־בֵּית יִשְׂרָאֵל, בַּעֲגָלָא וּבִזְמַן קָרִיב, וְאִמְרוּ אָמֵן.

Congregation and Reader:

יְהֵא שְׁמֵהּ רַבָּא מְבָרַךְ לְעָלַם וּלְעָלְמֵי עָלְמַיָּא.

Reader:

יִתְבָּרַךְ וְיִשְׁתַּבַּח וְיִתְפָּאַר וְיִתְרוֹמַם וְיִתְנַשֵּׂא, וְיִתְהַדַּר וְיִתְעַלֶּה וְיִתְהַלַּל שְׁמֵהּ דְּקֻדְשָׁא, בְּרִיךְ הוּא לְעֵלָּא (לְעֵלָּא מִכָּל־) מִן כָּל־בִּרְכָתָא וְשִׁירָתָא, תֻּשְׁבְּחָתָא וְנֶחֱמָתָא דַּאֲמִירָן בְּעָלְמָא, וְאִמְרוּ אָמֵן.

On Fast Days, the Torah is read. (Torah and Haftarah Readings are listed on page 871.) For the Torah service, turn to page 138. After the Torah service, Ḥatzi Kaddish (above) is repeated before we continue with the Amidah.

You are near to all who call upon You,
to all who call upon You with integrity.

May God always hear the prayer of the pious,
always answer their pleas, come to their aid.

May God guard every loving soul,
and destroy all wickedness.

May my own lips utter God's praise;
may all people worship God always.

May all of us praise God now and forever.
Halleluyah.

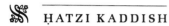 ḤATZI KADDISH

Reader:

Hallowed and enhanced may He be throughout the world of His own
creation. May He cause His sovereignty soon to be accepted, during
our life and the life of all Israel. And let us say: Amen.

Congregation and Reader:

Y'hei sh'mei raba m'varakh l'alam u-l'almei almaya.

May He be praised throughout all time.

Reader:

Glorified and celebrated, lauded and worshiped, acclaimed and
honored, extolled and exalted may the Holy One be, praised beyond
all song and psalm, beyond all tributes which mortals can utter. And
let us say: Amen.

On Fast Days, the Torah is read. (Torah and
Haftarah Readings are listed on page 871.) For
the Torah service, turn to page 139. After the
Torah service, Ḥatzi Kaddish (above) is
repeated before we continue with the Amidah.

כִּי שֵׁם יהוה אֶקְרָא, הָבוּ גֹדֶל לֵאלֹהֵינוּ.
אֲדֹנָי, שְׂפָתַי תִּפְתָּח וּפִי יַגִּיד תְּהִלָּתֶךָ.

בָּרוּךְ אַתָּה יהוה אֱלֹהֵינוּ וֵאלֹהֵי אֲבוֹתֵינוּ, אֱלֹהֵי אַבְרָהָם אֱלֹהֵי יִצְחָק וֵאלֹהֵי יַעֲקֹב, הָאֵל הַגָּדוֹל הַגִּבּוֹר וְהַנּוֹרָא, אֵל עֶלְיוֹן, גּוֹמֵל חֲסָדִים טוֹבִים וְקוֹנֵה הַכֹּל, וְזוֹכֵר חַסְדֵי אָבוֹת וּמֵבִיא גוֹאֵל לִבְנֵי בְנֵיהֶם לְמַעַן שְׁמוֹ בְּאַהֲבָה.

Between Rosh Hashanah and Yom Kippur:

זָכְרֵנוּ לְחַיִּים, מֶלֶךְ חָפֵץ בְּחַיִּים,
וְכָתְבֵנוּ בְּסֵפֶר הַחַיִּים לְמַעַנְךָ אֱלֹהִים חַיִּים.

מֶלֶךְ עוֹזֵר וּמוֹשִׁיעַ וּמָגֵן. בָּרוּךְ אַתָּה יהוה מָגֵן אַבְרָהָם.

אַתָּה גִּבּוֹר לְעוֹלָם אֲדֹנָי, מְחַיֵּה מֵתִים אַתָּה רַב לְהוֹשִׁיעַ.

From Sh'mini Atzeret to Pesaḥ:

מַשִּׁיב הָרוּחַ וּמוֹרִיד הַגָּשֶׁם.

מְכַלְכֵּל חַיִּים בְּחֶסֶד, מְחַיֵּה מֵתִים בְּרַחֲמִים רַבִּים, סוֹמֵךְ נוֹפְלִים וְרוֹפֵא חוֹלִים וּמַתִּיר אֲסוּרִים, וּמְקַיֵּם אֱמוּנָתוֹ לִישֵׁנֵי עָפָר. מִי כָמוֹךָ בַּעַל גְּבוּרוֹת וּמִי דּוֹמֶה לָּךְ, מֶלֶךְ מֵמִית וּמְחַיֶּה וּמַצְמִיחַ יְשׁוּעָה.

Between Rosh Hashanah and Yom Kippur:

מִי כָמוֹךָ אַב הָרַחֲמִים, זוֹכֵר יְצוּרָיו לְחַיִּים בְּרַחֲמִים.

וְנֶאֱמָן אַתָּה לְהַחֲיוֹת מֵתִים. בָּרוּךְ אַתָּה יהוה מְחַיֵּה הַמֵּתִים.

The silent recitation of the Amidah continues with אתה קדוש, *on page 172.*

AMIDAH

When I call upon the Lord, give glory to our God.
Open my mouth, O Lord, and my lips will proclaim Your praise.

Praised are You, Lord our God and God of our ancestors, God of Abraham, of Isaac, and of Jacob, great, mighty, awesome, exalted God who bestows lovingkindness, Creator of all. You remember the pious deeds of our ancestors and will send a redeemer to their children's children because of Your loving nature.

Between Rosh Hashanah and Yom Kippur:

Remember us that we may live, O King who delights in life.
Inscribe us in the Book of life, for Your sake, living God.

You are the King who helps and saves and shields. Praised are You, Lord, Shield of Abraham.

Your might, O Lord, is boundless. You give life to the dead; great is Your saving power.

From Sh'mini Atzeret to Pesaḥ:

You cause the wind to blow and the rain to fall.

Your lovingkindness sustains the living, Your great mercies give life to the dead. You support the falling, heal the ailing, free the fettered. You keep Your faith with those who sleep in dust. Whose power can compare with Yours? You are the master of life and death and deliverance.

Between Rosh Hashanah and Yom Kippur:

Whose mercy can compare with Yours, merciful Father?
In mercy You remember Your creatures with life.

Faithful are You in giving life to the dead. Praised are You, Lord, Master of life and death.

The silent recitation of the Amidah continues with "Holy are You . . ." on page 173.

When the Reader chants the Amidah aloud,
Kedushah is added. The congregation chants
the indented verses aloud.

נְקַדֵּשׁ אֶת־שִׁמְךָ בָּעוֹלָם, כְּשֵׁם שֶׁמַּקְדִּישִׁים אוֹתוֹ בִּשְׁמֵי מָרוֹם,
כַּכָּתוּב עַל יַד נְבִיאֶךָ, וְקָרָא זֶה אֶל זֶה וְאָמַר:

קָדוֹשׁ קָדוֹשׁ קָדוֹשׁ יהוה צְבָאוֹת, מְלֹא כָל־הָאָרֶץ כְּבוֹדוֹ.

לְעֻמָּתָם בָּרוּךְ יֹאמֵרוּ:

בָּרוּךְ כְּבוֹד יהוה מִמְּקוֹמוֹ.

וּבְדִבְרֵי קָדְשְׁךָ כָּתוּב לֵאמֹר:

יִמְלֹךְ יהוה לְעוֹלָם, אֱלֹהַיִךְ צִיּוֹן לְדֹר וָדֹר, הַלְלוּיָהּ.

לְדוֹר וָדוֹר נַגִּיד גָּדְלֶךָ וּלְנֵצַח נְצָחִים קְדֻשָּׁתְךָ נַקְדִּישׁ. וְשִׁבְחֲךָ
אֱלֹהֵינוּ מִפִּינוּ לֹא יָמוּשׁ לְעוֹלָם וָעֶד, כִּי אֵל מֶלֶךְ גָּדוֹל וְקָדוֹשׁ
אָתָּה.

Between Rosh Hashanah and Yom Kippur
substitute these words for the line which follows:

בָּרוּךְ אַתָּה יהוה הַמֶּלֶךְ הַקָּדוֹשׁ.

בָּרוּךְ אַתָּה יהוה הָאֵל הַקָּדוֹשׁ.

Continue with: אתה חונן

KEDUSHAH

When the Reader chants the Amidah aloud, Kedushah is added. The congregation chants the italicized verses aloud.

We proclaim Your holiness on earth as it is proclaimed in heaven above. We sing the words of heavenly voices as recorded in Your prophet's vision:

Kadosh kadosh kadosh Adonai tzeva'ot, m'lo khol ha-aretz k'vodo.
Holy, holy, holy Adonai tzeva'ot, the whole world is filled with His glory.

Heavenly voices respond with praise:

Barukh k'vod Adonai mi-m'komo.
Praised is the glory of the Lord throughout the universe.

And in Your holy psalms it is written:

Yimlokh Adonai l'olam Elohayikh tziyon l'dor va-dor. Halleluyah.
The Lord shall reign through all generations; your God, Zion, shall reign forever. Halleluyah.

We declare Your greatness through all generations, hallow Your holiness to all eternity. Your praise will never leave our lips, for You are God and King, great and holy.

Between Rosh Hashanah and Yom Kippur substitute these words for the line which follows:

Praised are You, Lord, holy King.

Praised are You, Lord, holy God.

Continue with "You graciously endow . . ."

The silent recitation of the Amidah continues here:

אַתָּה קָדוֹשׁ וְשִׁמְךָ קָדוֹשׁ, וּקְדוֹשִׁים בְּכָל־יוֹם יְהַלְלוּךָ סֶּלָה.

Between Rosh Hashanah and Yom Kippur substitute these words for the line which follows:

בָּרוּךְ אַתָּה יהוה הַמֶּלֶךְ הַקָּדוֹשׁ.

בָּרוּךְ אַתָּה יהוה הָאֵל הַקָּדוֹשׁ.

The Reader's chanting of the Amidah continues here:

אַתָּה חוֹנֵן לְאָדָם דַּעַת, וּמְלַמֵּד לֶאֱנוֹשׁ בִּינָה. חָנֵּנוּ מֵאִתְּךָ דֵּעָה בִּינָה וְהַשְׂכֵּל. בָּרוּךְ אַתָּה יהוה חוֹנֵן הַדָּעַת.

הֲשִׁיבֵנוּ אָבִינוּ לְתוֹרָתֶךָ, וְקָרְבֵנוּ מַלְכֵּנוּ לַעֲבוֹדָתֶךָ, וְהַחֲזִירֵנוּ בִּתְשׁוּבָה שְׁלֵמָה לְפָנֶיךָ. בָּרוּךְ אַתָּה יהוה הָרוֹצֶה בִּתְשׁוּבָה.

סְלַח לָנוּ אָבִינוּ כִּי חָטָאנוּ, מְחַל לָנוּ מַלְכֵּנוּ כִּי פָשָׁעְנוּ, כִּי מוֹחֵל וְסוֹלֵחַ אָתָּה. בָּרוּךְ אַתָּה יהוה חַנּוּן הַמַּרְבֶּה לִסְלֹחַ.

רְאֵה נָא בְעָנְיֵנוּ, וְרִיבָה רִיבֵנוּ, וּגְאָלֵנוּ מְהֵרָה לְמַעַן שְׁמֶךָ, כִּי גוֹאֵל חָזָק אָתָּה. בָּרוּךְ אַתָּה יהוה גּוֹאֵל יִשְׂרָאֵל.

Reader, on Fast Day:

עֲנֵנוּ יהוה, עֲנֵנוּ בְּיוֹם צוֹם תַּעֲנִיתֵנוּ, כִּי בְצָרָה גְדוֹלָה אֲנָחְנוּ. אַל תֵּפֶן אֶל רִשְׁעֵנוּ, וְאַל תַּסְתֵּר פָּנֶיךָ מִמֶּנּוּ, וְאַל תִּתְעַלַּם מִתְּחִנָּתֵנוּ. הֱיֵה נָא קָרוֹב לְשַׁוְעָתֵנוּ, יְהִי נָא חַסְדְּךָ לְנַחֲמֵנוּ. טֶרֶם נִקְרָא אֵלֶיךָ עֲנֵנוּ, כַּדָּבָר שֶׁנֶּאֱמַר: וְהָיָה טֶרֶם יִקְרָאוּ וַאֲנִי אֶעֱנֶה, עוֹד הֵם מְדַבְּרִים, וַאֲנִי אֶשְׁמָע. כִּי אַתָּה, יהוה, הָעוֹנֶה בְּעֵת צָרָה, פּוֹדֶה וּמַצִּיל בְּכָל־עֵת צָרָה וְצוּקָה. בָּרוּךְ אַתָּה יהוה הָעוֹנֶה בְּעֵת צָרָה.

The silent recitation of the Amidah continues here:

Holy are You and holy is Your name. Holy are those who praise you daily.

> *Between Rosh Hashanah and Yom Kippur*
> *substitute these words for the line which follows:*
>
> Praised are You, Lord, holy King.

Praised are You, Lord, holy God.

The Reader's chanting of the Amidah continues here:

You graciously endow mortals with intelligence, teaching us wisdom and understanding. Grant us knowledge, discernment, and wisdom. Praised are You, Lord who graciously grants intelligence.

Our Father, bring us back to Your Torah. Our King, draw us near to Your service. Lead us back to You, truly repentant. Praised are You, Lord who welcomes repentance.

Forgive us, our Father, for we have sinned; pardon us, our King, for we have transgressed, for You forgive and pardon. Praised are You, gracious and forgiving Lord.

Behold our affliction and deliver us. Redeem us soon because of Your mercy, for You are the mighty Redeemer. Praised are You, Lord, Redeemer of the people Israel.

> *Reader, on Fast Day:*
>
> Answer us, O Lord, answer us on our Fast Day, for grievous trouble has overtaken us. Consider not our guilt, turn not away from us. Be mindful of our plea and heed our supplication. Your love is our comfort; answer before we call. This is the promise uttered by Your prophet: I shall answer before they have spoken, I shall heed their call before it is uttered. You, O Lord, answer us in time of trouble. You rescue and redeem in time of distress. Praised are You, Lord who answers the afflicted.

רְפָאֵנוּ יהוה וְנֵרָפֵא, הוֹשִׁיעֵנוּ וְנִוָּשֵׁעָה כִּי תְהִלָּתֵנוּ אָתָּה. וְהַעֲלֵה רְפוּאָה שְׁלֵמָה לְכָל־מַכּוֹתֵינוּ.

On behalf of someone ill, you may add:

וִיהִי רָצוֹן מִלְּפָנֶיךָ יהוה אֱלֹהֵינוּ וֵאלֹהֵי אֲבוֹתֵינוּ, שֶׁתִּשְׁלַח מְהֵרָה רְפוּאָה שְׁלֵמָה מִן הַשָּׁמַיִם, רְפוּאַת הַנֶּפֶשׁ וּרְפוּאַת הַגּוּף, לְ______ בֶּן/בַּת ______ בְּתוֹךְ שְׁאָר חוֹלֵי יִשְׂרָאֵל.

כִּי אֵל מֶלֶךְ רוֹפֵא נֶאֱמָן וְרַחֲמָן אָתָּה. בָּרוּךְ אַתָּה יהוה רוֹפֵא חוֹלֵי עַמּוֹ יִשְׂרָאֵל.

בָּרֵךְ עָלֵינוּ יהוה אֱלֹהֵינוּ אֶת־הַשָּׁנָה הַזֹּאת וְאֶת־כָּל־מִינֵי תְבוּאָתָהּ לְטוֹבָה, וְתֵן

Summer (Between Pesaḥ and December fourth): בְּרָכָה

Winter (Between December fifth and Pesaḥ): טַל וּמָטָר לִבְרָכָה

עַל פְּנֵי הָאֲדָמָה, וְשַׂבְּעֵנוּ מִטּוּבָהּ, וּבָרֵךְ שְׁנָתֵנוּ כַּשָּׁנִים הַטּוֹבוֹת. בָּרוּךְ אַתָּה יהוה מְבָרֵךְ הַשָּׁנִים.

תְּקַע בְּשׁוֹפָר גָּדוֹל לְחֵרוּתֵנוּ, וְשָׂא נֵס לְקַבֵּץ גָּלֻיּוֹתֵינוּ, וְקַבְּצֵנוּ יַחַד מֵאַרְבַּע כַּנְפוֹת הָאָרֶץ. בָּרוּךְ אַתָּה יהוה מְקַבֵּץ נִדְחֵי עַמּוֹ יִשְׂרָאֵל.

הָשִׁיבָה שׁוֹפְטֵינוּ כְּבָרִאשׁוֹנָה, וְיוֹעֲצֵינוּ כְּבַתְּחִלָּה, וְהָסֵר מִמֶּנּוּ יָגוֹן וַאֲנָחָה, וּמְלֹךְ עָלֵינוּ אַתָּה יהוה לְבַדְּךָ בְּחֶסֶד וּבְרַחֲמִים, וְצַדְּקֵנוּ בַּמִּשְׁפָּט.

Between Rosh Hashanah and Yom Kippur substitute these words for the line which follows:

בָּרוּךְ אַתָּה יהוה הַמֶּלֶךְ הַמִּשְׁפָּט.

בָּרוּךְ אַתָּה יהוה מֶלֶךְ אוֹהֵב צְדָקָה וּמִשְׁפָּט.

Heal us, O Lord, and we shall be healed. Help us and save us, for You are our glory. Grant perfect healing for all our afflictions.

On behalf of someone ill, you may add:

May it be Your will, Lord our God and God of our ancestors, to send perfect healing, of body and of soul, to _____ along with all others who are stricken.

For You are the faithful and merciful God of healing. Praised are You, Lord, Healer of His people Israel.

Lord our God, make this a blessed year. May its varied produce bring us happiness. Grant

Summer (Between Pesaḥ and December fourth):   blessing

Winter (Between December fifth and Pesaḥ):   dew and rain

upon the earth, satisfy us with its abundance, and bless our year as the best of years. Praised are You, Lord who blesses the years.

Sound the great shofar to herald our freedom, raise high the banner to gather all exiles. Gather the dispersed from the ends of the earth. Praised are You, Lord who gathers our dispersed.

Restore our judges as in days of old, restore our counselors as in former times. Remove from us sorrow and anguish. Reign alone over us with lovingkindness; with justice and mercy sustain our cause.

Between Rosh Hashanah and Yom Kippur
substitute these words for the line which follows:

Praised are You, Lord, King of judgment.

Praised are You, King who loves justice.

וְלַמַּלְשִׁינִים אַל תְּהִי תִקְוָה, וְכָל־הָרִשְׁעָה כְּרֶגַע תֹּאבֵד. וְכָל־אוֹיְבֶיךָ מְהֵרָה יִכָּרֵתוּ, וְהַזֵּדִים מְהֵרָה תְעַקֵּר וּתְשַׁבֵּר וּתְמַגֵּר וְתַכְנִיעַ בִּמְהֵרָה בְיָמֵינוּ. בָּרוּךְ אַתָּה יהוה שׁוֹבֵר אוֹיְבִים וּמַכְנִיעַ זֵדִים.

עַל הַצַּדִּיקִים וְעַל הַחֲסִידִים, וְעַל זִקְנֵי עַמְּךָ בֵּית יִשְׂרָאֵל, וְעַל פְּלֵיטַת סוֹפְרֵיהֶם, וְעַל גֵּרֵי הַצֶּדֶק וְעָלֵינוּ, יֶהֱמוּ נָא רַחֲמֶיךָ יהוה אֱלֹהֵינוּ, וְתֵן שָׂכָר טוֹב לְכֹל הַבֹּטְחִים בְּשִׁמְךָ בֶּאֱמֶת, וְשִׂים חֶלְקֵנוּ עִמָּהֶם לְעוֹלָם, וְלֹא נֵבוֹשׁ כִּי בְךָ בָּטָחְנוּ. בָּרוּךְ אַתָּה יהוה מִשְׁעָן וּמִבְטָח לַצַּדִּיקִים.

וְלִירוּשָׁלַיִם עִירְךָ בְּרַחֲמִים תָּשׁוּב, וְתִשְׁכֹּן בְּתוֹכָהּ כַּאֲשֶׁר דִּבַּרְתָּ, וּבְנֵה אוֹתָהּ בְּקָרוֹב בְּיָמֵינוּ בִּנְיַן עוֹלָם, וְכִסֵּא דָוִד מְהֵרָה לְתוֹכָהּ תָּכִין.

On Tisha B'av, replace the following line with נחם*, below*

בָּרוּךְ אַתָּה יהוה בּוֹנֵה יְרוּשָׁלָיִם.

On Tisha B'av:

נַחֵם, יהוה אֱלֹהֵינוּ, אֶת־אֲבֵלֵי צִיּוֹן וְאֶת־אֲבֵלֵי יְרוּשָׁלָיִם, וְאֶת־הָעִיר שֶׁחֲרֵבָה הָיְתָה, וַאֲבֵלָה מִבְּלִי בָנֶיהָ. עַל עַמְּךָ יִשְׂרָאֵל שֶׁהוּטַל לֶחָרֶב וְעַל בָּנֶיהָ אֲשֶׁר מָסְרוּ נַפְשָׁם עָלֶיהָ, צִיּוֹן בְּמַר תִּבְכֶּה וִירוּשָׁלַיִם תִּתֵּן קוֹלָהּ: לִבִּי לִבִּי עַל חַלְלֵיהֶם, מֵעַי מֵעַי עַל חַלְלֵיהֶם. רַחֵם יהוה אֱלֹהֵינוּ, בְּרַחֲמֶיךָ הָרַבִּים, עָלֵינוּ וְעַל יְרוּשָׁלַיִם עִירְךָ הַנִּבְנֵית מֵחָרְבָּנָהּ וְהַמְיֻשֶּׁבֶת מִשּׁוֹמְמוּתָהּ. יְהִי רָצוֹן מִלְּפָנֶיךָ, מְשַׂמֵּחַ צִיּוֹן בְּבָנֶיהָ, שֶׁיִּשְׂמְחוּ אֶת־יְרוּשָׁלַיִם כָּל־אוֹהֲבֶיהָ וְיָשִׂישׂוּ אִתָּהּ כָּל־הַמִּתְאַבְּלִים עָלֶיהָ, וְיִשְׁמְעוּ בְּעָרֵי יְהוּדָה וּבְחוּצוֹת יְרוּשָׁלַיִם קוֹל שָׂשׂוֹן וְקוֹל שִׂמְחָה, קוֹל חָתָן וְקוֹל כַּלָּה. תֵּן שָׁלוֹם לְעִירְךָ אֲשֶׁר פָּדִיתָ וְהָגֵן עָלֶיהָ, כָּאָמוּר: וַאֲנִי אֶהְיֶה לָּהּ, נְאֻם יהוה, חוֹמַת אֵשׁ סָבִיב וּלְכָבוֹד אֶהְיֶה בְתוֹכָהּ. בָּרוּךְ אַתָּה יהוה מְנַחֵם צִיּוֹן וּבוֹנֵה יְרוּשָׁלָיִם.

אֶת־צֶמַח דָּוִד עַבְדְּךָ מְהֵרָה תַצְמִיחַ, וְקַרְנוֹ תָּרוּם בִּישׁוּעָתֶךָ, כִּי לִישׁוּעָתְךָ קִוִּינוּ כָּל־הַיּוֹם. בָּרוּךְ אַתָּה יהוה מַצְמִיחַ קֶרֶן יְשׁוּעָה.

Frustrate the hopes of all those who malign us; let all evil very soon disappear. Let all Your enemies soon be destroyed. May You quickly uproot and crush the arrogant; may You subdue and humble them in our time. Praised are You, Lord who humbles the arrogant.

Let Your tender mercies be stirred for the righteous, the pious, and the leaders of the House of Israel, devoted scholars and faithful proselytes. Be merciful to us of the House of Israel. Reward all who trust in You, cast our lot with those who are faithful to You. May we never come to despair, for our trust is in You. Praised are You, Lord who sustains the righteous.

Have mercy, Lord, and return to Jerusalem, Your city. May Your Presence dwell there as You have promised. Build it now, in our days and for all time. Reestablish there the majesty of David, Your servant.

On Tisha B'av, replace the following line with
"Comfort . . ." below

Praised are You, Lord who builds Jerusalem.

On Tisha B'av:

Comfort, Lord our God, the mourners of Zion and those who grieve for Jerusalem, the city which once was so desolate in mourning, like a woman bereft of her children. For Your people Israel, smitten by the sword, and for her children who gave their lives for her, Zion cries with bitter tears, Jerusalem voices her anguish: "My heart, my heart goes out for the slain; my entire being mourns for the slain." Have mercy, Lord our God, in Your great compassion for us and for Your city, Jerusalem, rebuilt from destruction and restored from desolation. Lord who causes Zion to rejoice at her children's return, may all who love Jerusalem exult in her, may all who mourn Jerusalem of old rejoice with her now. May they hear in the cities of Judah and in the streets of Jerusalem sounds of joy and gladness, voices of bride and groom. Grant peace to the city which You have redeemed, and protect her, as proclaimed by Your prophet: "'I will surround her,' says the Lord, 'as a wall of fire, and I will be the glory in her midst.'" Praised are You, Lord who comforts Zion and rebuilds Jerusalem.

Bring to flower the shoot of Your servant David. Hasten the advent of Messianic redemption. Each and every day we hope for Your deliverance. Praised are You, Lord who assures our deliverance.

שְׁמַע קוֹלֵנוּ יהוה אֱלֹהֵינוּ, חוּס וְרַחֵם עָלֵינוּ, וְקַבֵּל בְּרַחֲמִים וּבְרָצוֹן אֶת־תְּפִלָּתֵנוּ, כִּי אֵל שׁוֹמֵעַ תְּפִלּוֹת וְתַחֲנוּנִים אָתָּה. וּמִלְּפָנֶיךָ מַלְכֵּנוּ רֵיקָם אַל תְּשִׁיבֵנוּ.

On Fast Days, individuals continue with עננו*, below*

כִּי אַתָּה שׁוֹמֵעַ תְּפִלַּת עַמְּךָ יִשְׂרָאֵל בְּרַחֲמִים. בָּרוּךְ אַתָּה יהוה שׁוֹמֵעַ תְּפִלָּה.

On Fast Days, individuals add:

עֲנֵנוּ יהוה, עֲנֵנוּ בְּיוֹם צוֹם תַּעֲנִיתֵנוּ, כִּי בְצָרָה גְדוֹלָה אֲנָחְנוּ. אַל תֵּפֶן אֶל רִשְׁעֵנוּ, וְאַל תַּסְתֵּר פָּנֶיךָ מִמֶּנּוּ, וְאַל תִּתְעַלַּם מִתְּחִנָּתֵנוּ. הֱיֵה נָא קָרוֹב לְשַׁוְעָתֵנוּ, יְהִי נָא חַסְדְּךָ לְנַחֲמֵנוּ. טֶרֶם נִקְרָא אֵלֶיךָ עֲנֵנוּ, כַּדָּבָר שֶׁנֶּאֱמַר: וְהָיָה טֶרֶם יִקְרָאוּ וַאֲנִי אֶעֱנֶה, עוֹד הֵם מְדַבְּרִים, וַאֲנִי אֶשְׁמָע. כִּי אַתָּה, יהוה, הָעוֹנֶה בְּעֵת צָרָה, פּוֹדֶה וּמַצִּיל בְּכָל־עֵת צָרָה וְצוּקָה. כִּי אַתָּה שׁוֹמֵעַ תְּפִלַּת עַמְּךָ יִשְׂרָאֵל בְּרַחֲמִים. בָּרוּךְ אַתָּה יהוה שׁוֹמֵעַ תְּפִלָּה.

רְצֵה יהוה אֱלֹהֵינוּ בְּעַמְּךָ יִשְׂרָאֵל וּבִתְפִלָּתָם, וְהָשֵׁב אֶת־הָעֲבוֹדָה לִדְבִיר בֵּיתֶךָ, וּתְפִלָּתָם בְּאַהֲבָה תְקַבֵּל בְּרָצוֹן, וּתְהִי לְרָצוֹן תָּמִיד עֲבוֹדַת יִשְׂרָאֵל עַמֶּךָ.

On Rosh Ḥodesh and on Ḥol Ha-mo'ed:

אֱלֹהֵינוּ וֵאלֹהֵי אֲבוֹתֵינוּ, יַעֲלֶה וְיָבֹא וְיַגִּיעַ, וְיֵרָאֶה וְיֵרָצֶה וְיִשָּׁמַע, וְיִפָּקֵד וְיִזָּכֵר זִכְרוֹנֵנוּ וּפִקְדוֹנֵנוּ, וְזִכְרוֹן אֲבוֹתֵינוּ, וְזִכְרוֹן מָשִׁיחַ בֶּן־דָּוִד עַבְדֶּךָ, וְזִכְרוֹן יְרוּשָׁלַיִם עִיר קָדְשֶׁךָ, וְזִכְרוֹן כָּל־עַמְּךָ בֵּית יִשְׂרָאֵל לְפָנֶיךָ, לִפְלֵיטָה לְטוֹבָה, לְחֵן וּלְחֶסֶד וּלְרַחֲמִים, לְחַיִּים וּלְשָׁלוֹם בְּיוֹם

Rosh Ḥodesh: רֹאשׁ הַחֹדֶשׁ

Pesaḥ: חַג הַמַּצּוֹת　　*Sukkot:* חַג הַסֻּכּוֹת

הַזֶּה. זָכְרֵנוּ יהוה אֱלֹהֵינוּ בּוֹ לְטוֹבָה, וּפָקְדֵנוּ בוֹ לִבְרָכָה, וְהוֹשִׁיעֵנוּ בוֹ לְחַיִּים. וּבִדְבַר יְשׁוּעָה וְרַחֲמִים חוּס וְחָנֵּנוּ וְרַחֵם עָלֵינוּ וְהוֹשִׁיעֵנוּ כִּי אֵלֶיךָ עֵינֵינוּ, כִּי אֵל מֶלֶךְ חַנּוּן וְרַחוּם אָתָּה.

וְתֶחֱזֶינָה עֵינֵינוּ בְּשׁוּבְךָ לְצִיּוֹן בְּרַחֲמִים.
בָּרוּךְ אַתָּה יהוה הַמַּחֲזִיר שְׁכִינָתוֹ לְצִיּוֹן.

Lord our God, hear our voice. Have compassion upon us, pity us, accept our prayer with loving favor. You listen to entreaty and prayer. Do not turn us away unanswered, our King.

On Fast Days, individuals continue with
"Answer us . . ." below

For You mercifully heed Your people's supplication. Praised are You, Lord who hears prayer.

On Fast Days, individuals add:

Answer us, Lord, answer us on our Fast Day, for grievous trouble has overtaken us. Consider not our guilt, turn not away from us. Be mindful of our plea and heed our supplication. Your love is our comfort; answer before we call. This is the promise uttered by Your prophet: "I shall answer before they have spoken, I shall heed their call before it is uttered." You, O Lord, answer us in time of trouble; You rescue and redeem in time of distress. You mercifully heed Your people's supplication. Praised are You, Lord who hears prayer.

Accept the prayer of Your people Israel as lovingly as it is offered. Restore worship to Your sanctuary. May the worship of Your people Israel always be acceptable to You.

On Rosh Ḥodesh and on Ḥol Ha-mo'ed:

Our God and God of our ancestors, on this day of

Rosh Ḥodesh   Pesaḥ   Sukkot

remember our ancestors and be gracious to us. Consider the people Israel standing before You praying for the days of Messiah and for Jerusalem, Your holy city. Grant us life, well-being, lovingkindness, and peace. Bless us, Lord our God, with all that is good. Remember Your promise of mercy and redemption. Be merciful to us and save us, for we place our hope in You, gracious and merciful God and King.

May we witness Your merciful return to Zion. Praised are You, Lord who restores His Presence to Zion.

When the Reader chants the Amidah, the
congregation recites this passage silently
while the Reader continues with the next passage.

מוֹדִים אֲנַחְנוּ לָךְ שָׁאַתָּה הוּא יהוה אֱלֹהֵינוּ וֵאלֹהֵי אֲבוֹתֵינוּ, אֱלֹהֵי
כָל־בָּשָׂר, יוֹצְרֵנוּ יוֹצֵר בְּרֵאשִׁית. בְּרָכוֹת וְהוֹדָאוֹת לְשִׁמְךָ הַגָּדוֹל
וְהַקָּדוֹשׁ עַל שֶׁהֶחֱיִיתָנוּ וְקִיַּמְתָּנוּ. כֵּן תְּחַיֵּנוּ וּתְקַיְּמֵנוּ וְתֶאֱסוֹף
גָּלֻיּוֹתֵינוּ לְחַצְרוֹת קָדְשֶׁךָ לִשְׁמוֹר חֻקֶּיךָ וְלַעֲשׂוֹת רְצוֹנֶךָ וּלְעָבְדְּךָ
בְּלֵבָב שָׁלֵם, עַל שֶׁאֲנַחְנוּ מוֹדִים לָךְ. בָּרוּךְ אֵל הַהוֹדָאוֹת.

מוֹדִים אֲנַחְנוּ לָךְ שָׁאַתָּה הוּא יהוה אֱלֹהֵינוּ וֵאלֹהֵי אֲבוֹתֵינוּ
לְעוֹלָם וָעֶד, צוּר חַיֵּינוּ מָגֵן יִשְׁעֵנוּ אַתָּה הוּא לְדוֹר וָדוֹר.
נוֹדֶה לְּךָ וּנְסַפֵּר תְּהִלָּתֶךָ, עַל חַיֵּינוּ הַמְּסוּרִים בְּיָדֶךָ וְעַל
נִשְׁמוֹתֵינוּ הַפְּקוּדוֹת לָךְ וְעַל נִסֶּיךָ שֶׁבְּכָל־יוֹם עִמָּנוּ וְעַל
נִפְלְאוֹתֶיךָ וְטוֹבוֹתֶיךָ שֶׁבְּכָל־עֵת, עֶרֶב וָבֹקֶר וְצָהֳרָיִם. הַטּוֹב
כִּי לֹא כָלוּ רַחֲמֶיךָ, וְהַמְרַחֵם כִּי לֹא תַמּוּ חֲסָדֶיךָ, מֵעוֹלָם
קִוִּינוּ לָךְ.

On Ḥanukkah:

עַל הַנִּסִּים וְעַל הַפֻּרְקָן, וְעַל הַגְּבוּרוֹת, וְעַל הַתְּשׁוּעוֹת, וְעַל
הַמִּלְחָמוֹת שֶׁעָשִׂיתָ לַאֲבוֹתֵינוּ בַּיָּמִים הָהֵם וּבַזְּמַן הַזֶּה.

בִּימֵי מַתִּתְיָהוּ בֶּן־יוֹחָנָן כֹּהֵן גָּדוֹל, חַשְׁמוֹנַי וּבָנָיו, כְּשֶׁעָמְדָה מַלְכוּת
יָוָן הָרְשָׁעָה עַל עַמְּךָ יִשְׂרָאֵל לְהַשְׁכִּיחָם תּוֹרָתֶךָ וּלְהַעֲבִירָם מֵחֻקֵּי
רְצוֹנֶךָ, וְאַתָּה בְּרַחֲמֶיךָ הָרַבִּים עָמַדְתָּ לָהֶם בְּעֵת צָרָתָם, רַבְתָּ אֶת־
רִיבָם, דַּנְתָּ אֶת־דִּינָם, נָקַמְתָּ אֶת־נִקְמָתָם, מָסַרְתָּ גִבּוֹרִים בְּיַד
חַלָּשִׁים, וְרַבִּים בְּיַד מְעַטִּים, וּטְמֵאִים בְּיַד טְהוֹרִים, וּרְשָׁעִים בְּיַד
צַדִּיקִים, וְזֵדִים בְּיַד עוֹסְקֵי תוֹרָתֶךָ. וּלְךָ עָשִׂיתָ שֵׁם גָּדוֹל וְקָדוֹשׁ
בְּעוֹלָמֶךָ, וּלְעַמְּךָ יִשְׂרָאֵל עָשִׂיתָ תְּשׁוּעָה גְדוֹלָה וּפֻרְקָן כְּהַיּוֹם הַזֶּה.
וְאַחַר כֵּן בָּאוּ בָנֶיךָ לִדְבִיר בֵּיתֶךָ וּפִנּוּ אֶת־הֵיכָלֶךָ, וְטִהֲרוּ אֶת־
מִקְדָּשֶׁךָ, וְהִדְלִיקוּ נֵרוֹת בְּחַצְרוֹת קָדְשֶׁךָ, וְקָבְעוּ שְׁמוֹנַת יְמֵי חֲנֻכָּה
אֵלּוּ לְהוֹדוֹת וּלְהַלֵּל לְשִׁמְךָ הַגָּדוֹל.

When the Reader chants the Amidah, the
congregation recites this passage silently
while the Reader continues with the next passage.

We proclaim that You are the Lord our God and God of our ancestors, Creator of all who created us, God of all flesh. We praise You and thank You for granting us life and for sustaining us. May You continue to grant us life and sustenance. Gather our dispersed to Your holy place, to fulfill Your mitzvot and to serve You wholeheartedly, doing Your will. For this we shall thank You. Praised be God to whom thanksgiving is due.

We proclaim that You are the Lord our God and God of our ancestors throughout all time. You are the Rock of our lives, the Shield of our salvation in every generation. We thank You and praise You morning, noon, and night for Your miracles which daily attend us and for Your wondrous kindnesses. Our lives are in Your hand; our souls are in Your charge. You are good, with everlasting mercy; You are compassionate, with enduring lovingkindness. We have always placed our hope in You.

On Ḥanukkah:

We thank You for the heroism, for the triumphs, and for the miraculous deliverance of our ancestors in other days, and in our time.

In the days of Mattathias son of Yoḥanan, the Hasmonean *kohen gadol*, and in the days of his sons, a cruel power rose against Israel, demanding that they abandon Your Torah and violate Your mitzvot. You, in great mercy, stood by Your people in time of trouble. You defended them, vindicated them, and avenged their wrongs. You delivered the strong into the hands of the weak, the many into the hands of the few, the corrupt into the hands of the pure in heart, the guilty into the hands of the innocent. You delivered the arrogant into the hands of those who were faithful to Your Torah. You have wrought great victories and miraculous deliverance for Your people Israel to this day, revealing Your glory and Your holiness to all the world. Then Your children came into Your shrine, cleansed Your Temple, purified Your sanctuary, and kindled lights in Your sacred courts. They set aside these eight days as a season for giving thanks and reciting praises to You.

On Purim:

עַל הַנִּסִּים וְעַל הַפֻּרְקָן, וְעַל הַגְּבוּרוֹת, וְעַל הַתְּשׁוּעוֹת, וְעַל הַמִּלְחָמוֹת שֶׁעָשִׂיתָ לַאֲבוֹתֵינוּ בַּיָּמִים הָהֵם וּבַזְּמַן הַזֶּה.

בִּימֵי מָרְדְּכַי וְאֶסְתֵּר בְּשׁוּשַׁן הַבִּירָה, כְּשֶׁעָמַד עֲלֵיהֶם הָמָן הָרָשָׁע, בִּקֵּשׁ לְהַשְׁמִיד לַהֲרוֹג וּלְאַבֵּד אֶת־כָּל־הַיְּהוּדִים, מִנַּעַר וְעַד זָקֵן, טַף וְנָשִׁים, בְּיוֹם אֶחָד, בִּשְׁלוֹשָׁה עָשָׂר לְחֹדֶשׁ שְׁנֵים־עָשָׂר, הוּא חֹדֶשׁ אֲדָר, וּשְׁלָלָם לָבוֹז. וְאַתָּה בְּרַחֲמֶיךָ הָרַבִּים הֵפַרְתָּ אֶת־עֲצָתוֹ, וְקִלְקַלְתָּ אֶת־מַחֲשַׁבְתּוֹ, וַהֲשֵׁבוֹתָ גְּמוּלוֹ בְּרֹאשׁוֹ, וְתָלוּ אוֹתוֹ וְאֶת־בָּנָיו עַל הָעֵץ.

On Israel's Independence Day:

עַל הַנִּסִּים וְעַל הַפֻּרְקָן, וְעַל הַגְּבוּרוֹת, וְעַל הַתְּשׁוּעוֹת, וְעַל הַמִּלְחָמוֹת שֶׁעָשִׂיתָ לַאֲבוֹתֵינוּ בַּיָּמִים הָהֵם וּבַזְּמַן הַזֶּה.

בִּימֵי שִׁיבַת בָּנִים לִגְבוּלָם, בְּעֵת תְּקוּמַת עַם בְּאַרְצוֹ כִּימֵי קֶדֶם, נִסְגְּרוּ שַׁעֲרֵי אֶרֶץ אָבוֹת בִּפְנֵי אַחֵינוּ פְּלִיטֵי חֶרֶב, וְאוֹיְבִים בָּאָרֶץ וְשִׁבְעָה עֲמָמִים בַּעֲלֵי בְרִיתָם קָמוּ לְהַכְרִית עַמְּךָ יִשְׂרָאֵל, וְאַתָּה בְּרַחֲמֶיךָ הָרַבִּים עָמַדְתָּ לָהֶם בְּעֵת צָרָתָם, רַבְתָּ אֶת־רִיבָם, דַּנְתָּ אֶת־דִּינָם, חִזַּקְתָּ אֶת־לִבָּם לַעֲמוֹד בַּשַּׁעַר, וְלִפְתֹּחַ שְׁעָרִים לַנִּרְדָּפִים וּלְגָרֵשׁ אֶת־צִבְאוֹת הָאוֹיֵב מִן הָאָרֶץ. מָסַרְתָּ רַבִּים בְּיַד מְעַטִּים, וּרְשָׁעִים בְּיַד צַדִּיקִים, וּלְךָ עָשִׂיתָ שֵׁם גָּדוֹל וְקָדוֹשׁ בְּעוֹלָמֶךָ, וּלְעַמְּךָ יִשְׂרָאֵל עָשִׂיתָ תְּשׁוּעָה גְדוֹלָה וּפֻרְקָן כְּהַיּוֹם הַזֶּה.

וְעַל כֻּלָּם יִתְבָּרַךְ וְיִתְרוֹמַם שִׁמְךָ מַלְכֵּנוּ תָּמִיד לְעוֹלָם וָעֶד.

Between Rosh Hashanah and Yom Kippur:

וּכְתֹב לְחַיִּים טוֹבִים כָּל־בְּנֵי בְרִיתֶךָ.

וְכֹל הַחַיִּים יוֹדוּךָ סֶּלָה, וִיהַלְלוּ אֶת־שִׁמְךָ בֶּאֱמֶת, הָאֵל יְשׁוּעָתֵנוּ וְעֶזְרָתֵנוּ סֶלָה. בָּרוּךְ אַתָּה יהוה הַטּוֹב שִׁמְךָ וּלְךָ נָאֶה לְהוֹדוֹת.

On Purim:

We thank You for the heroism, for the triumphs, and for the miraculous deliverance of our ancestors in other days, and in our time.

In the days of Mordecai and Esther, in Shushan, the capital of Persia, the wicked Haman rose up against all Jews and plotted their destruction. In a single day, the thirteenth of Adar, the twelfth month of the year, Haman planned to annihilate all Jews, young and old, and to permit the plunder of their property. You, in great mercy, thwarted his designs, frustrated his plot, and visited upon him the evil he planned to bring on others. Haman, together with his sons, suffered death on the gallows he had made for Mordecai.

On Israel's Independence Day:

We thank You for the heroism, for the triumphs, and for the miraculous deliverance of our ancestors in other days, and in our time.

In the days when Your children were returning to their borders, at the time of a people revived in its land as in days of old, the gates to the land of our ancestors were closed before those who were fleeing the sword. When enemies from within the land together with seven neighboring nations sought to annihilate Your people, You, in Your great mercy, stood by them in time of trouble. You defended them and vindicated them. You gave them the courage to meet their foes, to open the gates to those seeking refuge, and to free the land of its armed invaders. You delivered the many into the hands of the few, the guilty into the hands of the innocent. You have wrought great victories and miraculous deliverance for Your people Israel to this day, revealing Your glory and Your holiness to all the world.

For all these blessings we shall ever praise and exalt You.

Between Rosh Hashanah and Yom Kippur:

Inscribe all the people of Your covenant for a good life.

May every living creature thank You and praise You faithfully, our deliverance and our help. Praised are You, beneficent Lord to whom all praise is due.

On Fast Days, Reader adds:

אֱלֹהֵינוּ וֵאלֹהֵי אֲבוֹתֵינוּ, בָּרְכֵנוּ בַּבְּרָכָה הַמְשֻׁלֶּשֶׁת, בַּתּוֹרָה הַכְּתוּבָה עַל יְדֵי מֹשֶׁה עַבְדֶּךָ, הָאֲמוּרָה מִפִּי אַהֲרֹן וּבָנָיו, כֹּהֲנִים, עַם קְדוֹשֶׁךָ, כָּאָמוּר: יְבָרֶכְךָ יהוה וְיִשְׁמְרֶךָ. יָאֵר יהוה פָּנָיו אֵלֶיךָ וִיחֻנֶּךָּ. יִשָּׂא יהוה פָּנָיו אֵלֶיךָ וְיָשֵׂם לְךָ שָׁלוֹם.

Continue with שים שלום*, below*

שָׁלוֹם רָב עַל יִשְׂרָאֵל עַמְּךָ וְעַל כָּל־יוֹשְׁבֵי תֵבֵל תָּשִׂים לְעוֹלָם, כִּי אַתָּה הוּא מֶלֶךְ אָדוֹן לְכָל־הַשָּׁלוֹם. וְטוֹב בְּעֵינֶיךָ לְבָרֵךְ אֶת־עַמְּךָ יִשְׂרָאֵל בְּכָל־עֵת וּבְכָל־שָׁעָה בִּשְׁלוֹמֶךָ.

On Fast Days:

שִׂים שָׁלוֹם בָּעוֹלָם, טוֹבָה וּבְרָכָה, חֵן וָחֶסֶד וְרַחֲמִים עָלֵינוּ וְעַל כָּל־יִשְׂרָאֵל עַמֶּךָ. בָּרְכֵנוּ אָבִינוּ כֻּלָּנוּ כְּאֶחָד בְּאוֹר פָּנֶיךָ, כִּי בְאוֹר פָּנֶיךָ נָתַתָּ לָּנוּ, יהוה אֱלֹהֵינוּ, תּוֹרַת חַיִּים וְאַהֲבַת חֶסֶד, וּצְדָקָה וּבְרָכָה וְרַחֲמִים וְחַיִּים וְשָׁלוֹם. וְטוֹב בְּעֵינֶיךָ לְבָרֵךְ אֶת־עַמְּךָ יִשְׂרָאֵל בְּכָל־עֵת וּבְכָל־שָׁעָה בִּשְׁלוֹמֶךָ.

Between Rosh Hashanah and Yom Kippur substitute these words for the line which follows:

בְּסֵפֶר חַיִּים בְּרָכָה וְשָׁלוֹם, וּפַרְנָסָה טוֹבָה, נִזָּכֵר וְנִכָּתֵב לְפָנֶיךָ, אֲנַחְנוּ וְכָל־עַמְּךָ בֵּית יִשְׂרָאֵל, לְחַיִּים טוֹבִים וּלְשָׁלוֹם. בָּרוּךְ אַתָּה יהוה עֹשֵׂה הַשָּׁלוֹם.

בָּרוּךְ אַתָּה יהוה הַמְבָרֵךְ אֶת־עַמּוֹ יִשְׂרָאֵל בַּשָּׁלוֹם.

The Reader's chanting of the Amidah ends here

At the conclusion of the Amidah, personal prayers may be added

אֱלֹהַי, נְצֹר לְשׁוֹנִי מֵרָע וּשְׂפָתַי מִדַּבֵּר מִרְמָה, וְלִמְקַלְלַי נַפְשִׁי תִדֹּם, וְנַפְשִׁי כֶּעָפָר לַכֹּל תִּהְיֶה. פְּתַח לִבִּי בְּתוֹרָתֶךָ וּבְמִצְוֹתֶיךָ תִּרְדֹּף נַפְשִׁי. וְכֹל הַחוֹשְׁבִים עָלַי רָעָה, מְהֵרָה הָפֵר עֲצָתָם וְקַלְקֵל מַחֲשַׁבְתָּם. עֲשֵׂה לְמַעַן שְׁמֶךָ, עֲשֵׂה לְמַעַן יְמִינֶךָ, עֲשֵׂה

On Fast Days, Reader adds:

Bless us, our God and God of our ancestors, with the threefold blessing written in the Torah by Moses, Your servant, pronounced by Aaron and by his descendants, *kohanim*, Your holy people: May the Lord bless you and guard you. May the Lord show you favor and be gracious to You. May the Lord show you kindness and grant you peace.

Continue with "Grant peace . . ." below

Grant true and lasting peace to Your people Israel and to all who dwell on earth, for You are the supreme Sovereign of peace. May it please You to bless Your people Israel in every season and at all times with Your gift of peace.

On Fast Days:

Grant peace, happiness, and blessing to the world, with grace, love, and mercy for us and for all the people Israel. Bless us, our Father, one and all, with Your light; for by that light did You teach us Torah and life, love and tenderness, justice, mercy, and peace. May it please You to bless Your people Israel in every season and at all times with Your gift of peace.

Between Rosh Hashanah and Yom Kippur substitute these words for the line which follows:

May we and the entire House of Israel be remembered and recorded in the Book of life, blessing, sustenance, and peace. Praised are You, Lord, Source of peace.

Praised are You, Lord who blesses His people Israel with peace.

The Reader's chanting of the Amidah ends here

At the conclusion of the Amidah, personal prayers may be added

My God, keep my tongue from evil, my lips from lies. Help me ignore those who slander me. Let me be humble before all. Open my heart to Your Torah, so that I may pursue Your mitzvot. Frustrate the designs of those who plot evil against me. Make nothing of their schemes. Do so because of Your compassion, Your power, Your holiness, and Your Torah. Answer my prayer for the deliverance of Your people. May

לְמַעַן קְדֻשָּׁתֶךָ, עֲשֵׂה לְמַעַן תּוֹרָתֶךָ, לְמַעַן יֵחָלְצוּן יְדִידֶיךָ, הוֹשִׁיעָה יְמִינְךָ וַעֲנֵנִי. יִהְיוּ לְרָצוֹן אִמְרֵי־פִי וְהֶגְיוֹן לִבִּי לְפָנֶיךָ, יהוה צוּרִי וְגֹאֲלִי. עֹשֶׂה שָׁלוֹם בִּמְרוֹמָיו, הוּא יַעֲשֶׂה שָׁלוֹם עָלֵינוּ וְעַל כָּל־יִשְׂרָאֵל, וְאִמְרוּ אָמֵן.

An alternative:

יְהִי רָצוֹן מִלְּפָנֶיךָ, יהוה אֱלֹהַי וֵאלֹהֵי אֲבוֹתַי, שֶׁיִּכְבְּשׁוּ רַחֲמֶיךָ אֶת־כַּעַסְךָ וְשֶׁתִּפְנֶה אֵלֵינוּ בְּמִדַּת חֶסֶד. רַחֵם עָלַי וְעַל כָּל־נַפְשׁוֹת בֵּיתִי, וְהָגֵן עָלֵינוּ מִכָּל־אַכְזְרִיּוּת. דֶּרֶךְ שֶׁקֶר הָסֵר מִמֶּנִּי, וְהַעֲבֵר עֵינַי מֵרְאוֹת שָׁוְא. נְחֵנִי בְּאֹרַח מִישׁוֹר, גַּל עֵינַי וְאַבִּיטָה נִפְלָאוֹת מִתּוֹרָתֶךָ. אַל תַּצְרִיכֵנִי לִידֵי מַתְּנַת בָּשָׂר וָדָם, וְעַד זִקְנָה וְשֵׂיבָה אַל תַּעַזְבֵנִי. תַּשְׂכִּילֵנִי שֵׂכֶל טוֹב מִלְּפָנֶיךָ לְמַעַן אַשְׂכִּיל בְּכָל־אֲשֶׁר אֶעֱשֶׂה, וְאֶמְצָא חֵן וְחֶסֶד וְרַחֲמִים בְּעֵינֶיךָ וּבְעֵינֵי כָל־רוֹאָי. יִהְיוּ לְרָצוֹן אִמְרֵי פִי וְהֶגְיוֹן לִבִּי לְפָנֶיךָ יהוה צוּרִי וְגֹאֲלִי.

the words of my mouth and the meditations of my heart be acceptable to You, my Rock and my Redeemer. He who brings peace to His universe will bring peace to us and to all the people Israel. Amen.

An alternative:

May it be Your will, Lord my God and God of my ancestors, that Your compassion overwhelm Your demand for strict justice; turn to us with Your lovingkindness. Have compassion for me and for my entire family; shield us from all cruelty. Put false ways far from me, turn me away from visions that lead to futility. Lead me on a proper path, open my eyes to the wonders which come from Your Torah. May I not be dependent upon the gifts of others; forsake me not as I grow older. Bless me with a wisdom that will be reflected in all that I do. May kindness, compassion, and love be my lot, from You and from all who know me. May the words of my mouth and the meditations of my heart be acceptable to You, Lord, my Rock and my Redeemer.

Recited between Rosh Hashanah and Yom Kippur and on Fast Days

OUR FATHER, OUR KING

We rise as the Ark is opened

אָבִֽינוּ מַלְכֵּֽנוּ, חָטָֽאנוּ לְפָנֶֽיךָ.

אָבִֽינוּ מַלְכֵּֽנוּ, אֵין לָֽנוּ מֶֽלֶךְ אֶלָּא אָֽתָּה.

אָבִֽינוּ מַלְכֵּֽנוּ, עֲשֵׂה עִמָּֽנוּ לְמַֽעַן שְׁמֶֽךָ.

אָבִֽינוּ מַלְכֵּֽנוּ, בַּטֵּל מֵעָלֵֽינוּ כָּל־גְּזֵרוֹת קָשׁוֹת.

אָבִֽינוּ מַלְכֵּֽנוּ, בַּטֵּל מַחְשְׁבוֹת שׂוֹנְאֵֽינוּ.

אָבִֽינוּ מַלְכֵּֽנוּ, הָפֵר עֲצַת אוֹיְבֵֽינוּ.

אָבִֽינוּ מַלְכֵּֽנוּ, כַּלֵּה כָּל־צַר וּמַשְׂטִין מֵעָלֵֽינוּ.

אָבִֽינוּ מַלְכֵּֽנוּ, כַּלֵּה דֶּֽבֶר וְחֶֽרֶב וְרָעָב, וּשְׁבִי וּמַשְׁחִית וְעָוֺן וּשְׁמַד מִבְּנֵי בְרִיתֶֽךָ.

אָבִֽינוּ מַלְכֵּֽנוּ, סְלַח וּמְחַל לְכָל־עֲוֺנוֹתֵֽינוּ.

אָבִֽינוּ מַלְכֵּֽנוּ, מְחֵה וְהַעֲבֵר פְּשָׁעֵֽינוּ וְחַטֹּאתֵֽינוּ מִנֶּֽגֶד עֵינֶֽיךָ.

אָבִֽינוּ מַלְכֵּֽנוּ, הַחֲזִירֵֽנוּ בִּתְשׁוּבָה שְׁלֵמָה לְפָנֶֽיךָ.

אָבִֽינוּ מַלְכֵּֽנוּ, שְׁלַח רְפוּאָה שְׁלֵמָה לְחוֹלֵי עַמֶּֽךָ.

אָבִֽינוּ מַלְכֵּֽנוּ, זָכְרֵֽנוּ בְּזִכָּרוֹן טוֹב לְפָנֶֽיךָ.

Between Rosh Hashanah and Yom Kippur:

אָבִֽינוּ מַלְכֵּֽנוּ, כָּתְבֵֽנוּ בְּסֵֽפֶר חַיִּים טוֹבִים.

אָבִֽינוּ מַלְכֵּֽנוּ, כָּתְבֵֽנוּ בְּסֵֽפֶר גְּאֻלָּה וִישׁוּעָה.

אָבִֽינוּ מַלְכֵּֽנוּ, כָּתְבֵֽנוּ בְּסֵֽפֶר פַּרְנָסָה וְכַלְכָּלָה.

אָבִֽינוּ מַלְכֵּֽנוּ, כָּתְבֵֽנוּ בְּסֵֽפֶר זְכֻיּוֹת.

אָבִֽינוּ מַלְכֵּֽנוּ, כָּתְבֵֽנוּ בְּסֵֽפֶר סְלִיחָה וּמְחִילָה.

אָבִֽינוּ מַלְכֵּֽנוּ, חַדֵּשׁ עָלֵֽינוּ שָׁנָה טוֹבָה.

✣ AVINU MALKENU

*Recited between Rosh Hashanah and Yom
Kippur and on Fast Days*

OUR FATHER, OUR KING

We rise as the Ark is opened

Avinu malkenu, we have sinned against You.
Avinu malkenu, we have no King but You.
Avinu malkenu, help us because of Your merciful nature.

Avinu malkenu, annul all evil decrees against us.
Avinu malkenu, annul the plots of our enemies.
Avinu malkenu, frustrate the designs of our foes.
Avinu malkenu, rid us of tyrants.
Avinu malkenu, rid us of pestilence, sword, famine, captivity, sin,
and destruction.

Avinu malkenu, forgive and pardon all our sins.
Avinu malkenu, ignore the record of our transgressions.
Avinu malkenu, help us return to You fully repentant.
Avinu malkenu, send complete healing to the sick.
Avinu malkenu, remember us with favor.

Between Rosh Hashanah and Yom Kippur:

Avinu malkenu, inscribe us in the Book of happiness.
Avinu malkenu, inscribe us in the Book of deliverance.
Avinu malkenu, inscribe us in the Book of prosperity.
Avinu malkenu, inscribe us in the Book of merit.
Avinu malkenu, inscribe us in the Book of forgiveness.
Avinu malkenu, renew our lives with a blessed year.

On Fast Days:

אָבִינוּ מַלְכֵּנוּ, זָכְרֵנוּ לְחַיִּים טוֹבִים.
אָבִינוּ מַלְכֵּנוּ, זָכְרֵנוּ לִגְאֻלָּה וִישׁוּעָה.
אָבִינוּ מַלְכֵּנוּ, זָכְרֵנוּ לְפַרְנָסָה וְכַלְכָּלָה.
אָבִינוּ מַלְכֵּנוּ, זָכְרֵנוּ לִזְכֻיּוֹת.
אָבִינוּ מַלְכֵּנוּ, זָכְרֵנוּ לִסְלִיחָה וּמְחִילָה.
אָבִינוּ מַלְכֵּנוּ, בָּרֵךְ עָלֵינוּ שָׁנָה טוֹבָה.

אָבִינוּ מַלְכֵּנוּ, הַצְמַח לָנוּ יְשׁוּעָה בְּקָרוֹב.
אָבִינוּ מַלְכֵּנוּ, הָרֵם קֶרֶן יִשְׂרָאֵל עַמֶּךָ.
אָבִינוּ מַלְכֵּנוּ, שְׁמַע קוֹלֵנוּ, חוּס וְרַחֵם עָלֵינוּ.
אָבִינוּ מַלְכֵּנוּ, קַבֵּל בְּרַחֲמִים וּבְרָצוֹן אֶת־תְּפִלָּתֵנוּ.
אָבִינוּ מַלְכֵּנוּ, נָא אַל תְּשִׁיבֵנוּ רֵיקָם מִלְּפָנֶיךָ.
אָבִינוּ מַלְכֵּנוּ, זְכֹר כִּי עָפָר אֲנָחְנוּ.
אָבִינוּ מַלְכֵּנוּ, חֲמֹל עָלֵינוּ וְעַל עוֹלָלֵינוּ וְטַפֵּנוּ.

אָבִינוּ מַלְכֵּנוּ, עֲשֵׂה לְמַעַן הֲרוּגִים עַל שֵׁם קָדְשֶׁךָ.
אָבִינוּ מַלְכֵּנוּ, עֲשֵׂה לְמַעַן טְבוּחִים עַל יִחוּדֶךָ.
אָבִינוּ מַלְכֵּנוּ, עֲשֵׂה לְמַעַן בָּאֵי בָאֵשׁ וּבַמַּיִם עַל קִדּוּשׁ שְׁמֶךָ.
אָבִינוּ מַלְכֵּנוּ, עֲשֵׂה לְמַעַנְךָ אִם לֹא לְמַעֲנֵנוּ.

□ אָבִינוּ מַלְכֵּנוּ, חָנֵּנוּ וַעֲנֵנוּ, כִּי אֵין בָּנוּ מַעֲשִׂים,
עֲשֵׂה עִמָּנוּ צְדָקָה וָחֶסֶד וְהוֹשִׁיעֵנוּ.

The Ark is closed, and we are seated

On Fast Days:

Avinu malkenu, remember us with happiness.
Avinu malkenu, remember us with deliverance.
Avinu malkenu, remember us with prosperity.
Avinu malkenu, remember us with merit.
Avinu malkenu, remember us with forgiveness.
Avinu malkenu, bless us with a good year.

Avinu malkenu, hasten our deliverance.

Avinu malkenu, exalt Your people Israel.

Avinu malkenu, hear us; show us mercy and compassion.

Avinu malkenu, accept our prayer with favor and mercy.

Avinu malkenu, do not turn us away unanswered.

Avinu malkenu, remember that we are dust.

Avinu malkenu, have pity for us and for our children.

Avinu malkenu, act for those slain for Your holy name.

Avinu malkenu, act for those slaughtered for proclaiming Your unique holiness.

Avinu malkenu, act for those who went through fire and water to sanctify You.

Avinu malkenu, act for Your sake if not for ours.

Avinu malkenu, answer us though we have no deeds to plead our cause; save us with mercy and lovingkindness.

Avinu malkenu, ḥonenu va-anenu, ki ein banu ma'asim.
Aseh imanu tzedakah va-ḥesed vehoshi'enu.

The Ark is closed, and we are seated

TAḤANUN

For a list of days when Taḥanun is not said, see page 128. In addition, Taḥanun is not said at Minḥah on afternoons preceding those days.

וַיֹּאמֶר דָּוִד אֶל גָּד: צַר לִי מְאֹד, נִפְּלָה נָּא בְיַד יהוה, כִּי רַבִּים רַחֲמָיו, וּבְיַד אָדָם אַל אֶפֹּלָה.

רַחוּם וְחַנּוּן, חָטָאתִי לְפָנֶיךָ,
יהוה מָלֵא רַחֲמִים, רַחֵם עָלַי וְקַבֵּל תַּחֲנוּנָי.

יהוה, אַל בְּאַפְּךָ תוֹכִיחֵנִי, וְאַל בַּחֲמָתְךָ תְיַסְּרֵנִי. חָנֵּנִי יהוה, כִּי אֻמְלַל אָנִי, רְפָאֵנִי יהוה, כִּי נִבְהֲלוּ עֲצָמָי. וְנַפְשִׁי נִבְהֲלָה מְאֹד, וְאַתָּה יהוה, עַד מָתָי. שׁוּבָה יהוה, חַלְּצָה נַפְשִׁי, הוֹשִׁיעֵנִי לְמַעַן חַסְדֶּךָ. כִּי אֵין בַּמָּוֶת זִכְרֶךָ, בִּשְׁאוֹל מִי יוֹדֶה לָּךְ. יָגַעְתִּי בְאַנְחָתִי, אַשְׂחֶה בְכָל־לַיְלָה מִטָּתִי, בְּדִמְעָתִי עַרְשִׂי אַמְסֶה. עָשְׁשָׁה מִכַּעַס עֵינִי, עָתְקָה בְּכָל־צוֹרְרָי. סוּרוּ מִמֶּנִּי כָּל־פֹּעֲלֵי אָוֶן, כִּי שָׁמַע יהוה קוֹל בִּכְיִי. שָׁמַע יהוה תְּחִנָּתִי, יהוה תְּפִלָּתִי יִקָּח. יֵבֹשׁוּ וְיִבָּהֲלוּ מְאֹד כָּל־אֹיְבָי, יָשֻׁבוּ יֵבֹשׁוּ רָגַע.

שׁוֹמֵר יִשְׂרָאֵל, שְׁמוֹר שְׁאֵרִית יִשְׂרָאֵל,
וְאַל יֹאבַד יִשְׂרָאֵל, הָאוֹמְרִים שְׁמַע יִשְׂרָאֵל.

שׁוֹמֵר גּוֹי אֶחָד, שְׁמוֹר שְׁאֵרִית עַם אֶחָד,
וְאַל יֹאבַד גּוֹי אֶחָד, הַמְיַחֲדִים שִׁמְךָ,
יהוה אֱלֹהֵינוּ, יהוה אֶחָד.

שׁוֹמֵר גּוֹי קָדוֹשׁ, שְׁמוֹר שְׁאֵרִית עַם קָדוֹשׁ,
וְאַל יֹאבַד גּוֹי קָדוֹשׁ, הַמְשַׁלְּשִׁים בְּשָׁלֹשׁ קְדֻשּׁוֹת לְקָדוֹשׁ.

מִתְרַצֶּה בְּרַחֲמִים וּמִתְפַּיֵּס בְּתַחֲנוּנִים, הִתְרַצֵּה וְהִתְפַּיֵּס לְדוֹר עָנִי, כִּי אֵין עוֹזֵר. אָבִינוּ מַלְכֵּנוּ, חָנֵּנוּ וַעֲנֵנוּ, כִּי אֵין בָּנוּ מַעֲשִׂים, עֲשֵׂה עִמָּנוּ צְדָקָה וָחֶסֶד וְהוֹשִׁיעֵנוּ.

✣ TAḤANUN

*For a list of days when Taḥanun is not said, see
page 128. In addition, Taḥanun is not said at
Minḥah on afternoons preceding those days.*

King David said to the prophet Gad: I am in deep distress. Let us fall
into the hands of the Lord, for great is His compassion; but let me not
fall into the hands of mortals.

    II SAMUEL 24:14

Gracious and Merciful, I have sinned against You. Compassionate
God, have compassion for me; accept my supplication.

Chastise me not in Your anger, Lord, chasten me not in Your wrath.
Be merciful to me, for I am weak. Heal me, for my very bones
tremble, my entire being trembles. Lord—how long? Turn to me,
Lord; save my life. Help me because of Your love. In death there is no
remembering You. In the grave who can praise You? Weary am I with
groaning and weeping, nightly my pillow is soaked with tears. Grief
dims my eyes; they are worn out with all my woes. Away with you,
doers of evil! The Lord has heard my cry, my supplication; the Lord
accepts my prayer. All my enemies shall be shamed. In dismay they
shall quickly withdraw.

    PSALM 6

Guardian of the people Israel, guard the remnant of Israel
and let not Israel perish, those who say: Sh'ma Yisrael.

Guardian of the unique people, guard the remnant of that people
and let not that people perish who proclaim:
The Lord our God, the Lord is One.

Guardian of a holy people, guard the remnant of the holy people
and let not the holy people perish who repeat:
Holy, holy, holy is the Lord.

O God, moved by prayer and reconciled by supplication, accept the
prayers and the supplications of our afflicted generation, for there is
none else to help. Our Father, our King, answer us though we have no
deeds to plead our cause; save us with mercy and lovingkindness.

וַאֲנַחְנוּ לֹא נֵדַע מַה נַּעֲשֶׂה, כִּי עָלֶיךָ עֵינֵינוּ. זְכֹר רַחֲמֶיךָ יהוה, וַחֲסָדֶיךָ, כִּי מֵעוֹלָם הֵמָּה. יְהִי חַסְדְּךָ יהוה עָלֵינוּ, כַּאֲשֶׁר יִחַלְנוּ לָךְ. אַל תִּזְכָּר לָנוּ עֲוֹנוֹת רִאשֹׁנִים, מַהֵר יְקַדְּמוּנוּ רַחֲמֶיךָ, כִּי דַלּוֹנוּ מְאֹד. חָנֵּנוּ יהוה חָנֵּנוּ, כִּי רַב שָׂבַעְנוּ בוּז. בְּרֹגֶז רַחֵם תִּזְכּוֹר. כִּי הוּא יָדַע יִצְרֵנוּ, זָכוּר כִּי עָפָר אֲנָחְנוּ. □ עָזְרֵנוּ אֱלֹהֵי יִשְׁעֵנוּ, עַל דְּבַר כְּבוֹד שְׁמֶךָ, וְהַצִּילֵנוּ וְכַפֵּר עַל חַטֹּאתֵינוּ לְמַעַן שְׁמֶךָ.

KADDISH SHALEM

Reader:

יִתְגַּדַּל וְיִתְקַדַּשׁ שְׁמֵהּ רַבָּא בְּעָלְמָא דִּי בְרָא כִרְעוּתֵהּ, וְיַמְלִיךְ מַלְכוּתֵהּ בְּחַיֵּיכוֹן וּבְיוֹמֵיכוֹן וּבְחַיֵּי דְכָל־בֵּית יִשְׂרָאֵל, בַּעֲגָלָא וּבִזְמַן קָרִיב, וְאִמְרוּ אָמֵן.

Congregation and Reader:

יְהֵא שְׁמֵהּ רַבָּא מְבָרַךְ לְעָלַם וּלְעָלְמֵי עָלְמַיָּא.

Reader:

יִתְבָּרַךְ וְיִשְׁתַּבַּח וְיִתְפָּאַר וְיִתְרוֹמַם וְיִתְנַשֵּׂא, וְיִתְהַדָּר וְיִתְעַלֶּה וְיִתְהַלָּל שְׁמֵהּ דְּקֻדְשָׁא, בְּרִיךְ הוּא לְעֵלָּא (לְעֵלָּא מִכָּל־) מִן כָּל־בִּרְכָתָא וְשִׁירָתָא, תֻּשְׁבְּחָתָא וְנֶחֱמָתָא דַּאֲמִירָן בְּעָלְמָא, וְאִמְרוּ אָמֵן.

תִּתְקַבַּל צְלוֹתְהוֹן וּבָעוּתְהוֹן דְּכָל־יִשְׂרָאֵל קֳדָם אֲבוּהוֹן דִּי בִשְׁמַיָּא וְאִמְרוּ אָמֵן.

יְהֵא שְׁלָמָא רַבָּא מִן שְׁמַיָּא וְחַיִּים עָלֵינוּ וְעַל כָּל־יִשְׂרָאֵל, וְאִמְרוּ אָמֵן.

עוֹשֶׂה שָׁלוֹם בִּמְרוֹמָיו, הוּא יַעֲשֶׂה שָׁלוֹם עָלֵינוּ וְעַל כָּל־יִשְׂרָאֵל, וְאִמְרוּ אָמֵן.

We look to You, for alone we are helpless. Remember Your compassion, Lord, and Your lovingkindness, which have endured forever. May Your kindness be with us, for we have put our hope in You. Do not hold former sins against us; meet us with Your mercy, for we are brought so very low. Have pity, for we are sated with contempt. He who knows our weaknesses remembers that we are dust. Help us, God of our deliverance, for the sake of Your glory. Grant atonement for our sins, and save us because of Your mercy.

 ## KADDISH SHALEM

Reader:

Hallowed and enhanced may He be throughout the world of His own creation. May He cause His sovereignty soon to be accepted, during our life and the life of all Israel. And let us say: Amen.

Congregation and Reader:

Y'hei sh'mei raba mevarakh l'alam u-l'almei almaya.

May He be praised throughout all time.

Reader:

Glorified and celebrated, lauded and worshiped, acclaimed and honored, extolled and exalted may the Holy One be, praised beyond all song and psalm, beyond all tributes which mortals can utter. And let us say: Amen.

May the prayers and pleas of the whole House of Israel be accepted by our Father in Heaven. And let us say: Amen.

Let there be abundant peace from Heaven, with life's goodness for us and for all the people Israel. And let us say: Amen.

He who brings peace to His universe will bring peace to us and to all the people Israel. And let us say: Amen.

עָלֵינוּ לְשַׁבֵּחַ לַאֲדוֹן הַכֹּל, לָתֵת גְּדֻלָּה לְיוֹצֵר בְּרֵאשִׁית, שֶׁלֹּא עָשָׂנוּ כְּגוֹיֵי הָאֲרָצוֹת וְלֹא שָׂמָנוּ כְּמִשְׁפְּחוֹת הָאֲדָמָה, שֶׁלֹּא שָׂם חֶלְקֵנוּ כָּהֶם וְגוֹרָלֵנוּ כְּכָל־הֲמוֹנָם. וַאֲנַחְנוּ כּוֹרְעִים וּמִשְׁתַּחֲוִים וּמוֹדִים לִפְנֵי מֶלֶךְ מַלְכֵי הַמְּלָכִים הַקָּדוֹשׁ בָּרוּךְ הוּא, שֶׁהוּא נוֹטֶה שָׁמַיִם וְיוֹסֵד אָרֶץ, וּמוֹשַׁב יְקָרוֹ בַּשָּׁמַיִם מִמַּעַל וּשְׁכִינַת עֻזּוֹ בְּגָבְהֵי מְרוֹמִים. הוּא אֱלֹהֵינוּ, אֵין עוֹד. אֱמֶת מַלְכֵּנוּ, אֶפֶס זוּלָתוֹ, כַּכָּתוּב בְּתוֹרָתוֹ: וְיָדַעְתָּ הַיּוֹם וַהֲשֵׁבֹתָ אֶל לְבָבֶךָ, כִּי יהוה הוּא הָאֱלֹהִים בַּשָּׁמַיִם מִמַּעַל וְעַל הָאָרֶץ מִתָּחַת, אֵין עוֹד.

עַל כֵּן נְקַוֶּה לְּךָ יהוה אֱלֹהֵינוּ לִרְאוֹת מְהֵרָה בְּתִפְאֶרֶת עֻזֶּךָ, לְהַעֲבִיר גִּלּוּלִים מִן הָאָרֶץ וְהָאֱלִילִים כָּרוֹת יִכָּרֵתוּן, לְתַקֵּן עוֹלָם בְּמַלְכוּת שַׁדַּי וְכָל־בְּנֵי בָשָׂר יִקְרְאוּ בִשְׁמֶךָ, לְהַפְנוֹת אֵלֶיךָ כָּל־רִשְׁעֵי אָרֶץ. יַכִּירוּ וְיֵדְעוּ כָּל־יוֹשְׁבֵי תֵבֵל כִּי לְךָ תִּכְרַע כָּל־בֶּרֶךְ, תִּשָּׁבַע כָּל־לָשׁוֹן. לְפָנֶיךָ יהוה אֱלֹהֵינוּ יִכְרְעוּ וְיִפֹּלוּ. וְלִכְבוֹד שִׁמְךָ יְקָר יִתֵּנוּ, וִיקַבְּלוּ כֻלָּם אֶת־עֹל מַלְכוּתֶךָ וְתִמְלֹךְ עֲלֵיהֶם מְהֵרָה לְעוֹלָם וָעֶד, כִּי הַמַּלְכוּת שֶׁלְּךָ הִיא וּלְעוֹלְמֵי עַד תִּמְלֹךְ בְּכָבוֹד, כַּכָּתוּב בְּתוֹרָתֶךָ: יהוה יִמְלֹךְ לְעֹלָם וָעֶד. □ וְנֶאֱמַר: וְהָיָה יהוה לְמֶלֶךְ עַל כָּל־הָאָרֶץ, בַּיּוֹם הַהוּא יִהְיֶה יהוה אֶחָד וּשְׁמוֹ אֶחָד.

ALEINU

We rise to our duty to praise the Lord of all, to acclaim the Creator. He made our lot unlike that of other people, assigning to us a unique destiny. We bend the knee and bow, acknowledging the King of kings, the Holy One praised be He, who spread out the heavens and laid the foundations of the earth, whose glorious abode is in the highest heaven, whose mighty dominion is in the loftiest heights. He is our God, there is no other. In truth, He alone is our King, as it is written in His Torah: "Know this day and take it to heart that the Lord is God in heaven above and on earth below; there is no other."

Va-anaḥnu kor'im u-mishtaḥavim u-modim
lifnei melekh malkhei ha-melakhim, ha-kadosh barukh hu.

And so we hope in You, Lord our God, soon to see Your splendor, sweeping idolatry away so that false gods will be utterly destroyed, perfecting earth by Your kingship so that all mankind will invoke Your name, bringing all the earth's wicked back to You, repentant. Then all who live will know that to You every knee must bend, every tongue pledge loyalty. To You, Lord, may all bow in worship, may they give honor to Your glory. May everyone accept the rule of Your kingship. Reign over all, soon and for all time. Sovereignty is Yours in glory, now and forever. Thus is it written in Your Torah: The Lord reigns for ever and ever. Such is the assurance of Your prophet Zechariah: The Lord shall be acknowledged King of all the earth. On that day the Lord shall be One and His name One.

V'ne'emar, v'haya Adonai l'melekh al kol ha-aretz,
ba-yom ha-hu yiyeh Adonai eḥad u-sh'mo eḥad.

Mourners and those observing Yahrzeit:

יִתְגַּדַּל וְיִתְקַדַּשׁ שְׁמֵהּ רַבָּא בְּעָלְמָא דִּי בְרָא כִרְעוּתֵהּ, וְיַמְלִיךְ מַלְכוּתֵהּ בְּחַיֵּיכוֹן וּבְיוֹמֵיכוֹן וּבְחַיֵּי דְכָל־בֵּית יִשְׂרָאֵל, בַּעֲגָלָא וּבִזְמַן קָרִיב, וְאִמְרוּ אָמֵן.

Congregation and mourner:

יְהֵא שְׁמֵהּ רַבָּא מְבָרַךְ לְעָלַם וּלְעָלְמֵי עָלְמַיָּא.

Mourner:

יִתְבָּרַךְ וְיִשְׁתַּבַּח וְיִתְפָּאַר וְיִתְרוֹמַם וְיִתְנַשֵּׂא, וְיִתְהַדַּר וְיִתְעַלֶּה וְיִתְהַלַּל שְׁמֵהּ דְּקֻדְשָׁא, בְּרִיךְ הוּא לְעֵלָּא (לְעֵלָּא מִכָּל־) מִן כָּל־בִּרְכָתָא וְשִׁירָתָא, תֻּשְׁבְּחָתָא וְנֶחֱמָתָא דַּאֲמִירָן בְּעָלְמָא, וְאִמְרוּ אָמֵן.

יְהֵא שְׁלָמָא רַבָּא מִן שְׁמַיָּא וְחַיִּים עָלֵינוּ וְעַל כָּל־יִשְׂרָאֵל, וְאִמְרוּ אָמֵן.

עוֹשֶׂה שָׁלוֹם בִּמְרוֹמָיו, הוּא יַעֲשֶׂה שָׁלוֹם עָלֵינוּ וְעַל כָּל־יִשְׂרָאֵל, וְאִמְרוּ אָמֵן.

MOURNER'S KADDISH

Mourners and those observing Yahrzeit:

Yitgadal v'yitkadash sh'mei raba b'alma di v'ra khir'utei, v'yamlikh malkhutei b'ḥayeikhon u-v'yomeikhon u-v'ḥayei d'khol beit yisrael, ba-agala u-vi-z'man kariv, v'imru amen.

Congregation and mourner:

Y'hei sh'mei raba m'varakh l'alam u-l'almei almaya.

Mourner:

Yitbarakh v'yishtabaḥ v'yitpa'ar v'yitromam v'yitnasei, v'yit-hadar v'yit'aleh v'yit-halal sh'mei d'kudsha, b'rikh hu l'ela (l'ela mi-kol) min kol birkhata v'shirata, tushb'ḥata v'neḥemata da-amiran b'alma, v'imru amen.

Y'hei sh'lama raba min sh'maya v'ḥayim aleinu v'al kol yisrael, v'imru amen.

Oseh shalom bi-m'romav, hu ya'aseh shalom aleinu v'al kol yisrael, v'imru amen.

ARVIT SERVICE

K'RIAT SH'MA AND ITS BERAKHOT

וְהוּא רַחוּם, יְכַפֵּר עָוֹן וְלֹא יַשְׁחִית, וְהִרְבָּה לְהָשִׁיב אַפּוֹ, וְלֹא יָעִיר כָּל־חֲמָתוֹ. יהוה הוֹשִׁיעָה, הַמֶּלֶךְ יַעֲנֵנוּ בְיוֹם קָרְאֵנוּ.

Reader:

בָּרְכוּ אֶת־יהוה הַמְבֹרָךְ.

Congregation, then Reader:

בָּרוּךְ יהוה הַמְבֹרָךְ לְעוֹלָם וָעֶד.

In the first berakhah before K'riat Sh'ma, we praise God for His gift of Creation

בָּרוּךְ אַתָּה יהוה אֱלֹהֵינוּ מֶלֶךְ הָעוֹלָם, אֲשֶׁר בִּדְבָרוֹ מַעֲרִיב עֲרָבִים, בְּחָכְמָה פּוֹתֵחַ שְׁעָרִים, וּבִתְבוּנָה מְשַׁנֶּה עִתִּים וּמַחֲלִיף אֶת־הַזְּמַנִּים, וּמְסַדֵּר אֶת־הַכּוֹכָבִים בְּמִשְׁמְרוֹתֵיהֶם בָּרָקִיעַ כִּרְצוֹנוֹ. בּוֹרֵא יוֹם וָלָיְלָה, גּוֹלֵל אוֹר מִפְּנֵי חֹשֶׁךְ וְחֹשֶׁךְ מִפְּנֵי אוֹר, וּמַעֲבִיר יוֹם וּמֵבִיא לָיְלָה, וּמַבְדִּיל בֵּין יוֹם וּבֵין לָיְלָה, יהוה צְבָאוֹת שְׁמוֹ. □ אֵל חַי וְקַיָּם, תָּמִיד יִמְלֹךְ עָלֵינוּ לְעוֹלָם וָעֶד. בָּרוּךְ אַתָּה יהוה הַמַּעֲרִיב עֲרָבִים.

In the second berakhah before K'riat Sh'ma, we praise God for His gift of Torah, sign of His love

אַהֲבַת עוֹלָם בֵּית יִשְׂרָאֵל עַמְּךָ אָהָבְתָּ. תּוֹרָה וּמִצְוֹת, חֻקִּים וּמִשְׁפָּטִים אוֹתָנוּ לִמַּדְתָּ. עַל כֵּן יהוה אֱלֹהֵינוּ בְּשָׁכְבֵנוּ וּבְקוּמֵנוּ נָשִׂיחַ בְּחֻקֶּיךָ, וְנִשְׂמַח בְּדִבְרֵי תוֹרָתֶךָ וּבְמִצְוֹתֶיךָ לְעוֹלָם וָעֶד. כִּי הֵם חַיֵּינוּ וְאֹרֶךְ יָמֵינוּ וּבָהֶם נֶהְגֶּה יוֹמָם וָלָיְלָה. □ וְאַהֲבָתְךָ אַל תָּסִיר מִמֶּנּוּ לְעוֹלָמִים. בָּרוּךְ אַתָּה יהוה אוֹהֵב עַמּוֹ יִשְׂרָאֵל.

EVENING SERVICE

K'RIAT SH'MA AND ITS BERAKHOT

God, being merciful, grants atonement for sin and does not destroy. Time and again He restrains wrath, refuses to let rage be all-consuming. Save us, Lord. Answer us, O King, when we call.

Reader:

Praise the Lord, Source of blessing.

Congregation, then Reader:

Barukh Adonai ha-m'vorakh l'olam va-ed.

Praised be the Lord, Source of blessing, throughout all time.

In the first berakhah before K'riat Sh'ma, we praise God for His gift of Creation

Praised are You, Lord our God, King of the universe whose word brings the evening dusk. You open the gates of dawn with wisdom, change the day's divisions with understanding, set the succession of seasons and arrange the stars in the sky according to Your will. You create day and night, rolling light away from darkness and darkness away from light. Eternal God, Your rule shall embrace us forever. Praised are You, Lord, for each evening's dusk.

In the second berakhah before K'riat Sh'ma, we praise God for His gift of Torah, sign of His love

With constancy You have loved Your people Israel, teaching us Torah and mitzvot, statutes and laws. Therefore, Lord our God, when we lie down to sleep and when we rise, we shall think of Your laws and speak of them, rejoicing in Your Torah and mitzvot always. For they are our life and length of days; we will meditate on them day and night. Never take away Your love from us. Praised are You, Lord who loves His people Israel.

If there is no minyan, add:

אֵל מֶֽלֶךְ נֶאֱמָן

We formally affirm God's sovereignty, freely pledging Him our loyalty. We are His witnesses.

שְׁמַע יִשְׂרָאֵל יהוה אֱלֹהֵינוּ יהוה | **אֶחָד**׃

Silently:

בָּרוּךְ שֵׁם כְּבוֹד מַלְכוּתוֹ לְעוֹלָם וָעֶד.

וְאָהַבְתָּ אֵת יהוה אֱלֹהֶיךָ בְּכָל־לְבָבְךָ וּבְכָל־נַפְשְׁךָ וּבְכָל־מְאֹדֶךָ׃ וְהָיוּ הַדְּבָרִים הָאֵלֶּה אֲשֶׁר אָנֹכִי מְצַוְּךָ הַיּוֹם עַל־לְבָבֶךָ׃ וְשִׁנַּנְתָּם לְבָנֶיךָ וְדִבַּרְתָּ בָּם בְּשִׁבְתְּךָ בְּבֵיתֶךָ וּבְלֶכְתְּךָ בַדֶּרֶךְ וּבְשָׁכְבְּךָ וּבְקוּמֶךָ׃ וּקְשַׁרְתָּם לְאוֹת עַל־יָדֶךָ וְהָיוּ לְטֹטָפֹת בֵּין עֵינֶיךָ׃ וּכְתַבְתָּם עַל־מְזֻזוֹת בֵּיתֶךָ וּבִשְׁעָרֶיךָ׃

וְהָיָה אִם־שָׁמֹעַ תִּשְׁמְעוּ אֶל־מִצְוֹתַי אֲשֶׁר אָנֹכִי מְצַוֶּה אֶתְכֶם הַיּוֹם לְאַהֲבָה אֶת־יהוה אֱלֹהֵיכֶם וּלְעָבְדוֹ בְּכָל־לְבַבְכֶם וּבְכָל־נַפְשְׁכֶם׃ וְנָתַתִּי מְטַר־אַרְצְכֶם בְּעִתּוֹ יוֹרֶה וּמַלְקוֹשׁ וְאָסַפְתָּ דְגָנֶךָ וְתִירֹשְׁךָ וְיִצְהָרֶךָ׃ וְנָתַתִּי עֵשֶׂב בְּשָׂדְךָ לִבְהֶמְתֶּךָ וְאָכַלְתָּ וְשָׂבָעְתָּ׃ הִשָּׁמְרוּ לָכֶם פֶּן־יִפְתֶּה לְבַבְכֶם וְסַרְתֶּם וַעֲבַדְתֶּם אֱלֹהִים אֲחֵרִים וְהִשְׁתַּחֲוִיתֶם לָהֶם׃ וְחָרָה אַף־יהוה בָּכֶם וְעָצַר אֶת־הַשָּׁמַיִם וְלֹא־יִהְיֶה מָטָר וְהָאֲדָמָה לֹא תִתֵּן אֶת־יְבוּלָהּ וַאֲבַדְתֶּם מְהֵרָה מֵעַל הָאָרֶץ הַטֹּבָה אֲשֶׁר יהוה נֹתֵן לָכֶם׃ וְשַׂמְתֶּם אֶת־דְּבָרַי אֵלֶּה עַל־לְבַבְכֶם וְעַל־נַפְשְׁכֶם וּקְשַׁרְתֶּם אֹתָם לְאוֹת עַל־יֶדְכֶם וְהָיוּ לְטוֹטָפֹת בֵּין עֵינֵיכֶם׃ וְלִמַּדְתֶּם אֹתָם אֶת־בְּנֵיכֶם לְדַבֵּר בָּם בְּשִׁבְתְּךָ בְּבֵיתֶךָ וּבְלֶכְתְּךָ בַדֶּרֶךְ וּבְשָׁכְבְּךָ וּבְקוּמֶךָ׃ וּכְתַבְתָּם עַל־מְזוּזוֹת בֵּיתֶךָ וּבִשְׁעָרֶיךָ׃ לְמַעַן יִרְבּוּ יְמֵיכֶם וִימֵי בְנֵיכֶם עַל הָאֲדָמָה אֲשֶׁר נִשְׁבַּע יהוה לַאֲבֹתֵיכֶם לָתֵת לָהֶם כִּימֵי הַשָּׁמַיִם עַל־הָאָרֶץ׃

K'RIAT SH'MA

If there is no minyan, add:

God is a faithful King.

We formally affirm God's sovereignty, freely
pledging Him our loyalty. We are His witnesses.

Hear, O Israel: The Lord our God, the Lord is One.

Silently:

Praised be His glorious sovereignty throughout all time.

Love the Lord your God with all your heart, with all your soul, with
all your might. And these words which I command you this day you
shall take to heart. You shall diligently teach them to your children.
You shall recite them at home and away, morning and night. You shall
bind them as a sign upon your hand, they shall be a reminder above
your eyes, and you shall inscribe them upon the doorposts of your
homes and upon your gates.

> DEUTERONOMY 6:4–9

If you will earnestly heed the mitzvot I give you this day, to love the
Lord your God and to serve Him with all your heart and all your soul,
then I will favor your land with rain at the proper season—rain in
autumn and rain in spring—and you will have an ample harvest of
grain and wine and oil. I will assure abundance in the fields for your
cattle. You will eat to contentment. Take care lest you be tempted to
forsake God and turn to false gods in worship. For then the wrath of
the Lord will be directed against you. He will close the heavens and
hold back the rain; the earth will not yield its produce. You will soon
disappear from the good land which the Lord is giving you.

Therefore, impress these words of Mine upon your heart. Bind them
as a sign upon your hand, and let them be a reminder above your
eyes. Teach them to your children. Repeat them at home and away,
morning and night. Inscribe them upon the doorposts of your homes
and upon your gates. Then your days and the days of your children on
the land which the Lord swore to give to your ancestors will endure
as the days of the heavens over the earth.

> DEUTERONOMY 11:13–21

וַיֹּאמֶר יהוה אֶל־מֹשֶׁה לֵּאמֹר: דַּבֵּר אֶל־בְּנֵי יִשְׂרָאֵל וְאָמַרְתָּ אֲלֵהֶם וְעָשׂוּ לָהֶם צִיצִת עַל־כַּנְפֵי בִגְדֵיהֶם לְדֹרֹתָם וְנָתְנוּ עַל־צִיצִת הַכָּנָף פְּתִיל תְּכֵלֶת: וְהָיָה לָכֶם לְצִיצִת וּרְאִיתֶם אֹתוֹ וּזְכַרְתֶּם אֶת־כָּל־מִצְוֺת יהוה וַעֲשִׂיתֶם אֹתָם וְלֹא תָתוּרוּ אַחֲרֵי לְבַבְכֶם וְאַחֲרֵי עֵינֵיכֶם אֲשֶׁר־אַתֶּם זֹנִים אַחֲרֵיהֶם: לְמַעַן תִּזְכְּרוּ וַעֲשִׂיתֶם אֶת־כָּל־מִצְוֺתָי וִהְיִיתֶם קְדֹשִׁים לֵאלֹהֵיכֶם: אֲנִי יהוה אֱלֹהֵיכֶם אֲשֶׁר הוֹצֵאתִי אֶתְכֶם מֵאֶרֶץ מִצְרַיִם לִהְיוֹת לָכֶם לֵאלֹהִים אֲנִי יהוה אֱלֹהֵיכֶם: *(Individuals add: אֱמֶת)*

□ יהוה אֱלֹהֵיכֶם אֱמֶת

In the first berakhah after K'riat Sh'ma, we praise God alone as eternal Redeemer of the people Israel.

אֱמֶת וֶאֱמוּנָה כָּל־זֹאת וְקַיָּם עָלֵינוּ, כִּי הוּא יהוה אֱלֹהֵינוּ וְאֵין זוּלָתוֹ, וַאֲנַחְנוּ יִשְׂרָאֵל עַמּוֹ. הַפּוֹדֵנוּ מִיַּד מְלָכִים, מַלְכֵּנוּ הַגּוֹאֲלֵנוּ מִכַּף כָּל־הֶעָרִיצִים, הָאֵל הַנִּפְרָע לָנוּ מִצָּרֵינוּ וְהַמְשַׁלֵּם גְּמוּל לְכָל־אֹיְבֵי נַפְשֵׁנוּ, הָעוֹשֶׂה גְדוֹלוֹת עַד אֵין חֵקֶר וְנִפְלָאוֹת עַד אֵין מִסְפָּר, הַשָּׂם נַפְשֵׁנוּ בַּחַיִּים וְלֹא נָתַן לַמּוֹט רַגְלֵנוּ, הַמַּדְרִיכֵנוּ עַל בָּמוֹת אֹיְבֵינוּ וַיָּרֶם קַרְנֵנוּ עַל כָּל־שׂוֹנְאֵינוּ, הָעוֹשֶׂה לָּנוּ נִסִּים וּנְקָמָה בְּפַרְעֹה, אוֹתוֹת וּמוֹפְתִים בְּאַדְמַת בְּנֵי חָם, הַמַּכֶּה בְעֶבְרָתוֹ כָּל־בְּכוֹרֵי מִצְרָיִם, וַיּוֹצֵא אֶת־עַמּוֹ יִשְׂרָאֵל מִתּוֹכָם לְחֵרוּת עוֹלָם, הַמַּעֲבִיר בָּנָיו בֵּין גִּזְרֵי יַם סוּף, אֶת־רוֹדְפֵיהֶם וְאֶת־שׂוֹנְאֵיהֶם בִּתְהוֹמוֹת טִבַּע, וְרָאוּ בָנָיו גְּבוּרָתוֹ, שִׁבְּחוּ וְהוֹדוּ לִשְׁמוֹ. □ וּמַלְכוּתוֹ בְּרָצוֹן קִבְּלוּ עֲלֵיהֶם. מֹשֶׁה וּבְנֵי יִשְׂרָאֵל לְךָ עָנוּ שִׁירָה בְּשִׂמְחָה רַבָּה, וְאָמְרוּ כֻלָּם:

מִי כָמֹכָה בָּאֵלִם יהוה, מִי כָּמֹכָה נֶאְדָּר בַּקֹּדֶשׁ, נוֹרָא תְהִלֹּת עֹשֵׂה פֶלֶא.

□ מַלְכוּתְךָ רָאוּ בָנֶיךָ, בּוֹקֵעַ יָם לִפְנֵי מֹשֶׁה, זֶה אֵלִי עָנוּ וְאָמְרוּ: יהוה יִמְלֹךְ לְעֹלָם וָעֶד.

□ וְנֶאֱמַר: כִּי פָדָה יהוה אֶת־יַעֲקֹב, וּגְאָלוֹ מִיַּד חָזָק מִמֶּנּוּ. בָּרוּךְ אַתָּה יהוה גָּאַל יִשְׂרָאֵל.

The Lord said to Moses: Instruct the people Israel that in every generation they shall put fringes on the corners of their garments and bind a thread of blue to the fringe of each corner. Looking upon it, you will be reminded of all the mitzvot of the Lord and fulfill them and not be seduced by your heart or led astray by your eyes. Then you will remember and observe all My mitzvot and be holy before your God. I am the Lord your God who brought you out of the land of Egypt to be your God. I, the Lord, am your God.

NUMBERS 15:37–41

Reader:

The Lord your God is truth.

In the first berakhah after K'riat Sh'ma, we praise
God alone as eternal Redeemer of the people Israel

We affirm the truth that He is our God, that there is no other, and that we are His people Israel. He redeems us from the power of kings, delivers us from the hand of all tyrants. He brings judgment upon our oppressors, retribution upon all our mortal enemies. He performs wonders beyond understanding, marvels beyond all reckoning. He has maintained us among the living. He has not allowed our steps to falter. He guided us to triumph over mighty foes, exalted our strength over all our enemies. He vindicated us with miracles before Pharaoh, with signs and wonders in the land of Egypt. In wrath He smote all of Egypt's firstborn, bringing His people to lasting freedom. He led His children through divided waters as their pursuers sank in the sea.

When His children beheld His might they sang in praise of Him, gladly accepting His sovereignty. Moses and the people Israel sang with great joy to the Lord:

Mi khamokha ba-eilim Adonai, mi kamokha, nedar ba-kodesh, nora t'hilot, oseh feleh.

Who is like You, Lord, among all that is worshiped? Who is like You, majestic in holiness, awesome in splendor, working wonders?

Your children beheld Your sovereignty as You divided the sea before Moses. "This is my God," they responded, declaring:

Adonai yimlokh l'olam va-ed.

"The Lord shall reign throughout all time."

And thus it is written: "The Lord has rescued Jacob; He redeemed him from those more powerful." Praised are You, Lord, Redeemer of the people Israel.

In the second berakhah after K'riat Sh'ma, we praise God for His peace and protection

הַשְׁכִּיבֵנוּ יהוה אֱלֹהֵינוּ לְשָׁלוֹם, וְהַעֲמִידֵנוּ מַלְכֵּנוּ לְחַיִּים, וּפְרֹשׂ עָלֵינוּ סֻכַּת שְׁלוֹמֶךָ, וְתַקְּנֵנוּ בְּעֵצָה טוֹבָה מִלְּפָנֶיךָ, וְהוֹשִׁיעֵנוּ לְמַעַן שְׁמֶךָ. וְהָגֵן בַּעֲדֵנוּ, וְהָסֵר מֵעָלֵינוּ אוֹיֵב דֶּבֶר וְחֶרֶב וְרָעָב וְיָגוֹן, וְהָסֵר שָׂטָן מִלְּפָנֵינוּ וּמֵאַחֲרֵינוּ. וּבְצֵל כְּנָפֶיךָ תַּסְתִּירֵנוּ, כִּי אֵל שׁוֹמְרֵנוּ וּמַצִּילֵנוּ אָתָּה, כִּי אֵל מֶלֶךְ חַנּוּן וְרַחוּם אָתָּה. □ וּשְׁמֹר צֵאתֵנוּ וּבוֹאֵנוּ לְחַיִּים וּלְשָׁלוֹם מֵעַתָּה וְעַד עוֹלָם. בָּרוּךְ אַתָּה יהוה שׁוֹמֵר עַמּוֹ יִשְׂרָאֵל לָעַד.

In this berakhah, we praise our Creator and proclaim His sovereignty over all Creation

בָּרוּךְ יהוה לְעוֹלָם, אָמֵן וְאָמֵן. בָּרוּךְ יהוה מִצִּיּוֹן, שֹׁכֵן יְרוּשָׁלָיִם, הַלְלוּיָהּ. בָּרוּךְ יהוה אֱלֹהִים, אֱלֹהֵי יִשְׂרָאֵל, עֹשֵׂה נִפְלָאוֹת לְבַדּוֹ. וּבָרוּךְ שֵׁם כְּבוֹדוֹ לְעוֹלָם, וְיִמָּלֵא כְבוֹדוֹ אֶת־כָּל־הָאָרֶץ, אָמֵן וְאָמֵן. יְהִי כְבוֹד יהוה לְעוֹלָם, יִשְׂמַח יהוה בְּמַעֲשָׂיו. יְהִי שֵׁם יהוה מְבֹרָךְ מֵעַתָּה וְעַד עוֹלָם. כִּי לֹא יִטֹּשׁ יהוה אֶת־עַמּוֹ בַּעֲבוּר שְׁמוֹ הַגָּדוֹל, כִּי הוֹאִיל יהוה לַעֲשׂוֹת אֶתְכֶם לוֹ לְעָם. וַיַּרְא כָּל־הָעָם וַיִּפְּלוּ עַל פְּנֵיהֶם וַיֹּאמְרוּ: יהוה הוּא הָאֱלֹהִים, יהוה הוּא הָאֱלֹהִים. וְהָיָה יהוה לְמֶלֶךְ עַל כָּל־הָאָרֶץ, בַּיּוֹם הַהוּא יִהְיֶה יהוה אֶחָד וּשְׁמוֹ אֶחָד. יְהִי חַסְדְּךָ יהוה עָלֵינוּ, כַּאֲשֶׁר יִחַלְנוּ לָךְ. הוֹשִׁיעֵנוּ, אֱלֹהֵי יִשְׁעֵנוּ, וְקַבְּצֵנוּ וְהַצִּילֵנוּ מִן הַגּוֹיִם, לְהֹדוֹת לְשֵׁם קָדְשֶׁךָ, לְהִשְׁתַּבֵּחַ בִּתְהִלָּתֶךָ. כָּל־גּוֹיִם אֲשֶׁר עָשִׂיתָ יָבוֹאוּ וְיִשְׁתַּחֲווּ לְפָנֶיךָ, אֲדֹנָי, וִיכַבְּדוּ לִשְׁמֶךָ. כִּי גָדוֹל אַתָּה וְעֹשֵׂה נִפְלָאוֹת, אַתָּה אֱלֹהִים לְבַדֶּךָ. וַאֲנַחְנוּ עַמְּךָ וְצֹאן מַרְעִיתֶךָ, נוֹדֶה לְּךָ לְעוֹלָם, לְדוֹר וָדוֹר נְסַפֵּר תְּהִלָּתֶךָ.

In the second berakhah after K'riat Sh'ma, we praise God for His peace and protection

Help us, our Father, to lie down in peace; and awaken us to life again, our King. Spread over us Your shelter of peace, guide us with Your good counsel. Save us because of Your mercy. Shield us from enemies and pestilence, from starvation, sword and sorrow. Remove the evil forces that surround us, shelter us in the shadow of Your wings. You, O God, guard us and deliver us. You are a gracious and merciful King. Guard our coming and our going, grant us life and peace, now and always. Praised are You, Lord, eternal guardian of Your people Israel.

In this berakhah, we praise our Creator and proclaim His sovereignty over all Creation

Praised is the Lord forever. Amen! Amen! Let praise of the Lord come forth from Zion; praise Him who dwells in Jerusalem. Halleluyah! Praised is the Lord, God of Israel. He alone works wondrous deeds. Praised is His glory forever. The glory of the Lord shall be forever; the Lord shall rejoice in His works. His glory fills the world. Amen! Praised is the glory of the Lord now and always. For the sake of His glory He will not abandon His people; the Lord desires to make you His own.

When the people saw the wonders wrought by God, they fell to the ground in worship, exclaiming: The Lord, He is God; the Lord, He is God. The Lord shall be King of all the earth; on that day the Lord shall be One and His name One. Let Your mercy be upon us, as our hope is in You. Help us, Lord our God, and deliver us. Gather us, and free us from oppression, that we may praise Your glory, that we may be exalted in praising You. All the nations You have created, Lord, will worship You and glorify You. Great are You, wondrous are Your deeds; You alone are God. We are Your people, the flock You shepherd. We will never cease thanking You, recounting Your praises to all generations.

בָּרוּךְ יהוה בַּיּוֹם, בָּרוּךְ יהוה בַּלָּיְלָה, בָּרוּךְ יהוה בְּשָׁכְבֵנוּ, בָּרוּךְ יהוה בְּקוּמֵנוּ, כִּי בְיָדְךָ נַפְשׁוֹת הַחַיִּים וְהַמֵּתִים. אֲשֶׁר בְּיָדוֹ נֶפֶשׁ כָּל־חָי וְרוּחַ כָּל־בְּשַׂר אִישׁ. בְּיָדְךָ אַפְקִיד רוּחִי, פָּדִיתָה אוֹתִי, יהוה אֵל אֱמֶת. אֱלֹהֵינוּ שֶׁבַּשָּׁמַיִם, יַחֵד שִׁמְךָ וְקַיֵּם מַלְכוּתְךָ תָּמִיד, וּמְלֹךְ עָלֵינוּ לְעוֹלָם וָעֶד.

יִרְאוּ עֵינֵינוּ וְיִשְׂמַח לִבֵּנוּ, וְתָגֵל נַפְשֵׁנוּ בִּישׁוּעָתְךָ בֶּאֱמֶת, בֶּאֱמֹר לְצִיּוֹן מָלַךְ אֱלֹהָיִךְ. יהוה מֶלֶךְ, יהוה מָלָךְ, יהוה יִמְלֹךְ לְעוֹלָם וָעֶד. □ כִּי הַמַּלְכוּת שֶׁלְּךָ הִיא, וּלְעוֹלְמֵי עַד תִּמְלֹךְ בְּכָבוֹד, כִּי אֵין לָנוּ מֶלֶךְ אֶלָּא אָתָּה. בָּרוּךְ אַתָּה יהוה הַמֶּלֶךְ בִּכְבוֹדוֹ תָּמִיד יִמְלֹךְ עָלֵינוּ לְעוֹלָם וָעֶד, וְעַל כָּל־מַעֲשָׂיו.

ḤATZI KADDISH

Reader:

יִתְגַּדַּל וְיִתְקַדַּשׁ שְׁמֵהּ רַבָּא בְּעָלְמָא דִּי בְרָא כִרְעוּתֵהּ, וְיַמְלִיךְ מַלְכוּתֵהּ בְּחַיֵּיכוֹן וּבְיוֹמֵיכוֹן וּבְחַיֵּי דְכָל־בֵּית יִשְׂרָאֵל, בַּעֲגָלָא וּבִזְמַן קָרִיב, וְאִמְרוּ אָמֵן.

Congregation and Reader:

יְהֵא שְׁמֵהּ רַבָּא מְבָרַךְ לְעָלַם וּלְעָלְמֵי עָלְמַיָּא.

Reader:

יִתְבָּרַךְ וְיִשְׁתַּבַּח וְיִתְפָּאַר וְיִתְרוֹמַם וְיִתְנַשֵּׂא, וְיִתְהַדַּר וְיִתְעַלֶּה וְיִתְהַלַּל שְׁמֵהּ דְּקֻדְשָׁא, בְּרִיךְ הוּא לְעֵלָּא (לְעֵלָּא מִכָּל־) מִן כָּל־בִּרְכָתָא וְשִׁירָתָא, תֻּשְׁבְּחָתָא וְנֶחֱמָתָא דַּאֲמִירָן בְּעָלְמָא, וְאִמְרוּ אָמֵן.

Praised is the Lord by day and praised by night, praised when we lie down and praised when we rise up. In Your hands are the souls of the living and the dead, the life of every creature, the breath of all flesh. Into Your hand I entrust my spirit; You will redeem me, Lord God of truth. Our God in Heaven, assert the unity of Your rule; affirm Your sovereignty, and reign over us forever.

May our eyes behold, our hearts rejoice in, and our souls be glad in Your sure deliverance, when it shall be said to Zion: Your God is King. The Lord is King, the Lord was King, the Lord shall be King throughout all time. All sovereignty is Yours; unto all eternity only You reign in glory, only You are King. Praised are You, Lord and glorious King, eternal Ruler over us and over all creation.

ḤATZI KADDISH

Reader:

Hallowed and enhanced may He be throughout the world of His own creation. May He cause His sovereignty soon to be accepted, during our life and the life of all Israel. And let us say: Amen.

Congregation and Reader:

Y'hei sh'mei raba m'varakh l'alam u-l'almei almaya.

May He be praised throughout all time.

Reader:

Glorified and celebrated, lauded and worshiped, acclaimed and honored, extolled and exalted may the Holy One be, praised beyond all song and psalm, beyond all tributes which mortals can utter. And let us say: Amen.

אֲדֹנָי, שְׂפָתַי תִּפְתָּח וּפִי יַגִּיד תְּהִלָּתֶךָ.

בָּרוּךְ אַתָּה יהוה אֱלֹהֵינוּ וֵאלֹהֵי אֲבוֹתֵינוּ, אֱלֹהֵי אַבְרָהָם אֱלֹהֵי יִצְחָק וֵאלֹהֵי יַעֲקֹב, הָאֵל הַגָּדוֹל הַגִּבּוֹר וְהַנּוֹרָא, אֵל עֶלְיוֹן, גּוֹמֵל חֲסָדִים טוֹבִים וְקוֹנֵה הַכֹּל, וְזוֹכֵר חַסְדֵי אָבוֹת וּמֵבִיא גוֹאֵל לִבְנֵי בְנֵיהֶם לְמַעַן שְׁמוֹ בְּאַהֲבָה.

Between Rosh Hashanah and Yom Kippur:

זָכְרֵנוּ לְחַיִּים, מֶלֶךְ חָפֵץ בַּחַיִּים,
וְכָתְבֵנוּ בְּסֵפֶר הַחַיִּים לְמַעַנְךָ אֱלֹהִים חַיִּים.

מֶלֶךְ עוֹזֵר וּמוֹשִׁיעַ וּמָגֵן. בָּרוּךְ אַתָּה יהוה מָגֵן אַבְרָהָם.

אַתָּה גִּבּוֹר לְעוֹלָם אֲדֹנָי, מְחַיֵּה מֵתִים אַתָּה רַב לְהוֹשִׁיעַ.

From Sh'mini Atzeret to Pesaḥ:

מַשִּׁיב הָרוּחַ וּמוֹרִיד הַגָּשֶׁם.

מְכַלְכֵּל חַיִּים בְּחֶסֶד, מְחַיֵּה מֵתִים בְּרַחֲמִים רַבִּים, סוֹמֵךְ נוֹפְלִים וְרוֹפֵא חוֹלִים וּמַתִּיר אֲסוּרִים, וּמְקַיֵּם אֱמוּנָתוֹ לִישֵׁנֵי עָפָר. מִי כָמוֹךָ בַּעַל גְּבוּרוֹת וּמִי דּוֹמֶה לָּךְ, מֶלֶךְ מֵמִית וּמְחַיֶּה וּמַצְמִיחַ יְשׁוּעָה.

Between Rosh Hashanah and Yom Kippur:

מִי כָמוֹךָ אַב הָרַחֲמִים, זוֹכֵר יְצוּרָיו לְחַיִּים בְּרַחֲמִים.

וְנֶאֱמָן אַתָּה לְהַחֲיוֹת מֵתִים. בָּרוּךְ אַתָּה יהוה מְחַיֵּה הַמֵּתִים.

אַתָּה קָדוֹשׁ וְשִׁמְךָ קָדוֹשׁ, וּקְדוֹשִׁים בְּכָל־יוֹם יְהַלְלוּךָ סֶּלָה.

Between Rosh Hashanah and Yom Kippur substitute these words for the line which follows:

בָּרוּךְ אַתָּה יהוה הַמֶּלֶךְ הַקָּדוֹשׁ.

בָּרוּךְ אַתָּה יהוה הָאֵל הַקָּדוֹשׁ.

Open my mouth, O Lord, and my lips will proclaim Your praise.

Praised are You, Lord our God and God of our ancestors, God of Abraham, of Isaac, and of Jacob, great, mighty, awesome, exalted God who bestows lovingkindness, Creator of all. You remember the pious deeds of our ancestors and will send a redeemer to their children's children because of Your loving nature.

Between Rosh Hashanah and Yom Kippur:

Remember us that we may live, O King who delights in life.
Inscribe us in the Book of Life, for Your sake, living God.

You are the King who helps and saves and shields. Praised are You, Lord, Shield of Abraham.

Your might, O Lord, is boundless. You give life to the dead; great is Your saving power.

From Sh'mini Atzeret to Pesaḥ:

You cause the wind to blow and the rain to fall.

Your lovingkindness sustains the living, Your great mercies give life to the dead. You support the failing, heal the ailing, free the fettered. You keep Your faith with those who sleep in dust. Whose power can compare with Yours? You are the master of life and death and deliverance.

Between Rosh Hashanah and Yom Kippur:

Whose mercy can compare with Yours, merciful Father?
In mercy You remember Your creatures with life.

Faithful are You in giving life to the dead. Praised are You, Lord, Master of life and death.

Holy are You and holy is Your name. Holy are those who praise You daily.

Between Rosh Hashanah and Yom Kippur substitute these words for the line which follows:

Praised are You, Lord, holy King.

Praised are You, Lord, holy God.

Following Shabbat or a Festival:

אַתָּה חוֹנֵן לְאָדָם דַּעַת, וּמְלַמֵּד לֶאֱנוֹשׁ בִּינָה. אַתָּה חוֹנַנְתָּנוּ לְמַדַּע
תּוֹרָתֶךָ, וַתְּלַמְּדֵנוּ לַעֲשׂוֹת חֻקֵּי רְצוֹנֶךָ. וַתַּבְדֵּל יהוה אֱלֹהֵינוּ, בֵּין
קֹדֶשׁ לְחוֹל, בֵּין אוֹר לְחֹשֶׁךְ, בֵּין יִשְׂרָאֵל לָעַמִּים, בֵּין יוֹם הַשְּׁבִיעִי
לְשֵׁשֶׁת יְמֵי הַמַּעֲשֶׂה. אָבִינוּ מַלְכֵּנוּ, הָחֵל עָלֵינוּ הַיָּמִים הַבָּאִים
לִקְרָאתֵנוּ לְשָׁלוֹם, חֲשׂוּכִים מִכָּל־חֵטְא וּמְנֻקִּים מִכָּל־עָוֹן וּמְדֻבָּקִים
בְּיִרְאָתֶךָ. וְחָנֵּנוּ מֵאִתְּךָ דֵּעָה בִּינָה וְהַשְׂכֵּל. בָּרוּךְ אַתָּה יהוה חוֹנֵן
הַדָּעַת.

Continue with הֲשִׁיבֵנוּ

אַתָּה חוֹנֵן לְאָדָם דַּעַת, וּמְלַמֵּד לֶאֱנוֹשׁ בִּינָה. חָנֵּנוּ מֵאִתְּךָ
דֵּעָה בִּינָה וְהַשְׂכֵּל. בָּרוּךְ אַתָּה יהוה חוֹנֵן הַדָּעַת.

הֲשִׁיבֵנוּ אָבִינוּ לְתוֹרָתֶךָ, וְקָרְבֵנוּ מַלְכֵּנוּ לַעֲבוֹדָתֶךָ, וְהַחֲזִירֵנוּ
בִּתְשׁוּבָה שְׁלֵמָה לְפָנֶיךָ. בָּרוּךְ אַתָּה יהוה הָרוֹצֶה בִּתְשׁוּבָה.
סְלַח לָנוּ אָבִינוּ כִּי חָטָאנוּ, מְחַל לָנוּ מַלְכֵּנוּ כִּי פָשָׁעְנוּ, כִּי
מוֹחֵל וְסוֹלֵחַ אָתָּה. בָּרוּךְ אַתָּה יהוה חַנּוּן הַמַּרְבֶּה לִסְלֹחַ.
רְאֵה נָא בְעָנְיֵנוּ, וְרִיבָה רִיבֵנוּ, וּגְאָלֵנוּ מְהֵרָה לְמַעַן שְׁמֶךָ, כִּי
גוֹאֵל חָזָק אָתָּה. בָּרוּךְ אַתָּה יהוה גּוֹאֵל יִשְׂרָאֵל.
רְפָאֵנוּ יהוה וְנֵרָפֵא, הוֹשִׁיעֵנוּ וְנִוָּשֵׁעָה כִּי תְהִלָּתֵנוּ אָתָּה.
וְהַעֲלֵה רְפוּאָה שְׁלֵמָה לְכָל־מַכּוֹתֵינוּ.

On behalf of someone ill, you may add:

וִיהִי רָצוֹן מִלְּפָנֶיךָ יהוה אֱלֹהֵינוּ וֵאלֹהֵי אֲבוֹתֵינוּ, שֶׁתִּשְׁלַח מְהֵרָה
רְפוּאָה שְׁלֵמָה מִן הַשָּׁמַיִם, רְפוּאַת הַנֶּפֶשׁ וּרְפוּאַת הַגּוּף, לְ_____
בֶּן/בַּת _____ בְּתוֹךְ שְׁאָר חוֹלֵי יִשְׂרָאֵל.

כִּי אֵל מֶלֶךְ רוֹפֵא נֶאֱמָן וְרַחֲמָן אָתָּה. בָּרוּךְ אַתָּה יהוה רוֹפֵא
חוֹלֵי עַמּוֹ יִשְׂרָאֵל.

Following Shabbat or a Festival:

You graciously endow mortals with intelligence, teaching us wisdom and understanding. You graciously granted us knowledge of Your Torah, teaching us to fulfill the laws You have willed. You set apart the sacred from the profane, even as You separated light from darkness, singled out the people Israel from among the nations, and distinguished Shabbat from all other days. Our Father, our King, may the coming days bring us peace. May they be free of sin and cleansed of wrongdoing; may they find us more closely attached to You. Grant us knowledge, discernment, and wisdom. Praised are You, Lord who graciously grants intelligence.

Continue with "Our Father . . ."

You graciously endow mortals with intelligence, teaching us wisdom and understanding. Grant us knowledge, discernment, and wisdom. Praised are You, Lord who graciously grants intelligence.

Our Father, bring us back to Your Torah. Our King, draw us near to Your service. Lead us back to You, truly repentant. Praised are You, Lord who welcomes repentance.

Forgive us, our Father, for we have sinned; pardon us, our King, for we have transgressed, for You forgive and pardon. Praised are You, gracious and forgiving Lord.

Behold our affliction and deliver us. Redeem us soon because of Your mercy, for You are the mighty Redeemer. Praised are You, Lord, Redeemer of the people Israel.

Heal us, O Lord, and we shall be healed. Help us and save us, for You are our glory. Grant perfect healing for all our afflictions.

On behalf of someone ill, you may add:

May it be Your will, Lord our God and God of our ancestors, to send perfect healing, of body and of soul, to _____ along with all others who are stricken.

For You are the faithful and merciful God of healing. Praised are You, Lord, Healer of His people Israel.

בָּרֵךְ עָלֵינוּ יהוה אֱלֹהֵינוּ אֶת־הַשָּׁנָה הַזֹּאת וְאֶת כָּל־מִינֵי תְבוּאָתָהּ לְטוֹבָה, וְתֵן

Summer (Between Pesaḥ and December fourth): בְּרָכָה
Winter (Between December fifth and Pesaḥ): טַל וּמָטָר לִבְרָכָה

עַל פְּנֵי הָאֲדָמָה, וְשַׂבְּעֵנוּ מִטּוּבָהּ, וּבָרֵךְ שְׁנָתֵנוּ כַּשָּׁנִים הַטּוֹבוֹת. בָּרוּךְ אַתָּה יהוה מְבָרֵךְ הַשָּׁנִים.

תְּקַע בְּשׁוֹפָר גָּדוֹל לְחֵרוּתֵנוּ, וְשָׂא נֵס לְקַבֵּץ גָּלֻיּוֹתֵינוּ, וְקַבְּצֵנוּ יַחַד מֵאַרְבַּע כַּנְפוֹת הָאָרֶץ. בָּרוּךְ אַתָּה יהוה מְקַבֵּץ נִדְחֵי עַמּוֹ יִשְׂרָאֵל.

הָשִׁיבָה שׁוֹפְטֵינוּ כְּבָרִאשׁוֹנָה, וְיוֹעֲצֵינוּ כְּבַתְּחִלָּה, וְהָסֵר מִמֶּנּוּ יָגוֹן וַאֲנָחָה, וּמְלֹךְ עָלֵינוּ אַתָּה יהוה לְבַדְּךָ בְּחֶסֶד וּבְרַחֲמִים, וְצַדְּקֵנוּ בַּמִּשְׁפָּט.

Between Rosh Hashanah and Yom Kippur substitute these words for the line which follows:

בָּרוּךְ אַתָּה יהוה הַמֶּלֶךְ הַמִּשְׁפָּט.

בָּרוּךְ אַתָּה יהוה מֶלֶךְ אוֹהֵב צְדָקָה וּמִשְׁפָּט.

וְלַמַּלְשִׁינִים אַל תְּהִי תִקְוָה, וְכָל־הָרִשְׁעָה כְּרֶגַע תֹּאבֵד. וְכָל־אוֹיְבֶיךָ מְהֵרָה יִכָּרֵתוּ, וְהַזֵּדִים מְהֵרָה תְעַקֵּר וּתְשַׁבֵּר וּתְמַגֵּר וְתַכְנִיעַ בִּמְהֵרָה בְיָמֵינוּ. בָּרוּךְ אַתָּה יהוה שׁוֹבֵר אוֹיְבִים וּמַכְנִיעַ זֵדִים.

עַל הַצַּדִּיקִים וְעַל הַחֲסִידִים, וְעַל זִקְנֵי עַמְּךָ בֵּית יִשְׂרָאֵל, וְעַל פְּלֵיטַת סוֹפְרֵיהֶם, וְעַל גֵּרֵי הַצֶּדֶק וְעָלֵינוּ, יֶהֱמוּ נָא רַחֲמֶיךָ יהוה אֱלֹהֵינוּ, וְתֵן שָׂכָר טוֹב לְכֹל הַבּוֹטְחִים בְּשִׁמְךָ בֶּאֱמֶת, וְשִׂים חֶלְקֵנוּ עִמָּהֶם לְעוֹלָם, וְלֹא נֵבוֹשׁ כִּי בְךָ בָּטָחְנוּ. בָּרוּךְ אַתָּה יהוה מִשְׁעָן וּמִבְטָח לַצַּדִּיקִים.

וְלִירוּשָׁלַיִם עִירְךָ בְּרַחֲמִים תָּשׁוּב, וְתִשְׁכּוֹן בְּתוֹכָהּ כַּאֲשֶׁר דִּבַּרְתָּ, וּבְנֵה אוֹתָהּ בְּקָרוֹב בְּיָמֵינוּ בִּנְיַן עוֹלָם, וְכִסֵּא דָוִד מְהֵרָה לְתוֹכָהּ תָּכִין. בָּרוּךְ אַתָּה יהוה בּוֹנֵה יְרוּשָׁלָיִם.

Lord our God, make this a blessed year. May its varied produce bring us happiness. Grant

Summer (Between Pesaḥ and December fourth):   blessing

Winter (Between December fifth and Pesaḥ):   dew and rain

upon the earth, satisfy us with its abundance, and bless our year as the best of years. Praised are You, Lord who blesses the years.

Sound the great shofar to herald our freedom, raise high the banner to gather all exiles. Gather the dispersed from the ends of the earth. Praised are You, Lord who gathers our dispersed.

Restore our judges as in days of old, restore our counselors as in former times. Remove from us sorrow and anguish. Reign alone over us with lovingkindness; with justice and mercy sustain our cause.

Between Rosh Hashanah and Yom Kippur
substitute these words for the line which follows:

Praised are You, Lord, King of judgment.

Praised are You, Lord, King who loves justice.

Frustrate the hopes of those who malign us; let all evil very soon disappear. Let all Your enemies soon be destroyed. May You quickly uproot and crush the arrogant; may You subdue and humble them in our time. Praised are You, Lord who humbles the arrogant.

Let Your tender mercies be stirred for the righteous, the pious, and the leaders of the House of Israel, devoted scholars and faithful proselytes. Be merciful to us of the House of Israel. Reward all who trust in You, cast our lot with those who are faithful to You. May we never come to despair, for our trust is in You. Praised are You, Lord who sustains the righteous.

Have mercy, Lord, and return to Jerusalem, Your city. May Your Presence dwell there as You have promised. Build it now, in our days and for all time. Reestablish there the majesty of David, Your servant. Praised are You, Lord who builds Jerusalem.

אֶת־צֶמַח דָּוִד עַבְדְּךָ מְהֵרָה תַצְמִיחַ, וְקַרְנוֹ תָּרוּם בִּישׁוּעָתֶךָ, כִּי לִישׁוּעָתְךָ קִוִּינוּ כָּל־הַיּוֹם. בָּרוּךְ אַתָּה יהוה מַצְמִיחַ קֶרֶן יְשׁוּעָה.

שְׁמַע קוֹלֵנוּ יהוה אֱלֹהֵינוּ, חוּס וְרַחֵם עָלֵינוּ, וְקַבֵּל בְּרַחֲמִים וּבְרָצוֹן אֶת־תְּפִלָּתֵנוּ, כִּי אֵל שׁוֹמֵעַ תְּפִלּוֹת וְתַחֲנוּנִים אָתָּה. וּמִלְּפָנֶיךָ מַלְכֵּנוּ רֵיקָם אַל תְּשִׁיבֵנוּ. כִּי אַתָּה שׁוֹמֵעַ תְּפִלַּת עַמְּךָ יִשְׂרָאֵל בְּרַחֲמִים. בָּרוּךְ אַתָּה יהוה שׁוֹמֵעַ תְּפִלָּה.

רְצֵה יהוה אֱלֹהֵינוּ בְּעַמְּךָ יִשְׂרָאֵל וּבִתְפִלָּתָם, וְהָשֵׁב אֶת־הָעֲבוֹדָה לִדְבִיר בֵּיתֶךָ, וּתְפִלָּתָם בְּאַהֲבָה תְקַבֵּל בְּרָצוֹן, וּתְהִי לְרָצוֹן תָּמִיד עֲבוֹדַת יִשְׂרָאֵל עַמֶּךָ.

On Rosh Ḥodesh and on Ḥol Ha-mo'ed:

אֱלֹהֵינוּ וֵאלֹהֵי אֲבוֹתֵינוּ, יַעֲלֶה וְיָבֹא וְיַגִּיעַ, וְיֵרָאֶה וְיֵרָצֶה וְיִשָּׁמַע, וְיִפָּקֵד וְיִזָּכֵר זִכְרוֹנֵנוּ וּפִקְדוֹנֵנוּ, וְזִכְרוֹן אֲבוֹתֵינוּ, וְזִכְרוֹן מָשִׁיחַ בֶּן־דָּוִד עַבְדֶּךָ, וְזִכְרוֹן יְרוּשָׁלַיִם עִיר קָדְשֶׁךָ, וְזִכְרוֹן כָּל־עַמְּךָ בֵּית יִשְׂרָאֵל לְפָנֶיךָ, לִפְלֵיטָה לְטוֹבָה, לְחֵן וּלְחֶסֶד וּלְרַחֲמִים, לְחַיִּים וּלְשָׁלוֹם בְּיוֹם

Rosh Ḥodesh: רֹאשׁ הַחֹדֶשׁ

Pesaḥ: חַג הַמַּצּוֹת

Sukkot: חַג הַסֻּכּוֹת

הַזֶּה. זָכְרֵנוּ יהוה אֱלֹהֵינוּ בּוֹ לְטוֹבָה, וּפָקְדֵנוּ בוֹ לִבְרָכָה, וְהוֹשִׁיעֵנוּ בוֹ לְחַיִּים. וּבִדְבַר יְשׁוּעָה וְרַחֲמִים חוּס וְחָנֵּנוּ וְרַחֵם עָלֵינוּ וְהוֹשִׁיעֵנוּ כִּי אֵלֶיךָ עֵינֵינוּ, כִּי אֵל מֶלֶךְ חַנּוּן וְרַחוּם אָתָּה.

וְתֶחֱזֶינָה עֵינֵינוּ בְּשׁוּבְךָ לְצִיּוֹן בְּרַחֲמִים.
בָּרוּךְ אַתָּה יהוה הַמַּחֲזִיר שְׁכִינָתוֹ לְצִיּוֹן.

מוֹדִים אֲנַחְנוּ לָךְ שָׁאַתָּה הוּא יהוה אֱלֹהֵינוּ וֵאלֹהֵי אֲבוֹתֵינוּ לְעוֹלָם וָעֶד, צוּר חַיֵּינוּ מָגֵן יִשְׁעֵנוּ אַתָּה הוּא לְדוֹר וָדוֹר. נוֹדֶה לְּךָ וּנְסַפֵּר תְּהִלָּתֶךָ, עַל חַיֵּינוּ הַמְּסוּרִים בְּיָדֶךָ וְעַל נִשְׁמוֹתֵינוּ הַפְּקוּדוֹת לָךְ וְעַל נִסֶּיךָ שֶׁבְּכָל־יוֹם עִמָּנוּ וְעַל נִפְלְאוֹתֶיךָ וְטוֹבוֹתֶיךָ שֶׁבְּכָל־עֵת, עֶרֶב וָבֹקֶר וְצָהֳרָיִם. הַטּוֹב כִּי לֹא כָלוּ רַחֲמֶיךָ, וְהַמְרַחֵם כִּי לֹא תַמּוּ חֲסָדֶיךָ, מֵעוֹלָם קִוִּינוּ לָךְ.

Bring to flower the shoot of Your servant David. Hasten the advent of Messianic redemption. Each and every day we hope for Your deliverance. Praised are You, Lord who assures our deliverance.

Lord our God, hear our voice. Have compassion upon us, pity us, accept our prayer with loving favor. You listen to entreaty and prayer. Do not turn us away unanswered, our King, for You mercifully heed Your people's supplication. Praised are You, Lord who hears prayer.

Accept the prayer of Your people Israel as lovingly as it is offered. Restore worship to Your sanctuary. May the worship of Your people Israel always be acceptable to You.

On Rosh Ḥodesh and on Ḥol Ha-mo'ed:

Our God and God of our ancestors, on this day of

Rosh Ḥodesh   Pesaḥ   Sukkot

remember our ancestors and be gracious to us. Consider the people Israel standing before You praying for the days of Messiah and for Jerusalem, Your holy city. Grant us life, well-being, lovingkindness, and peace. Bless us, Lord our God, with all that is good. Remember Your promise of mercy and redemption. Be merciful to us and save us, for we place our hope in You, gracious and merciful God and King.

May we witness Your merciful return to Zion. Praised are You, Lord who restores His Presence to Zion.

We proclaim that You are the Lord our God and God of our ancestors throughout all time. You are the Rock of our lives, the Shield of our salvation in every generation. We thank You and praise You morning, noon, and night for Your miracles which daily attend us and for Your wondrous kindnesses. Our lives are in Your hand; our souls are in Your charge. You are good, with everlasting mercy; You are compassionate, with enduring lovingkindness. We have always placed our hope in You.

On Ḥanukkah:

עַל הַנִּסִּים וְעַל הַפֻּרְקָן, וְעַל הַגְּבוּרוֹת, וְעַל הַתְּשׁוּעוֹת, וְעַל הַמִּלְחָמוֹת שֶׁעָשִׂיתָ לַאֲבוֹתֵינוּ בַּיָּמִים הָהֵם וּבַזְּמַן הַזֶּה.

בִּימֵי מַתִּתְיָהוּ בֶּן־יוֹחָנָן כֹּהֵן גָּדוֹל, חַשְׁמוֹנַי וּבָנָיו, כְּשֶׁעָמְדָה מַלְכוּת יָוָן הָרְשָׁעָה עַל עַמְּךָ יִשְׂרָאֵל לְהַשְׁכִּיחָם תּוֹרָתֶךָ וּלְהַעֲבִירָם מֵחֻקֵּי רְצוֹנֶךָ, וְאַתָּה בְּרַחֲמֶיךָ הָרַבִּים עָמַדְתָּ לָהֶם בְּעֵת צָרָתָם, רַבְתָּ אֶת־רִיבָם, דַּנְתָּ אֶת־דִּינָם, נָקַמְתָּ אֶת־נִקְמָתָם, מָסַרְתָּ גִבּוֹרִים בְּיַד חַלָּשִׁים, וְרַבִּים בְּיַד מְעַטִּים, וּטְמֵאִים בְּיַד טְהוֹרִים, וּרְשָׁעִים בְּיַד צַדִּיקִים, וְזֵדִים בְּיַד עוֹסְקֵי תוֹרָתֶךָ. וּלְךָ עָשִׂיתָ שֵׁם גָּדוֹל וְקָדוֹשׁ בְּעוֹלָמֶךָ, וּלְעַמְּךָ יִשְׂרָאֵל עָשִׂיתָ תְּשׁוּעָה גְדוֹלָה וּפֻרְקָן כְּהַיּוֹם הַזֶּה. וְאַחַר כֵּן בָּאוּ בָנֶיךָ לִדְבִיר בֵּיתֶךָ, וּפִנּוּ אֶת־הֵיכָלֶךָ, וְטִהֲרוּ אֶת־מִקְדָּשֶׁךָ, וְהִדְלִיקוּ נֵרוֹת בְּחַצְרוֹת קָדְשֶׁךָ, וְקָבְעוּ שְׁמוֹנַת יְמֵי חֲנֻכָּה אֵלּוּ לְהוֹדוֹת וּלְהַלֵּל לְשִׁמְךָ הַגָּדוֹל.

On Purim:

עַל הַנִּסִּים וְעַל הַפֻּרְקָן, וְעַל הַגְּבוּרוֹת, וְעַל הַתְּשׁוּעוֹת, וְעַל הַמִּלְחָמוֹת שֶׁעָשִׂיתָ לַאֲבוֹתֵינוּ בַּיָּמִים הָהֵם וּבַזְּמַן הַזֶּה.

בִּימֵי מָרְדְּכַי וְאֶסְתֵּר בְּשׁוּשַׁן הַבִּירָה, כְּשֶׁעָמַד עֲלֵיהֶם הָמָן הָרָשָׁע, בִּקֵּשׁ לְהַשְׁמִיד לַהֲרוֹג וּלְאַבֵּד אֶת־כָּל־הַיְּהוּדִים, מִנַּעַר וְעַד זָקֵן, טַף וְנָשִׁים, בְּיוֹם אֶחָד, בִּשְׁלוֹשָׁה עָשָׂר לְחֹדֶשׁ שְׁנֵים־עָשָׂר, הוּא חֹדֶשׁ אֲדָר, וּשְׁלָלָם לָבוֹז. וְאַתָּה בְּרַחֲמֶיךָ הָרַבִּים הֵפַרְתָּ אֶת־עֲצָתוֹ, וְקִלְקַלְתָּ אֶת־מַחֲשַׁבְתּוֹ, וַהֲשֵׁבוֹתָ גְּמוּלוֹ בְּרֹאשׁוֹ, וְתָלוּ אוֹתוֹ וְאֶת־בָּנָיו עַל הָעֵץ.

On Israel's Independence Day:

עַל הַנִּסִּים וְעַל הַפֻּרְקָן, וְעַל הַגְּבוּרוֹת, וְעַל הַתְּשׁוּעוֹת, וְעַל הַמִּלְחָמוֹת שֶׁעָשִׂיתָ לַאֲבוֹתֵינוּ בַּיָּמִים הָהֵם וּבַזְּמַן הַזֶּה.

בִּימֵי שִׁיבַת בָּנִים לִגְבוּלָם, בְּעֵת תְּקוּמַת עַם בְּאַרְצוֹ כִּימֵי קֶדֶם, נִסְגְּרוּ שַׁעֲרֵי אֶרֶץ אָבוֹת בִּפְנֵי אַחֵינוּ פְּלִיטֵי חֶרֶב, וְאוֹיְבִים בָּאָרֶץ וְשִׁבְעָה עֲמָמִים בַּעֲלֵי בְרִיתָם קָמוּ לְהַכְרִית עַמְּךָ יִשְׂרָאֵל, וְאַתָּה בְּרַחֲמֶיךָ הָרַבִּים עָמַדְתָּ לָהֶם בְּעֵת צָרָתָם, רַבְתָּ אֶת־רִיבָם, דַּנְתָּ אֶת־דִּינָם, חִזַּקְתָּ אֶת־לִבָּם לַעֲמוֹד בַּשַּׁעַר, וְלִפְתֹּחַ שְׁעָרִים לַנִּרְדָּפִים וּלְגָרֵשׁ אֶת־צִבְאוֹת הָאוֹיֵב מִן הָאָרֶץ. מָסַרְתָּ רַבִּים בְּיַד מְעַטִּים, וּרְשָׁעִים בְּיַד צַדִּיקִים, וּלְךָ עָשִׂיתָ שֵׁם גָּדוֹל וְקָדוֹשׁ בְּעוֹלָמֶךָ, וּלְעַמְּךָ יִשְׂרָאֵל עָשִׂיתָ תְּשׁוּעָה גְדוֹלָה וּפֻרְקָן כְּהַיּוֹם הַזֶּה.

On Ḥanukkah:

We thank You for the heroism, for the triumphs, and for the miraculous deliverance of our ancestors in other days, and in our time.

In the days of Mattathias son of Yoḥanan, the Hasmonean *kohen gadol*, and in the days of his sons, a cruel power rose against Israel, demanding that they abandon Your Torah and violate Your mitzvot. You, in great mercy, stood by Your people in time of trouble. You defended them, vindicated them, and avenged their wrongs. You delivered the strong into the hands of the weak, the many into the hands of the few, the corrupt into the hands of the pure in heart, the guilty into the hands of the innocent. You delivered the arrogant into the hands of those who were faithful to Your Torah. You have wrought great victories and miraculous deliverance for Your people Israel to this day, revealing Your glory and Your holiness to all the world. Then Your children came into Your shrine, cleansed Your Temple, purified Your sanctuary, and kindled lights in Your sacred courts. They set aside these eight days as a season for giving thanks and reciting praises to You.

On Purim:

We thank You for the heroism, for the triumphs, and for the miraculous deliverance of our ancestors in other days, and in our time.

In the days of Mordecai and Esther, in Shushan, the capital of Persia, the wicked Haman rose up against all Jews and plotted their destruction. In a single day, the thirteenth of Adar, the twelfth month of the year, Haman planned to annihilate all Jews, young and old, and to permit the plunder of their property. You, in great mercy, thwarted his designs, frustrated his plot, and visited upon him the evil he planned to bring on others. Haman, together with his sons, suffered death on the gallows he had made for Mordecai.

On Israel's Independence Day:

We thank You for the heroism, for the triumphs, and for the miraculous deliverance of our ancestors in other days, and in our time.

In the days when Your children were returning to their borders, at the time of a people revived in its land as in days of old, the gates to the land of our ancestors were closed before those who were fleeing the sword. When enemies from within the land together with seven neighboring nations sought to annihilate Your people, You, in Your great mercy, stood by them in time of trouble. You defended them and vindicated them. You gave them the courage to meet their foes, to open the gates to those seeking refuge, and to free the land of its armed invaders. You delivered the many into the hands of the few, the guilty into the hands of the innocent. You have wrought great victories and miraculous deliverance for Your people Israel to this day, revealing Your glory and Your holiness to all the world.

וְעַל כֻּלָּם יִתְבָּרַךְ וְיִתְרוֹמַם שִׁמְךָ מַלְכֵּנוּ תָּמִיד לְעוֹלָם וָעֶד.

Between Rosh Hashanah and Yom Kippur:

וּכְתֹב לְחַיִּים טוֹבִים כָּל־בְּנֵי בְרִיתֶךָ.

וְכֹל הַחַיִּים יוֹדוּךָ סֶּלָה, וִיהַלְלוּ אֶת־שִׁמְךָ בֶּאֱמֶת, הָאֵל יְשׁוּעָתֵנוּ וְעֶזְרָתֵנוּ סֶלָה. בָּרוּךְ אַתָּה יהוה הַטּוֹב שִׁמְךָ וּלְךָ נָאֶה לְהוֹדוֹת.

שָׁלוֹם רָב עַל יִשְׂרָאֵל עַמְּךָ וְעַל כָּל־יוֹשְׁבֵי תֵבֵל תָּשִׂים לְעוֹלָם, כִּי אַתָּה הוּא מֶלֶךְ אָדוֹן לְכָל־הַשָּׁלוֹם. וְטוֹב בְּעֵינֶיךָ לְבָרֵךְ אֶת־עַמְּךָ יִשְׂרָאֵל בְּכָל־עֵת וּבְכָל־שָׁעָה בִּשְׁלוֹמֶךָ.

Between Rosh Hashanah and Yom Kippur substitute these words for the line which follows:

בְּסֵפֶר חַיִּים בְּרָכָה וְשָׁלוֹם, וּפַרְנָסָה טוֹבָה, נִזָּכֵר וְנִכָּתֵב לְפָנֶיךָ, אֲנַחְנוּ וְכָל־עַמְּךָ בֵּית יִשְׂרָאֵל, לְחַיִּים טוֹבִים וּלְשָׁלוֹם. בָּרוּךְ אַתָּה יהוה עֹשֵׂה הַשָּׁלוֹם.

בָּרוּךְ אַתָּה יהוה הַמְבָרֵךְ אֶת־עַמּוֹ יִשְׂרָאֵל בַּשָּׁלוֹם.

At the conclusion of the Amidah, personal prayers may be added

אֱלֹהַי, נְצוֹר לְשׁוֹנִי מֵרָע וּשְׂפָתַי מִדַּבֵּר מִרְמָה, וְלִמְקַלְלַי נַפְשִׁי תִדֹּם, וְנַפְשִׁי כֶּעָפָר לַכֹּל תִּהְיֶה. פְּתַח לִבִּי בְּתוֹרָתֶךָ וּבְמִצְוֹתֶיךָ תִּרְדֹּף נַפְשִׁי. וְכֹל הַחוֹשְׁבִים עָלַי רָעָה, מְהֵרָה הָפֵר עֲצָתָם וְקַלְקֵל מַחֲשַׁבְתָּם. עֲשֵׂה לְמַעַן שְׁמֶךָ, עֲשֵׂה לְמַעַן יְמִינֶךָ, עֲשֵׂה לְמַעַן קְדֻשָּׁתֶךָ, עֲשֵׂה לְמַעַן תּוֹרָתֶךָ, לְמַעַן יֵחָלְצוּן יְדִידֶיךָ, הוֹשִׁיעָה יְמִינְךָ וַעֲנֵנִי. יִהְיוּ לְרָצוֹן אִמְרֵי־פִי וְהֶגְיוֹן לִבִּי לְפָנֶיךָ, יהוה צוּרִי וְגֹאֲלִי. עוֹשֶׂה שָׁלוֹם בִּמְרוֹמָיו, הוּא יַעֲשֶׂה שָׁלוֹם עָלֵינוּ וְעַל כָּל־יִשְׂרָאֵל, וְאִמְרוּ אָמֵן.

An alternative:

יְהִי רָצוֹן מִלְּפָנֶיךָ, יהוה אֱלֹהַי וֵאלֹהֵי אֲבוֹתַי, שֶׁיִּכְבְּשׁוּ רַחֲמֶיךָ אֶת־כַּעַסְךָ וְשֶׁתִּפְנֶה אֵלֵינוּ בְּמִדַּת חֶסֶד. רַחֵם עָלַי וְעַל כָּל־נַפְשׁוֹת בֵּיתִי, וְהָגֵן עָלֵינוּ מִכָּל־אַכְזְרִיּוּת. דֶּרֶךְ שֶׁקֶר הָסֵר

For all these blessings we shall ever praise and exalt You.

Between Rosh Hashanah and Yom Kippur:

Inscribe all the people of Your covenant for a good life.

May every living creature thank You and praise You faithfully, our deliverance and our help. Praised are You, beneficent Lord to whom all praise is due.

Grant true and lasting peace to Your people Israel and to all who dwell on earth, for You are the supreme Sovereign of peace. May it please You to bless Your people Israel in every season and at all times with Your gift of peace.

Between Rosh Hashanah and Yom Kippur
substitute these words for the line which follows:

May we and the entire House of Israel be remembered and recorded in the Book of life, blessing, sustenance, and peace. Praised are You, Lord, Source of peace.

Praised are You, Lord who blesses His people Israel with peace.

At the conclusion of the Amidah, personal
prayers may be added

My God, keep my tongue from evil, my lips from lies. Help me ignore those who slander me. Let me be humble before all. Open my heart to Your Torah, so that I may pursue Your mitzvot. Frustrate the designs of those who plot evil against me. Make nothing of their schemes. Do so because of Your compassion, Your power, Your holiness, and Your Torah. Answer my prayer for the deliverance of Your people. May the words of my mouth and the meditations of my heart be acceptable to You, my Rock and my Redeemer. He who brings peace to His universe will bring peace to us and to all the people Israel. Amen.

An alternative:

May it be Your will, Lord my God and God of my ancestors, that Your compassion overwhelm Your demand for strict justice; turn to us with Your lovingkindness. Have compassion for me and for my entire family; shield us from all cruelty. Put false ways far from me, turn me away from visions that lead to futility. Lead me on a proper path, open my eyes to the wonders which come from Your Torah. May I not

מִמֶּנִּי, וְהַעֲבֵר עֵינַי מֵרְאוֹת שָׁוְא. נְחֵנִי בְּאֹרַח מִישׁוֹר, גַּל עֵינַי וְאַבִּיטָה נִפְלָאוֹת מִתּוֹרָתֶךָ. אַל תַּצְרִיכֵנִי לִידֵי מַתְּנַת בָּשָׂר וָדָם, וְעַד זִקְנָה וְשֵׂיבָה אַל תַּעַזְבֵנִי. תַּשְׂכִּילֵנִי שֵׂכֶל טוֹב מִלְּפָנֶיךָ לְמַעַן אַשְׂכִּיל בְּכָל־אֲשֶׁר אֶעֱשֶׂה, וְאֶמְצָא חֵן וְחֶסֶד וְרַחֲמִים בְּעֵינֶיךָ וּבְעֵינֵי כָל־רוֹאַי. יִהְיוּ לְרָצוֹן אִמְרֵי פִי וְהֶגְיוֹן לִבִּי לְפָנֶיךָ יהוה צוּרִי וְגֹאֲלִי.

On Saturday night, we continue on page 682. If the week to come includes a holiday, however, we continue with Kaddish Shalem and then we turn to page 690, ויתן לך.

KADDISH SHALEM

Reader:

יִתְגַּדַּל וְיִתְקַדַּשׁ שְׁמֵהּ רַבָּא בְּעָלְמָא דִּי בְרָא כִרְעוּתֵהּ, וְיַמְלִיךְ מַלְכוּתֵהּ בְּחַיֵּיכוֹן וּבְיוֹמֵיכוֹן וּבְחַיֵּי דְכָל־בֵּית יִשְׂרָאֵל, בַּעֲגָלָא וּבִזְמַן קָרִיב, וְאִמְרוּ אָמֵן.

Congregation and Reader:

יְהֵא שְׁמֵהּ רַבָּא מְבָרַךְ לְעָלַם וּלְעָלְמֵי עָלְמַיָּא.

Reader:

יִתְבָּרַךְ וְיִשְׁתַּבַּח וְיִתְפָּאַר וְיִתְרוֹמַם וְיִתְנַשֵּׂא, וְיִתְהַדָּר וְיִתְעַלֶּה וְיִתְהַלָּל שְׁמֵהּ דְּקֻדְשָׁא, בְּרִיךְ הוּא לְעֵלָּא (לְעֵלָּא מִכָּל־) מִן כָּל־בִּרְכָתָא וְשִׁירָתָא, תֻּשְׁבְּחָתָא וְנֶחֱמָתָא דַּאֲמִירָן בְּעָלְמָא, וְאִמְרוּ אָמֵן.

תִּתְקַבַּל צְלוֹתְהוֹן וּבָעוּתְהוֹן דְּכָל־יִשְׂרָאֵל קֳדָם אֲבוּהוֹן דִּי בִשְׁמַיָּא וְאִמְרוּ אָמֵן.

יְהֵא שְׁלָמָא רַבָּא מִן שְׁמַיָּא וְחַיִּים עָלֵינוּ וְעַל כָּל־יִשְׂרָאֵל, וְאִמְרוּ אָמֵן.

עוֹשֶׂה שָׁלוֹם בִּמְרוֹמָיו, הוּא יַעֲשֶׂה שָׁלוֹם עָלֵינוּ וְעַל כָּל־יִשְׂרָאֵל, וְאִמְרוּ אָמֵן.

be dependent upon the gifts of others; forsake me not as I grow older. Bless me with a wisdom that will be reflected in all that I do. May kindness, compassion, and love be my lot, from You and from all who know me. May the words of my mouth and the meditations of my heart be acceptable to You, Lord, my Rock and my Redeemer.

On Saturday night, we continue on page 683. If the week to come includes a holiday, however, we continue with Kaddish Shalem and then we turn to page 691, "These are Isaac's blessings . . ."

 ## KADDISH SHALEM

Reader:

Hallowed and enhanced may He be throughout the world of His own creation. May He cause His sovereignty soon to be accepted, during our life and the life of all Israel. And let us say: Amen.

Congregation and Reader:

Y'hei sh'mei raba mevarakh l'alam u-l'almei almaya.

May He be praised throughout all time.

Reader:

Glorified and celebrated, lauded and worshiped, acclaimed and honored, extolled and exalted may the Holy One be, praised beyond all song and psalm, beyond all tributes which mortals can utter. And let us say: Amen.

May the prayers and pleas of the whole House of Israel be accepted by our Father in Heaven. And let us say: Amen.

Let there be abundant peace from Heaven, with life's goodness for us and for all the people Israel. And let us say: Amen.

He who brings peace to His universe will bring peace to us and to all the people Israel. And let us say: Amen.

*From the eve of the second day of Pesaḥ until
Shavuot eve, the Omer is counted. We rise and
turn to page 236.*

ALEINU

עָלֵינוּ לְשַׁבֵּחַ לַאֲדוֹן הַכֹּל, לָתֵת גְּדֻלָּה לְיוֹצֵר בְּרֵאשִׁית, שֶׁלֹּא
עָשָׂנוּ כְּגוֹיֵי הָאֲרָצוֹת וְלֹא שָׂמָנוּ כְּמִשְׁפְּחוֹת הָאֲדָמָה, שֶׁלֹּא
שָׂם חֶלְקֵנוּ כָּהֶם וְגוֹרָלֵנוּ כְּכָל־הֲמוֹנָם. וַאֲנַחְנוּ כּוֹרְעִים
וּמִשְׁתַּחֲוִים וּמוֹדִים לִפְנֵי מֶלֶךְ מַלְכֵי הַמְּלָכִים הַקָּדוֹשׁ בָּרוּךְ
הוּא, שֶׁהוּא נוֹטֶה שָׁמַיִם וְיוֹסֵד אָרֶץ, וּמוֹשַׁב יְקָרוֹ בַּשָּׁמַיִם
מִמַּעַל וּשְׁכִינַת עֻזּוֹ בְּגָבְהֵי מְרוֹמִים. הוּא אֱלֹהֵינוּ, אֵין עוֹד.
אֱמֶת מַלְכֵּנוּ, אֶפֶס זוּלָתוֹ, כַּכָּתוּב בְּתוֹרָתוֹ: וְיָדַעְתָּ הַיּוֹם
וַהֲשֵׁבֹתָ אֶל לְבָבֶךָ, כִּי יהוה הוּא הָאֱלֹהִים בַּשָּׁמַיִם מִמַּעַל וְעַל
הָאָרֶץ מִתָּחַת, אֵין עוֹד.

עַל כֵּן נְקַוֶּה לְּךָ יהוה אֱלֹהֵינוּ לִרְאוֹת מְהֵרָה בְּתִפְאֶרֶת עֻזֶּךָ,
לְהַעֲבִיר גִּלּוּלִים מִן הָאָרֶץ וְהָאֱלִילִים כָּרוֹת יִכָּרֵתוּן, לְתַקֵּן
עוֹלָם בְּמַלְכוּת שַׁדַּי וְכָל־בְּנֵי בָשָׂר יִקְרְאוּ בִשְׁמֶךָ, לְהַפְנוֹת
אֵלֶיךָ כָּל־רִשְׁעֵי אָרֶץ. יַכִּירוּ וְיֵדְעוּ כָּל־יוֹשְׁבֵי תֵבֵל כִּי לְךָ
תִּכְרַע כָּל־בֶּרֶךְ תִּשָּׁבַע כָּל־לָשׁוֹן. לְפָנֶיךָ יהוה אֱלֹהֵינוּ יִכְרְעוּ
וְיִפֹּלוּ. וְלִכְבוֹד שִׁמְךָ יְקָר יִתֵּנוּ, וִיקַבְּלוּ כֻלָּם אֶת־עֹל מַלְכוּתֶךָ
וְתִמְלֹךְ עֲלֵיהֶם מְהֵרָה לְעוֹלָם וָעֶד, כִּי הַמַּלְכוּת שֶׁלְּךָ הִיא
וּלְעוֹלְמֵי עַד תִּמְלוֹךְ בְּכָבוֹד, כַּכָּתוּב בְּתוֹרָתֶךָ: יהוה יִמְלֹךְ
לְעֹלָם וָעֶד. □ וְנֶאֱמַר: וְהָיָה יהוה לְמֶלֶךְ עַל כָּל־הָאָרֶץ, בַּיּוֹם
הַהוּא יִהְיֶה יהוה אֶחָד וּשְׁמוֹ אֶחָד.

From the eve of the second day of Pesaḥ until Shavuot eve, the Omer is counted. We rise and turn to page 236.

❧ ALEINU

We rise to our duty to praise the Lord of all, to acclaim the Creator. He made our lot unlike that of other people, assigning to us a unique destiny. We bend the knee and bow, acknowledging the King of kings, the Holy One praised be He, who spread out the heavens and laid the foundations of the earth, whose glorious abode is in the highest heaven, whose mighty dominion is in the loftiest heights. He is our God, there is no other. In truth, He alone is our King, as it is written in His Torah: "Know this day and take it to heart that the Lord is God in heaven above and on earth below; there is no other."

Va-anaḥnu kor'im u-mishtaḥavim u-modim
lifnei melekh malkhei ha-melakhim, ha-kadosh barukh hu.

And so we hope in You, Lord our God, soon to see Your splendor, sweeping idolatry away so that false gods will be utterly destroyed, perfecting earth by Your kingship so that all mankind will invoke Your name, bringing all the earth's wicked back to You, repentant. Then all who live will know that to You every knee must bend, every tongue pledge loyalty. To You, Lord, may all bow in worship, may they give honor to Your glory. May everyone accept the rule of Your kingship. Reign over all, soon and for all time. Sovereignty is Yours in glory, now and forever. Thus is it written in Your Torah: The Lord reigns for ever and ever. Such is the assurance of Your prophet Zechariah: The Lord shall be acknowledged King of all the earth. On that day the Lord shall be One and His name One.

V'ne'emar, v'haya Adonai l'melekh al kol ha-aretz,
ba-yom ha-hu yiyeh Adonai eḥad u-sh'mo eḥad.

Mourners and those observing Yahrzeit:

יִתְגַּדַּל וְיִתְקַדַּשׁ שְׁמֵהּ רַבָּא בְּעָלְמָא דִּי בְרָא כִרְעוּתֵהּ, וְיַמְלִיךְ מַלְכוּתֵהּ בְּחַיֵּיכוֹן וּבְיוֹמֵיכוֹן וּבְחַיֵּי דְכָל־בֵּית יִשְׂרָאֵל, בַּעֲגָלָא וּבִזְמַן קָרִיב, וְאִמְרוּ אָמֵן.

Congregation and mourner:

יְהֵא שְׁמֵהּ רַבָּא מְבָרַךְ לְעָלַם וּלְעָלְמֵי עָלְמַיָּא.

Mourner:

יִתְבָּרַךְ וְיִשְׁתַּבַּח וְיִתְפָּאַר וְיִתְרוֹמַם וְיִתְנַשֵּׂא, וְיִתְהַדַּר וְיִתְעַלֶּה וְיִתְהַלַּל שְׁמֵהּ דְּקֻדְשָׁא, בְּרִיךְ הוּא לְעֵלָּא (לְעֵלָּא מִכָּל־) מִן כָּל־בִּרְכָתָא וְשִׁירָתָא, תֻּשְׁבְּחָתָא וְנֶחֱמָתָא דַּאֲמִירָן בְּעָלְמָא, וְאִמְרוּ אָמֵן.

יְהֵא שְׁלָמָא רַבָּא מִן שְׁמַיָּא וְחַיִּים עָלֵינוּ וְעַל כָּל־יִשְׂרָאֵל, וְאִמְרוּ אָמֵן.

עֹשֶׂה שָׁלוֹם בִּמְרוֹמָיו, הוּא יַעֲשֶׂה שָׁלוֹם עָלֵינוּ וְעַל כָּל־יִשְׂרָאֵל, וְאִמְרוּ אָמֵן.

In a House of Mourning, Psalm 49 [page 42] or Psalm 42 [page 44] is added

From Rosh Ḥodesh Elul through Hoshana Rabbah, Psalm 27 [page 40] is added

In some communities, when these psalms are added, the Mourner's Kaddish is recited once only, following Aleinu and both or either of the psalm selections

MOURNER'S KADDISH

Mourners and those observing Yahrzeit:

Yitgadal v'yitkadash sh'mei raba b'alma di v'ra khir'utei, v'yamlikh malkhutei b'ḥayeikhon u-v'yomeikhon u-v'ḥayei d'khol beit yisrael, ba-agala u-vi-z'man kariv, v'imru amen.

Congregation and mourner:

Y'hei sh'mei raba m'varakh l'alam u-l'almei almaya.

Mourner:

Yitbarakh v'yishtabaḥ v'yitpa'ar v'yitromam v'yitnasei, v'yit-hadar v'yit'aleh v'yit-halal sh'mei d'kudsha, b'rikh hu l'ela (l'ela mi-kol) min kol birkhata v'shirata, tushb'ḥata v'neḥemata da-amiran b'alma, v'imru amen.

Y'hei sh'lama raba min sh'maya v'ḥayim aleinu v'al kol yisrael, v'imru amen.

Oseh shalom bi-m'romav, hu ya'aseh shalom aleinu v'al kol yisrael, v'imru amen.

In a House of Mourning, Psalm 49 [page 43] or Psalm 42 [page 45] is added

From Rosh Ḥodesh Elul through Hoshana Rabbah, Psalm 27 [page 41] is added

In some communities, when these psalms are added, the Mourner's Kaddish is recited once only, following Aleinu and both or either of the psalm selections

HAVINENU

AN ABRIDGED AMIDAH FOR WEEKDAYS 🦎

Certain constraints of time or circumstance may make it preferable for an individual to recite an abridged version of the weekday Amidah. The thirteen middle *berakhot*, with their petitions, are here condensed into one *berakhah* (beginning "Grant us understanding..." *havinenu*). The first three and last three *berakhot* remain the same as in the full Amidah.

אֲדֹנָי, שְׂפָתַי תִּפְתָּח וּפִי יַגִּיד תְּהִלָּתֶךָ.

בָּרוּךְ אַתָּה יהוה אֱלֹהֵינוּ וֵאלֹהֵי אֲבוֹתֵינוּ, אֱלֹהֵי אַבְרָהָם אֱלֹהֵי יִצְחָק וֵאלֹהֵי יַעֲקֹב, הָאֵל הַגָּדוֹל הַגִּבּוֹר וְהַנּוֹרָא, אֵל עֶלְיוֹן, גּוֹמֵל חֲסָדִים טוֹבִים וְקוֹנֵה הַכֹּל, וְזוֹכֵר חַסְדֵי אָבוֹת וּמֵבִיא גוֹאֵל לִבְנֵי בְנֵיהֶם לְמַעַן שְׁמוֹ בְּאַהֲבָה. מֶלֶךְ עוֹזֵר וּמוֹשִׁיעַ וּמָגֵן. בָּרוּךְ אַתָּה יהוה מָגֵן אַבְרָהָם.

אַתָּה גִּבּוֹר לְעוֹלָם אֲדֹנָי, מְחַיֵּה מֵתִים אַתָּה רַב לְהוֹשִׁיעַ.

From Sh'mini Atzeret to Pesaḥ:

מַשִּׁיב הָרוּחַ וּמוֹרִיד הַגָּשֶׁם.

מְכַלְכֵּל חַיִּים בְּחֶסֶד, מְחַיֵּה מֵתִים בְּרַחֲמִים רַבִּים, סוֹמֵךְ נוֹפְלִים וְרוֹפֵא חוֹלִים וּמַתִּיר אֲסוּרִים, וּמְקַיֵּם אֱמוּנָתוֹ לִישֵׁנֵי עָפָר. מִי כָמוֹךָ בַּעַל גְּבוּרוֹת וּמִי דּוֹמֶה לָּךְ, מֶלֶךְ מֵמִית וּמְחַיֶּה וּמַצְמִיחַ יְשׁוּעָה. וְנֶאֱמָן אַתָּה לְהַחֲיוֹת מֵתִים. בָּרוּךְ אַתָּה יהוה מְחַיֵּה הַמֵּתִים.

אַתָּה קָדוֹשׁ וְשִׁמְךָ קָדוֹשׁ, וּקְדוֹשִׁים בְּכָל־יוֹם יְהַלְלוּךָ סֶּלָה. בָּרוּךְ אַתָּה יהוה הָאֵל הַקָּדוֹשׁ.

הֲבִינֵנוּ יהוה אֱלֹהֵינוּ לָדַעַת דְּרָכֶיךָ, וּמוֹל אֶת־לְבָבֵנוּ לְיִרְאָתֶךָ, וְתִסְלַח לָנוּ לִהְיוֹת גְּאוּלִים, וְרַחֲקֵנוּ מִמַּכְאוֹב, וְדַשְּׁנֵנוּ בִּנְאוֹת אַרְצֶךָ, וּנְפוּצוֹתֵינוּ מֵאַרְבַּע תְּקַבֵּץ, וְהַתּוֹעִים עַל דַּעְתְּךָ יִשָּׁפֵטוּ, וְעַל הָרְשָׁעִים תָּנִיף יָדֶךָ, וְיִשְׂמְחוּ צַדִּיקִים

HAVINENU

 ## AN ABRIDGED AMIDAH FOR WEEKDAYS

Certain constraints of time or circumstance may make it preferable for an individual to recite an abridged version of the weekday Amidah. The thirteen middle *berakhot*, with their petitions, are here condensed into one *berakhah* (beginning "Grant us understanding . . ." *havinenu*). The first three and last three *berakhot* remain the same as in the full Amidah.

Open my mouth, O Lord, and my lips will proclaim Your praise.

Praised are You, Lord our God and God of our ancestors, God of Abraham, of Isaac, and of Jacob, great, mighty, awesome, exalted God who bestows lovingkindness, Creator of all. You remember the pious deeds of our ancestors and will send a redeemer to their children's children because of Your loving nature. You are the King who helps and saves and shields. Praised are You, Lord, Shield of Abraham.

Your might, O Lord, is boundless. You give life to the dead; great is Your saving power.

> *From Sh'mini Atzeret to Pesaḥ:*
>
> You cause the wind to blow and the rain to fall.

Your lovingkindness sustains the living, Your great mercies give life to the dead. You support the falling, heal the ailing, free the fettered. You keep Your faith with those who sleep in dust. Whose power can compare with Yours? You are the Master of life and death and deliverance. Faithful are You in giving life to the dead. Praised are You, Lord, Master of life and death.

Holy are You and holy is Your name. Holy are those who praise You daily. Praised are You, Lord, holy God.

Grant us understanding, Lord our God, that we may know Your ways; open our hearts to repentance, that we may in reverence serve You. Forgive us our sins; redeem us from our afflictions. With Your healing, keep us far from pain. Let us enjoy the prosperity of Your land. Gather our scattered and homeless from throughout the world. May those who stray from You and Your ways be judged, may the wicked feel the weight of Your hand. May the righteous rejoice in the

בְּבִנְיַן עִירֶךָ וּבְתִקּוּן הֵיכָלֶךָ, וּבִצְמִיחַת קֶרֶן לְדָוִד עַבְדֶּךָ וּבַעֲרִיכַת נֵר לְבֶן־יִשַׁי מְשִׁיחֶךָ. טֶרֶם נִקְרָא אַתָּה תַעֲנֶה. בָּרוּךְ אַתָּה יהוה, שׁוֹמֵעַ תְּפִלָּה.

רְצֵה יהוה אֱלֹהֵינוּ בְּעַמְּךָ יִשְׂרָאֵל וּבִתְפִלָּתָם, וְהָשֵׁב אֶת־הָעֲבוֹדָה לִדְבִיר בֵּיתֶךָ, וּתְפִלָּתָם בְּאַהֲבָה תְקַבֵּל בְּרָצוֹן, וּתְהִי לְרָצוֹן תָּמִיד עֲבוֹדַת יִשְׂרָאֵל עַמֶּךָ. וְתֶחֱזֶינָה עֵינֵינוּ בְּשׁוּבְךָ לְצִיּוֹן בְּרַחֲמִים. בָּרוּךְ אַתָּה יהוה הַמַּחֲזִיר שְׁכִינָתוֹ לְצִיּוֹן.

מוֹדִים אֲנַחְנוּ לָךְ שָׁאַתָּה הוּא יהוה אֱלֹהֵינוּ וֵאלֹהֵי אֲבוֹתֵינוּ לְעוֹלָם וָעֶד, צוּר חַיֵּינוּ מָגֵן יִשְׁעֵנוּ אַתָּה הוּא לְדוֹר וָדוֹר. נוֹדֶה לְּךָ וּנְסַפֵּר תְּהִלָּתֶךָ, עַל חַיֵּינוּ הַמְּסוּרִים בְּיָדֶךָ וְעַל נִשְׁמוֹתֵינוּ הַפְּקוּדוֹת לָךְ וְעַל נִסֶּיךָ שֶׁבְּכָל־יוֹם עִמָּנוּ וְעַל נִפְלְאוֹתֶיךָ וְטוֹבוֹתֶיךָ שֶׁבְּכָל־עֵת, עֶרֶב וָבֹקֶר וְצָהֳרָיִם. הַטּוֹב כִּי לֹא כָלוּ רַחֲמֶיךָ, וְהַמְרַחֵם כִּי לֹא תַמּוּ חֲסָדֶיךָ, מֵעוֹלָם קִוִּינוּ לָךְ.

וְעַל כֻּלָּם יִתְבָּרַךְ וְיִתְרוֹמַם שִׁמְךָ מַלְכֵּנוּ תָּמִיד לְעוֹלָם וָעֶד.

וְכֹל הַחַיִּים יוֹדוּךָ סֶּלָה, וִיהַלְלוּ אֶת־שִׁמְךָ בֶּאֱמֶת, הָאֵל יְשׁוּעָתֵנוּ וְעֶזְרָתֵנוּ סֶלָה. בָּרוּךְ אַתָּה יהוה הַטּוֹב שִׁמְךָ וּלְךָ נָאֶה לְהוֹדוֹת.

In the afternoon and evening, substitute these lines for the passage which follows them:

שָׁלוֹם רָב עַל יִשְׂרָאֵל עַמְּךָ וְעַל כָּל־יוֹשְׁבֵי תֵבֵל תָּשִׂים לְעוֹלָם, כִּי אַתָּה הוּא מֶלֶךְ אָדוֹן לְכָל־הַשָּׁלוֹם. וְטוֹב בְּעֵינֶיךָ לְבָרֵךְ אֶת־עַמְּךָ יִשְׂרָאֵל בְּכָל־עֵת וּבְכָל־שָׁעָה בִּשְׁלוֹמֶךָ. בָּרוּךְ אַתָּה יהוה הַמְבָרֵךְ אֶת־עַמּוֹ יִשְׂרָאֵל בַּשָּׁלוֹם.

שִׂים שָׁלוֹם בָּעוֹלָם, טוֹבָה וּבְרָכָה, חֵן וָחֶסֶד וְרַחֲמִים עָלֵינוּ וְעַל כָּל־יִשְׂרָאֵל עַמֶּךָ. בָּרְכֵנוּ אָבִינוּ כֻּלָּנוּ כְּאֶחָד בְּאוֹר פָּנֶיךָ, כִּי בְאוֹר פָּנֶיךָ נָתַתָּ לָּנוּ, יהוה אֱלֹהֵינוּ, תּוֹרַת חַיִּים וְאַהֲבַת חֶסֶד, וּצְדָקָה וּבְרָכָה וְרַחֲמִים וְחַיִּים וְשָׁלוֹם. וְטוֹב בְּעֵינֶיךָ לְבָרֵךְ אֶת־עַמְּךָ יִשְׂרָאֵל בְּכָל־עֵת וּבְכָל־שָׁעָה בִּשְׁלוֹמֶךָ. בָּרוּךְ אַתָּה יהוה הַמְבָרֵךְ אֶת־עַמּוֹ יִשְׂרָאֵל בַּשָּׁלוֹם.

rebuilding of Your city, in the renewal of Your Temple and the majesty of David Your servant, and in the splendor of the light which will be readied for the son of Jesse, Your Messiah. Before we call may You answer. Praised are You, Lord who hearkens to prayer.

Accept the prayer of Your people as lovingly as it is offered. Restore worship to Your sanctuary. May the worship of Your people Israel always be acceptable to You. May we witness Your merciful return to Zion. Praised are You, Lord who restores His Presence to Zion.

We proclaim that You are the Lord our God and God of our ancestors throughout all time. You are the Rock of our lives, the Shield of our salvation in every generation. We thank You and praise You morning, noon, and night for Your miracles which daily attend us and for Your wondrous kindnesses. Our lives are in Your hand; our souls are in Your charge. You are good, with everlasting mercy; You are compassionate, with enduring lovingkindness. We have always placed our hope in You.

For all these blessings we shall ever praise and exalt You. May every living creature thank You and praise You faithfully, our deliverance and our help. Praised are You, beneficent Lord to whom all praise is due.

> *In the afternoon and evening, substitute*
> *these lines for the passage which follows them:*
>
> Grant true and lasting peace to Your people Israel and to all who dwell on earth, for You are the supreme Sovereign of peace. May it please You to bless Your people Israel in every season and at all times with Your gift of peace. Praised are You, Lord who blesses His people Israel with peace.

Grant peace, happiness, and blessing to the world, with grace, love, and mercy for us and for the people Israel. Bless us, our Father, one and all, with Your light; for by that light did You teach us Torah and life, love and tenderness, justice, mercy, and peace. May it please You to bless Your people Israel in every season and at all times with Your gift of peace. Praised are You, Lord who blesses His people Israel with peace.

HELP ME, O GOD, TO PRAY

AN ALTERNATIVE AMIDAH FOR WEEKDAYS

Help me, O God, to pray.

Our ancestors worshiped You. Abraham and Sarah, Rebecca and Isaac, Jacob, Rachel, and Leah stood in awe before You. We too reach for You, infinite, awesome, transcendent God, source of all being whose truth shines through our ancestors' lives. We, their distant descendants, draw strength from their lives and from Your redeeming love. Be our help and our shield, as You were theirs. We praise You, God, Guardian of Abraham.

Your power sustains the universe, You breathe life into dead matter. With compassion You care for those who live. Your limitless love lets life triumph over death, heals the sick, upholds the exhausted, frees the enslaved, keeps faith even with the dead. Who is like You, God of splendor and power incomparable? You govern both life and death, Your Presence brings our souls to blossom. We praise You, God who wrests life from death.

Sacred are You, sacred Your mystery. Seekers of holiness worship You all their lives. We praise You, God, ultimate sacred mystery.

The mind is Your gift, wisdom a spark from You. May we grow in knowledge, insight, and understanding. We praise You, God, gracious giver of awareness.

Help us to find our way to Your truth again, to obey You with trusting faith, to attain wholeness in Your Presence. We praise You, God who is always ready to help us start anew.

Forgive our failures with a parent's love, overlook our shortcomings with regal generosity, for You are gentle and gracious. We praise You, God of mercy and forgiveness.

See our suffering, sustain us in our struggles, save us soon. We praise You, God, our people's hope of redemption.

Heal us, O God, and keep us in health. Help us, that we might help ourselves, praising You always. Send true healing for all our pains, for You are the source of healing and compassion. We praise You, God from whom all healing comes.

Bless this year for us with prosperity. May the wealth of the earth and the rhythms of the seasons yield us a good harvest in abundance. We praise You, God whose blessings are as certain as the seasons.

Let freedom resound like a mighty ram's horn. Let our spirits soar, sustained by Your promise. May the scattered Jewish people find wholeness and renewal. We praise You, God who brings home the lost Jew.

May our ancient sense of justice be renewed, our classic sources of wisdom rediscovered. May sorrow and sighing vanish from our midst. May Your tenderness and pity, justice and compassion govern our lives always. We praise You, God of kindness and justice.

May malice abate and ill will perish, may hatred cease and arrogance quickly wither in our lifetime. We praise You, God whose awesome power helps good to triumph over evil.

For the loving and the righteous, for the learned and the wise, for the stranger and for our own selves as well, may Your mercy appear and Your justice be made manifest. May we be counted among the good, may we never regret having trusted in You. We praise You, God, strength of the just, root of our confidence.

Let Your love once more shine from Jerusalem. Let Your Presence abide there as in days of David. Let Zion rebuilt soon stand firm, the hub of Jewish hope forever. We praise You, God, builder of Jerusalem.

May our people flourish, all of them and soon. Help us to hold our heads high, celebrating Your deliverance and ours. Every day and all day long we yearn for Your deliverance. We praise You, God by whose will we survive and flourish.

When we cry out, hear us with compassion; take our prayers gently and lovingly. Listen to Your people when we reach toward You with love. Let us not turn away from You empty. We praise You, God who cherishes prayer.

Would that Your people at prayer gained delight in You. Would that we were aflame with the passionate piety of our ancestors' worship. Would that You found our worship acceptable and forever cherished Your people. If only our eyes could see Your glory perennially renewed in Jerusalem! We praise You, God whose Presence forever radiates from Zion.

You are our God today as You were our ancestors' God throughout the ages; firm foundation of our lives, we are Yours in gratitude and love. Our lives are safe in Your hand, our souls entrusted to Your care. Our sense of wonder and our praise of Your miracles and kindnesses, greet You daily at dawn, dusk, and noon. O Gentle One, Your caring is endless; O Compassionate One, Your love is eternal. You are forever our hope. Let all the living confront You with thankfulness, delight, and truth. Help us, O God; sustain us. We praise You, God whose touchstone is goodness. To pray to You is joy.

O God, from whom all peace flows, grant serenity to Your Jewish people, with love and mercy, life and goodness for all. Consider us kindly, bless us with tranquility at all times and all seasons. We praise You, God whose blessing is peace.

May my tongue be innocent of malice and my lips free from lies. When confronted by enemies may my soul stay calm, truly humble to all. Open my heart with Your teachings, that I may be guided by You. May all who plan evil against me abandon their schemes. Hear my words and help me, God, because You are compassionate, because You are almighty, because You are holy, because You are loving, because You reveal Your Torah. May You find delight in the words of my mouth and in the emotions of my heart, God, my strength and my salvation. As You maintain harmony in the heavens, give peace to us and to the whole Jewish people. Amen.

SEFIRAT HA-OMER

🙰 COUNTING THE OMER

From the second night of Pesaḥ until the night
before Shavuot, the days of the Omer are
counted while standing

Omer (literally "sheaf") refers to an offering from the new barley crop which was brought to the ancient Temple on the sixteenth of Nisan, the eve of the second day of Pesaḥ. Omer has come to be the name of the period between Pesaḥ and Shavuot. By counting the days of this period (*sefirat ha-omer*), we recall the events which these days connect in the Jewish calendar: the liberation from enslavement, commemorated by Pesaḥ, and the gift of Revelation of Torah, commemorated by Shavuot. These events took place during the journey of our people to the Promised Land. We count the days between Pesaḥ and Shavuot with endearment to heighten our anticipation of celebrating the revelation of the Torah, an event which gave deep meaning to the liberation. On our personal journeys in life, we each have our own enslavements and liberations, revelations and promised lands. As we often count the days leading to significant events in our personal lives, so we count such days in the life of our people, times past and present, culminating in this instance with the revelation of Torah, essential for our spiritual sustenance. We also recall that our ancestors were closely connected with the soil, directly dependent upon its fertility, and we recount their gratitude for the harvest of grain through which God renews life each year.

הִנְנִי מוּכָן וּמְזֻמָּן לְקַיֵּם מִצְוַת עֲשֵׂה שֶׁל סְפִירַת הָעֹמֶר, כְּמוֹ שֶׁכָּתוּב בַּתּוֹרָה: וּסְפַרְתֶּם לָכֶם מִמָּחֳרַת הַשַּׁבָּת, מִיּוֹם הֲבִיאֲכֶם אֶת־עֹמֶר הַתְּנוּפָה, שֶׁבַע שַׁבָּתוֹת תְּמִימוֹת תִּהְיֶינָה, עַד מִמָּחֳרַת הַשַּׁבָּת הַשְּׁבִיעִית תִּסְפְּרוּ חֲמִשִּׁים יוֹם.

I am ready to fulfill the mitzvah of counting the Omer, as it is ordained in the Torah: "You shall count from the eve of the second day of Pesaḥ, when an Omer of grain is to be brought as an offering, seven complete weeks. The day after the seventh week of your counting will make fifty days" (Leviticus 23:15–16).

בָּרוּךְ אַתָּה יהוה אֱלֹהֵינוּ מֶלֶךְ הָעוֹלָם, אֲשֶׁר קִדְּשָׁנוּ בְּמִצְוֹתָיו וְצִוָּנוּ עַל סְפִירַת הָעֹמֶר.

Praised are You, Lord our God, King of the universe whose mitzvot add holiness to our lives and who gave us the mitzvah of counting the Omer.

Specify the appropriate day

Today is the ______ day of the Omer

1. הַיּוֹם יוֹם אֶחָד לָעֹמֶר.
2. הַיּוֹם שְׁנֵי יָמִים לָעֹמֶר.
3. הַיּוֹם שְׁלשָׁה יָמִים לָעֹמֶר.
4. הַיּוֹם אַרְבָּעָה יָמִים לָעֹמֶר.
5. הַיּוֹם חֲמִשָּׁה יָמִים לָעֹמֶר.
6. הַיּוֹם שִׁשָּׁה יָמִים לָעֹמֶר.

Nissan 22, the end of Pesaḥ

7. הַיּוֹם שִׁבְעָה יָמִים, שֶׁהֵם שָׁבוּעַ אֶחָד לָעֹמֶר.

8. הַיּוֹם שְׁמוֹנָה יָמִים, שֶׁהֵם שָׁבוּעַ אֶחָד וְיוֹם אֶחָד לָעֹמֶר.

9. הַיּוֹם תִּשְׁעָה יָמִים, שֶׁהֵם שָׁבוּעַ אֶחָד וּשְׁנֵי יָמִים לָעֹמֶר.

10. הַיּוֹם עֲשָׂרָה יָמִים, שֶׁהֵם שָׁבוּעַ אֶחָד וּשְׁלשָׁה יָמִים לָעֹמֶר.

11. הַיּוֹם אַחַד עָשָׂר יוֹם, שֶׁהֵם שָׁבוּעַ אֶחָד וְאַרְבָּעָה יָמִים לָעֹמֶר.

12. הַיּוֹם שְׁנֵים עָשָׂר יוֹם, שֶׁהֵם שָׁבוּעַ אֶחָד וַחֲמִשָּׁה יָמִים לָעֹמֶר.

13. הַיּוֹם שְׁלשָׁה עָשָׂר יוֹם, שֶׁהֵם שָׁבוּעַ אֶחָד וְשִׁשָּׁה יָמִים לָעֹמֶר.

14. הַיּוֹם אַרְבָּעָה עָשָׂר יוֹם, שֶׁהֵם שְׁנֵי שָׁבוּעוֹת לָעֹמֶר.

Nisan 30, Rosh Ḥodesh

15. הַיּוֹם חֲמִשָּׁה עָשָׂר יוֹם, שֶׁהֵם שְׁנֵי שָׁבוּעוֹת וְיוֹם אֶחָד לָעֹמֶר.

Iyyar 1, Rosh Ḥodesh

16. הַיּוֹם שִׁשָּׁה עָשָׂר יוֹם, שֶׁהֵם שְׁנֵי שָׁבוּעוֹת וּשְׁנֵי יָמִים לָעֹמֶר.

17. הַיּוֹם שִׁבְעָה עָשָׂר יוֹם, שֶׁהֵם שְׁנֵי שָׁבוּעוֹת וּשְׁלשָׁה יָמִים לָעֹמֶר.

18. הַיּוֹם שְׁמוֹנָה עָשָׂר יוֹם, שֶׁהֵם שְׁנֵי שָׁבוּעוֹת וְאַרְבָּעָה יָמִים לָעֹמֶר.

19. הַיּוֹם תִּשְׁעָה עָשָׂר יוֹם, שֶׁהֵם שְׁנֵי שָׁבוּעוֹת וַחֲמִשָּׁה יָמִים לָעֹמֶר.

Iyyar 5, Israel's Independence Day

20. הַיּוֹם עֶשְׂרִים יוֹם, שֶׁהֵם שְׁנֵי שָׁבוּעוֹת וְשִׁשָּׁה יָמִים לָעֹֽמֶר.
21. הַיּוֹם אֶחָד וְעֶשְׂרִים יוֹם, שֶׁהֵם שְׁלֹשָׁה שָׁבוּעוֹת לָעֹֽמֶר.
22. הַיּוֹם שְׁנַיִם וְעֶשְׂרִים יוֹם, שֶׁהֵם שְׁלֹשָׁה שָׁבוּעוֹת וְיוֹם אֶחָד לָעֹֽמֶר.
23. הַיּוֹם שְׁלֹשָׁה וְעֶשְׂרִים יוֹם, שֶׁהֵם שְׁלֹשָׁה שָׁבוּעוֹת וּשְׁנֵי יָמִים לָעֹֽמֶר.
24. הַיּוֹם אַרְבָּעָה וְעֶשְׂרִים יוֹם, שֶׁהֵם שְׁלֹשָׁה שָׁבוּעוֹת וּשְׁלֹשָׁה יָמִים לָעֹֽמֶר.
25. הַיּוֹם חֲמִשָּׁה וְעֶשְׂרִים יוֹם, שֶׁהֵם שְׁלֹשָׁה שָׁבוּעוֹת וְאַרְבָּעָה יָמִים לָעֹֽמֶר.
26. הַיּוֹם שִׁשָּׁה וְעֶשְׂרִים יוֹם, שֶׁהֵם שְׁלֹשָׁה שָׁבוּעוֹת וַחֲמִשָּׁה יָמִים לָעֹֽמֶר.
27. הַיּוֹם שִׁבְעָה וְעֶשְׂרִים יוֹם, שֶׁהֵם שְׁלֹשָׁה שָׁבוּעוֹת וְשִׁשָּׁה יָמִים לָעֹֽמֶר.
28. הַיּוֹם שְׁמוֹנָה וְעֶשְׂרִים יוֹם, שֶׁהֵם אַרְבָּעָה שָׁבוּעוֹת לָעֹֽמֶר.

Iyyar 14, Pesaḥ Sheni

29. הַיּוֹם תִּשְׁעָה וְעֶשְׂרִים יוֹם, שֶׁהֵם אַרְבָּעָה שָׁבוּעוֹת וְיוֹם אֶחָד לָעֹֽמֶר.
30. הַיּוֹם שְׁלֹשִׁים יוֹם, שֶׁהֵם אַרְבָּעָה שָׁבוּעוֹת וּשְׁנֵי יָמִים לָעֹֽמֶר.
31. הַיּוֹם אֶחָד וּשְׁלֹשִׁים יוֹם, שֶׁהֵם אַרְבָּעָה שָׁבוּעוֹת וּשְׁלֹשָׁה יָמִים לָעֹֽמֶר.
32. הַיּוֹם שְׁנַיִם וּשְׁלֹשִׁים יוֹם, שֶׁהֵם אַרְבָּעָה שָׁבוּעוֹת וְאַרְבָּעָה יָמִים לָעֹֽמֶר.

33. הַיּוֹם שְׁלֹשָׁה וּשְׁלֹשִׁים יוֹם, שֶׁהֵם אַרְבָּעָה שָׁבוּעוֹת וַחֲמִשָּׁה יָמִים לָעֹמֶר.

34. הַיּוֹם אַרְבָּעָה וּשְׁלֹשִׁים יוֹם, שֶׁהֵם אַרְבָּעָה שָׁבוּעוֹת וְשִׁשָּׁה יָמִים לָעֹמֶר.

35. הַיּוֹם חֲמִשָּׁה וּשְׁלֹשִׁים יוֹם, שֶׁהֵם חֲמִשָּׁה שָׁבוּעוֹת לָעֹמֶר.

36. הַיּוֹם שִׁשָּׁה וּשְׁלֹשִׁים יוֹם, שֶׁהֵם חֲמִשָּׁה שָׁבוּעוֹת וְיוֹם אֶחָד לָעֹמֶר.

37. הַיּוֹם שִׁבְעָה וּשְׁלֹשִׁים יוֹם, שֶׁהֵם חֲמִשָּׁה שָׁבוּעוֹת וּשְׁנֵי יָמִים לָעֹמֶר.

38. הַיּוֹם שְׁמוֹנָה וּשְׁלֹשִׁים יוֹם, שֶׁהֵם חֲמִשָּׁה שָׁבוּעוֹת וּשְׁלֹשָׁה יָמִים לָעֹמֶר.

39. הַיּוֹם תִּשְׁעָה וּשְׁלֹשִׁים יוֹם, שֶׁהֵם חֲמִשָּׁה שָׁבוּעוֹת וְאַרְבָּעָה יָמִים לָעֹמֶר.

40. הַיּוֹם אַרְבָּעִים יוֹם, שֶׁהֵם חֲמִשָּׁה שָׁבוּעוֹת וַחֲמִשָּׁה יָמִים לָעֹמֶר.

41. הַיּוֹם אֶחָד וְאַרְבָּעִים יוֹם, שֶׁהֵם חֲמִשָּׁה שָׁבוּעוֹת וְשִׁשָּׁה יָמִים לָעֹמֶר.

42. הַיּוֹם שְׁנַיִם וְאַרְבָּעִים יוֹם, שֶׁהֵם שִׁשָּׁה שָׁבוּעוֹת לָעֹמֶר.

Iyyar 28, Yom Yerushalayim

43. הַיּוֹם שְׁלֹשָׁה וְאַרְבָּעִים יוֹם, שֶׁהֵם שִׁשָּׁה שָׁבוּעוֹת וְיוֹם אֶחָד לָעֹמֶר.

44. הַיּוֹם אַרְבָּעָה וְאַרְבָּעִים יוֹם, שֶׁהֵם שִׁשָּׁה שָׁבוּעוֹת וּשְׁנֵי יָמִים לָעֹמֶר.

Sivan 1, Rosh Ḥodesh

45. הַיּוֹם חֲמִשָּׁה וְאַרְבָּעִים יוֹם, שֶׁהֵם שִׁשָּׁה שָׁבוּעוֹת וּשְׁלֹשָׁה יָמִים לָעֹמֶר.

46. הַיּוֹם שִׁשָּׁה וְאַרְבָּעִים יוֹם, שֶׁהֵם שִׁשָּׁה שָׁבוּעוֹת וְאַרְבָּעָה יָמִים לָעֹמֶר.

47. הַיּוֹם שִׁבְעָה וְאַרְבָּעִים יוֹם, שֶׁהֵם שִׁשָּׁה שָׁבוּעוֹת וַחֲמִשָּׁה יָמִים לָעֹמֶר.

48. הַיּוֹם שְׁמוֹנָה וְאַרְבָּעִים יוֹם, שֶׁהֵם שִׁשָּׁה שָׁבוּעוֹת וְשִׁשָּׁה יָמִים לָעֹמֶר.

Sivan 5, Erev Shavuot

49. הַיּוֹם תִּשְׁעָה וְאַרְבָּעִים יוֹם, שֶׁהֵם שִׁבְעָה שָׁבוּעוֹת לָעֹמֶר.

On weekday evenings the service continues with Aleinu, on pages 224 and 225

On Friday evening the service continues with Aleinu, on pages 320 and 321

On Saturday night, the service continues with Havdalah, on pages 700 and 701

LIGHTING ḤANUKKAH LIGHTS 🌿

The berakhot are recited before the candles are lit. Even one who was present when Ḥanukkah candles were lit at a synagogue or elsewhere should light them at home. On Friday, Ḥanukkah candles are lit before the lighting of the Shabbat candles. On Saturday night, they are lit after Havdalah.

בָּרוּךְ אַתָּה יהוה אֱלֹהֵינוּ מֶלֶךְ הָעוֹלָם, אֲשֶׁר קִדְּשָׁנוּ בְּמִצְוֹתָיו וְצִוָּנוּ לְהַדְלִיק נֵר שֶׁל חֲנֻכָּה.

בָּרוּךְ אַתָּה יהוה אֱלֹהֵינוּ מֶלֶךְ הָעוֹלָם, שֶׁעָשָׂה נִסִּים לַאֲבוֹתֵינוּ בַּיָּמִים הָהֵם וּבַזְּמַן הַזֶּה.

On the first night only:

בָּרוּךְ אַתָּה יהוה אֱלֹהֵינוּ מֶלֶךְ הָעוֹלָם, שֶׁהֶחֱיָנוּ וְקִיְּמָנוּ וְהִגִּיעָנוּ לַזְּמַן הַזֶּה.

After lighting the lights:

הַנֵּרוֹת הַלָּלוּ אֲנַחְנוּ מַדְלִיקִין עַל הַנִּסִּים וְעַל הַנִּפְלָאוֹת, וְעַל הַתְּשׁוּעוֹת, וְעַל הַמִּלְחָמוֹת, שֶׁעָשִׂיתָ לַאֲבוֹתֵינוּ בַּיָּמִים הָהֵם בַּזְּמַן הַזֶּה עַל יְדֵי כֹּהֲנֶיךָ הַקְּדוֹשִׁים. וְכָל־שְׁמוֹנַת יְמֵי חֲנֻכָּה הַנֵּרוֹת הַלָּלוּ קֹדֶשׁ הֵם, וְאֵין לָנוּ רְשׁוּת לְהִשְׁתַּמֵּשׁ בָּהֶם אֶלָּא לִרְאוֹתָם בִּלְבָד, כְּדֵי לְהוֹדוֹת וּלְהַלֵּל לְשִׁמְךָ הַגָּדוֹל, עַל נִסֶּיךָ וְעַל נִפְלְאוֹתֶיךָ וְעַל יְשׁוּעָתֶךָ.

מָעוֹז צוּר יְשׁוּעָתִי לְךָ נָאֶה לְשַׁבֵּחַ.
תִּכּוֹן בֵּית תְּפִלָּתִי וְשָׁם תּוֹדָה נְזַבֵּחַ.
לְעֵת תָּכִין מַטְבֵּחַ מִצָּר הַמְנַבֵּחַ.
אָז אֶגְמוֹר בְּשִׁיר מִזְמוֹר חֲנֻכַּת הַמִּזְבֵּחַ.

LIGHTING ḤANUKKAH LIGHTS

On each of the eight nights of Ḥanukkah, candles are lit, one the first night, two the second, adding one candle each subsequent night. One candle, designated shamash, is used to light the others. The first candle, for the first night, is placed on the far right side of the menorah. Starting on the second night, the candles are lit in order from left to right. The berakhot are recited before the candles are lit.

Praised are You, Lord our God, King of the universe whose mitzvot add holiness to our life and who gave us the mitzvah to light the lights of Ḥanukkah.

Barukh attah adonai, eloheinu melekh ha-olam, asher kid'shanu b'mitzvotav v'tzivanu l'hadlik ner shel ḥanukkah.

Praised are You, Lord our God, King of the universe who accomplished miracles for our ancestors in ancient days, and in our time.

Barukh attah adonai, eloheinu melekh ha-olam, sheh-asah nissim la-avoteinu ba-yamim ha-heim u-va-z'man ha-zeh.

On the first night only:

Praised are You, Lord our God, King of the universe, for granting us life, for sustaining us, and for enabling us to reach this day.

After lighting the lights:

These lights we kindle to recall the wondrous triumphs and the miraculous victories wrought through Your holy *kohanim* for our ancestors in ancient days at this season. These lights are sacred through all the eight days of Ḥanukkah. We may not put them to ordinary use, but are to look upon them and thus be reminded to thank and praise You for the wondrous miracle of our deliverance.

Rock of Ages, let our song praise Your saving power.
You amid the raging throng were our sheltering tower.
Furious they assailed us, but Your help availed us.
And Your word broke their sword when our own strength failed us.

PRAYER BEFORE SLEEP

בָּרוּךְ אַתָּה יהוה אֱלֹהֵינוּ מֶלֶךְ הָעוֹלָם, הַמַּפִּיל חֶבְלֵי שֵׁנָה עַל עֵינַי, וּתְנוּמָה עַל עַפְעַפָּי. וִיהִי רָצוֹן מִלְּפָנֶיךָ, יהוה אֱלֹהַי וֵאלֹהֵי אֲבוֹתַי, שֶׁתַּשְׁכִּיבֵנִי לְשָׁלוֹם וְתַעֲמִידֵנִי לְשָׁלוֹם, וְאַל יְבַהֲלוּנִי רַעְיוֹנַי, וַחֲלוֹמוֹת רָעִים וְהַרְהוֹרִים רָעִים, וּתְהִי מִטָּתִי שְׁלֵמָה לְפָנֶיךָ. וְהָאֵר עֵינַי פֶּן אִישַׁן הַמָּוֶת, כִּי אַתָּה הַמֵּאִיר לְאִישׁוֹן בַּת עָיִן. בָּרוּךְ אַתָּה יהוה, הַמֵּאִיר לָעוֹלָם כֻּלּוֹ בִּכְבוֹדוֹ.

אֵל מֶלֶךְ נֶאֱמָן.

שְׁמַע יִשְׂרָאֵל, יהוה אֱלֹהֵינוּ, יהוה אֶחָד.

בָּרוּךְ שֵׁם כְּבוֹד מַלְכוּתוֹ לְעוֹלָם וָעֶד.

וְאָהַבְתָּ אֵת יהוה אֱלֹהֶיךָ בְּכָל־לְבָבְךָ וּבְכָל־נַפְשְׁךָ וּבְכָל־מְאֹדֶךָ. וְהָיוּ הַדְּבָרִים הָאֵלֶּה, אֲשֶׁר אָנֹכִי מְצַוְּךָ הַיּוֹם, עַל לְבָבֶךָ. וְשִׁנַּנְתָּם לְבָנֶיךָ, וְדִבַּרְתָּ בָּם בְּשִׁבְתְּךָ בְּבֵיתֶךָ וּבְלֶכְתְּךָ בַדֶּרֶךְ, וּבְשָׁכְבְּךָ וּבְקוּמֶךָ. וּקְשַׁרְתָּם לְאוֹת עַל יָדֶךָ, וְהָיוּ לְטֹטָפֹת בֵּין עֵינֶיךָ. וּכְתַבְתָּם עַל מְזֻזוֹת בֵּיתֶךָ וּבִשְׁעָרֶיךָ.

הַשְׁכִּיבֵנוּ יהוה אֱלֹהֵינוּ לְשָׁלוֹם, וְהַעֲמִידֵנוּ מַלְכֵּנוּ לְחַיִּים, וּפְרֹשׂ עָלֵינוּ סֻכַּת שְׁלוֹמֶךָ, וְתַקְּנֵנוּ בְּעֵצָה טוֹבָה מִלְּפָנֶיךָ, וְהוֹשִׁיעֵנוּ לְמַעַן שְׁמֶךָ. וְהָגֵן בַּעֲדֵנוּ, וְהָסֵר מֵעָלֵינוּ אוֹיֵב דֶּבֶר וְחֶרֶב וְרָעָב וְיָגוֹן, וְהָסֵר שָׂטָן מִלְּפָנֵינוּ וּמֵאַחֲרֵינוּ. וּבְצֵל כְּנָפֶיךָ תַּסְתִּירֵנוּ, כִּי אֵל שׁוֹמְרֵנוּ וּמַצִּילֵנוּ אָתָּה, כִּי אֵל מֶלֶךְ חַנּוּן וְרַחוּם אָתָּה. וּשְׁמֹר צֵאתֵנוּ וּבוֹאֵנוּ לְחַיִּים וּלְשָׁלוֹם מֵעַתָּה וְעַד עוֹלָם.

PRAISED BE THE LORD BY NIGHT

✧ PRAYER BEFORE SLEEP

Praised are You, Lord our God, King of the universe who brings sleep to my eyes, slumber to my eyelids. May it be Your will, Lord my God and God of my ancestors, that I lie down in peace and that I arise in peace. Let my sleep be undisturbed by troubling thoughts, bad dreams, and wicked schemes. May I have a night of tranquil slumber. May I awaken to the light of a new day, that my eyes may behold the splendor of Your light. Praised are You, Lord whose glory gives light to the entire world.

God is a faithful King.

Hear, O Israel: the Lord our God, the Lord is One.

Praised be His glorious sovereignty throughout all time.

Love the Lord your God with all your heart, with all your soul, with all your might. And these words which I command you this day you shall take to heart. You shall diligently teach them to your children. You shall recite them at home and away, morning and night. You shall bind them as a sign upon your hand, they shall be a symbol above your eyes, and you shall inscribe them upon the doorposts of your homes and upon your gates.

    DEUTERONOMY 6:4–9

Help us, our Father, to lie down in peace; and awaken us to life again, our King. Spread over us Your shelter of peace, guide us with Your good counsel. Save us because of Your mercy. Shield us from enemies and pestilence, from starvation, sword and sorrow. Remove the evil forces that surround us, shelter us in the shadow of Your wings. You, O God, guard us and deliver us. You are a gracious and merciful King. Guard our coming and our going, grant us life and peace, now and always.

בָּרוּךְ יהוה בַּיּוֹם, בָּרוּךְ יהוה בַּלָּיְלָה, בָּרוּךְ יהוה בְּשָׁכְבֵנוּ, בָּרוּךְ יהוה בְּקוּמֵנוּ, כִּי בְיָדְךָ נַפְשׁוֹת הַחַיִּים וְהַמֵּתִים. אֲשֶׁר בְּיָדוֹ נֶפֶשׁ כָּל־חָי, וְרוּחַ כָּל־בְּשַׂר אִישׁ. בְּיָדְךָ אַפְקִיד רוּחִי, פָּדִיתָה אוֹתִי, יהוה אֵל אֱמֶת. אֱלֹהֵינוּ שֶׁבַּשָּׁמַיִם, יַחֵד שִׁמְךָ וְקַיֵּם מַלְכוּתְךָ תָּמִיד, וּמְלֹךְ עָלֵינוּ לְעוֹלָם וָעֶד.

יִרְאוּ עֵינֵינוּ וְיִשְׂמַח לִבֵּנוּ, וְתָגֵל נַפְשֵׁנוּ בִּישׁוּעָתְךָ בֶּאֱמֶת, בֶּאֱמֹר לְצִיּוֹן מָלַךְ אֱלֹהָיִךְ. יהוה מֶלֶךְ, יהוה מָלָךְ, יהוה יִמְלֹךְ לְעוֹלָם וָעֶד. כִּי הַמַּלְכוּת שֶׁלְּךָ הִיא, וּלְעוֹלְמֵי עַד תִּמְלֹךְ בְּכָבוֹד, כִּי אֵין לָנוּ מֶלֶךְ אֶלָּא אָתָּה.

These biblical verses recall God's blessings and protection in ancient times

הַמַּלְאָךְ הַגֹּאֵל אֹתִי מִכָּל־רָע יְבָרֵךְ אֶת־הַנְּעָרִים, וְיִקָּרֵא בָהֶם שְׁמִי וְשֵׁם אֲבֹתַי אַבְרָהָם וְיִצְחָק, וְיִדְגּוּ לָרֹב בְּקֶרֶב הָאָרֶץ. וַיֹּאמֶר אִם שָׁמוֹעַ תִּשְׁמַע לְקוֹל יהוה אֱלֹהֶיךָ, וְהַיָּשָׁר בְּעֵינָיו תַּעֲשֶׂה, וְהַאֲזַנְתָּ לְמִצְוֹתָיו, וְשָׁמַרְתָּ כָּל־חֻקָּיו, כָּל־הַמַּחֲלָה אֲשֶׁר שַׂמְתִּי בְמִצְרַיִם לֹא אָשִׂים עָלֶיךָ, כִּי אֲנִי יהוה רֹפְאֶךָ. וַיֹּאמֶר יהוה אֶל הַשָּׂטָן: יִגְעַר יהוה בְּךָ, הַשָּׂטָן, וְיִגְעַר יהוה בְּךָ הַבֹּחֵר בִּירוּשָׁלָיִם, הֲלֹא זֶה אוּד מֻצָּל מֵאֵשׁ. הִנֵּה מִטָּתוֹ שֶׁלִּשְׁלֹמֹה, שִׁשִּׁים גִּבֹּרִים סָבִיב לָהּ מִגִּבֹּרֵי יִשְׂרָאֵל. כֻּלָּם אֲחֻזֵי חֶרֶב, מְלֻמְּדֵי מִלְחָמָה, אִישׁ חַרְבּוֹ עַל יְרֵכוֹ מִפַּחַד בַּלֵּילוֹת. יְבָרֶכְךָ יהוה וְיִשְׁמְרֶךָ. יָאֵר יהוה פָּנָיו אֵלֶיךָ וִיחֻנֶּךָּ. יִשָּׂא יהוה פָּנָיו אֵלֶיךָ, וְיָשֵׂם לְךָ שָׁלוֹם.

הִנֵּה לֹא יָנוּם וְלֹא יִישָׁן שׁוֹמֵר יִשְׂרָאֵל.

לִישׁוּעָתְךָ קִוִּיתִי יהוה. קִוִּיתִי יהוה לִישׁוּעָתְךָ. יהוה לִישׁוּעָתְךָ קִוִּיתִי.

Praised is the Lord by day and praised by night, praised when we lie down and praised when we rise up. In Your hand are the souls of the living and the dead, the life of every creature, the breath of all flesh. Into Your hand I entrust my spirit; You will redeem me, Lord God of truth. Our God in Heaven, assert the unity of Your rule; affirm Your sovereignty, and reign over us forever.

May our eyes behold, our hearts rejoice in, and our souls be glad in our sure deliverance, when it shall be said to Zion: Your God is King. The Lord is King, the Lord was King, the Lord shall be King throughout all time. All sovereignty is Yours; unto all eternity only You reign in glory, only You are King. Praised are You, Lord and glorious King, eternal Ruler over us, and over all creation.

These biblical verses recall God's blessings and
protection in ancient times

Then Jacob said: "May the angel who has redeemed me from all harm bless the lads. May they carry on my name and the name of my fathers, Abraham and Isaac. May they become teeming multitudes upon the earth." And God said: "If you will listen diligently to the voice of the Lord your God, doing what is right in His sight, heeding His mitzvot and keeping all His laws, then I will not inflict upon you any of the diseases that I brought upon the Egyptians, for I the Lord am your healer." The angel of the Lord said to Satan: "The Lord rebuke you, Satan. May the Lord who has chosen Jerusalem rebuke you. Is not this man a brand snatched from the fire?" Behold Solomon carried in his litter—sixty of Israel's heroes are its escort. All of them are skilled swordsmen, all trained at war, each with his sword at the ready to ward off any danger of the night. May the Lord bless you and guard you. May the Lord show you favor and be gracious to you. May the Lord show you kindness and grant you peace.

The Guardian of Israel neither slumbers nor sleeps.
I wait for Your deliverance, O Lord.

אֲדוֹן עוֹלָם אֲשֶׁר מָלַךְ בְּטֶֽרֶם כָּל־יְצִיר נִבְרָא.
לְעֵת נַעֲשָׂה בְחֶפְצוֹ כֹּל אֲזַי מֶֽלֶךְ שְׁמוֹ נִקְרָא.
וְאַחֲרֵי כִּכְלוֹת הַכֹּל לְבַדּוֹ יִמְלֹךְ נוֹרָא.
וְהוּא הָיָה וְהוּא הֹוֶה וְהוּא יִהְיֶה בְּתִפְאָרָה.
וְהוּא אֶחָד וְאֵין שֵׁנִי לְהַמְשִׁיל לוֹ לְהַחְבִּֽירָה.
בְּלִי רֵאשִׁית בְּלִי תַכְלִית וְלוֹ הָעֹז וְהַמִּשְׂרָה.
וְהוּא אֵלִי וְחַי גֹּאֲלִי וְצוּר חֶבְלִי בְּעֵת צָרָה.
וְהוּא נִסִּי וּמָנוֹס לִי מְנָת כּוֹסִי בְּיוֹם אֶקְרָא.
בְּיָדוֹ אַפְקִיד רוּחִי בְּעֵת אִישַׁן וְאָעִֽירָה.
וְעִם רוּחִי גְּוִיָּתִי יהוה לִי וְלֹא אִירָא.

FOR YOUNG CHILDREN

שְׁמַע יִשְׂרָאֵל יהוה אֱלֹהֵֽינוּ יהוה אֶחָד.

בָּרוּךְ יהוה בַּיּוֹם, בָּרוּךְ יהוה בַּלָּֽיְלָה, בָּרוּךְ יהוה בְּשָׁכְבֵֽנוּ, בָּרוּךְ יהוה בְּקוּמֵֽנוּ.

בְּיָדוֹ אַפְקִיד רוּחִי בְּעֵת אִישַׁן וְאָעִֽירָה.
וְעִם רוּחִי גְּוִיָּתִי יהוה לִי וְלֹא אִירָא.

The Lord eternal reigned before the birth of every living thing.
When all was made as He ordained, then only He was known as King.
When all is ended He will reign alone in awesome majesty.
He was, He is, and He will be, glorious in eternity.
Peerless and unique is He, with none at all to be compared.
Beginningless and endless, His vast dominion is not shared.
He is my God, my life's redeemer, my refuge in distress,
My shelter sure, my cup of life, His goodness limitless.
I place my spirit in His care, when I wake as when I sleep.
God is with me, I shall not fear, body and spirit in His keep.

 FOR YOUNG CHILDREN

Hear, O Israel: the Lord our God, the Lord is One.

Praised is the Lord by day and praised by night,
praised when we lie down and praised when we rise up.

I place my spirit in His care, when I wake as when I sleep.
God is with me, I shall not fear, body and spirit in His keep.

סֵדֶר

הַתְּפִלּוֹת

לְשַׁבָּת

וְלְיוֹם טוֹב

SHABBAT AND FESTIVAL SERVICES

KABBALAT SHABBAT

I SING OF YOUR CREATION

When Shabbat coincides with a Festival, including Ḥol Ha-mo'ed, or when Friday is the last day of a Festival, we welcome Shabbat beginning with מזמור שיר ליום השבת, *on page 266.*

Some congregations begin with this poem. Others begin with Psalm 95, on page 254.

YEDID NEFESH

יְדִיד נֶפֶשׁ, אָב הָרַחֲמָן, מְשׁוֹךְ עַבְדָּךְ אֶל רְצוֹנָךְ
יָרוּץ עַבְדָּךְ כְּמוֹ אַיָּל, יִשְׁתַּחֲוֶה אֶל מוּל הֲדָרָךְ
יֶעֱרַב לוֹ יְדִידוּתָךְ מִנֹּפֶת צוּף וְכָל־טָעַם.

הָדוּר, נָאֶה, זִיו הָעוֹלָם, נַפְשִׁי חוֹלַת אַהֲבָתָךְ
אָנָּא, אֵל נָא, רְפָא נָא לָהּ בְּהַרְאוֹת לָהּ נֹעַם זִיוָךְ
אָז תִּתְחַזֵּק וְתִתְרַפֵּא, וְהָיְתָה לָּךְ שִׁפְחַת עוֹלָם.

וָתִיק, יֶהֱמוּ רַחֲמֶיךָ, וְחוּס נָא עַל בֵּן אוֹהֲבָךְ
כִּי זֶה כַּמָּה נִכְסוֹף נִכְסַף לִרְאוֹת בְּתִפְאֶרֶת עֻזָּךְ
אָנָּא, אֵלִי, מַחְמַד לִבִּי, חוּשָׁה נָּא, וְאַל תִּתְעַלָּם.

הִגָּלֵה נָא וּפְרוֹשׂ, חָבִיב, עָלַי אֶת־סֻכַּת שְׁלוֹמָךְ
תָּאִיר אֶרֶץ מִכְּבוֹדָךְ, נָגִילָה וְנִשְׂמְחָה בָּךְ
מַהֵר, אָהוּב, כִּי בָא מוֹעֵד, וְחָנֵּנִי כִּימֵי עוֹלָם.

KABBALAT SHABBAT 252

KABBALAT SHABBAT

✣ I SING OF YOUR CREATION

*When Shabbat coincides with a Festival,
including Ḥol Ha-mo'ed, or when Friday is the
last day of a Festival, we welcome Shabbat
beginning with A Song for Shabbat, on page 267.*

*Some congregations begin with this poem.
Others begin with Psalm 95, on page 255.*

YEDID NEFESH

Soul mate, loving God, compassion's gentle source,
Take my disposition and shape it to Your will.
Like a darting deer will I rush to You.
Before your glorious Presence humbly will I bow.
Let Your sweet love delight me with its thrill,
Because no other dainty will my hunger still.

How splendid is Your light, illumining the world.
My soul is weary yearning for Your love's delight.
Please, good God, do heal her; reveal to her Your face,
The pleasure of Your Presence, bathed in Your grace.
She will find strength and healing in Your sight;
Forever will she serve You, grateful, with all her might.

What mercy stirs in You since days of old, my God.
Be kind to me, Your own child; my love for You requite.
With deep and endless longing I yearned for Your embrace,
To see my light in Your light, basking in Your grace.
My heart's desire, find me worthy in Your sight.
Do not delay Your mercy, please hide not Your light.

Reveal Yourself, Beloved, for all the world to see,
And shelter me in peace beneath Your canopy.
Illumine all creation, lighting up the earth,
And we shall celebrate You in choruses of mirth.
The time, my Love, is now; rush, be quick, be bold.
Let Your favor grace me, in the spirit of days of old.

לְכוּ נְרַנְּנָה לַיהוה, נָרִיעָה לְצוּר יִשְׁעֵנוּ.

נְקַדְּמָה פָנָיו בְּתוֹדָה, בִּזְמִרוֹת נָרִיעַ לוֹ.

כִּי אֵל גָּדוֹל יהוה, וּמֶלֶךְ גָּדוֹל עַל־כָּל־אֱלֹהִים.

אֲשֶׁר בְּיָדוֹ מֶחְקְרֵי־אָרֶץ, וְתוֹעֲפוֹת הָרִים לוֹ.

אֲשֶׁר לוֹ הַיָּם וְהוּא עָשָׂהוּ, וְיַבֶּשֶׁת יָדָיו יָצָרוּ.

בֹּאוּ נִשְׁתַּחֲוֶה וְנִכְרָעָה, נִבְרְכָה לִפְנֵי יהוה עֹשֵׂנוּ.

כִּי הוּא אֱלֹהֵינוּ, וַאֲנַחְנוּ עַם מַרְעִיתוֹ וְצֹאן יָדוֹ,
הַיּוֹם אִם בְּקֹלוֹ תִשְׁמָעוּ.

אַל תַּקְשׁוּ לְבַבְכֶם כִּמְרִיבָה, כְּיוֹם מַסָּה בַּמִּדְבָּר.

אֲשֶׁר נִסּוּנִי אֲבוֹתֵיכֶם, בְּחָנוּנִי גַּם רָאוּ פָעֳלִי.

☐ אַרְבָּעִים שָׁנָה אָקוּט בְּדוֹר,
וָאֹמַר עַם תֹּעֵי לֵבָב הֵם, וְהֵם לֹא יָדְעוּ דְרָכָי.

אֲשֶׁר נִשְׁבַּעְתִּי בְאַפִּי אִם יְבֹאוּן אֶל מְנוּחָתִי.

שִׁירוּ לַיהוה שִׁיר חָדָשׁ, שִׁירוּ לַיהוה כָּל־הָאָרֶץ.

שִׁירוּ לַיהוה, בָּרְכוּ שְׁמוֹ, בַּשְּׂרוּ מִיּוֹם לְיוֹם יְשׁוּעָתוֹ.

סַפְּרוּ בַגּוֹיִם כְּבוֹדוֹ, בְּכָל־הָעַמִּים נִפְלְאוֹתָיו.

כִּי גָדוֹל יהוה וּמְהֻלָּל מְאֹד,
נוֹרָא הוּא עַל־כָּל־אֱלֹהִים.

כִּי כָּל־אֱלֹהֵי הָעַמִּים אֱלִילִים,
וַיהוה שָׁמַיִם עָשָׂה.

הוֹד וְהָדָר לְפָנָיו, עֹז וְתִפְאֶרֶת בְּמִקְדָּשׁוֹ.

הָבוּ לַיהוה מִשְׁפְּחוֹת עַמִּים, הָבוּ לַיהוה כָּבוֹד וָעֹז.

הָבוּ לַיהוה כְּבוֹד שְׁמוֹ, שְׂאוּ מִנְחָה וּבֹאוּ לְחַצְרוֹתָיו.

Let us sing to the Lord, rejoice in our Creator,
greeting Him with acclaim, singing psalms of praise.

He is the foundation of our lives.

The Lord is exalted, beyond all that is worshiped.

In His hand He holds the world He fashioned;
sea and land, abyss and mountain peak are His.

Let us worship the Lord, our Creator.
He is our God, and we are the flock that He guides.

Help is ours today if only we would listen to His words:

Wander in the wilderness no longer,
harden not your heart in the way of your ancestors.

In the wilderness they tried and tested Me
even though they had witnessed My miracles.

Forty years contending with that generation
led Me to say: "They are wayward, and care not for My ways."

Therefore in indignation did I vow
they would never reach My land of peace and rest.

PSALM 95

Sing a new song to the Lord;
renew yourselves, all people on earth.

Sing to the Lord, praise Him for His daily help.
Proclaim His glory and wonders to all the world.

Revere the Lord beyond all that is worshiped.

All of the gods are nothingness,
but the Lord created the heavens.

Majesty and might accompany Him,
splendor and strength adorn His sanctuary.

Acknowledge the Lord, all families of nations;
acknowledge His majestic power.
Acknowledge His glory and bring Him tribute.

הִשְׁתַּחֲווּ לַיהוה בְּהַדְרַת קֹדֶשׁ, חִילוּ מִפָּנָיו כָּל־הָאָרֶץ.

אִמְרוּ בַגּוֹיִם יהוה מָלָךְ,

אַף תִּכּוֹן תֵּבֵל בַּל תִּמּוֹט,

יָדִין עַמִּים בְּמֵישָׁרִים.

□ יִשְׂמְחוּ הַשָּׁמַיִם וְתָגֵל הָאָרֶץ, יִרְעַם הַיָּם וּמְלֹאוֹ.

יַעֲלֹז שָׂדַי וְכָל־אֲשֶׁר בּוֹ, אָז יְרַנְּנוּ כָּל־עֲצֵי יָעַר.

לִפְנֵי יהוה כִּי בָא, כִּי בָא לִשְׁפֹּט הָאָרֶץ,

יִשְׁפֹּט תֵּבֵל בְּצֶדֶק, וְעַמִּים בֶּאֱמוּנָתוֹ.

יהוה מָלָךְ תָּגֵל הָאָרֶץ, יִשְׂמְחוּ אִיִּים רַבִּים.

עָנָן וַעֲרָפֶל סְבִיבָיו, צֶדֶק וּמִשְׁפָּט מְכוֹן כִּסְאוֹ.

אֵשׁ לְפָנָיו תֵּלֵךְ, וּתְלַהֵט סָבִיב צָרָיו.

הֵאִירוּ בְרָקָיו תֵּבֵל, רָאֲתָה וַתָּחֵל הָאָרֶץ.

הָרִים כַּדּוֹנַג נָמַסּוּ מִלִּפְנֵי יהוה, מִלִּפְנֵי אֲדוֹן כָּל־הָאָרֶץ.

הִגִּידוּ הַשָּׁמַיִם צִדְקוֹ, וְרָאוּ כָל־הָעַמִּים כְּבוֹדוֹ.

יֵבֹשׁוּ כָּל־עֹבְדֵי פֶסֶל הַמִּתְהַלְלִים בָּאֱלִילִים,

הִשְׁתַּחֲווּ לוֹ כָּל־אֱלֹהִים.

שָׁמְעָה וַתִּשְׂמַח צִיּוֹן, וַתָּגֵלְנָה בְּנוֹת יְהוּדָה,

לְמַעַן מִשְׁפָּטֶיךָ יהוה.

כִּי אַתָּה יהוה עֶלְיוֹן עַל כָּל־הָאָרֶץ,

מְאֹד נַעֲלֵיתָ עַל כָּל־אֱלֹהִים.

אֹהֲבֵי יהוה שִׂנְאוּ רָע,

שֹׁמֵר נַפְשׁוֹת חֲסִידָיו, מִיַּד רְשָׁעִים יַצִּילֵם.

□ אוֹר זָרֻעַ לַצַּדִּיק, וּלְיִשְׁרֵי לֵב שִׂמְחָה.

שִׂמְחוּ צַדִּיקִים בַּיהוה, וְהוֹדוּ לְזֵכֶר קָדְשׁוֹ.

מִזְמוֹר שִׁירוּ לַיהוה שִׁיר חָדָשׁ, כִּי נִפְלָאוֹת עָשָׂה,

הוֹשִׁיעָה לּוֹ יְמִינוֹ וּזְרוֹעַ קָדְשׁוֹ.

הוֹדִיעַ יהוה יְשׁוּעָתוֹ, לְעֵינֵי הַגּוֹיִם גִּלָּה צִדְקָתוֹ.

Worship the Lord in sacred splendor;
let the earth tremble in His presence.

Declare to the world: The Lord is King.
He has steadied the world; it stands firm.
He judges the nations impartially.

Let the heavens rejoice, let the earth be glad.
Let the sea and all it contains roar in praise.

Let field and forest sing for joy;
the Lord comes to judge the earth,

to judge the world with equity,
the nations with constancy.

    PSALM 96

When the Lord is King, the world rejoices.

His throne is founded on justice.
Though He be clouded from view, His justice reveals Him.

His lightning illumines the globe, fire consumes His foes.
Mountains melt like wax in His presence, the earth trembles.

The heavens proclaim His righteousness;
all people behold His majesty.

Shame covers those who worship images,
who pride themselves on nothingness.

Zion rejoices, the cities of Judah are glad
when they hear of Your judgments, Lord.

You are supreme over all the earth,
highly exalted beyond all that is worshiped.

Those who love the Lord, hate evil;
He protects the faithful, saves them from the wicked.

Light is stored for the righteous, joy for the honorable.
Let the righteous rejoice in the Lord, praising His holy name.

    PSALM 97

Sing a new song to the Lord, for He has worked wonders,
revealing His triumph to all.

He has remembered His steadfast love,
His faithfulness to the House of Israel.

זָכַר חַסְדּוֹ וֶאֱמוּנָתוֹ לְבֵית יִשְׂרָאֵל,
רָאוּ כָל־אַפְסֵי אָרֶץ אֵת יְשׁוּעַת אֱלֹהֵינוּ.

הָרִיעוּ לַיהוה כָּל־הָאָרֶץ, פִּצְחוּ וְרַנְּנוּ וְזַמֵּרוּ.
זַמְּרוּ לַיהוה בְּכִנּוֹר, בְּכִנּוֹר וְקוֹל זִמְרָה.
בַּחֲצֹצְרוֹת וְקוֹל שׁוֹפָר הָרִיעוּ לִפְנֵי הַמֶּלֶךְ יהוה.

יִרְעַם הַיָּם וּמְלֹאוֹ, תֵּבֵל וְיֹשְׁבֵי בָהּ.
נְהָרוֹת יִמְחֲאוּ כָף, יַחַד הָרִים יְרַנֵּנוּ.
☐ לִפְנֵי יהוה כִּי בָא לִשְׁפֹּט הָאָרֶץ,
יִשְׁפֹּט תֵּבֵל בְּצֶדֶק וְעַמִּים בְּמֵישָׁרִים.

יהוה מָלָךְ יִרְגְּזוּ עַמִּים, יֹשֵׁב כְּרוּבִים תָּנוּט הָאָרֶץ.
יהוה בְּצִיּוֹן גָּדוֹל, וְרָם הוּא עַל כָּל־הָעַמִּים.
יוֹדוּ שִׁמְךָ גָּדוֹל וְנוֹרָא, קָדוֹשׁ הוּא.
וְעֹז מֶלֶךְ מִשְׁפָּט אָהֵב, אַתָּה כּוֹנַנְתָּ מֵישָׁרִים,
מִשְׁפָּט וּצְדָקָה בְּיַעֲקֹב אַתָּה עָשִׂיתָ.

רוֹמְמוּ יהוה אֱלֹהֵינוּ,
וְהִשְׁתַּחֲווּ לַהֲדֹם רַגְלָיו, קָדוֹשׁ הוּא.
מֹשֶׁה וְאַהֲרֹן בְּכֹהֲנָיו וּשְׁמוּאֵל בְּקֹרְאֵי שְׁמוֹ
קֹרְאִים אֶל יהוה וְהוּא יַעֲנֵם.
בְּעַמּוּד עָנָן יְדַבֵּר אֲלֵיהֶם,
שָׁמְרוּ עֵדֹתָיו וְחֹק נָתַן לָמוֹ.

יהוה אֱלֹהֵינוּ אַתָּה עֲנִיתָם,
אֵל נֹשֵׂא הָיִיתָ לָהֶם,
וְנֹקֵם עַל עֲלִילוֹתָם.
☐ רוֹמְמוּ יהוה אֱלֹהֵינוּ
וְהִשְׁתַּחֲווּ לְהַר קָדְשׁוֹ,
כִּי קָדוֹשׁ יהוה אֱלֹהֵינוּ.

The whole world has seen the triumph of our God.
Let all on earth shout for joy, break into jubilant song.

Sing praise to the Lord with the harp,
with trumpets and horns make a joyful noise.

Let the sea roar, and all its creatures;
the world, and its inhabitants.

Let the rivers burst into applause,
let mountains join in acclaim with joy.

The Lord is coming to sustain the earth.
He will sustain the earth with kindness,
its people with graciousness.

PSALM 98

The Lord is King, enthroned on high.
The earth quivers, nations tremble.

The Lord is great in Zion,
exalted beyond those who praise Him.
He is awesome, holy.

Our King loves lawful order, maintaining justice
and equity among the people of Jacob.

Worship the Lord our God.
Exalt Him, He is holy.

Lord, You answered Moses, Aaron, and Samuel
when they called upon You.

They obeyed Your decrees,
You spoke to them in a pillar of cloud.

You were forgiving in answering them,
though You rebuked them for their offenses.

Extol the Lord, bow toward Jerusalem.
The Lord our God is holy.

PSALM 99

מִזְמוֹר לְדָוִד.

הָבוּ לַיהוה, בְּנֵי אֵלִים, הָבוּ לַיהוה כָּבוֹד וָעֹז.

הָבוּ לַיהוה כְּבוֹד שְׁמוֹ, הִשְׁתַּחֲווּ לַיהוה בְּהַדְרַת קֹדֶשׁ.

קוֹל יהוה עַל הַמָּיִם, אֵל הַכָּבוֹד הִרְעִים,

יהוה עַל מַיִם רַבִּים.

קוֹל יהוה בַּכֹּחַ, קוֹל יהוה בֶּהָדָר.

קוֹל יהוה שֹׁבֵר אֲרָזִים וַיְשַׁבֵּר יהוה אֶת־אַרְזֵי הַלְּבָנוֹן.

וַיַּרְקִידֵם כְּמוֹ עֵגֶל, לְבָנוֹן וְשִׂרְיוֹן כְּמוֹ בֶן־רְאֵמִים.

קוֹל יהוה חֹצֵב לַהֲבוֹת אֵשׁ.

קוֹל יהוה יָחִיל מִדְבָּר, יָחִיל יהוה מִדְבַּר קָדֵשׁ.

קוֹל יהוה יְחוֹלֵל אַיָּלוֹת

וַיֶּחֱשֹׂף יְעָרוֹת, וּבְהֵיכָלוֹ כֻּלּוֹ אֹמֵר כָּבוֹד.

▢ יהוה לַמַּבּוּל יָשָׁב, וַיֵּשֶׁב יהוה מֶלֶךְ לְעוֹלָם.

יהוה עֹז לְעַמּוֹ יִתֵּן, יהוה יְבָרֵךְ אֶת־עַמּוֹ בַשָּׁלוֹם.

A Psalm of David.

Acclaim the Lord, His majestic glory.
Worship the Lord in sacred splendor.

The God of glory thunders over rushing waters.
The voice of the Lord echoes with majesty and might.

The voice of the Lord shatters the cedars;
The Lord shatters the cedars of Lebanon,

making the hills skip like rams,
the mountains leap like lambs.

The Lord commands rock-splitting lightning.
The voice of the Lord stirs the wilderness.

The voice of the Lord strips the forest bare,
while in His sanctuary all chant: Glory.

The Lord sat enthroned at the Flood;
the Lord will sit enthroned forever,

bestowing strength upon His people,
blessing His people with peace.

PSALM 29

לְכָה דוֹדִי לִקְרַאת כַּלָּה, פְּנֵי שַׁבָּת נְקַבְּלָה.

שָׁמוֹר וְזָכוֹר בְּדִבּוּר אֶחָד
הִשְׁמִיעָנוּ אֵל הַמְיוּחָד.
יהוה אֶחָד וּשְׁמוֹ אֶחָד
לְשֵׁם וּלְתִפְאֶרֶת וְלִתְהִלָּה.

לְכָה דוֹדִי לִקְרַאת כַּלָּה, פְּנֵי שַׁבָּת נְקַבְּלָה.

לִקְרַאת שַׁבָּת לְכוּ וְנֵלְכָה
כִּי הִיא מְקוֹר הַבְּרָכָה.
מֵרֹאשׁ מִקֶּדֶם נְסוּכָה
סוֹף מַעֲשֶׂה בְּמַחֲשָׁבָה תְּחִלָּה.

לְכָה דוֹדִי לִקְרַאת כַּלָּה, פְּנֵי שַׁבָּת נְקַבְּלָה.

מִקְדַּשׁ מֶלֶךְ עִיר מְלוּכָה,
קוּמִי צְאִי מִתּוֹךְ הַהֲפֵכָה.
רַב לָךְ שֶׁבֶת בְּעֵמֶק הַבָּכָא,
וְהוּא יַחֲמוֹל עָלַיִךְ חֶמְלָה.

לְכָה דוֹדִי לִקְרַאת כַּלָּה, פְּנֵי שַׁבָּת נְקַבְּלָה.

הִתְנַעֲרִי, מֵעָפָר קוּמִי,
לִבְשִׁי בִּגְדֵי תִפְאַרְתֵּךְ עַמִּי,
עַל יַד בֶּן־יִשַׁי בֵּית הַלַּחְמִי.
קָרְבָה אֶל נַפְשִׁי גְאָלָהּ.

לְכָה דוֹדִי לִקְרַאת כַּלָּה, פְּנֵי שַׁבָּת נְקַבְּלָה.

הִתְעוֹרְרִי הִתְעוֹרְרִי
כִּי בָא אוֹרֵךְ קוּמִי אוֹרִי.
עוּרִי עוּרִי שִׁיר דַּבֵּרִי,
כְּבוֹד יהוה עָלַיִךְ נִגְלָה.

לְכָה דוֹדִי לִקְרַאת כַּלָּה, פְּנֵי שַׁבָּת נְקַבְּלָה.

L'KHA DODI

L'kha dodi likrat kallah, p'nei Shabbat n'kab'lah.

Come, my beloved, with chorus of praise;
Welcome Shabbat the Bride, Queen of our days.

"Keep" and "remember," both uttered as one
By our Creator, beyond comparison.
The Lord is One and His name is One,
Reflected in glory, in fame, and in praise.

L'kha dodi likrat kallah, p'nei Shabbat n'kab'lah.

Come, let us all greet Shabbat, Queen sublime,
Fountain of blessings in every clime.
Anointed and regal since earliest time,
In thought she preceded Creation's six days.

L'kha dodi likrat kallah, p'nei Shabbat n'kab'lah.

Holy city, majestic, banish your fears.
Arise, emerge from your desolate years.
Too long have you dwelled in the valley of tears.
He will restore you with mercy and grace.

L'kha dodi likrat kallah, p'nei Shabbat n'kab'lah.

Arise and shake off the dust of the earth.
Wear glorious garments reflecting your worth.
Messiah will lead us all soon to rebirth.
Let my soul now sense redemption's warm rays.

L'kha dodi likrat kallah, p'nei Shabbat n'kab'lah.

Awake and arise to greet the new light
For in your radiance the world will be bright.
Sing out, for darkness is hidden from sight.
The Lord through you His glory displays.

L'kha dodi likrat kallah, p'nei Shabbat n'kab'lah.

לֹא תֵבֹשִׁי וְלֹא תִכָּלְמִי,
מַה תִּשְׁתּוֹחֲחִי וּמַה תֶּהֱמִי.
בָּךְ יֶחֱסוּ עֲנִיֵּי עַמִּי,
וְנִבְנְתָה עִיר עַל תִּלָּהּ.

לְכָה דוֹדִי לִקְרַאת כַּלָּה, פְּנֵי שַׁבָּת נְקַבְּלָה.

וְהָיוּ לִמְשִׁסָּה שֹׁאסָיִךְ
וְרָחֲקוּ כָּל־מְבַלְּעָיִךְ.
יָשִׂישׂ עָלַיִךְ אֱלֹהָיִךְ
כִּמְשׂוֹשׂ חָתָן עַל כַּלָּה.

לְכָה דוֹדִי לִקְרַאת כַּלָּה, פְּנֵי שַׁבָּת נְקַבְּלָה.

יָמִין וּשְׂמֹאל תִּפְרֹצִי
וְאֶת־יהוה תַּעֲרִיצִי.
עַל יַד אִישׁ בֶּן־פַּרְצִי,
וְנִשְׂמְחָה וְנָגִילָה.

לְכָה דוֹדִי לִקְרַאת כַּלָּה, פְּנֵי שַׁבָּת נְקַבְּלָה.

We rise and turn to the entrance in a symbolic greeting of the Bride, Shabbat

בּוֹאִי בְשָׁלוֹם עֲטֶרֶת בַּעְלָהּ,
גַּם בְּשִׂמְחָה וּבְצָהֳלָה,
תּוֹךְ אֱמוּנֵי עַם סְגֻלָּה,
בֹּאִי כַלָּה, בֹּאִי כַלָּה.

לְכָה דוֹדִי לִקְרַאת כַּלָּה, פְּנֵי שַׁבָּת נְקַבְּלָה.

In your redemption you will never be shamed;
Be not downcast, you will not be defamed.
Sheltered by you will my poor be reclaimed.
The city renewed on its ruins will He raise.

L'kha dodi likrat kallah, p'nei Shabbat n'kab'lah.

Then your destroyers will themselves be destroyed;
Ravagers, at great distance, will live in a void.
Your God then will celebrate you, overjoyed,
As a groom with his bride when his eyes meet her gaze.

L'kha dodi likrat kallah, p'nei Shabbat n'kab'lah.

Break out of your confines, to the left and the right.
Revere the Lord in whom we delight.
The Messiah is coming to gladden our sight,
Bringing joy and rejoicing in fullness of days.

L'kha dodi likrat kallah, p'nei Shabbat n'kab'lah.

We rise and turn to the entrance in a symbolic greeting of the Bride, Shabbat

Come in peace, soul mate, sweet gift of the Lord,
Greeted with joy and in song so adored
Amidst God's people, in faith in accord.
Come, Bride Shabbat; come, crown of the days.

L'kha dodi likrat kallah, p'nei Shabbat n'kab'lah.

Come, my beloved, with chorus of praise;
Welcome Shabbat the Bride, Queen of our days.

Mourners do not observe public forms of mourning on Shabbat. On the Shabbat during the period of shivah, when mourners attend synagogue services, they are greeted after the singing of L'kha Dodi, by all other members of the congregation with these words:

הַמָּקוֹם יְנַחֵם אֶתְכֶם בְּתוֹךְ שְׁאָר אֲבֵלֵי צִיּוֹן וִירוּשָׁלָיִם.

Ha-makom y'naḥem etkhem b'tokh sh'ar avelei tziyon virushalayim.

May God comfort you together with all the other mourners of Zion and Jerusalem.

מִזְמוֹר שִׁיר לְיוֹם הַשַּׁבָּת.

טוֹב לְהֹדוֹת לַיהוה, וּלְזַמֵּר לְשִׁמְךָ עֶלְיוֹן.

לְהַגִּיד בַּבֹּקֶר חַסְדֶּךָ, וֶאֱמוּנָתְךָ בַּלֵּילוֹת.
עֲלֵי עָשׂוֹר וַעֲלֵי נָבֶל, עֲלֵי הִגָּיוֹן בְּכִנּוֹר.

כִּי שִׂמַּחְתַּנִי יהוה בְּפָעֳלֶךָ, בְּמַעֲשֵׂי יָדֶיךָ אֲרַנֵּן.

מַה גָּדְלוּ מַעֲשֶׂיךָ יהוה, מְאֹד עָמְקוּ מַחְשְׁבֹתֶיךָ.
אִישׁ בַּעַר לֹא יֵדָע, וּכְסִיל לֹא יָבִין אֶת־זֹאת.

בִּפְרֹחַ רְשָׁעִים כְּמוֹ עֵשֶׂב, וַיָּצִיצוּ כָּל־פֹּעֲלֵי אָוֶן,
לְהִשָּׁמְדָם עֲדֵי עַד. וְאַתָּה מָרוֹם לְעֹלָם יהוה.

כִּי הִנֵּה אֹיְבֶיךָ, יהוה,
כִּי הִנֵּה אֹיְבֶיךָ יֹאבֵדוּ,
יִתְפָּרְדוּ כָּל־פֹּעֲלֵי אָוֶן.

וַתָּרֶם כִּרְאֵים קַרְנִי,
בַּלֹּתִי בְּשֶׁמֶן רַעֲנָן.
וַתַּבֵּט עֵינִי בְּשׁוּרָי,
בַּקָּמִים עָלַי מְרֵעִים תִּשְׁמַעְנָה אָזְנָי.

צַדִּיק כַּתָּמָר יִפְרָח, כְּאֶרֶז בַּלְּבָנוֹן יִשְׂגֶּה.
שְׁתוּלִים בְּבֵית יהוה, בְּחַצְרוֹת אֱלֹהֵינוּ יַפְרִיחוּ.
□ עוֹד יְנוּבוּן בְּשֵׂיבָה, דְּשֵׁנִים וְרַעֲנַנִּים יִהְיוּ.
לְהַגִּיד כִּי יָשָׁר יהוה, צוּרִי וְלֹא עַוְלָתָה בּוֹ.

A Song for Shabbat.
It is good to acclaim the Lord,
to sing Your praise, exalted God,

to proclaim Your love each morning,
to tell of Your faithfulness each night,

to the music of the lute and the melody of the harp.

Your works, O Lord, make me glad;
I sing with joy of Your creation.

How vast Your works, O Lord.
Your designs are beyond our grasp.

The thoughtless cannot comprehend,
the foolish cannot fathom this:

The wicked may flourish,
they may spring up like grass,
but their doom is forever sealed,
for You are supreme forever.

Your enemies, Lord, Your enemies shall perish;
all the wicked shall disintegrate.

But You have greatly exalted me;
I am anointed as with fragrant oil.

I have seen the downfall of my foes;
I have heard the doom of my attackers.

The righteous shall flourish like the palm tree;
they shall thrive like a cedar in Lebanon.

Planted in the house of the Lord,
they flourish in the courts of our God.

They shall bear fruit even in old age;
they shall be ever fresh and fragrant.

They shall proclaim: The Lord is just.
He is my Rock, in whom there is no flaw.

PSALM 92

יהוה מָלָךְ גֵּאוּת לָבֵשׁ,
לָבֵשׁ יהוה, עֹז הִתְאַזָּר,
אַף תִּכּוֹן תֵּבֵל בַּל תִּמּוֹט.

נָכוֹן כִּסְאֲךָ מֵאָז, מֵעוֹלָם אָתָּה.

נָשְׂאוּ נְהָרוֹת יהוה, נָשְׂאוּ נְהָרוֹת קוֹלָם,
יִשְׂאוּ נְהָרוֹת דָּכְיָם.

מִקֹּלוֹת מַיִם רַבִּים אַדִּירִים מִשְׁבְּרֵי יָם,
אַדִּיר בַּמָּרוֹם יהוה.

□ עֵדֹתֶיךָ נֶאֶמְנוּ מְאֹד,
לְבֵיתְךָ נַאֲוָה קֹדֶשׁ יהוה, לְאֹרֶךְ יָמִים.

MOURNER'S KADDISH

Mourners and those observing Yahrzeit rise:

יִתְגַּדַּל וְיִתְקַדַּשׁ שְׁמֵהּ רַבָּא בְּעָלְמָא דִּי בְרָא כִרְעוּתֵהּ, וְיַמְלִיךְ מַלְכוּתֵהּ בְּחַיֵּיכוֹן וּבְיוֹמֵיכוֹן וּבְחַיֵּי דְכָל־בֵּית יִשְׂרָאֵל, בַּעֲגָלָא וּבִזְמַן קָרִיב, וְאִמְרוּ אָמֵן.

Congregation and mourner:

יְהֵא שְׁמֵהּ רַבָּא מְבָרַךְ לְעָלַם וּלְעָלְמֵי עָלְמַיָּא.

Mourner:

יִתְבָּרַךְ וְיִשְׁתַּבַּח וְיִתְפָּאַר וְיִתְרוֹמַם וְיִתְנַשֵּׂא, וְיִתְהַדַּר וְיִתְעַלֶּה וְיִתְהַלַּל שְׁמֵהּ דְּקֻדְשָׁא, בְּרִיךְ הוּא לְעֵלָּא (לְעֵלָּא מִכָּל־) מִן כָּל־בִּרְכָתָא וְשִׁירָתָא, תֻּשְׁבְּחָתָא וְנֶחֱמָתָא דַּאֲמִירָן בְּעָלְמָא, וְאִמְרוּ אָמֵן.

יְהֵא שְׁלָמָא רַבָּא מִן שְׁמַיָּא וְחַיִּים עָלֵינוּ וְעַל כָּל־יִשְׂרָאֵל, וְאִמְרוּ אָמֵן.

עוֹשֶׂה שָׁלוֹם בִּמְרוֹמָיו, הוּא יַעֲשֶׂה שָׁלוֹם עָלֵינוּ וְעַל כָּל־יִשְׂרָאֵל, וְאִמְרוּ אָמֵן.

The Lord is King, crowned with splendor;
the Lord reigns, robed in strength.

He set the earth on a sure foundation.
He created a world that stands firm.

His kingdom stands from earliest time.
He is eternal.

The rivers may rise and rage,
the waters may pound and roar,
the floods may spread and storm;

above the crash of the sea and its breakers,
awesome is the Lord our God.

Your decrees, O Lord, never fail.
Holiness befits Your house for eternity.

      PSALM 93

 MOURNER'S KADDISH

Mourners and those observing Yahrzeit:

Yitgadal v'yitkadash sh'mei raba b'alma di v'ra khir'utei, v'yamlikh
malkhutei b'ḥayeikhon u-v'yomeikhon u-v'ḥayei d'khol beit yisrael,
ba-agala u-vi-z'man kariv, v'imru amen.

Congregation and mourner:

Y'hei sh'mei raba m'varakh l'alam u-l'almei 'almaya.

Mourner:

Yitbarakh v'yishtabaḥ v'yitpa'ar v'yitromam v'yitnasei, v'yit-hadar
v'yit'aleh v'yit-halal sh'mei d'kudsha, b'rikh hu l'ela (l'ela mi-kol)
min kol birkhata v'shirata, tushb'ḥata v'neḥemata da-amiran b'alma,
v'imru amen.

Y'hei sh'lama raba min sh'maya v'ḥayim aleinu v'al kol yisrael,
v'imru amen.

Oseh shalom bi-m'romav, hu ya'aseh shalom aleinu v'al kol yisrael,
v'imru amen.

SOURCES FOR STUDY AND REFLECTION

When Shabbat coincides with a Festival, including Ḥol Ha-mo'ed, or when Friday is the last day of a Festival, these sources are omitted and the service continues with ברכו *on page 279*

One or more of the following sources may be selected for study, concluding with the final section on page 272 and followed by Kaddish De-rabbanan

הַמְכַבֶּה אֶת־הַנֵּר מִפְּנֵי שֶׁהוּא מִתְיָרֵא מִפְּנֵי נָכְרִים, מִפְּנֵי לִסְטִים, מִפְּנֵי רוּחַ רָעָה, אוֹ בִשְׁבִיל הַחוֹלֶה שֶׁיִּישַׁן—פָּטוּר. כְּחָס עַל הַנֵּר, כְּחָס עַל הַשֶּׁמֶן, כְּחָס עַל הַפְּתִילָה—חַיָּב. וְרַבִּי יוֹסֵי פּוֹטֵר בְּכֻלָּן חוּץ מִן הַפְּתִילָה, מִפְּנֵי שֶׁהוּא עוֹשָׂה פֶּחָם.

שְׁלֹשָׁה דְבָרִים צָרִיךְ אָדָם לוֹמַר בְּתוֹךְ בֵּיתוֹ עֶרֶב שַׁבָּת עִם חֲשֵׁכָה: עִשַּׂרְתֶּם? עֵרַבְתֶּם? הַדְלִיקוּ אֶת־הַנֵּר! סָפֵק חֲשֵׁכָה, סָפֵק אֵינוֹ חֲשֵׁכָה—אֵין מְעַשְּׂרִין אֶת־הַוַּדַּאי, וְאֵין מַטְבִּילִין אֶת־הַכֵּלִים, וְאֵין מַדְלִיקִין אֶת־הַנֵּרוֹת. אֲבָל מְעַשְּׂרִין אֶת־הַדְּמַאי, וּמְעָרְבִין וְטוֹמְנִין אֶת־הַחַמִּין.

הַבּוֹנֶה כַּמָּה יִבְנֶה וִיהֵא חַיָּב? הַבּוֹנֶה כָּל־שֶׁהוּא, וְהַמְסַתֵּת, וְהַמַּכֶּה בַפַּטִּישׁ וּבַמַּעֲצָד, הַקּוֹדֵחַ כָּל־שֶׁהוּא, חַיָּב. זֶה הַכְּלָל: כָּל־הָעוֹשֶׂה מְלָאכָה וּמְלַאכְתּוֹ מִתְקַיֶּמֶת בַּשַּׁבָּת, חַיָּב. רַבָּן שִׁמְעוֹן בֶּן־גַּמְלִיאֵל אוֹמֵר: אַף הַמַּכֶּה בַקֻּרְנָס עַל הַסַּדָּן בִּשְׁעַת מְלָאכָה, חַיָּב מִפְּנֵי שֶׁהוּא כִמְתַקֵּן מְלָאכָה.

SOURCES FOR STUDY AND REFLECTION

When Shabbat coincides with a Festival, including Ḥol Ha-mo'ed, or when Friday is the last day of a Festival, these sources are omitted and the service continues with Barkhu *on page 279*

One or more of the following sources may be selected for study, concluding with the final section on page 273 and followed by Kaddish De-rabbanan

One who puts out the light of a lamp on Shabbat eve from fear of marauders or of thieves or of evil forces, or to allow a sick person to sleep, is not guilty of desecrating Shabbat. One who does it, however, with the intention of sparing the lamp, the oil or the wick is guilty of desecrating Shabbat. Rabbi Yose exempts one who does any of these, except for the case of the wick, since in extinguishing the wick one produces charcoal.

SHABBAT 2:5

On the eve of Shabbat, as darkness sets in, a man should say three things in his home: "Have you tithed the food we are to eat on Shabbat? Have you prepared the *eruv*? Kindle the light for Shabbat." If it is unclear whether it is night or still twilight, one may not set aside tithes from that which is clearly known to be untithed, one may not immerse utensils for ritual purification, and one may not kindle lights. But one may set aside tithes from *demai* produce, prepare an *eruv*, or store or cover food to keep it hot.

SHABBAT 2:7

If one builds anything on Shabbat, how much must he build to become guilty of desecrating Shabbat? One becomes guilty by building anything at all, by hewing stone, wielding a hammer, chiseling, or boring a hole. This is the general rule: one who does work on Shabbat, and the work is enduring, is guilty of desecrating Shabbat. Rabban Shimon ben Gamaliel says: Even one who strikes a hammer on an anvil is guilty, for in so doing he smoothes the surface of the anvil or of the hammer-face.

SHABBAT 12:1

כָּל־כִּתְבֵי הַקֹּדֶשׁ מַצִּילִין אוֹתָן מִפְּנֵי הַדְּלֵקָה, בֵּין שֶׁקּוֹרִין בָּהֶן וּבֵין שֶׁאֵין קּוֹרִין בָּהֶן. וּמִפְּנֵי מָה אֵין קוֹרִין בָּהֶם? מִפְּנֵי בִטּוּל בֵּית הַמִּדְרָשׁ. וְאַף עַל פִּי שֶׁכְּתוּבִים בְּכָל־לָשׁוֹן, טְעוּנִים גְּנִיזָה. מַצִּילִין תִּיק הַסֵּפֶר עִם הַסֵּפֶר, וְתִיק הַתְּפִלִּין עִם הַתְּפִלִּין, וְאַף עַל פִּי שֶׁיֵּשׁ בְּתוֹכָן מָעוֹת.

נָכְרִי שֶׁהִדְלִיק אֶת־הַנֵּר, מִשְׁתַּמֵּשׁ לְאוֹרוֹ יִשְׂרָאֵל. וְאִם בִּשְׁבִיל יִשְׂרָאֵל, אָסוּר. מִלֵּא מַיִם לְהַשְׁקוֹת בְּהֶמְתּוֹ, מַשְׁקֶה אַחֲרָיו יִשְׂרָאֵל. וְאִם בִּשְׁבִיל יִשְׂרָאֵל, אָסוּר. עָשָׂה גוֹי כֶּבֶשׁ לֵירֵד בּוֹ, יוֹרֵד אַחֲרָיו יִשְׂרָאֵל. וְאִם בִּשְׁבִיל יִשְׂרָאֵל, אָסוּר. מַעֲשֶׂה בְּרַבָּן גַּמְלִיאֵל וּזְקֵנִים, שֶׁהָיוּ בָאִין בִּסְפִינָה, וְעָשָׂה גוֹי כֶּבֶשׁ לֵירֵד בּוֹ, וְיָרְדוּ בוֹ רַבָּן גַּמְלִיאֵל וְהַזְּקֵנִים.

אֵין מְיַלְּדִין אֶת־הַבְּהֵמָה בְּיוֹם טוֹב, אֲבָל מְסַעֲדִין וּמְיַלְּדִין אֶת־הָאִשָּׁה בַּשַּׁבָּת, וְקוֹרִין לָהּ חֲכָמָה מִמָּקוֹם לְמָקוֹם, וּמְחַלְּלִין עָלֶיהָ אֶת־הַשַּׁבָּת, וְקוֹשְׁרִין אֶת־הַטַּבּוּר. רַבִּי יוֹסֵי אוֹמֵר: אַף חוֹתְכִין. וְכָל־צָרְכֵי מִילָה עוֹשִׂין בַּשַּׁבָּת.

אָמַר רַבִּי אֶלְעָזָר, אָמַר רַבִּי חֲנִינָא: תַּלְמִידֵי חֲכָמִים מַרְבִּים שָׁלוֹם בָּעוֹלָם, שֶׁנֶּאֱמַר וְכָל־בָּנַיִךְ לִמּוּדֵי יהוה, וְרַב שְׁלוֹם בָּנָיִךְ. אַל תִּקְרָא בָּנָיִךְ אֶלָּא בּוֹנָיִךְ. שָׁלוֹם רָב לְאֹהֲבֵי תוֹרָתֶךָ, וְאֵין לָמוֹ מִכְשׁוֹל. יְהִי שָׁלוֹם בְּחֵילֵךְ, שַׁלְוָה בְּאַרְמְנוֹתָיִךְ. לְמַעַן אַחַי וְרֵעָי, אֲדַבְּרָה־נָּא שָׁלוֹם בָּךְ. לְמַעַן בֵּית יהוה אֱלֹהֵינוּ, אֲבַקְשָׁה טוֹב לָךְ. ☐ יהוה עֹז לְעַמּוֹ יִתֵּן, יהוה יְבָרֵךְ אֶת־עַמּוֹ בַשָּׁלוֹם.

All texts from the Bible may be saved from a fire, even if it means moving them from one domain to another on Shabbat. This applies whether these texts are read in public or not. And why would we not read the Writings in public on Shabbat? It might displace the study and teaching of the essential texts. Whatever language the texts are written in, they must be stored away if the fire makes them unfit for use. The container of a scroll may be saved with the scroll, and the container of *tefillin* with *tefillin*, even when there is money in them.

SHABBAT 16:1

If a Gentile lights a lamp on Shabbat, a Jew may make use of its light. If the Gentile lights the lamp for the sake of the Jew, however, such use is forbidden. If a Gentile filled a vessel with water on Shabbat for his cattle to drink, a Jew may water his own cattle after him. If the Gentile did it for the sake of the Jew, however, such use is forbidden. If a Gentile made a gangway on Shabbat by which to come down from a ship, a Jew may use it after him. If the Gentile did it for the sake of the Jew, however, such use is forbidden. Rabban Gamaliel and the elders were once travelling by ship. A Gentile made a gangway by which to come down. Rabban Gamaliel and the elders used it too.

SHABBAT 16:8

One may not deliver the young of cattle on a Festival, but one may assist an animal in giving birth. One may deliver a child on Shabbat, and summon a midwife for the mother from anywhere, and may desecrate Shabbat for her sake and tie up the umbilical cord. Rabbi Yose says: One may cut the cord as well. And all acts necessary for a circumcision may be done on Shabbat.

SHABBAT 18:3

Rabbi Elazar taught in the name of Rabbi Ḥanina: Disciples of Sages increase peace, as the prophet Isaiah said: "When all of your children are taught of the Lord, great will be the peace of your children." The second mention of "your children" means all who have true understanding (*bonayikh*). Thus is it written in the Book of Psalms: "Those who love Your Torah have great peace; nothing makes them stumble." "May there be peace within your walls, security within your gates. For the sake of my brethren and companions I say: May peace reside within you. For the sake of the House of the Lord I will seek your welfare." "May the Lord grant His people strength; may the Lord bless His people with peace."

BERAKHOT 64a

Recitation of Kaddish De-rabbanan need not necessarily be limited to mourners and those observing Yahrzeit. All who have read or who have heard the teaching of a text may participate.

Mourners and those observing Yahrzeit:

יִתְגַּדַּל וְיִתְקַדַּשׁ שְׁמֵהּ רַבָּא בְּעָלְמָא דִּי בְרָא כִרְעוּתֵהּ, וְיַמְלִיךְ מַלְכוּתֵהּ בְּחַיֵּיכוֹן וּבְיוֹמֵיכוֹן וּבְחַיֵּי דְכָל־בֵּית יִשְׂרָאֵל, בַּעֲגָלָא וּבִזְמַן קָרִיב, וְאִמְרוּ אָמֵן.

Congregation and mourner:

יְהֵא שְׁמֵהּ רַבָּא מְבָרַךְ לְעָלַם וּלְעָלְמֵי עָלְמַיָּא.

Mourner:

יִתְבָּרַךְ וְיִשְׁתַּבַּח וְיִתְפָּאַר וְיִתְרוֹמַם וְיִתְנַשֵּׂא, וְיִתְהַדַּר וְיִתְעַלֶּה וְיִתְהַלַּל שְׁמֵהּ דְּקֻדְשָׁא, בְּרִיךְ הוּא לְעֵלָּא (לְעֵלָּא מִכָּל־) מִן כָּל־בִּרְכָתָא וְשִׁירָתָא, תֻּשְׁבְּחָתָא וְנֶחֱמָתָא דַּאֲמִירָן בְּעָלְמָא, וְאִמְרוּ אָמֵן.

עַל יִשְׂרָאֵל וְעַל רַבָּנָן וְעַל תַּלְמִידֵיהוֹן, וְעַל כָּל־תַּלְמִידֵי תַלְמִידֵיהוֹן, וְעַל כָּל־מָאן דְּעָסְקִין בְּאוֹרַיְתָא, דִּי בְאַתְרָא הָדֵין וְדִי בְכָל־אֲתַר וַאֲתַר, יְהֵא לְהוֹן וּלְכוֹן שְׁלָמָא רַבָּא, חִנָּא וְחִסְדָּא וְרַחֲמִין, וְחַיִּין אֲרִיכִין וּמְזוֹנָא רְוִיחָא, וּפוּרְקָנָא מִן קֳדָם אֲבוּהוֹן דִּי בִשְׁמַיָּא, וְאִמְרוּ אָמֵן.

יְהֵא שְׁלָמָא רַבָּא מִן שְׁמַיָּא וְחַיִּים טוֹבִים עָלֵינוּ וְעַל כָּל־יִשְׂרָאֵל, וְאִמְרוּ אָמֵן.

עוֹשֶׂה שָׁלוֹם בִּמְרוֹמָיו, הוּא בְּרַחֲמָיו יַעֲשֶׂה שָׁלוֹם עָלֵינוּ וְעַל כָּל־יִשְׂרָאֵל, וְאִמְרוּ אָמֵן.

KADDISH DE-RABBANAN

After the study of Torah we praise God and we pray for teachers and students. For such praise and prayer sustain the world.

Mourners and those observing Yahrzeit:

Yitgadal v'yitkadash sh'mei raba b'alma di v'ra khir'utei, v'yamlikh malkhutei b'ḥayeikhon u-v'yomeikhon u-v'ḥayei d'khol beit yisrael, ba'agala u-vi-z'man kariv, v'imru amen.

Congregation and mourner:

Y'hei sh'mei raba m'varakh l'alam u-l'almei almaya.

Mourner:

Yitbarakh v'yishtabaḥ v'yitpa'ar v'yitromam v'yitnasei, v'yit-hadar v'yit'aleh v'yit-halal sh'mei d'kudsha, b'rikh hu l'ela (l'ela mi-kol) min kol birkhata v'shirata, tushb'ḥata v'neḥemata da'amiran b'alma, v'imru amen.

Al yisrael v'al rabanan v'al talmideihon, v'al kol man d'askin b'oraita, di v'atra ha'dein v'di v'khol atar v'atar, y'hei l'hon u-l'khon sh'lama raba, ḥina v'ḥisda v'raḥamin, v'ḥayin arikhin u-m'zona r'viḥa, u-furkana min kodam avuhon di v'sh'maya, v'imru amen.

Heavenly Father, grant lasting peace to our people and their leaders, to our teachers and their disciples, to all who engage in the study of Torah in this land and in all other lands. Let there be grace and kindness, compassion and love for them and for us all. Grant us fullness of life, and sustenance. Save us from all danger and distress. And let us say: Amen.

Y'hei sh'lama raba min sh'maya v'ḥayim tovim aleinu v'al kol yisrael, v'imru amen.

Oseh shalom bi-m'romav, hu b'raḥamav ya'aseh shalom aleinu v'al kol yisrael, v'imru amen.

A SUPPLEMENT FOR FESTIVALS 🎵

*On a Festival, the following, or other Hallel
passages, may be added*

הַלְלוּיָהּ. הַלְלוּ, עַבְדֵי יהוה, הַלְלוּ אֶת־שֵׁם יהוה.
יְהִי שֵׁם יהוה מְבֹרָךְ מֵעַתָּה וְעַד עוֹלָם.
מִמִּזְרַח־שֶׁמֶשׁ עַד מְבוֹאוֹ מְהֻלָּל שֵׁם יהוה.
רָם עַל כָּל־גּוֹיִם יהוה, עַל הַשָּׁמַיִם כְּבוֹדוֹ.
מִי כַּיהוה אֱלֹהֵינוּ, הַמַּגְבִּיהִי לָשָׁבֶת,
הַמַּשְׁפִּילִי לִרְאוֹת בַּשָּׁמַיִם וּבָאָרֶץ.
מְקִימִי מֵעָפָר דָּל, מֵאַשְׁפֹּת יָרִים אֶבְיוֹן,
לְהוֹשִׁיבִי עִם נְדִיבִים, עִם נְדִיבֵי עַמּוֹ.
מוֹשִׁיבִי עֲקֶרֶת הַבַּיִת, אֵם הַבָּנִים שְׂמֵחָה. הַלְלוּיָהּ.

הַלְלוּ אֶת־יהוה כָּל־גּוֹיִם, שַׁבְּחוּהוּ כָּל־הָאֻמִּים.
כִּי גָבַר עָלֵינוּ חַסְדּוֹ, וֶאֱמֶת יהוה לְעוֹלָם. הַלְלוּיָהּ.

הוֹדוּ לַיהוה כִּי טוֹב, כִּי לְעוֹלָם חַסְדּוֹ.
יֹאמַר נָא יִשְׂרָאֵל, כִּי לְעוֹלָם חַסְדּוֹ.
יֹאמְרוּ נָא בֵית אַהֲרֹן, כִּי לְעוֹלָם חַסְדּוֹ.
יֹאמְרוּ נָא יִרְאֵי יהוה, כִּי לְעוֹלָם חַסְדּוֹ.

EVENING SERVICE

A SUPPLEMENT FOR FESTIVALS

On a Festival, the following, or other Hallel
passages, may be added

Halleluyah! Praise the Lord.
Sing praises, you servants of the Lord.
Let the Lord be praised now and forever.

From east to west, praised is the Lord.
He is exalted above all nations,
His glory extends beyond the heavens.
Who is like the Lord our God, enthroned on high,
concerned with all below on earth and in the heavens?

He lifts the poor out of the dust,
He raises the needy from the rubbish heap.
He seats them with the powerful, with the powerful of His people.
He sets a barren woman in her home
as a mother happy with children. Halleluyah!

Praise the Lord, all nations. Laud Him, all peoples.
His love has overwhelmed us,
His faithfulness endures forever. Halleluyah!

Acclaim the Lord, for He is good; His love endures forever.
Let the House of Israel declare: His love endures forever.
Let the House of Aaron declare: His love endures forever.
Let those who revere the Lord declare: His love endures forever.

Hodu ladonai ki tov, ki l'olam ḥasdo.

EVENING SERVICE FOR SHABBAT

This is omitted when the Kabbalat Shabbat service begins with A Song for Shabbat

A vision of Shabbat, an insight into the profound meaning of being at One: Through the service of Kabbalat Shabbat, the throne of glory is prepared for the holy King. With the arrival of Shabbat, the Shekhinah is liberated from all forces of evil and harsh judgments, leaving her free for intimate union with the holy light, adorned with many crowns by the holy King. All kingdoms of anger, all dominions of judgment, flee from her presence; no alien power reigns in all the universe. She is bathed in light from on high while receiving a crown of Shabbat prayers from earth, from the holy people, all of whom are adorned with the fresh additional souls which are theirs on Shabbat. Then they begin Shabbat prayers, happily blessing her, joy and gladness on every face, released from thoughts of severity and judgment, uttering *Barkhu*, "Praise the Lord," as Shabbat blessings and peace begin to flow.

ZOHAR, TERUMAH

This is omitted when the Kabbalat Shabbat service begins with מזמור שיר ליום השבת.

רָזָא דְשַׁבָּת אִיהִי שַׁבָּת דְּאִתְאַחֲדַת בְּרָזָא דְאֶחָד לְמִשְׁרֵי עֲלַהּ רָזָא דְאֶחָד. צְלוֹתָא דְמַעֲלֵי שַׁבַּתָּא, דְּהָא אִתְאַחֲדַת כֻּרְסְיָא יַקִּירָא קַדִּישָׁא בְּרָזָא דְאֶחָד, וְאִתְתַּקָּנַת לְמִשְׁרֵי עֲלַהּ מַלְכָּא קַדִּישָׁא עִלָּאָה. כַּד עַיִּל שַׁבַּתָּא אִיהִי אִתְיַחֲדַת וְאִתְפָּרְשַׁת מִסִּטְרָא אָחֳרָא וְכָל־דִּינִין מִתְעַבְּרִין מִנַּהּ, וְאִיהִי אִשְׁתְּאָרַת בְּיִחוּדָא דִנְהִירוּ קַדִּישָׁא וְאִתְעַטְּרַת בְּכַמָּה עִטְרִין לְגַבֵּי מַלְכָּא קַדִּישָׁא. וְכָל־שֻׁלְטָנֵי רֻגְזִין וּמָארֵי דְדִינָא כֻּלְּהוּ עַרְקִין וְאִתְעַבְּרוּ מִנַּהּ, וְלֵית שֻׁלְטָנָא אָחֳרָא בְּכֻלְּהוּ עָלְמִין. וְאַנְפָּהָא נְהִירִין בִּנְהִירוּ עִלָּאָה וְאִתְעַטְּרַת לְתַתָּא בְּעַמָּא קַדִּישָׁא, וְכֻלְּהוֹן מִתְעַטְּרִין בְּנִשְׁמָתִין חַדְתִּין כְּדֵין שֵׁירוּתָא דִצְלוֹתָא לְבָרְכָא לַהּ בְּחֶדְוָה בִּנְהִירוּ דְאַנְפִּין.

K'RIAT SH'MA AND ITS BERAKHOT

Reader:

בָּרְכוּ אֶת־יהוה הַמְבֹרָךְ.

Praise the Lord, Source of blessing.

Congregation, then Reader:

בָּרוּךְ יהוה הַמְבֹרָךְ לְעוֹלָם וָעֶד.

Barukh Adonai ha-mevorakh l'olam va-ed.

Praised be the Lord, Source of blessing, throughout all time.

To offer options for the sake of variety and to expand upon the specific themes of the evening service, clusters of readings from various sources are presented on the following pages together with the classic service. On each page, through pages 292/293, the classic Rabbinic service may be followed above the line. Supplementary texts are found below the line. Each group of readings is based upon the theme of one of the berakhot before or after *K'riat Sh'ma*, and there are readings for *K'riat Sh'ma* as well. Themes of the Evening Service, before the Amidah, are: Creation, Revelation, Accepting God's Sovereignty (*K'riat Sh'ma*), Redemption, and God's Protection and Peace. This section in its entirety, with all of the supplementary texts, is not intended for a single service.

Some congregations, for purposes of instruction, at times may want to treat the service from *Barkhu* to the *Amidah* as one section entirely in English, choosing a passage or more from each cluster and translation. At such times, the translation above the line, or the passage at the bottom of the page which ends with the Hebrew berakhah, should conclude each unit. (For *K'riat Sh'ma*, the required passage begins with "Hear, O Israel . . ." and concludes with "The Lord your God is truth.")

In the first berakhah before K'riat Sh'ma, we praise God for His gift of Creation

בָּרוּךְ אַתָּה יהוה אֱלֹהֵינוּ מֶלֶךְ הָעוֹלָם, אֲשֶׁר בִּדְבָרוֹ מַעֲרִיב עֲרָבִים. בְּחָכְמָה פּוֹתֵחַ שְׁעָרִים, וּבִתְבוּנָה מְשַׁנֶּה עִתִּים וּמַחֲלִיף אֶת־הַזְּמַנִּים, וּמְסַדֵּר אֶת־הַכּוֹכָבִים בְּמִשְׁמְרוֹתֵיהֶם בָּרָקִיעַ כִּרְצוֹנוֹ. בּוֹרֵא יוֹם וָלָיְלָה, גּוֹלֵל אוֹר מִפְּנֵי חֹשֶׁךְ וְחֹשֶׁךְ מִפְּנֵי אוֹר, וּמַעֲבִיר יוֹם וּמֵבִיא לָיְלָה, וּמַבְדִּיל בֵּין יוֹם וּבֵין לָיְלָה, יהוה צְבָאוֹת שְׁמוֹ. □ אֵל חַי וְקַיָּם, תָּמִיד יִמְלֹךְ עָלֵינוּ לְעוֹלָם וָעֶד. בָּרוּךְ אַתָּה יהוה הַמַּעֲרִיב עֲרָבִים.

Light and darkness, night and day.

We marvel at the mystery of stars.

Moon and sky, sand and sea.

We marvel at the mystery of sun.

Twilight, high noon, dusk and dawn.

Though we are mortal, we are Creation's crown.

Flesh and bone, steel and stone.

We dwell in fragile, temporary shelters.

Grant steadfast love, compassion, grace.

Sustain us, Lord; our origin is dust.

Splendor, mercy, majesty, love endure.

We are but little lower than the angels.

Resplendent skies, sunset, sunrise.

The grandeur of Creation lifts our lives.

Evening darkness, morning dawn.

Renew our lives as You renew all time.

"The heavens are the heavens of the Lord"—they are already heavenly in character. "But the earth He has given to mortals"—so that we might make of it something heavenly.

In the first berakhah before K'riat Sh'ma, we
praise God for His gift of Creation

Praised are You, Lord our God, King of the universe whose word brings the evening dusk. You open the gates of dawn with wisdom, change the day's divisions with understanding, set the succession of seasons, and arrange the stars in the sky according to Your will. *Adonai tzeva-ot,* You create day and night, rolling light away from darkness and darkness away from light. Eternal God, Your rule shall embrace us forever. Praised are You, Lord, for each evening's dusk.

I am weak before the wind; before the sun
    I faint, I lose my strength;
I am utterly vanquished by a star;
    I go to my knees, at length
Before the song of a bird; before
    The breath of spring or fall
I am lost; before these miracles
    I am nothing at all.

Beloved are You, eternal God,
by whose design the evening falls,
by whose command dimensions open up
and aeons pass away and stars spin in their orbits.
You set the rhythms of day and night;
the alternation of light and darkness
sings Your creating word.
In rising sun and in spreading dusk,
Creator of all, You are made manifest.
Eternal, everlasting God,
may we always be aware of Your dominion.
Beloved are You, Lord, for this hour of nightfall.

בָּרוּךְ אַתָּה יהוה הַמַּעֲרִיב עֲרָבִים.

In the second berakhah before K'riat Sh'ma, we praise God for His gift of Torah, sign of His love

אַהֲבַת עוֹלָם בֵּית יִשְׂרָאֵל עַמְּךָ אָהָבְתָּ. תּוֹרָה וּמִצְוֹת חֻקִּים
וּמִשְׁפָּטִים אוֹתָנוּ לִמַּדְתָּ. עַל כֵּן יהוה אֱלֹהֵינוּ בְּשָׁכְבֵנוּ
וּבְקוּמֵנוּ נָשִׂיחַ בְּחֻקֶּיךָ, וְנִשְׂמַח בְּדִבְרֵי תוֹרָתֶךָ וּבְמִצְוֹתֶיךָ
לְעוֹלָם וָעֶד. כִּי הֵם חַיֵּינוּ וְאֹרֶךְ יָמֵינוּ וּבָהֶם נֶהְגֶּה יוֹמָם
וָלָיְלָה. □ וְאַהֲבָתְךָ אַל תָּסִיר מִמֶּנּוּ לְעוֹלָמִים. בָּרוּךְ אַתָּה
יהוה אוֹהֵב עַמּוֹ יִשְׂרָאֵל.

"The secret things belong to the Lord our God, but what is revealed belongs to us and to our children forever, that we may apply all the provisions of this teaching" (Deuteronomy 29:28). Revelation does not deal with the mystery of God, but with a person's life as it should be lived in the presence of that mystery. "This teaching is not beyond reach. It is not in heaven, that you should say, 'Who among us can go up to heaven and get it for us and impart it to us, that we may do it?' . . . No, the word is very close to you, in your mouth and in your heart, to do it" (Deuteronomy 30:11–14).

The Torah is a tapestry
which can adorn the days in which we dwell.

Let us embrace it and make it our own,
weave its text into the texture of our lives.

Its teachings sustain us, its beauty delights us
when we open our eyes to its splendor.

It is not a mystery, far beyond reach;
it is not in heaven, beyond our grasp.

It is as close to us as we allow it,
on our lips, in our heart, integral to our deeds.

Let us study its words, fulfill its commands,
and make its instruction our second nature.

It is the tangible gift of God's love.
Weave its text into the texture of your lives.

Revelation is not vicarious thinking. Its purpose is not to substitute for but to extend our understanding. We must look for ways of translating biblical commandments into programs required by our own conditions. The full meaning of the biblical words was not disclosed once and for all. The word was given once; the effort to understand it must go on forever.

In the second berakhah before K'riat Sh'ma, we praise God for His gift of Torah, sign of His love

With constancy You have loved Your people Israel, teaching us Torah and *mitzvot*, statutes and laws. Therefore, Lord our God, when we lie down to sleep and when we rise, we shall think of Your laws and speak of them, rejoicing in Your Torah and *mitzvot* always. For they are our life and length of days; we will meditate on them day and night. Never take away Your love from us. Praised are You, Lord who loves His people Israel.

Torah is a closed book
until it is read with an open heart.

House of Israel, great and small,
open your hearts to the words of Torah.

Torah is demanding,
yet sweeter than honey, more precious than gold.

House of Israel, young and old,
open yourselves, heart and soul, to its treasures.

Torah sanctifies life;
it teaches us how to be human and holy.

House of Israel, near and far,
cherish the eternal sign of God's love.

Torah is given each day;
each day we can choose to reject or accept it.

House of Israel, now as at Sinai
choose to accept and be blessed by its teachings.

Your love has embraced us always
in wilderness and promised land,
in good times and in bad.
Night and day Your Torah sustains us,
reviving the spirit, delighting the heart,
informing the soul, opening the eyes,
granting us a glimpse of eternity.
Because of Your love we shall embrace Torah
night and day, in devotion and delight.
Beloved are You, Lord
whose Torah reflects His love.

בָּרוּךְ אַתָּה יהוה אוֹהֵב עַמּוֹ יִשְׂרָאֵל.

If there is no minyan, add:

אֵל מֶלֶךְ נֶאֱמָן

We formally affirm God's sovereignty, freely pledging Him our loyalty. We are His witnesses.

שְׁמַע יִשְׂרָאֵל יהוה אֱלֹהֵינוּ יהוה | **אֶחָד:**

Silently:

בָּרוּךְ שֵׁם כְּבוֹד מַלְכוּתוֹ לְעוֹלָם וָעֶד.

וְאָהַבְתָּ אֵת יהוה אֱלֹהֶיךָ בְּכָל־לְבָבְךָ וּבְכָל־נַפְשְׁךָ וּבְכָל־
מְאֹדֶךָ: וְהָיוּ הַדְּבָרִים הָאֵלֶּה אֲשֶׁר אָנֹכִי מְצַוְּךָ הַיּוֹם עַל־
לְבָבֶךָ: וְשִׁנַּנְתָּם לְבָנֶיךָ וְדִבַּרְתָּ בָּם בְּשִׁבְתְּךָ בְּבֵיתֶךָ וּבְלֶכְתְּךָ
בַדֶּרֶךְ וּבְשָׁכְבְּךָ וּבְקוּמֶךָ: וּקְשַׁרְתָּם לְאוֹת עַל־יָדֶךָ וְהָיוּ
לְטֹטָפֹת בֵּין עֵינֶיךָ: וּכְתַבְתָּם עַל־מְזֻזוֹת בֵּיתֶךָ וּבִשְׁעָרֶיךָ:

Praised are You, Lord our God, King of the universe whose mitzvot add holiness to our lives and who gave us the mitzvah of reciting *K'riat Sh'ma*, celebrating Your sovereignty in our lives wholeheartedly, declaring Your oneness willingly, serving You gladly.

בָּרוּךְ אַתָּה יהוה אֱלֹהֵינוּ מֶלֶךְ הָעוֹלָם, אֲשֶׁר קִדְּשָׁנוּ בְּמִצְוֹתָיו וְצִוָּנוּ עַל מִצְוַת קְרִיאַת שְׁמַע, לְהַמְלִיכוֹ בְּלֵבָב שָׁלֵם, וּלְיַחֲדוֹ בְּלֵב טוֹב, וּלְעָבְדוֹ בְּנֶפֶשׁ חֲפֵצָה.

☙ K'RIAT SH'MA

If there is no minyan, add:

God is a faithful king.

We formally affirm God's sovereignty, freely
pledging Him our loyalty. We are His witnesses.

Hear, O Israel: The Lord our God, the Lord is One.

Silently:

Praised be His glorious sovereignty throughout all time.

Love the Lord your God with all your heart, with all your soul, with all your might. And these words which I command you this day you shall take to heart. You shall diligently teach them to your children. You shall recite them at home and away, morning and night. You shall bind them as a sign upon your hand, they shall be a reminder above your eyes, and you shall inscribe them upon the doorposts of your homes and upon your gates.

DEUTERONOMY 6:4–9

You are My witnesses, says the Lord.

There is no King without a kingdom,
no sovereign without subjects.

When you are My witnesses, I am the Lord.

The coin of His kingdom is Torah,
to be reflected in study and deeds.

God is the first, God is the last,
there is no God but the Lord.

The Torah is given each day;
each day we receive it anew
if we wish to make it our own.

Testify for Me, says the Lord;
in your love for Me teach your children,
embracing the Torah now and forever.

We accept God's kingship in reverence,
treating others with love, studying Torah.
May this be our will as we witness.

וְהָיָ֗ה אִם־שָׁמֹ֤עַ תִּשְׁמְעוּ֙ אֶל־מִצְוֹתַ֔י אֲשֶׁ֧ר אָנֹכִ֛י מְצַוֶּ֥ה אֶתְכֶ֖ם
הַיּ֑וֹם לְאַהֲבָ֞ה אֶת־יְהֹוָ֤ה אֱלֹֽהֵיכֶם֙ וּלְעָבְד֔וֹ בְּכָל־לְבַבְכֶ֖ם וּבְכָל־
נַפְשְׁכֶֽם׃ וְנָתַתִּ֧י מְטַֽר־אַרְצְכֶ֛ם בְּעִתּ֖וֹ יוֹרֶ֣ה וּמַלְק֑וֹשׁ וְאָסַפְתָּ֣
דְגָנֶ֔ךָ וְתִירֹֽשְׁךָ֖ וְיִצְהָרֶֽךָ׃ וְנָתַתִּ֛י עֵ֥שֶׂב בְּשָׂדְךָ֖ לִבְהֶמְתֶּ֑ךָ וְאָכַלְתָּ֖
וְשָׂבָֽעְתָּ׃ הִשָּֽׁמְר֣וּ לָכֶ֔ם פֶּ֥ן יִפְתֶּ֖ה לְבַבְכֶ֑ם וְסַרְתֶּ֗ם וַעֲבַדְתֶּם֙
אֱלֹהִ֣ים אֲחֵרִ֔ים וְהִשְׁתַּחֲוִיתֶ֖ם לָהֶֽם׃ וְחָרָ֨ה אַף־יְהֹוָ֜ה בָּכֶ֗ם
וְעָצַ֤ר אֶת־הַשָּׁמַ֙יִם֙ וְלֹֽא־יִהְיֶ֣ה מָטָ֔ר וְהָ֣אֲדָמָ֔ה לֹ֥א תִתֵּ֖ן אֶת־
יְבוּלָ֑הּ וַאֲבַדְתֶּ֣ם מְהֵרָ֗ה מֵעַל֙ הָאָ֣רֶץ הַטֹּבָ֔ה אֲשֶׁ֥ר יְהֹוָ֖ה נֹתֵ֥ן
לָכֶֽם׃ וְשַׂמְתֶּם֙ אֶת־דְּבָרַ֣י אֵ֔לֶּה עַל־לְבַבְכֶ֖ם וְעַֽל־נַפְשְׁכֶ֑ם
וּקְשַׁרְתֶּ֨ם אֹתָ֤ם לְאוֹת֙ עַל־יֶדְכֶ֔ם וְהָי֥וּ לְטוֹטָפֹ֖ת בֵּ֥ין עֵינֵיכֶֽם׃
וְלִמַּדְתֶּ֥ם אֹתָ֛ם אֶת־בְּנֵיכֶ֖ם לְדַבֵּ֣ר בָּ֑ם בְּשִׁבְתְּךָ֤ בְּבֵיתֶ֙ךָ֙ וּבְלֶכְתְּךָ֣
בַדֶּ֔רֶךְ וּֽבְשָׁכְבְּךָ֖ וּבְקוּמֶֽךָ׃ וּכְתַבְתָּ֛ם עַל־מְזוּז֥וֹת בֵּיתֶ֖ךָ
וּבִשְׁעָרֶֽיךָ׃ לְמַ֨עַן יִרְבּ֤וּ יְמֵיכֶם֙ וִימֵ֣י בְנֵיכֶ֔ם עַ֚ל הָֽאֲדָמָ֔ה אֲשֶׁ֧ר
נִשְׁבַּ֛ע יְהֹוָ֖ה לַאֲבֹתֵיכֶ֑ם לָתֵ֣ת לָהֶ֑ם כִּימֵ֥י הַשָּׁמַ֖יִם עַל־הָאָֽרֶץ׃

וַיֹּ֥אמֶר יְהֹוָ֖ה אֶל־מֹשֶׁ֥ה לֵּאמֹֽר׃ דַּבֵּ֞ר אֶל־בְּנֵ֤י יִשְׂרָאֵל֙ וְאָמַרְתָּ֣
אֲלֵהֶ֔ם וְעָשׂ֨וּ לָהֶ֥ם צִיצִ֛ת עַל־כַּנְפֵ֥י בִגְדֵיהֶ֖ם לְדֹרֹתָ֑ם וְנָתְנ֛וּ עַל־
צִיצִ֥ת הַכָּנָ֖ף פְּתִ֥יל תְּכֵֽלֶת׃ וְהָיָ֣ה לָכֶם֮ לְצִיצִת֒ וּרְאִיתֶ֣ם אֹת֗וֹ
וּזְכַרְתֶּם֙ אֶת־כָּל־מִצְוֹ֣ת יְהֹוָ֔ה וַעֲשִׂיתֶ֖ם אֹתָ֑ם וְלֹֽא־תָת֜וּרוּ אַחֲרֵ֤י
לְבַבְכֶם֙ וְאַחֲרֵ֣י עֵֽינֵיכֶ֔ם אֲשֶׁר־אַתֶּ֥ם זֹנִ֖ים אַחֲרֵיהֶֽם׃ לְמַ֣עַן
תִּזְכְּר֔וּ וַעֲשִׂיתֶ֖ם אֶת־כָּל־מִצְוֹתָ֑י וִהְיִיתֶ֥ם קְדֹשִׁ֖ים לֵאלֹֽהֵיכֶֽם׃
אֲנִ֞י יְהֹוָ֣ה אֱלֹֽהֵיכֶ֗ם אֲשֶׁ֨ר הוֹצֵ֤אתִי אֶתְכֶם֙ מֵאֶ֣רֶץ מִצְרַ֔יִם
לִהְי֥וֹת לָכֶ֖ם לֵאלֹהִ֑ים אֲנִ֖י יְהֹוָ֥ה אֱלֹהֵיכֶֽם׃   *(Individuals add:* אֱמֶת)

☐ יְהֹוָ֥ה אֱלֹהֵיכֶ֖ם אֱמֶֽת

If you faithfully obey My laws today, and love Me, I shall give you your liveli-
hood in good time and in full measure. You shall work and reap the results of
your labor, satisfied with what you have achieved. Be careful, however. Let
not your heart be seduced, lured after false goals, seeking alien ideals, lest
God's grace depart from you and you sink into dissoluteness and lose your
joyous, God-given heritage.

If you will earnestly heed the mitzvot that I give you this day, to love the Lord your God and to serve Him with all your heart and all your soul, then I will favor your land with rain at the proper season—rain in autumn and rain in spring—and you will have an ample harvest of grain and wine and oil. I will assure abundance in the fields for your cattle. You will eat to contentment. Take care lest you be tempted to forsake God and turn to false gods in worship. For then the wrath of the Lord will be directed against you. He will close the heavens and hold back the rain; the earth will not yield its produce. You will soon disappear from the good land which the Lord is giving you.

Therefore, impress these words of Mine upon your heart. Bind them as a sign upon your hand, and let them be a reminder above your eyes. Teach them to your children. Repeat them at home and away, morning and night. Inscribe them upon the doorposts of your homes and upon your gates. Then your days and the days of your children on the land which the Lord swore to give to your ancestors will endure as the days of the heavens over the earth.

DEUTERONOMY 11:13–21

The Lord said to Moses: Instruct the people Israel that in every generation they shall put fringes on the corners of their garments, and bind a thread of blue to the fringe of each corner. Looking upon it you will be reminded of all the mitzvot of the Lord and fulfill them and not be seduced by your heart or led astray by your eyes. Then you will remember and observe all My mitzvot and be holy before your God. I am the Lord your God who brought you out of the land of Egypt to be your God. I, the Lord, am your God.

NUMBERS 15:37–41

Reader:

The Lord your God is truth.

Cherish My words in your heart and soul, wear them as proud reminders on your arm and on your forehead. Instill them in your children and be guided by them at home and in public, night and day. Write them on your doorposts and gates. Then will your lives and your children's lives be as enduring on this good earth as the stars in the sky. Thus did God promise your ancestors.

In the first berakhah after K'riat Sh'ma, we praise God as eternal Redeemer of the people Israel.

אֱמֶת וֶאֱמוּנָה כָּל־זֹאת וְקַיָּם עָלֵינוּ, כִּי הוּא יהוה אֱלֹהֵינוּ וְאֵין זוּלָתוֹ, וַאֲנַחְנוּ יִשְׂרָאֵל עַמּוֹ. הַפּוֹדֵנוּ מִיַּד מְלָכִים, מַלְכֵּנוּ הַגּוֹאֲלֵנוּ מִכַּף כָּל־הֶעָרִיצִים, הָאֵל הַנִּפְרָע לָנוּ מִצָּרֵינוּ וְהַמְשַׁלֵּם גְּמוּל לְכָל־אֹיְבֵי נַפְשֵׁנוּ, הָעוֹשֶׂה גְדוֹלוֹת עַד אֵין חֵקֶר וְנִפְלָאוֹת עַד אֵין מִסְפָּר, הַשָּׂם נַפְשֵׁנוּ בַּחַיִּים וְלֹא נָתַן לַמּוֹט רַגְלֵנוּ, הַמַּדְרִיכֵנוּ עַל בָּמוֹת אוֹיְבֵינוּ וַיָּרֶם קַרְנֵנוּ עַל כָּל־שׂוֹנְאֵינוּ, הָעוֹשֶׂה לָּנוּ נִסִּים וּנְקָמָה בְּפַרְעֹה, אוֹתוֹת

We tell of Your love in the morning,
we recall Your faithfulness at night.

Yet we remember other mornings, other nights
when love and faithfulness were torn by tragedy.

We celebrate miracles of our people's past,
deliverance from peril into promised land.

Yet we remember slaughter and destruction,
and questions born from ashes of the undelivered.

In spite of Your silence, we reaffirm hope,
sustained by the certainty born of faith.

Lamentation and bitter weeping have been ours,
refusing to be comforted for those who are no more.

Yet we shall survive to sing, to flourish,
to turn our mourning into gladness.

In spite of every obstacle we shall endure,
nurturing our children to overcome despair.

In spite of every obstacle we shall praise,
sustained by Your promise of redemption.

Our people has survived the sword,
finding favor even in the wilderness.

Those who sow in tears shall reap in joy,
for You redeem our lives from destruction.

Those who sow in tears shall reap in joy,
embraced by love and faithfulness forever.

*In the first berakhah after K'riat Sh'ma, we
praise God as eternal Redeemer of the people
Israel*

We affirm the truth that He is our God, that there is no other, and that
we are His people Israel. He redeems us from the power of kings,
delivers us from the hand of all tyrants. He brings judgment upon our
oppressors, retribution upon all our mortal enemies. He performs
wonders beyond understanding, marvels beyond all reckoning. He
has maintained us among the living. He has not allowed our steps to
falter. He guided us to triumph over mighty foes, exalted our strength
over all our enemies. He vindicated us with miracles before Pharaoh,
with signs and wonders in the land of Egypt. In wrath He smote all of
Egypt's firstborn, bringing His people to lasting freedom. He led His
children through divided waters as their pursuers sank in the sea.

In time to come the mount of the Lord's temple shall stand
firm above the mountains, towering above the hills,
and all the nations shall turn their attention to it.

*Many nations shall go there, saying:
"Come, let us journey to the mount of the Lord,
to the temple of the God of Jacob,
that He may teach us His ways, that we may walk in His paths."*

For instruction shall be coming from Zion,
the word of the Lord from Jerusalem.

*He will decide the disputes between nations,
and arbitrate for the multitude of peoples.*

They shall beat their swords into ploughshares,
and their spears into pruning hooks.

*Nation shall not lift up sword against nation,
nor shall they experience war any more.*

ISAIAH 2:1–4

The world is in need of redemption, but the redemption must not be expected
to happen as an act of sheer grace. Our task is to make the world worthy of
redemption. Our faith and our works are preparations for ultimate
redemption.

וּמוֹפְתִים בְּאַדְמַת בְּנֵי חָם, הַמַּכֶּה בְעֶבְרָתוֹ כָּל־בְּכוֹרֵי מִצְרָיִם, וַיּוֹצֵא אֶת־עַמּוֹ יִשְׂרָאֵל מִתּוֹכָם לְחֵרוּת עוֹלָם, הַמַּעֲבִיר בָּנָיו בֵּין גִּזְרֵי יַם סוּף, אֶת־רוֹדְפֵיהֶם וְאֶת־שׂוֹנְאֵיהֶם בִּתְהוֹמוֹת טִבַּע, וְרָאוּ בָנָיו גְּבוּרָתוֹ, שִׁבְּחוּ וְהוֹדוּ לִשְׁמוֹ. □ וּמַלְכוּתוֹ בְּרָצוֹן קִבְּלוּ עֲלֵיהֶם. מֹשֶׁה וּבְנֵי יִשְׂרָאֵל לְךָ עָנוּ שִׁירָה בְּשִׂמְחָה רַבָּה, וְאָמְרוּ כֻלָּם:

מִי כָמֹכָה בָּאֵלִם יהוה, מִי כָּמֹכָה נֶאְדָּר בַּקֹּדֶשׁ, נוֹרָא תְהִלֹּת עֹשֵׂה פֶלֶא.

□ מַלְכוּתְךָ רָאוּ בָנֶיךָ, בּוֹקֵעַ יָם לִפְנֵי מֹשֶׁה. זֶה אֵלִי עָנוּ וְאָמְרוּ: יהוה יִמְלֹךְ לְעֹלָם וָעֶד.

□ וְנֶאֱמַר: כִּי פָדָה יהוה אֶת־יַעֲקֹב, וּגְאָלוֹ מִיַּד חָזָק מִמֶּנּוּ. בָּרוּךְ אַתָּה יהוה גָּאַל יִשְׂרָאֵל.

You cannot find redemption until you see the flaws in your own soul, and try to efface them. Nor can a people be redeemed until it sees the flaws in its soul and tries to efface them. But whether it be an individual or a people, whoever shuts out the realization of his flaws is shutting out redemption. We can be redeemed only to the extent to which we see ourselves.

Daily You renew our souls, restoring us
as You redeemed our ancient nation Israel
from slavery to freedom, from sorrow to triumph,
blessing our people with the springtime of its life
to be renewed by all of us each year. Healer
of our wounds, holy God, do not abandon us to enemies
who threaten, to tyrants who deny Your sovereignty.
Into Your care we commit our souls, now as in the past,
sustained by Your truth, embraced by Your love,
inspired with hope for the future by Your faith in us.
Beloved are You, Redeemer of the people Israel,
whose faithfulness in ages past assures our future too.

בָּרוּךְ אַתָּה יהוה גָּאַל יִשְׂרָאֵל.

When His children beheld His might they sang in praise of Him, gladly accepting His sovereignty. Moses and the people Israel sang with great joy this song to the Lord:

Mi khamokha ba-elim Adonai, mi kamokha, nedar ba-kodesh, nora t'hilot, oseh feleh.

Who is like You, Lord, among all that is worshiped? Who is like You, majestic in holiness, awesome in splendor, working wonders?

Your children beheld Your sovereignty as You divided the sea before Moses. "This is my God," they responded, declaring:

Adonai yimlokh l'olam va-ed.

"The Lord shall reign throughout all time."

And thus it is written: "The Lord has rescued Jacob; He redeemed him from those more powerful." Praised are You, Lord, Redeemer of the people Israel.

Protect us with Your gift of peace
by helping us to overcome temptation.

When we are weak, sustain us;
when we despair, open our hearts to joy.

Shelter us in Your embrace of peace
when we are caught by conflict or desire.

When we are torn, heal us;
when we are tormented, touch us with tranquility.

Cherish our fragmented lives;
make our lives whole again through integrity.

When we deceive, turn us to You;
when we corrupt, capture our hearts anew.

Protect us from ourselves;
when we falter, help us to conquer the enemy within.

When we blunder, restore us;
with compassion teach us that peace is based on Your truth.

In the second berakhah after K'riat Sh'ma, we praise God for His peace and protection

הַשְׁכִּיבֵנוּ יהוה אֱלֹהֵינוּ לְשָׁלוֹם, וְהַעֲמִידֵנוּ מַלְכֵּנוּ לְחַיִּים,
וּפְרֹשׂ עָלֵינוּ סֻכַּת שְׁלוֹמֶךָ, וְתַקְּנֵנוּ בְּעֵצָה טוֹבָה מִלְּפָנֶיךָ,
וְהוֹשִׁיעֵנוּ לְמַעַן שְׁמֶךָ. וְהָגֵן בַּעֲדֵנוּ, וְהָסֵר מֵעָלֵינוּ אוֹיֵב דֶּבֶר
וְחֶרֶב וְרָעָב וְיָגוֹן, וְהָסֵר שָׂטָן מִלְּפָנֵינוּ וּמֵאַחֲרֵינוּ. וּבְצֵל כְּנָפֶיךָ
תַּסְתִּירֵנוּ, כִּי אֵל שׁוֹמְרֵנוּ וּמַצִּילֵנוּ אָתָּה, כִּי אֵל מֶלֶךְ חַנּוּן
וְרַחוּם אָתָּה. □ וּשְׁמוֹר צֵאתֵנוּ וּבוֹאֵנוּ לְחַיִּים וּלְשָׁלוֹם מֵעַתָּה
וְעַד עוֹלָם. וּפְרוֹשׂ עָלֵינוּ סֻכַּת שְׁלוֹמֶךָ. בָּרוּךְ אַתָּה יהוה
הַפּוֹרֵשׂ סֻכַּת שָׁלוֹם עָלֵינוּ וְעַל כָּל־עַמּוֹ יִשְׂרָאֵל וְעַל יְרוּשָׁלָיִם.

As a mother comforts her children
so I Myself will comfort you, says the Lord.

And you will find peace in Jerusalem.

Past troubles will be forgotten, hidden from sight.
Jerusalem will be a delight, her people a joy.

And you will find peace in Jerusalem.

None shall hurt or destroy in all My holy mountain
says the Creator whose throne is Heaven,

Says the Lord who also seeks peace in Jerusalem.

Each month at the new moon, each week on Shabbat
all people, all My children, shall worship Me,

*Says the Lord who will also find peace
and consolation in Jerusalem.*

"Seek peace and pursue it" (Psalm 34:14). The Torah does not obligate us to pursue the mitzvot, but only to fulfill them at the proper time, at the appropriate occasion. Peace, however, must be sought at all times; at home and away from home we are obliged to *seek* peace and to *pursue* it (*Numbers Rabbah* 19:27).

In the second berakhah after K'riat Sh'ma, we praise God for His peace and protection

Help us, our Father, to lie down in peace, and awaken us to life again, our King. Spread over us Your shelter of peace, guide us with Your good counsel. Save us because of Your mercy. Shield us from enemies and pestilence, from starvation, sword and sorrow. Remove the evil forces that surround us, shelter us in the shadow of Your wings. You, O God, guard us and deliver us. You are a gracious and merciful King. Guard our coming and our going, grant us life and peace, now and always. Spread over us the shelter of Your peace. Praised are You, Lord who spreads a shelter of peace over us, over all His people Israel and over Jerusalem.

If your impulse to evil begins to tempt and mock you, push it aside with words of Torah, and God will consider you as having created peace, for serenity will be your achievement (*Genesis Rabbah* 22:6).

Creator of peace, compassionate God,
guide us to a covenant of peace
with all of Your creatures, birds and beasts
as well as all humanity reflecting Your image
of compassion and peace. Give us strength
to help sustain Your promised covenant abolishing blind strife
and bloody warfare, so that they will no longer devastate
the earth, so that discord will no longer tear us asunder.
Then all that is savage and brutal will vanish,
and we shall fear evil no more. Guard our coming
and our going, now toward waking, now toward sleep,
always within Your tranquil shelter. Beloved are You,
Sovereign of peace whose embrace encompasses Jerusalem,
the people Israel and all humanity.

בָּרוּךְ אַתָּה יהוה הַפּוֹרֵשׂ סֻכַּת שָׁלוֹם עָלֵינוּ, וְעַל כָּל-עַמּוֹ יִשְׂרָאֵל, וְעַל
יְרוּשָׁלָיִם.

On Shabbat:

וְשָׁמְרוּ בְנֵי־יִשְׂרָאֵל אֶת־הַשַּׁבָּת לַעֲשׂוֹת אֶת־הַשַּׁבָּת לְדֹרֹתָם בְּרִית עוֹלָם: בֵּינִי וּבֵין בְּנֵי יִשְׂרָאֵל אוֹת הִוא לְעֹלָם כִּי־שֵׁשֶׁת יָמִים עָשָׂה יְהוָה אֶת־הַשָּׁמַיִם וְאֶת־הָאָרֶץ וּבַיּוֹם הַשְּׁבִיעִי שָׁבַת וַיִּנָּפַשׁ:

On Festivals:

וַיְדַבֵּר מֹשֶׁה אֶת־מֹעֲדֵי יְהוָה אֶל בְּנֵי יִשְׂרָאֵל:

ḤATZI KADDISH

Reader:

יִתְגַּדַּל וְיִתְקַדַּשׁ שְׁמֵהּ רַבָּא בְּעָלְמָא דִּי בְרָא כִרְעוּתֵהּ, וְיַמְלִיךְ מַלְכוּתֵהּ בְּחַיֵּיכוֹן וּבְיוֹמֵיכוֹן וּבְחַיֵּי דְכָל־בֵּית יִשְׂרָאֵל, בַּעֲגָלָא וּבִזְמַן קָרִיב, וְאִמְרוּ אָמֵן.

Congregation and Reader:

יְהֵא שְׁמֵהּ רַבָּא מְבָרַךְ לְעָלַם וּלְעָלְמֵי עָלְמַיָּא.

Reader:

יִתְבָּרַךְ וְיִשְׁתַּבַּח וְיִתְפָּאַר וְיִתְרוֹמַם וְיִתְנַשֵּׂא, וְיִתְהַדַּר וְיִתְעַלֶּה וְיִתְהַלַּל שְׁמֵהּ דְּקֻדְשָׁא, בְּרִיךְ הוּא לְעֵלָּא (לְעֵלָּא מִכָּל־) מִן כָּל־בִּרְכָתָא וְשִׁירָתָא, תֻּשְׁבְּחָתָא וְנֶחֱמָתָא דַּאֲמִירָן בְּעָלְמָא, וְאִמְרוּ אָמֵן.

On Shabbat, including Shabbat of Ḥol Ha-mo'ed, we continue on the following page

On Festivals, including those on Shabbat, we continue on page 304

On Shabbat:

The people Israel shall observe Shabbat, to maintain it as an everlasting covenant through all generations. It is a sign between Me and the people Israel for all time, that in six days the Lord made the heavens and the earth, and on the seventh day He ceased from work and rested.

EXODUS 31:16–17

On Festivals:

Thus Moses declared the appointed seasons of the Lord to the people Israel.

LEVITICUS 23:44

ḤATZI KADDISH

Reader:

Hallowed and enhanced may He be throughout the world of His own creation. May He cause His sovereignty soon to be accepted, during our life and the life of all Israel. And let us say: Amen.

Congregation and Reader:

Y'hei sh'mei raba m'varakh l'alam u-l'almei almaya.

May He be praised throughout all time.

Reader:

Glorified and celebrated, lauded and worshiped, acclaimed and honored, extolled and exalted may the Holy One be, praised beyond all song and psalm, beyond all tributes which mortals can utter. And let us say: Amen.

*On Shabbat, including Shabbat of Ḥol Ha-mo'ed,
we continue on the following page*

*On Festivals, including those on Shabbat,
we continue on page 305*

אֲדֹנָי, שְׂפָתַי תִּפְתָּח וּפִי יַגִּיד תְּהִלָּתֶךָ.

בָּרוּךְ אַתָּה יהוה אֱלֹהֵינוּ וֵאלֹהֵי אֲבוֹתֵינוּ, אֱלֹהֵי אַבְרָהָם אֱלֹהֵי יִצְחָק וֵאלֹהֵי יַעֲקֹב, הָאֵל הַגָּדוֹל הַגִּבּוֹר וְהַנּוֹרָא, אֵל עֶלְיוֹן, גּוֹמֵל חֲסָדִים טוֹבִים וְקוֹנֵה הַכֹּל, וְזוֹכֵר חַסְדֵי אָבוֹת וּמֵבִיא גוֹאֵל לִבְנֵי בְנֵיהֶם לְמַעַן שְׁמוֹ בְּאַהֲבָה.

On Shabbat before Yom Kippur:

זָכְרֵנוּ לְחַיִּים, מֶלֶךְ חָפֵץ בַּחַיִּים,
וְכָתְבֵנוּ בְּסֵפֶר הַחַיִּים לְמַעַנְךָ אֱלֹהִים חַיִּים.

מֶלֶךְ עוֹזֵר וּמוֹשִׁיעַ וּמָגֵן. בָּרוּךְ אַתָּה יהוה מָגֵן אַבְרָהָם.

אַתָּה גִּבּוֹר לְעוֹלָם אֲדֹנָי, מְחַיֵּה מֵתִים אַתָּה רַב לְהוֹשִׁיעַ.

From Sh'mini Atzeret to Pesaḥ:

מַשִּׁיב הָרוּחַ וּמוֹרִיד הַגָּשֶׁם.

מְכַלְכֵּל חַיִּים בְּחֶסֶד, מְחַיֵּה מֵתִים בְּרַחֲמִים רַבִּים, סוֹמֵךְ נוֹפְלִים וְרוֹפֵא חוֹלִים וּמַתִּיר אֲסוּרִים, וּמְקַיֵּם אֱמוּנָתוֹ לִישֵׁנֵי עָפָר. מִי כָמוֹךָ בַּעַל גְּבוּרוֹת וּמִי דּוֹמֶה לָּךְ, מֶלֶךְ מֵמִית וּמְחַיֶּה וּמַצְמִיחַ יְשׁוּעָה.

On Shabbat before Yom Kippur:

מִי כָמוֹךָ אַב הָרַחֲמִים, זוֹכֵר יְצוּרָיו לְחַיִּים בְּרַחֲמִים.

וְנֶאֱמָן אַתָּה לְהַחֲיוֹת מֵתִים. בָּרוּךְ אַתָּה יהוה מְחַיֵּה הַמֵּתִים.

אַתָּה קָדוֹשׁ וְשִׁמְךָ קָדוֹשׁ, וּקְדוֹשִׁים בְּכָל־יוֹם יְהַלְלוּךָ סֶּלָה.

On Shabbat before Yom Kippur substitute these words for the line which follows:

בָּרוּךְ אַתָּה יהוה הַמֶּלֶךְ הַקָּדוֹשׁ.

בָּרוּךְ אַתָּה יהוה הָאֵל הַקָּדוֹשׁ.

✥ AMIDAH FOR SHABBAT EVE

Open my mouth, O Lord, and my lips will proclaim Your praise.

Praised are You, Lord our God and God of our ancestors, God of Abraham, of Isaac, and of Jacob, great, mighty, awesome, exalted God who bestows lovingkindness, Creator of all. You remember the pious deeds of our ancestors and will send a redeemer to their children's children because of Your loving nature.

> *On Shabbat before Yom Kippur:*
>
> Remember us that we may live, O King who delights in life. Inscribe us in the Book of Life, for Your sake, living God.

You are the King who helps and saves and shields. Praised are You, Lord, Shield of Abraham.

Your might, O Lord, is boundless. You give life to the dead; great is Your saving power.

> *From Sh'mini Atzeret to Pesaḥ:*
>
> You cause the wind to blow and the rain to fall.

Your lovingkindess sustains the living, Your great mercies give life to the dead. You support the falling, heal the ailing, free the fettered. You keep Your faith with those who sleep in dust. Whose power can compare with Yours? You are the master of life and death and deliverance.

> *On Shabbat before Yom Kippur:*
>
> Whose mercy can compare with Yours, merciful Father? In mercy You remember Your creatures with life.

Faithful are You in giving life to the dead. Praised are You, Lord, Master of life and death.

Holy are You and holy is Your name. Holy are those who praise You daily.

> *On Shabbat before Yom Kippur substitute these words for the line which follows:*
>
> Praised are You, Lord, holy King.

Praised are You, Lord, holy God.

אַתָּה קִדַּשְׁתָּ אֶת־יוֹם הַשְּׁבִיעִי לִשְׁמֶךָ, תַּכְלִית מַעֲשֵׂה שָׁמַיִם וָאָרֶץ. וּבֵרַכְתּוֹ מִכָּל־הַיָּמִים וְקִדַּשְׁתּוֹ מִכָּל־הַזְּמַנִּים, וְכֵן כָּתוּב בְּתוֹרָתֶךָ.

וַיְכֻלּוּ הַשָּׁמַיִם וְהָאָרֶץ וְכָל־צְבָאָם. וַיְכַל אֱלֹהִים בַּיּוֹם הַשְּׁבִיעִי מְלַאכְתּוֹ אֲשֶׁר עָשָׂה, וַיִּשְׁבֹּת בַּיּוֹם הַשְּׁבִיעִי מִכָּל־מְלַאכְתּוֹ אֲשֶׁר עָשָׂה. וַיְבָרֶךְ אֱלֹהִים אֶת־יוֹם הַשְּׁבִיעִי וַיְקַדֵּשׁ אֹתוֹ, כִּי בוֹ שָׁבַת מִכָּל־מְלַאכְתּוֹ אֲשֶׁר בָּרָא אֱלֹהִים לַעֲשׂוֹת.

אֱלֹהֵינוּ וֵאלֹהֵי אֲבוֹתֵינוּ, רְצֵה בִמְנוּחָתֵנוּ. קַדְּשֵׁנוּ בְּמִצְוֹתֶיךָ וְתֵן חֶלְקֵנוּ בְּתוֹרָתֶךָ, שַׂבְּעֵנוּ מִטּוּבֶךָ וְשַׂמְּחֵנוּ בִּישׁוּעָתֶךָ, וְטַהֵר לִבֵּנוּ לְעָבְדְּךָ בֶּאֱמֶת. וְהַנְחִילֵנוּ יהוה אֱלֹהֵינוּ בְּאַהֲבָה וּבְרָצוֹן שַׁבַּת קָדְשֶׁךָ, וְיָנוּחוּ בָהּ יִשְׂרָאֵל מְקַדְּשֵׁי שְׁמֶךָ. בָּרוּךְ אַתָּה יהוה מְקַדֵּשׁ הַשַּׁבָּת.

רְצֵה יהוה אֱלֹהֵינוּ בְּעַמְּךָ יִשְׂרָאֵל וּבִתְפִלָּתָם, וְהָשֵׁב אֶת־הָעֲבוֹדָה לִדְבִיר בֵּיתֶךָ, וּתְפִלָּתָם בְּאַהֲבָה תְקַבֵּל בְּרָצוֹן, וּתְהִי לְרָצוֹן תָּמִיד עֲבוֹדַת יִשְׂרָאֵל עַמֶּךָ.

On Rosh Ḥodesh and on Ḥol Ha-mo'ed:

אֱלֹהֵינוּ וֵאלֹהֵי אֲבוֹתֵינוּ, יַעֲלֶה וְיָבֹא וְיַגִּיעַ, וְיֵרָאֶה וְיֵרָצֶה וְיִשָּׁמַע, וְיִפָּקֵד וְיִזָּכֵר זִכְרוֹנֵנוּ וּפִקְדוֹנֵנוּ, וְזִכְרוֹן אֲבוֹתֵינוּ, וְזִכְרוֹן מָשִׁיחַ בֶּן־דָּוִד עַבְדֶּךָ, וְזִכְרוֹן יְרוּשָׁלַיִם עִיר קָדְשֶׁךָ, וְזִכְרוֹן כָּל־עַמְּךָ בֵּית יִשְׂרָאֵל לְפָנֶיךָ, לִפְלֵיטָה לְטוֹבָה, לְחֵן וּלְחֶסֶד וּלְרַחֲמִים, לְחַיִּים וּלְשָׁלוֹם בְּיוֹם

Rosh Ḥodesh: רֹאשׁ הַחֹדֶשׁ

Pesaḥ: חַג הַמַּצּוֹת

Sukkot: חַג הַסֻּכּוֹת

הַזֶּה. זָכְרֵנוּ יהוה אֱלֹהֵינוּ בּוֹ לְטוֹבָה, וּפָקְדֵנוּ בוֹ לִבְרָכָה, וְהוֹשִׁיעֵנוּ בוֹ לְחַיִּים. וּבִדְבַר יְשׁוּעָה וְרַחֲמִים חוּס וְחָנֵּנוּ וְרַחֵם עָלֵינוּ וְהוֹשִׁיעֵנוּ כִּי אֵלֶיךָ עֵינֵינוּ, כִּי אֵל מֶלֶךְ חַנּוּן וְרַחוּם אָתָּה.

וְתֶחֱזֶינָה עֵינֵינוּ בְּשׁוּבְךָ לְצִיּוֹן בְּרַחֲמִים.
בָּרוּךְ אַתָּה יהוה הַמַּחֲזִיר שְׁכִינָתוֹ לְצִיּוֹן.

You sanctified the seventh day for Your glory, consummation of creating the heavens and the earth, blessing it above all other days, sanctifying it above all other times. Thus it is written in Your Torah:

The heavens and the earth, and all they contain, were completed. On the seventh day God finished the work which He had been doing; He ceased on the seventh day from all the work which He had done. Then God blessed the seventh day and called it holy, because on it He ceased from all His work of creation.

Our God and God of our ancestors, accept our Shabbat offering of rest. Add holiness to our lives with Your mitzvot and let Your Torah be our portion. Fill our lives with Your goodness, and gladden us with Your triumph. Cleanse our hearts and we shall serve You faithfully. Lovingly and willingly, Lord our God, grant that we inherit Your holy gift of Shabbat forever, so that Your people Israel who hallow Your name will always find rest on this day. Praised are You, Lord who hallows Shabbat.

Accept the prayer of Your people Israel as lovingly as it is offered. Restore worship to Your sanctuary. May the worship of Your people Israel always be acceptable to You.

> *On Rosh Ḥodesh and on Ḥol Ha-mo'ed:*
>
> Our God and God of our ancestors, on this day of
>
> Rosh Ḥodesh   Pesaḥ   Sukkot
>
> remember our ancestors and be gracious to us. Consider the people Israel standing before You praying for the days of Messiah and for Jerusalem, Your holy city. Grant us life, well-being, lovingkindness and peace. Bless us, Lord our God, with all that is good. Remember Your promise of mercy and redemption. Be merciful to us and save us, for we place our hope in You, gracious and merciful God.

May we witness Your merciful return to Zion. Praised are You, Lord who restores His Presence to Zion.

מוֹדִים אֲנַחְנוּ לָךְ שָׁאַתָּה הוּא יהוה אֱלֹהֵינוּ וֵאלֹהֵי אֲבוֹתֵינוּ לְעוֹלָם וָעֶד, צוּר חַיֵּינוּ מָגֵן יִשְׁעֵנוּ אַתָּה הוּא לְדוֹר וָדוֹר. נוֹדֶה לְּךָ וּנְסַפֵּר תְּהִלָּתֶךָ, עַל חַיֵּינוּ הַמְּסוּרִים בְּיָדֶךָ וְעַל נִשְׁמוֹתֵינוּ הַפְּקוּדוֹת לָךְ וְעַל נִסֶּיךָ שֶׁבְּכָל־יוֹם עִמָּנוּ וְעַל נִפְלְאוֹתֶיךָ וְטוֹבוֹתֶיךָ שֶׁבְּכָל־עֵת, עֶרֶב וָבֹקֶר וְצָהֳרָיִם. הַטּוֹב כִּי לֹא כָלוּ רַחֲמֶיךָ, וְהַמְרַחֵם כִּי לֹא תַמּוּ חֲסָדֶיךָ, מֵעוֹלָם קִוִּינוּ לָךְ.

On Ḥanukkah:

עַל הַנִּסִּים וְעַל הַפֻּרְקָן, וְעַל הַגְּבוּרוֹת, וְעַל הַתְּשׁוּעוֹת, וְעַל הַמִּלְחָמוֹת שֶׁעָשִׂיתָ לַאֲבוֹתֵינוּ בַּיָּמִים הָהֵם וּבַזְּמַן הַזֶּה.

בִּימֵי מַתִּתְיָהוּ בֶּן־יוֹחָנָן כֹּהֵן גָּדוֹל, חַשְׁמוֹנַי וּבָנָיו, כְּשֶׁעָמְדָה מַלְכוּת יָוָן הָרְשָׁעָה עַל עַמְּךָ יִשְׂרָאֵל לְהַשְׁכִּיחָם תּוֹרָתֶךָ וּלְהַעֲבִירָם מֵחֻקֵּי רְצוֹנֶךָ, וְאַתָּה בְּרַחֲמֶיךָ הָרַבִּים עָמַדְתָּ לָהֶם בְּעֵת צָרָתָם, רַבְתָּ אֶת־רִיבָם, דַּנְתָּ אֶת־דִּינָם, נָקַמְתָּ אֶת־נִקְמָתָם, מָסַרְתָּ גִבּוֹרִים בְּיַד חַלָּשִׁים, וְרַבִּים בְּיַד מְעַטִּים, וּטְמֵאִים בְּיַד טְהוֹרִים, וּרְשָׁעִים בְּיַד צַדִּיקִים, וְזֵדִים בְּיַד עוֹסְקֵי תוֹרָתֶךָ. וּלְךָ עָשִׂיתָ שֵׁם גָּדוֹל וְקָדוֹשׁ בְּעוֹלָמֶךָ, וּלְעַמְּךָ יִשְׂרָאֵל עָשִׂיתָ תְּשׁוּעָה גְדוֹלָה וּפֻרְקָן כְּהַיּוֹם הַזֶּה. וְאַחַר כֵּן בָּאוּ בָנֶיךָ לִדְבִיר בֵּיתֶךָ וּפִנּוּ אֶת־הֵיכָלֶךָ, וְטִהֲרוּ אֶת־מִקְדָּשֶׁךָ, וְהִדְלִיקוּ נֵרוֹת בְּחַצְרוֹת קָדְשֶׁךָ, וְקָבְעוּ שְׁמוֹנַת יְמֵי חֲנֻכָּה אֵלּוּ לְהוֹדוֹת וּלְהַלֵּל לְשִׁמְךָ הַגָּדוֹל.

וְעַל כֻּלָּם יִתְבָּרַךְ וְיִתְרוֹמַם שִׁמְךָ מַלְכֵּנוּ תָּמִיד לְעוֹלָם וָעֶד.

On Shabbat before Yom Kippur:

וּכְתוֹב לְחַיִּים טוֹבִים כָּל־בְּנֵי בְרִיתֶךָ.

וְכֹל הַחַיִּים יוֹדוּךָ סֶּלָה, וִיהַלְלוּ אֶת־שִׁמְךָ בֶּאֱמֶת, הָאֵל יְשׁוּעָתֵנוּ וְעֶזְרָתֵנוּ סֶלָה. בָּרוּךְ אַתָּה יהוה הַטּוֹב שִׁמְךָ וּלְךָ נָאֶה לְהוֹדוֹת.

We proclaim that You are the Lord our God and God of our ancestors throughout all time. You are the Rock of our lives, the Shield of our salvation in every generation. We thank You and praise You morning, noon, and night for Your miracles which daily attend us and for Your wondrous kindnesses. Our lives are in Your hand, our souls are in Your charge. You are good, with everlasting mercy; You are compassionate, with enduring lovingkindness. We have always placed our hope in You.

On Ḥanukkah:

We thank You for the heroism, for the triumphs, and for the miraculous deliverance of our ancestors in other days, and in our time.

In the days of Mattathias son of Yoḥanan, the Hasmonean *kohen gadol*, and in the days of his sons, a cruel power rose against Your people Israel, demanding that they abandon Your Torah and violate Your mitzvot. You, in great mercy, stood by Your people in time of trouble. You defended them, vindicated them, and avenged their wrongs. You delivered the strong into the hands of the weak, the many into the hands of the few, the corrupt into the hands of the pure in heart, the guilty into the hands of the innocent. You delivered the arrogant into the hands of those who were faithful to Your Torah. You have wrought great victories and miraculous deliverance for Your people Israel to this day, revealing Your glory and Your holiness to all the world. Then Your children came into Your shrine, cleansed Your Temple, purified Your sanctuary, and kindled lights in Your sacred courts. They set aside these eight days as a season for giving thanks and reciting praises to You.

For all these blessings we shall ever praise and exalt You.

On Shabbat before Yom Kippur:

Inscribe all the people of Your covenant for a good life.

May every living creature thank You and praise You faithfully, our deliverance and our help. Praised are You, beneficent Lord to whom all praise is due.

שָׁלוֹם רָב עַל יִשְׂרָאֵל עַמְּךָ וְעַל כָּל־יוֹשְׁבֵי תֵבֵל תָּשִׂים לְעוֹלָם, כִּי אַתָּה הוּא מֶלֶךְ אָדוֹן לְכָל־הַשָּׁלוֹם. וְטוֹב בְּעֵינֶיךָ לְבָרֵךְ אֶת־עַמְּךָ יִשְׂרָאֵל בְּכָל־עֵת וּבְכָל־שָׁעָה בִּשְׁלוֹמֶךָ.

On Shabbat before Yom Kippur substitute
these words for the line which follows:

בְּסֵפֶר חַיִּים בְּרָכָה וְשָׁלוֹם, וּפַרְנָסָה טוֹבָה, נִזָּכֵר וְנִכָּתֵב לְפָנֶיךָ, אֲנַחְנוּ וְכָל־עַמְּךָ בֵּית יִשְׂרָאֵל, לְחַיִּים טוֹבִים וּלְשָׁלוֹם. בָּרוּךְ אַתָּה יהוה עֹשֵׂה הַשָּׁלוֹם.

בָּרוּךְ אַתָּה יהוה הַמְבָרֵךְ אֶת־עַמּוֹ יִשְׂרָאֵל בַּשָּׁלוֹם.

At the conclusion of the Amidah, personal
prayers may be added

אֱלֹהַי, נְצוֹר לְשׁוֹנִי מֵרָע וּשְׂפָתַי מִדַּבֵּר מִרְמָה, וְלִמְקַלְלַי נַפְשִׁי תִדּוֹם, וְנַפְשִׁי כֶּעָפָר לַכֹּל תִּהְיֶה. פְּתַח לִבִּי בְּתוֹרָתֶךָ וּבְמִצְוֹתֶיךָ תִּרְדּוֹף נַפְשִׁי. וְכָל־הַחוֹשְׁבִים עָלַי רָעָה, מְהֵרָה הָפֵר עֲצָתָם וְקַלְקֵל מַחֲשַׁבְתָּם. עֲשֵׂה לְמַעַן שְׁמֶךָ, עֲשֵׂה לְמַעַן יְמִינֶךָ, עֲשֵׂה לְמַעַן קְדֻשָּׁתֶךָ, עֲשֵׂה לְמַעַן תּוֹרָתֶךָ, לְמַעַן יֵחָלְצוּן יְדִידֶיךָ, הוֹשִׁיעָה יְמִינְךָ וַעֲנֵנִי. יִהְיוּ לְרָצוֹן אִמְרֵי פִי וְהֶגְיוֹן לִבִּי לְפָנֶיךָ, יהוה צוּרִי וְגוֹאֲלִי. עֹשֶׂה שָׁלוֹם בִּמְרוֹמָיו, הוּא יַעֲשֶׂה שָׁלוֹם עָלֵינוּ וְעַל כָּל־יִשְׂרָאֵל, וְאִמְרוּ אָמֵן.

An alternative:

זַכֵּנִי לְשִׂמְחָה וְחֵרוּת שֶׁל שַׁבָּת, זַכֵּנִי לִטְעֹם טַעַם עֹנֶג שַׁבָּת בֶּאֱמֶת. זַכֵּנִי שֶׁלֹּא יַעֲלֶה עַל לִבִּי שׁוּם עַצְבוּת וּמָרָה שְׁחוֹרָה, וְלֹא שׁוּם יָגוֹן וַאֲנָחָה בְּיוֹם שַׁבָּת קֹדֶשׁ. שַׂמֵּחַ נֶפֶשׁ עַבְדֶּךָ כִּי אֵלֶיךָ אֲדֹנָי נַפְשִׁי אֶשָּׂא. תַּשְׁמִיעֵנִי שָׂשׂוֹן וְשִׂמְחָה. עָזְרֵנִי לְהַרְבּוֹת בְּתַעֲנוּגֵי שַׁבָּת בְּכָל־מִינֵי תַעֲנוּגִים. וְעָזְרֵנִי לְהַמְשִׁיךְ הַשִּׂמְחָה שֶׁל שַׁבָּת לְשֵׁשֶׁת יְמֵי הַחוֹל עַד שֶׁאֶזְכֶּה לִהְיוֹת בְּשִׂמְחָה תָּמִיד. תּוֹדִיעֵנִי אֹרַח חַיִּים. שֹׂבַע שְׂמָחוֹת אֶת־פָּנֶיךָ, נְעִימוֹת בִּימִינְךָ נֶצַח. יִהְיוּ לְרָצוֹן אִמְרֵי פִי וְהֶגְיוֹן לִבִּי לְפָנֶיךָ יהוה צוּרִי וְגוֹאֲלִי.

We continue on page 314

Grant true and lasting peace to Your people Israel and to all who dwell on earth, for You are the supreme Sovereign of peace. May it please You to bless Your people Israel in every season and at all times with Your gift of peace.

On Shabbat before Yom Kippur substitute
these words for the line which follows:

May we and the entire House of Israel be remembered and recorded in the Book of life, blessing, sustenance and peace. Praised are You, Lord, Source of peace.

Praised are You, Lord who blesses His people Israel with peace.

At the conclusion of the Amidah, personal
prayers may be added

My God, keep my tongue from evil, my lips from lies. Help me ignore those who slander me. Let me be humble before all. Open my heart to Your Torah, so that I may pursue Your mitzvot. Frustrate the designs of those who plot evil against me. Make nothing of their schemes. Do so because of Your power, Your holiness and Your Torah. Answer my prayer for the deliverance of Your people. May the words of my mouth and the meditations of my heart be acceptable to You, my Rock and my Redeemer. He who brings peace to His universe will bring peace to us and to all the people Israel. Amen.

An alternative:

Grant me the privilege of the liberating joy of Shabbat, the privilege of truly tasting the delight of Shabbat. May I be undisturbed by sadness, by sorrow, or by sighing during the holy hours of Shabbat. Fill Your servant's heart with joy, for to You, O Lord, I offer my entire being. Let me hear joy and jubilation. Help me to expand the dimensions of all Shabbat delights. Help me to extend the joy of Shabbat to the other days of the week, until I attain the goal of deep joy always. Show me the path of life, the full joy of Your Presence, the bliss of being close to You forever. May the words of my mouth and the meditations of my heart be acceptable to You, O Lord, my Rock and my Redeemer.

We continue on page 315

אֲדֹנָי, שְׂפָתַי תִּפְתָּח וּפִי יַגִּיד תְּהִלָּתֶךָ.

בָּרוּךְ אַתָּה יהוה אֱלֹהֵינוּ וֵאלֹהֵי אֲבוֹתֵינוּ, אֱלֹהֵי אַבְרָהָם אֱלֹהֵי יִצְחָק וֵאלֹהֵי יַעֲקֹב, הָאֵל הַגָּדוֹל הַגִּבּוֹר וְהַנּוֹרָא, אֵל עֶלְיוֹן, גּוֹמֵל חֲסָדִים טוֹבִים וְקוֹנֵה הַכֹּל, וְזוֹכֵר חַסְדֵי אָבוֹת וּמֵבִיא גוֹאֵל לִבְנֵי בְנֵיהֶם לְמַעַן שְׁמוֹ בְּאַהֲבָה. מֶלֶךְ עוֹזֵר וּמוֹשִׁיעַ וּמָגֵן. בָּרוּךְ אַתָּה יהוה מָגֵן אַבְרָהָם.

אַתָּה גִּבּוֹר לְעוֹלָם אֲדֹנָי, מְחַיֵּה מֵתִים אַתָּה רַב לְהוֹשִׁיעַ.

On Simḥat Torah and on the first night of Pesaḥ:

מַשִּׁיב הָרוּחַ וּמוֹרִיד הַגָּשֶׁם.

מְכַלְכֵּל חַיִּים בְּחֶסֶד, מְחַיֵּה מֵתִים בְּרַחֲמִים רַבִּים, סוֹמֵךְ נוֹפְלִים וְרוֹפֵא חוֹלִים וּמַתִּיר אֲסוּרִים, וּמְקַיֵּם אֱמוּנָתוֹ לִישֵׁנֵי עָפָר. מִי כָמוֹךָ בַּעַל גְּבוּרוֹת וּמִי דּוֹמֶה לָּךְ, מֶלֶךְ מֵמִית וּמְחַיֶּה וּמַצְמִיחַ יְשׁוּעָה. וְנֶאֱמָן אַתָּה לְהַחֲיוֹת מֵתִים. בָּרוּךְ אַתָּה יהוה מְחַיֵּה הַמֵּתִים.

אַתָּה קָדוֹשׁ וְשִׁמְךָ קָדוֹשׁ, וּקְדוֹשִׁים בְּכָל־יוֹם יְהַלְלוּךָ סֶּלָה.
בָּרוּךְ אַתָּה יהוה הָאֵל הַקָּדוֹשׁ.

אַתָּה בְחַרְתָּנוּ מִכָּל־הָעַמִּים, אָהַבְתָּ אוֹתָנוּ וְרָצִיתָ בָּנוּ, וְרוֹמַמְתָּנוּ מִכָּל־הַלְּשׁוֹנוֹת, וְקִדַּשְׁתָּנוּ בְּמִצְוֹתֶיךָ, וְקֵרַבְתָּנוּ מַלְכֵּנוּ לַעֲבוֹדָתֶךָ, וְשִׁמְךָ הַגָּדוֹל וְהַקָּדוֹשׁ עָלֵינוּ קָרָאתָ.

Open my mouth, O Lord, and my lips will proclaim Your praise.

Praised are You, Lord our God and God of our ancestors, God of Abraham, of Isaac, and of Jacob, great, mighty, awesome, exalted God who bestows lovingkindness, Creator of all. You remember the pious deeds of our ancestors and will send a redeemer to their children's children because of Your loving nature.

You are the King who helps and saves and shields. Praised are You, Lord, Shield of Abraham.

Your might, O Lord, is boundless. You give life to the dead; great is Your saving power.

On Simḥat Torah and on the first night of Pesaḥ:

You cause the wind to blow and the rain to fall.

Your lovingkindness sustains the living, Your great mercies give life to the dead. You support the falling, heal the ailing, free the fettered. You keep Your faith with those who sleep in dust. Whose power can compare with Yours? You are the master of life and death and deliverance. Faithful are You in giving life to the dead. Praised are You, Lord, Master of life and death.

Holy are You and holy is Your name. Holy are those who praise You daily. Praised are You, Lord, holy God.

You have chosen us of all nations for Your service by loving and cherishing us as bearers of Your Torah. You have exalted us as a people by adding holiness to our lives with Your mitzvot, drawing us near to Your service, identifying us with Your great and holy name.

On Saturday night add:

וַתּוֹדִיעֵנוּ יהוה אֱלֹהֵינוּ אֶת־מִשְׁפְּטֵי צִדְקֶךָ, וַתְּלַמְּדֵנוּ לַעֲשׂוֹת חֻקֵּי רְצוֹנֶךָ. וַתִּתֶּן־לָנוּ יהוה אֱלֹהֵינוּ מִשְׁפָּטִים יְשָׁרִים וְתוֹרוֹת אֱמֶת, חֻקִּים וּמִצְוֹת טוֹבִים, וַתַּנְחִילֵנוּ זְמַנֵּי שָׂשׂוֹן וּמוֹעֲדֵי קֹדֶשׁ וְחַגֵּי נְדָבָה, וַתּוֹרִישֵׁנוּ קְדֻשַּׁת שַׁבָּת וּכְבוֹד מוֹעֵד וַחֲגִיגַת הָרֶגֶל. וַתַּבְדֵּל יהוה אֱלֹהֵינוּ בֵּין קֹדֶשׁ לְחוֹל, בֵּין אוֹר לְחֹשֶׁךְ, בֵּין יִשְׂרָאֵל לָעַמִּים, בֵּין יוֹם הַשְּׁבִיעִי לְשֵׁשֶׁת יְמֵי הַמַּעֲשֶׂה. בֵּין קְדֻשַּׁת שַׁבָּת לִקְדֻשַּׁת יוֹם טוֹב הִבְדַּלְתָּ, וְאֶת־יוֹם הַשְּׁבִיעִי מִשֵּׁשֶׁת יְמֵי הַמַּעֲשֶׂה קִדַּשְׁתָּ, הִבְדַּלְתָּ וְקִדַּשְׁתָּ אֶת־עַמְּךָ יִשְׂרָאֵל בִּקְדֻשָּׁתֶךָ.

וַתִּתֶּן לָנוּ יהוה אֱלֹהֵינוּ בְּאַהֲבָה (שַׁבָּתוֹת לִמְנוּחָה וּ)מוֹעֲדִים לְשִׂמְחָה, חַגִּים וּזְמַנִּים לְשָׂשׂוֹן, אֶת־יוֹם (הַשַּׁבָּת הַזֶּה וְאֶת־יוֹם)

On Pesaḥ:

חַג הַמַּצּוֹת הַזֶּה, זְמַן חֵרוּתֵנוּ,

On Shavuot:

חַג הַשָּׁבוּעוֹת הַזֶּה, זְמַן מַתַּן תּוֹרָתֵנוּ,

On Sukkot:

חַג הַסֻּכּוֹת הַזֶּה, זְמַן שִׂמְחָתֵנוּ,

On Sh'mini Atzeret and on Simḥat Torah:

הַשְּׁמִינִי, חַג הָעֲצֶרֶת הַזֶּה, זְמַן שִׂמְחָתֵנוּ,

(בְּאַהֲבָה) מִקְרָא קֹדֶשׁ, זֵכֶר לִיצִיאַת מִצְרָיִם.

On Saturday night add:

Lord our God, You have shown us laws which express Your justice, teaching us to fulfill through them Your sovereign will. You have given us just laws, true teachings, and goodly statutes and mitzvot, with seasons of joy, appointed times of holiness, and festivals for free-will offerings as a heritage. You have transmitted to us the sanctity of Shabbat, the glory of the holy day and the celebration of the Festival. You have distinguished, Lord our God, between sacred and secular time, between light and darkness, between the people Israel and other people, between Shabbat and the other days of the week. You made a distinction between the sanctity of Shabbat and the sanctity of Festivals, and hallowed Shabbat more than the other days of the week. You have set Your people Israel apart, making their lives holy through attachment to Your holiness.

Lovingly, Lord our God, have You given us (Shabbat for rest and) Festivals for joy and holidays for happiness, among them this (Shabbat and this)

On Pesaḥ:

Festival of Matzot, season of our liberation,

On Shavuot:

Festival of Shavuot, season of the giving of our Torah,

On Sukkot:

Festival of Sukkot, season of our joy,

On Sh'mini Atzeret and on Simḥat Torah:

Festival of Sh'mini Atzeret, season of our joy,

a day for sacred assembly, recalling the Exodus from Egypt.

אֱלֹהֵינוּ וֵאלֹהֵי אֲבוֹתֵינוּ, יַעֲלֶה וְיָבֹא וְיַגִּיעַ, וְיֵרָאֶה וְיֵרָצֶה וְיִשָּׁמַע, וְיִפָּקֵד וְיִזָּכֵר זִכְרוֹנֵנוּ וּפִקְדוֹנֵנוּ, וְזִכְרוֹן אֲבוֹתֵינוּ, וְזִכְרוֹן מָשִׁיחַ בֶּן־דָּוִד עַבְדֶּךָ, וְזִכְרוֹן יְרוּשָׁלַיִם עִיר קָדְשֶׁךָ, וְזִכְרוֹן כָּל־עַמְּךָ בֵּית יִשְׂרָאֵל לְפָנֶיךָ, לִפְלֵיטָה לְטוֹבָה, לְחֵן וּלְחֶסֶד וּלְרַחֲמִים, לְחַיִּים וּלְשָׁלוֹם בְּיוֹם

On Pesaḥ:

חַג הַמַּצּוֹת הַזֶּה.

On Shavuot:

חַג הַשָּׁבֻעוֹת הַזֶּה.

On Sukkot:

חַג הַסֻּכּוֹת הַזֶּה.

On Sh'mini Atzeret and on Simḥat Torah:

הַשְּׁמִינִי, חַג הָעֲצֶרֶת הַזֶּה.

זָכְרֵנוּ יהוה אֱלֹהֵינוּ בּוֹ לְטוֹבָה, וּפָקְדֵנוּ בוֹ לִבְרָכָה, וְהוֹשִׁיעֵנוּ בוֹ לְחַיִּים. וּבִדְבַר יְשׁוּעָה וְרַחֲמִים חוּס וְחָנֵּנוּ וְרַחֵם עָלֵינוּ וְהוֹשִׁיעֵנוּ כִּי אֵלֶיךָ עֵינֵינוּ, כִּי אֵל מֶלֶךְ חַנּוּן וְרַחוּם אָתָּה.

וְהַשִּׂיאֵנוּ יהוה אֱלֹהֵינוּ אֶת־בִּרְכַּת מוֹעֲדֶיךָ לְחַיִּים וּלְשָׁלוֹם, לְשִׂמְחָה וּלְשָׂשׂוֹן, כַּאֲשֶׁר רָצִיתָ וְאָמַרְתָּ לְבָרְכֵנוּ. אֱלֹהֵינוּ וֵאלֹהֵי אֲבוֹתֵינוּ, (רְצֵה בִמְנוּחָתֵנוּ,) קַדְּשֵׁנוּ בְּמִצְוֹתֶיךָ וְתֵן חֶלְקֵנוּ בְּתוֹרָתֶךָ, שַׂבְּעֵנוּ מִטּוּבֶךָ וְשַׂמְּחֵנוּ בִּישׁוּעָתֶךָ, וְטַהֵר לִבֵּנוּ לְעָבְדְּךָ בֶּאֱמֶת. וְהַנְחִילֵנוּ יהוה אֱלֹהֵינוּ (בְּאַהֲבָה וּבְרָצוֹן) בְּשִׂמְחָה וּבְשָׂשׂוֹן (שַׁבָּת וּ)מוֹעֲדֵי קָדְשֶׁךָ, וְיִשְׂמְחוּ בְךָ יִשְׂרָאֵל מְקַדְּשֵׁי שְׁמֶךָ. בָּרוּךְ אַתָּה יהוה מְקַדֵּשׁ (הַשַּׁבָּת וְ)יִשְׂרָאֵל וְהַזְּמַנִּים.

Our God and God of our ancestors, on this

On Pesaḥ:

Festival of Matzot

On Shavuot:

Festival of Shavuot

On Sukkot:

Festival of Sukkot

On Sh'mini Atzeret and on Simḥat Torah:

Festival of Sh'mini Atzeret

remember our ancestors and be gracious to us. Consider the people Israel standing before You praying for the days of Messiah and for Jerusalem Your holy city. Grant us life, well-being, lovingkindness, and peace. Bless us, Lord our God, with all that is good. Remember Your promise of mercy and redemption. Be merciful to us and save us, for we place our hope in You, gracious and merciful God and King.

Lord our God, bestow upon us the blessing of Your Festivals, for life and for peace, for joy and for gladness, even as You have promised. Our God and God of our ancestors, (accept our Shabbat offering of rest,) add holiness to our lives with Your mitzvot and let Your Torah be our portion. Fill our lives with Your goodness, and gladden us with Your triumph. Cleanse our hearts and we shall serve You faithfully. (Lovingly and willingly,) Lord our God, grant that we inherit Your holy gift of (Shabbat and) Festivals, so that the people Israel who hallow Your name will rejoice in You. Praised are You, Lord who hallows (Shabbat and) the people Israel and the Festivals.

רְצֵה יהוה אֱלֹהֵינוּ בְּעַמְּךָ יִשְׂרָאֵל וּבִתְפִלָּתָם, וְהָשֵׁב אֶת־
הָעֲבוֹדָה לִדְבִיר בֵּיתֶךָ, וּתְפִלָּתָם בְּאַהֲבָה תְקַבֵּל בְּרָצוֹן, וּתְהִי
לְרָצוֹן תָּמִיד עֲבוֹדַת יִשְׂרָאֵל עַמֶּךָ. וְתֶחֱזֶינָה עֵינֵינוּ בְּשׁוּבְךָ
לְצִיּוֹן בְּרַחֲמִים. בָּרוּךְ אַתָּה יהוה הַמַּחֲזִיר שְׁכִינָתוֹ לְצִיּוֹן.

מוֹדִים אֲנַחְנוּ לָךְ שָׁאַתָּה הוּא יהוה אֱלֹהֵינוּ וֵאלֹהֵי אֲבוֹתֵינוּ
לְעוֹלָם וָעֶד, צוּר חַיֵּינוּ מָגֵן יִשְׁעֵנוּ אַתָּה הוּא לְדוֹר וָדוֹר.
נוֹדֶה לְּךָ וּנְסַפֵּר תְּהִלָּתֶךָ, עַל חַיֵּינוּ הַמְּסוּרִים בְּיָדֶךָ וְעַל
נִשְׁמוֹתֵינוּ הַפְּקוּדוֹת לָךְ וְעַל נִסֶּיךָ שֶׁבְּכָל־יוֹם עִמָּנוּ וְעַל
נִפְלְאוֹתֶיךָ וְטוֹבוֹתֶיךָ שֶׁבְּכָל־עֵת, עֶרֶב וָבֹקֶר וְצָהֳרָיִם. הַטּוֹב
כִּי לֹא כָלוּ רַחֲמֶיךָ, וְהַמְרַחֵם כִּי לֹא תַמּוּ חֲסָדֶיךָ, מֵעוֹלָם
קִוִּינוּ לָךְ.

וְעַל כֻּלָּם יִתְבָּרַךְ וְיִתְרוֹמַם שִׁמְךָ מַלְכֵּנוּ תָּמִיד לְעוֹלָם וָעֶד.

וְכֹל הַחַיִּים יוֹדוּךָ סֶּלָה, וִיהַלְלוּ אֶת־שִׁמְךָ בֶּאֱמֶת, הָאֵל
יְשׁוּעָתֵנוּ וְעֶזְרָתֵנוּ סֶלָה. בָּרוּךְ אַתָּה יהוה הַטּוֹב שִׁמְךָ וּלְךָ
נָאֶה לְהוֹדוֹת.

שָׁלוֹם רָב עַל יִשְׂרָאֵל עַמְּךָ וְעַל כָּל־יוֹשְׁבֵי תֵבֵל תָּשִׂים לְעוֹלָם,
כִּי אַתָּה הוּא מֶלֶךְ אָדוֹן לְכָל־הַשָּׁלוֹם. וְטוֹב בְּעֵינֶיךָ לְבָרֵךְ
אֶת־עַמְּךָ יִשְׂרָאֵל בְּכָל־עֵת וּבְכָל־שָׁעָה בִּשְׁלוֹמֶךָ. בָּרוּךְ אַתָּה
יהוה הַמְבָרֵךְ אֶת־עַמּוֹ יִשְׂרָאֵל בַּשָּׁלוֹם.

Accept the prayer of Your people Israel as lovingly as it is offered. Restore worship to Your sanctuary. May the worship of Your people Israel always be acceptable to You. May we witness Your merciful return to Zion. Praised are You, Lord who restores His Presence to Zion.

We proclaim that You are the Lord our God and God of our ancestors throughout all time. You are the Rock of our lives, the Shield of our salvation in every generation. We thank You and praise You morning, noon and night for Your miracles which daily attend us and for Your wondrous kindnesses; our lives are in Your hand, our souls are in Your charge. You are good, with everlasting mercy; You are compassionate, with enduring lovingkindness. We have always placed our hope in You.

For all these blessings we shall ever praise and exalt You.

May every living creature thank You and praise You faithfully, our deliverance and our help. Praised are You, beneficent Lord to whom all praise is due.

Grant true and lasting peace to Your people Israel and to all who dwell on earth, for You are the supreme Sovereign of peace. May it please You to bless Your people Israel in every season and at all times with Your gift of peace. Praised are You, Lord who blesses His people Israel with peace.

At the conclusion of the Amidah, personal prayers may be added

אֱלֹהַי, נְצוֹר לְשׁוֹנִי מֵרָע וּשְׂפָתַי מִדַּבֵּר מִרְמָה, וְלִמְקַלְלַי נַפְשִׁי תִדּוֹם, וְנַפְשִׁי כֶּעָפָר לַכֹּל תִּהְיֶה. פְּתַח לִבִּי בְּתוֹרָתֶךָ וּבְמִצְוֹתֶיךָ תִּרְדּוֹף נַפְשִׁי. וְכָל־הַחוֹשְׁבִים עָלַי רָעָה, מְהֵרָה הָפֵר עֲצָתָם וְקַלְקֵל מַחֲשַׁבְתָּם. עֲשֵׂה לְמַעַן שְׁמֶךָ, עֲשֵׂה לְמַעַן יְמִינֶךָ, עֲשֵׂה לְמַעַן קְדֻשָּׁתֶךָ, עֲשֵׂה לְמַעַן תּוֹרָתֶךָ, לְמַעַן יֵחָלְצוּן יְדִידֶיךָ, הוֹשִׁיעָה יְמִינְךָ וַעֲנֵנִי. יִהְיוּ לְרָצוֹן אִמְרֵי פִי וְהֶגְיוֹן לִבִּי לְפָנֶיךָ, יהוה צוּרִי וְגוֹאֲלִי. עֹשֶׂה שָׁלוֹם בִּמְרוֹמָיו, הוּא יַעֲשֶׂה שָׁלוֹם עָלֵינוּ וְעַל כָּל־יִשְׂרָאֵל, וְאִמְרוּ אָמֵן.

An alternative:

רִבּוֹנוֹ שֶׁל עוֹלָם, אֲדוֹן הַשִּׂמְחָה שֶׁאֵין לְפָנָיו שׁוּם עַצְבוּת כְּלָל, זַכֵּנִי בְּרַחֲמֶיךָ הָרַבִּים לְקַבֵּל וּלְהַמְשִׁיךְ עָלַי קְדֻשַּׁת יוֹם טוֹב בְּשִׂמְחָה וְחֶדְוָה. יָשִׂישׂוּ וְיִשְׂמְחוּ בְּךָ כָּל־מְבַקְשֶׁיךָ. תָּאִיר לִי וּתְלַמְּדֵנִי לַהֲפוֹךְ כָּל־מִינֵי יָגוֹן וַאֲנָחָה לְשִׂמְחָה, שֶׁהַהִתְרַחֲקוּת מִמְּךָ בָּא לָנוּ עַל יְדֵי הָעַצְבוּת. הָשִׁיבָה לִי שְׂשׂוֹן יִשְׁעֶךָ, וְרוּחַ נְדִיבָה תִסְמְכֵנִי. יְהִי רָצוֹן מִלְּפָנֶיךָ, יהוה אֱלֹהַי, שֶׁתִּפְתַּח לִי שַׁעֲרֵי תוֹרָה, שַׁעֲרֵי חָכְמָה, שַׁעֲרֵי דֵעָה, שַׁעֲרֵי פַּרְנָסָה וְכַלְכָּלָה, שַׁעֲרֵי חַיִּים, שַׁעֲרֵי אַהֲבָה וְאַחֲוָה, שַׁעֲרֵי שָׁלוֹם וְרֵעוּת. שׂוֹשׂ אָשִׂישׂ בַּיהוה, תָּגֵל נַפְשִׁי בֵּאלֹהַי. וְגַלְתִּי בִירוּשָׁלַיִם וְשַׂשְׂתִּי בְעַמִּי. עֹשֶׂה שָׁלוֹם בִּמְרוֹמָיו, הוּא יַעֲשֶׂה שָׁלוֹם עָלֵינוּ וְעַל כָּל־יִשְׂרָאֵל, וְאִמְרוּ אָמֵן.

When the Festival coincides with a weekday, we continue with Kaddish Shalem, on page 316

*At the conclusion of the Amidah, personal
prayers may be added*

My God, keep my tongue from evil, my lips from lies. Help me ignore
those who slander me. Let me be humble before all. Open my heart to
Your Torah, so that I may pursue Your mitzvot. Frustrate the designs
of those who plot evil against me. Make nothing of their schemes. Do
so for the sake of Your power, Your holiness and Your Torah. Answer
my prayer for the deliverance of Your people. May the words of my
mouth and the meditations of my heart be acceptable to You, my Rock
and my Redeemer. He who brings peace to His universe will bring
peace to us and to all the people Israel. Amen.

An alternative:

Sovereign, Master of happiness in whose presence despair flees,
with Your great compassion grant me the capacity of welcoming and
extending the holiness of this Festival with happiness and joy. Let all
who seek You be jubilant, rejoicing in Your presence. Illumine my
life, teach me to transcend all sadness and sorrow with abiding hap-
piness, for estrangement from You grows out of despair. Revive in me
the joy of Your deliverance; may a willing spirit strengthen me. May
it be Your will, Lord my God, to open for me the gates of Torah,
wisdom and understanding, gates of sustenance, gates of life, gates of
love and harmony, peace and companionship. I will surely rejoice in
the Lord, my whole being will exult in my God, rejoicing in Jerusa-
lem, exulting in my people. May He who ordains peace for His uni-
verse bring peace for us and for all the people Israel. Amen.

*When the Festival coincides with a weekday,
we continue with Kaddish Shalem, on page 317*

On Shabbat, including a Festival or Ḥol
Ha-mo'ed coinciding with Shabbat, Reader and
congregation continue while standing:

וַיְכֻלּ֣וּ הַשָּׁמַ֧יִם וְהָאָ֛רֶץ וְכָל־צְבָאָֽם: וַיְכַ֤ל אֱלֹהִים֙ בַּיּ֣וֹם הַשְּׁבִיעִ֔י
מְלַאכְתּ֖וֹ אֲשֶׁ֣ר עָשָׂ֑ה וַיִּשְׁבֹּת֙ בַּיּ֣וֹם הַשְּׁבִיעִ֔י מִכָּל־מְלַאכְתּ֖וֹ
אֲשֶׁ֥ר עָשָֽׂה: וַיְבָ֤רֶךְ אֱלֹהִים֙ אֶת־י֣וֹם הַשְּׁבִיעִ֔י וַיְקַדֵּ֖שׁ אֹת֑וֹ כִּ֣י ב֤וֹ
שָׁבַת֙ מִכָּל־מְלַאכְתּ֔וֹ אֲשֶׁר־בָּרָ֥א אֱלֹהִ֖ים לַעֲשֽׂוֹת:

The following three passages are said only with
a minyan. On the first night of Pesaḥ they are
omitted.

Reader:

בָּרוּךְ אַתָּה יהוה אֱלֹהֵינוּ וֵאלֹהֵי אֲבוֹתֵינוּ, אֱלֹהֵי אַבְרָהָם
אֱלֹהֵי יִצְחָק וֵאלֹהֵי יַעֲקֹב, הָאֵל הַגָּדוֹל הַגִּבּוֹר וְהַנּוֹרָא, אֵל
עֶלְיוֹן, קוֹנֵה שָׁמַיִם וָאָרֶץ.

Congregation and Reader:

מָגֵן אָבוֹת בִּדְבָרוֹ, מְחַיֵּה מֵתִים בְּמַאֲמָרוֹ, הָאֵל (הַמֶּלֶךְ)
הַקָּדוֹשׁ שֶׁאֵין כָּמֽוֹהוּ, הַמֵּנִֽיחַ לְעַמּוֹ בְּיוֹם שַׁבַּת קָדְשׁוֹ, כִּי בָם
רָצָה לְהָנִֽיחַ לָהֶם. לְפָנָיו נַעֲבוֹד בְּיִרְאָה וָפַֽחַד, וְנוֹדֶה לִשְׁמוֹ
בְּכָל־יוֹם תָּמִיד (מֵעֵין הַבְּרָכוֹת :Alternative version). מָעוֹן
הַבְּרָכוֹת, אֵל הַהוֹדָאוֹת, אֲדוֹן הַשָּׁלוֹם, מְקַדֵּשׁ הַשַּׁבָּת וּמְבָרֵךְ
שְׁבִיעִי. וּמֵנִֽיחַ בִּקְדֻשָּׁה לְעַם מְדֻשְּׁנֵי־עֹֽנֶג, זֵֽכֶר לְמַעֲשֵׂה
בְרֵאשִׁית.

Reader:

אֱלֹהֵינוּ וֵאלֹהֵי אֲבוֹתֵינוּ, רְצֵה בִמְנוּחָתֵֽנוּ. קַדְּשֵֽׁנוּ בְּמִצְוֹתֶֽיךָ
וְתֵן חֶלְקֵֽנוּ בְּתוֹרָתֶֽךָ, שַׂבְּעֵֽנוּ מִטּוּבֶֽךָ וְשַׂמְּחֵֽנוּ בִּישׁוּעָתֶֽךָ, וְטַהֵר
לִבֵּֽנוּ לְעָבְדְּךָ בֶּאֱמֶת, וְהַנְחִילֵֽנוּ יהוה אֱלֹהֵֽינוּ בְּאַהֲבָה וּבְרָצוֹן
שַׁבַּת קָדְשֶֽׁךָ וְיָנֽוּחוּ בָהּ יִשְׂרָאֵל מְקַדְּשֵׁי שְׁמֶֽךָ. בָּרוּךְ אַתָּה
יהוה מְקַדֵּשׁ הַשַּׁבָּת.

On Shabbat, including a Festival or Ḥol
Ha-mo'ed coinciding with Shabbat, Reader and
congregation continue while standing:

The heavens and the earth, and all they contain, were completed. On
the seventh day God finished the work which He had been doing; He
ceased on the seventh day from all the work which He had done.
Then God blessed the seventh day and called it holy, because on it
He ceased from all His work of creation.

GENESIS 2:1–3

*The following three passages are said only with
a minyan. On the first night of Pesaḥ they are
omitted.*

Reader:

Praised are You, Lord our God and God of our ancestors, God of Abra-
ham, of Isaac and of Jacob, great, mighty, awesome, exalted God,
Creator of the heavens and the earth.

Congregation and Reader:

His word was a shield to our ancestors, His decree gives life to the
dead. Holy God (King), beyond compare, desired to favor His people
with rest and gave them His holy Shabbat. Him shall we worship with
reverence and awe, proclaiming Him God day after day (*Alternative
version:* with appropriate blessings). He is the Source of blessings,
God deserving gratitude, the Master of peace who hallows Shabbat,
in holiness granting His gift of Shabbat to the people thus filled with
delight, recalling the act of Creation.

Reader:

Our God and God of our ancestors, accept our Shabbat offering of
rest, add holiness to our lives with Your mitzvot and let Your Torah be
our portion. Fill our lives with goodness, and gladden us with Your
triumph. Cleanse our hearts and we shall serve You faithfully.
Lovingly and willingly, Lord our God, grant that we inherit Your holy
gift of Shabbat forever, so that Your people Israel who hallow Your
name will always find rest on this day. Praised are You, Lord who
hallows Shabbat.

Reader:

יִתְגַּדַּל וְיִתְקַדַּשׁ שְׁמֵהּ רַבָּא בְּעָלְמָא דִּי בְרָא כִרְעוּתֵהּ, וְיַמְלִיךְ מַלְכוּתֵהּ בְּחַיֵּיכוֹן וּבְיוֹמֵיכוֹן וּבְחַיֵּי דְכָל־בֵּית יִשְׂרָאֵל, בַּעֲגָלָא וּבִזְמַן קָרִיב, וְאִמְרוּ אָמֵן.

Congregation and Reader:

יְהֵא שְׁמֵהּ רַבָּא מְבָרַךְ לְעָלַם וּלְעָלְמֵי עָלְמַיָּא.

Reader:

יִתְבָּרַךְ וְיִשְׁתַּבַּח וְיִתְפָּאַר וְיִתְרוֹמַם וְיִתְנַשֵּׂא, וְיִתְהַדַּר וְיִתְעַלֶּה וְיִתְהַלַּל שְׁמֵהּ דְּקֻדְשָׁא, בְּרִיךְ הוּא לְעֵלָּא (לְעֵלָּא מִכָּל־) מִן כָּל־בִּרְכָתָא וְשִׁירָתָא, תֻּשְׁבְּחָתָא וְנֶחֱמָתָא דַּאֲמִירָן בְּעָלְמָא, וְאִמְרוּ אָמֵן.

תִּתְקַבַּל צְלוֹתְהוֹן וּבָעוּתְהוֹן דְּכָל־יִשְׂרָאֵל קֳדָם אֲבוּהוֹן דִּי בִשְׁמַיָּא, וְאִמְרוּ אָמֵן.

יְהֵא שְׁלָמָא רַבָּא מִן שְׁמַיָּא וְחַיִּים עָלֵינוּ וְעַל כָּל־יִשְׂרָאֵל, וְאִמְרוּ אָמֵן.

עוֹשֶׂה שָׁלוֹם בִּמְרוֹמָיו, הוּא יַעֲשֶׂה שָׁלוֹם עָלֵינוּ וְעַל כָּל־יִשְׂרָאֵל, וְאִמְרוּ אָמֵן.

On Simḥat Torah, we continue with hakafot, on page 548

KADDISH SHALEM

Reader:

Hallowed and enhanced may He be throughout the world of His own creation. May He cause His sovereignty soon to be accepted, during our life and the life of all Israel. And let us say: Amen.

Congregation and Reader:

Y'hei sh'mei raba mevarakh l'alam u-l'almei almaya.

May He be praised throughout all time.

Reader:

Glorified and celebrated, lauded and worshiped, acclaimed and honored, extolled and exalted may the Holy One be, praised beyond all song and psalm, beyond all tributes which mortals can utter. And let us say: Amen.

May the prayers and pleas of the whole House of Israel be accepted by our Father in Heaven. And let us say: Amen.

Let there be abundant peace from Heaven, with life's goodness for us and for all the people Israel. And let us say: Amen.

He who brings peace to His universe will bring peace to us and to all the people Israel. And let us say: Amen.

On Simḥat Torah, we continue with hakafot, on page 549

KIDDUSH FOR SHABBAT

בָּרוּךְ אַתָּה יהוה אֱלֹהֵֽינוּ מֶֽלֶךְ הָעוֹלָם, בּוֹרֵא פְּרִי הַגָּֽפֶן.

בָּרוּךְ אַתָּה יהוה אֱלֹהֵֽינוּ מֶֽלֶךְ הָעוֹלָם, אֲשֶׁר קִדְּשָֽׁנוּ בְּמִצְוֹתָיו וְרָֽצָה בָֽנוּ, וְשַׁבַּת קָדְשׁוֹ בְּאַהֲבָה וּבְרָצוֹן הִנְחִילָֽנוּ, זִכָּרוֹן לְמַעֲשֵׂה בְרֵאשִׁית. כִּי הוּא יוֹם תְּחִלָּה לְמִקְרָאֵי־קֹֽדֶשׁ, זֵֽכֶר לִיצִיאַת מִצְרָֽיִם. כִּי בָֽנוּ בָחַֽרְתָּ וְאוֹתָֽנוּ קִדַּֽשְׁתָּ מִכָּל־הָעַמִּים, וְשַׁבַּת קָדְשְׁךָ בְּאַהֲבָה וּבְרָצוֹן הִנְחַלְתָּֽנוּ. בָּרוּךְ אַתָּה יהוה מְקַדֵּשׁ הַשַּׁבָּת.

From the second night of Pesaḥ until Shavuot, the Omer is counted, on page 236

We continue with Aleinu, on page 320

KIDDUSH FOR FESTIVALS

On evenings of the Pesaḥ Seder, Kiddush is not chanted in the synagogue

בָּרוּךְ אַתָּה יהוה אֱלֹהֵֽינוּ מֶֽלֶךְ הָעוֹלָם, בּוֹרֵא פְּרִי הַגָּֽפֶן.

בָּרוּךְ אַתָּה יהוה אֱלֹהֵֽינוּ מֶֽלֶךְ הָעוֹלָם, אֲשֶׁר בָּֽחַר בָּֽנוּ מִכָּל־עָם וְרוֹמְמָֽנוּ מִכָּל־לָשׁוֹן וְקִדְּשָֽׁנוּ בְּמִצְוֹתָיו. וַתִּתֶּן־לָֽנוּ יהוה אֱלֹהֵֽינוּ בְּאַהֲבָה (שַׁבָּתוֹת לִמְנוּחָה וּ)מוֹעֲדִים לְשִׂמְחָה, חַגִּים וּזְמַנִּים לְשָׂשׂוֹן, אֶת־יוֹם (הַשַּׁבָּת הַזֶּה וְאֶת־יוֹם)

On Pesaḥ: חַג הַמַּצּוֹת הַזֶּה, זְמַן חֵרוּתֵֽנוּ

On Shavuot: חַג הַשָּׁבוּעוֹת הַזֶּה, זְמַן מַתַּן תּוֹרָתֵֽנוּ

On Sukkot: חַג הַסֻּכּוֹת הַזֶּה, זְמַן שִׂמְחָתֵֽנוּ

On Sh'mini Atzeret and on Simḥat Torah:

הַשְּׁמִינִי חַג הָעֲצֶֽרֶת הַזֶּה, זְמַן שִׂמְחָתֵֽנוּ

(בְּאַהֲבָה) מִקְרָא קֹֽדֶשׁ זֵֽכֶר לִיצִיאַת מִצְרָֽיִם. כִּי בָֽנוּ בָחַֽרְתָּ וְאוֹתָֽנוּ קִדַּֽשְׁתָּ מִכָּל־הָעַמִּים. (וְשַׁבָּת) וּמוֹעֲדֵי קָדְשְׁךָ (בְּאַהֲבָה וּבְרָצוֹן) בְּשִׂמְחָה וּבְשָׂשׂוֹן הִנְחַלְתָּֽנוּ. בָּרוּךְ אַתָּה יהוה מְקַדֵּשׁ (הַשַּׁבָּת וְ)יִשְׂרָאֵל וְהַזְּמַנִּים.

KIDDUSH FOR SHABBAT

Praised are You, Lord our God, King of the universe who creates fruit of the vine.

Praised are You, Lord our God, King of the universe whose mitzvot add holiness to our lives, cherishing us through the gift of His holy Shabbat granted lovingly, gladly, a reminder of Creation. It is the first among our days of sacred assembly which recall the Exodus from Egypt. Thus You have chosen us, endowing us with holiness, from among all peoples by granting us Your holy Shabbat lovingly and gladly. Praised are You, Lord who hallows Shabbat.

From the second night of Pesaḥ until Shavuot,
the Omer is counted, on page 236

We continue with Aleinu, on page 321

 ## KIDDUSH FOR FESTIVALS

On evenings of the Pesaḥ Seder, Kiddush is not
chanted in the synagogue

Praised are You, Lord our God, King of the universe who creates fruit of the vine.

Praised are You, Lord our God, King of the universe who has chosen and distinguished us from among all others by adding holiness to our lives with His mitzvot. Lovingly have You given us (Shabbat for rest and) Festivals for joy and holidays for happiness, among them this (Shabbat and this) day of

> *On Pesaḥ:* Pesaḥ, season of our liberation,

> *On Shavuot:* Shavuot, season of the giving of our Torah,

> *On Sukkot:* Sukkot, season of our joy,

> *On Sh'mini Atzeret and on Simḥat Torah:*
> Sh'mini Atzeret, season of our joy,

a day of sacred assembly recalling the Exodus from Egypt. Thus You have chosen us, endowing us with holiness from among all peoples by granting us (Shabbat and) Your hallowed Festivals (lovingly and gladly) in happiness and joy. Praised are You, Lord who hallows (Shabbat and) the people Israel and the Festivals.

On Saturday night:

בָּרוּךְ אַתָּה יהוה אֱלֹהֵינוּ מֶלֶךְ הָעוֹלָם, הַמַּבְדִּיל בֵּין קֹדֶשׁ לְחוֹל,
בֵּין אוֹר לְחֹשֶׁךְ, בֵּין יִשְׂרָאֵל לָעַמִּים, בֵּין יוֹם הַשְּׁבִיעִי לְשֵׁשֶׁת יְמֵי
הַמַּעֲשֶׂה. בֵּין קְדֻשַּׁת שַׁבָּת לִקְדֻשַּׁת יוֹם טוֹב הִבְדַּלְתָּ, וְאֶת־יוֹם
הַשְּׁבִיעִי מִשֵּׁשֶׁת יְמֵי הַמַּעֲשֶׂה קִדַּשְׁתָּ, הִבְדַּלְתָּ וְקִדַּשְׁתָּ אֶת־עַמְּךָ
יִשְׂרָאֵל בִּקְדֻשָּׁתֶךָ. בָּרוּךְ אַתָּה יהוה הַמַּבְדִּיל בֵּין קֹדֶשׁ לְקֹדֶשׁ.

Omit on the last two nights of Pesaḥ:

בָּרוּךְ אַתָּה יהוה אֱלֹהֵינוּ מֶלֶךְ הָעוֹלָם, שֶׁהֶחֱיָנוּ וְקִיְּמָנוּ
וְהִגִּיעָנוּ לַזְּמַן הַזֶּה.

On Sukkot, when Kiddush is chanted in
the sukkah:

בָּרוּךְ אַתָּה יהוה אֱלֹהֵינוּ מֶלֶךְ הָעוֹלָם, אֲשֶׁר קִדְּשָׁנוּ בְּמִצְוֹתָיו
וְצִוָּנוּ לֵישֵׁב בַּסֻּכָּה.

On Pesaḥ, starting with the second night, the
Omer is counted, on page 236

ALEINU

עָלֵינוּ לְשַׁבֵּחַ לַאֲדוֹן הַכֹּל, לָתֵת גְּדֻלָּה לְיוֹצֵר בְּרֵאשִׁית, שֶׁלֹּא
עָשָׂנוּ כְּגוֹיֵי הָאֲרָצוֹת וְלֹא שָׂמָנוּ כְּמִשְׁפְּחוֹת הָאֲדָמָה, שֶׁלֹּא
שָׂם חֶלְקֵנוּ כָּהֶם וְגוֹרָלֵנוּ כְּכָל־הֲמוֹנָם. וַאֲנַחְנוּ כּוֹרְעִים
וּמִשְׁתַּחֲוִים וּמוֹדִים לִפְנֵי מֶלֶךְ מַלְכֵי הַמְּלָכִים הַקָּדוֹשׁ בָּרוּךְ
הוּא, שֶׁהוּא נוֹטֶה שָׁמַיִם וְיוֹסֵד אָרֶץ, וּמוֹשַׁב יְקָרוֹ בַּשָּׁמַיִם
מִמַּעַל וּשְׁכִינַת עֻזּוֹ בְּגָבְהֵי מְרוֹמִים. הוּא אֱלֹהֵינוּ, אֵין עוֹד.
אֱמֶת מַלְכֵּנוּ, אֶפֶס זוּלָתוֹ, כַּכָּתוּב בְּתוֹרָתוֹ: וְיָדַעְתָּ הַיּוֹם
וַהֲשֵׁבֹתָ אֶל לְבָבֶךָ, כִּי יהוה הוּא הָאֱלֹהִים בַּשָּׁמַיִם מִמַּעַל וְעַל
הָאָרֶץ מִתָּחַת, אֵין עוֹד.

On Saturday night:

Praised are You, Lord our God, King of the universe who creates the lights of fire.

Praised are You, Lord our God, King of the universe who has endowed all creation with distinctive qualities, distinguishing between sacred and secular time, between light and darkness, between the people Israel and other people, between the seventh day and the other days of the week. You have made a distinction between the sanctity of Shabbat and the sanctity of Festivals, and have hallowed Shabbat more than the other days of the week. You have set Your people Israel apart, making their lives holy through attachment to Your holiness. Praised are You, Lord who distinguishes one sacred time from another.

Omit on the last two nights of Pesaḥ:

Praised are You, Lord our God, King of the universe, for granting us life, for sustaining us, and for helping us to reach this day.

On Sukkot, when Kiddush is chanted in the sukkah:

Praised are You, Lord our God, King of the universe whose mitzvot add holiness to our lives and who gave us the mitzvah to dwell in the sukkah.

On Pesaḥ, starting with the second night, the Omer is counted, on page 236

 ALEINU

We rise to our duty to praise the Lord of all, to acclaim the Creator. He made our lot unlike that of other people, assigning to us a unique destiny. We bend the knee and bow, acknowledging the King of kings, the Holy One praised be He, who spread out the heavens and laid the foundations of the earth, whose glorious abode is in the highest heaven, whose mighty dominion is in the loftiest heights. He is our God, there is no other. In truth, He alone is our King, as it is written in His Torah: "Know this day and take it to heart that the Lord is God in heaven above and on earth below; there is no other."

Va-anaḥnu kor'im u-mishtaḥavim u-modim
lifnei melekh malkhei ha-m'lakhim, ha-kadosh barukh hu.

עַל כֵּן נְקַוֶּה לְּךָ יהוה אֱלֹהֵינוּ לִרְאוֹת מְהֵרָה בְּתִפְאֶרֶת עֻזֶּךָ,
לְהַעֲבִיר גִּלּוּלִים מִן הָאָרֶץ וְהָאֱלִילִים כָּרוֹת יִכָּרֵתוּן, לְתַקֵּן
עוֹלָם בְּמַלְכוּת שַׁדַּי וְכָל־בְּנֵי בָשָׂר יִקְרְאוּ בִשְׁמֶךָ, לְהַפְנוֹת
אֵלֶיךָ כָּל־רִשְׁעֵי אָרֶץ. יַכִּירוּ וְיֵדְעוּ כָּל־יוֹשְׁבֵי תֵבֵל כִּי לְךָ
תִּכְרַע כָּל־בֶּרֶךְ תִּשָּׁבַע כָּל־לָשׁוֹן. לְפָנֶיךָ יהוה אֱלֹהֵינוּ יִכְרְעוּ
וְיִפֹּלוּ. וְלִכְבוֹד שִׁמְךָ יְקָר יִתֵּנוּ, וִיקַבְּלוּ כֻלָּם אֶת־עֹל מַלְכוּתֶךָ
וְתִמְלֹךְ עֲלֵיהֶם מְהֵרָה לְעוֹלָם וָעֶד, כִּי הַמַּלְכוּת שֶׁלְּךָ הִיא
וּלְעוֹלְמֵי עַד תִּמְלוֹךְ בְּכָבוֹד, כַּכָּתוּב בְּתוֹרָתֶךָ: יהוה יִמְלֹךְ
לְעֹלָם וָעֶד. □ וְנֶאֱמַר: וְהָיָה יהוה לְמֶלֶךְ עַל כָּל־הָאָרֶץ, בַּיּוֹם
הַהוּא יִהְיֶה יהוה אֶחָד וּשְׁמוֹ אֶחָד.

From Rosh Ḥodesh Elul through Hoshana Rabbah (in some congregations, through Yom Kippur) Psalm 27 is recited, on page 40

And so we hope in You, Lord our God, soon to see Your splendor, sweeping idolatry away so that false gods will be utterly destroyed, perfecting earth by Your kingship so that all mankind will invoke Your name, bringing all the earth's wicked back to You, repentant. Then all who live will know that to You every knee must bend, every tongue pledge loyalty. To You, Lord, may all bow in worship, may they give honor to Your glory. May everyone accept the rule of Your kingship. Reign over all, soon and for all time. Sovereignty is Yours in glory, now and forever. Thus is it written in Your Torah: The Lord reigns for ever and ever. Such is the assurance of Your prophet Zechariah: The Lord shall be acknowledged King of all the earth. On that day the Lord shall be One and His name One.

Ve-ne'emar, ve-haya Adonai l'melekh al kol ha-aretz, bayom ha-hu yiyeh Adonai eḥad u-sh'mo eḥad.

From Rosh Ḥodesh Elul through Hoshana Rabbah (in some congregations, through Yom Kippur) Psalm 27 is recited, on page 41

We recall with affection those who no longer walk this earth, grateful to God for the gift of their lives, for their sweet companionship, and for the cherished memories which endure. May God comfort all who mourn. May He grant them strength to see beyond their sorrow, and sustain them in their grief. In solemn testimony to that unbroken faith which links our generations one to another, those observing Yahrzeit and those who mourn now rise to declare their faith in God, to magnify and sanctify God's holy name.

Mourners and those observing Yahrzeit rise:

יִתְגַּדַּל וְיִתְקַדַּשׁ שְׁמֵהּ רַבָּא בְּעָלְמָא דִּי בְרָא כִרְעוּתֵהּ, וְיַמְלִיךְ מַלְכוּתֵהּ בְּחַיֵּיכוֹן וּבְיוֹמֵיכוֹן וּבְחַיֵּי דְכָל-בֵּית יִשְׂרָאֵל, בַּעֲגָלָא וּבִזְמַן קָרִיב, וְאִמְרוּ אָמֵן.

Congregation and mourner:

יְהֵא שְׁמֵהּ רַבָּא מְבָרַךְ לְעָלַם וּלְעָלְמֵי עָלְמַיָּא.

Mourner:

יִתְבָּרַךְ וְיִשְׁתַּבַּח וְיִתְפָּאַר וְיִתְרוֹמַם וְיִתְנַשֵּׂא, וְיִתְהַדַּר וְיִתְעַלֶּה וְיִתְהַלַּל שְׁמֵהּ דְּקֻדְשָׁא, בְּרִיךְ הוּא לְעֵלָּא (לְעֵלָּא מִכָּל-) מִן כָּל-בִּרְכָתָא וְשִׁירָתָא, תֻּשְׁבְּחָתָא וְנֶחֱמָתָא דַּאֲמִירָן בְּעָלְמָא, וְאִמְרוּ אָמֵן.

יְהֵא שְׁלָמָא רַבָּא מִן שְׁמַיָּא וְחַיִּים עָלֵינוּ וְעַל כָּל-יִשְׂרָאֵל, וְאִמְרוּ אָמֵן.

עוֹשֶׂה שָׁלוֹם בִּמְרוֹמָיו, הוּא יַעֲשֶׂה שָׁלוֹם עָלֵינוּ וְעַל כָּל-יִשְׂרָאֵל, וְאִמְרוּ אָמֵן.

MOURNER'S KADDISH

In recalling our dead, of blessed memory, we confront our loss with faith by rising to praise God's name in public assembly, praying that all people throughout the world recognize His kingship soon. For when His sovereignty is felt in the world, peace, blessing and song fill the world, as well as great consolation.

Mourners and those observing Yahrzeit:

Yitgadal v'yitkadash sh'mei raba b'alma di v'ra khir'utei, v'yamlikh malkhutei b'ḥayeikhon u-v'yomeikhon u-v'ḥayei d'khol beit yisrael, ba-agala u-vi-z'man kariv, v'imru amen.

Congregation and mourner:

Y'hei sh'mei raba m'varakh l'alam u-l'almei 'almaya.

Mourner:

Yitbarakh v'yishtabaḥ v'yitpa'ar v'yitromam v'yitnasei, v'yit-hadar v'yit'aleh v'yit-halal sh'mei d'kudsha, b'rikh hu l'ela (l'ela mi-kol) min kol birkhata v'shirata, tushb'ḥata v'neḥemata da-amiran b'alma, v'imru amen.

Y'hei sh'lama raba min sh'maya v'ḥayim aleinu v'al kol yisrael, v'imru amen.

Oseh shalom bi-m'romav, hu ya'aseh shalom aleinu v'al kol yisrael, v'imru amen.

The hymn Yigdal is based upon thirteen principles of faith articulated by Maimonides

יִגְדַּל אֱלֹהִים חַי וְיִשְׁתַּבַּח   נִמְצָא וְאֵין עֵת אֶל מְצִיאוּתוֹ.
אֶחָד וְאֵין יָחִיד כְּיִחוּדוֹ   נֶעְלָם וְגַם אֵין סוֹף לְאַחְדוּתוֹ.
אֵין לוֹ דְמוּת הַגּוּף וְאֵינוֹ גוּף   לֹא נַעֲרֹךְ אֵלָיו קְדֻשָּׁתוֹ.
קַדְמוֹן לְכָל־דָּבָר אֲשֶׁר נִבְרָא   רִאשׁוֹן וְאֵין רֵאשִׁית לְרֵאשִׁיתוֹ
הִנּוֹ אֲדוֹן עוֹלָם וְכָל־נוֹצָר   יוֹרֶה גְדֻלָּתוֹ וּמַלְכוּתוֹ.
שֶׁפַע נְבוּאָתוֹ נְתָנוֹ   אֶל אַנְשֵׁי סְגֻלָּתוֹ וְתִפְאַרְתּוֹ.
לֹא קָם בְּיִשְׂרָאֵל כְּמֹשֶׁה עוֹד   נָבִיא וּמַבִּיט אֶת־תְּמוּנָתוֹ.
תּוֹרַת אֱמֶת נָתַן לְעַמּוֹ אֵל   עַל יַד נְבִיאוֹ נֶאֱמַן בֵּיתוֹ.
לֹא יַחֲלִיף הָאֵל וְלֹא יָמִיר דָּתוֹ   לְעוֹלָמִים לְזוּלָתוֹ.
צוֹפֶה וְיוֹדֵעַ סְתָרֵינוּ   מַבִּיט לְסוֹף דָּבָר בְּקַדְמָתוֹ.
גּוֹמֵל לְאִישׁ חֶסֶד כְּמִפְעָלוֹ   נוֹתֵן לְרָשָׁע רָע כְּרִשְׁעָתוֹ.
יִשְׁלַח לְקֵץ יָמִין מְשִׁיחֵנוּ   לִפְדּוֹת מְחַכֵּי קֵץ יְשׁוּעָתוֹ.
מֵתִים יְחַיֶּה אֵל בְּרֹב חַסְדּוֹ   בָּרוּךְ עֲדֵי עַד שֵׁם תְּהִלָּתוֹ.

📎 YIGDAL

The hymn Yigdal is based upon thirteen
principles of faith articulated by Maimonides, a
summary of which follows: There is a Creator
who alone created and creates all things. He is
one, unique. He has no body, no form. He is
eternal. He alone is to be worshiped. The words
of the prophets are true. Moses was the greatest
prophet. The source of the Torah is divine. The
Torah is immutable. God knows the deeds and
the thoughts of men. God rewards and punishes.
The Messiah will come. God, forever praised,
will resurrect the dead.

Yigdal Elohim ḥai v'yishtabaḥ, nimtza v'ein et el metzi'uto.
Eḥad v'ein yaḥid k'yiḥudo, ne'lam v'gam ein sof l'aḥduto.
Ein lo d'mut ha-guf v'eino guf, lo na'arokh elav k'dushato.
Kadmon l'khol davar asher nivra, rishon v'ein reshit le-reshito.
Hino Adon Olam v'khol notzar yoreh g'dulato u-malkhuto.
Shefa n'vu'ato n'tano el anshei s'gulato v'tif'arto.
Lo kam b'yisrael k'Mosheh od navi u-mabit et t'munato.
Torat emet natan l'amo El, al yad n'vi'o ne'eman beito.
Lo yaḥalif ha-El v'lo yamir dato l'olamim l'zulato.
Tzofeh v'yodea s'tareinu, mabit l'sof davar b'kadmato.
Gomel l'ish ḥesed k'mif'alo, noten l'rasha ra k'rish'ato.
Yishlaḥ l'ketz yamin m'shiḥenu, lifdot m'ḥakei ketz y'shu'ato.
Metim y'ḥayeh El b'rov ḥasdo, barukh adei ad shem t'hilato.

AMIDAH

 AN ALTERNATIVE VERSION FOR SHABBAT

Help me, O God, to pray.

Our ancestors worshiped You. Abraham and Sarah, Rebecca and Isaac, Jacob, Rachel and Leah stood in awe before You. We too reach for You, infinite, awesome, transcendent God, source of all being whose truth shines through our ancestors' lives. We, their distant descendants, draw strength from their lives and from Your redeeming love. Be our help and our shield, as You were theirs. We praise You, God, Guardian of Abraham.

Your power sustains the universe. You breathe life into dead matter. With compassion You care for those who live. Your limitless love lets life triumph over death, heals the sick, upholds the exhausted, frees the enslaved, keeps faith even with the dead. Who is like You, God of splendor and power incomparable? You govern both life and death, Your Presence brings our souls to blossom. We praise You, God who wrests life from death.

Sacred are You, sacred Your mystery. Seekers of holiness worship You all their lives. We praise You, God, ultimate sacred mystery.

Friday night:

Culminating the birth of the cosmos You consecrated to Your own glory the day of Shabbat—blessed above all days, holiest of times, as it is written in Your Torah:

"Heaven and earth and all they contain were complete. In the seventh phase God brought to a halt His creative work and rested from all endeavor. And God blessed the seventh day because on it God desisted from all effort and striving and creation."

Continue with "O our God, our ancestors' God . . ."

Shabbat morning:

Blissful Moses, content with his gift, God's loyal servant aglow with glory, standing at Sinai, embracing the Law! In it, keeping Shabbat is commanded, as it is written in Your Torah:

"Israel's children must observe Shabbat, keeping it sacred, a timeless covenant age after age. Between God and the Jew an eternal symbol shall it remain. For in six phases God created heaven and earth—and on the seventh day came Shabbat, and soul."

Not to worldly empires, O God, not to worshipers of the base, not to the ruthless did Your gift of Shabbat descend, but to Israel, Your people, in love, to Jacob's seed whom You chose as Your own. Contentment and delight with Your blessings fill all who keep Shabbat holy, the seventh day, Your will and mystery and joy, sweetest of days, memento of Creation.

Continue with "O our God, our ancestors'
God . . ."

Shabbat Musaf:

You ordained Shabbat, You willed her holy intimacy, You inspired her symbols, rites, profundities. Jews who rejoice in Shabbat reap everlasting glory. Jews who cherish Shabbat gain fulness of life. Jews who treasure her subtlest details choose a legacy of grandeur. Ever since Sinai we bear this honor and obey God's command to celebrate Shabbat. May it please You, O our God, God of our ancestors, to help us take root in our legacy, to lead us joyfully to our homeland, where we may fulfill our duty to worship You, recalling the ancient pageant of sacrifice.

Those who observe Shabbat, calling it a pleasure, rejoice in Your sovereignty. Contentment and delight with Your blessings fill all who keep Shabbat holy, the seventh day, Your will and mystery and joy, sweetest of days, memento of Creation.

Continue with "O our God, our ancestors'
God"

Shabbat Afternoon:

You are One, Your name, "The One." What nation, though scattered on earth, is One as is Your people Israel? To us, Your people, You gave an infinite beauty, a crowning grace: a day of rest and holiness. Abraham made merry on it, Isaac sang aloud on it, Jacob found peace on it, and so do we, their offspring. Tranquil with love and freedom are we, tranquil with truth and faith, tranquil with peace and calm, with quiet and safety, altogether serene, worthy of You. May we, Your children, sense and see that as our peace flows from You so must our gratitude stream to You.

All services continue here:

O our God, our ancestors' God, find pleasure in our Shabbat, consecrate us with Your mitzvot, give us a share in Your truth. Sate us with Your goodness, delight us with Your help. Make our hearts worthy to serve You truly. May we possess Your holy Shabbat with love and eagerness. May the people Israel, bearer of Your holy name, be blessed with tranquility. We love You, O God whose Shabbat is sacred.

Would that Your people at prayer gained delight in You. Would that we were aflame with the passionate piety of our ancestors' worship. Would that You found our worship acceptable and forever cherished Your people. If only our eyes could see Your glory perennially renewed in Jerusalem. We praise You, God whose presence forever radiates from Zion.

You are our God today as You were our ancestors' God throughout the ages; firm foundation of our lives, we are Yours in gratitude and love. Our lives are safe in Your hand, our souls entrusted to Your care. Our sense of wonder and our praise of Your miracles and kindnesses, greet You daily at dawn, dusk and noon. O Gentle One, Your caring is endless; O Compassionate One, Your love is eternal. You are forever our hope. Let all the living confront You with thankfulness, delight, and truth. Help us, O God; sustain us. We praise You, God whose touchstone is goodness. To pray to You is joy.

O God, from whom all peace flows, grant serenity to Your Jewish people, with love and mercy, life and goodness for all. Consider us kindly, bless us with tranquility at all times and all seasons. We praise You, God whose blessing is peace.

May my tongue be innocent of malice and my lips free from lies. When confronted by enemies may my soul stay calm, truly humble to all. Open my heart with Your teachings, that I may be guided by You. May all who plan evil against me abandon their schemes. Hear my words and help me, God, because You are loving, because You reveal Your Torah. May You find delight in the words of my mouth and in the emotions of my heart, God, my strength and my salvation. As You maintain harmony in the heavens, give peace to us and to the whole Jewish people. Amen.

AN ALTERNATIVE FOR FESTIVALS

Help me, O God, to pray.

Our ancestors worshiped You. Abraham and Sarah, Rebecca and Isaac, Jacob, Rachel and Leah stood in awe before You. We too reach for You, infinite, awesome, transcendent God, source of all being whose truth shines through our ancestors' lives. We, their distant descendants, draw strength from their lives and from Your redeeming love. Be our help and our shield, as You were theirs. We praise You, God, Guardian of Abraham.

Your power sustains the universe. You breathe life into dead matter. With compassion You care for those who live. Your limitless love lets life triumph over death, heals the sick, upholds the exhausted, frees the enslaved, keeps faith even with the dead. Who is like You, God of splendor and power incomparable? You govern both life and death, Your Presence brings our souls to blossom. We praise You, God who wrests life from death.

Sacred are You, sacred Your mystery. Seekers of holiness worship You all their lives. We praise You, God, ultimate sacred mystery.

Morning, Afternoon and Evening, and Musaf:

Out of all humanity You chose us, You loved us, You found pleasure in us. Out of all peoples, through Your Law, You uplifted us, You consecrated us, You drew us near to serve You, and shared with us Your great and holy Name. Lovingly, *Adonai Eloheinu*, You gave us (Sabbaths for rest,) Festivals for joy, Feasts and holy days for delight,

this Feast of Matzah, season of our liberation,

this Feast of Shavuot, the season when our Torah was given,

this Feast of Sukkot, our joyous season,

this Feast of *Sh'mini Atzeret*, our joyous season,

a sacred gathering, memento of our Exodus from Egypt.

At Musaf, continue with "Tragically, we were exiled . . ."

Our God, our ancestors' God, let an awareness of us and of our destiny, of our ancestors and of our Messianic dreams, of the holy city Jerusalem, and of Your people, the family that is Israel, rise and ascend, soar and unfold and shine in Your Presence. May there be survival and sweetness, grace and tenderness, compassion and life and peace on this festive day. Remember us generously, find us worthy of Your blessing. Help us to choose life. Through Your word of comfort and mercy show us grace, solace and pity, and help us. O our God, our King, tender and gentle, our eyes look toward You always.

Continue with "Shower upon us . . ."

Musaf

Tragically, we were exiled from our homeland, driven far from our roots. No longer can we perform our rites as in the Temple in ancient days. The hand of history has been heavy upon us. Yet we pray, *Adonai Eloheinu,* God of our ancestors: Show mercy once again to us and to Your holy place. Rebuild Jerusalem and enhance her splendor. Our Father, our King, reveal to us Your triumphant will soon. With all humanity as witness make Yourself manifest in our midst. Gather our scattered people. Forge us into a global unity. Lead us to Zion with joy, to Jerusalem, Your holy city, with endless delight. There may we fulfill our duty to worship You, recalling the ancient pageant of sacrifice.

Our God and God of ancestors, show us compassion through the merit of our ancestors who did Your will. May Your goodness inspire us to seek You. When we stand within the gates of Jerusalem renewed, a city uniting all, may there be peace within its walls, serenity within its homes. There the tribes of the Lord ascended, as the people Israel were commanded, praising God. And there may we make pilgrimage on our Festivals, as it is written in Your Torah: "Three times a year shall all of you appear before the Lord your God in the place that He will choose, on the Festivals of Pesaḥ, Shavuot and Sukkot. They shall not appear before the Lord empty-handed. Each shall bring his own gift, appropriate to the blessing which the Lord your God has given you."

(On Shabbat add: Those who observe Shabbat, calling it a pleasure, rejoice in Your sovereignty. Contentment and delight with Your blessings fill all who keep Shabbat holy, the seventh day, Your will and mystery and joy, sweetest of days, memento of Creation.)

Shower upon us, *Adonai Eloheinu,* the gift of Your festivals for life and peace, for happiness and joy, as You have promised to bless us. Consecrate us through Your law, Give us a share of Your truth, fulfill us with Your goodness, cheer us with Your help. Make our hearts worthy to serve You truly. May Your holy festivals be our glad and glorious treasure. Let Jews who worship You find joy today. We love You, O God whose holiness illumines Israel and the sacred seasons.

Would that Your people at prayer gained delight in You. Would that we were aflame with the passionate piety of our ancestors' worship. Would that You found our worship acceptable and forever cherished Your people. If only our eyes could see Your glory perennially renewed in Jerusalem. We praise You, God whose presence forever radiates from Zion.

You are our God today as You were our ancestors' God throughout the ages; firm foundation of our lives, we are Yours in gratitude and love. Our lives are safe in Your hand, our souls entrusted to Your care. Our sense of wonder and our praise of Your miracles and kindnesses, greet You daily at dawn, dusk and noon. O Gentle One, Your caring is endless; O Compassionate One, Your love is eternal. You are forever our hope. Let all the living confront You with thankfulness, delight, and truth. Help us, O God; sustain us. We praise You, God whose touchstone is goodness. To pray to You is joy.

O God, from whom all peace flows, grant serenity to Your Jewish people, with love and mercy, life and goodness for all. Consider us kindly, bless us with tranquility at all times and all seasons. We praise You, God whose blessing is peace.

May my tongue be innocent of malice and my lips free from lies. When confronted by enemies may my soul stay calm, truly humble to all. Open my heart with Your teachings, that I may be guided by You. May all who plan evil against me abandon their schemes. Hear my words and help me, God, because You are loving, because You reveal Your Torah. May You find delight in the words of my mouth and in the emotions of my heart, God, my strength and my salvation. As You maintain harmony in the heavens, give peace to us and to the whole Jewish people. Amen.

SHAḤARIT SERVICE

NISHMAT

On Shabbat and on Festivals, the morning service, which begins on page 2, continues here:

שַׁחַר אֲבַקֶּשְׁךָ צוּרִי וּמִשְׂגַּבִּי
אֶעֱרֹךְ לְפָנֶיךָ שַׁחְרִי וְגַם עַרְבִּי.
לִפְנֵי גְדֻלָּתְךָ אֶעֱמֹד וְאֶבָּהֵל
כִּי עֵינְךָ תִרְאֶה כָּל־מַחְשְׁבוֹת לִבִּי.
מַה־זֶּה אֲשֶׁר יוּכַל הַלֵּב וְהַלָּשׁוֹן לַעֲשׂוֹת
וּמַה־כֹּחַ רוּחִי בְּתוֹךְ קִרְבִּי.
הִנֵּה לְךָ תִיטַב זִמְרַת אֱנוֹשׁ
עַל כֵּן אוֹדְךָ בְּעוֹד נִשְׁמַת אֱלוֹהַּ בִּי.

נִשְׁמַת כָּל־חַי תְּבָרֵךְ אֶת־שִׁמְךָ יהוה אֱלֹהֵינוּ. וְרוּחַ כָּל־בָּשָׂר תְּפָאֵר וּתְרוֹמֵם זִכְרְךָ מַלְכֵּנוּ תָּמִיד. מִן הָעוֹלָם וְעַד הָעוֹלָם אַתָּה אֵל. וּמִבַּלְעָדֶיךָ אֵין לָנוּ מֶלֶךְ גּוֹאֵל וּמוֹשִׁיעַ, פּוֹדֶה וּמַצִּיל וּמְפַרְנֵס וּמְרַחֵם בְּכָל־עֵת צָרָה וְצוּקָה. אֵין לָנוּ מֶלֶךְ אֶלָּא אָתָּה. אֱלֹהֵי הָרִאשׁוֹנִים וְהָאַחֲרוֹנִים, אֱלוֹהַּ כָּל־בְּרִיּוֹת, אֲדוֹן כָּל־תּוֹלָדוֹת, הַמְהֻלָּל בְּרֹב הַתִּשְׁבָּחוֹת, הַמְנַהֵג עוֹלָמוֹ בְּחֶסֶד וּבְרִיּוֹתָיו בְּרַחֲמִים. וַיהוה לֹא יָנוּם וְלֹא יִישָׁן, הַמְעוֹרֵר יְשֵׁנִים, וְהַמֵּקִיץ נִרְדָּמִים, וְהַמֵּשִׂיחַ אִלְּמִים, וְהַמַּתִּיר אֲסוּרִים, וְהַסּוֹמֵךְ נוֹפְלִים, וְהַזּוֹקֵף כְּפוּפִים. לְךָ לְבַדְּךָ אֲנַחְנוּ מוֹדִים.

אִלּוּ פִינוּ מָלֵא שִׁירָה כַּיָּם וּלְשׁוֹנֵנוּ רִנָּה כַּהֲמוֹן גַּלָּיו
וְשִׂפְתוֹתֵינוּ שֶׁבַח כְּמֶרְחֲבֵי רָקִיעַ
וְעֵינֵינוּ מְאִירוֹת כַּשֶּׁמֶשׁ וְכַיָּרֵחַ
וְיָדֵינוּ פְרוּשׂוֹת כְּנִשְׁרֵי שָׁמָיִם וְרַגְלֵינוּ קַלּוֹת כָּאַיָּלוֹת
אֵין אֲנַחְנוּ מַסְפִּיקִים לְהוֹדוֹת לְךָ
יהוה אֱלֹהֵינוּ וֵאלֹהֵי אֲבוֹתֵינוּ
וּלְבָרֵךְ אֶת־שְׁמֶךָ עַל אַחַת מֵאֶלֶף אַלְפֵי אֲלָפִים
וְרִבֵּי רְבָבוֹת פְּעָמִים הַטּוֹבוֹת שֶׁעָשִׂיתָ עִם אֲבוֹתֵינוּ וְעִמָּנוּ.

MORNING SERVICE

✼ NISHMAT

*On Shabbat and on Festivals, the morning
service, which begins on page 3, continues here:*

> At dawn I seek You, Refuge, Rock sublime;
> My morning prayers I offer, and those at evening time.
> I tremble in Your awesome Presence, contrite,
> For my deepest secrets lie stripped before Your sight.
>
> My tongue, what can it say? My heart, what can it do?
> What is my strength, what is my spirit too?
> But should music be sweet to You in mortal key,
> Your praises will I sing so long as breath's in me.

The breath of all that lives praises You, Lord God. The force that drives all flesh exalts You, our King, always. Transcending space and time, You are God. Without You we have no one to rescue and redeem us, to save us and sustain us, to show us mercy in disaster and distress. Lord of all ages, God of all creatures, endlessly extolled, You guide the world with kindness, its creatures with compassion. The Lord neither slumbers nor sleeps. You stir the sleeping, support the falling, free the fettered, raise those bowed down, and give voice to the speechless. You alone do we acknowledge.

> Could song fill our mouth as water fills the sea
>
> *And could joy flood our tongue like countless waves,*
>
> Could our lips utter praise as limitless as the sky
>
> *And could our eyes match the splendor of the sun,*
>
> Could we soar with arms like eagle's wings
>
> *And run with gentle grace, as the swiftest deer,*
>
> Never could we fully state our gratitude
> For one ten-thousandth of the lasting love
>
> *Which is Your precious blessing, dearest God,*
> *Granted to our ancestors and to us.*

מִמִּצְרַיִם גְּאַלְתָּנוּ, יהוה אֱלֹהֵינוּ, וּמִבֵּית עֲבָדִים פְּדִיתָנוּ. בְּרָעָב זַנְתָּנוּ וּבְשָׂבָע כִּלְכַּלְתָּנוּ, מֵחֶרֶב הִצַּלְתָּנוּ וּמִדֶּבֶר מִלַּטְתָּנוּ, וּמֵחֳלָיִם רָעִים וְנֶאֱמָנִים דִּלִּיתָנוּ. עַד הֵנָּה עֲזָרוּנוּ רַחֲמֶיךָ, וְלֹא עֲזָבוּנוּ חֲסָדֶיךָ, וְאַל תִּטְּשֵׁנוּ, יהוה אֱלֹהֵינוּ, לָנֶצַח. עַל כֵּן אֵבָרִים שֶׁפִּלַּגְתָּ בָּנוּ, וְרוּחַ וּנְשָׁמָה שֶׁנָּפַחְתָּ בְּאַפֵּינוּ, וְלָשׁוֹן אֲשֶׁר שַׂמְתָּ בְּפִינוּ, הֵן הֵם יוֹדוּ וִיבָרְכוּ וִישַׁבְּחוּ וִיפָאֲרוּ וִירוֹמְמוּ וְיַעֲרִיצוּ וְיַקְדִּישׁוּ וְיַמְלִיכוּ אֶת־שִׁמְךָ מַלְכֵּנוּ. כִּי כָל־פֶּה לְךָ יוֹדֶה, וְכָל־לָשׁוֹן לְךָ תִשָּׁבַע, וְכָל־בֶּרֶךְ לְךָ תִכְרַע, וְכָל־קוֹמָה לְפָנֶיךָ תִשְׁתַּחֲוֶה, וְכָל־לְבָבוֹת יִירָאוּךָ, וְכָל־קֶרֶב וּכְלָיוֹת יְזַמְּרוּ לִשְׁמֶךָ, כַּדָּבָר שֶׁכָּתוּב: כָּל־עַצְמוֹתַי תֹּאמַרְנָה, יהוה מִי כָמוֹךָ, מַצִּיל עָנִי מֵחָזָק מִמֶּנּוּ, וְעָנִי וְאֶבְיוֹן מִגֹּזְלוֹ. מִי יִדְמֶה־לָּךְ וּמִי יִשְׁוֶה־לָּךְ וּמִי יַעֲרָךְ־לָךְ, הָאֵל הַגָּדוֹל הַגִּבּוֹר וְהַנּוֹרָא, אֵל עֶלְיוֹן, קֹנֵה שָׁמַיִם וָאָרֶץ. ▢ נְהַלֶּלְךָ וּנְשַׁבֵּחֲךָ וּנְפָאֶרְךָ וּנְבָרֵךְ אֶת־שֵׁם קָדְשֶׁךָ, כָּאָמוּר: לְדָוִד. בָּרְכִי נַפְשִׁי אֶת־יהוה, וְכָל־קְרָבַי אֶת־שֵׁם קָדְשׁוֹ.

On Festivals, the Reader begins formal chanting here:

הָאֵל בְּתַעֲצֻמוֹת עֻזֶּךָ, הַגָּדוֹל בִּכְבוֹד שְׁמֶךָ, הַגִּבּוֹר לָנֶצַח וְהַנּוֹרָא בְּנוֹרְאוֹתֶיךָ, הַמֶּלֶךְ הַיּוֹשֵׁב עַל כִּסֵּא רָם וְנִשָּׂא.

On Shabbat, the Reader begins formal chanting here:

שׁוֹכֵן עַד, מָרוֹם וְקָדוֹשׁ שְׁמוֹ.
וְכָתוּב: רַנְּנוּ צַדִּיקִים בַּיהוה, לַיְשָׁרִים נָאוָה תְהִלָּה.
בְּפִי יְשָׁרִים תִּתְהַלָּל
וּבְדִבְרֵי צַדִּיקִים תִּתְבָּרַךְ
וּבִלְשׁוֹן חֲסִידִים תִּתְרוֹמָם
וּבְקֶרֶב קְדוֹשִׁים תִּתְקַדָּשׁ.

From Egypt You redeemed us, from the house of bondage You delivered us. In famine You nourished us, in prosperity You sustained us. You rescued us from the sword, protected us from pestilence, and saved us from severe and lingering disease. To this day Your compassion has helped us, Your kindness has not forsaken us. Never abandon us, Lord our God.

These limbs which You formed for us, this soul-force which You breathed into us, this tongue which You set in our mouth, must laud, praise, extol, exalt, and sing Your holiness and sovereignty. Every mouth shall extol You, every tongue shall pledge devotion. Every knee shall bend to You, every back shall bow to You, every heart shall revere You, every fiber of our being shall sing Your glory, as the Psalmist sang: "All my bones exclaim—Lord, who is like You, saving the weak from the powerful, the needy from those who would prey on them?" Who can equal You, who can be compared to You, great, mighty, awesome, exalted God, Creator of the heavens and the earth? We extol You even as David sang: "Praise the Lord, my soul; let every fiber of my being praise His holy name."

On Festivals, the Reader begins formal
chanting here:

You are God through the vastness of Your power, great through the glory of Your name, mighty forever, awesome through Your awesome works. You are King, enthroned supreme.

On Shabbat, the Reader begins formal
chanting here:

He inhabits eternity, sacred and exalted. As the Psalmist has written: "Rejoice in the Lord, you righteous. It is fitting for the upright to praise Him."

By the mouth of the upright are You extolled,
by the words of the righteous are You praised,
by the tongue of the faithful are You acclaimed,
in the heart of the saintly are You hallowed.

וּבְמַקְהֲלוֹת רִבְבוֹת עַמְּךָ בֵּית יִשְׂרָאֵל בְּרִנָּה יִתְפָּאַר שִׁמְךָ מַלְכֵּנוּ בְּכָל־דּוֹר וָדוֹר. □ שֶׁכֵּן חוֹבַת כָּל־הַיְצוּרִים לְפָנֶיךָ יהוה אֱלֹהֵינוּ וֵאלֹהֵי אֲבוֹתֵינוּ, לְהוֹדוֹת לְהַלֵּל לְשַׁבֵּחַ, לְפָאֵר לְרוֹמֵם לְהַדֵּר, לְבָרֵךְ לְעַלֵּה וּלְקַלֵּס עַל כָּל־דִּבְרֵי שִׁירוֹת וְתִשְׁבְּחוֹת דָּוִד בֶּן־יִשַׁי עַבְדְּךָ מְשִׁיחֶךָ.

In this berakhah we affirm that our eternal King will always be praised

יִשְׁתַּבַּח שִׁמְךָ לָעַד, מַלְכֵּנוּ, הָאֵל הַמֶּלֶךְ הַגָּדוֹל וְהַקָּדוֹשׁ בַּשָּׁמַיִם וּבָאָרֶץ. כִּי לְךָ נָאֶה, יהוה אֱלֹהֵינוּ וֵאלֹהֵי אֲבוֹתֵינוּ, שִׁיר וּשְׁבָחָה, הַלֵּל וְזִמְרָה, עֹז וּמֶמְשָׁלָה, נֶצַח גְּדֻלָּה וּגְבוּרָה, תְּהִלָּה וְתִפְאֶרֶת, קְדֻשָּׁה וּמַלְכוּת, □ בְּרָכוֹת וְהוֹדָאוֹת מֵעַתָּה וְעַד עוֹלָם. בָּרוּךְ אַתָּה יהוה אֵל מֶלֶךְ גָּדוֹל בַּתִּשְׁבָּחוֹת, אֵל הַהוֹדָאוֹת, אֲדוֹן הַנִּפְלָאוֹת, הַבּוֹחֵר בְּשִׁירֵי זִמְרָה, מֶלֶךְ אֵל חֵי הָעוֹלָמִים.

On Shabbat before Yom Kippur, Psalm 130, on page 134, may be added

ḤATZI KADDISH

Reader:

יִתְגַּדַּל וְיִתְקַדַּשׁ שְׁמֵהּ רַבָּא בְּעָלְמָא דִּי בְרָא כִרְעוּתֵהּ, וְיַמְלִיךְ מַלְכוּתֵהּ בְּחַיֵּיכוֹן וּבְיוֹמֵיכוֹן וּבְחַיֵּי דְכָל־בֵּית יִשְׂרָאֵל, בַּעֲגָלָא וּבִזְמַן קָרִיב, וְאִמְרוּ אָמֵן.

Congregation and Reader:

יְהֵא שְׁמֵהּ רַבָּא מְבָרַךְ לְעָלַם וּלְעָלְמֵי עָלְמַיָּא.

Reader:

יִתְבָּרַךְ וְיִשְׁתַּבַּח וְיִתְפָּאַר וְיִתְרוֹמַם וְיִתְנַשֵּׂא, וְיִתְהַדַּר וְיִתְעַלֶּה וְיִתְהַלַּל שְׁמֵהּ דְּקֻדְשָׁא, בְּרִיךְ הוּא לְעֵלָּא (לְעֵלָּא מִכָּל־) מִן כָּל־בִּרְכָתָא וְשִׁירָתָא, תֻּשְׁבְּחָתָא וְנֶחֱמָתָא דַּאֲמִירָן בְּעָלְמָא, וְאִמְרוּ אָמֵן.

Among assembled throngs of the House of Israel in every generation shall Your name be glorified in song, our King. For it is the duty of all creatures, Lord our God and God of our ancestors, to extol, laud, and glorify You, extolling, exalting, to add our own praise to the songs of David, Your anointed servant.

In this berakhah, we affirm that our eternal King
will always be praised

You shall always be praised, great and holy God, our King in heaven and on earth. Songs of praise and psalms of adoration become You, acknowledging Your might and Your dominion. Yours are strength and sovereignty, sanctity, grandeur and glory always. We offer You our devotion, open our hearts in acclamation. Praised are You, Sovereign of wonders, crowned with adoration, delighting in mortal song and psalm, exalted King, eternal life of the universe.

On Shabbat before Yom Kippur,
Psalm 130, on page 135, may be added

 ḤATZI KADDISH

Reader:

Hallowed and enhanced may He be throughout the world of His own creation. May He cause His sovereignty soon to be accepted, during our life and the life of all Israel. And let us say: Amen.

Congregation and Reader:

Y'hei sh'mei raba m'varakh l'alam u-l'almei almaya.
May He be praised throughout all time.

Reader:

Glorified and celebrated, lauded and worshiped, acclaimed and honored, extolled and exalted may the Holy One be, praised beyond all song and psalm, beyond all tributes which mortals can utter. And let us say: Amen.

K'RIAT SH'MA AND ITS BERAKHOT

Reader:

בָּרְכוּ אֶת־יהוה הַמְבֹרָךְ.

Congregation, then Reader:

בָּרוּךְ יהוה הַמְבֹרָךְ לְעוֹלָם וָעֶד.

In the first berakhah before K'riat Sh'ma, we praise God for His gift of Creation

בָּרוּךְ אַתָּה יהוה אֱלֹהֵינוּ מֶלֶךְ הָעוֹלָם, יוֹצֵר אוֹר וּבוֹרֵא חֹשֶׁךְ
עֹשֶׂה שָׁלוֹם וּבוֹרֵא אֶת־הַכֹּל.

On a Festival coinciding with a weekday,
we continue with המאיר לארץ, *on page 342*

On Shabbat, including a Festival or Ḥol Ha-mo'ed:

הַכֹּל יוֹדְוּךָ, וְהַכֹּל יְשַׁבְּחְוּךָ, וְהַכֹּל יֹאמְרוּ: אֵין קָדוֹשׁ כַּיהוה.
הַכֹּל יְרוֹמְמְוּךָ סֶּלָה, יוֹצֵר הַכֹּל, הָאֵל הַפּוֹתֵחַ בְּכָל־יוֹם
דַּלְתוֹת שַׁעֲרֵי מִזְרָח, וּבוֹקֵעַ חַלּוֹנֵי רָקִיעַ, מוֹצִיא חַמָּה
מִמְּקוֹמָהּ וּלְבָנָה מִמְּכוֹן שִׁבְתָּהּ, וּמֵאִיר לָעוֹלָם כֻּלּוֹ וּלְיוֹשְׁבָיו
שֶׁבָּרָא בְּמִדַּת רַחֲמִים. הַמֵּאִיר לָאָרֶץ וְלַדָּרִים עָלֶיהָ בְּרַחֲמִים,
וּבְטוּבוֹ מְחַדֵּשׁ בְּכָל־יוֹם תָּמִיד מַעֲשֵׂה בְרֵאשִׁית. הַמֶּלֶךְ
הַמְרוֹמָם לְבַדּוֹ מֵאָז, הַמְשֻׁבָּח וְהַמְפֹאָר וְהַמִּתְנַשֵּׂא מִימוֹת
עוֹלָם, אֱלֹהֵי עוֹלָם, בְּרַחֲמֶיךָ הָרַבִּים רַחֵם עָלֵינוּ, אֲדוֹן עֻזֵּנוּ,
צוּר מִשְׂגַּבֵּנוּ, מָגֵן יִשְׁעֵנוּ, מִשְׂגָּב בַּעֲדֵנוּ. אֵין כְּעֶרְכְּךָ וְאֵין
זוּלָתֶךָ, אֶפֶס בִּלְתֶּךָ וּמִי דּוֹמֶה לָּךְ. □ אֵין כְּעֶרְכְּךָ יהוה
אֱלֹהֵינוּ בָּעוֹלָם הַזֶּה, וְאֵין זוּלָתְךָ מַלְכֵּנוּ לְחַיֵּי הָעוֹלָם הַבָּא.
אֶפֶס בִּלְתְּךָ גּוֹאֲלֵנוּ לִימוֹת הַמָּשִׁיחַ, וְאֵין דּוֹמֶה לְּךָ מוֹשִׁיעֵנוּ
לִתְחִיַּת הַמֵּתִים.

✥ K'RIAT SH'MA AND ITS BERAKHOT

Reader:

Praise the Lord, Source of blessing.

Congregation, then Reader:

Praise the Lord, Source of blessing, throughout all time.

In the first berakhah before K'riat Sh'ma, we
praise God for His gift of Creation

Praised are You, Lord our God, King of the universe, creating light and fashioning darkness, ordaining the order of all creation.

On a Festival coinciding with a weekday,
we continue with "You illumine the world . . ." on page 343

On Shabbat, including a Festival or Ḥol Ha-mo'ed:

All creatures praise You, all declare: "There is none holy as the Lord." All exalt You, Creator of all, God who daily opens the gates of the heavens, the casements of the eastern sky, bringing forth the sun from its dwelling place, the moon from its abode, illumining the whole world and its inhabitants whom You created with mercy. You illumine the world and its creatures with mercy; in Your goodness, day after day, You renew creation. Uniquely exalted since earliest time, enthroned on praise and prominence since the world began, eternal God, with Your manifold mercies continue to love us, our Pillar of strength, protecting Rock, sheltering Shield, sustaining Stronghold. Incomparable, inimitable, peerless and singular Lord our God, You are our King incomparable in this world, inimitable in the world to come, peerless Redeemer in the days of Messiah, singular in assuring life immortal.

אֵל אָדוֹן עַל כָּל־הַמַּעֲשִׂים, בָּרוּךְ וּמְבֹרָךְ בְּפִי כָּל־נְשָׁמָה.
גָּדְלוֹ וְטוּבוֹ מָלֵא עוֹלָם, דַּעַת וּתְבוּנָה סוֹבְבִים אוֹתוֹ.
הַמִּתְגָּאֶה עַל חַיּוֹת הַקֹּדֶשׁ, וְנֶהְדָּר בְּכָבוֹד עַל הַמֶּרְכָּבָה.
זְכוּת וּמִישׁוֹר לִפְנֵי כִסְאוֹ, חֶסֶד וְרַחֲמִים לִפְנֵי כְבוֹדוֹ.
טוֹבִים מְאוֹרוֹת שֶׁבָּרָא אֱלֹהֵינוּ, יְצָרָם בְּדַעַת בְּבִינָה וּבְהַשְׂכֵּל.
כֹּחַ וּגְבוּרָה נָתַן בָּהֶם, לִהְיוֹת מוֹשְׁלִים בְּקֶרֶב תֵּבֵל.
מְלֵאִים זִיו וּמְפִיקִים נֹגַהּ, נָאֶה זִיוָם בְּכָל־הָעוֹלָם.
שְׂמֵחִים בְּצֵאתָם וְשָׂשִׂים בְּבוֹאָם, עוֹשִׂים בְּאֵימָה רְצוֹן קוֹנָם.
פְּאֵר וְכָבוֹד נוֹתְנִים לִשְׁמוֹ, צָהֳלָה וְרִנָּה לְזֵכֶר מַלְכוּתוֹ.
קָרָא לַשֶּׁמֶשׁ וַיִּזְרַח אוֹר, רָאָה וְהִתְקִין צוּרַת הַלְּבָנָה.
שֶׁבַח נוֹתְנִים לוֹ כָּל־צְבָא מָרוֹם,
תִּפְאֶרֶת וּגְדֻלָּה, שְׂרָפִים וְאוֹפַנִּים וְחַיּוֹת הַקֹּדֶשׁ.

לָאֵל אֲשֶׁר שָׁבַת מִכָּל־הַמַּעֲשִׂים, בַּיּוֹם הַשְּׁבִיעִי הִתְעַלָּה וְיָשַׁב עַל כִּסֵּא כְבוֹדוֹ. תִּפְאֶרֶת עָטָה לְיוֹם הַמְּנוּחָה, עֹנֶג קָרָא לְיוֹם הַשַּׁבָּת. זֶה שֶׁבַח שֶׁלַּיּוֹם הַשְּׁבִיעִי, שֶׁבּוֹ שָׁבַת אֵל מִכָּל־מְלַאכְתּוֹ. וְיוֹם הַשְּׁבִיעִי מְשַׁבֵּחַ וְאוֹמֵר: מִזְמוֹר שִׁיר לְיוֹם הַשַּׁבָּת, טוֹב לְהוֹדוֹת לַיהוה. לְפִיכָךְ יְפָאֲרוּ וִיבָרְכוּ לָאֵל כָּל־יְצוּרָיו. שֶׁבַח יְקָר וּגְדֻלָּה יִתְּנוּ לָאֵל מֶלֶךְ יוֹצֵר כֹּל, הַמַּנְחִיל מְנוּחָה לְעַמּוֹ יִשְׂרָאֵל בִּקְדֻשָּׁתוֹ בְּיוֹם שַׁבַּת קֹדֶשׁ. שִׁמְךָ יהוה אֱלֹהֵינוּ יִתְקַדַּשׁ וְזִכְרְךָ מַלְכֵּנוּ יִתְפָּאַר, בַּשָּׁמַיִם מִמַּעַל וְעַל הָאָרֶץ מִתָּחַת. תִּתְבָּרַךְ מוֹשִׁיעֵנוּ עַל שֶׁבַח מַעֲשֵׂה יָדֶיךָ וְעַל מְאוֹרֵי אוֹר שֶׁעָשִׂיתָ יְפָאֲרוּךָ סֶּלָה.

Continue with תתברך צורנו on page 344

On weekdays:

הַמֵּאִיר לָאָרֶץ וְלַדָּרִים עָלֶיהָ בְּרַחֲמִים, וּבְטוּבוֹ מְחַדֵּשׁ בְּכָל־יוֹם תָּמִיד מַעֲשֵׂה בְרֵאשִׁית. מָה רַבּוּ מַעֲשֶׂיךָ יהוה, כֻּלָּם בְּחָכְמָה עָשִׂיתָ, מָלְאָה הָאָרֶץ קִנְיָנֶךָ. הַמֶּלֶךְ הַמְרוֹמָם לְבַדּוֹ מֵאָז, הַמְשֻׁבָּח וְהַמְפֹאָר וְהַמִּתְנַשֵּׂא מִימוֹת עוֹלָם, אֱלֹהֵי עוֹלָם, בְּרַחֲמֶיךָ הָרַבִּים רַחֵם עָלֵינוּ, אֲדוֹן עֻזֵּנוּ, צוּר מִשְׂגַּבֵּנוּ, מָגֵן יִשְׁעֵנוּ, מִשְׂגָּב בַּעֲדֵנוּ.

Creation reflects the rule of God, who is praised by the breath of all life. His greatness and goodness fill the universe; knowledge and wisdom encircle His Presence. Exalted is He by creatures celestial, enhanced and adorned by the mysteries of Heaven. His throne is guarded by truth and purity, He is surrounded by mercy and love. Good are the lights which our God has created, fashioning them with insight and wisdom, endowing them with power and vigor to maintain dominion amidst the world. Abounding in splendor, radiating brilliance, their splendor adorns the universe, rejoicing in rising, gladly setting, rushing to obey their Creator's will. He is acclaimed by beauty and glory, His sovereignty sung by celebration and praise. He summoned the sun and it shed its light; He made the moon, setting its cycles. All bodies of the heavens, the stars and planets, acclaim Him with praise; celestial creatures give glory and greatness

to God who completed His work of creation on the seventh day and ascended His glorious throne. He robed the day of rest in beauty, calling Shabbat a delight. God ceased all His labors on Shabbat; that is its pride. The seventh day itself hymns praise to God: "A psalm, a song of Shabbat: It is good to acclaim the Lord." Let all His creatures likewise sing His praise, let them honor their King, Creator of all who in holiness grants rest and repose for His people Israel on the holy Shabbat. In the heavens above and on earth below shall Your name be hallowed and acclaimed, Lord our God. Praise shall be Yours, our deliverer, for Your wondrous works, for the lights You have fashioned, the sun and the moon which reflect Your glory.

Continue with "Our Rock, our Redeemer . . ." on page 345

On weekdays:

You illumine the world and its creatures with mercy; in Your goodness, day after day You renew creation. How manifold Your works, O Lord; with wisdom You fashioned them all. The earth abounds with Your creations. Uniquely exalted since earliest time, enthroned on praise and prominence since the world began, eternal God, with Your manifold mercies continue to love us, our Pillar of strength, protecting Rock, sheltering Shield, sustaining Stronghold.

אֵל בָּרוּךְ גְּדוֹל דֵּעָה, הֵכִין וּפָעַל זָהֳרֵי חַמָּה, טוֹב יָצַר כָּבוֹד לִשְׁמוֹ, מְאוֹרוֹת נָתַן סְבִיבוֹת עֻזּוֹ. פִּנּוֹת צְבָאָיו קְדוֹשִׁים, רוֹמְמֵי שַׁדַּי, תָּמִיד מְסַפְּרִים כְּבוֹד אֵל וּקְדֻשָּׁתוֹ. תִּתְבָּרַךְ יהוה אֱלֹהֵינוּ עַל שֶׁבַח מַעֲשֵׂה יָדֶיךָ וְעַל מְאוֹרֵי אוֹר שֶׁעָשִׂיתָ, יְפָאֲרוּךָ סֶּלָה.

All services continue here:

תִּתְבָּרַךְ, צוּרֵנוּ מַלְכֵּנוּ וְגוֹאֲלֵנוּ, בּוֹרֵא קְדוֹשִׁים. יִשְׁתַּבַּח שִׁמְךָ לָעַד מַלְכֵּנוּ, יוֹצֵר מְשָׁרְתִים, וַאֲשֶׁר מְשָׁרְתָיו כֻּלָּם עוֹמְדִים בְּרוּם עוֹלָם וּמַשְׁמִיעִים בְּיִרְאָה יַחַד בְּקוֹל דִּבְרֵי אֱלֹהִים חַיִּים וּמֶלֶךְ עוֹלָם. כֻּלָּם אֲהוּבִים, כֻּלָּם בְּרוּרִים, כֻּלָּם גִּבּוֹרִים, וְכֻלָּם עֹשִׂים בְּאֵימָה וּבְיִרְאָה רְצוֹן קוֹנָם, □ וְכֻלָּם פּוֹתְחִים אֶת־פִּיהֶם בִּקְדֻשָּׁה וּבְטָהֳרָה, בְּשִׁירָה וּבְזִמְרָה, וּמְבָרְכִים וּמְשַׁבְּחִים וּמְפָאֲרִים וּמַעֲרִיצִים וּמַקְדִּישִׁים וּמַמְלִיכִים

אֶת־שֵׁם הָאֵל הַמֶּלֶךְ הַגָּדוֹל הַגִּבּוֹר וְהַנּוֹרָא, קָדוֹשׁ הוּא. וְכֻלָּם מְקַבְּלִים עֲלֵיהֶם עֹל מַלְכוּת שָׁמַיִם זֶה מִזֶּה, וְנוֹתְנִים רְשׁוּת זֶה לָזֶה □ לְהַקְדִּישׁ לְיוֹצְרָם בְּנַחַת רוּחַ, בְּשָׂפָה בְרוּרָה וּבִנְעִימָה קְדוֹשָׁה, כֻּלָּם כְּאֶחָד עוֹנִים וְאוֹמְרִים בְּיִרְאָה:

קָדוֹשׁ קָדוֹשׁ קָדוֹשׁ יהוה צְבָאוֹת, מְלֹא כָל־הָאָרֶץ כְּבוֹדוֹ.

□ וְהָאוֹפַנִּים וְחַיּוֹת הַקֹּדֶשׁ בְּרַעַשׁ גָּדוֹל מִתְנַשְּׂאִים לְעֻמַּת שְׂרָפִים, לְעֻמָּתָם מְשַׁבְּחִים וְאוֹמְרִים:

בָּרוּךְ כְּבוֹד יהוה מִמְּקוֹמוֹ.

לְאֵל בָּרוּךְ, נְעִימוֹת יִתֵּנוּ. לַמֶּלֶךְ אֵל חַי וְקַיָּם, זְמִירוֹת יֹאמֵרוּ וְתִשְׁבָּחוֹת יַשְׁמִיעוּ, כִּי הוּא לְבַדּוֹ פּוֹעֵל גְּבוּרוֹת, עֹשֶׂה חֲדָשׁוֹת, בַּעַל מִלְחָמוֹת, זוֹרֵעַ צְדָקוֹת, מַצְמִיחַ יְשׁוּעוֹת, בּוֹרֵא רְפוּאוֹת, נוֹרָא תְהִלּוֹת, אֲדוֹן הַנִּפְלָאוֹת, הַמְחַדֵּשׁ בְּטוּבוֹ בְּכָל־יוֹם תָּמִיד מַעֲשֵׂה בְרֵאשִׁית, כָּאָמוּר: לְעֹשֵׂה אוֹרִים גְּדֹלִים, כִּי לְעוֹלָם חַסְדּוֹ. □ אוֹר חָדָשׁ עַל צִיּוֹן תָּאִיר, וְנִזְכֶּה כֻלָּנוּ מְהֵרָה לְאוֹרוֹ. בָּרוּךְ אַתָּה יהוה יוֹצֵר הַמְּאוֹרוֹת.

Our praiseworthy God with vast understanding fashioned the rays of the sun. The good light He created reflects His splendor; radiant lights surround His throne. His heavenly servants in holiness exalt the Almighty, constantly recounting His sacred glory. Praise shall be Yours, Lord our God, for Your wondrous works, for the lights You have fashioned, the sun and the moon which reflect Your glory.

All services continue here:

Our Rock, our Redeemer, our King, Creator of holy beings, You shall be praised forever. You fashion angelic spirits to serve You; beyond the heavens they all await Your command. In chorus they proclaim with reverence words of the living God, eternal King. Adoring, beloved, and choice are they all, in awe fulfilling their Creator's will. In purity and sanctity they raise their voices in song and psalm, extolling and exalting, declaring the power, praise, holiness, and majesty of God, the great, mighty, awesome King, the Holy One. One to another they vow loyalty to God's kingship; one to another they join to hallow their Creator with serenity, pure speech, and sacred song, in unison chanting with reverence:

Holy, holy, holy, *Adonai tzeva'ot*; the whole world is filled with His glory.

As in the prophet's vision, soaring celestial creatures roar, responding with a chorus of adoration:

Praised be the glory of the Lord throughout the universe.

To praiseworthy God they sweetly sing; the living, enduring God they celebrate in song. For He is unique, doing mighty deeds, creating new life, championing justice, sowing righteousness, reaping victory, bringing healing. Awesome in praise, Sovereign of wonders, day after day in His goodness He renews Creation. So sang the Psalmist: "Praise the Creator of great lights, for His love endures forever." Cause a new light to illumine Zion. May we all soon share a portion of its radiance. Praised are You, O Lord, Creator of lights.

In the second berakhah before K'riat Sh'ma, we praise God for His gift of Torah, sign of His love

אַהֲבָה רַבָּה אֲהַבְתָּנוּ, יהוה אֱלֹהֵינוּ, חֶמְלָה גְדוֹלָה וִיתֵרָה חָמַלְתָּ עָלֵינוּ. אָבִינוּ מַלְכֵּנוּ, בַּעֲבוּר אֲבוֹתֵינוּ שֶׁבָּטְחוּ בְךָ וַתְּלַמְּדֵם חֻקֵּי חַיִּים, כֵּן תְּחָנֵּנוּ וּתְלַמְּדֵנוּ. אָבִינוּ הָאָב הָרַחֲמָן, הַמְרַחֵם, רַחֵם עָלֵינוּ וְתֵן בְּלִבֵּנוּ לְהָבִין וּלְהַשְׂכִּיל, לִשְׁמֹעַ, לִלְמֹד וּלְלַמֵּד, לִשְׁמֹר וְלַעֲשׂוֹת וּלְקַיֵּם אֶת־כָּל־דִּבְרֵי תַלְמוּד תּוֹרָתֶךָ בְּאַהֲבָה. וְהָאֵר עֵינֵינוּ בְּתוֹרָתֶךָ, וְדַבֵּק לִבֵּנוּ בְּמִצְוֹתֶיךָ, וְיַחֵד לְבָבֵנוּ לְאַהֲבָה וּלְיִרְאָה אֶת־שְׁמֶךָ, וְלֹא נֵבוֹשׁ לְעוֹלָם וָעֶד. כִּי בְשֵׁם קָדְשְׁךָ הַגָּדוֹל וְהַנּוֹרָא בָּטָחְנוּ, נָגִילָה וְנִשְׂמְחָה בִּישׁוּעָתֶךָ. וַהֲבִיאֵנוּ לְשָׁלוֹם מֵאַרְבַּע כַּנְפוֹת הָאָרֶץ, וְתוֹלִיכֵנוּ קוֹמְמִיּוּת לְאַרְצֵנוּ, כִּי אֵל פּוֹעֵל יְשׁוּעוֹת אָתָּה, וּבָנוּ בָחַרְתָּ מִכָּל־עַם וְלָשׁוֹן, □ וְקֵרַבְתָּנוּ לְשִׁמְךָ הַגָּדוֹל סֶלָה בֶּאֱמֶת, לְהוֹדוֹת לְךָ וּלְיַחֶדְךָ בְּאַהֲבָה. בָּרוּךְ אַתָּה יהוה הַבּוֹחֵר בְּעַמּוֹ יִשְׂרָאֵל בְּאַהֲבָה.

K'RIAT SH'MA

If there is no minyan, add:

אֵל מֶלֶךְ נֶאֱמָן

We formally affirm God's sovereignty, freely pledging Him our loyalty. We are His witnesses.

שְׁמַע יִשְׂרָאֵל יהוה אֱלֹהֵינוּ יהוה | אֶחָד׃

Silently:

בָּרוּךְ שֵׁם כְּבוֹד מַלְכוּתוֹ לְעוֹלָם וָעֶד.

וְאָהַבְתָּ אֵת יהוה אֱלֹהֶיךָ בְּכָל־לְבָבְךָ וּבְכָל־נַפְשְׁךָ וּבְכָל־מְאֹדֶךָ׃ וְהָיוּ הַדְּבָרִים הָאֵלֶּה אֲשֶׁר אָנֹכִי מְצַוְּךָ הַיּוֹם עַל־לְבָבֶךָ׃ וְשִׁנַּנְתָּם לְבָנֶיךָ וְדִבַּרְתָּ בָּם בְּשִׁבְתְּךָ בְּבֵיתֶךָ וּבְלֶכְתְּךָ בַדֶּרֶךְ וּבְשָׁכְבְּךָ וּבְקוּמֶךָ׃ וּקְשַׁרְתָּם לְאוֹת עַל־יָדֶךָ וְהָיוּ לְטֹטָפֹת בֵּין עֵינֶיךָ׃ וּכְתַבְתָּם עַל־מְזֻזוֹת בֵּיתֶךָ וּבִשְׁעָרֶיךָ׃

In the second berakhah before K'riat Sh'ma, we praise God for His gift of Torah, sign of His love

Deep is Your love for us, Lord our God, boundless Your tender compassion. You taught our ancestors life-giving laws. They trusted in You, our Father and King. For their sake graciously teach us. Father, merciful Father, show us mercy; grant us discernment and understanding. Then will we study Your Torah, heed its words, teach its precepts and follow its instruction, lovingly fulfilling all its teachings. Open our eyes to Your Torah, help our hearts cleave to Your mitzvot. Unite all our thoughts to love and revere You. Then we will never be brought to shame. For we trust in Your awesome holiness. We will delight in Your deliverance. Bring us safely from the four corners of the earth, and lead us in dignity to our holy land. You are the Source of deliverance. You have called us from all peoples and tongues, constantly drawing us nearer to You, that we may lovingly offer You praise, proclaiming Your Oneness. Praised are You, Lord who loves His people Israel.

K'RIAT SH'MA

If there is no minyan, add:

God is a faithful King

We formally affirm God's sovereignty, freely pledging Him our loyalty. We are His witnesses.

Hear, O Israel: The Lord our God, the Lord is One.

Silently:

Praised be His glorious sovereignty throughout all time.

Love the Lord Your God with all your heart, with all your soul, with all your might. And these words which I command you this day you shall take to heart. You shall diligently teach them to your children. You shall repeat them at home and away, morning and night. You shall bind them as a sign upon your hand, they shall be a reminder above your eyes, and you shall inscribe them upon the doorposts of your homes and upon your gates.

DEUTERONOMY 6:4–9

וְהָיָה אִם־שָׁמֹעַ תִּשְׁמְעוּ אֶל־מִצְוֺתַי אֲשֶׁר אָנֹכִי מְצַוֶּה אֶתְכֶם הַיּוֹם לְאַהֲבָה אֶת־יהוָה אֱלֹהֵיכֶם וּלְעָבְדוֹ בְּכָל־לְבַבְכֶם וּבְכָל־נַפְשְׁכֶם׃ וְנָתַתִּי מְטַר־אַרְצְכֶם בְּעִתּוֹ יוֹרֶה וּמַלְקוֹשׁ וְאָסַפְתָּ דְגָנֶךָ וְתִירֹשְׁךָ וְיִצְהָרֶךָ׃ וְנָתַתִּי עֵשֶׂב בְּשָׂדְךָ לִבְהֶמְתֶּךָ וְאָכַלְתָּ וְשָׂבָעְתָּ׃ הִשָּׁמְרוּ לָכֶם פֶּן־יִפְתֶּה לְבַבְכֶם וְסַרְתֶּם וַעֲבַדְתֶּם אֱלֹהִים אֲחֵרִים וְהִשְׁתַּחֲוִיתֶם לָהֶם׃ וְחָרָה אַף־יהוָה בָּכֶם וְעָצַר אֶת־הַשָּׁמַיִם וְלֹא־יִהְיֶה מָטָר וְהָאֲדָמָה לֹא תִתֵּן אֶת־יְבוּלָהּ וַאֲבַדְתֶּם מְהֵרָה מֵעַל הָאָרֶץ הַטֹּבָה אֲשֶׁר יהוָה נֹתֵן לָכֶם׃ וְשַׂמְתֶּם אֶת־דְּבָרַי אֵלֶּה עַל־לְבַבְכֶם וְעַל־נַפְשְׁכֶם וּקְשַׁרְתֶּם אֹתָם לְאוֹת עַל־יֶדְכֶם וְהָיוּ לְטוֹטָפֹת בֵּין עֵינֵיכֶם׃ וְלִמַּדְתֶּם אֹתָם אֶת־בְּנֵיכֶם לְדַבֵּר בָּם בְּשִׁבְתְּךָ בְּבֵיתֶךָ וּבְלֶכְתְּךָ בַדֶּרֶךְ וּבְשָׁכְבְּךָ וּבְקוּמֶךָ׃ וּכְתַבְתָּם עַל־מְזוּזוֹת בֵּיתֶךָ וּבִשְׁעָרֶיךָ׃ לְמַעַן יִרְבּוּ יְמֵיכֶם וִימֵי בְנֵיכֶם עַל הָאֲדָמָה אֲשֶׁר נִשְׁבַּע יהוָה לַאֲבֹתֵיכֶם לָתֵת לָהֶם כִּימֵי הַשָּׁמַיִם עַל־הָאָרֶץ׃

וַיֹּאמֶר יהוָה אֶל־מֹשֶׁה לֵּאמֹר׃ דַּבֵּר אֶל־בְּנֵי יִשְׂרָאֵל וְאָמַרְתָּ אֲלֵהֶם וְעָשׂוּ לָהֶם צִיצִת עַל־כַּנְפֵי בִגְדֵיהֶם לְדֹרֹתָם וְנָתְנוּ עַל־צִיצִת הַכָּנָף פְּתִיל תְּכֵלֶת׃ וְהָיָה לָכֶם לְצִיצִת וּרְאִיתֶם אֹתוֹ וּזְכַרְתֶּם אֶת־כָּל־מִצְוֺת יהוָה וַעֲשִׂיתֶם אֹתָם וְלֹא תָתוּרוּ אַחֲרֵי לְבַבְכֶם וְאַחֲרֵי עֵינֵיכֶם אֲשֶׁר־אַתֶּם זֹנִים אַחֲרֵיהֶם׃ לְמַעַן תִּזְכְּרוּ וַעֲשִׂיתֶם אֶת־כָּל־מִצְוֺתָי וִהְיִיתֶם קְדֹשִׁים לֵאלֹהֵיכֶם׃ אֲנִי יהוָה אֱלֹהֵיכֶם אֲשֶׁר הוֹצֵאתִי אֶתְכֶם מֵאֶרֶץ מִצְרַיִם לִהְיוֹת לָכֶם לֵאלֹהִים אֲנִי יהוָה אֱלֹהֵיכֶם׃ *(Individuals add: אֵמֶת)*

□ יהוה אֱלֹהֵיכֶם אֱמֶת

If you will earnestly heed the mitzvot I give you this day, to love the Lord your God and to serve Him with all your heart and all your soul, then I will favor your land with rain at the proper season—rain in autumn and rain in spring—and you will have an ample harvest of grain and wine and oil. I will assure abundance in the fields for your cattle. You will eat to contentment. Take care lest you be tempted to forsake God and turn to false gods in worship. For then the wrath of the Lord will be directed against you. He will close the heavens and hold back the rain; the earth will not yield its produce. You will soon disappear from the good land which the Lord is giving you.

Therefore, impress these words of Mine upon your heart. Bind them as a sign upon your hand, and let them be a reminder above your eyes. Teach them to your children. Repeat them at home and away, morning and night. Inscribe them upon the doorposts of your homes and upon your gates. Then your days and the days of your children on the land which the Lord swore to give to your ancestors will endure as the days of the heavens over the earth.

DEUTERONOMY 11:13–21

The Lord said to Moses: Instruct the people Israel that in every generation they shall put fringes on the corners of their garments, and bind a thread of blue to the fringe of each corner. Looking upon it you will be reminded of all the mitzvot of the Lord and fulfill them and not be seduced by your heart or led astray by your eyes. Then you will remember and observe all My mitzvot and be holy before your God. I am the Lord your God who brought you out of the land of Egypt to be your God. I, the Lord, am your God.

NUMBERS 15:37–41

Reader:

The Lord your God is truth.

In the berakhah after K'riat Sh'ma, we praise God as eternal Redeemer of the people Israel

אֱמֶת וְיַצִּיב וְנָכוֹן וְקַיָּם וְיָשָׁר וְנֶאֱמָן וְאָהוּב וְחָבִיב וְנֶחְמָד וְנָעִים וְנוֹרָא וְאַדִּיר וּמְתֻקָּן וּמְקֻבָּל וְטוֹב וְיָפֶה הַדָּבָר הַזֶּה עָלֵינוּ לְעוֹלָם וָעֶד. אֱמֶת, אֱלֹהֵי עוֹלָם מַלְכֵּנוּ, צוּר יַעֲקֹב מָגֵן יִשְׁעֵנוּ. □ לְדֹר וָדֹר הוּא קַיָּם וּשְׁמוֹ קַיָּם וְכִסְאוֹ נָכוֹן וּמַלְכוּתוֹ וֶאֱמוּנָתוֹ לָעַד קַיֶּמֶת.

וּדְבָרָיו חָיִים וְקַיָּמִים, נֶאֱמָנִים וְנֶחֱמָדִים לָעַד וּלְעוֹלְמֵי עוֹלָמִים, עַל אֲבוֹתֵינוּ וְעָלֵינוּ, עַל בָּנֵינוּ וְעַל דּוֹרוֹתֵינוּ, וְעַל כָּל־דּוֹרוֹת זֶרַע יִשְׂרָאֵל עֲבָדֶיךָ. עַל הָרִאשׁוֹנִים וְעַל הָאַחֲרוֹנִים דָּבָר טוֹב וְקַיָּם לְעוֹלָם וָעֶד. אֱמֶת וֶאֱמוּנָה, חוֹק וְלֹא יַעֲבֹר. □ אֱמֶת שָׁאַתָּה הוּא יהוה אֱלֹהֵינוּ וֵאלֹהֵי אֲבוֹתֵינוּ, מַלְכֵּנוּ מֶלֶךְ אֲבוֹתֵינוּ, גֹּאֲלֵנוּ גֹּאֵל אֲבוֹתֵינוּ, יוֹצְרֵנוּ צוּר יְשׁוּעָתֵנוּ, פּוֹדֵנוּ וּמַצִּילֵנוּ, מֵעוֹלָם שְׁמֶךָ, אֵין אֱלֹהִים זוּלָתֶךָ.

עֶזְרַת אֲבוֹתֵינוּ אַתָּה הוּא מֵעוֹלָם, מָגֵן וּמוֹשִׁיעַ לִבְנֵיהֶם אַחֲרֵיהֶם בְּכָל־דּוֹר וָדוֹר. בְּרוּם עוֹלָם מוֹשָׁבֶךָ וּמִשְׁפָּטֶיךָ וְצִדְקָתְךָ עַד אַפְסֵי אָרֶץ. אַשְׁרֵי אִישׁ שֶׁיִּשְׁמַע לְמִצְוֹתֶיךָ, וְתוֹרָתְךָ וּדְבָרְךָ יָשִׂים עַל לִבּוֹ. אֱמֶת אַתָּה הוּא אָדוֹן לְעַמֶּךָ, וּמֶלֶךְ גִּבּוֹר לָרִיב רִיבָם. אֱמֶת אַתָּה הוּא רִאשׁוֹן וְאַתָּה הוּא אַחֲרוֹן, וּמִבַּלְעָדֶיךָ אֵין לָנוּ מֶלֶךְ גּוֹאֵל וּמוֹשִׁיעַ. מִמִּצְרַיִם גְּאַלְתָּנוּ, יהוה אֱלֹהֵינוּ, וּמִבֵּית עֲבָדִים פְּדִיתָנוּ. כָּל־בְּכוֹרֵיהֶם הָרָגְתָּ, וּבְכוֹרְךָ גָּאָלְתָּ, וְיַם סוּף בָּקַעְתָּ, וְזֵדִים טִבַּעְתָּ, וִידִידִים הֶעֱבַרְתָּ, וַיְכַסּוּ מַיִם צָרֵיהֶם, אֶחָד מֵהֶם לֹא נוֹתָר. עַל זֹאת שִׁבְּחוּ אֲהוּבִים וְרוֹמְמוּ אֵל, וְנָתְנוּ יְדִידִים זְמִירוֹת שִׁירוֹת וְתִשְׁבָּחוֹת, בְּרָכוֹת וְהוֹדָאוֹת לַמֶּלֶךְ אֵל חַי וְקַיָּם. רָם וְנִשָּׂא, גָּדוֹל וְנוֹרָא, מַשְׁפִּיל גֵּאִים וּמַגְבִּיהַּ שְׁפָלִים, מוֹצִיא אֲסִירִים וּפוֹדֶה עֲנָוִים וְעוֹזֵר דַּלִּים וְעוֹנֶה לְעַמּוֹ בְּעֵת שַׁוְּעָם אֵלָיו. □ תְּהִלּוֹת לְאֵל עֶלְיוֹן בָּרוּךְ הוּא וּמְבֹרָךְ. מֹשֶׁה וּבְנֵי יִשְׂרָאֵל לְךָ עָנוּ שִׁירָה בְּשִׂמְחָה רַבָּה, וְאָמְרוּ כֻלָּם:

In the berakhah after K'riat Sh'ma, we praise
God as eternal Redeemer of the people Israel

Your teaching is true and enduring, Your words are established forever. Awesome and revered are they, eternally right; well ordered are they, always acceptable. They are sweet and pleasant and precious, good and beautiful and beloved. True it is that eternal God is our King, that the Rock of Jacob is our protecting shield. He is eternal and His glory is eternal; He is our God for all generations. His sovereign throne is firmly established; His faithfulness endures for all time.

His teachings are precious and abiding; they live forever. For our ancestors, for us, for our children, for every generation of the people Israel, for all ages from the first to the last, His teachings are true, everlasting. True it is that You are the Lord our God, even as You were the God of our ancestors. Our King and our ancestors' King, our Redeemer and our ancestors' Redeemer, our Creator, our victorious Stronghold, You have always helped us and saved us. Your name endures forever. There is no God but You.

You were always the help of our ancestors, a shield for them and for their children, our deliverer in every generation. Though You abide at the pinnacle of the universe, Your just decrees extend to the ends of the earth. Happy the one who obeys Your mitzvot, who takes to heart the words of Your Torah. You are, in truth, Lord of Your people, their defender and mighty King. You are first and You are last. We have no King or Redeemer but You. You rescued us from Egypt; You redeemed us from the house of bondage. The firstborn of the Egyptians were slain; Your firstborn were saved. You split the waters of the sea. The faithful You rescued; the wicked drowned. The waters engulfed Israel's enemies; not one of the arrogant remained alive. Then Your beloved sang hymns of acclamation, extolling You with psalms of adoration. They acclaimed God King, great and awesome Source of all blessing, the everliving God, exalted in majesty. He humbles the proud and raises the lowly. He frees the captive and redeems the meek. He helps the needy and answers His people's call. Praises to God supreme, ever praised is He. Moses and the people Israel sang with great joy this song to the Lord:

מִי כָמֹכָה בָּאֵלִם יהוה,
מִי כָּמֹכָה נֶאְדָּר בַּקֹּדֶשׁ,
נוֹרָא תְהִלֹּת, עֹשֵׂה פֶלֶא.

□ שִׁירָה חֲדָשָׁה שִׁבְּחוּ גְאוּלִים לְשִׁמְךָ עַל שְׂפַת הַיָּם. יַחַד כֻּלָּם הוֹדוּ וְהִמְלִיכוּ וְאָמְרוּ:

יהוה יִמְלֹךְ לְעוֹלָם וָעֶד.

□ צוּר יִשְׂרָאֵל, קוּמָה בְּעֶזְרַת יִשְׂרָאֵל, וּפְדֵה כִנְאֻמֶךָ יְהוּדָה וְיִשְׂרָאֵל. גֹּאֲלֵנוּ יהוה צְבָאוֹת שְׁמוֹ קְדוֹשׁ יִשְׂרָאֵל. בָּרוּךְ אַתָּה יהוה גָּאַל יִשְׂרָאֵל.

On Festivals, we continue on page 366

Mi khamokha ba-eilim Adonai, mi kamokha nedar ba-kodesh, nora t'hilot, oseh feleh.

Who is like You, Lord, among all that is worshiped?
Who is like You, majestic in holiness,
awesome in splendor, working wonders?

The redeemed sang a new song for You. They sang in chorus at the shore of the sea, acclaiming Your sovereignty:

Adonai yimlokh l'olam va-ed.

The Lord shall reign throughout all time.

Rock of Israel, arise to Israel's defense. Fulfill Your promise to deliver Judah and Israel. Our Redeemer is the Holy One of Israel, *Adonai tzeva'ot.* Praised are You, Lord, Redeemer of the people Israel.

On Festivals, we continue on page 367

אֲדֹנָי, שְׂפָתַי תִּפְתָּח וּפִי יַגִּיד תְּהִלָּתֶךָ.

בָּרוּךְ אַתָּה יהוה אֱלֹהֵינוּ וֵאלֹהֵי אֲבוֹתֵינוּ, אֱלֹהֵי אַבְרָהָם אֱלֹהֵי יִצְחָק וֵאלֹהֵי יַעֲקֹב, הָאֵל הַגָּדוֹל הַגִּבּוֹר וְהַנּוֹרָא, אֵל עֶלְיוֹן, גּוֹמֵל חֲסָדִים טוֹבִים וְקוֹנֵה הַכֹּל, וְזוֹכֵר חַסְדֵי אָבוֹת וּמֵבִיא גוֹאֵל לִבְנֵי בְנֵיהֶם לְמַעַן שְׁמוֹ בְּאַהֲבָה.

On Shabbat before Yom Kippur:

זָכְרֵנוּ לְחַיִּים, מֶלֶךְ חָפֵץ בַּחַיִּים,
וְכָתְבֵנוּ בְּסֵפֶר הַחַיִּים לְמַעַנְךָ אֱלֹהִים חַיִּים.

מֶלֶךְ עוֹזֵר וּמוֹשִׁיעַ וּמָגֵן. בָּרוּךְ אַתָּה יהוה מָגֵן אַבְרָהָם.

אַתָּה גִּבּוֹר לְעוֹלָם אֲדֹנָי, מְחַיֵּה מֵתִים אַתָּה רַב לְהוֹשִׁיעַ.

From Sh'mini Atzeret to Pesaḥ:

מַשִּׁיב הָרוּחַ וּמוֹרִיד הַגָּשֶׁם.

מְכַלְכֵּל חַיִּים בְּחֶסֶד, מְחַיֵּה מֵתִים בְּרַחֲמִים רַבִּים, סוֹמֵךְ נוֹפְלִים וְרוֹפֵא חוֹלִים וּמַתִּיר אֲסוּרִים, וּמְקַיֵּם אֱמוּנָתוֹ לִישֵׁנֵי עָפָר. מִי כָמוֹךָ בַּעַל גְּבוּרוֹת וּמִי דּוֹמֶה לָּךְ, מֶלֶךְ מֵמִית וּמְחַיֶּה וּמַצְמִיחַ יְשׁוּעָה.

On Shabbat before Yom Kippur:

מִי כָמוֹךָ אַב הָרַחֲמִים, זוֹכֵר יְצוּרָיו לְחַיִּים בְּרַחֲמִים.

וְנֶאֱמָן אַתָּה לְהַחֲיוֹת מֵתִים. בָּרוּךְ אַתָּה יהוה מְחַיֵּה הַמֵּתִים.

The silent recitation of the Amidah continues with אתה קדוש *on page 358*

AMIDAH FOR SHABBAT MORNING

Open my mouth, O Lord, and my lips will proclaim Your praise.

Praised are You, Lord our God and God of our ancestors, God of Abraham, of Isaac, and of Jacob, great, mighty, awesome, exalted God who bestows lovingkindness, Creator of all. You remember the pious deeds of our ancestors and will send a redeemer to their children's children because of Your loving nature.

On Shabbat before Yom Kippur:

Remember us that we may live, O King who delights in life.
Inscribe us in the Book of Life, for Your sake, living God.

You are the King who helps and saves and shields. Praised are You, Lord, Shield of Abraham.

Your might, O Lord, is boundless. You give life to the dead; great is Your saving power.

From Sh'mini Atzeret to Pesaḥ:

You cause the wind to blow and the rain to fall.

Your lovingkindness sustains the living, Your great mercies give life to the dead. You support the falling, heal the ailing, free the fettered. You keep Your faith with those who sleep in dust. Whose power can compare with Yours? You are the Master of life and death and deliverance.

On Shabbat before Yom Kippur:

Whose mercy can compare with Yours, merciful Father?
In mercy You remember Your creatures with life.

Faithful are You in giving life to the dead. Praised are You, Lord, Master of life and death.

The silent recitation of the Amidah continues with "Holy are You . . ." on page 359

When the Reader chants the Amidah aloud,
Kedushah is added. The congregation chants
the indented verses aloud.

נְקַדֵּשׁ אֶת־שִׁמְךָ בָּעוֹלָם, כְּשֵׁם שֶׁמַּקְדִּישִׁים אוֹתוֹ בִּשְׁמֵי מָרוֹם,
כַּכָּתוּב עַל יַד נְבִיאֶךָ, וְקָרָא זֶה אֶל זֶה וְאָמַר:

קָדוֹשׁ קָדוֹשׁ קָדוֹשׁ יהוה צְבָאוֹת, מְלֹא כָל־הָאָרֶץ כְּבוֹדוֹ.

אָז בְּקוֹל רַעַשׁ גָּדוֹל אַדִּיר וְחָזָק מַשְׁמִיעִים קוֹל, מִתְנַשְּׂאִים
לְעֻמַּת שְׂרָפִים, לְעֻמָּתָם בָּרוּךְ יֹאמֵרוּ:

בָּרוּךְ כְּבוֹד יהוה מִמְּקוֹמוֹ.

מִמְּקוֹמְךָ מַלְכֵּנוּ תוֹפִיעַ וְתִמְלוֹךְ עָלֵינוּ, כִּי מְחַכִּים אֲנַחְנוּ לָךְ.
מָתַי תִּמְלוֹךְ בְּצִיּוֹן, בְּקָרוֹב בְּיָמֵינוּ לְעוֹלָם וָעֶד תִּשְׁכּוֹן.
תִּתְגַּדַּל וְתִתְקַדַּשׁ בְּתוֹךְ יְרוּשָׁלַיִם עִירְךָ לְדוֹר וָדוֹר וּלְנֵצַח
נְצָחִים. וְעֵינֵינוּ תִרְאֶינָה מַלְכוּתֶךָ, כַּדָּבָר הָאָמוּר בְּשִׁירֵי עֻזֶּךָ,
עַל יְדֵי דָוִד מְשִׁיחַ צִדְקֶךָ.

יִמְלֹךְ יהוה לְעוֹלָם אֱלֹהַיִךְ צִיּוֹן לְדֹר וָדֹר, הַלְלוּיָהּ.

לְדוֹר וָדוֹר נַגִּיד גָּדְלֶךָ וּלְנֵצַח נְצָחִים קְדֻשָּׁתְךָ נַקְדִּישׁ. וְשִׁבְחֲךָ
אֱלֹהֵינוּ מִפִּינוּ לֹא יָמוּשׁ לְעוֹלָם וָעֶד, כִּי אֵל מֶלֶךְ גָּדוֹל וְקָדוֹשׁ
אָתָּה.

On Shabbat before Yom Kippur substitute
these words for the line which follows:

בָּרוּךְ אַתָּה יהוה הַמֶּלֶךְ הַקָּדוֹשׁ.

בָּרוּךְ אַתָּה יהוה הָאֵל הַקָּדוֹשׁ.

Continue with ישמח משה

KEDUSHAH

When the Reader chants the Amidah aloud, Kedushah is added. The congregation chants the italicized verses aloud.

We proclaim Your holiness on earth as it is proclaimed in heaven above. We sing the words of heavenly voices as recorded in Your prophet's vision:

Kadosh kadosh kadosh Adonai tzeva'ot, m'lo khol ha-aretz k'vodo.
Holy, holy, holy Adonai tzeva'ot. The whole world is filled with His glory.

In thundering chorus , majestic voices resound, lifted toward singing seraphim and responding:

Barukh k'vod Adonai mi-m'komo.
Praised is the glory of the Lord throughout the universe.

Throughout Your universe reveal Yourself, our King, and reign over us, for we await You. When will You reign in Zion? Let it be soon, in our time and throughout all time. May Your glory and holiness be apparent to all in Jerusalem Your city, from generation to generation, eternally. May we see Your sovereignty, described in David's psalms which sing Your splendor:

Yimlokh Adonai l'olam, Elohayikh tziyon l'dor va-dor. Halleluyah.
The Lord shall reign through all generations; your God, Zion, shall reign forever. Halleluyah.

We declare Your greatness through all generations, hallow Your holiness to all eternity. Your praise will never leave our lips, for You are God and King, great and holy.

On Shabbat before Yom Kippur substitute these words for the line which follows:

Praised are You, Lord, holy King.

Praised are You, Lord, holy God.

Continue with "Moses rejoiced . . ."

The silent recitation of the Amidah continues here:

אַתָּה קָדוֹשׁ וְשִׁמְךָ קָדוֹשׁ, וּקְדוֹשִׁים בְּכָל־יוֹם יְהַלְלוּךָ סֶּלָה.

*On Shabbat before Yom Kippur substitute
these words for the line which follows:*

בָּרוּךְ אַתָּה יהוה הַמֶּלֶךְ הַקָּדוֹשׁ.

בָּרוּךְ אַתָּה יהוה הָאֵל הַקָּדוֹשׁ.

The Reader's chanting of the Amidah continues here:

יִשְׂמַח מֹשֶׁה בְּמַתְּנַת חֶלְקוֹ, כִּי עֶבֶד נֶאֱמָן קָרָאתָ לּוֹ. כְּלִיל תִּפְאֶרֶת בְּרֹאשׁוֹ נָתַתָּ, בְּעָמְדוֹ לְפָנֶיךָ עַל הַר סִינַי. וּשְׁנֵי לוּחוֹת אֲבָנִים הוֹרִיד בְּיָדוֹ, וְכָתוּב בָּהֶם שְׁמִירַת שַׁבָּת, וְכֵן כָּתוּב בְּתוֹרָתֶךָ:

וְשָׁמְרוּ בְנֵי יִשְׂרָאֵל אֶת־הַשַּׁבָּת, לַעֲשׂוֹת אֶת־הַשַּׁבָּת לְדֹרֹתָם בְּרִית עוֹלָם. בֵּינִי וּבֵין בְּנֵי יִשְׂרָאֵל אוֹת הִיא לְעֹלָם, כִּי שֵׁשֶׁת יָמִים עָשָׂה יהוה אֶת־הַשָּׁמַיִם וְאֶת־הָאָרֶץ, וּבַיּוֹם הַשְּׁבִיעִי שָׁבַת וַיִּנָּפַשׁ.

וְלֹא נְתַתּוֹ, יהוה אֱלֹהֵינוּ, לְגוֹיֵי הָאֲרָצוֹת, וְלֹא הִנְחַלְתּוֹ, מַלְכֵּנוּ, לְעוֹבְדֵי פְסִילִים, וְגַם בִּמְנוּחָתוֹ לֹא יִשְׁכְּנוּ עֲרֵלִים, כִּי לְיִשְׂרָאֵל עַמְּךָ נְתַתּוֹ בְּאַהֲבָה, לְזֶרַע יַעֲקֹב אֲשֶׁר בָּם בָּחָרְתָּ. עַם מְקַדְּשֵׁי שְׁבִיעִי, כֻּלָּם יִשְׂבְּעוּ וְיִתְעַנְּגוּ מִטּוּבֶךָ. וְהַשְּׁבִיעִי רָצִיתָ בּוֹ וְקִדַּשְׁתּוֹ, חֶמְדַּת יָמִים אוֹתוֹ קָרָאתָ, זֵכֶר לְמַעֲשֵׂה בְרֵאשִׁית.

אֱלֹהֵינוּ וֵאלֹהֵי אֲבוֹתֵינוּ, רְצֵה בִמְנוּחָתֵנוּ. קַדְּשֵׁנוּ בְּמִצְוֹתֶיךָ וְתֵן חֶלְקֵנוּ בְּתוֹרָתֶךָ, שַׂבְּעֵנוּ מִטּוּבֶךָ וְשַׂמְּחֵנוּ בִּישׁוּעָתֶךָ, וְטַהֵר לִבֵּנוּ לְעָבְדְּךָ בֶּאֱמֶת. וְהַנְחִילֵנוּ יהוה אֱלֹהֵינוּ בְּאַהֲבָה וּבְרָצוֹן שַׁבַּת קָדְשֶׁךָ, וְיָנוּחוּ בָהּ יִשְׂרָאֵל מְקַדְּשֵׁי שְׁמֶךָ. בָּרוּךְ אַתָּה יהוה מְקַדֵּשׁ הַשַּׁבָּת.

רְצֵה יהוה אֱלֹהֵינוּ בְּעַמְּךָ יִשְׂרָאֵל וּבִתְפִלָּתָם, וְהָשֵׁב אֶת־הָעֲבוֹדָה לִדְבִיר בֵּיתֶךָ, וּתְפִלָּתָם בְּאַהֲבָה תְקַבֵּל בְּרָצוֹן, וּתְהִי לְרָצוֹן תָּמִיד עֲבוֹדַת יִשְׂרָאֵל עַמֶּךָ.

The silent recitation of the Amidah continues here:

Holy are You and holy is Your name. Holy are those who praise You daily.

On Shabbat before Yom Kippur substitute
these words for the line which follows:

Praised are You, Lord, holy King.

Praised are You, Lord, holy God.

The Reader's chanting of the Amidah continues here:

Moses rejoiced at the gift of his destiny when You declared him a faithful servant, adorning him with splendor as he stood in Your Presence atop Mount Sinai. Two tablets of stone did he bring down, inscribed with Shabbat observance. And thus is it written in Your Torah:

The people Israel shall observe Shabbat, to maintain it as an everlasting covenant throughout all generations. It is a sign between Me and the people Israel for all time, that in six days the Lord made the heavens and the earth and on the seventh day He ceased from work and rested.

You have not granted this day, Lord our God, to other peoples of the world, nor have You granted it, our King, as a heritage to idolaters. Nor do those outside the covenant know its rest which You have given lovingly to the people Israel, Your beloved descendants of Jacob. May the people who make the seventh day holy find satisfaction and delight in Your generosity. The seventh day have You chosen to make holy, declaring it most precious, a day recalling the work of Creation.

Our God and God of our ancestors, accept our Shabbat offering of rest. Add holiness to our lives with Your mitzvot and let Your Torah be our portion. Fill our lives with Your goodness and gladden us with Your triumph. Cleanse our hearts and we shall serve You faithfully. Lovingly and willingly, Lord our God, grant that we inherit Your holy gift of Shabbat forever, so that Your people Israel who hallow Your name will always find rest on this day. Praised are You, Lord who hallows Shabbat.

Accept the prayer of Your people Israel as lovingly as it is offered. Restore worship to Your sanctuary. May the worship of Your people Israel always be acceptable to You.

On Rosh Ḥodesh and on Ḥol Ha-mo'ed:

אֱלֹהֵינוּ וֵאלֹהֵי אֲבוֹתֵינוּ, יַעֲלֶה וְיָבֹא וְיַגִּיעַ, וְיֵרָאֶה וְיֵרָצֶה וְיִשָּׁמַע, וְיִפָּקֵד וְיִזָּכֵר זִכְרוֹנֵנוּ וּפִקְדוֹנֵנוּ, וְזִכְרוֹן אֲבוֹתֵינוּ, וְזִכְרוֹן מָשִׁיחַ בֶּן־דָּוִד עַבְדֶּךָ, וְזִכְרוֹן יְרוּשָׁלַיִם עִיר קָדְשֶׁךָ, וְזִכְרוֹן כָּל־עַמְּךָ בֵּית יִשְׂרָאֵל לְפָנֶיךָ, לִפְלֵיטָה לְטוֹבָה, לְחֵן וּלְחֶסֶד וּלְרַחֲמִים, לְחַיִּים וּלְשָׁלוֹם בְּיוֹם

Rosh Ḥodesh: רֹאשׁ הַחֹדֶשׁ

Pesaḥ: חַג הַמַּצּוֹת *Sukkot:* חַג הַסֻּכּוֹת

הַזֶּה. זָכְרֵנוּ יהוה אֱלֹהֵינוּ בּוֹ לְטוֹבָה, וּפָקְדֵנוּ בוֹ לִבְרָכָה, וְהוֹשִׁיעֵנוּ בוֹ לְחַיִּים. וּבִדְבַר יְשׁוּעָה וְרַחֲמִים חוּס וְחָנֵּנוּ וְרַחֵם עָלֵינוּ וְהוֹשִׁיעֵנוּ כִּי אֵלֶיךָ עֵינֵינוּ, כִּי אֵל מֶלֶךְ חַנּוּן וְרַחוּם אָתָּה.

וְתֶחֱזֶינָה עֵינֵינוּ בְּשׁוּבְךָ לְצִיּוֹן בְּרַחֲמִים.
בָּרוּךְ אַתָּה יהוה הַמַּחֲזִיר שְׁכִינָתוֹ לְצִיּוֹן.

When the Reader chants the Amidah, the congregation recites this passage silently while the Reader continues with the next passage

מוֹדִים אֲנַחְנוּ לָךְ שָׁאַתָּה הוּא יהוה אֱלֹהֵינוּ וֵאלֹהֵי אֲבוֹתֵינוּ, אֱלֹהֵי כָל־בָּשָׂר, יוֹצְרֵנוּ יוֹצֵר בְּרֵאשִׁית. בְּרָכוֹת וְהוֹדָאוֹת לְשִׁמְךָ הַגָּדוֹל וְהַקָּדוֹשׁ עַל שֶׁהֶחֱיִיתָנוּ וְקִיַּמְתָּנוּ. כֵּן תְּחַיֵּנוּ וּתְקַיְּמֵנוּ וְתֶאֱסוֹף גָּלֻיּוֹתֵינוּ לְחַצְרוֹת קָדְשֶׁךָ לִשְׁמוֹר חֻקֶּיךָ וְלַעֲשׂוֹת רְצוֹנֶךָ וּלְעָבְדְּךָ בְּלֵבָב שָׁלֵם, עַל שֶׁאֲנַחְנוּ מוֹדִים לָךְ. בָּרוּךְ אֵל הַהוֹדָאוֹת.

מוֹדִים אֲנַחְנוּ לָךְ שָׁאַתָּה הוּא יהוה אֱלֹהֵינוּ וֵאלֹהֵי אֲבוֹתֵינוּ לְעוֹלָם וָעֶד, צוּר חַיֵּינוּ מָגֵן יִשְׁעֵנוּ אַתָּה הוּא לְדוֹר וָדוֹר. נוֹדֶה לְּךָ וּנְסַפֵּר תְּהִלָּתֶךָ, עַל חַיֵּינוּ הַמְּסוּרִים בְּיָדֶךָ וְעַל נִשְׁמוֹתֵינוּ הַפְּקוּדוֹת לָךְ וְעַל נִסֶּיךָ שֶׁבְּכָל־יוֹם עִמָּנוּ וְעַל נִפְלְאוֹתֶיךָ וְטוֹבוֹתֶיךָ שֶׁבְּכָל־עֵת, עֶרֶב וָבֹקֶר וְצָהֳרָיִם. הַטּוֹב כִּי לֹא כָלוּ רַחֲמֶיךָ, וְהַמְרַחֵם כִּי לֹא תַמּוּ חֲסָדֶיךָ, מֵעוֹלָם קִוִּינוּ לָךְ.

On Rosh Ḥodesh and on Ḥol Ha-mo'ed:

Our God and God of our ancestors, on this day of

Rosh Ḥodesh   Pesaḥ   Sukkot

remember our ancestors and be gracious to us. Consider the people Israel standing before You praying for the days of Messiah and for Jerusalem, Your holy city. Grant us life, well-being, lovingkindness, and peace. Bless us, Lord our God, with all that is good. Remember Your promise of mercy and redemption. Be merciful to us and save us, for we place our hope in You, gracious and merciful God and King.

May we witness Your merciful return to Zion. Praised are You, Lord who restores His Presence to Zion.

When the Reader chants the Amidah, the congregation recites this passage silently while the Reader continues with the next passage

We proclaim that You are the Lord our God and God of our ancestors, Creator of all who created us, God of all flesh. We praise You and thank You for granting us life and for sustaining us. May You continue to grant us life and sustenance. Gather our dispersed to Your holy place, to fulfill Your mitzvot and to serve You wholeheartedly, doing Your will. For this we shall thank You. Praised be God to whom thanksgiving is due.

We proclaim that You are the Lord our God and God of our ancestors throughout all time. You are the Rock of our lives, the Shield of our salvation in every generation. We thank You and praise You morning, noon, and night for Your miracles which daily attend us and for Your wondrous kindnesses. Our lives are in Your hand; our souls are in Your charge. You are good, with everlasting mercy; You are compassionate, with enduring lovingkindness. We have always placed our hope in You.

On Ḥanukkah:

עַל הַנִּסִּים וְעַל הַפֻּרְקָן, וְעַל הַגְּבוּרוֹת, וְעַל הַתְּשׁוּעוֹת, וְעַל הַמִּלְחָמוֹת שֶׁעָשִׂיתָ לַאֲבוֹתֵינוּ בַּיָּמִים הָהֵם וּבַזְּמַן הַזֶּה.

בִּימֵי מַתִּתְיָהוּ בֶּן־יוֹחָנָן כֹּהֵן גָּדוֹל, חַשְׁמוֹנַי וּבָנָיו, כְּשֶׁעָמְדָה מַלְכוּת יָוָן הָרְשָׁעָה עַל עַמְּךָ יִשְׂרָאֵל לְהַשְׁכִּיחָם תּוֹרָתֶךָ וּלְהַעֲבִירָם מֵחֻקֵּי רְצוֹנֶךָ, וְאַתָּה בְּרַחֲמֶיךָ הָרַבִּים עָמַדְתָּ לָהֶם בְּעֵת צָרָתָם, רַבְתָּ אֶת־רִיבָם, דַּנְתָּ אֶת־דִּינָם, נָקַמְתָּ אֶת־נִקְמָתָם, מָסַרְתָּ גִבּוֹרִים בְּיַד חַלָּשִׁים, וְרַבִּים בְּיַד מְעַטִּים, וּטְמֵאִים בְּיַד טְהוֹרִים, וּרְשָׁעִים בְּיַד צַדִּיקִים, וְזֵדִים בְּיַד עוֹסְקֵי תוֹרָתֶךָ. וּלְךָ עָשִׂיתָ שֵׁם גָּדוֹל וְקָדוֹשׁ בְּעוֹלָמֶךָ, וּלְעַמְּךָ יִשְׂרָאֵל עָשִׂיתָ תְּשׁוּעָה גְדוֹלָה וּפֻרְקָן כְּהַיּוֹם הַזֶּה. וְאַחַר כֵּן בָּאוּ בָנֶיךָ לִדְבִיר בֵּיתֶךָ וּפִנּוּ אֶת־הֵיכָלֶךָ, וְטִהֲרוּ אֶת־מִקְדָּשֶׁךָ, וְהִדְלִיקוּ נֵרוֹת בְּחַצְרוֹת קָדְשֶׁךָ, וְקָבְעוּ שְׁמוֹנַת יְמֵי חֲנֻכָּה אֵלּוּ לְהוֹדוֹת וּלְהַלֵּל לְשִׁמְךָ הַגָּדוֹל.

וְעַל כֻּלָּם יִתְבָּרַךְ וְיִתְרוֹמַם שִׁמְךָ מַלְכֵּנוּ תָּמִיד לְעוֹלָם וָעֶד.

On Shabbat before Yom Kippur:

וּכְתוֹב לְחַיִּים טוֹבִים כָּל־בְּנֵי בְרִיתֶךָ.

וְכֹל הַחַיִּים יוֹדוּךָ סֶּלָה, וִיהַלְלוּ אֶת־שִׁמְךָ בֶּאֱמֶת, הָאֵל יְשׁוּעָתֵנוּ וְעֶזְרָתֵנוּ סֶלָה. בָּרוּךְ אַתָּה יהוה הַטּוֹב שִׁמְךָ וּלְךָ נָאֶה לְהוֹדוֹת.

Reader adds:

אֱלֹהֵינוּ וֵאלֹהֵי אֲבוֹתֵינוּ, בָּרְכֵנוּ בַּבְּרָכָה הַמְשֻׁלֶּשֶׁת, בַּתּוֹרָה הַכְּתוּבָה עַל יְדֵי מֹשֶׁה עַבְדֶּךָ, הָאֲמוּרָה מִפִּי אַהֲרֹן וּבָנָיו, כֹּהֲנִים, עַם קְדוֹשֶׁךָ, כָּאָמוּר:

Congregation:

יְבָרֶכְךָ יהוה וְיִשְׁמְרֶךָ.	כֵּן יְהִי רָצוֹן.
יָאֵר יהוה פָּנָיו אֵלֶיךָ וִיחֻנֶּךָּ.	כֵּן יְהִי רָצוֹן.
יִשָּׂא יהוה פָּנָיו אֵלֶיךָ וְיָשֵׂם לְךָ שָׁלוֹם.	כֵּן יְהִי רָצוֹן.

שִׂים שָׁלוֹם בָּעוֹלָם, טוֹבָה וּבְרָכָה, חֵן וָחֶסֶד וְרַחֲמִים עָלֵינוּ וְעַל כָּל־יִשְׂרָאֵל עַמֶּךָ. בָּרְכֵנוּ אָבִינוּ כֻּלָּנוּ כְּאֶחָד בְּאוֹר פָּנֶיךָ, כִּי בְאוֹר פָּנֶיךָ נָתַתָּ לָנוּ, יהוה אֱלֹהֵינוּ, תּוֹרַת חַיִּים וְאַהֲבַת חֶסֶד, וּצְדָקָה וּבְרָכָה וְרַחֲמִים וְחַיִּים וְשָׁלוֹם. וְטוֹב בְּעֵינֶיךָ לְבָרֵךְ אֶת־עַמְּךָ יִשְׂרָאֵל בְּכָל־עֵת וּבְכָל־שָׁעָה בִּשְׁלוֹמֶךָ.

On Ḥanukkah:

We thank You for the heroism, for the triumphs, and for the miraculous deliverance of our ancestors in other days, and in our time.

In the days of Mattathias son of Yoḥanan, the Hasmonean *kohen gadol,* and in the days of his sons, a cruel power rose against Israel, demanding that they abandon Your Torah and violate Your mitzvot. You, in great mercy, stood by Your people in time of trouble. You defended them, vindicated them, and avenged their wrongs. You delivered the strong into the hands of the weak, the many into the hands of the few, the corrupt into the hands of the pure in heart, the guilty into the hands of the innocent. You delivered the arrogant into the hands of those who were faithful to Your Torah. You have wrought great victories and miraculous deliverance for Your people Israel to this day, revealing Your glory and Your holiness to all the world. Then Your children came into Your shrine, cleansed Your Temple, purified Your sanctuary, and kindled lights in Your sacred courts. They set aside these eight days as a season for giving thanks and reciting praises to You.

For all these blessings we shall ever praise and exalt You.

On Shabbat before Yom Kippur:

Inscribe all the people of Your covenant for a good life.

May every living creature thank You and praise You faithfully, our deliverance and our help. Praised are You, beneficent Lord to whom all praise is due.

Reader adds:

Bless us, our God and God of our ancestors, with the threefold blessing written in the Torah by Moses, Your servant, pronounced by Aaron and by his descendants, *kohanim,* Your holy people.

	Congregation:
May the Lord bless you and guard you.	*Ken y'hi ratzon.*
May the Lord show you favor and be gracious to you.	*Ken y'hi ratzon.*
May the Lord show you kindness and grant you peace.	*Ken y'hi ratzon.*

Grant peace to the world, with happiness and blessing, grace, love, and mercy for us and for all the people Israel. Bless us, our Father, one and all, with Your light; for by that light did You teach us Torah and life, love and tenderness, justice and mercy, and peace. May it please You to bless Your people Israel in every season and at all times with Your gift of peace.

On Shabbat before Yom Kippur substitute these words for the line which follows:

בְּסֵֽפֶר חַיִּים, בְּרָכָה וְשָׁלוֹם, וּפַרְנָסָה טוֹבָה, נִזָּכֵר וְנִכָּתֵב לְפָנֶֽיךָ, אֲנַֽחְנוּ וְכָל־עַמְּךָ בֵּית יִשְׂרָאֵל, לְחַיִּים טוֹבִים וּלְשָׁלוֹם. בָּרוּךְ אַתָּה יהוה עֹשֵׂה הַשָּׁלוֹם.

בָּרוּךְ אַתָּה יהוה הַמְבָרֵךְ אֶת־עַמּוֹ יִשְׂרָאֵל בַּשָּׁלוֹם.

The Reader's chanting of the Amidah ends here. On Rosh Ḥodesh, Ḥanukkah, and Ḥol Ha-mo'ed which coincide with Shabbat, we continue with Hallel on page 378. At all other times, we continue with Kaddish Shalem, on page 392.

At the conclusion of the Amidah, personal prayers may be added

אֱלֹהַי, נְצוֹר לְשׁוֹנִי מֵרָע וּשְׂפָתַי מִדַּבֵּר מִרְמָה, וְלִמְקַלְלַי נַפְשִׁי תִדּוֹם, וְנַפְשִׁי כֶּעָפָר לַכֹּל תִּהְיֶה. פְּתַח לִבִּי בְּתוֹרָתֶֽךָ וּבְמִצְוֹתֶֽיךָ תִּרְדּוֹף נַפְשִׁי. וְכָל־הַחוֹשְׁבִים עָלַי רָעָה, מְהֵרָה הָפֵר עֲצָתָם וְקַלְקֵל מַחֲשַׁבְתָּם. עֲשֵׂה לְמַֽעַן שְׁמֶֽךָ, עֲשֵׂה לְמַֽעַן יְמִינֶֽךָ, עֲשֵׂה לְמַֽעַן קְדֻשָּׁתֶֽךָ, עֲשֵׂה לְמַֽעַן תּוֹרָתֶֽךָ, לְמַֽעַן יֵחָלְצוּן יְדִידֶֽיךָ, הוֹשִֽׁיעָה יְמִינְךָ וַעֲנֵֽנִי. יִהְיוּ לְרָצוֹן אִמְרֵי־פִי וְהֶגְיוֹן לִבִּי לְפָנֶֽיךָ, יהוה צוּרִי וְגוֹאֲלִי. עֹשֶׂה שָׁלוֹם בִּמְרוֹמָיו, הוּא יַעֲשֶׂה שָׁלוֹם עָלֵֽינוּ וְעַל כָּל־יִשְׂרָאֵל, וְאִמְרוּ אָמֵן.

An alternative:

זַכֵּֽנִי לְשִׂמְחָה וְחֵרוּת שֶׁל שַׁבָּת, זַכֵּֽנִי לִטְעֹם טַֽעַם עֹֽנֶג שַׁבָּת בֶּאֱמֶת. זַכֵּֽנִי שֶׁלֹּא יַעֲלֶה עַל לִבִּי שׁוּם עַצְבוּת וּמָרָה שְׁחוֹרָה, וְלֹא שׁוּם יָגוֹן וַאֲנָחָה בְּיוֹם שַׁבָּת קֹֽדֶשׁ. שַׂמֵּֽחַ נֶֽפֶשׁ עַבְדֶּֽךָ כִּי אֵלֶֽיךָ אֲדֹנָי נַפְשִׁי אֶשָּׂא. תַּשְׁמִיעֵֽנִי שָׂשׂוֹן וְשִׂמְחָה. עָזְרֵֽנִי לְהַרְבּוֹת בְּתַעֲנוּגֵי שַׁבָּת בְּכָל־מִינֵי תַעֲנוּגִים. וְעָזְרֵֽנִי לְהַמְשִׁיךְ הַשִּׂמְחָה שֶׁל שַׁבָּת לְשֵֽׁשֶׁת יְמֵי הַחוֹל עַד שֶׁאֶזְכֶּה לִהְיוֹת בְּשִׂמְחָה תָמִיד. תּוֹדִיעֵֽנִי אֹֽרַח חַיִּים. שֹֽׂבַע שְׂמָחוֹת אֶת־פָּנֶֽיךָ, נְעִימוֹת בִּימִינְךָ נֶֽצַח. יִהְיוּ לְרָצוֹן אִמְרֵי פִי וְהֶגְיוֹן לִבִּי לְפָנֶֽיךָ יהוה צוּרִי וְגוֹאֲלִי.

On Shabbat before Yom Kippur substitute
these words for the line which follows:

May we and the entire House of Israel be remembered and recorded in the Book of life, blessing, sustenance, and peace. Praised are You, Lord, Source of peace.

Praised are You, Lord who blesses His people Israel with peace.

The Reader's chanting of the Amidah ends
here. On Rosh Ḥodesh, Ḥanukkah, and Ḥol
Ha-mo'ed which coincide with Shabbat, we
continue with Hallel on page 378. At all other
times, we continue with Kaddish Shalem, on page 393.

At the conclusion of the Amidah, personal
prayers may be added

My God, keep my tongue from evil, my lips from lies. Help me ignore those who slander me. Let me be humble before all. Open my heart to Your Torah, so that I may pursue Your mitzvot. Frustrate the designs of those who plot evil against me. Make nothing of their schemes. Do so because of Your compassion, Your power, Your holiness, and Your Torah. Answer my prayer for the deliverance of Your people. May the words of my mouth and the meditations of my heart be acceptable to You, my Rock and my Redeemer. He who brings peace to His universe will bring peace to us and to all the people Israel. Amen.

An alternative:

Grant me the privilege of the liberating joy of Shabbat, the privilege of truly tasting the delight of Shabbat. May I be undisturbed by sadness, by sorrow, or by sighing during the holy hours of Shabbat. Fill Your servant's heart with joy, for to You, O Lord, I offer my entire being. Let me hear joy and jubilation. Help me to expand the dimensions of all Shabbat delights. Help me to extend the joy of Shabbat to the other days of the week, until I attain the goal of deep joy always. Show me the path of life, the full joy of Your Presence, the bliss of being close to You forever. May the words of my mouth and the meditations of my heart be acceptable to You, O Lord, my Rock and my Redeemer.

אֲדֹנָי, שְׂפָתַי תִּפְתָּח וּפִי יַגִּיד תְּהִלָּתֶךָ.

בָּרוּךְ אַתָּה יהוה אֱלֹהֵינוּ וֵאלֹהֵי אֲבוֹתֵינוּ, אֱלֹהֵי אַבְרָהָם אֱלֹהֵי יִצְחָק וֵאלֹהֵי יַעֲקֹב, הָאֵל הַגָּדוֹל הַגִּבּוֹר וְהַנּוֹרָא, אֵל עֶלְיוֹן, גּוֹמֵל חֲסָדִים טוֹבִים וְקוֹנֵה הַכֹּל, וְזוֹכֵר חַסְדֵי אָבוֹת וּמֵבִיא גוֹאֵל לִבְנֵי בְנֵיהֶם לְמַעַן שְׁמוֹ בְּאַהֲבָה. מֶלֶךְ עוֹזֵר וּמוֹשִׁיעַ וּמָגֵן. בָּרוּךְ אַתָּה יהוה מָגֵן אַבְרָהָם.

אַתָּה גִּבּוֹר לְעוֹלָם אֲדֹנָי, מְחַיֵּה מֵתִים אַתָּה רַב לְהוֹשִׁיעַ.

On Simḥat Torah and on the first day of Pesaḥ:

מַשִּׁיב הָרוּחַ וּמוֹרִיד הַגָּשֶׁם.

מְכַלְכֵּל חַיִּים בְּחֶסֶד, מְחַיֵּה מֵתִים בְּרַחֲמִים רַבִּים, סוֹמֵךְ נוֹפְלִים וְרוֹפֵא חוֹלִים וּמַתִּיר אֲסוּרִים, וּמְקַיֵּם אֱמוּנָתוֹ לִישֵׁנֵי עָפָר. מִי כָמוֹךָ בַּעַל גְּבוּרוֹת וּמִי דּוֹמֶה לָּךְ, מֶלֶךְ מֵמִית וּמְחַיֶּה וּמַצְמִיחַ יְשׁוּעָה. וְנֶאֱמָן אַתָּה לְהַחֲיוֹת מֵתִים. בָּרוּךְ אַתָּה יהוה מְחַיֵּה הַמֵּתִים.

The silent recitation of the Amidah continues with אתה קדוש *on page 370*

Open my mouth, O Lord, and my lips will proclaim Your praise.

Praised are You, Lord our God and God of our ancestors, God of Abraham, of Isaac, and of Jacob, great, mighty, awesome, exalted God who bestows lovingkindness, Creator of all. You remember the pious deeds of our ancestors and will send a redeemer to their children's children because of Your loving nature. You are the King who helps and saves and shields. Praised are You, Lord, Shield of Abraham.

Your might, O Lord, is boundless. You give life to the dead; great is Your saving power.

On Simḥat Torah and on the first day of Pesaḥ:

You cause the wind to blow and the rain to fall.

Your lovingkindness sustains the living. Your great mercies give life to the dead. You support the falling, heal the ailing, free the fettered. You keep Your faith with those who sleep in dust. Whose power can compare with Yours? You are the master of life and death and deliverance. Faithful are You in giving life to the dead. Praised are You, Lord, Master of life and death.

The silent recitation of the Amidah continues with "Holy are You" on page 371

*When the Reader chants the Amidah aloud,
Kedushah is added. The congregation chants
the indented verses aloud.*

נְקַדֵּשׁ אֶת־שִׁמְךָ בָּעוֹלָם, כְּשֵׁם שֶׁמַּקְדִּישִׁים אוֹתוֹ בִּשְׁמֵי מָרוֹם,
כַּכָּתוּב עַל יַד נְבִיאֶךָ, וְקָרָא זֶה אֶל זֶה וְאָמַר:

קָדוֹשׁ קָדוֹשׁ קָדוֹשׁ יהוה צְבָאוֹת, מְלֹא כָל־הָאָרֶץ כְּבוֹדוֹ.

אָז בְּקוֹל רַעַשׁ גָּדוֹל אַדִּיר וְחָזָק מַשְׁמִיעִים קוֹל, מִתְנַשְּׂאִים
לְעֻמַּת שְׂרָפִים, לְעֻמָּתָם בָּרוּךְ יֹאמֵרוּ:

בָּרוּךְ כְּבוֹד יהוה מִמְּקוֹמוֹ.

מִמְּקוֹמְךָ מַלְכֵּנוּ תוֹפִיעַ וְתִמְלוֹךְ עָלֵינוּ, כִּי מְחַכִּים אֲנַחְנוּ לָךְ.
מָתַי תִּמְלוֹךְ בְּצִיּוֹן, בְּקָרוֹב בְּיָמֵינוּ לְעוֹלָם וָעֶד תִּשְׁכּוֹן.
תִּתְגַּדַּל וְתִתְקַדַּשׁ בְּתוֹךְ יְרוּשָׁלַיִם עִירְךָ לְדוֹר וָדוֹר וּלְנֵצַח
נְצָחִים. וְעֵינֵינוּ תִרְאֶינָה מַלְכוּתֶךָ, כַּדָּבָר הָאָמוּר בְּשִׁירֵי עֻזֶּךָ,
עַל יְדֵי דָוִד מְשִׁיחַ צִדְקֶךָ.

יִמְלֹךְ יהוה לְעוֹלָם אֱלֹהַיִךְ צִיּוֹן לְדֹר וָדֹר, הַלְלוּיָהּ.

לְדוֹר וָדוֹר נַגִּיד גָּדְלֶךָ וּלְנֵצַח נְצָחִים קְדֻשָּׁתְךָ נַקְדִּישׁ. וְשִׁבְחֲךָ
אֱלֹהֵינוּ מִפִּינוּ לֹא יָמוּשׁ לְעוֹלָם וָעֶד, כִּי אֵל מֶלֶךְ גָּדוֹל וְקָדוֹשׁ
אָתָּה. בָּרוּךְ אַתָּה יהוה הָאֵל הַקָּדוֹשׁ.

Continue with אתה בחרתנו

KEDUSHAH

When the Reader chants the Amidah aloud, Kedushah is added. The congregation chants the italicized verses aloud.

We proclaim Your holiness on earth as it is proclaimed in heaven above. We sing the words of heavenly voices as recorded in Your prophet's vision:

Kadosh kadosh kadosh Adonai tzeva'ot, m'lo khol ha-aretz k'vodo.
Holy, holy, holy Adonai tzeva'ot. The whole world is filled with His glory.

In thundering chorus, majestic voices resound, lifted toward singing seraphim and responding:

Barukh k'vod Adonai mi-m'komo.
Praised is the glory of the Lord throughout the universe.

Throughout Your universe reveal Yourself, our King, and reign over us, for we await You. When will You reign in Zion? Let it be soon, in our time and throughout all time. May Your glory and holiness be apparent to all in Jerusalem Your city, from generation to generation, eternally. May we see Your sovereignty, described in David's psalms which sing Your splendor:

Yimlokh Adonai l'olam, Elohayikh tziyon l'dor va-dor. Halleluyah.
The Lord shall reign through all generations; your God, Zion, shall reign forever. Halleluyah.

We declare Your greatness through all generations, hallow Your holiness to all eternity. Your praise will never leave our lips, for You are God and King, great and holy. Praised are You, Lord, holy God.

Continue with "You have chosen us . . ."

The silent recitation of the Amidah continues here:

אַתָּה קָדוֹשׁ וְשִׁמְךָ קָדוֹשׁ, וּקְדוֹשִׁים בְּכָל־יוֹם יְהַלְלוּךָ סֶּלָה. בָּרוּךְ אַתָּה יהוה הָאֵל הַקָּדוֹשׁ.

The Reader's chanting of the Amidah continues here:

אַתָּה בְחַרְתָּנוּ מִכָּל־הָעַמִּים, אָהַבְתָּ אוֹתָנוּ וְרָצִיתָ בָּנוּ, וְרוֹמַמְתָּנוּ מִכָּל־הַלְּשׁוֹנוֹת, וְקִדַּשְׁתָּנוּ בְּמִצְוֹתֶיךָ, וְקֵרַבְתָּנוּ מַלְכֵּנוּ לַעֲבוֹדָתֶךָ, וְשִׁמְךָ הַגָּדוֹל וְהַקָּדוֹשׁ עָלֵינוּ קָרָאתָ.

וַתִּתֶּן לָנוּ יהוה אֱלֹהֵינוּ בְּאַהֲבָה (שַׁבָּתוֹת לִמְנוּחָה וּ)מוֹעֲדִים לְשִׂמְחָה, חַגִּים וּזְמַנִּים לְשָׂשׂוֹן, אֶת־יוֹם (הַשַּׁבָּת הַזֶּה וְאֶת־יוֹם)

On Pesaḥ:

חַג הַמַּצּוֹת הַזֶּה, זְמַן חֵרוּתֵנוּ,

On Shavuot:

חַג הַשָּׁבוּעוֹת הַזֶּה, זְמַן מַתַּן תּוֹרָתֵנוּ,

On Sukkot:

חַג הַסֻּכּוֹת הַזֶּה, זְמַן שִׂמְחָתֵנוּ,

On Sh'mini Atzeret and on Simḥat Torah:

הַשְּׁמִינִי, חַג הָעֲצֶרֶת הַזֶּה, זְמַן שִׂמְחָתֵנוּ,

(בְּאַהֲבָה) מִקְרָא קֹדֶשׁ, זֵכֶר לִיצִיאַת מִצְרָיִם.

The silent recitation of the Amidah continues here:

Holy are You and holy is Your name. Holy are those who daily praise You. Praised are You, Lord, holy God.

The Reader's chanting of the Amidah continues here:

You have chosen us of all nations for Your service by loving and cherishing us as bearers of Your Torah. You have exalted us as a people by adding holiness to our lives with Your mitzvot, drawing us near to Your service, identifying us with Your great and holy name.

Lovingly, Lord our God, have You given us (Shabbat for rest and) Festivals for joy and holidays for happiness, among them this (Shabbat and this)

On Pesaḥ:

Festival of Matzot, season of our liberation,

On Shavuot:

Festival of Shavuot, season of the giving of our Torah,

On Sukkot:

Festival of Sukkot, season of our joy,

On Sh'mini Atzeret and on Simḥat Torah:

Festival of Sh'mini Atzeret, season of our joy,

a day for sacred assembly, recalling the Exodus from Egypt.

אֱלֹהֵינוּ וֵאלֹהֵי אֲבוֹתֵינוּ, יַעֲלֶה וְיָבֹא וְיַגִּיעַ, וְיֵרָאֶה וְיֵרָצֶה
וְיִשָּׁמַע, וְיִפָּקֵד וְיִזָּכֵר זִכְרוֹנֵנוּ וּפִקְדוֹנֵנוּ, וְזִכְרוֹן אֲבוֹתֵינוּ,
וְזִכְרוֹן מָשִׁיחַ בֶּן־דָּוִד עַבְדֶּךָ, וְזִכְרוֹן יְרוּשָׁלַיִם עִיר קָדְשֶׁךָ,
וְזִכְרוֹן כָּל־עַמְּךָ בֵּית יִשְׂרָאֵל לְפָנֶיךָ, לִפְלֵיטָה לְטוֹבָה, לְחֵן
וּלְחֶסֶד וּלְרַחֲמִים, לְחַיִּים וּלְשָׁלוֹם בְּיוֹם

On Pesaḥ:

חַג הַמַּצּוֹת הַזֶּה.

On Shavuot:

חַג הַשָּׁבֻעוֹת הַזֶּה.

On Sukkot:

חַג הַסֻּכּוֹת הַזֶּה.

On Sh'mini Atzeret and on Simḥat Torah:

הַשְּׁמִינִי, חַג הָעֲצֶרֶת הַזֶּה.

זָכְרֵנוּ יהוה אֱלֹהֵינוּ בּוֹ לְטוֹבָה, וּפָקְדֵנוּ בוֹ לִבְרָכָה, וְהוֹשִׁיעֵנוּ
בוֹ לְחַיִּים. וּבִדְבַר יְשׁוּעָה וְרַחֲמִים חוּס וְחָנֵּנוּ וְרַחֵם עָלֵינוּ
וְהוֹשִׁיעֵנוּ כִּי אֵלֶיךָ עֵינֵינוּ, כִּי אֵל מֶלֶךְ חַנּוּן וְרַחוּם אָתָּה.

וְהַשִּׂיאֵנוּ יהוה אֱלֹהֵינוּ אֶת־בִּרְכַּת מוֹעֲדֶיךָ לְחַיִּים וּלְשָׁלוֹם,
לְשִׂמְחָה וּלְשָׂשׂוֹן, כַּאֲשֶׁר רָצִיתָ וְאָמַרְתָּ לְבָרְכֵנוּ. אֱלֹהֵינוּ
וֵאלֹהֵי אֲבוֹתֵינוּ, (רְצֵה בִמְנוּחָתֵנוּ) קַדְּשֵׁנוּ בְּמִצְוֹתֶיךָ וְתֵן
חֶלְקֵנוּ בְּתוֹרָתֶךָ, שַׂבְּעֵנוּ מִטּוּבֶךָ וְשַׂמְּחֵנוּ בִּישׁוּעָתֶךָ, וְטַהֵר
לִבֵּנוּ לְעָבְדְּךָ בֶּאֱמֶת. וְהַנְחִילֵנוּ יהוה אֱלֹהֵינוּ (בְּאַהֲבָה
וּבְרָצוֹן) בְּשִׂמְחָה וּבְשָׂשׂוֹן (שַׁבָּת וּ)מוֹעֲדֵי קָדְשֶׁךָ, וְיִשְׂמְחוּ בְךָ
יִשְׂרָאֵל מְקַדְּשֵׁי שְׁמֶךָ. בָּרוּךְ אַתָּה יהוה מְקַדֵּשׁ (הַשַּׁבָּת
וְ)יִשְׂרָאֵל וְהַזְּמַנִּים.

רְצֵה יהוה אֱלֹהֵינוּ בְּעַמְּךָ יִשְׂרָאֵל וּבִתְפִלָּתָם, וְהָשֵׁב אֶת־
הָעֲבוֹדָה לִדְבִיר בֵּיתֶךָ, וּתְפִלָּתָם בְּאַהֲבָה תְקַבֵּל בְּרָצוֹן, וּתְהִי
לְרָצוֹן תָּמִיד עֲבוֹדַת יִשְׂרָאֵל עַמֶּךָ. וְתֶחֱזֶינָה עֵינֵינוּ בְּשׁוּבְךָ
לְצִיּוֹן בְּרַחֲמִים. בָּרוּךְ אַתָּה יהוה הַמַּחֲזִיר שְׁכִינָתוֹ לְצִיּוֹן.

Our God and God of our ancestors, on this

On Pesaḥ:

Festival of Matzot,

On Shavuot:

Festival of Shavuot,

On Sukkot:

Festival of Sukkot,

On Sh'mini Atzeret and on Simḥat Torah:

Festival of Sh'mini Atzeret,

remember our ancestors and be gracious to us. Consider the people Israel standing before You praying for the days of Messiah and for Jerusalem Your holy city. Grant us life, well-being, lovingkindness, and peace. Bless us, Lord our God, with all that is good. Remember Your promise of mercy and redemption. Be merciful to us and save us, for we place our hope in You, gracious and merciful God and King.

Grant us the blessing of Your Festivals, Lord our God, for life and peace, for joy and gladness, as You have graciously promised to bless us. Our God and God of our ancestors, (accept our Shabbat offering of rest,) add holiness to our lives with Your mitzvot and let Your Torah be our portion. Fill our lives with Your goodness and gladden us with Your triumph. Cleanse our hearts and we shall serve You faithfully. (Lovingly and willingly,) Lord our God, grant that we inherit Your holy gift of (Shabbat and) Festivals forever, so that the people Israel who hallow Your name will always rejoice in You. Praised are You, Lord who hallows (Shabbat and) the people Israel and the Festivals.

Accept the prayer of Your people Israel as lovingly as it is offered. Restore worship to Your sanctuary. May the worship of Your people Israel always be acceptable to You. May we witness Your merciful return to Zion. Praised are You, Lord who restores His Presence to Zion.

When the Reader chants the Amidah, the congregation recites this passage silently while the Reader continues with the next passage

מוֹדִים אֲנַחְנוּ לָךְ שָׁאַתָּה הוּא יהוה אֱלֹהֵינוּ וֵאלֹהֵי אֲבוֹתֵינוּ, אֱלֹהֵי כָל־בָּשָׂר, יוֹצְרֵנוּ יוֹצֵר בְּרֵאשִׁית. בְּרָכוֹת וְהוֹדָאוֹת לְשִׁמְךָ הַגָּדוֹל וְהַקָּדוֹשׁ עַל שֶׁהֶחֱיִיתָנוּ וְקִיַּמְתָּנוּ. כֵּן תְּחַיֵּנוּ וּתְקַיְּמֵנוּ וְתֶאֱסוֹף גָּלֻיּוֹתֵינוּ לְחַצְרוֹת קָדְשֶׁךָ לִשְׁמוֹר חֻקֶּיךָ וְלַעֲשׂוֹת רְצוֹנֶךָ וּלְעָבְדְךָ בְּלֵבָב שָׁלֵם, עַל שֶׁאֲנַחְנוּ מוֹדִים לָךְ. בָּרוּךְ אֵל הַהוֹדָאוֹת.

מוֹדִים אֲנַחְנוּ לָךְ שָׁאַתָּה הוּא יהוה אֱלֹהֵינוּ וֵאלֹהֵי אֲבוֹתֵינוּ לְעוֹלָם וָעֶד, צוּר חַיֵּינוּ מָגֵן יִשְׁעֵנוּ אַתָּה הוּא לְדוֹר וָדוֹר. נוֹדֶה לְּךָ וּנְסַפֵּר תְּהִלָּתֶךָ, עַל חַיֵּינוּ הַמְּסוּרִים בְּיָדֶךָ וְעַל נִשְׁמוֹתֵינוּ הַפְּקוּדוֹת לָךְ וְעַל נִסֶּיךָ שֶׁבְּכָל־יוֹם עִמָּנוּ וְעַל נִפְלְאוֹתֶיךָ וְטוֹבוֹתֶיךָ שֶׁבְּכָל־עֵת, עֶרֶב וָבֹקֶר וְצָהֳרָיִם. הַטּוֹב כִּי לֹא כָלוּ רַחֲמֶיךָ, וְהַמְרַחֵם כִּי לֹא תַמּוּ חֲסָדֶיךָ, מֵעוֹלָם קִוִּינוּ לָךְ.

וְעַל כֻּלָּם יִתְבָּרַךְ וְיִתְרוֹמַם שִׁמְךָ מַלְכֵּנוּ תָּמִיד לְעוֹלָם וָעֶד.

וְכֹל הַחַיִּים יוֹדוּךָ סֶּלָה, וִיהַלְלוּ אֶת־שִׁמְךָ בֶּאֱמֶת, הָאֵל יְשׁוּעָתֵנוּ וְעֶזְרָתֵנוּ סֶלָה. בָּרוּךְ אַתָּה יהוה הַטּוֹב שִׁמְךָ וּלְךָ נָאֶה לְהוֹדוֹת.

Reader adds:

אֱלֹהֵינוּ וֵאלֹהֵי אֲבוֹתֵינוּ, בָּרְכֵנוּ בַבְּרָכָה הַמְשֻׁלֶּשֶׁת, בַּתּוֹרָה הַכְּתוּבָה עַל יְדֵי מֹשֶׁה עַבְדֶּךָ, הָאֲמוּרָה מִפִּי אַהֲרֹן וּבָנָיו, כֹּהֲנִים, עַם קְדוֹשֶׁךָ, כָּאָמוּר:

Congregation:

יְבָרֶכְךָ יהוה וְיִשְׁמְרֶךָ.	כֵּן יְהִי רָצוֹן.
יָאֵר יהוה פָּנָיו אֵלֶיךָ וִיחֻנֶּךָּ.	כֵּן יְהִי רָצוֹן.
יִשָּׂא יהוה פָּנָיו אֵלֶיךָ וְיָשֵׂם לְךָ שָׁלוֹם.	כֵּן יְהִי רָצוֹן.

*When the Reader chants the Amidah, the
congregation recites this passage silently
while the Reader continues with the next passage*

We proclaim that You are the Lord our God and God of our ancestors,
Creator of all who created us, God of all flesh. We praise You and thank
You for granting us life and for sustaining us. May You continue to grant
us life and sustenance. Gather our dispersed to Your holy place, to ful-
fill Your mitzvot and to serve You wholeheartedly, doing Your will. For
this we shall thank You. Praised be God to whom thanksgiving is due.

We proclaim that You are the Lord our God and God of our ancestors
throughout all time. You are the Rock of our lives, the Shield of our
salvation in every generation. We thank You and praise You morning,
noon, and night for Your miracles which daily attend us and for Your
wondrous kindnesses. Our lives are in Your hand; our souls are in
Your charge. You are good, with everlasting mercy; You are compas-
sionate, with enduring lovingkindness. We have always placed our
hope in You.

For all these blessings we shall ever praise and exalt You.

May every living creature thank You and praise You faithfully, our
deliverance and our help. Praised are You, beneficent Lord to whom
all praise is due.

Reader adds:

Bless us, our God and God of our ancestors, with the threefold blessing
written in the Torah by Moses, Your servant, pronounced by Aaron and
by his descendants, *kohanim,* Your holy people.

	Congregation:
May the Lord bless you and guard you.	*Ken y'hi ratzon.*
May the Lord show you favor and be gracious to you.	*Ken y'hi ratzon.*
May the Lord show you kindness and grant you peace.	*Ken y'hi ratzon.*

שִׂים שָׁלוֹם בָּעוֹלָם, טוֹבָה וּבְרָכָה, חֵן וָחֶסֶד וְרַחֲמִים עָלֵינוּ
וְעַל כָּל־יִשְׂרָאֵל עַמֶּךָ. בָּרְכֵנוּ אָבִינוּ כֻּלָּנוּ כְּאֶחָד בְּאוֹר פָּנֶיךָ,
כִּי בְאוֹר פָּנֶיךָ נָתַתָּ לָּנוּ, יהוה אֱלֹהֵינוּ, תּוֹרַת חַיִּים וְאַהֲבַת
חֶסֶד, וּצְדָקָה וּבְרָכָה וְרַחֲמִים וְחַיִּים וְשָׁלוֹם. וְטוֹב בְּעֵינֶיךָ
לְבָרֵךְ אֶת־עַמְּךָ יִשְׂרָאֵל בְּכָל־עֵת וּבְכָל־שָׁעָה בִּשְׁלוֹמֶךָ. בָּרוּךְ
אַתָּה יהוה הַמְבָרֵךְ אֶת־עַמּוֹ יִשְׂרָאֵל בַּשָּׁלוֹם.

The Reader's chanting of the Amidah ends here. We continue with Hallel on page 378.

At the conclusion of the Amidah, personal prayers may be added

אֱלֹהַי, נְצוֹר לְשׁוֹנִי מֵרָע וּשְׂפָתַי מִדַּבֵּר מִרְמָה, וְלִמְקַלְלַי נַפְשִׁי
תִדּוֹם, וְנַפְשִׁי כֶּעָפָר לַכֹּל תִּהְיֶה. פְּתַח לִבִּי בְּתוֹרָתֶךָ
וּבְמִצְוֹתֶיךָ תִּרְדּוֹף נַפְשִׁי. וְכָל־הַחוֹשְׁבִים עָלַי רָעָה, מְהֵרָה
הָפֵר עֲצָתָם וְקַלְקֵל מַחֲשַׁבְתָּם. עֲשֵׂה לְמַעַן שְׁמֶךָ, עֲשֵׂה לְמַעַן
יְמִינֶךָ, עֲשֵׂה לְמַעַן קְדֻשָּׁתֶךָ, עֲשֵׂה לְמַעַן תּוֹרָתֶךָ, לְמַעַן
יֵחָלְצוּן יְדִידֶיךָ, הוֹשִׁיעָה יְמִינְךָ וַעֲנֵנִי. יִהְיוּ לְרָצוֹן אִמְרֵי־פִי
וְהֶגְיוֹן לִבִּי לְפָנֶיךָ, יהוה צוּרִי וְגוֹאֲלִי. עֹשֶׂה שָׁלוֹם בִּמְרוֹמָיו,
הוּא יַעֲשֶׂה שָׁלוֹם עָלֵינוּ וְעַל כָּל־יִשְׂרָאֵל, וְאִמְרוּ אָמֵן.

An alternative:

רִבּוֹנוֹ שֶׁל עוֹלָם, אֲדוֹן הַשִּׂמְחָה שֶׁאֵין לְפָנָיו שׁוּם עַצְבוּת
כְּלָל, זַכֵּנִי בְּרַחֲמֶיךָ הָרַבִּים לְקַבֵּל וּלְהַמְשִׁיךְ עָלַי קְדֻשַּׁת יוֹם
טוֹב בְּשִׂמְחָה וְחֶדְוָה. יָשִׂישׂוּ וְיִשְׂמְחוּ בְּךָ כָּל־מְבַקְשֶׁיךָ. תָּאִיר
לִי וּתְלַמְּדֵנִי לַהֲפוֹךְ כָּל־מִינֵי יָגוֹן וַאֲנָחָה לְשִׂמְחָה,
שֶׁהַהִתְרַחֲקוּת מִמְּךָ בָּא לָנוּ עַל יְדֵי הָעַצְבוּת. הָשִׁיבָה לִּי
שְׂשׂוֹן יִשְׁעֶךָ, וְרוּחַ נְדִיבָה תִסְמְכֵנִי. יְהִי רָצוֹן מִלְּפָנֶיךָ, יהוה
אֱלֹהַי, שֶׁתִּפְתַּח לִי שַׁעֲרֵי תוֹרָה, שַׁעֲרֵי חָכְמָה, שַׁעֲרֵי דֵעָה,
שַׁעֲרֵי פַּרְנָסָה וְכַלְכָּלָה, שַׁעֲרֵי חַיִּים, שַׁעֲרֵי אַהֲבָה וְאַחֲוָה,
שַׁעֲרֵי שָׁלוֹם וְרֵעוּת. שׂוֹשׂ אָשִׂישׂ בַּיהוה, תָּגֵל נַפְשִׁי בֵּאלֹהָי.
וְגַלְתִּי בִירוּשָׁלַיִם וְשַׂשְׂתִּי בְעַמִּי. עֹשֶׂה שָׁלוֹם בִּמְרוֹמָיו, הוּא
יַעֲשֶׂה שָׁלוֹם עָלֵינוּ וְעַל כָּל־יִשְׂרָאֵל, וְאִמְרוּ אָמֵן.

Grant peace, happiness, and blessing to the world, with grace, love, and mercy for us and for all the people Israel. Bless us, our Father, one and all, with Your light; for by that light did You teach us Torah and life, love and tenderness, justice, mercy, and peace. May it please You to bless Your people Israel in every season and at all times with Your gift of peace. Praised are You, Lord who blesses His people Israel with peace.

The Reader's chanting of the Amidah ends
here. We continue with Hallel on page 378.

At the conclusion of the Amidah, personal
prayers may be added

My God, keep my tongue from evil, my lips from lies. Help me ignore those who slander me. Let me be humble before all. Open my heart to Your Torah, so that I may pursue Your mitzvot. Frustrate the designs of those who plot evil against me. Make nothing of their schemes. Do so because of Your compassion, Your power, Your holiness, and Your Torah. Answer my prayer for the deliverance of Your people. May the words of my mouth and the meditations of my heart be acceptable to You, my Rock and my Redeemer. He who brings peace to His universe will bring peace to us, and to all the people Israel. Amen.

An alternative:

Sovereign, Master of happiness in whose presence despair flees, with Your great compassion grant me the capacity of welcoming and extending the holiness of this Festival with happiness and joy. Let all who seek You be jubilant, rejoicing in Your Presence. Illumine my life, teach me to transcend all sadness and sorrow with abiding happiness, for estrangement from You grows out of despair. Revive in me the joy of Your deliverance; may a willing spirit strengthen me. May it be Your will, Lord my God, to open for me the gates of Torah, wisdom, and understanding, gates of sustenance, gates of life, gates of love and harmony, peace and companionship. I will surely rejoice in the Lord, my whole being will exult in my God, rejoicing in Jerusalem, exulting in my people. May He who ordains peace for His universe bring peace for us and for all the people Israel. Amen.

HALLEL

HALLELUYAH! PRAISE THE LORD

Hallel is recited on Pesaḥ and Sukkot (including their intermediate days, *Ḥol Ha-mo'ed*). Sh'mini Atzeret, Simḥat Torah, Shavuot, Rosh Ḥodesh, Ḥanukkah, and Israel's Independence Day. Some congregations recite Hallel on *Yom Yerushalayim.*

The Hallel psalms recall the celebration of festivals at the ancient Temple in Jerusalem. Through them we express our gratitude and joy for God's providence and concern reflected in His redemption and deliverence in the past, and we express our faith in the future.

We continue on pages 380 and 381 (except on Sukkot)

On Sukkot we hold the etrog and lulav while reciting Hallel

The lulav and etrog are not taken on Shabbat. Those who put on tefillin during Ḥol Ha-moed Sukkot remove them before taking the lulav.

". . . you shall take the fruit of goodly trees, branches of palm trees, boughs of leafy trees and willows of the brook, and you shall rejoice before the Lord your God seven days" (Leviticus 23:40).

The four varieties specified in this verse are known, in order, as *etrog* (citron), *lulav, hadas* (myrtle) and *aravah.* The last two are bound together with the *lulav,* which you hold with the spine facing you, with three of the *hadas* on your right and two of the *aravah* on your left. These three varieties bound together are referred to as *lulav,* since the *lulav* is the tallest and most prominent of the three.

Hold the *lulav* in the right hand, the *etrog* in the left, with your hands held close together. Before reciting the blessing, and while reciting it, hold the *etrog* with the *pitam* facing down. After the blessing, hold it with the *pitam* facing up. The blessings are recited while standing.

HALLEL

✷ HALLELUYAH! PRAISE THE LORD

בָּרוּךְ אַתָּה יהוה אֱלֹהֵינוּ מֶלֶךְ הָעוֹלָם, אֲשֶׁר קִדְּשָׁנוּ בְּמִצְוֹתָיו
וְצִוָּנוּ עַל נְטִילַת לוּלָב.

*Barukh attah Adonai, Eloheinu melekh ha-olam, asher kid'shanu
b'mitzvotav v'tzivanu al n'tilat lulav.*

Praised are You, Lord our God, King of the universe whose mitzvot
add holiness to our lives and who gave us the mitzvah to take up the
lulav.

*Each year the following is recited upon taking
the lulav for the first time:*

בָּרוּךְ אַתָּה יהוה אֱלֹהֵינוּ מֶלֶךְ הָעוֹלָם, שֶׁהֶחֱיָנוּ וְקִיְּמָנוּ
וְהִגִּיעָנוּ לַזְּמַן הַזֶּה.

*Barukh attah Adonai, Eloheinu melekh ha-olam, she-heḥeyanu
v'kiy'manu v'higi'anu laz'man ha-zeh.*

Praised are You, Lord our God, King of the universe, for granting us
life, for sustaining us and for helping us to reach this day.

The *lulav* is shaken three times in each direction, successively, in the follow-
ing order: pointed ahead of you, to your right side, behind you over your right
shoulder, to your left side, and then, while held in front of you, raised up and
lowered.

Reader, then Congregation:

בָּרוּךְ אַתָּה יהוה אֱלֹהֵינוּ מֶלֶךְ הָעוֹלָם,
אֲשֶׁר קִדְּשָׁנוּ בְּמִצְוֹתָיו וְצִוָּנוּ לִקְרֹא אֶת־הַהַלֵּל.

הַלְלוּיָהּ.
הַלְלוּ, עַבְדֵי יהוה, הַלְלוּ אֶת־שֵׁם יהוה.
יְהִי שֵׁם יהוה מְבֹרָךְ מֵעַתָּה וְעַד עוֹלָם.
מִמִּזְרַח־שֶׁמֶשׁ עַד מְבוֹאוֹ מְהֻלָּל שֵׁם יהוה.
רָם עַל כָּל־גּוֹיִם יהוה, עַל הַשָּׁמַיִם כְּבוֹדוֹ.
מִי כַּיהוה אֱלֹהֵינוּ, הַמַּגְבִּיהִי לָשָׁבֶת,
הַמַּשְׁפִּילִי לִרְאוֹת בַּשָּׁמַיִם וּבָאָרֶץ.
□ מְקִימִי מֵעָפָר דָּל, מֵאַשְׁפֹּת יָרִים אֶבְיוֹן,
לְהוֹשִׁיבִי עִם נְדִיבִים, עִם נְדִיבֵי עַמּוֹ.
מוֹשִׁיבִי עֲקֶרֶת הַבַּיִת, אֵם הַבָּנִים שְׂמֵחָה.
הַלְלוּיָהּ.

בְּצֵאת יִשְׂרָאֵל מִמִּצְרָיִם, בֵּית יַעֲקֹב מֵעַם לֹעֵז.
הָיְתָה יְהוּדָה לְקָדְשׁוֹ, יִשְׂרָאֵל מַמְשְׁלוֹתָיו.
הַיָּם רָאָה וַיָּנֹס, הַיַּרְדֵּן יִסֹּב לְאָחוֹר.
הֶהָרִים רָקְדוּ כְאֵילִים, גְּבָעוֹת כִּבְנֵי צֹאן.
מַה לְּךָ הַיָּם כִּי תָנוּס, הַיַּרְדֵּן תִּסֹּב לְאָחוֹר.
הֶהָרִים תִּרְקְדוּ כְאֵילִים, גְּבָעוֹת כִּבְנֵי־צֹאן.
□ מִלִּפְנֵי אָדוֹן חוּלִי אָרֶץ, מִלִּפְנֵי אֱלוֹהַּ יַעֲקֹב,
הַהֹפְכִי הַצּוּר אֲגַם מָיִם, חַלָּמִישׁ לְמַעְיְנוֹ מָיִם.

Reader, then Congregation:

Praised are You, Lord our God, King of the universe whose mitzvot add holiness to our lives and who gave us the mitzvah to recite Hallel.

Halleluyah! Praise the Lord.
Sing praises, you servants of the Lord.

Let the Lord be praised now and forever.

From east to west, praised is the Lord.

He is exalted above all nations,
His glory extends beyond the heavens.

Who is like the Lord our God, enthroned on high,
concerned with all below on earth and in the heavens?

He lifts the poor out of the dust,
He raises the needy from the rubbish heap.

He seats them with the powerful,
with the powerful of His people.

He sets a barren woman in her home
as a mother happy with children. Halleluyah!

PSALM 113

When Israel left the land of Egypt,
when the House of Jacob left alien people,

Judah became His holy one; Israel, His domain.

The sea fled at the sight; the Jordan retreated.

Mountains leaped like rams; and hills, like lambs.

O sea, why did you flee? Jordan, why did you retreat?

Mountains, why leap like rams; and hills, like lambs?

Even the earth trembled at the Lord's Presence,
at the Presence of Jacob's God.

He turns rock into pools of water; flint, into fountains.

PSALM 114

The following passage is not recited on Rosh Ḥodesh or the last six days of Pesaḥ

לֹא לָנוּ יהוה, לֹא לָנוּ,
כִּי לְשִׁמְךָ תֵּן כָּבוֹד עַל חַסְדְּךָ עַל אֲמִתֶּךָ.

לָמָּה יֹאמְרוּ הַגּוֹיִם אַיֵּה נָא אֱלֹהֵיהֶם.
וֵאלֹהֵינוּ בַשָּׁמָיִם, כֹּל אֲשֶׁר חָפֵץ עָשָׂה.

עֲצַבֵּיהֶם כֶּסֶף וְזָהָב, מַעֲשֵׂה יְדֵי אָדָם.
פֶּה לָהֶם וְלֹא יְדַבֵּרוּ, עֵינַיִם לָהֶם וְלֹא יִרְאוּ.

אָזְנַיִם לָהֶם וְלֹא יִשְׁמָעוּ, אַף לָהֶם וְלֹא יְרִיחוּן.
יְדֵיהֶם וְלֹא יְמִישׁוּן, רַגְלֵיהֶם וְלֹא יְהַלֵּכוּ,
לֹא יֶהְגּוּ בִּגְרוֹנָם.

כְּמוֹהֶם יִהְיוּ עֹשֵׂיהֶם, כֹּל אֲשֶׁר בֹּטֵחַ בָּהֶם.
□ יִשְׂרָאֵל בְּטַח בַּיהוה, עֶזְרָם וּמָגִנָּם הוּא.
בֵּית אַהֲרֹן בִּטְחוּ בַיהוה, עֶזְרָם וּמָגִנָּם הוּא.
יִרְאֵי יהוה בִּטְחוּ בַיהוה, עֶזְרָם וּמָגִנָּם הוּא.

יהוה זְכָרָנוּ יְבָרֵךְ,
יְבָרֵךְ אֶת־בֵּית יִשְׂרָאֵל,
יְבָרֵךְ אֶת־בֵּית אַהֲרֹן.

יְבָרֵךְ יִרְאֵי יהוה, הַקְּטַנִּים עִם הַגְּדֹלִים.
יֹסֵף יהוה עֲלֵיכֶם, עֲלֵיכֶם וְעַל בְּנֵיכֶם.

בְּרוּכִים אַתֶּם לַיהוה, עֹשֵׂה שָׁמַיִם וָאָרֶץ.
□ הַשָּׁמַיִם שָׁמַיִם לַיהוה,
וְהָאָרֶץ נָתַן לִבְנֵי אָדָם.
לֹא הַמֵּתִים יְהַלְלוּ יָהּ
וְלֹא כָּל־יֹרְדֵי דוּמָה.
וַאֲנַחְנוּ נְבָרֵךְ יָהּ מֵעַתָּה וְעַד עוֹלָם.
הַלְלוּיָהּ.

The following passage is not recited on Rosh
Ḥodesh or the last six days of Pesaḥ

Not for us, Lord, not for us, but for Yourself
win praise through Your love and faithfulness.

Why should the nations say: "Where is their God?"

Our God is in heaven; He does whatever He wills.

Their idols are silver and gold, made by human hands.

They have a mouth and cannot speak, eyes and cannot see.

They have ears and cannot hear, a nose and cannot smell.

They have hands and cannot feel, feet and cannot walk.

They cannot make a sound in their throat.

Their makers shall become like them; all who trust in them.
Let the House of Israel trust in the Lord;
He is their help and their shield.

Let the House of Aaron trust in the Lord;
He is their help and their shield.

Let those who revere the Lord trust in the Lord;
He is their help and their shield.

PSALM 115:1–11

The Lord remembers us with blessing.
He will bless the House of Israel.

He will bless the House of Aaron.

He will bless those who revere Him, young and old alike.

May the Lord increase your blessings, yours and your children's.

May you be blessed by the Lord, Maker of heaven and earth.

Heaven belongs to the Lord,
and the earth He has entrusted to mortals.

The dead cannot praise the Lord,
nor can those who go down into silence.

But we shall praise the Lord now and forever. Halleluyah!

PSALM 115:12–18

The following passage is not recited on Rosh Ḥodesh or the last six days of Pesaḥ

אָהַבְתִּי כִּי יִשְׁמַע יהוה אֶת־קוֹלִי תַּחֲנוּנָי.
כִּי הִטָּה אָזְנוֹ לִי וּבְיָמַי אֶקְרָא.

אֲפָפוּנִי חֶבְלֵי־מָוֶת
וּמְצָרֵי שְׁאוֹל מְצָאוּנִי,
צָרָה וְיָגוֹן אֶמְצָא.

וּבְשֵׁם יהוה אֶקְרָא,
אָנָּה יהוה מַלְּטָה נַפְשִׁי.

חַנּוּן יהוה וְצַדִּיק, וֵאלֹהֵינוּ מְרַחֵם.
שֹׁמֵר פְּתָאיִם יהוה, דַּלּוֹתִי וְלִי יְהוֹשִׁיעַ.
שׁוּבִי נַפְשִׁי לִמְנוּחָיְכִי, כִּי יהוה גָּמַל עָלָיְכִי.
כִּי חִלַּצְתָּ נַפְשִׁי מִמָּוֶת, אֶת־עֵינִי מִן דִּמְעָה,
אֶת־רַגְלִי מִדֶּחִי.

□ אֶתְהַלֵּךְ לִפְנֵי יהוה בְּאַרְצוֹת הַחַיִּים.

הֶאֱמַנְתִּי כִּי אֲדַבֵּר, אֲנִי עָנִיתִי מְאֹד.

אֲנִי אָמַרְתִּי בְחָפְזִי, כָּל־הָאָדָם כֹּזֵב.

מָה אָשִׁיב לַיהוה כָּל־תַּגְמוּלוֹהִי עָלָי.

כּוֹס יְשׁוּעוֹת אֶשָּׂא, וּבְשֵׁם יהוה אֶקְרָא.
נְדָרַי לַיהוה אֲשַׁלֵּם נֶגְדָה נָּא לְכָל־עַמּוֹ.

יָקָר בְּעֵינֵי יהוה הַמָּוְתָה לַחֲסִידָיו.

אָנָּה יהוה כִּי אֲנִי עַבְדֶּךָ
אֲנִי עַבְדְּךָ בֶּן־אֲמָתֶךָ,
פִּתַּחְתָּ לְמוֹסֵרָי.

לְךָ אֶזְבַּח זֶבַח תּוֹדָה וּבְשֵׁם יהוה אֶקְרָא.

□ נְדָרַי לַיהוה אֲשַׁלֵּם נֶגְדָה נָּא לְכָל־עַמּוֹ.
בְּחַצְרוֹת בֵּית יהוה בְּתוֹכֵכִי יְרוּשָׁלָיִם.
הַלְלוּיָהּ.

The following passage is not recited on Rosh Ḥodesh or the last six days of Pesaḥ

I love to know that the Lord listens to my cry of supplication.

Because He gives me a hearing,
I will call on Him all of my days.

The cords of death encompassed me,
the grave held me in its grip;
I found myself in anguish and despair.

I called on the Lord; I prayed that He would save me.

Gracious is the Lord, and kind; our God is compassionate.

The Lord protects the simple;
I was brought low and He saved me.

Be at ease once again, my soul,
for the Lord has dealt kindly with you.

He has delivered me from death,
my eyes from tears, my feet from stumbling.

I shall walk before the Lord in the land of the living.

I kept my faith even when greatly afflicted, even when
in panic I cried out: All mortals are undependable.

PSALM 116:1–11

How can I repay the Lord for all His gifts to me?

I will raise the cup of deliverance,
and invoke the Lord by name.

I will pay my vows to the Lord in the presence of all His people.

Grievous in the sight of the Lord is the death of His faithful.

I am Your servant, born of Your maidservant;
You have released me from bondage.

To You will I bring an offering, and invoke the Lord by name.

My vows to the Lord will I pay
in the presence of all His people,

in the courts of the House of the Lord,
in the midst of Jerusalem. Halleluyah!

PSALM 116:12–19

הַלְלוּ אֶת־יהוה כָּל־גּוֹיִם, שַׁבְּחוּהוּ כָּל־הָאֻמִּים.
□ כִּי גָבַר עָלֵינוּ חַסְדּוֹ, וֶאֱמֶת יהוה לְעוֹלָם. הַלְלוּיָהּ.

□ הוֹדוּ לַיהוה כִּי טוֹב, כִּי לְעוֹלָם חַסְדּוֹ.
יֹאמַר נָא יִשְׂרָאֵל, כִּי לְעוֹלָם חַסְדּוֹ.
יֹאמְרוּ נָא בֵית אַהֲרֹן, כִּי לְעוֹלָם חַסְדּוֹ.
יֹאמְרוּ נָא יִרְאֵי יהוה, כִּי לְעוֹלָם חַסְדּוֹ.

מִן הַמֵּצַר קָרָאתִי יָּהּ, עָנָנִי בַמֶּרְחָב יָהּ.
יהוה לִי, לֹא אִירָא, מַה יַּעֲשֶׂה לִי אָדָם.
יהוה לִי בְּעֹזְרָי, וַאֲנִי אֶרְאֶה בְשֹׂנְאָי.
טוֹב לַחֲסוֹת בַּיהוה מִבְּטֹחַ בָּאָדָם.
טוֹב לַחֲסוֹת בַּיהוה מִבְּטֹחַ בִּנְדִיבִים.
כָּל־גּוֹיִם סְבָבוּנִי, בְּשֵׁם יהוה כִּי אֲמִילַם.
סַבּוּנִי גַם סְבָבוּנִי, בְּשֵׁם יהוה כִּי אֲמִילַם.
סַבּוּנִי כִדְבֹרִים, דֹּעֲכוּ כְּאֵשׁ קוֹצִים,
בְּשֵׁם יהוה כִּי אֲמִילַם.
דָּחֹה דְחִיתַנִי לִנְפֹּל, וַיהוה עֲזָרָנִי.
עָזִּי וְזִמְרָת יָהּ, וַיְהִי לִי לִישׁוּעָה.
קוֹל רִנָּה וִישׁוּעָה בְּאָהֳלֵי צַדִּיקִים,
יְמִין יהוה עֹשָׂה חָיִל.
יְמִין יהוה רוֹמֵמָה, יְמִין יהוה עֹשָׂה חָיִל.
לֹא אָמוּת כִּי אֶחְיֶה, וַאֲסַפֵּר מַעֲשֵׂי יָהּ.
יַסֹּר יִסְּרַנִּי יָּהּ, וְלַמָּוֶת לֹא נְתָנָנִי.

Praise the Lord, all nations.
Laud Him, all peoples.

His love has overwhelmed us,
His faithfulness endures forever. Halleluyah!

PSALM 117

Acclaim the Lord, for He is good; His love endures forever.

Hodu ladonai ki tov, ki l'olam ḥasdo.

Let the House of Israel declare: His love endures forever.

Let the House of Aaron declare: His love endures forever.

Let those who revere the Lord declare: His love endures forever.

In my distress I called to the Lord; He answered by setting me free.

The Lord is with me, I shall not fear; what can mortals do to me?

With the Lord at my side, best help of all,
I will yet see the fall of my foes.

Better to depend on the Lord than to trust in mortals.
Better to depend on the Lord than to trust in the powerful.

Though all nations surrounded me,
in the Lord's name I overcame them.

Though they surrounded and encircled me,
in the Lord's name I overcame them.

Though they surrounded me like bees,
they were snuffed out like burning thorns.
In the Lord's name I overcame them.

Hard pressed was I and tottering, but the Lord helped me.

The Lord is my strength, my might, my deliverance.

The homes of the righteous echo with songs of deliverance:

"The might of the Lord is triumphant.

"The might of the Lord is supreme;
the might of the Lord is triumphant."

I shall not die, but live to tell the deeds of the Lord.

The Lord severely chastened me, but He did not doom me to death.

□ פִּתְחוּ לִי שַׁעֲרֵי צֶדֶק, אָבֹא בָם, אוֹדֶה יָהּ.
זֶה הַשַּׁעַר לַיהוה, צַדִּיקִים יָבֹאוּ בוֹ.

Each of the following four verses is recited twice

אוֹדְךָ כִּי עֲנִיתָנִי וַתְּהִי לִי לִישׁוּעָה.
אֶבֶן מָאֲסוּ הַבּוֹנִים הָיְתָה לְרֹאשׁ פִּנָּה.
מֵאֵת יהוה הָיְתָה זֹּאת, הִיא נִפְלָאת בְּעֵינֵינוּ.
זֶה הַיּוֹם עָשָׂה יהוה, נָגִילָה וְנִשְׂמְחָה בוֹ.

The Reader recites each phrase, which is then repeated by the congregation

אָנָּא יהוה הוֹשִׁיעָה נָּא. אָנָּא יהוה הוֹשִׁיעָה נָּא.
אָנָּא יהוה הַצְלִיחָה נָא. אָנָּא יהוה הַצְלִיחָה נָא.

Each of the following four verses is recited twice

בָּרוּךְ הַבָּא בְּשֵׁם יהוה, בֵּרַכְנוּכֶם מִבֵּית יהוה.
אֵל יהוה וַיָּאֶר לָנוּ,
אִסְרוּ־חַג בַּעֲבֹתִים עַד קַרְנוֹת הַמִּזְבֵּחַ.
אֵלִי אַתָּה וְאוֹדֶךָּ, אֱלֹהַי אֲרוֹמְמֶךָּ.
הוֹדוּ לַיהוה כִּי טוֹב, כִּי לְעוֹלָם חַסְדּוֹ.

יְהַלְלוּךָ יהוה אֱלֹהֵינוּ, כָּל־מַעֲשֶׂיךָ, וַחֲסִידֶיךָ, צַדִּיקִים עוֹשֵׂי רְצוֹנֶךָ, וְכָל־עַמְּךָ בֵּית יִשְׂרָאֵל, בְּרִנָּה יוֹדוּ וִיבָרְכוּ, וִישַׁבְּחוּ וִיפָאֲרוּ וִירוֹמְמוּ וְיַעֲרִיצוּ, וְיַקְדִּישׁוּ וְיַמְלִיכוּ אֶת־שִׁמְךָ מַלְכֵּנוּ.
□ כִּי לְךָ טוֹב לְהוֹדוֹת וּלְשִׁמְךָ נָאֶה לְזַמֵּר, כִּי מֵעוֹלָם עַד עוֹלָם אַתָּה אֵל. בָּרוּךְ אַתָּה יהוה, מֶלֶךְ מְהֻלָּל בַּתִּשְׁבָּחוֹת.

Open for me the gates of triumph, that I may enter to praise the Lord.

This is the gateway of the Lord; the righteous shall enter therein.

PSALM 118:1–20

Each of the following four verses is recited twice

I praise You for having answered me;
You have become my deliverance.
The stone which the builders rejected has become the cornerstone.
This is the doing of the Lord; it is marvelous in our sight.
This is the day the Lord has made; let us exult and rejoice in it.

The Reader recites each phrase twice, followed each time by the congregation.

Deliver us, Lord, we implore You. *Ana Adonai, hoshiah na.*
Prosper us, Lord, we implore You. *Ana Adonai, hatzliḥah na.*

Each of the following four verses is recited twice

Blessed in the name of the Lord are all who come;
we bless you from the house of the Lord.

The Lord is God who has given us light.
Wreathe with myrtle the festive procession
as it proceeds to the corners of the altar.

You are my God, and I praise You. You are my God, and I exalt You.

Acclaim the Lord, for He is good; His love endures forever.

PSALM 118:21–29

May all creation praise You, Lord our God. May the pious, the righteous who do Your will and all Your people, the House of Israel, join in acclaiming You with joyous song. May they praise, revere, adore, extol, exalt and sanctify Your sovereign glory, our King. To You it is good to chant praise; to Your glory it is fitting to sing. You are God from age to age, everlastingly. Praised are You, Lord, King acclaimed with songs of praise.

On Rosh Ḥodesh, on all Festivals [including Ḥol Ha-mo'ed and Hoshana Rabbah] and on Shabbat Ḥanukkah, we continue with Kaddish Shalem on page 392.

On Ḥanukkah [except for Rosh Ḥodesh Tevet and Shabbat Ḥanukkah] and on Israel's Independence Day [and Yom Yerushalayim], we continue with Ḥatzi Kaddish, below.

ḤATZI KADDISH

Reader:

יִתְגַּדַּל וְיִתְקַדַּשׁ שְׁמֵהּ רַבָּא בְּעָלְמָא דִּי בְרָא כִרְעוּתֵהּ, וְיַמְלִיךְ מַלְכוּתֵהּ בְּחַיֵּיכוֹן וּבְיוֹמֵיכוֹן וּבְחַיֵּי דְכָל־בֵּית יִשְׂרָאֵל, בַּעֲגָלָא וּבִזְמַן קָרִיב, וְאִמְרוּ אָמֵן.

Congregation and Reader:

יְהֵא שְׁמֵהּ רַבָּא מְבָרַךְ לְעָלַם וּלְעָלְמֵי עָלְמַיָּא.

Reader:

יִתְבָּרַךְ וְיִשְׁתַּבַּח וְיִתְפָּאַר וְיִתְרוֹמַם וְיִתְנַשֵּׂא, וְיִתְהַדַּר וְיִתְעַלֶּה וְיִתְהַלַּל שְׁמֵהּ דְּקֻדְשָׁא, בְּרִיךְ הוּא לְעֵלָּא מִן כָּל־בִּרְכָתָא וְשִׁירָתָא, תֻּשְׁבְּחָתָא וְנֶחֱמָתָא דַּאֲמִירָן בְּעָלְמָא, וְאִמְרוּ אָמֵן.

On Shabbat Ḥanukkah, the Torah Service begins on page 394. On the others days of Ḥanukkah [including Rosh Ḥodesh Tevet] and on Israel's Independence Day, the Torah Service begins on page 138. On Yom Yerushalayim, continue with Ashrei, on page 152.

On Rosh Ḥodesh, on all Festivals [including Ḥol
Ha-mo'ed and Hoshana Rabbah] and on Shabbat
Ḥanukkah, we continue with Kaddish Shalem
on page 393.

On Ḥanukkah [except for Rosh Ḥodesh Tevet
and Shabbat Ḥanukkah] and on Israel's
Independence Day [and Yom Yerushalayim],
we continue with Ḥatzi Kaddish, below.

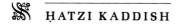 **ḤATZI KADDISH**

Reader:

Hallowed and enhanced may He be throughout the world of His own
creation. May He cause His sovereignty soon to be accepted, during
our life and the life of all Israel. And let us say: Amen.

Congregation and Reader:

Y'hei sh'mei raba mevarakh l'alam u-l'almei almaya.

May He be praised throughout all time.

Reader:

Glorified and celebrated, lauded and worshiped, acclaimed and
honored, extolled and exalted may the Holy One be, praised beyond
all song and psalm, beyond all tributes which mortals can utter. And
let us say: Amen.

On Shabbat Ḥanukkah, the Torah Service begins
on page 395. On the other days of Ḥanukkah
[including Rosh Ḥodesh Tevet] and on Israel's
Independence Day, the Torah Service begins on
page 139. On Yom Yerushalayim, continue with
Ashrei, on page 153.

Reader:

יִתְגַּדַּל וְיִתְקַדַּשׁ שְׁמֵהּ רַבָּא בְּעָלְמָא דִּי בְרָא כִרְעוּתֵהּ, וְיַמְלִיךְ מַלְכוּתֵהּ בְּחַיֵּיכוֹן וּבְיוֹמֵיכוֹן וּבְחַיֵּי דְכָל־בֵּית יִשְׂרָאֵל, בַּעֲגָלָא וּבִזְמַן קָרִיב, וְאִמְרוּ אָמֵן.

Congregation and Reader:

יְהֵא שְׁמֵהּ רַבָּא מְבָרַךְ לְעָלַם וּלְעָלְמֵי עָלְמַיָּא.

Reader:

יִתְבָּרַךְ וְיִשְׁתַּבַּח וְיִתְפָּאַר וְיִתְרוֹמַם וְיִתְנַשֵּׂא, וְיִתְהַדַּר וְיִתְעַלֶּה וְיִתְהַלַּל שְׁמֵהּ דְּקֻדְשָׁא, בְּרִיךְ הוּא לְעֵלָּא (לְעֵלָּא מִכָּל־) מִן כָּל־בִּרְכָתָא וְשִׁירָתָא, תֻּשְׁבְּחָתָא וְנֶחֱמָתָא דַּאֲמִירָן בְּעָלְמָא, וְאִמְרוּ אָמֵן.

תִּתְקַבַּל צְלוֹתְהוֹן וּבָעוּתְהוֹן דְּכָל־יִשְׂרָאֵל קֳדָם אֲבוּהוֹן דִּי בִשְׁמַיָּא וְאִמְרוּ אָמֵן.

יְהֵא שְׁלָמָא רַבָּא מִן שְׁמַיָּא וְחַיִּים עָלֵינוּ וְעַל כָּל־יִשְׂרָאֵל, וְאִמְרוּ אָמֵן.

עֹשֶׂה שָׁלוֹם בִּמְרוֹמָיו, הוּא יַעֲשֶׂה שָׁלוֹם עָלֵינוּ וְעַל כָּל־יִשְׂרָאֵל, וְאִמְרוּ אָמֵן.

On Shabbat, on Festivals, and on Hoshana Rabbah, we continue with the Torah Service on page 394. On Simḥat Torah, we continue on page 548.

On Ḥol Ha-mo'ed during a weekday and on Rosh Ḥodesh (except on Shabbat), we continue with the Torah Service on page 138.

KADDISH SHALEM

Reader:

Hallowed and enhanced may He be throughout the world of His own creation. May He cause His sovereignty soon to be accepted, during our life and the life of all Israel. And let us say: Amen.

Congregation and Reader:

Y'hei sh'mei raba mevarakh l'alam u-l'almei almaya.

May He be praised throughout all time.

Reader:

Glorified and celebrated, lauded and worshiped, acclaimed and honored, extolled and exalted may the Holy One be, praised beyond all song and psalm, beyond all tributes which mortals can utter. And let us say: Amen.

May the prayers and pleas of the whole House of Israel be accepted by our Father in Heaven. And let us say: Amen.

Let there be abundant peace from Heaven, with life's goodness for us and for all the people Israel. And let us say: Amen.

He who brings peace to His universe will bring peace to us and to all the people Israel. And let us say: Amen.

On Shabbat, on Festivals, and on Hoshana Rabbah, we continue with the Torah Service on page 395. On Simḥat Torah, we continue on page 549.

On Ḥol Ha-mo'ed during a weekday and on Rosh Ḥodesh (except on Shabbat), we continue with the Torah Service on page 139.

Some congregations chant An'im Zemirot, page 46

אֵין כָּמוֹךָ בָאֱלֹהִים אֲדֹנָי, וְאֵין כְּמַעֲשֶׂיךָ.
מַלְכוּתְךָ מַלְכוּת כָּל־עוֹלָמִים, וּמֶמְשַׁלְתְּךָ בְּכָל־דּוֹר וָדוֹר.
יהוה מֶלֶךְ, יהוה מָלָךְ, יהוה יִמְלֹךְ לְעוֹלָם וָעֶד.
יהוה עֹז לְעַמּוֹ יִתֵּן, יהוה יְבָרֵךְ אֶת־עַמּוֹ בַשָּׁלוֹם.
אַב הָרַחֲמִים, הֵיטִיבָה בִרְצוֹנְךָ אֶת־צִיּוֹן, תִּבְנֶה חוֹמוֹת יְרוּשָׁלָיִם.
כִּי בְךָ לְבַד בָּטָחְנוּ, מֶלֶךְ אֵל רָם וְנִשָּׂא, אֲדוֹן עוֹלָמִים.

We rise as the Ark is opened

וַיְהִי בִּנְסֹעַ הָאָרֹן וַיֹּאמֶר מֹשֶׁה:
קוּמָה יהוה וְיָפֻצוּ אֹיְבֶיךָ, וְיָנֻסוּ מְשַׂנְאֶיךָ מִפָּנֶיךָ.
כִּי מִצִּיּוֹן תֵּצֵא תוֹרָה, וּדְבַר יהוה מִירוּשָׁלָיִם.
בָּרוּךְ שֶׁנָּתַן תּוֹרָה לְעַמּוֹ יִשְׂרָאֵל בִּקְדֻשָּׁתוֹ.

On Shabbat, omit the following and continue with בריך שמה

יהוה יהוה, אֵל רַחוּם וְחַנּוּן, אֶרֶךְ אַפַּיִם וְרַב חֶסֶד וֶאֱמֶת,
נֹצֵר חֶסֶד לָאֲלָפִים, נֹשֵׂא עָוֹן וָפֶשַׁע וְחַטָּאָה, וְנַקֵּה.

TORAH SERVICE

Some congregations chant An'im Zemirot, page 47

None compare to You, O Lord, and nothing compares to Your creation. Your kingship is everlasting; Your dominion endures throughout all generations.

Adonai melekh, Adonai malakh, Adonai yimlokh l'olam va-ed. Adonai oz l'amo yiten, Adonai y'varekh et amo va-shalom.

The Lord is King, the Lord was King, the Lord shall be King throughout all time. May the Lord grant His people strength; may the Lord bless His people with peace.

Av ha-raḥamim heitivah virtzonkha et tzion, tivneh ḥomot yerushalayim. Ki v'kha l'vad bataḥnu, melekh El ram v'nisa Adon olamim.

Merciful Father, favor Zion with Your goodness; build the walls of Jerusalem. For in You alone do we put our trust, King, exalted God, eternal Lord.

We rise as the Ark is opened

Whenever the Ark was carried forward, Moses would say: Arise, Lord. May Your enemies be scattered, may Your foes be put to flight.

Ki mi-tzion tetze Torah, u-d'var Adonai mirushalayim.

Torah shall come from Zion, the word of the Lord from Jerusalem.

Barukh she-natan Torah l'amo yisrael bi-k'dushato.

Praised is He who in His holiness gave the Torah to His people Israel.

On Shabbat, omit the following and continue with "Praised be Your name . . ."

Adonai Adonai el raḥum v'ḥanun, erekh apayim v'rav ḥesed ve-emet, notzer ḥesed la-alafim, nosei avon va-fesha v'ḥata'ah v'nakeh.

The Lord, the Lord God is gracious and compassionate, patient, abounding in kindness and faithfulness, assuring love for a thousand generations, forgiving iniquity, transgression, and sin, and granting pardon.

Private meditation:

רִבּוֹנוֹ שֶׁל עוֹלָם, מַלֵּא מִשְׁאֲלוֹת לִבִּי לְטוֹבָה, וְהָפֵק רְצוֹנִי וְתֵן שְׁאֵלָתִי לִי וְזַכֵּנִי (וְאֶת־אִשְׁתִּי / וְאֶת־בַּעְלִי / וְאֶת־בָּנַי / וְאֶת־הוֹרַי) וְאֶת־כָּל־בְּנֵי בֵיתִי לַעֲשׂוֹת רְצוֹנְךָ בְּלֵבָב שָׁלֵם. וּמַלְּטֵנוּ מִיֵּצֶר הָרָע, וְתֵן חֶלְקֵנוּ בְּתוֹרָתֶךָ, וְזַכֵּנוּ כְּדֵי שֶׁתִּשְׁרֶה שְׁכִינָתְךָ עָלֵינוּ, וְהוֹפַע עָלֵינוּ רוּחַ חָכְמָה וּבִינָה, וְיִתְקַיֵּם בָּנוּ מִקְרָא שֶׁכָּתוּב: וְנָחָה עָלָיו רוּחַ יהוה רוּחַ חָכְמָה וּבִינָה, רוּחַ עֵצָה וּגְבוּרָה, רוּחַ דַּעַת וְיִרְאַת יהוה. וְכֵן יְהִי רָצוֹן מִלְּפָנֶיךָ, יהוה אֱלֹהֵינוּ וֵאלֹהֵי אֲבוֹתֵינוּ, שֶׁתְּזַכֵּנוּ לַעֲשׂוֹת מַעֲשִׂים טוֹבִים בְּעֵינֶיךָ, וְלָלֶכֶת בְּדַרְכֵי יְשָׁרִים לְפָנֶיךָ, וְקַדְּשֵׁנוּ בְּמִצְוֹתֶיךָ, כְּדֵי שֶׁנִּזְכֶּה לְחַיִּים טוֹבִים וַאֲרֻכִּים וּלְחַיֵּי הָעוֹלָם הַבָּא, וְתִשְׁמְרֵנוּ מִמַּעֲשִׂים רָעִים וּמִשָּׁעוֹת רָעוֹת הַמִּתְרַגְּשׁוֹת לָבֹא לָעוֹלָם. וְהַבּוֹטֵחַ בַּיהוה חֶסֶד יְסוֹבְבֶנְהוּ. אָמֵן.

יִהְיוּ לְרָצוֹן אִמְרֵי־פִי וְהֶגְיוֹן לִבִּי לְפָנֶיךָ יהוה צוּרִי וְגוֹאֲלִי.

וַאֲנִי תְפִלָּתִי לְךָ יהוה עֵת רָצוֹן, אֱלֹהִים בְּרָב חַסְדֶּךָ עֲנֵנִי בֶּאֱמֶת יִשְׁעֶךָ.

Private meditation:

אָבִינוּ מַלְכֵּנוּ, אֲדוֹן הַשָּׁלוֹם, עָזְרֵנוּ וְהוֹשִׁיעֵנוּ שֶׁנִּזְכֶּה תָּמִיד לֶאֱחֹז בְּמִדַּת הַשָּׁלוֹם. וְיִהְיֶה שָׁלוֹם גָּדוֹל בֶּאֱמֶת בֵּין כָּל־אָדָם לַחֲבֵרוֹ וּבֵין אִישׁ לְאִשְׁתּוֹ, וְלֹא תִהְיֶה שׁוּם מַחֲלֹקֶת אֲפִילוּ בְּלֵב בֵּין כָּל־בְּנֵי מִשְׁפַּחְתִּי. אַתָּה עוֹשֶׂה שָׁלוֹם בִּמְרוֹמֶיךָ. כֵּן תַּמְשִׁיךְ שָׁלוֹם גָּדוֹל עָלֵינוּ וְעַל כָּל־הָעוֹלָם כֻּלּוֹ, וְכֻלָּנוּ נִתְקָרֵב אֵלֶיךָ וּלְתוֹרָתְךָ בֶּאֱמֶת וְנֵעָשֶׂה כֻלָּנוּ אֲגֻדָּה אַחַת לַעֲשׂוֹת רְצוֹנְךָ בְּלֵבָב שָׁלֵם. אֲדוֹן הַשָּׁלוֹם, בָּרְכֵנוּ בַשָּׁלוֹם. אָמֵן.

On Shabbat:

בְּרִיךְ שְׁמֵהּ דְּמָרֵא עָלְמָא, בְּרִיךְ כִּתְרָךְ וְאַתְרָךְ. יְהֵא רְעוּתָךְ עִם עַמָּךְ יִשְׂרָאֵל לְעָלַם, וּפֻרְקַן יְמִינָךְ אַחֲזֵי לְעַמָּךְ בְּבֵית מַקְדְּשָׁךְ, וּלְאַמְטוּיֵי לָנָא מִטּוּב נְהוֹרָךְ וּלְקַבֵּל צְלוֹתָנָא

Private meditation:

Fulfill the worthy wishes of my heart, O Lord; grant me (and my wife/husband/children/parents) and my entire family the privilege of doing Your will wholeheartedly. Help us to overcome the impulse to evil. Let Your Torah be our portion. Grant us the privilege of sensing Your Presence. Touch our lives with the spirit of wisdom and insight, of resolution and strength, the spirit of knowing and revering You. May it be Your will, Lord our God and God of our ancestors, that we have the privilege of doing deeds which are good in Your sight, walking in paths of honesty. Make our lives holy through Your mitzvot, that we may be worthy of a long and happy life, as well as life eternal. Guard us from the evil deeds and the evil times which threaten the world. May those who trust in the Lord be embraced by lovingkindness. Amen.

May the words of my mouth and the meditations of my heart be acceptable to You, O Lord, my Rock and my Redeemer. I offer my prayer to You, O Lord, at this time of grace. In Your abundant mercy answer me with Your saving truth.

Private meditation:

Avinu malkeinu, bless my family with peace. Teach us to appreciate the treasure of our lives. Help us always to find contentment in one another. Save us from dissension and jealousy; shield us from pettiness and rivalry. May selfish pride not divide us; may pride in one another unite us. Help us to renew our love for one another continually. In the light of Your Torah grant us, the people Israel and all Your creatures everywhere, health and fulfillment, harmony, peace, and joy. Amen.

On Shabbat:

Praised be Your name, Lord of the universe, and praised be Your sovereignty. May Your favor abide with Your people Israel, and may Your redeeming power be revealed to them in Your sanctuary. Grant us the good gift of Your light, and with compassion accept our prayer.

בְּרַחֲמִין. יְהֵא רַעֲוָא קֳדָמָךְ דְּתוֹרִיךְ לָן חַיִּין בְּטִיבוּתָא וְלֶהֱוֵי אֲנָא פְּקִידָא בְּגוֹ צַדִּיקַיָּא, לְמִרְחַם עָלַי וּלְמִנְטַר יָתִי וְיָת כָּל־דִּי לִי וְדִי לְעַמָּךְ יִשְׂרָאֵל. אַנְתְּ הוּא זָן לְכֹלָּא וּמְפַרְנֵס לְכֹלָּא. אַנְתְּ הוּא שַׁלִּיט עַל כֹּלָּא. אַנְתְּ הוּא דְּשַׁלִּיט עַל מַלְכַיָּא, וּמַלְכוּתָא דִּילָךְ הִיא. אֲנָא עַבְדָּא דְקֻדְשָׁא בְּרִיךְ הוּא, דְּסָגִידְנָא קַמֵּהּ וּמִקַּמֵּי דִּיקַר אוֹרַיְתֵהּ בְּכָל־עִדָּן וְעִדָּן. לָא עַל אֱנָשׁ רָחִצְנָא, וְלָא עַל בַּר אֱלָהִין סָמִיכְנָא, אֶלָּא בֶּאֱלָהָא דִשְׁמַיָּא, דְּהוּא אֱלָהָא קְשׁוֹט, וְאוֹרַיְתֵהּ קְשׁוֹט, וּנְבִיאוֹהִי קְשׁוֹט, וּמַסְגֵּא לְמֶעְבַּד טַבְוָן וּקְשׁוֹט. □ בֵּהּ אֲנָא רָחִיץ וְלִשְׁמֵהּ קַדִּישָׁא יַקִּירָא אֲנָא אֵמַר תֻּשְׁבְּחָן. יְהֵא רַעֲוָא קֳדָמָךְ דְּתִפְתַּח לִבִּי בְּאוֹרַיְתָא, וְתַשְׁלִים מִשְׁאֲלִין דְּלִבִּי וְלִבָּא דְכָל־עַמָּךְ יִשְׂרָאֵל, לְטָב וּלְחַיִּין וְלִשְׁלָם. אָמֵן.

The Sefer Torah is taken out of the Ark

Reader, then congregation:

שְׁמַע יִשְׂרָאֵל יהוה אֱלֹהֵינוּ יהוה אֶחָד.

On Hoshana Rabbah add the word in parentheses

אֶחָד אֱלֹהֵינוּ, גָּדוֹל אֲדוֹנֵינוּ, קָדוֹשׁ (וְנוֹרָא) שְׁמוֹ.

Reader:

גַּדְּלוּ לַיהוה אִתִּי, וּנְרוֹמְמָה שְׁמוֹ יַחְדָּו.

Reader and congregation:

לְךָ יהוה הַגְּדֻלָּה וְהַגְּבוּרָה וְהַתִּפְאֶרֶת וְהַנֵּצַח וְהַהוֹד, כִּי כֹל בַּשָּׁמַיִם וּבָאָרֶץ, לְךָ יהוה הַמַּמְלָכָה וְהַמִּתְנַשֵּׂא לְכֹל לְרֹאשׁ.
רוֹמְמוּ יהוה אֱלֹהֵינוּ וְהִשְׁתַּחֲווּ לַהֲדֹם רַגְלָיו, קָדוֹשׁ הוּא.
רוֹמְמוּ יהוה אֱלֹהֵינוּ וְהִשְׁתַּחֲווּ לְהַר קָדְשׁוֹ, כִּי קָדוֹשׁ יהוה אֱלֹהֵינוּ.

May it be Your will to grant us long life and well-being, to count us among the righteous and to guard us, our families, and all Your people Israel with compassion. You nourish and sustain all life. You rule over all, even kings, for dominion is Yours.

We are servants of the Holy One, whom we revere and whose Torah we revere at all times. Not upon mortals do we rely, not upon angels do we depend, but upon the God of the universe, the God of truth, whose Torah is truth, whose prophets are truth, and who abounds in deeds of goodness and truth. In Him do we put our trust; unto His holy, precious being do we utter praise. Open our hearts to Your Torah, Lord. Answer our prayers and the prayers of all Your people Israel for goodness, for life, and for peace. Amen.

The Sefer Torah is taken out of the Ark

Reader, then congregation:

Sh'ma yisrael Adonai Eloheinu Adonai eḥad.

Hear, O Israel: The Lord our God, the Lord is One.

On Hoshana Rabbah add the word in parentheses

Eḥad Eloheinu, gadol Adoneinu, kadosh (v'nora) sh'mo.

One is our God, great our Lord, holiness is His nature.

Reader:

Proclaim the Lord's greatness with me; let us exalt Him together.

Reader and congregation:

L'kha Adonai ha-g'dulah v'ha-g'vurah v'ha-tiferet v'ha-netzaḥ v'ha-hod, ki khol ba-shamayim u-va-aretz, l'kha Adonai ha-mamlakhah v'ha-mitnase l'khol l'rosh.

Yours, O Lord, is the greatness and the power and the splendor. Yours is the triumph and the majesty, for all in heaven and on earth is Yours. Yours, O Lord, is supreme sovereignty.

Exalt the Lord and worship Him, for He is holy. Exalt and worship Him at His holy mountain. The Lord our God is holy.

Torah Reader:

אַב הָרַחֲמִים הוּא יְרַחֵם עַם עֲמוּסִים, וְיִזְכֹּר בְּרִית אֵיתָנִים, וְיַצִּיל נַפְשׁוֹתֵינוּ מִן הַשָּׁעוֹת הָרָעוֹת, וְיִגְעַר בְּיֵצֶר הָרָע מִן הַנְּשׂוּאִים, וְיָחוֹן אוֹתָנוּ לִפְלֵטַת עוֹלָמִים, וִימַלֵּא מִשְׁאֲלוֹתֵינוּ בְּמִדָּה טוֹבָה יְשׁוּעָה וְרַחֲמִים.

וְיַעֲזוֹר וְיָגֵן וְיוֹשִׁיעַ לְכָל־הַחוֹסִים בּוֹ, וְנֹאמַר אָמֵן. הַכֹּל הָבוּ גֹדֶל לֵאלֹהֵינוּ, וּתְנוּ כָבוֹד לַתּוֹרָה. (כֹּהֵן, קְרָב. יַעֲמֹד ______ בֶּן ______ הַכֹּהֵן.) בָּרוּךְ שֶׁנָּתַן תּוֹרָה לְעַמּוֹ יִשְׂרָאֵל בִּקְדֻשָּׁתוֹ.

Congregation and Torah Reader:

וְאַתֶּם הַדְּבֵקִים בַּיהוה אֱלֹהֵיכֶם חַיִּים כֻּלְּכֶם הַיּוֹם.

Each congregant honored with an aliyah recites these berakhot:

Before the Reading:

בָּרְכוּ אֶת־יהוה הַמְבֹרָךְ.

Congregation:

בָּרוּךְ יהוה הַמְבֹרָךְ לְעוֹלָם וָעֶד.

Congregant continues:

בָּרוּךְ יהוה הַמְבֹרָךְ לְעוֹלָם וָעֶד.

בָּרוּךְ אַתָּה יהוה אֱלֹהֵינוּ מֶלֶךְ הָעוֹלָם אֲשֶׁר בָּחַר בָּנוּ מִכָּל־הָעַמִּים וְנָתַן לָנוּ אֶת־תּוֹרָתוֹ. בָּרוּךְ אַתָּה יהוה נוֹתֵן הַתּוֹרָה.

Torah Reader:

May our merciful Father have mercy upon the people He has always sustained, remembering His covenant with our ancestors. May He deliver us from evil times, restrain the impulse to evil within us, and grace our lives with enduring deliverance. May He answer our petition with an abundant measure of kindness and compassion.

May He help, save and shield all who trust in Him. And let us say: Amen. Let us all declare the greatness of our God and give honor to the Torah. (Let the *kohen* come forward.) Praised is He who in His holiness gave the Torah to His people Israel.

Congregation and Torah Reader:

V'atem ha-d'vekim badonai eloheikhem ḥayyim kulkhem ha-yom.

You who cling to the Lord your God have been sustained to this day.

Each congregant honored with an aliyah recites these berakhot:

Before the Reading:

Praise the Lord, Source of blessing.

Barkhu et Adonai ha-m'vorakh.

Congregation:

Praised be the Lord, Source of blessing, throughout all time.

Barukh Adonai ha-m'vorakh l'olam va-ed.

Congregant continues:

Praised be the Lord, Source of blessing, throughout all time.

Barukh Adonai ha-m'vorakh l'olam va-ed.

Praised are You, Lord our God, King of the universe who has chosen us from among all peoples by giving us His Torah. Praised are You, Lord who gives the Torah.

Barukh attah Adonai, eloheinu melekh ha-olam, asher baḥar banu mi-kol ha-amim, v'natan lanu et torato. Barukh attah Adonai, noten ha-torah.

After the Reading:

בָּרוּךְ אַתָּה יהוה אֱלֹהֵינוּ מֶלֶךְ הָעוֹלָם אֲשֶׁר נָתַן לָנוּ תּוֹרַת אֱמֶת וְחַיֵּי עוֹלָם נָטַע בְּתוֹכֵנוּ. בָּרוּךְ אַתָּה יהוה נוֹתֵן הַתּוֹרָה.

On Hoshana Rabbah we continue with Ḥatzi Kaddish, on page 408, and then on the bottom of page 422

BIRKAT HA-GOMEL

Berakhah recited by one who has recovered from serious illness, one who has returned safely from a long journey, or one who has survived any type of danger (including childbirth)

בָּרוּךְ אַתָּה יהוה אֱלֹהֵינוּ מֶלֶךְ הָעוֹלָם, הַגּוֹמֵל לְחַיָּבִים טוֹבוֹת, שֶׁגְּמָלַנִי כָּל־טוֹב.

Congregation responds:

מִי שֶׁגְּמָלְךָ (שֶׁגְּמָלֵךְ) כָּל־טוֹב הוּא יִגְמָלְךָ (יִגְמְלֵךְ) כָּל־טוֹב סֶלָה.

MI SHE-BERAKH

For a male called to the Torah:

מִי שֶׁבֵּרַךְ אֲבוֹתֵינוּ, אַבְרָהָם יִצְחָק וְיַעֲקֹב, שָׂרָה רִבְקָה רָחֵל וְלֵאָה, הוּא יְבָרֵךְ אֶת ______ בֶּן ______ שֶׁעָלָה הַיּוֹם לִכְבוֹד הַמָּקוֹם לִכְבוֹד הַתּוֹרָה וְלִכְבוֹד הַשַּׁבָּת (וְלִכְבוֹד הָרֶגֶל). הַקָּדוֹשׁ בָּרוּךְ הוּא יְבָרֵךְ אוֹתוֹ וְאֶת־כָּל־מִשְׁפַּחְתּוֹ, וְיִשְׁלַח בְּרָכָה וְהַצְלָחָה בְּכָל־מַעֲשֵׂה יָדָיו (וְיִזְכֶּה לַעֲלוֹת לָרֶגֶל) עִם כָּל־יִשְׂרָאֵל אֶחָיו, וְנֹאמַר אָמֵן.

After the Reading:

Praised are You, Lord our God, King of the universe who has given us the Torah of truth, planting within us life eternal. Praised are You, Lord who gives the Torah.

Barukh attah Adonai, eloheinu melekh ha-olam, asher natan lanu torat emet, v'ḥayei olam nata b'tokhenu. Barukh attah Adonai, noten ha-torah.

On Hoshana Rabbah we continue with Ḥatzi Kaddish, on page 409, and then on the bottom of page 423

BIRKAT HA-GOMEL

Berakhah recited by one who has recovered from serious illness, one who has returned safely from a long journey, or one who has survived any type of danger (including childbirth)

Praised are You, Lord our God, King of the universe who graciously bestows favor upon the undeserving, even as He has bestowed favor upon me.

Barukh attah Adonai, eloheinu melekh ha-olam, ha-gomel l'ḥayavim tovot, she-g'malani kol tov.

Congregation responds:

May He who has been gracious to you continue to favor you with all that is good.

Mi she-g'malkha (she-g'malekh) kol tov, hu yig'mol'kha (yigm'lekh) kol tov, selah.

MI SHE-BERAKH

For a male called to the Torah:

May He who blessed our ancestors, Abraham, Isaac, and Jacob, Sarah, Rebecca, Rachel, and Leah, bless ______ who has come for an *aliyah* with reverence for God and respect for the Torah and Shabbat (and the Festival). May the Holy One protect him and save him from all trouble and sorrow. May He prosper all his deeds, (and grant him the privilege of going up to Jerusalem for the Festivals) together with our fellow Jews everywhere. And let us say: Amen.

For a female called to the Torah:

מִי שֶׁבֵּרַךְ אֲבוֹתֵינוּ, אַבְרָהָם יִצְחָק וְיַעֲקֹב, שָׂרָה רִבְקָה רָחֵל וְלֵאָה, הוּא יְבָרֵךְ אֶת ______ בַּת ______ שֶׁעָלְתָה הַיּוֹם לִכְבוֹד הַמָּקוֹם לִכְבוֹד הַתּוֹרָה וְלִכְבוֹד הַשַּׁבָּת (וְלִכְבוֹד הָרֶגֶל). הַקָּדוֹשׁ בָּרוּךְ הוּא יְבָרֵךְ אוֹתָהּ וְאֶת־כָּל־מִשְׁפַּחְתָּהּ, וְיִשְׁלַח בְּרָכָה וְהַצְלָחָה בְּכָל־מַעֲשֵׂה יָדֶיהָ (וְתִזְכֶּה לַעֲלוֹת לָרֶגֶל) עִם כָּל־יִשְׂרָאֵל אַחֶיהָ, וְנֹאמַר אָמֵן.

For a male who is ill:

מִי שֶׁבֵּרַךְ אֲבוֹתֵינוּ, אַבְרָהָם יִצְחָק וְיַעֲקֹב, שָׂרָה רִבְקָה רָחֵל וְלֵאָה, הוּא יְבָרֵךְ וִירַפֵּא אֶת־הַחוֹלֶה ______ בֶּן ______. הַקָּדוֹשׁ בָּרוּךְ הוּא יִמָּלֵא רַחֲמִים עָלָיו, לְהַחֲזִיקוֹ וּלְרַפְּאוֹתוֹ, וְיִשְׁלַח לוֹ מְהֵרָה רְפוּאָה שְׁלֵמָה לְכָל־אֵבָרָיו וְגִידָיו בְּתוֹךְ שְׁאָר חוֹלֵי יִשְׂרָאֵל, רְפוּאַת הַנֶּפֶשׁ וּרְפוּאַת הַגּוּף (שַׁבָּת הִיא מִלִּזְעוֹק / יוֹם טוֹב הוּא מִלִּזְעוֹק / וּרְפוּאָה קְרוֹבָה לָבוֹא) הַשְׁתָּא בַּעֲגָלָא וּבִזְמַן קָרִיב, וְנֹאמַר אָמֵן.

For a female who is ill:

מִי שֶׁבֵּרַךְ אֲבוֹתֵינוּ, אַבְרָהָם יִצְחָק וְיַעֲקֹב, שָׂרָה רִבְקָה רָחֵל וְלֵאָה, הוּא יְבָרֵךְ וִירַפֵּא אֶת־הַחוֹלָה ______ בַּת ______. הַקָּדוֹשׁ בָּרוּךְ הוּא יִמָּלֵא רַחֲמִים עָלֶיהָ, לְהַחֲזִיקָהּ, וּלְרַפְּאוֹתָהּ, וְיִשְׁלַח לָהּ מְהֵרָה רְפוּאָה שְׁלֵמָה לְכָל־אֵבָרֶיהָ וְגִידֶיהָ בְּתוֹךְ שְׁאָר חוֹלֵי יִשְׂרָאֵל, רְפוּאַת הַנֶּפֶשׁ וּרְפוּאַת הַגּוּף (שַׁבָּת הִיא מִלִּזְעוֹק / יוֹם טוֹב הוּא מִלִּזְעוֹק / וּרְפוּאָה קְרוֹבָה לָבוֹא) הַשְׁתָּא בַּעֲגָלָא וּבִזְמַן קָרִיב, וְנֹאמַר אָמֵן.

For a female called to the Torah:

May He who blessed our ancestors, Abraham, Isaac, and Jacob, Sarah, Rebecca, Rachel, and Leah, bless _____ who has come for an *aliyah* with reverence for God and respect for the Torah and Shabbat (and the Festival). May the Holy One protect her and save her from all trouble and sorrow. May He prosper all her deeds, (and grant her the privilege of going up to Jerusalem for the Festivals) together with our fellow Jews everywhere. And let us say: Amen.

For a male who is ill:

May He who blessed our ancestors, Abraham, Isaac, and Jacob, Sarah, Rebecca, Rachel, and Leah, bless and heal _____. May the Holy One in mercy strengthen him and heal him soon, body and soul, together with others who suffer illness. And let us say: Amen.

For a female who is ill:

May He who blessed our ancestors, Abraham, Isaac, and Jacob, Sarah, Rebecca, Rachel, and Leah, bless and heal _____. May the Holy One in mercy strengthen her and heal her soon, body and soul, together with others who suffer illness. And let us say: Amen.

For those about to be married:

מִי שֶׁבֵּרַךְ אֲבוֹתֵינוּ, אַבְרָהָם יִצְחָק וְיַעֲקֹב, שָׂרָה רִבְקָה רָחֵל וְלֵאָה, הוּא יְבָרֵךְ אֶת־הֶחָתָן ______ בֶּן ______ (שֶׁעָלָה לִכְבוֹד הַמָּקוֹם וְלִכְבוֹד הַתּוֹרָה וְלִכְבוֹד הַשַּׁבָּת/וְלִכְבוֹד הָרֶגֶל) וְאֶת־הַכַּלָּה ______ בַּת ______ (שֶׁעָלְתָה לִכְבוֹד הַמָּקוֹם וְלִכְבוֹד הַתּוֹרָה וְלִכְבוֹד הַשַּׁבָּת/וְלִכְבוֹד הָרֶגֶל). הַקָּדוֹשׁ בָּרוּךְ הוּא יַדְרִיכֵם לִבְנוֹת בַּיִת בְּיִשְׂרָאֵל אֲשֶׁר בּוֹ יִשְׁכְּנוּ אַהֲבָה וְאַחֲוָה וְשָׁלוֹם וְרֵעוּת, וְיִשְׁלַח בְּרָכָה וְהַצְלָחָה בְּכָל־מַעֲשֵׂה יְדֵיהֶם, וְנֹאמַר אָמֵן.

For the mother of a newborn daughter:

מִי שֶׁבֵּרַךְ אֲבוֹתֵינוּ אַבְרָהָם יִצְחָק וְיַעֲקֹב, שָׂרָה רִבְקָה רָחֵל וְלֵאָה, הוּא יְבָרֵךְ אֶת־הָאִשָּׁה הַיּוֹלֶדֶת ______ בַּת ______ וְאֶת־הַיַּלְדָּה הַנּוֹלְדָה לָהּ בְּמַזָּל טוֹב. וְיִקָּרֵא שְׁמָהּ בְּיִשְׂרָאֵל ______ בַּת ______. יִזְכּוּ הוֹרֶיהָ לְגַדְּלָהּ לְתוֹרָה וּלְחוּפָּה וּלְמַעֲשִׂים טוֹבִים, וְנֹאמַר אָמֵן.

For the mother of a newborn son:

מִי שֶׁבֵּרַךְ אֲבוֹתֵינוּ אַבְרָהָם יִצְחָק וְיַעֲקֹב, שָׂרָה רִבְקָה רָחֵל וְלֵאָה, הוּא יְבָרֵךְ אֶת־הָאִשָּׁה הַיּוֹלֶדֶת ______ בַּת ______ וְאֶת־הַיֶּלֶד הַנּוֹלַד לָהּ בְּמַזָּל טוֹב. יִזְכּוּ הוֹרָיו לְגַדְּלוֹ לְתוֹרָה וּלְחוּפָּה וּלְמַעֲשִׂים טוֹבִים, וְנֹאמַר אָמֵן.

For a bar mitzvah:

מִי שֶׁבֵּרַךְ אֲבוֹתֵינוּ אַבְרָהָם יִצְחָק וְיַעֲקֹב, שָׂרָה רִבְקָה רָחֵל וְלֵאָה, הוּא יְבָרֵךְ אֶת־______ בֶּן ______ שֶׁהִגִּיעַ לְמִצְווֹת וְעָלָה לַתּוֹרָה. הַקָּדוֹשׁ בָּרוּךְ הוּא יִשְׁמְרֵהוּ וִיחַיֵּהוּ וִיכוֹנֵן אֶת־לִבּוֹ לִהְיוֹת שָׁלֵם עִם יהוה אֱלֹהָיו, לַהֲגוֹת בְּתוֹרָתוֹ, לָלֶכֶת בִּדְרָכָיו וְלִשְׁמוֹר מִצְווֹתָיו, וְיִמְצָא חֵן וְשֵׂכֶל טוֹב בְּעֵינֵי אֱלֹהִים וְאָדָם, וְנֹאמַר אָמֵן.

For those about to be married:

May He who blessed our ancestors, Abraham, Isaac, and Jacob, Sarah, Rebecca, Rachel, and Leah, bless the groom _____ (who has come for an *aliyah* in reverence for God and respect for the Torah and Shabbat and the Festival) and the bride _____ (who has come for an *aliyah* in reverence for God and respect for the Torah and Shabbat and the Festival). May the Holy One help them to fashion a Jewish home where love and harmony, peace and companionship dwell. May He prosper all their deeds. And let us say: Amen.

For the mother of a newborn daughter:

May He who blessed our ancestors, Abraham, Isaac, and Jacob, Sarah, Rebecca, Rachel, and Leah, bless _____ and the daughter born to her. Her name among the people Israel shall be _____. May the parents raise their daughter to Torah, good deeds, and the wedding canopy. And let us say: Amen.

For the mother of a newborn son:

May He who blessed our ancestors, Abraham, Isaac, and Jacob, Sarah, Rebecca, Rachel, and Leah, bless _____ and the son born to her. May the parents raise their son to Torah, good deeds, and the wedding canopy. And let us say: Amen.

For a bar mitzvah:

May He who blessed our ancestors, Abraham, Isaac, and Jacob, Sarah, Rebecca, Rachel, and Leah, bless _____ who has come for an *aliyah* upon reaching the age of mitzvot. May the Holy One guard him and sustain him, helping him to be wholehearted in his faith, studying God's Torah, walking in God's ways and fulfilling His mitzvot. May he find favor before God and all people. And let us say: Amen.

For a bat mitzvah:

מִי שֶׁבֵּרַךְ אֲבוֹתֵינוּ אַבְרָהָם יִצְחָק וְיַעֲקֹב, שָׂרָה רִבְקָה רָחֵל וְלֵאָה, הוּא יְבָרֵךְ אֶת־ ______ בַּת ______ שֶׁהִגִּיעָה לְמִצְווֹת וְעָלְתָה לַתּוֹרָה. הַקָּדוֹשׁ בָּרוּךְ הוּא יִשְׁמְרֶהָ וִיחַיֶּהָ וִיכוֹנֵן אֶת־לִבָּהּ לִהְיוֹת שָׁלֵם עִם יהוה אֱלֹהֶיהָ, לַהֲגוֹת בְּתוֹרָתוֹ, לָלֶכֶת בִּדְרָכָיו וְלִשְׁמוֹר מִצְווֹתָיו, וְתִמְצָא חֵן וְשֵׂכֶל טוֹב בְּעֵינֵי אֱלֹהִים וְאָדָם, וְנֹאמַר אָמֵן.

Inclusive mi she-berakh for all who were called to the Torah:

מִי שֶׁבֵּרַךְ אֲבוֹתֵינוּ אַבְרָהָם יִצְחָק וְיַעֲקֹב, שָׂרָה רִבְקָה רָחֵל וְלֵאָה, הוּא יְבָרֵךְ אֶת־כָּל־הַקְּרוּאִים אֲשֶׁר עָלוּ הַיּוֹם לִכְבוֹד הַמָּקוֹם, לִכְבוֹד הַתּוֹרָה וְלִכְבוֹד הַשַּׁבָּת (וְלִכְבוֹד הָרֶגֶל). הַקָּדוֹשׁ בָּרוּךְ הוּא יְבָרֵךְ אוֹתָם וְאֶת־מִשְׁפְּחוֹתָם וְיִשְׁלַח בְּרָכָה וְהַצְלָחָה בְּכָל־מַעֲשֵׂה יְדֵיהֶם עִם כָּל־יִשְׂרָאֵל אֲחֵיהֶם, וְנֹאמַר אָמֵן.

Before the Maftir is called to the Torah, Ḥatzi Kaddish is recited

Reader:

יִתְגַּדַּל וְיִתְקַדַּשׁ שְׁמֵהּ רַבָּא בְּעָלְמָא דִּי בְרָא כִרְעוּתֵהּ, וְיַמְלִיךְ מַלְכוּתֵהּ בְּחַיֵּיכוֹן וּבְיוֹמֵיכוֹן וּבְחַיֵּי דְכָל־בֵּית יִשְׂרָאֵל, בַּעֲגָלָא וּבִזְמַן קָרִיב, וְאִמְרוּ אָמֵן.

Congregation and Reader:

יְהֵא שְׁמֵהּ רַבָּא מְבָרַךְ לְעָלַם וּלְעָלְמֵי עָלְמַיָּא.

Reader:

יִתְבָּרַךְ וְיִשְׁתַּבַּח וְיִתְפָּאַר וְיִתְרוֹמַם וְיִתְנַשֵּׂא, וְיִתְהַדַּר וְיִתְעַלֶּה וְיִתְהַלַּל שְׁמֵהּ דְּקֻדְשָׁא, בְּרִיךְ הוּא לְעֵלָּא (לְעֵלָּא מִכָּל־) מִן כָּל־בִּרְכָתָא וְשִׁירָתָא, תֻּשְׁבְּחָתָא וְנֶחֱמָתָא דַּאֲמִירָן בְּעָלְמָא, וְאִמְרוּ אָמֵן.

For a bat mitzvah:

May He who blessed our ancestors, Abraham, Isaac, and Jacob, Sarah, Rebecca, Rachel, and Leah, bless _____ who has come for an *aliyah* upon reaching the age of mitzvot. May the Holy One guard her and sustain her, helping her to be wholehearted in her faith, studying God's Torah, walking in God's ways, and fulfilling His mitzvot. May she find favor before God and all people. And let us say: Amen.

*Inclusive mi she-berakh for all who were called
to the Torah:*

May He who blessed our ancestors, Abraham, Isaac, and Jacob, Sarah, Rebecca, Rachel, and Leah, bless all of those who have come for an *aliyah* with reverence for God and respect for the Torah and Shabbat (and the Festival). May the Holy One bless them and their families and prosper all their deeds, together with our fellow Jews everywhere. And let us say: Amen.

*Before the Maftir is called to the Torah, Ḥatzi
Kaddish is recited*

Reader:

Hallowed and enhanced may He be throughout the world of His own creation. May He cause His sovereignty soon to be accepted, during our life and the life of all Israel. And let us say: Amen.

Congregation and Reader:

Y'hei sh'mei raba mevarakh l'alam u-l'almei almaya.

May He be praised throughout all time.

Reader:

Glorified and celebrated, lauded and praised, acclaimed and honored, extolled and exalted may the Holy One be, beyond all song and psalm, beyond all tributes which mortals can utter. And let us say: Amen.

The Sefer Torah is raised

וְזֹאת הַתּוֹרָה אֲשֶׁר שָׂם מֹשֶׁה לִפְנֵי בְּנֵי יִשְׂרָאֵל, עַל פִּי יהוה בְּיַד מֹשֶׁה.

Blessings before the Haftarah:

בָּרוּךְ אַתָּה יהוה אֱלֹהֵינוּ מֶלֶךְ הָעוֹלָם, אֲשֶׁר בָּחַר בִּנְבִיאִים טוֹבִים, וְרָצָה בְדִבְרֵיהֶם הַנֶּאֱמָרִים בֶּאֱמֶת. בָּרוּךְ אַתָּה יהוה הַבּוֹחֵר בַּתּוֹרָה וּבְמֹשֶׁה עַבְדּוֹ וּבְיִשְׂרָאֵל עַמּוֹ וּבִנְבִיאֵי הָאֱמֶת וָצֶדֶק.

Blessings after the Haftarah:

בָּרוּךְ אַתָּה יהוה אֱלֹהֵינוּ מֶלֶךְ הָעוֹלָם, צוּר כָּל־הָעוֹלָמִים, צַדִּיק בְּכָל־הַדּוֹרוֹת, הָאֵל הַנֶּאֱמָן הָאוֹמֵר וְעוֹשֶׂה, הַמְדַבֵּר וּמְקַיֵּם, שֶׁכָּל־דְּבָרָיו אֱמֶת וָצֶדֶק. נֶאֱמָן אַתָּה הוּא יהוה אֱלֹהֵינוּ וְנֶאֱמָנִים דְּבָרֶיךָ, וְדָבָר אֶחָד מִדְּבָרֶיךָ אָחוֹר לֹא יָשׁוּב רֵיקָם, כִּי אֵל מֶלֶךְ נֶאֱמָן וְרַחֲמָן אָתָּה. בָּרוּךְ אַתָּה יהוה, הָאֵל הַנֶּאֱמָן בְּכָל־דְּבָרָיו.

רַחֵם עַל צִיּוֹן כִּי הִיא בֵּית חַיֵּינוּ. וְלַעֲלוּבַת נֶפֶשׁ תּוֹשִׁיעַ בִּמְהֵרָה בְיָמֵינוּ. בָּרוּךְ אַתָּה יהוה, מְשַׂמֵּחַ צִיּוֹן בְּבָנֶיהָ.

שַׂמְּחֵנוּ יהוה אֱלֹהֵינוּ בְּאֵלִיָּהוּ הַנָּבִיא עַבְדֶּךָ וּבְמַלְכוּת בֵּית דָּוִד מְשִׁיחֶךָ. בִּמְהֵרָה יָבֹא וְיָגֵל לִבֵּנוּ, עַל כִּסְאוֹ לֹא יֵשֶׁב זָר וְלֹא יִנְחֲלוּ עוֹד אֲחֵרִים אֶת־כְּבוֹדוֹ, כִּי בְשֵׁם קָדְשְׁךָ נִשְׁבַּעְתָּ לּוֹ שֶׁלֹּא יִכְבֶּה נֵרוֹ לְעוֹלָם וָעֶד. בָּרוּךְ אַתָּה יהוה מָגֵן דָּוִד.

On Shabbat, including the Shabbat of Ḥol Ha-mo'ed Pesaḥ:

עַל הַתּוֹרָה וְעַל הָעֲבוֹדָה וְעַל הַנְּבִיאִים וְעַל יוֹם הַשַּׁבָּת הַזֶּה שֶׁנָּתַתָּ לָּנוּ יהוה אֱלֹהֵינוּ לִקְדֻשָּׁה וְלִמְנוּחָה, לְכָבוֹד וּלְתִפְאָרֶת. עַל הַכֹּל יהוה אֱלֹהֵינוּ אֲנַחְנוּ מוֹדִים לָךְ, וּמְבָרְכִים אוֹתָךְ. יִתְבָּרַךְ שִׁמְךָ בְּפִי כָּל־חַי תָּמִיד לְעוֹלָם וָעֶד. בָּרוּךְ אַתָּה יהוה מְקַדֵּשׁ הַשַּׁבָּת.

The Sefer Torah is raised

This is the Torah that Moses set before the people Israel; the Torah, given by God, through Moses.

Blessings before the Haftarah:

Praised are You, Lord our God, King of the universe who has appointed devoted prophets, messengers of truth whose teachings He has upheld. Praised are You, Lord who loves the Torah, Moses His servant, Israel His people and prophets of truth and righteousness.

Blessings after the Haftarah:

Praised are You, Lord our God, King of the universe, Rock of all ages, righteous in all generations, steadfast God whose word is deed, whose decree is fulfillment, whose every teaching is truth and righteousness. Faithful are You, Lord our God, in all Your promises, not one of which will remain unfulfilled, for You are a faithful and merciful God and King. Praised are You, Lord God, faithful in all Your promises.

Show compassion for Zion, the fount of our existence. And bring hope soon to the humbled spirit. Praised are You, Lord who brings joy to Zion.

Bring us joy, Lord our God, through Your prophet Elijah and the kingdom of the House of David Your anointed. May Elijah come soon, to gladden our hearts. May no outsider usurp David's throne, and may no other inherit his glory. For by Your holy name have You promised that his light shall never be extinguished. Praised are You, Lord, Shield of David.

On Shabbat, including the Shabbat of Ḥol Ha-mo'ed Pesaḥ:

We thank You and praise You, Lord our God, for the Torah, for worship, for the prophets, and for this Shabbat day which You have given us for holiness and rest, for dignity and splendor. For everything do we thank You and praise You. May Your name be praised continually by every living creature. Praised are You, Lord who sanctifies Shabbat.

On Festivals, including the Shabbat of Ḥol Ha-mo'ed Sukkot:

עַל הַתּוֹרָה וְעַל הָעֲבוֹדָה וְעַל הַנְּבִיאִים (וְעַל יוֹם הַשַּׁבָּת הַזֶּה) וְעַל יוֹם

On Pesaḥ:

חַג הַמַּצּוֹת הַזֶּה

On Shavuot:

חַג הַשָּׁבֻעוֹת הַזֶּה

On Sukkot:

חַג הַסֻּכּוֹת הַזֶּה

On Sh'mini Atzeret and on Simḥat Torah:

הַשְּׁמִינִי חַג הָעֲצֶרֶת הַזֶּה

שֶׁנָּתַתָּ לָּנוּ יהוה אֱלֹהֵינוּ (לִקְדֻשָּׁה וְלִמְנוּחָה) לְשָׂשׂוֹן וּלְשִׂמְחָה, לְכָבוֹד וּלְתִפְאָרֶת. עַל הַכֹּל יהוה אֱלֹהֵינוּ אֲנַחְנוּ מוֹדִים לָךְ, וּמְבָרְכִים אוֹתָךְ. יִתְבָּרַךְ שִׁמְךָ בְּפִי כָּל־חַי תָּמִיד לְעוֹלָם וָעֶד. בָּרוּךְ אַתָּה יהוה מְקַדֵּשׁ (הַשַּׁבָּת וְ)יִשְׂרָאֵל וְהַזְּמַנִּים.

Reader continues on Shabbat:

יְקוּם פֻּרְקָן מִן שְׁמַיָּא, חִנָּא וְחִסְדָּא וְרַחֲמֵי וְחַיֵּי אֲרִיכֵי וּמְזוֹנֵי רְוִיחֵי, וְסִיַּעְתָּא דִשְׁמַיָּא, וּבַרְיוּת גּוּפָא וּנְהוֹרָא מַעַלְיָא, זַרְעָא חַיָּא וְקַיָּמָא, זַרְעָא דִּי לָא יִפְסֻק וְדִי לָא יִבְטֻל מִפִּתְגָּמֵי אוֹרַיְתָא, לְכָל־קְהָלָא קַדִּישָׁא הָדֵין, רַבְרְבַיָּא עִם זְעֵרַיָּא טַפְלָא וּנְשַׁיָּא. מַלְכָּא דְעָלְמָא יְבָרֵךְ יָתְכוֹן, יַפִּישׁ חַיֵּיכוֹן וְיַסְגֵּא יוֹמֵיכוֹן וְיִתֵּן אַרְכָא לִשְׁנֵיכוֹן, וְתִתְפָּרְקוּן וְתִשְׁתֵּזְבוּן מִן כָּל־עָקָא וּמִן כָּל־מַרְעִין בִּישִׁין. מָרַן דִּי בִשְׁמַיָּא יְהֵא בְסַעְדְּכוֹן כָּל־זְמַן וְעִדָּן, וְנֹאמַר אָמֵן.

*On Festivals, including the Shabbat of Ḥol
Ha-mo'ed Sukkot:*

We thank You and praise You, Lord our God, for the Torah, for worship, for the prophets and for this (Shabbat day and for this)

On Pesaḥ: *On Shavuot:*   *On Sukkot:*

Festival of Matzot   Festival of Shavuot   Festival of Sukkot

On Sh'mini Atzeret and on Simḥat Torah:

Festival of Sh'mini Atzeret

which You have given us (for holiness and rest,) for joy and gladness, for dignity and splendor. For everything do we thank You and praise You. May Your name be praised continually by every living creature. Praised are You, Lord who sanctifies (Shabbat and) the people Israel and the Festivals.

Reader continues on Shabbat:

May the blessings of Heaven—kindness and compassion, long life, ample sustenance, health, and healthy children who do not neglect the Torah—be granted to all members of this congregation. May the King of the universe bless you, adding to your days and your years. May you be spared all distress and disease. May our Father in Heaven be your help at all times. And let us say: Amen.

A prayer for our congregation

מִי שֶׁבֵּרַךְ אֲבוֹתֵינוּ אַבְרָהָם יִצְחָק וְיַעֲקֹב, שָׂרָה רִבְקָה רָחֵל וְלֵאָה, הוּא יְבָרֵךְ אֶת־כָּל־הַקָּהָל הַקָּדוֹשׁ הַזֶּה עִם כָּל־קְהִלּוֹת הַקֹּדֶשׁ, הֵם וּבְנֵיהֶם וּבְנוֹתֵיהֶם וְכֹל אֲשֶׁר לָהֶם, וּמִי שֶׁמְּיַחֲדִים בָּתֵּי כְנֵסִיּוֹת לִתְפִלָּה, וּמִי שֶׁבָּאִים בְּתוֹכָם לְהִתְפַּלֵּל, וּמִי שֶׁנּוֹתְנִים נֵר לַמָּאוֹר וְיַיִן לְקִדּוּשׁ וּלְהַבְדָּלָה, וּפַת לָאוֹרְחִים וּצְדָקָה לַעֲנִיִּים, וְכָל־מִי שֶׁעוֹסְקִים בְּצָרְכֵי צִבּוּר וּבְבִנְיַן אֶרֶץ יִשְׂרָאֵל בֶּאֱמוּנָה. הַקָּדוֹשׁ בָּרוּךְ הוּא יְשַׁלֵּם שְׂכָרָם וְיָסִיר מֵהֶם כָּל־מַחֲלָה וְיִרְפָּא לְכָל־גּוּפָם וְיִסְלַח לְכָל־עֲוֹנָם, וְיִשְׁלַח בְּרָכָה וְהַצְלָחָה בְּכָל־מַעֲשֵׂה יְדֵיהֶם עִם כָּל־יִשְׂרָאֵל אֲחֵיהֶם, וְנֹאמַר אָמֵן.

A prayer for our Country

אֱלֹהֵינוּ וֵאלֹהֵי אֲבוֹתֵינוּ, קַבֵּל נָא בְּרַחֲמִים אֶת־תְּפִלָּתֵנוּ בְּעַד אַרְצֵנוּ וּמֶמְשַׁלְתָּהּ. הָרֵק אֶת־בִּרְכָתְךָ עַל הָאָרֶץ הַזֹּאת, עַל רָאשֶׁהָ, שׁוֹפְטֶיהָ, שׁוֹטְרֶיהָ וּפְקִידֶיהָ הָעוֹסְקִים בְּצָרְכֵי צִבּוּר בֶּאֱמוּנָה. הוֹרֵם מֵחֻקֵּי תוֹרָתֶךָ, הֲבִינֵם מִשְׁפְּטֵי צִדְקֶךָ לְמַעַן לֹא יָסוּרוּ מֵאַרְצֵנוּ שָׁלוֹם וְשַׁלְוָה, אֹשֶׁר וָחֹפֶשׁ כָּל־הַיָּמִים. אָנָּא יהוה אֱלֹהֵי הָרוּחוֹת לְכָל־בָּשָׂר, שְׁלַח רוּחֲךָ עַל כָּל־תּוֹשְׁבֵי אַרְצֵנוּ וְטַע בֵּין בְּנֵי הָאֻמּוֹת וְהָאֱמוּנוֹת הַשּׁוֹנוֹת הַשּׁוֹכְנִים בָּהּ, אַהֲבָה וְאַחֲוָה, שָׁלוֹם וְרֵעוּת. וַעֲקֹר מִלִּבָּם כָּל־שִׂנְאָה וְאֵיבָה, קִנְאָה וְתַחֲרוּת, לְמַלְאוֹת מַשָּׂא נֶפֶשׁ בָּנֶיהָ הַמִּתְיַמְּרִים בִּכְבוֹדָהּ וְהַמִּשְׁתּוֹקְקִים לִרְאוֹתָהּ אוֹר לְכָל־הַגּוֹיִים.

וּבְכֵן יְהִי רָצוֹן מִלְּפָנֶיךָ שֶׁתְּהִי אַרְצֵנוּ בְּרָכָה לְכָל־יוֹשְׁבֵי תֵבֵל, וְתַשְׁרֶה בֵּינֵיהֶם רֵעוּת וְחֵרוּת, וְקַיֵּם בִּמְהֵרָה חֲזוֹן נְבִיאֶיךָ: לֹא יִשָּׂא גוֹי אֶל גּוֹי חֶרֶב וְלֹא יִלְמְדוּ עוֹד מִלְחָמָה. וְנֶאֱמַר: כִּי כוּלָּם יֵדְעוּ אוֹתִי לְמִקְּטַנָּם וְעַד גְּדוֹלָם, וְנֹאמַר אָמֵן.

A prayer for our congregation

May He who blessed our ancestors, Abraham, Isaac, and Jacob, Sarah, Rebecca, Rachel, and Leah, bless this entire congregation, together with all holy congregations: them, their sons and daughters, their families, and all that is theirs, along with those who unite to establish synagogues for prayer, and those who enter them to pray, and those who give funds for heat and light, and wine for Kiddush and Havdalah, bread to the wayfarer and charity to the poor, and all who devotedly involve themselves with the needs of this community and the Land of Israel. May the Holy One Praised be He reward them; may He remove sickness from them, heal them, and forgive their sins. May He bless them by prospering all their worthy endeavors, as well as those of the entire people Israel. And let us say: Amen.

A prayer for our Country

Our God and God of our ancestors: We ask Your blessings for our country, for its government, for its leader and advisors, and for all who exercise just and rightful authority. Teach them insights of Your Torah, that they may administer all affairs of state fairly, that peace and security, happiness and prosperity, justice and freedom may forever abide in our midst.

Creator of all flesh, bless all the inhabitants of our country with Your spirit. May citizens of all races and creeds forge a common bond in true harmony to banish all hatred and bigotry and to safeguard the ideals and free institutions which are the pride and glory of our country.

May this land under Your Providence be an influence for good throughout the world, uniting all people in peace and freedom and helping them to fulfill the vision of Your prophet: "Nation shall not lift up sword against nation, neither shall they experience war any more." And let us say: Amen.

A prayer for the State of Israel

אָבִינוּ שֶׁבַּשָּׁמַיִם, צוּר יִשְׂרָאֵל וְגוֹאֲלוֹ, בָּרֵךְ אֶת־מְדִינַת יִשְׂרָאֵל, רֵאשִׁית צְמִיחַת גְּאֻלָּתֵנוּ. הָגֵן עָלֶיהָ בְּאֶבְרַת חַסְדֶּךָ, וּפְרֹס עָלֶיהָ סֻכַּת שְׁלוֹמֶךָ. וּשְׁלַח אוֹרְךָ וַאֲמִתְּךָ לְרָאשֶׁיהָ, שָׂרֶיהָ וְיוֹעֲצֶיהָ, וְתַקְּנֵם בְּעֵצָה טוֹבָה מִלְּפָנֶיךָ. חַזֵּק אֶת־יְדֵי מְגִנֵּי אֶרֶץ קָדְשֵׁנוּ, וְהַנְחִילֵם אֱלֹהֵינוּ יְשׁוּעָה, וַעֲטֶרֶת נִצָּחוֹן תְּעַטְּרֵם. וְנָתַתָּ שָׁלוֹם בָּאָרֶץ וְשִׂמְחַת עוֹלָם לְיוֹשְׁבֶיהָ, וְנֹאמַר אָמֵן.

A Prayer for Peace

יְהִי רָצוֹן מִלְּפָנֶיךָ יהוה אֱלֹהֵינוּ וֵאלֹהֵי אֲבוֹתֵינוּ
שֶׁתְּבַטֵּל מִלְחָמוֹת וּשְׁפִיכוּת דָּמִים מִן הָעוֹלָם
וְתַמְשִׁיךְ שָׁלוֹם גָּדוֹל וְנִפְלָא בָּעוֹלָם
וְלֹא יִשָּׂא גוֹי אֶל גּוֹי חֶרֶב וְלֹא יִלְמְדוּ עוֹד מִלְחָמָה.

רַק יַכִּירוּ וְיֵדְעוּ כָּל־יוֹשְׁבֵי תֵבֵל הָאֱמֶת לַאֲמִתּוֹ
אֲשֶׁר לֹא בָּאנוּ לָזֶה הָעוֹלָם בִּשְׁבִיל רִיב וּמַחֲלֹקֶת
וְלֹא בִּשְׁבִיל שִׂנְאָה וְקִנְאָה וְקִנְתּוּר וּשְׁפִיכוּת דָּמִים.
רַק בָּאנוּ לָעוֹלָם כְּדֵי לְהַכִּיר אוֹתְךָ תִּתְבָּרַךְ לָנֶצַח.

וּבְכֵן תְּרַחֵם עָלֵינוּ וִיקֻיַּם בָּנוּ מִקְרָא שֶׁכָּתוּב:
וְנָתַתִּי שָׁלוֹם בָּאָרֶץ וּשְׁכַבְתֶּם וְאֵין מַחֲרִיד
וְהִשְׁבַּתִּי חַיָּה רָעָה מִן הָאָרֶץ וְחֶרֶב לֹא תַעֲבֹר בְּאַרְצְכֶם.
וְיִגַּל כַּמַּיִם מִשְׁפָּט, וּצְדָקָה כְּנַחַל אֵיתָן.
כִּי מָלְאָה הָאָרֶץ דֵּעָה אֶת־יהוה כַּמַּיִם לַיָּם מְכַסִּים.

A prayer for the State of Israel

Our Father in Heaven, Rock and Redeemer of the people Israel:
Bless the State of Israel, with its promise of redemption. Shield it
with Your love; spread over it the shelter of Your peace. Guide its
leaders and advisors with Your light and Your truth. Help them with
Your good counsel. Strengthen the hands of those who defend our
Holy Land. Deliver them; crown their efforts with triumph. Bless the
land with peace, and its inhabitants with lasting joy. And let us say:
Amen.

A Prayer for Peace

May we see the day when war and bloodshed cease,
when a great peace will embrace the whole world.

Then nation will not threaten nation,
and mankind will not again know war.

For all who live on earth shall realize
we have not come into being to hate or to destroy.

We have come into being
to praise, to labor and to love.

Compassionate God, bless the leaders of all nations
with the power of compassion.

Fulfill the promise conveyed in Scripture:

I will bring peace to the land,
and you shall lie down and no one shall terrify you.

I will rid the land of vicious beasts
and it shall not be ravaged by war.

Let love and justice flow like a mighty stream.

Let peace fill the earth as the waters fill the sea.

And let us say: Amen.

Recited on the Shabbat before Rosh Ḥodesh

יְהִי רָצוֹן מִלְּפָנֶיךָ יהוה אֱלֹהֵינוּ וֵאלֹהֵי אֲבוֹתֵינוּ, שֶׁתְּחַדֵּשׁ
עָלֵינוּ אֶת־הַחֹדֶשׁ הַבָּא לְטוֹבָה וְלִבְרָכָה. וְתִתֶּן לָנוּ חַיִּים
אֲרֻכִּים, חַיִּים שֶׁל שָׁלוֹם, חַיִּים שֶׁל טוֹבָה, חַיִּים שֶׁל בְּרָכָה,
חַיִּים שֶׁל פַּרְנָסָה, חַיִּים שֶׁל חִלּוּץ עֲצָמוֹת, חַיִּים שֶׁיֵּשׁ בָּהֶם
יִרְאַת שָׁמַיִם וְיִרְאַת חֵטְא, חַיִּים שֶׁאֵין בָּהֶם בּוּשָׁה וּכְלִמָּה,
חַיִּים שֶׁל עֹשֶׁר וְכָבוֹד, חַיִּים שֶׁתְּהֵא בָנוּ אַהֲבַת תּוֹרָה וְיִרְאַת
שָׁמַיִם, חַיִּים שֶׁיִּמָּלְאוּ מִשְׁאֲלוֹת לִבֵּנוּ לְטוֹבָה, אָמֵן סֶלָה.

The Reader holds the Sefer Torah
while continuing:

מִי שֶׁעָשָׂה נִסִּים לַאֲבוֹתֵינוּ וְגָאַל אוֹתָם מֵעַבְדוּת לְחֵרוּת, הוּא
יִגְאַל אוֹתָנוּ בְּקָרוֹב וִיקַבֵּץ נִדָּחֵינוּ מֵאַרְבַּע כַּנְפוֹת הָאָרֶץ,
חֲבֵרִים כָּל־יִשְׂרָאֵל, וְנֹאמַר אָמֵן.

רֹאשׁ חֹדֶשׁ _____ יִהְיֶה בְּיוֹם _____ הַבָּא עָלֵינוּ וְעַל כָּל־
יִשְׂרָאֵל לְטוֹבָה.

The congregation repeats the above two lines
and continues with the passage below, which is
then repeated by the Reader

יְחַדְּשֵׁהוּ הַקָּדוֹשׁ בָּרוּךְ הוּא עָלֵינוּ וְעַל כָּל־עַמּוֹ בֵּית יִשְׂרָאֵל
לְחַיִּים וּלְשָׁלוֹם, לְשָׂשׂוֹן וּלְשִׂמְחָה, לִישׁוּעָה וּלְנֶחָמָה, וְנֹאמַר
אָמֵן.

ANNOUNCING THE NEW MONTH

Recited on the Shabbat before Rosh Ḥodesh

May it be Your will, Lord our God and God of our ancestors, to renew our lives in the coming month. Grant us a long life, a peaceful life with goodness and blessing, sustenance and physical vitality, a life informed by purity and piety, a life free from shame and reproach, a life of abundance and honor, a life embracing piety and love of Torah, a life in which our heart's desires for goodness will be fulfilled. Amen.

The Reader holds the Sefer Torah while continuing:

May He who wrought miracles for our ancestors, redeeming them from slavery to freedom, redeem us soon and gather our dispersed from the four corners of the earth in the fellowship of the entire people Israel. And let us say: Amen.

The new month ______ will begin on ______. May it hold blessings for us and for all the people Israel.

The congregation repeats the above two lines and continues with the passage below, which is then repeated by the Reader

May the Holy One bless the new month for us and for all His people, the House of Israel, with life and peace, joy and gladness, deliverance and consolation. And let us say: Amen.

This prayer for martyrs is recited in some congregations only on the Shabbat before Shavuot, Tisha B'av, or Yom Ha-shoah

אַב הָרַחֲמִים, שׁוֹכֵן מְרוֹמִים, בְּרַחֲמָיו הָעֲצוּמִים הוּא יִפְקוֹד בְּרַחֲמִים הַחֲסִידִים וְהַיְשָׁרִים וְהַתְּמִימִים, קְהִלּוֹת הַקֹּדֶשׁ שֶׁמָּסְרוּ נַפְשָׁם עַל קְדֻשַּׁת הַשֵּׁם, הַנֶּאֱהָבִים וְהַנְּעִימִים בְּחַיֵּיהֶם, וּבְמוֹתָם לֹא נִפְרָדוּ. מִנְּשָׁרִים קַלּוּ, מֵאֲרָיוֹת גָּבֵרוּ, לַעֲשׂוֹת רְצוֹן קוֹנָם וְחֵפֶץ צוּרָם. יִזְכְּרֵם אֱלֹהֵינוּ לְטוֹבָה עִם שְׁאָר צַדִּיקֵי עוֹלָם, וְיִנְקוֹם נִקְמַת דַּם עֲבָדָיו הַשָּׁפוּךְ כַּכָּתוּב בְּתוֹרַת מֹשֶׁה אִישׁ הָאֱלֹהִים: הַרְנִינוּ גוֹיִם עַמּוֹ, כִּי דַם עֲבָדָיו יִקּוֹם, וְנָקָם יָשִׁיב לְצָרָיו, וְכִפֶּר אַדְמָתוֹ עַמּוֹ. וְעַל יְדֵי עֲבָדֶיךָ הַנְּבִיאִים כָּתוּב לֵאמֹר: וְנִקֵּיתִי דָּמָם לֹא נִקֵּיתִי, וַיהוה שֹׁכֵן בְּצִיּוֹן. וּבְכִתְבֵי הַקֹּדֶשׁ נֶאֱמַר: לָמָּה יֹאמְרוּ הַגּוֹיִם אַיֵּה אֱלֹהֵיהֶם, יִוָּדַע בַּגּוֹיִם לְעֵינֵינוּ נִקְמַת דַּם עֲבָדֶיךָ הַשָּׁפוּךְ.
□ וְאוֹמֵר: כִּי דוֹרֵשׁ דָּמִים אוֹתָם זָכָר, לֹא שָׁכַח צַעֲקַת עֲנָוִים.

אַשְׁרֵי יוֹשְׁבֵי בֵיתֶךָ, עוֹד יְהַלְלוּךָ סֶּלָה.
אַשְׁרֵי הָעָם שֶׁכָּכָה לּוֹ, אַשְׁרֵי הָעָם שֶׁיהוה אֱלֹהָיו.
תְּהִלָּה לְדָוִד
אֲרוֹמִמְךָ אֱלוֹהַי הַמֶּלֶךְ, וַאֲבָרְכָה שִׁמְךָ לְעוֹלָם וָעֶד.
בְּכָל־יוֹם אֲבָרְכֶךָּ, וַאֲהַלְלָה שִׁמְךָ לְעוֹלָם וָעֶד.
גָּדוֹל יהוה וּמְהֻלָּל מְאֹד, וְלִגְדֻלָּתוֹ אֵין חֵקֶר.
דּוֹר לְדוֹר יְשַׁבַּח מַעֲשֶׂיךָ, וּגְבוּרֹתֶיךָ יַגִּידוּ.
הֲדַר כְּבוֹד הוֹדֶךָ, וְדִבְרֵי נִפְלְאֹתֶיךָ אָשִׂיחָה.
וֶעֱזוּז נוֹרְאֹתֶיךָ יֹאמֵרוּ, וּגְדֻלָּתְךָ אֲסַפְּרֶנָּה.
זֵכֶר רַב טוּבְךָ יַבִּיעוּ, וְצִדְקָתְךָ יְרַנֵּנוּ.
חַנּוּן וְרַחוּם יהוה, אֶרֶךְ אַפַּיִם וּגְדָל־חָסֶד.
טוֹב יהוה לַכֹּל, וְרַחֲמָיו עַל כָּל־מַעֲשָׂיו.
יוֹדוּךָ יהוה כָּל־מַעֲשֶׂיךָ, וַחֲסִידֶיךָ יְבָרְכוּכָה.

*This prayer for martyrs is recited in some
congregations only on the Shabbat before
Shavuot, Tisha B'av, or Yom Ha-shoah*

May the compassionate Father, enthroned on high, remember with sublime compassion the pious, the good and the innocent, the holy communities who laid down their lives in the sanctification of His name. Beloved and beautiful in their lives, in their death they were not parted. They were swifter than eagles, stronger than lions in doing the will of their Creator. May our God remember them for good together with the other righteous of the world, and render retribution for His servants' blood which has been shed, as it is written in the Torah of Moses, man of God: "Acclaim His people, O nations, for He will avenge the blood of His servants, render retribution to His foes and cleanse His people's land." And by Your servant the prophet Joel it is written, "Though I cleanse them, I shall not cleanse them in regard to their bloodshed; and the Lord dwells in Zion." And in the Psalms it is said, "Why should the nations ask, 'Where is their God?' Let Your retribution for the blood of Your servants be made known among the nations, in our sight." And the Psalmist declares, "He who renders retribution for bloodshed remembers them; He has not forgotten the cry of the humble."

What happiness to be in Your house,
to sing Your praise, to belong to Your people.

What happiness to worship God.

A Psalm of David.

My God, my Guide, I will praise You always.
Day after day will I extol You.

God is infinite and awesome,
beyond all praise and all description.

Age after age Your works are praised,
Your power is felt, Your deeds are lauded.

I too am touched by Your glory,
the wonders of Your creation.

Some may speak of You only in awe,
but I speak of You with vast joy.

The very mention of Your goodness yields delight.

God is gracious and kind, patient and very loving,
good to everyone, compassionate to all creatures.

May all Your children be worthy of You.

כְּבוֹד מַלְכוּתְךָ יֹאמֵרוּ, וּגְבוּרָתְךָ יְדַבֵּרוּ.
לְהוֹדִיעַ לִבְנֵי הָאָדָם גְּבוּרֹתָיו, וּכְבוֹד הֲדַר מַלְכוּתוֹ.
מַלְכוּתְךָ מַלְכוּת כָּל־עֹלָמִים, וּמֶמְשַׁלְתְּךָ בְּכָל־דּוֹר וָדֹר.
סוֹמֵךְ יהוה לְכָל־הַנֹּפְלִים, וְזוֹקֵף לְכָל־הַכְּפוּפִים.
עֵינֵי כֹל אֵלֶיךָ יְשַׂבֵּרוּ, וְאַתָּה נוֹתֵן לָהֶם אֶת־אָכְלָם בְּעִתּוֹ.
פּוֹתֵחַ אֶת־יָדֶךָ, וּמַשְׂבִּיעַ לְכָל־חַי רָצוֹן.
צַדִּיק יהוה בְּכָל־דְּרָכָיו, וְחָסִיד בְּכָל־מַעֲשָׂיו.
קָרוֹב יהוה לְכָל־קֹרְאָיו, לְכֹל אֲשֶׁר יִקְרָאֻהוּ בֶאֱמֶת.
רְצוֹן יְרֵאָיו יַעֲשֶׂה, וְאֶת־שַׁוְעָתָם יִשְׁמַע וְיוֹשִׁיעֵם.
שׁוֹמֵר יהוה אֶת־כָּל־אֹהֲבָיו, וְאֵת כָּל־הָרְשָׁעִים יַשְׁמִיד.
□ תְּהִלַּת יהוה יְדַבֶּר פִּי,
וִיבָרֵךְ כָּל־בָּשָׂר שֵׁם קָדְשׁוֹ לְעוֹלָם וָעֶד.
וַאֲנַחְנוּ נְבָרֵךְ יָהּ, מֵעַתָּה וְעַד עוֹלָם. הַלְלוּיָהּ.

We rise for returning the Sefer Torah

Reader:

יְהַלְלוּ אֶת־שֵׁם יהוה כִּי נִשְׂגָּב שְׁמוֹ לְבַדּוֹ.

Reader and Congregation:

הוֹדוֹ עַל אֶרֶץ וְשָׁמָיִם, וַיָּרֶם קֶרֶן לְעַמּוֹ
תְּהִלָּה לְכָל־חֲסִידָיו, לִבְנֵי יִשְׂרָאֵל עַם קְרֹבוֹ. הַלְלוּיָהּ.

May all who claim to love You be a blessing,
by honoring Your sovereignty,
by declaring Your power,
by showing the splendor of Godliness.

Your realm is the unbounded cosmos;
Your reign endures throughout eternity.

God upholds all who falter;
He lifts up all the downtrodden.

All eyes must look to You with hope;
satisfy our needs in due time.

Your hand is always ready to fill all life with joy.

You are just in every way, loving in every gesture.

You are near to all who call upon You,
to all who call upon You with integrity.

May God always hear the prayer of the pious,
always answer their pleas, come to their aid.

May God guard every loving soul,
and destroy all wickedness.

May my own lips utter God's praise,
may all people worship God always.

PSALM 145

May all of us praise God now and forever. Halleluyah.

PSALM 115:18

We rise for returning the Sefer Torah

Reader:

Praise the Lord, for He is unique, exalted.

Reader and Congregation:

Hodo al eretz v'shamayim, va-yarem keren l'amo, t'hilah l'khol
hasidav, liv'nei yisrael am kerovo. Halleluyah!

His glory encompasses heaven and earth. He exalts and extols His
faithful, the people Israel who are close to Him. Halleluyah.

On Shabbat only:

מִזְמוֹר לְדָוִד. הָבוּ לַיהוה, בְּנֵי אֵלִים, הָבוּ לַיהוה כָּבוֹד וָעֹז. הָבוּ לַיהוה כְּבוֹד שְׁמוֹ, הִשְׁתַּחֲווּ לַיהוה בְּהַדְרַת קֹדֶשׁ. קוֹל יהוה עַל הַמָּיִם, אֵל הַכָּבוֹד הִרְעִים, יהוה עַל מַיִם רַבִּים. קוֹל יהוה בַּכֹּחַ, קוֹל יהוה בֶּהָדָר. קוֹל יהוה שֹׁבֵר אֲרָזִים וַיְשַׁבֵּר יהוה אֶת־אַרְזֵי הַלְּבָנוֹן. וַיַּרְקִידֵם כְּמוֹ עֵגֶל, לְבָנוֹן וְשִׂרְיוֹן כְּמוֹ בֶן־רְאֵמִים. קוֹל יהוה חֹצֵב לַהֲבוֹת אֵשׁ, קוֹל יהוה יָחִיל מִדְבָּר, יָחִיל יהוה מִדְבַּר קָדֵשׁ. קוֹל יהוה יְחוֹלֵל אַיָּלוֹת וַיֶּחֱשֹׂף יְעָרוֹת, וּבְהֵיכָלוֹ כֻּלּוֹ אֹמֵר כָּבוֹד. יהוה לַמַּבּוּל יָשָׁב, וַיֵּשֶׁב יהוה מֶלֶךְ לְעוֹלָם. יהוה עֹז לְעַמּוֹ יִתֵּן, יהוה יְבָרֵךְ אֶת־עַמּוֹ בַשָּׁלוֹם.

On weekdays:

לְדָוִד מִזְמוֹר. לַיהוה הָאָרֶץ וּמְלוֹאָהּ, תֵּבֵל וְיֹשְׁבֵי בָהּ. כִּי הוּא עַל יַמִּים יְסָדָהּ, וְעַל נְהָרוֹת יְכוֹנְנֶהָ. מִי יַעֲלֶה בְהַר יהוה, וּמִי יָקוּם בִּמְקוֹם קָדְשׁוֹ. נְקִי כַפַּיִם וּבַר לֵבָב, אֲשֶׁר לֹא נָשָׂא לַשָּׁוְא נַפְשִׁי, וְלֹא נִשְׁבַּע לְמִרְמָה. יִשָּׂא בְרָכָה מֵאֵת יהוה, וּצְדָקָה מֵאֱלֹהֵי יִשְׁעוֹ. זֶה דּוֹר דֹּרְשָׁיו, מְבַקְשֵׁי פָנֶיךָ יַעֲקֹב, סֶלָה. שְׂאוּ שְׁעָרִים רָאשֵׁיכֶם, וְהִנָּשְׂאוּ פִּתְחֵי עוֹלָם, וְיָבוֹא מֶלֶךְ הַכָּבוֹד. מִי זֶה מֶלֶךְ הַכָּבוֹד, יהוה עִזּוּז וְגִבּוֹר, יהוה גִּבּוֹר מִלְחָמָה. שְׂאוּ שְׁעָרִים רָאשֵׁיכֶם, וּשְׂאוּ פִּתְחֵי עוֹלָם, וְיָבֹא מֶלֶךְ הַכָּבוֹד. מִי הוּא זֶה מֶלֶךְ הַכָּבוֹד, יהוה צְבָאוֹת הוּא מֶלֶךְ הַכָּבוֹד, סֶלָה.

On Shabbat only:

A Psalm of David.

Acclaim the Lord, all the mighty. Praise Him for His power and glory. Acclaim the Lord, for great is His renown; worship the Lord in sacred splendor. The voice of the Lord peals above the waters, the God of glory thunders over oceans. The voice of the Lord echoes with majesty and might. The voice of the Lord shatters the cedars, the Lord shatters the cedars of Lebanon, making the hills skip like rams, the mountains leap like lambs. The Lord commands rock-splitting lightning. His voice stirs the desert sands, it shakes the Kadesh wilderness. The voice of the Lord strips the forest bare, while in His sanctuary all chant: Glory. The Lord sat enthroned at the Flood; the Lord will sit enthroned forever, bestowing strength upon His people, blessing His people with peace.

PSALM 29

On weekdays:

A Psalm of David.

The earth is the Lord's, and all it contains; the world and its inhabitants. He founded it upon the seas, and set it firm upon flowing waters. Who may ascend the Lord's mountain? Who may stand firm in His sanctuary? One who has clean hands and a pure heart, who does not use God's name in false oaths, who has not sworn deceitfully. He shall receive a blessing from the Lord, a just reward from the God of his deliverance. Such are the people who seek Him, who long for the presence of Jacob's God. Lift high your lintels, O you gates; open wide, you ancient doors! Welcome the glorious King! Who is the glorious King? The Lord, with triumph and might, the Lord, triumphant in battle. Lift high your lintels, O you gates; open wide, you ancient doors! Welcome the glorious King! Who is the glorious King? *Adonai tzeva'ot,* He is the glorious King.

PSALM 24

The Sefer Torah is placed in the Ark

וּבְנֻחֹה יֹאמַר: שׁוּבָה יהוה רִבְבוֹת אַלְפֵי יִשְׂרָאֵל. קוּמָה יהוה לִמְנוּחָתֶךָ, אַתָּה וַאֲרוֹן עֻזֶּךָ. כֹּהֲנֶיךָ יִלְבְּשׁוּ־צֶדֶק, וַחֲסִידֶיךָ יְרַנֵּנוּ. בַּעֲבוּר דָּוִד עַבְדֶּךָ, אַל תָּשֵׁב פְּנֵי מְשִׁיחֶךָ. כִּי לֶקַח טוֹב נָתַתִּי לָכֶם, תּוֹרָתִי אַל תַּעֲזֹבוּ.

עֵץ חַיִּים הִיא לַמַּחֲזִיקִים בָּהּ, וְתוֹמְכֶיהָ מְאֻשָּׁר.

דְּרָכֶיהָ דַרְכֵי־נֹעַם, וְכָל־נְתִיבוֹתֶיהָ שָׁלוֹם.

הֲשִׁיבֵנוּ יהוה אֵלֶיךָ וְנָשׁוּבָה, חַדֵּשׁ יָמֵינוּ כְּקֶדֶם.

On Hoshanah Rabbah, we continue with Ashrei, page 152

The Sefer Torah is placed in the Ark

Whenever the Ark was set down, Moses would say: Lord, may You dwell among the myriad families of the people Israel. Return, O Lord, to Your sanctuary, You and Your glorious Ark. Let Your *kohanim* be clothed in triumph, let Your faithful sing for joy. For the sake of David, Your servant, do not reject Your anointed.

Precious teaching do I give you:
Never forsake My Torah.

It is a tree of life for those who grasp it,
and all who uphold it are blessed.

Its ways are pleasantness, and all its paths are peace.

Help us turn to You, and we shall return.
Renew our lives as in days of old.

On Hoshanah Rabbah, we continue with Ashrei,
page 153

MUSAF SERVICE

ḤATZI KADDISH

Reader:

יִתְגַּדַּל וְיִתְקַדַּשׁ שְׁמֵהּ רַבָּא בְּעָלְמָא דִּי בְרָא כִרְעוּתֵהּ, וְיַמְלִיךְ
מַלְכוּתֵהּ בְּחַיֵּיכוֹן וּבְיוֹמֵיכוֹן וּבְחַיֵּי דְכָל־בֵּית יִשְׂרָאֵל, בַּעֲגָלָא
וּבִזְמַן קָרִיב, וְאִמְרוּ אָמֵן.

Congregation and Reader:

יְהֵא שְׁמֵהּ רַבָּא מְבָרַךְ לְעָלַם וּלְעָלְמֵי עָלְמַיָּא.

Reader:

יִתְבָּרַךְ וְיִשְׁתַּבַּח וְיִתְפָּאַר וְיִתְרוֹמַם וְיִתְנַשֵּׂא, וְיִתְהַדַּר וְיִתְעַלֶּה
וְיִתְהַלַּל שְׁמֵהּ דְּקֻדְשָׁא, בְּרִיךְ הוּא לְעֵלָּא (לְעֵלָּא מִכָּל־) מִן
כָּל־בִּרְכָתָא וְשִׁירָתָא, תֻּשְׁבְּחָתָא וְנֶחֱמָתָא דַּאֲמִירָן בְּעָלְמָא,
וְאִמְרוּ אָמֵן.

On Shabbat, we continue on page 430

When Shabbat coincides with a Festival, including Ḥol Ha-mo'ed, we continue on page 456

When Shabbat coincides with Rosh Ḥodesh, we continue on page 486

On Festivals, including Ḥol Ha-mo'ed, we continue on page 456

On Rosh Ḥodesh, we continue on page 486

On Hoshana Rabbah, we continue on page 456

MUSAF SERVICE

 ## ḤATZI KADDISH

Reader:

Hallowed and enhanced may He be throughout the world of His own creation. May He cause His sovereignty soon to be accepted, during our life and the life of all Israel. And let us say: Amen.

Congregation and Reader:

Y'hei sh'mei raba m'varakh l'alam u-l'almei almaya.

May He be praised throughout all time.

Reader:

Glorified and celebrated, lauded and worshiped, acclaimed and honored, extolled and exalted may the Holy One be, praised beyond all song and psalm, beyond all tributes which mortals can utter. And let us say: Amen.

On Shabbat, we continue on page 431

*When Shabbat coincides with a Festival,
including Ḥol Ha-mo'ed, we continue on page 457*

*When Shabbat coincides with Rosh Ḥodesh, we
continue on page 487*

*On Festivals, including Ḥol Ha-mo'ed, we
continue on page 457*

On Rosh Ḥodesh, we continue on page 487

On Hoshana Rabbah, we continue on page 457

כִּי שֵׁם יהוה אֶקְרָא, הָבוּ גֹֽדֶל לֵאלֹהֵֽינוּ.

אֲדֹנָי, שְׂפָתַי תִּפְתָּח וּפִי יַגִּיד תְּהִלָּתֶֽךָ.

בָּרוּךְ אַתָּה יהוה אֱלֹהֵֽינוּ וֵאלֹהֵי אֲבוֹתֵֽינוּ, אֱלֹהֵי אַבְרָהָם אֱלֹהֵי יִצְחָק וֵאלֹהֵי יַעֲקֹב, הָאֵל הַגָּדוֹל הַגִּבּוֹר וְהַנּוֹרָא, אֵל עֶלְיוֹן, גּוֹמֵל חֲסָדִים טוֹבִים וְקוֹנֵה הַכֹּל, וְזוֹכֵר חַסְדֵי אָבוֹת וּמֵבִיא גוֹאֵל לִבְנֵי בְנֵיהֶם לְמַֽעַן שְׁמוֹ בְּאַהֲבָה.

On Shabbat before Yom Kippur:

זָכְרֵֽנוּ לְחַיִּים, מֶֽלֶךְ חָפֵץ בַּחַיִּים,
וְכָתְבֵֽנוּ בְּסֵֽפֶר הַחַיִּים לְמַעַנְךָ אֱלֹהִים חַיִּים.

מֶֽלֶךְ עוֹזֵר וּמוֹשִׁיעַ וּמָגֵן. בָּרוּךְ אַתָּה יהוה מָגֵן אַבְרָהָם.

אַתָּה גִבּוֹר לְעוֹלָם אֲדֹנָי, מְחַיֵּה מֵתִים אַתָּה רַב לְהוֹשִֽׁיעַ.

From Sh'mini Atzeret to Pesaḥ:

מַשִּׁיב הָרֽוּחַ וּמוֹרִיד הַגָּֽשֶׁם.

מְכַלְכֵּל חַיִּים בְּחֶֽסֶד, מְחַיֵּה מֵתִים בְּרַחֲמִים רַבִּים, סוֹמֵךְ נוֹפְלִים וְרוֹפֵא חוֹלִים וּמַתִּיר אֲסוּרִים, וּמְקַיֵּם אֱמוּנָתוֹ לִישֵׁנֵי עָפָר. מִי כָמֽוֹךָ בַּֽעַל גְּבוּרוֹת וּמִי דֽוֹמֶה לָּךְ, מֶֽלֶךְ מֵמִית וּמְחַיֶּה וּמַצְמִיחַ יְשׁוּעָה.

On Shabbat before Yom Kippur:

מִי כָמֽוֹךָ אַב הָרַחֲמִים, זוֹכֵר יְצוּרָיו לְחַיִּים בְּרַחֲמִים.

וְנֶאֱמָן אַתָּה לְהַחֲיוֹת מֵתִים. בָּרוּךְ אַתָּה יהוה מְחַיֵּה הַמֵּתִים.

*The silent recitation of the Amidah continues
with אתה קדוש on page 434*

MUSAF AMIDAH FOR SHABBAT

When I call upon the Lord, give glory to our God.
Open my mouth, O Lord, and my lips will proclaim Your praise.

Praised are You, Lord our God and God of our ancestors, God of Abraham, of Isaac, and of Jacob, great, mighty, awesome, exalted God who bestows lovingkindness, Creator of all. You remember the pious deeds of our ancestors and will send a redeemer to their children's children because of Your loving nature.

On Shabbat before Yom Kippur:

Remember us that we may live, O King who delights in life.
Inscribe us in the Book of Life, for Your sake, living God.

You are the King who helps and saves and shields. Praised are You, Lord, Shield of Abraham.

Your might, O Lord, is boundless. You give life to the dead; great is Your saving power.

From Sh'mini Atzeret until Pesaḥ:

You cause the wind to blow and the rain to fall.

Your lovingkindness sustains the living, Your great mercies give life to the dead. You support the falling, heal the ailing, free the fettered. You keep Your faith with those who sleep in dust. Whose power can compare with Yours? You are the Master of life and death and deliverance.

On Shabbat before Yom Kippur:

Whose mercy can compare with Yours, merciful Father?
In mercy You remember Your creatures with life.

Faithful are You in giving life to the dead. Praised are You, Lord, Master of life and death.

The silent recitation of the Amidah continues with "Holy are You . . ." on page 435

When the Reader chants the Amidah aloud,
Kedushah is added. The congregation chants
the indented verses aloud.

נַעֲרִיצְךָ וְנַקְדִּישְׁךָ כְּסוֹד שִׂיחַ שַׂרְפֵי קֹדֶשׁ הַמַּקְדִּישִׁים שִׁמְךָ
בַּקֹּדֶשׁ, כַּכָּתוּב עַל יַד נְבִיאֶךָ, וְקָרָא זֶה אֶל זֶה וְאָמַר:

קָדוֹשׁ קָדוֹשׁ קָדוֹשׁ יהוה צְבָאוֹת, מְלֹא כָל־הָאָרֶץ כְּבוֹדוֹ.

כְּבוֹדוֹ מָלֵא עוֹלָם, מְשָׁרְתָיו שׁוֹאֲלִים זֶה לָזֶה: אַיֵּה מְקוֹם
כְּבוֹדוֹ. לְעֻמָּתָם בָּרוּךְ יֹאמֵרוּ:

בָּרוּךְ כְּבוֹד יהוה מִמְּקוֹמוֹ.

מִמְּקוֹמוֹ הוּא יִפֶן בְּרַחֲמִים, וְיָחוֹן עַם הַמְיַחֲדִים שְׁמוֹ עֶרֶב
וָבֹקֶר בְּכָל־יוֹם תָּמִיד פַּעֲמַיִם בְּאַהֲבָה שְׁמַע אוֹמְרִים:

שְׁמַע יִשְׂרָאֵל יהוה אֱלֹהֵינוּ יהוה אֶחָד.

הוּא אֱלֹהֵינוּ, הוּא אָבִינוּ, הוּא מַלְכֵּנוּ, הוּא מוֹשִׁיעֵנוּ, וְהוּא
יַשְׁמִיעֵנוּ בְּרַחֲמָיו שֵׁנִית לְעֵינֵי כָּל־חָי, לִהְיוֹת לָכֶם לֵאלֹהִים.

אֲנִי יהוה אֱלֹהֵיכֶם.

וּבְדִבְרֵי קָדְשְׁךָ כָּתוּב לֵאמֹר:

יִמְלֹךְ יהוה לְעוֹלָם, אֱלֹהַיִךְ צִיּוֹן לְדֹר וָדֹר, הַלְלוּיָהּ.

לְדוֹר וָדוֹר נַגִּיד גָּדְלֶךָ וּלְנֵצַח נְצָחִים קְדֻשָּׁתְךָ נַקְדִּישׁ. וְשִׁבְחֲךָ
אֱלֹהֵינוּ מִפִּינוּ לֹא יָמוּשׁ לְעוֹלָם וָעֶד, כִּי אֵל מֶלֶךְ גָּדוֹל וְקָדוֹשׁ
אָתָּה.

On Shabbat before Yom Kippur substitute
these words for the line which follows:

בָּרוּךְ אַתָּה יהוה הַמֶּלֶךְ הַקָּדוֹשׁ.

בָּרוּךְ אַתָּה יהוה הָאֵל הַקָּדוֹשׁ.

Continue with תכנת שבת

❦ KEDUSHAH

When the Reader chants the Amidah aloud,
Kedushah is added. The congregation chants
the italicized verses aloud.

We revere and hallow You on earth as Your name is hallowed in heaven, where it is sung by celestial choirs as in Your prophet's vision. The angels called one to another:

Kadosh kadosh kadosh Adonai tzeva'ot, m'lo khol ha-aretz k'vodo.
Holy, holy, holy Adonai tzeva'ot. The whole world is filled with His glory.

His glory fills the universe. When one angelic chorus asks, "Where is His glory?" another responds with praise:

Barukh k'vod Adonai mi-m'komo.
Praised is the Lord's glory throughout the universe.

May He turn in compassion, granting mercy to His people who twice daily, morning and evening, proclaim His oneness with love:

Sh'ma yisrael Adonai Eloheinu Adonai eḥad.
Hear, O Israel: The Lord our God, the Lord is One.

He is our God and our Father; He is our King and our Redeemer. And in His mercy again will He declare, before all the world:

Ani Adonai Eloheikhem. I am the Lord your God.

And thus sang the Psalmist:

Yimlokh Adonai l'olam, Elohayikh tziyon l'dor va-dor. Halleluyah.
The Lord shall reign through all generations; your God, Zion, shall reign forever. Halleluyah.

We declare Your greatness through all generations, hallow Your holiness to all eternity. Your praise will never leave our lips, for You are God and King, great and holy.

> *On Shabbat before Yom Kippur substitute*
> *these words for the line which follows:*
>
> Praised are You, Lord, holy King.

Praised are You, Lord, holy God.

Continue with "Shabbat have You established . . ."

The silent recitation of the Amidah continues here:

אַתָּה קָדוֹשׁ וְשִׁמְךָ קָדוֹשׁ, וּקְדוֹשִׁים בְּכָל־יוֹם יְהַלְלוּךָ סֶּלָה.

On Shabbat before Yom Kippur substitute these words for the line which follows:

בָּרוּךְ אַתָּה יהוה הַמֶּלֶךְ הַקָּדוֹשׁ.

בָּרוּךְ אַתָּה יהוה הָאֵל הַקָּדוֹשׁ.

The Reader's chanting of the Amidah continues here:

תִּכַּנְתָּ שַׁבָּת רָצִיתָ קָרְבְּנוֹתֶיהָ, צִוִּיתָ פֵּרוּשֶׁיהָ עִם סִדּוּרֵי נְסָכֶיהָ. מְעַנְּגֶיהָ לְעוֹלָם כָּבוֹד יִנְחָלוּ, טוֹעֲמֶיהָ חַיִּים זָכוּ, וְגַם הָאוֹהֲבִים דְּבָרֶיהָ גְּדֻלָּה בָּחָרוּ. אָז מִסִּינַי נִצְטַוּוּ עָלֶיהָ וַתְּצַוֵּם יהוה אֱלֹהֵינוּ לְהַקְרִיב בָּהּ קָרְבַּן מוּסַף שַׁבָּת כָּרָאוּי. יְהִי רָצוֹן מִלְּפָנֶיךָ יהוה אֱלֹהֵינוּ וֵאלֹהֵי אֲבוֹתֵינוּ, הַמֵּשִׁיב בָּנִים לִגְבוּלָם, שֶׁתַּעֲלֵנוּ בְשִׂמְחָה לְאַרְצֵנוּ וְתִטָּעֵנוּ בִּגְבוּלֵנוּ, שֶׁשָּׁם עָשׂוּ אֲבוֹתֵינוּ לְפָנֶיךָ אֶת־קָרְבְּנוֹת חוֹבוֹתֵיהֶם, תְּמִידִים כְּסִדְרָם וּמוּסָפִים כְּהִלְכָתָם, וְשָׁם נַעֲבָדְךָ בְּאַהֲבָה וּבְיִרְאָה כִּימֵי עוֹלָם וּכְשָׁנִים קַדְמוֹנִיּוֹת. וְאֶת־מוּסַף יוֹם הַשַּׁבָּת הַזֶּה עָשׂוּ וְהִקְרִיבוּ לְפָנֶיךָ בְּאַהֲבָה כְּמִצְוַת רְצוֹנֶךָ כַּכָּתוּב בְּתוֹרָתֶךָ, עַל יְדֵי מֹשֶׁה עַבְדֶּךָ מִפִּי כְבוֹדֶךָ כָּאָמוּר.

Some congregations add:

וּבְיוֹם הַשַּׁבָּת, שְׁנֵי כְבָשִׂים בְּנֵי שָׁנָה תְּמִימִם, וּשְׁנֵי עֶשְׂרֹנִים סֹלֶת מִנְחָה בְּלוּלָה בַשֶּׁמֶן וְנִסְכּוֹ. עֹלַת שַׁבַּת בְּשַׁבַּתּוֹ עַל עֹלַת הַתָּמִיד וְנִסְכָּהּ.

מֶלֶךְ רַחֲמָן, קַבֵּל בְּרַחֲמִים אֶת־תְּפִלַּת עַמְּךָ יִשְׂרָאֵל בְּכָל־מְקוֹמוֹת מוֹשְׁבוֹתֵיהֶם.

יִשְׂמְחוּ בְמַלְכוּתְךָ שׁוֹמְרֵי שַׁבָּת וְקוֹרְאֵי עֹנֶג. עַם מְקַדְּשֵׁי שְׁבִיעִי, כֻּלָּם יִשְׂבְּעוּ וְיִתְעַנְּגוּ מִטּוּבֶךָ. וּבַשְּׁבִיעִי רָצִיתָ בּוֹ וְקִדַּשְׁתּוֹ, חֶמְדַּת יָמִים אוֹתוֹ קָרָאתָ, זֵכֶר לְמַעֲשֵׂה בְרֵאשִׁית.

The silent recitation of the Amidah continues here:

Holy are You and holy is Your name. Holy are those who praise You daily.

> *On Shabbat before Yom Kippur substitute these words for the line which follows:*
>
> Praised are You, Lord, holy King.

Praised are You, Lord, holy God.

The Reader's chanting of the Amidah continues here:

Shabbat have You established, Lord our God, prescribing by Your will its special offerings and sacrifices. Those who delight in Shabbat will inherit enduring glory. Those who savor Shabbat share the bliss of eternal life; those who love its teachings have chosen greatness. At Sinai did our ancestors receive the mitzvah of Shabbat, and You commanded them that on Shabbat an additional sacrifice be offered.

May it be Your will, Lord our God and God of our ancestors who restores His children to their land, to lead us in joy to our land and to settle our people within its borders. There our ancestors sacrificed to You with their daily offerings and with their special offerings, and there may we worship You with love and reverence as in days of old and ancient times. And the special offering for Shabbat they offered lovingly, according to Your will, as written in Your Torah through Moses, Your servant.

> *Some congregations add:*
>
> Offerings for the day of Shabbat: two yearling lambs without blemish, together with two-tenths of an ephah of choice flour mingled with oil as a grain offering, with the proper libation; a burnt offering for every Shabbat, in addition to the daily burnt offering and its libation.
>
> NUMBERS 28:9–10

Compassionate King, accept with compassion the prayer of Your people Israel, wherever they dwell.

Those who celebrate Shabbat rejoice in Your kingship, hallowing the seventh day, calling it delight. All of them truly enjoy Your goodness. For it pleased You to sanctify the seventh day, calling it the most desirable day, a reminder of Creation.

אֱלֹהֵינוּ וֵאלֹהֵי אֲבוֹתֵינוּ, רְצֵה בִמְנוּחָתֵנוּ. קַדְּשֵׁנוּ בְּמִצְוֹתֶיךָ וְתֵן חֶלְקֵנוּ בְּתוֹרָתֶךָ, שַׂבְּעֵנוּ מִטּוּבֶךָ וְשַׂמְּחֵנוּ בִּישׁוּעָתֶךָ, וְטַהֵר לִבֵּנוּ לְעָבְדְּךָ בֶּאֱמֶת. וְהַנְחִילֵנוּ יהוה אֱלֹהֵינוּ בְּאַהֲבָה וּבְרָצוֹן שַׁבַּת קָדְשֶׁךָ, וְיָנוּחוּ בָהּ יִשְׂרָאֵל מְקַדְּשֵׁי שְׁמֶךָ. בָּרוּךְ אַתָּה יהוה מְקַדֵּשׁ הַשַּׁבָּת.

רְצֵה יהוה אֱלֹהֵינוּ בְּעַמְּךָ יִשְׂרָאֵל וּבִתְפִלָּתָם, וְהָשֵׁב אֶת־הָעֲבוֹדָה לִדְבִיר בֵּיתֶךָ, וּתְפִלָּתָם בְּאַהֲבָה תְקַבֵּל בְּרָצוֹן, וּתְהִי לְרָצוֹן תָּמִיד עֲבוֹדַת יִשְׂרָאֵל עַמֶּךָ. וְתֶחֱזֶינָה עֵינֵינוּ בְּשׁוּבְךָ לְצִיּוֹן בְּרַחֲמִים. בָּרוּךְ אַתָּה יהוה הַמַּחֲזִיר שְׁכִינָתוֹ לְצִיּוֹן.

When the Reader chants the Amidah, the
congregation recites this passage silently
while the Reader continues with the next passage

מוֹדִים אֲנַחְנוּ לָךְ שָׁאַתָּה הוּא יהוה אֱלֹהֵינוּ וֵאלֹהֵי אֲבוֹתֵינוּ, אֱלֹהֵי כָל־בָּשָׂר, יוֹצְרֵנוּ יוֹצֵר בְּרֵאשִׁית. בְּרָכוֹת וְהוֹדָאוֹת לְשִׁמְךָ הַגָּדוֹל וְהַקָּדוֹשׁ עַל שֶׁהֶחֱיִיתָנוּ וְקִיַּמְתָּנוּ. כֵּן תְּחַיֵּנוּ וּתְקַיְּמֵנוּ וְתֶאֱסוֹף גָּלֻיּוֹתֵינוּ לְחַצְרוֹת קָדְשֶׁךָ לִשְׁמוֹר חֻקֶּיךָ וְלַעֲשׂוֹת רְצוֹנֶךָ וּלְעָבְדְּךָ בְּלֵבָב שָׁלֵם, עַל שֶׁאֲנַחְנוּ מוֹדִים לָךְ. בָּרוּךְ אֵל הַהוֹדָאוֹת.

מוֹדִים אֲנַחְנוּ לָךְ שָׁאַתָּה הוּא יהוה אֱלֹהֵינוּ וֵאלֹהֵי אֲבוֹתֵינוּ לְעוֹלָם וָעֶד. צוּר חַיֵּינוּ, מָגֵן יִשְׁעֵנוּ אַתָּה הוּא לְדוֹר וָדוֹר. נוֹדֶה לְּךָ וּנְסַפֵּר תְּהִלָּתֶךָ, עַל חַיֵּינוּ הַמְּסוּרִים בְּיָדֶךָ וְעַל נִשְׁמוֹתֵינוּ הַפְּקוּדוֹת לָךְ וְעַל נִסֶּיךָ שֶׁבְּכָל־יוֹם עִמָּנוּ וְעַל נִפְלְאוֹתֶיךָ וְטוֹבוֹתֶיךָ שֶׁבְּכָל־עֵת, עֶרֶב וָבֹקֶר וְצָהֳרָיִם. הַטּוֹב כִּי לֹא כָלוּ רַחֲמֶיךָ, וְהַמְרַחֵם כִּי לֹא תַמּוּ חֲסָדֶיךָ, מֵעוֹלָם קִוִּינוּ לָךְ.

Our God and God of our ancestors, accept our Shabbat offering of rest. Add holiness to our lives with Your mitzvot and let Your Torah be our portion. Fill our lives with Your goodness and gladden us with Your triumph. Cleanse our hearts and we shall serve You faithfully. Lovingly and willingly, Lord our God, grant that we inherit Your holy gift of Shabbat forever, so that Your people Israel who hallow Your name will always find rest on this day. Praised are You, Lord who hallows Shabbat.

Accept the prayer of Your people Israel as lovingly as it is offered. Restore worship to Your sanctuary. May the worship of the people Israel always be acceptable to You. May we witness Your merciful return to Zion. Praised are You, Lord who restores His Presence to Zion.

When the Reader chants the Amidah, the congregation recites this passage silently while the Reader continues with the next passage

We proclaim that You are the Lord our God and God of our ancestors, Creator of all who created us, God of all flesh. We praise You and thank You for granting us life and for sustaining us. May You continue to grant us life and sustenance. Gather our dispersed to Your holy place, to fulfill Your mitzvot and to serve You wholeheartedly, doing Your will. For this we shall thank You. Praised be God to whom thanksgiving is due.

We proclaim that You are the Lord our God and God of our ancestors throughout all time. You are the Rock of our lives, the Shield of our salvation in every generation. We thank You and praise You morning, noon, and night for Your miracles which daily attend us and for Your wondrous kindnesses. Our lives are in Your hand; our souls are in Your charge. You are good, with everlasting mercy; You are compassionate, with enduring lovingkindness. We have always placed our hope in You.

On Ḥanukkah:

עַל הַנִּסִּים וְעַל הַפֻּרְקָן, וְעַל הַגְּבוּרוֹת, וְעַל הַתְּשׁוּעוֹת, וְעַל הַמִּלְחָמוֹת שֶׁעָשִׂיתָ לַאֲבוֹתֵינוּ בַּיָּמִים הָהֵם וּבַזְּמַן הַזֶּה.

בִּימֵי מַתִּתְיָהוּ בֶּן־יוֹחָנָן כֹּהֵן גָּדוֹל, חַשְׁמוֹנַי וּבָנָיו, כְּשֶׁעָמְדָה מַלְכוּת יָוָן הָרְשָׁעָה עַל עַמְּךָ יִשְׂרָאֵל לְהַשְׁכִּיחָם תּוֹרָתֶךָ וּלְהַעֲבִירָם מֵחֻקֵּי רְצוֹנֶךָ, וְאַתָּה בְּרַחֲמֶיךָ הָרַבִּים עָמַדְתָּ לָהֶם בְּעֵת צָרָתָם, רַבְתָּ אֶת־רִיבָם, דַּנְתָּ אֶת־דִּינָם, נָקַמְתָּ אֶת־נִקְמָתָם, מָסַרְתָּ גִּבּוֹרִים בְּיַד חַלָּשִׁים, וְרַבִּים בְּיַד מְעַטִּים, וּטְמֵאִים בְּיַד טְהוֹרִים, וּרְשָׁעִים בְּיַד צַדִּיקִים, וְזֵדִים בְּיַד עוֹסְקֵי תוֹרָתֶךָ. וּלְךָ עָשִׂיתָ שֵׁם גָּדוֹל וְקָדוֹשׁ בְּעוֹלָמֶךָ, וּלְעַמְּךָ יִשְׂרָאֵל עָשִׂיתָ תְּשׁוּעָה גְדוֹלָה וּפֻרְקָן כְּהַיּוֹם הַזֶּה. וְאַחַר כֵּן בָּאוּ בָנֶיךָ לִדְבִיר בֵּיתֶךָ וּפִנּוּ אֶת־הֵיכָלֶךָ, וְטִהֲרוּ אֶת־מִקְדָּשֶׁךָ, וְהִדְלִיקוּ נֵרוֹת בְּחַצְרוֹת קָדְשֶׁךָ, וְקָבְעוּ שְׁמוֹנַת יְמֵי חֲנֻכָּה אֵלּוּ לְהוֹדוֹת וּלְהַלֵּל לְשִׁמְךָ הַגָּדוֹל.

וְעַל כֻּלָּם יִתְבָּרַךְ וְיִתְרוֹמַם שִׁמְךָ מַלְכֵּנוּ תָּמִיד לְעוֹלָם וָעֶד.

On Shabbat before Yom Kippur:

וּכְתֹב לְחַיִּים טוֹבִים כָּל־בְּנֵי בְרִיתֶךָ.

וְכֹל הַחַיִּים יוֹדוּךָ סֶּלָה, וִיהַלְלוּ אֶת־שִׁמְךָ בֶּאֱמֶת, הָאֵל יְשׁוּעָתֵנוּ וְעֶזְרָתֵנוּ סֶלָה. בָּרוּךְ אַתָּה יהוה הַטּוֹב שִׁמְךָ וּלְךָ נָאֶה לְהוֹדוֹת.

Reader, during repetition of Amidah:

אֱלֹהֵינוּ וֵאלֹהֵי אֲבוֹתֵינוּ, בָּרְכֵנוּ בַּבְּרָכָה הַמְשֻׁלֶּשֶׁת, בַּתּוֹרָה הַכְּתוּבָה עַל יְדֵי מֹשֶׁה עַבְדֶּךָ, הָאֲמוּרָה מִפִּי אַהֲרֹן וּבָנָיו, כֹּהֲנִים, עַם קְדוֹשֶׁךָ, כָּאָמוּר:

Congregation:

יְבָרֶכְךָ יהוה וְיִשְׁמְרֶךָ. — כֵּן יְהִי רָצוֹן.

יָאֵר יהוה פָּנָיו אֵלֶיךָ וִיחֻנֶּךָּ. — כֵּן יְהִי רָצוֹן.

יִשָּׂא יהוה פָּנָיו אֵלֶיךָ וְיָשֵׂם לְךָ שָׁלוֹם. — כֵּן יְהִי רָצוֹן.

שִׂים שָׁלוֹם בָּעוֹלָם, טוֹבָה וּבְרָכָה, חֵן וָחֶסֶד וְרַחֲמִים עָלֵינוּ וְעַל כָּל־יִשְׂרָאֵל עַמֶּךָ. בָּרְכֵנוּ אָבִינוּ כֻּלָּנוּ כְּאֶחָד בְּאוֹר פָּנֶיךָ, כִּי בְאוֹר פָּנֶיךָ נָתַתָּ לָּנוּ, יהוה אֱלֹהֵינוּ, תּוֹרַת חַיִּים וְאַהֲבַת חֶסֶד, וּצְדָקָה וּבְרָכָה וְרַחֲמִים וְחַיִּים וְשָׁלוֹם. וְטוֹב בְּעֵינֶיךָ לְבָרֵךְ אֶת־עַמְּךָ יִשְׂרָאֵל בְּכָל־עֵת וּבְכָל־שָׁעָה בִּשְׁלוֹמֶךָ.

On Ḥanukkah:

We thank You for the heroism, for the triumphs, and for the miraculous deliverance of our ancestors in other days, and in our time.

In the days of Mattathias son of Yoḥanan, the Hasmonean *kohen gadol*, and in the days of his sons, a cruel power rose against Your people Israel, demanding that they abandon Your Torah and violate Your mitzvot. You, in great mercy, stood by Your people in time of trouble. You defended them, vindicated them, and avenged their wrongs. You delivered the strong into the hands of the weak, the many into the hands of the few, the corrupt into the hands of the pure in heart, the guilty into the hands of the innocent. You delivered the arrogant into the hands of those who were faithful to Your Torah. You have wrought great victories and miraculous deliverance for Your people Israel to this day, revealing Your glory and Your holiness to all the world. Then Your children came into Your shrine, cleansed Your Temple, purified Your sanctuary, and kindled lights in Your sacred courts. They set aside these eight days as a season for giving thanks and reciting praises to You.

For all these blessings we shall ever praise and exalt You.

On Shabbat before Yom Kippur:

Inscribe all the people of Your covenant for a good life.

May every living creature thank You and praise You faithfully, our deliverance and our help. Praised are You, beneficent Lord to whom all praise is due.

Reader, during repetition of Amidah:

Bless us, our God and God of our ancestors, with the threefold blessing written in the Torah by Moses, Your servant, pronounced by Aaron and by his descendants, *kohanim*, Your holy people.

	Congregation:
May the Lord bless you and guard you.	*Ken y'hi ratzon.*
May the Lord show you favor and be gracious to you.	*Ken y'hi ratzon.*
May the Lord show you kindness and grant you peace.	*Ken y'hi ratzon.*

Grant peace to the world, with happiness, blessing, grace, love, and mercy for us and for all the people Israel. Bless us, our Father, one and all, with Your light; for by that light did You teach us Torah and life, love and tenderness, justice, mercy, and peace. May it please You to bless Your people Israel in every season and at all times with Your gift of peace.

On Shabbat before Yom Kippur substitute these words for the line which follows:

בְּסֵפֶר חַיִּים, בְּרָכָה וְשָׁלוֹם, וּפַרְנָסָה טוֹבָה, נִזָּכֵר וְנִכָּתֵב לְפָנֶיךָ, אֲנַחְנוּ וְכָל־עַמְּךָ בֵּית יִשְׂרָאֵל, לְחַיִּים טוֹבִים וּלְשָׁלוֹם. בָּרוּךְ אַתָּה יהוה עֹשֵׂה הַשָּׁלוֹם.

בָּרוּךְ אַתָּה יהוה הַמְבָרֵךְ אֶת־עַמּוֹ יִשְׂרָאֵל בַּשָּׁלוֹם.

The Reader's chanting of the Amidah ends here. *We continue on page 506.*

At the conclusion of the Amidah, personal prayers may be added

אֱלֹהַי, נְצוֹר לְשׁוֹנִי מֵרָע וּשְׂפָתַי מִדַּבֵּר מִרְמָה, וְלִמְקַלְלַי נַפְשִׁי תִדּוֹם, וְנַפְשִׁי כֶּעָפָר לַכֹּל תִּהְיֶה. פְּתַח לִבִּי בְּתוֹרָתֶךָ וּבְמִצְוֹתֶיךָ תִּרְדּוֹף נַפְשִׁי. וְכָל־הַחוֹשְׁבִים עָלַי רָעָה, מְהֵרָה הָפֵר עֲצָתָם וְקַלְקֵל מַחֲשַׁבְתָּם. עֲשֵׂה לְמַעַן שְׁמֶךָ, עֲשֵׂה לְמַעַן יְמִינֶךָ, עֲשֵׂה לְמַעַן קְדֻשָּׁתֶךָ, עֲשֵׂה לְמַעַן תּוֹרָתֶךָ, לְמַעַן יֵחָלְצוּן יְדִידֶיךָ, הוֹשִׁיעָה יְמִינְךָ וַעֲנֵנִי. יִהְיוּ לְרָצוֹן אִמְרֵי־פִי וְהֶגְיוֹן לִבִּי לְפָנֶיךָ, יהוה צוּרִי וְגוֹאֲלִי. עֹשֶׂה שָׁלוֹם בִּמְרוֹמָיו, הוּא יַעֲשֶׂה שָׁלוֹם עָלֵינוּ וְעַל כָּל־יִשְׂרָאֵל, וְאִמְרוּ אָמֵן.

An alternative:

זַכֵּנִי לְשִׂמְחָה וְחֵרוּת שֶׁל שַׁבָּת, זַכֵּנִי לִטְעוֹם טַעַם עֹנֶג שַׁבָּת בֶּאֱמֶת. זַכֵּנִי שֶׁלֹּא יַעֲלֶה עַל לִבִּי שׁוּם עַצְבוּת וּמָרָה שְׁחוֹרָה, וְלֹא שׁוּם יָגוֹן וַאֲנָחָה בְּיוֹם שַׁבַּת קֹדֶשׁ. שַׂמֵּחַ נֶפֶשׁ עַבְדֶּךָ כִּי אֵלֶיךָ אֲדֹנָי נַפְשִׁי אֶשָּׂא. תַּשְׁמִיעֵנִי שָׂשׂוֹן וְשִׂמְחָה. עָזְרֵנִי לְהַרְבּוֹת בְּתַעֲנוּגֵי שַׁבָּת בְּכָל־מִינֵי תַּעֲנוּגִים. וְעָזְרֵנִי לְהַמְשִׁיךְ הַשִּׂמְחָה שֶׁל שַׁבָּת לְשֵׁשֶׁת יְמֵי הַחוֹל עַד שֶׁאֶזְכֶּה לִהְיוֹת בְּשִׂמְחָה תָמִיד. תּוֹדִיעֵנִי אֹרַח חַיִּים. שֹׂבַע שְׂמָחוֹת אֶת־פָּנֶיךָ, נְעִימוֹת בִּימִינְךָ נֶצַח. יִהְיוּ לְרָצוֹן אִמְרֵי פִי וְהֶגְיוֹן לִבִּי לְפָנֶיךָ יהוה צוּרִי וְגוֹאֲלִי.

*On Shabbat before Yom Kippur substitute
these words for the line which follows:*

May we and the entire House of Israel be remembered and recorded in the Book of life, blessing, sustenance and peace. Praised are You, Lord, Source of peace.

Praised are You, Lord who blesses His people Israel with peace.

*The Reader's chanting of the Amidah ends
here. We continue on page 507.*

*At the conclusion of the Amidah, personal
prayers may be added*

My God, keep my tongue from evil, my lips from lies. Help me ignore those who slander me. Let me be humble before all. Open my heart to Your Torah, so that I may pursue Your mitzvot. Frustrate the designs of those who plot evil against me. Make nothing of their schemes. Do so because of Your compassion, Your power, Your holiness, and Your Torah. Answer my prayer for the deliverance of Your people. May the words of my mouth and the meditations of my heart be acceptable to You, my Rock and my Redeemer. He who brings peace to His universe will bring peace to us and to all the people Israel. Amen.

An alternative:

Grant me the privilege of the liberating joy of Shabbat, the privilege of truly tasting the delight of Shabbat. May I be undisturbed by sadness, by sorrow, or by sighing during the holy hours of Shabbat. Fill Your servant's heart with joy, for to You, O Lord, I offer my entire being. Let me hear joy and jubilation. Help me to expand the dimensions of all Shabbat delights. Help me to extend the joy of Shabbat to the other days of the week, until I attain the goal of deep joy always. Show me the path of life, the full joy of Your Presence, the bliss of being close to You forever. May the words of my mouth and the meditations of my heart be acceptable to You, O Lord, my Rock and my Redeemer.

כִּי שֵׁם יהוה אֶקְרָא, הָבוּ גֹדֶל לֵאלֹהֵינוּ.
אֲדֹנָי, שְׂפָתַי תִּפְתָּח וּפִי יַגִּיד תְּהִלָּתֶךָ.

בָּרוּךְ אַתָּה יהוה אֱלֹהֵינוּ וֵאלֹהֵי אֲבוֹתֵינוּ, אֱלֹהֵי אַבְרָהָם אֱלֹהֵי יִצְחָק וֵאלֹהֵי יַעֲקֹב, הָאֵל הַגָּדוֹל הַגִּבּוֹר וְהַנּוֹרָא, אֵל עֶלְיוֹן, גּוֹמֵל חֲסָדִים טוֹבִים וְקוֹנֵה הַכֹּל, וְזוֹכֵר חַסְדֵי אָבוֹת וּמֵבִיא גוֹאֵל לִבְנֵי בְנֵיהֶם לְמַעַן שְׁמוֹ בְּאַהֲבָה.

On Shabbat before Yom Kippur:

זָכְרֵנוּ לְחַיִּים, מֶלֶךְ חָפֵץ בַּחַיִּים,
וְכָתְבֵנוּ בְּסֵפֶר הַחַיִּים לְמַעַנְךָ אֱלֹהִים חַיִּים.

מֶלֶךְ עוֹזֵר וּמוֹשִׁיעַ וּמָגֵן. בָּרוּךְ אַתָּה יהוה מָגֵן אַבְרָהָם.
אַתָּה גִּבּוֹר לְעוֹלָם אֲדֹנָי, מְחַיֵּה מֵתִים אַתָּה רַב לְהוֹשִׁיעַ.

From Sh'mini Atzeret to Pesaḥ:

מַשִּׁיב הָרוּחַ וּמוֹרִיד הַגָּשֶׁם.

מְכַלְכֵּל חַיִּים בְּחֶסֶד, מְחַיֵּה מֵתִים בְּרַחֲמִים רַבִּים, סוֹמֵךְ נוֹפְלִים וְרוֹפֵא חוֹלִים וּמַתִּיר אֲסוּרִים, וּמְקַיֵּם אֱמוּנָתוֹ לִישֵׁנֵי עָפָר. מִי כָמוֹךָ בַּעַל גְּבוּרוֹת וּמִי דּוֹמֶה לָּךְ, מֶלֶךְ מֵמִית וּמְחַיֶּה וּמַצְמִיחַ יְשׁוּעָה.

On Shabbat before Yom Kippur:

מִי כָמוֹךָ אַב הָרַחֲמִים, זוֹכֵר יְצוּרָיו לְחַיִּים בְּרַחֲמִים.

וְנֶאֱמָן אַתָּה לְהַחֲיוֹת מֵתִים. בָּרוּךְ אַתָּה יהוה מְחַיֵּה הַמֵּתִים.

The silent recitation of the Amidah continues with אתה קדוש *on page 446*

SHABBAT ALTERNATIVE MUSAF AMIDAH

When I call upon the Lord, give glory to our God.
Open my mouth, O Lord, and my lips will proclaim Your praise.

Praised are You, Lord our God and God of our ancestors, God of Abraham, of Isaac, and of Jacob, great, mighty, awesome, exalted God who bestows lovingkindness, Creator of all. You remember the pious deeds of our ancestors and will send a redeemer to their children's children because of Your loving nature.

On Shabbat before Yom Kippur:

Remember us that we may live, O King who delights in life.
Inscribe us in the Book of Life, for Your sake, living God.

You are the King who helps and saves and shields. Praised are You, Lord, Shield of Abraham.

Your might, O Lord, is boundless. You give life to the dead; great is Your saving power.

From Sh'mini Atzeret until Pesaḥ:

You cause the wind to blow and the rain to fall.

Your lovingkindness sustains the living, Your great mercies give life to the dead. You support the falling, heal the ailing, free the fettered. You keep Your faith with those who sleep in dust. Whose power can compare with Yours? You are the Master of life and death and deliverance.

On Shabbat before Yom Kippur:

Whose mercy can compare with Yours, merciful Father?
In mercy You remember Your creatures with life.

Faithful are You in giving life to the dead. Praised are You, Lord, Master of life and death.

The silent recitation of the Amidah continues with "Holy are You . . ." on page 447

When the Reader chants the Amidah aloud, Kedushah is added. The congregation chants the indented verses aloud.

נַעֲרִיצְךָ וְנַקְדִּישְׁךָ כְּסוֹד שִׂיחַ שַׂרְפֵי קֹדֶשׁ הַמַּקְדִּישִׁים שִׁמְךָ בַּקֹּדֶשׁ, כַּכָּתוּב עַל יַד נְבִיאֶךָ, וְקָרָא זֶה אֶל זֶה וְאָמַר:

קָדוֹשׁ קָדוֹשׁ קָדוֹשׁ יהוה צְבָאוֹת, מְלֹא כָל־הָאָרֶץ כְּבוֹדוֹ.

כְּבוֹדוֹ מָלֵא עוֹלָם, מְשָׁרְתָיו שׁוֹאֲלִים זֶה לָזֶה: אַיֵּה מְקוֹם כְּבוֹדוֹ. לְעֻמָּתָם בָּרוּךְ יֹאמֵרוּ:

בָּרוּךְ כְּבוֹד יהוה מִמְּקוֹמוֹ.

מִמְּקוֹמוֹ הוּא יִפֶן בְּרַחֲמִים, וְיָחוֹן עַם הַמְיַחֲדִים שְׁמוֹ עֶרֶב וָבֹקֶר בְּכָל־יוֹם תָּמִיד פַּעֲמַיִם בְּאַהֲבָה שְׁמַע אוֹמְרִים:

שְׁמַע יִשְׂרָאֵל יהוה אֱלֹהֵינוּ יהוה אֶחָד.

הוּא אֱלֹהֵינוּ, הוּא אָבִינוּ, הוּא מַלְכֵּנוּ, הוּא מוֹשִׁיעֵנוּ, וְהוּא יַשְׁמִיעֵנוּ בְּרַחֲמָיו שֵׁנִית לְעֵינֵי כָּל־חָי, לִהְיוֹת לָכֶם לֵאלֹהִים:

אֲנִי יהוה אֱלֹהֵיכֶם.

וּבְדִבְרֵי קָדְשְׁךָ כָּתוּב לֵאמֹר:

יִמְלֹךְ יהוה לְעוֹלָם, אֱלֹהַיִךְ צִיּוֹן לְדֹר וָדֹר, הַלְלוּיָהּ.

לְדוֹר וָדוֹר נַגִּיד גָּדְלֶךָ וּלְנֵצַח נְצָחִים קְדֻשָּׁתְךָ נַקְדִּישׁ. וְשִׁבְחֲךָ אֱלֹהֵינוּ מִפִּינוּ לֹא יָמוּשׁ לְעוֹלָם וָעֶד, כִּי אֵל מֶלֶךְ גָּדוֹל וְקָדוֹשׁ אָתָּה.

On Shabbat before Yom Kippur substitute these words for the line which follows:

בָּרוּךְ אַתָּה יהוה הַמֶּלֶךְ הַקָּדוֹשׁ.

בָּרוּךְ אַתָּה יהוה הָאֵל הַקָּדוֹשׁ.

Continue with תכנת שבת

KEDUSHAH

When the Reader chants the Amidah aloud, Kedushah is added. The congregation chants the italicized verses aloud.

We revere and hallow You on earth as Your name is hallowed in heaven, where it is sung by celestial choirs as in Your prophet's vision. The angels called one to another:

Kadosh kadosh kadosh Adonai tzeva'ot, m'lo khol ha-aretz k'vodo. Holy, holy, holy Adonai tzeva'ot. The whole world is filled with His glory.

His glory fills the universe. When one angelic chorus asks, "Where is His glory?" another responds with praise:

Barukh k'vod Adonai mi-m'komo.
Praised is the Lord's glory throughout the universe.

May He turn in compassion, granting mercy to His people who twice daily, morning and evening, proclaim His oneness with love:

Sh'ma yisrael Adonai Eloheinu Adonai eḥad.
Hear, O Israel: The Lord our God, the Lord is One.

He is our God and our Father. He is our King and our Redeemer. And in His mercy again will He declare, before all the world:

Ani Adonai Eloheikhem. I am the Lord your God.

And thus sang the Psalmist:

Yimlokh Adonai l'olam, Elohayikh tziyon l'dor va-dor. Halleluyah. The Lord shall reign through all generations; your God, Zion, shall reign forever. Halleluyah.

We declare Your greatness through all generations, hallow Your holiness to all eternity. Your praise will never leave our lips, for You are God and King, great and holy.

> *On Shabbat before Yom Kippur substitute these words for the line which follows:*
>
> Praised are You, Lord, holy King.

Praised are You, Lord, holy God.

Continue with "Shabbat have You established . . ."

The silent recitation of the Amidah continues here:

אַתָּה קָדוֹשׁ וְשִׁמְךָ קָדוֹשׁ, וּקְדוֹשִׁים בְּכָל־יוֹם יְהַלְלוּךָ סֶּלָה.

On Shabbat before Yom Kippur substitute these words for the line which follows:

בָּרוּךְ אַתָּה יהוה הַמֶּלֶךְ הַקָּדוֹשׁ.

בָּרוּךְ אַתָּה יהוה הָאֵל הַקָּדוֹשׁ.

Continue with one of the following four alternatives.

I

תִּכַּנְתָּ שַׁבָּת רָצִיתָ קָרְבְּנוֹתֶיהָ, צִוִּיתָ פֵּרוּשֶׁיהָ עִם סִדּוּרֵי נְסָכֶיהָ. מְעַנְּגֶיהָ לְעוֹלָם כָּבוֹד יִנְחָלוּ, טוֹעֲמֶיהָ חַיִּים זָכוּ, וְגַם הָאוֹהֲבִים דְּבָרֶיהָ גְּדֻלָּה בָּחָרוּ. אָז מִסִּינַי נִצְטַוּוּ עָלֶיהָ, וַתְּצַוֵּנוּ לְעָבְדְךָ בִּירוּשָׁלַיִם עִירֶךָ בְּיוֹם שַׁבַּת קוֹדֶשׁ עַל הַר קָדְשֶׁךָ. יְהִי רָצוֹן מִלְּפָנֶיךָ יהוה אֱלֹהֵינוּ וֵאלֹהֵי אֲבוֹתֵינוּ, הַמֵּשִׁיב בָּנִים לִגְבוּלָם, שֶׁתַּעֲלֵנוּ בְּשִׂמְחָה לְאַרְצֵנוּ וְתִטָּעֵנוּ בִּגְבוּלֵנוּ, וְלֹא יִשָּׁמַע עוֹד חָמָס בְּאַרְצֵנוּ, שֹׁד וָשֶׁבֶר בִּגְבוּלֵנוּ. וְשָׁם נַעֲבָדְךָ בְּאַהֲבָה וּבְיִרְאָה כִּימֵי עוֹלָם וּכְשָׁנִים קַדְמוֹנִיּוֹת.

מֶלֶךְ רַחֲמָן, קַבֵּל בְּרַחֲמִים אֶת־תְּפִלַּת עַמְּךָ יִשְׂרָאֵל בְּכָל־מְקוֹמוֹת מוֹשְׁבוֹתֵיהֶם.

Continue at the top of page 450

The silent recitation of the Amidah continues here:

Holy are You and holy is Your name. Holy are those who praise You daily.

On Shabbat before Yom Kippur substitute these words for the line which follows:

Praised are You, Lord, holy King.

Praised are You, Lord, holy God.

Continue with one of the following four alternatives.

I

Shabbat have You established, Lord our God, declaring its special holiness, ordaining details of its ancient observance. Those who delight in Shabbat shall inherit enduring glory. Those who savor Shabbat share the bliss of eternal life; those who love its teachings have chosen greatness. At Sinai did our ancestors receive the mitzvah of Shabbat. And You gave us the mitzvah of worshiping You on the holiness of Shabbat in Jerusalem Your city, on Your holy mountain. May it be Your will, Lord our God and God of our ancestors who restores His children to their land, to lead us in joy to our land and to settle our people within its borders. No more shall violence be heard in our land; no more shall destruction be found within its borders. There may we worship You with love and reverence as in days of old and ancient times.

Compassionate King, accept with compassion the prayer of Your people Israel, wherever they dwell.

Continue at the top of page 451

II

Shabbat celebrates the world's creation.

On Shabbat we attest that God is Creator;
blessed are those who tell of His goodness.

Shabbat expands our lives with holiness.

Be open to joy with both body and soul;
blessed are those who make Shabbat a delight.

Shabbat is a foretaste of future redemption.

Rejoice in Shabbat, inherit God's holy mountain;
blessed are those who will sing in His Temple.
The homeless will all be restored to His home.

Shabbat rest makes whole our fragmented lives.

It foreshadows a world which is totally peace.
Blessed be God, the Master of peace;
may His harmony, seen in nature, enhance every life.

May we be renewed by the calm of Shabbat,
as we praise our Creator for the gift of Shabbat.

Continue at the top of pages 450 and 451

III

As we fulfill the mitzvah of Shabbat with body and soul, may we be refreshed by its sacred splendor. Freed of weekday routine and burdensome labor, may we be true to our own nature, reflecting God's compassion for all earthly creatures, blessed by the beauty of sanctified time amid family and friends. May the beauty of Shabbat help us to resist the inclination to squander time on vanities. Help us, Creator, to find true pleasure in Your Torah; plant in our sometimes unwilling hearts the wisdom to treasure its teachings. May Your gift of Shabbat continue to bind us to You throughout all generations, teaching us that holiness can be present in each of our lives. May we serve You purely, without thought of reward, inspired by the spirit of Shabbat, as we praise You, God who hallows Shabbat.

Continue at the top of pages 450 and 451

IV

To celebrate Shabbat is to share in holiness:

the presence of eternity, a moment of majesty,
the radiance of joy, enhancement of the soul.

To celebrate Shabbat is to realize freedom.

Shabbat reminds us that we are all royalty,
that all mortals are equal, children of God.

To celebrate Shabbat is to surpass limitations.

We can sanctify time and redeem history,
affirm the world without becoming its slaves.

To celebrate Shabbat is to sing its melody.

We delight in the song of the spirit, the joys of the good,
the grandeur of living in the face of eternity.

To celebrate Shabbat is to sense God's Presence.

He sustains us even when our spirits falter.
May we deepen our spirituality and expand our compassion
as we praise our Creator for the holiness of Shabbat.

Continue at the top of pages 450 and 451

יִשְׂמְחוּ בְמַלְכוּתְךָ שׁוֹמְרֵי שַׁבָּת וְקוֹרְאֵי עֹנֶג. עַם מְקַדְּשֵׁי שְׁבִיעִי, כֻּלָּם יִשְׂבְּעוּ וְיִתְעַנְּגוּ מִטּוּבֶךָ. וְהַשְּׁבִיעִי רָצִיתָ בּוֹ וְקִדַּשְׁתּוֹ, חֶמְדַּת יָמִים אוֹתוֹ קָרָאתָ, זֵכֶר לְמַעֲשֵׂה בְרֵאשִׁית.

אֱלֹהֵינוּ וֵאלֹהֵי אֲבוֹתֵינוּ, רְצֵה בִמְנוּחָתֵנוּ. קַדְּשֵׁנוּ בְּמִצְוֹתֶיךָ וְתֵן חֶלְקֵנוּ בְּתוֹרָתֶךָ, שַׂבְּעֵנוּ מִטּוּבֶךָ וְשַׂמְּחֵנוּ בִּישׁוּעָתֶךָ, וְטַהֵר לִבֵּנוּ לְעָבְדְּךָ בֶּאֱמֶת. וְהַנְחִילֵנוּ יהוה אֱלֹהֵינוּ בְּאַהֲבָה וּבְרָצוֹן שַׁבַּת קָדְשֶׁךָ, וְיָנוּחוּ בָהּ יִשְׂרָאֵל מְקַדְּשֵׁי שְׁמֶךָ. בָּרוּךְ אַתָּה יהוה מְקַדֵּשׁ הַשַּׁבָּת.

רְצֵה יהוה אֱלֹהֵינוּ בְּעַמְּךָ יִשְׂרָאֵל וּבִתְפִלָּתָם, וְהָשֵׁב אֶת־הָעֲבוֹדָה לִדְבִיר בֵּיתֶךָ, וּתְפִלָּתָם בְּאַהֲבָה תְקַבֵּל בְּרָצוֹן, וּתְהִי לְרָצוֹן תָּמִיד עֲבוֹדַת יִשְׂרָאֵל עַמֶּךָ. וְתֶחֱזֶינָה עֵינֵינוּ בְּשׁוּבְךָ לְצִיּוֹן בְּרַחֲמִים. בָּרוּךְ אַתָּה יהוה הַמַּחֲזִיר שְׁכִינָתוֹ לְצִיּוֹן.

When the Reader chants the Amidah, the congregation recites this passage silently while the Reader continues with the next passage

מוֹדִים אֲנַחְנוּ לָךְ שָׁאַתָּה הוּא יהוה אֱלֹהֵינוּ וֵאלֹהֵי אֲבוֹתֵינוּ, אֱלֹהֵי כָל־בָּשָׂר, יוֹצְרֵנוּ יוֹצֵר בְּרֵאשִׁית. בְּרָכוֹת וְהוֹדָאוֹת לְשִׁמְךָ הַגָּדוֹל וְהַקָּדוֹשׁ עַל שֶׁהֶחֱיִיתָנוּ וְקִיַּמְתָּנוּ. כֵּן תְּחַיֵּנוּ וּתְקַיְּמֵנוּ וְתֶאֱסוֹף גָּלֻיּוֹתֵינוּ לְחַצְרוֹת קָדְשֶׁךָ לִשְׁמוֹר חֻקֶּיךָ וְלַעֲשׂוֹת רְצוֹנֶךָ וּלְעָבְדְּךָ בְּלֵבָב שָׁלֵם, עַל שֶׁאֲנַחְנוּ מוֹדִים לָךְ. בָּרוּךְ אֵל הַהוֹדָאוֹת.

מוֹדִים אֲנַחְנוּ לָךְ שָׁאַתָּה הוּא יהוה אֱלֹהֵינוּ וֵאלֹהֵי אֲבוֹתֵינוּ לְעוֹלָם וָעֶד, צוּר חַיֵּינוּ מָגֵן יִשְׁעֵנוּ אַתָּה הוּא לְדוֹר וָדוֹר. נוֹדֶה לְּךָ וּנְסַפֵּר תְּהִלָּתֶךָ, עַל חַיֵּינוּ הַמְּסוּרִים בְּיָדֶךָ וְעַל נִשְׁמוֹתֵינוּ הַפְּקוּדוֹת לָךְ וְעַל נִסֶּיךָ שֶׁבְּכָל־יוֹם עִמָּנוּ וְעַל נִפְלְאוֹתֶיךָ וְטוֹבוֹתֶיךָ שֶׁבְּכָל־עֵת, עֶרֶב וָבֹקֶר וְצָהֳרָיִם. הַטּוֹב כִּי לֹא כָלוּ רַחֲמֶיךָ, וְהַמְרַחֵם כִּי לֹא תַמּוּ חֲסָדֶיךָ, מֵעוֹלָם קִוִּינוּ לָךְ.

Those who celebrate Shabbat rejoice in Your kingship, hallowing the seventh day, calling it delight. All of them truly enjoy Your goodness. For it pleased You to sanctify the seventh day, calling it the most desirable day, a reminder of Creation.

Our God and God of our ancestors, accept our Shabbat offering of rest. Add holiness to our lives with Your mitzvot and let Your Torah be our portion. Fill our lives with Your goodness, and gladden us with Your triumph. Cleanse our hearts and we shall serve You faithfully. Lovingly and willingly, Lord our God, grant that we inherit Your holy gift of Shabbat forever, so that Your people Israel who hallow Your name will always find rest on this day. Praised are You, Lord who hallows Shabbat.

Accept the prayer of Your people Israel as lovingly as it is offered. Restore worship to Your sanctuary. May the worship of Your people Israel always be acceptable to You. May we witness Your merciful return to Zion. Praised are You, Lord who restores His Presence to Zion.

> *When the Reader chants the Amidah, the congregation recites this passage silently while the Reader continues with the next passage*
>
> We proclaim that You are the Lord our God and God of our ancestors, Creator of all who created us, God of all flesh. We praise You and thank You for granting us life and for sustaining us. May You continue to grant us life and sustenance. Gather our dispersed to Your holy place, to fulfill Your mitzvot and to serve You wholeheartedly, doing Your will. For this we shall thank You. Praised be God to whom thanksgiving is due.

We proclaim that You are the Lord our God and God of our ancestors throughout all time. You are the Rock of our lives, the Shield of our salvation in every generation. We thank You and praise You morning, noon, and night for Your miracles which daily attend us and for Your wondrous kindnesses. Our lives are in Your hand; our souls are in Your charge. You are good, with everlasting mercy; You are compassionate, with enduring lovingkindness. We have always placed our hope in You.

On Ḥanukkah:

עַל הַנִּסִּים וְעַל הַפֻּרְקָן, וְעַל הַגְּבוּרוֹת, וְעַל הַתְּשׁוּעוֹת, וְעַל הַמִּלְחָמוֹת שֶׁעָשִׂיתָ לַאֲבוֹתֵינוּ בַּיָּמִים הָהֵם וּבַזְּמַן הַזֶּה.

בִּימֵי מַתִּתְיָהוּ בֶּן־יוֹחָנָן כֹּהֵן גָּדוֹל, חַשְׁמוֹנַי וּבָנָיו, כְּשֶׁעָמְדָה מַלְכוּת יָוָן הָרְשָׁעָה עַל עַמְּךָ יִשְׂרָאֵל לְהַשְׁכִּיחָם תּוֹרָתֶךָ וּלְהַעֲבִירָם מֵחֻקֵּי רְצוֹנֶךָ, וְאַתָּה בְּרַחֲמֶיךָ הָרַבִּים עָמַדְתָּ לָהֶם בְּעֵת צָרָתָם, רַבְתָּ אֶת־רִיבָם, דַּנְתָּ אֶת־דִּינָם, נָקַמְתָּ אֶת־נִקְמָתָם, מָסַרְתָּ גִבּוֹרִים בְּיַד חַלָּשִׁים, וְרַבִּים בְּיַד מְעַטִּים, וּטְמֵאִים בְּיַד טְהוֹרִים, וּרְשָׁעִים בְּיַד צַדִּיקִים, וְזֵדִים בְּיַד עוֹסְקֵי תוֹרָתֶךָ. וּלְךָ עָשִׂיתָ שֵׁם גָּדוֹל וְקָדוֹשׁ בְּעוֹלָמֶךָ, וּלְעַמְּךָ יִשְׂרָאֵל עָשִׂיתָ תְּשׁוּעָה גְדוֹלָה וּפֻרְקָן כְּהַיּוֹם הַזֶּה. וְאַחַר כֵּן בָּאוּ בָנֶיךָ לִדְבִיר בֵּיתֶךָ וּפִנּוּ אֶת־הֵיכָלֶךָ, וְטִהֲרוּ אֶת־מִקְדָּשֶׁךָ, וְהִדְלִיקוּ נֵרוֹת בְּחַצְרוֹת קָדְשֶׁךָ, וְקָבְעוּ שְׁמוֹנַת יְמֵי חֲנֻכָּה אֵלּוּ לְהוֹדוֹת וּלְהַלֵּל לְשִׁמְךָ הַגָּדוֹל.

וְעַל כֻּלָּם יִתְבָּרַךְ וְיִתְרוֹמַם שִׁמְךָ מַלְכֵּנוּ תָּמִיד לְעוֹלָם וָעֶד.

On Shabbat before Yom Kippur:

וּכְתֹב לְחַיִּים טוֹבִים כָּל־בְּנֵי בְרִיתֶךָ.

וְכֹל הַחַיִּים יוֹדוּךָ סֶּלָה, וִיהַלְלוּ אֶת־שִׁמְךָ בֶּאֱמֶת, הָאֵל יְשׁוּעָתֵנוּ וְעֶזְרָתֵנוּ סֶלָה. בָּרוּךְ אַתָּה יהוה הַטּוֹב שִׁמְךָ וּלְךָ נָאֶה לְהוֹדוֹת.

Reader, during repetition of Amidah:

אֱלֹהֵינוּ וֵאלֹהֵי אֲבוֹתֵינוּ, בָּרְכֵנוּ בַּבְּרָכָה הַמְשֻׁלֶּשֶׁת, בַּתּוֹרָה הַכְּתוּבָה עַל יְדֵי מֹשֶׁה עַבְדֶּךָ, הָאֲמוּרָה מִפִּי אַהֲרֹן וּבָנָיו, כֹּהֲנִים, עַם קְדוֹשֶׁךָ, כָּאָמוּר:

Congregation:

כֵּן יְהִי רָצוֹן.	יְבָרֶכְךָ יהוה וְיִשְׁמְרֶךָ.
כֵּן יְהִי רָצוֹן.	יָאֵר יהוה פָּנָיו אֵלֶיךָ וִיחֻנֶּךָּ.
כֵּן יְהִי רָצוֹן.	יִשָּׂא יהוה פָּנָיו אֵלֶיךָ וְיָשֵׂם לְךָ שָׁלוֹם.

שִׂים שָׁלוֹם בָּעוֹלָם, טוֹבָה וּבְרָכָה, חֵן וָחֶסֶד וְרַחֲמִים עָלֵינוּ וְעַל כָּל־יִשְׂרָאֵל עַמֶּךָ. בָּרְכֵנוּ אָבִינוּ כֻּלָּנוּ כְּאֶחָד בְּאוֹר פָּנֶיךָ, כִּי בְאוֹר פָּנֶיךָ נָתַתָּ לָּנוּ, יהוה אֱלֹהֵינוּ, תּוֹרַת חַיִּים וְאַהֲבַת חֶסֶד, וּצְדָקָה וּבְרָכָה וְרַחֲמִים וְחַיִּים וְשָׁלוֹם. וְטוֹב בְּעֵינֶיךָ לְבָרֵךְ אֶת־עַמְּךָ יִשְׂרָאֵל בְּכָל־עֵת וּבְכָל־שָׁעָה בִּשְׁלוֹמֶךָ.

On Ḥanukkah:

We thank You for the heroism, for the triumphs, and for the miraculous deliverance of our ancestors in other days, and in our time.

In the days of Mattathias son of Yoḥanan, the Hasmonean *kohen gadol,* and in the days of his sons, a cruel power rose against Your people Israel, demanding that they abandon Your Torah and violate Your mitzvot. You, in great mercy, stood by Your people in time of trouble. You defended them, vindicated them, and avenged their wrongs. You delivered the strong into the hands of the weak, the many into the hands of the few, the corrupt into the hands of the pure in heart, the guilty into the hands of the innocent. You delivered the arrogant into the hands of those who were faithful to Your Torah. You have wrought great victories and miraculous deliverance for Your people Israel to this day, revealing Your glory and Your holiness to all the world. Then Your children came into Your shrine, cleansed Your Temple, purified Your sanctuary, and kindled lights in Your sacred courts. They set aside these eight days as a season for giving thanks and reciting praises to You.

For all these blessings we shall ever praise and exalt You.

On Shabbat before Yom Kippur:

Inscribe all the people of Your covenant for a good life.

May every living creature thank You and praise You faithfully, our deliverance and our help. Praised are You, beneficent Lord to whom all praise is due.

Reader, during repetition of Amidah:

Bless us, our God and God of our ancestors, with the threefold blessing written in the Torah by Moses, Your servant, pronounced by Aaron and his descendants, *kohanim,* Your holy people.

	Congregation:
May the Lord bless you and guard you.	*Ken y'hi ratzon.*
May the Lord show you favor and be gracious to you.	*Ken y'hi ratzon.*
May the Lord show you kindness and grant you peace.	*Ken y'hi ratzon.*

Grant peace to the world, with happiness, blessing, grace, love, and mercy for us and for all the people Israel. Bless us, our Father, one and all, with Your light; for by that light did You teach us Torah and life, love and tenderness, justice, mercy, and peace. May it please You to bless Your people Israel in every season and at all times with Your gift of peace.

On Shabbat before Yom Kippur substitute these words for the line which follows:

בְּסֵפֶר חַיִּים, בְּרָכָה וְשָׁלוֹם, וּפַרְנָסָה טוֹבָה, נִזָּכֵר וְנִכָּתֵב לְפָנֶיךָ, אֲנַחְנוּ וְכָל־עַמְּךָ בֵּית יִשְׂרָאֵל, לְחַיִּים טוֹבִים וּלְשָׁלוֹם. בָּרוּךְ אַתָּה יהוה עֹשֵׂה הַשָּׁלוֹם.

בָּרוּךְ אַתָּה יהוה הַמְבָרֵךְ אֶת־עַמּוֹ יִשְׂרָאֵל בַּשָּׁלוֹם.

The Reader's chanting of the Amidah ends here. We continue on page 506.

At the conclusion of the Amidah, personal prayers may be added

אֱלֹהַי, נְצוֹר לְשׁוֹנִי מֵרָע וּשְׂפָתַי מִדַּבֵּר מִרְמָה, וְלִמְקַלְלַי נַפְשִׁי תִדּוֹם, וְנַפְשִׁי כֶּעָפָר לַכֹּל תִּהְיֶה. פְּתַח לִבִּי בְּתוֹרָתֶךָ וּבְמִצְוֹתֶיךָ תִּרְדּוֹף נַפְשִׁי. וְכָל־הַחוֹשְׁבִים עָלַי רָעָה, מְהֵרָה הָפֵר עֲצָתָם וְקַלְקֵל מַחֲשַׁבְתָּם. עֲשֵׂה לְמַעַן שְׁמֶךָ, עֲשֵׂה לְמַעַן יְמִינֶךָ, עֲשֵׂה לְמַעַן קְדֻשָּׁתֶךָ, עֲשֵׂה לְמַעַן תּוֹרָתֶךָ, לְמַעַן יֵחָלְצוּן יְדִידֶיךָ, הוֹשִׁיעָה יְמִינְךָ וַעֲנֵנִי. יִהְיוּ לְרָצוֹן אִמְרֵי־פִי וְהֶגְיוֹן לִבִּי לְפָנֶיךָ, יהוה צוּרִי וְגוֹאֲלִי. עֹשֶׂה שָׁלוֹם בִּמְרוֹמָיו, הוּא יַעֲשֶׂה שָׁלוֹם עָלֵינוּ וְעַל כָּל־יִשְׂרָאֵל, וְאִמְרוּ אָמֵן.

An alternative:

זַכֵּנִי לְשִׂמְחָה וְחֵרוּת שֶׁל שַׁבָּת, זַכֵּנִי לִטְעוֹם טַעַם עֹנֶג שַׁבָּת בֶּאֱמֶת. זַכֵּנִי שֶׁלֹּא יַעֲלֶה עַל לִבִּי שׁוּם עַצְבוּת וּמָרָה שְׁחוֹרָה, וְלֹא שׁוּם יָגוֹן וַאֲנָחָה בְּיוֹם שַׁבַּת קֹדֶשׁ. שַׂמֵּחַ נֶפֶשׁ עַבְדֶּךָ כִּי אֵלֶיךָ אֲדֹנָי נַפְשִׁי אֶשָּׂא. תַּשְׁמִיעֵנִי שָׂשׂוֹן וְשִׂמְחָה. עֲזְרֵנִי לְהַרְבּוֹת בְּתַעֲנוּגֵי שַׁבָּת בְּכָל־מִינֵי תַּעֲנוּגִים. וְעָזְרֵנִי לְהַמְשִׁיךְ הַשִּׂמְחָה שֶׁל שַׁבָּת לְשֵׁשֶׁת יְמֵי הַחוֹל עַד שֶׁאֶזְכֶּה לִהְיוֹת בְּשִׂמְחָה תָמִיד. תּוֹדִיעֵנִי אֹרַח חַיִּים. שֹׂבַע שְׂמָחוֹת אֶת־פָּנֶיךָ, נְעִימוֹת בִּימִינְךָ נֶצַח. יִהְיוּ לְרָצוֹן אִמְרֵי פִי וְהֶגְיוֹן לִבִּי לְפָנֶיךָ יהוה צוּרִי וְגוֹאֲלִי.

*On Shabbat before Yom Kippur substitute
these words for the line which follows:*

May we and the entire House of Israel be remembered and recorded in
the Book of life, blessing, sustenance and peace. Praised are You, Lord,
Source of peace.

Praised are You, Lord who blesses His people Israel with peace.

*The reader's chanting of the Amidah ends here.
We continue on page 507.*

*At the conclusion of the Amidah, personal
prayers may be added*

My God, keep my tongue from evil, my lips from lies. Help me ignore
those who slander me. Let me be humble before all. Open my heart to
Your Torah, so that I may pursue Your mitzvot. Frustrate the designs
of those who plot evil against me. Make nothing of their schemes. Do
so because of Your compassion, Your power, Your holiness and Your
Torah. Answer my prayer for the deliverance of Your people. May
the words of my mouth and the meditations of my heart be acceptable
to You, my Rock and my Redeemer. He who brings peace to His uni-
verse will bring peace to us and to all the people Israel. Amen.

An alternative:

Grant me the privilege of the liberating joy of Shabbat, the privilege
of truly tasting the delight of Shabbat. May I be undisturbed by sad-
ness, by sorrow, or by sighing during the holy hours of Shabbat. Fill
Your servant's heart with joy, for to You, O Lord, I offer my entire
being. Let me hear joy and jubilation. Help me to expand the dimen-
sions of all Shabbat delights. Help me to extend the joy of Shabbat to
the other days of the week, until I attain the goal of deep joy always.
Show me the path of life, the full joy of Your Presence, the bliss of
being close to You forever. May the words of my mouth and the medi-
tations of my heart be acceptable to You, O Lord, my Rock and my
Redeemer.

On the first day of Pesaḥ, the Reader's repetition begins on page 478

On Sh'mini Atzeret, the Reader's repetition begins on page 482

כִּי שֵׁם יהוה אֶקְרָא, הָבוּ גֹדֶל לֵאלֹהֵינוּ.
אֲדֹנָי, שְׂפָתַי תִּפְתָּח וּפִי יַגִּיד תְּהִלָּתֶךָ.

בָּרוּךְ אַתָּה יהוה אֱלֹהֵינוּ וֵאלֹהֵי אֲבוֹתֵינוּ, אֱלֹהֵי אַבְרָהָם אֱלֹהֵי יִצְחָק וֵאלֹהֵי יַעֲקֹב, הָאֵל הַגָּדוֹל הַגִּבּוֹר וְהַנּוֹרָא, אֵל עֶלְיוֹן, גּוֹמֵל חֲסָדִים טוֹבִים וְקוֹנֵה הַכֹּל, וְזוֹכֵר חַסְדֵי אָבוֹת וּמֵבִיא גוֹאֵל לִבְנֵי בְנֵיהֶם לְמַעַן שְׁמוֹ בְּאַהֲבָה. מֶלֶךְ עוֹזֵר וּמוֹשִׁיעַ וּמָגֵן. בָּרוּךְ אַתָּה יהוה מָגֵן אַבְרָהָם.

אַתָּה גִּבּוֹר לְעוֹלָם אֲדֹנָי, מְחַיֵּה מֵתִים אַתָּה רַב לְהוֹשִׁיעַ.

On Sh'mini Atzeret and on Simḥat Torah:

מַשִּׁיב הָרוּחַ וּמוֹרִיד הַגָּשֶׁם.

מְכַלְכֵּל חַיִּים בְּחֶסֶד, מְחַיֵּה מֵתִים בְּרַחֲמִים רַבִּים, סוֹמֵךְ נוֹפְלִים וְרוֹפֵא חוֹלִים וּמַתִּיר אֲסוּרִים, וּמְקַיֵּם אֱמוּנָתוֹ לִישֵׁנֵי עָפָר. מִי כָמוֹךָ בַּעַל גְּבוּרוֹת וּמִי דּוֹמֶה לָּךְ, מֶלֶךְ מֵמִית וּמְחַיֶּה וּמַצְמִיחַ יְשׁוּעָה. וְנֶאֱמָן אַתָּה לְהַחֲיוֹת מֵתִים. בָּרוּךְ אַתָּה יהוה מְחַיֵּה הַמֵּתִים.

The silent recitation of the Amidah continues with אתה קדוש *on page 462*

During the Reader's repetition on Ḥol Ha-mo'ed, unless it coincides with Shabbat, we continue with Kedushah on page 460

On the first day of Pesaḥ, the Reader's repetition begins on page 479

On Sh'mini Atzeret, the Reader's repetition begins on page 483

When I call upon the Lord, give glory to our God.
Open my mouth, O Lord, and my lips will proclaim Your praise.

Praised are You, Lord our God and God of our ancestors, God of Abraham, of Isaac, and of Jacob, great, mighty, awesome, exalted God who bestows lovingkindness, Creator of all. You remember the pious deeds of our ancestors and will send a redeemer to their children's children because of Your loving nature. You are the King who helps and saves and shields. Praised are You, Lord, Shield of Abraham.

Your might, O Lord, is boundless. You give life to the dead; great is Your saving power.

On Sh'mini Atzeret and on Simḥat Torah:

You cause the wind to blow and the rain to fall.

Your lovingkindness sustains the living, Your great mercies give life to the dead. You support the falling, heal the ailing, free the fettered. You keep Your faith with those who sleep in dust. Whose power can compare with Yours? You are the Master of life and death and deliverance. Faithful are You in giving life to the dead. Praised are You, Lord, Master of life and death.

The silent recitation of the Amidah continues with "Holy are You . . ." on page 463

During the Reader's repetition on Ḥol Ha-mo'ed, unless it coincides with Shabbat, we continue with Kedushah on page 461

FESTIVALS, SHABBAT, AND HOSHANA RABBAH

When the Reader chants the Amidah aloud, Kedushah is added. The congregation chants the indented verses aloud.

נַעֲרִיצְךָ וְנַקְדִּישְׁךָ כְּסוֹד שִׂיחַ שַׂרְפֵי קֹדֶשׁ הַמַּקְדִּישִׁים שִׁמְךָ בַּקֹּדֶשׁ, כַּכָּתוּב עַל יַד נְבִיאֶךָ, וְקָרָא זֶה אֶל זֶה וְאָמַר:

קָדוֹשׁ קָדוֹשׁ קָדוֹשׁ יהוה צְבָאוֹת, מְלֹא כָל־הָאָרֶץ כְּבוֹדוֹ.

כְּבוֹדוֹ מָלֵא עוֹלָם, מְשָׁרְתָיו שׁוֹאֲלִים זֶה לָזֶה: אַיֵּה מְקוֹם כְּבוֹדוֹ. לְעֻמָּתָם בָּרוּךְ יֹאמֵרוּ:

בָּרוּךְ כְּבוֹד יהוה מִמְּקוֹמוֹ.

מִמְּקוֹמוֹ הוּא יִפֶן בְּרַחֲמִים, וְיָחוֹן עַם הַמְיַחֲדִים שְׁמוֹ עֶרֶב וָבֹקֶר בְּכָל־יוֹם תָּמִיד פַּעֲמַיִם בְּאַהֲבָה שְׁמַע אוֹמְרִים:

שְׁמַע יִשְׂרָאֵל יהוה אֱלֹהֵינוּ יהוה אֶחָד.

הוּא אֱלֹהֵינוּ, הוּא אָבִינוּ, הוּא מַלְכֵּנוּ, הוּא מוֹשִׁיעֵנוּ, וְהוּא יַשְׁמִיעֵנוּ בְּרַחֲמָיו שֵׁנִית לְעֵינֵי כָּל־חָי, לִהְיוֹת לָכֶם לֵאלֹהִים:

אֲנִי יהוה אֱלֹהֵיכֶם.

On Shabbat Ḥol Ha-mo'ed, omit the following three lines:

אַדִּיר אַדִּירֵנוּ יהוה אֲדוֹנֵינוּ, מָה אַדִּיר שִׁמְךָ בְּכָל־הָאָרֶץ. וְהָיָה יהוה לְמֶלֶךְ עַל כָּל־הָאָרֶץ, בַּיּוֹם הַהוּא יִהְיֶה יהוה אֶחָד וּשְׁמוֹ אֶחָד.

KEDUSHAH

FESTIVALS, SHABBAT, AND HOSHANA RABBAH

When the Reader chants the Amidah aloud, Kedushah is added. The congregation chants the italicized verses aloud.

We revere and hallow You on earth as Your name is hallowed in heaven, where it is sung by celestial choirs as in Your prophet's vision. The angels called one to another:

Kadosh kadosh kadosh Adonai tzeva'ot, m'lo khol ha-aretz k'vodo.
Holy, holy, holy Adonai tzeva'ot. The whole world is filled with His glory.

His glory fills the universe. When one angelic chorus asks, "Where is His glory?" another responds with praise:

Barukh k'vod Adonai mi-m'komo.
Praised is the Lord's glory throughout the universe.

May He turn in compassion, granting mercy to His people who twice daily, morning and evening, proclaim His oneness with love:

Sh'ma yisrael Adonai Eloheinu Adonai eḥad.
Hear, O Israel: The Lord our God, the Lord is One.

He is our God and our Father. He is our King and our Redeemer. And in His mercy again will He declare, before all the world:

Ani Adonai Eloheikhem.
I am the Lord your God.

On Shabbat Ḥol Ha-mo'ed, omit the following three lines:

Our Lord eternal, how magnificent Your name in all the world. The Lord shall be acknowledged King of all the earth. On that day the Lord shall be One and His name One.

וּבְדִבְרֵי קָדְשְׁךָ כָּתוּב לֵאמֹר:

יִמְלֹךְ יהוה לְעוֹלָם, אֱלֹהַיִךְ צִיּוֹן לְדֹר וָדֹר, הַלְלוּיָהּ.

לְדוֹר וָדוֹר נַגִּיד גָּדְלֶךָ וּלְנֵצַח נְצָחִים קְדֻשָּׁתְךָ נַקְדִּישׁ. וְשִׁבְחֲךָ אֱלֹהֵינוּ מִפִּינוּ לֹא יָמוּשׁ לְעוֹלָם וָעֶד, כִּי אֵל מֶלֶךְ גָּדוֹל וְקָדוֹשׁ אָתָּה. בָּרוּךְ אַתָּה יהוה הָאֵל הַקָּדוֹשׁ.

Continue with אתה בחרתנו page 462

KEDUSHAH

ḤOL HA-MO'ED, WEEKDAY

When the Reader chants the Amidah aloud, Kedushah is added. The congregation chants the indented verses aloud.

נְקַדֵּשׁ אֶת־שִׁמְךָ בָּעוֹלָם, כְּשֵׁם שֶׁמַּקְדִּישִׁים אוֹתוֹ בִּשְׁמֵי מָרוֹם, כַּכָּתוּב עַל יַד נְבִיאֶךָ, וְקָרָא זֶה אֶל זֶה וְאָמַר:

קָדוֹשׁ קָדוֹשׁ קָדוֹשׁ יהוה צְבָאוֹת, מְלֹא כָל־הָאָרֶץ כְּבוֹדוֹ.

לְעֻמָּתָם בָּרוּךְ יֹאמֵרוּ:

בָּרוּךְ כְּבוֹד יהוה מִמְּקוֹמוֹ.

וּבְדִבְרֵי קָדְשְׁךָ כָּתוּב לֵאמֹר:

יִמְלֹךְ יהוה לְעוֹלָם, אֱלֹהַיִךְ צִיּוֹן לְדֹר וָדֹר, הַלְלוּיָהּ.

לְדוֹר וָדוֹר נַגִּיד גָּדְלֶךָ וּלְנֵצַח נְצָחִים קְדֻשָּׁתְךָ נַקְדִּישׁ. וְשִׁבְחֲךָ אֱלֹהֵינוּ מִפִּינוּ לֹא יָמוּשׁ לְעוֹלָם וָעֶד, כִּי אֵל מֶלֶךְ גָּדוֹל וְקָדוֹשׁ אָתָּה. בָּרוּךְ אַתָּה יהוה הָאֵל הַקָּדוֹשׁ.

Continue with אתה בחרתנו

And thus sang the Psalmist:

Yimlokh Adonai l'olam, Elohayikh tziyon l'dor va-dor. Halleluyah.
The Lord shall reign through all generations; your God, Zion, shall
reign forever. Halleluyah.

We declare Your greatness through all generations, hallow Your
holiness to all eternity. Your praise will never leave our lips, for You
are God and King, great and holy. Praised are You, Lord, holy God.

Continue with "You have chosen . . ." on page 463

 **KEDUSHAH**

ḤOL HA-MO'ED WEEKDAY

When the Reader chants the Amidah aloud,
Kedushah is added. The congregation chants the
italicized verses aloud.

We proclaim Your holiness on earth as it is proclaimed in heaven
above. We sing the words of heavenly voices as recorded in Your
prophet's vision:

Kadosh kadosh kadosh Adonai tzeva'ot, m'lo khol ha-aretz k'vodo.
Holy, holy, holy Adonai tzeva'ot. The whole world is filled with His
glory.

Heavenly voices respond with praise:

Barukh k'vod Adonai mi-m'komo.
Praised is the glory of the Lord throughout the universe.

And in Your holy psalms it is written:

Yimlokh Adonai l'olam, Elohayikh tziyon l'dor va-dor. Halleluyah.
The Lord shall reign through all generations; your God, Zion, shall
reign forever. Halleluyah.

We declare Your greatness through all generations, hallow Your
holiness to all eternity. Your praise will never leave our lips, for You
are God and King, great and holy. Praised are You, Lord, holy God.

Continue with "You have chosen . . . "

The silent recitation of the Amidah continues here:

אַתָּה קָדוֹשׁ וְשִׁמְךָ קָדוֹשׁ, וּקְדוֹשִׁים בְּכָל־יוֹם יְהַלְלְוּךָ סֶּלָה. בָּרוּךְ אַתָּה יהוה הָאֵל הַקָּדוֹשׁ.

אַתָּה בְחַרְתָּנוּ מִכָּל־הָעַמִּים, אָהַבְתָּ אוֹתָנוּ וְרָצִיתָ בָּנוּ, וְרוֹמַמְתָּנוּ מִכָּל־הַלְּשׁוֹנוֹת, וְקִדַּשְׁתָּנוּ בְּמִצְוֹתֶיךָ, וְקֵרַבְתָּנוּ מַלְכֵּנוּ לַעֲבוֹדָתֶךָ, וְשִׁמְךָ הַגָּדוֹל וְהַקָּדוֹשׁ עָלֵינוּ קָרָאתָ.

וַתִּתֶּן לָנוּ יהוה אֱלֹהֵינוּ בְּאַהֲבָה (שַׁבָּתוֹת לִמְנוּחָה וּ)מוֹעֲדִים לְשִׂמְחָה, חַגִּים וּזְמַנִּים לְשָׂשׂוֹן, אֶת־יוֹם (הַשַּׁבָּת הַזֶּה וְאֶת־יוֹם)

On Pesaḥ:

חַג הַמַּצּוֹת הַזֶּה, זְמַן חֵרוּתֵנוּ,

On Shavuot:

חַג הַשָּׁבוּעוֹת הַזֶּה, זְמַן מַתַּן תּוֹרָתֵנוּ,

On Sukkot:

חַג הַסֻּכּוֹת הַזֶּה, זְמַן שִׂמְחָתֵנוּ,

On Sh'mini Atzeret and on Simḥat Torah:

הַשְּׁמִינִי, חַג הָעֲצֶרֶת הַזֶּה, זְמַן שִׂמְחָתֵנוּ,

(בְּאַהֲבָה) מִקְרָא קֹדֶשׁ, זֵכֶר לִיצִיאַת מִצְרָיִם.

וּמִפְּנֵי חֲטָאֵינוּ גָּלִינוּ מֵאַרְצֵנוּ וְנִתְרַחַקְנוּ מֵעַל אַדְמָתֵנוּ. יְהִי רָצוֹן מִלְּפָנֶיךָ יהוה אֱלֹהֵינוּ וֵאלֹהֵי אֲבוֹתֵינוּ, מֶלֶךְ רַחֲמָן הַמֵּשִׁיב בָּנִים לִגְבוּלָם, שֶׁתָּשׁוּב וּתְרַחֵם עָלֵינוּ וְעַל מִקְדָּשְׁךָ בְּרַחֲמֶיךָ הָרַבִּים, וְתִבְנֵהוּ מְהֵרָה וּתְגַדֵּל כְּבוֹדוֹ. וּתְקַבֵּל בְּרַחֲמִים אֶת־תְּפִלַּת עַמְּךָ יִשְׂרָאֵל בְּכָל־מְקוֹמוֹת מוֹשְׁבוֹתֵיהֶם.

The silent recitation of the Amidah continues here:

Holy are You and holy is Your name. Holy are those who praise You daily. Praised are You, Lord, holy God.

You have chosen us of all nations for Your service by loving and cherishing us as bearers of Your Torah. You have exalted us as a people by adding holiness to our lives with Your mitzvot, drawing us near to Your service, identifying us with Your great and holy name.

Lovingly, Lord our God, have You given us (Shabbat for rest and) holidays and festivals for rejoicing, this (Shabbat and this)

> *On Pesaḥ:*
>
> Festival of Matzot, season of our liberation,
>
> *On Shavuot:*
>
> Festival of Shavuot, season of the giving of our Torah,
>
> *On Sukkot:*
>
> Festival of Sukkot, season of our rejoicing,
>
> *On Sh'mini Atzeret and on Simḥat Torah:*
>
> Festival of Sh'mini Atzeret, season of our joy,

a day for holy assembly and for recalling the Exodus from Egypt.

Because of our sins were we exiled from our land, far from our soil. May it be Your will, Lord our God and God of our ancestors, compassionate King who restores His children to their land, to have compassion for us and for Your sanctuary; enhance its glory. Accept with compassion the prayer of Your people Israel, wherever they dwell.

אָבִינוּ מַלְכֵּנוּ, גַּלֵּה כְּבוֹד מַלְכוּתְךָ עָלֵינוּ מְהֵרָה וְהוֹפַע וְהִנָּשֵׂא
עָלֵינוּ לְעֵינֵי כָּל־חָי, וְקָרֵב פְּזוּרֵינוּ מִבֵּין הַגּוֹיִם וּנְפוּצוֹתֵינוּ
כַּנֵּס מִיַּרְכְּתֵי־אָרֶץ. וַהֲבִיאֵנוּ לְצִיּוֹן עִירְךָ בְּרִנָּה וְלִירוּשָׁלַיִם
בֵּית מִקְדָּשְׁךָ בְּשִׂמְחַת עוֹלָם, שֶׁשָּׁם עָשׂוּ אֲבוֹתֵינוּ לְפָנֶיךָ אֶת־
קָרְבְּנוֹת חוֹבוֹתֵיהֶם, תְּמִידִים כְּסִדְרָם וּמוּסָפִים כְּהִלְכָתָם.
וְשָׁם נַעֲבָדְךָ בְּאַהֲבָה וּבְיִרְאָה כִּימֵי עוֹלָם וּכְשָׁנִים קַדְמוֹנִיּוֹת.
וְאֶת־מוּסַף יוֹם (הַשַּׁבָּת הַזֶּה וְאֶת־מוּסַף יוֹם)

On Pesaḥ:

חַג הַמַּצּוֹת הַזֶּה

On Shavuot:

חַג הַשָּׁבֻעוֹת הַזֶּה

On Sukkot:

חַג הַסֻּכּוֹת הַזֶּה

On Sh'mini Atzeret and on Simḥat Torah:

הַשְּׁמִינִי, חַג הָעֲצֶרֶת הַזֶּה

עָשׂוּ וְהִקְרִיבוּ לְפָנֶיךָ בְּאַהֲבָה כְּמִצְוַת רְצוֹנֶךָ כַּכָּתוּב בְּתוֹרָתֶךָ
עַל יְדֵי מֹשֶׁה עַבְדֶּךָ מִפִּי כְבוֹדֶךָ כָּאָמוּר.

Some congregations continue on page 468

*Some congregations include the readings of sacri-
ficial offerings on Festivals, as designated on
Pages 466 and 467. These passages are found in
the Torah Reading from the second Torah Scroll
for each Festival. On all Festivals, the passage on
the bottom of page 467, beginning* ומנחתם, *is read
to conclude this section. This passage, unlike the
other passages, is not word for word from the
Torah.*

Our Father, our King, manifest the glory of Your sovereignty, reveal to all humanity that You are our King. Unite our scattered people, gather our dispersed from the ends of the earth. Lead us with song to Zion, Your city, with everlasting joy to Jerusalem, Your sanctuary. There our ancestors sacrificed to You with their daily offerings and with their special offerings, and there may we worship You with love and reverence as in days of old and ancient times.

And the special offering for this (Shabbat and the special offering for this)

> On Pesaḥ:
>
> Festival of Matzot
>
> On Shavuot:
>
> Festival of Shavuot
>
> On Sukkot:
>
> Festival of Sukkot
>
> On Sh'mini Atzeret and on Simḥat Torah:
>
> Festival of Sh'mini Atzeret

they offered lovingly, according to Your will, as written in Your Torah through Moses, Your servant.

Some congregations continue on page 469

Some congregations continue on pages 466 and 467, reciting passages from the Book of Numbers (chapters 28 and 29) which specify the sacrifices prescribed for each of the days listed (in addition to the regular daily offerings). The Festival burnt offerings always included bulls, rams and yearling lambs, all without blemish. The number of animals required could vary. Libations of wine were always included, as were grain offerings of choice flour mixed with oil. The offering of a goat for expiation was also specified.

On Shabbat:

וּבְיוֹם הַשַּׁבָּת, שְׁנֵי כְבָשִׂים בְּנֵי שָׁנָה תְּמִימִם, וּשְׁנֵי עֶשְׂרֹנִים סֹלֶת מִנְחָה בְּלוּלָה בַשֶּׁמֶן וְנִסְכּוֹ. עֹלַת שַׁבַּת בְּשַׁבַּתּוֹ, עַל עֹלַת הַתָּמִיד וְנִסְכָּהּ.

On the first two days of Pesaḥ:

וּבַחֹדֶשׁ הָרִאשׁוֹן, בְּאַרְבָּעָה עָשָׂר יוֹם לַחֹדֶשׁ, פֶּסַח לַיהוה. וּבַחֲמִשָּׁה עָשָׂר יוֹם לַחֹדֶשׁ הַזֶּה חָג, שִׁבְעַת יָמִים מַצּוֹת יֵאָכֵל. בַּיּוֹם הָרִאשׁוֹן מִקְרָא קֹדֶשׁ, כָּל־מְלֶאכֶת עֲבֹדָה לֹא תַעֲשׂוּ. וְהִקְרַבְתֶּם אִשֶּׁה עֹלָה לַיהוה, פָּרִים בְּנֵי בָקָר שְׁנַיִם וְאַיִל אֶחָד וְשִׁבְעָה כְבָשִׂים בְּנֵי שָׁנָה, תְּמִימִם יִהְיוּ לָכֶם. וּמִנְחָתָם . . .

On all other days of Pesaḥ:

וְהִקְרַבְתֶּם אִשֶּׁה עֹלָה לַיהוה, פָּרִים בְּנֵי בָקָר שְׁנַיִם וְאַיִל אֶחָד וְשִׁבְעָה כְבָשִׂים בְּנֵי שָׁנָה, תְּמִימִם יִהְיוּ לָכֶם. וּמִנְחָתָם . . .

On Shavuot:

וּבְיוֹם הַבִּכּוּרִים, בְּהַקְרִיבְכֶם מִנְחָה חֲדָשָׁה לַיהוה בְּשָׁבֻעֹתֵיכֶם, מִקְרָא קֹדֶשׁ יִהְיֶה לָכֶם. כָּל־מְלֶאכֶת עֲבֹדָה לֹא תַעֲשׂוּ. וְהִקְרַבְתֶּם עוֹלָה לְרֵיחַ נִיחֹחַ לַיהוה, פָּרִים בְּנֵי בָקָר שְׁנַיִם, אַיִל אֶחָד, שִׁבְעָה כְבָשִׂים בְּנֵי שָׁנָה. וּמִנְחָתָם . . .

On the first two days of Sukkot:

וּבַחֲמִשָּׁה עָשָׂר יוֹם לַחֹדֶשׁ הַשְּׁבִיעִי, מִקְרָא קֹדֶשׁ יִהְיֶה לָכֶם, כָּל־מְלֶאכֶת עֲבֹדָה לֹא תַעֲשׂוּ. וְחַגֹּתֶם חַג לַיהוה שִׁבְעַת יָמִים. וְהִקְרַבְתֶּם עֹלָה אִשֵּׁה רֵיחַ נִיחֹחַ לַיהוה, פָּרִים בְּנֵי בָקָר שְׁלשָׁה עָשָׂר, אֵילִם שְׁנָיִם, כְּבָשִׂים בְּנֵי שָׁנָה אַרְבָּעָה עָשָׂר, תְּמִימִם יִהְיוּ. וּמִנְחָתָם . . .

On the first day of Ḥol Ha-mo'ed Sukkot:

וּבַיּוֹם הַשֵּׁנִי, פָּרִים בְּנֵי בָקָר שְׁנֵים עָשָׂר, אֵילִם שְׁנָיִם, כְּבָשִׂים בְּנֵי שָׁנָה אַרְבָּעָה עָשָׂר, תְּמִימִם. וּמִנְחָתָם . . .

וּבַיּוֹם הַשְּׁלִישִׁי, פָּרִים עַשְׁתֵּי עָשָׂר, אֵילִם שְׁנָיִם, כְּבָשִׂים בְּנֵי שָׁנָה אַרְבָּעָה עָשָׂר, תְּמִימִם. וּמִנְחָתָם . . .

On the second day of Ḥol Ha-mo'ed Sukkot:

וּבַיּוֹם הַשְּׁלִישִׁי, פָּרִים עַשְׁתֵּי עָשָׂר, אֵילִם שְׁנָיִם, כְּבָשִׂים בְּנֵי שָׁנָה אַרְבָּעָה עָשָׂר, תְּמִימִם. וּמִנְחָתָם . . .

וּבַיּוֹם הָרְבִיעִי, פָּרִים עֲשָׂרָה, אֵילִם שְׁנָיִם, כְּבָשִׂים בְּנֵי שָׁנָה אַרְבָּעָה עָשָׂר, תְּמִימִם. וּמִנְחָתָם . . .

On the third day of Ḥol Ha-mo'ed Sukkot:

וּבַיּוֹם הָרְבִיעִי, פָּרִים עֲשָׂרָה, אֵילִם שְׁנָיִם, כְּבָשִׂים בְּנֵי שָׁנָה אַרְבָּעָה עָשָׂר, תְּמִימִם. וּמִנְחָתָם . . .

וּבַיּוֹם הַחֲמִישִׁי, פָּרִים תִּשְׁעָה, אֵילִם שְׁנָיִם, כְּבָשִׂים בְּנֵי שָׁנָה אַרְבָּעָה עָשָׂר, תְּמִימִם. וּמִנְחָתָם . . .

On the fourth day of Ḥol Ha-mo'ed Sukkot:

וּבַיּוֹם הַחֲמִישִׁי, פָּרִים תִּשְׁעָה, אֵילִם שְׁנָיִם, כְּבָשִׂים בְּנֵי שָׁנָה אַרְבָּעָה עָשָׂר, תְּמִימִם. וּמִנְחָתָם . . .

וּבַיּוֹם הַשִּׁשִּׁי, פָּרִים שְׁמֹנָה, אֵילִם שְׁנָיִם, כְּבָשִׂים בְּנֵי שָׁנָה אַרְבָּעָה עָשָׂר, תְּמִימִם. וּמִנְחָתָם . . .

On Hoshana Rabbah:

וּבַיּוֹם הַשִּׁשִּׁי, פָּרִים שְׁמֹנָה, אֵילִם שְׁנָיִם, כְּבָשִׂים בְּנֵי שָׁנָה אַרְבָּעָה עָשָׂר, תְּמִימִם. וּמִנְחָתָם . . .

וּבַיּוֹם הַשְּׁבִיעִי, פָּרִים שִׁבְעָה, אֵילִם שְׁנָיִם, כְּבָשִׂים בְּנֵי שָׁנָה אַרְבָּעָה עָשָׂר, תְּמִימִם. וּמִנְחָתָם . . .

On Sh'mini Atzeret and on Simḥat Torah:

בַּיּוֹם הַשְּׁמִינִי, עֲצֶרֶת תִּהְיֶה לָכֶם, כָּל־מְלֶאכֶת עֲבֹדָה לֹא תַעֲשׂוּ. וְהִקְרַבְתֶּם עֹלָה אִשֵּׁה רֵיחַ נִיחֹחַ לַיהוה, פַּר אֶחָד, אַיִל אֶחָד, כְּבָשִׂים בְּנֵי שָׁנָה שִׁבְעָה, תְּמִימִם. וּמִנְחָתָם . . .

Added on each festival:

וּמִנְחָתָם וְנִסְכֵּיהֶם כִּמְדֻבָּר, שְׁלֹשָׁה עֶשְׂרֹנִים לַפָּר וּשְׁנֵי עֶשְׂרֹנִים לָאָיִל, וְעִשָּׂרוֹן לַכֶּבֶשׂ, וְיַיִן כְּנִסְכּוֹ, וְשָׂעִיר לְכַפֵּר, וּשְׁנֵי תְמִידִים כְּהִלְכָתָם.

On Shabbat:

יִשְׂמְחוּ בְמַלְכוּתְךָ שׁוֹמְרֵי שַׁבָּת וְקוֹרְאֵי עֹנֶג. עַם מְקַדְּשֵׁי שְׁבִיעִי, כֻּלָּם יִשְׂבְּעוּ וְיִתְעַנְּגוּ מִטּוּבֶךָ. וְהַשְּׁבִיעִי רָצִיתָ בּוֹ וְקִדַּשְׁתּוֹ, חֶמְדַּת יָמִים אוֹתוֹ קָרָאתָ, זֵכֶר לְמַעֲשֵׂה בְרֵאשִׁית.

Some congregations substitute this passage for the one which follows it

אֱלֹהֵינוּ וֵאלֹהֵי אֲבוֹתֵינוּ, מֶלֶךְ רַחֲמָן, רַחֵם עָלֵינוּ, טוֹב וּמֵטִיב, הִדָּרֶשׁ לָנוּ. שׁוּבָה אֵלֵינוּ בַּהֲמוֹן רַחֲמֶיךָ בִּגְלַל אָבוֹת שֶׁעָשׂוּ רְצוֹנֶךָ. וְתַעֲמֹדְנָה רַגְלֵינוּ בְּשַׁעֲרֵי יְרוּשָׁלַיִם הַבְּנוּיָה כְּעִיר שֶׁחֻבְּרָה לָּהּ יַחְדָּו, יְהִי שָׁלוֹם בְּחֵילָהּ, שַׁלְוָה בְּאַרְמְנוֹתֶיהָ, שֶׁשָּׁם עָלוּ שְׁבָטִים, שִׁבְטֵי יָהּ, עֵדוּת לְיִשְׂרָאֵל לְהוֹדוֹת לְשֵׁם קָדְשֶׁךָ, וְשָׁם נַעֲלֶה וְנֵרָאֶה וְנִשְׁתַּחֲוֶה לְפָנֶיךָ בְּשָׁלֹשׁ פַּעֲמֵי רְגָלֵינוּ, כַּכָּתוּב בְּתוֹרָתֶךָ: שָׁלוֹשׁ פְּעָמִים בַּשָּׁנָה יֵרָאֶה כָּל־זְכוּרְךָ אֶת־פְּנֵי יהוה אֱלֹהֶיךָ בַּמָּקוֹם אֲשֶׁר יִבְחָר, בְּחַג הַמַּצּוֹת וּבְחַג הַשָּׁבֻעוֹת וּבְחַג הַסֻּכּוֹת, וְלֹא יֵרָאֶה אֶת־פְּנֵי יהוה רֵיקָם. אִישׁ כְּמַתְּנַת יָדוֹ, כְּבִרְכַּת יהוה אֱלֹהֶיךָ אֲשֶׁר נָתַן לָךְ.

Continue with והשיאנו on page 470

אֱלֹהֵינוּ וֵאלֹהֵי אֲבוֹתֵינוּ, מֶלֶךְ רַחֲמָן, רַחֵם עָלֵינוּ, טוֹב וּמֵטִיב, הִדָּרֶשׁ לָנוּ. שׁוּבָה אֵלֵינוּ בַּהֲמוֹן רַחֲמֶיךָ בִּגְלַל אָבוֹת שֶׁעָשׂוּ רְצוֹנֶךָ. בְּנֵה בֵיתְךָ כְּבַתְּחִלָּה וְכוֹנֵן מִקְדָּשְׁךָ עַל מְכוֹנוֹ, וְהַרְאֵנוּ בְּבִנְיָנוֹ וְשַׂמְּחֵנוּ בְּתִקּוּנוֹ, וְהָשֵׁב כֹּהֲנִים לַעֲבוֹדָתָם, וּלְוִיִּם לְשִׁירָם וּלְזִמְרָם, וְהָשֵׁב יִשְׂרָאֵל לִנְוֵיהֶם. וְשָׁם נַעֲלֶה וְנֵרָאֶה וְנִשְׁתַּחֲוֶה לְפָנֶיךָ בְּשָׁלֹשׁ פַּעֲמֵי רְגָלֵינוּ, כַּכָּתוּב בְּתוֹרָתֶךָ: שָׁלוֹשׁ פְּעָמִים בַּשָּׁנָה יֵרָאֶה כָּל־זְכוּרְךָ אֶת־פְּנֵי יהוה אֱלֹהֶיךָ בַּמָּקוֹם אֲשֶׁר יִבְחָר, בְּחַג הַמַּצּוֹת וּבְחַג הַשָּׁבֻעוֹת וּבְחַג הַסֻּכּוֹת, וְלֹא יֵרָאֶה אֶת־פְּנֵי יהוה רֵיקָם. אִישׁ כְּמַתְּנַת יָדוֹ, כְּבִרְכַּת יהוה אֱלֹהֶיךָ אֲשֶׁר נָתַן לָךְ.

On Shabbat:

Those who celebrate Shabbat rejoice in Your kingship, hallowing the seventh day, calling it delight. All of them truly enjoy Your goodness. For it pleased You to sanctify the seventh day, calling it the most desirable day, a reminder of Creation.

Some congregations substitute this passage
for the one which follows it

Our God and God of our ancestors, compassionate King, have compassion for us. You are good and beneficent; inspire us to seek You. Turn to us in Your abundant compassion through the merit of our ancestors who did Your will. When we stand within the gates of Jerusalem renewed, a city uniting all, may there be peace within its walls, serenity within its homes. There the tribes ascended, the tribes of the Lord, as the people Israel were commanded, praising God. And there will we make pilgrimage three times a year on our Festivals, as it is written in Your Torah: "Three times a year shall all of you appear before the Lord your God in the place that He will choose, on the Festivals of Pesaḥ, Shavuot, and Sukkot. They shall not appear before the Lord empty-handed. Each shall bring his own gift, appropriate to the blessing which the Lord your God has given you."

Continue with "Grant us . . ." on page 471

Our God and God of our ancestors, compassionate King, have compassion for us. You are good and beneficent; inspire us to seek You. Return to us in Your abundant compassion through the merit of our ancestors who did Your will. Rebuild Your Temple anew, reestablish Your sanctuary there, giving us cause to rejoice when we view it. Restore *kohanim* to their service of blessing and worship, Levites to their song and psalm and the people Israel to their habitations. There will we make pilgrimage three times a year on our Festivals, as it is written in Your Torah: "Three times a year shall all your men appear before the Lord your God in the place that He will choose, on the Festivals of Pesaḥ, Shavuot, and Sukkot. They shall not appear before the Lord empty-handed. Each shall bring his own gift, appropriate to the blessing which the Lord your God has given you."

וְהַשִּׂיאֵנוּ יהוה אֱלֹהֵינוּ אֶת־בִּרְכַּת מוֹעֲדֶיךָ לְחַיִּים וּלְשָׁלוֹם, לְשִׂמְחָה וּלְשָׂשׂוֹן, כַּאֲשֶׁר רָצִיתָ וְאָמַרְתָּ לְבָרְכֵנוּ. אֱלֹהֵינוּ וֵאלֹהֵי אֲבוֹתֵינוּ, (רְצֵה בִמְנוּחָתֵנוּ,) קַדְּשֵׁנוּ בְּמִצְוֹתֶיךָ וְתֵן חֶלְקֵנוּ בְּתוֹרָתֶךָ, שַׂבְּעֵנוּ מִטּוּבֶךָ וְשַׂמְּחֵנוּ בִּישׁוּעָתֶךָ, וְטַהֵר לִבֵּנוּ לְעָבְדְּךָ בֶּאֱמֶת. וְהַנְחִילֵנוּ יהוה אֱלֹהֵינוּ (בְּאַהֲבָה וּבְרָצוֹן) בְּשִׂמְחָה וּבְשָׂשׂוֹן (שַׁבָּת וּ)מוֹעֲדֵי קָדְשֶׁךָ, וְיִשְׂמְחוּ בְךָ יִשְׂרָאֵל מְקַדְּשֵׁי שְׁמֶךָ. בָּרוּךְ אַתָּה יהוה מְקַדֵּשׁ (הַשַּׁבָּת וְ)יִשְׂרָאֵל וְהַזְּמַנִּים.

רְצֵה יהוה אֱלֹהֵינוּ בְּעַמְּךָ יִשְׂרָאֵל וּבִתְפִלָּתָם, וְהָשֵׁב אֶת־הָעֲבוֹדָה לִדְבִיר בֵּיתֶךָ, וּתְפִלָּתָם בְּאַהֲבָה תְקַבֵּל בְּרָצוֹן, וּתְהִי לְרָצוֹן תָּמִיד עֲבוֹדַת יִשְׂרָאֵל עַמֶּךָ.

During repetition of the Amidah these four lines (which replace the next two lines) are recited only in congregations where kohanim chant the threefold blessing from the bimah

אָנָּא רַחוּם בְּרַחֲמֶיךָ הָרַבִּים הָשֵׁב שְׁכִינָתְךָ לְצִיּוֹן עִירְךָ וְסֵדֶר הָעֲבוֹדָה לִירוּשָׁלָיִם. וְתֶחֱזֶינָה עֵינֵינוּ בְּשׁוּבְךָ לְצִיּוֹן בְּרַחֲמִים, וְשָׁם נַעֲבָדְךָ בְּיִרְאָה כִּימֵי עוֹלָם וּכְשָׁנִים קַדְמוֹנִיּוֹת. בָּרוּךְ אַתָּה יהוה שֶׁאוֹתְךָ לְבַדְּךָ בְּיִרְאָה נַעֲבֹד.

וְתֶחֱזֶינָה עֵינֵינוּ בְּשׁוּבְךָ לְצִיּוֹן בְּרַחֲמִים. בָּרוּךְ אַתָּה יהוה הַמַּחֲזִיר שְׁכִינָתוֹ לְצִיּוֹן.

When the Reader chants the Amidah, the congregation recites this passage silently while the Reader continues with the next passage

מוֹדִים אֲנַחְנוּ לָךְ שָׁאַתָּה הוּא יהוה אֱלֹהֵינוּ וֵאלֹהֵי אֲבוֹתֵינוּ, אֱלֹהֵי כָל־בָּשָׂר, יוֹצְרֵנוּ יוֹצֵר בְּרֵאשִׁית. בְּרָכוֹת וְהוֹדָאוֹת לְשִׁמְךָ הַגָּדוֹל וְהַקָּדוֹשׁ עַל שֶׁהֶחֱיִיתָנוּ וְקִיַּמְתָּנוּ. כֵּן תְּחַיֵּנוּ וּתְקַיְּמֵנוּ וְתֶאֱסוֹף גָּלֻיּוֹתֵינוּ לְחַצְרוֹת קָדְשֶׁךָ לִשְׁמוֹר חֻקֶּיךָ וְלַעֲשׂוֹת רְצוֹנֶךָ וּלְעָבְדְּךָ בְּלֵבָב שָׁלֵם, עַל שֶׁאֲנַחְנוּ מוֹדִים לָךְ. בָּרוּךְ אֵל הַהוֹדָאוֹת.

Grant us the blessing of Your Festivals, Lord our God, for life and peace, for joy and gladness, as You have graciously promised to bless us. Our God and God of our ancestors, (accept our Shabbat offering of rest,) add holiness to our lives with Your mitzvot and let Your Torah be our portion. Fill our lives with Your goodness and gladden us with Your triumph. Cleanse our hearts and we shall serve You faithfully. (Lovingly and willingly,) Lord our God, grant that we inherit Your holy gift of (Shabbat and) Festivals forever, so that the people Israel who hallow Your name will always rejoice in You. Praised are You, Lord who hallows (Shabbat and) the people Israel and the Festivals.

Accept the prayer of Your people Israel as lovingly as it is offered. Restore worship to Your sanctuary. May the worship of Your people Israel always be acceptable to You.

During repetition of the Amidah these five lines (which replace the next two lines) are recited only in congregations where kohanim chant the threefold blessing from the bimah

In Your great mercy, merciful God, restore Your Presence to Zion Your city and the order of worship to Jerusalem. May we bear witness to Your merciful return to Zion, where we shall worship You in reverence as in days of old and in ancient times. Praised are You, Lord; You alone shall we worship in reverence.

May we witness Your merciful return to Zion. Praised are You, Lord who restores His Presence to Zion.

When the Reader chants the Amidah, the congregation recites this passage silently while the Reader continues with the next passage

We proclaim that You are the Lord our God and God of our ancestors, Creator of all who created us, God of all flesh. We praise You and thank You for granting us life and for sustaining us. May You continue to grant us life and sustenance. Gather our dispersed to Your holy place, to fulfill Your mitzvot and to serve You wholeheartedly, doing Your will. For this we shall thank You. Praised be God to whom thanksgiving is due.

מוֹדִים אֲנַחְנוּ לָךְ שָׁאַתָּה הוּא יהוה אֱלֹהֵינוּ וֵאלֹהֵי אֲבוֹתֵינוּ לְעוֹלָם וָעֶד, צוּר חַיֵּינוּ מָגֵן יִשְׁעֵנוּ אַתָּה הוּא לְדוֹר וָדוֹר. נוֹדֶה לְּךָ וּנְסַפֵּר תְּהִלָּתֶךָ, עַל חַיֵּינוּ הַמְּסוּרִים בְּיָדֶךָ וְעַל נִשְׁמוֹתֵינוּ הַפְּקוּדוֹת לָךְ וְעַל נִסֶּיךָ שֶׁבְּכָל־יוֹם עִמָּנוּ וְעַל נִפְלְאוֹתֶיךָ וְטוֹבוֹתֶיךָ שֶׁבְּכָל־עֵת, עֶרֶב וָבֹקֶר וְצָהֳרָיִם. הַטּוֹב כִּי לֹא כָלוּ רַחֲמֶיךָ, וְהַמְרַחֵם כִּי לֹא תַמּוּ חֲסָדֶיךָ, מֵעוֹלָם קִוִּינוּ לָךְ.

וְעַל כֻּלָּם יִתְבָּרַךְ וְיִתְרוֹמַם שִׁמְךָ מַלְכֵּנוּ תָּמִיד לְעוֹלָם וָעֶד.

וְכֹל הַחַיִּים יוֹדוּךָ סֶּלָה, וִיהַלְלוּ אֶת־שִׁמְךָ בֶּאֱמֶת, הָאֵל יְשׁוּעָתֵנוּ וְעֶזְרָתֵנוּ סֶלָה. בָּרוּךְ אַתָּה יהוה הַטּוֹב שִׁמְךָ וּלְךָ נָאֶה לְהוֹדוֹת.

Silent recitation of the Amidah continues with שים שלום, on page 474

In congregations where kohanim do not chant the blessing, Reader continues on page 474

During repetition of the Amidah, in congregations where kohanim chant the blessing, the Reader continues here:

אֱלֹהֵינוּ וֵאלֹהֵי אֲבוֹתֵינוּ, בָּרְכֵנוּ בַּבְּרָכָה הַמְשֻׁלֶּשֶׁת, בַּתּוֹרָה הַכְּתוּבָה עַל יְדֵי משֶׁה עַבְדֶּךָ, הָאֲמוּרָה מִפִּי אַהֲרֹן וּבָנָיו,

כֹּהֲנִים

Congregation:

עַם קְדוֹשֶׁךָ, כָּאָמוּר:

Kohanim:

בָּרוּךְ אַתָּה יהוה אֱלֹהֵינוּ מֶלֶךְ הָעוֹלָם אֲשֶׁר קִדְּשָׁנוּ בִּקְדֻשָּׁתוֹ שֶׁל אַהֲרֹן וְצִוָּנוּ לְבָרֵךְ אֶת־עַמּוֹ יִשְׂרָאֵל בְּאַהֲבָה.

We proclaim that You are the Lord our God and God of our ancestors throughout all time. You are the Rock of our lives, the Shield of our salvation in every generation. We thank You and praise You morning, noon, and night for Your miracles which daily attend us and for Your wondrous kindnesses. Our lives are in Your hand; our souls are in Your charge. You are good, with everlasting mercy; You are compassionate, with enduring lovingkindness. We have always placed our hope in You.

For all these blessings we shall ever praise and exalt You.

May every living creature thank You and praise You faithfully, our deliverance and our help. Praised are You, beneficent Lord to whom all praise is due.

Silent recitation of the Amidah continues with
"Grant peace . . ." on page 475

In congregations where kohanim do not chant
the blessing, Reader continues on page 475

During repetition of the Amidah, in congrega-
tions where kohanim chant the blessing, the
Reader continues here:

Bless us, our God and God of our ancestors, with the threefold blessing written in the Torah by Moses, Your servant, pronounced by Aaron and by his descendants,

kohanim,

Congregation:

Your holy people.

Kohanim:

Praised are You, Lord our God, King of the universe who has added holiness to our lives with the holiness of Aaron, giving us the mitzvah to bless His people Israel lovingly.

Congregation: *Reader, followed by kohanim, word by word:*

יְבָרֶכְךָ יהוה וְיִשְׁמְרֶךָ.	אָמֵן.
יָאֵר יהוה פָּנָיו אֵלֶיךָ וִיחֻנֶּךָּ.	אָמֵן.
יִשָּׂא יהוה פָּנָיו אֵלֶיךָ וְיָשֵׂם לְךָ שָׁלוֹם.	אָמֵן.

Congregation:

אַדִּיר בַּמָּרוֹם, שׁוֹכֵן בִּגְבוּרָה, אַתָּה שָׁלוֹם וְשִׁמְךָ שָׁלוֹם. יְהִי רָצוֹן שֶׁתָּשִׂים עָלֵינוּ וְעַל כָּל־עַמְּךָ בֵּית יִשְׂרָאֵל חַיִּים וּבְרָכָה לְמִשְׁמֶרֶת שָׁלוֹם.

The Reader continues with שים שלום

During repetition of the Amidah, in congregations where kohanim do not chant the blessing, the Reader continues here:

אֱלֹהֵינוּ וֵאלֹהֵי אֲבוֹתֵינוּ, בָּרְכֵנוּ בַבְּרָכָה הַמְשֻׁלֶּשֶׁת, בַּתּוֹרָה הַכְּתוּבָה עַל יְדֵי מֹשֶׁה עַבְדֶּךָ, הָאֲמוּרָה מִפִּי אַהֲרֹן וּבָנָיו, כֹּהֲנִים, עַם קְדוֹשֶׁךָ, כָּאָמוּר:

Congregation:

יְבָרֶכְךָ יהוה וְיִשְׁמְרֶךָ.	כֵּן יְהִי רָצוֹן.
יָאֵר יהוה פָּנָיו אֵלֶיךָ וִיחֻנֶּךָּ.	כֵּן יְהִי רָצוֹן.
יִשָּׂא יהוה פָּנָיו אֵלֶיךָ וְיָשֵׂם לְךָ שָׁלוֹם.	כֵּן יְהִי רָצוֹן.

שִׂים שָׁלוֹם בָּעוֹלָם, טוֹבָה וּבְרָכָה, חֵן וָחֶסֶד וְרַחֲמִים עָלֵינוּ וְעַל כָּל־יִשְׂרָאֵל עַמֶּךָ. בָּרְכֵנוּ אָבִינוּ כֻּלָּנוּ כְּאֶחָד בְּאוֹר פָּנֶיךָ, כִּי בְאוֹר פָּנֶיךָ נָתַתָּ לָּנוּ, יהוה אֱלֹהֵינוּ, תּוֹרַת חַיִּים וְאַהֲבַת חֶסֶד, וּצְדָקָה וּבְרָכָה וְרַחֲמִים וְחַיִּים וְשָׁלוֹם. וְטוֹב בְּעֵינֶיךָ לְבָרֵךְ אֶת־עַמְּךָ יִשְׂרָאֵל בְּכָל־עֵת וּבְכָל־שָׁעָה בִּשְׁלוֹמֶךָ. בָּרוּךְ אַתָּה יהוה הַמְבָרֵךְ אֶת־עַמּוֹ יִשְׂרָאֵל בַּשָּׁלוֹם.

The Reader's chanting of the Amidah ends here. *We continue on page 506.*

Reader, followed by kohanim: *Congregation:*

May the Lord bless you and guard you. Amen.

May the Lord show you favor and be gracious to you. Amen.

May the Lord show you kindness and grant you peace. Amen.

Congregation:

Exalted in might, You are peace and Your name is peace. Bless us and the entire House of Israel with life and with enduring peace.

The Reader continues with "Grant peace . . ."

During repetition of the Amidah, in congregations where kohanim do not chant the blessing, the Reader continues here:

Bless us, our God and God of our ancestors, with the threefold blessing written in the Torah by Moses, Your servant, pronounced by Aaron and his descendants, kohanim, Your holy people.

	Congregation:
May the Lord bless you and guard you.	*Ken y'hi ratzon.*
May the Lord show you favor and be gracious to you.	*Ken y'hi ratzon.*
May the Lord show you kindness and grant you peace.	*Ken y'hi ratzon.*

Grant peace to the world, with happiness, blessing, grace, love and mercy for us and for all the people Israel. Bless us, our Father, one and all, with Your light; for by that light did You teach us Torah and life, love and tenderness, justice, mercy and peace. May it please You to bless Your people Israel in every season and at all times with Your gift of peace. Praised are You, Lord who blesses His people Israel with peace.

The Reader's chanting of the Amidah ends here. *We continue on page 507.*

At the conclusion of the Amidah, personal prayers may be added

אֱלֹהַי, נְצוֹר לְשׁוֹנִי מֵרָע וּשְׂפָתַי מִדַּבֵּר מִרְמָה, וְלִמְקַלְלַי נַפְשִׁי תִדּוֹם, וְנַפְשִׁי כֶּעָפָר לַכֹּל תִּהְיֶה. פְּתַח לִבִּי בְּתוֹרָתֶךָ וּבְמִצְוֹתֶיךָ תִּרְדּוֹף נַפְשִׁי. וְכָל־הַחוֹשְׁבִים עָלַי רָעָה, מְהֵרָה הָפֵר עֲצָתָם וְקַלְקֵל מַחֲשַׁבְתָּם. עֲשֵׂה לְמַעַן שְׁמֶךָ, עֲשֵׂה לְמַעַן יְמִינֶךָ, עֲשֵׂה לְמַעַן קְדֻשָּׁתֶךָ, עֲשֵׂה לְמַעַן תּוֹרָתֶךָ, לְמַעַן יֵחָלְצוּן יְדִידֶיךָ, הוֹשִׁיעָה יְמִינְךָ וַעֲנֵנִי. יִהְיוּ לְרָצוֹן אִמְרֵי־פִי וְהֶגְיוֹן לִבִּי לְפָנֶיךָ, יהוה צוּרִי וְגוֹאֲלִי. עֹשֶׂה שָׁלוֹם בִּמְרוֹמָיו, הוּא יַעֲשֶׂה שָׁלוֹם עָלֵינוּ וְעַל כָּל־יִשְׂרָאֵל, וְאִמְרוּ אָמֵן.

An alternative:

רִבּוֹנוֹ שֶׁל עוֹלָם, אֲדוֹן הַשִּׂמְחָה שֶׁאֵין לְפָנָיו שׁוּם עַצְבוּת כְּלָל, זַכֵּנִי בְּרַחֲמֶיךָ הָרַבִּים לְקַבֵּל וּלְהַמְשִׁיךְ עָלַי קְדֻשַּׁת יוֹם טוֹב בְּשִׂמְחָה וְחֶדְוָה. יָשִׂישׂוּ וְיִשְׂמְחוּ בְּךָ כָּל־מְבַקְשֶׁיךָ. תָּאִיר לִי וּתְלַמְּדֵנִי לַהֲפוֹךְ כָּל־מִינֵי יָגוֹן וַאֲנָחָה לְשִׂמְחָה, שֶׁהַהִתְרַחֲקוּת מִמְּךָ בָּא לָנוּ עַל יְדֵי הָעַצְבוּת. הָשִׁיבָה לִּי שְׂשׂוֹן יִשְׁעֶךָ, וְרוּחַ נְדִיבָה תִסְמְכֵנִי. יְהִי רָצוֹן מִלְּפָנֶיךָ, יהוה אֱלֹהַי, שֶׁתִּפְתַּח לִי שַׁעֲרֵי תוֹרָה, שַׁעֲרֵי חָכְמָה, שַׁעֲרֵי דֵעָה, שַׁעֲרֵי פַּרְנָסָה וְכַלְכָּלָה, שַׁעֲרֵי חַיִּים, שַׁעֲרֵי אַהֲבָה וְאַחֲוָה, שַׁעֲרֵי שָׁלוֹם וְרֵעוּת. שׂוֹשׂ אָשִׂישׂ בַּיהוה, תָּגֵל נַפְשִׁי בֵּאלֹהַי. וְגַלְתִּי בִירוּשָׁלַיִם וְשַׂשְׂתִּי בְעַמִּי. עֹשֶׂה שָׁלוֹם בִּמְרוֹמָיו, הוּא יַעֲשֶׂה שָׁלוֹם עָלֵינוּ וְעַל כָּל־יִשְׂרָאֵל, וְאִמְרוּ אָמֵן.

At the conclusion of the Amidah, personal prayers may be added

My God, keep my tongue from evil, my lips from lies. Help me ignore those who slander me. Let me be humble before all. Open my heart to Your Torah, so that I may pursue Your mitzvot. Frustrate the designs of those who plot evil against me. Make nothing of their schemes. Do so because of Your compassion, Your power, Your holiness and Your Torah. Answer my prayer for the deliverance of Your people. May the words of my mouth and the meditations of my heart be acceptable to You, my Rock and my Redeemer. He who brings peace to His universe will bring peace to us and to all the people Israel. Amen.

An alternative:

Sovereign, Master of happiness in whose presence despair flees, with Your great compassion grant me the capacity of welcoming and extending the holiness of this Festival with happiness and joy. Let all who seek You be jubilant, rejoicing in Your Presence. Illumine my life, teach me to transcend all sadness and sorrow with abiding happiness, for estrangement from You grows out of despair. Revive in me the joy of Your deliverance; may a willing spirit strengthen me. May it be Your will, Lord my God, to open for me the gates of Torah, wisdom, and understanding, gates of sustenance, gates of life, gates of love and harmony, peace and companionship. I will surely rejoice in the Lord, my whole being will exult in my God, rejoicing in Jerusalem, exulting in my people. May He who ordains peace for His universe bring peace for us and for all the people Israel. Amen.

On the first day of Passover at Musaf, the Reader's chanting of the Amidah begins here, to include the traditional prayer for dew

The Ark is opened

בָּרוּךְ אַתָּה יהוה אֱלֹהֵינוּ וֵאלֹהֵי אֲבוֹתֵינוּ, אֱלֹהֵי אַבְרָהָם אֱלֹהֵי יִצְחָק וֵאלֹהֵי יַעֲקֹב, הָאֵל הַגָּדוֹל הַגִּבּוֹר וְהַנּוֹרָא, אֵל עֶלְיוֹן, גּוֹמֵל חֲסָדִים טוֹבִים וְקוֹנֵה הַכֹּל, וְזוֹכֵר חַסְדֵי אָבוֹת וּמֵבִיא גוֹאֵל לִבְנֵי בְנֵיהֶם לְמַעַן שְׁמוֹ בְּאַהֲבָה. מֶלֶךְ עוֹזֵר וּמוֹשִׁיעַ וּמָגֵן. בָּרוּךְ אַתָּה יהוה מָגֵן אַבְרָהָם. אַתָּה גִּבּוֹר לְעוֹלָם אֲדֹנָי, מְחַיֵּה מֵתִים אַתָּה רַב לְהוֹשִׁיעַ.

אֱלֹהֵינוּ וֵאלֹהֵי אֲבוֹתֵינוּ:

טַל תֵּן לִרְצוֹת אַרְצָךְ, שִׁיתֵנוּ בְרָכָה בְּדִיצָךְ,
רוֹב דָּגָן וְתִירוֹשׁ בְּהַפְרִיצָךְ, קוֹמֵם עִיר בָּהּ חֶפְצָךְ בְּטָל.

טַל צַוֵּה שָׁנָה טוֹבָה וּמְעֻטֶּרֶת, פְּרִי הָאָרֶץ לְגָאוֹן וּלְתִפְאֶרֶת,
עִיר כַּסֻּכָּה נוֹתֶרֶת, שִׂימָהּ בְּיָדְךָ עֲטֶרֶת בְּטָל.

טַל נוֹפֵף עֲלֵי אֶרֶץ בְּרוּכָה, מִמֶּגֶד שָׁמַיִם שַׂבְּעֵנוּ בְרָכָה,
לְהָאִיר מִתּוֹךְ חֲשֵׁכָה, כַּנָּה אַחֲרֶיךָ מְשׁוּכָה בְּטָל.

טַל יַעֲסִיס צוּף הָרִים, טְעֵם בִּמְאוֹדֶיךָ מֻבְחָרִים,
חֲנוּנֶיךָ חַלֵּץ מִמַּסְגֵּרִים, זִמְרָה נַנְעִים וְקוֹל נָרִים בְּטָל.

TAL

On the first day of Passover at Musaf, the
Reader's chanting of the Amidah begins here,
to include the traditional prayer for dew

The Ark is opened

Praised are You, Lord our God and God of our ancestors, God of Abraham, of Isaac, and of Jacob, great, mighty, awesome, exalted God who bestows lovingkindness, Creator of all. You remember the pious deeds of our ancestors and will send a redeemer to their children's children because of Your loving nature. You are the King who helps and saves and shields. Praised are You, Lord, Shield of Abraham. Your might, O Lord, is boundless. You give life to the dead; great is Your saving power.

Our God and God of our ancestors:

Dew, precious dew, unto Your land forlorn,
Pour out our blessing in Your exultation,
To strengthen us with ample wine and corn,
And give Your chosen city safe foundation
 In dew.

Dew, precious dew, the good year's crown, we wait,
That earth in pride and glory may be fruited,
And that the city once so desolate
Into a gleaming crown may be transmuted
 By dew.

Dew, precious dew, let fall upon the land;
From heaven's treasury be this accorded;
So shall the darkness by a beam be spanned,
The faithful of Your vineyard be rewarded
 With dew.

Dew, precious dew, to make the mountains sweet,
The savor of Your excellence recalling.
Deliver us from exile, we entreat,
So we may sing Your praises, softly falling
 As dew.

טַל וָשֹׂבַע מַלֵּא אֲסָמֵינוּ, הַבָעַת תְּחַדֵּשׁ יָמֵינוּ,
דּוֹד כְּעֶרְכְּךָ הַעֲמֵד שְׁמֵנוּ, גַּן רָוֶה שִׂימֵנוּ בְּטָל.

טַל בּוֹ תְּבָרֵךְ מָזוֹן, בְּמַשְׁמַנֵּינוּ אַל יְהִי רָזוֹן,
אֲיֻמָּה אֲשֶׁר הִסַּעְתָּ כַּצֹּאן, אָנָּא תָּפֵק לָהּ רָצוֹן בְּטָל.

שָׁאַתָּה הוּא יהוה אֱלֹהֵינוּ
מַשִּׁיב הָרוּחַ וּמוֹרִיד הַטָּל.

Congregation, then Reader, line by line. Congregation responds אמן *to each line by Reader.*

לִבְרָכָה וְלֹא לִקְלָלָה.
לְחַיִּים וְלֹא לַמָּוֶת.
לְשֹׂבַע וְלֹא לְרָזוֹן.

The Ark is closed and the Reader continues chanting the Amidah with מכלכל חיים בחסד *on page 456*

Dew, precious dew, our granaries to fill,
And us with youthful freshness to enharden.
Beloved God, uplift us at Your will
And make us as a richly watered garden
    With dew.

Dew, precious dew, that we our harvest reap,
And guard our fatted flocks and herds from leanness.
Behold our people follows You like sheep,
And looks to You to give the earth her greenness
    With dew.

You are the Lord our God
who causes the wind to blow and the dew to fall.

Congregation, then Reader, line by line.
Congregation responds "Amen" to each line
by Reader.

For a blessing, not for a curse.
For life, not for death.
For abundance, not for famine.

The Ark is closed and the Reader continues
chanting the Amidah with "Your lovingkindness
sustains the living . . ." on page 457

On Sh'mini Atzeret at Musaf, the Reader's chanting of the Amidah begins here, to include the traditional prayer for rain

The Ark is opened

בָּרוּךְ אַתָּה יהוה אֱלֹהֵינוּ וֵאלֹהֵי אֲבוֹתֵינוּ, אֱלֹהֵי אַבְרָהָם אֱלֹהֵי יִצְחָק וֵאלֹהֵי יַעֲקֹב, הָאֵל הַגָּדוֹל הַגִּבּוֹר וְהַנּוֹרָא, אֵל עֶלְיוֹן, גּוֹמֵל חֲסָדִים טוֹבִים וְקוֹנֵה הַכֹּל, וְזוֹכֵר חַסְדֵי אָבוֹת וּמֵבִיא גוֹאֵל לִבְנֵי בְנֵיהֶם לְמַעַן שְׁמוֹ בְּאַהֲבָה. מֶלֶךְ עוֹזֵר וּמוֹשִׁיעַ וּמָגֵן. בָּרוּךְ אַתָּה יהוה מָגֵן אַבְרָהָם. אַתָּה גִּבּוֹר לְעוֹלָם אֲדֹנָי, מְחַיֵּה מֵתִים אַתָּה רַב לְהוֹשִׁיעַ.

אֱלֹהֵינוּ וֵאלֹהֵי אֲבוֹתֵינוּ:

זְכוֹר אָב נִמְשַׁךְ אַחֲרֶיךָ כַּמַּיִם, בֵּרַכְתּוֹ כְּעֵץ שָׁתוּל עַל פַּלְגֵי מַיִם, גְּנַנְתּוֹ הִצַּלְתּוֹ מֵאֵשׁ וּמִמַּיִם, דְּרַשְׁתּוֹ בְּזָרְעוֹ עַל כָּל־מָיִם.

בַּעֲבוּרוֹ אַל תִּמְנַע מָיִם.

זְכוֹר הַנּוֹלָד בִּבְשׂוֹרַת יֻקַּח נָא מְעַט מַיִם, וְשַׂחְתָּ לְהוֹרוֹ לְשָׁחֲטוֹ לִשְׁפּוֹךְ דָּמוֹ כַּמַּיִם, זְהֵר גַּם הוּא לִשְׁפּוֹךְ לֵב כַּמַּיִם, חָפַר וּמָצָא בְּאֵרוֹת מָיִם.

בְּצִדְקוֹ חוֹן חַשְׁרַת מָיִם.

זְכוֹר טָעַן מַקְלוֹ וְעָבַר יַרְדֵּן מַיִם, יִחַד לֵב וְגָל אֶבֶן מִפִּי בְּאֵר מַיִם, כְּנֶאֱבַק לוֹ שַׂר בָּלוּל מֵאֵשׁ וּמִמַּיִם, לָכֵן הִבְטַחְתּוֹ הֱיוֹת עִמּוֹ בָּאֵשׁ וּבַמָּיִם.

בַּעֲבוּרוֹ אַל תִּמְנַע מָיִם.

זְכוֹר מָשׁוּי בְּתֵבַת גֹּמֶא מִן הַמַּיִם, נָמוּ דָּלֹה דָלָה וְהִשְׁקָה צֹאן מַיִם, סְגוּלֶיךָ עֵת צָמְאוּ לַמַּיִם, עַל הַסֶּלַע הָךְ וַיֵּצְאוּ מָיִם.

בְּצִדְקוֹ חוֹן חַשְׁרַת מָיִם.

 GESHEM

*On Sh'mini Atzeret at Musaf, the Reader's
chanting of the Amidah begins here, to include
the traditional prayer for rain*

The Ark is opened

Praised are You, Lord our God and God of our ancestors, God of Abra-
ham, of Isaac, and of Jacob, great, mighty, awesome, exalted God who
bestows lovingkindness, Creator of all. You remember the pious
deeds of our ancestors and will send a redeemer to their children's
children because of Your loving nature. You are the King who helps
and saves and shields. Praised are You, Lord, Shield of Abraham.
Your might, O Lord, is boundless. You give life to the dead; great is
Your saving power.

Our God and God of our ancestors:

Remember Abraham, his heart poured out to You like water.
You blessed him, as a tree planted near water;
You saved him when he went through fire and water.

For Abraham's sake, do not withhold water.

Remember Isaac, his birth foretold while angels drank cool water.
At Moriah his blood was almost spilled like water;
In the desert he dug deep to find springs of water.

For Isaac's sake, grant the gift of water.

Remember Jacob, who with his staff forded Jordan's water.
Gallantly he showed his love beside a well of water;
He struggled, victoriously, with a creature of fire and water.

For Jacob's sake, do not withhold water.

Remember Moses, whose basket rocked in reeds and water.
In Midian he gave his sheep ample grass and water;
He struck the rock, and then the tribes drank sweet water.

For Moses' sake, grant the gift of water.

זְכוֹר פְּקִיד שָׁתוֹת טוֹבֵל חָמֵשׁ טְבִילוֹת בְּמַֽיִם, צוֹעֶה וּמַרְחִיץ כַּפָּיו בְּקִדּוּשׁ מַֽיִם, קוֹרֵא וּמַזֶּה טָהֳרַת מַֽיִם, רֻחַק מֵעַם פַּֽחַז כַּמָּֽיִם.

בַּעֲבוּרוֹ אַל תִּמְנַע מָֽיִם.

זְכוֹר שְׁנֵים עָשָׂר שְׁבָטִים שֶׁהֶעֱבַֽרְתָּ בְּגִזְרַת מַֽיִם, שֶׁהִמְתַּֽקְתָּ לָמוֹ מְרִירוּת מַֽיִם, תּוֹלְדוֹתָם נִשְׁפַּךְ דָּמָם עָלֶֽיךָ כַּמַּֽיִם, תֵּֽפֶן, כִּי נַפְשֵֽׁנוּ אָפְפוּ מָֽיִם.

בְּצִדְקָם חוֹן חַשְׁרַת מָֽיִם.

שָׁאַתָּה הוּא יהוה אֱלֹהֵינוּ
מַשִּׁיב הָרֽוּחַ וּמוֹרִיד הַגָּֽשֶׁם

Congregation, then Reader, line by line. Congregation responds אמן *to each line by Reader.*

לִבְרָכָה וְלֹא לִקְלָלָה.
לְחַיִּים וְלֹא לְמָֽוֶת.
לְשֹֽׂבַע וְלֹא לְרָזוֹן.

The Ark is closed and the Reader continues chanting the Amidah with מכלכל חיים בחסד *on* page 456

Remember Aaron the priest and his ritual immersions in water.
On Yom Kippur he kept the rites with water;
He read from the Torah and bathed himself in water.

For Aaron's sake, do not withhold water.

Remember Israel's tribes; You brought them through water.
For their sake brackish marsh became sweet water;
Their descendants' blood was spilled for You like water.

For the people Israel's sake, grant the gift of water.

You are the Lord our God
who causes the wind to blow and the rain to fall.

Congregation, then Reader, line by line.
Congregation responds "Amen" to each line
by Reader.

For a blessing, not for a curse.
For life, not for death.
For abundance, not for famine.

The Ark is closed and the Reader continues
chanting the Amidah with "Your lovingkindness
sustains the living . . ." on page 457

כִּי שֵׁם יהוה אֶקְרָא, הָבוּ גֹדֶל לֵאלֹהֵינוּ.
אֲדֹנָי, שְׂפָתַי תִּפְתָּח וּפִי יַגִּיד תְּהִלָּתֶךָ.

בָּרוּךְ אַתָּה יהוה אֱלֹהֵינוּ וֵאלֹהֵי אֲבוֹתֵינוּ, אֱלֹהֵי אַבְרָהָם אֱלֹהֵי יִצְחָק וֵאלֹהֵי יַעֲקֹב, הָאֵל הַגָּדוֹל הַגִּבּוֹר וְהַנּוֹרָא, אֵל עֶלְיוֹן, גּוֹמֵל חֲסָדִים טוֹבִים וְקוֹנֵה הַכֹּל, וְזוֹכֵר חַסְדֵי אָבוֹת וּמֵבִיא גוֹאֵל לִבְנֵי בְנֵיהֶם לְמַעַן שְׁמוֹ בְּאַהֲבָה. מֶלֶךְ עוֹזֵר וּמוֹשִׁיעַ וּמָגֵן. בָּרוּךְ אַתָּה יהוה מָגֵן אַבְרָהָם.

אַתָּה גִּבּוֹר לְעוֹלָם אֲדֹנָי, מְחַיֵּה מֵתִים אַתָּה רַב לְהוֹשִׁיעַ.

From Sh'mini Atzeret to Pesaḥ:

מַשִּׁיב הָרוּחַ וּמוֹרִיד הַגָּשֶׁם.

מְכַלְכֵּל חַיִּים בְּחֶסֶד, מְחַיֵּה מֵתִים בְּרַחֲמִים רַבִּים, סוֹמֵךְ נוֹפְלִים וְרוֹפֵא חוֹלִים וּמַתִּיר אֲסוּרִים, וּמְקַיֵּם אֱמוּנָתוֹ לִישֵׁנֵי עָפָר. מִי כָמוֹךָ בַּעַל גְּבוּרוֹת וּמִי דּוֹמֶה לָּךְ, מֶלֶךְ מֵמִית וּמְחַיֶּה וּמַצְמִיחַ יְשׁוּעָה. וְנֶאֱמָן אַתָּה לְהַחֲיוֹת מֵתִים. בָּרוּךְ אַתָּה יהוה מְחַיֵּה הַמֵּתִים.

On weekdays, the silent recitation of the Amidah continues with אתה קדוש *on page 492*

On Shabbat, the silent recitation of the Amidah continues with אתה קדוש *on page 496*

During the Reader's chanting on Shabbat, continue with Kedushah on page 490

When I call upon the Lord, give glory to our God.
Open my mouth, O Lord, and my lips will proclaim Your praise.

Praised are You, Lord our God and God of our ancestors, God of Abraham, of Isaac, and of Jacob, great, mighty, awesome, exalted God who bestows lovingkindness, Creator of all. You remember the pious deeds of our ancestors and will send a redeemer to their children's children because of Your loving nature. You are the King who helps and saves and shields. Praised are You, Lord, Shield of Abraham.

Your might, O Lord, is boundless. You give life to the dead; great is Your saving power.

From Sh'mini Atzeret to Pesaḥ:

You cause the wind to blow and the rain to fall.

Your lovingkindness sustains the living, Your great mercies give life to the dead. You support the falling, heal the ailing, free the fettered. You keep Your faith with those who sleep in dust. Whose power can compare with Yours? You are the Master of life and death and deliverance. Faithful are You in giving life to the dead. Praised are You, Lord, Master of life and death.

On weekdays, the silent recitation of the Amidah continues with "Holy are You..." on page 493

On Shabbat, the silent recitation of the Amidah continues with "Holy are You..." on page 497

During the Reader's chanting on Shabbat, continue with Kedushah on page 491

WEEKDAYS

When the Reader chants the Amidah aloud, Kedushah is added. The congregation chants the indented verses aloud.

נְקַדֵּשׁ אֶת־שִׁמְךָ בָּעוֹלָם, כְּשֵׁם שֶׁמַּקְדִּישִׁים אוֹתוֹ בִּשְׁמֵי מָרוֹם, כַּכָּתוּב עַל יַד נְבִיאֶךָ, וְקָרָא זֶה אֶל זֶה וְאָמַר:

> קָדוֹשׁ קָדוֹשׁ קָדוֹשׁ יהוה צְבָאוֹת, מְלֹא כָל־הָאָרֶץ כְּבוֹדוֹ.

לְעֻמָּתָם בָּרוּךְ יֹאמֵרוּ:

> בָּרוּךְ כְּבוֹד יהוה מִמְּקוֹמוֹ.

וּבְדִבְרֵי קָדְשְׁךָ כָּתוּב לֵאמֹר:

> יִמְלֹךְ יהוה לְעוֹלָם, אֱלֹהַיִךְ צִיּוֹן לְדֹר וָדֹר, הַלְלוּיָהּ.

לְדוֹר וָדוֹר נַגִּיד גָּדְלֶךָ וּלְנֵצַח נְצָחִים קְדֻשָּׁתְךָ נַקְדִּישׁ. וְשִׁבְחֲךָ אֱלֹהֵינוּ מִפִּינוּ לֹא יָמוּשׁ לְעוֹלָם וָעֶד, כִּי אֵל מֶלֶךְ גָּדוֹל וְקָדוֹשׁ אָתָּה. בָּרוּךְ אַתָּה יהוה הָאֵל הַקָּדוֹשׁ.

Continue with ראשי חדשים on page 492

✺ KEDUSHAH

WEEKDAYS

When the Reader chants the Amidah aloud,
Kedushah is added. The congregation chants the
italicized verses aloud.

We proclaim Your holiness on earth as it is proclaimed in heaven above. We sing the words of heavenly voices as recorded in Your prophet's vision:

Kadosh kadosh kadosh Adonai tzeva'ot, m'lo khol ha-aretz k'vodo.
Holy, holy, holy Adonai tzeva'ot. The whole world is filled with His glory.

Heavenly voices respond with praise:

Barukh k'vod Adonai mi-m'komo.
Praised is the glory of the Lord throughout the universe.

And in Your holy psalms it is written:

Yimlokh Adonai l'olam, Elohayikh tziyon l'dor va-dor. Halleluyah.
The Lord shall reign through all generations; your God, Zion, shall reign forever. Halleluyah.

We declare Your greatness through all generations, hallow Your holiness to all eternity. Your praise will never leave our lips, for You are God and King, great and holy. Praised are You, Lord, holy God.

Continue with "New Moon festivals . . ." on
page 493

SHABBAT

When the Reader chants the Amidah aloud,
Kedushah is added. The congregation chants
the indented verses aloud.

נַעֲרִיצְךָ וְנַקְדִּישְׁךָ כְּסוֹד שִׂיחַ שַׂרְפֵי קֹדֶשׁ הַמַּקְדִּישִׁים שִׁמְךָ בַּקֹּדֶשׁ, כַּכָּתוּב עַל יַד נְבִיאֶךָ, וְקָרָא זֶה אֶל זֶה וְאָמַר:

קָדוֹשׁ קָדוֹשׁ קָדוֹשׁ יהוה צְבָאוֹת, מְלֹא כָל־הָאָרֶץ כְּבוֹדוֹ.

כְּבוֹדוֹ מָלֵא עוֹלָם, מְשָׁרְתָיו שׁוֹאֲלִים זֶה לָזֶה: אַיֵּה מְקוֹם כְּבוֹדוֹ. לְעֻמָּתָם בָּרוּךְ יֹאמֵרוּ:

בָּרוּךְ כְּבוֹד יהוה מִמְּקוֹמוֹ.

מִמְּקוֹמוֹ הוּא יִפֶן בְּרַחֲמִים, וְיָחוֹן עַם הַמְיַחֲדִים שְׁמוֹ עֶרֶב וָבֹקֶר בְּכָל־יוֹם תָּמִיד פַּעֲמַיִם בְּאַהֲבָה שְׁמַע אוֹמְרִים:

שְׁמַע יִשְׂרָאֵל יהוה אֱלֹהֵינוּ יהוה אֶחָד.

הוּא אֱלֹהֵינוּ, הוּא אָבִינוּ, הוּא מַלְכֵּנוּ, הוּא מוֹשִׁיעֵנוּ, וְהוּא יַשְׁמִיעֵנוּ בְּרַחֲמָיו שֵׁנִית לְעֵינֵי כָּל־חָי, לִהְיוֹת לָכֶם לֵאלֹהִים:

אֲנִי יהוה אֱלֹהֵיכֶם.

וּבְדִבְרֵי קָדְשְׁךָ כָּתוּב לֵאמֹר:

יִמְלֹךְ יהוה לְעוֹלָם, אֱלֹהַיִךְ צִיּוֹן לְדֹר וָדֹר, הַלְלוּיָהּ.

לְדוֹר וָדוֹר נַגִּיד גָּדְלֶךָ וּלְנֵצַח נְצָחִים קְדֻשָּׁתְךָ נַקְדִּישׁ. וְשִׁבְחֲךָ אֱלֹהֵינוּ מִפִּינוּ לֹא יָמוּשׁ לְעוֹלָם וָעֶד, כִּי אֵל מֶלֶךְ גָּדוֹל וְקָדוֹשׁ אָתָּה. בָּרוּךְ אַתָּה יהוה הָאֵל הַקָּדוֹשׁ.

Continue with אתה יצרת *on page 496*

KEDUSHAH

SHABBAT

When the Reader chants the Amidah aloud, Kedushah is added. The congregation chants the italicized verses aloud.

We revere and hallow You on earth as Your name is hallowed in heaven, where it is sung by celestial choirs as in Your prophet's vision. The angels called one to another:

Kadosh kadosh kadosh Adonai tzeva'ot, m'lo khol ha-aretz k'vodo.
Holy, holy, holy Adonai tzeva'ot. The whole world is filled with His glory.

His glory fills the universe. When one angelic chorus asks, "Where is His glory?" another responds with praise:

Barukh k'vod Adonai mi-m'komo.
Praised is the Lord's glory throughout the universe.

May He turn in compassion, granting mercy to His people who twice daily, morning and evening, proclaim His oneness with love:

Sh'ma yisrael Adonai Eloheinu Adonai eḥad.
Hear, O Israel: The Lord our God, the Lord is One.

He is our God and our Father. He is our King and our Redeemer. And in His mercy again will He declare, before all the world:

Ani Adonai Eloheikhem.
I am the Lord your God.

And thus sang the Psalmist:

Yimlokh Adonai l'olam, Elohayikh tziyon l'dor va-dor. Halleluyah.
The Lord shall reign through all generations; your God, Zion, shall reign forever. Halleluyah.

We declare Your greatness through all generations, hallow Your holiness to all eternity. Your praise will never leave our lips, for You are God and King, great and holy. Praised are You, Lord, holy God.

Continue with "You formed Your world . . ." on page 497

On weekdays, the silent recitation of the Amidah continues here:

אַתָּה קָדוֹשׁ וְשִׁמְךָ קָדוֹשׁ, וּקְדוֹשִׁים בְּכָל־יוֹם יְהַלְלְוּךָ סֶּלָה.
בָּרוּךְ אַתָּה יהוה הָאֵל הַקָּדוֹשׁ.

רָאשֵׁי חֳדָשִׁים לְעַמְּךָ נָתַתָּ, זְמַן כַּפָּרָה לְכָל־תּוֹלְדוֹתָם. בִּהְיוֹתָם מַקְרִיבִים לְפָנֶיךָ זִבְחֵי רָצוֹן וּשְׂעִירֵי חַטָּאת לְכַפֵּר בַּעֲדָם, זִכָּרוֹן לְכֻלָּם יִהְיוּ, וּתְשׁוּעַת נַפְשָׁם מִיַּד שׂוֹנֵא. אַהֲבַת עוֹלָם תָּבִיא לָהֶם, וּבְרִית אָבוֹת לַבָּנִים תִּזְכֹּר.

Some congregations continue here (others continue with large print below):

וַהֲבִיאֵנוּ לְצִיּוֹן עִירְךָ בְּרִנָּה, וְלִירוּשָׁלַיִם בֵּית מִקְדָּשְׁךָ בְּשִׂמְחַת עוֹלָם, וְשָׁם נַעֲבָדְךָ בְּאַהֲבָה וּבְיִרְאָה כִּימֵי עוֹלָם וּכְשָׁנִים קַדְמוֹנִיּוֹת.

Continue with מלך רחמן on page 494

וַהֲבִיאֵנוּ לְצִיּוֹן עִירְךָ בְּרִנָּה, וְלִירוּשָׁלַיִם בֵּית מִקְדָּשְׁךָ בְּשִׂמְחַת עוֹלָם, שֶׁשָּׁם עָשׂוּ אֲבוֹתֵינוּ לְפָנֶיךָ אֶת־קָרְבְּנוֹת חוֹבוֹתֵיהֶם, תְּמִידִים כְּסִדְרָם וּמוּסָפִים כְּהִלְכָתָם, וְשָׁם נַעֲבָדְךָ בְּאַהֲבָה וּבְיִרְאָה כִּימֵי עוֹלָם וּכְשָׁנִים קַדְמוֹנִיּוֹת. וְאֶת־מוּסַף יוֹם רֹאשׁ הַחֹדֶשׁ הַזֶּה עָשׂוּ וְהִקְרִיבוּ לְפָנֶיךָ בְּאַהֲבָה כְּמִצְוַת רְצוֹנֶךָ, כַּכָּתוּב בְּתוֹרָתֶךָ, עַל־יְדֵי מֹשֶׁה עַבְדֶּךָ מִפִּי כְבוֹדֶךָ כָּאָמוּר.

*On weekdays, the silent recitation of the Amidah
continues here:*

Holy are You and holy is Your name. Holy are those who praise You daily. Praised are You, Lord, holy God.

New Moon festivals have You granted Your people as a time of atonement throughout their generations. On these days our ancestors would approach You with their offerings to attain atonement, reminding You of them all in their merit and gaining victory over the enemy within. Bring everlasting love to the lives of Your people, recalling the covenant with their ancestors.

*Some congregations continue here
(others continue with large print below):*

Bring us with song to Zion Your city, with everlasting joy to Jerusalem Your sanctuary. There may we worship You with love and reverence as in days of old and in ancient times.

Continue with "Compassionate King . . ." on page 495

Bring us with song to Zion Your city, with everlasting joy to Jerusalem Your sanctuary. There our ancestors sacrificed to You with their daily offerings and with their special offerings, and there may we worship You with love and reverence as in days of old and in ancient times. And the special offering for this New Moon festival they offered lovingly, according to Your will, as written in Your Torah through Moses, Your servant.

Some congregations add:

וּבְרָאשֵׁי חָדְשֵׁיכֶם תַּקְרִיבוּ עֹלָה לַיהוה, פָּרִים בְּנֵי בָקָר שְׁנַיִם וְאַיִל אֶחָד, כְּבָשִׂים בְּנֵי שָׁנָה שִׁבְעָה, תְּמִימִם. וּמִנְחָתָם וְנִסְכֵּיהֶם כִּמְדֻבָּר, שְׁלֹשָׁה עֶשְׂרֹנִים לַפָּר, וּשְׁנֵי עֶשְׂרֹנִים לָאָיִל, וְעִשָּׂרוֹן לַכֶּבֶשׂ, וְיַיִן כְּנִסְכּוֹ, וְשָׂעִיר לְכַפֵּר, וּשְׁנֵי תְמִידִים כְּהִלְכָתָם.

מֶלֶךְ רַחֲמָן, קַבֵּל בְּרַחֲמִים אֶת־תְּפִלַּת עַמְּךָ יִשְׂרָאֵל בְּכָל־מְקוֹמוֹת מוֹשְׁבוֹתֵיהֶם.

During a leap year, add the words in parentheses

אֱלֹהֵינוּ וֵאלֹהֵי אֲבוֹתֵינוּ, חַדֵּשׁ עָלֵינוּ אֶת־הַחֹדֶשׁ הַזֶּה לְטוֹבָה וְלִבְרָכָה, לְשָׂשׂוֹן וּלְשִׂמְחָה, לִישׁוּעָה וּלְנֶחָמָה, לְפַרְנָסָה וּלְכַלְכָּלָה, לְחַיִּים וּלְשָׁלוֹם, לִמְחִילַת חֵטְא וְלִסְלִיחַת עָוֹן (וּלְכַפָּרַת פָּשַׁע). כִּי בְעַמְּךָ יִשְׂרָאֵל בָּחַרְתָּ מִכָּל־הָאֻמּוֹת, וְחֻקֵּי רָאשֵׁי חֳדָשִׁים לָהֶם קָבָעְתָּ. בָּרוּךְ אַתָּה יהוה, מְקַדֵּשׁ יִשְׂרָאֵל וְרָאשֵׁי חֳדָשִׁים.

Continue with רצה, on page 500

Some congregations add:

On your New Moon festivals you shall bring a burnt offering to the Lord: two young bulls, one ram, and seven yearling lambs, without blemish. The grain offering shall be three-tenths of an ephah of choice flour mingled with oil for each bull, two-tenths of an ephah of choice flour mingled with oil for the ram, and one-tenth of an ephah of choice flour mingled with oil for each lamb. You shall bring it with the wine required for the libations, a goat for atonement, and the two daily offerings as prescribed.

NUMBERS 28:11–15

Compassionate King, accept with compassion the prayer of Your people Israel, wherever they dwell.

During a leap year, add the words
in parentheses

Our God and God of our ancestors, renew our lives in this month for goodness and blessedness, joy and gladness, deliverance and consolation, sustenance and support, life and peace, pardon of sin and forgiveness of transgression (and atonement for wrongdoing). For You have chosen the people Israel from among all nations to observe the precepts of the New Moon festival. Praised are You, Lord who hallows the people Israel and the New Moon festivals.

Continue with "Accept the prayer . . ."
on page 501

On Shabbat, the silent recitation of the Amidah
continues here:

אַתָּה קָדוֹשׁ וְשִׁמְךָ קָדוֹשׁ, וּקְדוֹשִׁים בְּכָל־יוֹם יְהַלְלוּךָ סֶּלָה.
בָּרוּךְ אַתָּה יהוה הָאֵל הַקָּדוֹשׁ.

אַתָּה יָצַרְתָּ עוֹלָמְךָ מִקֶּדֶם, כִּלִּיתָ מְלַאכְתְּךָ בַּיּוֹם הַשְּׁבִיעִי.
אָהַבְתָּ אוֹתָנוּ וְרָצִיתָ בָּנוּ, וְרוֹמַמְתָּנוּ מִכָּל־הַלְּשׁוֹנוֹת,
וְקִדַּשְׁתָּנוּ בְּמִצְוֹתֶיךָ, וְקֵרַבְתָּנוּ מַלְכֵּנוּ לַעֲבוֹדָתֶךָ, וְשִׁמְךָ הַגָּדוֹל
וְהַקָּדוֹשׁ עָלֵינוּ קָרָאתָ. וַתִּתֶּן לָנוּ יהוה אֱלֹהֵינוּ, בְּאַהֲבָה,
שַׁבָּתוֹת לִמְנוּחָה וְרָאשֵׁי חֳדָשִׁים לְכַפָּרָה. וּלְפִי שֶׁחָטָאנוּ
לְפָנֶיךָ, אֲנַחְנוּ וַאֲבוֹתֵינוּ, חָרְבָה עִירֵנוּ וְשָׁמֵם בֵּית מִקְדָּשֵׁנוּ
וְגָלָה יְקָרֵנוּ, וְנֻטַּל כָּבוֹד מִבֵּית חַיֵּינוּ.

Some congregations continue here
(others continue with large print below):

יְהִי רָצוֹן מִלְּפָנֶיךָ, יהוה אֱלֹהֵינוּ וֵאלֹהֵי אֲבוֹתֵינוּ, הַמֵּשִׁיב בָּנִים
לִגְבוּלָם, שֶׁתַּעֲלֵנוּ בְשִׂמְחָה לְאַרְצֵנוּ וְתִטָּעֵנוּ בִּגְבוּלֵנוּ, וְלֹא יִשָּׁמַע
עוֹד חָמָס בְּאַרְצֵנוּ, שֹׁד וָשֶׁבֶר בִּגְבוּלֵנוּ. וְשָׁם נַעֲבָדְךָ בְּאַהֲבָה
וּבְיִרְאָה כִּימֵי עוֹלָם וּכְשָׁנִים קַדְמוֹנִיּוֹת.

Continue with מלך רחמן, on page 498

יְהִי רָצוֹן מִלְּפָנֶיךָ, יהוה אֱלֹהֵינוּ וֵאלֹהֵי אֲבוֹתֵינוּ, הַמֵּשִׁיב
בָּנִים לִגְבוּלָם, שֶׁתַּעֲלֵנוּ בְשִׂמְחָה לְאַרְצֵנוּ וְתִטָּעֵנוּ בִּגְבוּלֵנוּ,
שֶׁשָּׁם עָשׂוּ אֲבוֹתֵינוּ לְפָנֶיךָ אֶת־קָרְבְּנוֹת חוֹבוֹתֵיהֶם, תְּמִידִים
כְּסִדְרָם וּמוּסָפִים כְּהִלְכָתָם, וְשָׁם נַעֲבָדְךָ בְּאַהֲבָה וּבְיִרְאָה
כִּימֵי עוֹלָם וּכְשָׁנִים קַדְמוֹנִיּוֹת. וְאֶת־מוּסַף יוֹם הַשַּׁבָּת הַזֶּה
וְאֶת־מוּסַף יוֹם רֹאשׁ הַחֹדֶשׁ הַזֶּה עָשׂוּ וְהִקְרִיבוּ לְפָנֶיךָ
בְּאַהֲבָה כְּמִצְוַת רְצוֹנֶךָ, כַּכָּתוּב בְּתוֹרָתֶךָ, עַל יְדֵי מֹשֶׁה עַבְדֶּךָ
מִפִּי כְבוֹדֶךָ כָּאָמוּר.

Some congregations add:

וּבְיוֹם הַשַּׁבָּת, שְׁנֵי כְבָשִׂים בְּנֵי שָׁנָה תְּמִימִים, וּשְׁנֵי עֶשְׂרֹנִים סֹלֶת
מִנְחָה בְּלוּלָה בַשֶּׁמֶן וְנִסְכּוֹ. עֹלַת שַׁבַּת בְּשַׁבַּתּוֹ עַל עֹלַת הַתָּמִיד
וְנִסְכָּהּ.

*On Shabbat, the silent recitation of the Amidah
continues here:*

Holy are You and holy is Your name. Holy are those who praise You daily. Praised are You, Lord, holy God.

You formed Your world at the beginning, completing Your labor by the seventh day. You have loved and favored us, distinguishing us by making our lives holy with Your mitzvot and by drawing us near to Your service, our King, so that we became known by Your great and holy name. Lord our God, lovingly have You given us Shabbat for rest and New Moon festivals for atonement. Because we and our ancestors sinned, our city was laid waste, our sanctuary made desolate, our splendor taken, and glory removed from Zion.

*Some congregations continue here
(others continue with large print below):*

May it be Your will, Lord our God and God of our ancestors who restores His children to their land, to lead us in joy to our land and to settle our people within its borders. No more shall violence be heard in our land; no more shall devastation be found within its borders. There may we worship You with love and reverence as in days of old and in ancient times.

*Continue with "Compassionate King . . ."
on page 499*

May it be Your will, Lord our God and God of our ancestors who restores His children to their land, to lead us in joy to our land and to settle our people within its borders. There our ancestors sacrificed to You with their daily offerings and with their special offerings, and there may we worship You with love and with reverence as in days of old and in ancient times. And the special offerings for Shabbat and for New Moon festivals they offered lovingly, according to Your will, as written in Your Torah through Moses, Your servant.

Some congregations add:

Offerings for the day of Shabbat: two yearling lambs without blemish, together with two-tenths of an ephah of choice flour mingled with oil as a grain offering, with the proper libation; a burnt offering for every Shabbat, in addition to the daily burnt offering and its libation.
NUMBERS 28:9–10

וּבְרָאשֵׁי חָדְשֵׁיכֶם תַּקְרִיבוּ עֹלָה לַיהוה, פָּרִים בְּנֵי בָקָר שְׁנַיִם וְאַיִל אֶחָד, כְּבָשִׂים בְּנֵי שָׁנָה שִׁבְעָה, תְּמִימִם. וּמִנְחָתָם וְנִסְכֵּיהֶם כִּמְדֻבָּר, שְׁלֹשָׁה עֶשְׂרֹנִים לַפָּר, וּשְׁנֵי עֶשְׂרֹנִים לָאָיִל, וְעִשָּׂרוֹן לַכֶּבֶשׂ, וְיַיִן כְּנִסְכּוֹ, וְשָׂעִיר לְכַפֵּר, וּשְׁנֵי תְמִידִים כְּהִלְכָתָם.

מֶלֶךְ רַחֲמָן, קַבֵּל בְּרַחֲמִים אֶת־תְּפִלַּת עַמְּךָ יִשְׂרָאֵל בְּכָל־מְקוֹמוֹת מוֹשְׁבוֹתֵיהֶם.

יִשְׂמְחוּ בְמַלְכוּתְךָ שׁוֹמְרֵי שַׁבָּת וְקוֹרְאֵי עֹנֶג. עַם מְקַדְּשֵׁי שְׁבִיעִי, כֻּלָּם יִשְׂבְּעוּ וְיִתְעַנְּגוּ מִטּוּבֶךָ. וְהַשְּׁבִיעִי רָצִיתָ בּוֹ וְקִדַּשְׁתּוֹ, חֶמְדַּת יָמִים אוֹתוֹ קָרָאתָ, זֵכֶר לְמַעֲשֵׂה בְרֵאשִׁית.

During a leap year add the words in parentheses

אֱלֹהֵינוּ וֵאלֹהֵי אֲבוֹתֵינוּ, רְצֵה בִמְנוּחָתֵנוּ, וְחַדֵּשׁ עָלֵינוּ בְּיוֹם הַשַּׁבָּת הַזֶּה אֶת־הַחֹדֶשׁ הַזֶּה לְטוֹבָה וְלִבְרָכָה, לְשָׂשׂוֹן וּלְשִׂמְחָה, לִישׁוּעָה וּלְנֶחָמָה, לְפַרְנָסָה וּלְכַלְכָּלָה, לְחַיִּים וּלְשָׁלוֹם, לִמְחִילַת חֵטְא וְלִסְלִיחַת עָוֹן (וּלְכַפָּרַת פָּשַׁע). כִּי בְעַמְּךָ יִשְׂרָאֵל בָּחַרְתָּ מִכָּל־הָאֻמּוֹת, וְשַׁבַּת קָדְשְׁךָ לָהֶם הוֹדַעְתָּ, וְחֻקֵּי רָאשֵׁי חֳדָשִׁים לָהֶם קָבָעְתָּ. בָּרוּךְ אַתָּה יהוה, מְקַדֵּשׁ הַשַּׁבָּת וְיִשְׂרָאֵל וְרָאשֵׁי חֳדָשִׁים.

On your New Moon festivals you shall bring a burnt offering to the Lord: two young bulls, one ram, and seven yearling lambs, without blemish. The grain offering shall be three-tenths of an ephah of choice flour mingled with oil for each bull, two-tenths of an ephah of choice flour mingled with oil for the ram, and one-tenth of an ephah of choice flour mingled with oil for each lamb. You shall bring it with the wine required for the libations, a goat for atonement, and the two daily offerings as prescribed.

NUMBERS 28:11–15

Compassionate King, accept with compassion the prayer of Your people Israel, wherever they dwell.

Those who celebrate Shabbat rejoice in Your kingship, hallowing the seventh day, calling it delight. All of them truly enjoy Your goodness. For it pleased You to sanctify the seventh day, calling it the most desirable day, a reminder of Creation.

During a leap year, add the words in parentheses

Our God and God of our ancestors, accept our Shabbat offering of rest. Renew our lives in this month for goodness and blessedness, joy and gladness, deliverance and consolation, sustenance and support, life and peace, pardon of sin and forgiveness of transgression (and atonement for wrongdoing). For You have chosen the people Israel from among all the nations to observe the precepts of the New Moon festival, proclaiming Your holy Shabbat to them. Praised are You, Lord who hallows Shabbat, the people Israel and the New Moon festivals.

רְצֵה יהוה אֱלֹהֵינוּ בְּעַמְּךָ יִשְׂרָאֵל וּבִתְפִלָּתָם, וְהָשֵׁב אֶת־
הָעֲבוֹדָה לִדְבִיר בֵּיתֶךָ, וּתְפִלָּתָם בְּאַהֲבָה תְקַבֵּל בְּרָצוֹן, וּתְהִי
לְרָצוֹן תָּמִיד עֲבוֹדַת יִשְׂרָאֵל עַמֶּךָ. וְתֶחֱזֶינָה עֵינֵינוּ בְּשׁוּבְךָ
לְצִיּוֹן בְּרַחֲמִים. בָּרוּךְ אַתָּה יהוה הַמַּחֲזִיר שְׁכִינָתוֹ לְצִיּוֹן.

When the Reader chants the Amidah, the
congregation recites this passage silently while the
Reader continues with the next passage

מוֹדִים אֲנַחְנוּ לָךְ שָׁאַתָּה הוּא יהוה אֱלֹהֵינוּ וֵאלֹהֵי אֲבוֹתֵינוּ, אֱלֹהֵי
כָל־בָּשָׂר, יוֹצְרֵנוּ יוֹצֵר בְּרֵאשִׁית. בְּרָכוֹת וְהוֹדָאוֹת לְשִׁמְךָ הַגָּדוֹל
וְהַקָּדוֹשׁ עַל שֶׁהֶחֱיִיתָנוּ וְקִיַּמְתָּנוּ. כֵּן תְּחַיֵּנוּ וּתְקַיְּמֵנוּ וְתֶאֱסוֹף
גָּלֻיּוֹתֵינוּ לְחַצְרוֹת קָדְשֶׁךָ לִשְׁמוֹר חֻקֶּיךָ וְלַעֲשׂוֹת רְצוֹנֶךָ וּלְעָבְדְּךָ
בְּלֵבָב שָׁלֵם, עַל שֶׁאֲנַחְנוּ מוֹדִים לָךְ. בָּרוּךְ אֵל הַהוֹדָאוֹת.

מוֹדִים אֲנַחְנוּ לָךְ שָׁאַתָּה הוּא יהוה אֱלֹהֵינוּ וֵאלֹהֵי אֲבוֹתֵינוּ
לְעוֹלָם וָעֶד, צוּר חַיֵּינוּ מָגֵן יִשְׁעֵנוּ אַתָּה הוּא לְדוֹר וָדוֹר.
נוֹדֶה לְּךָ וּנְסַפֵּר תְּהִלָּתֶךָ, עַל חַיֵּינוּ הַמְּסוּרִים בְּיָדֶךָ וְעַל
נִשְׁמוֹתֵינוּ הַפְּקוּדוֹת לָךְ וְעַל נִסֶּיךָ שֶׁבְּכָל־יוֹם עִמָּנוּ וְעַל
נִפְלְאוֹתֶיךָ וְטוֹבוֹתֶיךָ שֶׁבְּכָל־עֵת, עֶרֶב וָבֹקֶר וְצָהֳרָיִם. הַטּוֹב
כִּי לֹא כָלוּ רַחֲמֶיךָ, וְהַמְרַחֵם כִּי לֹא תַמּוּ חֲסָדֶיךָ, מֵעוֹלָם
קִוִּינוּ לָךְ.

On Ḥanukkah:

עַל הַנִּסִּים וְעַל הַפֻּרְקָן, וְעַל הַגְּבוּרוֹת, וְעַל הַתְּשׁוּעוֹת, וְעַל
הַמִּלְחָמוֹת שֶׁעָשִׂיתָ לַאֲבוֹתֵינוּ בַּיָּמִים הָהֵם וּבַזְּמַן הַזֶּה.

בִּימֵי מַתִּתְיָהוּ בֶּן־יוֹחָנָן כֹּהֵן גָּדוֹל, חַשְׁמוֹנַי וּבָנָיו, כְּשֶׁעָמְדָה
מַלְכוּת יָוָן הָרְשָׁעָה עַל עַמְּךָ יִשְׂרָאֵל לְהַשְׁכִּיחָם תּוֹרָתֶךָ וּלְהַעֲבִירָם
מֵחֻקֵּי רְצוֹנֶךָ, וְאַתָּה בְּרַחֲמֶיךָ הָרַבִּים עָמַדְתָּ לָהֶם בְּעֵת צָרָתָם,
רַבְתָּ אֶת־רִיבָם, דַּנְתָּ אֶת־דִּינָם, נָקַמְתָּ אֶת־נִקְמָתָם, מָסַרְתָּ גִבּוֹרִים
בְּיַד חַלָּשִׁים, וְרַבִּים בְּיַד מְעַטִּים, וּטְמֵאִים בְּיַד טְהוֹרִים, וּרְשָׁעִים
בְּיַד צַדִּיקִים, וְזֵדִים בְּיַד עוֹסְקֵי תוֹרָתֶךָ. וּלְךָ עָשִׂיתָ שֵׁם גָּדוֹל
וְקָדוֹשׁ בְּעוֹלָמֶךָ, וּלְעַמְּךָ יִשְׂרָאֵל עָשִׂיתָ תְּשׁוּעָה גְדוֹלָה וּפֻרְקָן
כְּהַיּוֹם הַזֶּה. וְאַחַר כֵּן בָּאוּ בָנֶיךָ לִדְבִיר בֵּיתֶךָ וּפִנּוּ אֶת־הֵיכָלֶךָ,
וְטִהֲרוּ אֶת־מִקְדָּשֶׁךָ, וְהִדְלִיקוּ נֵרוֹת בְּחַצְרוֹת קָדְשֶׁךָ, וְקָבְעוּ
שְׁמוֹנַת יְמֵי חֲנֻכָּה אֵלּוּ לְהוֹדוֹת וּלְהַלֵּל לְשִׁמְךָ הַגָּדוֹל.

Accept the prayer of Your people Israel as lovingly as it is offered. Restore worship to Your sanctuary. May the worship of the people Israel always be acceptable to You. May we witness Your merciful return to Zion. Praised are You, Lord who restores His Presence to Zion.

When the Reader chants the Amidah, the
congregation recites this passage silently
while the Reader continues with the next passage

We proclaim that You are the Lord our God and God of our ancestors, Creator of all who created us, God of all flesh. We praise You and thank You for granting us life and for sustaining us. May You continue to grant us life and sustenance. Gather our dispersed to Your holy place, to fulfill Your mitzvot and to serve You wholeheartedly, doing Your will. For this we shall thank You. Praised be God to whom thanksgiving is due.

We proclaim that You are the Lord our God and God of our ancestors throughout all time. You are the Rock of our lives, the Shield of our salvation in every generation. We thank You and praise You morning, noon, and night for Your miracles which daily attend us and for Your wondrous kindnesses. Our lives are in Your hand; our souls are in Your charge. You are good, with everlasting mercy; You are compassionate, with enduring lovingkindness. We have always placed our hope in You.

On Ḥanukkah:

We thank You for the heroism, for the triumphs, and for the miraculous deliverance of our ancestors in other days, and in our time.

In the days of Mattathias son of Yoḥanan, the Hasmonean *kohen gadol,* and in the days of his sons, a cruel power rose against Your people Israel, demanding that they abandon Your Torah and violate Your mitzvot. You, in great mercy, stood by Your people in time of trouble. You defended them, vindicated them, and avenged their wrongs. You delivered the strong into the hands of the weak, the many into the hands of the few, the corrupt into the hands of the pure in heart, the guilty into the hands of the innocent. You delivered the arrogant into the hands of those who were faithful to Your Torah. You have wrought great victories and miraculous deliverance for Your people Israel to this day, revealing Your glory and Your holiness to all the world. Then Your children came into Your shrine, cleansed your Temple, purified Your sanctuary, and kindled lights in Your sacred courts. They set aside these eight days as a season for giving thanks and reciting praises to You.

וְעַל כֻּלָּם יִתְבָּרַךְ וְיִתְרוֹמַם שִׁמְךָ מַלְכֵּנוּ תָּמִיד לְעוֹלָם וָעֶד.

וְכֹל הַחַיִּים יוֹדְוּךָ סֶּלָה, וִיהַלְלוּ אֶת־שִׁמְךָ בֶּאֱמֶת, הָאֵל יְשׁוּעָתֵנוּ וְעֶזְרָתֵנוּ סֶלָה. בָּרוּךְ אַתָּה יהוה הַטּוֹב שִׁמְךָ וּלְךָ נָאֶה לְהוֹדוֹת.

Reader, during repetition of Amidah:

אֱלֹהֵינוּ וֵאלֹהֵי אֲבוֹתֵינוּ, בָּרְכֵנוּ בַּבְּרָכָה הַמְשֻׁלֶּשֶׁת, בַּתּוֹרָה הַכְּתוּבָה עַל יְדֵי מֹשֶׁה עַבְדֶּךָ, הָאֲמוּרָה מִפִּי אַהֲרֹן וּבָנָיו, כֹּהֲנִים, עַם קְדוֹשֶׁךָ, כָּאָמוּר:

Congregation:

יְבָרֶכְךָ יהוה וְיִשְׁמְרֶךָ. כֵּן יְהִי רָצוֹן.
יָאֵר יהוה פָּנָיו אֵלֶיךָ וִיחֻנֶּךָּ. כֵּן יְהִי רָצוֹן.
יִשָּׂא יהוה פָּנָיו אֵלֶיךָ וְיָשֵׂם לְךָ שָׁלוֹם. כֵּן יְהִי רָצוֹן.

שִׂים שָׁלוֹם בָּעוֹלָם, טוֹבָה וּבְרָכָה, חֵן וָחֶסֶד וְרַחֲמִים עָלֵינוּ וְעַל כָּל־יִשְׂרָאֵל עַמֶּךָ. בָּרְכֵנוּ אָבִינוּ כֻּלָּנוּ כְּאֶחָד בְּאוֹר פָּנֶיךָ, כִּי בְאוֹר פָּנֶיךָ נָתַתָּ לָּנוּ, יהוה אֱלֹהֵינוּ, תּוֹרַת חַיִּים וְאַהֲבַת חֶסֶד, וּצְדָקָה וּבְרָכָה וְרַחֲמִים וְחַיִּים וְשָׁלוֹם. וְטוֹב בְּעֵינֶיךָ לְבָרֵךְ אֶת־עַמְּךָ יִשְׂרָאֵל בְּכָל־עֵת וּבְכָל־שָׁעָה בִּשְׁלוֹמֶךָ.

בָּרוּךְ אַתָּה יהוה הַמְבָרֵךְ אֶת־עַמּוֹ יִשְׂרָאֵל בַּשָּׁלוֹם.

The Reader's chanting of the Amidah ends here. We continue on page 506.

At the conclusion of the Amidah, personal prayers may be added

אֱלֹהַי, נְצוֹר לְשׁוֹנִי מֵרָע וּשְׂפָתַי מִדַּבֵּר מִרְמָה, וְלִמְקַלְלַי נַפְשִׁי תִדּוֹם, וְנַפְשִׁי כֶּעָפָר לַכֹּל תִּהְיֶה. פְּתַח לִבִּי בְּתוֹרָתֶךָ וּבְמִצְוֹתֶיךָ תִּרְדּוֹף נַפְשִׁי. וְכָל־הַחוֹשְׁבִים עָלַי רָעָה, מְהֵרָה

For all these blessings we shall ever praise and exalt You.

May every living creature thank You and praise You faithfully, our deliverance and our help. Praised are You, beneficent Lord to whom all praise is due.

Reader, during repetition of Amidah:

Bless us, our God and God of our ancestors, with the threefold blessing written in the Torah by Moses, Your servant, pronounced by Aaron and his descendants, *kohanim,* Your holy people.

	Congregation:
May the Lord bless you and guard you.	Ken y'hi ratzon.
May the Lord show you favor and be gracious to you.	Ken y'hi ratzon.
May the Lord show you kindness and grant you peace.	Ken y'hi ratzon.

Grant peace to the world, with happiness, blessing, grace, love, and mercy for us and for all the people Israel. Bless us, our Father, one and all, with Your light; for by that light did You teach us Torah and life, love and tenderness, justice, mercy, and peace. May it please You to bless Your people Israel in every season and at all times with Your gift of peace. Praised are You, Lord who blesses His people Israel with peace.

The Reader's chanting of the Amidah ends here. We continue on page 507.

At the conclusion of the Amidah, personal prayers may be added

My God, keep my tongue from evil, my lips from lies. Help me ignore those who slander me. Let me be humble before all. Open my heart to Your Torah, so that I may pursue Your mitzvot. Frustrate the designs of those who plot evil against me. Make nothing of their schemes. Do so because of Your compassion, Your power, Your holi-

הָפֵר עֲצָתָם וְקַלְקֵל מַחֲשַׁבְתָּם. עֲשֵׂה לְמַעַן שְׁמֶךָ, עֲשֵׂה לְמַעַן יְמִינֶךָ, עֲשֵׂה לְמַעַן קְדֻשָּׁתֶךָ, עֲשֵׂה לְמַעַן תּוֹרָתֶךָ, לְמַעַן יֵחָלְצוּן יְדִידֶיךָ, הוֹשִׁיעָה יְמִינְךָ וַעֲנֵנִי. יִהְיוּ לְרָצוֹן אִמְרֵי־פִי וְהֶגְיוֹן לִבִּי לְפָנֶיךָ, יהוה צוּרִי וְגוֹאֲלִי. עֹשֶׂה שָׁלוֹם בִּמְרוֹמָיו, הוּא יַעֲשֶׂה שָׁלוֹם עָלֵינוּ וְעַל כָּל־יִשְׂרָאֵל, וְאִמְרוּ אָמֵן.

An alternative:

יְהִי רָצוֹן מִלְּפָנֶיךָ יהוה אֱלֹהֵינוּ וֵאלֹהֵי אֲבוֹתֵינוּ, שֶׁתְּחַדֵּשׁ עָלֵינוּ אֶת־הַחֹדֶשׁ הַזֶּה לְטוֹבָה וְלִבְרָכָה. וְתִתֶּן לָנוּ חַיִּים אֲרֻכִּים, חַיִּים שֶׁל שָׁלוֹם, חַיִּים שֶׁל טוֹבָה, חַיִּים שֶׁל בְּרָכָה, חַיִּים שֶׁל פַּרְנָסָה, חַיִּים שֶׁל חִלּוּץ עֲצָמוֹת, חַיִּים שֶׁיֵּשׁ בָּהֶם יִרְאַת שָׁמַיִם וְיִרְאַת חֵטְא, חַיִּים שֶׁאֵין בָּהֶם בּוּשָׁה וּכְלִמָּה, חַיִּים שֶׁל עֹשֶׁר וְכָבוֹד, חַיִּים שֶׁתְּהֵא בָנוּ אַהֲבַת תּוֹרָה וְיִרְאַת שָׁמַיִם, חַיִּים שֶׁיִּמָּלְאוּ מִשְׁאֲלוֹת לִבֵּנוּ לְטוֹבָה. יִהְיוּ לְרָצוֹן אִמְרֵי־פִי וְהֶגְיוֹן לִבִּי לְפָנֶיךָ, יהוה צוּרִי וְגוֹאֲלִי.

ness, and Your Torah. Answer my prayer for the deliverance of Your people. May the words of my mouth and the meditations of my heart be acceptable to You, my Rock and my Redeemer. He who brings peace to His universe will bring peace to us and to all the people Israel. Amen.

An alternative:

May it be Your will, Lord our God and God of our ancestors, to renew our lives in this new month. Grant us long life, a peaceful life with goodness and blessing, sustenance and physical vitality, a life informed by purity and piety, a life free from shame and reproach, a life of abundance and honor, a life embracing piety and love of Torah, a life in which our heart's desires for goodness will be fulfilled. May the words of my mouth and the meditations of my heart be acceptable to You, O Lord, my Rock and Redeemer.

Reader:

יִתְגַּדַּל וְיִתְקַדַּשׁ שְׁמֵהּ רַבָּא בְּעָלְמָא דִּי בְרָא כִרְעוּתֵהּ, וְיַמְלִיךְ מַלְכוּתֵהּ בְּחַיֵּיכוֹן וּבְיוֹמֵיכוֹן וּבְחַיֵּי דְכָל-בֵּית יִשְׂרָאֵל, בַּעֲגָלָא וּבִזְמַן קָרִיב, וְאִמְרוּ אָמֵן.

Congregation and Reader:

יְהֵא שְׁמֵהּ רַבָּא מְבָרַךְ לְעָלַם וּלְעָלְמֵי עָלְמַיָּא.

Reader:

יִתְבָּרַךְ וְיִשְׁתַּבַּח וְיִתְפָּאַר וְיִתְרוֹמַם וְיִתְנַשֵּׂא, וְיִתְהַדַּר וְיִתְעַלֶּה וְיִתְהַלַּל שְׁמֵהּ דְּקֻדְשָׁא, בְּרִיךְ הוּא לְעֵלָּא (לְעֵלָּא מִכָּל-) מִן כָּל-בִּרְכָתָא וְשִׁירָתָא, תֻּשְׁבְּחָתָא וְנֶחֱמָתָא דַּאֲמִירָן בְּעָלְמָא, וְאִמְרוּ אָמֵן.

תִּתְקַבַּל צְלוֹתְהוֹן וּבָעוּתְהוֹן דְּכָל-יִשְׂרָאֵל קֳדָם אֲבוּהוֹן דִּי בִשְׁמַיָּא וְאִמְרוּ אָמֵן.

יְהֵא שְׁלָמָא רַבָּא מִן שְׁמַיָּא וְחַיִּים עָלֵינוּ וְעַל כָּל-יִשְׂרָאֵל, וְאִמְרוּ אָמֵן.

עוֹשֶׂה שָׁלוֹם בִּמְרוֹמָיו, הוּא יַעֲשֶׂה שָׁלוֹם עָלֵינוּ וְעַל כָּל-יִשְׂרָאֵל, וְאִמְרוּ אָמֵן.

On Rosh Ḥodesh, weekdays, we continue with Aleinu on page 160

KADDISH SHALEM

Reader:

Hallowed and enhanced may He be throughout the world of His own creation. May He cause His sovereignty soon to be accepted, during our life and the life of all Israel. And let us say: Amen.

Congregation and Reader:

Y'hei sh'mei raba m'varakh l'alam u-l'almei almaya.

May He be praised throughout all time.

Reader:

Glorified and celebrated, lauded and worshiped, acclaimed and honored, extolled and exalted may the Holy One be, praised far beyond all song and psalm, beyond all tributes which mortals can utter. And let us say: Amen.

May the prayers and pleas of the whole House of Israel be accepted by our Father in Heaven. And let us say: Amen.

Let there be abundant peace from Heaven, with life's goodness for us and for all the people Israel. And let us say: Amen.

He who brings peace to His universe will bring peace to us and to all the people Israel. And let us say: Amen.

On Rosh Ḥodesh, weekdays, we continue with Aleinu on page 161

אֵין כֵּאלֹהֵֽינוּ,   אֵין כַּאדוֹנֵֽנוּ,

אֵין כְּמַלְכֵּֽנוּ,   אֵין כְּמוֹשִׁיעֵֽנוּ.

מִי כֵאלֹהֵֽינוּ,   מִי כַאדוֹנֵֽנוּ,

מִי כְמַלְכֵּֽנוּ,   מִי כְמוֹשִׁיעֵֽנוּ.

נוֹדֶה לֵאלֹהֵֽינוּ,   נוֹדֶה לַאדוֹנֵֽנוּ,

נוֹדֶה לְמַלְכֵּֽנוּ,   נוֹדֶה לְמוֹשִׁיעֵֽנוּ.

בָּרוּךְ אֱלֹהֵֽינוּ,   בָּרוּךְ אֲדוֹנֵֽנוּ,

בָּרוּךְ מַלְכֵּֽנוּ,   בָּרוּךְ מוֹשִׁיעֵֽנוּ.

אַתָּה הוּא אֱלֹהֵֽינוּ,   אַתָּה הוּא אֲדוֹנֵֽנוּ,

אַתָּה הוּא מַלְכֵּֽנוּ,   אַתָּה הוּא מוֹשִׁיעֵֽנוּ.

אַתָּה הוּא שֶׁהִקְטִֽירוּ אֲבוֹתֵֽינוּ לְפָנֶֽיךָ אֶת־קְטֹֽרֶת הַסַּמִּים.

This ancient Rabbinic lesson emphasizes that
children, and disciples, are the future.
We pray that our future will be based upon Torah
and peace. May we be disciples of Aaron, loving
peace and pursuing peace, loving our fellow
creatures and bringing them near to Torah.

אָמַר רַבִּי אֶלְעָזָר, אָמַר רַבִּי חֲנִינָא: תַּלְמִידֵי חֲכָמִים מַרְבִּים שָׁלוֹם בָּעוֹלָם, שֶׁנֶּאֱמַר: וְכָל־בָּנַֽיִךְ לִמּוּדֵי יהוה, וְרַב שְׁלוֹם בָּנָֽיִךְ. אַל תִּקְרָא בָּנָֽיִךְ, אֶלָּא בּוֹנָֽיִךְ. שָׁלוֹם רָב לְאֹהֲבֵי תוֹרָתֶֽךָ, וְאֵין לָֽמוֹ מִכְשׁוֹל. יְהִי שָׁלוֹם בְּחֵילֵךְ, שַׁלְוָה בְּאַרְמְנוֹתָֽיִךְ. לְמַֽעַן אַחַי וְרֵעָי, אֲדַבְּרָה־נָּא שָׁלוֹם בָּךְ. לְמַֽעַן בֵּית יהוה אֱלֹהֵֽינוּ, אֲבַקְשָׁה טוֹב לָךְ. יהוה עֹז לְעַמּוֹ יִתֵּן, יהוה יְבָרֵךְ אֶת־עַמּוֹ בַשָּׁלוֹם.

Some congregations add Kaddish De-rabbanan, on page 274

None compares to our God, to our Lord.
None compares to our King, to our Deliverer.

Who compares to our God, to our Lord?
Who compares to our King, to our Deliverer?

Let us thank our God, our Lord.
Let us thank our King, our Deliverer.

Let us praise our God, our Lord.
Let us praise our King, our Deliverer.

You are our God, our Lord.
You are our King, our Deliverer.

You are He to whom our ancestors offered fragrant incense.

This ancient Rabbinic lesson emphasizes that children, and disciples, are the future. We pray that our future will be based upon Torah and peace. May we be disciples of Aaron, loving peace and pursuing peace, loving our fellow creatures and bringing them near to Torah.

Rabbi Elazar taught in the name of Rabbi Ḥanina: Disciples of the Sages increase peace in the world, as it was said by the prophet Isaiah: "When all of your children are taught of the Lord, great will be the peace of your children" (Isaiah 54:13). The second mention of "your children" (*banayikh*) means all who have true understanding (*bonayikh*), like disciples of the Sages; they too are taught of the Lord, serving and blessed with peace. And thus it is written in the Book of Psalms: "Those who love Your Torah have great peace; nothing makes them stumble" (Psalm 119:165). And it is also written: "May there be peace within your walls, security within your gates. For the sake of my brethren and companions I say: May peace reside within you. For the sake of the House of the Lord I will seek your welfare" (Psalm 122:7–9). "May the Lord grant His people strength; may the Lord bless His people with peace" (Psalm 29:11).

Some congregations add Kaddish De-rabbanan, on page 275

עָלֵינוּ לְשַׁבֵּחַ לַאֲדוֹן הַכֹּל, לָתֵת גְּדֻלָּה לְיוֹצֵר בְּרֵאשִׁית, שֶׁלֹּא עָשָׂנוּ כְּגוֹיֵי הָאֲרָצוֹת וְלֹא שָׂמָנוּ כְּמִשְׁפְּחוֹת הָאֲדָמָה, שֶׁלֹּא שָׂם חֶלְקֵנוּ כָּהֶם וְגוֹרָלֵנוּ כְּכָל־הֲמוֹנָם. וַאֲנַחְנוּ כּוֹרְעִים וּמִשְׁתַּחֲוִים וּמוֹדִים לִפְנֵי מֶלֶךְ מַלְכֵי הַמְּלָכִים הַקָּדוֹשׁ בָּרוּךְ הוּא, שֶׁהוּא נוֹטֶה שָׁמַיִם וְיוֹסֵד אָרֶץ, וּמוֹשַׁב יְקָרוֹ בַּשָּׁמַיִם מִמַּעַל וּשְׁכִינַת עֻזּוֹ בְּגָבְהֵי מְרוֹמִים. הוּא אֱלֹהֵינוּ, אֵין עוֹד. אֱמֶת מַלְכֵּנוּ, אֶפֶס זוּלָתוֹ, כַּכָּתוּב בְּתוֹרָתוֹ: וְיָדַעְתָּ הַיּוֹם וַהֲשֵׁבֹתָ אֶל לְבָבֶךָ, כִּי יהוה הוּא הָאֱלֹהִים בַּשָּׁמַיִם מִמַּעַל וְעַל הָאָרֶץ מִתָּחַת, אֵין עוֹד.

עַל כֵּן נְקַוֶּה לְּךָ יהוה אֱלֹהֵינוּ לִרְאוֹת מְהֵרָה בְּתִפְאֶרֶת עֻזֶּךָ, לְהַעֲבִיר גִּלּוּלִים מִן הָאָרֶץ וְהָאֱלִילִים כָּרוֹת יִכָּרֵתוּן, לְתַקֵּן עוֹלָם בְּמַלְכוּת שַׁדַּי וְכָל־בְּנֵי בָשָׂר יִקְרְאוּ בִשְׁמֶךָ, לְהַפְנוֹת אֵלֶיךָ כָּל־רִשְׁעֵי אָרֶץ. יַכִּירוּ וְיֵדְעוּ כָּל־יוֹשְׁבֵי תֵבֵל כִּי לְךָ תִּכְרַע כָּל־בֶּרֶךְ תִּשָּׁבַע כָּל־לָשׁוֹן. לְפָנֶיךָ יהוה אֱלֹהֵינוּ יִכְרְעוּ וְיִפֹּלוּ. וְלִכְבוֹד שִׁמְךָ יְקָר יִתֵּנוּ, וִיקַבְּלוּ כֻלָּם אֶת־עֹל מַלְכוּתֶךָ וְתִמְלֹךְ עֲלֵיהֶם מְהֵרָה לְעוֹלָם וָעֶד, כִּי הַמַּלְכוּת שֶׁלְּךָ הִיא וּלְעוֹלְמֵי עַד תִּמְלוֹךְ בְּכָבוֹד, כַּכָּתוּב בְּתוֹרָתֶךָ: יהוה יִמְלֹךְ לְעֹלָם וָעֶד. ☐ וְנֶאֱמַר: וְהָיָה יהוה לְמֶלֶךְ עַל כָּל־הָאָרֶץ, בַּיּוֹם הַהוּא יִהְיֶה יהוה אֶחָד וּשְׁמוֹ אֶחָד.

Some congregations at this point add psalms
appropriate to the day [pages 22 to 46] and/or
An'im Zemirot [page 46]

ALEINU

We rise to our duty to praise the Lord of all, to acclaim the Creator. He made our lot unlike that of other people, assigning to us a unique destiny. We bend the knee and bow, acknowledging the King of kings, the Holy One praised be He, who spread out the heavens and laid the foundations of the earth, whose glorious abode is in the highest heaven, whose mighty dominion is in the loftiest heights. He is our God, there is no other. In truth, He alone is our King, as it is written in His Torah: "Know this day and take it to heart that the Lord is God in heaven above and on earth below; there is no other."

Va-anaḥnu kor'im u-mishtaḥavim u-modim
lifnei melekh malkhei ha-melakhim, ha-kadosh barukh hu.

And so we hope in You, Lord our God, soon to see Your splendor, sweeping idolatry away so that false gods will be utterly destroyed, perfecting earth by Your kingship so that all mankind will invoke Your name, bringing all the earth's wicked back to You, repentant. Then all who live will know that to You every knee must bend, every tongue pledge loyalty. To You, Lord, may all bow in worship, may they give honor to Your glory. May everyone accept the rule of Your kingship. Reign over all, soon and for all time. Sovereignty is Yours in glory, now and forever. Thus is it written in Your Torah: The Lord reigns for ever and ever. Such is the assurance of Your prophet Zechariah: The Lord shall be acknowledged King of all the earth. On that day the Lord shall be One and His name One.

V'ne'emar, v'haya Adonai l'melekh al kol ha-aretz,
ba-yom ha-hu yiyeh Adonai eḥad u-sh'mo eḥad.

Some congregations at this point add psalms appropriate to the day [pages 23 to 47] and/or An'im Zemirot [page 47]

We recall with affection those who no longer walk this earth, grateful to God for the gift of their lives, for their sweet companionship, and for the cherished memories which endure. May God comfort all who mourn. May He grant them strength to see beyond their sorrow, and sustain them in their grief. In solemn testimony to that unbroken faith which links our generations one to another, those observing Yahrzeit and those who mourn now rise to declare their faith in God, to magnify and sanctify God's holy name.

Mourners and those observing Yahrzeit:

יִתְגַּדַּל וְיִתְקַדַּשׁ שְׁמֵהּ רַבָּא בְּעָלְמָא דִּי בְרָא כִרְעוּתֵהּ, וְיַמְלִיךְ מַלְכוּתֵהּ בְּחַיֵּיכוֹן וּבְיוֹמֵיכוֹן וּבְחַיֵּי דְכָל-בֵּית יִשְׂרָאֵל, בַּעֲגָלָא וּבִזְמַן קָרִיב, וְאִמְרוּ אָמֵן.

Congregation and mourner:

יְהֵא שְׁמֵהּ רַבָּא מְבָרַךְ לְעָלַם וּלְעָלְמֵי עָלְמַיָּא.

Mourner:

יִתְבָּרַךְ וְיִשְׁתַּבַּח וְיִתְפָּאַר וְיִתְרוֹמַם וְיִתְנַשֵּׂא, וְיִתְהַדַּר וְיִתְעַלֶּה וְיִתְהַלַּל שְׁמֵהּ דְּקֻדְשָׁא, בְּרִיךְ הוּא לְעֵלָּא (לְעֵלָּא מִכָּל-) מִן כָּל-בִּרְכָתָא וְשִׁירָתָא, תֻּשְׁבְּחָתָא וְנֶחֱמָתָא דַּאֲמִירָן בְּעָלְמָא, וְאִמְרוּ אָמֵן.

יְהֵא שְׁלָמָא רַבָּא מִן שְׁמַיָּא וְחַיִּים עָלֵינוּ וְעַל כָּל-יִשְׂרָאֵל, וְאִמְרוּ אָמֵן.

עוֹשֶׂה שָׁלוֹם בִּמְרוֹמָיו, הוּא יַעֲשֶׂה שָׁלוֹם עָלֵינוּ וְעַל כָּל-יִשְׂרָאֵל, וְאִמְרוּ אָמֵן.

MOURNER'S KADDISH

In recalling our dead, of blessed memory, we confront our loss with faith by rising to praise God's name in public assembly, praying that all people throughout the world recognize His kingship soon. For when His sovereignty is felt in the world, peace, blessing and song fill the world, as well as great consolation.

Mourners and those observing Yahrzeit:

Yitgadal v'yitkadash sh'mei raba b'alma di v'ra khir'utei, v'yamlikh malkhutei b'ḥayeikhon u-v'yomeikhon u-v'ḥayei d'khol beit yisrael, ba-agala u-vi-z'man kariv, v'imru amen.

Congregation and mourner:

Y'hei sh'mei raba m'varakh l'alam u-l'almei almaya.

Mourner:

Yitbarakh v'yishtabaḥ v'yitpa'ar v'yitromam v'yitnasei, v'yit-hadar v'yit'aleh v'yit-halal sh'mei d'kudsha, b'rikh hu l'ela (l'ela mi-kol) min kol birkhata v'shirata, tushb'ḥata v'neḥemata da-amiran b'alma, v'imru amen.

Y'hei sh'lama raba min sh'maya v'ḥayim aleinu v'al kol yisrael, v'imru amen.

Oseh shalom bi-m'romav, hu ya'aseh shalom aleinu v'al kol yisrael, v'imru amen.

אֲדוֹן עוֹלָם אֲשֶׁר מָלַךְ בְּטֶֽרֶם כָּל־יְצִיר נִבְרָא.
לְעֵת נַעֲשָׂה בְחֶפְצוֹ כֹּל אֲזַי מֶֽלֶךְ שְׁמוֹ נִקְרָא.
וְאַחֲרֵי כִּכְלוֹת הַכֹּל לְבַדּוֹ יִמְלֹךְ נוֹרָא.
וְהוּא הָיָה וְהוּא הֹוֶה וְהוּא יִהְיֶה בְּתִפְאָרָה.
וְהוּא אֶחָד וְאֵין שֵׁנִי לְהַמְשִׁיל לוֹ לְהַחְבִּֽירָה.
בְּלִי רֵאשִׁית בְּלִי תַכְלִית וְלוֹ הָעֹז וְהַמִּשְׂרָה.
וְהוּא אֵלִי וְחַי גּוֹאֲלִי וְצוּר חֶבְלִי בְּעֵת צָרָה.
וְהוּא נִסִּי וּמָנוֹס לִי מְנָת כּוֹסִי בְּיוֹם אֶקְרָא.
בְּיָדוֹ אַפְקִיד רוּחִי בְּעֵת אִישַׁן וְאָעִֽירָה.
וְעִם רוּחִי גְּוִיָּתִי יהוה לִי וְלֹא אִירָא.

ADON OLAM

The Lord eternal reigned before the birth of every living thing.
When all was made as He ordained, then only He was known as King.
When all is ended He will reign alone in awesome majesty.
He was, He is, and He will be, glorious in eternity.
Peerless and unique is He, with none at all to be compared.
Beginningless and endless, His vast dominion is not shared.
He is my God, my life's redeemer, my refuge in distress,
My shelter sure, my cup of life, His goodness limitless.
I place my spirit in His care, when I wake as when I sleep.
God is with me, I shall not fear, body and spirit in His keep.

YIZKOR

MEMORIAL SERVICE

יהוה, מָה אָדָם וַתֵּדָעֵהוּ, בֶּן־אֱנוֹשׁ וַתְּחַשְּׁבֵהוּ.
אָדָם לַהֶבֶל דָּמָה, יָמָיו כְּצֵל עוֹבֵר.
בַּבֹּקֶר יָצִיץ וְחָלָף, לָעֶרֶב יְמוֹלֵל וְיָבֵשׁ.
תָּשֵׁב אֱנוֹשׁ עַד דַּכָּא, וַתֹּאמֶר שׁוּבוּ בְנֵי אָדָם.
שׁוּבָה יהוה, עַד מָתָי, וְהִנָּחֵם עַל עֲבָדֶיךָ.

There is a time for everything, for all things under the sun:

a time to be born and a time to die,
a time to laugh and a time to cry,

a time to dance and a time to mourn,
a time to seek and a time to lose,

a time to forget and a time to remember.

This day in sacred convocation we remember those who gave us life.

We remember those who enriched our lives with love and beauty, kindness and compassion, thoughtfulness and understanding.

We renew our bonds to those who have gone the way of all the earth.

As we reflect upon those whose memory moves us this day, we seek consolation, and the strength and the insight born of faith.

Tender as a father with his children,
the Lord is merciful with His worshipers.

He knows how we are fashioned, remembers that we are dust.

Our days are as grass; we flourish as a flower in the field.

The wind passes over it and it is gone,
and no one can recognize where it grew.

But the Lord's compassion for His worshipers,
His righteousness to children's children,
remain, age after age, unchanging.

Three score and ten our years may number,
four score years if granted the vigor.

Laden with trouble and travail, life quickly passes, it flies away.

What are mortals, eternal God,
that You should be mindful of them?

What are mortals, that You should take note of them,
that You have made them little less than angels?

The sounds of infants attest to Your power,
the magnificence of life reflects Your glory.

The heavens display Your splendor.
What majesty is Yours throughout the world!

Teach us to use all of our days, O Lord,
that we may attain a heart of wisdom.

Grant us of Your love in the morning,
that we may joyously sing all our days.

שִׁוִּיתִי יהוה לְנֶגְדִּי תָמִיד, כִּי מִימִינִי בַּל אֶמּוֹט.
לָכֵן שָׂמַח לִבִּי וַיָּגֶל כְּבוֹדִי, אַף בְּשָׂרִי יִשְׁכֹּן לָבֶטַח.

When I stray from You, O Lord, my life is as death;
but when I cleave to You, even in death I have life.

You embrace the souls of the living and the dead.

The earth inherits that which perishes.

The dust returns to dust;
but the soul, which is God's, is immortal.

The Lord has compassion for His creatures.

He has planted eternity within our soul,
granting us a share in His unending life.

He redeems our life from the grave.

May we all be charitable in deed and in thought,
in memory of those we love who walk the earth no longer.

May we live unselfishly, in truth and love and peace, so that we will
be remembered as a blessing, as we this day lovingly remember
those whose lives endure as a blessing.

Our generations are bound to each other as children now remember their parents. Love is strong as death as husbands and wives now remember their mates, as parents now remember their children. Memory conquers death's dominion as we now remember our brothers and sisters, grandparents, and other relatives and friends.

The death of those we now remember left gaping holes in our lives. But we are grateful for the gift of their lives. And we are strengthened by the blessings which they left us, by precious memories which comfort and sustain us as we recall them this day.

A personal meditation

Eternal God, Master of mercy, *give me the gift of remembering*. May my memories of the dead be tender and true, undiminished by time, not falsified by sentimentality. Let me recall them, and love them, as they were. *Give me the gift of tears*. Let me express my sense of loss, my sorrow, my pain, as well as my gratitude and my love. *Give me the gift of prayer*. May I confront You with an open heart, with trusting faith, unembarrassed and unashamed. *Give me the gift of hope*. May I always believe in the beauty of life, the power of goodness, the right to joy. May I surrender my being, and the soul of the dead, to Your eternal compassion.

Each congregant reads silently the appropriate passages among those which follow. Personal meditations may also be added. We rise.

In memory of a father:

יִזְכֹּר אֱלֹהִים נִשְׁמַת אָבִי מוֹרִי שֶׁהָלַךְ לְעוֹלָמוֹ. הִנְנִי נוֹדֵר (נוֹדֶרֶת) צְדָקָה בְּעַד הַזְכָּרַת נִשְׁמָתוֹ. אָנָּא תְּהִי נַפְשׁוֹ צְרוּרָה בִּצְרוֹר הַחַיִּים וּתְהִי מְנוּחָתוֹ כָּבוֹד, שֹׂבַע שְׂמָחוֹת אֶת־פָּנֶיךָ, נְעִימוֹת בִּימִינְךָ נֶצַח. אָמֵן.

May God remember the soul of my father who has gone to his eternal home. In loving testimony to his life I pledge charity to help perpetuate ideals important to him. Through such deeds, and through prayer and memory, is his soul bound up in the bond of life. May I prove myself worthy of the gift of life and the many other gifts with which he blessed me. May these moments of meditation link me more strongly with his memory and with our entire family. May he rest eternally in dignity and peace. Amen.

In memory of a mother:

יִזְכֹּר אֱלֹהִים נִשְׁמַת אִמִּי מוֹרָתִי שֶׁהָלְכָה לְעוֹלָמָהּ. הִנְנִי נוֹדֵר
(נוֹדֶרֶת) צְדָקָה בְּעַד הַזְכָּרַת נִשְׁמָתָהּ. אָנָּא תְּהִי נַפְשָׁהּ צְרוּרָה
בִּצְרוֹר הַחַיִּים וּתְהִי מְנוּחָתָהּ כָּבוֹד, שֹׂבַע שְׂמָחוֹת אֶת־פָּנֶיךָ,
נְעִימוֹת בִּימִינְךָ נֶצַח. אָמֵן.

May God remember the soul of my mother who has gone to her eternal home. In loving testimony to her life I pledge charity to help perpetuate ideals important to her. Through such deeds, and through prayer and memory, is her soul bound up in the bond of life. May I prove myself worthy of the gift of life and the many other gifts with which she blessed me. May these moments of meditation link me more strongly with her memory and with our entire family. May she rest eternally in dignity and peace. Amen.

In memory of a husband:

יִזְכֹּר אֱלֹהִים נִשְׁמַת בַּעֲלִי שֶׁהָלַךְ לְעוֹלָמוֹ. הִנְנִי נוֹדֶרֶת צְדָקָה
בְּעַד הַזְכָּרַת נִשְׁמָתוֹ. אָנָּא תְּהִי נַפְשׁוֹ צְרוּרָה בִּצְרוֹר הַחַיִּים
וּתְהִי מְנוּחָתוֹ כָּבוֹד, שֹׂבַע שְׂמָחוֹת אֶת־פָּנֶיךָ, נְעִימוֹת בִּימִינְךָ
נֶצַח. אָמֵן.

May God remember the soul of my husband who has gone to his eternal home. In loving testimony to his life I pledge charity to help perpetuate ideals important to him. Through such deeds, and through prayer and memory, is his soul bound up in the bond of life. Love is strong as death; deep bonds of love are indissoluble. The memory of our companionship and love leads me out of loneliness into all that we shared which still endures. May he rest eternally in dignity and peace. Amen.

In memory of a wife:

יִזְכֹּר אֱלֹהִים נִשְׁמַת אִשְׁתִּי שֶׁהָלְכָה לְעוֹלָמָהּ. הִנְנִי נוֹדֵר
צְדָקָה בְּעַד הַזְכָּרַת נִשְׁמָתָהּ. אָנָּא תְּהִי נַפְשָׁהּ צְרוּרָה בִּצְרוֹר
הַחַיִּים וּתְהִי מְנוּחָתָהּ כָּבוֹד, שֹׂבַע שְׂמָחוֹת אֶת־פָּנֶיךָ, נְעִימוֹת
בִּימִינְךָ נֶצַח. אָמֵן.

May God remember the soul of my wife who has gone to her eternal home. In loving testimony to her life I pledge charity to help perpetuate ideals important to her. Through such deeds and through prayer and memory is her soul bound up in the bond of life. "Many women have done superbly, but you surpass them all." Love is strong as death; deep bonds of love are indissoluble. The memory of our companionship and love leads me out of loneliness into all that we share which still endures. May she rest eternally in dignity and peace. Amen.

In memory of a son:

יִזְכֹּר אֱלֹהִים נִשְׁמַת בְּנִי הָאָהוּב מַחְמַד עֵינַי שֶׁהָלַךְ לְעוֹלָמוֹ. הִנְנִי נוֹדֵר (נוֹדֶרֶת) צְדָקָה בְּעַד הַזְכָּרַת נִשְׁמָתוֹ. אָנָּא תְּהִי נַפְשׁוֹ צְרוּרָה בִּצְרוֹר הַחַיִּים וּתְהִי מְנוּחָתוֹ כָּבוֹד, שְׂבַע שְׂמָחוֹת אֶת־פָּנֶיךָ, נְעִימוֹת בִּימִינְךָ נֶצַח. אָמֵן.

May God remember the soul of my beloved son who has gone to his eternal home. In loving testimony to his life I pledge charity to help perpetuate ideals important to him. Through such deeds, and through prayer and memory, is his soul bound up in the bond of life. I am grateful for the sweetness of his life and for what he did accomplish. May he rest eternally in dignity and peace. Amen.

In memory of a daughter:

יִזְכֹּר אֱלֹהִים נִשְׁמַת בִּתִּי הָאֲהוּבָה מַחְמַד עֵינַי שֶׁהָלְכָה לְעוֹלָמָהּ. הִנְנִי נוֹדֵר (נוֹדֶרֶת) צְדָקָה בְּעַד הַזְכָּרַת נִשְׁמָתָהּ. אָנָּא תְּהִי נַפְשָׁהּ צְרוּרָה בִּצְרוֹר הַחַיִּים וּתְהִי מְנוּחָתָהּ כָּבוֹד, שְׂבַע שְׂמָחוֹת אֶת־פָּנֶיךָ, נְעִימוֹת בִּימִינְךָ נֶצַח. אָמֵן.

May God remember the soul of my beloved daughter who has gone to her eternal home. In loving testimony to her life I pledge charity to help perpetuate ideals important to her. Through such deeds, and through prayer and memory, is her soul bound up in the bond of life. I am grateful for the sweetness of her life and for what she did accomplish. May she rest eternally in dignity and peace. Amen.

In memory of other relatives and friends:

יִזְכֹּר אֱלֹהִים נִשְׁמוֹת קְרוֹבַי וְרֵעַי שֶׁהָלְכוּ לְעוֹלָמָם. הִנְנִי נוֹדֵר (נוֹדֶרֶת) צְדָקָה בְּעַד הַזְכָּרַת נִשְׁמוֹתֵיהֶם. אָנָּא תִּהְיֶינָה נַפְשׁוֹתֵיהֶם צְרוּרוֹת בִּצְרוֹר הַחַיִּים וּתְהִי מְנוּחָתָם כָּבוֹד, שֹׂבַע שְׂמָחוֹת אֶת־פָּנֶיךָ, נְעִימוֹת בִּימִינְךָ נֶצַח. אָמֵן.

May God remember the soul of ______ and of all relatives and friends who have gone to their eternal home. In loving testimony to their lives I pledge charity to help perpetuate ideals important to them. Through such deeds, and through prayer and memory, are their souls bound up in the bond of life. May these moments of meditation link me more strongly with their memory. May they rest eternally in dignity and peace. Amen.

In memory of martyrs:

יִזְכֹּר אֱלֹהִים נִשְׁמוֹת כָּל־אַחֵינוּ בְּנֵי יִשְׂרָאֵל שֶׁמָּסְרוּ אֶת־נַפְשָׁם עַל קִדּוּשׁ הַשֵּׁם. הִנְנִי נוֹדֵר (נוֹדֶרֶת) צְדָקָה בְּעַד הַזְכָּרַת נִשְׁמוֹתֵיהֶם. אָנָּא יִשָּׁמַע בְּחַיֵּינוּ הֵד גְּבוּרָתָם וּמְסִירוּתָם וְיֵרָאֶה בְּמַעֲשֵׂינוּ טֹהַר לִבָּם וְתִהְיֶינָה נַפְשׁוֹתֵיהֶם צְרוּרוֹת בִּצְרוֹר הַחַיִּים וּתְהִי מְנוּחָתָם כָּבוֹד, שֹׂבַע שְׂמָחוֹת אֶת־פָּנֶיךָ, נְעִימוֹת בִּימִינְךָ נֶצַח. אָמֵן.

May God remember the souls of our brethren, martyrs of our people, who gave their lives for the sanctification of His name. In their memory do I pledge charity. May their bravery, dedication, and purity be reflected in our lives. May their souls be bound up in the bond of life. And may they rest eternally in dignity and peace. Amen.

In memory of congregants:

We lovingly recall the members of our congregation who no longer dwell upon this earth. They have a special place in our hearts. We pray this day that all who have sustained the loss of loved ones be granted comfort and strength.

Exalted, compassionate God, comfort the bereaved families of this congregation. Help all of us to perpetuate the worthy values in the lives of those no longer with us, whom we remember this day. May their memory endure as a blessing. And let us say: Amen.

In memory of the six million:

□ אֵל מָלֵא רַחֲמִים, שׁוֹכֵן בַּמְּרוֹמִים, הַמְצֵא מְנוּחָה נְכוֹנָה
תַּחַת כַּנְפֵי הַשְּׁכִינָה בְּמַעֲלוֹת קְדוֹשִׁים וּטְהוֹרִים כְּזֹהַר הָרָקִיעַ
מַזְהִירִים, אֶת־נִשְׁמוֹת כָּל־אַחֵינוּ בְּנֵי יִשְׂרָאֵל, אֲנָשִׁים נָשִׁים
וְטַף, שֶׁנִּטְבְּחוּ וְשֶׁנֶּחְנְקוּ וְשֶׁנִּשְׂרְפוּ וְשֶׁנֶּהֶרְגוּ, בְּגַן עֵדֶן תְּהִי
מְנוּחָתָם. אָנָּא בַּעַל הָרַחֲמִים, הַסְתִּירֵם בְּסֵתֶר כְּנָפֶיךָ
לְעוֹלָמִים וּצְרֹר בִּצְרוֹר הַחַיִּים אֶת־נִשְׁמוֹתֵיהֶם. יהוה הוּא
נַחֲלָתָם, וְיָנוּחוּ בְשָׁלוֹם עַל מִשְׁכְּבוֹתֵיהֶם. וְנֹאמַר אָמֵן.

Exalted, compassionate God, grant perfect peace in Your sheltering Presence, among the holy and the pure, to the souls of all our brethren, men, women, and children of the House of Israel who were slaughtered and suffocated and burned to ashes. May their memory endure, inspiring truth and loyalty in our lives. May their souls thus be bound up in the bond of life. May they rest in peace. And let us say: Amen.

In memory of all the dead:

□ אֵל מָלֵא רַחֲמִים, שׁוֹכֵן בַּמְּרוֹמִים, הַמְצֵא מְנוּחָה נְכוֹנָה
תַּחַת כַּנְפֵי הַשְּׁכִינָה בְּמַעֲלוֹת קְדוֹשִׁים וּטְהוֹרִים כְּזֹהַר הָרָקִיעַ
מַזְהִירִים אֶת־נִשְׁמוֹת כָּל־אֵלֶּה שֶׁהִזְכַּרְנוּ הַיּוֹם לִבְרָכָה
שֶׁהָלְכוּ לְעוֹלָמָם, בְּגַן עֵדֶן תְּהִי מְנוּחָתָם. אָנָּא בַּעַל הָרַחֲמִים,
הַסְתִּירֵם בְּסֵתֶר כְּנָפֶיךָ לְעוֹלָמִים וּצְרֹר בִּצְרוֹר הַחַיִּים אֶת־
נִשְׁמוֹתֵיהֶם. יהוה הוּא נַחֲלָתָם, וְיָנוּחוּ בְשָׁלוֹם עַל
מִשְׁכְּבוֹתֵיהֶם. וְנֹאמַר אָמֵן.

Exalted, compassionate God, grant perfect peace among the holy and the pure, in Your sheltering Presence, to the souls of all our beloved who have gone to their eternal home. May their memory endure as inspiration for deeds of charity and goodness in our lives. May their souls thus be bound up in the bond of life. May they rest in peace. And let us say: Amen.

יהוה רֹעִי, לֹא אֶחְסָר.

The Lord is my shepherd, I shall not want.

בִּנְאוֹת דֶּשֶׁא יַרְבִּיצֵנִי,

He gives me repose in green meadows.

עַל מֵי מְנֻחוֹת יְנַהֲלֵנִי. נַפְשִׁי יְשׁוֹבֵב,

He leads me beside the still waters to revive my spirit.

יַנְחֵנִי בְמַעְגְּלֵי־צֶדֶק לְמַעַן שְׁמוֹ.

He guides me on the right path, for that is His nature.

גַּם כִּי אֵלֵךְ בְּגֵיא צַלְמָוֶת
לֹא אִירָא רָע כִּי אַתָּה עִמָּדִי.

Though I walk in the valley of the shadow of death,
I fear no harm, for You are with me.

שִׁבְטְךָ וּמִשְׁעַנְתֶּךָ הֵמָּה יְנַחֲמֻנִי.

Your staff and Your rod comfort me.

תַּעֲרֹךְ לְפָנַי שֻׁלְחָן נֶגֶד צֹרְרָי,

You prepare a banquet for me in the presence of my foes.

דִּשַּׁנְתָּ בַשֶּׁמֶן רֹאשִׁי, כּוֹסִי רְוָיָה.

You anoint my head with oil; my cup overflows.

אַךְ טוֹב וָחֶסֶד יִרְדְּפוּנִי כָּל־יְמֵי חַיָּי,

Surely goodness and kindness shall be my portion
all the days of my life.

וְשַׁבְתִּי בְּבֵית יהוה לְאֹרֶךְ יָמִים.

And I shall dwell in the House of the Lord forever.

PSALM 23

Our Creator, the King of kings, delights in life. Because of His love for us, and because we are so few, each of us is important in His kingdom. Though we are flesh and blood, we are irreplaceable. When one of the House of Israel dies, there is a loss of glory in His kingdom and His grandeur is diminished. Therefore, members of the House of Israel, all of you who mourn and all of you who remember on this day, let us fix our hearts on our Father in Heaven, our King and our Redeemer, and let us pray for ourselves, and for Him too, that He and His sovereignty be hallowed and enhanced, glorified and celebrated.

MOURNER'S KADDISH

Mourners and those observing Yahrzeit:

יִתְגַּדַּל וְיִתְקַדַּשׁ שְׁמֵהּ רַבָּא בְּעָלְמָא דִּי בְרָא כִרְעוּתֵהּ, וְיַמְלִיךְ מַלְכוּתֵהּ בְּחַיֵּיכוֹן וּבְיוֹמֵיכוֹן וּבְחַיֵּי דְכָל-בֵּית יִשְׂרָאֵל, בַּעֲגָלָא וּבִזְמַן קָרִיב, וְאִמְרוּ אָמֵן.

Congregation and mourner:

יְהֵא שְׁמֵהּ רַבָּא מְבָרַךְ לְעָלַם וּלְעָלְמֵי עָלְמַיָּא.

Mourner:

יִתְבָּרַךְ וְיִשְׁתַּבַּח וְיִתְפָּאַר וְיִתְרוֹמַם וְיִתְנַשֵּׂא, וְיִתְהַדַּר וְיִתְעַלֶּה וְיִתְהַלַּל שְׁמֵהּ דְּקֻדְשָׁא, בְּרִיךְ הוּא לְעֵלָּא (לְעֵלָּא מִכָּל-) מִן כָּל-בִּרְכָתָא וְשִׁירָתָא, תֻּשְׁבְּחָתָא וְנֶחֱמָתָא דַּאֲמִירָן בְּעָלְמָא, וְאִמְרוּ אָמֵן.

יְהֵא שְׁלָמָא רַבָּא מִן שְׁמַיָּא וְחַיִּים עָלֵינוּ וְעַל כָּל-יִשְׂרָאֵל, וְאִמְרוּ אָמֵן.

עוֹשֶׂה שָׁלוֹם בִּמְרוֹמָיו, הוּא יַעֲשֶׂה שָׁלוֹם עָלֵינוּ וְעַל כָּל-יִשְׂרָאֵל, וְאִמְרוּ אָמֵן.

MOURNER'S KADDISH

Yitgadal v'yitkadash sh'mei raba b'alma di v'ra khir'utei, v'yamlikh malkhutei b'ḥayeikhon u-v'yomeikhon u-v'ḥayei d'khol beit yisrael, ba-agala u-vi-z'man kariv v'imru amen.

Y'hei sh'mei raba m'vorakh l'alam u-l'almei almaya.

Yitbarakh v'yishtabaḥ v'yitpa'ar v'yitromam v'yitnasei, v'yit-hadar v'yit'aleh v'yit-halal sh'mei d'kudsha, b'rikh hu l'ela (l'ela mi-kol) min kol birkhata v'shirata, tushb'ḥata v'neḥemata da-amiran b'alma, v'imru amen.

Y'hei shlama raba min sh'maya v'ḥayim aleinu v'al kol yisrael, v'imru amen.

Oseh shalom bi-m'romav, hu ya'aseh shalom aleinu v'al kol yisrael, v'imru amen.

Hallowed and enhanced may He be throughout the world of His own creation. May He cause His sovereignty soon to be accepted, during our life and the life of all Israel. And let us say: Amen.

May He be praised throughout all time.

Glorified and celebrated, lauded and worshipped, acclaimed and honored, extolled and exalted may the Holy One be, praised beyond all song and psalm, beyond all tributes which mortals can utter. And let us say: Amen.

Let there be abundant peace from Heaven, with life's goodness for us and for all the people Israel. And let us say: Amen.

He who brings peace to His universe will bring peace to us and to all the people Israel. And let us say: Amen.

AKDAMUT

HYMN FOR SHAVUOT

On the first day of Shavuot, in some congregations the poem Akdamut is chanted as part of the Torah Service, before the first aliyah, as an introduction to the Torah Reading.

Shavuot celebrates God's gift of Torah to the Jewish people. On Shavuot, the Ten Commandments, or Ten Words, are the focus of the Torah Reading and thus represent the entire Revelation of Torah. The first words of this special poem describe the poem's purpose—to introduce the Words of the Ten Commandments, *akdamut millin.*

The poem begins with praise of God as Creator of the world, and it highlights the inadequacy of any mortal attempt at such praise. "Were the sky of parchment made, a quill each reed, each twig and blade, could we with ink the oceans fill, were everyone a scribe of skill, the marvelous story of God's great glory would still remain untold."

Various groups of angels praise the Creator, chanting "Holy, holy, holy; His glory fills the whole world." Other heavenly hosts "in awe reply: May His kingship be blessed for ever and aye." And wondrous and respectful as angels are, the praise of the people Israel is far more precious to God because of their unique devotion to Him on earth. The uniqueness of their relationship is reflected in the vision of God wearing tefillin as a parallel to the ritual act of the people Israel. Our tefillin contain biblical passages proclaiming God's uniqueness, while God's tefillin are said to contain the verse "Who is like Your people Israel, singular on earth?" The people Israel have been enticed to join others in idolatry, but they have withstood temptation, maintaining their loyalty to God and to the Jewish tradition, anticipating the time when they will enjoy the splendor of God's Presence (Shekhinah).

All of us, the poet concludes, will be able to merit and enjoy that splendor by fulfilling the Ten Commandments, the "Ten Words" presented at Mount Sinai by the living God, which we shall now hear in the Torah Reading. It is our privilege even now to rejoice over the precious blessing which is ours—God's gift of Torah.

אַקְדָמוּת מִלִּין וְשָׁרָיוּת שׁוּתָא
אַוְלָא שָׁקֵלְנָא הַרְמָן וּרְשׁוּתָא.
בְּבָבֵי תְרֵי וּתְלָת דְּאֶפְתַּח בְּנַקְשׁוּתָא
בְּבָרֵי דְבָרֵי וְטָרֵי עֲדֵי לְקַשְׁשׁוּתָא.

גְּבוּרָן עָלְמִין לֵהּ וְלָא סְפֵק פְּרִישׁוּתָא
גְּוִיל אִלּוּ רְקִיעֵי קְנֵי כָּל־חוּרְשָׁתָא.

דְּיוֹ אִלּוּ יַמֵּי וְכָל־מֵי כְנִישׁוּתָא
דָּיְרֵי אַרְעָא סָפְרֵי וְרָשְׁמֵי רַשְׁוָתָא.

הֲדַר מָרֵא שְׁמַיָּא וְשַׁלִּיט בְּיַבֶּשְׁתָּא
הֲקֵם עָלְמָא יְחִידָאי וְכַבְּשֵׁהּ בְּכַבְּשׁוּתָא.

וּבְלָא לֵאוּ שַׁכְלְלֵהּ וּבְלָא תְשָׁשׁוּתָא
וּבְאָתָא קַלִּילָא דְּלֵית בַּהּ מְשָׁשׁוּתָא.

זַמֵּן כָּל־עֲבִדְתֵּהּ בְּהַךְ יוֹמֵי שִׁתָּא
זְהוֹר יְקָרֵהּ עַלִּי עֲלֵי כָרְסְיֵהּ דְּאֶשָּׁתָא.

חֲיָל אֶלֶף אַלְפִין וְרִבּוֹא לְשַׁמְשׁוּתָא
חַדְתִּין נְבוֹט לְצַפְרִין סַגִּיאָה טְרָשׁוּתָא.

טְפֵי יְקִידִין שְׂרָפִין כְּלוֹל גַּפֵּי שִׁתָּא
טְעֵם עַד יִתְיְהֵב לְהוֹן שְׁתִיקִין בְּאַדִּשְׁתָּא.

יְקַבְּלוּן דֵּין מִן דֵּין שָׁוֵי דְּלָא בְשַׁשְׁתָּא
יְקַר מְלֵי כָל־אַרְעָא לְתַלּוֹתֵי קְדֻשְׁתָּא.

כְּקָל מִן קֳדָם שַׁדַּי כְּקָל מֵי נְפִישׁוּתָא
כְּרוּבִין קֳבֵל גַּלְגְּלִין מְרוֹמְמִין בְּאַוְשָׁתָא.

לְמֶחֱזֵי בְּאַנְפָּא עֵין כְּוָת גִּירֵי קַשְׁתָּא
לְכָל־אֲתַר דְּמִשְׁתַּלְּחִין זְרִיזִין בְּאַשְׁוָתָא.

מְבָרְכִין בְּרִיךְ יְקָרֵהּ בְּכָל־לְשָׁן לְחִישׁוּתָא
מֵאֲתַר בֵּית שְׁכִינְתֵּהּ דְּלָא צְרִיךְ בְּחִישׁוּתָא.

נְהִים כָּל־חֵיל מְרוֹמָא מְקַלְּסִין בַּחֲשַׁשְׁתָּא
נְהִירָא מַלְכוּתֵהּ לְדָר וָדָר לְאַפְרַשְׁתָּא.

סְדִירָא בְהוֹן קְדֻשְׁתָּא וְכַד חָלְפָא שַׁעֲתָא
סִיּוּמָא דִלְעָלַם וְאוֹף לָא לִשְׁבוּעָתָא.

עֲדַב יְקַר אַחְסַנְתֵּהּ חֲבִיבִין דִּבְקַבַּעְתָּא
עָבְדִין לֵהּ חֲטִיבָא בִּדְנַח וּשְׁקַעְתָּא.

פְּרִישָׁן לְמָנָתֵהּ לְמֶעְבַּד לֵהּ רְעוּתָא
פְּרִישׁוּתֵהּ שְׁבָחֵהּ יְחַוּוֹן בְּשָׁעוּתָא.

צְבִי וְחַמֵּד וְרַגֵּג דְּיִלְאוּן בְּלָעוּתָא
צְלוֹתְהוֹן בְּכֵן מְקַבֵּל וְהַנְיָא בָעוּתָא.

קְטִירָא לְחֵי עָלְמָא בְּתָגָא בִּשְׁבוּעֲתָא
קֳבֵל יְקַר טוֹטַפְתָּא יְתִיבָא בִקְבִיעוּתָא.

רְשִׁימָא הִיא גוּפָא בְּחָכְמְתָא וּבְדַעְתָּא
רְבוּתְהוֹן דְּיִשְׂרָאֵל קְרָאֵי בִּשְׁמַעְתָּא.

שְׁבַח רִבּוֹן עָלְמָא אֲמִירָא דַכְוָתָא
שְׁפַר עֲלֵי לְחַוּוֹיֵהּ בְּאַפֵּי מַלְכְּוָתָא.

תָּאִין וּמִתְכַּנְּשִׁין כְּחֵיזוּ אִדְוָתָא
תְּמֵהִין וְשָׁיְלִין לַהּ בְּעֵסֶק אָתְוָתָא.

מְנָן וּמָאן הוּא רְחִימָךְ שַׁפִּירָא בְּרֵוָתָא
אֲרוּם בְּגִינֵהּ סָפִית מְדוֹר אַרְיְוָתָא.
יְקָרָא וְיָאָה אַתְּ אִין תְּעָרְבִי לְמַרְוָתָא
רְעוּתֵךְ נַעֲבֵיד לִיךְ בְּכָל־אַתְרְוָתָא.

בְּחָכְמְתָא מְתִיבְתָּא לְהוֹן קְצָת לְהוֹדָעוּתָא
יְדַעְתּוּן חַכְּמִין לֵהּ בְּאִשְׁתְּמוֹדָעוּתָא.
רְבוּתְכוֹן מָה חֲשִׁיבָא קֳבֵל הַהִיא שְׁבַחְתָּא

רְבוּתָא דְּיַעְבֵּד לִי כַּד מַטְיָא יְשׁוּעֲתָא.
בְּמֵיתֵי לִי נְהוֹרָא וְתַחֲפֵי לְכוֹן בַּהֲתָא
יְקָרֵהּ כַּד אִתְגְּלֵי בְּתֻקְפָּא וּבְגֵיוָתָא.

יְשַׁלֵּם גְּמֻלַיָּא לְסַנְאֵי וְנַגְוָתָא
צִדְקָתָא לְעַם חָבִיב וְסַגִּיָא זַכְוָתָא.
חֲדוּ שְׁלֵמָא בְּמֵיתֵי וּמָנֵי דַכְיָתָא
קִרְיְתָא דִירוּשְׁלֵם כַּד יְכַנֵּשׁ גַּלְוָתָא.

יְקָרֵהּ מַטִּיל עֲלַהּ בְּיוֹמֵי וְלֵילְוָתָא
גְּנוּנֵהּ לְמֶעְבַּד בַּהּ בְּתוּשְׁבְּחָן כְּלִילָתָא.

דְּזֵהוֹר עֲנָנַיָּא לְמִשְׁפַּר כִּילָתָא
לְפוּמֵהּ דַּעֲבִידְתָּא עֲבִידָן מְטַלַּלְתָּא.
בְּתַכְתְּקֵי דְהַב פִּיזָא וּשְׁבַע מַעֲלָתָא
תְּחִימִין צַדִּיקֵי קֳדָם רַב פָּעֳלָתָא.
וְרֵיוֵיהוֹן דָּמֵה לְשַׂבְעָא חֶדְוָתָא
רְקִיעָא בְּזֵהוֹרֵהּ וְכוֹכְבֵי זִיוָתָא.
הֲדָרָא דְלָא אֶפְשַׁר לְמִפְרַט בְּשִׂפְוָתָא
וְלָא אִשְׁתְּמַע וְחָמֵי נְבִיאָן חֶזְוָתָא.
בְּלָא שָׁלְטָא בֵהּ עֵין בְּגוֹ עֵדֶן גִּנְּתָא
מְטַיְּלֵי בֵי חִנְגָּא לְבַהֲדֵי דִשְׁכִינְתָּא.
עֲלֵהּ רָמְזֵי דֵּן הוּא בְּרַם בְּאֶמְתָּנוּתָא
שַׂבַּרְנָא לֵהּ בִּשְׁבְיָן תְּקוֹף הֵמְנוּתָא.
יַדְבַּר לָן עָלְמִין עֲלֵמִין מְדַמּוּתָא
מְנָת דִּילָן דְּמִלְּקַדְמִין פָּרֵשׁ בַּאֲרָמוּתָא.
טְלוּלֵהּ דִּלְוְיָתָן וְתוֹר טוּר רָמוּתָא
וְחַד בְּחַד כִּי סָבִיךְ וְעָבֵד קְרָבוּתָא.
בְּקַרְנוֹהִי מְנַגַּח בְּהֵמוֹת בְּרַבְרְבוּתָא
יְקַרְטַע נוּן לִקְבְלֵהּ בְּצִיצוֹי בִּגְבוּרְתָּא.
מְקָרֵב לֵהּ בָּרְיֵהּ בְּחַרְבֵּהּ רַבְרְבָתָא
אֲרִסְטוֹן לְצַדִּיקֵי יְתַקֵּן וְשֵׁרוּתָא.
מְסַחֲרִין עֲלֵי תַכֵּי דְכַדְכֹּד וְגוּמַרְתָּא
נְגִידִין קַמֵּיהוֹן אֲפַרְסְמוֹן נַהֲרָתָא.
וּמִתְפַּנְּקִין וְרָווֹ בְּכַסֵּי רְוָיָתָא
חֲמַר מְרַת דְּמִבְּרֵאשִׁית נְטִיר בֵּי נַעֲוָתָא.
זַכָּאִין כַּד שְׁמַעְתּוּן שְׁבַח דָּא שִׁירָתָא
קְבִיעִין כֵּן תֶּהֱווֹן בְּהַנְהוּ חֲבוּרָתָא.
וְתִזְכּוּן דִּי תֵיתְבוּן בְּעֵלָּא דָרָתָא
אֲרֵי תְצִיתוּן לְמִלּוֹי דְּנָפְקִין בְּהַדְרָתָא.
מְרוֹמָם הוּא אֱלָהִין בְּקַדְמָא וּבָתְרַיְתָא
צְבִי וְאִתְרְעִי בָן וּמְסַר לָן אוֹרַיְתָא.

HOSHANOT

 **HYMNS FOR SUKKOT**

*On each day of Sukkot, Hoshanot are chanted
after the completion of the Musaf Amidah. In
some congregations, Hoshanot are chanted after
Hallel.*

On Shabbat we turn to page 535

 **WEEKDAY**

*On each weekday, with lulav and etrog in hand,
we stand as the Ark is opened and a Sefer Torah
is removed, to be held on the bimah. The Reader
chants the first four lines each day, and then
chants a piyyut as noted for each particular day,
leading a procession and followed by all who
have a lulav and an etrog. The words hosha na
are repeated by the congregation as a refrain
after each phrase chanted by the Reader. After
the procession, the Sefer Torah is returned
to the Ark and the service continues with
Kaddish Shalem.*

Reader, then congregation:

הוֹשַׁע נָא, לְמַעַנְךָ אֱלֹהֵינוּ, הוֹשַׁע נָא.
הוֹשַׁע נָא, לְמַעַנְךָ בּוֹרְאֵנוּ, הוֹשַׁע נָא.
הוֹשַׁע נָא, לְמַעַנְךָ גּוֹאֲלֵנוּ, הוֹשַׁע נָא.
הוֹשַׁע נָא, לְמַעַנְךָ דּוֹרְשֵׁנוּ, הוֹשַׁע נָא.

Hosha na. Because You are our God, please help us.
Hosha na. Because You are our Creator, please help us.
Hosha na. Because You are our Redeemer, please help us.
Hosha na. Because You seek our welfare, please help us.

Continue with the appropriate selection for each day, as noted

First day of Sukkot (and on Sunday when Sunday is the second day):

הוֹשַׁע נָא

לְמַעַן אֲמִתָּךְ, לְמַעַן בְּרִיתָךְ, לְמַעַן גָּדְלָךְ וְתִפְאַרְתָּךְ, לְמַעַן דָּתָךְ, לְמַעַן הוֹדָךְ, לְמַעַן וִעוּדָךְ, לְמַעַן זִכְרָךְ, לְמַעַן חַסְדָּךְ, לְמַעַן טוּבָךְ, לְמַעַן יִחוּדָךְ, לְמַעַן כְּבוֹדָךְ, לְמַעַן לִמּוּדָךְ, לְמַעַן מַלְכוּתָךְ, לְמַעַן נִצְחָךְ, לְמַעַן סוֹדָךְ, לְמַעַן עֻזָּךְ, לְמַעַן פְּאֵרָךְ, לְמַעַן צִדְקָתָךְ, לְמַעַן קְדֻשָּׁתָךְ, לְמַעַן רַחֲמֶיךָ הָרַבִּים, לְמַעַן שְׁכִינָתָךְ, לְמַעַן תְּהִלָּתָךְ, הוֹשַׁע נָא.

Because of Your truth and Your covenant, because of Your greatness and glory, because of Your goodness and holiness, help us now.

We conclude on page 534

Second day of Sukkot (on Sunday, the preceding passage is chanted):

הוֹשַׁע נָא

אֶבֶן שְׁתִיָּה, בֵּית הַבְּחִירָה, גֹּרֶן אָרְנָן, דְּבִיר הַמּוּצְנָע, הַר הַמּוֹרִיָּה, וְהַר יֵרָאֶה, זְבוּל תִּפְאַרְתֶּךָ, חָנָה דָוִד, טוֹב הַלְּבָנוֹן, יְפֵה נוֹף מְשׂוֹשׂ כָּל־הָאָרֶץ, כְּלִילַת יֹפִי, לִינַת הַצֶּדֶק, מָכוֹן לְשִׁבְתֶּךָ, נָוֶה שַׁאֲנָן, סֻכַּת שָׁלֵם, עֲלִיַּת שְׁבָטִים, פִּנַּת יִקְרַת, צִיּוֹן הַמְצֻיֶּנֶת, קֹדֶשׁ הַקֳּדָשִׁים, רָצוּף אַהֲבָה, שְׁכִינַת כְּבוֹדֶךָ, תֵּל תַּלְפִּיּוֹת, הוֹשַׁע נָא.

Send help for Moriah, the site of Your Temple, joy of the earth, perfection of beauty, Zion, place of the Holy of Holies. Help us now.

We conclude on page 534

531 SHABBAT AND FESTIVAL SERVICES

First day of Ḥol Ha-mo'ed:

הוֹשַׁע נָא

אֶעֱרֹךְ שׁוּעִי, בְּבֵית שַׁוְעִי, גִּלִּיתִי בַצּוֹם פִּשְׁעִי, דְּרַשְׁתִּיךָ בּוֹ לְהוֹשִׁיעִי, הַקְשִׁיבָה לְקוֹל שַׁוְעִי, וְקוּמָה וְהוֹשִׁיעִי, זְכֹר וְרַחֵם מוֹשִׁיעִי, חַי כֵּן תְּשַׁעְשְׁעִי, טוֹב בְּאֶנֶק שְׁעִי, יוֹחַשׁ מוֹשִׁיעִי, כַּלֵּה מַרְשִׁיעִי, לְבַל עוֹד תַּרְשִׁיעִי, מַהֵר אֱלֹהֵי יִשְׁעִי, נֶצַח לְהוֹשִׁיעִי, שָׂא נָא עֲוֹן רִשְׁעִי, עֲבֹר עַל פִּשְׁעִי, פְּנֵה נָא לְהוֹשִׁיעִי, צוּר צַדִּיק מוֹשִׁיעִי, קַבֵּל נָא שַׁוְעִי, רוֹמֵם קֶרֶן יִשְׁעִי, שַׁדַּי מוֹשִׁיעִי, תּוֹפִיעַ וְתוֹשִׁיעִי, הוֹשַׁע נָא.

I pour out my supplication in this my house of prayer. Remember me with compassion, comfort me with Your goodness. Forgive my transgressions, accept my cry. Help me now.

We conclude on page 534

Second day of Ḥol Ha-mo'ed:

On Tuesday, recite אבן שתיה *on page 531;*
on Friday, recite אל למושעות*, on page 533;*
on Sunday, recite אערך שועי*, above*

הוֹשַׁע נָא

אוֹם אֲנִי חוֹמָה, בָּרָה כַּחַמָּה, גּוֹלָה וְסוּרָה, דָּמְתָה לְתָמָר, הַהֲרוּגָה עָלֶיךָ, וְנֶחְשֶׁבֶת כְּצֹאן טִבְחָה, זְרוּיָה בֵּין מַכְעִיסֶיהָ, חֲבוּקָה וּדְבוּקָה בָּךְ, טוֹעֶנֶת עֻלָּךְ, יְחִידָה לְיַחֲדָךְ, כְּבוּשָׁה בַּגּוֹלָה, לוֹמֶדֶת יִרְאָתָךְ, מְרוּטַת לֶחִי, נְתוּנָה לְמַכִּים, סוֹבֶלֶת סִבְלָךְ, עֲנִיָּה סוֹעֲרָה, פְּדוּיַת טוֹבִיָּה, צֹאן קָדָשִׁים, קְהִלּוֹת יַעֲקֹב, רְשׁוּמִים בִּשְׁמֶךָ, שׁוֹאֲגִים הוֹשַׁע נָא, תְּמוּכִים עָלֶיךָ, הוֹשַׁע נָא.

This faithful nation, bright as the sun, still endures oppressors. Though often tormented, she continues proclaiming that You are One. Tossed in the storm of suffering, they who bear Your name beseech You: Help us now.

We conclude on page 534

Third day of Ḥol Ha-mo'ed:

הוֹשַׁע נָא

אֵל לְמוֹשָׁעוֹת, בְּאַרְבַּע שְׁבוּעוֹת, נָּשִׁים בְּשַׁוְעוֹת, דּוֹפְקֵי עֶרֶךְ שׁוּעוֹת, הוֹגֵי שַׁעְשֻׁעוֹת, וְחִידוֹתָם מִשְׁתַּעְשְׁעוֹת, זוֹעֲקִים לְהַשְׁעוֹת, חוֹכֵי יְשׁוּעוֹת, טְפוּלִים בְּךָ שְׁעוֹת, יוֹדְעֵי בִּין שָׁעוֹת, כּוֹרְעֶיךָ בְּשַׁוְעוֹת, לְהָבִין שְׁמוּעוֹת, מְפִיק נִשְׁמָעוֹת, נוֹתֵן תְּשׁוּעוֹת, סְפוּרוֹת מַשְׁמָעוֹת, עֵדוּת מַשְׁמִיעוֹת, פּוֹעֵל יְשׁוּעוֹת, צַדִּיק נוֹשָׁעוֹת, קִרְיַת תְּשׁוּעוֹת, רֶגֶשׁ תְּשׁוּאוֹת, שָׁלֹשׁ שָׁעוֹת, תָּחִישׁ לִתְשׁוּעוֹת, הוֹשַׁע נָא.

God of salvation, Your people approach You with prayer. They meditate upon the comforting words of Your Torah, for in it they find delight. They long for You as they observe the sacred seasons and await the fulfillment of ancient prophecies foretelling Your salvation. Help us now.

We conclude on page 534

Fourth day of Ḥol Ha-mo'ed:

הוֹשַׁע נָא

אָדוֹן הַמּוֹשִׁיעַ, בִּלְתְּךָ אֵין לְהוֹשִׁיעַ, גִּבּוֹר וְרַב לְהוֹשִׁיעַ, דַּלּוֹתִי וְלִי יְהוֹשִׁיעַ, הָאֵל הַמּוֹשִׁיעַ, וּמַצִּיל וּמוֹשִׁיעַ, זוֹעֲקֶיךָ תּוֹשִׁיעַ, חוֹכֶיךָ הוֹשִׁיעַ, טְלָאֶיךָ תַּשְׂבִּיעַ, יְבוּל לְהַשְׁפִּיעַ, כָּל־שִׂיחַ תַּדְשֵׁא וְתוֹשִׁיעַ, לְגֵיא בַּל תַּרְשִׁיעַ, מְגָדִים תַּמְתִּיק וְתוֹשִׁיעַ, נְשִׂיאִים לְהַסִּיעַ, שְׂעִירִים לְהָנִיעַ, עֲנָנִים מִלְּהַמְנִיעַ, פּוֹתֵחַ יָד וּמַשְׂבִּיעַ, צְמֵאֶיךָ תַּשְׂבִּיעַ, קוֹרְאֶיךָ תּוֹשִׁיעַ, רְחוּמֶיךָ תּוֹשִׁיעַ, שׁוֹחֲרֶיךָ הוֹשִׁיעַ, תְּמִימֶיךָ הוֹשִׁיעַ, הוֹשַׁע נָא.

Lord, my sole source of salvation, I was brought low, but You have delivered me. Help those who hope in You. Provide water for every shrub, condemn not the earth to infertility, withhold not Your blessing of rain. Satisfy Your thirsting creatures, all those who call upon You. Help us now.

We conclude on page 534

We conclude each day with the following:

אֲנִי וָהוֹ הוֹשִׁיעָה נָּא.

כְּהוֹשַׁעְתָּ אֵלִים בְּלוּד עִמָּךְ,
בְּצֵאתְךָ לְיֵשַׁע עַמָּךְ, כֵּן הוֹשַׁע נָא.
כְּהוֹשַׁעְתָּ גּוֹי וֵאלֹהִים,
דְּרוּשִׁים לְיֵשַׁע אֱלֹהִים, כֵּן הוֹשַׁע נָא.
כְּהוֹשַׁעְתָּ הֲמוֹן צְבָאוֹת,
וְעִמָּם מַלְאֲכֵי צְבָאוֹת, כֵּן הוֹשַׁע נָא.
כְּהוֹשַׁעְתָּ זַכִּים מִבֵּית עֲבָדִים,
חַנּוּן בְּיָדָם מַעֲבִידִים, כֵּן הוֹשַׁע נָא.
כְּהוֹשַׁעְתָּ טְבוּעִים בְּצוּל גְּזָרִים,
יְקָרְךָ עִמָּם מַעֲבִירִים, כֵּן הוֹשַׁע נָא.
כְּהוֹשַׁעְתָּ כַּנָּה מְשׁוֹרֶרֶת וַיּוֹשַׁע.
לְגוֹחָהּ מְצֻיֶּנֶת וַיִּוָּשַׁע, כֵּן הוֹשַׁע נָא.
כְּהוֹשַׁעְתָּ מַאֲמַר וְהוֹצֵאתִי אֶתְכֶם,
נָקוּב וְהוּצֵאתִי אִתְּכֶם, כֵּן הוֹשַׁע נָא.
כְּהוֹשַׁעְתָּ סוֹבְבֵי מִזְבֵּחַ,
עוֹמְסֵי עֲרָבָה לְהַקִּיף מִזְבֵּחַ, כֵּן הוֹשַׁע נָא.
כְּהוֹשַׁעְתָּ פִּלְאֵי אָרוֹן כְּהֻפְשַׁע,
צִעֵר פְּלֶשֶׁת בַּחֲרוֹן אַף וְנוֹשַׁע, כֵּן הוֹשַׁע נָא.
כְּהוֹשַׁעְתָּ קְהִלּוֹת בָּבֶלָה שִׁלַּחְתָּ,
רַחוּם לְמַעֲנָם שֻׁלַּחְתָּ, כֵּן הוֹשַׁע נָא.
כְּהוֹשַׁעְתָּ שְׁבוּת שִׁבְטֵי יַעֲקֹב,
תָּשׁוּב וְתָשִׁיב שְׁבוּת אָהֳלֵי יַעֲקֹב, וְהוֹשִׁיעָה נָּא.
כְּהוֹשַׁעְתָּ שׁוֹמְרֵי מִצְוֹת וְחוֹכֵי יְשׁוּעוֹת,
אֵל לְמוֹשָׁעוֹת, וְהוֹשִׁיעָה נָּא.

אֲנִי וָהוֹ הוֹשִׁיעָה נָּא.

Save Yourself and us!

As You redeemed our ancestors from Egypt, releasing them from bondage, help us now. As You guided our people in exile with Your light which accompanied them in their grief, help us now. As Your Presence, which journeyed into exile with Your people, gave them cause to sing, though banished and forlorn, help us now.

Eternal, we beseech You; help us now.

הוֹשִׁיעָה אֶת־עַמֶּךָ וּבָרֵךְ אֶת־נַחֲלָתֶךָ וּרְעֵם וְנַשְּׂאֵם עַד הָעוֹלָם. וְיִהְיוּ דְבָרַי אֵלֶּה אֲשֶׁר הִתְחַנַּנְתִּי לִפְנֵי יהוה קְרֹבִים אֶל יהוה אֱלֹהֵינוּ יוֹמָם וָלָיְלָה, לַעֲשׂוֹת מִשְׁפַּט עַבְדּוֹ וּמִשְׁפַּט עַמּוֹ יִשְׂרָאֵל דְּבַר יוֹם בְּיוֹמוֹ, לְמַעַן דַּעַת כָּל־עַמֵּי הָאָרֶץ, כִּי יהוה הוּא הָאֱלֹהִים, אֵין עוֹד.

Bless and deliver Your people, Your heritage; shelter and sustain them forever. May my words of supplication be drawn near to the Lord our God day and night. May He maintain the cause of His servant, the cause of His people Israel as each day requires. Thus shall all people on earth know that the Lord is God, that there is none else.

The Ark is closed, and the service continues with Kaddish Shalem, *on pages 506 and 507*

SHABBAT

The Ark is opened, but no Sifrei Torah are removed, lulav and etrog are not held, and there is no procession

Reader, then congregation:

הוֹשַׁע נָא, לְמַעַנְךָ אֱלֹהֵינוּ, הוֹשַׁע נָא.
הוֹשַׁע נָא, לְמַעַנְךָ בּוֹרְאֵנוּ, הוֹשַׁע נָא.
הוֹשַׁע נָא, לְמַעַנְךָ גּוֹאֲלֵנוּ, הוֹשַׁע נָא.
הוֹשַׁע נָא, לְמַעַנְךָ דּוֹרְשֵׁנוּ, הוֹשַׁע נָא.

Hosha na. Because You are our God, please help us.
Hosha na. Because You are our Creator, please help us.
Hosha na. Because You are our Redeemer, please help us.
Hosha na. Because You seek our welfare, please help us.

הוֹשַׁע נָא

אוֹם נְצוּרָה כְּבָבַת, בּוֹנֶנֶת בְּדַת נֶפֶשׁ מְשִׁיבַת, גּוֹמֶרֶת הִלְכוֹת שַׁבָּת, דּוֹרֶשֶׁת מַשְׂאַת שַׁבָּת, הַקּוֹבַעַת אַלְפַּיִם תְּחוּם שַׁבָּת, וּמְשִׁיבַת רֶגֶל מִשַּׁבָּת, זָכוֹר וְשָׁמוֹר מְקַיֶּמֶת בַּשַּׁבָּת, חָשָׁה לְמַהֵר בִּיאַת שַׁבָּת, טוֹרַחַת כֹּל מִשִּׁשָּׁה לַשַּׁבָּת, יוֹשֶׁבֶת וּמַמְתֶּנֶת עַד כְּלוֹת שַׁבָּת, כָּבוֹד וָעֹנֶג קוֹרְאָה לַשַּׁבָּת, לְבוּשׁ וּכְסוּת מַחֲלֶפֶת בַּשַּׁבָּת, מַאֲכָל וּמִשְׁתֶּה מְכִינָה לַשַּׁבָּת, נֹעַם מְגָדִים מַנְעֶמֶת לַשַּׁבָּת, סְעוּדוֹת שָׁלֹשׁ מְקַיֶּמֶת בַּשַּׁבָּת, עַל שְׁתֵּי כִכָּרוֹת בּוֹצַעַת בַּשַּׁבָּת, פּוֹרֶטֶת אַרְבַּע רְשׁוּיוֹת בַּשַּׁבָּת, צִוּוּי הַדְלָקַת נֵר מַדְלֶקֶת בַּשַּׁבָּת, קִדּוּשׁ הַיּוֹם מְקַדֶּשֶׁת בַּשַּׁבָּת, רֶנֶן שֶׁבַע מְפַלֶּלֶת בַּשַּׁבָּת, שִׁבְעָה בַּדָּת קוֹרְאָה בַּשַּׁבָּת, תַּנְחִילֶנָּה לְיוֹם שֶׁכֻּלּוֹ שַׁבָּת, הוֹשַׁע נָא.

Your people contemplate Your Torah, solace of the soul. They remember Shabbat and observe it, calling it a glory, a delight. They welcome each Shabbat with blessings, sanctifying time as You have willed. Help them to inherit that great day which will be all Shabbat. And help us now.

אֲנִי וָהוֹ הוֹשִׁיעָה נָּא.

כְּהוֹשַׁעְתָּ אָדָם יְצִיר כַּפֶּיךָ לְגוֹנְנָה,
בְּשַׁבָּת קֹדֶשׁ הִמְצֵאתוֹ כֹּפֶר וַחֲנִינָה, כֵּן הוֹשַׁע נָא.
כְּהוֹשַׁעְתָּ גּוֹי מְצֻיָּן מְקַוִּים חֹפֶשׁ,
דֵּעָה כִּוְּנוּ לָבוּר שְׁבִיעִי לְנֹפֶשׁ, כֵּן הוֹשַׁע נָא.
כְּהוֹשַׁעְתָּ הָעָם נִהַגְתָּ כַּצֹּאן לְהַנְחוֹת,
וְחֹק שַׂמְתָּ בְמָרָה עַל מֵי מְנוּחוֹת, כֵּן הוֹשַׁע נָא.
כְּהוֹשַׁעְתָּ זְבוּדֶיךָ בְּמִדְבַּר סִין בַּמַּחֲנֶה,
חָכְמוּ וְלָקְטוּ בַּשִּׁשִּׁי לֶחֶם מִשְׁנֶה, כֵּן הוֹשַׁע נָא.
כְּהוֹשַׁעְתָּ טְפוּלֶיךָ הוֹרוּ הֲכָנָה בְּמַדָּעָם,
יִשַּׁר כֹּחָם וְהוֹדָה לָמוֹ רוֹעָם, כֵּן הוֹשַׁע נָא.
כְּהוֹשַׁעְתָּ כָּלְכְּלוּ בְּעֹנֶג מָן הַמִּשְׁמָר,
לֹא הָפַךְ עֵינוֹ וְרֵיחוֹ לֹא נָמָר, כֵּן הוֹשַׁע נָא.

כְּהוֹשַֽׁעְתָּ מִשְׁפְּטֵי מַשְׂאוֹת שַׁבָּת גָּמָֽרוּ,
נָֽחוּ וְשָׁבְתוּ רְשֻׁיּוֹת וּתְחוּמִים שָׁמָֽרוּ, כֵּן הוֹשַׁע נָא.

כְּהוֹשַֽׁעְתָּ סִינַי הָשְׁמְעוּ בְּדִבּוּר רְבִיעִי,
עִנְיַן זָכוֹר וְשָׁמוֹר לְקַדֵּשׁ שְׁבִיעִי, כֵּן הוֹשַׁע נָא.

כְּהוֹשַֽׁעְתָּ פֻּֽקְדוּ יְרִיחוֹ שֶֽׁבַע לְהַקֵּף,
צָֽרוּ עַד רִדְתָּהּ בַּשַּׁבָּת לְתַקֵּף, כֵּן הוֹשַׁע נָא.

כְּהוֹשַֽׁעְתָּ קֹהֶֽלֶת וְעַמּוֹ בְּבֵית עוֹלָמִים,
רְצוּיךָ בְּחָגְגָם שִׁבְעָה וְשִׁבְעָה יָמִים, כֵּן הוֹשַׁע נָא.

כְּהוֹשַֽׁעְתָּ שָׁבִים עוֹלֵי גוֹלָה לְפִדְיוֹם,
תּוֹרָֽתְךָ בְּקָרְאָם בְּחָג יוֹם יוֹם, כֵּן הוֹשַׁע נָא.

כְּהוֹשַֽׁעְתָּ מְשַׂמְּחֶֽיךָ בְּבִנְיַן שֵׁנִי הַמְחֻדָּשׁ,
נוֹטְלִין לוּלָב כָּל־שִׁבְעָה בַּמִּקְדָּשׁ, כֵּן הוֹשַׁע נָא.

כְּהוֹשַֽׁעְתָּ חִבּוּט עֲרָבָה שַׁבָּת מַדְחִים,
מֻרְבִּיּוֹת מוֹצָא לִיסוֹד מִזְבֵּֽחַ מַנִּיחִים, כֵּן הוֹשַׁע נָא.

כְּהוֹשַֽׁעְתָּ בְּרַכּוֹת וַאֲרֻכּוֹת וּגְבוֹהוֹת מְעַלְּסִים,
בִּפְטִירָתָן יֹפִי לְךָ מִזְבֵּֽחַ מְקַלְּסִים, כֵּן הוֹשַׁע נָא.

כְּהוֹשַֽׁעְתָּ מוֹדִים וּמְיַחֲלִים וְלֹא מְשַׁנִּים,
כֻּלָּֽנוּ אָֽנוּ לְיָהּ וְעֵינֵֽינוּ לְיָהּ שׁוֹנִים, כֵּן הוֹשַׁע נָא.

כְּהוֹשַֽׁעְתָּ יֶֽקֶב מַחֲצָבֶֽיךָ סוֹבְבִים בְּרַֽעֲנָנָה,
רוֹנְנִים אֲנִי וָהוֹ הוֹשִֽׁיעָה נָּא, כֵּן הוֹשַׁע נָא.

כְּהוֹשַֽׁעְתָּ חֵיל זְרִיזִים מְשָׁרְתִים בִּמְנוּחָה,
קָרְבַּן שַׁבָּת כָּפוּל עוֹלָה וּמִנְחָה, כֵּן הוֹשַׁע נָא.

כְּהוֹשַֽׁעְתָּ לְוִיֶּֽיךָ עַל דוּכָנָם לְהַרְבָּת,
אוֹמְרִים מִזְמוֹר שִׁיר לְיוֹם הַשַּׁבָּת, כֵּן הוֹשַׁע נָא.

כְּהוֹשַֽׁעְתָּ נְחוּמֶֽיךָ בְּמִצְוֹתֶֽיךָ תָּמִיד יִשְׁתַּעְשְׁעוּן,
וּרְצֵם וְהַחֲלִיצֵם בְּשׁוּבָה וָנַֽחַת יִוָּשֵׁעוּן, כֵּן הוֹשַׁע נָא.

כְּהוֹשַֽׁעְתָּ שְׁבוּת שִׁבְטֵי יַֽעֲקֹב,
תָּשׁוּב וְתָשִׁיב שְׁבוּת אָהֳלֵי יַֽעֲקֹב, וְהוֹשִֽׁיעָה נָּא.

אֲנִי וָהוֹ הוֹשִֽׁיעָה נָּא.

Save Yourself and us!

As You shielded the first mortal, granting him mercy and atonement on the holy Shabbat, help us now. As You provided manna for Your people, to sustain them on Shabbat in the wilderness, help us now. As you helped Your joyous people restored to Your Temple, bearing the lulav each day of this festival, help us now. As You helped Your Levites, who sang "A Psalm, a Song for Shabbat," please help us now.

Eternal, we beseech You; help us now.

הוֹשִׁיעָה אֶת־עַמֶּךָ וּבָרֵךְ אֶת־נַחֲלָתֶךָ וּרְעֵם וְנַשְּׂאֵם עַד הָעוֹלָם. וְיִהְיוּ דְבָרַי אֵלֶּה אֲשֶׁר הִתְחַנַּנְתִּי לִפְנֵי יהוה קְרֹבִים אֶל יהוה אֱלֹהֵינוּ יוֹמָם וָלָיְלָה, לַעֲשׂוֹת מִשְׁפַּט עַבְדּוֹ וּמִשְׁפַּט עַמּוֹ יִשְׂרָאֵל דְּבַר יוֹם בְּיוֹמוֹ, לְמַעַן דַּעַת כָּל־עַמֵּי הָאָרֶץ, כִּי יהוה הוּא הָאֱלֹהִים, אֵין עוֹד.

Bless and deliver Your people, Your heritage; shelter and sustain them forever. May my words of supplication be drawn near to the Lord our God day and night. May He maintain the cause of His servant, the cause of His people Israel as each day requires. Thus shall all on earth know that the Lord is God, that there is none else.

The Ark is closed, and the service continues with Kaddish Shalem, on pages 506 and 507

HOSHANA RABBAH

With lulav and etrog in hand, we stand as the Ark is opened and all of the Sifrei Torah are removed, to be held on the bimah. The Reader chants the first four lines and then chants one piyyut while leading each of the seven processions, in which all who have a lulav and an etrog participate. The words hosha na are repeated by the congregation as a refrain after each phrase chanted by the Reader.

Reader, then congregation:

הוֹשַׁע נָא, לְמַעַנְךָ אֱלֹהֵינוּ, הוֹשַׁע נָא.
הוֹשַׁע נָא, לְמַעַנְךָ בּוֹרְאֵנוּ, הוֹשַׁע נָא.
הוֹשַׁע נָא, לְמַעַנְךָ גּוֹאֲלֵנוּ, הוֹשַׁע נָא.
הוֹשַׁע נָא, לְמַעַנְךָ דּוֹרְשֵׁנוּ, הוֹשַׁע נָא.

Hosha na. Because You are our God, please help us.
Hosha na. Because You are our Creator, please help us.
Hosha na. Because You are our Redeemer, please help us.
Hosha na. Because You seek our welfare, please help us.

הוֹשַׁע נָא

לְמַעַן אֲמִתָּךְ, לְמַעַן בְּרִיתָךְ, לְמַעַן גָּדְלָךְ וְתִפְאַרְתָּךְ, לְמַעַן דָּתָךְ, לְמַעַן הוֹדָךְ, לְמַעַן וִעוּדָךְ, לְמַעַן זִכְרָךְ, לְמַעַן חַסְדָּךְ, לְמַעַן טוּבָךְ, לְמַעַן יִחוּדָךְ, לְמַעַן כְּבוֹדָךְ, לְמַעַן לִמּוּדָךְ, לְמַעַן מַלְכוּתָךְ, לְמַעַן נִצְחָךְ, לְמַעַן סוֹדָךְ, לְמַעַן עֻזָּךְ, לְמַעַן פְּאֵרָךְ, לְמַעַן צִדְקָתָךְ, לְמַעַן קְדֻשָּׁתָךְ, לְמַעַן רַחֲמֶיךָ הָרַבִּים, לְמַעַן שְׁכִינָתָךְ, לְמַעַן תְּהִלָּתָךְ, הוֹשַׁע נָא.

כִּי אָמַרְתִּי עוֹלָם חֶסֶד יִבָּנֶה.

Because of Your truth and Your covenant, because of Your greatness and glory, because of Your goodness and holiness, help us now.

הוֹשַׁע נָא

אֶבֶן שְׁתִיָּה, בֵּית הַבְּחִירָה, גֹּרֶן אָרְנָן, דְּבִיר הַמּוּצְנָע, הַר הַמּוֹרִיָּה, וְהַר יֵרָאֶה, זְבוּל תִּפְאַרְתֶּךָ, חָנָה דָוִד, טוֹב הַלְּבָנוֹן, יְפֵה נוֹף מְשׂוֹשׂ כָּל־הָאָרֶץ, כְּלִילַת יֹפִי, לִינַת הַצֶּדֶק, מָכוֹן לְשִׁבְתֶּךָ, נָוֶה שַׁאֲנָן, סֻכַּת שָׁלֵם, עֲלִיַּת שְׁבָטִים, פִּנַּת יִקְרַת, צִיּוֹן הַמְצֻיֶּנֶת, קֹדֶשׁ הַקֳּדָשִׁים, רָצוּף אַהֲבָה, שְׁכִינַת כְּבוֹדֶךָ, תֵּל תַּלְפִּיּוֹת, הוֹשַׁע נָא.

לְךָ זְרוֹעַ עִם גְּבוּרָה, תָּעֹז יָדְךָ תָּרוּם יְמִינֶךָ.

Send help for Moriah, the site of Your Temple, joy of the earth, perfection of beauty, Zion, place of the Holy of Holies. Help us now.

הוֹשַׁע נָא

אוֹם אֲנִי חוֹמָה, בָּרָה כַּחַמָּה, גּוֹלָה וְסוּרָה, דָּמְתָה לְתָמָר, הַהֲרוּגָה עָלֶיךָ, וְנֶחְשֶׁבֶת כְּצֹאן טִבְחָה, זְרוּיָה בֵּין מַכְעִיסֶיהָ, חֲבוּקָה וּדְבוּקָה בָּךְ, טוֹעֶנֶת עֻלָּךְ, יְחִידָה לְיַחֲדָךְ, כְּבוּשָׁה בַּגּוֹלָה, לוֹמֶדֶת יִרְאָתָךְ, מְרוּטַת לֶחִי, נְתוּנָה לְמַכִּים, סוֹבֶלֶת סִבְלָךְ, עֲנִיָּה סוֹעֲרָה, פְּדוּיַת טוֹבִיָּה, צֹאן קָדָשִׁים, קְהִלּוֹת יַעֲקֹב, רְשׁוּמִים בִּשְׁמֶךָ, שׁוֹאֲגִים הוֹשַׁע נָא, תְּמוּכִים עָלֶיךָ, הוֹשַׁע נָא.

תִּתֵּן אֱמֶת לְיַעֲקֹב, חֶסֶד לְאַבְרָהָם.

This faithful nation, bright as the sun, still endures oppressors. Though often tormented, she continues proclaiming that You are One. Tossed in the storm of suffering, they who bear Your name beseech You: Help us now.

הוֹשַׁע נָא

אָדוֹן הַמּוֹשִׁיעַ, בִּלְתְּךָ אֵין לְהוֹשִׁיעַ, גִּבּוֹר וְרַב לְהוֹשִׁיעַ, דַּלּוֹתִי וְלִי יְהוֹשִׁיעַ, הָאֵל הַמּוֹשִׁיעַ, וּמַצִּיל וּמוֹשִׁיעַ, זוֹעֲקֶיךָ תּוֹשִׁיעַ, חוֹכֶיךָ הוֹשִׁיעַ, טְלָאֶיךָ תַּשְׂבִּיעַ, יְבוּל לְהַשְׁפִּיעַ, כָּל-שִׂיחַ תַּדְשֵׁא וְתוֹשִׁיעַ, לְגֵיא בַּל תַּרְשִׁיעַ, מְגָדִים תַּמְתִּיק וְתוֹשִׁיעַ, נְשִׂיאִים לְהַסִּיעַ, שְׂעִירִים לְהָנִיעַ, עֲנָנִים מִלְּהַמְנִיעַ, פּוֹתֵחַ יָד וּמַשְׂבִּיעַ, צְמֵאֶיךָ תַּשְׂבִּיעַ, קוֹרְאֶיךָ תּוֹשִׁיעַ, רְחוּמֶיךָ תּוֹשִׁיעַ, שׁוֹחֲרֶיךָ הוֹשִׁיעַ, תְּמִימֶיךָ תּוֹשִׁיעַ, הוֹשַׁע נָא.

נְעִימוֹת בִּימִינְךָ נֶצַח.

Lord, my sole source of salvation, I was brought low but You have delivered me. Help those who hope in You. Provide water for every shrub; condemn not the earth to infertility; withhold not Your blessing of rain. Satisfy Your thirsting creatures, all those who call upon You. Help us now.

הוֹשַׁע נָא

אָדָם וּבְהֵמָה, בָּשָׂר וְרוּחַ וּנְשָׁמָה, גִּיד וְעֶצֶם וְקָרְמָה, דְּמוּת וְצֶלֶם וְרִקְמָה, הוֹד לַהֶבֶל דָּמָה, וְנִמְשַׁל כַּבְּהֵמוֹת נִדְמָה, זִיו וְתֹאַר וְקוֹמָה, חִדּוּשׁ פְּנֵי אֲדָמָה, טִיעַת עֲצֵי נְשַׁמָּה, יְקָבִים וְקָמָה, כְּרָמִים וְשִׁקְמָה, לְתֵבֵל הַמְסֻיָּמָה, מִטְרוֹת עֹז לְסַמְּמָה, נְשִׁיָּה לְקַיְּמָה, שִׂיחִים לְקוֹמְמָה, עֲדָנִים לְעָצְמָה, פְּרָחִים לְהַעֲצִימָה, צְמָחִים לְגַשְּׁמָה, קָרִים לְזָרְמָה, רְבִיבִים לְשַׁלְּמָה, שְׁתִיָּה לְרוֹמְמָה, תְּלוּיָה עַל בְּלִימָה, הוֹשַׁע נָא.

יהוה אֲדֹנֵינוּ, מָה אַדִּיר שִׁמְךָ בְּכָל־הָאָרֶץ אֲשֶׁר תְּנָה הוֹדְךָ עַל הַשָּׁמַיִם.

Save man and beast; renew the earth and bless its produce. Send rain to nurture greenery; let cool waters flow. Sustain the world, our earth, suspended in space. Help us now.

הוֹשַׁע נָא

אֲדָמָה מֵאֶרֶר, בְּהֵמָה מִמְשַׁכֶּלֶת, גֹּרֶן מִגָּזָם, דָּגָן מִדַּלֶּקֶת, הוֹן מִמְּאֵרָה, וְאֹכֶל מִמְּהוּמָה, זַיִת מִנֶּשֶׁל, חִטָּה מֵחָגָב, טֶרֶף מִגּוֹבַי, יֶקֶב מִיֶּלֶק, כֶּרֶם מִתּוֹלַעַת, לֶקֶשׁ מֵאַרְבֶּה, מֶגֶד מִצְּלָצַל, נֶפֶשׁ מִבֶּהָלָה, שֹׂבַע מִסָּלְעָם, עֲדָרִים מִדַּלּוּת, פֵּרוֹת מִשִּׁדָּפוֹן, צֹאן מִצְּמִיתוּת, קָצִיר מִקְּלָלָה, רֹב מֵרָזוֹן, שִׁבֹּלֶת מִצִּנָּמוֹן, תְּבוּאָה מֵחָסִיל, הוֹשַׁע נָא.

צַדִּיק יהוה בְּכָל־דְּרָכָיו וְחָסִיד בְּכָל־מַעֲשָׂיו.

Save the soil from curses, our substance from catastrophe. Protect our crops from destruction, our flocks from disease, our souls from terror. Help us now.

הוֹשַׁע נָא

לְמַעַן אֵיתָן הַנִּזְרָק בְּלַהַב אֵשׁ, לְמַעַן בֵּן הַנֶּעֱקַד עַל עֵצִים וָאֵשׁ, לְמַעַן גִּבּוֹר הַנֶּאֱבַק עִם שַׂר אֵשׁ, לְמַעַן דְּגָלִים נָחִיתָ בְּעָנָן וְאוֹר אֵשׁ, לְמַעַן הוּעֲלָה לַמָּרוֹם וְנִתְעַלָּה כְּמַלְאֲכֵי אֵשׁ, לְמַעַן וְהוּא לָךְ כְּסֶגֶן בְּאֶרְאֶלֵּי אֵשׁ, לְמַעַן זֶבֶד דִּבְּרוֹת הַנִּתּוּנוֹת מֵאֵשׁ, לְמַעַן חִפּוּי יְרִיעוֹת וַעֲנַן אֵשׁ, לְמַעַן טֶכֶס הַר יָרַדְתָּ עָלָיו בָּאֵשׁ, לְמַעַן יְדִידוּת בַּיִת אֲשֶׁר אָהַבְתָּ מִשְּׁמֵי אֵשׁ, לְמַעַן כָּמַהּ עַד שָׁקְעָה הָאֵשׁ, לְמַעַן לָקַח מַחְתַּת אֵשׁ וְהֵסִיר חֲרוֹן אֵשׁ, לְמַעַן מְקַנֵּא קִנְאָה גְדוֹלָה בָּאֵשׁ, לְמַעַן נָף יָדוֹ וְיָרְדוּ אַבְנֵי אֵשׁ, לְמַעַן שָׂם טְלֵה חָלָב כְּלִיל אֵשׁ, לְמַעַן עָמַד בַּגֹּרֶן וְנִתְרַצָּה בָּאֵשׁ, לְמַעַן פִּלֵּל בָּעֲזָרָה וְיָרְדָה הָאֵשׁ, לְמַעַן צִיר עָלָה וְנִתְעַלָּה בְּרֶכֶב וְסוּסֵי אֵשׁ, לְמַעַן קְדוֹשִׁים מֻשְׁלָכִים בָּאֵשׁ, לְמַעַן רִבּוֹ רִבְבָן חָז וְנַהֲרֵי אֵשׁ, לְמַעַן שְׁמְמוֹת עִירְךָ הַשְּׂרוּפָה בָאֵשׁ, לְמַעַן תּוֹלְדוֹת אַלּוּפֵי יְהוּדָה תָּשִׂים כְּכִיּוֹר אֵשׁ, הוֹשַׁע נָא.

For the sake of our ancestors who were tested by fire, help us. For the sake of Temple offerings consumed by fire, for the sake of Your city once made desolate by fire, help us now.

לְךָ יהוה הַגְּדֻלָּה וְהַגְּבוּרָה וְהַתִּפְאֶרֶת וְהַנֵּצַח וְהַהוֹד, כִּי כֹל בַּשָּׁמַיִם וּבָאָרֶץ, לְךָ יהוה הַמַּמְלָכָה וְהַמִּתְנַשֵּׂא לְכֹל לְרֹאשׁ. וְהָיָה יהוה לְמֶלֶךְ עַל כָּל־הָאָרֶץ, בַּיּוֹם הַהוּא יִהְיֶה יהוה אֶחָד וּשְׁמוֹ אֶחָד. וּבְתוֹרָתְךָ כָּתוּב לֵאמֹר, שְׁמַע יִשְׂרָאֵל יהוה אֱלֹהֵינוּ יהוה אֶחָד. בָּרוּךְ שֵׁם כְּבוֹד מַלְכוּתוֹ לְעוֹלָם וָעֶד.

Save Yourself and us!

אֲנִי וָהוֹ הוֹשִׁיעָה נָּא.

כְּהוֹשַׁעְתָּ אֵלִים בְּלוּד עִמָּךְ,
בְּצֵאתְךָ לְיֵשַׁע עַמָּךְ, כֵּן הוֹשַׁע נָא.
כְּהוֹשַׁעְתָּ גּוֹי וֵאלֹהִים,
דְּרוּשִׁים לְיֵשַׁע אֱלֹהִים, כֵּן הוֹשַׁע נָא.
כְּהוֹשַׁעְתָּ הֲמוֹן צְבָאוֹת,
וְעִמָּם מַלְאֲכֵי צְבָאוֹת, כֵּן הוֹשַׁע נָא.

כְּהוֹשַֽׁעְתָּ זַכִּים מִבֵּית עֲבָדִים,
חַנּוּן בְּיָדָם מַעֲבִידִים, כֵּן הוֹשַׁע נָא.

כְּהוֹשַֽׁעְתָּ טְבוּעִים בְּצוּל גְּזָרִים,
יְקָרְךָ עִמָּם מַעֲבִירִים, כֵּן הוֹשַׁע נָא.

כְּהוֹשַֽׁעְתָּ כַּנָּה מְשׁוֹרֶֽרֶת וַיּֽוֹשַׁע.
לְגוֹחָהּ מְצֻיֶּֽנֶת וַיִּוָּשַׁע, כֵּן הוֹשַׁע נָא.

כְּהוֹשַֽׁעְתָּ מַאֲמַר וְהוֹצֵאתִי אֶתְכֶם,
נָקוּב וְהוּצֵאתִי אִתְּכֶם, כֵּן הוֹשַׁע נָא.

כְּהוֹשַֽׁעְתָּ סוֹבְבֵי מִזְבֵּֽחַ,
עוֹמְסֵי עֲרָבָה לְהַקִּיף מִזְבֵּֽחַ, כֵּן הוֹשַׁע נָא.

כְּהוֹשַֽׁעְתָּ פִּלְאֵי אָרוֹן כְּהֻפְשַׁע,
צִעֵר פְּלֶֽשֶׁת בַּחֲרוֹן אַף וְנוֹשַׁע, כֵּן הוֹשַׁע נָא.

כְּהוֹשַֽׁעְתָּ קְהִלּוֹת בָּבֶֽלָה שִׁלַּֽחְתָּ,
רַחוּם לְמַעֲנָם שֻׁלַּֽחְתָּ, כֵּן הוֹשַׁע נָא.

כְּהוֹשַֽׁעְתָּ שְׁבוּת שִׁבְטֵי יַעֲקֹב,
תָּשׁוּב וְתָשִׁיב שְׁבוּת אָהֳלֵי יַעֲקֹב, וְהוֹשִֽׁיעָה נָּא.

כְּהוֹשַֽׁעְתָּ שׁוֹמְרֵי מִצְוֹת, וְחוֹכֵי יְשׁוּעוֹת,
אֵל לְמוֹשָׁעוֹת, וְהוֹשִֽׁיעָה נָּא.

אֲנִי וָהוֹ הוֹשִֽׁיעָה נָּא.

Save Yourself and us!

As You redeemed our ancestors from Egypt, releasing them from bondage, help us now. As You guided Your people in exile with Your light, which accompanied them in their grief, help us now. As Your Presence, which journeyed into exile with Your people, gave them cause to sing, though banished and forlorn, help us now.

Eternal, we beseech You; help us now.

הוֹשַׁע נָא, אֵל נָא, אָנָּא הוֹשִֽׁיעָה נָּא.
הוֹשַׁע נָא, סְלַח נָא, וְהַצְלִיחָֽה נָא, וְהוֹשִׁיעֵֽנוּ אֵל מָעֻזֵּֽנוּ.

Save us, God, please save us. Save us, God, please forgive. Let us prosper. Save us, God, our stronghold.

ulav and etrog are set aside, and willow twigs are taken

תַּעֲנֶה אֱמוּנִים, שׁוֹפְכִים לְךָ לֵב כַּמַּיִם, וְהוֹשִׁיעָה נָּא,
לְמַעַן בָּא בָאֵשׁ וּבַמַּיִם, וְהַצְלִיחָה נָא,
גָּזַר וְנָם יֻקַּח מְעַט מַיִם, וְהוֹשִׁיעֵנוּ אֵל מָעֻזֵּנוּ

תַּעֲנֶה דְגָלִים גָּזוּ גִּזְרֵי מַיִם, וְהוֹשִׁיעָה נָּא,
לְמַעַן הַנֶּעֱקַד בְּשַׁעַר הַשָּׁמַיִם, וְהַצְלִיחָה נָא,
וְשָׁב וְחָפַר בְּאֵרוֹת מַיִם, וְהוֹשִׁיעֵנוּ אֵל מָעֻזֵּנוּ

תַּעֲנֶה זַכִּים חוֹנִים עֲלֵי מַיִם, וְהוֹשִׁיעָה נָּא,
לְמַעַן חָלָק מְפַצֵּל מַקְלוֹת בְּשִׁקְתוֹת הַמַּיִם, וְהַצְלִיחָה נָא,
טָעַן וְגָל אֶבֶן מִבְּאֵר מַיִם, וְהוֹשִׁיעֵנוּ אֵל מָעֻזֵּנוּ

תַּעֲנֶה יְדִידִים נוֹחֲלֵי דָת מְשׁוּלַּת מַיִם, וְהוֹשִׁיעָה נָּא,
לְמַעַן כָּרוּ בְּמִשְׁעֲנוֹתָם מַיִם, וְהַצְלִיחָה נָא,
לְהָכִין לָמוֹ וּלְצֶאֱצָאֵימוֹ מַיִם, וְהוֹשִׁיעֵנוּ אֵל מָעֻזֵּנוּ

תַּעֲנֶה מִתְחַנְּנִים כְּבִישִׁימוֹן עֲלֵי מַיִם, וְהוֹשִׁיעָה נָּא,
לְמַעַן נֶאֱמַן בַּיִת מַסְפִּיק לָעָם מַיִם, וְהַצְלִיחָה נָא,
סֶלַע הָךְ וַיָּזוּבוּ מַיִם, וְהוֹשִׁיעֵנוּ אֵל מָעֻזֵּנוּ

תַּעֲנֶה עוֹנִים עֲלִי בְאֵר מַיִם, וְהוֹשִׁיעָה נָּא,
לְמַעַן פָּקַד בְּמֵי מְרִיבַת מַיִם, וְהַצְלִיחָה נָא,
צְמֵאִים לְהַשְׁקוֹת מַיִם, וְהוֹשִׁיעֵנוּ אֵל מָעֻזֵּנוּ

תַּעֲנֶה קְדוֹשִׁים מְנַסְּכִים לְךָ מַיִם, וְהוֹשִׁיעָה נָּא,
לְמַעַן רֹאשׁ מְשׁוֹרְרִים כְּתָאַב שְׁתוֹת מַיִם, וְהַצְלִיחָה נָא,
שָׁב וְנָסַךְ לְךָ מַיִם, וְהוֹשִׁיעֵנוּ אֵל מָעֻזֵּנוּ

תַּעֲנֶה שׁוֹאֲלִים בְּרִבּוּעַ אֶשְׁלֵי מַיִם, וְהוֹשִׁיעָה נָּא,
לְמַעַן תֵּל תַּלְפִּיּוֹת מוֹצָא מַיִם, וְהַצְלִיחָה נָא,
תִּפְתַּח אֶרֶץ וְתַרְעִיף שָׁמַיִם, וְהוֹשִׁיעֵנוּ אֵל מָעֻזֵּנוּ

רַחֵם נָא קְהַל עֲדַת יְשׁוּרוּן, סְלַח וּמְחַל עֲוֹנָם, וְהוֹשִׁיעֵנוּ אֱלֹהֵי יִשְׁעֵנוּ.

Bless with rain those who pour their hearts out like water. Help us for sake of Abraham, who went through fire and water. Bless those who h inherited the Torah, life-giving as water. For the sake of Your servants v served You with libations of water, for the sake of Moses who with Your h gave his people water, let us prosper. Open the earth to Your blessing water. Save us, God, our stronghold.

Have compassion, forgive our sin, save us.

ל מְבַשֵּׂר, מְבַשֵּׂר וְאוֹמֵר. קוֹל מְבַשֵּׂר, מְבַשֵּׂר וְאוֹמֵר.

The voice of the prophet resounds, proclaiming good news of peace deliverance.

מֶץ יֶשְׁעֲךָ בָּא, קוֹל דּוֹדִי הִנֵּה זֶה בָּא, מְבַשֵּׂר וְאוֹמֵר.
בְּרִבְבוֹת כִּתִּים, לַעֲמֹד עַל הַר הַזֵּיתִים, מְבַשֵּׂר וְאוֹמֵר.
תוֹ בַּשּׁוֹפָר לִתְקַע, תַּחְתָּיו הַר יִבָּקַע, מְבַשֵּׂר וְאוֹמֵר.
ק וְהֵצִיץ וְזָרַח, וּמָשׁ חֲצִי הָהָר מִמִּזְרָח, מְבַשֵּׂר וְאוֹמֵר.
ים מִלּוּל נְאֻמוֹ, וּבָא הוּא וְכָל־קְדוֹשָׁיו עִמּוֹ, מְבַשֵּׂר וְאוֹמֵר.
כָל־בָּאֵי הָעוֹלָם, בַּת קוֹל יִשָּׁמַע בָּעוֹלָם, מְבַשֵּׂר וְאוֹמֵר.
ע עֲמוּסֵי רְחָמוֹ, נוֹלְדוּ כְּיֶלֶד מִמְּעֵי אִמּוֹ, מְבַשֵּׂר וְאוֹמֵר.
ה וְיָלְדָה מִי זֹאת, מִי שָׁמַע כָּזֹאת, מְבַשֵּׂר וְאוֹמֵר.
הוֹר פָּעַל כָּל־אֵלֶּה, וּמִי רָאָה כָּאֵלֶּה, מְבַשֵּׂר וְאוֹמֵר.
ע וּזְמַן הוּחַד, הֲיוּחַל אֶרֶץ בְּיוֹם אֶחָד, מְבַשֵּׂר וְאוֹמֵר.
יר רוֹם וָתַחַת, אִם יִוָּלֵד גּוֹי פַּעַם אֶחָת, מְבַשֵּׂר וְאוֹמֵר.
ת יִגְאַל עַמּוֹ נָאוֹר, וְהָיָה לְעֵת עֶרֶב יִהְיֶה אוֹר, מְבַשֵּׂר וְאוֹמֵר.
שִׁיעִים יַעֲלוּ לְהַר צִיּוֹן, כִּי חָלָה גַּם יָלְדָה צִיּוֹן, מְבַשֵּׂר וְאוֹמֵר.
מַע בְּכָל־גְּבוּלֵךְ, הַרְחִיבִי מְקוֹם אָהֳלֵךְ, מְבַשֵּׂר וְאוֹמֵר.
מִי עַד דַּמֶּשֶׂק מִשְׁכְּנוֹתַיִךְ, קַבְּלִי בָנַיִךְ וּבְנוֹתַיִךְ, מְבַשֵּׂר וְאוֹמֵר.
זִי חֲבַצֶּלֶת הַשָּׁרוֹן, כִּי קָמוּ יְשֵׁנֵי חֶבְרוֹן, מְבַשֵּׂר וְאוֹמֵר.
אֵלַי וְהִוָּשְׁעוּ, הַיּוֹם אִם בְּקֹלִי תִשְׁמָעוּ, מְבַשֵּׂר וְאוֹמֵר.
ח אִישׁ צֶמַח שְׁמוֹ, הוּא דָוִד בְּעַצְמוֹ, מְבַשֵּׂר וְאוֹמֵר.
מוּ כְּפוּשֵׁי עָפָר, הָקִיצוּ וְרַנְּנוּ שׁוֹכְנֵי עָפָר, מְבַשֵּׂר וְאוֹמֵר.
תִי עָם בְּהַמְלִיכוֹ, מִגְדּוֹל יְשׁוּעוֹת מַלְכּוֹ, מְבַשֵּׂר וְאוֹמֵר.
רְשָׁעִים לְהַאֲבִיד, עֹשֶׂה חֶסֶד לִמְשִׁיחוֹ לְדָוִד, מְבַשֵּׂר וְאוֹמֵר.
ה יְשׁוּעוֹת לְעַם עוֹלָם, לְדָוִד וּלְזַרְעוֹ עַד עוֹלָם, מְבַשֵּׂר וְאוֹמֵר.

The shofar is sounded, the echo of a heavenly voice resounds throughout the world. Exult and be joyful; redemption is real. Return to God, the source of salvation; listen to Him today. Rejoice in the redemption of Zion. Be grateful for God's lovingkindness and the promise of the messiah. May the eternal people be delivered, David and his descendants forevermore.

Reader and congregation declare three times:

קוֹל מְבַשֵּׂר, מְבַשֵּׂר וְאוֹמֵר.

Kol m'vaser, m'vaser v'omer.

The voice of the prophet resounds, proclaiming good news of peace and deliverance.

We beat the willow twigs against the floor or
other hard surface five times, causing leaves to
fall, symbolizing that we can separate sin from
our lives

הוֹשִׁיעָה אֶת־עַמֶּךָ וּבָרֵךְ אֶת־נַחֲלָתֶךָ וּרְעֵם וְנַשְּׂאֵם עַד
הָעוֹלָם. וְיִהְיוּ דְבָרַי אֵלֶּה אֲשֶׁר הִתְחַנַּנְתִּי לִפְנֵי יהוה קְרוֹבִים
אֶל יהוה אֱלֹהֵינוּ יוֹמָם וָלָיְלָה, לַעֲשׂוֹת מִשְׁפַּט עַבְדּוֹ וּמִשְׁפַּט
עַמּוֹ יִשְׂרָאֵל דְּבַר יוֹם בְּיוֹמוֹ, לְמַעַן דַּעַת כָּל־עַמֵּי הָאָרֶץ, כִּי
יהוה הוּא הָאֱלֹהִים, אֵין עוֹד.

Bless and deliver Your people, Your heritage; shelter and sustain them forever. May my words of supplication be drawn near to the Lord our God day and night. May He maintain the cause of His servant, the cause of His people Israel as each day requires. Thus shall all on earth know that the Lord is God, that there is none else.

There is a tradition that the days of judgment,
which begin on Rosh Hashanah and continue
through Yom Kippur, end on Hoshana Rabbah,
on which day the decree is sealed

יְהִי רָצוֹן מִלְּפָנֶיךָ יהוה אֱלֹהֵינוּ וֵאלֹהֵי אֲבוֹתֵינוּ, שֶׁתְּקַבֵּל
בְּרַחֲמִים וּבְרָצוֹן אֶת־תְּפִלָּתֵנוּ וְהַקָּפוֹתֵינוּ. וְתָסִיר מְחִיצַת
הַבַּרְזֶל הַמַּפְסֶקֶת בֵּינֵינוּ וּבֵינֶיךָ, וְתַאֲזִין שַׁוְעָתֵנוּ, וְחָתְמֵנוּ
בְּסֵפֶר חַיִּים טוֹבִים.

May it be Your will, Lord our God and God of our ancestors, to accept
our prayers and our ritual of this morning with compassion. Remove
the barriers which separate us from You. Hear our plea. And seal us
in the Book of a good life. Amen.

The Sifrei Torah are returned to the Ark, and the
Ark is closed

The service continues with Kaddish Shalem, on
pages 506 and 507

HAKAFOT

HYMNS FOR SIMḤAT TORAH

Each of the following biblical verses is chanted by an individual or by a series of individuals, and each verse is repeated immediately by the congregation.

אַתָּה הָרְאֵתָ לָדַעַת כִּי יהוה הוּא הָאֱלֹהִים, אֵין עוֹד מִלְּבַדּוֹ.
לְעֹשֵׂה נִפְלָאוֹת גְּדֹלוֹת לְבַדּוֹ, כִּי לְעוֹלָם חַסְדּוֹ.
אֵין כָּמוֹךָ בָאֱלֹהִים אֲדֹנָי, וְאֵין כְּמַעֲשֶׂיךָ.
יְהִי כְבוֹד יהוה לְעוֹלָם, יִשְׂמַח יהוה בְּמַעֲשָׂיו.
יְהִי שֵׁם יהוה מְבֹרָךְ, מֵעַתָּה וְעַד עוֹלָם.
יְהִי יהוה אֱלֹהֵינוּ עִמָּנוּ כַּאֲשֶׁר הָיָה עִם אֲבוֹתֵינוּ, אַל יַעַזְבֵנוּ
וְאַל יִטְּשֵׁנוּ.
וְאִמְרוּ, הוֹשִׁיעֵנוּ אֱלֹהֵי יִשְׁעֵנוּ, וְקַבְּצֵנוּ וְהַצִּילֵנוּ מִן הַגּוֹיִם,
לְהוֹדוֹת לְשֵׁם קָדְשֶׁךָ, לְהִשְׁתַּבֵּחַ בִּתְהִלָּתֶךָ.
יהוה מֶלֶךְ, יהוה מָלָךְ, יהוה יִמְלֹךְ לְעוֹלָם וָעֶד.
יהוה עֹז לְעַמּוֹ יִתֵּן, יהוה יְבָרֵךְ אֶת־עַמּוֹ בַשָּׁלוֹם.
וְיִהְיוּ נָא אֲמָרֵינוּ לְרָצוֹן לִפְנֵי אֲדוֹן כֹּל.

The Ark is opened

וַיְהִי בִּנְסֹעַ הָאָרֹן, וַיֹּאמֶר משֶׁה, קוּמָה יהוה וְיָפֻצוּ אֹיְבֶיךָ,
וְיָנֻסוּ מְשַׂנְאֶיךָ מִפָּנֶיךָ.
קוּמָה יהוה לִמְנוּחָתֶךָ, אַתָּה וַאֲרוֹן עֻזֶּךָ.
כֹּהֲנֶיךָ יִלְבְּשׁוּ צֶדֶק, וַחֲסִידֶיךָ יְרַנֵּנוּ.
בַּעֲבוּר דָּוִד עַבְדֶּךָ, אַל תָּשֵׁב פְּנֵי מְשִׁיחֶךָ.
וְאָמַר בַּיּוֹם הַהוּא, הִנֵּה אֱלֹהֵינוּ זֶה, קִוִּינוּ לוֹ וְיוֹשִׁיעֵנוּ, זֶה
יהוה קִוִּינוּ לוֹ, נָגִילָה וְנִשְׂמְחָה בִּישׁוּעָתוֹ.
מַלְכוּתְךָ מַלְכוּת כָּל־עֹלָמִים, וּמֶמְשַׁלְתְּךָ בְּכָל־דּוֹר וָדֹר.

HAKAFOT

HYMNS FOR SIMḤAT TORAH

Each of the following biblical verses is chanted by an individual or by a series of individuals, and each verse is repeated immediately by the congregation.

You have been clearly shown that the Lord alone is God; there is none beside Him.
Give thanks to the Lord who works great wonders alone; His love endures forever.
Nothing compares to You, O Lord, and nothing compares to Your creation.
The glory of the Lord endures forever; may He rejoice in His works.
May the name of the Lord be praised, now and forever.
May the Lord our God be with us as He was with our ancestors; may He not abandon or forsake us.
Cry out: Deliver us, God our deliverer; gather us and save us from among the nations, that we may give thanks to Your holy name, that we may take pride in Your praise.
The Lord is King, the Lord was King, the Lord shall be King throughout all time.
May the Lord grant His people strength, may the Lord bless His people with peace.
May our words be pleasing to the Master of all.

The Ark is opened

Whenever the Ark was carried forward, Moses would say: Arise, Lord. May Your enemies be scattered, may Your foes be put to flight.
Arise, Lord, to Your sanctuary, You and Your glorious Ark.
Let Your *kohanim* be clothed in triumph, let Your faithful sing for joy.
For the sake of David Your servant, do not reject Your anointed.
And on that day will people say: Behold, this is our God for whom we have waited for deliverance; this is the Lord for whom we have waited; let us rejoice and be glad in His deliverance.
Your kingship is an everlasting kingship; Your dominion endures for all generations.

כִּי מִצִּיּוֹן תֵּצֵא תוֹרָה, וּדְבַר יהוה מִירוּשָׁלָיִם.
אַב הָרַחֲמִים, הֵיטִיבָה בִרְצוֹנְךָ אֶת־צִיּוֹן, תִּבְנֶה חוֹמוֹת יְרוּשָׁלָיִם.
כִּי בְךָ לְבַד בָּטָחְנוּ, מֶלֶךְ אֵל רָם וְנִשָּׂא, אֲדוֹן עוֹלָמִים.

All but one of the Sifrei Torah are removed from the Ark, to be carried by various members of the congregation in seven processions (hakafot) through the sanctuary. After each procession (hakafah) it is customary to dance with and around the Sifrei Torah, singing appropriate songs.

אָנָּא יהוה הוֹשִׁיעָה נָּא, אָנָּא יהוה הַצְלִיחָה נָא, אָנָּא יהוה עֲנֵנוּ בְיוֹם קָרְאֵנוּ.

First hakafah

אֱלֹהֵי הָרוּחוֹת הוֹשִׁיעָה נָּא, בּוֹחֵן לְבָבוֹת הַצְלִיחָה נָא, גּוֹאֵל חָזָק עֲנֵנוּ בְיוֹם קָרְאֵנוּ.

Second hakafah

דּוֹבֵר צְדָקוֹת הוֹשִׁיעָה נָּא, הָדוּר בִּלְבוּשׁוֹ הַצְלִיחָה נָא, וָתִיק וְחָסִיד עֲנֵנוּ בְיוֹם קָרְאֵנוּ.

Third hakafah

זַךְ וְיָשָׁר הוֹשִׁיעָה נָּא, חוֹמֵל דַּלִּים הַצְלִיחָה נָא, טוֹב וּמֵטִיב עֲנֵנוּ בְיוֹם קָרְאֵנוּ.

Fourth hakafah

יוֹדֵעַ מַחֲשָׁבוֹת הוֹשִׁיעָה נָּא, כַּבִּיר וְנָאוֹר הַצְלִיחָה נָא, לוֹבֵשׁ צְדָקוֹת עֲנֵנוּ בְיוֹם קָרְאֵנוּ.

Torah shall come from Zion, the word of the Lord from Jerusalem.
Merciful Father, favor Zion with Your goodness; build the walls of
Jerusalem.
For in You alone do we put our trust, King, exalted God, eternal Lord.

All but one of the Sifrei Torah are removed from
the Ark, to be carried by various members of the
congregation in seven processions (hakafot)
through the sanctuary. After each procession
(hakafah) it is customary to dance with and
around the Sifrei Torah, singing appropriate
songs.

O Lord, we beseech You, save us. O Lord, we beseech You, cause us to
prosper. O Lord, answer us when we call. *Aneinu v'yom kor'einu.*

First hakafah

God of all spirits, save us. Searcher of hearts, cause us to prosper.
Mighty Redeemer, answer us when we call. *Aneinu v'yom kor'einu.*

Second hakafah

Proclaimer of righteousness, save us. God clothed in splendor, cause
us to prosper. Everlastingly loving, answer us when we call. *Aneinu
v'yom kor'einu.*

Third hakafah

Pure and upright, save us. Gracious to the needy, cause us to prosper.
Good and benevolent, answer us when we call. *Aneinu v'yom
kor'einu.*

Fourth hakafah

Knower of our thoughts, save us. Mighty and resplendent, cause us to
prosper. God clothed in righteousness, answer when we call. *Aneinu
v'yom kor'einu.*

Fifth hakafah

מֶלֶךְ עוֹלָמִים הוֹשִׁיעָה נָּא, נָאוֹר וְאַדִּיר הַצְלִיחָה נָא, סוֹמֵךְ נוֹפְלִים עֲנֵנוּ בְיוֹם קָרְאֵנוּ.

Sixth hakafah

עוֹזֵר דַּלִּים הוֹשִׁיעָה נָּא, פּוֹדֶה וּמַצִּיל הַצְלִיחָה נָא, צוּר עוֹלָמִים עֲנֵנוּ בְיוֹם קָרְאֵנוּ.

Seventh hakafah

קָדוֹשׁ וְנוֹרָא הוֹשִׁיעָה נָּא, רַחוּם וְחַנּוּן הַצְלִיחָה נָא, שׁוֹמֵר הַבְּרִית עֲנֵנוּ בְיוֹם קָרְאֵנוּ. תּוֹמֵךְ תְּמִימִים הוֹשִׁיעָה נָּא, תַּקִּיף לָעַד הַצְלִיחָה נָא, תָּמִים בְּמַעֲשָׂיו עֲנֵנוּ בְיוֹם קָרְאֵנוּ.

We read from one Sefer Torah in the evening, and from three Sifrei Torah in the morning. In the evening, all but one of the Sifrei Torah are returned to the Ark. In the morning, all but three of the Sifrei Torah are returned to the Ark. The Torah service continues with Sh'ma Yisrael, on page 398.

The person whose aliyah marks the conclusion of the cycle of Torah Readings is called to the Torah as follows:

מֵרְשׁוּת הָאֵל הַגָּדוֹל הַגִּבּוֹר וְהַנּוֹרָא וּמֵרְשׁוּת מִפָּז וּמִפְּנִינִים יְקָרָה, אֶפְתַּח פִּי בְּשִׁירָה וּבְזִמְרָה, לְהוֹדוֹת וּלְהַלֵּל לְדָר בִּנְהוֹרָא שֶׁהֶחֱיָנוּ וְקִיְּמָנוּ בְּיִרְאָתוֹ הַטְּהוֹרָה, וְהִגִּיעָנוּ לִשְׂמֹחַ בְּשִׂמְחַת הַתּוֹרָה, הַמְשַׂמַּחַת לֵב וְעֵינַיִם מְאִירָה, הַנּוֹתֶנֶת חַיִּים וָעֹשֶׁר וְכָבוֹד וְתִפְאָרָה, הַמְאַשֶּׁרֶת הוֹלְכֶיהָ בַּדֶּרֶךְ הַטּוֹבָה וְהַיְשָׁרָה, הַמַּאֲרֶכֶת יָמִים וּמוֹסֶפֶת גְּבוּרָה לְאֹהֲבֶיהָ

Fifth hakafah

Eternal King, save us. Source of light and majesty, cause us to prosper. Upholder of the falling, answer us when we call. *Aneinu v'yom kor'einu.*

Sixth hakafah

Helper of the needy, save us. Redeemer, Deliverer, cause us to prosper. Rock everlasting, answer us when we call. *Aneinu v'yom kor'einu.*

Seventh hakafah

Holy, awesome, save us. Merciful, compassionate, cause us to prosper. Perfect in Your ways, answer us when we call. *Aneinu v'yom kor'einu.* Upholder of the innocent, save us. Eternal in power, cause us to prosper. Perfect in Your ways, answer us when we call. *Aneinu v'yom kor'einu.*

We read from one Sefer Torah in the evening,
and from three Sifrei Torah in the morning. In
the evening, all but one of the Sifrei Torah are
returned to the Ark. In the morning, all but
three of the Sifrei Torah are returned to the
Ark. The Torah service continues with Sh'ma
Yisrael, on page 399.

The person whose aliyah marks the conclusion
of the cycle of Torah Readings is called to the
Torah as follows:

Requesting permission of God, mighty, awesome, and great, and requesting permission of the Torah, our precious treasure which we celebrate, I lift my voice to sing in delight with gratitude in praise of the One who dwells in light sublime, who has granted us life and who has sustained us with our faith's purity, who has enabled us to reach this day of rejoicing in the Torah which grants honor and splendor, life and security, which brings joy to the heart and light to the eyes, and happiness to us when we embrace its values which we prize. The Torah extends long days and strength to those who love and observe it, heeding its admonitions, absorbed in it with reverence and love without setting prior conditions. May it be the will of the Almighty to

וּלְשׁוֹמְרֶיהָ בְּצִוּוּי וְאַזְהָרָה, לְעוֹסְקֶיהָ וּלְנוֹצְרֶיהָ בְּאַהֲבָה וּבְמוֹרָא. וּבְכֵן יְהִי רָצוֹן מִלִּפְנֵי הַגְּבוּרָה לָתֵת חַיִּים וָחֶסֶד וְנֵזֶר וַעֲטָרָה

For male:

לְ______ בֶּן ______ הַנִּבְחַר לְהַשְׁלִים הַתּוֹרָה. עֲמֹד עֲמֹד עֲמֹד ______ בֶּן ______, חֲתַן הַתּוֹרָה, וְתֵן כָּבוֹד לָאֵל גָּדוֹל וְנוֹרָא. וּבִשְׂכַר זֶה תִּזְכֶּה מֵאֵל נוֹרָא לִרְאוֹת בָּנִים וּבְנֵי בָנִים עוֹסְקִים בַּתּוֹרָה. יַעֲמֹד ______ בֶּן ______, חֲתַן הַתּוֹרָה.

For female:

לְ______ בַּת ______ הַנִּבְחֶרֶת לְהַשְׁלִים הַתּוֹרָה. עִמְדִי עִמְדִי עִמְדִי ______ בַּת ______ כַּלַּת הַתּוֹרָה, וּתְנִי כָבוֹד לָאֵל גָּדוֹל וְנוֹרָא. וּבִשְׂכַר זֶה תִּזְכִּי מֵאֵל נוֹרָא לִרְאוֹת בָּנִים וּבְנֵי בָנִים עוֹסְקִים בַּתּוֹרָה. תַּעֲמֹד ______ בַּת ______ כַּלַּת הַתּוֹרָה.

The person whose aliyah marks the beginning of the cycle of Torah Readings is called to the Torah as follows:

מֵרְשׁוּת מְרוֹמָם עַל כָּל־בְּרָכָה וְשִׁירָה, נוֹרָא עַל כָּל־תְּהִלָּה וְזִמְרָה, חֲכַם לֵבָב וְאַמִּיץ כֹּחַ וּגְבוּרָה, וּמוֹשֵׁל עוֹלָם אֲדוֹן כָּל־יְצִירָה. וּמֵרְשׁוּת כְּבוּדָּה בַת־מֶלֶךְ פְּנִימָה עֲצוּרָה, בָּרָה תְמִימָה מְשִׁיבַת נֶפֶשׁ וּמַחֲזִירָה. וּמֵרְשׁוּת חֲבוּרַת צֶדֶק עֵדָה הַמְאֻשָּׁרָה, קְבוּצִים פֹּה הַיּוֹם לְשִׂמְחַת תּוֹרָה, וְנֶעֱצָרִים לְסַיֵּם וּלְהָחֵל בְּגִיל וּבְמוֹרָא. וּבְכֵן נִסְכַּמְתִּי דַּעַת כֻּלָּם לְבָרְרָה.

grant life, lovingkindness and a crown of blessings in profusion to
_____ who has been chosen for this reading of the Torah at its con-
clusion.

For male:

Arise, arise, arise, _____, Ḥatan Ha-torah.

Give glory to God, great and awesome. Through the merit of this deed
may God grant you a privileged sight: witnessing children and chil-
dren's children occupied with the Torah in delight.

For female:

Arise, arise, arise, _____, Kallat Ha-torah.

Give glory to God, great and awesome. Through the merit of this deed
may God grant you a privileged sight: witnessing children and chil-
dren's children occupied with the Torah in delight.

The person whose aliyah marks the beginning of
the cycle of Torah Readings is called to the Torah
as follows:

Requesting permission of God, exalted beyond all song and adora-
tion, awesome beyond all praise and acclamation, the essence of
wisdom and power, eternal Ruler, Master of creation. And request-
ing permission of the Torah, whose royal splendor is enhanced with
inner beauty, whose shining perfection restores the soul and our
sense of duty; and requesting permission of this just and joyous
congregation, gathered here today to rejoice in the Torah as a sign of
affirmation, assembled to complete its reading and to once again
begin with reverence and joy. The choice has been made, with all in
unity; one have we chosen from this community, one who is true-
hearted, deep in pursuit of kindness and justice, in paths of truth
succeeding, one inspired to be first at the renewal of the Torah's
reading. Since yours is the privilege to begin our fulfillment of this
mitzvah, setting a fine example, your portion is so goodly and your
reward will be so ample.

For male:

בָּחוּר הֲרִימוֹתִי מֵעָם תּוֹךְ הַחֲבוּרָה, מְצָאתִיו לֵב נָכוֹן לְהַסְבִּירָה, צֶדֶק וָחֶסֶד רוֹדֵף בְּאֹרַח יְשָׁרָה, וּנְשָׂאוֹ לִבּוֹ וְנָדְבָה רוּחוֹ לְהִתְעוֹרְרָה, תְּחִלָּה וְרִאשׁוֹן הֱיוֹת לְהַתְחִיל הַתּוֹרָה. יַעַן נַעֲשֵׂיתָ רִאשׁוֹן לְמִצְוָה גְמוּרָה, מָה רַב טוּבְךָ וּמַשְׂכֻּרְתְּךָ יְתֵרָה. עֲמֹד עֲמֹד עֲמֹד ______ בֶּן ______, חֲתַן בְּרֵאשִׁית בָּרָא. מֵרְשׁוּת הַקָּהָל הַקָּדוֹשׁ הַזֶּה לְבָרֵךְ אֵל גָּדוֹל וְנוֹרָא, אָמֵן יַעֲנוּ אַחֲרֶיךָ הַכֹּל מְהֵרָה. יַעֲמֹד ______ בֶּן ______, חֲתַן בְּרֵאשִׁית בָּרָא.

For female:

בַּחוּרָה הֲרִימוֹתִי מֵעָם תּוֹךְ הַחֲבוּרָה, מְצָאתִיהָ לֵב נָכוֹן לְהַסְבִּירָה, צֶדֶק וָחֶסֶד רוֹדֶפֶת בְּאֹרַח יְשָׁרָה, וּנְשָׂאָהּ לִבָּהּ וְנָדְבָה רוּחָהּ לְהִתְעוֹרְרָה, תְּחִלָּה וְרִאשׁוֹנָה הֱיוֹת לְהַתְחִיל הַתּוֹרָה. יַעַן נַעֲשֵׂית רִאשׁוֹנָה לְמִצְוָה גְמוּרָה, מָה רַב טוּבֵךְ וּמַשְׂכֻּרְתֵּךְ יְתֵרָה. עִמְדִי עִמְדִי עִמְדִי ______ בַּת ______, כַּלַּת בְּרֵאשִׁית בָּרָא. מֵרְשׁוּת הַקָּהָל הַקָּדוֹשׁ הַזֶּה לְבָרֵךְ אֵל גָּדוֹל וְנוֹרָא, אָמֵן יַעֲנוּ אַחֲרַיִךְ הַכֹּל מְהֵרָה. תַּעֲמֹד ______ בַּת ______, כַּלַּת בְּרֵאשִׁית בָּרָא.

For male:

Arise, arise, arise, _____, Ḥatan Bereishith Bara,

to greet the great and awesome God with adoration, with the permission of this holy congregation, which will respond to your blessing with Amen in acclamation.

For female:

Arise, arise, arise, _____, Kallat Bereishith Bara,

to greet the great and awesome God with adoration, with the permission of this holy congregation, which will respond to your blessing with Amen in acclamation.

ASHREI

אַשְׁרֵי יוֹשְׁבֵי בֵיתֶךָ, עוֹד יְהַלְלוּךָ סֶּלָה.
אַשְׁרֵי הָעָם שֶׁכָּכָה לּוֹ, אַשְׁרֵי הָעָם שֶׁיהוה אֱלֹהָיו.
תְּהִלָּה לְדָוִד

אֲרוֹמִמְךָ אֱלוֹהַי הַמֶּלֶךְ, וַאֲבָרְכָה שִׁמְךָ לְעוֹלָם וָעֶד.
בְּכָל־יוֹם אֲבָרְכֶךָּ, וַאֲהַלְלָה שִׁמְךָ לְעוֹלָם וָעֶד.
גָּדוֹל יהוה וּמְהֻלָּל מְאֹד, וְלִגְדֻלָּתוֹ אֵין חֵקֶר.
דּוֹר לְדוֹר יְשַׁבַּח מַעֲשֶׂיךָ, וּגְבוּרֹתֶיךָ יַגִּידוּ.
הֲדַר כְּבוֹד הוֹדֶךָ, וְדִבְרֵי נִפְלְאֹתֶיךָ אָשִׂיחָה.
וֶעֱזוּז נוֹרְאֹתֶיךָ יֹאמֵרוּ, וּגְדֻלָּתְךָ אֲסַפְּרֶנָּה.
זֵכֶר רַב טוּבְךָ יַבִּיעוּ, וְצִדְקָתְךָ יְרַנֵּנוּ.
חַנּוּן וְרַחוּם יהוה, אֶרֶךְ אַפַּיִם וּגְדָל־חָסֶד.
טוֹב יהוה לַכֹּל, וְרַחֲמָיו עַל כָּל־מַעֲשָׂיו.
יוֹדוּךָ יהוה כָּל־מַעֲשֶׂיךָ, וַחֲסִידֶיךָ יְבָרְכוּכָה.
כְּבוֹד מַלְכוּתְךָ יֹאמֵרוּ, וּגְבוּרָתְךָ יְדַבֵּרוּ.
לְהוֹדִיעַ לִבְנֵי הָאָדָם גְּבוּרֹתָיו, וּכְבוֹד הֲדַר מַלְכוּתוֹ.
מַלְכוּתְךָ מַלְכוּת כָּל־עֹלָמִים, וּמֶמְשַׁלְתְּךָ בְּכָל־דּוֹר וָדֹר.

AFTERNOON SERVICE

ASHREI

Blessed are they who dwell in Your house;
they shall praise You forever.

Blessed the people who are so favored;
blessed the people whose God is the Lord.

David sang: I glorify You, my God, my King;
I praise You throughout all time.

Every day do I praise You, exalting Your glory forever.

Great is the Lord, and praiseworthy;
His greatness exceeds definition.

One generation lauds Your works to another,
declaring Your mighty deeds.

They speak of Your greatness, and of Your awesome power.

They recall Your goodness; they sing of Your faithfulness.

Gracious and compassionate is the Lord;
patient, and abounding in love.

The Lord is good to all; His compassion embraces all.

All of Your creatures shall praise You;
the faithful shall repeatedly bless You.

They shall describe Your glorious kingship,
declaring Your power.

And people will know of Your might,
the splendor of Your dominion.

Your kingship is an everlasting kingship,
Your dominion endures for all generations.

סוֹמֵךְ יהוה לְכָל־הַנֹּפְלִים, וְזוֹקֵף לְכָל־הַכְּפוּפִים.
עֵינֵי כֹל אֵלֶיךָ יְשַׂבֵּרוּ, וְאַתָּה נוֹתֵן לָהֶם אֶת־אָכְלָם בְּעִתּוֹ.
פּוֹתֵחַ אֶת־יָדֶךָ, וּמַשְׂבִּיעַ לְכָל־חַי רָצוֹן.
צַדִּיק יהוה בְּכָל־דְּרָכָיו, וְחָסִיד בְּכָל־מַעֲשָׂיו.
קָרוֹב יהוה לְכָל־קֹרְאָיו, לְכֹל אֲשֶׁר יִקְרָאֻהוּ בֶאֱמֶת.
רְצוֹן יְרֵאָיו יַעֲשֶׂה, וְאֶת־שַׁוְעָתָם יִשְׁמַע וְיוֹשִׁיעֵם.
שׁוֹמֵר יהוה אֶת־כָּל־אֹהֲבָיו, וְאֵת כָּל־הָרְשָׁעִים יַשְׁמִיד.
□ תְּהִלַּת יהוה יְדַבֶּר פִּי,
וִיבָרֵךְ כָּל־בָּשָׂר שֵׁם קָדְשׁוֹ לְעוֹלָם וָעֶד.
וַאֲנַחְנוּ נְבָרֵךְ יָהּ, מֵעַתָּה וְעַד עוֹלָם. הַלְלוּיָהּ.

ḲEDUSHAH D'SIDRA

וּבָא לְצִיּוֹן גּוֹאֵל וּלְשָׁבֵי פֶשַׁע בְּיַעֲקֹב, נְאֻם יהוה. וַאֲנִי זֹאת בְּרִיתִי אֹתָם אָמַר יהוה, רוּחִי אֲשֶׁר עָלֶיךָ וּדְבָרַי אֲשֶׁר שַׂמְתִּי בְּפִיךָ, לֹא יָמוּשׁוּ מִפִּיךָ וּמִפִּי זַרְעֲךָ וּמִפִּי זֶרַע זַרְעֲךָ, אָמַר יהוה, מֵעַתָּה וְעַד עוֹלָם. וְאַתָּה קָדוֹשׁ יוֹשֵׁב תְּהִלּוֹת יִשְׂרָאֵל. וְקָרָא זֶה אֶל זֶה וְאָמַר: קָדוֹשׁ קָדוֹשׁ קָדוֹשׁ יהוה צְבָאוֹת, מְלֹא כָל־הָאָרֶץ כְּבוֹדוֹ. וּמְקַבְּלִין דֵּין מִן דֵּין וְאָמְרִין: קַדִּישׁ בִּשְׁמֵי מְרוֹמָא עִלָּאָה בֵּית שְׁכִינְתֵּהּ, קַדִּישׁ עַל אַרְעָא עוֹבַד גְּבוּרְתֵּהּ, קַדִּישׁ לְעָלַם וּלְעָלְמֵי עָלְמַיָּא. יהוה צְבָאוֹת, מַלְיָא כָל־אַרְעָא זִיו יְקָרֵהּ.

The Lord supports all who stumble,
He raises all who are bowed down.

All eyes look hopefully to You,
to receive their food in due time.

You open Your hand,
and Your favor sustains all the living.

In all His paths the Lord is faithful;
in all His deeds He is loving.

The Lord is near to all who call,
to all who call upon Him in truth.

He fulfills the desire of those who revere Him;
He hears their cry and delivers them.

All who love the Lord He preserves,
but all the wicked He destroys.

My mouth shall praise the Lord.

Let all flesh praise His name throughout all time.

We shall praise the Lord now and always. Halleluyah!

 KEDUSHAH D'SIDRA

The words in italics are a midrashic interpretation
of the biblical verses which precede them

The Lord has assured a redeemer for Zion, for those of the House of
Jacob who turn from sin. The Lord has said, "This is My covenant
with them: My spirit shall remain with you and with your descen-
dants. My words shall be upon your lips and upon the lips of your
children and your children's children, now and forever." For You are
holy, enthroned upon the praises of the people Israel. "The angels on
high called one to another: 'Holy, holy, holy *Adonai tzeva'ot*; His
glory fills the whole world.'" *They receive sanction from one*
another, saying "Adonai tzeva'ot is holy in the highest heaven, holy
on the earth and holy forever, throughout all time; the radiance of His
glory fills the whole world."

וַתִּשָּׂאֵנִי רוּחַ וָאֶשְׁמַע אַחֲרַי קוֹל רַעַשׁ גָּדוֹל: בָּרוּךְ כְּבוֹד יהוה מִמְּקוֹמוֹ. וּנְטָלַתְנִי רוּחָא וְשִׁמְעֵית בַּתְרַי קָל זִיעַ סַגִּיא דִּמְשַׁבְּחִין וְאָמְרִין: בְּרִיךְ יְקָרָא דַיהוה מֵאֲתַר בֵּית שְׁכִינְתֵּהּ. יהוה יִמְלֹךְ לְעוֹלָם וָעֶד. יהוה מַלְכוּתֵהּ קָאֵים לְעָלַם וּלְעָלְמֵי עָלְמַיָּא.

יהוה אֱלֹהֵי אַבְרָהָם יִצְחָק וְיִשְׂרָאֵל אֲבוֹתֵינוּ,
שָׁמְרָה־זֹּאת לְעוֹלָם לְיֵצֶר מַחְשְׁבוֹת לְבַב עַמֶּךָ,
וְהָכֵן לְבָבָם אֵלֶיךָ.

וְהוּא רַחוּם יְכַפֵּר עָוֹן וְלֹא יַשְׁחִית,
וְהִרְבָּה לְהָשִׁיב אַפּוֹ וְלֹא יָעִיר כָּל־חֲמָתוֹ.

כִּי אַתָּה אֲדֹנָי טוֹב וְסַלָּח, וְרַב חֶסֶד לְכָל־קֹרְאֶיךָ.
צִדְקָתְךָ צֶדֶק לְעוֹלָם וְתוֹרָתְךָ אֱמֶת.

תִּתֵּן אֱמֶת לְיַעֲקֹב, חֶסֶד לְאַבְרָהָם,
אֲשֶׁר נִשְׁבַּעְתָּ לַאֲבוֹתֵינוּ מִימֵי קֶדֶם.

בָּרוּךְ אֲדֹנָי, יוֹם יוֹם יַעֲמָס־לָנוּ הָאֵל יְשׁוּעָתֵנוּ, סֶלָה.
יהוה צְבָאוֹת עִמָּנוּ, מִשְׂגָּב לָנוּ אֱלֹהֵי יַעֲקֹב, סֶלָה.

יהוה צְבָאוֹת, אַשְׁרֵי אָדָם בֹּטֵחַ בָּךְ.
יהוה הוֹשִׁיעָה, הַמֶּלֶךְ יַעֲנֵנוּ בְיוֹם קָרְאֵנוּ.

בָּרוּךְ הוּא אֱלֹהֵינוּ שֶׁבְּרָאָנוּ לִכְבוֹדוֹ, וְהִבְדִּילָנוּ מִן הַתּוֹעִים,
וְנָתַן לָנוּ תּוֹרַת אֱמֶת, וְחַיֵּי עוֹלָם נָטַע בְּתוֹכֵנוּ.

הוּא יִפְתַּח לִבֵּנוּ בְּתוֹרָתוֹ וְיָשֵׂם בְּלִבֵּנוּ אַהֲבָתוֹ וְיִרְאָתוֹ,
וְלַעֲשׂוֹת רְצוֹנוֹ וּלְעָבְדוֹ בְּלֵבָב שָׁלֵם,
לְמַעַן לֹא נִיגַע לָרִיק וְלֹא נֵלֵד לַבֶּהָלָה.

"Then a wind lifted me up and I heard the sound of a great rushing behind me, saying, 'Praised be the glory of the Lord from His place.'" *Then a wind lifted me up and I heard the sound of a great rushing behind me, the sound of those who utter praise, saying, "Praised be the glory of the Lord from the place of His Presence."* "The Lord shall reign throughout all time." *The sovereignty of the Lord endures forever, throughout all time.*

Lord our God and God of our ancestors,
impress this forever upon Your people,
directing our hearts toward You:

*God, being merciful, grants atonement for sin
and does not destroy. Time and again He restrains wrath,
refuses to let rage be all-consuming.*

You, Lord, are kind and forgiving, loving all who call to You.

Your righteousness is everlasting, Your Torah is truth.

You will be faithful to Jacob, merciful to Abraham,
fulfilling the promise You made to our ancestors.

*Praised is the Lord who daily sustains us;
He is the God of our deliverance.*

*Adonai tzeva'ot is with us,
the God of Jacob is our Refuge.*

*Adonai tzeva'ot, blessed is the one who trusts in You.
O Lord, help us; answer us, O King, when we call.*

Praised is our God who created us for His glory.

*By giving us His Torah he set us apart from those who go astray,
and planted within us life eternal.*

May He open our hearts to His Torah,
inspiring us to love and revere Him, wholeheartedly to serve Him.

*Thus shall we not labor in vain,
nor shall our children suffer confusion.*

יְהִי רָצוֹן מִלְּפָנֶיךָ יהוה אֱלֹהֵינוּ וֵאלֹהֵי אֲבוֹתֵינוּ,
שֶׁנִּשְׁמֹר חֻקֶּיךָ בָּעוֹלָם הַזֶּה,
וְנִזְכֶּה וְנִחְיֶה וְנִרְאֶה וְנִירַשׁ טוֹבָה וּבְרָכָה
לִשְׁנֵי יְמוֹת הַמָּשִׁיחַ וּלְחַיֵּי הָעוֹלָם הַבָּא.

לְמַעַן יְזַמֶּרְךָ כָבוֹד וְלֹא יִדֹּם, יהוה אֱלֹהַי לְעוֹלָם אוֹדֶךָּ.

בָּרוּךְ הַגֶּבֶר אֲשֶׁר יִבְטַח בַּיהוה, וְהָיָה יהוה מִבְטַחוֹ.
בִּטְחוּ בַיהוה עֲדֵי עַד, כִּי בְּיָהּ יהוה צוּר עוֹלָמִים.

□ וְיִבְטְחוּ בְךָ יוֹדְעֵי שְׁמֶךָ, כִּי לֹא עָזַבְתָּ דֹּרְשֶׁיךָ יהוה.
יהוה חָפֵץ לְמַעַן צִדְקוֹ, יַגְדִּיל תּוֹרָה וְיַאְדִּיר.

ḤATZI KADDISH

Reader:

יִתְגַּדַּל וְיִתְקַדַּשׁ שְׁמֵהּ רַבָּא בְּעָלְמָא דִּי בְרָא כִרְעוּתֵהּ, וְיַמְלִיךְ מַלְכוּתֵהּ בְּחַיֵּיכוֹן וּבְיוֹמֵיכוֹן וּבְחַיֵּי דְכָל־בֵּית יִשְׂרָאֵל, בַּעֲגָלָא וּבִזְמַן קָרִיב, וְאִמְרוּ אָמֵן.

Congregation and Reader:

יְהֵא שְׁמֵהּ רַבָּא מְבָרַךְ לְעָלַם וּלְעָלְמֵי עָלְמַיָּא.

Reader:

יִתְבָּרַךְ וְיִשְׁתַּבַּח וְיִתְפָּאַר וְיִתְרוֹמַם וְיִתְנַשֵּׂא, וְיִתְהַדַּר וְיִתְעַלֶּה וְיִתְהַלַּל שְׁמֵהּ דְּקֻדְשָׁא, בְּרִיךְ הוּא לְעֵלָּא (לְעֵלָּא מִכָּל־) מִן כָּל־בִּרְכָתָא וְשִׁירָתָא, תֻּשְׁבְּחָתָא וְנֶחֱמָתָא דַּאֲמִירָן בְּעָלְמָא, וְאִמְרוּ אָמֵן.

On weekdays, the Festival service continues on page 586

May we fulfill Your precepts in this world, Lord our God,
to be worthy of happiness and blessing
in the messianic era and in the world to come.

Thus I will sing Your praise unceasingly,
thus I will exalt You, Lord my God, forever.

Blessed is the one who trusts in the Lord.

Trust in the Lord forever and ever;
the Lord is an unfailing stronghold.

Those who love Him trust in Him;
He never forsakes those who seek Him.

The Lord, through His righteousness,
exalts the Torah with greatness and glory.

 ḤATZI KADDISH

Reader:

Hallowed and enhanced may He be throughout the world of His own
creation. May He cause His sovereignty soon to be accepted, during
our life and the life of all Israel. And let us say: Amen.

Congregation and Reader:

Y'hei sh'mei raba m'varakh l'olam u-l'almei almaya.

May He be praised throughout all time.

Reader:

Glorified and celebrated, lauded and worshiped, acclaimed and
honored, extolled and exalted may the Holy One be, praised beyond
all song and psalm, beyond all tributes which mortals can utter. And
let us say: Amen.

On weekdays, the Festival service continues on page 587

וַאֲנִי תְפִלָּתִי לְךָ יהוה עֵת רָצוֹן, אֱלֹהִים בְּרָב־חַסְדֶּךָ, עֲנֵנִי בֶּאֱמֶת יִשְׁעֶךָ.

We rise as the Ark is opened

וַיְהִי בִּנְסֹעַ הָאָרֹן וַיֹּאמֶר מֹשֶׁה:
קוּמָה יהוה וְיָפֻצוּ אֹיְבֶיךָ, וְיָנֻסוּ מְשַׂנְאֶיךָ מִפָּנֶיךָ.

Reader and congregation:

כִּי מִצִּיּוֹן תֵּצֵא תוֹרָה, וּדְבַר יהוה מִירוּשָׁלָיִם.
בָּרוּךְ שֶׁנָּתַן תּוֹרָה לְעַמּוֹ יִשְׂרָאֵל בִּקְדֻשָּׁתוֹ.

The Sefer Torah is taken out of the Ark

Reader:

גַּדְּלוּ לַיהוה אִתִּי, וּנְרוֹמְמָה שְׁמוֹ יַחְדָּו.

Reader and congregation:

לְךָ יהוה הַגְּדֻלָּה וְהַגְּבוּרָה וְהַתִּפְאֶרֶת וְהַנֵּצַח וְהַהוֹד, כִּי כֹל בַּשָּׁמַיִם וּבָאָרֶץ, לְךָ יהוה הַמַּמְלָכָה וְהַמִּתְנַשֵּׂא לְכֹל לְרֹאשׁ.

רוֹמְמוּ יהוה אֱלֹהֵינוּ וְהִשְׁתַּחֲווּ לַהֲדֹם רַגְלָיו, קָדוֹשׁ הוּא.
רוֹמְמוּ יהוה אֱלֹהֵינוּ וְהִשְׁתַּחֲווּ לְהַר קָדְשׁוֹ, כִּי קָדוֹשׁ יהוה אֱלֹהֵינוּ.

Torah Reader:

אַב הָרַחֲמִים הוּא יְרַחֵם עַם עֲמוּסִים, וְיִזְכֹּר בְּרִית אֵיתָנִים, וְיַצִּיל נַפְשׁוֹתֵינוּ מִן הַשָּׁעוֹת הָרָעוֹת, וְיִגְעַר בְּיֵצֶר הָרָע מִן הַנְּשׂוּאִים, וְיָחוֹן אוֹתָנוּ לִפְלֵיטַת עוֹלָמִים, וִימַלֵּא מִשְׁאֲלוֹתֵינוּ בְּמִדָּה טוֹבָה יְשׁוּעָה וְרַחֲמִים.

TORAH SERVICE

I offer my prayer to You, O Lord, at this time of grace. In Your abundant mercy, answer me with Your saving truth.

We rise as the Ark is opened

Whenever the Ark was carried forward, Moses would say: Arise, Lord. May Your enemies be scattered; may Your foes be put to flight.

Reader and congregation:

Ki mi-tzion tetze Torah, u-d'var Adonai mirushalayim.
Torah shall come from Zion, the word of the Lord from Jerusalem.

Barukh she-natan Torah l'amo yisrael bi-k'dushato.
Praised is He who in His holiness gave the Torah to His people Israel.

The Sefer Torah is taken out of the Ark

Reader:

Proclaim the Lord's greatness with me; let us exalt Him together.

Reader and congregation:

L'kha Adonai ha-g'dulah v'ha-g'vurah v'ha-tiferet v'ha-netzaḥ v'ha-hod, ki khol ba-shamayim u-va-aretz, l'kha Adonai ha-mamlakhah v'ha-mitnase l'khol l'rosh.

Yours, O Lord, is the greatness and the power and the splendor. Yours is the triumph and the majesty, for all in heaven and on earth is Yours. Yours, O Lord, is supreme sovereignty.

Exalt the Lord our God and worship Him, for He is holy. Exalt and worship Him at His holy mountain. The Lord our God is holy.

Torah Reader:

May our merciful Father have mercy upon the people He has always sustained, remembering His covenant with our ancestors. May He deliver us from evil times, restrain the impulse to evil within us, and grace our lives with enduring deliverance. May He answer our petition with an abundant measure of kindness and compassion.

וְתִגָּלֶה וְתֵרָאֶה מַלְכוּתוֹ עָלֵינוּ בִּזְמַן קָרוֹב, וְיָחוֹן פְּלֵיטָתֵנוּ וּפְלֵיטַת עַמּוֹ בֵּית יִשְׂרָאֵל לְחֵן וּלְחֶסֶד, וּלְרַחֲמִים וּלְרָצוֹן, וְנֹאמַר אָמֵן. הַכֹּל הָבוּ גֹדֶל לֵאלֹהֵינוּ, וּתְנוּ כָבוֹד לַתּוֹרָה. [כֹּהֵן, קְרָב. יַעֲמֹד ——— בֶּן ——— הַכֹּהֵן.] בָּרוּךְ שֶׁנָּתַן תּוֹרָה לְעַמּוֹ יִשְׂרָאֵל בִּקְדֻשָּׁתוֹ.

Congregation and Torah Reader:

וְאַתֶּם הַדְּבֵקִים בַּיהוה אֱלֹהֵיכֶם חַיִּים כֻּלְּכֶם הַיּוֹם.

Each congregant honored with an aliyah recites these berakhot:

Before the Reading:

בָּרְכוּ אֶת־יהוה הַמְבֹרָךְ.

Congregation:

בָּרוּךְ יהוה הַמְבֹרָךְ לְעוֹלָם וָעֶד.

Congregant repeats above response and continues:

בָּרוּךְ אַתָּה יהוה אֱלֹהֵינוּ מֶלֶךְ הָעוֹלָם אֲשֶׁר בָּחַר בָּנוּ מִכָּל־הָעַמִּים וְנָתַן לָנוּ אֶת־תּוֹרָתוֹ. בָּרוּךְ אַתָּה יהוה נוֹתֵן הַתּוֹרָה.

After the Reading:

בָּרוּךְ אַתָּה יהוה אֱלֹהֵינוּ מֶלֶךְ הָעוֹלָם אֲשֶׁר נָתַן לָנוּ תּוֹרַת אֱמֶת וְחַיֵּי עוֹלָם נָטַע בְּתוֹכֵנוּ. בָּרוּךְ אַתָּה יהוה נוֹתֵן הַתּוֹרָה.

Special prayers are found on pages 402 to 408

May His sovereignty be revealed to us soon. May He favor the remnant of His people Israel with grace and kindness, with compassion and love. And let us say: Amen. Let us all declare the greatness of God and give honor to the Torah. (Let the *Kohen* come forward.) Praised is He who in His holiness entrusted the Torah to His people Israel.

Congregation and Torah Reader:

V'atem ha-d'vekim badonai Eloheikhem ḥayim kulkhem ha-yom.

You who cling to the Lord your God have been sustained to this day.

Each congregant honored with an aliyah recites
these berakhot:

Before the Reading:

Praise the Lord, Source of blessing.

Barkhu et Adonai ha-m'vorakh.

Congregation:

Praised be the Lord, Source of blessing, throughout all time.

Barukh Adonai ha-m'vorakh l'olam va-ed.

Congregant repeats above response and continues:

Praised are You, Lord our God, King of the universe who has chosen us from among all peoples by giving us His Torah. Praised are You, Lord who gives the Torah.

Barukh attah Adonai, Eloheinu melekh ha-olam, asher baḥar banu mi-kol ha-amim, v'natan lanu et torato. Barukh attah Adonai, noten ha-torah.

After the Reading:

Praised are You, Lord our God, King of the universe who has given us the Torah of truth, planting within us life eternal. Praised are You, Lord who gives the Torah.

Barukh attah Adonai, Eloheinu melekh ha-olam, asher natan lanu torat emet, v'ḥayei olam nata b'tokhenu. Barukh attah Adonai, noten ha-torah.

Special prayers are found on pages 403 to 409

The Sefer Torah is raised

וְזֹאת הַתּוֹרָה אֲשֶׁר שָׂם מֹשֶׁה לִפְנֵי בְּנֵי יִשְׂרָאֵל, עַל פִּי יהוה בְּיַד מֹשֶׁה.

Reader:

יְהַלְלוּ אֶת־שֵׁם יהוה כִּי נִשְׂגָּב שְׁמוֹ לְבַדּוֹ.

Reader and congregation:

הוֹדוֹ עַל אֶרֶץ וְשָׁמָיִם. וַיָּרֶם קֶרֶן לְעַמּוֹ תְּהִלָּה לְכָל־חֲסִידָיו, לִבְנֵי יִשְׂרָאֵל עַם קְרֹבוֹ. הַלְלוּיָהּ.

לְדָוִד מִזְמוֹר. לַיהוה הָאָרֶץ וּמְלוֹאָהּ, תֵּבֵל וְיֹשְׁבֵי בָהּ. כִּי הוּא עַל יַמִּים יְסָדָהּ, וְעַל נְהָרוֹת יְכוֹנְנֶהָ. מִי יַעֲלֶה בְהַר יהוה, וּמִי יָקוּם בִּמְקוֹם קָדְשׁוֹ. נְקִי כַפַּיִם וּבַר לֵבָב, אֲשֶׁר לֹא נָשָׂא לַשָּׁוְא נַפְשִׁי, וְלֹא נִשְׁבַּע לְמִרְמָה. יִשָּׂא בְרָכָה מֵאֵת יהוה, וּצְדָקָה מֵאֱלֹהֵי יִשְׁעוֹ. זֶה דּוֹר דֹּרְשָׁיו, מְבַקְשֵׁי פָנֶיךָ יַעֲקֹב, סֶלָה. שְׂאוּ שְׁעָרִים רָאשֵׁיכֶם, וְהִנָּשְׂאוּ פִּתְחֵי עוֹלָם, וְיָבוֹא מֶלֶךְ הַכָּבוֹד. מִי זֶה מֶלֶךְ הַכָּבוֹד, יהוה עִזּוּז וְגִבּוֹר, יהוה גִּבּוֹר מִלְחָמָה. שְׂאוּ שְׁעָרִים רָאשֵׁיכֶם, וּשְׂאוּ פִּתְחֵי עוֹלָם, וְיָבֹא מֶלֶךְ הַכָּבוֹד. מִי הוּא זֶה מֶלֶךְ הַכָּבוֹד, יהוה צְבָאוֹת הוּא מֶלֶךְ הַכָּבוֹד, סֶלָה.

The Sefer Torah is placed in the Ark

וּבְנֻחֹה יֹאמַר: שׁוּבָה יהוה רִבְבוֹת אַלְפֵי יִשְׂרָאֵל. קוּמָה יהוה לִמְנוּחָתֶךָ, אַתָּה וַאֲרוֹן עֻזֶּךָ. כֹּהֲנֶיךָ יִלְבְּשׁוּ־צֶדֶק, וַחֲסִידֶיךָ יְרַנֵּנוּ. בַּעֲבוּר דָּוִד עַבְדֶּךָ, אַל תָּשֵׁב פְּנֵי מְשִׁיחֶךָ. כִּי לֶקַח טוֹב נָתַתִּי לָכֶם, תּוֹרָתִי אַל תַּעֲזֹבוּ.

עֵץ חַיִּים הִיא לַמַּחֲזִיקִים בָּהּ, וְתֹמְכֶיהָ מְאֻשָּׁר.

דְּרָכֶיהָ דַרְכֵי־נֹעַם, וְכָל־נְתִיבוֹתֶיהָ שָׁלוֹם.

הֲשִׁיבֵנוּ יהוה אֵלֶיךָ וְנָשׁוּבָה, חַדֵּשׁ יָמֵינוּ כְּקֶדֶם.

The Sefer Torah is raised

This is the Torah that Moses set before the people Israel; the Torah, given by God, through Moses.

Reader:

Praise the glory of the Lord, for He is unique, exalted.

Reader and congregation:

His glory encompasses heaven and earth. He exalts and extols His faithful, the people Israel who are close to Him. Halleluyah.

A Psalm of David. The earth is the Lord's, and all it contains; the world and its inhabitants. He founded it upon the seas, and set it firm upon flowing waters. Who may ascend the Lord's mountain? Who may stand firm in His sanctuary? One who has clean hands and a pure heart, who has not used God's name in false oaths, who has not sworn deceitfully. He shall receive a blessing from the Lord, a just reward from the God of his deliverance. Such are the people who seek Him, who long for the Presence of Jacob's God. Lift high your lintels, O you gates; open wide, you ancient doors! Welcome the glorious King. Who is the glorious King? The Lord, with triumph and might, the Lord, triumphant in battle. Lift high your lintels, O you gates; open wide, you ancient doors! Welcome the glorious King. Who is the glorious King? *Adonai tzeva'ot,* He is the glorious King.

    PSALM 24

The Sefer Torah is placed in the Ark

Whenever the Ark was set down, Moses would say: Lord, may You dwell among the myriad families of the people Israel. Return, O Lord, to Your sanctuary, You and Your glorious Ark. Let Your *kohanim* be clothed in triumph, let Your faithful sing for joy. For the sake of David Your servant, do not reject Your anointed. Precious teaching do I give you: never forsake My Torah.

It is a tree of life for those who grasp it, and all who uphold it are blessed. Its ways are pleasantness, and all its paths are peace. Help us turn to You, and we shall return. Renew our lives as in days of old.

Reader:

יִתְגַּדַּל וְיִתְקַדַּשׁ שְׁמֵהּ רַבָּא בְּעָלְמָא דִּי בְרָא כִרְעוּתֵהּ, וְיַמְלִיךְ
מַלְכוּתֵהּ בְּחַיֵּיכוֹן וּבְיוֹמֵיכוֹן וּבְחַיֵּי דְכָל־בֵּית יִשְׂרָאֵל, בַּעֲגָלָא
וּבִזְמַן קָרִיב, וְאִמְרוּ אָמֵן.

Congregation and Reader:

יְהֵא שְׁמֵהּ רַבָּא מְבָרַךְ לְעָלַם וּלְעָלְמֵי עָלְמַיָּא.

Reader:

יִתְבָּרַךְ וְיִשְׁתַּבַּח וְיִתְפָּאַר וְיִתְרוֹמַם וְיִתְנַשֵּׂא, וְיִתְהַדַּר וְיִתְעַלֶּה
וְיִתְהַלַּל שְׁמֵהּ דְּקֻדְשָׁא, בְּרִיךְ הוּא לְעֵלָּא (לְעֵלָּא מִכָּל־) מִן
כָּל־בִּרְכָתָא וְשִׁירָתָא, תֻּשְׁבְּחָתָא וְנֶחֱמָתָא דַּאֲמִירָן בְּעָלְמָא,
וְאִמְרוּ אָמֵן.

On Festivals, we continue with the Amidah on page 586

ḤATZI KADDISH

Reader:

Hallowed and enhanced may He be throughout the world of His own creation. May He cause His sovereignty soon to be accepted, during our life and the life of all Israel. And let us say: Amen.

Congregation and Reader:

Y'hei sh'mei raba m'varakh l'olam u-l'almei almaya.

May He be praised throughout all time.

Reader:

Glorifed and celebrated, lauded and worshiped, acclaimed and honored, extolled and exalted may the Holy One be, praised beyond all song and psalm, beyond all tributes which mortals can utter. And let us say: Amen.

On Festivals, we continue with the Amidah on page 587

כִּי שֵׁם יהוה אֶקְרָא, הָבוּ גֹדֶל לֵאלֹהֵֽינוּ.
אֲדֹנָי, שְׂפָתַי תִּפְתָּח וּפִי יַגִּיד תְּהִלָּתֶֽךָ.

בָּרוּךְ אַתָּה יהוה אֱלֹהֵֽינוּ וֵאלֹהֵי אֲבוֹתֵֽינוּ, אֱלֹהֵי אַבְרָהָם אֱלֹהֵי יִצְחָק וֵאלֹהֵי יַעֲקֹב, הָאֵל הַגָּדוֹל הַגִּבּוֹר וְהַנּוֹרָא, אֵל עֶלְיוֹן, גּוֹמֵל חֲסָדִים טוֹבִים וְקוֹנֵה הַכֹּל, וְזוֹכֵר חַסְדֵי אָבוֹת וּמֵבִיא גוֹאֵל לִבְנֵי בְנֵיהֶם לְמַֽעַן שְׁמוֹ בְּאַהֲבָה.

On Shabbat before Yom Kippur:

זָכְרֵֽנוּ לְחַיִּים, מֶֽלֶךְ חָפֵץ בַּחַיִּים,
וְכָתְבֵֽנוּ בְּסֵֽפֶר הַחַיִּים לְמַעַנְךָ אֱלֹהִים חַיִּים.

מֶֽלֶךְ עוֹזֵר וּמוֹשִֽׁיעַ וּמָגֵן. בָּרוּךְ אַתָּה יהוה מָגֵן אַבְרָהָם.

אַתָּה גִּבּוֹר לְעוֹלָם אֲדֹנָי, מְחַיֵּה מֵתִים אַתָּה רַב לְהוֹשִֽׁיעַ.

From Sh'mini Atzeret to Pesaḥ:

מַשִּׁיב הָרֽוּחַ וּמוֹרִיד הַגָּֽשֶׁם.

מְכַלְכֵּל חַיִּים בְּחֶֽסֶד, מְחַיֵּה מֵתִים בְּרַחֲמִים רַבִּים, סוֹמֵךְ נוֹפְלִים וְרוֹפֵא חוֹלִים וּמַתִּיר אֲסוּרִים, וּמְקַיֵּם אֱמוּנָתוֹ לִישֵׁנֵי עָפָר. מִי כָמֽוֹךָ בַּֽעַל גְּבוּרוֹת וּמִי דֽוֹמֶה לָּךְ, מֶֽלֶךְ מֵמִית וּמְחַיֶּה וּמַצְמִֽיחַ יְשׁוּעָה.

On Shabbat before Yom Kippur:

מִי כָמֽוֹךָ אַב הָרַחֲמִים, זוֹכֵר יְצוּרָיו לְחַיִּים בְּרַחֲמִים.

וְנֶאֱמָן אַתָּה לְהַחֲיוֹת מֵתִים. בָּרוּךְ אַתָּה יהוה מְחַיֵּה הַמֵּתִים.

The silent recitation of the Amidah continues with אתה קדוש *on page 578*

✺ AMIDAH FOR SHABBAT AFTERNOON

When I call upon the Lord, give glory to our God.
Open my mouth, O Lord, and my lips will proclaim Your praise.

Praised are You, Lord our God and God of our ancestors, God of Abraham, of Isaac, and of Jacob, great, mighty, awesome, exalted God who bestows lovingkindness, Creator of all. You remember the pious deeds of our ancestors and will send a redeemer to their children's children because of Your loving nature.

> *On Shabbat before Yom Kippur:*
>
> Remember us that we may live, O King who delights in life.
> Inscribe us in the Book of life, for Your sake, living God.

You are the King who helps and saves and shields. Praised are You, Lord, Shield of Abraham.

Your might, O Lord, is boundless. You give life to the dead; great is Your saving power.

> *From Sh'mini Atzeret to Pesaḥ:*
>
> You cause the wind to blow and the rain to fall.

Your lovingkindness sustains the living, Your great mercies give life to the dead. You support the falling, heal the ailing, free the fettered. You keep Your faith with those who sleep in dust. Whose power can compare with Yours? You are the Master of life and death and deliverance.

> *On Shabbat before Yom Kippur:*
>
> Whose mercy can compare with Yours, merciful Father?
> In mercy You remember Your creatures with life.

Faithful are You in giving life to the dead. Praised are You, Lord, Master of life and death.

The silent recitation of the Amidah continues
with "Holy are You . . ." on page 579

When the Reader chants the Amidah aloud,
Kedushah is added. The congregation chants
the indented verses aloud.

נְקַדֵּשׁ אֶת־שִׁמְךָ בָּעוֹלָם, כְּשֵׁם שֶׁמַּקְדִּישִׁים אוֹתוֹ בִּשְׁמֵי מָרוֹם,
כַּכָּתוּב עַל יַד נְבִיאֶךָ, וְקָרָא זֶה אֶל זֶה וְאָמַר:

קָדוֹשׁ קָדוֹשׁ קָדוֹשׁ יהוה צְבָאוֹת מְלֹא כָל־הָאָרֶץ כְּבוֹדוֹ.

לְעֻמָּתָם בָּרוּךְ יֹאמֵרוּ:

בָּרוּךְ כְּבוֹד יהוה מִמְּקוֹמוֹ.

וּבְדִבְרֵי קָדְשְׁךָ כָּתוּב לֵאמֹר:

יִמְלֹךְ יהוה לְעוֹלָם אֱלֹהַיִךְ צִיּוֹן לְדֹר וָדֹר, הַלְלוּיָהּ.

לְדוֹר וָדוֹר נַגִּיד גָּדְלֶךָ וּלְנֵצַח נְצָחִים קְדֻשָּׁתְךָ נַקְדִּישׁ. וְשִׁבְחֲךָ
אֱלֹהֵינוּ מִפִּינוּ לֹא יָמוּשׁ לְעוֹלָם וָעֶד, כִּי אֵל מֶלֶךְ גָּדוֹל וְקָדוֹשׁ
אָתָּה.

On Shabbat before Yom Kippur substitute
these words for the line which follows:

בָּרוּךְ אַתָּה יהוה הַמֶּלֶךְ הַקָּדוֹשׁ.

בָּרוּךְ אַתָּה יהוה הָאֵל הַקָּדוֹשׁ.

Continue with אתה אחד

 **KEDUSHAH**

When the Reader chants the Amidah aloud,
Kedushah is added. The congregation chants the
italicized verses aloud.

We proclaim Your holiness on earth as it is proclaimed in heaven above. We sing the words of heavenly voices as recorded in Your prophet's vision:

Kadosh kadosh kadosh Adonai tzeva'ot, m'lo khol ha-aretz k'vodo.
Holy, holy, holy Adonai tzeva'ot, the whole world is filled with His glory.

Heavenly voices respond with praise:

Barukh k'vod Adonai mi-m'komo.
Praised is the glory of the Lord throughout the universe.

And in Your holy psalms it is written:

Yimlokh Adonai l'olam Elohayikh tziyon l'dor va-dor. Halleluyah.
The Lord shall reign through all generations; your God, Zion, shall reign forever. Halleluyah.

We declare Your greatness through all generations, hallow Your holiness to all eternity. Your praise will never leave our lips, for You are God and King, great and holy.

> *On Shabbat before Yom Kippur, substitute*
> *these words for the line which follows:*
>
> Praised are You, Lord, holy King.

Praised are You, Lord, holy God.

Continue with "You are One . . ."

The silent recitation of the Amidah continues here:

אַתָּה קָדוֹשׁ וְשִׁמְךָ קָדוֹשׁ, וּקְדוֹשִׁים בְּכָל־יוֹם יְהַלְלוּךָ סֶּלָה.

On Shabbat before Yom Kippur substitute these words for the line which follows:

בָּרוּךְ אַתָּה יהוה הַמֶּלֶךְ הַקָּדוֹשׁ.

בָּרוּךְ אַתָּה יהוה הָאֵל הַקָּדוֹשׁ.

אַתָּה אֶחָד וְשִׁמְךָ אֶחָד, וּמִי כְּעַמְּךָ יִשְׂרָאֵל גּוֹי אֶחָד בָּאָרֶץ. תִּפְאֶרֶת גְּדֻלָּה, וַעֲטֶרֶת יְשׁוּעָה, יוֹם מְנוּחָה וּקְדֻשָּׁה לְעַמְּךָ נָתָתָּ. אַבְרָהָם יָגֵל, יִצְחָק יְרַנֵּן, יַעֲקֹב וּבָנָיו יָנוּחוּ בוֹ. מְנוּחַת אַהֲבָה וּנְדָבָה, מְנוּחַת אֱמֶת וֶאֱמוּנָה, מְנוּחַת שָׁלוֹם וְשַׁלְוָה וְהַשְׁקֵט וָבֶטַח, מְנוּחָה שְׁלֵמָה שֶׁאַתָּה רוֹצֶה בָּהּ. יַכִּירוּ בָנֶיךָ וְיֵדְעוּ כִּי מֵאִתְּךָ הִיא מְנוּחָתָם, וְעַל מְנוּחָתָם יַקְדִּישׁוּ אֶת־שְׁמֶךָ.

אֱלֹהֵינוּ וֵאלֹהֵי אֲבוֹתֵינוּ, רְצֵה בִמְנוּחָתֵנוּ. קַדְּשֵׁנוּ בְּמִצְוֹתֶיךָ וְתֵן חֶלְקֵנוּ בְּתוֹרָתֶךָ, שַׂבְּעֵנוּ מִטּוּבֶךָ וְשַׂמְּחֵנוּ בִּישׁוּעָתֶךָ, וְטַהֵר לִבֵּנוּ לְעָבְדְּךָ בֶּאֱמֶת. וְהַנְחִילֵנוּ יהוה אֱלֹהֵינוּ בְּאַהֲבָה וּבְרָצוֹן שַׁבַּת קָדְשֶׁךָ, וְיָנוּחוּ בָהּ יִשְׂרָאֵל מְקַדְּשֵׁי שְׁמֶךָ. בָּרוּךְ אַתָּה יהוה מְקַדֵּשׁ הַשַּׁבָּת.

רְצֵה יהוה אֱלֹהֵינוּ בְּעַמְּךָ יִשְׂרָאֵל וּבִתְפִלָּתָם, וְהָשֵׁב אֶת־הָעֲבוֹדָה לִדְבִיר בֵּיתֶךָ, וּתְפִלָּתָם בְּאַהֲבָה תְקַבֵּל בְּרָצוֹן, וּתְהִי לְרָצוֹן תָּמִיד עֲבוֹדַת יִשְׂרָאֵל עַמֶּךָ.

The silent recitation of the Amidah
continues here:

Holy are You and holy is Your name. Holy are those who praise You daily.

On Shabbat before Yom Kippur, substitute
these words for the line which follows:

Praised are You, Lord, holy King.

Praised are You, Lord, holy God.

You are One, Your name is One, and who is like Your people Israel, unique throughout the world? Singular splendor, crown of salvation, a day of rest and sanctity You have given to Your people. Abraham was glad, Isaac rejoiced, Jacob and his children found rest on this day, a rest reflecting Your lavish love and true faithfulness, in peace and tranquility, contentment and quietude, a perfect rest in which You delight. May Your children acknowledge You as their source of rest, and through their rest may they sancitfy Your name.

Our God and God of our ancestors, accept our Shabbat offering of rest. Add holiness to our lives with Your mitzvot and let Your Torah be our portion. Fill our lives with Your goodness and gladden us with Your triumph. Cleanse our hearts and we shall serve You faithfully. Lovingly and willingly, Lord our God, grant that we inherit Your holy gift of Shabbat forever, so that Your people Israel who hallow Your name will always find rest on this day. Praised are You, Lord who hallows Shabbat.

Accept the prayer of Your people Israel as lovingly as it is offered. Restore worship to Your sanctuary. May the worship of Your people Israel always be acceptable to You.

On Rosh Ḥodesh and on Ḥol Ha-mo'ed:

אֱלֹהֵינוּ וֵאלֹהֵי אֲבוֹתֵינוּ, יַעֲלֶה וְיָבֹא וְיַגִּיעַ, וְיֵרָאֶה וְיֵרָצֶה וְיִשָּׁמַע, וְיִפָּקֵד וְיִזָּכֵר זִכְרוֹנֵנוּ וּפִקְדוֹנֵנוּ, וְזִכְרוֹן אֲבוֹתֵינוּ, וְזִכְרוֹן מָשִׁיחַ בֶּן־דָּוִד עַבְדֶּךָ, וְזִכְרוֹן יְרוּשָׁלַיִם עִיר קָדְשֶׁךָ, וְזִכְרוֹן כָּל־עַמְּךָ בֵּית יִשְׂרָאֵל לְפָנֶיךָ, לִפְלֵיטָה לְטוֹבָה, לְחֵן וּלְחֶסֶד וּלְרַחֲמִים, לְחַיִּים וּלְשָׁלוֹם בְּיוֹם

Rosh Ḥodesh: רֹאשׁ הַחֹדֶשׁ

Sukkot: חַג הַסֻּכּוֹת   *Pesaḥ:* חַג הַמַּצּוֹת

הַזֶּה. זָכְרֵנוּ יהוה אֱלֹהֵינוּ בּוֹ לְטוֹבָה, וּפָקְדֵנוּ בוֹ לִבְרָכָה, וְהוֹשִׁיעֵנוּ בוֹ לְחַיִּים. וּבִדְבַר יְשׁוּעָה וְרַחֲמִים חוּס וְחָנֵּנוּ וְרַחֵם עָלֵינוּ וְהוֹשִׁיעֵנוּ כִּי אֵלֶיךָ עֵינֵינוּ, כִּי אֵל מֶלֶךְ חַנּוּן וְרַחוּם אָתָּה.

וְתֶחֱזֶינָה עֵינֵינוּ בְּשׁוּבְךָ לְצִיּוֹן בְּרַחֲמִים. בָּרוּךְ אַתָּה יהוה הַמַּחֲזִיר שְׁכִינָתוֹ לְצִיּוֹן.

When the Reader chants the Amidah, the congregation recites this passage silently while the Reader continues with the next passage

מוֹדִים אֲנַחְנוּ לָךְ שָׁאַתָּה הוּא יהוה אֱלֹהֵינוּ וֵאלֹהֵי אֲבוֹתֵינוּ, אֱלֹהֵי כָל־בָּשָׂר, יוֹצְרֵנוּ יוֹצֵר בְּרֵאשִׁית. בְּרָכוֹת וְהוֹדָאוֹת לְשִׁמְךָ הַגָּדוֹל וְהַקָּדוֹשׁ עַל שֶׁהֶחֱיִיתָנוּ וְקִיַּמְתָּנוּ. כֵּן תְּחַיֵּנוּ וּתְקַיְּמֵנוּ וְתֶאֱסוֹף גָּלֻיּוֹתֵינוּ לְחַצְרוֹת קָדְשֶׁךָ לִשְׁמוֹר חֻקֶּיךָ וְלַעֲשׂוֹת רְצוֹנֶךָ וּלְעָבְדְּךָ בְּלֵבָב שָׁלֵם, עַל שֶׁאֲנַחְנוּ מוֹדִים לָךְ. בָּרוּךְ אֵל הַהוֹדָאוֹת.

מוֹדִים אֲנַחְנוּ לָךְ שָׁאַתָּה הוּא יהוה אֱלֹהֵינוּ וֵאלֹהֵי אֲבוֹתֵינוּ לְעוֹלָם וָעֶד, צוּר חַיֵּינוּ מָגֵן יִשְׁעֵנוּ אַתָּה הוּא לְדוֹר וָדוֹר. נוֹדֶה לְּךָ וּנְסַפֵּר תְּהִלָּתֶךָ, עַל חַיֵּינוּ הַמְּסוּרִים בְּיָדֶךָ וְעַל נִשְׁמוֹתֵינוּ הַפְּקוּדוֹת לָךְ וְעַל נִסֶּיךָ שֶׁבְּכָל־יוֹם עִמָּנוּ וְעַל נִפְלְאוֹתֶיךָ וְטוֹבוֹתֶיךָ שֶׁבְּכָל־עֵת, עֶרֶב וָבֹקֶר וְצָהֳרָיִם. הַטּוֹב כִּי לֹא כָלוּ רַחֲמֶיךָ, וְהַמְרַחֵם כִּי לֹא תַמּוּ חֲסָדֶיךָ, מֵעוֹלָם קִוִּינוּ לָךְ.

On Rosh Ḥodesh and on Ḥol Ha-mo'ed:

Our God and God of our ancestors, on this day of

Rosh Ḥodesh   Pesaḥ   Sukkot

remember our ancestors and be gracious to us. Consider the people Israel standing before You praying for the days of Messiah and for Jerusalem, Your holy city. Grant us life, well-being, lovingkindness, and peace. Bless us, Lord our God, with all that is good. Remember Your promise of mercy and redemption. Be merciful to us and save us, for we place our hope in You, gracious and merciful God and King.

May we witness Your merciful return to Zion. Praised are You, Lord who restores His Presence to Zion.

When the Reader chants the Amidah, the
congregation recites this passage silently
while the Reader continues with the next passage

We proclaim that You are the Lord our God and God of our ancestors, Creator of all who created us, God of all flesh. We praise You and thank You for granting us life and for sustaining us. May You continue to grant us life and sustenance. Gather our dispersed to Your holy place, to fulfill Your mitzvot and to serve You wholeheartedly, doing Your will. For this we shall thank You. Praised be God to whom thanksgiving is due.

We proclaim that You are the Lord our God and God of our ancestors throughout all time. You are the Rock of our lives, the Shield of our salvation in every generation. We thank You and praise You morning, noon, and night for Your miracles which daily attend us and for Your wondrous kindnesses. Our lives are in Your hand; our souls are in Your charge. You are good, with everlasting mercy; You are compassionate, with enduring lovingkindness. We have always placed our hope in You.

On Ḥanukkah:

עַל הַנִּסִּים וְעַל הַפֻּרְקָן, וְעַל הַגְּבוּרוֹת, וְעַל הַתְּשׁוּעוֹת, וְעַל הַמִּלְחָמוֹת שֶׁעָשִׂיתָ לַאֲבוֹתֵינוּ בַּיָּמִים הָהֵם וּבַזְּמַן הַזֶּה.

בִּימֵי מַתִּתְיָהוּ בֶּן־יוֹחָנָן כֹּהֵן גָּדוֹל, חַשְׁמוֹנַי וּבָנָיו, כְּשֶׁעָמְדָה מַלְכוּת יָוָן הָרְשָׁעָה עַל עַמְּךָ יִשְׂרָאֵל לְהַשְׁכִּיחָם תּוֹרָתֶךָ וּלְהַעֲבִירָם מֵחֻקֵּי רְצוֹנֶךָ, וְאַתָּה בְּרַחֲמֶיךָ הָרַבִּים עָמַדְתָּ לָהֶם בְּעֵת צָרָתָם, רַבְתָּ אֶת־רִיבָם, דַּנְתָּ אֶת־דִּינָם, נָקַמְתָּ אֶת־נִקְמָתָם, מָסַרְתָּ גִבּוֹרִים בְּיַד חַלָּשִׁים, וְרַבִּים בְּיַד מְעַטִּים, וּטְמֵאִים בְּיַד טְהוֹרִים, וּרְשָׁעִים בְּיַד צַדִּיקִים, וְזֵדִים בְּיַד עוֹסְקֵי תוֹרָתֶךָ. וּלְךָ עָשִׂיתָ שֵׁם גָּדוֹל וְקָדוֹשׁ בְּעוֹלָמֶךָ, וּלְעַמְּךָ יִשְׂרָאֵל עָשִׂיתָ תְּשׁוּעָה גְדוֹלָה וּפֻרְקָן כְּהַיּוֹם הַזֶּה. וְאַחַר כֵּן בָּאוּ בָנֶיךָ לִדְבִיר בֵּיתֶךָ וּפִנּוּ אֶת־הֵיכָלֶךָ, וְטִהֲרוּ אֶת־מִקְדָּשֶׁךָ, וְהִדְלִיקוּ נֵרוֹת בְּחַצְרוֹת קָדְשֶׁךָ, וְקָבְעוּ שְׁמוֹנַת יְמֵי חֲנֻכָּה אֵלּוּ לְהוֹדוֹת וּלְהַלֵּל לְשִׁמְךָ הַגָּדוֹל.

וְעַל כֻּלָּם יִתְבָּרַךְ וְיִתְרוֹמַם שִׁמְךָ מַלְכֵּנוּ תָּמִיד לְעוֹלָם וָעֶד.

On Shabbat before Yom Kippur:

וּכְתוֹב לְחַיִּים טוֹבִים כָּל־בְּנֵי בְרִיתֶךָ.

וְכֹל הַחַיִּים יוֹדוּךָ סֶּלָה, וִיהַלְלוּ אֶת־שִׁמְךָ בֶּאֱמֶת, הָאֵל יְשׁוּעָתֵנוּ וְעֶזְרָתֵנוּ סֶלָה. בָּרוּךְ אַתָּה יהוה הַטּוֹב שִׁמְךָ וּלְךָ נָאֶה לְהוֹדוֹת.

שָׁלוֹם רָב עַל יִשְׂרָאֵל עַמְּךָ וְעַל כָּל־יוֹשְׁבֵי תֵבֵל תָּשִׂים לְעוֹלָם, כִּי אַתָּה הוּא מֶלֶךְ אָדוֹן לְכָל־הַשָּׁלוֹם. וְטוֹב בְּעֵינֶיךָ לְבָרֵךְ אֶת־עַמְּךָ יִשְׂרָאֵל בְּכָל־עֵת וּבְכָל־שָׁעָה בִּשְׁלוֹמֶךָ.

On Shabbat before Yom Kippur substitute these words for the line which follows:

בְּסֵפֶר חַיִּים, בְּרָכָה וְשָׁלוֹם, וּפַרְנָסָה טוֹבָה, נִזָּכֵר וְנִכָּתֵב לְפָנֶיךָ, אֲנַחְנוּ וְכָל־עַמְּךָ בֵּית יִשְׂרָאֵל, לְחַיִּים טוֹבִים וּלְשָׁלוֹם. בָּרוּךְ אַתָּה יהוה עֹשֵׂה הַשָּׁלוֹם.

בָּרוּךְ אַתָּה יהוה הַמְבָרֵךְ אֶת־עַמּוֹ יִשְׂרָאֵל בַּשָּׁלוֹם.

On Ḥanukkah:

We thank You for the heroism, for the triumphs, and for the miraculous deliverance of our ancestors in other days, and in our time.

In the days of Mattathias son of Yoḥanan, the Hasmonean *kohen gadol,* and in the days of his sons, a cruel power rose against Israel, demanding that they abandon Your Torah and violate Your mitzvot. You, in great mercy, stood by Your people in time of trouble. You defended them, vindicated them, and avenged their wrongs. You delivered the strong into the hands of the weak, the many into the hands of the few, the corrupt into the hands of the pure in heart, the guilty into the hands of the innocent. You delivered the arrogant into the hands of those who were faithful to Your Torah. You have wrought great victories and miraculous deliverance for Your people Israel to this day, revealing Your glory and Your holiness to all the world. Then Your children came into Your shrine, cleansed Your Temple, purified Your sanctuary, and kindled lights in Your sacred courts. They set aside these eight days as a season for giving thanks and reciting praises to You.

For all these blessings we shall ever praise and exalt You.

On Shabbat before Yom Kippur:

Inscribe all the people of Your covenant for a good life.

May every living creature thank You and praise You faithfully, our deliverance and our help. Praised are You, beneficent Lord to whom all praise is due.

Grant true and lasting peace to Your people Israel and to all who dwell on earth, for You are the supreme Sovereign of peace. May it please You to bless Your people Israel in every season and at all times with Your gift of peace.

On Shabbat before Yom Kippur, substitute these words for the line which follows:

May we and the entire House of Israel be remembered and recorded in the Book of life, blessing, sustenance, and peace. Praised are You, Lord, Source of peace.

Praised are You, Lord who blesses His people Israel with peace.

At the conclusion of the Amidah, personal prayers may be added

אֱלֹהַי, נְצוֹר לְשׁוֹנִי מֵרָע וּשְׂפָתַי מִדַּבֵּר מִרְמָה, וְלִמְקַלְלַי נַפְשִׁי תִדּוֹם, וְנַפְשִׁי כֶּעָפָר לַכֹּל תִּהְיֶה. פְּתַח לִבִּי בְּתוֹרָתֶךָ וּבְמִצְוֹתֶיךָ תִּרְדּוֹף נַפְשִׁי. וְכָל־הַחוֹשְׁבִים עָלַי רָעָה, מְהֵרָה הָפֵר עֲצָתָם וְקַלְקֵל מַחֲשַׁבְתָּם. עֲשֵׂה לְמַעַן שְׁמֶךָ, עֲשֵׂה לְמַעַן יְמִינֶךָ, עֲשֵׂה לְמַעַן קְדֻשָּׁתֶךָ, עֲשֵׂה לְמַעַן תּוֹרָתֶךָ, לְמַעַן יֵחָלְצוּן יְדִידֶיךָ, הוֹשִׁיעָה יְמִינְךָ וַעֲנֵנִי. יִהְיוּ לְרָצוֹן אִמְרֵי־פִי וְהֶגְיוֹן לִבִּי לְפָנֶיךָ, יהוה צוּרִי וְגוֹאֲלִי. עֹשֶׂה שָׁלוֹם בִּמְרוֹמָיו, הוּא יַעֲשֶׂה שָׁלוֹם עָלֵינוּ וְעַל כָּל־יִשְׂרָאֵל, וְאִמְרוּ אָמֵן.

An alternative:

זַכֵּנִי לְשִׂמְחָה וְחֵרוּת שֶׁל שַׁבָּת, זַכֵּנִי לִטְעֹם טַעַם עֹנֶג שַׁבָּת בֶּאֱמֶת. זַכֵּנִי שֶׁלֹּא יַעֲלֶה עַל לִבִּי שׁוּם עַצְבוּת וּמָרָה שְׁחוֹרָה, וְלֹא שׁוּם יָגוֹן וַאֲנָחָה בְּיוֹם שַׁבָּת קֹדֶשׁ. שַׂמֵּחַ נֶפֶשׁ עַבְדֶּךָ כִּי אֵלֶיךָ אֲדֹנָי נַפְשִׁי אֶשָּׂא. תַּשְׁמִיעֵנִי שָׂשׂוֹן וְשִׂמְחָה. עָזְרֵנִי לְהַרְבּוֹת בְּתַעֲנוּגֵי שַׁבָּת בְּכָל־מִינֵי תַעֲנוּגִים. וְעָזְרֵנִי לְהַמְשִׁיךְ הַשִּׂמְחָה שֶׁל שַׁבָּת לְשֵׁשֶׁת יְמֵי הַחוֹל עַד שֶׁאֶזְכֶּה לִהְיוֹת בְּשִׂמְחָה תָמִיד. תּוֹדִיעֵנִי אֹרַח חַיִּים. שֹׂבַע שְׂמָחוֹת אֶת־פָּנֶיךָ, נְעִימוֹת בִּימִינְךָ נֶצַח. יִהְיוּ לְרָצוֹן אִמְרֵי פִי וְהֶגְיוֹן לִבִּי לְפָנֶיךָ יהוה צוּרִי וְגוֹאֲלִי.

If Taḥanun is to be omitted during the week to come because of Rosh Ḥodesh, a Festival, or other occasion listed on page 128, the following passage is omitted

צִדְקָתְךָ צֶדֶק לְעוֹלָם וְתוֹרָתְךָ אֱמֶת. וְצִדְקָתְךָ אֱלֹהִים עַד מָרוֹם, אֲשֶׁר עָשִׂיתָ גְדֹלוֹת, אֱלֹהִים מִי כָמוֹךָ. צִדְקָתְךָ כְּהַרְרֵי אֵל, מִשְׁפָּטֶיךָ תְּהוֹם רַבָּה, אָדָם וּבְהֵמָה תוֹשִׁיעַ יהוה.

The service is concluded on page 596

At the conclusion of the Amidah, personal prayers may be added

My God, keep my tongue from evil, my lips from lies. Help me ignore those who slander me. Let me be humble before all. Open my heart to Your Torah, so that I may pursue Your mitzvot. Frustrate the designs of those who plot evil against me. Make nothing of their schemes. Do so because of Your compassion, Your power, Your holiness, and Your Torah. Answer my prayer for the deliverance of Your people. May the words of my mouth and the meditations of my heart be acceptable to You, my Rock and my Redeemer. He who brings peace to His universe will bring peace to us and to all the people Israel. Amen.

An alternative:

Grant me the privilege of the liberating joy of Shabbat, the privilege of truly tasting the delight of Shabbat. May I be undisturbed by sadness, by sorrow, or by sighing during the holy hours of Shabbat. Fill Your servant's heart with joy, for to You, O Lord, I offer my entire being. Let me hear joy and jubilation. Help me to expand the dimensions of all Shabbat delights. Help me to extend the joy of Shabbat to the other days of the week, until I attain the goal of deep joy always. Show me the path of life, the full joy of Your Presence, the bliss of being close to You forever. May the words of my mouth and the meditations of my heart be acceptable to You, O Lord, my Rock and my Redeemer.

If Taḥanun is to be omitted during the week to come because of Rosh Ḥodesh, a Festival, or other occasion listed on page 128, the following passage is omitted

The righteousness which You have taught is eternal justice, Your Torah is truth. Your righteousness extends throughout the universe. Your deeds reflect Your greatness, incomparable God. Your righteousness is like the lofty mountains, Your judgments like the great deep. Man and beast are in Your care; help them, Lord.

The service is concluded on page 597

כִּי שֵׁם יהוה אֶקְרָא, הָבוּ גֹדֶל לֵאלֹהֵינוּ.
אֲדֹנָי, שְׂפָתַי תִּפְתָּח וּפִי יַגִּיד תְּהִלָּתֶךָ.

בָּרוּךְ אַתָּה יהוה אֱלֹהֵינוּ וֵאלֹהֵי אֲבוֹתֵינוּ, אֱלֹהֵי אַבְרָהָם אֱלֹהֵי יִצְחָק וֵאלֹהֵי יַעֲקֹב, הָאֵל הַגָּדוֹל הַגִּבּוֹר וְהַנּוֹרָא, אֵל עֶלְיוֹן, גּוֹמֵל חֲסָדִים טוֹבִים וְקוֹנֵה הַכֹּל, וְזוֹכֵר חַסְדֵי אָבוֹת וּמֵבִיא גוֹאֵל לִבְנֵי בְנֵיהֶם לְמַעַן שְׁמוֹ בְּאַהֲבָה. מֶלֶךְ עוֹזֵר וּמוֹשִׁיעַ וּמָגֵן. בָּרוּךְ אַתָּה יהוה מָגֵן אַבְרָהָם.

אַתָּה גִּבּוֹר לְעוֹלָם אֲדֹנָי, מְחַיֵּה מֵתִים אַתָּה רַב לְהוֹשִׁיעַ.

On Sh'mini Atzeret and on Simḥat Torah:

מַשִּׁיב הָרוּחַ וּמוֹרִיד הַגָּשֶׁם.

מְכַלְכֵּל חַיִּים בְּחֶסֶד, מְחַיֵּה מֵתִים בְּרַחֲמִים רַבִּים, סוֹמֵךְ נוֹפְלִים וְרוֹפֵא חוֹלִים וּמַתִּיר אֲסוּרִים, וּמְקַיֵּם אֱמוּנָתוֹ לִישֵׁנֵי עָפָר. מִי כָמוֹךָ בַּעַל גְּבוּרוֹת וּמִי דּוֹמֶה לָּךְ, מֶלֶךְ מֵמִית וּמְחַיֶּה וּמַצְמִיחַ יְשׁוּעָה. וְנֶאֱמָן אַתָּה לְהַחֲיוֹת מֵתִים. בָּרוּךְ אַתָּה יהוה מְחַיֵּה הַמֵּתִים.

The silent recitation of the Amidah continues with אתה קדוש *on page 588*

When I call upon the Lord, give glory to our God.
Open my mouth, O Lord, and my lips will proclaim Your praise.

Praised are You, Lord our God and God of our ancestors, God of Abraham, of Isaac, and of Jacob, great, mighty, awesome, exalted God who bestows lovingkindness, Creator of all. You remember the pious deeds of our ancestors and will send a redeemer to their children's children because of Your loving nature. You are the King who helps and saves and shields. Praised are You, Lord, Shield of Abraham.

Your might, O Lord, is boundless. You give life to the dead; great is Your saving power.

On Sh'mini Atzeret and on Simḥat Torah:

You cause the wind to blow and the rain to fall.

Your lovingkindness sustains the living, Your great mercies give life to the dead. You support the falling, heal the ailing, free the fettered. You keep Your faith with those who sleep in dust. Whose power can compare with Yours? You are the Master of life and death and deliverance. Faithful are You in giving life to the dead. Praised are You, Lord, Master of life and death.

The silent recitation of the Amidah continues with "Holy are You . . ." on page 589

When the Reader chants the Amidah aloud,
Kedushah is added. The congregation chants
the indented verses aloud.

נְקַדֵּשׁ אֶת־שִׁמְךָ בָּעוֹלָם, כְּשֵׁם שֶׁמַּקְדִּישִׁים אוֹתוֹ בִּשְׁמֵי מָרוֹם,
כַּכָּתוּב עַל יַד נְבִיאֶךָ, וְקָרָא זֶה אֶל זֶה וְאָמַר:

קָדוֹשׁ קָדוֹשׁ קָדוֹשׁ יהוה צְבָאוֹת מְלֹא כָל־הָאָרֶץ כְּבוֹדוֹ.

לְעֻמָּתָם בָּרוּךְ יֹאמֵרוּ:

בָּרוּךְ כְּבוֹד יהוה מִמְּקוֹמוֹ.

וּבְדִבְרֵי קָדְשְׁךָ כָּתוּב לֵאמֹר:

יִמְלֹךְ יהוה לְעוֹלָם אֱלֹהַיִךְ צִיּוֹן לְדֹר וָדֹר, הַלְלוּיָהּ.

לְדוֹר וָדוֹר נַגִּיד גָּדְלֶךָ וּלְנֵצַח נְצָחִים קְדֻשָּׁתְךָ נַקְדִּישׁ. וְשִׁבְחֲךָ
אֱלֹהֵינוּ מִפִּינוּ לֹא יָמוּשׁ לְעוֹלָם וָעֶד, כִּי אֵל מֶלֶךְ גָּדוֹל וְקָדוֹשׁ
אָתָּה. בָּרוּךְ אַתָּה יהוה הָאֵל הַקָּדוֹשׁ.

Continue with אתה בחרתנו

The silent recitation of the Amidah continues
here:

אַתָּה קָדוֹשׁ וְשִׁמְךָ קָדוֹשׁ, וּקְדוֹשִׁים בְּכָל־יוֹם יְהַלְלוּךָ סֶּלָה.
בָּרוּךְ אַתָּה יהוה הָאֵל הַקָּדוֹשׁ.

אַתָּה בְחַרְתָּנוּ מִכָּל־הָעַמִּים, אָהַבְתָּ אוֹתָנוּ וְרָצִיתָ בָּנוּ,
וְרוֹמַמְתָּנוּ מִכָּל־הַלְּשׁוֹנוֹת, וְקִדַּשְׁתָּנוּ בְּמִצְוֹתֶיךָ, וְקֵרַבְתָּנוּ
מַלְכֵּנוּ לַעֲבוֹדָתֶךָ, וְשִׁמְךָ הַגָּדוֹל וְהַקָּדוֹשׁ עָלֵינוּ קָרָאתָ.

When the Reader chants the Amidah aloud,
Kedushah is added. The congregation chants the
italicized verses aloud.

We proclaim Your holiness on earth as it is proclaimed in heaven above. We sing the words of heavenly voices as recorded in Your prophet's vision:

Kadosh kadosh kadosh Adonai tzeva'ot, m'lo khol ha-aretz k'vodo.
Holy, holy, holy Adonai tzeva'ot. The whole world is filled with His glory.

Heavenly voices respond with praise:

Barukh k'vod Adonai mi-m'komo.
Praised is the glory of the Lord throughout the universe.

And in Your holy psalms it is written:

Yimlokh Adonai l'olam Elohayikh tziyon l'dor va-dor. Halleluyah.
The Lord shall reign through all generations; your God, Zion, shall reign forever. Halleluyah.

We declare Your greatness through all generations, hallow Your holiness to all eternity. Your praise will never leave our lips, for You are God and King, great and holy. Praised are You, Lord, holy God.

Continue with "You have chosen us . . . "

The silent recitation of the Amidah
continues here:

Holy are You and holy is Your name. Holy are those who praise You daily. Praised are You, Lord, holy God.

You have chosen us of all nations for Your service by loving and cherishing us as bearers of Your Torah. You have exalted us as a people by adding holiness to our lives with Your mitzvot, drawing us near to Your service, identifying us with Your great and holy name.

וַתִּתֶּן לָנוּ יהוה אֱלֹהֵינוּ בְּאַהֲבָה (שַׁבָּתוֹת לִמְנוּחָה וּ)מוֹעֲדִים לְשִׂמְחָה, חַגִּים וּזְמַנִּים לְשָׂשׂוֹן, אֶת־יוֹם (הַשַּׁבָּת הַזֶּה וְאֶת־יוֹם)

On Pesaḥ:

חַג הַמַּצּוֹת הַזֶּה, זְמַן חֵרוּתֵנוּ,

On Shavuot:

חַג הַשָּׁבוּעוֹת הַזֶּה, זְמַן מַתַּן תּוֹרָתֵנוּ,

On Sukkot:

חַג הַסֻּכּוֹת הַזֶּה, זְמַן שִׂמְחָתֵנוּ,

On Sh'mini Atzeret and on Simḥat Torah:

הַשְּׁמִינִי, חַג הָעֲצֶרֶת הַזֶּה, זְמַן שִׂמְחָתֵנוּ,

(בְּאַהֲבָה) מִקְרָא קֹדֶשׁ, זֵכֶר לִיצִיאַת מִצְרָיִם.

אֱלֹהֵינוּ וֵאלֹהֵי אֲבוֹתֵינוּ, יַעֲלֶה וְיָבֹא וְיַגִּיעַ, וְיֵרָאֶה וְיֵרָצֶה וְיִשָּׁמַע, וְיִפָּקֵד וְיִזָּכֵר זִכְרוֹנֵנוּ וּפִקְדוֹנֵנוּ, וְזִכְרוֹן אֲבוֹתֵינוּ, וְזִכְרוֹן מָשִׁיחַ בֶּן־דָּוִד עַבְדֶּךָ, וְזִכְרוֹן יְרוּשָׁלַיִם עִיר קָדְשֶׁךָ, וְזִכְרוֹן כָּל־עַמְּךָ בֵּית יִשְׂרָאֵל לְפָנֶיךָ, לִפְלֵיטָה לְטוֹבָה, לְחֵן וּלְחֶסֶד וּלְרַחֲמִים, לְחַיִּים וּלְשָׁלוֹם בְּיוֹם

On Pesaḥ:

חַג הַמַּצּוֹת הַזֶּה.

On Shavuot:

חַג הַשָּׁבֻעוֹת הַזֶּה.

On Sukkot:

חַג הַסֻּכּוֹת הַזֶּה.

On Sh'mini Atzeret and on Simḥat Torah:

הַשְּׁמִינִי, חַג הָעֲצֶרֶת הַזֶּה.

זָכְרֵנוּ יהוה אֱלֹהֵינוּ בּוֹ לְטוֹבָה, וּפָקְדֵנוּ בוֹ לִבְרָכָה, וְהוֹשִׁיעֵנוּ בוֹ לְחַיִּים. וּבִדְבַר יְשׁוּעָה וְרַחֲמִים חוּס וְחָנֵּנוּ וְרַחֵם עָלֵינוּ וְהוֹשִׁיעֵנוּ כִּי אֵלֶיךָ עֵינֵינוּ, כִּי אֵל מֶלֶךְ חַנּוּן וְרַחוּם אָתָּה.

Lovingly, Lord our God, have You given us (Shabbat for rest and) holidays and festivals for rejoicing, this (Shabbat and this)

On Pesaḥ:

Festival of Matzot, season of our liberation,

On Shavuot:

Festival of Shavuot, season of the giving of our Torah,

On Sukkot:

Festival of Sukkot, season of our joy,

On Sh'mini Atzeret and on Simḥat Torah:

Festival of Sh'mini Atzeret, season of our joy,

a day for sacred assembly, recalling the Exodus from Egypt.

Our God and God of our ancestors, on this

On Pesaḥ:	*On Shavuot:*	*On Sukkot:*
Festival of Matzot	Festival of Shavuot	Festival of Sukkot

On Sh'mini Atzeret and on Simḥat Torah:

Festival of Sh'mini Atzeret

remember our ancestors and be gracious to us. Consider the people Israel standing before You praying for the days of Messiah and for Jerusalem Your holy city. Grant us life, well-being, lovingkindness, and peace. Bless us, Lord our God, with all that is good. Remember Your promise of mercy and redemption. Be merciful to us and save us, for we place our hope in You, gracious and merciful God and King.

וְהַשִּׂיאֵנוּ יהוה אֱלֹהֵינוּ אֶת־בִּרְכַּת מוֹעֲדֶיךָ לְחַיִּים וּלְשָׁלוֹם, לְשִׂמְחָה וּלְשָׂשׂוֹן, כַּאֲשֶׁר רָצִיתָ וְאָמַרְתָּ לְבָרְכֵנוּ. אֱלֹהֵינוּ וֵאלֹהֵי אֲבוֹתֵינוּ, (רְצֵה בִמְנוּחָתֵנוּ,) קַדְּשֵׁנוּ בְּמִצְוֹתֶיךָ וְתֵן חֶלְקֵנוּ בְּתוֹרָתֶךָ, שַׂבְּעֵנוּ מִטּוּבֶךָ וְשַׂמְּחֵנוּ בִּישׁוּעָתֶךָ, וְטַהֵר לִבֵּנוּ לְעָבְדְּךָ בֶּאֱמֶת. וְהַנְחִילֵנוּ יהוה אֱלֹהֵינוּ (בְּאַהֲבָה וּבְרָצוֹן) בְּשִׂמְחָה וּבְשָׂשׂוֹן (שַׁבָּת וּ)מוֹעֲדֵי קָדְשֶׁךָ, וְיִשְׂמְחוּ בְךָ יִשְׂרָאֵל מְקַדְּשֵׁי שְׁמֶךָ. בָּרוּךְ אַתָּה יהוה מְקַדֵּשׁ (הַשַּׁבָּת וְ)יִשְׂרָאֵל וְהַזְּמַנִּים.

רְצֵה יהוה אֱלֹהֵינוּ בְּעַמְּךָ יִשְׂרָאֵל וּבִתְפִלָּתָם, וְהָשֵׁב אֶת־הָעֲבוֹדָה לִדְבִיר בֵּיתֶךָ, וּתְפִלָּתָם בְּאַהֲבָה תְקַבֵּל בְּרָצוֹן, וּתְהִי לְרָצוֹן תָּמִיד עֲבוֹדַת יִשְׂרָאֵל עַמֶּךָ. וְתֶחֱזֶינָה עֵינֵינוּ בְּשׁוּבְךָ לְצִיּוֹן בְּרַחֲמִים. בָּרוּךְ אַתָּה יהוה הַמַּחֲזִיר שְׁכִינָתוֹ לְצִיּוֹן.

When the Reader chants the Amidah, the congregation recites this passage silently while the Reader continues with the next passage

מוֹדִים אֲנַחְנוּ לָךְ שָׁאַתָּה הוּא יהוה אֱלֹהֵינוּ וֵאלֹהֵי אֲבוֹתֵינוּ, אֱלֹהֵי כָל־בָּשָׂר, יוֹצְרֵנוּ יוֹצֵר בְּרֵאשִׁית. בְּרָכוֹת וְהוֹדָאוֹת לְשִׁמְךָ הַגָּדוֹל וְהַקָּדוֹשׁ עַל שֶׁהֶחֱיִיתָנוּ וְקִיַּמְתָּנוּ. כֵּן תְּחַיֵּנוּ וּתְקַיְּמֵנוּ וְתֶאֱסוֹף גָּלֻיּוֹתֵינוּ לְחַצְרוֹת קָדְשֶׁךָ לִשְׁמוֹר חֻקֶּיךָ וְלַעֲשׂוֹת רְצוֹנֶךָ וּלְעָבְדְּךָ בְּלֵבָב שָׁלֵם, עַל שֶׁאֲנַחְנוּ מוֹדִים לָךְ. בָּרוּךְ אֵל הַהוֹדָאוֹת.

מוֹדִים אֲנַחְנוּ לָךְ שָׁאַתָּה הוּא יהוה אֱלֹהֵינוּ וֵאלֹהֵי אֲבוֹתֵינוּ לְעוֹלָם וָעֶד, צוּר חַיֵּינוּ מָגֵן יִשְׁעֵנוּ אַתָּה הוּא לְדוֹר וָדוֹר. נוֹדֶה לְּךָ וּנְסַפֵּר תְּהִלָּתֶךָ, עַל חַיֵּינוּ הַמְּסוּרִים בְּיָדֶךָ וְעַל נִשְׁמוֹתֵינוּ הַפְּקוּדוֹת לָךְ וְעַל נִסֶּיךָ שֶׁבְּכָל־יוֹם עִמָּנוּ וְעַל נִפְלְאוֹתֶיךָ וְטוֹבוֹתֶיךָ שֶׁבְּכָל־עֵת, עֶרֶב וָבֹקֶר וְצָהֳרָיִם. הַטּוֹב כִּי לֹא כָלוּ רַחֲמֶיךָ, וְהַמְרַחֵם כִּי לֹא תַמּוּ חֲסָדֶיךָ, מֵעוֹלָם קִוִּינוּ לָךְ. וְעַל כֻּלָּם יִתְבָּרַךְ וְיִתְרוֹמַם שִׁמְךָ מַלְכֵּנוּ תָּמִיד לְעוֹלָם וָעֶד.

וְכֹל הַחַיִּים יוֹדוּךָ סֶּלָה, וִיהַלְלוּ אֶת־שִׁמְךָ בֶּאֱמֶת, הָאֵל יְשׁוּעָתֵנוּ וְעֶזְרָתֵנוּ סֶלָה. בָּרוּךְ אַתָּה יהוה הַטּוֹב שִׁמְךָ וּלְךָ נָאֶה לְהוֹדוֹת.

Grant us the blessing of Your Festivals, Lord our God, for life and peace, for joy and gladness, as You have graciously promised to bless us. Our God and God of our ancestors, (accept our Shabbat offering of rest,) add holiness to our lives with Your mitzvot and let Your Torah be our portion. Fill our lives with Your goodness and gladden us with Your triumph. Cleanse our hearts and we shall serve You faithfully. (Lovingly and willingly,) Lord our God, grant that we inherit Your holy gift of (Shabbat and) Festivals forever, so that the people Israel who hallow Your name will always rejoice in You. Praised are You, Lord who hallows (Shabbat and) the people Israel and the Festivals.

Accept the prayer of Your people Israel as lovingly as it is offered. Restore worship to Your sanctuary. May the worship of Your people Israel always be acceptable to You. May we witness Your merciful return to Zion. Praised are You, Lord who restores His Presence to Zion.

When the Reader chants the Amidah, the
congregation recites this passage silently
while the Reader continues with the next passage

We proclaim that You are the Lord our God and God of our ancestors, Creator of all who created us, God of all flesh. We praise You and thank You for granting us life and for sustaining us. May You continue to grant us life and sustenance. Gather our dispersed to Your holy place, to fulfill Your mitzvot and to serve You wholeheartedly, doing Your will. For this we shall thank You. Praised be God to whom thanksgiving is due.

We proclaim that You are the Lord our God and God of our ancestors throughout all time. You are the Rock of our lives, the Shield of our salvation in every generation. We thank You and praise You morning, noon, and night, for Your miracles which daily attend us and for Your wondrous kindnesses. Our lives are in Your hand; our souls are in Your charge. You are good, with everlasting mercy; You are compassionate, with enduring lovingkindness. We have always placed our hope in You. For all these blessings we shall ever praise and exalt You.

May every living creature thank You and praise You faithfully, our deliverance and our help. Praised are You, beneficent Lord to whom all praise is due.

שָׁלוֹם רָב עַל יִשְׂרָאֵל עַמְּךָ וְעַל כָּל־יוֹשְׁבֵי תֵבֵל תָּשִׂים לְעוֹלָם, כִּי אַתָּה הוּא מֶלֶךְ אָדוֹן לְכָל־הַשָּׁלוֹם. וְטוֹב בְּעֵינֶיךָ לְבָרֵךְ אֶת־עַמְּךָ יִשְׂרָאֵל בְּכָל־עֵת וּבְכָל־שָׁעָה בִּשְׁלוֹמֶךָ. בָּרוּךְ אַתָּה יהוה הַמְבָרֵךְ אֶת־עַמּוֹ יִשְׂרָאֵל בַּשָּׁלוֹם.

At the conclusion of the Amidah, personal prayers may be added

אֱלֹהַי, נְצוֹר לְשׁוֹנִי מֵרָע וּשְׂפָתַי מִדַּבֵּר מִרְמָה, וְלִמְקַלְלַי נַפְשִׁי תִדּוֹם, וְנַפְשִׁי כֶּעָפָר לַכֹּל תִּהְיֶה. פְּתַח לִבִּי בְּתוֹרָתֶךָ וּבְמִצְוֹתֶיךָ תִּרְדּוֹף נַפְשִׁי. וְכָל־הַחוֹשְׁבִים עָלַי רָעָה, מְהֵרָה הָפֵר עֲצָתָם וְקַלְקֵל מַחֲשַׁבְתָּם. עֲשֵׂה לְמַעַן שְׁמֶךָ, עֲשֵׂה לְמַעַן יְמִינֶךָ, עֲשֵׂה לְמַעַן קְדֻשָּׁתֶךָ, עֲשֵׂה לְמַעַן תּוֹרָתֶךָ, לְמַעַן יֵחָלְצוּן יְדִידֶיךָ, הוֹשִׁיעָה יְמִינְךָ וַעֲנֵנִי. יִהְיוּ לְרָצוֹן אִמְרֵי־פִי וְהֶגְיוֹן לִבִּי לְפָנֶיךָ, יהוה צוּרִי וְגוֹאֲלִי. עֹשֶׂה שָׁלוֹם בִּמְרוֹמָיו, הוּא יַעֲשֶׂה שָׁלוֹם עָלֵינוּ וְעַל כָּל־יִשְׂרָאֵל, וְאִמְרוּ אָמֵן.

An alternative:

רִבּוֹנוֹ שֶׁל עוֹלָם, אֲדוֹן הַשִּׂמְחָה שֶׁאֵין לְפָנָיו שׁוּם עַצְבוּת כְּלָל, זַכֵּנִי בְּרַחֲמֶיךָ הָרַבִּים לְקַבֵּל וּלְהַמְשִׁיךְ עָלַי קְדֻשַּׁת יוֹם טוֹב בְּשִׂמְחָה וְחֶדְוָה. יָשִׂישׂוּ וְיִשְׂמְחוּ בְּךָ כָּל־מְבַקְשֶׁיךָ. תָּאִיר לִי וּתְלַמְּדֵנִי לַהֲפוֹךְ כָּל־מִינֵי יָגוֹן וַאֲנָחָה לְשִׂמְחָה, שֶׁהַהִתְרַחֲקוּת מִמְּךָ בָּא לָנוּ עַל יְדֵי הָעַצְבוּת. הָשִׁיבָה לִּי שְׂשׂוֹן יִשְׁעֶךָ, וְרוּחַ נְדִיבָה תִסְמְכֵנִי. יְהִי רָצוֹן מִלְּפָנֶיךָ, יהוה אֱלֹהַי, שֶׁתִּפְתַּח לִי שַׁעֲרֵי תוֹרָה, שַׁעֲרֵי חָכְמָה, שַׁעֲרֵי דֵעָה, שַׁעֲרֵי פַּרְנָסָה וְכַלְכָּלָה, שַׁעֲרֵי חַיִּים, שַׁעֲרֵי אַהֲבָה וְאַחֲוָה, שַׁעֲרֵי שָׁלוֹם וְרֵעוּת. שׂוֹשׂ אָשִׂישׂ בַּיהוה, תָּגֵל נַפְשִׁי בֵּאלֹהָי. וְגַלְתִּי בִירוּשָׁלַיִם וְשַׂשְׂתִּי בְעַמִּי. עֹשֶׂה שָׁלוֹם בִּמְרוֹמָיו, הוּא יַעֲשֶׂה שָׁלוֹם עָלֵינוּ וְעַל כָּל־יִשְׂרָאֵל, וְאִמְרוּ אָמֵן.

Grant true and lasting peace to Your people Israel and to all who dwell on earth, for You are the supreme Sovereign of peace. May it please You to bless Your people Israel in every season and at all times with Your gift of peace. Praised are You, Lord who blesses His people Israel with peace.

At the conclusion of the Amidah, personal prayers may be added

My God, keep my tongue from evil, my lips from lies. Help me ignore those who would slander me. Let me be humble before all. Open my heart to Your Torah, so that I may pursue Your mitzvot. Frustrate the designs of those who plot evil against me. Make nothing of their schemes. Do so because of Your compassion, Your power, Your holiness, and Your Torah. Answer my prayer for the deliverance of Your people. May the words of my mouth and the meditations of my heart be acceptable to You, my Rock and my Redeemer. He who brings peace to His universe will bring peace to us and to all the people Israel. Amen.

An alternative:

Sovereign, Master of happiness in whose presence despair flees, with Your great compassion grant me the capacity of welcoming and extending the holiness of this Festival with happiness and joy. Let all who seek You be jubilant, rejoicing in Your Presence. Illumine my life, teach me to transcend all sadness and sorrow with abiding happiness, for estrangement from You grows out of despair. Revive in me the joy of Your deliverance; may a willing spirit strengthen me. May it be Your will, Lord my God, to open for me the gates of Torah, wisdom and understanding, gates of sustenance, gates of life, gates of love and harmony, peace and companionship. I will surely rejoice in the Lord, my whole being will exult in my God, rejoicing in Jerusalem, exulting in my people. May He who ordains peace for His universe bring peace for us and for all the people Israel. Amen.

Reader:

יִתְגַּדַּל וְיִתְקַדַּשׁ שְׁמֵהּ רַבָּא בְּעָלְמָא דִּי בְרָא כִרְעוּתֵהּ, וְיַמְלִיךְ מַלְכוּתֵהּ בְּחַיֵּיכוֹן וּבְיוֹמֵיכוֹן וּבְחַיֵּי דְכָל־בֵּית יִשְׂרָאֵל, בַּעֲגָלָא וּבִזְמַן קָרִיב, וְאִמְרוּ אָמֵן.

Congregation and Reader:

יְהֵא שְׁמֵהּ רַבָּא מְבָרַךְ לְעָלַם וּלְעָלְמֵי עָלְמַיָּא.

Reader:

יִתְבָּרַךְ וְיִשְׁתַּבַּח וְיִתְפָּאַר וְיִתְרוֹמַם וְיִתְנַשֵּׂא, וְיִתְהַדַּר וְיִתְעַלֶּה וְיִתְהַלַּל שְׁמֵהּ דְּקֻדְשָׁא, בְּרִיךְ הוּא לְעֵלָּא (לְעֵלָּא מִכָּל־) מִן כָּל־בִּרְכָתָא וְשִׁירָתָא, תֻּשְׁבְּחָתָא וְנֶחֱמָתָא דַּאֲמִירָן בְּעָלְמָא, וְאִמְרוּ אָמֵן.

תִּתְקַבַּל צְלוֹתְהוֹן וּבָעוּתְהוֹן דְּכָל־יִשְׂרָאֵל קֳדָם אֲבוּהוֹן דִּי בִשְׁמַיָּא וְאִמְרוּ אָמֵן.

יְהֵא שְׁלָמָא רַבָּא מִן שְׁמַיָּא וְחַיִּים עָלֵינוּ וְעַל כָּל־יִשְׂרָאֵל, וְאִמְרוּ אָמֵן.

עוֹשֶׂה שָׁלוֹם בִּמְרוֹמָיו, הוּא יַעֲשֶׂה שָׁלוֹם עָלֵינוּ וְעַל כָּל־יִשְׂרָאֵל, וְאִמְרוּ אָמֵן.

 **KADDISH SHALEM**

Reader:

Hallowed and enhanced may He be throughout the world of His own creation. May He cause His sovereignty soon to be accepted, during our life and the life of all Israel. And let us say: Amen.

Congregation and Reader:

Y'hei sh'mei raba mevarakh l'alam u-l'almei almaya.

May He be praised throughout all time.

Reader:

Glorified and celebrated, lauded and worshiped, acclaimed and honored, extolled and exalted may the Holy One be, praised beyond all song and psalm, beyond all tributes which mortals can utter. And let us say: Amen.

May the prayers and pleas of the whole House of Israel be accepted by our Father in Heaven. And let us say: Amen.

Let there be abundant peace from Heaven, with life's goodness for us and for all the people Israel. And let us say: Amen.

He who brings peace to His universe will bring peace to us and to all the people Israel. And let us say: Amen.

עָלֵינוּ לְשַׁבֵּחַ לַאֲדוֹן הַכֹּל, לָתֵת גְּדֻלָּה לְיוֹצֵר בְּרֵאשִׁית, שֶׁלֹּא עָשָׂנוּ כְּגוֹיֵי הָאֲרָצוֹת וְלֹא שָׂמָנוּ כְּמִשְׁפְּחוֹת הָאֲדָמָה, שֶׁלֹּא שָׂם חֶלְקֵנוּ כָּהֶם וְגוֹרָלֵנוּ כְּכָל־הֲמוֹנָם. וַאֲנַחְנוּ כּוֹרְעִים וּמִשְׁתַּחֲוִים וּמוֹדִים לִפְנֵי מֶלֶךְ מַלְכֵי הַמְּלָכִים הַקָּדוֹשׁ בָּרוּךְ הוּא, שֶׁהוּא נוֹטֶה שָׁמַיִם וְיוֹסֵד אָרֶץ, וּמוֹשַׁב יְקָרוֹ בַּשָּׁמַיִם מִמַּעַל וּשְׁכִינַת עֻזּוֹ בְּגָבְהֵי מְרוֹמִים. הוּא אֱלֹהֵינוּ, אֵין עוֹד. אֱמֶת מַלְכֵּנוּ, אֶפֶס זוּלָתוֹ, כַּכָּתוּב בְּתוֹרָתוֹ: וְיָדַעְתָּ הַיּוֹם וַהֲשֵׁבֹתָ אֶל לְבָבֶךָ, כִּי יהוה הוּא הָאֱלֹהִים בַּשָּׁמַיִם מִמַּעַל וְעַל הָאָרֶץ מִתָּחַת, אֵין עוֹד.

עַל כֵּן נְקַוֶּה לְךָ יהוה אֱלֹהֵינוּ לִרְאוֹת מְהֵרָה בְּתִפְאֶרֶת עֻזֶּךָ, לְהַעֲבִיר גִּלּוּלִים מִן הָאָרֶץ וְהָאֱלִילִים כָּרוֹת יִכָּרֵתוּן, לְתַקֵּן עוֹלָם בְּמַלְכוּת שַׁדַּי וְכָל־בְּנֵי בָשָׂר יִקְרְאוּ בִשְׁמֶךָ, לְהַפְנוֹת אֵלֶיךָ כָּל־רִשְׁעֵי אָרֶץ. יַכִּירוּ וְיֵדְעוּ כָּל־יוֹשְׁבֵי תֵבֵל כִּי לְךָ תִּכְרַע כָּל־בֶּרֶךְ תִּשָּׁבַע כָּל־לָשׁוֹן. לְפָנֶיךָ יהוה אֱלֹהֵינוּ יִכְרְעוּ וְיִפֹּלוּ. וְלִכְבוֹד שִׁמְךָ יְקָר יִתֵּנוּ, וִיקַבְּלוּ כֻלָּם אֶת־עֹל מַלְכוּתֶךָ וְתִמְלֹךְ עֲלֵיהֶם מְהֵרָה לְעוֹלָם וָעֶד, כִּי הַמַּלְכוּת שֶׁלְּךָ הִיא וּלְעוֹלְמֵי עַד תִּמְלוֹךְ בְּכָבוֹד, כַּכָּתוּב בְּתוֹרָתֶךָ: יהוה יִמְלֹךְ לְעֹלָם וָעֶד. □ וְנֶאֱמַר: וְהָיָה יהוה לְמֶלֶךְ עַל כָּל־הָאָרֶץ, בַּיּוֹם הַהוּא יִהְיֶה יהוה אֶחָד וּשְׁמוֹ אֶחָד.

ALEINU

We rise to our duty to praise the Lord of all, to acclaim the Creator. He made our lot unlike that of other people, assigning to us a unique destiny. We bend the knee and bow, acknowledging the King of kings, the Holy One praised be He, who spread out the heavens and laid the foundations of the earth, whose glorious abode is in the highest heaven, whose mighty dominion is in the loftiest heights. He is our God, there is no other. In truth, He alone is our King, as it is written in His Torah: "Know this day and take it to heart that the Lord is God in heaven above and on earth below; there is no other."

Va-anaḥnu kor'im u-mishtaḥavim u-modim
lifnei melekh malkhei ha-melakhim, ha-kadosh barukh hu.

And so we hope in You, Lord our God, soon to see Your splendor, sweeping idolatry away so that false gods will be utterly destroyed, perfecting earth by Your kingship so that all mankind will invoke Your name, bringing all the earth's wicked back to You, repentant. Then all who live will know that to You every knee must bend, every tongue pledge loyalty. To You, Lord, may all bow in worship, may they give honor to Your glory. May everyone accept the rule of Your kingship. Reign over all, soon and for all time. Sovereignty is Yours in glory, now and forever. Thus is it written in Your Torah: The Lord reigns for ever and ever. Such is the assurance of Your prophet Zechariah: The Lord shall be acknowledged King of all the earth. On that day the Lord shall be One and His name One.

V-ne'emar, v'haya Adonai l'melekh al kol ha-aretz,
bayom ha-hu yiyeh Adonai eḥad u-sh'mo eḥad.

Mourners and those observing Yahrzeit:

יִתְגַּדַּל וְיִתְקַדַּשׁ שְׁמֵהּ רַבָּא בְּעָלְמָא דִּי בְרָא כִרְעוּתֵהּ, וְיַמְלִיךְ מַלְכוּתֵהּ בְּחַיֵּיכוֹן וּבְיוֹמֵיכוֹן וּבְחַיֵּי דְכָל-בֵּית יִשְׂרָאֵל, בַּעֲגָלָא וּבִזְמַן קָרִיב, וְאִמְרוּ אָמֵן.

Congregation and mourner:

יְהֵא שְׁמֵהּ רַבָּא מְבָרַךְ לְעָלַם וּלְעָלְמֵי עָלְמַיָּא.

Mourner:

יִתְבָּרַךְ וְיִשְׁתַּבַּח וְיִתְפָּאַר וְיִתְרוֹמַם וְיִתְנַשֵּׂא, וְיִתְהַדַּר וְיִתְעַלֶּה וְיִתְהַלַּל שְׁמֵהּ דְּקֻדְשָׁא, בְּרִיךְ הוּא לְעֵלָּא (לְעֵלָּא מִכָּל-) מִן כָּל-בִּרְכָתָא וְשִׁירָתָא, תֻּשְׁבְּחָתָא וְנֶחֱמָתָא דַּאֲמִירָן בְּעָלְמָא, וְאִמְרוּ אָמֵן.

יְהֵא שְׁלָמָא רַבָּא מִן שְׁמַיָּא וְחַיִּים עָלֵינוּ וְעַל כָּל-יִשְׂרָאֵל, וְאִמְרוּ אָמֵן.

עוֹשֶׂה שָׁלוֹם בִּמְרוֹמָיו, הוּא יַעֲשֶׂה שָׁלוֹם עָלֵינוּ וְעַל כָּל-יִשְׂרָאֵל, וְאִמְרוּ אָמֵן.

MOURNER'S KADDISH

Mourners and those observing Yahrzeit:

Yitgadal v'yitkadash sh'mei raba b'alma di v'ra khir'utei, v'yamlikh malkhutei b'ḥayeikhon u-v'yomeikhon u-v'ḥayei d'khol beit yisrael, ba-agala u-vi-z'man kariv v'imru amen.

Congregation and mourner:

Y'hei sh'mei raba m'varakh l'alam u-l'almei almaya.

Mourner:

Yitbarakh v'yishtabaḥ v'yitpa'ar v'yitromam v'yitnase, v'yit-hadar v'yit'aleh v'yit-halal sh'mei d'kudsha, b'rikh hu l'ela (l'ela mi-kol) min kol birkhata v'shirata, tushb'ḥata v'neḥemata da-amiran b'alma, v'imru amen.

Y'hei sh'lama raba min sh'maya v'ḥayim aleinu v'al kol yisrael, v'imru amen.

Oseh shalom bi-m'romav, hu ya'aseh shalom aleinu v'al kol yisrael, v'imru amen.

PIRKEI AVOT

TEACHINGS OF THE SAGES 🎋

This passage is often read before each chapter of Pirkei Avot

כָּל־יִשְׂרָאֵל יֵשׁ לָהֶם חֵלֶק לָעוֹלָם הַבָּא, שֶׁנֶּאֱמַר:
וְעַמֵּךְ כֻּלָּם צַדִּיקִים, לְעוֹלָם יִרְשׁוּ אָרֶץ,
נֵצֶר מַטָּעַי מַעֲשֵׂה יָדַי לְהִתְפָּאֵר.

CHAPTER I 🎋

א מֹשֶׁה קִבֵּל תּוֹרָה מִסִּינַי,
וּמְסָרָהּ לִיהוֹשֻׁעַ, וִיהוֹשֻׁעַ לִזְקֵנִים, וּזְקֵנִים לִנְבִיאִים,
וּנְבִיאִים מְסָרוּהָ לְאַנְשֵׁי כְנֶסֶת הַגְּדוֹלָה.
הֵם אָמְרוּ שְׁלֹשָׁה דְבָרִים:
הֱווּ מְתוּנִים בַּדִּין,
וְהַעֲמִידוּ תַלְמִידִים הַרְבֵּה,
וַעֲשׂוּ סְיָג לַתּוֹרָה.

ב שִׁמְעוֹן הַצַּדִּיק הָיָה מִשְּׁיָרֵי כְנֶסֶת הַגְּדוֹלָה.
הוּא הָיָה אוֹמֵר:
עַל שְׁלֹשָׁה דְבָרִים הָעוֹלָם עוֹמֵד—
עַל הַתּוֹרָה, וְעַל הָעֲבוֹדָה, וְעַל גְּמִילוּת חֲסָדִים.

ג אַנְטִיגְנוֹס אִישׁ סוֹכוֹ קִבֵּל מִשִּׁמְעוֹן הַצַּדִּיק.
הוּא הָיָה אוֹמֵר:
אַל תִּהְיוּ כַּעֲבָדִים הַמְשַׁמְּשִׁין אֶת־הָרַב עַל מְנָת לְקַבֵּל פְּרָס,
אֶלָּא הֱווּ כַּעֲבָדִים הַמְשַׁמְּשִׁין אֶת־הָרַב שֶׁלֹּא עַל מְנָת לְקַבֵּל
פְּרָס. וִיהִי מוֹרָא שָׁמַיִם עֲלֵיכֶם.

PIRKEI AVOT

 ## TEACHINGS OF THE SAGES

*This passage is often read before each chapter of
Pirkei Avot*

> *All Israel have a portion in the world-to-come, as it is written, "Your
> people shall all be righteous, they shall possess the land forever; they
> are a shoot of My planting, the work of My hands in whom I shall be
> glorified" (Isaiah 60:21).*
>
> SANHEDRIN X:1

CHAPTER I

1 *Moses received Torah from God at Sinai.*
He transmitted it to Joshua,
Joshua to the Elders, the Elders to the Prophets,
the Prophets to the members of the Great Assembly.

They formulated three precepts:

Be cautious in rendering a decision,
Rear many students,
Build a fence to protect Torah.

2 *Shimon Ha-Tzaddik was one of the last members of the Great
Assembly. This was a favorite teaching of his:*
The world rests on three things—
on Torah, on service of God, on deeds of love.

3 *Antigonus, of Sokho, received the tradition from Shimon Ha-
Tzaddik. This was a favorite teaching of his:*
Do not be like servants who serve their master expecting to receive a
reward; be rather like servants who serve their master uncondition-
ally, with no thought of reward.[1] Also, let the fear of God determine
your actions.

ד יוֹסֵי בֶּן־יוֹעֶזֶר, אִישׁ צְרֵדָה,
וְיוֹסֵי בֶּן־יוֹחָנָן, אִישׁ יְרוּשָׁלַיִם, קִבְּלוּ מֵהֶם.
יוֹסֵי בֶּן־יוֹעֶזֶר, אִישׁ צְרֵדָה, אוֹמֵר:
יְהִי בֵיתְךָ בֵּית וַעַד לַחֲכָמִים,
וֶהֱוֵי מִתְאַבֵּק בַּעֲפַר רַגְלֵיהֶם, וֶהֱוֵי שׁוֹתֶה בְצָמָא אֶת־דִּבְרֵיהֶם.

ה יוֹסֵי בֶּן־יוֹחָנָן, אִישׁ יְרוּשָׁלַיִם, אוֹמֵר:
יְהִי בֵיתְךָ פָּתוּחַ לָרְוָחָה, וְיִהְיוּ עֲנִיִּים בְּנֵי בֵיתֶךָ, וְאַל תַּרְבֶּה שִׂיחָה עִם הָאִשָּׁה. (בְּאִשְׁתּוֹ אָמְרוּ, קַל וָחֹמֶר בְּאֵשֶׁת חֲבֵרוֹ. מִכָּאן אָמְרוּ חֲכָמִים: כָּל־זְמַן שֶׁאָדָם מַרְבֶּה שִׂיחָה עִם הָאִשָּׁה גּוֹרֵם רָעָה לְעַצְמוֹ, וּבוֹטֵל מִדִּבְרֵי תוֹרָה, וְסוֹפוֹ יוֹרֵשׁ גֵּיהִנֹּם.)

ו יְהוֹשֻׁעַ בֶּן־פְּרַחְיָה וְנִתַּי הָאַרְבֵּלִי קִבְּלוּ מֵהֶם.
יְהוֹשֻׁעַ בֶּן־פְּרַחְיָה אוֹמֵר:
עֲשֵׂה לְךָ רַב,
וּקְנֵה לְךָ חָבֵר,
וֶהֱוֵי דָן אֶת־כָּל־הָאָדָם לְכַף זְכוּת.

ז נִתַּי הָאַרְבֵּלִי אוֹמֵר:
הַרְחֵק מִשָּׁכֵן רָע,
וְאַל תִּתְחַבֵּר לָרָשָׁע,
וְאַל תִּתְיָאֵשׁ מִן הַפֻּרְעָנוּת.

ח יְהוּדָה בֶּן־טַבַּי וְשִׁמְעוֹן בֶּן־שָׁטָח קִבְּלוּ מֵהֶם.
יְהוּדָה בֶּן־טַבַּי אוֹמֵר:
אַל תַּעַשׂ עַצְמְךָ כְּעוֹרְכֵי הַדַּיָּנִין, וּכְשֶׁיִּהְיוּ בַּעֲלֵי הַדִּין עוֹמְדִים לְפָנֶיךָ, יִהְיוּ בְעֵינֶיךָ כִּרְשָׁעִים, וּכְשֶׁנִּפְטָרִים מִלְּפָנֶיךָ, יִהְיוּ בְעֵינֶיךָ כְּזַכָּאִין, כְּשֶׁקִּבְּלוּ עֲלֵיהֶם אֶת־הַדִּין.

ט שִׁמְעוֹן בֶּן־שָׁטָח אוֹמֵר:
הֱוֵי מַרְבֶּה לַחֲקֹר אֶת־הָעֵדִים, וֶהֱוֵי זָהִיר בִּדְבָרֶיךָ,
שֶׁמָּא מִתּוֹכָם יִלְמְדוּ לְשַׁקֵּר.

4 Yose ben Yoezer, of Tzereidah, and Yose ben Yoḥanan, of Jerusalem, received the tradition from him.[2]
Yose ben Yoezer of Tzereidah, taught:

Make your home a regular meeting place for the scholars;
Sit eagerly at their feet and drink thirstily their words.

5 Yose ben Yoḥanan, of Jerusalem, taught:

Open wide the doors of your home and make the poor welcome as members of your household; do not engage in small talk with your wife.[3] (Now if this be true for one's wife, how much more does it apply to the wife of a friend! Our sages derived a lesson from this: One who engages in small talk with his wife harms himself; he will neglect the study of Torah and in the end will inherit Gehenna.)

6 Joshua ben Peraḥyah and Nittai, of Arbel, received the tradition from them.
Joshua ben Peraḥyah taught:

Select a master-teacher for yourself;
Acquire a colleague for study;
When you assess people, tip the balance in their favor.

7 Nittai, of Arbel, taught:

Keep far from an evil neighbor;
Be not a partner with an evil person;
Never despair of retribution for the wicked.

8 Yehudah ben Tabbai and Shimon ben Shetaḥ received the tradition from them.
Yehudah ben Tabbai taught:

When serving as a judge do not play the role of counsel for either litigant; when the litigants appear before you, deem them both guilty. But when they depart, having accepted the verdict, regard them both as innocent.

9 Shimon ben Shetaḥ taught:

Cross-examine the witnesses thoroughly, but be careful in your choice of words lest something you say lead them to testify falsely.

י שְׁמַעְיָה וְאַבְטַלְיוֹן קִבְּלוּ מֵהֶם.
שְׁמַעְיָה אוֹמֵר:
אֱהֹב אֶת־הַמְּלָאכָה, וּשְׂנָא אֶת־הָרַבָּנוּת, וְאַל תִּתְוַדַּע לָרָשׁוּת.

יא אַבְטַלְיוֹן אוֹמֵר:
חֲכָמִים, הִזָּהֲרוּ בְדִבְרֵיכֶם, שֶׁמָּא תָחוּבוּ חוֹבַת גָּלוּת וְתִגְלוּ לִמְקוֹם מַיִם הָרָעִים, וְיִשְׁתּוּ הַתַּלְמִידִים הַבָּאִים אַחֲרֵיכֶם וְיָמוּתוּ, וְנִמְצָא שֵׁם שָׁמַיִם מִתְחַלֵּל.

יב הִלֵּל וְשַׁמַּאי קִבְּלוּ מֵהֶם.
הִלֵּל אוֹמֵר:
הֱוֵי מִתַּלְמִידָיו שֶׁל אַהֲרֹן—
אוֹהֵב שָׁלוֹם וְרוֹדֵף שָׁלוֹם,
אוֹהֵב אֶת־הַבְּרִיּוֹת וּמְקָרְבָן לַתּוֹרָה.

יג הוּא הָיָה אוֹמֵר:
נְגַד שְׁמָא אֲבַד שְׁמֵהּ,
וּדְלָא מוֹסִיף יְסוּף,
וּדְלָא יָלֵף קַטְלָא חַיָּב,
וּדְאִשְׁתַּמַּשׁ בְּתָגָא חֲלַף.

יד הוּא הָיָה אוֹמֵר:
אִם אֵין אֲנִי לִי, מִי לִי?
וּכְשֶׁאֲנִי לְעַצְמִי, מָה אֲנִי?
וְאִם לֹא עַכְשָׁיו, אֵימָתַי?

טו שַׁמַּאי אוֹמֵר:
עֲשֵׂה תוֹרָתְךָ קֶבַע, אֱמוֹר מְעַט וַעֲשֵׂה הַרְבֵּה,
וֶהֱוֵי מְקַבֵּל אֶת־כָּל־הָאָדָם בְּסֵבֶר פָּנִים יָפוֹת.

טז רַבָּן גַּמְלִיאֵל אוֹמֵר:
עֲשֵׂה לְךָ רַב, וְהִסְתַּלֵּק מִן הַסָּפֵק,
וְאַל תַּרְבֶּה לְעַשֵּׂר אוֹמָדוֹת.

*10   Shemayah and Avtalyon received the tradition from them.
Shemayah taught:*

Love work;
Hate positions of domination;
Do not make yourself known to the authorities.

11   Avtalyon taught:

Sages, be careful of what you say lest you be exiled by the authorities. You may be exiled to a center of heretical sects,[4] and your students (who will follow you there) may imbibe their teachings and become apostates.[5] You will thus be responsible for the desecration of God's name.

*12   Hillel and Shammai received the tradition from them.
Hillel taught:*

Be a disciple of Aaron: loving peace and pursuing peace, loving your fellow creatures and attracting them to the study of Torah.

13   This was a favorite teaching of his:

He who seeks fame, destroys his name;
Knowledge not increased is knowledge decreased;
One who does not study deserves to die;
One who exploits Torah, will perish.

14   This was another favorite teaching of his:

If I am not for me, who will be?
If I am for myself alone, what am I?
And if not now, when?

15   Shammai taught:

Make the study of Torah your primary occupation;
Say little, do much;
Greet every person with a cheerful face.

16   Rabban Gamliel taught:

Select a master-teacher for yourself so that you avoid doubtful decisions; do not make a habit of tithing by estimate.

יז שִׁמְעוֹן בְּנוֹ אוֹמֵר:

כָּל־יָמַי גָּדַלְתִּי בֵּין הַחֲכָמִים וְלֹא מָצָאתִי לַגּוּף טוֹב אֶלָּא שְׁתִיקָה, וְלֹא הַמִּדְרָשׁ הוּא הָעִקָּר אֶלָּא הַמַּעֲשֶׂה. וְכָל־הַמַּרְבֶּה דְבָרִים מֵבִיא חֵטְא.

יח רַבָּן שִׁמְעוֹן בֶּן־גַּמְלִיאֵל אוֹמֵר:

עַל שְׁלֹשָׁה דְבָרִים הָעוֹלָם עוֹמֵד —
עַל הַדִּין, וְעַל הָאֱמֶת, וְעַל הַשָּׁלוֹם,
שֶׁנֶּאֱמַר: אֱמֶת וּמִשְׁפַּט שָׁלוֹם שִׁפְטוּ בְּשַׁעֲרֵיכֶם.

At the end of each chapter of Pirkei Avot, the
passage on page 662 is often read

17   His son, Shimon, taught:

Throughout my life, I was raised among the scholars, and I discovered that there is nothing more becoming a person than silence; not study, but doing mitzvot is the essence of virtue; excess in speech leads to sin.

18   Rabban Shimon ben Gamliel taught:

The world rests[6] on three things:
on Justice, on Truth, on Peace,[7]
as it is written, "With truth, justice, and peace
shall you judge in your gates" (Zechariah 8:16).

At the end of each chapter of Pirkei Avot, the passage on page 663 is often read

CHAPTER II

א רַבִּי אוֹמֵר: אֵיזוֹ הִיא דֶרֶךְ יְשָׁרָה שֶׁיָּבוֹר לוֹ הָאָדָם?
כָּל־שֶׁהִיא תִפְאֶרֶת לְעֹשֶׂהוּ וְתִפְאֶרֶת לוֹ מִן הָאָדָם.
וֶהֱוֵי זָהִיר בְּמִצְוָה קַלָּה כְּבַחֲמוּרָה,
שֶׁאֵין אַתָּה יוֹדֵעַ מַתַּן שְׂכָרָן שֶׁל מִצְוֹת,
וֶהֱוֵי מְחַשֵּׁב הֶפְסֵד מִצְוָה כְּנֶגֶד שְׂכָרָהּ,
וּשְׂכַר עֲבֵרָה כְּנֶגֶד הֶפְסֵדָהּ.
וְהִסְתַּכֵּל בִּשְׁלשָׁה דְבָרִים וְאִי אַתָּה בָא לִידֵי עֲבֵרָה.
דַּע מַה לְמַעְלָה מִמְּךָ:
עַיִן רוֹאָה,
וְאֹזֶן שׁוֹמַעַת,
וְכָל־מַעֲשֶׂיךָ בַּסֵּפֶר נִכְתָּבִין.

ב רַבָּן גַּמְלִיאֵל בְּנוֹ שֶׁל רַבִּי יְהוּדָה הַנָּשִׂיא אוֹמֵר:
יָפֶה תַלְמוּד תּוֹרָה עִם דֶּרֶךְ אֶרֶץ,
שֶׁיְּגִיעַת שְׁנֵיהֶם מְשַׁכַּחַת עָוֹן,
וְכָל־תּוֹרָה שֶׁאֵין עִמָּהּ מְלָאכָה סוֹפָהּ בְּטֵלָה וְגוֹרֶרֶת עָוֹן,
וְכָל־הָעוֹסְקִים עִם הַצִּבּוּר יִהְיוּ עוֹסְקִים עִמָּהֶם לְשֵׁם שָׁמַיִם,
שֶׁזְּכוּת אֲבוֹתָם מְסַיַּעְתָּן וְצִדְקָתָם עוֹמֶדֶת לָעַד.
וְאַתֶּם, מַעֲלֶה אֲנִי עֲלֵיכֶם שָׂכָר הַרְבֵּה כְּאִלּוּ עֲשִׂיתֶם.

ג הֱווּ זְהִירִין בָּרָשׁוּת, שֶׁאֵין מְקָרְבִין לוֹ לָאָדָם אֶלָּא לְצֹרֶךְ עַצְמָן. נִרְאִין כְּאוֹהֲבִין בִּשְׁעַת הֲנָאָתָן, וְאֵין עוֹמְדִין לוֹ לָאָדָם בִּשְׁעַת דָּחְקוֹ.

ד הוּא הָיָה אוֹמֵר:
עֲשֵׂה רְצוֹנוֹ כִּרְצוֹנְךָ כְּדֵי שֶׁיַּעֲשֶׂה רְצוֹנְךָ כִּרְצוֹנוֹ, בַּטֵּל רְצוֹנְךָ מִפְּנֵי רְצוֹנוֹ כְּדֵי שֶׁיְּבַטֵּל רְצוֹן אֲחֵרִים מִפְּנֵי רְצוֹנֶךָ.

1 *Rabbi[8] taught:*

Which is the path of virtue a person should follow? Whichever brings honor to his Maker[9] and brings him honor from his fellow human beings.

Be as attentive to a minor mitzvah as to a major one, for you do not know the reward for each of the mitzvot.

Weigh the loss incurred in performing a mitzvah against the gain; conversely, weigh the gain of an *aveirah* against the loss.

Ponder three things and you will avoid committing an *aveirah*. Keep in mind what is above you:

An Eye that sees,
An Ear that hears,
A Book in which all your deeds are recorded.

2 *Rabban Gamliel, son of Rabbi Yehudah Ha-Nassi, taught:*

The study of Torah is commendable when combined with a gainful occupation, for when a person toils in both, sin is driven out of mind. Study alone without an occupation leads to idleness, and ultimately to sin. All who serve in behalf of the community should do so for Heaven's sake. Their work will prosper because the inherited merit of our ancestors endures forever. God will abundantly reward them as though they had achieved it all through their own efforts.

3 *Another teaching of Rabban Gamliel:*

Be wary of the authorities! They do not befriend anyone unless it serves their own needs. They appear as friend when it is to their advantage, but do not stand by a person in his hour of need.

4 *This was a favorite teaching of his:*

Do His will as though it were yours, so that He will do your will as though it were His. Nullify your will for His, that He may nullify the will of others for yours.

ה הִלֵּל אוֹמֵר:
אַל תִּפְרוֹשׁ מִן הַצִּבּוּר,
וְאַל תַּאֲמֵן בְּעַצְמְךָ עַד יוֹם מוֹתְךָ,
וְאַל תָּדִין אֶת־חֲבֵרְךָ עַד שֶׁתַּגִּיעַ לִמְקוֹמוֹ
וְאַל תֹּאמַר דָּבָר שֶׁאִי אֶפְשָׁר לִשְׁמוֹעַ, שֶׁסּוֹפוֹ לְהִשָּׁמַע
וְאַל תֹּאמַר לִכְשֶׁאֶפָּנֶה אֶשְׁנֶה, שֶׁמָּא לֹא תִפָּנֶה.

ו הוּא הָיָה אוֹמֵר:
אֵין בּוּר יְרֵא חֵטְא,
וְלֹא עַם הָאָרֶץ חָסִיד,
וְלֹא הַבַּיְשָׁן לָמֵד,
וְלֹא הַקַּפְּדָן מְלַמֵּד,
וְלֹא כָל־הַמַּרְבֶּה בִסְחוֹרָה מַחְכִּים,
וּבִמְקוֹם שֶׁאֵין אֲנָשִׁים הִשְׁתַּדֵּל לִהְיוֹת אִישׁ.

ז אַף הוּא רָאָה גֻּלְגֹּלֶת אַחַת שֶׁצָּפָה עַל פְּנֵי הַמָּיִם. אָמַר לָהּ:
עַל דַּאֲטֵפְתְּ אַטְפוּךְ, וְסוֹף מְטִיפַיִךְ יְטוּפוּן.

ח הוּא הָיָה אוֹמֵר:
מַרְבֶּה בָשָׂר, מַרְבֶּה רִמָּה,
מַרְבֶּה נְכָסִים, מַרְבֶּה דְאָגָה,
מַרְבֶּה נָשִׁים, מַרְבֶּה כְשָׁפִים,
מַרְבֶּה שְׁפָחוֹת, מַרְבֶּה זִמָּה,
מַרְבֶּה עֲבָדִים, מַרְבֶּה גָזֵל.
מַרְבֶּה תוֹרָה, מַרְבֶּה חַיִּים,
מַרְבֶּה יְשִׁיבָה, מַרְבֶּה חָכְמָה,
מַרְבֶּה עֵצָה, מַרְבֶּה תְבוּנָה,
מַרְבֶּה צְדָקָה, מַרְבֶּה שָׁלוֹם.
קָנָה שֵׁם טוֹב קָנָה לְעַצְמוֹ,
קָנָה לוֹ דִבְרֵי תוֹרָה קָנָה לוֹ חַיֵּי הָעוֹלָם הַבָּא.

ט רַבָּן יוֹחָנָן בֶּן־זַכַּאי קִבֵּל מֵהִלֵּל וּמִשַּׁמַּאי. הוּא הָיָה אוֹמֵר:
אִם לָמַדְתָּ תּוֹרָה הַרְבֵּה, אַל תַּחֲזִיק טוֹבָה לְעַצְמְךָ, כִּי לְכָךְ
נוֹצַרְתָּ.

5 Hillel taught:

Do not withdraw from the community;
Do not be sure of yourself till the day of your death;
Do not judge your fellow human being till you stand in his situation;
Do not say "It is not possible to understand this," for ultimately it will be understood;
Do not say "When I have leisure, I will study," for you may never have leisure.

6 This was a favorite teaching of his:

A boor cannot be reverent;
An ignoramus cannot be pious;
A shy person cannot learn;
An ill-tempered person cannot teach;
Not everyone engrossed in business learns wisdom;
Where there are no worthy persons, strive to be a worthy person.

7 Another comment of Hillel, upon seeing a human skull floating on the water. He addressed it thus:

Because you drowned others, they have drowned you;
In the end, they who drowned you shall be drowned.

8 Another favorite teaching of his:

More flesh, more worms;
More possessions, more worries;
More wives, more witchcraft;
More maidservants, more lewdness;
More menservants, more thievery.
However,
More Torah, more life;
More study with colleagues, more wisdom;
More counsel, more understanding;
More good deeds, more peace.

One who has acquired a good reputation has acquired something for himself (in his lifetime);
One who has acquired Torah has acquired eternal life.

9 Rabbi Yoḥanan ben Zakkai received the tradition from Hillel and Shammai. This was a favorite teaching of his:

If you have studied much Torah, take no special credit for it since you were created for this very purpose.

י חֲמִשָּׁה תַלְמִידִים הָיוּ לוֹ לְרַבָּן יוֹחָנָן בֶּן־זַכַּאי, וְאֵלּוּ הֵן:
רַבִּי אֱלִיעֶזֶר בֶּן־הֻרְקָנוֹס, וְרַבִּי יְהוֹשֻׁעַ בֶּן־חֲנַנְיָה, וְרַבִּי יוֹסֵי הַכֹּהֵן, וְרַבִּי שִׁמְעוֹן בֶּן־נְתַנְאֵל, וְרַבִּי אֶלְעָזָר בֶּן־עֲרָךְ.

יא הוּא הָיָה מוֹנֶה שִׁבְחָם:
רַבִּי אֱלִיעֶזֶר בֶּן־הֻרְקָנוֹס, בּוֹר סוּד שֶׁאֵינוֹ מְאַבֵּד טִפָּה,
רַבִּי יְהוֹשֻׁעַ בֶּן־חֲנַנְיָה אַשְׁרֵי יוֹלַדְתּוֹ,
רַבִּי יוֹסֵי הַכֹּהֵן, חָסִיד,
רַבִּי שִׁמְעוֹן בֶּן־נְתַנְאֵל, יְרֵא חֵטְא,
רַבִּי אֶלְעָזָר בֶּן־עֲרָךְ, כְּמַעְיָן הַמִּתְגַּבֵּר.

יב הוּא הָיָה אוֹמֵר:
אִם יִהְיוּ כָּל־חַכְמֵי־יִשְׂרָאֵל בְּכַף מֹאזְנַיִם,
וֶאֱלִיעֶזֶר בֶּן־הֻרְקָנוֹס בְּכַף שְׁנִיָּה, מַכְרִיעַ אֶת־כֻּלָּם.
אַבָּא שָׁאוּל אוֹמֵר מִשְּׁמוֹ: אִם יִהְיוּ כָּל־חַכְמֵי־יִשְׂרָאֵל בְּכַף מֹאזְנַיִם, וֶאֱלִיעֶזֶר בֶּן הֻרְקָנוֹס אַף עִמָּהֶם, וְאֶלְעָזָר בֶּן־עֲרָךְ בְּכַף שְׁנִיָּה, מַכְרִיעַ אֶת־כֻּלָּם.

יג אָמַר לָהֶם:
צְאוּ וּרְאוּ אֵיזוֹהִי דֶּרֶךְ טוֹבָה שֶׁיִּדְבַּק בָּהּ הָאָדָם.
רַבִּי אֱלִיעֶזֶר אוֹמֵר: עַיִן טוֹבָה.
רַבִּי יְהוֹשֻׁעַ אוֹמֵר: חָבֵר טוֹב.
רַבִּי יוֹסֵי אוֹמֵר: שָׁכֵן טוֹב.
רַבִּי שִׁמְעוֹן אוֹמֵר: הָרוֹאֶה אֶת־הַנּוֹלָד.
רַבִּי אֶלְעָזָר אוֹמֵר: לֵב טוֹב.
אָמַר לָהֶם:
רוֹאֶה אֲנִי אֶת־דִּבְרֵי אֶלְעָזָר בֶּן־עֲרָךְ, שֶׁבִּכְלַל דְּבָרָיו דִּבְרֵיכֶם.

10 Rabbi Yoḥanan ben Zakkai had five disciples, namely:

Rabbi Eliezer ben Hyrcanus, Rabbi Yehoshua ben Ḥananiah, Rabbi Yose Ha-Kohen, Rabbi Shimon ben Netanel, Rabbi Elazar ben Arakh.

11 This is how he characterized their merits:

Rabbi Eliezer ben Hyrcanus: a plastered well that never loses a drop;
Rabbi Yehoshua ben Ḥananiah: happy the one who gave him birth;
Rabbi Yose Ha-Kohen: a saintly person;
Rabbi Shimon ben Netanel: a pious person;
Rabbi Elazar ben Arakh: an ever-flowing fountain.

12 He added this comment about his disciples:

If all the scholars of Israel were in one scale of a balance, and Eliezer ben Hyrcanus in the other, he would outweigh them all.

However, Abba Shaul, in the name of Rabbi Yoḥanan, quoted him thus: If all the scholars including Eliezer ben Hyrcanus were in one scale of a balance, and Elazar ben Arakh in the other, he would outweigh them all.

13 He posed this question to his disciples:

Look about you and tell me, which is the way in life to which one should cleave?

Rabbi Eliezer said: a generous eye;

Rabbi Yehoshua said: a good colleague;

Rabbi Yose said: a good neighbor;

Rabbi Shimon said: foresight;[10]

Rabbi Elazar said: a generous heart.

Said he to them:

I prefer the answer of Elazar ben Arakh, for his view includes all of yours.

יד אָמַר לָהֶם:
צְאוּ וּרְאוּ אֵיזוֹהִי דֶּרֶךְ רָעָה שֶׁיִּתְרַחֵק מִמֶּנָּה הָאָדָם.
רַבִּי אֱלִיעֶזֶר אוֹמֵר: עַיִן רָעָה.
רַבִּי יְהוֹשֻׁעַ אוֹמֵר: חָבֵר רָע.
רַבִּי יוֹסֵי אוֹמֵר: שָׁכֵן רָע.
רַבִּי שִׁמְעוֹן אוֹמֵר: הַלֹּוֶה וְאֵינוֹ מְשַׁלֵּם (אֶחָד הַלֹּוֶה מִן הָאָדָם כְּלֹוֶה מִן הַמָּקוֹם, שֶׁנֶּאֱמַר—לֹוֶה רָשָׁע וְלֹא יְשַׁלֵּם וְצַדִּיק חוֹנֵן וְנוֹתֵן).
רַבִּי אֶלְעָזָר אוֹמֵר: לֵב רָע.
אָמַר לָהֶם:
רוֹאֶה אֲנִי אֶת־דִּבְרֵי אֶלְעָזָר בֶּן־עֲרָךְ, שֶׁבִּכְלַל דְּבָרָיו דִּבְרֵיכֶם.

טו הֵם אָמְרוּ שְׁלֹשָׁה דְבָרִים.
רַבִּי אֱלִיעֶזֶר אוֹמֵר:
יְהִי כְבוֹד חֲבֵרְךָ חָבִיב עָלֶיךָ כְּשֶׁלָּךְ,
וְאַל תְּהִי נוֹחַ לִכְעוֹס,
וְשׁוּב יוֹם אֶחָד לִפְנֵי מִיתָתְךָ.
(וֶהֱוֵי מִתְחַמֵּם כְּנֶגֶד אוּרָן שֶׁל חֲכָמִים, וֶהֱוֵי זָהִיר בְּגַחַלְתָּן שֶׁלֹּא תִכָּוֶה, שֶׁנְּשִׁיכָתָן נְשִׁיכַת שׁוּעָל, וַעֲקִיצָתָן עֲקִיצַת עַקְרָב, וּלְחִישָׁתָן לְחִישַׁת שָׂרָף, וְכָל־דִּבְרֵיהֶם כְּגַחֲלֵי אֵשׁ.)

טז רַבִּי יְהוֹשֻׁעַ אוֹמֵר:
עַיִן הָרַע וְיֵצֶר הָרַע וְשִׂנְאַת־הַבְּרִיּוֹת
מוֹצִיאִין אֶת־הָאָדָם מִן הָעוֹלָם.

יז רַבִּי יוֹסֵי אוֹמֵר:
יְהִי מָמוֹן חֲבֵרְךָ חָבִיב עָלֶיךָ כְּשֶׁלָּךְ,
וְהַתְקֵן עַצְמְךָ לִלְמוֹד תּוֹרָה שֶׁאֵינָהּ יְרֻשָּׁה לָךְ,
וְכָל־מַעֲשֶׂיךָ יִהְיוּ לְשֵׁם שָׁמָיִם.

14 *Rabbi Yoḥanan continued:*

Look about you and tell me, which is the way in life that one should avoid?

Rabbi Eliezer said: a begrudging eye;

Rabbi Yehoshua said: an evil colleague;

Rabbi Yose said: an evil neighbor;

Rabbi Shimon said: one who borrows and does not repay [for borrowing from a person is like borrowing from God, as it is said, "The wicked borrows and does not repay, but the righteous one deals graciously and gives" (Psalm 37:21)];

Rabbi Elazar said: a begrudging heart.

Said he to them:

I prefer the answer of Elazar ben Arakh, for his view includes all of yours.

15 *Each of the disciples taught three things.*
Rabbi Eliezer taught:

Cherish your colleague's honor as your own;
Be not easily provoked to anger;
Repent one day before your death.

(He is also quoted as saying: Warm yourself at the fire of the scholars, but be wary of their glowing coals lest you be burnt. Their bite is that of a fox; their sting that of a scorpion; their hiss that of a serpent—indeed, all their teachings are like live coals of fire.)

16 *Rabbi Yehoshua taught:*

The begrudging eye, the evil impulse,
and hatred of one's fellow human beings
will ruin a person's life.[11]

17 *Rabbi Yose taught:*

The property of others should be as precious to you as your own;
Perfect yourself in the study of Torah—it will not come to you by inheritance; let all your deeds be for Heaven's sake.

יח רַבִּי שִׁמְעוֹן אוֹמֵר:
הֱוֵי זָהִיר בִּקְרִיאַת־שְׁמַע וּבִתְפִלָּה, וּכְשֶׁאַתָּה מִתְפַּלֵּל אַל תַּעַשׂ תְּפִלָּתְךָ קֶבַע אֶלָּא רַחֲמִים וְתַחֲנוּנִים לִפְנֵי הַמָּקוֹם, שֶׁנֶּאֱמַר—כִּי חַנּוּן וְרַחוּם הוּא, אֶרֶךְ אַפַּיִם וְרַב חֶסֶד וְנִחָם עַל הָרָעָה. וְאַל תְּהִי רָשָׁע בִּפְנֵי עַצְמָךְ.

יט רַבִּי אֶלְעָזָר אוֹמֵר:
הֱוֵי שָׁקוּד לִלְמוֹד תּוֹרָה,
וְדַע מַה שֶּׁתָּשִׁיב לְאַפִּיקוֹרוֹס,
וְדַע לִפְנֵי מִי אַתָּה עָמֵל,
וְנֶאֱמָן הוּא בַּעַל מְלַאכְתְּךָ שֶׁיְּשַׁלֶּם לָךְ שְׂכַר פְּעֻלָּתֶךָ.

כ רַבִּי טַרְפוֹן אוֹמֵר:
הַיּוֹם קָצָר, וְהַמְּלָאכָה מְרֻבָּה,
וְהַפּוֹעֲלִים עֲצֵלִים, וְהַשָּׂכָר הַרְבֵּה,
וּבַעַל הַבַּיִת דּוֹחֵק.

כא הוּא הָיָה אוֹמֵר:
לֹא עָלֶיךָ הַמְּלָאכָה לִגְמוֹר, וְלֹא אַתָּה בֶן־חוֹרִין לִבָּטֵל מִמֶּנָּה.
אִם לָמַדְתָּ תּוֹרָה הַרְבֵּה, נוֹתְנִים לָךְ שָׂכָר הַרְבֵּה,
וְנֶאֱמָן הוּא בַּעַל מְלַאכְתְּךָ שֶׁיְּשַׁלֶּם לָךְ שְׂכַר פְּעֻלָּתֶךָ,
וְדַע שֶׁמַּתַּן שְׂכָרָן שֶׁל צַדִּיקִים לֶעָתִיד לָבֹא.

18 *Rabbi Shimon taught:*

Be careful when you recite the Sh'ma and the Amidah.

When reciting the Amidah do not make your prayer a prescribed routine but a plea for mercy and grace before God, as it is said, "For He is gracious and merciful, patient and abounding in love, taking pity on evildoers" (Joel 2:13).

Do not regard yourself as an evil person.

19 *Rabbi Elazar taught:*

Be diligent in the study of Torah;
Be armed with knowledge to refute a heretic;
Be aware for Whom you labor and that your Employer can be relied upon to reward your labors.

20 *Rabbi Tarfon taught:*

The day is short, the task is great,
the workers indolent, the reward bountiful,
and the Master insistent!

21 *This was a favorite teaching of his:*

You are not obliged to finish the task,
neither are you free to neglect it.
If you have studied much Torah, your reward will be abundant.
Your Employer can be relied upon to reward you for your labors.
Know, however, that the reward of the righteous is in a future time.

א עֲקַבְיָא בֶּן־מַהֲלַלְאֵל אוֹמֵר:
הִסְתַּכֵּל בִּשְׁלֹשָׁה דְבָרִים וְאֵין אַתָּה בָא לִידֵי עֲבֵרָה:
דַּע מֵאַיִן בָּאתָ, וּלְאָן אַתָּה הוֹלֵךְ,
וְלִפְנֵי מִי אַתָּה עָתִיד לִתֵּן דִּין וְחֶשְׁבּוֹן.
מֵאַיִן בָּאתָ? מִטִּפָּה סְרוּחָה.
וּלְאָן אַתָּה הוֹלֵךְ? לִמְקוֹם עָפָר, רִמָּה וְתוֹלֵעָה.
וְלִפְנֵי מִי אַתָּה עָתִיד לִתֵּן דִּין וְחֶשְׁבּוֹן?
לִפְנֵי מֶלֶךְ מַלְכֵי הַמְּלָכִים, הַקָּדוֹשׁ בָּרוּךְ הוּא.

ב רַבִּי חֲנִינָה סְגַן הַכֹּהֲנִים אוֹמֵר:
הֱוֵי מִתְפַּלֵּל בִּשְׁלוֹמָהּ שֶׁל מַלְכוּת,
שֶׁאִלְמָלֵא מוֹרָאָהּ אִישׁ אֶת־רֵעֵהוּ חַיִּים בְּלָעוֹ.

ג רַבִּי חֲנַנְיָא בֶּן־תְּרַדְיוֹן אוֹמֵר:
שְׁנַיִם שֶׁיּוֹשְׁבִין וְאֵין בֵּינֵיהֶן דִּבְרֵי תוֹרָה, הֲרֵי זֶה מוֹשַׁב לֵצִים, שֶׁנֶּאֱמַר: וּבְמוֹשַׁב לֵצִים לֹא יָשָׁב. אֲבָל שְׁנַיִם שֶׁיּוֹשְׁבִין וְיֵשׁ בֵּינֵיהֶן דִּבְרֵי תוֹרָה, שְׁכִינָה שְׁרוּיָה בֵינֵיהֶם, שֶׁנֶּאֱמַר: אָז נִדְבְּרוּ יִרְאֵי יהוה אִישׁ אֶל רֵעֵהוּ, וַיַּקְשֵׁב יהוה וַיִּשְׁמָע, וַיִּכָּתֵב סֵפֶר זִכָּרוֹן לְפָנָיו, לְיִרְאֵי יהוה וּלְחֹשְׁבֵי שְׁמוֹ. אֵין לִי אֶלָּא שְׁנַיִם, מִנַּיִן שֶׁאֲפִילוּ אֶחָד שֶׁיּוֹשֵׁב וְעוֹסֵק בַּתּוֹרָה, שֶׁהַקָּדוֹשׁ בָּרוּךְ הוּא קוֹבֵעַ לוֹ שָׂכָר? שֶׁנֶּאֱמַר: יֵשֵׁב בָּדָד וְיִדֹּם כִּי נָטַל עָלָיו.

ד רַבִּי שִׁמְעוֹן אוֹמֵר:
שְׁלֹשָׁה שֶׁאָכְלוּ עַל שֻׁלְחָן אֶחָד וְלֹא אָמְרוּ עָלָיו דִּבְרֵי תוֹרָה,
כְּאִלּוּ אָכְלוּ מִזִּבְחֵי מֵתִים, שֶׁנֶּאֱמַר—כִּי כָּל־שֻׁלְחָנוֹת מָלְאוּ קִיא צֹאָה בְּלִי מָקוֹם.
אֲבָל שְׁלֹשָׁה שֶׁאָכְלוּ עַל שֻׁלְחָן אֶחָד וְאָמְרוּ עָלָיו דִּבְרֵי תוֹרָה,
כְּאִלּוּ אָכְלוּ מִשֻּׁלְחָנוֹ שֶׁל מָקוֹם, שֶׁנֶּאֱמַר—וַיְדַבֵּר אֵלַי, זֶה הַשֻּׁלְחָן אֲשֶׁר לִפְנֵי יהוה.

CHAPTER III

1 *Akaviah ben Mahalalel taught:*

Ponder three things and you will avoid falling into sin: Know your origin, your destination, and before Whom you will be required to give an accounting.

Your origin? A putrid drop.
Your destination? A place of dust, worms, and maggots.
Before Whom will you be required to give an accounting?
Before the King of kings, the Holy One, praised-be-He.

2 *Rabbi Ḥananiah, the Deputy High Priest, taught:*

Pray for the welfare of the Government, for if people did not fear it, they would swallow each other alive.

3 *Rabbi Ḥananiah ben Tradyon taught:*

When two persons meet and do not exchange words of Torah, they are regarded as a company of scoffers, as it is written, "who joins not in the company of scoffers" (Psalm 1:1). However, when two persons meet and exchange words of Torah, the Shekhinah hovers over them, as it is written, "Then those who fear the Lord conversed with one another; the Lord listened and heard, and a book of records was made before Him, of those who fear the Lord and cherish His name" (Malachi 3:16). This verse implies two persons. Where do we learn that even one person sitting alone, studying Torah, is rewarded by the Holy One, praised-be-He? From the verse, "He shall sit alone and meditate quietly, yet take a reward for it" (Lamentations 3:28).

4 *Rabbi Shimon taught:*

Three who dine at a table and do not exchange words of Torah are considered as having eaten of idolatrous sacrifices, as it is written, "For all the tables are filled with vomit and filth, when God is absent" (Isaiah 28:8).

However, three who dine at a table and exchange words of Torah are considered as having eaten at God's table, as it is written, "And He spoke to me, 'This is the table before the Lord'" (Ezekiel 41:22).

ה רַבִּי חֲנַנְיָה בֶּן־חֲכִינַאי אוֹמֵר:
הַנֵּעוֹר בַּלַּיְלָה, וְהַמְהַלֵּךְ בַּדֶּרֶךְ יְחִידִי וּמְפַנֶּה לִבּוֹ לְבַטָּלָה,
הֲרֵי זֶה מִתְחַיֵּב בְּנַפְשׁוֹ.

ו רַבִּי נְחוּנְיָא בֶּן־הַקָּנָה אוֹמֵר:
כָּל־הַמְקַבֵּל עָלָיו עֹל תּוֹרָה
מַעֲבִירִין מִמֶּנּוּ עֹל מַלְכוּת וְעֹל דֶּרֶךְ אֶרֶץ,
וְכָל־הַפּוֹרֵק מִמֶּנּוּ עֹל תּוֹרָה
נוֹתְנִין עָלָיו עֹל מַלְכוּת וְעֹל דֶּרֶךְ אֶרֶץ.

ז רַבִּי חֲלַפְתָּא, אִישׁ כְּפַר חֲנַנְיָה, אוֹמֵר:
עֲשָׂרָה שֶׁיּוֹשְׁבִין וְעוֹסְקִין בַּתּוֹרָה, שְׁכִינָה שְׁרוּיָה בֵינֵיהֶם,
שֶׁנֶּאֱמַר—אֱלֹהִים נִצָּב בַּעֲדַת אֵל.
וּמִנַּיִן אֲפִילוּ חֲמִשָּׁה? שֶׁנֶּאֱמַר—וַאֲגֻדָּתוֹ עַל אֶרֶץ יְסָדָהּ.
וּמִנַּיִן אֲפִילוּ שְׁלֹשָׁה? שֶׁנֶּאֱמַר—בְּקֶרֶב אֱלֹהִים יִשְׁפֹּט.
וּמִנַּיִן אֲפִילוּ שְׁנַיִם? שֶׁנֶּאֱמַר—אָז נִדְבְּרוּ יִרְאֵי יהוה אִישׁ אֶל
רֵעֵהוּ, וַיַּקְשֵׁב יהוה וַיִּשְׁמָע.
וּמִנַּיִן אֲפִילוּ אֶחָד? שֶׁנֶּאֱמַר—בְּכָל־הַמָּקוֹם אֲשֶׁר אַזְכִּיר אֶת־
שְׁמִי, אָבוֹא אֵלֶיךָ וּבֵרַכְתִּיךָ.

ח רַבִּי אֶלְעָזָר, אִישׁ בַּרְתּוֹתָא, אוֹמֵר:
תֶּן לוֹ מִשֶּׁלּוֹ, שֶׁאַתָּה וְשֶׁלְּךָ שֶׁלּוֹ.
וְכֵן בְּדָוִד הוּא אוֹמֵר:
כִּי מִמְּךָ הַכֹּל, וּמִיָּדְךָ נָתַנּוּ לָךְ.

ט רַבִּי יַעֲקֹב אוֹמֵר:
הַמְהַלֵּךְ בַּדֶּרֶךְ וְשׁוֹנֶה, וּמַפְסִיק מִמִּשְׁנָתוֹ וְאוֹמֵר, מַה נָּאֶה
אִילָן זֶה, מַה נָּאֶה נִיר זֶה, מַעֲלִין עָלָיו כְּאִלּוּ מִתְחַיֵּב בְּנַפְשׁוֹ.

5 Rabbi Ḥananiah ben Ḥakhinai taught:

One who stays awake at night, or one who travels alone and[12] turns his thoughts to trivial matters, endangers his life.

6 Rabbi Neḥunia ben Ha-Kanah taught:

Whoever accepts the yoke of Torah will be spared the burdens of citizenship[13] and of earning a livelihood;[14] but whoever throws off the yoke of Torah will have to bear the burdens of citizenship and of earning a livelihood.

7 Rabbi Ḥalafta, of Kefar Ḥananiah, taught:

When ten persons sit together and study Torah, the Shekhinah hovers over them, as it is written, "God is present in the divine assembly" (Psalm 82:1).

Where do we learn that this applies also to five? From the verse "He has established His band on earth" (Amos 9:6).

Where do we learn that this applies also to three? From the verse "He judges in the midst of the judges" (Psalm 82:1).

Where do we learn that this applies also to two? From the verse "Then those who fear the Lord conversed with one another and the Lord listened and heard" (Malachi 3:16).

From where do we learn that this is true even of one? From the verse "In every place where I cause My Name to be mentioned, I will come to you and bless you" (Exodus 20:24).

8 Rabbi Elazar of Bartota taught:

Give Him what is His, for you and yours are His.

This is also expressed by David: "For all things come from You, and we give You only what is Yours" (I Chronicles 29:14).

9 Rabbi Yaakov taught:

One who reviews his studies while strolling and interrupts his studies to remark, "What a beautiful tree," or, "What a lovely field," is considered as having committed a capital offense.[15]

י   רַבִּי דוֹסְתַּאי בַּר יַנַּאי, מִשּׁוּם רַבִּי מֵאִיר, אוֹמֵר:
כָּל־הַשּׁוֹכֵחַ דָּבָר אֶחָד מִמִּשְׁנָתוֹ, מַעֲלֶה עָלָיו הַכָּתוּב כְּאִלּוּ
מִתְחַיֵּב בְּנַפְשׁוֹ, שֶׁנֶּאֱמַר—רַק הִשָּׁמֶר לְךָ וּשְׁמֹר נַפְשְׁךָ מְאֹד,
פֶּן תִּשְׁכַּח אֶת־הַדְּבָרִים אֲשֶׁר רָאוּ עֵינֶיךָ.
יָכוֹל, אֲפִילוּ תָּקְפָה עָלָיו מִשְׁנָתוֹ? תַּלְמוּד לוֹמַר—וּפֶן יָסוּרוּ
מִלְּבָבְךָ כֹּל יְמֵי חַיֶּיךָ, הָא אֵינוֹ מִתְחַיֵּב בְּנַפְשׁוֹ עַד שֶׁיֵּשֵׁב
וִיסִירֵם מִלִּבּוֹ.

יא   רַבִּי חֲנִינָא בֶּן־דּוֹסָא אוֹמֵר:
כָּל־שֶׁיִּרְאַת חֶטְאוֹ קוֹדֶמֶת לְחָכְמָתוֹ, חָכְמָתוֹ מִתְקַיֶּמֶת,
וְכָל־שֶׁחָכְמָתוֹ קוֹדֶמֶת לְיִרְאַת חֶטְאוֹ, אֵין חָכְמָתוֹ מִתְקַיֶּמֶת.

יב   הוּא הָיָה אוֹמֵר:
כָּל־שֶׁמַּעֲשָׂיו מְרֻבִּין מֵחָכְמָתוֹ, חָכְמָתוֹ מִתְקַיֶּמֶת,
וְכָל־שֶׁחָכְמָתוֹ מְרֻבָּה מִמַּעֲשָׂיו, אֵין חָכְמָתוֹ מִתְקַיֶּמֶת.

יג   הוּא הָיָה אוֹמֵר:
כָּל־שֶׁרוּחַ הַבְּרִיּוֹת נוֹחָה הֵימֶנּוּ, רוּחַ הַמָּקוֹם נוֹחָה הֵימֶנּוּ,
וְכָל־שֶׁאֵין רוּחַ הַבְּרִיּוֹת נוֹחָה הֵימֶנּוּ, אֵין רוּחַ הַמָּקוֹם נוֹחָה
הֵימֶנּוּ.

יד   רַבִּי דוֹסָא בֶּן־הַרְכִּינָס אוֹמֵר:
שֵׁנָה שֶׁל שַׁחֲרִית, וְיַיִן שֶׁל צָהֳרַיִם, וְשִׂיחַת הַיְלָדִים,
וִישִׁיבַת בָּתֵּי־כְנֵסִיּוֹת שֶׁל עַמֵּי־הָאָרֶץ,
מוֹצִיאִין אֶת־הָאָדָם מִן הָעוֹלָם.

טו   רַבִּי אֶלְעָזָר הַמּוֹדָעִי אוֹמֵר:
הַמְחַלֵּל אֶת־הַקֳּדָשִׁים,
וְהַמְבַזֶּה אֶת־הַמּוֹעֲדוֹת,
וְהַמַּלְבִּין פְּנֵי חֲבֵרוֹ בָּרַבִּים,
וְהַמֵּפֵר בְּרִיתוֹ שֶׁל אַבְרָהָם אָבִינוּ,
וְהַמְגַלֶּה פָנִים בַּתּוֹרָה שֶׁלֹּא כַהֲלָכָה,
אַף עַל פִּי שֶׁיֵּשׁ בְּיָדוֹ תּוֹרָה וּמַעֲשִׂים טוֹבִים,
אֵין לוֹ חֵלֶק לָעוֹלָם הַבָּא.

10 *Rabbi Dostai bar Yannai, in the name of Rabbi Meir, taught:*

Whoever forgets a single word of his studies is considered as having committed a capital offense, as it is written, "Take heed and guard well your soul lest you forget the things your own eyes have seen" (Deuteronomy 4:9).

Does this apply to one who finds his studies too difficult? No, for the verse continues, "Lest they be removed from your heart all the days of your life" (ibid.). This means that he is not guilty unless he deliberately forgets his studies.

11 *Rabbi Ḥanina ben Dosa taught:*

When one gives priority to reverence over wisdom, his wisdom will be enduring; but when one gives priority to wisdom over reverence, his wisdom will not be enduring.

12 *This was a favorite teaching of his:*

When a person's good deeds exceed his wisdom, his wisdom will be enduring; but when a person's wisdom exceeds his good deeds, his wisdom will not be enduring.

13 *This was another favorite teaching of his:*

When a person's fellow creatures are pleased with him, God is pleased with him; when a person's fellow creatures are not pleased with him, God is not pleased with him.

14 *Rabbi Dosa ben Harcinas taught:*

Morning sleep, midday wine,
children's prattle,
loafing in the meeting places of the vulgar—[16]

All these will ruin a person's life.

15 *Rabbi Elazar Ha-Modai taught:*

A person who profanes the sacred,
despises the festivals,
shames a fellow human being publicly,
annuls the covenant of our father Abraham,[17]
and contemptuously perverts the meaning of Torah,
though he be learned in Torah and perform good deeds,
shall have no share in the world-to-come.

טז רַבִּי יִשְׁמָעֵאל אוֹמֵר:
הֱוֵי קַל לְרֹאשׁ וְנוֹחַ לַתִּשְׁחֹרֶת,
וֶהֱוֵי מְקַבֵּל אֶת־כָּל־הָאָדָם בְּשִׂמְחָה.

יז רַבִּי עֲקִיבָא אוֹמֵר:
שְׂחוֹק וְקַלּוּת רֹאשׁ מַרְגִּילִין אֶת־הָאָדָם לְעֶרְוָה.
מָסֹרֶת סְיָג לַתּוֹרָה,
מַעְשְׂרוֹת סְיָג לָעֹשֶׁר,
נְדָרִים סְיָג לַפְּרִישׁוּת,
סְיָג לַחָכְמָה שְׁתִיקָה.

יח הוּא הָיָה אוֹמֵר:
חָבִיב אָדָם, שֶׁנִּבְרָא בְצֶלֶם, חִבָּה יְתֵרָה נוֹדַעַת לוֹ שֶׁנִּבְרָא בְּצֶלֶם, שֶׁנֶּאֱמַר—בְּצֶלֶם אֱלֹהִים עָשָׂה אֶת־הָאָדָם.
חֲבִיבִין יִשְׂרָאֵל, שֶׁנִּקְרְאוּ בָנִים לַמָּקוֹם. חִבָּה יְתֵרָה נוֹדַעַת לָהֶם שֶׁנִּקְרְאוּ בָנִים לַמָּקוֹם, שֶׁנֶּאֱמַר: בָּנִים אַתֶּם לַיהוה אֱלֹהֵיכֶם.
חֲבִיבִין יִשְׂרָאֵל, שֶׁנִּתַּן לָהֶם כְּלִי חֶמְדָּה. חִבָּה יְתֵרָה נוֹדַעַת לָהֶם שֶׁנִּתַּן לָהֶם כְּלִי חֶמְדָּה שֶׁבּוֹ נִבְרָא הָעוֹלָם שֶׁנֶּאֱמַר—כִּי לֶקַח טוֹב נָתַתִּי לָכֶם, תּוֹרָתִי אַל תַּעֲזֹבוּ.

יט הַכֹּל צָפוּי, וְהָרְשׁוּת נְתוּנָה,
וּבְטוֹב הָעוֹלָם נִדּוֹן, וְהַכֹּל לְפִי רֹב הַמַּעֲשֶׂה.

כ הוּא הָיָה אוֹמֵר:
הַכֹּל נָתוּן בָּעֵרָבוֹן, וּמְצוּדָה פְרוּסָה עַל כָּל־הַחַיִּים.
הֶחָנוּת פְּתוּחָה, וְהַחֶנְוָנִי מַקִּיף,
וְהַפִּנְקָס פָּתוּחַ, וְהַיָּד כּוֹתֶבֶת,
וְכָל־הָרוֹצֶה לִלְווֹת יָבֹא וְיִלְוֶה,
וְהַגַּבָּאִים מַחֲזִירִים תָּדִיר בְּכָל־יוֹם וְנִפְרָעִין מִן הָאָדָם,
מִדַּעְתּוֹ וְשֶׁלֹּא מִדַּעְתּוֹ, וְיֵשׁ לָהֶם עַל מַה שֶּׁיִּסְמֹכוּ.
וְהַדִּין דִּין אֱמֶת, וְהַכֹּל מְתֻקָּן לַסְּעֻדָּה.

16   Rabbi Yishmael taught:

Be compliant with your seniors,[18] be affable with your juniors,[19] and greet every person with a cheerful manner.

17   Rabbi Akiva taught:

Jesting and levity lead a person to lewdness;
Tradition is a protection for Torah;
Tithing is a protection for wealth;
Vows are a protection for abstinence;
Silence is a protection for wisdom.

18   This was a favorite teaching of his:

Man is beloved, for he was created in the image of God. He is exceedingly beloved for it was made known to him that he was created in the Image, as it is written, "In the image of God He made man" (Genesis 9:6).

Israel is beloved, for they are called God's children. They are exceedingly beloved for it was made known to them that they are God's children, as it is written, "You are children of the Lord your God" (Deuteronomy 14:1).

Israel is beloved, for a precious instrument was given to them. They are exceedingly beloved for it was made known to them that they were given a precious instrument with which the world was created, as it is written, "For I give you good doctrine, forsake not My Torah" (Proverbs 4:2).

19   Another teaching of Rabbi Akiva:

Everything is foreseen, yet freedom of choice is granted. The world is judged favorably, yet all depends on the preponderance of good deeds.[20]

20   Yet another teaching of his:

Everything is a loan against a pledge; a net is spread over all the living.

The shop is open, the shopkeeper extends credit, the ledger is open, the hand records, whoever would borrow may do so; the collectors make their rounds daily, they exact payment from everyone, with or without consent; they have a reliable record.

The verdict is a just one, and everything is ready for the final accounting.

כא רַבִּי אֶלְעָזָר בֶּן־עֲזַרְיָה אוֹמֵר:
אִם אֵין תּוֹרָה אֵין דֶּרֶךְ אֶרֶץ,
אִם אֵין דֶּרֶךְ אֶרֶץ אֵין תּוֹרָה.
אִם אֵין חָכְמָה אֵין יִרְאָה,
אִם אֵין יִרְאָה אֵין חָכְמָה.
אִם אֵין בִּינָה אֵין דַּעַת,
אִם אֵין דַּעַת אֵין בִּינָה,
אִם אֵין קֶמַח אֵין תּוֹרָה,
אִם אֵין תּוֹרָה אֵין קֶמַח.

כב הוּא הָיָה אוֹמֵר:
כָּל־שֶׁחָכְמָתוֹ מְרֻבָּה מִמַּעֲשָׂיו, לְמַה הוּא דוֹמֶה? לְאִילָן שֶׁעֲנָפָיו מְרֻבִּין וְשָׁרָשָׁיו מֻעָטִין, וְהָרוּחַ בָּאָה וְעוֹקַרְתּוֹ וְהוֹפְכַתּוֹ עַל פָּנָיו, שֶׁנֶּאֱמַר—וְהָיָה כְּעַרְעָר בָּעֲרָבָה וְלֹא יִרְאֶה כִּי יָבֹא טוֹב, וְשָׁכַן חֲרֵרִים בַּמִּדְבָּר, אֶרֶץ מְלֵחָה וְלֹא תֵשֵׁב. אֲבָל כָּל־שֶׁמַּעֲשָׂיו מְרֻבִּין מֵחָכְמָתוֹ, לְמַה הוּא דוֹמֶה? לְאִילָן שֶׁעֲנָפָיו מֻעָטִין וְשָׁרָשָׁיו מְרֻבִּין שֶׁאֲפִילוּ כָּל־הָרוּחוֹת שֶׁבָּעוֹלָם בָּאוֹת וְנוֹשְׁבוֹת בּוֹ, אֵין מְזִיזוֹת אוֹתוֹ מִמְּקוֹמוֹ, שֶׁנֶּאֱמַר— וְהָיָה כְּעֵץ שָׁתוּל עַל מַיִם, וְעַל יוּבַל יְשַׁלַּח שָׁרָשָׁיו וְלֹא יִרְאֶה כִּי יָבֹא חֹם, וְהָיָה עָלֵהוּ רַעֲנָן, וּבִשְׁנַת בַּצֹּרֶת לֹא יִדְאָג, וְלֹא יָמִישׁ מֵעֲשׂוֹת פֶּרִי.

כג רַבִּי אֶלְעָזָר חִסְמָא אוֹמֵר:
קִנִּין וּפִתְחֵי נִדָּה הֵן הֵן גּוּפֵי הֲלָכוֹת,
תְּקוּפוֹת וְגִמַּטְרִיָּאוֹת פַּרְפְּרָאוֹת לַחָכְמָה.

21 Rabbi Elazar ben Azariah taught:

No Torah, no worldly occupation;
No worldly occupation, no Torah;
No wisdom, no piety;
No piety, no wisdom;
No knowledge, no understanding;
No understanding, no knowledge;
No sustenance, no Torah;
No Torah, no sustenance.

22 This was a favorite teaching of his:

When a person's wisdom exceeds his good deeds, to what may he be compared? To a tree with many branches but few roots. A wind blows, uproots it and topples it over, as it is written, "He shall be like a desert scrub that never thrives but dwells unwatered in the wilderness, in a salty, solitary land (Jeremiah 17:6).

However, when a person's good deeds exceed his wisdom, to what may he be compared? To a tree with few branches but with many roots. All the winds of the world may blow against it, yet they cannot move it from its place, as it is written, "He shall be like a tree planted by the waters that spreads its roots by the stream. Untouched by the scorching heat, its foliage remains luxurious. It will have no concern in a year of drought and will not cease from bearing fruit" (Jeremiah 17:8).

23 Rabbi Elazar Ḥisma taught:

The laws relating to sacrifices of birds and to the calculation of menstrual days are the essentials of Halakhah; the study of equinoxes and mathematical calculations constitute peripheral knowledge.

א בֶּן־זוֹמָא אוֹמֵר:
אֵיזֶהוּ חָכָם? הַלּוֹמֵד מִכָּל־אָדָם,
שֶׁנֶּאֱמַר—מִכָּל־מְלַמְּדַי הִשְׂכַּלְתִּי.
אֵיזֶהוּ גִבּוֹר? הַכּוֹבֵשׁ אֶת־יִצְרוֹ,
שֶׁנֶּאֱמַר—טוֹב אֶרֶךְ אַפַּיִם מִגִּבּוֹר, וּמוֹשֵׁל בְּרוּחוֹ מִלֹּכֵד עִיר.
אֵיזֶהוּ עָשִׁיר? הַשָּׂמֵחַ בְּחֶלְקוֹ,
שֶׁנֶּאֱמַר—יְגִיעַ כַּפֶּיךָ כִּי תֹאכֵל, אַשְׁרֶיךָ וְטוֹב לָךְ.
(אַשְׁרֶיךָ בָּעוֹלָם הַזֶּה, וְטוֹב לָךְ לָעוֹלָם הַבָּא.)
אֵיזֶהוּ מְכֻבָּד? הַמְכַבֵּד אֶת־הַבְּרִיּוֹת,
שֶׁנֶּאֱמַר—כִּי מְכַבְּדַי אֲכַבֵּד וּבֹזַי יֵקָלּוּ.

ב בֶּן עַזַּאי אוֹמֵר:
הֱוֵי רָץ לְמִצְוָה קַלָּה כְּבַחֲמוּרָה, וּבוֹרֵחַ מִן הָעֲבֵרָה, שֶׁמִּצְוָה גוֹרֶרֶת מִצְוָה וַעֲבֵרָה גוֹרֶרֶת עֲבֵרָה, שֶׁשְּׂכַר מִצְוָה מִצְוָה, וּשְׂכַר עֲבֵרָה עֲבֵרָה.

ג הוּא הָיָה אוֹמֵר:
אַל תְּהִי בָז לְכָל־אָדָם,
וְאַל תְּהִי מַפְלִיג לְכָל־דָּבָר,
שֶׁאֵין לְךָ אָדָם שֶׁאֵין לוֹ שָׁעָה,
וְאֵין לְךָ דָבָר שֶׁאֵין לוֹ מָקוֹם.

ד רַבִּי לְוִיטָס, אִישׁ יַבְנֶה, אוֹמֵר:
מְאֹד מְאֹד הֱוֵי שְׁפַל רוּחַ, שֶׁתִּקְוַת אֱנוֹשׁ רִמָּה.

ה רַבִּי יוֹחָנָן בֶּן־בְּרוֹקָא אוֹמֵר:
כָּל־הַמְחַלֵּל שֵׁם שָׁמַיִם בַּסֵּתֶר, נִפְרָעִין מִמֶּנּוּ בַּגָּלוּי.
אֶחָד שׁוֹגֵג וְאֶחָד מֵזִיד בְּחִלּוּל הַשֵּׁם.

CHAPTER IV

1 *Ben Zoma taught:*

Who is wise? One who learns from all persons, as it is written, "From all my teachers have I gained understanding" (Psalm 119:99).

Who is mighty? One who conquers his evil impulse, as it is written, "He who is slow to anger is better than the mighty, and he who rules over his spirit than he who conquers a city" (Proverbs 16:32).

Who is rich? One who is happy with his portion, as it is written, "When you eat the labor of your hands, happy will you be and all will be well with you" (Psalm 128:2). ("Happy will you be" refers to this world; "all will be well with you" refers to the world-to-come.)

Who is honored? One who honors his fellows, as it is written, "Those who honor Me, I will honor; but those who scorn Me will be despised" (I Samuel 2:30).

2 *Ben Azzai taught:*

Pursue even a minor mitzvah and flee from an *aveirah*; for one mitzvah generates another and one *aveirah* generates another. Thus, the reward for a mitzvah is another mitzvah and the penalty for an *aveirah* is another *aveirah*.

3 *This was a favorite teaching of his:*

Do not disdain any person;
Do not underrate the importance of anything—
For there is no person who does not have his hour,
And there is no thing without its place in the sun.

4 *Rabbi Levittas of Yavneh taught:*

Be exceedingly humble, for a mortal's hope is but the grave.[21]

5 *Rabbi Yoḥanan ben Beroka taught:*

Whoever profanes God's name in secret, will receive his punishment in public.

Whether it was done knowingly or unknowingly, it is all the same when God's name is profaned.

ו רַבִּי יִשְׁמָעֵאל בְּנוֹ אוֹמֵר:
הַלּוֹמֵד עַל מְנָת לְלַמֵּד, מַסְפִּיקִין בְּיָדוֹ לִלְמֹד וּלְלַמֵּד,
וְהַלּוֹמֵד עַל מְנָת לַעֲשׂוֹת, מַסְפִּיקִין בְּיָדוֹ לִלְמוֹד וּלְלַמֵּד
לִשְׁמוֹר וְלַעֲשׂוֹת.

ז רַבִּי צָדוֹק אוֹמֵר:
אַל תַּעֲשֵׂם עֲטָרָה לְהִתְגַּדֵּל בָּהֶם וְלֹא קַרְדֹּם לַחְפּוֹר בָּהֶם.
וְכָךְ הָיָה הִלֵּל אוֹמֵר: וּדְאִשְׁתַּמֵּשׁ בְּתָגָא חֲלָף.
הָא לָמַדְתָּ, כָּל־הַנֶּהֱנֶה מִדִּבְרֵי תוֹרָה נוֹטֵל חַיָּיו מִן הָעוֹלָם.

ח רַבִּי יוֹסֵי אוֹמֵר:
כָּל־הַמְכַבֵּד אֶת־הַתּוֹרָה, גּוּפוֹ מְכֻבָּד עַל הַבְּרִיּוֹת,
וְכָל־הַמְחַלֵּל אֶת־הַתּוֹרָה, גּוּפוֹ מְחֻלָּל עַל הַבְּרִיּוֹת.

ט רַבִּי יִשְׁמָעֵאל בְּנוֹ אוֹמֵר:
הַחוֹשֵׂךְ עַצְמוֹ מִן הַדִּין, פּוֹרֵק מִמֶּנּוּ אֵיבָה וְגָזֵל וּשְׁבוּעַת שָׁוְא,
וְהַגַּס לִבּוֹ בְּהוֹרָאָה, שׁוֹטֶה, רָשָׁע וְגַס רוּחַ.

י הוּא הָיָה אוֹמֵר:
אַל תְּהִי דָן יְחִידִי, שֶׁאֵין דָּן יְחִידִי אֶלָּא אֶחָד,
וְאַל תֹּאמַר קַבְּלוּ דַעְתִּי, שֶׁהֵן רַשָּׁאִין וְלֹא אַתָּה.

יא רַבִּי יוֹנָתָן אוֹמֵר:
כָּל־הַמְקַיֵּם אֶת־הַתּוֹרָה מֵעֹנִי סוֹפוֹ לְקַיְּמָהּ מֵעֹשֶׁר,
וְכָל־הַמְבַטֵּל אֶת־הַתּוֹרָה מֵעֹשֶׁר סוֹפוֹ לְבַטְּלָהּ מֵעֹנִי.

יב רַבִּי מֵאִיר אוֹמֵר:
הֱוֵי מְמַעֵט בָּעֵסֶק וַעֲסֹק בַּתּוֹרָה, וֶהֱוֵי שְׁפַל רוּחַ בִּפְנֵי
כָל־אָדָם.
וְאִם בִּטַּלְתָּ מִן הַתּוֹרָה, יֶשׁ לָךְ בְּטֵלִים הַרְבֵּה כְּנֶגְדָּךְ,
וְאִם עָמַלְתָּ בַּתּוֹרָה, יֵשׁ לוֹ שָׂכָר הַרְבֵּה לִתֶּן לָךְ.

6   Rabbi Yishmael, his son, taught:

A person who studies so that he may teach, is given the opportunity both to study and to teach.

A person who studies in order to observe the mitzvot is given the opportunity to study, to teach, to observe the mitzvot, and to perform them.

7   Rabbi Tzadok taught:

Do not make Torah an ornament[22] for self-aggrandizement nor a means for livelihood;[23] for this is precisely what Hillel warned against: "A person who uses Torah for personal gain perishes."

We may infer from this that a person who derives profit from the words of Torah is responsible for his own destruction.

8   Rabbi Yose taught:

Whoever honors Torah will himself be honored by others;
Whoever dishonors Torah will himself be dishonored by others.

9   Rabbi Yishmael, his son, taught:

A person who shuns the office of judge, rids himself of enmity, theft, and perjury; but he who treats the judicial process lightly is a fool, wicked, and arrogant.

10   This was a favorite teaching of his:

Do not render decisions alone;
There is but One who judges alone.
Never say to your colleagues, "You must adopt my view";
the prerogative is theirs, not yours, to coerce.

11   Rabbi Yonatan taught:

Whoever fulfills the obligation to study Torah when he is poor will fulfill it, even when he some day becomes rich; but whoever neglects to study Torah when he is rich will neglect to study it even when some day he becomes poor.

12   Rabbi Meir taught:

Decrease your absorption in business and study Torah.
Be humble before all persons.
If you are idle in the study of Torah, many idle things will distract you; but if you toil in the study of Torah, He has a rich reward in store for you.

יג רַבִּי אֱלִיעֶזֶר בֶּן־יַעֲקֹב אוֹמֵר:
הָעוֹשֶׂה מִצְוָה אַחַת, קוֹנֶה לּוֹ פְּרַקְלִיט אֶחָד,
וְהָעוֹבֵר עֲבֵרָה אַחַת, קוֹנֶה לּוֹ קַטֵּגוֹר אֶחָד.
תְּשׁוּבָה וּמַעֲשִׂים טוֹבִים כִּתְרִיס בִּפְנֵי הַפֻּרְעָנוּת.

יד רַבִּי יוֹחָנָן הַסַּנְדְּלָר אוֹמֵר:
כָּל־כְּנֵסִיָּה שֶׁהִיא לְשֵׁם שָׁמַיִם סוֹפָהּ לְהִתְקַיֵּם,
וְשֶׁאֵינָהּ לְשֵׁם שָׁמַיִם אֵין סוֹפָהּ לְהִתְקַיֵּם.

טו רַבִּי אֶלְעָזָר בֶּן־שַׁמּוּעַ אוֹמֵר:
יְהִי כְבוֹד תַּלְמִידְךָ חָבִיב עָלֶיךָ כְּשֶׁלָּךְ,
וּכְבוֹד חֲבֵרְךָ כְּמוֹרָא רַבָּךְ,
וּמוֹרָא רַבָּךְ כְּמוֹרָא שָׁמַיִם.

טז רַבִּי יְהוּדָה אוֹמֵר:
הֱוֵי זָהִיר בַּתַּלְמוּד, שֶׁשִּׁגְגַת תַּלְמוּד עוֹלָה זָדוֹן.

יז רַבִּי שִׁמְעוֹן אוֹמֵר:
שְׁלֹשָׁה כְתָרִים הֵם: כֶּתֶר תּוֹרָה וְכֶתֶר כְּהֻנָּה וְכֶתֶר מַלְכוּת,
וְכֶתֶר שֵׁם טוֹב עוֹלֶה עַל גַּבֵּיהֶן.

יח רַבִּי נְהוֹרָאִי אוֹמֵר:
הֱוֵי גוֹלֶה לִמְקוֹם תּוֹרָה, וְאַל תֹּאמַר שֶׁהִיא תָבוֹא אַחֲרֶיךָ,
שֶׁחֲבֵרֶיךָ יְקַיְּמוּהָ בְיָדֶךָ, וְאֶל בִּינָתְךָ אַל תִּשָּׁעֵן.

יט רַבִּי יַנַּאי אוֹמֵר:
אֵין בְּיָדֵינוּ לֹא מִשַּׁלְוַת הָרְשָׁעִים, וְאַף לֹא מִיִּסּוּרֵי הַצַּדִּיקִים.

כ רַבִּי מַתְיָא בֶּן־חָרָשׁ אוֹמֵר:
הֱוֵי מַקְדִּים בִּשְׁלוֹם כָּל־אָדָם,
וֶהֱוֵי זָנָב לָאֲרָיוֹת וְאַל תְּהִי רֹאשׁ לַשֻּׁעָלִים.

13 *Rabbi Eliezer ben Yaakov taught:*

When a person performs a single mitzvah, he acquires an advocate for himself; but when a person commits a single *aveirah*, he acquires an accuser for himself.

Repentance and good deeds serve as a shield[24] against punishment.

14 *Rabbi Yoḥanan Ha-Sandlar taught:*

Every assembly whose purpose is to serve God will in the end be established; but every assembly whose purpose is not for God's sake, will not in the end be established.

15 *Rabbi Elazar ben Shamua taught:*

The dignity of your student should be as precious to you as your own;

The dignity of your colleague should be as precious to you as your reverence for your teacher. The reverence for your teacher should be as great as your reverence for God.

16 *Rabbi Yehudah taught:*

Study with great care, for to err in teaching may be considered a deliberate sin.

17 *Rabbi Shimon taught:*

There are three crowns: the crown of Torah, the crown of Priesthood, the crown of Royalty. The crown of a good name is superior to them all.[25]

18 *Rabbi Nehorai taught:*

Uproot yourself to live in a community where Torah is studied; do not delude yourself that the Torah will come to you. Only with colleagues can your studies be fortified. Do not rely on your own understanding.

19 *Rabbi Yannai taught:*

The tranquility of the wicked and the suffering of the righteous—these are beyond human understanding.[26]

20 *Rabbi Mattia ben Ḥarash taught:*

Be the first to extend greetings to every human being.
Be a tail to lions rather than a head to foxes.

כא   רַבִּי יַעֲקֹב אוֹמֵר:
הָעוֹלָם הַזֶּה דּוֹמֶה לַפְּרוֹזְדוֹר בִּפְנֵי הָעוֹלָם הַבָּא.
הַתְקֵן עַצְמְךָ בַּפְּרוֹזְדוֹר, כְּדֵי שֶׁתִּכָּנֵס לַטְּרַקְלִין.

כב   הוּא הָיָה אוֹמֵר:
יָפָה שָׁעָה אַחַת בִּתְשׁוּבָה וּמַעֲשִׂים טוֹבִים בָּעוֹלָם הַזֶּה מִכָּל־חַיֵּי הָעוֹלָם הַבָּא, וְיָפָה שָׁעָה אַחַת שֶׁל קֹרַת רוּחַ בָּעוֹלָם הַבָּא מִכָּל־חַיֵּי הָעוֹלָם הַזֶּה.

כג   רַבִּי שִׁמְעוֹן בֶּן־אֶלְעָזָר אוֹמֵר:
אַל תְּרַצֶּה אֶת־חֲבֵרְךָ בִּשְׁעַת כַּעֲסוֹ, וְאַל תְּנַחֲמֶנּוּ בְּשָׁעָה שֶׁמֵּתוֹ מֻטָּל לְפָנָיו, וְאַל תִּשְׁאַל לוֹ בִּשְׁעַת נִדְרוֹ, וְאַל תִּשְׁתַּדֵּל לִרְאוֹתוֹ בִּשְׁעַת קַלְקָלָתוֹ.

כד   שְׁמוּאֵל הַקָּטָן אוֹמֵר:
בִּנְפֹל אֹיִבְךָ אַל תִּשְׂמָח, וּבִכָּשְׁלוֹ אַל יָגֵל לִבֶּךָ,
פֶּן יִרְאֶה יהוה וְרַע בְּעֵינָיו, וְהֵשִׁיב מֵעָלָיו אַפּוֹ.

כה   אֱלִישָׁע בֶּן־אֲבוּיָה אוֹמֵר:
הַלּוֹמֵד יֶלֶד לְמַה הוּא דוֹמֶה? לִדְיוֹ כְתוּבָה עַל נְיָר חָדָשׁ.
וְהַלּוֹמֵד זָקֵן, לְמַה הוּא דוֹמֶה? לִדְיוֹ כְתוּבָה עַל נְיָר מָחוּק.

כו   רַבִּי יוֹסֵי בַּר יְהוּדָה, אִישׁ כְּפַר הַבַּבְלִי, אוֹמֵר:
הַלּוֹמֵד מִן הַקְּטַנִּים, לְמַה הוּא דוֹמֶה? לְאוֹכֵל עֲנָבִים קֵהוֹת וְשׁוֹתֶה יַיִן מִגִּתּוֹ. וְהַלּוֹמֵד מִן הַזְּקֵנִים, לְמַה הוּא דוֹמֶה? לְאוֹכֵל עֲנָבִים בְּשׁוּלוֹת וְשׁוֹתֶה יַיִן יָשָׁן.

כז   רַבִּי אוֹמֵר:
אַל תִּסְתַּכֵּל בַּקַּנְקַן אֶלָּא בְמַה שֶּׁיֵּשׁ בּוֹ.
יֵשׁ קַנְקַן חָדָשׁ מָלֵא יָשָׁן, וְיָשָׁן שֶׁאֲפִילוּ חָדָשׁ אֵין בּוֹ.

21 *Rabbi Yaakov taught:*

This world is compared to a foyer which leads to the world-to-come. Prepare yourself in the foyer, that you may be worthy to enter the main hall.

22 *This was a favorite teaching of his:*

Repentance and good deeds in this world, even for one hour, are better than eternal life in the world-to-come; nevertheless, one hour of bliss in the world-to-come is more exquisite than all of life in this world.

23 *Rabbi Shimon ben Elazar taught:*

Do not pacify your colleague when his anger is raging;
Do not comfort him when his dead lies before him;
Do not challenge him at the time he makes his vow;
Do not intrude upon him at the time of his disgrace.

24 *Shmuel Ha-Katan quoted this verse:*

"Rejoice not when your enemy falls; let not your heart be glad when he stumbles, lest the Lord see it and be displeased and divert His wrath from him to you" (Proverbs 24:17, 18).

25 *Elisha ben Abuyah taught:*

When a person studies as a child, to what may he be compared? To ink written on fresh paper. When a person studies when he is old, to what may he be compared? To ink written on blotted paper.

26 *Rabbi Yose bar Yehudah, of K'far Bavli, taught:*

When a person learns from the young, to what may he be compared? To one who eats unripe grapes and drinks from the vat. When a person learns from the old, to what may he be compared? To one who eats ripe grapes and drinks wine that is aged.

27 *Rabbi[27] taught:*

Do not look at the flask but at its contents.

You can find a new flask with old wine and an old flask which does not hold even new wine.

כח רַבִּי אֶלְעָזָר הַקַּפָּר אוֹמֵר:
הַקִּנְאָה וְהַתַּאֲוָה וְהַכָּבוֹד
מוֹצִיאִין אֶת־הָאָדָם מִן הָעוֹלָם.

כט הוּא הָיָה אוֹמֵר:
הַיִּלּוֹדִים לָמוּת, וְהַמֵּתִים לְהֵחָיוֹת, וְהַחַיִּים לִדּוֹן, לֵידַע לְהוֹדִיעַ וּלְהִוָּדַע שֶׁהוּא אֵל. הוּא הַיּוֹצֵר, הוּא הַבּוֹרֵא, הוּא הַמֵּבִין, הוּא הַדַּיָּן, הוּא עֵד, הוּא בַּעַל דִּין, וְהוּא עָתִיד לָדוּן. בָּרוּךְ הוּא, שֶׁאֵין לְפָנָיו לֹא עַוְלָה, וְלֹא שִׁכְחָה, וְלֹא מַשּׂוֹא פָנִים, וְלֹא מִקַּח שֹׁחַד, שֶׁהַכֹּל שֶׁלּוֹ.

וְדַע, שֶׁהַכֹּל לְפִי הַחֶשְׁבּוֹן. וְאַל יַבְטִיחֲךָ יִצְרְךָ שֶׁהַשְּׁאוֹל בֵּית מָנוֹס לָךְ.

שֶׁעַל כָּרְחֲךָ אַתָּה נוֹצָר, וְעַל כָּרְחֲךָ אַתָּה נוֹלָד, וְעַל כָּרְחֲךָ אַתָּה חַי, וְעַל כָּרְחֲךָ אַתָּה מֵת, וְעַל כָּרְחֲךָ אַתָּה עָתִיד לִתֵּן דִּין וְחֶשְׁבּוֹן לִפְנֵי מֶלֶךְ מַלְכֵי הַמְּלָכִים, הַקָּדוֹשׁ בָּרוּךְ הוּא.

28 *Rabbi Elazar Ha-Kappar taught:*

Envy, lust, and pursuit of honor
will ruin a person's life.[28]

29 *This was a favorite teaching of his:*

Those who are born will die; those who are dead will be revived.

The living will stand in judgment, to make it known and have it acknowledged that He is God—Designer, Creator, Discerner, Judge, Witness, Plaintiff—who will render judgment in time to come, praised-be-He. With Him there is no iniquity, no forgetfulness, no favoritism, and no bribery—for everything belongs to Him.

Let it further be known that it (the judgment) is based on an accounting of man's deeds, and let not your imagination assure you that death will provide you with an escape from judgment.

It was not your will that formed you, nor was it your will that gave you birth; it is not your will that makes you live, and it is not your will that brings you death; nor is it your will that some day in the future you will have to give an accounting and a reckoning before the King of kings, the Holy One, praised-be-He.

א בַּעֲשָׂרָה מַאֲמָרוֹת נִבְרָא הָעוֹלָם. וּמַה תַּלְמוּד לוֹמַר? וַהֲלֹא בְּמַאֲמָר אֶחָד יָכוֹל לְהִבָּרְאוֹת? אֶלָּא לְהִפָּרַע מִן הָרְשָׁעִים, שֶׁמְּאַבְּדִין אֶת־הָעוֹלָם שֶׁנִּבְרָא בַּעֲשָׂרָה מַאֲמָרוֹת, וְלִתֵּן שָׂכָר טוֹב לַצַּדִּיקִים, שֶׁמְּקַיְּמִין אֶת־הָעוֹלָם שֶׁנִּבְרָא בַּעֲשָׂרָה מַאֲמָרוֹת.

ב עֲשָׂרָה דוֹרוֹת מֵאָדָם עַד נֹחַ, לְהוֹדִיעַ כַּמָּה אֶרֶךְ אַפַּיִם לְפָנָיו, שֶׁכָּל־הַדּוֹרוֹת הָיוּ מַכְעִיסִין לְפָנָיו עַד שֶׁהֵבִיא עֲלֵיהֶם אֶת־מֵי הַמַּבּוּל.

ג עֲשָׂרָה דוֹרוֹת מִנֹּחַ עַד אַבְרָהָם, לְהוֹדִיעַ כַּמָּה אֶרֶךְ אַפַּיִם לְפָנָיו, שֶׁכָּל־הַדּוֹרוֹת הָיוּ מַכְעִיסִין לְפָנָיו עַד שֶׁבָּא אַבְרָהָם אָבִינוּ וְקִבֵּל שְׂכַר כֻּלָּם.

ד עֲשָׂרָה נִסְיוֹנוֹת נִתְנַסָּה אַבְרָהָם אָבִינוּ וְעָמַד בְּכֻלָּם, לְהוֹדִיעַ כַּמָּה חִבָּתוֹ שֶׁל אַבְרָהָם אָבִינוּ.

ה עֲשָׂרָה נִסִּים נַעֲשׂוּ לַאֲבוֹתֵינוּ בְּמִצְרַיִם, וַעֲשָׂרָה עַל הַיָּם. עֶשֶׂר מַכּוֹת הֵבִיא הַקָּדוֹשׁ בָּרוּךְ הוּא עַל הַמִּצְרִים בְּמִצְרַיִם וַעֲשָׂרָה עַל הַיָּם.

ו עֲשָׂרָה נִסְיוֹנוֹת נִסּוּ אֲבוֹתֵינוּ אֶת־הַמָּקוֹם בָּרוּךְ הוּא בַּמִּדְבָּר, שֶׁנֶּאֱמַר: וַיְנַסּוּ אֹתִי זֶה עֶשֶׂר פְּעָמִים, וְלֹא שָׁמְעוּ בְּקוֹלִי.

1 The world was created by ten utterances. Since it could have been created by one utterance, what does this teach? It teaches us that the punishment of the wicked who destroy a world created by ten utterances is multiplied, while the righteous who preserve a world created by ten utterances are richly rewarded.

2 There were ten generations from Adam to Noah. This demonstrates the extent of God's forbearance. All these generations continually provoked Him until He brought the flood waters upon them.

3 There were ten generations from Noah to Abraham. This, too, demonstrates the extent of His forbearance. All these generations continually provoked Him, until our father Abraham appeared and received the reward which they had lost.

4 Our father Abraham was tested with ten trials and he withstood them all. This demonstrates our father Abraham's great love for God.

5 Ten miracles were performed for our ancestors in Egypt and ten at the Sea. The Holy One, praised-be-He, brought ten plagues upon the Egyptians in Egypt and ten at the Sea.

6 Ten times our ancestors tested God's patience in the wilderness, as it is written, "They have tested Me these ten times and have not listened to My voice" (Numbers 14:22).

ז עֲשָׂרָה נִסִּים נַעֲשׂוּ לַאֲבוֹתֵינוּ בְּבֵית הַמִּקְדָּשׁ:
לֹא הִפִּילָה אִשָּׁה מֵרֵיחַ בְּשַׂר הַקֹּדֶשׁ,
וְלֹא הִסְרִיחַ בְּשַׂר הַקֹּדֶשׁ מֵעוֹלָם,
וְלֹא נִרְאָה זְבוּב בְּבֵית הַמִּטְבְּחַיִם,
וְלֹא אֵרַע קֶרִי לְכֹהֵן גָּדוֹל בְּיוֹם הַכִּפּוּרִים,
וְלֹא כִבּוּ גְשָׁמִים אֵשׁ שֶׁל עֲצֵי הַמַּעֲרָכָה,
וְלֹא נָצְחָה הָרוּחַ אֶת־עַמּוּד הֶעָשָׁן,
וְלֹא נִמְצָא פְסוּל בָּעֹמֶר וּבִשְׁתֵּי הַלֶּחֶם וּבְלֶחֶם הַפָּנִים,
עוֹמְדִים צְפוּפִים וּמִשְׁתַּחֲוִים רְוָחִים,
וְלֹא הִזִּיק נָחָשׁ וְעַקְרָב בִּירוּשָׁלַיִם מֵעוֹלָם,
וְלֹא אָמַר אָדָם לַחֲבֵרוֹ צַר לִי הַמָּקוֹם שֶׁאָלִין בִּירוּשָׁלַיִם.

ח עֲשָׂרָה דְבָרִים נִבְרְאוּ בְּעֶרֶב שַׁבָּת בֵּין הַשְּׁמָשׁוֹת וְאֵלּוּ הֵן
פִּי הָאָרֶץ,
פִּי הַבְּאֵר,
פִּי הָאָתוֹן,
הַקֶּשֶׁת,
וְהַמָּן,
וְהַמַּטֶּה,
וְהַשָּׁמִיר,
וְהַכְּתָב,
וְהַמִּכְתָּב,
וְהַלֻּחוֹת.
וְיֵשׁ אוֹמְרִים: אַף הַמַּזִּיקִין, וּקְבוּרָתוֹ שֶׁל מֹשֶׁה, וְאֵילוֹ שֶׁל אַבְרָהָם אָבִינוּ. וְיֵשׁ אוֹמְרִים: אַף צְבָת בִּצְבָת עֲשׂוּיָה.

ט שִׁבְעָה דְבָרִים בַּגֹּלֶם, וְשִׁבְעָה בֶּחָכָם:
חָכָם אֵינוֹ מְדַבֵּר בִּפְנֵי מִי שֶׁהוּא גָדוֹל מִמֶּנּוּ בְּחָכְמָה וּבְמִנְיָן,
וְאֵינוֹ נִכְנָס לְתוֹךְ דִּבְרֵי חֲבֵרוֹ,
וְאֵינוֹ נִבְהָל לְהָשִׁיב,
שׁוֹאֵל כָּעִנְיָן וּמֵשִׁיב כַּהֲלָכָה,
וְאוֹמֵר עַל רִאשׁוֹן רִאשׁוֹן וְעַל אַחֲרוֹן אַחֲרוֹן,
וְעַל מַה שֶּׁלֹּא שָׁמַע אוֹמֵר לֹא שָׁמַעְתִּי,
וּמוֹדֶה עַל הָאֱמֶת,
וְחִלּוּפֵיהֶן בַּגֹּלֶם.

7 *Ten miracles were performed for our ancestors in the Temple:*

No woman miscarried from the scent of the sacrificial meat;

The sacrificial meat never became putrid;

No fly was seen in the slaughter house;

The High Priest never became ritually impure on Yom Kippur;

The rains never extinguished the fire of the woodpile;

No wind dispersed the column of smoke;

No defect was found in the Omer, the Two Loaves, or the Showbread;

The people stood pressed together, yet knelt in ease;

No scorpion or serpent ever injured anyone in Jerusalem;

No one complained, "It is too congested for me to lodge overnight in Jerusalem."

8 *Ten things were created on the eve of the Sabbath (of Creation), at twilight:*

the mouth of the earth[29]
the mouth of the well[30]
the speech of the ass[31]
the rainbow[32]
the manna
the rod[33]
the shamir[34]
the script[35]
the writing instrument[36]
the tablets

Others add: the demons, the burial place of Moses, the ram for our father Abraham.

Some add: the tongs made with tongs.[37]

9 *There are seven characteristics which typify the clod and seven the wise person:*

The wise person does not speak in the presence of one who is wiser than he;

He does not interrupt his friend's words;

He does not reply in haste;

He asks what is relevant, he answers to the point;

He replies to questions in orderly sequence;[38]

Of what he has not heard, he says, "I have not heard";

He admits to the truth.

The opposite of these typify the clod.

י   שִׁבְעָה מִינֵי פֻרְעָנִיּוֹת בָּאִין לָעוֹלָם עַל שִׁבְעָה גּוּפֵי עֲבֵרָה:
מִקְצָתָן מְעַשְּׂרִין וּמִקְצָתָן אֵינָן מְעַשְּׂרִין, רָעָב שֶׁל בַּצֹּרֶת בָּא;
מִקְצָתָן רְעֵבִים וּמִקְצָתָן שְׂבֵעִים.
גָּמְרוּ שֶׁלֹּא לְעַשֵּׂר, רָעָב שֶׁל מְהוּמָה וְשֶׁל בַּצֹּרֶת בָּא,
וְשֶׁלֹּא לִטּוֹל אֶת־הַחַלָּה, רָעָב שֶׁל כְּלָיָה בָּא.
דֶּבֶר בָּא לָעוֹלָם עַל מִיתוֹת הָאֲמוּרוֹת בַּתּוֹרָה שֶׁלֹּא נִמְסְרוּ לְבֵית דִּין, וְעַל פֵּרוֹת שְׁבִיעִית.
חֶרֶב בָּאָה לָעוֹלָם עַל עִנּוּי הַדִּין, וְעַל עִוּוּת הַדִּין, וְעַל הַמּוֹרִים בַּתּוֹרָה שֶׁלֹּא כַהֲלָכָה.
חַיָּה רָעָה בָּאָה לָעוֹלָם עַל שְׁבוּעַת שָׁוְא וְעַל חִלּוּל הַשֵּׁם.
גָּלוּת בָּאָה לָעוֹלָם עַל עֲבוֹדָה זָרָה, וְעַל גִּלּוּי עֲרָיוֹת, וְעַל שְׁפִיכַת דָּמִים, וְעַל הַשְׁמָטַת הָאָרֶץ.

יא   בְּאַרְבָּעָה פְרָקִים הַדֶּבֶר מִתְרַבֶּה: בָּרְבִיעִית, וּבַשְּׁבִיעִית, וּבְמוֹצָאֵי שְׁבִיעִית, וּבְמוֹצָאֵי הֶחָג שֶׁבְּכָל־שָׁנָה וְשָׁנָה.
בָּרְבִיעִית, מִפְּנֵי מַעֲשַׂר עָנִי שֶׁבַּשְּׁלִישִׁית,
בַּשְּׁבִיעִית, מִפְּנֵי מַעֲשַׂר עָנִי שֶׁבַּשִּׁשִּׁית,
בְּמוֹצָאֵי שְׁבִיעִית, מִפְּנֵי פֵּרוֹת שְׁבִיעִית,
בְּמוֹצָאֵי הֶחָג שֶׁבְּכָל־שָׁנָה וְשָׁנָה, מִפְּנֵי גֶזֶל מַתְּנוֹת עֲנִיִּים.

יב   אַרְבַּע מִדּוֹת בָּאָדָם.
הָאוֹמֵר: שֶׁלִּי שֶׁלִּי וְשֶׁלְּךָ שֶׁלָּךְ, זוֹ מִדָּה בֵינוֹנִית,
וְיֵשׁ אוֹמְרִים: זוֹ מִדַּת סְדוֹם.
שֶׁלִּי שֶׁלָּךְ וְשֶׁלְּךָ שֶׁלִּי, עַם הָאָרֶץ,
שֶׁלִּי שֶׁלָּךְ וְשֶׁלְּךָ שֶׁלָּךְ, חָסִיד,
שֶׁלְּךָ שֶׁלִּי וְשֶׁלִּי שֶׁלִּי, רָשָׁע.

10 There are seven kinds of calamity visited upon the world for seven classes of aveirot:

A famine, brought on by drought, comes when some tithe and others do not—so that some go hungry while others have plenty;

A famine of tumult brought on by drought comes when everyone resolves not to tithe; a famine of extermination comes when everyone resolves not to set aside the ḥallah dough;

Pestilence comes to the world when capital offenses enumerated in the Torah are not adjudicated in court; and also when the laws of the fruits of the seventh year are violated;

The sword descends upon the world when there is a delay of justice, or a perversion of justice, and also when Torah is not interpreted in accordance with the Halakhah;

Wild beasts are set loose in the world when perjury is committed and God's name thereby is profaned;

Homelessness is visited upon the peoples of the world when there is idolatry, incest, bloodshed and violation of the laws of shemittah.[39]

11 At four periods (during the seven-year cycle), pestilence is on the increase: the fourth year, the seventh year, the close of the seventh year, and annually at the close of the Sukkot festival.

In the fourth year, because of the tithe for the poor due in the third year; in the seventh year, because of the tithe for the poor due in the sixth year;

At the close of the seventh year, because of the fruits of that year;

At the close of the Sukkot festival, annually, because of robbing the poor of their gifts.[40]

12 There are four character traits among people:

Some say: "Mine is mine and yours is yours"—this is the average trait. (However, some say this trait is characteristic of Sodom.)

"Mine is yours and yours is mine"—this is the trait of a peasant;
"Mine is yours and yours is yours"—this is the trait of the saintly;
"Yours is mine and mine is mine"—this is the trait of a scoundrel.

יג אַרְבַּע מִדּוֹת בַּדֵּעוֹת:
נֽוֹחַ לִכְעוֹס וְנֽוֹחַ לִרְצוֹת, יָצָא שְׂכָרוֹ בְּהֶפְסֵדוֹ,
קָשֶׁה לִכְעוֹס וְקָשֶׁה לִרְצוֹת, יָצָא הֶפְסֵדוֹ בִּשְׂכָרוֹ.
קָשֶׁה לִכְעוֹס וְנֽוֹחַ לִרְצוֹת, חָסִיד,
נֽוֹחַ לִכְעוֹס וְקָשֶׁה לִרְצוֹת, רָשָׁע.

יד אַרְבַּע מִדּוֹת בַּתַּלְמִידִים:
מַהֵר לִשְׁמֽוֹעַ וּמַהֵר לְאַבֵּד, יָצָא שְׂכָרוֹ בְּהֶפְסֵדוֹ.
קָשֶׁה לִשְׁמֽוֹעַ וְקָשֶׁה לְאַבֵּד, יָצָא הֶפְסֵדוֹ בִּשְׂכָרוֹ.
מַהֵר לִשְׁמֽוֹעַ וְקָשֶׁה לְאַבֵּד, חָכָם.
קָשֶׁה לִשְׁמֽוֹעַ וּמַהֵר לְאַבֵּד, זֶה חֵֽלֶק רָע.

טו אַרְבַּע מִדּוֹת בְּנוֹתְנֵי צְדָקָה:
הָרוֹצֶה שֶׁיִּתֵּן וְלֹא יִתְּנוּ אֲחֵרִים, עֵינוֹ רָעָה בְּשֶׁל אֲחֵרִים.
יִתְּנוּ אֲחֵרִים וְהוּא לֹא יִתֵּן, עֵינוֹ רָעָה בְּשֶׁלּוֹ.
יִתֵּן וְיִתְּנוּ אֲחֵרִים, חָסִיד.
לֹא יִתֵּן וְלֹא יִתְּנוּ אֲחֵרִים, רָשָׁע.

טז אַרְבַּע מִדּוֹת בְּהוֹלְכֵי לְבֵית הַמִּדְרָשׁ:
הוֹלֵךְ וְאֵינוֹ עוֹשֶׂה, שְׂכַר הֲלִיכָה בְּיָדוֹ.
עוֹשֶׂה וְאֵינוֹ הוֹלֵךְ, שְׂכַר מַעֲשֶׂה בְּיָדוֹ.
הוֹלֵךְ וְעוֹשֶׂה, חָסִיד.
לֹא הוֹלֵךְ וְלֹא עוֹשֶׂה, רָשָׁע.

13   *There are four kinds of temperaments:*

One which is easy to provoke and easy to appease—
here the gain is canceled by the loss;

One which is difficult to provoke and difficult to appease—
here the loss is canceled by the gain;

One which is difficult to provoke and easy to appease—
this is a saintly person;

One which is easy to provoke and difficult to appease—
this is a wicked person.

14   *There are four types of students:*

One who is quick to understand but quick to forget—
his gain is canceled by his loss;

One who understands with difficulty but forgets with difficulty—
his loss is canceled by his gain;

One who is quick to understand and forgets with difficulty—
this is a wise person;

One who understands with difficulty and is quick to forget—
this one has bad fortune.

15   *There are four types among those who give tzedakah:*

One who wants to give but does not want others to give—
he begrudges the mitzvah to fellow human beings;

One who wants others to give but does not himself give—
he begrudges the mitzvah to himself.

One who wants to give and wants others to give—
this is a saintly person;

One who does not want others to give and does not himself give—
this is a scoundrel.

16   *There are four types among those who attend the House of
Study:*

One who attends but does not practice the mitzvot—
he receives a reward for his attendance;

One who practices the mitzvot but does not attend regularly—
he receives a reward for his performance;

One who attends and practices the mitzvot—
this is a saintly person;

One who neither attends nor practices the mitzvot—
this is a scoundrel.

יז אַרְבַּע מִדּוֹת בְּיוֹשְׁבִים לִפְנֵי חֲכָמִים: סְפוֹג, וּמַשְׁפֵּךְ, מְשַׁמֶּרֶת, וְנָפָה.
סְפוֹג, שֶׁהוּא סוֹפֵג אֶת־הַכֹּל.
מַשְׁפֵּךְ, שֶׁמַּכְנִיס בְּזוֹ וּמוֹצִיא בְּזוֹ.
מְשַׁמֶּרֶת, שֶׁמּוֹצִיאָה אֶת־הַיַּיִן וְקוֹלֶטֶת אֶת־הַשְּׁמָרִים.
וְנָפָה, שֶׁמּוֹצִיאָה אֶת־הַקֶּמַח וְקוֹלֶטֶת אֶת־הַסֹּלֶת.

יח כָּל־אַהֲבָה שֶׁהִיא תְלוּיָה בְדָבָר, בָּטֵל דָּבָר בְּטֵלָה אַהֲבָה, וְשֶׁאֵינָהּ תְּלוּיָה בְדָבָר, אֵינָהּ בְּטֵלָה לְעוֹלָם.
אֵיזוֹ הִיא אַהֲבָה הַתְּלוּיָה בְדָבָר? זוֹ אַהֲבַת אַמְנוֹן וְתָמָר.
וְשֶׁאֵינָהּ תְּלוּיָה בְדָבָר? זוֹ אַהֲבַת דָּוִד וִיהוֹנָתָן.

יט כָּל־מַחֲלֹקֶת שֶׁהִיא לְשֵׁם שָׁמַיִם, סוֹפָהּ לְהִתְקַיֵּם, וְשֶׁאֵינָהּ לְשֵׁם שָׁמַיִם, אֵין סוֹפָהּ לְהִתְקַיֵּם.
אֵיזוֹ הִיא מַחֲלֹקֶת שֶׁהִיא לְשֵׁם שָׁמַיִם?
זוֹ מַחֲלֹקֶת הִלֵּל וְשַׁמַּאי.
וְשֶׁאֵינָהּ לְשֵׁם שָׁמַיִם? זוֹ מַחֲלֹקֶת קֹרַח וְכָל־עֲדָתוֹ.

כ כָּל־הַמְזַכֶּה אֶת־הָרַבִּים, אֵין חֵטְא בָּא עַל יָדוֹ, וְכָל־הַמַּחֲטִיא אֶת־הָרַבִּים, אֵין מַסְפִּיקִין בְּיָדוֹ לַעֲשׂוֹת תְּשׁוּבָה.
מֹשֶׁה זָכָה וְזִכָּה אֶת־הָרַבִּים, זְכוּת הָרַבִּים תְּלוּיָה בוֹ, שֶׁנֶּאֱמַר: צִדְקַת יהוה עָשָׂה, וּמִשְׁפָּטָיו עִם יִשְׂרָאֵל.
יָרָבְעָם (בֶּן־נְבָט) חָטָא וְהֶחֱטִיא אֶת־הָרַבִּים, חֵטְא הָרַבִּים תָּלוּי בוֹ, שֶׁנֶּאֱמַר: עַל חַטֹּאות יָרָבְעָם אֲשֶׁר חָטָא וַאֲשֶׁר הֶחֱטִיא אֶת־יִשְׂרָאֵל.

17 There are four types among those who study with the Sages: the sponge, the funnel, the strainer, the sifter.

The sponge—absorbs everything.

The funnel—in one end and out the other.

The strainer—passes the wine, retains the dregs.

The sifter—removes the chaff, retains the groats.

18 When love depends on achieving a certain goal, love vanishes when that goal is achieved; but a love which is not dependent on any goal, never vanishes.

What is an example of a love which is conditional? The love of Amnon for Tamar.[41] What is an example of an unconditional love? The love of David and Jonathan.[42]

19 A controversy for Heaven's sake will have lasting value, but a controversy not for Heaven's sake will not endure.

What is an example of a controversy for Heaven's sake? The debates of Hillel and Shammai.[43]

What is an example of a controversy not for Heaven's sake? The rebellion of Koraḥ and his associates.[44]

20 If one leads many people to a life of righteousness, no transgression will derive from him, but if one leads many people into a life of sin, no amount of repentance can avail him.

Thus Moses, who was righteous, led his people to a life of righteousness; therefore, the merit of the people is attributed to him, as it is written: "He achieved the righteousness of the Lord and His ordinances with Israel" (Deuteronomy 33:21).

Yarovam (ben Nevat) was a sinner and led his people into a life of sin; therefore the sin of the people is attributed to him, as it is written, "For the sins of Yarovam which he committed and caused Israel to sin" (I Kings 15:30).

כא כָּל־מִי שֶׁיֵּשׁ בּוֹ שְׁלֹשָׁה דְבָרִים הַלָּלוּ מִתַּלְמִידָיו שֶׁל אַבְרָהָם אָבִינוּ, וּשְׁלֹשָׁה דְבָרִים אֲחֵרִים, מִתַּלְמִידָיו שֶׁל בִּלְעָם הָרָשָׁע.
עַיִן טוֹבָה, וְרוּחַ נְמוּכָה, וְנֶפֶשׁ שְׁפָלָה,
מִתַּלְמִידָיו שֶׁל אַבְרָהָם אָבִינוּ;
עַיִן רָעָה, וְרוּחַ גְּבוֹהָה, וְנֶפֶשׁ רְחָבָה,
מִתַּלְמִידָיו שֶׁל בִּלְעָם הָרָשָׁע.
מַה בֵּין תַּלְמִידָיו שֶׁל אַבְרָהָם אָבִינוּ
לְתַלְמִידָיו שֶׁל בִּלְעָם הָרָשָׁע?
תַּלְמִידָיו שֶׁל אַבְרָהָם אָבִינוּ אוֹכְלִין בָּעוֹלָם הַזֶּה וְנוֹחֲלִין בָּעוֹלָם הַבָּא, שֶׁנֶּאֱמַר: לְהַנְחִיל אֹהֲבַי יֵשׁ, וְאֹצְרֹתֵיהֶם אֲמַלֵּא. אֲבָל תַּלְמִידָיו שֶׁל בִּלְעָם הָרָשָׁע יוֹרְשִׁין גֵּיהִנָּם וְיוֹרְדִין לִבְאֵר שַׁחַת, שֶׁנֶּאֱמַר: וְאַתָּה, אֱלֹהִים, תּוֹרִדֵם לִבְאֵר שַׁחַת, אַנְשֵׁי דָמִים וּמִרְמָה, לֹא יֶחֱצוּ יְמֵיהֶם, וַאֲנִי אֶבְטַח בָּךְ.

כב יְהוּדָה בֶּן־תֵּימָא אוֹמֵר:
הֱוֵי עַז כַּנָּמֵר, וְקַל כַּנֶּשֶׁר,
וְרָץ כַּצְּבִי, וְגִבּוֹר כָּאֲרִי,
לַעֲשׂוֹת רְצוֹן אָבִיךָ שֶׁבַּשָּׁמַיִם.
הוּא הָיָה אוֹמֵר:
עַז פָּנִים לְגֵיהִנָּם, וּבֹשֶׁת פָּנִים לְגַן עֵדֶן.
יְהִי רָצוֹן מִלְּפָנֶיךָ, יהוה אֱלֹהֵינוּ, שֶׁתִּבְנֶה עִירְךָ בִּמְהֵרָה בְיָמֵינוּ, וְתֵן חֶלְקֵנוּ בְּתוֹרָתֶךָ.

כג הוּא הָיָה אוֹמֵר:
בֶּן־חָמֵשׁ שָׁנִים לַמִּקְרָא, בֶּן־עֶשֶׂר לַמִּשְׁנָה, בֶּן־שְׁלֹשׁ עֶשְׂרֵה לַמִּצְוֹת, בֶּן־חֲמֵשׁ עֶשְׂרֵה לַתַּלְמוּד, בֶּן־שְׁמוֹנֶה עֶשְׂרֵה לַחֻפָּה, בֶּן־עֶשְׂרִים לִרְדּוֹף, בֶּן־שְׁלֹשִׁים לַכֹּחַ, בֶּן־אַרְבָּעִים לַבִּינָה, בֶּן־חֲמִשִּׁים לָעֵצָה, בֶּן־שִׁשִּׁים לַזִּקְנָה, בֶּן־שִׁבְעִים לַשֵּׂיבָה, בֶּן־שְׁמוֹנִים לַגְּבוּרָה, בֶּן־תִּשְׁעִים לָשׁוּחַ, בֶּן־מֵאָה כְּאִלּוּ מֵת וְעָבַר וּבָטֵל מִן הָעוֹלָם.

21　Whoever possesses these three qualities is numbered among the disciples of our father Abraham, and those who possess the three opposite qualities are found among the disciples of wicked Balaam:

A generous spirit, a humble soul, a modest appetite—
such a one is a disciple of our father Abraham;

A grudging spirit, an arrogant soul, an insatiable appetite—
such a one is a disciple of wicked Balaam.

What difference does it make if one is a disciple of our father Abraham or of the wicked Balaam?

The disciples of our father Abraham enjoy this world and inherit the world-to-come, as it is written, "That I may give an inheritance of abundance to those who love Me and that I may fill their treasures" (Proverbs 8:21).

The disciples of the wicked Balaam inherit Gehenna and descend into the pit of destruction, as it is written, "You, O God, will bring them down into the pit of destruction; violent and deceitful men, they shall not live out half their days, while I put my trust in You" (Psalm 55:24).

22　*Yehudah ben Tema taught:*

Be bold as the leopard, swift as the eagle,
fleet as the deer, mighty as the lion,
to perform the will of your Father in Heaven.

This was a favorite teaching of his:

The insolent are destined for Gehenna; the shy are headed for Heaven.

May it be Your will, Lord our God, to rebuild Your city speedily, in our day. May our portion be with those who study Your Torah.

23　*This was another favorite teaching of his:*

At five years of age—the study of Bible, at ten—the study of Mishnah, at thirteen—responsibility for the mitzvot, at fifteen—the study of Talmud, at eighteen—marriage, at twenty—pursuit of a livelihood, at thirty—the peak of one's powers, at forty—the age of understanding, at fifty—the age of counsel, at sixty—old age, at seventy—the hoary head, at eighty—the age of "strength," at ninety—the bent back, at one hundred—as one dead and out of this world.

כד בֶּן־בַּג בַּג אוֹמֵר:
הֲפֹךְ בָּהּ וַהֲפֵךְ בָּהּ דְּכֹלָּא בַהּ,
וּבַהּ תֶּחֱזֵי, וְסִיב וּבְלֵה בַהּ, וּמִנַּהּ לָא תְזוּעַ,
שֶׁאֵין לְךָ מִדָּה טוֹבָה הֵימֶנָּה.

כה בֶּן־הֵא הֵא אוֹמֵר:
לְפֻם צַעֲרָא אַגְרָא.

24 Ben Bag-Bag taught:

Study it and review it: You will find everything in it.

Scrutinize it, grow old and gray in it, do not depart from it: There is no better portion in life than this.

25 Ben Hay-Hay taught:

The reward is proportionate to the suffering.

KINYAN TORAH, OR THE BARAITA OF RABBI MEIR

א רַבִּי מֵאִיר אוֹמֵר:

כָּל־הָעוֹסֵק בַּתּוֹרָה לִשְׁמָהּ זוֹכֶה לִדְבָרִים הַרְבֵּה.

וְלֹא עוֹד, אֶלָּא שֶׁכָּל־הָעוֹלָם כֻּלּוֹ כְּדַי הוּא לוֹ.

נִקְרָא רֵעַ אָהוּב, אוֹהֵב אֶת־הַמָּקוֹם, אוֹהֵב אֶת־הַבְּרִיּוֹת,

מְשַׂמֵּחַ אֶת־הַמָּקוֹם, מְשַׂמֵּחַ אֶת־הַבְּרִיּוֹת.

וּמַלְבַּשְׁתּוֹ עֲנָוָה וְיִרְאָה, וּמַכְשַׁרְתּוֹ לִהְיוֹת צַדִּיק, חָסִיד,

יָשָׁר וְנֶאֱמָן, וּמְרַחַקְתּוֹ מִן הַחֵטְא, וּמְקָרַבְתּוֹ לִידֵי זְכוּת.

וְנֶהֱנִין מִמֶּנּוּ עֵצָה וְתוּשִׁיָּה, בִּינָה וּגְבוּרָה,

שֶׁנֶּאֱמַר: לִי עֵצָה וְתוּשִׁיָּה, אֲנִי בִינָה, לִי גְבוּרָה.

וְנוֹתֶנֶת לוֹ מַלְכוּת וּמֶמְשָׁלָה, וְחִקּוּר דִּין.

וּמְגַלִּין לוֹ רָזֵי תוֹרָה, וְנַעֲשֶׂה כְּמַעְיָן הַמִּתְגַּבֵּר וּכְנָהָר שֶׁאֵינוֹ

פוֹסֵק. וֶהֱוֵי צָנוּעַ וְאֶרֶךְ רוּחַ, וּמוֹחֵל עַל עֶלְבּוֹנוֹ. וּמְגַדַּלְתּוֹ

וּמְרוֹמַמְתּוֹ עַל כָּל־הַמַּעֲשִׂים.

ב אָמַר רַבִּי יְהוֹשֻׁעַ בֶּן־לֵוִי:

בְּכָל־יוֹם וָיוֹם בַּת קוֹל יוֹצֵאת מֵהַר חוֹרֵב וּמַכְרֶזֶת וְאוֹמֶרֶת:

אוֹי לָהֶם לַבְּרִיּוֹת מֵעֶלְבּוֹנָהּ שֶׁל תּוֹרָה, שֶׁכָּל־מִי שֶׁאֵינוֹ עוֹסֵק

בַּתּוֹרָה נִקְרָא נָזוּף, שֶׁנֶּאֱמַר: נֶזֶם זָהָב בְּאַף חֲזִיר, אִשָּׁה יָפָה

וְסָרַת טָעַם.

וְאוֹמֵר: וְהַלֻּחֹת מַעֲשֵׂה אֱלֹהִים הֵמָּה, וְהַמִּכְתָּב מִכְתַּב אֱלֹהִים

הוּא, חָרוּת עַל הַלֻּחֹת. אַל תִּקְרָא חָרוּת אֶלָּא חֵרוּת, שֶׁאֵין

לְךָ בֶּן־חוֹרִין אֶלָּא מִי שֶׁעוֹסֵק בְּתַלְמוּד תּוֹרָה.

וְכָל־מִי שֶׁעוֹסֵק תָּדִיר בַּתּוֹרָה הֲרֵי זֶה מִתְעַלֶּה,

שֶׁנֶּאֱמַר: וּמִמַּתָּנָה נַחֲלִיאֵל, וּמִנַּחֲלִיאֵל בָּמוֹת.

 .CHAPTER VI

KINYAN TORAH, OR THE BARAITA OF RABBI MEIR

1 Rabbi Meir taught:

Whoever engages in the study of Torah for its own sake achieves a host of merits; moreover, it was worth creating the world for his sake alone.[45]

He is called: beloved friend, lover of God, lover of humanity, a joy to God, a joy to humanity.

Torah clothes him with humility and reverence, it equips him to be righteous, saintly, upright and faithful. It keeps him far from sin and draws him near to virtue.

People benefit from his counsel and skill, his understanding and strength, as it is written, "Counsel and skill are Mine; I am understanding, strength is Mine" (Proverbs 8:14).

It endows him with sovereignty, with authority, with power of keen judgment.

The secrets of Torah are revealed to him; he becomes an effluent fountain, a never-failing stream; he becomes modest and patient, forgiving of insults; it magnifies and exalts him over all creation.

2 Rabbi Yehoshua ben Levi taught:

Every day a Heavenly Voice is heard from Mount Ḥoreb proclaiming: "Woe to those creatures who have contempt for Torah." Whoever does not engage in the study of Torah is called detestable, as it is written, "Like a golden ring in the snout of a swine is a beautiful woman lacking discretion" (Proverbs 11:22).

Furthermore, it is written, "And the tablets were the work of God, graven (ḥarut) upon the tablets" (Exodus 32:16). Do not read ḥarut (graven) but rather ḥeirut (freedom), for no person is free except one who engages in the study of Torah.

Whoever engages in the study of Torah regularly is exalted, as it is written, "From Mattanah (gift) to Naḥaliel (inheritance of God) and from Naḥaliel to Bamot (high places)" (Numbers 21:19).

ג הַלּוֹמֵד מֵחֲבֵרוֹ פֶּרֶק אֶחָד, אוֹ הֲלָכָה אַחַת, אוֹ פָּסוּק אֶחָד, אוֹ דִבּוּר אֶחָד, אוֹ אֲפִילוּ אוֹת אַחַת, צָרִיךְ לִנְהָג בּוֹ כָבוֹד, שֶׁכֵּן מָצִינוּ בְּדָוִד מֶלֶךְ יִשְׂרָאֵל, שֶׁלֹּא לָמַד מֵאֲחִיתֹפֶל אֶלָּא שְׁנֵי דְבָרִים בִּלְבַד, וּקְרָאוֹ רַבּוֹ, אַלּוּפוֹ וּמְיֻדָּעוֹ, שֶׁנֶּאֱמַר: וְאַתָּה אֱנוֹשׁ כְּעֶרְכִּי, אַלּוּפִי וּמְיֻדָּעִי. וַהֲלֹא דְבָרִים קַל וָחֹמֶר: וּמַה דָּוִד מֶלֶךְ יִשְׂרָאֵל שֶׁלֹּא לָמַד מֵאֲחִיתֹפֶל אֶלָּא שְׁנֵי דְבָרִים בִּלְבָד, קְרָאוֹ רַבּוֹ, אַלּוּפוֹ וּמְיֻדָּעוֹ, הַלּוֹמֵד מֵחֲבֵרוֹ פֶּרֶק אֶחָד, אוֹ הֲלָכָה אַחַת אוֹ פָּסוּק אֶחָד, אוֹ דִבּוּר אֶחָד, אוֹ אֲפִילוּ אוֹת אַחַת, עַל אַחַת כַּמָּה וְכַמָּה שֶׁצָּרִיךְ לִנְהָג בּוֹ כָּבוֹד.

וְאֵין כָּבוֹד אֶלָּא תוֹרָה,
שֶׁנֶּאֱמַר: כָּבוֹד חֲכָמִים יִנְחָלוּ, וּתְמִימִים יִנְחֲלוּ טוֹב.
וְאֵין טוֹב אֶלָּא תוֹרָה,
שֶׁנֶּאֱמַר: כִּי לֶקַח טוֹב נָתַתִּי לָכֶם, תּוֹרָתִי אַל תַּעֲזֹבוּ.

ד כָּךְ הִיא דַרְכָּהּ שֶׁל תּוֹרָה:
פַּת בַּמֶּלַח תֹּאכֵל, וּמַיִם בַּמְּשׂוּרָה תִּשְׁתֶּה,
וְעַל הָאָרֶץ תִּישַׁן, וְחַיֵּי צַעַר תִּחְיֶה,
וּבַתּוֹרָה אַתָּה עָמֵל.
וְאִם אַתָּה עֹשֶׂה כֵּן, אַשְׁרֶיךָ וְטוֹב לָךְ.
אַשְׁרֶיךָ בָּעוֹלָם הַזֶּה, וְטוֹב לָךְ לָעוֹלָם הַבָּא.

ה אַל תְּבַקֵּשׁ גְּדֻלָּה לְעַצְמָךְ, וְאַל תַּחְמוֹד כָּבוֹד.
יוֹתֵר מִלִּמּוּדְךָ עֲשֵׂה,
וְאַל תִּתְאַוֶּה לְשֻׁלְחָנָם שֶׁל מְלָכִים,
שֶׁשֻּׁלְחָנְךָ גָּדוֹל מִשֻּׁלְחָנָם, וְכִתְרְךָ גָּדוֹל מִכִּתְרָם,
וְנֶאֱמָן הוּא בַּעַל מְלַאכְתְּךָ, שֶׁיְּשַׁלֶּם לָךְ שְׂכַר פְּעֻלָּתֶךָ.

3 One who learns from his colleague one chapter, or one halakhah, or one verse, or one expression, or even one letter, is obliged to pay him honor. This we learn from David, King of Israel, who learned but two things[46] from Aḥitofel, yet called him his master, his guide, his dear friend, as it is written, "But it is you, my equal, my guide, my dear friend" (Psalm 55:14). It follows, then, that if King David, who learned only two things from Aḥitofel, called him his master, his guide, his dear friend, one who learns from his colleagues one chapter, one halakhah, one verse, one expression, or even one letter surely is obliged to pay him honor.

Honor and Torah are synonymous, as it is written, "The wise shall inherit honor" (Proverbs 28:10).

Good and Torah are synonymous, as it is written, "I give you good doctrine, forsake not My Torah" (Proverbs 4:2).

4 This is the life style for Torah students:
Eat a salty crust of bread, ration your drinking water,
Sleep on the ground, live a life of privation,
Exhaust yourself in Torah study.
If you live in this manner, "You will be happy and all will go well with you" (Psalm 128:2). "You will be happy" in this world; "all will go well with you" in the world-to-come.

5 Do not seek high position; do not covet honor.
Let your deeds exceed your learning.
Do not crave the table of kings—
Your table is greater than theirs
And your crown greater than their crowns;
Your Employer can be relied upon to compensate you for your labors.

ו גְּדוֹלָה תוֹרָה יוֹתֵר מִן הַכְּהֻנָּה וּמִן הַמַּלְכוּת,
שֶׁהַמַּלְכוּת נִקְנֵית בִּשְׁלֹשִׁים מַעֲלוֹת,
וְהַכְּהֻנָּה בְּעֶשְׂרִים וְאַרְבַּע,
וְהַתּוֹרָה נִקְנֵית בְּאַרְבָּעִים וּשְׁמוֹנָה דְבָרִים. וְאֵלּוּ הֵן:
בְּתַלְמוּד, בִּשְׁמִיעַת הָאֹזֶן, בַּעֲרִיכַת שְׂפָתָיִם, בְּבִינַת הַלֵּב, בְּשִׂכְלוּת הַלֵּב, בְּאֵימָה, בְּיִרְאָה, בַּעֲנָוָה, בְּשִׂמְחָה, בְּשִׁמּוּשׁ חֲכָמִים, בְּדִבּוּק חֲבֵרִים, בְּפִלְפּוּל הַתַּלְמִידִים, בְּיִשּׁוּב, בְּמִקְרָא, בְּמִשְׁנָה, בְּמִעוּט סְחוֹרָה, בְּמִעוּט שֵׁנָה, בְּמִעוּט שִׂיחָה, בְּמִעוּט תַּעֲנוּג, בְּמִעוּט שְׂחוֹק, בְּמִעוּט דֶּרֶךְ אֶרֶץ, בְּאֶרֶךְ אַפַּיִם, בְּלֵב טוֹב, בֶּאֱמוּנַת חֲכָמִים, וּבְקַבָּלַת הַיִּסּוּרִין.
הַמַּכִּיר אֶת־מְקוֹמוֹ, וְהַשָּׂמֵחַ בְּחֶלְקוֹ, וְהָעוֹשֶׂה סְיָג לִדְבָרָיו, וְאֵינוֹ מַחֲזִיק טוֹבָה לְעַצְמוֹ, אָהוּב, אוֹהֵב אֶת־הַמָּקוֹם, אוֹהֵב אֶת־הַבְּרִיּוֹת, אוֹהֵב אֶת־הַצְּדָקוֹת, אוֹהֵב אֶת־הַמֵּישָׁרִים, אוֹהֵב אֶת־הַתּוֹכָחוֹת, מִתְרַחֵק מִן הַכָּבוֹד, וְלֹא מֵגִיס לִבּוֹ בְּתַלְמוּדוֹ, וְאֵינוֹ שָׂמֵחַ בְּהוֹרָאָה, נוֹשֵׂא בְעֹל עִם חֲבֵרוֹ, וּמַכְרִיעוֹ לְכַף־זְכוּת, וּמַעֲמִידוֹ עַל הָאֱמֶת, וּמַעֲמִידוֹ עַל הַשָּׁלוֹם, וּמִתְיַשֵּׁב בְּתַלְמוּדוֹ, שׁוֹאֵל וּמֵשִׁיב, שׁוֹמֵעַ וּמוֹסִיף, הַלּוֹמֵד עַל מְנָת לְלַמֵּד, וְהַלּוֹמֵד עַל מְנָת לַעֲשׂוֹת, הַמַּחְכִּים אֶת־רַבּוֹ, וְהַמְכַוֵּן אֶת־שְׁמוּעָתוֹ, וְהָאוֹמֵר דָּבָר בְּשֵׁם אוֹמְרוֹ. הָא לָמַדְתָּ, שֶׁכָּל־הָאוֹמֵר דָּבָר בְּשֵׁם אוֹמְרוֹ, מֵבִיא גְאֻלָּה לָעוֹלָם, שֶׁנֶּאֱמַר: וַתֹּאמֶר אֶסְתֵּר לַמֶּלֶךְ בְּשֵׁם מָרְדֳּכָי.

ז גְּדוֹלָה תוֹרָה שֶׁהִיא נוֹתֶנֶת חַיִּים לְעוֹשֶׂיהָ בָּעוֹלָם הַזֶּה וּבָעוֹלָם הַבָּא, שֶׁנֶּאֱמַר: כִּי חַיִּים הֵם לְמֹצְאֵיהֶם, וּלְכָל־בְּשָׂרוֹ מַרְפֵּא. וְאוֹמֵר: רִפְאוּת תְּהִי לְשָׁרֶּךָ וְשִׁקּוּי לְעַצְמוֹתֶיךָ. וְאוֹמֵר: עֵץ חַיִּים הִיא לַמַּחֲזִיקִים בָּהּ, וְתֹמְכֶיהָ מְאֻשָּׁר. וְאוֹמֵר: כִּי לִוְיַת חֵן הֵם לְרֹאשֶׁךָ, וַעֲנָקִים לְגַרְגְּרֹתֶיךָ. וְאוֹמֵר: תִּתֵּן לְרֹאשְׁךָ לִוְיַת חֵן, עֲטֶרֶת תִּפְאֶרֶת תְּמַגְּנֶךָּ. וְאוֹמֵר: כִּי בִי יִרְבּוּ יָמֶיךָ, וְיוֹסִיפוּ לְךָ שְׁנוֹת חַיִּים. וְאוֹמֵר: אֹרֶךְ יָמִים בִּימִינָהּ, בִּשְׂמֹאלָהּ עֹשֶׁר וְכָבוֹד. וְאוֹמֵר: כִּי אֹרֶךְ יָמִים וּשְׁנוֹת חַיִּים וְשָׁלוֹם יוֹסִיפוּ לָךְ.

6 Torah is greater than Priesthood and Royalty.
Royalty is acquired through thirty virtues,
Priesthood through twenty-four.
Torah, however, is acquired through forty-eight virtues:

By study; by attentiveness; by orderly speech; by an understanding heart; by a perceptive heart; by awe; by fear; by humility; by joy; by ministering to the sages; by cleaving to colleagues;[47] by acute discussion with pupils; by calmness in study; by study of Scripture and Mishnah; by a minimum of business; by a minimum of sleep; by a minimum of small talk; by a minimum of worldly pleasure; by a minimum of frivolity; by a minimum of worldly pursuits; by patience; by a generous heart; by trust in the sages; by acceptance of suffering.

By knowing one's place; by contentment with one's lot; by guarding one's speech; by taking no personal credit; by being beloved; by loving God;[48] by loving all creatures; by loving charitable deeds; by loving rectitude; by loving reproof; by shunning honor; by not boasting of one's learning; by not delighting in rendering decisions; by sharing the burden with one's fellow; by influencing him to virtue; by setting him on the path of truth; by setting him on the path of peace; by concentrating on one's studies; by asking and answering questions; by absorbing knowledge and contributing to it; by studying in order to teach and to perform mitzvot; by sharpening the wisdom of his teacher; by being precise in transmitting what he has learned; by quoting his source. From this we learn that a person who quotes his source brings deliverance to the world, as it is written, "And Esther spoke to the king, in the name of Mordecai" (Esther 2:22).

7 How great is Torah! To those who fulfill it, it provides life both in this world and in the world-to-come, as it is written, "For they are life to those that find them and health to all their flesh" (Proverbs 4:22), and it is written, "It shall be health to your body and marrow to your bones" (Proverbs 3:8). And it is written, "It is a tree of life to those who grasp it and those who hold it fast are happy" (Proverbs 3:18). And it is written, "For they are a graceful garland for your head and pendants for your neck" (Proverbs 1:9). And it is written, "It will place a graceful garland upon your head and bestow a glorious crown upon you" (Proverbs 4:9). And it is written, "Long life in her right hand, in her left are riches and honor" (Proverbs 3:16). And it is written, "For a long life, years of life and peace will they bring you" (Proverbs 3:2).

ח רַבִּי שִׁמְעוֹן בֶּן־יְהוּדָה, מִשּׁוּם רַבִּי שִׁמְעוֹן בֶּן־יוֹחַי, אוֹמֵר: הַנּוֹי, וְהַכֹּחַ, וְהָעֹשֶׁר, וְהַכָּבוֹד, וְהַחָכְמָה, הַזִּקְנָה וְהַשֵּׂיבָה, וְהַבָּנִים, נָאֶה לַצַּדִּיקִים וְנָאֶה לָעוֹלָם, שֶׁנֶּאֱמַר: עֲטֶרֶת תִּפְאֶרֶת שֵׂיבָה, בְּדֶרֶךְ צְדָקָה תִּמָּצֵא. וְאוֹמֵר: תִּפְאֶרֶת בַּחוּרִים כֹּחָם, וַהֲדַר זְקֵנִים שֵׂיבָה. וְאוֹמֵר: עֲטֶרֶת חֲכָמִים עָשְׁרָם. וְאוֹמֵר: עֲטֶרֶת זְקֵנִים בְּנֵי בָנִים, וְתִפְאֶרֶת בָּנִים אֲבוֹתָם. וְאוֹמֵר: וְחָפְרָה הַלְּבָנָה וּבוֹשָׁה הַחַמָּה, כִּי מָלַךְ יהוה צְבָאוֹת בְּהַר צִיּוֹן וּבִירוּשָׁלַיִם, וְנֶגֶד זְקֵנָיו כָּבוֹד.

רַבִּי שִׁמְעוֹן בֶּן מְנַסְיָא אוֹמֵר:

אֵלּוּ שֶׁבַע מִדּוֹת שֶׁמָּנוּ חֲכָמִים לַצַּדִּיקִים, כֻּלָּם נִתְקַיְּמוּ בְּרַבִּי וּבְבָנָיו.

ט אָמַר רַבִּי יוֹסֵי בֶּן־קִסְמָא:

פַּעַם אַחַת הָיִיתִי מְהַלֵּךְ בַּדֶּרֶךְ וּפָגַע בִּי אָדָם אֶחָד וְנָתַן לִי שָׁלוֹם, וְהֶחֱזַרְתִּי לוֹ שָׁלוֹם. אָמַר לִי: רַבִּי, מֵאֵיזֶה מָקוֹם אַתָּה. אָמַרְתִּי לוֹ: מֵעִיר גְּדוֹלָה שֶׁל חֲכָמִים וְשֶׁל סוֹפְרִים אָנִי. אָמַר לִי: רַבִּי, רְצוֹנְךָ שֶׁתָּדוּר עִמָּנוּ בִּמְקוֹמֵנוּ, וַאֲנִי אֶתֵּן לְךָ אֶלֶף אֲלָפִים דִּינְרֵי זָהָב וַאֲבָנִים טוֹבוֹת וּמַרְגָּלִיּוֹת. אָמַרְתִּי לוֹ: אִם אַתָּה נוֹתֵן לִי כָּל־כֶּסֶף וְזָהָב וַאֲבָנִים טוֹבוֹת וּמַרְגָּלִיּוֹת שֶׁבָּעוֹלָם, אֵינִי דָר אֶלָּא בִּמְקוֹם תּוֹרָה. וְלֹא עוֹד, אֶלָּא שֶׁבִּשְׁעַת פְּטִירָתוֹ שֶׁל אָדָם אֵין מְלַוִּין לוֹ לָאָדָם לֹא כֶסֶף, וְלֹא זָהָב, וְלֹא אֲבָנִים טוֹבוֹת וּמַרְגָּלִיּוֹת, אֶלָּא תוֹרָה וּמַעֲשִׂים טוֹבִים בִּלְבַד, שֶׁנֶּאֱמַר: בְּהִתְהַלֶּכְךָ תַּנְחֶה אֹתָךְ, בְּשָׁכְבְּךָ תִּשְׁמוֹר עָלֶיךָ, וַהֲקִיצוֹתָ הִיא תְשִׂיחֶךָ. בְּהִתְהַלֶּכְךָ תַּנְחֶה אֹתָךְ, בָּעוֹלָם הַזֶּה. בְּשָׁכְבְּךָ תִּשְׁמוֹר עָלֶיךָ, בַּקֶּבֶר. וַהֲקִיצוֹתָ הִיא תְשִׂיחֶךָ, לָעוֹלָם הַבָּא. וְכֵן כָּתוּב בְּסֵפֶר תְּהִלִּים עַל יְדֵי דָוִד מֶלֶךְ יִשְׂרָאֵל: טוֹב לִי תוֹרַת־פִּיךָ מֵאַלְפֵי זָהָב וָכָסֶף. וְאוֹמֵר: לִי הַכֶּסֶף וְלִי הַזָּהָב, נְאֻם יהוה צְבָאוֹת.

8 *Rabbi Shimon ben Yehudah, in the name of Rabbi Shimon ben Yoḥai, taught:*

Beauty, strength, riches, honor, wisdom, old age and the hoary head, and children—all these are becoming to the righteous and becoming to the world, as it is written, "The hoary head is a glorious crown, achieved by a righteous life" (Proverbs 16:31). And it is written, "The glory of the young is their strength, the beauty of the old the hoary head" (Proverbs 20:29). And it is written, "The crown of the wise is their riches" (Proverbs 14:24). And it is written, "Children's children are the crown of the old, the glory of children are their parents" (Proverbs 17:6). And it is written, "The moon will be ashamed and the sun abashed, for *Adonai tzeva'ot* will reign in Zion and Jerusalem, and before His elders shall be glory" (Isaiah 24:23).

Rabbi Shimon ben Menasya taught:

These seven virtues which the Sages ascribed to the righteous were all present in Rabbi and in his sons.[49]

9 *Rabbi Yose ben Kisma related:*

Once I was travelling on a journey. A certain man met me and extended greetings. I greeted him in return. He inquired, "From where do you come?" I replied, "I come from a great city of scholars and sages." He said, "Rabbi, if it would please you to live with us in our community, I would give you thousands of gold *dinarim*, as well as the most precious stones and pearls in the world." I replied, "Though you give me all the silver, gold, precious stones, and pearls in the world, I would not live anywhere except in a community where there is Torah." Moreover, at the time of a person's death, neither silver, gold, precious stones, nor pearls will accompany him, only his Torah and his good deeds, as it is written, "When you walk it will lead you"—in this world; "when you lie down it will watch over you"—in the grave; "when you awake it will talk with you"—in the world-to-come. Thus is it written in the Book of Psalms by David, King of Israel, "The teaching you have proclaimed means more to me than a fortune in gold and silver" (Psalm 119:72). And it is written, "Mine is the silver, Mine the gold, says *Adonai tzeva'ot*" (Haggai 2:8).

י חֲמִשָּׁה קִנְיָנִים קָנָה הַקָּדוֹשׁ בָּרוּךְ הוּא בְּעוֹלָמוֹ, וְאֵלּוּ הֵן: תּוֹרָה, קִנְיָן אֶחָד, שָׁמַיִם וָאָרֶץ, קִנְיָן אֶחָד, אַבְרָהָם, קִנְיָן אֶחָד, יִשְׂרָאֵל, קִנְיָן אֶחָד, בֵּית הַמִּקְדָּשׁ, קִנְיָן אֶחָד.

תּוֹרָה קִנְיָן אֶחָד מִנַּיִן? דִּכְתִיב: יהוה קָנָנִי רֵאשִׁית דַּרְכּוֹ, קֶדֶם מִפְעָלָיו מֵאָז.

שָׁמַיִם וָאָרֶץ קִנְיָן אֶחָד מִנַּיִן? דִּכְתִיב: כֹּה אָמַר יהוה, הַשָּׁמַיִם כִּסְאִי וְהָאָרֶץ הֲדֹם רַגְלָי, אֵי זֶה בַיִת אֲשֶׁר תִּבְנוּ לִי וְאֵי זֶה מָקוֹם מְנוּחָתִי. וְאוֹמֵר: מָה רַבּוּ מַעֲשֶׂיךָ, יהוה, כֻּלָּם בְּחָכְמָה עָשִׂיתָ, מָלְאָה הָאָרֶץ קִנְיָנֶךָ.

אַבְרָהָם קִנְיָן אֶחָד מִנַּיִן? דִּכְתִיב: וַיְבָרְכֵהוּ וַיֹּאמַר, בָּרוּךְ אַבְרָם לְאֵל עֶלְיוֹן, קוֹנֵה שָׁמַיִם וָאָרֶץ.

יִשְׂרָאֵל קִנְיָן אֶחָד מִנַּיִן? דִּכְתִיב: עַד יַעֲבוֹר עַמְּךָ, יהוה, עַד יַעֲבוֹר עַם זוּ קָנִיתָ. וְאוֹמֵר: לִקְדוֹשִׁים אֲשֶׁר בָּאָרֶץ הֵמָּה, וְאַדִּירֵי כָּל־חֶפְצִי בָם.

בֵּית הַמִּקְדָּשׁ קִנְיָן אֶחָד מִנַּיִן? דִּכְתִיב: מָכוֹן לְשִׁבְתְּךָ פָּעַלְתָּ, יהוה. מִקְּדָשׁ, אֲדֹנָי, כּוֹנְנוּ יָדֶיךָ. וְאוֹמֵר: וַיְבִיאֵם אֶל גְּבוּל קָדְשׁוֹ, הַר זֶה קָנְתָה יְמִינוֹ.

יא כָּל־מַה שֶּׁבָּרָא הַקָּדוֹשׁ בָּרוּךְ הוּא בְּעוֹלָמוֹ, לֹא בְרָאוֹ אֶלָּא לִכְבוֹדוֹ, שֶׁנֶּאֱמַר: כֹּל הַנִּקְרָא בִשְׁמִי, וְלִכְבוֹדִי בְּרָאתִיו, יְצַרְתִּיו אַף עֲשִׂיתִיו. וְאוֹמֵר: יהוה יִמְלֹךְ לְעוֹלָם וָעֶד.

This passage is often read after each chapter of Pirkei Avot:

רַבִּי חֲנַנְיָא בֶּן־עֲקַשְׁיָא אוֹמֵר: רָצָה הַקָּדוֹשׁ בָּרוּךְ הוּא לְזַכּוֹת אֶת־יִשְׂרָאֵל, לְפִיכָךְ הִרְבָּה לָהֶם תּוֹרָה וּמִצְוֹת, שֶׁנֶּאֱמַר: יהוה חָפֵץ לְמַעַן צִדְקוֹ, יַגְדִּיל תּוֹרָה וְיַאְדִּיר.

10   The Holy One, praised-be-He, acquired five possessions[50] in His world. These are: Torah, Heaven and Earth, Abraham, the people Israel, and the Holy Temple.

How do we know about Torah? It is written, "The Lord possessed me as the first of His works, the beginning of His creation in the days of old" (Proverbs 8:22).

How do we know about Heaven and Earth? It is written, "Thus said the Lord, the Heaven is My throne and the Earth My footstool. What kind of House would you build for Me, what kind of place for My dwelling? (Isaiah 66:1). And it is written, "How manifold are Your works, O Lord! In wisdom have You made them all. The Earth is full of Your possessions" (Psalm 104:24).

How do we know about Abraham? It is written, "He blessed him and said, 'Blessed be Abraham of God most high, possessor of Heaven and Earth'" (Genesis 14:19).

How do we know about the people Israel? It is written, "Till Your people pass over, Lord, till this people You have acquired, pass over" (Exodus 15:16). It is further written, "As for the holy ones on Earth, they are the noble ones, all My delight is in them" (Psalm 16:3).

How do we know about the Holy Temple? It is written, "The place of Your abode, which You, Lord, have made, the Sanctuary, Lord, which Your hands have established" (Exodus 15:17). It is further written, "He brought them to His holy region, to the mountain which His right hand had acquired" (Psalm 78:54).

11   Everything that the Holy One, praised-be-He, created in His world, He created solely for His glory, as it is written, "Everything that is called by My name, I created it, I formed it, I made it, for My glory" (Isaiah 43:7). It is further written, "The Lord shall reign for ever and ever" (Exodus 15:18).

This passage is often read after each chapter of
Pirkei Avot:

> *Rabbi Ḥananyah ben Akashyah taught: The Holy One, praised-be-He, desired to benefit the people Israel; therefore, He gave them the Torah with an abundance of mitzvot, as it is written, "The Lord was pleased, for His righteousness' sake, to make the Torah great and glorious" (Isaiah 62:21).*
> MAKKOT III:16

NOTES

1 See *Avot D'Rabbi Natan.* Chapter 10, *Nusaḥ* B, where the reading is עַל מְנַת שֶׁלֹּא לְקַבֵּל פְּרָס.

2 Based on the variant reading מִמֶּנּוּ, rather than מֵהֶם.

3 The term האשה refers to the wife. See Genesis 3:13, Ecclesiastes 7:26.

4 מים is a favorite Rabbinic metaphor for Torah; מים רעים may be a metaphor for heretical teachings.

5 Literally, "they will die." Apostasy is equated with death.

6 Many mss read עומד instead of קים as in I:2.

7 Some transpose the order to correspond with the proof text.

8 Rabbi Yehudah Ha-Nassi, the compiler of the Mishnah.

9 Based on the variant reading לַעֹשֵׂהוּ. The Gaon of Vilna, in his commentary, cites as a proof text Proverbs 3:4.

10 Literally, "one who sees the consequences of his deeds."

11 Literally, "takes a person out of the world."

12 Some mss read וְהַמְפַנֶּה. The preferred reading is וּמְפַנֶּה.

13 Literally, "the yoke of the Kingdom."

14 The Rabbinic metaphor דרך ארץ refers to "a worldly occupation."

15 Literally, "guilty against his own soul." The word ככתוב which appears in some versions, is omitted since no biblical prohibition is specified.

16 Literally, "people of the land"—a Rabbinic metaphor for peasant, ignoramus, boor.

17 This refers to the rite of circumcision and the practice, in ancient times, to remove surgically the sign of the covenant.

18 Literally, "chief" or "head person."

19 Literally, "time of one's youth."

20 Other mss read: על פי המעשה. Another reading: אבל לא על פי המעשה.

21 Literally, "the worm." The grave is referred to as a place of רמה ותולעה. See Avot III:1.

22 Literally, "a crown."

23 Literally, "a spade to dig with."

24 Literally, "a fence."

25 An alternative rendering: "adorns them all."

26 An alternative rendering: "beyond human control."

27 Some mss attribute this saying to Rabbi Meir.

28 See on II:16, Note 11.

29 Koraḥ and his followers were swallowed by the earth (Numbers 16).

30 The Israelites drank water from this well in the wilderness (Numbers 21:16).

31 Balaam's ass had the power of speech (Numbers 22).

32 After the Flood, Noah saw a rainbow as a sign of God's covenant (Genesis 9:13).

33 Moses in Egypt used a rod to bring about certain signs (Exodus 4:17).

34 A legendary worm which could eat the hardest stone.

35 The writing on the Tablets.

36 The writing instrument with which the Tablets were lettered.

37 The first tong had to be created by God.

38 Literally, "first questions first, last ones last."

39 For laws of shemittah, see Leviticus 25:1ff.

40 For laws of gifts to the poor, see Leviticus 29:9–11.

41 See II Samuel 13:1ff.

42 See I Samuel 18:1–3.

43 See Erubin 13b.

44 See Numbers 16:1ff.

45 An alternative rendering: "he is worth the whole world."

46 The suggested emendation of שני דברים to שנדברים yields the more meaningful rendering, "who learned nothing from Aḥitofel but only conversed with him. . . ."

47 Some texts read בדקדוק, referring to the give and take of colleagues.

48 Literally, 'the Place,' a metaphor for God who is everywhere.

49 The reference is to Rabbi Judah the Prince and his illustrious descendants.

50 Some texts (Mekhilta, Pesaḥim) read: "four possessions."

It is customary to read and study these psalms from the Shabbat when the annual cycle of Torah Readings is begun (Shabbat Bereishith) until the Shabbat preceding the Shabbat before Pesaḥ (Shabbat Hagadol).

Psalms for Shabbat Minḥah begin with Psalm 104 *[page 34]* *and continue below*

שִׁיר הַמַּעֲלוֹת.

אֶל יהוה בַּצָּרָתָה לִּי קָרָאתִי וַיַּעֲנֵנִי.

יהוה, הַצִּילָה נַפְשִׁי מִשְּׂפַת־שֶׁקֶר, מִלָּשׁוֹן רְמִיָּה.

מַה יִּתֵּן לְךָ וּמַה יֹּסִיף לָךְ לָשׁוֹן רְמִיָּה.

חִצֵּי גִבּוֹר שְׁנוּנִים עִם גַּחֲלֵי רְתָמִים.

אוֹיָה לִי כִּי גַרְתִּי מֶשֶׁךְ,
שָׁכַנְתִּי עִם אָהֳלֵי קֵדָר.

רַבַּת שָׁכְנָה־לָּהּ נַפְשִׁי עִם שׂוֹנֵא שָׁלוֹם.

אֲנִי שָׁלוֹם
וְכִי אֲדַבֵּר הֵמָּה לַמִּלְחָמָה.

שִׁיר לַמַּעֲלוֹת.

אֶשָּׂא עֵינַי אֶל הֶהָרִים, מֵאַיִן יָבֹא עֶזְרִי.

עֶזְרִי מֵעִם יהוה, עֹשֵׂה שָׁמַיִם וָאָרֶץ.

אַל יִתֵּן לַמּוֹט רַגְלֶךָ, אַל יָנוּם שֹׁמְרֶךָ.

הִנֵּה לֹא יָנוּם וְלֹא יִישָׁן שׁוֹמֵר יִשְׂרָאֵל.

יהוה שֹׁמְרֶךָ, יהוה צִלְּךָ עַל יַד יְמִינֶךָ.

יוֹמָם הַשֶּׁמֶשׁ לֹא יַכֶּכָּה, וְיָרֵחַ בַּלָּיְלָה.

יהוה יִשְׁמָרְךָ מִכָּל־רָע, יִשְׁמֹר אֶת־נַפְשֶׁךָ.

יהוה יִשְׁמָר צֵאתְךָ וּבוֹאֶךָ מֵעַתָּה וְעַד עוֹלָם.

PSALMS FOR SHABBAT AFTERNOON

Psalms for Shabbat Minḥah begin with Psalm 104 [page 35] and continue below

A Song of Ascent.

To the Lord in my anguish
I call that He may answer:

*"Save me, Lord, from lying lips,
from a treacherous tongue."*

What will it benefit you,
what will you gain, treacherous tongue?

A warrior's sharp arrows and red-hot coals.

Alas that I dwell with the ruthless,
that I live among the lawless.

Too long have I lived among those who hate peace.

I am for peace,
but whenever I speak, they are for war.

PSALM 120

A Song of Ascent.

I lift up my eyes to the hills.
What is the source of my help?

*My help comes from the Lord,
Maker of the heavens and the earth.*

He will not allow you to stumble, Your Guardian will not slumber.

Indeed, the Guardian of Israel neither slumbers nor sleeps.

The Lord is your Guardian, your shelter at your side.

The sun will not smite you by day nor the moon by night.

The Lord will guard you against all evil;
He will guard you, body and soul.

*The Lord will guard your going out
and your coming home, now and forever.*

PSALM 121

שִׁיר הַמַּעֲלוֹת לְדָוִד.
שָׂמַחְתִּי בְּאֹמְרִים לִי, בֵּית יהוה נֵלֵךְ.
עֹמְדוֹת הָיוּ רַגְלֵינוּ בִּשְׁעָרַיִךְ יְרוּשָׁלָיִם.
יְרוּשָׁלַיִם הַבְּנוּיָה כְּעִיר שֶׁחֻבְּרָה־לָּהּ יַחְדָּו.
שֶׁשָּׁם עָלוּ שְׁבָטִים, שִׁבְטֵי־יָהּ עֵדוּת לְיִשְׂרָאֵל,
לְהֹדוֹת לְשֵׁם יהוה.
כִּי שָׁמָּה יָשְׁבוּ כִסְאוֹת לְמִשְׁפָּט,
כִּסְאוֹת לְבֵית דָּוִד.
שַׁאֲלוּ שְׁלוֹם יְרוּשָׁלָיִם, יִשְׁלָיוּ אֹהֲבָיִךְ.
יְהִי שָׁלוֹם בְּחֵילֵךְ, שַׁלְוָה בְּאַרְמְנוֹתָיִךְ.
לְמַעַן אַחַי וְרֵעָי אֲדַבְּרָה־נָּא שָׁלוֹם בָּךְ.
לְמַעַן בֵּית יהוה אֱלֹהֵינוּ אֲבַקְשָׁה טוֹב לָךְ.

שִׁיר הַמַּעֲלוֹת.
אֵלֶיךָ נָשָׂאתִי אֶת־עֵינַי, הַיֹּשְׁבִי בַּשָּׁמָיִם.
הִנֵּה כְעֵינֵי עֲבָדִים אֶל יַד אֲדוֹנֵיהֶם,
כְּעֵינֵי שִׁפְחָה אֶל יַד גְּבִרְתָּהּ,
כֵּן עֵינֵינוּ אֶל יהוה אֱלֹהֵינוּ עַד שֶׁיְּחָנֵּנוּ.
חָנֵּנוּ יהוה חָנֵּנוּ, כִּי רַב שָׂבַעְנוּ בוּז.
רַבַּת שָׂבְעָה־לָּהּ נַפְשֵׁנוּ
הַלַּעַג הַשַּׁאֲנַנִּים, הַבּוּז לִגְאֵי יוֹנִים.

A Song of Ascent, by David.

I rejoiced when they said to me:
"Let us go to the House of the Lord."

We stood within your gates, Jerusalem,
Jerusalem rebuilt, a city uniting all.

There the tribes ascended, the tribes of the Lord,
as Israel was commanded, to praise God.

There the seats of judgment stood,
thrones of the House of David.

Pray for the peace of Jerusalem.
May those who love you prosper.

May there be peace within your walls,
serenity within your homes.

For the sake of my comrades and companions
I pray that peace be yours.

For the sake of the House of the Lord our God
I seek your welfare.

      PSALM 122

A Song of Ascent.

I lift my eyes to You, enthroned in heaven.

As servants look to their master,
as a maidservant looks to her mistress,

we look to the Lord our God,
confident of His compassion.

Have compassion, Lord, compassion;
we have had our fill of contempt.

Too long have we had our fill of scorn
from those who are complacent, the contempt of the arrogant.

      PSALM 123

שִׁיר הַמַּעֲלוֹת לְדָוִד.

לוּלֵי יהוה שֶׁהָיָה לָנוּ, יֹאמַר נָא יִשְׂרָאֵל.

לוּלֵי יהוה שֶׁהָיָה לָנוּ בְּקוּם עָלֵינוּ אָדָם.

אֲזַי חַיִּים בְּלָעוּנוּ בַּחֲרוֹת אַפָּם בָּנוּ.

אֲזַי הַמַּיִם שְׁטָפוּנוּ, נַחְלָה עָבַר עַל נַפְשֵׁנוּ.

אֲזַי עָבַר עַל נַפְשֵׁנוּ הַמַּיִם הַזֵּידוֹנִים.

בָּרוּךְ יהוה שֶׁלֹּא נְתָנָנוּ טֶרֶף לְשִׁנֵּיהֶם.

נַפְשֵׁנוּ כְּצִפּוֹר נִמְלְטָה מִפַּח יוֹקְשִׁים,

הַפַּח נִשְׁבָּר וַאֲנַחְנוּ נִמְלָטְנוּ.

עֶזְרֵנוּ בְּשֵׁם יהוה, עֹשֵׂה שָׁמַיִם וָאָרֶץ.

שִׁיר הַמַּעֲלוֹת.

הַבֹּטְחִים בַּיהוה כְּהַר צִיּוֹן לֹא יִמּוֹט, לְעוֹלָם יֵשֵׁב.

יְרוּשָׁלַיִם הָרִים סָבִיב לָהּ,

וַיהוה סָבִיב לְעַמּוֹ מֵעַתָּה וְעַד עוֹלָם.

כִּי לֹא יָנוּחַ שֵׁבֶט הָרֶשַׁע עַל גּוֹרַל הַצַּדִּיקִים,

לְמַעַן לֹא יִשְׁלְחוּ הַצַּדִּיקִים בְּעַוְלָתָה יְדֵיהֶם.

הֵיטִיבָה יהוה לַטּוֹבִים וְלִישָׁרִים בְּלִבּוֹתָם.

וְהַמַּטִּים עֲקַלְקַלּוֹתָם יוֹלִיכֵם יהוה אֶת־פֹּעֲלֵי הָאָוֶן,

שָׁלוֹם עַל יִשְׂרָאֵל.

A Song of Ascent, by David.

Had the Lord not been on our side,
the people Israel now declare,

had the Lord not been on our side
when others rose to attack us,

they would have swallowed us alive,
so fierce was their anger against us.

The floods would have swept us away,
a torrent would have overcome us,
raging waters would have drowned us.

Praise the Lord who did not abandon us
as prey between their teeth.

We have escaped like a bird from the fowler's trap;
the trap is broken and we have escaped.

Our help lies in the Lord,
Maker of the heavens and the earth.

PSALM 124

A Song of Ascent.

Those who trust in the Lord are like Mount Zion,
immovable, enduring forever.

As the surrounding hills protect Jerusalem,
the Lord protects His people now and forever.

The rule of wickedness shall not rest upon the righteous
lest the righteous learn to set their hand to wrongdoing.

Be good to those who are good, Lord,
to those who are honorable.

But as for those who turn aside to crooked ways,
may the Lord lead them to the fate of evildoers.

May there be peace for the people Israel.

PSALM 125

שִׁיר הַמַּעֲלוֹת.

בְּשׁוּב יהוה אֶת־שִׁיבַת צִיּוֹן הָיִינוּ כְּחֹלְמִים.

אָז יִמָּלֵא שְׂחוֹק פִּינוּ וּלְשׁוֹנֵנוּ רִנָּה,

אָז יֹאמְרוּ בַגּוֹיִם, הִגְדִּיל יהוה לַעֲשׂוֹת עִם אֵלֶּה.

הִגְדִּיל יהוה לַעֲשׂוֹת עִמָּנוּ, הָיִינוּ שְׂמֵחִים.

שׁוּבָה יהוה אֶת־שְׁבִיתֵנוּ כַּאֲפִיקִים בַּנֶּגֶב.

הַזֹּרְעִים בְּדִמְעָה בְּרִנָּה יִקְצֹרוּ.

הָלוֹךְ יֵלֵךְ וּבָכֹה, נֹשֵׂא מֶשֶׁךְ הַזָּרַע,

בֹּא יָבֹא בְרִנָּה, נֹשֵׂא אֲלֻמֹּתָיו.

שִׁיר הַמַּעֲלוֹת לִשְׁלֹמֹה.

אִם יהוה לֹא יִבְנֶה בַיִת, שָׁוְא עָמְלוּ בוֹנָיו בּוֹ,

אִם יהוה לֹא יִשְׁמָר־עִיר, שָׁוְא שָׁקַד שׁוֹמֵר.

שָׁוְא לָכֶם מַשְׁכִּימֵי קוּם, מְאַחֲרֵי־שֶׁבֶת,

אֹכְלֵי לֶחֶם הָעֲצָבִים, כֵּן יִתֵּן לִידִידוֹ שֵׁנָא.

הִנֵּה נַחֲלַת יהוה בָּנִים, שָׂכָר פְּרִי הַבָּטֶן.

כְּחִצִּים בְּיַד גִּבּוֹר, כֵּן בְּנֵי הַנְּעוּרִים.

אַשְׁרֵי הַגֶּבֶר אֲשֶׁר מִלֵּא אֶת־אַשְׁפָּתוֹ מֵהֶם,

לֹא יֵבֹשׁוּ כִּי יְדַבְּרוּ אֶת־אוֹיְבִים בַּשָּׁעַר.

A Song of Ascent.

When the Lord restored our exiles to Zion,
it was like a dream.

*Then our mouths were filled with laughter,
joyous song was on our tongues.*

Then it was said among the nations:
"The Lord has done great things for them."

Great things indeed He did for us; therefore we rejoiced.

Restore us, Lord, as You return streams to Israel's desert soil.

Those who sow in tears shall reap in joyous song.

A tearful man will plant in sadness,
bearing his sack of seed.

*But he will come home in gladness,
bearing his sheaves of grain.*

  PSALM 126

A Song of Ascent, by Solomon.

Unless the Lord builds the house
its builders labor in vain.

*Unless the Lord protects the city,
the watchman stands guard in vain.*

In vain do you rise early, stay up late,
and eat your bread in anxiety;
He provides for His loved ones even while they sleep.

Children are a gift of God, fruit of the womb His reward.

Like arrows in the hand of a warrior
are the children born in one's youth.

*Blessed the man whose quiver is filled with them;
they shall not be shamed when confronting enemies in the gate.*

  PSALM 127

שִׁיר הַמַּעֲלוֹת.

אַשְׁרֵי כׇּל־יְרֵא יהוה, הַהֹלֵךְ בִּדְרָכָיו.

יְגִיעַ כַּפֶּיךָ כִּי תֹאכֵל, אַשְׁרֶיךָ וְטוֹב לָךְ.

אֶשְׁתְּךָ כְּגֶפֶן פֹּרִיָּה בְּיַרְכְּתֵי בֵיתֶךָ,
בָּנֶיךָ כִּשְׁתִלֵי זֵיתִים סָבִיב לְשֻׁלְחָנֶךָ.

הִנֵּה כִי כֵן יְבֹרַךְ גָּבֶר יְרֵא יהוה.

יְבָרֶכְךָ יהוה מִצִּיּוֹן,
וּרְאֵה בְּטוּב יְרוּשָׁלָיִם כֹּל יְמֵי חַיֶּיךָ.

וּרְאֵה בָנִים לְבָנֶיךָ,
שָׁלוֹם עַל יִשְׂרָאֵל.

שִׁיר הַמַּעֲלוֹת.

רַבַּת צְרָרוּנִי מִנְּעוּרַי, יֹאמַר נָא יִשְׂרָאֵל.

רַבַּת צְרָרוּנִי מִנְּעוּרָי, גַּם לֹא יָכְלוּ לִי.

עַל גַּבִּי חָרְשׁוּ חֹרְשִׁים, הֶאֱרִיכוּ לְמַעֲנִיתָם.

יהוה צַדִּיק, קִצֵּץ עֲבוֹת רְשָׁעִים.

יֵבֹשׁוּ וְיִסֹּגוּ אָחוֹר כֹּל שֹׂנְאֵי צִיּוֹן.

יִהְיוּ כַּחֲצִיר גַּגּוֹת, שֶׁקַּדְמַת שָׁלַף יָבֵשׁ.

שֶׁלֹּא מִלֵּא כַפּוֹ קוֹצֵר, וְחִצְנוֹ מְעַמֵּר.

וְלֹא אָמְרוּ הָעֹבְרִים בִּרְכַּת יהוה אֲלֵיכֶם,
בֵּרַכְנוּ אֶתְכֶם בְּשֵׁם יהוה.

A Song of Ascent.

Blessed are all who revere the Lord,
who follow His ways.

You shall enjoy the fruit of your labors,
you shall be happy, you shall prosper.

Your wife shall be like a fruitful vine
within your house,

your children like olive shoots
round about your table.

This is the blessing of one who reveres the Lord.

May the Lord bless you from Zion.
May you see Jerusalem prosper all the days of your life.

May you live to see children's children.
May there be peace for the people Israel.

PSALM 128

A Song of Ascent.

Though they often harrassed me since earliest times,
let the people Israel gratefully say,

though they often harrassed me since earliest times,
they have not prevailed against me.

Plowmen have plowed across my back,
in cruelty making long furrows.

Yet the Lord in justice
has snapped the cords of the wicked.

May all those who hate Zion
be put to shame and fall backward.

Let them be like grass on a roof;
before it can flourish, it fades.

It never will fill a mower's hand
nor yield an armful to the harvester.

No passersby will say to them:
"May the blessing of the Lord be yours.
We bless you in the name of the Lord."

PSALM 129

שִׁיר הַמַּעֲלוֹת.

מִמַּעֲמַקִּים קְרָאתִיךָ יהוה.

אֲדֹנָי שִׁמְעָה בְקוֹלִי,

תִּהְיֶינָה אָזְנֶיךָ קַשֻּׁבוֹת לְקוֹל תַּחֲנוּנָי.

אִם עֲוֹנוֹת תִּשְׁמָר־יָהּ, אֲדֹנָי מִי יַעֲמֹד.

כִּי עִמְּךָ הַסְּלִיחָה, לְמַעַן תִּוָּרֵא.

קִוִּיתִי יהוה, קִוְּתָה נַפְשִׁי, וְלִדְבָרוֹ הוֹחָלְתִּי.

נַפְשִׁי לַאדֹנָי מִשֹּׁמְרִים לַבֹּקֶר, שֹׁמְרִים לַבֹּקֶר.

יַחֵל יִשְׂרָאֵל אֶל יהוה,

כִּי עִם יהוה הַחֶסֶד וְהַרְבֵּה עִמּוֹ פְדוּת.

וְהוּא יִפְדֶּה אֶת־יִשְׂרָאֵל מִכֹּל עֲוֹנוֹתָיו.

שִׁיר הַמַּעֲלוֹת לְדָוִד.

יהוה, לֹא גָבַהּ לִבִּי וְלֹא רָמוּ עֵינַי

וְלֹא הִלַּכְתִּי בִּגְדֹלוֹת וּבְנִפְלָאוֹת מִמֶּנִּי.

אִם לֹא שִׁוִּיתִי וְדוֹמַמְתִּי נַפְשִׁי

כְּגָמֻל עֲלֵי אִמּוֹ כַּגָּמֻל עָלַי נַפְשִׁי.

יַחֵל יִשְׂרָאֵל אֶל יהוה מֵעַתָּה וְעַד עוֹלָם.

A Song of Ascent.

Out of the depths I call to You;
Lord, hear my cry, heed my plea.

Be attentive to my prayers,
to my sigh of supplication.

Who could survive, Lord,
if You kept count of every sin?

But forgiveness is Yours,
that we may worship You.

My whole being waits for the Lord,
with hope I wait for His word.

I yearn for the Lord
more eagerly than watchmen for the dawn.

Put your hope in the Lord,
for the Lord is generous with mercy.

Abundant is His power to redeem;
He will redeem the people Israel from all sin.

  PSALM 130

A Song of Ascent, by David.

My heart is not haughty, Lord,
no lofty looks are mine.

I do not meddle with the sublime,
with matters too wondrous for me.

I have calmed and quieted my soul
like a child weaned at its mother's breast.

Israel, put your hope in the Lord
now and forever.

  PSALM 131

שִׁיר הַמַּעֲלוֹת.

זְכוֹר יהוה לְדָוִד אֵת כָּל־עֻנּוֹתוֹ.

אֲשֶׁר נִשְׁבַּע לַיהוה, נָדַר לַאֲבִיר יַעֲקֹב.

אִם אָבֹא בְּאֹהֶל בֵּיתִי,
אִם אֶעֱלֶה עַל עֶרֶשׂ יְצוּעָי.

אִם אֶתֵּן שְׁנָת לְעֵינָי,
לְעַפְעַפַּי תְּנוּמָה.

עַד אֶמְצָא מָקוֹם לַיהוה,
מִשְׁכָּנוֹת לַאֲבִיר יַעֲקֹב.

הִנֵּה שְׁמַעֲנוּהָ בְאֶפְרָתָה,
מְצָאנוּהָ בִּשְׂדֵי יָעַר.

נָבוֹאָה לְמִשְׁכְּנוֹתָיו,
נִשְׁתַּחֲוֶה לַהֲדֹם רַגְלָיו.

קוּמָה יהוה לִמְנוּחָתֶךָ,
אַתָּה וַאֲרוֹן עֻזֶּךָ.

כֹּהֲנֶיךָ יִלְבְּשׁוּ צֶדֶק,
וַחֲסִידֶיךָ יְרַנֵּנוּ.

בַּעֲבוּר דָּוִד עַבְדֶּךָ
אַל תָּשֵׁב פְּנֵי מְשִׁיחֶךָ.

נִשְׁבַּע יהוה לְדָוִד,
אֱמֶת לֹא יָשׁוּב מִמֶּנָּה,
מִפְּרִי בִטְנְךָ אָשִׁית לְכִסֵּא לָךְ.

אִם יִשְׁמְרוּ בָנֶיךָ בְּרִיתִי,
וְעֵדֹתִי זוֹ אֲלַמְּדֵם,
גַּם בְּנֵיהֶם עֲדֵי עַד יֵשְׁבוּ לְכִסֵּא לָךְ.

כִּי בָחַר יהוה בְּצִיּוֹן, אִוָּהּ לְמוֹשָׁב לוֹ.

זֹאת מְנוּחָתִי עֲדֵי עַד, פֹּה אֵשֵׁב כִּי אִוִּתִיהָ.

A Song of Ascent.

Remember, Lord, in David's favor,
his great self-denial,

how he took an oath to the Lord
and vowed to the Mighty One of Jacob:

"I will not enter my house
nor will I lie upon my bed,

"I will not close my eyes in sleep
nor shut my eyes in slumber

"until I find a sanctuary for the Lord,
a dwelling for the Mighty One of Jacob."

Searching, we heard that the Ark was in Efrat,
then we found it in the region of Yaar.

Now let us enter His dwelling,
let us worship at His footstool.

Advance, Lord, to Your resting place,
You and the Ark of Your might.

Let Your *kohanim* be clothed in triumph,
let Your faithful sing for joy.

For the sake of Your servant David,
do not reject Your anointed.

The Lord has sworn to David
an oath which He will not renounce:
"The fruit of your body will I set upon Your throne.

"If your children keep My covenant,
heed the teachings that I give them,
their children forever shall sit upon your throne."

For the Lord loves Zion, desiring it for His home:

"This is My resting place forever;
here will I dwell, for such is My desire.

צֵידָהּ בָּרֵךְ אֲבָרֵךְ, אֶבְיוֹנֶיהָ אַשְׂבִּיעַ לָחֶם.

וְכֹהֲנֶיהָ אַלְבִּישׁ יֶשַׁע, וַחֲסִידֶיהָ רַנֵּן יְרַנֵּנוּ.

שָׁם אַצְמִיחַ קֶרֶן לְדָוִד,
עָרַכְתִּי נֵר לִמְשִׁיחִי.
אוֹיְבָיו אַלְבִּישׁ בֹּשֶׁת, וְעָלָיו יָצִיץ נִזְרוֹ.

שִׁיר הַמַּעֲלוֹת לְדָוִד.
הִנֵּה מַה טּוֹב וּמַה־נָּעִים שֶׁבֶת אַחִים גַּם יָחַד.
כַּשֶּׁמֶן הַטּוֹב עַל הָרֹאשׁ, יֹרֵד עַל הַזָּקָן,
זְקַן־אַהֲרֹן שֶׁיֹּרֵד עַל פִּי מִדּוֹתָיו.
כְּטַל חֶרְמוֹן שֶׁיֹּרֵד עַל הַרְרֵי צִיּוֹן,
כִּי שָׁם צִוָּה יהוה אֶת־הַבְּרָכָה,
חַיִּים עַד הָעוֹלָם.

שִׁיר הַמַּעֲלוֹת.
הִנֵּה בָּרְכוּ אֶת־יהוה כָּל־עַבְדֵי יהוה,
הָעֹמְדִים בְּבֵית יהוה בַּלֵּילוֹת.
שְׂאוּ יְדֵכֶם קֹדֶשׁ וּבָרְכוּ אֶת־יהוה.
יְבָרֶכְךָ יהוה מִצִּיּוֹן, עֹשֵׂה שָׁמַיִם וָאָרֶץ.

"I will richly bless her provisions;
I will satisfy her needy with bread.

*"I will clothe her kohanim in victory,
and her faithful shall sing for joy.*

"There will I renew David's dynasty,
prepare a lamp for My anointed.

*"I will clothe his foes in shame,
while his own crown shall sparkle."*

      PSALM 132

A Song of Ascent, by David.

How good it is, and how pleasant,
when comrades dwell in harmony.

*It is like precious oil upon the head,
flowing down the beard, Aaron's beard,
to the very edges of his robe.*

It is like abundant dew falling on the hills of Zion.

*There the Lord bestows His blessings,
life forevermore.*

      PSALM 133

A Song of Ascent.

Praise the Lord, all servants of the Lord
who stand each night in the House of the Lord.

*Raise your hands in prayer toward the sanctuary
and praise the Lord.*

May the Lord, who made the heavens and the earth,
bless you from Zion.

      PSALM 134

The evening service begins on page 200. After page 222, we continue below.

ḤATZI KADDISH

Reader:

יִתְגַּדַּל וְיִתְקַדַּשׁ שְׁמֵהּ רַבָּא בְּעָלְמָא דִּי בְרָא כִרְעוּתֵהּ, וְיַמְלִיךְ
מַלְכוּתֵהּ בְּחַיֵּיכוֹן וּבְיוֹמֵיכוֹן וּבְחַיֵּי דְכָל־בֵּית יִשְׂרָאֵל, בַּעֲגָלָא
וּבִזְמַן קָרִיב, וְאִמְרוּ אָמֵן.

Congregation and Reader:

יְהֵא שְׁמֵהּ רַבָּא מְבָרַךְ לְעָלַם וּלְעָלְמֵי עָלְמַיָּא.

Reader:

יִתְבָּרַךְ וְיִשְׁתַּבַּח וְיִתְפָּאַר וְיִתְרוֹמַם וְיִתְנַשֵּׂא, וְיִתְהַדַּר וְיִתְעַלֶּה
וְיִתְהַלַּל שְׁמֵהּ דְּקֻדְשָׁא, בְּרִיךְ הוּא לְעֵלָּא (לְעֵלָּא מִכָּל־) מִן
כָּל־בִּרְכָתָא וְשִׁירָתָא, תֻּשְׁבְּחָתָא וְנֶחֱמָתָא דַּאֲמִירָן בְּעָלְמָא,
וְאִמְרוּ אָמֵן.

CONCLUDING SERVICE FOR SHABBAT

The evening service begins on page 201. After page 223, we continue below.

 ## ḤATZI KADDISH

Reader:

Hallowed and enhanced may He be throughout the world of His own creation. May He cause His sovereignty soon to be accepted, during our life and the life of all Israel. And let us say: Amen.

Congregation and Reader:

Y'hei sh'mei raba mevarakh l'alam u-l'almei almaya.

May He be praised throughout all time.

Reader:

Glorified and celebrated, lauded and worshiped, acclaimed and honored, extolled and exalted may the Holy One be, praised beyond all song and psalm, beyond all tributes which mortals can utter. And let us say: Amen.

We begin our transition from Shabbat to a new week with the following verses (On Tisha B'av the verses from Psalms 90 and 91 are omitted):

וִיהִי נֹעַם אֲדֹנָי אֱלֹהֵינוּ עָלֵינוּ,
וּמַעֲשֵׂה יָדֵינוּ כּוֹנְנָה עָלֵינוּ, וּמַעֲשֵׂה יָדֵינוּ כּוֹנְנֵהוּ.

יֹשֵׁב בְּסֵתֶר עֶלְיוֹן, בְּצֵל שַׁדַּי יִתְלוֹנָן. אֹמַר לַיהוה מַחְסִי וּמְצוּדָתִי, אֱלֹהַי אֶבְטַח בּוֹ. כִּי הוּא יַצִּילְךָ מִפַּח יָקוּשׁ, מִדֶּבֶר הַוּוֹת. בְּאֶבְרָתוֹ יָסֶךְ לָךְ וְתַחַת כְּנָפָיו תֶּחְסֶה, צִנָּה וְסֹחֵרָה אֲמִתּוֹ. לֹא תִירָא מִפַּחַד לָיְלָה, מֵחֵץ יָעוּף יוֹמָם. מִדֶּבֶר בָּאֹפֶל יַהֲלֹךְ, מִקֶּטֶב יָשׁוּד צָהֳרָיִם. יִפֹּל מִצִּדְּךָ אֶלֶף וּרְבָבָה מִימִינֶךָ, אֵלֶיךָ לֹא יִגָּשׁ. רַק בְּעֵינֶיךָ תַבִּיט וְשִׁלֻּמַת רְשָׁעִים תִּרְאֶה. כִּי אַתָּה יהוה מַחְסִי, עֶלְיוֹן שַׂמְתָּ מְעוֹנֶךָ. לֹא תְאֻנֶּה אֵלֶיךָ רָעָה וְנֶגַע לֹא יִקְרַב בְּאָהֳלֶךָ. כִּי מַלְאָכָיו יְצַוֶּה־לָּךְ לִשְׁמָרְךָ בְּכָל־דְּרָכֶיךָ. עַל כַּפַּיִם יִשָּׂאוּנְךָ פֶּן תִּגֹּף בָּאֶבֶן רַגְלֶךָ. עַל שַׁחַל וָפֶתֶן תִּדְרֹךְ, תִּרְמֹס כְּפִיר וְתַנִּין. כִּי בִי חָשַׁק וַאֲפַלְּטֵהוּ, אֲשַׂגְּבֵהוּ כִּי יָדַע שְׁמִי. □ יִקְרָאֵנִי וְאֶעֱנֵהוּ, עִמּוֹ אָנֹכִי בְצָרָה, אֲחַלְּצֵהוּ וַאֲכַבְּדֵהוּ. אֹרֶךְ יָמִים אַשְׂבִּיעֵהוּ, וְאַרְאֵהוּ בִּישׁוּעָתִי.
אֹרֶךְ יָמִים אַשְׂבִּיעֵהוּ, וְאַרְאֵהוּ בִּישׁוּעָתִי.

וְאַתָּה קָדוֹשׁ יוֹשֵׁב תְּהִלּוֹת יִשְׂרָאֵל. וְקָרָא זֶה אֶל זֶה וְאָמַר: קָדוֹשׁ קָדוֹשׁ קָדוֹשׁ יהוה צְבָאוֹת, מְלֹא כָל־הָאָרֶץ כְּבוֹדוֹ. וּמְקַבְּלִין דֵּין מִן דֵּין וְאָמְרִין: קַדִּישׁ בִּשְׁמֵי מְרוֹמָא עִלָּאָה בֵּית שְׁכִינְתֵּהּ, קַדִּישׁ עַל אַרְעָא עוֹבַד גְּבוּרְתֵּהּ, קַדִּישׁ לְעָלַם וּלְעָלְמֵי עָלְמַיָּא. יהוה צְבָאוֹת, מַלְיָא כָל־אַרְעָא זִיו יְקָרֵהּ.

וַתִּשָּׂאֵנִי רוּחַ וָאֶשְׁמַע אַחֲרַי קוֹל רַעַשׁ גָּדוֹל: בָּרוּךְ כְּבוֹד יהוה מִמְּקוֹמוֹ. וּנְטָלַתְנִי רוּחָא וְשִׁמְעֵית בַּתְרַי קָל זִיעַ סַגִּיא דִּמְשַׁבְּחִין וְאָמְרִין: בְּרִיךְ יְקָרָא דַיהוה מֵאֲתַר בֵּית שְׁכִינְתֵּהּ. יהוה יִמְלֹךְ לְעוֹלָם וָעֶד. יהוה מַלְכוּתֵהּ קָאֵם לְעָלַם וּלְעָלְמֵי עָלְמַיָּא.

*We begin our transition from Shabbat to a new
week with the following verses (On Tisha B'av
the verses from Psalms 90 and 91 are omitted):*

May the Lord our God show us compassion,
and may He establish the work of our hands.
May He firmly establish the work of our hands.

PSALM 90:17

Dwelling in the shelter of the Most High, abiding in the shadow of the
Almighty, I call the Lord my refuge and fortress, my God in whom I
trust. He will save you from the fowler's snare, from deadly pesti-
lence. He will cover you with His wings; in His shelter you will find
refuge. Fear not the terror by night or the arrow that flies by day, the
pestilence that stalks in darkness or the plague that rages at noon.
Though a thousand fall at your side, ten thousand close at hand, it
will never touch you; His faithfulness will shield you. You need only
look with your eyes to see the recompense of the wicked. You have
made the Lord your refuge, the Most High your haven. No evil shall
befall you, no plague shall approach your dwelling. He will instruct
His angels to guard you in all your paths, to carry you in their hands
lest you stumble on a stone. You will step on cubs and cobras, tread
safely on lions and serpents. "Since he is devoted to Me I will deliver
him; I will protect him because he cares for Me. When he calls to Me
I will answer, I will be with him in time of trouble; I will rescue him
and honor him. I will satisfy him with long life, and lead him to enjoy
My salvation fully."

PSALM 91

*The words in italics are a midrashic interpreta-
tion of the biblical verses which precede them*

You are holy, enthroned upon the praises of the people Israel. "The
angels on high called one to another: 'Holy, holy, holy *Adonai
tzeva'ot;* His glory fills the whole world.'" *They receive sanction
from one another, saying "Adonai tzeva'ot is holy in the highest
heavens, holy on the earth and holy forever, throughout all time; the
radiance of His glory fills the whole world."*

"Then a wind lifted me up and I heard the sound of a great rushing
behind me, saying, 'Praised be the glory of the Lord from His place.'"
*Then a wind lifted me up and I heard the sound of a great rushing
behind me, the sound of those who utter praise, saying, "Praised be
the glory of the Lord from the place of His Presence."* "The Lord shall
reign throughout all time." *The sovereignty of the Lord endures for-
ever, throughout all time.*

יהוה אֱלֹהֵי אַבְרָהָם יִצְחָק וְיִשְׂרָאֵל אֲבוֹתֵינוּ, שָׁמְרָה־זֹּאת לְעוֹלָם לְיֵצֶר מַחְשְׁבוֹת לְבַב עַמֶּךָ, וְהָכֵן לְבָבָם אֵלֶיךָ. וְהוּא רַחוּם יְכַפֵּר עָוֹן וְלֹא יַשְׁחִית, וְהִרְבָּה לְהָשִׁיב אַפּוֹ וְלֹא יָעִיר כָּל־חֲמָתוֹ. כִּי אַתָּה אֲדֹנָי טוֹב וְסַלָּח, וְרַב חֶסֶד לְכָל־קֹרְאֶיךָ. צִדְקָתְךָ צֶדֶק לְעוֹלָם וְתוֹרָתְךָ אֱמֶת. תִּתֵּן אֱמֶת לְיַעֲקֹב, חֶסֶד לְאַבְרָהָם, אֲשֶׁר נִשְׁבַּעְתָּ לַאֲבוֹתֵינוּ מִימֵי קֶדֶם. בָּרוּךְ אֲדֹנָי, יוֹם יוֹם יַעֲמָס־לָנוּ הָאֵל יְשׁוּעָתֵנוּ, סֶלָה. יהוה צְבָאוֹת עִמָּנוּ, מִשְׂגָּב לָנוּ אֱלֹהֵי יַעֲקֹב, סֶלָה. יהוה צְבָאוֹת, אַשְׁרֵי אָדָם בֹּטֵחַ בָּךְ. יהוה הוֹשִׁיעָה, הַמֶּלֶךְ יַעֲנֵנוּ בְיוֹם קָרְאֵנוּ.

בָּרוּךְ הוּא אֱלֹהֵינוּ שֶׁבְּרָאָנוּ לִכְבוֹדוֹ, וְהִבְדִּילָנוּ מִן הַתּוֹעִים, וְנָתַן לָנוּ תּוֹרַת אֱמֶת, וְחַיֵּי עוֹלָם נָטַע בְּתוֹכֵנוּ. הוּא יִפְתַּח לִבֵּנוּ בְּתוֹרָתוֹ וְיָשֵׂם בְּלִבֵּנוּ אַהֲבָתוֹ וְיִרְאָתוֹ, וְלַעֲשׂוֹת רְצוֹנוֹ וּלְעָבְדוֹ בְּלֵבָב שָׁלֵם, לְמַעַן לֹא נִיגַע לָרִיק וְלֹא נֵלֵד לַבֶּהָלָה. יְהִי רָצוֹן מִלְּפָנֶיךָ יהוה אֱלֹהֵינוּ וֵאלֹהֵי אֲבוֹתֵינוּ, שֶׁנִּשְׁמֹר חֻקֶּיךָ בָּעוֹלָם הַזֶּה, וְנִזְכֶּה וְנִחְיֶה וְנִרְאֶה וְנִירַשׁ טוֹבָה וּבְרָכָה לִשְׁנֵי יְמוֹת הַמָּשִׁיחַ וּלְחַיֵּי הָעוֹלָם הַבָּא. לְמַעַן יְזַמֶּרְךָ כָבוֹד וְלֹא יִדֹּם, יהוה אֱלֹהַי לְעוֹלָם אוֹדֶךָּ. בָּרוּךְ הַגֶּבֶר אֲשֶׁר יִבְטַח בַּיהוה, וְהָיָה יהוה מִבְטַחוֹ. בִּטְחוּ בַיהוה עֲדֵי עַד, כִּי בְּיָהּ יהוה צוּר עוֹלָמִים. □ וְיִבְטְחוּ בְךָ יוֹדְעֵי שְׁמֶךָ, כִּי לֹא עָזַבְתָּ דֹרְשֶׁיךָ יהוה. יהוה חָפֵץ לְמַעַן צִדְקוֹ, יַגְדִּיל תּוֹרָה וְיַאְדִּיר.

Lord our God and God of our ancestors, impress this forever upon Your people, directing our hearts toward You: God, being merciful, grants atonement for sin and does not destroy. Time and again He restrains wrath, refuses to let rage be all-consuming. You, Lord, are kind and forgiving, loving all who call to You. Your righteousness is everlasting, Your Torah is truth. You will be faithful to Jacob, merciful to Abraham, fulfilling the promise You made to our ancestors. Praised is the Lord who daily sustains us; He is the God of our deliverance. *Adonai tzeva'ot* is with us; the God of Jacob is our Refuge. *Adonai tzeva'ot*, blessed is the one who trusts in You. O Lord, help us; answer us, O King, when we call.

Praised is our God who created us for His glory. By giving us His Torah He set us apart from those who go astray, and planted within us life eternal. May He open our hearts to His Torah, inspiring us to love and revere Him, wholeheartedly to serve Him. Thus shall we not labor in vain, nor shall our children suffer confusion. Lord our God and God of our ancestors, may we fulfill Your precepts in this world to be worthy of attaining happiness and blessing in the messianic era and in the world to come. Thus I will sing Your praise unceasingly, thus will I exalt You, Lord my God, forever. Blessed is the one who trusts in the Lord. Trust in the Lord for ever and ever; the Lord is an unfailing stronghold. Those who love Him trust in Him; He never forsakes those who seek Him. The Lord, through His righteousness, exalts the Torah with greatness and glory.

Reader:

יִתְגַּדַּל וְיִתְקַדַּשׁ שְׁמֵהּ רַבָּא בְּעָלְמָא דִּי בְרָא כִרְעוּתֵהּ, וְיַמְלִיךְ מַלְכוּתֵהּ בְּחַיֵּיכוֹן וּבְיוֹמֵיכוֹן וּבְחַיֵּי דְכָל־בֵּית יִשְׂרָאֵל, בַּעֲגָלָא וּבִזְמַן קָרִיב, וְאִמְרוּ אָמֵן.

Congregation and Reader:

יְהֵא שְׁמֵהּ רַבָּא מְבָרַךְ לְעָלַם וּלְעָלְמֵי עָלְמַיָּא.

Reader:

יִתְבָּרַךְ וְיִשְׁתַּבַּח וְיִתְפָּאַר וְיִתְרוֹמַם וְיִתְנַשֵּׂא, וְיִתְהַדַּר וְיִתְעַלֶּה וְיִתְהַלַּל שְׁמֵהּ דְּקֻדְשָׁא, בְּרִיךְ הוּא לְעֵלָּא (לְעֵלָּא מִכָּל־) מִן כָּל־בִּרְכָתָא וְשִׁירָתָא, תֻּשְׁבְּחָתָא וְנֶחֱמָתָא דַּאֲמִירָן בְּעָלְמָא, וְאִמְרוּ אָמֵן.

תִּתְקַבַּל צְלוֹתְהוֹן וּבָעוּתְהוֹן דְּכָל־יִשְׂרָאֵל קֳדָם אֲבוּהוֹן דִּי בִשְׁמַיָּא וְאִמְרוּ אָמֵן.

יְהֵא שְׁלָמָא רַבָּא מִן שְׁמַיָּא וְחַיִּים עָלֵינוּ וְעַל כָּל־יִשְׂרָאֵל, וְאִמְרוּ אָמֵן.

עוֹשֶׂה שָׁלוֹם בִּמְרוֹמָיו, הוּא יַעֲשֶׂה שָׁלוֹם עָלֵינוּ וְעַל כָּל־יִשְׂרָאֵל, וְאִמְרוּ אָמֵן.

From the eve of the second day of Pesaḥ until Shavuot eve, the Omer is counted. We rise and turn to page 236.

 **KADDISH SHALEM**

Reader:

Hallowed and enhanced may He be throughout the world of His own creation. May He cause His sovereignty soon to be accepted, during our life and the life of all Israel. And let us say: Amen.

Congregation and Reader:

Y'hei sh'mei raba mevarakh l'alam u-l'almei almaya.

May He be praised throughout all time.

Reader:

Glorified and celebrated, lauded and worshiped, acclaimed and honored, extolled and exalted may the Holy One be, praised beyond all song and psalm, beyond all tributes which mortals can utter. And let us say: Amen.

May the prayers and pleas of the whole House of Israel be accepted by our Father in Heaven. And let us say: Amen.

Let there be abundant peace from Heaven, with life's goodness for us and for all the people Israel. And let us say: Amen.

He who brings peace to His universe will bring peace to us and to all the people Israel. And let us say: Amen.

From the eve of the second day of Pesaḥ until Shavuot eve, the Omer is counted. We rise and turn to page 236.

We now recall blessings given in ancient times, with the hope that God's blessings will accompany us in the new week. (Different portions of this anthology may be recited each week, always concluding with the final passage on page 694, beginning יהי*)*

וְיִתֶּן לְךָ הָאֱלֹהִים מִטַּל הַשָּׁמַיִם וּמִשְׁמַנֵּי הָאָרֶץ, וְרֹב דָּגָן וְתִירֹשׁ. יַעַבְדוּךָ עַמִּים וְיִשְׁתַּחֲווּ לְךָ לְאֻמִּים. הֱוֵה גְבִיר לְאַחֶיךָ וְיִשְׁתַּחֲווּ לְךָ בְּנֵי אִמֶּךָ. אֹרְרֶיךָ אָרוּר וּמְבָרְכֶיךָ בָּרוּךְ. וְאֵל שַׁדַּי יְבָרֵךְ אֹתְךָ וְיַפְרְךָ וְיַרְבֶּךָ, וְהָיִיתָ לִקְהַל עַמִּים. וְיִתֶּן לְךָ אֶת־בִּרְכַּת אַבְרָהָם, לְךָ וּלְזַרְעֲךָ אִתָּךְ, לְרִשְׁתְּךָ אֶת־אֶרֶץ מְגֻרֶיךָ אֲשֶׁר נָתַן אֱלֹהִים לְאַבְרָהָם.

מֵאֵל אָבִיךָ וְיַעְזְרֶךָּ, וְאֵת שַׁדַּי וִיבָרְכֶךָּ, בִּרְכֹת שָׁמַיִם מֵעָל, בִּרְכֹת תְּהוֹם רֹבֶצֶת תָּחַת, בִּרְכֹת שָׁדַיִם וָרָחַם. בִּרְכֹת אָבִיךָ גָּבְרוּ עַל בִּרְכֹת הוֹרַי עַד תַּאֲוַת גִּבְעֹת עוֹלָם. תִּהְיֶיןָ לְרֹאשׁ יוֹסֵף וּלְקָדְקֹד נְזִיר אֶחָיו.

וַאֲהֵבְךָ וּבֵרַכְךָ וְהִרְבֶּךָ, וּבֵרַךְ פְּרִי בִטְנְךָ וּפְרִי אַדְמָתֶךָ, דְּגָנְךָ וְתִירֹשְׁךָ וְיִצְהָרֶךָ, שְׁגַר אֲלָפֶיךָ וְעַשְׁתְּרֹת צֹאנֶךָ עַל הָאֲדָמָה אֲשֶׁר נִשְׁבַּע לַאֲבֹתֶיךָ לָתֶת לָךְ. בָּרוּךְ תִּהְיֶה מִכָּל־הָעַמִּים. לֹא יִהְיֶה בְךָ עָקָר וַעֲקָרָה, וּבִבְהֶמְתֶּךָ. וְהֵסִיר יהוה מִמְּךָ כָּל־חֹלִי, וְכָל־מַדְוֵי מִצְרַיִם הָרָעִים אֲשֶׁר יָדַעְתָּ, לֹא יְשִׂימָם בָּךְ וּנְתָנָם בְּכָל־שֹׂנְאֶיךָ.

*We now recall blessings given in ancient times,
with the hope that God's blessings will
accompany us in the new week. (Different
portions of this anthology may be recited each
week, always concluding with the final passage
on page 695, beginning "May the Lord our God
be with us . . .")*

These are Isaac's blessings to Jacob: "May God grant you dew from
the heavens and rich soil upon the earth, abundance of grain and
wine. May nations serve you and peoples bow to you; be a master for
your kinsmen and let your mother's sons bow to you. Cursed be those
who curse you, blessed be those who bless you. May Almighty God
bless you, make you fruitful and numerous, increasing your descen-
dants until you become an assemblage of nations. May He bestow the
blessing of Abraham upon you and your descendants, so that you may
inherit the land where you reside, the land which God gave to
Abraham."

GENESIS 27:28–29; 28:3–4

This is the blessing of Jacob to his sons: "May the God of your father
who helps you, Almighty God who blesses you, grant you blessings of
the heavens above, blessings of deep waters resting below, blessings
of breast and womb. May the blessings of your father surpass the
blessings of my ancestors, to the utmost bounds of the everlasting
hills. May they rest upon the head of Joseph, on the brow of the
prince among his brothers."

GENESIS 49:25–26

This is the blessing of Moses to the people Israel: "God will love you,
bless you and make you numerous. He will bless the fruit of your
body and the fruit of your soil, your grain and wine and oil, the calves
of your herds and the lambs of your flocks, in the land that He pro-
mised your ancestors to give you. You shall be blessed beyond all
other nations; there shall be no impotent male or barren female
among you or among your cattle. The Lord will free you from all sick-
ness; He will not bring upon you any of the dreadful diseases of Egypt
which you know so well, but will bring them upon all who hate you."

DEUTERONOMY 7:13–15

הַמַּלְאָךְ הַגֹּאֵל אֹתִי מִכָּל־רָע יְבָרֵךְ אֶת־הַנְּעָרִים, וְיִקָּרֵא בָהֶם שְׁמִי וְשֵׁם אֲבֹתַי אַבְרָהָם וְיִצְחָק, וְיִדְגּוּ לָרֹב בְּקֶרֶב הָאָרֶץ.

יהוה אֱלֹהֵיכֶם הִרְבָּה אֶתְכֶם, וְהִנְּכֶם הַיּוֹם כְּכוֹכְבֵי הַשָּׁמַיִם לָרֹב. יהוה אֱלֹהֵי אֲבוֹתֵיכֶם יֹסֵף עֲלֵיכֶם כָּכֶם אֶלֶף פְּעָמִים, וִיבָרֵךְ אֶתְכֶם כַּאֲשֶׁר דִּבֶּר לָכֶם.

בָּרוּךְ אַתָּה בָּעִיר, וּבָרוּךְ אַתָּה בַּשָּׂדֶה. בָּרוּךְ אַתָּה בְּבֹאֶךָ, וּבָרוּךְ אַתָּה בְּצֵאתֶךָ. בָּרוּךְ טַנְאֲךָ וּמִשְׁאַרְתֶּךָ. בָּרוּךְ פְּרִי בִטְנְךָ וּפְרִי אַדְמָתְךָ וּפְרִי בְהֶמְתֶּךָ, שְׁגַר אֲלָפֶיךָ וְעַשְׁתְּרוֹת צֹאנֶךָ. יְצַו יהוה אִתְּךָ אֶת־הַבְּרָכָה בַּאֲסָמֶיךָ וּבְכֹל מִשְׁלַח יָדֶךָ, וּבֵרַכְךָ בָּאָרֶץ אֲשֶׁר יהוה אֱלֹהֶיךָ נֹתֵן לָךְ. יִפְתַּח יהוה לְךָ אֶת־אוֹצָרוֹ הַטּוֹב, אֶת־הַשָּׁמַיִם, לָתֵת מְטַר אַרְצְךָ בְּעִתּוֹ וּלְבָרֵךְ אֵת כָּל־מַעֲשֵׂה יָדֶךָ, וְהִלְוִיתָ גּוֹיִם רַבִּים וְאַתָּה לֹא תִלְוֶה.

מָחִיתִי כָעָב פְּשָׁעֶיךָ וְכֶעָנָן חַטֹּאתֶיךָ. שׁוּבָה אֵלַי כִּי גְאַלְתִּיךָ. רָנּוּ שָׁמַיִם כִּי עָשָׂה יהוה, הָרִיעוּ תַּחְתִּיּוֹת אָרֶץ, פִּצְחוּ הָרִים רִנָּה, יַעַר וְכָל־עֵץ בּוֹ, כִּי גָאַל יהוה יַעֲקֹב, וּבְיִשְׂרָאֵל יִתְפָּאָר. גֹּאֲלֵנוּ יהוה צְבָאוֹת שְׁמוֹ, קְדוֹשׁ יִשְׂרָאֵל.

הִנֵּה אֵל יְשׁוּעָתִי, אֶבְטַח וְלֹא אֶפְחָד, כִּי עָזִּי וְזִמְרָת יָהּ יהוה, וַיְהִי לִי לִישׁוּעָה. וּשְׁאַבְתֶּם מַיִם בְּשָׂשׂוֹן מִמַּעַיְנֵי הַיְשׁוּעָה. וַאֲמַרְתֶּם בַּיּוֹם הַהוּא: הוֹדוּ לַיהוה, קִרְאוּ בִשְׁמוֹ, הוֹדִיעוּ בָעַמִּים עֲלִילֹתָיו, הַזְכִּירוּ כִּי נִשְׂגָּב שְׁמוֹ. זַמְּרוּ יהוה כִּי גֵאוּת

This is Jacob's blessing to Joseph and his sons: "May the angel who has redeemed me from all harm bless these lads. May they carry on my name, and the names of my fathers, Abraham and Isaac, and may they grow into a multitude on earth."

GENESIS 48:16

This is the blessing of Moses to the people Israel: "The Lord your God has increased your number so that today you are as numerous as the stars in the sky. May the Lord, the God of your ancestors, increase your number a thousandfold, and may He bless you as He has promised."

DEUTERONOMY 1:10–11

These are God's blessings transmitted by Moses to the people Israel: "Blessed shall you be in the city and blessed in the country. Blessed shall you be in your comings and in your goings. Blessed shall be your basket and your kneading bowl. Blessed shall be the fruit of your body, the fruit of your soil, and the fruit of your cattle, the calves of your herds and the lambs of your flocks. May the Lord ordain blessings for you in your granaries and in all your labors, blessing you in the land which your God is giving you. May the Lord open for you His bountiful treasury, the heavens, to provide rain for your land at the proper time and to bless you in all your labors, so that you will be creditor to many nations and debtor to none."

DEUTERONOMY 28:3, 6, 5, 4, 8, 12

And these are words from the prophet Isaiah: "I sweep away your sins like a cloud, your transgressions like mist; return to Me, for I redeem you. Shout in triumph, you heavens, for the Lord has done it. Shout aloud, you depths of the earth, burst into joy, you mountains, you forests with all of your trees, for the Lord has redeemed Jacob and will be glorified through the people Israel. Our Redeemer, *Adonai tzeva'ot* by name, is the Holy One of Israel.

ISAIAH 44:22–23; 47:4

"Indeed God is my deliverance; I am confident and unafraid. The Lord is my strength, my might, my deliverance. With joy shall you draw water from the wells of deliverance. And on that day you shall say: Praise the Lord, proclaim His name; make His deeds known among the nations. Proclaim that His name is exalted. Sing to the Lord, for He has triumphed; let this be made known in all the earth.

עָשָׂה, מוּדַעַת זֹאת בְּכָל־הָאָרֶץ. צַהֲלִי וָרֹנִּי יוֹשֶׁבֶת צִיּוֹן, כִּי גָדוֹל בְּקִרְבֵּךְ קְדוֹשׁ יִשְׂרָאֵל. וְאָמַר בַּיּוֹם הַהוּא: הִנֵּה אֱלֹהֵינוּ זֶה קִוִּינוּ לוֹ וְיוֹשִׁיעֵנוּ, זֶה יהוה קִוִּינוּ לוֹ, נָגִילָה וְנִשְׂמְחָה בִּישׁוּעָתוֹ.

בֵּית יַעֲקֹב, לְכוּ וְנֵלְכָה בְּאוֹר יהוה. וְהָיָה אֱמוּנַת עִתֶּיךָ חֹסֶן יְשׁוּעֹת, חָכְמַת וָדָעַת, יִרְאַת יהוה הִיא אוֹצָרוֹ.

We conclude here:

יְהִי יהוה אֱלֹהֵינוּ עִמָּנוּ כַּאֲשֶׁר הָיָה עִם אֲבוֹתֵינוּ, אַל יַעַזְבֵנוּ וְאַל יִטְּשֵׁנוּ. וְאַתֶּם הַדְּבֵקִים בַּיהוה אֱלֹהֵיכֶם חַיִּים כֻּלְּכֶם הַיּוֹם. כִּי נִחַם יהוה צִיּוֹן, נִחַם כָּל־חָרְבֹתֶיהָ, וַיָּשֶׂם מִדְבָּרָהּ כְּעֵדֶן וְעַרְבָתָהּ כְּגַן יהוה. שָׂשׂוֹן וְשִׂמְחָה יִמָּצֵא בָהּ, תּוֹדָה וְקוֹל זִמְרָה. יהוה חָפֵץ לְמַעַן צִדְקוֹ, יַגְדִּיל תּוֹרָה וְיַאְדִּיר.

שִׁיר הַמַּעֲלוֹת. אַשְׁרֵי כָּל־יְרֵא יהוה, הַהֹלֵךְ בִּדְרָכָיו. יְגִיעַ כַּפֶּיךָ כִּי תֹאכֵל, אַשְׁרֶיךָ וְטוֹב לָךְ. אֶשְׁתְּךָ כְּגֶפֶן פֹּרִיָּה בְּיַרְכְּתֵי בֵיתֶךָ, בָּנֶיךָ כִּשְׁתִלֵי זֵיתִים סָבִיב לְשֻׁלְחָנֶךָ. הִנֵּה כִי כֵן יְבֹרַךְ גָּבֶר יְרֵא יהוה. יְבָרֶכְךָ יהוה מִצִּיּוֹן, וּרְאֵה בְּטוּב יְרוּשָׁלָיִם כֹּל יְמֵי חַיֶּיךָ. וּרְאֵה בָנִים לְבָנֶיךָ, שָׁלוֹם עַל יִשְׂרָאֵל.

Cry out, sing for joy, dweller in Zion, for the Holy One of Israel is in your midst in majesty. On that day they shall say: This is our God for whose deliverance we were waiting, this is the Lord in whom we trusted; let us exult and rejoice in His deliverance."

ISAIAH 12:2–6

"Come, House of Jacob, let us live by the light of the Lord. Deliverance, wisdom and devotion will be the triumph of Zion, and reverence for the Lord will be its treasure."

ISAIAH 2:5; 33:6

We conclude here:

May the Lord our God be with us, as He was with our ancestors; may He neither leave us nor forsake us. You who cling to the Lord your God have been sustained to this day. The Lord indeed has comforted Zion, comforted all of her ruins, turning her wilderness into an Eden, her desert into a Garden of the Lord. Joy and gladness shall abide there, thanksgiving and melody. The Lord, through His righteousness, exalts the Torah with greatness and glory.

I KINGS 8:57; DEUTERONOMY 4:4
ISAIAH 51:3, 42:21

A Song of Ascent. Blessed are all who revere the Lord, who follow His ways. You shall enjoy the fruit of your labors, you shall be happy, you shall prosper. Your wife shall be like a fruitful vine within your house, your children like olive shoots round about your table. This is the blessing of one who reveres the Lord. May the Lord bless you from Zion. May you see Jerusalem prosper all the days of your life. May you live to see children's children. May there be peace for the people Israel.

PSALM 128

עָלֵינוּ לְשַׁבֵּחַ לַאֲדוֹן הַכֹּל, לָתֵת גְּדֻלָּה לְיוֹצֵר בְּרֵאשִׁית, שֶׁלֹּא עָשָׂנוּ כְּגוֹיֵי הָאֲרָצוֹת וְלֹא שָׂמָנוּ כְּמִשְׁפְּחוֹת הָאֲדָמָה, שֶׁלֹּא שָׂם חֶלְקֵנוּ כָּהֶם וְגוֹרָלֵנוּ כְּכָל־הֲמוֹנָם. וַאֲנַחְנוּ כּוֹרְעִים וּמִשְׁתַּחֲוִים וּמוֹדִים לִפְנֵי מֶלֶךְ מַלְכֵי הַמְּלָכִים הַקָּדוֹשׁ בָּרוּךְ הוּא, שֶׁהוּא נוֹטֶה שָׁמַיִם וְיוֹסֵד אָרֶץ, וּמוֹשַׁב יְקָרוֹ בַּשָּׁמַיִם מִמַּעַל וּשְׁכִינַת עֻזּוֹ בְּגָבְהֵי מְרוֹמִים. הוּא אֱלֹהֵינוּ, אֵין עוֹד. אֱמֶת מַלְכֵּנוּ, אֶפֶס זוּלָתוֹ, כַּכָּתוּב בְּתוֹרָתוֹ: וְיָדַעְתָּ הַיּוֹם וַהֲשֵׁבֹתָ אֶל לְבָבֶךָ, כִּי יהוה הוּא הָאֱלֹהִים בַּשָּׁמַיִם מִמַּעַל וְעַל הָאָרֶץ מִתָּחַת, אֵין עוֹד.

עַל כֵּן נְקַוֶּה לְךָ יהוה אֱלֹהֵינוּ לִרְאוֹת מְהֵרָה בְּתִפְאֶרֶת עֻזֶּךָ, לְהַעֲבִיר גִּלּוּלִים מִן הָאָרֶץ וְהָאֱלִילִים כָּרוֹת יִכָּרֵתוּן, לְתַקֵּן עוֹלָם בְּמַלְכוּת שַׁדַּי וְכָל־בְּנֵי בָשָׂר יִקְרְאוּ בִשְׁמֶךָ, לְהַפְנוֹת אֵלֶיךָ כָּל־רִשְׁעֵי אָרֶץ. יַכִּירוּ וְיֵדְעוּ כָּל־יוֹשְׁבֵי תֵבֵל כִּי לְךָ תִּכְרַע כָּל־בֶּרֶךְ תִּשָּׁבַע כָּל־לָשׁוֹן. לְפָנֶיךָ יהוה אֱלֹהֵינוּ יִכְרְעוּ וְיִפֹּלוּ. וְלִכְבוֹד שִׁמְךָ יְקָר יִתֵּנוּ, וִיקַבְּלוּ כֻלָּם אֶת־עֹל מַלְכוּתֶךָ וְתִמְלֹךְ עֲלֵיהֶם מְהֵרָה לְעוֹלָם וָעֶד, כִּי הַמַּלְכוּת שֶׁלְּךָ הִיא וּלְעוֹלְמֵי עַד תִּמְלוֹךְ בְּכָבוֹד, כַּכָּתוּב בְּתוֹרָתֶךָ: יהוה יִמְלֹךְ לְעֹלָם וָעֶד. □ וְנֶאֱמַר: וְהָיָה יהוה לְמֶלֶךְ עַל כָּל־הָאָרֶץ, בַּיּוֹם הַהוּא יִהְיֶה יהוה אֶחָד וּשְׁמוֹ אֶחָד.

 ALEINU

We rise to our duty to praise the Lord of all, to acclaim the Creator. He made our lot unlike that of other people, assigning to us a unique destiny. We bend the knee and bow, acknowledging the King of kings, the Holy One praised be He, who spread out the heavens and laid the foundations of the earth, whose glorious abode is in the highest heaven, whose mighty dominion is in the loftiest heights. He is our God, there is no other. In truth, He alone is our King, as it is written in His Torah: "Know this day and take it to heart that the Lord is God in heaven above and on earth below; there is no other."

Va-anaḥnu kor'im u-mishtaḥavim u-modim
lifnei melekh malkhei ha-melakhim, ha-kadosh barukh hu.

And so we hope in You, Lord our God, soon to see Your splendor, sweeping idolatry away so that false gods will be utterly destroyed, perfecting earth by Your kingship so that all mankind will invoke Your name, bringing all the earth's wicked back to You, repentant. Then all who live will know that to You every knee must bend, every tongue pledge loyalty. To You, Lord, may all bow in worship, may they give honor to Your glory. May everyone accept the rule of Your kingship. Reign over all, soon and for all time. Sovereignty is Yours in glory, now and forever. Thus is it written in Your Torah: The Lord reigns for ever and ever. Such is the assurance of Your prophet Zechariah: The Lord shall be acknowledged King of all the earth. On that day the Lord shall be One and His name One.

V'ne'emar, v'haya Adonai l'melekh al kol ha-aretz,
bayom ha-hu yiyeh Adonai eḥad u-sh'mo eḥad.

Mourners and those observing Yahrzeit:

יִתְגַּדַּל וְיִתְקַדַּשׁ שְׁמֵהּ רַבָּא בְּעָלְמָא דִּי בְרָא כִרְעוּתֵהּ, וְיַמְלִיךְ מַלְכוּתֵהּ בְּחַיֵּיכוֹן וּבְיוֹמֵיכוֹן וּבְחַיֵּי דְכָל־בֵּית יִשְׂרָאֵל, בַּעֲגָלָא וּבִזְמַן קָרִיב, וְאִמְרוּ אָמֵן.

Congregation and mourner:

יְהֵא שְׁמֵהּ רַבָּא מְבָרַךְ לְעָלַם וּלְעָלְמֵי עָלְמַיָּא.

Mourner:

יִתְבָּרַךְ וְיִשְׁתַּבַּח וְיִתְפָּאַר וְיִתְרוֹמַם וְיִתְנַשֵּׂא, וְיִתְהַדַּר וְיִתְעַלֶּה וְיִתְהַלַּל שְׁמֵהּ דְּקֻדְשָׁא, בְּרִיךְ הוּא לְעֵלָּא (לְעֵלָּא מִכָּל־) מִן כָּל־בִּרְכָתָא וְשִׁירָתָא, תֻּשְׁבְּחָתָא וְנֶחֱמָתָא דַּאֲמִירָן בְּעָלְמָא, וְאִמְרוּ אָמֵן.

יְהֵא שְׁלָמָא רַבָּא מִן שְׁמַיָּא וְחַיִּים עָלֵינוּ וְעַל כָּל־יִשְׂרָאֵל, וְאִמְרוּ אָמֵן.

עוֹשֶׂה שָׁלוֹם בִּמְרוֹמָיו, הוּא יַעֲשֶׂה שָׁלוֹם עָלֵינוּ וְעַל כָּל־יִשְׂרָאֵל, וְאִמְרוּ אָמֵן.

 MOURNER'S KADDISH

Mourners and those observing Yahrzeit:

Yitgadal v'yitkadash sh'mei raba b'alma di v'ra khir'utei, v'yamlikh
malkhutei b'ḥayeikhon u-v'yomeikhon u-v'ḥayei d'khol beit yisrael,
ba-agala u-vi-z'man kariv v'imru amen.

Congregation and mourner:

Y'hei sh'mei raba m'varakh l'alam u-l'almei almaya.

Mourner:

Yitbarakh v'yishtabaḥ v'yitpa'ar v'yitromam v'yitnasei, v'yit-hadar
v'yit'aleh v'yit-halal sh'mei d'kudsha, b'rikh hu l'ela (l'ela mi-kol)
min kol birkhata v'shirata, tushb'ḥata v'neḥemata da-amiran b'alma,
v'imru amen.

Y'hei sh'lama raba min sh'maya v'ḥayim aleinu v'al kol yisrael,
v'imru amen.

Oseh shalom bi-m'romav, hu ya'aseh shalom aleinu v'al kol yisrael,
v'imru amen.

Recited at the conclusion of Shabbat or of a Festival. (After a Festival, recite only the blessing over wine and the final four lines, ending המבדיל בין קדש לחול*)*

הִנֵּה אֵל יְשׁוּעָתִי, אֶבְטַח וְלֹא אֶפְחָד. כִּי עָזִּי וְזִמְרָת יָהּ יהוה, וַיְהִי לִי לִישׁוּעָה. וּשְׁאַבְתֶּם מַיִם בְּשָׂשׂוֹן מִמַּעַיְנֵי הַיְשׁוּעָה. לַיהוה הַיְשׁוּעָה, עַל עַמְּךָ בִרְכָתֶךָ סֶּלָה. יהוה צְבָאוֹת עִמָּנוּ, מִשְׂגָּב לָנוּ אֱלֹהֵי יַעֲקֹב, סֶלָה. יהוה צְבָאוֹת, אַשְׁרֵי אָדָם בֹּטֵחַ בָּךְ. יהוה הוֹשִׁיעָה, הַמֶּלֶךְ יַעֲנֵנוּ בְיוֹם קָרְאֵנוּ.

All together:

לַיְּהוּדִים הָיְתָה אוֹרָה וְשִׂמְחָה וְשָׂשׂוֹן וִיקָר. כֵּן תִּהְיֶה לָּנוּ.

כּוֹס יְשׁוּעוֹת אֶשָּׂא וּבְשֵׁם יהוה אֶקְרָא.

Blessing over wine:

בָּרוּךְ אַתָּה יהוה אֱלֹהֵינוּ מֶלֶךְ הָעוֹלָם, בּוֹרֵא פְּרִי הַגָּפֶן.

Blessing over spices:

בָּרוּךְ אַתָּה יהוה אֱלֹהֵינוּ מֶלֶךְ הָעוֹלָם, בּוֹרֵא מִינֵי בְשָׂמִים.

Blessing over flames of havdalah candle:

בָּרוּךְ אַתָּה יהוה אֱלֹהֵינוּ מֶלֶךְ הָעוֹלָם, בּוֹרֵא מְאוֹרֵי הָאֵשׁ.

בָּרוּךְ אַתָּה יהוה אֱלֹהֵינוּ מֶלֶךְ הָעוֹלָם, הַמַּבְדִּיל בֵּין קֹדֶשׁ לְחוֹל, בֵּין אוֹר לְחֹשֶׁךְ, בֵּין יִשְׂרָאֵל לָעַמִּים, בֵּין יוֹם הַשְּׁבִיעִי לְשֵׁשֶׁת יְמֵי הַמַּעֲשֶׂה. בָּרוּךְ אַתָּה יהוה, הַמַּבְדִּיל בֵּין קֹדֶשׁ לְחוֹל.

HAVDALAH

Recited at the conclusion of Shabbat or of a Festival. (After a Festival, recite only the blessing over wine and the final six lines, ending ". . . between sacred and secular time.")

Behold, God is my deliverance; I am confident and unafraid. The Lord is my strength, my might, my deliverance. With joy shall you draw water from the wells of deliverance. Deliverance is the Lord's; He will bless His people. *Adonai tzeva'ot* is with us; the God of Jacob is our fortress. *Adonai tzeva'ot,* blessed the one who trusts in You. Help us, Lord; answer us, O King, when we call.

All together:

Grant us the blessings of light, of gladness, and of honor which the miracle of deliverance brought to our ancestors.
La-yehudim hay'tah orah v'simḥah v'sason vikar, kein tih'yeh lanu.

I lift the cup of deliverance and call upon the Lord.

Blessing over wine:

Praised are You, Lord our God, King of the universe who creates the fruit of the vine.

Blessing over spices:

Praised are You, Lord our God, King of the universe who creates fragrant spices.

Blessing over flames of havdalah candle:

Praised are You, Lord our God, King of the universe who creates the lights of fire.

Praised are You, Lord our God, King of the universe who has endowed all creation with distinctive qualities, distinguishing between sacred and secular time, between light and darkness, between the people Israel and other people, between the seventh day and the six working days of the week. Praised are You, Lord who distinguishes between sacred and secular time.

גאט פון אברהם, פון יצחק און יעקב, באהיט דיין פאלק ישראל אין זיין נויט. דער ליבער, הייליקער שבת גייט אוועק. די גוטע וואך זאל אונדז קומען צו געזונט און צום לעבן, צו מזל און ברכה, צו עושר און כבוד, צו חן און חסד, צו א גוטער פרנסה און הצלחה און צו אלע גוטן געווינס און מחילת עוונות, אמן ואמן סלה.

הַמַּבְדִּיל בֵּין קֹדֶשׁ לְחֹל,
חַטֹּאתֵינוּ הוּא יִמְחֹל,
זַרְעֵנוּ וְכַסְפֵּנוּ (וּשְׁלוֹמֵנוּ) יַרְבֶּה כַּחוֹל
וְכַכּוֹכָבִים בַּלָּיְלָה.

Greetings are exchanged:

שָׁבוּעַ טוֹב. א גוטע וואך.

God of Abraham, of Isaac and of Jacob, protect Your people Israel in their need, as the holy beloved Shabbes takes its leave. May the good week come to us with health and life, good fortune and blessing, prosperity and dignity, graciousness and lovingkindness, sustenance and success, with all good blessings and with forgiveness of sin. Omein.

Ha-mavdil bein kodesh l'ḥol
ḥatoteinu hu yimḥol
zareinu v'khaspeinu (u-shlomeinu) yarbeh kha-ḥol
v'kha-kokhavim ba-lailah.

He separates sacred and profane;
May He forgive our sins from on high.
Our families and means (and our peace) may He increase
like grains of sand, like stars up in the sky.

Greetings are exchanged:

Shavua tov! A gutte vokh! May we have a good week.

KIDDUSH L'VANAH

BLESSING OF THE NEW MOON

The blessing of the new moon takes place out of doors, in sight of the moon, preferably with a minyan, between the third day and the fifteenth day of the lunar month. In the month of Av it is recited after Tisha B'av. In the month of Tishrei it is recited after Yom Kippur.

אָמַר רַבִּי יוֹחָנָן: כָּל־הַמְבָרֵךְ אֶת־הַחֹדֶשׁ בִּזְמַנּוֹ כְּאִלּוּ מְקַבֵּל פְּנֵי הַשְּׁכִינָה.

הַלְלוּיָהּ. הַלְלוּ אֶת־יהוה מִן הַשָּׁמַיִם, הַלְלוּהוּ בַּמְּרוֹמִים. הַלְלוּהוּ כָל־מַלְאָכָיו, הַלְלוּהוּ כָּל־צְבָאָיו. הַלְלוּהוּ שֶׁמֶשׁ וְיָרֵחַ, הַלְלוּהוּ כָּל־כּוֹכְבֵי אוֹר. הַלְלוּהוּ שְׁמֵי הַשָּׁמָיִם, וְהַמַּיִם אֲשֶׁר מֵעַל הַשָּׁמָיִם. יְהַלְלוּ אֶת־שֵׁם יהוה, כִּי הוּא צִוָּה וְנִבְרָאוּ. וַיַּעֲמִידֵם לָעַד לְעוֹלָם, חָק נָתַן וְלֹא יַעֲבוֹר.

בָּרוּךְ אַתָּה יהוה אֱלֹהֵינוּ מֶלֶךְ הָעוֹלָם, אֲשֶׁר בְּמַאֲמָרוֹ בָּרָא שְׁחָקִים, וּבְרוּחַ פִּיו כָּל־צְבָאָם. חֹק וּזְמַן נָתַן לָהֶם שֶׁלֹּא יְשַׁנּוּ אֶת־תַּפְקִידָם. שָׂשִׂים וּשְׂמֵחִים לַעֲשׂוֹת רְצוֹן קוֹנָם, פּוֹעֵל אֱמֶת שֶׁפְּעֻלָּתוֹ אֱמֶת. וְלַלְּבָנָה אָמַר שֶׁתִּתְחַדֵּשׁ עֲטֶרֶת תִּפְאֶרֶת לַעֲמוּסֵי בָטֶן, שֶׁהֵם עֲתִידִים לְהִתְחַדֵּשׁ כְּמוֹתָהּ, וּלְפָאֵר לְיוֹצְרָם עַל שֵׁם כְּבוֹד מַלְכוּתוֹ. בָּרוּךְ אַתָּה יהוה, מְחַדֵּשׁ חֳדָשִׁים.

דָּוִד מֶלֶךְ יִשְׂרָאֵל חַי וְקַיָּם.

Greetings are exchanged:

שָׁלוֹם עֲלֵיכֶם.

— עֲלֵיכֶם שָׁלוֹם.

סִמָּן טוֹב וּמַזָּל טוֹב יְהִיֶה לָנוּ וּלְכָל־יִשְׂרָאֵל. אָמֵן.

Psalm 121, page 666, may be added, and Mourner's Kaddish recited, page 698

KIDDUSH L'VANAH 704

KIDDUSH L'VANAH

 BLESSING OF THE NEW MOON

The Jewish year and its Festivals are based upon the lunar calendar. The first of the month (Rosh Ḥodesh) is celebrated as a special day, with its own liturgy. Rosh Ḥodesh is announced in the synagogue on the Shabbat which precedes it, with a special prayer for life in the new month. The sight of the new moon which has reappeared is another occasion for celebrating this aspect of Creation, and our awareness of it, by expressing gratitude for the renewal of life, and hopefulness for the future.

Rabbi Yoḥanan: Whoever blesses the new moon at the proper time is considered as having welcomed the presence of the Shekhinah.

Halleluyah. Praise the Lord from the heavens. Praise Him, angels on high. Praise Him, sun and moon and all shining stars. Praise Him, highest heavens. Let them praise the glory of the Lord at whose command they were created, at whose command they endure forever and by whose laws nature abides.

PSALM 148:1–6

Praised are You, Lord our God, King of the universe whose word created the heavens, whose breath created all that they contain. Statutes and seasons He set for them, that they should not deviate from their assigned task. Happily, gladly they do the will of their Creator, whose work is dependable. To the moon He spoke: renew yourself, crown of glory for those who were borne in the womb, who also are destined to be renewed and to extol their Creator for His glorious sovereignty. Praised are You, Lord who renews the months.

David, King of Israel, lives and endures.

Greetings are exchanged:

—*Shalom aleikhem.*
—*Aleikhem Shalom.*

May good fortune be ours, and blessing for the whole House of Israel.

Psalm 121, page 667, may be added, and
Mourner's Kaddish recited, page 699

בְּרָכוֹת

וּמִנְהֲגֵי בַּיִת

BERAKHOT AND HOME RITUALS

Upon smelling fragrant spices:

בָּרוּךְ אַתָּה יהוה אֱלֹהֵינוּ מֶלֶךְ הָעוֹלָם, בּוֹרֵא מִינֵי בְשָׂמִים.

Barukh attah adonai eloheinu melekh ha-olam, bo-re minei v'samim.

Praised are You, Lord our God, King of the universe who creates various spices.

Upon smelling the fragrance of trees or shrubs:

בָּרוּךְ אַתָּה יהוה אֱלֹהֵינוּ מֶלֶךְ הָעוֹלָם, בּוֹרֵא עֲצֵי בְשָׂמִים.

Barukh attah adonai eloheinu melekh ha-olam, bo-re atzei v'samim.

Praised are You, Lord our God, King of the universe who creates fragrant trees.

Upon smelling the fragrance of herbs or plants:

בָּרוּךְ אַתָּה יהוה אֱלֹהֵינוּ מֶלֶךְ הָעוֹלָם, בּוֹרֵא עִשְׂבֵי בְשָׂמִים.

Barukh attah adonai eloheinu melekh ha-olam, bo-re isvei v'samim.

Praised are You, Lord our God, King of the universe who creates fragrant plants.

Upon smelling fragrant fruit:

בָּרוּךְ אַתָּה יהוה אֱלֹהֵינוּ מֶלֶךְ הָעוֹלָם, הַנּוֹתֵן רֵיחַ טוֹב בַּפֵּרוֹת.

Barukh attah adonai eloheinu melekh ha-olam, ha-noten rei-aḥ tov ba-perot.

Praised are You, Lord our God, King of the universe who gives a pleasant fragrance to fruits.

Upon smelling fragrant oils:

בָּרוּךְ אַתָּה יהוה אֱלֹהֵינוּ מֶלֶךְ הָעוֹלָם, בּוֹרֵא שֶׁמֶן עָרֵב.

Barukh attah adonai eloheinu melekh ha-olam, bo-re shemen arev.

Praised are You, Lord our God, King of the universe who creates fragrant oil.

Upon seeing wonders of nature, including lightning, shooting stars, vast deserts, high mountains, and a sunrise:

בָּרוּךְ אַתָּה יהוה אֱלֹהֵינוּ מֶלֶךְ הָעוֹלָם, עֹשֶׂה מַעֲשֵׂה בְרֵאשִׁית.

Barukh attah adonai eloheinu melekh ha-olam, oseh ma'aseh v'reshit.

Praised are You, Lord our God, King of the universe, Source of Creation.

Upon hearing thunder (or upon seeing a storm):

בָּרוּךְ אַתָּה יהוה אֱלֹהֵינוּ מֶלֶךְ הָעוֹלָם, שֶׁכֹּחוֹ וּגְבוּרָתוֹ מָלֵא עוֹלָם.

Barukh attah adonai eloheinu melekh ha-olam, she-koḥo u-g'vurato ma-le olam.

Praised are You, Lord our God, King of the universe whose power and might fill the whole world.

Upon seeing a rainbow:

בָּרוּךְ אַתָּה יהוה אֱלֹהֵינוּ מֶלֶךְ הָעוֹלָם, זוֹכֵר הַבְּרִית וְנֶאֱמָן בִּבְרִיתוֹ וְקַיָּם בְּמַאֲמָרוֹ.

Barukh attah adonai eloheinu melekh ha-olam, zokher ha-b'rit v'ne'eman bi-v'rito v'kayam b'ma'amaro.

Praised are You, Lord our God, King of the universe who remembers His covenant, is faithful to it, and keeps His promise.

*Upon seeing trees blossoming for the first time
in the year:*

בָּרוּךְ אַתָּה יהוה אֱלֹהֵינוּ מֶלֶךְ הָעוֹלָם, שֶׁלֹּא חִסַּר בְּעוֹלָמוֹ
דָּבָר, וּבָרָא בּוֹ בְּרִיּוֹת טוֹבוֹת וְאִילָנוֹת טוֹבִים לְהַנּוֹת בָּהֶם בְּנֵי
אָדָם.

*Barukh attah adonai eloheinu melekh ha-olam, she-lo ḥisar b'olamo
davar, u-vara vo b'riyot tovot v'ilanot tovim l'hanot ba-hem b'nei
adam.*

Praised are You, Lord our God, King of the universe who has withheld
nothing from His world and who has created beautiful creatures and
beautiful trees for mortals to enjoy.

Upon seeing the ocean:

בָּרוּךְ אַתָּה יהוה אֱלֹהֵינוּ מֶלֶךְ הָעוֹלָם, שֶׁעָשָׂה אֶת־הַיָּם
הַגָּדוֹל.

*Barukh attah adonai eloheinu melekh ha-olam, she-asah et-ha-yam
ha-gadol.*

Praised are You, Lord our God, King of the universe who has made
the great sea.

*Upon seeing trees or creatures of
striking beauty:*

בָּרוּךְ אַתָּה יהוה אֱלֹהֵינוּ מֶלֶךְ הָעוֹלָם, שֶׁכָּכָה לוֹ בְּעוֹלָמוֹ.

*Barukh attah adonai eloheinu melekh ha-olam, she-kakhah lo
b'olamo.*

Praised are You, Lord our God, King of the universe who has such
beauty in His world.

Upon seeing a person distinguished in
Torah studies:

בָּרוּךְ אַתָּה יהוה אֱלֹהֵינוּ מֶלֶךְ הָעוֹלָם, שֶׁחָלַק מֵחָכְמָתוֹ
לִירֵאָיו.

Barukh attah adonai eloheinu melekh ha-olam, she-ḥalak me-
ḥokhmato lire'av.

Praised are You, Lord our God, King of the universe who has shared
of His wisdom with those who revere Him.

Upon seeing one who is distinguished in
worldly learning:

בָּרוּךְ אַתָּה יהוה אֱלֹהֵינוּ מֶלֶךְ הָעוֹלָם, שֶׁנָּתַן מֵחָכְמָתוֹ לְבָשָׂר
וָדָם.

Barukh   attah   adonai   eloheinu   melekh   ha-olam,   she-natan
me-ḥokhmato l'vasar va-dam.

Praised are You, Lord our God, King of the universe who has given of
His wisdom to flesh and blood.

Upon seeing a head of state:

בָּרוּךְ אַתָּה יהוה אֱלֹהֵינוּ מֶלֶךְ הָעוֹלָם, שֶׁנָּתַן מִכְּבוֹדוֹ לְבָשָׂר
וָדָם.

Barukh attah adonai eloheinu melekh ha-olam, she-natan mi-k'vodo
l'vasar va-dam.

Praised are You, Lord our God, King of the universe who has given of
His glory to flesh and blood.

Upon hearing good news:

בָּרוּךְ אַתָּה יהוה אֱלֹהֵינוּ מֶלֶךְ הָעוֹלָם, הַטּוֹב וְהַמֵּטִיב.

Barukh attah adonai eloheinu melekh ha-olam, ha-tov v'ha-metiv.

Praised are You, Lord our God, King of the universe who is good and
beneficent.

Upon hearing bad news:

בָּרוּךְ אַתָּה יהוה אֱלֹהֵינוּ מֶלֶךְ הָעוֹלָם, דַּיַּן הָאֱמֶת.

Barukh attah adonai eloheinu melekh ha-olam, dayan ha-emet.

Praised are You, Lord our God, King of the universe, the true Judge.

Upon visiting a place where one experienced a miraculous rescue:

בָּרוּךְ אַתָּה יהוה אֱלֹהֵינוּ מֶלֶךְ הָעוֹלָם, שֶׁעָשָׂה לִּי נֵס בַּמָּקוֹם הַזֶּה.

Barukh attah adonai eloheinu melekh ha-olam, she-asah li nes ba-makom ha-zeh.

Praised are You, Lord our God, King of the universe who granted me a miracle in this place.

Upon attaching a mezuzah to a doorpost:

בָּרוּךְ אַתָּה יהוה אֱלֹהֵינוּ מֶלֶךְ הָעוֹלָם, אֲשֶׁר קִדְּשָׁנוּ בְּמִצְוֹתָיו וְצִוָּנוּ לִקְבּוֹעַ מְזוּזָה.

Barukh attah adonai eloheinu melekh ha-olam, asher kid'shanu b'mitzvotav v'tzivanu likbo'a m'zuzah.

Praised are You, Lord our God, King of the universe whose mitzvot add holiness to our lives and who gave us the mitzvah to attach mezuzot.

Upon wearing new clothes or using something new for the first time:

בָּרוּךְ אַתָּה יהוה אֱלֹהֵינוּ מֶלֶךְ הָעוֹלָם, שֶׁהֶחֱיָנוּ וְקִיְּמָנוּ וְהִגִּיעָנוּ לַזְּמַן הַזֶּה.

Barukh attah adonai eloheinu melekh ha-olam, she-heḥeyanu v'kiy'manu v'higi'anu la-z'man ha-zeh.

Praised are You, Lord our God, King of the universe, for granting us life, for sustaining us, and for helping us to reach this day.

Before travelling:

יְהִי רָצוֹן מִלְּפָנֶיךָ יהוה אֱלֹהֵינוּ וֵאלֹהֵי אֲבוֹתֵינוּ, שֶׁתּוֹלִיכֵנוּ לְשָׁלוֹם וְתַצְעִידֵנוּ לְשָׁלוֹם וְתִסְמְכֵנוּ לְשָׁלוֹם, וְתַגִּיעֵנוּ לִמְחוֹז חֶפְצֵנוּ לְחַיִּים וּלְשִׂמְחָה וּלְשָׁלוֹם, וְתַחֲזִירֵנוּ לְבֵיתֵנוּ לְשָׁלוֹם. וְתַצִּילֵנוּ מִכַּף כָּל־אוֹיֵב וְאוֹרֵב וְאָסוֹן בַּדֶּרֶךְ וּמִכָּל־מִינֵי פֻּרְעָנִיּוֹת הַמִּתְרַגְּשׁוֹת לָבוֹא לָעוֹלָם. וְתִשְׁלַח בְּרָכָה בְּמַעֲשֵׂה יָדֵינוּ, וְתִתְּנֵנוּ לְחֵן וּלְחֶסֶד וּלְרַחֲמִים בְּעֵינֶיךָ וּבְעֵינֵי כָל־רוֹאֵינוּ. וְתִשְׁמַע קוֹל תַּחֲנוּנֵינוּ, כִּי אֵל שׁוֹמֵעַ תְּפִלָּה וְתַחֲנוּן אָתָּה. בָּרוּךְ אַתָּה יהוה שׁוֹמֵעַ תְּפִלָּה.

It is appropriate to add Psalm 121, on page 666.

May it be Your will, Lord our God and God of our ancestors, to guide us in peace, to sustain us in peace, to lead us to our desired destination in health and joy and peace, and to bring us home in peace. Save us from every enemy and disaster on the way, and from all calamities that threaten the world. Bless the work of our hands. May we find grace, love and compassion in Your sight and in the sight of all who see us. Hear our supplication, for You listen to prayer and supplication. Praised are You, Lord who hears prayer.

It is appropriate to add Psalm 121, on page 667.

BERAKHOT BEFORE FOOD

Bread:

בָּרוּךְ אַתָּה יהוה אֱלֹהֵינוּ מֶלֶךְ הָעוֹלָם, הַמּוֹצִיא לֶחֶם מִן הָאָרֶץ.

Barukh attah adonai eloheinu melekh ha-olam, ha-motzi leḥem min ha-aretz.

Praised are You, Lord our God, King of the universe who brings forth bread from the earth.

Food (other than bread) prepared from wheat, barley, rye, oats, or spelt:

בָּרוּךְ אַתָּה יהוה אֱלֹהֵינוּ מֶלֶךְ הָעוֹלָם, בּוֹרֵא מִינֵי מְזוֹנוֹת.

Barukh attah adonai eloheinu melekh ha-olam, bo-re minei m'zonot.

Praised are You, Lord our God, King of the universe who creates various kinds of nourishment.

Wine or grape juice:

בָּרוּךְ אַתָּה יהוה אֱלֹהֵינוּ מֶלֶךְ הָעוֹלָם, בּוֹרֵא פְּרִי הַגָּפֶן.

Barukh attah adonai eloheinu melekh ha-olam, bo-re p'ri ha-gafen.

Praised are You, Lord our God, King of the universe who creates fruit of the vine.

Fruit:

בָּרוּךְ אַתָּה יהוה אֱלֹהֵינוּ מֶלֶךְ הָעוֹלָם, בּוֹרֵא פְּרִי הָעֵץ.

Barukh attah adonai eloheinu melekh ha-olam, bo-re p'ri ha-etz.

Praised are You, Lord our God, King of the universe who creates fruit of the tree.

Upon eating fruit for the first time in a season, add:

בָּרוּךְ אַתָּה יהוה אֱלֹהֵינוּ מֶלֶךְ הָעוֹלָם, שֶׁהֶחֱיָנוּ וְקִיְּמָנוּ וְהִגִּיעָנוּ לַזְּמַן הַזֶּה.

Barukh attah adonai eloheinu melekh ha-olam, she-heḥeyanu v'kiy'manu v'higi'anu la-z'man ha-zeh.

Praised are You, Lord our God, King of the universe, for granting us life, for sustaining us, and for helping us to reach this day.

Food which grows in the ground:

בָּרוּךְ אַתָּה יהוה אֱלֹהֵינוּ מֶלֶךְ הָעוֹלָם, בּוֹרֵא פְּרִי הָאֲדָמָה.

Barukh attah adonai eloheinu melekh ha-olam, bo-re p'ri ha-adamah.

Praised are You, Lord our God, King of the universe who creates fruit of the ground.

Other food and drink:

בָּרוּךְ אַתָּה יהוה אֱלֹהֵינוּ מֶלֶךְ הָעוֹלָם, שֶׁהַכֹּל נִהְיֶה בִּדְבָרוֹ.

Barukh attah adonai eloheinu melekh ha-olam, she-ha-kol nihyeh bi-d'varo.

Praised are You, Lord our God, King of the universe at whose word all things come into being.

ERUV TAVSHILIN

When a Festival begins on Wednesday evening or Thursday evening, special arrangements must be made to prepare food for Shabbat. Ordinarily it is forbidden to cook or bake food for Shabbat during a Festival, just as it is forbidden to do so on Shabbat. If the preparation is begun *before* the Festival, however, it may be continued by cooking for Shabbat during the Festival. The *berakhah* and declaration found on this page are recited over some foods which have been cooked and baked for Shabbat. (This is done on Wednesday or Thursday, whichever is appropriate, before candlelighting.) This food is then set aside, to be eaten on Shabbat, and further preparations for Shabbat may be made during the Festival.

בָּרוּךְ אַתָּה יהוה אֱלֹהֵינוּ מֶלֶךְ הָעוֹלָם, אֲשֶׁר קִדְּשָׁנוּ בְּמִצְוֹתָיו
וְצִוָּנוּ עַל מִצְוַת עֵרוּב.

Barukh attah adonai eloheinu melekh ha-olam, asher kid'shanu b'mitzvotav v'tzivanu al mitzvat eruv.

Praised are You, Lord our God, King of the universe whose mitzvot add holiness to our lives and who gave us the mitzvah concerning the *eruv*.

בְּעֵרוּב הַזֶּה יְהֵא מֻתָּר לָנוּ לֶאֱפוֹת וּלְבַשֵּׁל וּלְהַטְמִין, וּלְהַדְלִיק
נֵר, וְלַעֲשׂוֹת כָּל־צְרָכֵינוּ מִיּוֹם טוֹב לְשַׁבָּת, לָנוּ וּלְכָל־יִשְׂרָאֵל
הַדָּרִים בָּעִיר הַזֹּאת.

By means of this mixture (*eruv*) we are permitted to bake, cook, warm, kindle lights, and make all the necessary preparations during the Festival (*yom tov*) for Shabbat, we and all who live in this place.

✺ CANDLE LIGHTING

It is the special obligation of a woman to light candles for Shabbat, Festivals, Rosh Hashanah, and Yom Kippur. When there are no women present, men are obliged to light the candles.

After the candles are lit, the *berakhah* is recited. A personal reflection, meditation, or prayer is appropriate following the *berakhah*. The selections of meditations on these pages are offered as guides to be adapted in the context of your own life. Your own thoughts are equally appropriate.

✺ SHABBAT

Shabbat candles should be lit on Friday about eighteen minutes before sunset

בָּרוּךְ אַתָּה יהוה אֱלֹהֵינוּ מֶלֶךְ הָעוֹלָם, אֲשֶׁר קִדְּשָׁנוּ בְּמִצְוֹתָיו וְצִוָּנוּ לְהַדְלִיק נֵר שֶׁל שַׁבָּת.

Barukh attah adonai eloheinu melekh ha-olam, asher kid'shanu b'mitzvotav v'tzivanu l'hadlik ner shel Shabbat.

Praised are You, Lord our God, King of the universe whose mitzvot add holiness to our lives and who gave us the mitzvah to kindle Shabbat light.

*Except for Friday night, Festival candles should
be lit at sunset.*

בָּרוּךְ אַתָּה יהוה אֱלֹהֵינוּ מֶלֶךְ הָעוֹלָם, אֲשֶׁר קִדְּשָׁנוּ בְּמִצְוֹתָיו
וְצִוָּנוּ לְהַדְלִיק נֵר שֶׁל (שַׁבָּת וְשֶׁל) יוֹם טוֹב.

*Barukh attah adonai eloheinu melekh ha-olam, asher kid'shanu
b'mitzvotav v'tzivanu l'hadlik ner shel (Shabbat v'shel) yom tov.*

Praised are You, Lord our God, King of the universe whose mitzvot
add holiness to our lives and who gave us the mitzvah to kindle light
for (Shabbat and for) the Festival.

Omit on the last two days of Pesaḥ

בָּרוּךְ אַתָּה יהוה אֱלֹהֵינוּ מֶלֶךְ הָעוֹלָם, שֶׁהֶחֱיָנוּ וְקִיְּמָנוּ
וְהִגִּיעָנוּ לַזְּמַן הַזֶּה.

*Barukh attah adonai eloheinu melekh ha-olam, she-heḥeyanu
v'kiy'manu v'higi'anu la-z'man ha-zeh.*

Praised are You, Lord our God, King of the universe, for keeping us in
life, for sustaining us, and for helping us to reach this day.

YOM KIPPUR

Candles should be lit by eighteen minutes before sunset, usually before one leaves for the synagogue

בָּרוּךְ אַתָּה יהוה אֱלֹהֵינוּ מֶלֶךְ הָעוֹלָם, אֲשֶׁר קִדְּשָׁנוּ בְּמִצְוֹתָיו וְצִוָּנוּ לְהַדְלִיק נֵר שֶׁל (שַׁבָּת וְשֶׁל) יוֹם הַכִּפּוּרִים.

Barukh attah adonai eloheinu melekh ha-olam, asher kid'shanu b'mitzvotav v'tzivanu l'hadlik ner shel (Shabbat v'shel) Yom Ha-kippurim.

Praised are You, Lord our God, King of the universe whose mitzvot add holiness to our lives and who gave us the mitzvah to kindle light for (Shabbat and for) Yom Kippur.

בָּרוּךְ אַתָּה יהוה אֱלֹהֵינוּ מֶלֶךְ הָעוֹלָם, שֶׁהֶחֱיָנוּ וְקִיְּמָנוּ וְהִגִּיעָנוּ לַזְּמַן הַזֶּה.

Barukh attah adonai eloheinu melekh ha-olam, she-heḥeyanu v'kiy'manu v'higi'anu la-z'man ha-zeh.

Praised are You, Lord our God, King of the universe, for keeping us in life, for sustaining us, and for helping us to reach this day.

MEDITATIONS

May the light of these candles help inspire us to love You with all our hearts. May their warmth and glow radiate kindness, harmony, and joy among the members of my family; may love and devotion bind us closer to one another and to You. Amen.

Compassionate Creator of all life, embrace my life and my family's life with Your lovingkindness. May my children walk in Your ways, loyal to the Torah and adorned with good deeds. Bless our home and our family with peace and light and joy. Amen.

Ribbono shel olam, when I am lonely, help me to realize that I am never alone. When I am discouraged, help me to find new ways and new hope. When I am afraid, help me to discover my hidden strengths. When I am confronted by meaninglessness, help me to see the depth and the beauty of our tradition. Hear my plea through the merit of our ancestors, Sarah, Rebecca, Rachel, and Leah, so that the spark which they kindled will never be extinguished. Favor us with Your light, so that we may be blessed with a meaningful life. Amen.

SHABBAT

As I light these Shabbat candles, I feel the frenzied momentum of the week slowly draining from my body. I thank You, Creator, for the peace and relaxation of Shabbat, for moments to redirect my energies toward those treasures in my life which I hold most dear. Had You not in Your infinite wisdom created this Shabbat day, I may not have stopped in time.

May the peace of Shabbat fill our hearts, fill our home, fill the world. Amen.

During the week, the body is drawn in one direction, the soul in another, and there often is no peace between them. On Shabbat, however, the body submits to the soul and the struggle subsides. Thus can these words of the Talmud be understood: "Shabbat candles are meant to bring peace within the home." They are meant to bring peace within the person, who is the home that houses body and soul.

Light kindled on the eve of the seventh day is a sign of Shabbat and a reminder. It reminds us that a solitary flame can light up darkness, that hope can be kindled even in despair, that we can wrest light from darkness. May my life be strengthened by hope. May my life be warmed by the divine light of compassion; may my life with others reflect that light. Amen.

Avinu she-ba-shamayim, as I light my candles this Shabbat eve I thank You for the week that has passed. I thank You for protecting my family and helping us to better understand each other, to share our joys, to share our triumphs and disappointments and to give strength to one another. I pray that the coming week will be a week of good health and of continued mutual pride and love in our family. Please, *Adonai,* watch over our fellow Jews who are oppressed or threatened anywhere. Amen.

FESTIVALS

Help us, compassionate God, to fill our Festivals with joy and gladness. Open our eyes to Your gifts of freedom, of Torah and of nature's blessings, as well as Your gifts of life and peace which too often we take for granted. May the joy of Your mitzvot enhance our celebration of this Yom Tov, and may we help others to know this joy by sharing what we have with those less fortunate. May our joy be increased as we extend the limits of our concern.

ROSH HASHANAH

Forgiving Father, Master of Mercy, pardon us, forgive us as we enter the new year, that we may be at peace with You, with each other and with ourselves. Help me find the courage to renew my life, to change at least part of what should be changed. Bless us all so that we may find our way in Your world. At times we are confused; guide us, show us the way. Compassionate Creator, we turn to You in repentance and in hope. Amen.

YOM KIPPUR

As we begin the Day of Atonement, I pray for forgiveness of any unworthy deeds which I have done. May I have the strength to approach those whom I have offended, that we may become reconciled. Save me from complacency, Lord. Help me to rise beyond the level of the self. May this day lead me to reconciliation with those whom I have hurt, and with You, Master of mercy. Grant me atonement; cleanse my heart, that I may serve You faithfully.

FAMILY BLESSINGS

It is customary for parents to place hands on the heads of children being blessed

For sons:

יְשִׂימְךָ אֱלֹהִים כְּאֶפְרַיִם וְכִמְנַשֶּׁה.

For daughters:

יְשִׂימֵךְ אֱלֹהִים כְּשָׂרָה רִבְקָה רָחֵל וְלֵאָה.

Continue for all:

יְבָרֶכְךָ יהוה וְיִשְׁמְרֶךָ. יָאֵר יהוה פָּנָיו אֵלֶיךָ וִיחֻנֶּךָּ. יִשָּׂא יהוה פָּנָיו אֵלֶיךָ, וְיָשֵׂם לְךָ שָׁלוֹם.

SHALOM ALEIKHEM

שָׁלוֹם עֲלֵיכֶם, מַלְאֲכֵי הַשָּׁרֵת, מַלְאֲכֵי עֶלְיוֹן
מִמֶּלֶךְ מַלְכֵי הַמְּלָכִים, הַקָּדוֹשׁ בָּרוּךְ הוּא.

בּוֹאֲכֶם לְשָׁלוֹם, מַלְאֲכֵי הַשָּׁלוֹם, מַלְאֲכֵי עֶלְיוֹן
מִמֶּלֶךְ מַלְכֵי הַמְּלָכִים, הַקָּדוֹשׁ בָּרוּךְ הוּא.

בָּרְכוּנִי לְשָׁלוֹם, מַלְאֲכֵי הַשָּׁלוֹם, מַלְאֲכֵי עֶלְיוֹן
מִמֶּלֶךְ מַלְכֵי הַמְּלָכִים, הַקָּדוֹשׁ בָּרוּךְ הוּא.

צֵאתְכֶם לְשָׁלוֹם, מַלְאֲכֵי הַשָּׁלוֹם, מַלְאֲכֵי עֶלְיוֹן
מִמֶּלֶךְ מַלְכֵי הַמְּלָכִים, הַקָּדוֹשׁ בָּרוּךְ הוּא.

כִּי מַלְאָכָיו יְצַוֶּה־לָּךְ לִשְׁמָרְךָ בְּכָל־דְּרָכֶיךָ.
יהוה יִשְׁמָר צֵאתְךָ וּבוֹאֶךָ מֵעַתָּה וְעַד עוֹלָם.

RITUALS AND SONGS FOR THE TABLE

 FAMILY BLESSINGS

*It is customary for parents to place hands on the
heads of children being blessed*

For sons:

May God give you the blessings of Ephraim and Menasseh.

For daughters:

May God give you the blessings of Sarah, Rebecca, Rachel, and Leah.

Continue for all:

May the Lord bless you and guard you. May the Lord show you favor
and be gracious to you. May the Lord show you kindness and grant
you peace.

 SHALOM ALEIKHEM

We wish you peace, attending angels, angels of the most sublime,
the King of kings, the Holy One praised be He.

Come to us in peace, angels of peace, angels of the most sublime,
the King of kings, the Holy One praised be He.

Bless us with peace, angels of peace, angels of the most sublime,
the King of kings, the Holy One praised be He.

Take your leave in peace, angels of peace, angels of the most sublime,
the King of kings, the Holy One praised be He.

He will instruct His angels to guard you in all your paths.
May the Lord guard your going and your coming now and forever-
more.

ZEMER L'SHABBAT

הַחַמָּה מֵרֹאשׁ הָאִילָנוֹת נִסְתַּלְּקָה.
בֹּאוּ וְנֵצֵא לִקְרַאת שַׁבָּת הַמַּלְכָּה.
הִנֵּה הִיא יוֹרֶדֶת, הַקְּדוֹשָׁה, הַבְּרוּכָה,
וְעִמָּהּ מַלְאָכִים, צְבָא שָׁלוֹם וּמְנוּחָה.
בֹּאִי, בֹּאִי, הַמַּלְכָּה.
בֹּאִי, בֹּאִי, הַכַּלָּה.
שָׁלוֹם עֲלֵיכֶם, מַלְאֲכֵי הַשָּׁלוֹם.

EISHET ḤAYIL

אֵשֶׁת חַיִל מִי יִמְצָא, וְרָחֹק מִפְּנִינִים מִכְרָהּ. בָּטַח בָּהּ לֵב בַּעְלָהּ, וְשָׁלָל לֹא יֶחְסָר. גְּמָלַתְהוּ טוֹב וְלֹא רָע, כֹּל יְמֵי חַיֶּיהָ. כַּפָּהּ פָּרְשָׂה לֶעָנִי, וְיָדֶיהָ שִׁלְּחָה לָאֶבְיוֹן. עוֹז וְהָדָר לְבוּשָׁהּ, וַתִּשְׂחַק לְיוֹם אַחֲרוֹן. פִּיהָ פָּתְחָה בְחָכְמָה, וְתוֹרַת־חֶסֶד עַל לְשׁוֹנָהּ. צוֹפִיָּה הֲלִיכוֹת בֵּיתָהּ, וְלֶחֶם עַצְלוּת לֹא תֹאכֵל. קָמוּ בָנֶיהָ וַיְאַשְּׁרוּהָ, בַּעְלָהּ וַיְהַלְלָהּ. רַבּוֹת בָּנוֹת עָשׂוּ חָיִל, וְאַתְּ עָלִית עַל כֻּלָּנָה. שֶׁקֶר הַחֵן וְהֶבֶל הַיֹּפִי, אִשָּׁה יִרְאַת יהוה הִיא תִתְהַלָּל. תְּנוּ לָהּ מִפְּרִי יָדֶיהָ, וִיהַלְלוּהָ בַשְּׁעָרִים מַעֲשֶׂיהָ.

A SHABBAT SONG

The sun on the treetops no longer is seen.
Come, let us welcome Shabbat, the true Queen.
Behold her descending, the holy, the blessed,
and with her God's angels of peace and of rest.
Come now, come now, our Queen, our Bride.
Bo-i, bo-i ha-malkah, bo-i, bo-i ha-kallah.
Shalom alei-khem, angels of peace.
Shalom alei-khem, mal'a-khei ha-shalom.

EISHET ḤAYIL

A good wife, who can find? She is precious far beyond rubies. Her husband trusts in her, and he shall lack nothing thereby. She renders him good and not evil all the days of her life. She opens her hand to the needy and extends her hand to the poor. She is robed in strength and dignity and cheerfully faces the future. She opens her mouth with wisdom; her tongue is guided by kindness. She tends to the affairs of her household and eats not the bread of idleness. Her children come forward and bless her; her husband, too, and praises her: "Many women have done superbly, but you surpass them all." Charm is deceitful and beauty is vain, but a God-revering woman is much to be praised. Give her honor for the fruit of her hands; wherever people gather, her deeds speak her praise.

ADAPTED FROM PROVERBS 31

וַיְהִי עֶרֶב וַיְהִי בֹקֶר

יוֹם הַשִּׁשִּׁי. וַיְכֻלּוּ הַשָּׁמַיִם וְהָאָרֶץ וְכָל־צְבָאָם. וַיְכַל אֱלֹהִים
בַּיּוֹם הַשְּׁבִיעִי מְלַאכְתּוֹ אֲשֶׁר עָשָׂה, וַיִּשְׁבֹּת בַּיּוֹם הַשְּׁבִיעִי
מִכָּל־מְלַאכְתּוֹ אֲשֶׁר עָשָׂה. וַיְבָרֶךְ אֱלֹהִים אֶת־יוֹם הַשְּׁבִיעִי
וַיְקַדֵּשׁ אֹתוֹ, כִּי בוֹ שָׁבַת מִכָּל־מְלַאכְתּוֹ אֲשֶׁר בָּרָא אֱלֹהִים
לַעֲשׂוֹת.

סַבְרִי מָרָנָן

בָּרוּךְ אַתָּה יהוה אֱלֹהֵינוּ מֶלֶךְ הָעוֹלָם, בּוֹרֵא פְּרִי הַגָּפֶן.

בָּרוּךְ אַתָּה יהוה אֱלֹהֵינוּ מֶלֶךְ הָעוֹלָם, אֲשֶׁר קִדְּשָׁנוּ בְּמִצְוֹתָיו
וְרָצָה בָנוּ, וְשַׁבַּת קָדְשׁוֹ בְּאַהֲבָה וּבְרָצוֹן הִנְחִילָנוּ, זִכָּרוֹן
לְמַעֲשֵׂה בְרֵאשִׁית. כִּי הוּא יוֹם תְּחִלָּה לְמִקְרָאֵי־קֹדֶשׁ, זֵכֶר
לִיצִיאַת מִצְרָיִם. כִּי בָנוּ בָחַרְתָּ וְאוֹתָנוּ קִדַּשְׁתָּ מִכָּל־הָעַמִּים,
וְשַׁבַּת קָדְשְׁךָ בְּאַהֲבָה וּבְרָצוֹן הִנְחַלְתָּנוּ. בָּרוּךְ אַתָּה יהוה
מְקַדֵּשׁ הַשַּׁבָּת.

When gathered in a sukkah on the Shabbat of
Ḥol Ha-mo'ed Sukkot, recite the following berakhah:

בָּרוּךְ אַתָּה יהוה אֱלֹהֵינוּ מֶלֶךְ הָעוֹלָם, אֲשֶׁר קִדְּשָׁנוּ בְּמִצְוֹתָיו
וְצִוָּנוּ לֵישֵׁב בַּסֻּכָּה.

After the ritual washing of hands:

בָּרוּךְ אַתָּה יהוה אֱלֹהֵינוּ מֶלֶךְ הָעוֹלָם, אֲשֶׁר קִדְּשָׁנוּ בְּמִצְוֹתָיו
וְצִוָּנוּ עַל נְטִילַת יָדָיִם.

Two ḥallot are used for the berakhah over
bread on Shabbat

בָּרוּךְ אַתָּה יהוה אֱלֹהֵינוּ מֶלֶךְ הָעוֹלָם, הַמּוֹצִיא לֶחֶם מִן
הָאָרֶץ.

KIDDUSH FOR SHABBAT EVENING

And there was evening and there was morning—

the sixth day. The heavens and the earth, and all they contain, were completed. On the seventh day God completed the work which He had been doing; He ceased on the seventh day from all the work which He had done. Then God blessed the seventh day and called it holy, because on it He ceased from all His work of Creation.

GENESIS 1:31–2:3

Praised are You, Lord our God, King of the universe who creates fruit of the vine.

Praised are You, Lord our God, King of the universe whose mitzvot add holiness to our lives, cherishing us through the gift of His holy Shabbat granted lovingly, gladly, a reminder of Creation. It is the first among our days of sacred assembly recalling the Exodus from Egypt. Thus You have chosen us, endowing us with holiness, from among all peoples by granting us Your holy Shabbat lovingly and gladly. Praised are You, Lord who hallows Shabbat.

When gathered in a sukkah on the Shabbat of Ḥol Ha-mo'ed Sukkot, recite the following berakhah:

Praised are You, Lord our God, King of the universe whose mitzvot add holiness to our lives and who gave us the mitzvah to dwell in the sukkah.

After the ritual washing of hands:

Praised are You, Lord our God, King of the universe whose mitzvot add holiness to our lives and who gave us the mitzvah of washing hands.

Two ḥallot are used for the berakhah over bread on Shabbat

Praised are You, Lord our God, King of the universe who brings forth bread from the earth.

KOL M'KADESH SH'VI'I

כָּל־מְקַדֵּשׁ שְׁבִיעִי כָּרָאוּי לוֹ,
כָּל־שׁוֹמֵר שַׁבָּת כַּדָּת מֵחַלְּלוֹ,
שְׂכָרוֹ הַרְבֵּה מְאֹד עַל פִּי פָעֳלוֹ,
אִישׁ עַל מַחֲנֵהוּ וְאִישׁ עַל דִּגְלוֹ.

אוֹהֲבֵי יהוה הַמְחַכִּים לְבִנְיַן אֲרִיאֵל,
בְּיוֹם הַשַּׁבָּת שִׂישׂוּ כִּמְקַבְּלֵי מַתַּן נַחֲלִיאֵל,
גַּם שְׂאוּ יְדֵיכֶם קֹדֶשׁ וְאִמְרוּ לָאֵל:
בָּרוּךְ יהוה אֲשֶׁר נָתַן מְנוּחָה לְעַמּוֹ יִשְׂרָאֵל.

דּוֹרְשֵׁי יהוה זֶרַע אַבְרָהָם אוֹהֲבוֹ,
הַמְאַחֲרִים לָצֵאת מִן הַשַּׁבָּת וּמְמַהֲרִים לָבֹא,
שְׂמֵחִים לְשָׁמְרוֹ וּלְעָרֵב עֵרוּבוֹ,
זֶה הַיּוֹם עָשָׂה יהוה נָגִילָה וְנִשְׂמְחָה בוֹ.

זִכְרוּ תּוֹרַת מֹשֶׁה בְּמִצְוַת שַׁבָּת גְּרוּסָה,
חֲרוּתָה לַיּוֹם הַשְּׁבִיעִי כְּכַלָּה בֵּין רֵעוֹתֶיהָ מְשֻׁבָּצָה,
טְהוֹרִים יִירָשׁוּהָ וִיקַדְּשׁוּהָ בְּמַאֲמַר כָּל־אֲשֶׁר עָשָׂה,
וַיְכַל אֱלֹהִים בַּיּוֹם הַשְּׁבִיעִי מְלַאכְתּוֹ אֲשֶׁר עָשָׂה.

יוֹם קָדוֹשׁ הוּא מִבֹּאוֹ וְעַד צֵאתוֹ,
כָּל־זֶרַע יַעֲקֹב יְכַבְּדוּהוּ כִּדְבַר הַמֶּלֶךְ וְדָתוֹ,
לָנוּחַ בּוֹ וְלִשְׂמֹחַ בְּתַעֲנוּג אָכוֹל וְשָׁתֹה,
כָּל־עֲדַת יִשְׂרָאֵל יַעֲשׂוּ אוֹתוֹ.

מְשׁוֹךְ חַסְדְּךָ לְיוֹדְעֶיךָ, אֵל קַנֹּא וְנוֹקֵם,
נוֹטְרֵי יוֹם הַשְּׁבִיעִי זָכוֹר וְשָׁמוֹר לְהָקֵם,
שַׂמְּחֵם בְּבִנְיַן שָׁלֵם בְּאוֹר פָּנֶיךָ תַּבְהִיקֵם,
יִרְוְיֻן מִדֶּשֶׁן בֵּיתֶךָ, וְנַחַל עֲדָנֶיךָ תַשְׁקֵם.

עֲזוֹר לַשּׁוֹבְתִים בַּשְּׁבִיעִי, בֶּחָרִישׁ וּבַקָּצִיר לְעוֹלָמִים,
פּוֹסְעִים בּוֹ פְּסִיעָה קְטַנָּה, סוֹעֲדִים בּוֹ לְבָרֵךְ שָׁלֹשׁ פְּעָמִים,
צִדְקָתָם תַּצְהִיר כְּאוֹר שִׁבְעַת הַיָּמִים,
יהוה אֱלֹהֵי יִשְׂרָאֵל, הָבָה תָמִים.
יהוה אֱלֹהֵי יִשְׂרָאֵל תְּשׁוּעַת עוֹלָמִים.

All who make Shabbat holy, separating sacred from profane, will be rewarded in their homes, again and again. Those who love the Lord, yearning for the Temple's restoration, enjoy the gift of Shabbat as though receiving the Torah at the Revelation. They praise God for granting Shabbat rest to His people Israel. Seekers of the Lord, descendants of Abraham, eager to extend the limits of Shabbat in pure accord, rejoice in their observance of this day of the Lord. Remember the Torah of Moses through the mitzvah of Shabbat which it contains. The pure maintain the holiness of Shabbat and quote the proclamation: "On the seventh day God completed His work of Creation." This day is holy from sunset to sunset, from beginning to end. Let all of Jacob's descendants honor it through the rest and joy and feasting that we commend. Maintain Your unfailing love for those who honor You, who keep the laws of the seventh day. Let them celebrate Jerusalem restored, let them enjoy Your land's delights, for which they pray. Help those who rest on Shabbat, refraining from labor, who end their meals with *berakhot* and acclamation. May their piety be rewarded, their radiance reflecting the light of the days of Creation.

MENUḤAH V'SIMḤAH

מְנוּחָה וְשִׂמְחָה, אוֹר לַיְּהוּדִים,
יוֹם שַׁבָּתוֹן יוֹם מַחֲמַדִּים,
שׁוֹמְרָיו וְזוֹכְרָיו הֵמָּה מְעִידִים,
כִּי לְשִׁשָּׁה כֹּל בְּרוּאִים וְעוֹמְדִים.

שְׁמֵי שָׁמַיִם אֶרֶץ וְיַמִּים,
כָּל־צְבָא מָרוֹם גְּבוֹהִים וְרָמִים,
תַּנִּין וְאָדָם וְחַיַּת רְאֵמִים,
כִּי בְּיָהּ יהוה צוּר עוֹלָמִים.

הוּא אֲשֶׁר דִּבֶּר לְעַם סְגֻלָּתוֹ,
שָׁמוֹר לְקַדְּשׁוֹ מִבֹּאוֹ וְעַד צֵאתוֹ,
שַׁבַּת קֹדֶשׁ יוֹם חֶמְדָּתוֹ,
כִּי בוֹ שָׁבַת מִכָּל־מְלַאכְתּוֹ.

בְּמִצְוַת שַׁבָּת אֵל יַחֲלִיצָךְ,
קוּם קְרָא אֵלָיו יָחִישׁ לְאַמְּצָךְ,
נִשְׁמַת כָּל־חַי וְגַם נַעֲרִיצָךְ,
אֱכֹל בְּשִׂמְחָה כִּי כְבָר רָצָךְ.

בְּמִשְׁנֶה לֶחֶם וְקִדּוּשׁ רַבָּה,
בְּרוֹב מַטְעַמִּים וְרוּחַ נְדִיבָה,
יִזְכּוּ לְרַב טוּב הַמִּתְעַנְּגִים בָּהּ,
בְּבִיאַת גּוֹאֵל לְחַיֵּי הָעוֹלָם הַבָּא.

Tranquility and joy, light for all the Jews; Shabbat with its delights are blessings that we choose. We celebrate Shabbat with glee and testify that God created land and sea, man and beast, earth and sky. Our eternal God decreed that we should sanctify Shabbat all day in celebration; in its holiness He delights, as it recalls the goal of His creation. Come before Him in prayer on this day; then eat your food in joy, for God accepts what you do, what you say. You shall celebrate with two ḥallot and wine; on tasty foods in abundance shall you dine. For those who enjoy Shabbat many joys are held in store, and redemption will be theirs forevermore.

YAH RIBON

יָהּ רִבּוֹן עָלַם וְעָלְמַיָּא,
אַנְתְּ הוּא מַלְכָּא מֶלֶךְ מַלְכַיָּא,
עוֹבַד גְּבוּרְתֵּךְ וְתִמְהַיָּא,
שְׁפַר קֳדָמָךְ לְהַחֲוָיָא.
יָהּ רִבּוֹן עָלַם וְעָלְמַיָּא, אַנְתְּ הוּא מַלְכָּא מֶלֶךְ מַלְכַיָּא.

שְׁבָחִין אֲסַדֵּר צַפְרָא וְרַמְשָׁא,
לָךְ אֱלָהָא קַדִּישָׁא דִּי בְרָא כָּל־נַפְשָׁא,
עִירִין קַדִּישִׁין וּבְנֵי אֱנָשָׁא,
חֵיוַת בָּרָא וְעוֹפֵי שְׁמַיָּא.
יָהּ רִבּוֹן עָלַם וְעָלְמַיָּא, אַנְתְּ הוּא מַלְכָּא מֶלֶךְ מַלְכַיָּא.

רַבְרְבִין עוֹבְדֵךְ וְתַקִּיפִין,
מָכִיךְ רָמַיָּא וְזָקֵף כְּפִיפִין,
לוּ יְחֵי גְבַר שְׁנִין אַלְפִין
לָא יֵעֹל גְּבוּרְתָּךְ בְּחוּשְׁבְּנַיָּא.
יָהּ רִבּוֹן עָלַם וְעָלְמַיָּא, אַנְתְּ הוּא מַלְכָּא מֶלֶךְ מַלְכַיָּא.

אֱלָהָא דִּי לֵהּ יְקָר וּרְבוּתָא,
פְּרֶק יַת עָנָךְ מִפֻּם אַרְיָוָתָא,
וְאַפֵּק יַת־עַמָּךְ מִגּוֹ גָלוּתָא,
עַמָּא דִּי בְחַרְתְּ מִכָּל־אֻמַּיָּא.
יָהּ רִבּוֹן עָלַם וְעָלְמַיָּא, אַנְתְּ הוּא מַלְכָּא מֶלֶךְ מַלְכַיָּא.

לְמִקְדְּשָׁךְ תּוּב וּלְקֹדֶשׁ קֻדְשִׁין,
אֲתַר דִּי בֵהּ יֶחֱדוּן רוּחִין וְנַפְשִׁין,
וִיזַמְּרוּן לָךְ שִׁירִין וְרַחֲשִׁין,
בִּירוּשְׁלֵם קַרְתָּא דְשׁוּפְרַיָּא.
יָהּ רִבּוֹן עָלַם וְעָלְמַיָּא, אַנְתְּ הוּא מַלְכָּא מֶלֶךְ מַלְכַיָּא.

Ruler of all worlds, of all things, You, O Lord, are supreme, King of kings. How lovely to sing of Your wonders. At dawn and at dusk Your praise I declare, Creator of all: angels and mortals, beasts of the field and birds in the air. Were one granted thousands of years, countless days, he could never recount all Your might, all Your praise. God of greatness and glory, save Your flock from lion's jaws; end the pain of our exile, help Your chosen in spite of our flaws. Return to Your holy of holies; then all souls will rejoice, sweet songs will they render, in Jerusalem, holy city of splendor.

צוּר מִשֶּׁלּוֹ אָכַלְנוּ, בָּרְכוּ אֱמוּנַי,
שָׂבַעְנוּ וְהוֹתַרְנוּ כִּדְבַר יְהֹוָה.

הַזָּן אֶת־עוֹלָמוֹ, רוֹעֵנוּ אָבִינוּ,
אָכַלְנוּ אֶת־לַחְמוֹ וְיֵינוֹ שָׁתִינוּ.
עַל כֵּן נוֹדֶה לִשְׁמוֹ וּנְהַלְלוֹ בְּפִינוּ,
אָמַרְנוּ וְעָנִינוּ: אֵין קָדוֹשׁ כַּיהֹוָה.
צוּר מִשֶּׁלּוֹ אָכַלְנוּ, בָּרְכוּ אֱמוּנַי, שָׂבַעְנוּ וְהוֹתַרְנוּ כִּדְבַר יְהֹוָה.

בְּשִׁיר וְקוֹל תּוֹדָה נְבָרֵךְ אֱלֹהֵינוּ,
עַל אֶרֶץ חֶמְדָּה שֶׁהִנְחִיל לַאֲבוֹתֵינוּ,
מָזוֹן וְצֵידָה הִשְׂבִּיעַ לְנַפְשֵׁנוּ,
חַסְדּוֹ גָּבַר עָלֵינוּ וֶאֱמֶת יְהֹוָה.
צוּר מִשֶּׁלּוֹ אָכַלְנוּ, בָּרְכוּ אֱמוּנַי, שָׂבַעְנוּ וְהוֹתַרְנוּ כִּדְבַר יְהֹוָה.

רַחֵם בְּחַסְדֶּךָ עַל עַמְּךָ צוּרֵנוּ,
עַל צִיּוֹן מִשְׁכַּן כְּבוֹדֶךָ, זְבוּל בֵּית תִּפְאַרְתֵּנוּ,
בֶּן־דָּוִד עַבְדֶּךָ יָבֹא וְיִגְאָלֵנוּ,
רוּחַ אַפֵּינוּ, מְשִׁיחַ יְהֹוָה.
צוּר מִשֶּׁלּוֹ אָכַלְנוּ, בָּרְכוּ אֱמוּנַי, שָׂבַעְנוּ וְהוֹתַרְנוּ כִּדְבַר יְהֹוָה.

יִבָּנֶה הַמִּקְדָּשׁ, עִיר צִיּוֹן תְּמַלֵּא,
וְשָׁם נָשִׁיר שִׁיר חָדָשׁ וּבִרְנָנָה נַעֲלֶה,
הָרַחְמָן הַנִּקְדָּשׁ, יִתְבָּרַךְ וְיִתְעַלֶּה
עַל כּוֹס יַיִן מָלֵא כְּבִרְכַּת יהוה.
צוּר מִשֶּׁלּוֹ אָכַלְנוּ, בָּרְכוּ אֱמוּנַי, שָׂבַעְנוּ וְהוֹתַרְנוּ כִּדְבַר יהוה.

Let us praise the Source of our sustenance, my friends. He satisfies us with food, upon which life depends. Our Father, our Shepherd, sustains His world. For His gifts of wine and food, in song He is adored. Thus we thank and we praise Him, singing: no one, nothing is holy as the Lord. With song and thanksgiving we praise our God for the land He gave to our ancestors, as words of the Bible record, and for the food which sustains us. His love has overwhelmed us, and faithful is the Lord. Have mercy, God, for Your people, for the site of Your splendor, Zion, which we pray will be fully restored. May David's descendant redeem us, anointed of the Lord. Let the Temple be built on Zion and be filled once more, as generations have implored. Then we will sing a new song there. Praise the merciful God with a full cup of wine, a blessing from the Lord.

וְשָׁמְרוּ בְנֵי יִשְׂרָאֵל אֶת־הַשַּׁבָּת, לַעֲשׂוֹת אֶת־הַשַּׁבָּת לְדֹרֹתָם, בְּרִית עוֹלָם. בֵּינִי וּבֵין בְּנֵי יִשְׂרָאֵל אוֹת הִיא לְעוֹלָם, כִּי שֵׁשֶׁת יָמִים עָשָׂה יהוה אֶת־הַשָּׁמַיִם וְאֶת־הָאָרֶץ, וּבַיּוֹם הַשְּׁבִיעִי שָׁבַת וַיִּנָּפַשׁ.

זָכוֹר אֶת־יוֹם הַשַּׁבָּת לְקַדְּשׁוֹ. שֵׁשֶׁת יָמִים תַּעֲבֹד וְעָשִׂיתָ כָּל־מְלַאכְתֶּךָ. וְיוֹם הַשְּׁבִיעִי שַׁבָּת לַיהוה אֱלֹהֶיךָ, לֹא תַעֲשֶׂה כָל־מְלָאכָה, אַתָּה וּבִנְךָ וּבִתֶּךָ, עַבְדְּךָ וַאֲמָתְךָ וּבְהֶמְתֶּךָ, וְגֵרְךָ אֲשֶׁר בִּשְׁעָרֶיךָ. כִּי שֵׁשֶׁת יָמִים עָשָׂה יהוה אֶת־הַשָּׁמַיִם וְאֶת־הָאָרֶץ, אֶת־הַיָּם וְאֶת־כָּל־אֲשֶׁר בָּם, וַיָּנַח בַּיּוֹם הַשְּׁבִיעִי. עַל כֵּן בֵּרַךְ יהוה אֶת־יוֹם הַשַּׁבָּת וַיְקַדְּשֵׁהוּ.

סַבְרִי מָרָנָן

בָּרוּךְ אַתָּה יהוה אֱלֹהֵינוּ מֶלֶךְ הָעוֹלָם, בּוֹרֵא פְּרִי הַגָּפֶן.

When gathered in a sukkah on the Shabbat of Ḥol Ha-mo'ed Sukkot, recite the following berakhah:

בָּרוּךְ אַתָּה יהוה אֱלֹהֵינוּ מֶלֶךְ הָעוֹלָם, אֲשֶׁר קִדְּשָׁנוּ בְּמִצְוֹתָיו וְצִוָּנוּ לֵישֵׁב בַּסֻּכָּה.

After the ritual washing of hands:

בָּרוּךְ אַתָּה יהוה אֱלֹהֵינוּ מֶלֶךְ הָעוֹלָם, אֲשֶׁר קִדְּשָׁנוּ בְּמִצְוֹתָיו וְצִוָּנוּ עַל נְטִילַת יָדָיִם.

Two ḥallot are used for the berakhah over bread on Shabbat

בָּרוּךְ אַתָּה יהוה אֱלֹהֵינוּ מֶלֶךְ הָעוֹלָם, הַמּוֹצִיא לֶחֶם מִן הָאָרֶץ.

KIDDUSH FOR SHABBAT MORNING

The people Israel shall observe Shabbat, to maintain it as an everlasting covenant through all generations. It is a sign between Me and the people Israel for all time, that in six days the Lord made the heavens and the earth, and on the seventh day He ceased from work and rested.

EXODUS 31:16–17

Remember to make the day of Shabbat holy. Six days shall you labor and do all your work, but the seventh day is a Shabbat of the Lord your God; on it you shall not do any work—you, your son or your daughter, your male or female servant, your cattle, or the stranger who is among you—for in six days the Lord made the heavens, the earth and the sea, and all that they contain, and on the seventh day He rested.

Therefore the Lord blessed the day of Shabbat and made it holy.

EXODUS 20:8–11

Praised are You, Lord our God, King of the universe who creates fruit of the vine.

When gathered in a sukkah on the Shabbat of Ḥol Ha-mo'ed Sukkot, recite the following berakhah:

Praised are You, Lord our God, King of the universe whose mitzvot add holiness to our lives and who gave us the mitzvah to dwell in the sukkah.

After the ritual washing of hands:

Praised are You, Lord our God, King of the universe whose mitzvot add holiness to our lives and who gave us the mitzvah of washing the hands.

Two ḥallot are used for the berakhah over bread on Shabbat

Praised are You, Lord our God, King of the universe who brings forth bread from the earth.

בָּרוּךְ אֵל עֶלְיוֹן, אֲשֶׁר נָתַן מְנוּחָה,
לְנַפְשֵׁנוּ פִּדְיוֹן מִשֵּׁאת וַאֲנָחָה,
וְהוּא יִדְרוֹשׁ לְצִיּוֹן, עִיר הַנִּדָּחָה,
עַד אָנָה תּוּגְיוֹן נֶפֶשׁ נֶאֱנָחָה.
הַשּׁוֹמֵר שַׁבָּת הַבֵּן עִם הַבַּת, לָאֵל יֵרָצוּ כְּמִנְחָה עַל מַחֲבַת.

רוֹכֵב בָּעֲרָבוֹת, מֶלֶךְ עוֹלָמִים,
אֶת־עַמּוֹ לִשְׁבּוֹת אִזֵּן בַּנְּעִימִים,
בְּמַאֲכָלוֹת עֲרֵבוֹת בְּמִינֵי מַטְעַמִּים,
בְּמַלְבּוּשֵׁי כָבוֹד, זֶבַח מִשְׁפָּחָה.
הַשּׁוֹמֵר שַׁבָּת הַבֵּן עִם הַבַּת, לָאֵל יֵרָצוּ כְּמִנְחָה עַל מַחֲבַת.

וְאַשְׁרֵי כָּל־חוֹכֶה לְתַשְׁלוּמֵי כֶפֶל,
מֵאֵת כֹּל סוֹכֶה, שׁוֹכֵן בָּעֲרָפֶל,
נַחֲלָה לוֹ יִזְכֶּה בָּהָר וּבַשָּׁפֶל,
נַחֲלָה וּמְנוּחָה, כַּשֶּׁמֶשׁ לוֹ זָרְחָה.
הַשּׁוֹמֵר שַׁבָּת הַבֵּן עִם הַבַּת, לָאֵל יֵרָצוּ כְּמִנְחָה עַל מַחֲבַת.

כָּל־שׁוֹמֵר שַׁבָּת כַּדָּת מֵחַלְּלוֹ,
הֵן הַכְשֵׁר חִבַּת קֹדֶשׁ גּוֹרָלוֹ,
וְאִם יֵצֵא חוֹבַת הַיּוֹם, אַשְׁרֵי לוֹ,
לְאֵל אָדוֹן מְחוֹלְלוֹ מִנְחָה הִיא שְׁלוּחָה.
הַשּׁוֹמֵר שַׁבָּת הַבֵּן עִם הַבַּת, לָאֵל יֵרָצוּ כְּמִנְחָה עַל מַחֲבַת.

חֶמְדַּת הַיָּמִים קְרָאוֹ אֵלִי צוּר,
וְאַשְׁרֵי לִתְמִימִים אִם יִהְיֶה נָצוּר,
כֶּתֶר הִלּוּמִים עַל רֹאשָׁם יָצוּר,
צוּר הָעוֹלָמִים רוּחוֹ בָּם נָחָה.
הַשּׁוֹמֵר שַׁבָּת הַבֵּן עִם הַבַּת, לָאֵל יֵרָצוּ כְּמִנְחָה עַל מַחֲבַת.

זָכוֹר אֶת־יוֹם הַשַּׁבָּת לְקַדְּשׁוֹ,
קַרְנוֹ כִּי גָבְהָה נֵזֶר עַל רֹאשׁוֹ,
עַל כֵּן יִתֵּן הָאָדָם לְנַפְשׁוֹ,
עֹנֶג וְגַם שִׂמְחָה בָּהֶם לְמָשְׁחָה.
הַשּׁוֹמֵר שַׁבָּת הַבֵּן עִם הַבַּת, לָאֵל יֵרָצוּ כְּמִנְחָה עַל מַחֲבַת.

קֹדֶשׁ הִיא לָכֶם שַׁבָּת הַמַּלְכָּה,
אֶל תּוֹךְ בָּתֵּיכֶם לְהָנִיחַ בְּרָכָה,
בְּכָל־מוֹשְׁבוֹתֵיכֶם לֹא תַעֲשׂוּ מְלָאכָה,
בְּנֵיכֶם וּבְנוֹתֵיכֶם עֶבֶד וְגַם שִׁפְחָה.
הַשּׁוֹמֵר שַׁבָּת הַבֵּן עִם הַבַּת, לָאֵל יֵרָצוּ כְּמִנְחָה עַל מַחֲבַת.

All who maintain the holiness of Shabbat as sublime, are pleasing to God as those who made Temple offerings in ancient time. Praised is God who has given us rest, granting us relief from sorrow and sighing. The welfare of Zion He seeks, opposed to oppression and crying. God in heaven has decreed our Shabbat to be a day of ease; clothed in finery at a family feast, with tasty food and delicacies. Shabbat is the day of greatest delight, with which it does resound. And the faithful who sanctify it, with God's splendor shall be crowned. Remember Shabbat by making it holy; it is a day royal and glorious. Fill it with pleasure and joy; your reward will be princely, meritorious. Let Queen Shabbat be holy for you, and all in your home she shall bless. Refrain from all labor on her holy day, be free of concern and distress.

יוֹם זֶה מְכֻבָּד מִכָּל־יָמִים,
כִּי בוֹ שָׁבַת צוּר עוֹלָמִים.

שֵׁשֶׁת יָמִים תַּעֲשֶׂה מְלַאכְתֶּךָ
וְיוֹם הַשְּׁבִיעִי לֵאלֹהֶיךָ,
שַׁבָּת לֹא תַעֲשֶׂה בוֹ מְלָאכָה,
כִּי כֹל עָשָׂה שֵׁשֶׁת יָמִים.

יוֹם זֶה מְכֻבָּד מִכָּל־יָמִים,
כִּי בוֹ שָׁבַת צוּר עוֹלָמִים.

רִאשׁוֹן הוּא לְמִקְרָאֵי קֹדֶשׁ,
יוֹם שַׁבָּתוֹן יוֹם שַׁבַּת קֹדֶשׁ,
עַל כֵּן כָּל־אִישׁ בְּיֵינוֹ יְקַדֵּשׁ,
עַל שְׁתֵּי לֶחֶם יִבְצְעוּ תְמִימִים.

יוֹם זֶה מְכֻבָּד מִכָּל־יָמִים,
כִּי בוֹ שָׁבַת צוּר עוֹלָמִים.

אֱכוֹל מַשְׁמַנִּים, שְׁתֵה מַמְתַּקִּים,
כִּי אֵל יִתֵּן לְכֹל בּוֹ דְבֵקִים,
בֶּגֶד לִלְבּוֹשׁ לֶחֶם חֻקִּים,
בָּשָׂר וְדָגִים וְכָל־מַטְעַמִּים.

יוֹם זֶה מְכֻבָּד מִכָּל־יָמִים,
כִּי בוֹ שָׁבַת צוּר עוֹלָמִים.

לֹא תֶחְסַר כֹּל בּוֹ וְאָכַלְתָּ
וְשָׂבָעְתָּ וּבֵרַכְתָּ
אֶת־יהוה אֱלֹהֶיךָ אֲשֶׁר אָהַבְתָּ,
כִּי בֵרַכְךָ מִכָּל־הָעַמִּים.

יוֹם זֶה מְכֻבָּד מִכָּל־יָמִים,
כִּי בוֹ שָׁבַת צוּר עוֹלָמִים.

הַשָּׁמַיִם מְסַפְּרִים כְּבוֹדוֹ,
וְגַם הָאָרֶץ מָלְאָה חַסְדּוֹ,
רְאוּ כִּי כָל־אֵלֶּה עָשְׂתָה יָדוֹ,
כִּי הוּא הַצּוּר פָּעֳלוֹ תָמִים.
יוֹם זֶה מְכֻבָּד מִכָּל־יָמִים,
כִּי בוֹ שָׁבַת צוּר עוֹלָמִים.

This day is glorified beyond all other days; as the day on which He rested, the Eternal sings its praise. Six days pursue your labors, the seventh day is God's alone; after His six days of labor He ascended to His throne. Foremost among all sacred days, Shabbat is a day of rest. At the table the two loaves of ḥallah as well as the wine are the best. Eat the finest food, drink the finest wine; God does provide, His faithful all assume. The best of food and nourishment, meat and fish and delicacies will you consume. Eat, and be satisfied. Lack nothing on this day. Praise the Lord who has blessed you beyond all others, the Lord whom you love, to whom you pray. The heavens declare His glory, the earth is filled with His love. Behold all His creation: perfection on earth below and in heaven above.

YOM SHABBATON

יוֹם שַׁבָּתוֹן, אֵין לִשְׁכּוֹחַ, זִכְרוֹ כְּרֵיחַ הַנִּיחֹחַ,
יוֹנָה מָצְאָה בוֹ מָנוֹחַ, וְשָׁם יָנוּחוּ יְגִיעֵי כֹחַ.
הַיּוֹם נִכְבָּד לִבְנֵי אֱמוּנִים, זְהִירִים לְשָׁמְרוֹ אָבוֹת וּבָנִים
חָקוּק בִּשְׁנֵי לֻחוֹת אֲבָנִים, מֵרֹב אוֹנִים וְאַמִּיץ כֹּחַ.
וּבָאוּ כֻלָּם בִּבְרִית יַחַד, נַעֲשֶׂה וְנִשְׁמַע אָמְרוּ כְּאֶחָד
וּפָתְחוּ וְעָנוּ יהוה אֶחָד, בָּרוּךְ הַנּוֹתֵן לַיָּעֵף כֹּחַ.
דִּבֶּר בְּקָדְשׁוֹ אֵל בְּהַר הַמּוֹר, יוֹם הַשְּׁבִיעִי זָכוֹר וְשָׁמוֹר
וְכָל־פִּקּוּדָיו יַחַד לִגְמוֹר, חַזֵּק מָתְנַיִם וְאַמֵּץ כֹּחַ.
הָעָם אֲשֶׁר נָע כַּצֹּאן טָעָה, יִזְכּוֹר לְפָקְדוֹ בְּרִית וּשְׁבוּעָה
לְבַל יַעֲבָר בָּם מִקְרֵה רָעָה, כַּאֲשֶׁר נִשְׁבַּע עַל מֵי נֹחַ.
יוֹם שַׁבָּתוֹן, אֵין לִשְׁכּוֹחַ, זִכְרוֹ כְּרֵיחַ הַנִּיחֹחַ,
יוֹנָה מָצְאָה בוֹ מָנוֹחַ, וְשָׁם יָנוּחוּ יְגִיעֵי כֹחַ.

Unforgettable Sabbath, with fragrance unending; haven for the weary, rest and peace blending. Honored by Israel, the faithful dove, and given at Sinai; great strength and God's love. To the covenant, at Sinai did all attest; to God alone their allegiance; to the weary He gives rest. In holiness proclaimed: observe the seventh day; strength and vigor are yours when you follow its way. As He promised Noah, God will guard His wandering flock; He is eternal, our sheltering Rock.

DROR YIKRA

דְּרוֹר יִקְרָא לְבֵן עִם בַּת
וְיִנְצָרְכֶם כְּמוֹ בָבַת,
נְעִים שִׁמְכֶם וְלֹא יֻשְׁבַּת,
שְׁבוּ נוּחוּ בְּיוֹם שַׁבָּת.

דְּרוֹשׁ נָוִי וְאוּלַמִּי
וְאוֹת יֶשַׁע עֲשֵׂה עִמִּי,
נְטַע שׂוֹרֵק בְּתוֹךְ כַּרְמִי,
שְׁעֵה שַׁוְעַת בְּנֵי עַמִּי.

דְּרוֹךְ פּוּרָה בְּתוֹךְ בָּצְרָה
וְגַם בָּבֶל אֲשֶׁר גָּבְרָה,
נְתוֹץ צָרַי בְּאַף עֶבְרָה,
שְׁמַע קוֹלִי בְּיוֹם אֶקְרָא.

אֱלֹהִים תֵּן בְּמִדְבָּר הָר,
הֲדַס שִׁטָּה בְּרוֹשׁ תִּדְהָר,
וְלַמַּזְהִיר וְלַנִּזְהָר,
שְׁלוֹמִים תֵּן כְּמֵי נָהָר.

הֲדוֹף קָמַי, אֵל קַנָּא
בְּמוֹג לֵבָב וּבִמְגִנָּה,
וְנַרְחִיב פֶּה וּנְמַלְאֶנָּה,
לְשׁוֹנֵנוּ לְךָ רִנָּה.

דְּעֵה חָכְמָה לְנַפְשֶׁךָ,
וְהִיא כֶתֶר לְרֹאשֶׁךָ,
נְצוֹר מִצְוַת קְדוֹשֶׁךָ,
שְׁמוֹר שַׁבַּת לְקַדְשֶׁךָ.

Liberty to all will He proclaim. With Sabbath rest, endless is your good name. For deliverance I pray; Lord, show me a sign. Heed my people's cry; in vineyards of hope plant a vine. My enemies repel; may they all fall. Hear my voice, Lord, when I call. Cause the wilderness to flourish with fertility. To all devoted to the Sabbath grant prosperity. Strike my enemies with weakness; put them in a daze. We will fill our mouths with song all in Your praise. Adorn yourself with wisdom, her crown wear. Let Sabbath holiness be yours beyond compare.

On Shabbat, add this passage:

וַיְהִי עֶרֶב וַיְהִי בֹקֶר

יוֹם הַשִּׁשִּׁי. וַיְכֻלּוּ הַשָּׁמַיִם וְהָאָרֶץ וְכָל־צְבָאָם. וַיְכַל אֱלֹהִים בַּיּוֹם הַשְּׁבִיעִי מְלַאכְתּוֹ אֲשֶׁר עָשָׂה, וַיִּשְׁבֹּת בַּיּוֹם הַשְּׁבִיעִי מִכָּל־מְלַאכְתּוֹ אֲשֶׁר עָשָׂה. וַיְבָרֶךְ אֱלֹהִים אֶת־יוֹם הַשְּׁבִיעִי וַיְקַדֵּשׁ אֹתוֹ, כִּי בוֹ שָׁבַת מִכָּל־מְלַאכְתּוֹ אֲשֶׁר בָּרָא אֱלֹהִים לַעֲשׂוֹת.

סַבְרִי מָרָנָן

בָּרוּךְ אַתָּה יהוה אֱלֹהֵינוּ מֶלֶךְ הָעוֹלָם, בּוֹרֵא פְּרִי הַגָּפֶן.

בָּרוּךְ אַתָּה יהוה אֱלֹהֵינוּ מֶלֶךְ הָעוֹלָם, אֲשֶׁר בָּחַר בָּנוּ מִכָּל־עָם וְרוֹמְמָנוּ מִכָּל־לָשׁוֹן, וְקִדְּשָׁנוּ בְּמִצְוֹתָיו. וַתִּתֶּן לָנוּ יהוה אֱלֹהֵינוּ בְּאַהֲבָה (שַׁבָּתוֹת לִמְנוּחָה וּ)מוֹעֲדִים לְשִׂמְחָה, חַגִּים וּזְמַנִּים לְשָׂשׂוֹן, אֶת־יוֹם (הַשַּׁבָּת הַזֶּה וְאֶת־יוֹם)

On Pesah: חַג הַמַּצּוֹת הַזֶּה, זְמַן חֵרוּתֵנוּ,

On Shavuot: חַג הַשָּׁבוּעוֹת הַזֶּה, זְמַן מַתַּן תּוֹרָתֵנוּ,

On Sukkot: חַג הַסֻּכּוֹת הַזֶּה, זְמַן שִׂמְחָתֵנוּ,

On Sh'mini Atzeret and on Simhat Torah:

הַשְּׁמִינִי, חַג הָעֲצֶרֶת הַזֶּה, זְמַן שִׂמְחָתֵנוּ,

(בְּאַהֲבָה) מִקְרָא קֹדֶשׁ, זֵכֶר לִיצִיאַת מִצְרָיִם. כִּי בָנוּ בָחַרְתָּ וְאוֹתָנוּ קִדַּשְׁתָּ מִכָּל־הָעַמִּים, (וְשַׁבָּת) וּמוֹעֲדֵי קָדְשְׁךָ (בְּאַהֲבָה וּבְרָצוֹן) בְּשִׂמְחָה וּבְשָׂשׂוֹן הִנְחַלְתָּנוּ. בָּרוּךְ אַתָּה יהוה מְקַדֵּשׁ (הַשַּׁבָּת וְ) יִשְׂרָאֵל וְהַזְּמַנִּים.

KIDDUSH FOR FESTIVAL EVENING

On Shabbat, add this passage:

And there was evening and there was morning—

the sixth day. The heavens and the earth, and all they contain, were completed. On the seventh day God completed the work which He had been doing; He ceased on the seventh day from all the work which He had done. Then God blessed the seventh day and called it holy, because on it He ceased from all His work of Creation.

GENESIS 1:31–2:3

Praised are You, Lord our God, King of the universe who creates fruit of the vine.

Praised are You, Lord our God, King of the universe who has chosen and distinguished us from among all others by adding holiness to our lives with His mitzvot. Lovingly have You given us the gift of (Shabbat for rest and) Festivals for joy and holidays for happiness, among them (this Shabbat and) this day of

On Pesaḥ: Pesaḥ, the festival of our liberation,

On Shavuot: Shavuot, the festival of Your giving us the Torah,

On Sukkot: Sukkot, the festival of our joy,

On Sh'mini Atzeret and on Simḥat Torah:

Sh'mini Atzeret, the festival of our joy,

a day of sacred assembly recalling the Exodus from Egypt. Thus You have chosen us, endowing us with holiness from among all peoples, by granting us (Shabbat and) Your hallowed Festivals (lovingly and gladly) in happiness and joy. Praised are You, Lord who hallows (Shabbat and) the people Israel and the Festivals.

On Saturday night add:

בָּרוּךְ אַתָּה יהוה אֱלֹהֵינוּ מֶלֶךְ הָעוֹלָם, בּוֹרֵא מְאוֹרֵי הָאֵשׁ.

בָּרוּךְ אַתָּה יהוה אֱלֹהֵינוּ מֶלֶךְ הָעוֹלָם, הַמַּבְדִּיל בֵּין קֹדֶשׁ לְחֹל, בֵּין אוֹר לְחֹשֶׁךְ, בֵּין יִשְׂרָאֵל לָעַמִּים, בֵּין יוֹם הַשְּׁבִיעִי לְשֵׁשֶׁת יְמֵי הַמַּעֲשֶׂה. בֵּין קְדֻשַּׁת שַׁבָּת לִקְדֻשַּׁת יוֹם טוֹב הִבְדַּלְתָּ, וְאֶת־יוֹם הַשְּׁבִיעִי מִשֵּׁשֶׁת יְמֵי הַמַּעֲשֶׂה קִדַּשְׁתָּ, הִבְדַּלְתָּ וְקִדַּשְׁתָּ אֶת־עַמְּךָ יִשְׂרָאֵל בִּקְדֻשָּׁתֶךָ. בָּרוּךְ אַתָּה יהוה הַמַּבְדִּיל בֵּין קֹדֶשׁ לְקֹדֶשׁ.

Omit on the last two nights of Pesaḥ. On the first night of Sukkot, this berakhah is recited after the berakhah for the sukkah printed below.

בָּרוּךְ אַתָּה יהוה אֱלֹהֵינוּ מֶלֶךְ הָעוֹלָם, שֶׁהֶחֱיָנוּ וְקִיְּמָנוּ וְהִגִּיעָנוּ לַזְּמַן הַזֶּה.

In a sukkah add:

בָּרוּךְ אַתָּה יהוה אֱלֹהֵינוּ מֶלֶךְ הָעוֹלָם, אֲשֶׁר קִדְּשָׁנוּ בְּמִצְוֹתָיו וְצִוָּנוּ לֵישֵׁב בַּסֻּכָּה.

After the ritual washing of hands:

בָּרוּךְ אַתָּה יהוה אֱלֹהֵינוּ מֶלֶךְ הָעוֹלָם, אֲשֶׁר קִדְּשָׁנוּ בְּמִצְוֹתָיו וְצִוָּנוּ עַל נְטִילַת יָדָיִם.

A single ḥallah is used for the berakhah over bread when it is not Shabbat

בָּרוּךְ אַתָּה יהוה אֱלֹהֵינוּ מֶלֶךְ הָעוֹלָם, הַמּוֹצִיא לֶחֶם מִן הָאָרֶץ.

On Saturday night add:

Praised are You, Lord our God, King of the universe who creates the lights of fire.

Praised are You, Lord our God, King of the universe who has endowed all creation with distinctive qualities, distinguishing between sacred and secular time, between light and darkness, between the people Israel and other peoples, between the seventh day and the six working days of the week. You have made a distinction between the sanctity of Shabbat and the sanctity of Festivals, and you have hallowed Shabbat more than the other days of the week. You have set Your people Israel apart, making their lives holy through attachment to Your holiness. Praised are You, Lord who distinguishes one sacred time from another.

Omit on the last two nights of Pesaḥ. On the first night of Sukkot, this berakhah is recited after the berakhah for the sukkah printed below.

Praised are You, Lord our God, King of the universe, for granting us life, for sustaining us, and for helping us to reach this day.

In a sukkah add:

Praised are You, Lord our God, King of the universe whose mitzvot add holiness to our lives and who gave us the mitzvah to dwell in the sukkah.

After the ritual washing of hands:

Praised are You, Lord our God, King of the universe whose mitzvot add holiness to our lives and who gave us the mitzvah of washing hands.

A single ḥallah is used for the berakhah over bread when it is not Shabbat

Praised are You, Lord our God, King of the universe who brings forth bread from the earth.

On Shabbat add:

וְשָׁמְרוּ בְנֵי יִשְׂרָאֵל אֶת־הַשַּׁבָּת, לַעֲשׂוֹת אֶת־הַשַּׁבָּת לְדֹרֹתָם, בְּרִית עוֹלָם. בֵּינִי וּבֵין בְּנֵי יִשְׂרָאֵל אוֹת הִיא לְעוֹלָם, כִּי שֵׁשֶׁת יָמִים עָשָׂה יהוה אֶת־הַשָּׁמַיִם וְאֶת־הָאָרֶץ, וּבַיּוֹם הַשְּׁבִיעִי שָׁבַת וַיִּנָּפַשׁ.

זָכוֹר אֶת יוֹם הַשַּׁבָּת לְקַדְּשׁוֹ. שֵׁשֶׁת יָמִים תַּעֲבֹד וְעָשִׂיתָ כָּל־מְלַאכְתֶּךָ. וְיוֹם הַשְּׁבִיעִי שַׁבָּת לַיהוה אֱלֹהֶיךָ, לֹא תַעֲשֶׂה כָל־מְלָאכָה, אַתָּה וּבִנְךָ וּבִתֶּךָ, עַבְדְּךָ וַאֲמָתְךָ וּבְהֶמְתֶּךָ, וְגֵרְךָ אֲשֶׁר בִּשְׁעָרֶיךָ. כִּי שֵׁשֶׁת יָמִים עָשָׂה יהוה אֶת־הַשָּׁמַיִם וְאֶת־הָאָרֶץ, אֶת־הַיָּם וְאֶת־כָּל־אֲשֶׁר בָּם, וַיָּנַח בַּיּוֹם הַשְּׁבִיעִי.

עַל כֵּן בֵּרַךְ יהוה אֶת־יוֹם הַשַּׁבָּת וַיְקַדְּשֵׁהוּ.

וַיְדַבֵּר מֹשֶׁה אֶת־מוֹעֲדֵי יהוה אֶל בְּנֵי יִשְׂרָאֵל.

סַבְרִי מָרָנָן

בָּרוּךְ אַתָּה יהוה אֱלֹהֵינוּ מֶלֶךְ הָעוֹלָם, בּוֹרֵא פְּרִי הַגָּפֶן.

In a sukkah add:

בָּרוּךְ אַתָּה יהוה אֱלֹהֵינוּ מֶלֶךְ הָעוֹלָם, אֲשֶׁר קִדְּשָׁנוּ בְּמִצְוֹתָיו וְצִוָּנוּ לֵישֵׁב בַּסֻּכָּה.

After the ritual washing of hands:

בָּרוּךְ אַתָּה יהוה אֱלֹהֵינוּ מֶלֶךְ הָעוֹלָם, אֲשֶׁר קִדְּשָׁנוּ בְּמִצְוֹתָיו וְצִוָּנוּ עַל נְטִילַת יָדָיִם.

A single ḥallah is used for the berakhah over bread when it is not Shabbat

בָּרוּךְ אַתָּה יהוה אֱלֹהֵינוּ מֶלֶךְ הָעוֹלָם, הַמּוֹצִיא לֶחֶם מִן הָאָרֶץ.

On Shabbat add:

The people Israel shall observe Shabbat, to maintain it as an everlasting covenant through all generations. It is a sign between Me and the people Israel for all time, that in six days the Lord made the heavens and the earth, and on the seventh day He ceased from work and rested.

EXODUS 31:16–17

Remember to make the day of Shabbat holy. Six days shall you labor and do all your work, but the seventh day is a Shabbat of the Lord your God; on it you shall not do any work—you, your son or your daughter, your male or female servant, your cattle or the stranger who is among you—for in six days the Lord made the heavens, the earth and the sea, and all that they contain, and on the seventh day He rested.

Therefore the Lord blessed the day of Shabbat and made it holy.

EXODUS 20:8–11

Thus Moses declared the appointed times of the Lord to the people Israel.

LEVITICUS 23:44

Praised are You, Lord our God, King of the universe who creates fruit of the vine.

In a sukkah:

Praised are You, Lord our God, King of the universe whose mitzvot add holiness to our lives and who gave us the mitzvah to dwell in the sukkah.

After the ritual washing of hands:

Praised are You, Lord our God, King of the universe whose mitzvot add holiness to our lives and who gave us the mitzvah of washing the hands.

A single ḥallah is used for the berakhah over bread when it is not Shabbat.

Praised are You, Lord our God, King of the universe who brings forth bread from the earth.

On Shabbat, add this passage:

וַיְהִי עֶרֶב וַיְהִי בֹקֶר

יוֹם הַשִּׁשִּׁי. וַיְכֻלּוּ הַשָּׁמַיִם וְהָאָרֶץ וְכָל־צְבָאָם. וַיְכַל אֱלֹהִים בַּיּוֹם הַשְּׁבִיעִי מְלַאכְתּוֹ אֲשֶׁר עָשָׂה, וַיִּשְׁבֹּת בַּיּוֹם הַשְּׁבִיעִי מִכָּל־מְלַאכְתּוֹ אֲשֶׁר עָשָׂה. וַיְבָרֶךְ אֱלֹהִים אֶת־יוֹם הַשְּׁבִיעִי וַיְקַדֵּשׁ אֹתוֹ, כִּי בוֹ שָׁבַת מִכָּל־מְלַאכְתּוֹ אֲשֶׁר בָּרָא אֱלֹהִים לַעֲשׂוֹת.

סַבְרִי מָרָנָן

בָּרוּךְ אַתָּה יהוה אֱלֹהֵינוּ מֶלֶךְ הָעוֹלָם, בּוֹרֵא פְּרִי הַגָּפֶן.

בָּרוּךְ אַתָּה יהוה אֱלֹהֵינוּ מֶלֶךְ הָעוֹלָם, אֲשֶׁר בָּחַר בָּנוּ מִכָּל־עָם וְרוֹמְמָנוּ מִכָּל־לָשׁוֹן, וְקִדְּשָׁנוּ בְּמִצְוֹתָיו. וַתִּתֶּן לָנוּ יהוה אֱלֹהֵינוּ בְּאַהֲבָה אֶת־יוֹם (הַשַּׁבָּת הַזֶּה וְאֶת־יוֹם) הַזִּכָּרוֹן הַזֶּה, יוֹם (זִכְרוֹן) תְּרוּעָה (בְּאַהֲבָה) מִקְרָא קֹדֶשׁ, זֵכֶר לִיצִיאַת מִצְרָיִם. כִּי בָנוּ בָחַרְתָּ וְאוֹתָנוּ קִדַּשְׁתָּ מִכָּל־הָעַמִּים, וּדְבָרְךָ אֱמֶת וְקַיָּם לָעַד. בָּרוּךְ אַתָּה יהוה מֶלֶךְ עַל כָּל־הָאָרֶץ מְקַדֵּשׁ (הַשַּׁבָּת וְ) יִשְׂרָאֵל וְיוֹם הַזִּכָּרוֹן.

On Saturday night add:

בָּרוּךְ אַתָּה יהוה אֱלֹהֵינוּ מֶלֶךְ הָעוֹלָם, בּוֹרֵא מְאוֹרֵי הָאֵשׁ. בָּרוּךְ אַתָּה יהוה אֱלֹהֵינוּ מֶלֶךְ הָעוֹלָם, הַמַּבְדִּיל בֵּין קֹדֶשׁ לְחֹל בֵּין אוֹר לְחֹשֶׁךְ, בֵּין יִשְׂרָאֵל לָעַמִּים, בֵּין יוֹם הַשְּׁבִיעִי לְשֵׁשֶׁת יְמֵי הַמַּעֲשֶׂה. בֵּין קְדֻשַּׁת שַׁבָּת לִקְדֻשַּׁת יוֹם טוֹב הִבְדַּלְתָּ, וְאֶת־יוֹם הַשְּׁבִיעִי מִשֵּׁשֶׁת יְמֵי הַמַּעֲשֶׂה קִדַּשְׁתָּ, הִבְדַּלְתָּ וְקִדַּשְׁתָּ אֶת־עַמְּךָ יִשְׂרָאֵל בִּקְדֻשָּׁתֶךָ. בָּרוּךְ אַתָּה יהוה הַמַּבְדִּיל בֵּין קֹדֶשׁ לְקֹדֶשׁ.

בָּרוּךְ אַתָּה יהוה אֱלֹהֵינוּ מֶלֶךְ הָעוֹלָם, שֶׁהֶחֱיָנוּ וְקִיְּמָנוּ וְהִגִּיעָנוּ לַזְּמַן הַזֶּה.

KIDDUSH FOR ROSH HASHANAH EVENING

On Shabbat, add this passage:

And there was evening and there was morning—

the sixth day. The heavens and the earth, and all they contain, were completed. On the seventh day God completed the work which He had been doing; He ceased on the seventh day from all the work which He had done. Then God blessed the seventh day and called it holy, because on it He ceased from all His work of Creation.

GENESIS 1:31–2:3

Praised are You, Lord our God, King of the universe who creates fruit of the vine.

Praised are You, Lord our God, King of the universe who has chosen and distinguished us from among all others by adding holiness to our lives with His mitzvot. Lovingly have You given us the gift of (this Shabbat and) this Day of Remembrance, a day for (recalling) the shofar sound, a day for sacred assembly recalling the Exodus from Egypt. Thus You have chosen us, endowing us with holiness from among all peoples. Your faithful word endures forever. Praised are You, King of all the earth who hallows (Shabbat,) the people Israel and the Day of Remembrance.

On Saturday night add:

Praised are You, Lord our God, King of the universe who creates the lights of fire.

Praised are You, Lord our God, King of the universe who has endowed all creation with distinctive qualities, distinguishing between sacred and secular time, between light and darkness, between the people Israel and other peoples, between the seventh day and the six working days of the week. You have made a distinction between the sanctity of Shabbat and the sanctity of Festivals, and have hallowed Shabbat more than the other days of the week. You have set Your people Israel apart, making their lives holy through attachment to Your holiness. Praised are You, Lord who distinguishes one sacred time from another.

Praised are You, Lord our God, King of the universe, for granting us life, for sustaining us and for helping us to reach this day.

After the ritual washing of hands:

בָּרוּךְ אַתָּה יהוה אֱלֹהֵינוּ מֶלֶךְ הָעוֹלָם, אֲשֶׁר קִדְּשָׁנוּ בְּמִצְוֹתָיו וְצִוָּנוּ עַל נְטִילַת יָדָיִם.

A single ḥallah is used for the berakhah over
bread when it is not Shabbat

בָּרוּךְ אַתָּה יהוה אֱלֹהֵינוּ מֶלֶךְ הָעוֹלָם, הַמּוֹצִיא לֶחֶם מִן הָאָרֶץ.

It is customary to eat slices of apple, or pieces
of ḥallah, dipped in honey, and to recite:

יְהִי רָצוֹן מִלְּפָנֶיךָ, יהוה אֱלֹהֵינוּ וֵאלֹהֵי אֲבוֹתֵינוּ, שֶׁתְּחַדֵּשׁ עָלֵינוּ שָׁנָה טוֹבָה וּמְתוּקָה.

After the ritual washing of hands:

Praised are You, Lord our God, King of the universe whose mitzvot add holiness to our lives and who gave us the mitzvah of washing hands.

A single ḥallah is used for the berakhah over bread when it is not Shabbat

Praised are You, Lord our God, King of the universe who brings forth bread from the earth.

It is customary to eat slices of apple, or pieces of ḥallah, dipped in honey, and to recite:

May it be Your will, Lord our God and God of our ancestors, to renew this year for us with sweetness and happiness.

On Shabbat add:

וְשָׁמְרוּ בְנֵי יִשְׂרָאֵל אֶת־הַשַּׁבָּת, לַעֲשׂוֹת אֶת־הַשַּׁבָּת לְדֹרֹתָם, בְּרִית עוֹלָם. בֵּינִי וּבֵין בְּנֵי יִשְׂרָאֵל אוֹת הִיא לְעוֹלָם, כִּי שֵׁשֶׁת יָמִים עָשָׂה יהוה אֶת־הַשָּׁמַיִם וְאֶת־הָאָרֶץ, וּבַיּוֹם הַשְּׁבִיעִי שָׁבַת וַיִּנָּפַשׁ.

תִּקְעוּ בַחֹדֶשׁ שׁוֹפָר בַּכֶּסֶה לְיוֹם חַגֵּנוּ.
כִּי חֹק לְיִשְׂרָאֵל הוּא מִשְׁפָּט לֵאלֹהֵי יַעֲקֹב.
סַבְרִי מָרָנָן
בָּרוּךְ אַתָּה יהוה אֱלֹהֵינוּ מֶלֶךְ הָעוֹלָם, בּוֹרֵא פְּרִי הַגָּפֶן.

After the ritual washing of hands:

בָּרוּךְ אַתָּה יהוה אֱלֹהֵינוּ מֶלֶךְ הָעוֹלָם, אֲשֶׁר קִדְּשָׁנוּ בְּמִצְוֹתָיו וְצִוָּנוּ עַל נְטִילַת יָדָיִם.

A single ḥallah is used for the berakhah over bread when it is not Shabbat

בָּרוּךְ אַתָּה יהוה אֱלֹהֵינוּ מֶלֶךְ הָעוֹלָם, הַמּוֹצִיא לֶחֶם מִן הָאָרֶץ.

KIDDUSH FOR ROSH HASHANAH MORNING

On Shabbat add:

The people Israel shall observe Shabbat, to maintain it as an everlasting covenant through all generations. It is a sign between Me and the people Israel for all time, that in six days the Lord made the heavens and the earth, and on the seventh day He ceased from work and rested.

EXODUS 31:16–17

Sound the shofar on the new moon, announcing our solemn festival. It is Israel's law and ritual; the God of Jacob calls us to judgment.

PSALM 81:4–5

Praised are You, Lord our God, King of the universe who creates fruit of the vine.

After the ritual washing of hands:

Praised are You, Lord our God, King of the universe whose mitzvot add holiness to our lives and who gave us the mitzvah of washing the hands.

A single ḥallah is used for the berakhah over bread when it is not Shabbat

Praised are You, Lord our God, King of the universe who brings forth bread from the earth.

BIRKAT HA-MAZON

BERAKHOT AFTER MEALS 🦋

At a house of mourning, begin on page 774

*On Shabbat, Holidays and other
festive occasions:*

שִׁיר הַמַּעֲלוֹת. בְּשׁוּב יהוה אֶת־שִׁיבַת צִיּוֹן הָיִינוּ כְּחֹלְמִים. אָז יִמָּלֵא שְׂחוֹק פִּינוּ וּלְשׁוֹנֵנוּ רִנָּה. אָז יֹאמְרוּ בַגּוֹיִם, הִגְדִּיל יהוה לַעֲשׂוֹת עִם אֵלֶּה. הִגְדִּיל יהוה לַעֲשׂוֹת עִמָּנוּ, הָיִינוּ שְׂמֵחִים. שׁוּבָה יהוה אֶת־שְׁבִיתֵנוּ כַּאֲפִיקִים בַּנֶּגֶב. הַזֹּרְעִים בְּדִמְעָה בְּרִנָּה יִקְצֹרוּ. הָלוֹךְ יֵלֵךְ וּבָכֹה, נֹשֵׂא מֶשֶׁךְ הַזָּרַע, בֹּא יָבֹא בְרִנָּה, נֹשֵׂא אֲלֻמֹּתָיו.

After a wedding meal, continue on page 770

*When three or more adults have eaten together,
one of them formally invites the others:*

רַבּוֹתַי נְבָרֵךְ.

The others respond, and the leader repeats:

יְהִי שֵׁם יהוה מְבֹרָךְ מֵעַתָּה וְעַד עוֹלָם.

BIRKAT HA-MAZON

 **BERAKHOT AFTER MEALS**

At a house of mourning, begin on page 775

*On Shabbat, Holidays and other
festive occasions:*

A Song of Ascent. When the Lord restored our exiles to Zion, it was
like a dream. Then our mouths were filled with laughter, joyous song
was on our tongues. Then it was said among the nations: "The Lord
has done great things for them." Great things indeed He did for us;
therefore we rejoiced. Restore us, Lord, as You return streams to
Israel's desert soil. Those who sow in tears shall reap in joyous song.
A tearful man will plant in sadness, bearing his sack of seed. But he
will come home in gladness, bearing his sheaves of grain.

> PSALM 126

After a wedding meal, continue on page 771

*When three or more adults have eaten together,
one of them formally invites the others:*

Rabotai n'varekh.

Friends, let us give thanks.

The others respond, and the leader repeats:

Y'hi shem Adonai m'vorakh me-attah v'ad olam.

May God be praised, now and forever.

If ten or more adults are present,
the leader continues:

בִּרְשׁוּת רַבּוֹתַי, נְבָרֵךְ אֱלֹהֵינוּ שֶׁאָכַלְנוּ מִשֶּׁלּוֹ.

The others respond, and the leader
repeats:

בָּרוּךְ אֱלֹהֵינוּ שֶׁאָכַלְנוּ מִשֶּׁלּוֹ וּבְטוּבוֹ חָיִינוּ.

Leader and others:

בָּרוּךְ הוּא וּבָרוּךְ שְׁמוֹ.

Continue with ברוך אתה *on page 758*

If fewer than ten adults are present,
the leader continues:

בִּרְשׁוּת רַבּוֹתַי, נְבָרֵךְ שֶׁאָכַלְנוּ מִשֶּׁלּוֹ.

The others respond, and the leader repeats:

בָּרוּךְ שֶׁאָכַלְנוּ מִשֶּׁלּוֹ וּבְטוּבוֹ חָיִינוּ.

Leader and others:

בָּרוּךְ הוּא וּבָרוּךְ שְׁמוֹ.

If ten or more adults are present,
the leader continues:

Bi-r'shut rabotai, n'varekh Eloheinu she-akhalnu mi-shelo.

With your consent, friends, let us praise our God, of whose food we have partaken.

The others respond, and the leader
repeats:

Barukh Eloheinu she-akhalnu mi-shelo u-v'tuvo ḥayinu.
Praised be our God, of whose food we have partaken and by whose goodness we live.

Leader and others:

Barukh hu u-varukh sh'mo.
Praised be He and praised be His name.

Continue with "We praise You . . ." on
page 759

If fewer than ten adults are present,
the leader continues:

Bi-r'shut rabotai, n'varekh she-akhalnu mi-shelo.

With your consent, friends, let us praise the One of whose food we have partaken.

The others respond, and the leader repeats:

Barukh she-akhalnu mi-shelo u-v'tuvo ḥayinu.

Praised be the One of whose food we have partaken and by whose goodness we live.

Leader and others:

Barukh hu u-varukh sh'mo.

Praised be He and praised be His name.

בָּרוּךְ אַתָּה יהוה אֱלֹהֵינוּ מֶלֶךְ הָעוֹלָם, הַזָּן אֶת־הָעוֹלָם כֻּלּוֹ בְּטוּבוֹ, בְּחֵן בְּחֶסֶד וּבְרַחֲמִים. הוּא נוֹתֵן לֶחֶם לְכָל־בָּשָׂר, כִּי לְעוֹלָם חַסְדּוֹ. וּבְטוּבוֹ הַגָּדוֹל תָּמִיד לֹא חָסַר לָנוּ, וְאַל יֶחְסַר לָנוּ מָזוֹן לְעוֹלָם וָעֶד, בַּעֲבוּר שְׁמוֹ הַגָּדוֹל, כִּי הוּא אֵל זָן וּמְפַרְנֵס לַכֹּל, וּמֵטִיב לַכֹּל, וּמֵכִין מָזוֹן לְכָל־בְּרִיּוֹתָיו אֲשֶׁר בָּרָא. בָּרוּךְ אַתָּה יהוה, הַזָּן אֶת־הַכֹּל.

נוֹדֶה לְּךָ, יהוה אֱלֹהֵינוּ, עַל שֶׁהִנְחַלְתָּ לַאֲבוֹתֵינוּ אֶרֶץ חֶמְדָּה טוֹבָה וּרְחָבָה, וְעַל שֶׁהוֹצֵאתָנוּ, יהוה אֱלֹהֵינוּ, מֵאֶרֶץ מִצְרַיִם, וּפְדִיתָנוּ מִבֵּית עֲבָדִים, וְעַל בְּרִיתְךָ שֶׁחָתַמְתָּ בִּבְשָׂרֵנוּ, וְעַל תּוֹרָתְךָ שֶׁלִּמַּדְתָּנוּ, וְעַל חֻקֶּיךָ שֶׁהוֹדַעְתָּנוּ, וְעַל חַיִּים חֵן וָחֶסֶד שֶׁחוֹנַנְתָּנוּ, וְעַל אֲכִילַת מָזוֹן שָׁאַתָּה זָן וּמְפַרְנֵס אוֹתָנוּ תָּמִיד, בְּכָל־יוֹם וּבְכָל־עֵת וּבְכָל־שָׁעָה.

On Ḥanukkah:

עַל הַנִּסִּים וְעַל הַפֻּרְקָן, וְעַל הַגְּבוּרוֹת, וְעַל הַתְּשׁוּעוֹת, וְעַל הַמִּלְחָמוֹת שֶׁעָשִׂיתָ לַאֲבוֹתֵינוּ בַּיָּמִים הָהֵם וּבַזְּמַן הַזֶּה.

בִּימֵי מַתִּתְיָהוּ בֶּן־יוֹחָנָן כֹּהֵן גָּדוֹל, חַשְׁמוֹנַי וּבָנָיו, כְּשֶׁעָמְדָה מַלְכוּת יָוָן הָרְשָׁעָה עַל עַמְּךָ יִשְׂרָאֵל לְהַשְׁכִּיחָם תּוֹרָתֶךָ וּלְהַעֲבִירָם מֵחֻקֵּי רְצוֹנֶךָ, וְאַתָּה בְּרַחֲמֶיךָ הָרַבִּים עָמַדְתָּ לָהֶם בְּעֵת צָרָתָם, רַבְתָּ אֶת־רִיבָם, דַּנְתָּ אֶת־דִּינָם, נָקַמְתָּ אֶת־נִקְמָתָם, מָסַרְתָּ גִבּוֹרִים בְּיַד חַלָּשִׁים, וְרַבִּים בְּיַד מְעַטִּים, וּטְמֵאִים בְּיַד טְהוֹרִים, וּרְשָׁעִים בְּיַד צַדִּיקִים, וְזֵדִים בְּיַד עוֹסְקֵי תוֹרָתֶךָ. וּלְךָ עָשִׂיתָ שֵׁם גָּדוֹל וְקָדוֹשׁ בְּעוֹלָמֶךָ, וּלְעַמְּךָ יִשְׂרָאֵל עָשִׂיתָ תְּשׁוּעָה גְדוֹלָה וּפֻרְקָן כְּהַיּוֹם הַזֶּה. וְאַחַר כֵּן בָּאוּ בָנֶיךָ לִדְבִיר בֵּיתֶךָ וּפִנּוּ אֶת־הֵיכָלֶךָ, וְטִהֲרוּ אֶת־מִקְדָּשֶׁךָ, וְהִדְלִיקוּ נֵרוֹת בְּחַצְרוֹת קָדְשֶׁךָ, וְקָבְעוּ שְׁמוֹנַת יְמֵי חֲנֻכָּה אֵלּוּ לְהוֹדוֹת וּלְהַלֵּל לְשִׁמְךָ הַגָּדוֹל.

We praise You, Lord our God, King of the universe who graciously sustains the whole world with kindness and compassion. You provide food for every creature, as Your love endures forever. Your great goodness has never failed us; may Your great glory always assure us nourishment. You sustain all life and You are good to all, providing all of Your creatures with food and sustenance. We praise You, Lord who sustains all life.

Barukh attah Adonai, ha-zan et ha-kol.

We thank You, Lord our God, for the pleasing, good, and spacious land which You gave to our ancestors and for liberating us from Egyptian bondage. We thank You for the covenant sealed in our flesh, for teaching us Your Torah and Your precepts, for the gift of life and compassion graciously granted us, for the food we have eaten, for the nourishment You provide us all of our days, whatever the season, whatever the time.

On Ḥanukkah:

We thank You for the heroism, for the triumphs, and for the miraculous deliverance of our ancestors in other days, and in our time.

In the days of Mattathias son of Yoḥanan, the Hasmonean *kohen gadol,* and in the days of his sons, a cruel power rose against Israel, demanding that they abandon Your Torah and violate Your mitzvot. You, in great mercy, stood by Your people in time of trouble. You defended them, vindicated them, and avenged their wrongs. You delivered the strong into the hands of the weak, the many into the hands of the few, the corrupt into the hands of the pure in heart, the guilty into the hands of the innocent. You delivered the arrogant into the hands of those who were faithful to Your Torah. You have wrought great victories and miraculous deliverance for Your people Israel to this day, revealing Your glory and Your holiness to all the world. Then Your children came into Your shrine, cleansed Your Temple, purified Your sanctuary, and kindled lights in Your sacred courts. They set aside these eight days as a season for giving thanks and reciting praises to You.

On Purim:

עַל הַנִּסִּים וְעַל הַפֻּרְקָן, וְעַל הַגְּבוּרוֹת, וְעַל הַתְּשׁוּעוֹת, וְעַל הַמִּלְחָמוֹת שֶׁעָשִׂיתָ לַאֲבוֹתֵינוּ בַּיָּמִים הָהֵם וּבַזְּמַן הַזֶּה.

בִּימֵי מָרְדְּכַי וְאֶסְתֵּר בְּשׁוּשַׁן הַבִּירָה, כְּשֶׁעָמַד עֲלֵיהֶם הָמָן הָרָשָׁע, בִּקֵּשׁ לְהַשְׁמִיד לַהֲרוֹג וּלְאַבֵּד אֶת־כָּל־הַיְּהוּדִים, מִנַּעַר וְעַד זָקֵן, טַף וְנָשִׁים, בְּיוֹם אֶחָד, בִּשְׁלוֹשָׁה עָשָׂר לְחֹדֶשׁ שְׁנֵים־עָשָׂר, הוּא חֹדֶשׁ אֲדָר, וּשְׁלָלָם לָבוֹז. וְאַתָּה בְּרַחֲמֶיךָ הָרַבִּים הֵפַרְתָּ אֶת־עֲצָתוֹ, וְקִלְקַלְתָּ אֶת־מַחֲשַׁבְתּוֹ, וַהֲשֵׁבוֹתָ גְּמוּלוֹ בְּרֹאשׁוֹ, וְתָלוּ אוֹתוֹ וְאֶת־בָּנָיו עַל הָעֵץ.

On Israel's Independence Day:

עַל הַנִּסִּים וְעַל הַפֻּרְקָן, וְעַל הַגְּבוּרוֹת, וְעַל הַתְּשׁוּעוֹת, וְעַל הַמִּלְחָמוֹת שֶׁעָשִׂיתָ לַאֲבוֹתֵינוּ בַּיָּמִים הָהֵם וּבַזְּמַן הַזֶּה.

בִּימֵי שִׁיבַת בָּנִים לִגְבוּלָם, בְּעֵת תְּקוּמַת עַם בְּאַרְצוֹ כִּימֵי קֶדֶם, נִסְגְּרוּ שַׁעֲרֵי אֶרֶץ אָבוֹת בִּפְנֵי אַחֵינוּ פְּלִיטֵי חֶרֶב, וְאוֹיְבִים בָּאָרֶץ וְשִׁבְעָה עֲמָמִים בַּעֲלֵי בְרִיתָם קָמוּ לְהַכְרִית עַמְּךָ יִשְׂרָאֵל, וְאַתָּה בְּרַחֲמֶיךָ הָרַבִּים עָמַדְתָּ לָהֶם בְּעֵת צָרָתָם, רַבְתָּ אֶת־רִיבָם, דַּנְתָּ אֶת־דִּינָם, חִזַּקְתָּ אֶת־לִבָּם לַעֲמוֹד בַּשַּׁעַר, וְלִפְתֹּחַ שְׁעָרִים לַנִּרְדָּפִים וּלְגָרֵשׁ אֶת־צִבְאוֹת הָאוֹיֵב מִן הָאָרֶץ. מָסַרְתָּ רַבִּים בְּיַד מְעַטִּים, וּרְשָׁעִים בְּיַד צַדִּיקִים, וּלְךָ עָשִׂיתָ שֵׁם גָּדוֹל וְקָדוֹשׁ בְּעוֹלָמֶךָ, וּלְעַמְּךָ יִשְׂרָאֵל עָשִׂיתָ תְּשׁוּעָה גְדוֹלָה וּפֻרְקָן כְּהַיּוֹם הַזֶּה.

וְעַל הַכֹּל, יהוה אֱלֹהֵינוּ, אֲנַחְנוּ מוֹדִים לָךְ וּמְבָרְכִים אוֹתָךְ, יִתְבָּרַךְ שִׁמְךָ בְּפִי כָל־חַי תָּמִיד לְעוֹלָם וָעֶד, כַּכָּתוּב: וְאָכַלְתָּ וְשָׂבָעְתָּ, וּבֵרַכְתָּ אֶת־יהוה אֱלֹהֶיךָ עַל הָאָרֶץ הַטּוֹבָה אֲשֶׁר נָתַן לָךְ. בָּרוּךְ אַתָּה יהוה, עַל הָאָרֶץ וְעַל הַמָּזוֹן.

On Purim:

We thank You for the heroism, for the triumphs, and for the miraculous deliverance of our ancestors in other days, and in our time.

In the days of Mordecai and Esther, in Shushan, the capital of Persia, the wicked Haman rose up against all Jews and plotted their destruction. In a single day, the thirteenth of Adar, the twelfth month of the year, Haman planned to annihilate all Jews, young and old, and to permit the plunder of their property. You, in great mercy, thwarted his designs, frustrated his plot, and visited upon him the evil he planned to bring on others. Haman, together with his sons, suffered death on the gallows he had made for Mordecai.

On Israel's Independence Day:

We thank You for the heroism, for the triumphs, and for the miraculous deliverance of our ancestors in other days, and in our time.

In the days when Your children were returning to their borders, at the time of a people revived in its land as in days of old, the gates to the land of our ancestors were closed before those who were fleeing the sword. When enemies from within the land together with seven neighboring nations sought to annihilate Your people, You, in Your great mercy, stood by them in time of trouble. You defended them and vindicated them. You gave them the courage to meet their foes, to open the gates to those seeking refuge, and to free the land of its armed invaders. You delivered the many into the hands of the few, the guilty into the hands of the innocent. You have wrought great victories and miraculous deliverance for Your people Israel to this day, revealing Your glory and Your holiness to all the world.

For all this we thank You and praise You, Lord our God. You shall be forever praised by every living thing. Thus is it written in the Torah: "When you have eaten and are satisfied, you shall praise the Lord your God for the good land which He has given you." We praise You, Lord, for the land and for nourishment.

Barukh attah Adonai, al ha-aretz v'al ha-mazon.

רַחֵם יהוה אֱלֹהֵינוּ עַל יִשְׂרָאֵל עַמֶּךָ, וְעַל יְרוּשָׁלַיִם עִירֶךָ וְעַל צִיּוֹן מִשְׁכַּן כְּבוֹדֶךָ וְעַל מַלְכוּת בֵּית דָּוִד מְשִׁיחֶךָ וְעַל הַבַּיִת הַגָּדוֹל וְהַקָּדוֹשׁ שֶׁנִּקְרָא שִׁמְךָ עָלָיו. אֱלֹהֵינוּ אָבִינוּ, רְעֵנוּ זוּנֵנוּ פַּרְנְסֵנוּ וְכַלְכְּלֵנוּ, וְהַרְוִיחֵנוּ וְהַרְוַח לָנוּ יהוה אֱלֹהֵינוּ מְהֵרָה מִכָּל־צָרוֹתֵינוּ. וְנָא אַל תַּצְרִיכֵנוּ יהוה אֱלֹהֵינוּ לֹא לִידֵי מַתְּנַת בָּשָׂר וָדָם וְלֹא לִידֵי הַלְוָאָתָם, כִּי אִם לְיָדְךָ הַמְּלֵאָה הַפְּתוּחָה הַגְּדוּשָׁה וְהָרְחָבָה, שֶׁלֹּא נֵבוֹשׁ וְלֹא נִכָּלֵם לְעוֹלָם וָעֶד.

On Shabbat:

רְצֵה וְהַחֲלִיצֵנוּ יהוה אֱלֹהֵינוּ בְּמִצְוֹתֶיךָ, וּבְמִצְוַת יוֹם הַשְּׁבִיעִי הַשַּׁבָּת הַגָּדוֹל וְהַקָּדוֹשׁ הַזֶּה, כִּי יוֹם זֶה גָּדוֹל וְקָדוֹשׁ הוּא לְפָנֶיךָ לִשְׁבָּת בּוֹ וְלָנוּחַ בּוֹ בְּאַהֲבָה כְּמִצְוַת רְצוֹנֶךָ, וּבִרְצוֹנְךָ הָנַח לָנוּ, יהוה אֱלֹהֵינוּ, שֶׁלֹּא תְהֵא צָרָה וְיָגוֹן וַאֲנָחָה בְּיוֹם מְנוּחָתֵנוּ, וְהַרְאֵנוּ יהוה אֱלֹהֵינוּ בְּנֶחָמַת צִיּוֹן עִירֶךָ וּבְבִנְיַן יְרוּשָׁלַיִם עִיר קָדְשֶׁךָ, כִּי אַתָּה הוּא בַּעַל הַיְשׁוּעוֹת וּבַעַל הַנֶּחָמוֹת.

On Rosh Ḥodesh and on Festivals:

אֱלֹהֵינוּ וֵאלֹהֵי אֲבוֹתֵינוּ, יַעֲלֶה וְיָבֹא וְיַגִּיעַ וְיֵרָאֶה וְיֵרָצֶה וְיִשָּׁמַע, וְיִפָּקֵד וְיִזָּכֵר זִכְרוֹנֵנוּ וּפִקְדוֹנֵנוּ, וְזִכְרוֹן אֲבוֹתֵינוּ, וְזִכְרוֹן מָשִׁיחַ בֶּן־דָּוִד עַבְדֶּךָ, וְזִכְרוֹן יְרוּשָׁלַיִם עִיר קָדְשֶׁךָ, וְזִכְרוֹן כָּל־עַמְּךָ בֵּית יִשְׂרָאֵל לְפָנֶיךָ, לִפְלֵיטָה לְטוֹבָה, לְחֵן וּלְחֶסֶד וּלְרַחֲמִים, לְחַיִּים וּלְשָׁלוֹם בְּיוֹם

On Rosh Ḥodesh:	רֹאשׁ הַחֹדֶשׁ
On Pesaḥ:	חַג הַמַּצוֹת
On Shavuot:	חַג הַשָּׁבֻעוֹת
On Rosh Hashanah:	הַזִּכָּרוֹן
On Sukkot:	חַג הַסֻּכּוֹת
On Sh'mini Atzeret and on Simḥat Torah:	הַשְּׁמִינִי חַג הָעֲצֶרֶת

הַזֶּה. זָכְרֵנוּ יהוה אֱלֹהֵינוּ בּוֹ לְטוֹבָה, וּפָקְדֵנוּ בוֹ לִבְרָכָה, וְהוֹשִׁיעֵנוּ בוֹ לְחַיִּים. וּבִדְבַר יְשׁוּעָה וְרַחֲמִים חוּס וְחָנֵּנוּ וְרַחֵם עָלֵינוּ וְהוֹשִׁיעֵנוּ כִּי אֵלֶיךָ עֵינֵינוּ, כִּי אֵל מֶלֶךְ חַנּוּן וְרַחוּם אָתָּה.

Have mercy, Lord our God, for Israel Your people, for Jerusalem Your holy city, for Zion the home of Your glory, for the royal House of David Your anointed, and for the great and holy House which is called by Your name. Our God, our Father, shelter us and shield us, sustain us, maintain us, grant us relief from all of our troubles. May we never find ourselves in need of gifts or loans from flesh and blood, but may we rely only upon Your helping hand, which is open, ample, and generous; thus we shall never suffer shame or humiliation.

On Shabbat:

Strengthen us, Lord our God, with Your mitzvot, especially the mitzvah of this great and holy seventh day, that we may rest thereon lovingly, according to Your will. May it be Your will, Lord our God, to grant that our Shabbat rest be free of anguish, sorrow, and sighing. May we behold Zion Your city consoled, Jerusalem Your holy city rebuilt. For You are Master of deliverance and consolation.

On Rosh Ḥodesh and on Festivals:

Our God and God of our ancestors, on this

    On Rosh Ḥodesh: Rosh Ḥodesh

    On Pesaḥ: Festival of Matzot

    On Shavuot: Festival of Shavuot

    On Rosh Hashanah: Day of Remembrance

    On Sukkot: Festival of Sukkot

    On Sh'mini Atzeret and
    on Simḥat Torah: Festival of Sh'mini Atzeret

remember our ancestors and be gracious to us. Consider the people Israel standing before You praying for the days of Messiah and for Jerusalem Your holy city. Grant us life, well-being, lovingkindness, and peace. Bless us, Lord our God, with all that is good. Remember Your promise of mercy and redemption. Be merciful to us and save us, for we place our hope in You, gracious and merciful God.

At a house of mourning, replace the following two passages with those found on page 776

וּבְנֵה יְרוּשָׁלַיִם עִיר הַקֹּדֶשׁ בִּמְהֵרָה בְיָמֵינוּ. בָּרוּךְ אַתָּה יהוה, בּוֹנֵה בְרַחֲמָיו יְרוּשָׁלָיִם. אָמֵן.

בָּרוּךְ אַתָּה יהוה אֱלֹהֵינוּ מֶלֶךְ הָעוֹלָם, הָאֵל, אָבִינוּ מַלְכֵּנוּ, אַדִּירֵנוּ בּוֹרְאֵנוּ גּוֹאֲלֵנוּ, יוֹצְרֵנוּ, קְדוֹשֵׁנוּ קְדוֹשׁ יַעֲקֹב, רוֹעֵנוּ רוֹעֵה יִשְׂרָאֵל, הַמֶּלֶךְ הַטּוֹב וְהַמֵּטִיב לַכֹּל, שֶׁבְּכָל־יוֹם וָיוֹם הוּא הֵיטִיב, הוּא מֵיטִיב, הוּא יֵיטִיב לָנוּ. הוּא גְמָלָנוּ, הוּא גוֹמְלֵנוּ, הוּא יִגְמְלֵנוּ לָעַד, לְחֵן וּלְחֶסֶד וּלְרַחֲמִים וּלְרֶוַח, הַצָּלָה וְהַצְלָחָה, בְּרָכָה וִישׁוּעָה, נֶחָמָה פַּרְנָסָה וְכַלְכָּלָה, וְרַחֲמִים וְחַיִּים וְשָׁלוֹם וְכָל־טוֹב, וּמִכָּל־טוּב לְעוֹלָם אַל יְחַסְּרֵנוּ.

הָרַחֲמָן, הוּא יִמְלוֹךְ עָלֵינוּ לְעוֹלָם וָעֶד.

הָרַחֲמָן, הוּא יִתְבָּרַךְ בַּשָּׁמַיִם וּבָאָרֶץ.

הָרַחֲמָן, הוּא יִשְׁתַּבַּח לְדוֹר דּוֹרִים, וְיִתְפָּאַר בָּנוּ לָנֶצַח נְצָחִים, וְיִתְהַדַּר בָּנוּ לָעַד וּלְעוֹלְמֵי עוֹלָמִים.

הָרַחֲמָן, הוּא יְפַרְנְסֵנוּ בְּכָבוֹד.

הָרַחֲמָן, הוּא יִשְׁבּוֹר עֻלֵּנוּ מֵעַל צַוָּארֵנוּ וְהוּא יוֹלִיכֵנוּ קוֹמְמִיּוּת לְאַרְצֵנוּ.

הָרַחֲמָן, הוּא יִשְׁלַח לָנוּ בְּרָכָה מְרֻבָּה בַּבַּיִת הַזֶּה וְעַל שֻׁלְחָן זֶה שֶׁאָכַלְנוּ עָלָיו.

הָרַחֲמָן, הוּא יִשְׁלַח לָנוּ אֶת־אֵלִיָּהוּ הַנָּבִיא, זָכוּר לַטּוֹב, וִיבַשֶּׂר־לָנוּ בְּשׂוֹרוֹת טוֹבוֹת, יְשׁוּעוֹת וְנֶחָמוֹת.

The following are varied at the discretion of the leader

In the presence of a bride and groom:

הָרַחֲמָן, הוּא יְבָרֵךְ אֶת־הֶחָתָן וְאֶת־הַכַּלָּה וְאֶת־כָּל־בְּנֵי מִשְׁפְּחוֹתֵיהֶם וְאֶת־כָּל־הַמְסֻבִּין כָּאן.

At a house of mourning, replace the following
two passages with those found on page 777

Rebuild Jerusalem, the holy city, soon and in our day. We praise You, Lord who in His mercy rebuilds Jerusalem. Amen.

Barukh attah Adonai, boneh v'raḥamav yerushalayim. Amen.

We praise You, Lord our God, King of the universe, our Father, our King, our Creator and Redeemer, our Holy One and Holy One of Jacob, our Shepherd and Shepherd of the people Israel, King who is good to all, whose goodness is constant throughout all time. May You continue to bestow upon us grace, kindness, and compassion, providing us with deliverance, prosperity and ease, life and peace, and all goodness. May we never go in want of goodness.

May the Merciful reign over us throughout all time.

May the Merciful be praised in the heavens and on earth.

May the Merciful be lauded in every generation, glorified through our lives, exalted through us always and for eternity.

May the Merciful give us an honorable livelihood.

May the Merciful break the yoke of exile and lead us in dignity to our land.

May the Merciful send abundant blessings to this house and to this table at which we have eaten.

May the Merciful send us the prophet Elijah, of blessed memory, who will bring us good news of deliverance and consolation.

The following are varied at the discretion
of the leader

In the presence of a bride and groom:

May the Merciful bless this bride and groom, their families, and all who are gathered here in celebration.

In the presence of a bar mitzvah or a bat mitzvah:

הָרַחֲמָן, הוּא יְבָרֵךְ
(אֶת־הַבָּחוּר הַבַּר מִצְוָה וְאֶת־כָּל בְּנֵי מִשְׁפַּחְתּוֹ)
(אֶת־הַבַּחוּרָה הַבַּת מִצְוָה וְאֶת־כָּל־בְּנֵי מִשְׁפַּחְתָּהּ)
וְאֶת־כָּל הַמְסֻבִּין כָּאן.

הָרַחֲמָן, הוּא יְבָרֵךְ אֶת־הָאָרֶץ הַזֹּאת וְיִשְׁמְרֶהָ.

הָרַחֲמָן, הוּא יְבָרֵךְ אֶת־מְדִינַת יִשְׂרָאֵל, רֵאשִׁית צְמִיחַת גְּאֻלָּתֵנוּ.

הָרַחֲמָן, הוּא יְבָרֵךְ אֶת־אַחֵינוּ בְּנֵי יִשְׂרָאֵל הַנְּתוּנִים בְּצָרָה וְיוֹצִיאֵם מֵאֲפֵלָה לְאוֹרָה.

הָרַחֲמָן, הוּא יַשְׁכִּין שָׁלוֹם בֵּינֵינוּ.

At another's home or at a parent's table:

הָרַחֲמָן, הוּא יְבָרֵךְ אֶת־ (אָבִי מוֹרִי) בַּעַל הַבַּיִת הַזֶּה, וְאֶת־ (אִמִּי מוֹרָתִי) בַּעֲלַת הַבַּיִת הַזֶּה, אוֹתָם וְאֶת־בֵּיתָם וְאֶת־זַרְעָם וְאֶת־כָּל־אֲשֶׁר לָהֶם

At one's own home:

הָרַחֲמָן, הוּא יְבָרֵךְ אוֹתִי (וְאֶת־אִשְׁתִּי/וְאֶת־בַּעֲלִי/וְאֶת־זַרְעִי) וְאֶת־כָּל־אֲשֶׁר לִי

At a general gathering:

הָרַחֲמָן, הוּא יְבָרֵךְ אֶת־כָּל־הַמְסֻבִּין כָּאן, אוֹתָם וְאֶת־בֵּיתָם וְאֶת־זַרְעָם וְאֶת־כָּל־אֲשֶׁר לָהֶם

אוֹתָנוּ וְאֶת־כָּל־אֲשֶׁר לָנוּ, כְּמוֹ שֶׁנִּתְבָּרְכוּ אֲבוֹתֵינוּ אַבְרָהָם יִצְחָק וְיַעֲקֹב בַּכֹּל מִכֹּל כֹּל, כֵּן יְבָרֵךְ אוֹתָנוּ כֻּלָּנוּ יַחַד בִּבְרָכָה שְׁלֵמָה, וְנֹאמַר אָמֵן.

*In the presence of a bar mitzvah or a
bat mitzvah:*

May the Merciful bless
(this *bar mitzvah* and his family)
(this *bat mitzvah* and her family)
and all who are gathered here in celebration.

May the Merciful bless this land and preserve it.

May the Merciful bless the State of Israel, the promise of our
redemption.

May the Merciful bless all our people who suffer persecution
and bring them out of darkness into light.

May the Merciful cause peace to dwell among us.

At another's home or at a parent's table:

May the Merciful bless (my father and teacher) the master of
this house and (my mother and teacher) the mistress of this
house, together with their children and all that is theirs.

At one's own home:

May the Merciful bless me (my wife/my husband) and my
children and all that is mine.

At a general gathering:

May the Merciful bless all who are gathered here, their chil-
dren and all that is theirs.

May He bless us and all that is ours, as He blessed our ancestors
Abraham, Isaac, and Jacob in everything. May He bless each and all
of us too, fully. And let us say: Amen.

בַּמָּרוֹם יְלַמְּדוּ עֲלֵיהֶם וְעָלֵינוּ זְכוּת, שֶׁתְּהֵא לְמִשְׁמֶרֶת שָׁלוֹם. וְנִשָּׂא בְרָכָה מֵאֵת יהוה, וּצְדָקָה מֵאֱלֹהֵי יִשְׁעֵנוּ, וְנִמְצָא חֵן וְשֵׂכֶל טוֹב בְּעֵינֵי אֱלֹהִים וְאָדָם.

On Shabbat:

הָרַחֲמָן, הוּא יַנְחִילֵנוּ יוֹם שֶׁכֻּלּוֹ שַׁבָּת וּמְנוּחָה לְחַיֵּי הָעוֹלָמִים.

On Rosh Ḥodesh:

הָרַחֲמָן, הוּא יְחַדֵּשׁ עָלֵינוּ אֶת־הַחֹדֶשׁ הַזֶּה לְטוֹבָה וְלִבְרָכָה.

On Festivals:

הָרַחֲמָן, הוּא יַנְחִילֵנוּ יוֹם שֶׁכֻּלּוֹ טוֹב.

On Sukkot:

הָרַחֲמָן הוּא יָקִים לָנוּ אֶת סֻכַּת דָּוִד הַנּוֹפֶלֶת.

On Rosh Hashanah:

הָרַחֲמָן, הוּא יְחַדֵּשׁ עָלֵינוּ אֶת־הַשָּׁנָה הַזֹּאת לְטוֹבָה וְלִבְרָכָה.

On Shabbat, Festivals, Ḥol Ha-mo'ed, and Rosh Ḥodesh, and other special festive occasions, substitute the word in parentheses for the word which precedes it

הָרַחֲמָן, הוּא יְזַכֵּנוּ לִימוֹת הַמָּשִׁיחַ וּלְחַיֵּי הָעוֹלָם הַבָּא. מַגְדִּיל (מִגְדּוֹל) יְשׁוּעוֹת מַלְכּוֹ וְעֹשֶׂה חֶסֶד לִמְשִׁיחוֹ, לְדָוִד וּלְזַרְעוֹ עַד עוֹלָם. עֹשֶׂה שָׁלוֹם בִּמְרוֹמָיו, הוּא יַעֲשֶׂה שָׁלוֹם עָלֵינוּ וְעַל כָּל־יִשְׂרָאֵל, וְאִמְרוּ אָמֵן.

יְראוּ אֶת־יהוה קְדֹשָׁיו, כִּי אֵין מַחְסוֹר לִירֵאָיו. כְּפִירִים רָשׁוּ וְרָעֵבוּ, וְדֹרְשֵׁי יהוה לֹא יַחְסְרוּ כָל־טוֹב. הוֹדוּ לַיהוה כִּי טוֹב, כִּי לְעוֹלָם חַסְדּוֹ. פּוֹתֵחַ אֶת יָדֶךָ, וּמַשְׂבִּיעַ לְכָל־חַי רָצוֹן. בָּרוּךְ הַגֶּבֶר אֲשֶׁר יִבְטַח בַּיהוה, וְהָיָה יהוה מִבְטַחוֹ. נַעַר הָיִיתִי, גַּם זָקַנְתִּי, וְלֹא רָאִיתִי צַדִּיק נֶעֱזָב וְזַרְעוֹ מְבַקֶּשׁ לָחֶם. יהוה עֹז לְעַמּוֹ יִתֵּן, יהוה יְבָרֵךְ אֶת־עַמּוֹ בַשָּׁלוֹם.

After a wedding meal, continue on page 772

May grace be invoked on high for them and for us, leading to enduring peace. May we receive blessings from the Lord, lovingkindness from the God of our deliverance. May we find grace and good favor before both God and mortals.

On Shabbat:

May the Merciful grant us a day of true Shabbat rest, reflecting the life of eternity.

On Rosh Ḥodesh:

May the Merciful renew this month for goodness and for blessing.

On Festivals:

May the Merciful grant us a day that is wholly good.

On Sukkot:

May the Merciful restore the glory of King David.

On Rosh Hashanah:

May the Merciful renew this year for goodness and for blessing.

May the Merciful consider us worthy of the Messianic era and life in the world to come. He gives deliverance to His King, lovingkindness to His anointed, to David and to his descendants forevermore. May He who brings peace to His universe bring peace to us and to all the people Israel. And let us say: Amen.

Revere the Lord, you His holy ones, for those who revere Him know no want. Scoffers may suffer starvation, but those who seek the Lord shall not lack any good thing. Praise the Lord, for He is good; His love endures forever. He opens His hand and satisfies every living thing with favor. Blessed are those who trust in the Lord, whose trust the Lord is. I have been young and now I am old; yet I have not seen the righteous so forsaken that his children were begging for bread. May the Lord grant His people strength; may the Lord bless His people with peace.

Adonai oz l'amo yiten, Adonai y'varekh̤ et amo va-shalom.

After a wedding meal, continue on page 773

Leader, raising one of the two cups of wine:

רַבּוֹתַי נְבָרֵךְ.

The others respond, and the leader repeats:

יְהִי שֵׁם יהוה מְבֹרָךְ מֵעַתָּה וְעַד עוֹלָם.

The leader continues:

דְּוַי הָסֵר וְגַם חָרוֹן,
וְאָז אִלֵּם בְּשִׁיר יָרוֹן,
נְחֵנוּ בְּמַעְגְּלֵי צֶדֶק,
שְׁעֵה בִּרְכַּת בְּנֵי יְשֻׁרוּן.

בִּרְשׁוּת רַבּוֹתַי, נְבָרֵךְ אֱלֹהֵינוּ שֶׁהַשִּׂמְחָה בִּמְעוֹנוֹ וְשֶׁאָכַלְנוּ מִשֶּׁלּוֹ.

The others respond, and the leader repeats:

בָּרוּךְ אֱלֹהֵינוּ שֶׁהַשִּׂמְחָה בִּמְעוֹנוֹ וְשֶׁאָכַלְנוּ מִשֶּׁלּוֹ וּבְטוּבוֹ חָיִינוּ.

Leader and others:

בָּרוּךְ הוּא וּבָרוּךְ שְׁמוֹ.

We continue with ברוך אתה, on page 758

AFTER A WEDDING MEAL

Leader, raising one of the two cups of wine:

Rabotai n'varekh.

Friends, let us give thanks.

The others respond, and the leader repeats:

Y'hi shem Adonai m'vorakh me-attah v'ad olam.

May God be praised, now and forever.

The leader continues:

Remove all grief, all wrath take wing,
Then even those who are mute will sing.
Guide Your people through upright ways
Accept with love our offering of praise.

Bi-r'shut rabotai, n'varekh Eloheinu she-ha-simḥah bi-m'ono v'she-akhalnu mi-shelo.

With your consent, friends, let us praise our God in whose abode is joy and of whose food we have partaken.

The others respond, and the leader repeats:

Barukh Eloheinu she-ha-simḥah bi-m'ono v'she-akhalnu mi-shelo u-v'tuvo ḥayinu.

Praised be our God in whose abode is joy and of whose food we have partaken and by whose goodness we live.

Leader and others:

Barukh hu u-varukh sh'mo.

Praised be He and praised be His name.

We continue with "We praise You . . ."
on page 759

At the end of Birkat Ha-Mazon, these first six of
the seven (sheva) berakhot are recited over the
second of the two cups of wine

בָּרוּךְ אַתָּה יהוה אֱלֹהֵינוּ מֶלֶךְ הָעוֹלָם, שֶׁהַכֹּל בָּרָא לִכְבוֹדוֹ.

בָּרוּךְ אַתָּה יהוה אֱלֹהֵינוּ מֶלֶךְ הָעוֹלָם, יוֹצֵר הָאָדָם.

בָּרוּךְ אַתָּה יהוה אֱלֹהֵינוּ מֶלֶךְ הָעוֹלָם, אֲשֶׁר יָצַר אֶת־הָאָדָם
בְּצַלְמוֹ, בְּצֶלֶם דְּמוּת תַּבְנִיתוֹ, וְהִתְקִין לוֹ מִמֶּנּוּ בִּנְיַן עֲדֵי עַד.
בָּרוּךְ אַתָּה יהוה, יוֹצֵר הָאָדָם.

שׂוֹשׂ תָּשִׂישׂ וְתָגֵל הָעֲקָרָה, בְּקִבּוּץ בָּנֶיהָ לְתוֹכָהּ בְּשִׂמְחָה.
בָּרוּךְ אַתָּה יהוה, מְשַׂמֵּחַ צִיּוֹן בְּבָנֶיהָ.

שַׂמֵּחַ תְּשַׂמַּח רֵעִים הָאֲהוּבִים, כְּשַׂמֵּחֲךָ יְצִירְךָ בְּגַן עֵדֶן מִקֶּדֶם.
בָּרוּךְ אַתָּה יהוה, מְשַׂמֵּחַ חָתָן וְכַלָּה.

בָּרוּךְ אַתָּה יהוה אֱלֹהֵינוּ מֶלֶךְ הָעוֹלָם, אֲשֶׁר בָּרָא שָׂשׂוֹן
וְשִׂמְחָה, חָתָן וְכַלָּה, גִּילָה רִנָּה, דִּיצָה וְחֶדְוָה, אַהֲבָה וְאַחֲוָה,
וְשָׁלוֹם וְרֵעוּת. מְהֵרָה, יהוה אֱלֹהֵינוּ, יִשָּׁמַע בְּעָרֵי יְהוּדָה
וּבְחוּצוֹת יְרוּשָׁלַיִם קוֹל שָׂשׂוֹן וְקוֹל שִׂמְחָה, קוֹל חָתָן וְקוֹל
כַּלָּה, קוֹל מִצְהֲלוֹת חֲתָנִים מֵחֻפָּתָם, וּנְעָרִים מִמִּשְׁתֵּה נְגִינָתָם.
בָּרוּךְ אַתָּה יהוה, מְשַׂמֵּחַ חָתָן עִם הַכַּלָּה.

This berakhah is recited over the first cup
of wine:

בָּרוּךְ אַתָּה יהוה אֱלֹהֵינוּ מֶלֶךְ הָעוֹלָם, בּוֹרֵא פְּרִי הַגָּפֶן.

The bride and the bridegroom drink the
mingled contents of the two cups of wine

*At the end of Birkat Ha-mazon, the first six of
the seven (sheva) berakhot are recited over the
second of the two cups of wine*

We praise You, Lord our God, King of the universe who created all for His glory.

We praise You, Lord our God, King of the universe, Creator of mortals.

We praise You, Lord our God, King of the universe who created male and female in His image, that together they might perpetuate life. We praise You, Lord, Creator of mortals.

May Zion rejoice as her children return to her in joy. We praise You, Lord who causes Zion to rejoice in her children.

Grant perfect joy to these loving companions, as You did for the first creatures in the Garden of Eden. We praise You, Lord who creates the joy of bride and groom.

We praise You, Lord our God, King of the universe who created joy and gladness, bride and groom, pleasure, song, delight, and happiness, love and harmony, peace and companionship. Lord our God, may there always be heard in the cities of Judah and in the streets of Jerusalem voices of joy and gladness, voices of bride and groom, the jubilant voices of those joined in marriage under the bridal canopy, the voices of young people feasting and singing. We praise You, Lord who causes the groom and the bride to rejoice together.

*This berakhah is recited over the first cup
of wine:*

We praise You, Lord our God, King of the universe who creates the fruit of the vine.

*The bride and the bridegroom drink the mingled
contents of the two cups of wine*

When three or more adults have eaten together, one of them formally invites the others (for groups of ten or more, add the words in parentheses):

רַבּוֹתַי נְבָרֵךְ.

The others respond, and the leader repeats:

יְהִי שֵׁם יהוה מְבֹרָךְ מֵעַתָּה וְעַד עוֹלָם.

The leader continues:

בִּרְשׁוּת רַבּוֹתַי, נְבָרֵךְ (אֱלֹהֵינוּ) מְנַחֵם אֲבֵלִים שֶׁאָכַלְנוּ מִשֶּׁלּוֹ.

The others respond, and the leader repeats:

בָּרוּךְ (אֱלֹהֵינוּ) מְנַחֵם אֲבֵלִים שֶׁאָכַלְנוּ מִשֶּׁלּוֹ וּבְטוּבוֹ חָיִינוּ.

Leader and others:

בָּרוּךְ הוּא וּבָרוּךְ שְׁמוֹ.

We continue with בָּרוּךְ אתה, *on page 758*

AT A HOUSE OF MOURNING

When three or more adults have eaten together, one of them formally invites the others (for groups of ten or more, add the words in parentheses):

Rabotai n'varekh.

Friends, let us give thanks.

The others respond, and the leader repeats:

Y'hi shem Adonai m'vorakh me-attah v'ad olam.

May God be praised, now and forever.

The leader continues:

Bi-r'shut rabotai, n'varekh (Eloheinu) m'naḥem avelim she-akhalnu mi-shelo.

With your consent, friends, let us praise (our God) the comforter of mourners, of whose food we have partaken.

The others respond, and the leader repeats:

Barukh (Eloheinu) m'naḥem avelim she-akhalnu mi-shelo u-v'tuvo ḥayinu.

Praised be (our God) the comforter of mourners, of whose food we have partaken and by whose goodness we live.

Leader and others:

Barukh hu u-varukh sh'mo.

Praised be He and praised be His name.

We continue with "We praise You . . ." on page 759

At a house of mourning, the following replaces the two passages on page 764

נַחֵם יהוה אֱלֹהֵינוּ אֶת־אֲבֵלֵי יְרוּשָׁלַיִם וְאֶת־הָאֲבֵלִים הַמִּתְאַבְּלִים בָּאֵבֶל הַזֶּה. נַחֲמֵם מֵאֶבְלָם וְשַׂמְּחֵם מִיגוֹנָם, כָּאָמוּר: כְּאִישׁ אֲשֶׁר אִמּוֹ תְּנַחֲמֶנּוּ כֵּן אָנֹכִי אֲנַחֶמְכֶם וּבִירוּשָׁלַיִם תְּנֻחָמוּ. בָּרוּךְ אַתָּה יהוה מְנַחֵם צִיּוֹן בְּבִנְיַן יְרוּשָׁלָיִם. אָמֵן.

בָּרוּךְ אַתָּה יהוה אֱלֹהֵינוּ מֶלֶךְ הָעוֹלָם, הָאֵל אָבִינוּ מַלְכֵּנוּ, בּוֹרְאֵנוּ, גֹּאֲלֵנוּ, קְדוֹשֵׁנוּ קְדוֹשׁ יַעֲקֹב, אֵל אֱמֶת, דַּיַּן אֱמֶת, שׁוֹפֵט בְּצֶדֶק וְשַׁלִּיט בְּעוֹלָמוֹ לַעֲשׂוֹת בּוֹ כִּרְצוֹנוֹ. כִּי כָל־דְּרָכָיו כַּמִשְׁפָּט וַאֲנַחְנוּ עַמּוֹ וַעֲבָדָיו. וְעַל הַכֹּל אֲנַחְנוּ חַיָּבִים לְהוֹדוֹת לוֹ וּלְבָרְכוֹ. גּוֹדֵר פִּרְצוֹת יִשְׂרָאֵל, הוּא יִגְדּוֹר אֶת־הַפִּרְצָה הַזֹּאת מֵעָלֵינוּ (וּמֵעַל הָאָבֵל הַזֶּה) לְחַיִּים וּלְשָׁלוֹם וְכָל־טוֹב.

We continue with הרחמן, on page 764

At a house of mourning, the following replaces the two passages on page 765

Comfort, Lord our God, the mourners of Jerusalem and those who are joined here in mourning. Relieve their sorrow, as it is written by Your prophet Isaiah, "As a mother comforts her child, so shall I comfort you, and you shall find comfort through Jerusalem." We praise You, Lord who comforts Zion through the building of Jerusalem.

Barukh attah Adonai, menaḥem tziyon b'vinyan yerushalayim. Amen.

We praise You, Lord our God, King of the universe, our Father, our King, our Creator and Redeemer, our Holy One and Holy One of Jacob, God of truth, true and just Judge who governs the world according to His will, all of whose ways are just and whom we, His people, serve. For everything we are obliged to thank and bless Him. He who heals the wounds of the people Israel will heal the wounds of this mourner and of us all, for life and for peace and all goodness.

We continue with "May the Merciful . . ." on page 765

On festive occasions, some begin with Psalm 126, on page 754

When three or more adults have eaten together, one of them formally invites the others (for groups of ten or more, add the words in parentheses).

רַבּוֹתַי נְבָרֵךְ.

The others respond, and the leader repeats:

יְהִי שֵׁם יהוה מְבֹרָךְ מֵעַתָּה וְעַד עוֹלָם.

The leader continues:

בִּרְשׁוּת רַבּוֹתַי, נְבָרֵךְ (אֱלֹהֵינוּ) שֶׁאָכַלְנוּ מִשֶּׁלּוֹ.

The others respond, and the leader repeats:

בָּרוּךְ (אֱלֹהֵינוּ) שֶׁאָכַלְנוּ מִשֶּׁלּוֹ וּבְטוּבוֹ חָיִינוּ.

Leader and others:

בָּרוּךְ הוּא וּבָרוּךְ שְׁמוֹ.

Some substitute the first passage on page 758 for the following three lines

בָּרוּךְ אַתָּה יהוה אֱלֹהֵינוּ מֶלֶךְ הָעוֹלָם, הַזָּן אוֹתָנוּ וְאֶת־הָעוֹלָם כֻּלּוֹ בְּטוּב בְּחֵן בְּחֶסֶד וּבְרַחֲמִים. בָּרוּךְ אַתָּה יהוה הַזָּן אֶת־הַכֹּל.

נוֹדֶה לְךָ יהוה אֱלֹהֵינוּ כִּי הִנְחַלְתָּנוּ אֶרֶץ חֶמְדָּה טוֹבָה וּרְחָבָה, בְּרִית וְתוֹרָה, חַיִּים וּמָזוֹן, וְעַל כֻּלָּם אָנוּ מוֹדִים לָךְ וּמְבָרְכִים אֶת־שִׁמְךָ לְעוֹלָם וָעֶד. בָּרוּךְ אַתָּה יהוה עַל הָאָרֶץ וְעַל הַמָּזוֹן.

AN ALTERNATIVE VERSION

On festive occasions some begin with Psalm 126, on page 755

When three or more adults have eaten together, one of them formally invites the others (for groups of ten or more, add the words in parentheses).

Rabotai n'varekh.

Friends, let us give thanks.

The others respond, and the leader repeats:

Y'hi shem Adonai m'vorakh me-attah v'ad olam.

May God be praised, now and forever.

The leader continues:

Bi-r'shut rabotai, n'varekh (Eloheinu) she-akhalnu mi-shelo.

With your consent, friends, let us praise (our God,) the One of whose food we have partaken.

The others respond, and the leader repeats:

Barukh (Eloheinu) she-akhalnu mi-shelo u-v'tuvo ḥayinu.

Praised be (our God,) the One of whose food we have partaken, and by whose goodness we live.

Leader and others:

Barukh hu u-varukh sh'mo.

Praised be He and praised be His name.

Some substitute the first passage on page 759 for the following three lines

We praise You, Lord our God, King of the universe who sustains us and the whole world with kindness and compassion. We praise You, Lord who sustains all life.

We thank You, Lord our God, for the pleasant, good, and spacious land which You have given us as a heritage, together with Torah and covenant, life and nourishment. For all this we thank You and praise You forever. We praise You, Lord, for the land and for nourishment.

רַחֵם יהוה אֱלֹהֵינוּ עַל יִשְׂרָאֵל עַמֶּךָ, וְעַל יְרוּשָׁלַיִם עִירֶךָ וְעַל צִיּוֹן מִשְׁכַּן כְּבוֹדֶךָ וְעַל הַבַּיִת הַגָּדוֹל וְהַקָּדוֹשׁ אֲשֶׁר שִׁמְךָ נִקְרָא עָלָיו. וּמַלְכוּת בֵּית דָּוִד תַּחֲזִיר לִמְקוֹמָהּ בְּיָמֵינוּ.

On Shabbat:

רְצֵה וְהַחֲלִיצֵנוּ, יהוה אֱלֹהֵינוּ, בְּכָל־מִצְוֹתֶיךָ, וּמִצְוַת יוֹם הַשְּׁבִיעִי הַגָּדוֹל וְהַקָּדוֹשׁ הַזֶּה, כִּי יוֹם גָּדוֹל וְקָדוֹשׁ הוּא מִלְּפָנֶיךָ וְנִשְׁבּוֹת בּוֹ כְּמִצְוַת רְצוֹנֶךָ. כִּרְצוֹנְךָ הָנַח לָנוּ וְאַל יְהִי צָרָה וְיָגוֹן בְּיוֹם מְנוּחָתֵנוּ.

On Rosh Ḥodesh and on Festivals:

אֱלֹהֵינוּ וֵאלֹהֵי אֲבוֹתֵינוּ, יַעֲלֶה וְיָבֹא, יַגִּיעַ וְיֵרָאֶה, יִזָּכֵר, וְיִפָּקֵד זִכְרוֹנֵנוּ, וְזִכְרוֹן אֲבוֹתֵינוּ, וְזִכְרוֹן יְרוּשָׁלַיִם עִירֶךָ, וְזִכְרוֹן עַמְּךָ כָּל־בֵּית יִשְׂרָאֵל לְפָנֶיךָ לְטוֹבָה, בְּיוֹם

רֹאשׁ הַחֹדֶשׁ *On Rosh Ḥodesh:*

חַג הַמַּצּוֹת *On Pesaḥ:*

חַג הַשָּׁבֻעוֹת *On Shavuot:*

הַזִּכָּרוֹן *On Rosh Hashanah:*

חַג הַסֻּכּוֹת *On Sukkot:*

הַשְּׁמִינִי חַג הָעֲצֶרֶת *On Sh'mini Atzeret and on Simḥat Torah:*

הַזֶּה. זָכְרֵנוּ יהוה אֱלֹהֵינוּ בּוֹ לְטוֹבָה, וּפָקְדֵנוּ בוֹ לִבְרָכָה, וְהוֹשִׁיעֵנוּ בוֹ לְחַיִּים.

וּבְנֵה אֶת־יְרוּשָׁלַיִם בְּקָרוֹב. בָּרוּךְ אַתָּה יהוה, בּוֹנֵה יְרוּשָׁלַיִם. אָמֵן.

בָּרוּךְ אַתָּה יהוה אֱלֹהֵינוּ מֶלֶךְ הָעוֹלָם, הָאֵל, אָבִינוּ מַלְכֵּנוּ, בּוֹרְאֵנוּ גּוֹאֲלֵנוּ, הַמֶּלֶךְ הַטּוֹב וְהַמֵּטִיב, אֲשֶׁר בְּכָל־יוֹם וָיוֹם הוּא מַרְבֶּה לְהֵטִיב עִמָּנוּ, וְהוּא יִגְמְלֵנוּ לָעַד, חֵן וָחֶסֶד וְרֶוַח וְרַחֲמִים וְכָל־טוּב. יהוה עֹז לְעַמּוֹ יִתֵּן, יהוה יְבָרֵךְ אֶת־עַמּוֹ בַשָּׁלוֹם.

Show mercy, Lord our God, for Israel Your people, for Jerusalem Your city, for Zion the home of Your glory and for the great and holy House which is known by Your name. Restore sovereignty to the House of David in our time.

On Shabbat:

Strengthen us, Lord our God, with all of Your mitzvot, especially the mitzvah of this great and holy seventh day, that we may rest thereon according to Your will. May it be Your will that our day of rest be free of sorrow and sighing.

On Rosh Ḥodesh and Festivals:

Our God and God of our ancestors, on this

On Rosh Ḥodesh: Rosh Ḥodesh

On Pesaḥ: Festival of Matzot

On Shavuot: Festival of Shavuot

On Rosh Hashanah: Day of Remembrance

On Sukkot: Festival of Sukkot

On Sh'mini Atzeret and on Simḥat Torah: Festival of Sh'mini Atzeret

remember our ancestors and be gracious to us. Consider Your people the House of Israel standing before You today, praying for Jerusalem Your city. Bless us, Lord our God, with all that is good. Remember us this day for blessing, rescue us with life.

Rebuild Jerusalem soon. We praise You, Lord who rebuilds Jerusalem. Amen.

We praise You, Lord our God, King of the universe, our Father, our King, our Creator and Redeemer, beneficent King whose goodness is constant throughout all time. May You continue to bestow upon us kindness, compassion, deliverance, grace, and all goodness. May the Lord give strength to His people; may the Lord bless His people with peace.

If bread has not been eaten, a final berakhah (berakhah aḥaronah) is recited when the food eaten includes those foods mentioned in the Torah as the special produce of the Land of Israel: grape wine, any of the five fruits (grapes, figs, olives, dates, or pomegranates), or food other than bread made with any of the five grains (wheat, barley, rye, oats, or spelt). After all other food or drink, the brief berakhah on page 784 is recited.

בָּרוּךְ אַתָּה יהוה אֱלֹהֵינוּ מֶלֶךְ הָעוֹלָם

After grape wine:

עַל הַגֶּפֶן וְעַל פְּרִי הַגֶּפֶן

After any of the fruits:

עַל הָעֵץ וְעַל פְּרִי הָעֵץ

After food made with any of the grains:

עַל הַמִּחְיָה וְעַל הַכַּלְכָּלָה

After wine and food made with the grains:

עַל הַמִּחְיָה וְעַל הַכַּלְכָּלָה וְעַל הַגֶּפֶן וְעַל פְּרִי הַגֶּפֶן
וְעַל תְּנוּבַת הַשָּׂדֶה, וְעַל אֶֽרֶץ חֶמְדָּה טוֹבָה וּרְחָבָה שֶׁרָצִֽיתָ
וְהִנְחַֽלְתָּ לַאֲבוֹתֵֽינוּ לֶאֱכֹל מִפִּרְיָהּ וְלִשְׂבֹּֽעַ מִטּוּבָהּ. רַחֶם נָא,
יהוה אֱלֹהֵֽינוּ, עַל יִשְׂרָאֵל עַמֶּֽךָ, וְעַל יְרוּשָׁלַֽיִם עִירֶֽךָ, וְעַל צִיּוֹן
מִשְׁכַּן כְּבוֹדֶֽךָ, וְעַל הֵיכָלֶֽךָ. וּבְנֵה יְרוּשָׁלַֽיִם עִיר הַקֹּֽדֶשׁ
בִּמְהֵרָה בְיָמֵֽינוּ, וְהַעֲלֵֽנוּ לְתוֹכָהּ וְשַׂמְּחֵֽנוּ בְּבִנְיָנָהּ, וְנֹאכַל
מִפִּרְיָהּ וְנִשְׂבַּע מִטּוּבָהּ, וּנְבָרֶכְךָ עָלֶֽיהָ בִּקְדֻשָּׁה וּבְטָהֳרָה.

On Shabbat:

וּרְצֵה וְהַחֲלִיצֵֽנוּ בְּיוֹם הַשַּׁבָּת הַזֶּה.

BERAKHAH AFTER FOOD

If bread has not been eaten, a final berakhah (berakhah aḥaronah) is recited when the food eaten includes those foods mentioned in the Torah as the special produce of the Land of Israel: grape wine, any of the five fruits (grapes, figs, olives, dates, or pomegranates), or food other than bread made with any of the five grains (wheat, barley, rye, oats, or spelt). After all other food or drink, the brief berakhah on page 785 is recited.

We praise You, Lord our God, King of the universe,

After grape wine:

for the vine and for its fruit.

After any of the fruits:

for the tree and for its fruit.

After food made with any of the grains:

for nourishment and sustenance.

After wine and food made with the grains:

for nourishment and sustenance, and for the vine and its fruit.

We thank You for the earth's bounty and for the pleasing, good, and spacious land which You gave to our ancestors, that they might eat of its produce and be satisfied from its goodly yield. Have mercy, Lord our God, for Jerusalem Your city, for Zion the home of Your glory, and for the Temple. Fully restore Jerusalem soon and in our day, bringing us rejoicing in its restoration to eat there of the land's good fruit in abundance and to praise You in holiness.

On Shabbat:

Strengthen us on this Shabbat.

On Rosh Ḥodesh:

וְזָכְרֵנוּ לְטוֹבָה בְּיוֹם רֹאשׁ הַחֹֽדֶשׁ הַזֶּה

On Festivals:

וְשַׂמְּחֵֽנוּ בְּיוֹם

חַג הַמַּצּוֹת הַזֶּה :On Pesaḥ

חַג הַשָּׁבֻעוֹת הַזֶּה :On Shavuot

חַג הַסֻּכּוֹת הַזֶּה :On Sukkot

On Sh'mini Atzeret and on Simḥat Torah: הַשְּׁמִינִי, חַג הָעֲצֶֽרֶת הַזֶּה

On Rosh Hashanah:

וְזָכְרֵֽנוּ לְטוֹבָה בְּיוֹם הַזִּכָּרוֹן הַזֶּה

כִּי אַתָּה יהוה טוֹב וּמֵטִיב לַכֹּל, וְנוֹדֶה לְּךָ עַל הָאָֽרֶץ

After grape wine:

וְעַל פְּרִי הַגָּֽפֶן. בָּרוּךְ אַתָּה יהוה, עַל הָאָֽרֶץ וְעַל פְּרִי הַגָּֽפֶן.

After any of the fruits:

וְעַל הַפֵּרוֹת. בָּרוּךְ אַתָּה יהוה, עַל הָאָֽרֶץ וְעַל הַפֵּרוֹת.

After food made with any of the grains:

וְעַל הַמִּחְיָה. בָּרוּךְ אַתָּה יהוה, עַל הָאָֽרֶץ וְעַל הַמִּחְיָה.

After wine and food made with the grains:

וְעַל הַמִּחְיָה וְעַל פְּרִי הַגָּֽפֶן. בָּרוּךְ אַתָּה יהוה, עַל הָאָֽרֶץ וְעַל הַמִּחְיָה וְעַל פְּרִי הַגָּֽפֶן.

A BERAKHAH AFTER ALL OTHER FOOD 🌿

בָּרוּךְ אַתָּה יהוה אֱלֹהֵֽינוּ מֶֽלֶךְ הָעוֹלָם, בּוֹרֵא נְפָשׁוֹת רַבּוֹת וְחֶסְרוֹנָן, עַל כָּל־מַה שֶּׁבָּרָֽאתָ לְהַחֲיוֹת בָּהֶם נֶֽפֶשׁ כָּל־חָי. בָּרוּךְ חֵי הָעוֹלָמִים.

On Rosh Ḥodesh:

Remember us for goodness on this Rosh Ḥodesh.

On Festivals:

Grant us joy on this

On Pesaḥ: Festival of Matzot.

On Shavuot: Festival of Shavuot.

On Sukkot: Festival of Sukkot.

On Sh'mini Atzeret and on Simḥat Torah: Festival of Sh'mini Atzeret.

On Rosh Hashanah:

Remember us for goodness on this Day of Remembrance.

We thank You, Lord, for Your goodness to all, for the land

After grape wine:

and for the fruit of the vine. We praise You, Lord, for the land and for the fruit of the vine.

After any of the fruits:

and for fruit. We praise You, Lord, for the land and for its fruit.

After food made with any of the grains:

and for nourishment. We praise You, Lord, for the land and for nourishment.

After wine and food made with the grains:

and for nourishment and for the fruit of the vine. We praise You, Lord, for the land, for nourishment and for the fruit of the vine.

 ## A BERAKHAH AFTER ALL OTHER FOOD

We praise You, Lord our God, King of the universe who creates many creatures and their needs. For all that He has created to sustain every living creature, we praise the One whose life is eternal.

תּוֹסֶפֶת

ADDITIONAL
READINGS

THE SONG OF SONGS

The Song of Songs in its entirety is read in some congregations during services on the Festival of Pesaḥ. This abridged adaptation of some of its verses is presented as an incentive urging the reading and study of the Song of Songs in its entirety.

Oh, for a kiss from your lips,
for your love is better than wine.

You are fair, my beloved, you are fair.
Your eyes are doves.

And you are fair, my darling, sweet indeed.
Our couch is shaded with branches.
The beams of our house are cedar, our rafters are firs.

Like a lily among thorns
is my beloved among women.

Like an apple tree in the forest
is my darling among men.
I delight to sit in his shade,
his fruit is sweet to my palate.

Sustain me with raisins, revive me with apples,
for I am faint with love.

Hark, my beloved! Here he comes,
leaping over mountains, bounding over hills.
And thus does my beloved speak to me:

Arise, my darling, my beauty, and come away.

For the winter is over, the rains have gone,
blossoms have appeared, the time for pruning has come.

The turtledove's cooing is heard in the land.

The green figs on the figtree are ripening,
the vines are in blossom; they give off fragrance.

Arise, my darling, my fair one, and come away.

O my dove, in the cranny of the rock, hidden by the cliff,
let me see your face, let me hear your voice,
for your voice is sweet, your face is lovely.

My beloved is mine and I am his;
he feeds among the lilies.

When the day declines, when shadows lengthen, set out,
my beloved, as a swift gazelle, for the hills of spices.

*Maidens of Zion, go forth and gaze upon King Solomon
wearing the crown his mother gave him
on the day of his wedding, the day of his bliss.*

My bride, my own, you have captured my heart
with a glance of your eyes, with a turn of your neck.

*How sweet your love, my bride, my own,
far sweeter than wine.*

Your lips drop sweetness, my bride.
Honey and milk are under your tongue.
No spice is so sweet as your fragrance.

*Where has your beloved gone, fairest of women?
Where has your darling wandered?
Let us seek him together.*

My beloved has gone down to his garden of spices,
to browse in the garden and to gather lilies.

*I am my beloved's and my beloved is mine.
He feeds among the lilies.*

How beautiful your sandaled feet, daughter of nobles.
Your rounded thighs are jewels, the work of a master-hand.

*Your navel is a rounded goblet.
Let mixed wine not be lacking.*

Your belly is a heap of wheat encircled by lilies.

Your breasts are like two fawns, twins of a gazelle.

I am my beloved's, and his longing is all for me.
Come away to the fields, my beloved.

*Let us sleep among the blossoms of henna.
Let us go to the vineyards early.*

Let us see if the vine has budded, if blossoms are open.
There I will give my love to you.

Let me be a seal upon your heart, upon your arm.

For love is strong as death,
passion mighty as the grave.

Its flashes burn like flames, a blazing fire.

Vast floods cannot quench love,
no river can sweep it away.

If one offered all he has for love,
he would be utterly scorned.

You linger in the garden, companions listen for you.
Let me hear your voice.

Hurry, my beloved, as a swift gazelle
to the hills of spices.

THE BOOK OF RUTH

The Book of Ruth in its entirety is read in some congregations on Shavuot.
This abridged adaptation of some of its verses is presented as an incentive
urging the reading of the Book of Ruth in its entirety.

In the days when the judges ruled, there was a famine in the land,
and a man from Bethlehem in Judah went to live in the country of
Moab with his wife and two sons. The man's name was Elimelekh, his
wife's name was Naomi, and the names of his two sons were Maḥlon
and Khilion. Elimelekh, Naomi's husband, died and she was left with
her two sons. They married Moabite women, one named Orpah and
the other named Ruth. After they had lived there for about ten years,
the two of them—Maḥlon and Khilion—also died, so that the woman
was bereft of her husband and of her two sons.

  With her two daughters-in-law she left the place where she had
been living, and they set out on the road back to the land of Judah.
Naomi then said to her two daughters-in-law, "Turn back, each of
you to her mother's house. May the Lord deal kindly with you, as you
have dealt kindly with the dead and with me. May the Lord grant that
each of you find security in the house of her husband." Then she
kissed them. They wept aloud, and they said to her, "No, we will
return with you to your people." But Naomi replied, "Go back, my
daughters. Why should you come with me? Have I more sons in my
womb that they may become your husbands?"

They wept aloud again. Orpah kissed her mother-in-law farewell, but Ruth clung to her. Then Naomi said, "You see that your sister-in-law has gone back to her people and to her gods; go back with your sister-in-law." But Ruth replied, "Entreat me not to leave you, to go back and not follow you. Wherever you go will I go and wherever you stay will I stay. Your people shall be my people, and your God my God. Wherever you die will I die, and beside you will I be buried. I vow that only death will separate me from you." When Naomi saw that Ruth was determined to go with her, she said no more, and the two of them walked on until they reached Bethlehem.

Naomi had a kinsman, on her husband's side, a man of wealth from Elimelekh's family, whose name was Boaz.

Ruth the Moabite said to Naomi, "Allow me to go into the fields to glean among the ears of grain, behind someone with whom I may find favor." And she replied, "Go, my daughter." So she went, and came to glean in a field behind the reapers. As it happened, it was the part of the field belonging to Boaz, who was of Elimelekh's family. Just then Boaz arrived from Bethlehem. He greeted the reapers, "May the Lord be with you." They responded, "May the Lord bless you." Then Boaz asked his servant who was in charge of the reapers, "Whose girl is this?" The servant in charge of the reapers replied, "She is the Moabite girl who came back with Naomi from the country of Moab. She asked to be allowed to glean and gather among the sheaves behind the reapers. She has been on her feet ever since morning with hardly a moment's rest."

Then Boaz said to Ruth, "Listen, my daughter. Glean in no other field. Do not look elsewhere, but stay here close to my girls. Keep your eyes on the field that they are reaping, and follow them. I have forbidden the young men to molest you. Whenever you are thirsty, go and drink from the jars what the young men have drawn." She fell on her face to the ground before him and said, "Why have I found favor with you, that you take notice of me though I am only a foreigner?" Boaz replied, "I have been told about all that you have done for your mother-in-law since the death of your husband, how you left your father and your mother and your native land to come to a people you had not known before. May the Lord reward your deed. May you be richly rewarded by the Lord, God of Israel, under whose wings you have come to seek shelter." She answered, "I am grateful to find favor with you, sir. You have comforted me by speaking kindly to your maidservant, even though I am not one of your maidservants."

One day Naomi, Ruth's mother-in-law, said to her, "My daughter, I must see you happily settled. There is our kinsman Boaz; you have been close to his girls. He is winnowing barley at the threshing floor tonight. Bathe and anoint yourself, dress yourself, and go down to the threshing floor, but do not make yourself known to the man until he has finished eating and drinking. When he lies down, take note of the place where he lies. Then go, uncover his feet and lie down. He will tell you what to do." Ruth replied, "All that you say will I do." She went down to the threshing floor and did just as her mother-in-law had told her. Boaz ate and drank, and in a happy mood he went to lie down beside the heap of grain. She came in quietly, turned back the covering at his feet, and lay down. In the middle of the night, the man gave a start and bent forward. There was a woman lying at his feet!

He asked, "Who are you?" She replied, "I am Ruth, your maidservant. Spread your robe over your maidservant, for you are my redeeming kinsman." He said, "May the Lord bless you, my daughter. This latest kindness is greater than your first, for you have not sought out young men, whether rich or poor. And now, my daughter, have no fear. I will do all that you ask, for everyone knows how worthy a woman you are. It is true that I am a near kinsman; however, there is another kinsman even nearer than I. Stay the night here. Then, in the morning, if he is willing to act as your redeeming kinsman, well and good. Let him do it. But if he is not willing to act as your redeeming kinsman, I will do so myself, as surely as the Lord lives. Now lie down until morning."

Boaz later went up to the city gate, and sat down there. When the kinsman of whom Boaz had spoken passed by, Boaz cried out, calling him by name, "Turn aside here and sit down!" He turned aside and sat down. Then Boaz stopped ten of the town's elders and asked them to sit there as well, and they did. Boaz spoke to the kinsman: "Naomi, who has returned from the country of Moab, must sell the plot of land which belonged to our kinsman Elimelekh. I promised to discuss this matter with you, and to ask you to acquire it in the presence of those who are seated here and in the presence of the elders of my people. If you are willing to do your duty as kinsman, then do it. But if you are not willing to do so, tell me, that I may know, for there is no one but you to act as redeemer, and I am in line after you." The man answered, "I am willing to act as redeemer." Then Boaz said, "When you acquire the field from Naomi you also acquire Ruth the Moabite, the widow of the dead man, in order to perpetuate the name of the dead together with his inheritance." The kinsman replied, "Then I cannot redeem it, lest I impair my own inheritance. You may take over my duty of redemption as kinsman, for I am unable to act."

Boaz declared to the elders and to all of the people, "You are witnesses today that I am acquiring from Naomi all that belonged to Elimelekh and all that belonged to Khilion and Maḥlon. I am also acquiring Maḥlon's wife, Ruth the Moabite, to be my wife, in order to perpetuate the name of the dead together with his inheritance, so that his name will not perish from among his kindred or from the gate of his native place. You are witnesses of this today."

Then the elders and all the people at the gate said, "We are witnesses. May the Lord make the woman who is coming into your house like Rachel and Leah, who together built up the House of Israel. May prosperity be yours in Ephratah and renown in Bethlehem. May your house flourish like the house of Peretz, whom Tamar bore to Judah, through the offspring which the Lord will give you with this young woman."

So Boaz married Ruth and she became his wife. When they came together, the Lord caused her to conceive, and she bore Boaz a son. Then the women said to Naomi, "Praised be the Lord, for this day He has provided you with a redeeming kinsman. May his name be renowned in the House of Israel. This child will renew your life and will nourish you in your old age, for he is born of your daughter-in-law, who loves you and who is better to you than seven sons." Naomi took the child and held it to her bosom. She became its nurse, and the women, her neighbors, gave him a name. "A son is born for Naomi," they said. And they called him Obed. He was the father of Jesse, the father of David.

❧ ECCLESIASTES

The entire Book of Ecclesiastes is read in some congregations during services on the Festival of Sukkot. This abridged adaptation of some of its verses is presented as an incentive urging the reading and study of the entire Book of Ecclesiastes.

Ecclesiastes (Kohelet), King in Jerusalem,
possessed of great wealth and wisdom,
set about to investigate life and its
meaning. His book presents his conclusions.

Futility, utter futility, said Kohelet.
What do we gain by all of our toil under the sun?

Generations come and go, but the earth remains the same forever.
All streams flow into the sea, but the sea is never full.

What has happened before shall happen again.
There is nothing new under the sun.

As wisdom grows, vexation grows;
merriment is futile and revelry is mad.

Acquiring wealth and possessions is futile;
there is no real value under the sun.

The wise and the foolish share the same fate.
Both are forgotten; we strive after wind.

For everything there is a season,
a time for everything under the sun.

A time to be born and a time to die,
a time to laugh and a time to cry.

A time to lose and a time to seek,
a time to be silent and a time to speak.

A time to love and a time to hate,
a time for war and a time for peace.

God brings about everything in its time.
Nothing is added, or taken away.

Justice and wickedness are both in the world.
Humans and animals share the same fate.

Enjoy your possessions, for that is your portion.
Who can foresee what will come?

Both oppressed and oppressors lack comfort.
It would be better not having been born.

Still, two are much better off than one;
should they fall, one can raise the other.

Be not rash with your mouth,
be not hasty to utter a word before God.

For God is in Heaven and you are on earth;
therefore let your words be few.

When you make a vow to God, do not delay.
God has no pleasure in fools; fulfill whatever you vow.

One who loves money will never be satisfied.
A lover of wealth will never have his fill.
This too is futility.

As one came out of his mother's womb, so must he depart,
naked as he came, with nothing for his toil.

A good name is better than fragrant oil,
and the day of death better than the day of birth.

It is better to go to a house of mourning than of feasting,
for that is the end of every mortal.

Sometimes the righteous perish in spite of their righteousness;
sometimes the wicked endure in spite of their wickedness.

There is not one righteous person on earth
who does only good and never sins.

Sometimes the righteous are repaid like scoundrels
and sometimes scoundrels are repaid like the righteous.

This too is frustration. I therefore commend enjoyment.
We have nothing good under the sun
but eating, drinking, and enjoyment.

The same fate is in store for everyone: pure and impure,
righteous and wicked, the good and the sinners.

Eat your bread in gladness and drink your wine in joy,
for God has already approved of your action.

Enjoy life with the woman you love all the fleeting days
of your life that has been granted you under the sun.

Do with all your might whatever you are able to do.
There is no activity, no thought, no wisdom in Sheol,
where you are going.

The race is not to the swift, nor the battle to the strong.
Bread is not won by the wise, nor wealth by the intelligent.

Time and chance befall them all.

Cast your bread upon the waters,
for after many days you will find it.

How sweet is the light,
how pleasant for eyes to behold the sun.

Rejoice while you are young.
Follow your heart's desire, the sight of your eyes.

But know that for all these things
God will call you to account.

Remember your Creator and appreciate life
in the days of your youth, before the days of sorrow come
and years draw near when you will say:
I have no pleasure in them.

There is no end to making many books,
and much study is a weariness of the flesh.

To sum up the matter:
Revere God and fulfill His mitzvot.

This applies to all mortals:
God will call every creature into account
for everything, good or bad.

To sum up the matter:
Revere God and fulfill His mitzvot,
for this applies to all mortals.

THE GIFT OF SHABBAT

On Shabbat we share the holiness at the heart of time.

Eternity utters a day.

We celebrate Creation;
we celebrate the sacredness of time.

We sanctify Shabbat with all our senses;
body and soul partake of Shabbat.

Struggle and dissonance are forgotten;
we are embraced by peace and by wholeness.

Eternity utters a day.
Shabbat is a temple in time.

Shabbat is holiness in time, the presence of eternity,
a moment of majesty, the radiance of joy.

We are reminded of our royalty,
raised to nobility by our Father our King.

Shabbat ennobles, enhances; it nourishes
the seed of eternity planted in our soul.

Shabbat is a gift of dignity and rest,
of holiness, splendor, and delight.

Eternity utters a day.
We bask in the radiance of redemption.

Shabbat is a taste of the world to come,
a time of peace, tranquility, harmony, and joy.

In time to come the promise of paradise will be restored,
a messianic covenant of peace to bind all creatures.

We are grateful for the gift of this Shabbat
as we anticipate the time when all will be Shabbat.

THIS IS MY PRAYER

This is my prayer to You, my God:
Let not my spirit wither and shrivel
in its thirst for You
and lose the dew
with which You sprinkled it
when I was young.

May my heart be open
to every broken soul,
to orphaned life,
to every stumbler
wandering unknown
and groping in the shadow.

Bless my eyes, purify me to see
man's beauty rise in the world,
and the glory of my people in its redeemed land
spreading its fragrance over all the earth.

Deepen and broaden my senses
to absorb a fresh
green, flowering world,
to take from it the secret
of blossoming in silence.

Grant strength to yield fine fruits,
quintessence of my life,
steeped in my very being,
without expectation of reward.

And when my time comes—
let me slip into the night
demanding nothing, God, of man,
or of You.

THERE IS NO SINGING WITHOUT GOD

There is no singing without God.
His glory fills the whole world.

To realize this is within our reach
and too often beyond our grasp.

There is no speech, there are no words;
the song of the heavens is beyond expression.

Holy, holy, holy Adonai tzeva'ot;
His glory fills the whole world.

Too often we hear, but do not understand;
too often we see, but do not perceive.

Of what use are eyes if the heart is blind?
Of what use are ears if the heart is hardened?

Can we escape God's spirit?
Can we avoid God's Presence?

Compassion and goodness reveal the Presence,
truth and forgiveness reflect His glory.

The earth is filled with the glory;
the heavens declare it, vaulted skies sing.

We sense more than we comprehend;
God's miracles are with us daily.

There is no music, no worship, no love,
when we take the world's wonders for granted.

Wonders are dimmed by indifference;
beyond the wonders is God.

Let us sing our gratitude for His glory,
let our response surpass our routine.

Kadosh, kadosh, kadosh, holy, holy, holy.
There is no speech, there are no words.

The world is filled with His glory;
soundless the speech, yet there are none who cannot hear.

Let us open our eyes and rejoice;
let us open our hearts and sing.

HELP ME TO PRAY

Lord of the universe, Master of prayer,
open Your lips within me, for I cannot speak.

Send me words to help me shape Your praise,
to bring peace and blessing to my days.

Too often the world has stifled
all words of blessing within me.

So much has threatened to break my spirit.

Help me, Lord, for I have been so very low,
and You heal the broken in spirit with joy.

In Your compassion, in Your boundless love,
give me words of prayer; then accept them from me.

May my words, Your words, be sweet and whole before You
as the words of King David, sweet singer of psalms.

I am so often weary, empty, dry.
In thirst, in hunger, I seek comfort, even joy.

Transform my sorrow, Lord.
Help me to renew my faith, my hopes,
as I raise my soul toward You.

Open Your lips within me, Lord,
that I may speak Your praises.

 TEACH ME TO PRAY, TO PRAISE

Teach me, God, to pray, to praise
the splendor of ripe fruit, the wonder of a wrinkled leaf,
the freedom to see, to feel, to breathe,
to know, to hope, and even to know grief.

Teach my lips blessing, song, and praise
when You renew Your time each night, each dawn,
so that my days will not repeat my yesterdays,
to save my life from mere routine of all days gone.

PRAYING THE SUNSET PRAYER

I'll let you in on a secret
about how one should pray the sunset prayer.
It's a juicy bit of praying,
like strolling on grass,
nobody's chasing you, nobody hurries you.
You walk toward your Creator
with gifts in pure, empty hands.
The words are golden,
their meaning is transparent,
it's as though you're saying them
for the first time.

If you don't catch on
that you should feel a little elevated,
you're not praying the sunset prayer.
The tune is sheer simplicity,
you're just lending a helping hand
to the sinking day.
It's a heavy responsibility.
You take a created day
and you slip it
into the archive of life,
where all our lived-out days are lying together.

The day is departing with a quiet kiss.
It lies open at your feet
while you stand saying the blessings.
You can't create anything yourself, but you
can lead the day to its end and see
clearly the smile of its going down.
See how whole it all is,
not diminished for a second,
how you age with the days
that keep dawning,
how you bring your lived-out day
as a gift to eternity.

THE WHISPERED PRAYER

No one is as remote as You, Lord our God,
yet no one is closer to us, Fatherly King.
You are beyond the confines of all creation,
yet forever present in every moment.
Our deepest thought cannot grasp Your infinity,
nor understand the shadow of Your glory's reflection.
But the whispered prayer, rising from the depths of despair,
the unvoiced cry of mute needs,
the soft sigh, draining the broken heart of its sorrow,
the silent supplication of a thin, stilled voice
—all these are like great shofar blasts
tearing the fabric of Your sphere's peace,
touching Your endlessness wherever You are.
Suddenly You, whom the utmost heavens cannot contain,
deign to dwell in each single searching heart.

 LIVE WITH INTEGRITY

Who may dwell in God's sanctuary?
How can we merit a place in His Presence?

Live with integrity, do what is right,
and speak the truth without deceit.

Have no slander upon your tongue, do no evil to others,
and do not mistreat your neighbor.

Spurn a contemptible person,
but honor those who revere the Lord.

Never retract a promise once made,
though it may do you harm.

Lend no money at usurious interest;
accept no bribe against the innocent.

Make these deeds your own;
then shall you stand firm forever.

PSALM 15, ADAPTED

HELP US TO OPEN OUR LIVES TO YOUR TRUTH

Too often we waste this world;
too often we squander time on the trivial.

Help us, Creator, to embrace the enduring.

Too often we follow the foolish and the wicked;
too often we follow mockers and the arrogant.

Help us, Lord, to honor humility.

Too often we speak slander and violence;
too often we falter in our faithfulness.

Protect us, Creator, from ourselves as from others.

Too often we accept apathy and unconcern;
too often we are blind to the miracles of life.

Protect us, Lord, from dullness and routine.

Too often we limit our lives to the profane;
too often we ignore the treasures of Torah.

Inspire us, Creator, with a sense of the sacred.

Too often we succumb to cynicism;
too often we wallow in worthlessness.

Inspire us, Lord, with the blessings of Your truth.

Spiritual blindness cannot lead to blessing.
Life stripped of compassion is sterile, forlorn.

Help us, Compassionate, to help others.
Protect us, Creator, from callousness.

Inspire us, Merciful, with kindness.
Protect us, Lord, from indifference.

Help us to open our eyes to Your truth;
help us to open our hearts to Your Torah.
Help us to open our lives to You.

WHERE SHALL WE FIND GLORY?

Where shall we find glory?
In what does the Lord delight?

Let the wise not glory in their wisdom;
let the wealthy not glory in their wealth;
let the mighty not glory in their might.

Where shall we find glory?
In what does the Lord delight?

"Let those who would find glory understand
that I practice kindness and justice on earth;
for in this do I delight," says the Lord.

What does the Lord require?
How can we follow His ways?

Let us live with justice, love kindness,
and walk humbly with our God.

What does the Lord require?
How can we follow His ways?

As He is merciful and compassionate,
let us be merciful and compassionate.

As He helps the needy, let us help the needy.

As He visits the sick, let us visit the sick.

As He comforts mourners, let us comfort mourners.

As He feeds the hungry, clothes the naked,
let us feed the hungry, clothe the naked.

As He is merciful and compassionate,
let us be merciful and compassionate.

Where shall we seek life?

Seek Me and live, says the Lord.
Hate evil, love goodness, and establish justice in public.

For in this do I delight, says the Lord.

Then shall I betroth you to Me forever,
in righteousness and justice, love and mercy.

I will betroth you to Me in faithfulness,
and you shall love the Lord.

The Lord delights in those who care for others
with justice and kindness, with love and compassion.

For in this do I delight, says the Lord.
For in this is glory found for all who live.

℘ REDEMPTION

When senseless hatred rules the earth,
where could redemption reside?

When people hide their faces from each other
and from Heaven, where could redemption reside?

If we do not pray for an end to wickedness
in our lives and in our world, will we see redemption?

If we refuse to see the flaws in our souls
and do not try to correct them, will we see redemption?

Redemption will be realized when love and justice rule the earth,
when people reveal their faces to each other, and to Heaven.

Redemption will be realized when each of us sets free
the sacred sparks that each of us contains.

Redemption will be realized when all people
return out of their exile from each other.

Then Isaac and Ishmael, and Jacob and Esau, will embrace
upon the peaceful shores of love and understanding.

Then will creation's harmony be restored,
then will redemption become a reality.

May that day come soon.
May we see it soon, in this our world.

❧ SEEK GOOD AND NOT EVIL

Corruption is appalling in the land.

Lips speak lies and tongues utter injustice.

Schemes of mischief leave a trail of ruin and devastation.

People have grown fat and sleek;
their wickedness knows no bounds.

They have made their faces harder than rock,
and they have refused to repent.

Their abominations have not shamed them;
they have forgotten how to blush.

From the least of them to the greatest of them,
everyone is greedy for unjust gain.

And we remember our own faults,
we know our own guilt.

Justice is rebuffed and flouted,
while righteousness stands aloof.

Truth stumbles in the marketplace
and honesty is kept out of court.

Thus says the Lord: Will you steal, swear falsely,
commit adultery, and serve false gods,
and then come before Me in My house of prayer
to say: "We are delivered"?

Why are they so wayward?
Why do they cling to their treachery?

Corruption in a nation is like a crack in a high wall.
Barely seen at first, it can bring the structure down.

If people fall, can they not also rise?
If people break away, can they not return?

Seek good and not evil, that you may live,
that the Lord may be firmly on your side, as you say He is.

Hate evil and love goodness; enthrone justice in the courts.

Let justice roll on like a mighty river,
righteousness like a never-ending stream.

NO RELIGION IS AN ISLAND

No religion is an island;
there is no monopoly on holiness.

We are companions of all who revere Him.
We rejoice when His name is praised.

No religion is an island;
we share the kinship of humanity,
the capacity for compassion.

The hand of God is extended to all who seek Him.
He is near to all who call upon Him in truth.

God's spirit rests upon all, Jew or Gentile,
man or woman, in consonance with their deeds.

The creation of one Adam promotes peace.
No one can claim: my ancestry is nobler than yours.

There is no monopoly on holiness;
there is no truth without humility.

We are diverse in our devotion and commitment.
We must unite in working now for the kingship of God.

He is near to all who call upon Him in truth.
There can be disagreement without disrespect.

Let us help one another overcome hardness of heart,
opening minds to the challenges of faith.

Should we hope for each other's failure?
Or should we pray for each other's welfare?

Let mutual concern replace remnants of mutual contempt,
as we share the precarious position of being human.

Have we not all one Father? Are we not all His children?

Let us not be guided by ignorance or disdain.
Let lives of holiness illumine all our paths.

The hand of God is extended to all who seek Him.
Let our deeds reflect that we share the image of God.

Let those who revere the Lord speak one to another,
leading everyone to acknowledge the splendor of God.

HOLINESS IN OUR LIVES

You shall be holy, for the Lord your God is holy.

Each human being, dust and ashes, can be holy.

You shall be holy, for the Lord your God is holy.

God's mitzvot add holiness to our lives.
Holiness is not limited to angels, or to God.

The holy God is sanctified through good deeds.

To be holy we must not turn to false gods,
we must not deal deceitfully with one another.

We must not insult the deaf,
nor place obstacles before the blind.

Revere your mother and your father;
ignore not the poor or the stranger.

You shall be holy, for the Lord your God is holy.

Do not gossip, do not hate.
Judge your neighbors fairly;
rise to their defense.

Love your neighbor as yourself.
Exult in deeds of compassion.

Deeds of goodness reflect the light of God's holiness.

His light is above us, but not beyond us.

Let us reflect God's love in deeds of kindness,
like brooks that hold the sky.

TORAH AND LOVE

Your love, O Lord, is reflected
in our ability to love.

Your compassion is reflected
in the lives of the compassionate.

Our ancestors were such people.
Through their vision of You
they learned the laws of life.

May we be worthy to learn them too.
Merciful Father, open our hearts.

Merciful Father, lead us to learning,
that learning may lead us to deeds
and may lead us to teaching others.

May our eyes light up with Torah;
may our hearts cling to mitzvot.

May our trust in You
lead us to gladness and joy.

In peace gather us from the corners of the earth
and lead us proudly to the Promised Land.

You have brought us close to Your great name,
to thank You and to say "You are One"
through deeds of love.

All praise to You, O Lord
who gives the Torah to the people Israel
with the blessing of love.

ON FEAR AND PRAISE

God of men and mountains,
Master of people and planets,

Creator of the universe,
I am afraid.

I am afraid of the angels
You have sent to wrestle with me:

The angel of success,
who carries a two-edged sword.

The angels of darkness,
whose names I do not know.

The angel of death,
for whom I have no answer.

I am afraid of the touch of Your hand
on my feeble heart.

Yet I must turn to You in praise,
awesome, holy God, for there is none else.

There is no strength, no courage,
but in You.

There is no life, no light, no joy
but in You.

THE MAJESTY OF GOD

O Lord, Eternal,
what majesty is Yours throughout the world.
The heavens display Your splendor.

The sounds of infants attest to Your power;
nurslings are an answer to Your foes,
silencing enemies and the vengeful.

When I look at Your heavens, Your handiwork,
the moon and the stars which You have shaped—

What are mortals, that You should be mindful of them,

mere mortals, that You should take account of them,
that You have made them little less than divine?

You have given them mastery over other creatures,
placing all creation at their feet,

all sheep and oxen, all the wild beasts,
birds of the air and fish of the sea,
all that inhabit the ocean deep.

O Lord, Eternal,
what majesty is Yours throughout the world.

PSALM 8

DO NOT DESPAIR

Gevalt, Jews! Do not despair.
In the Holocaust the Partisans sang:

Never say that we have come to journey's end
when days are dark and clouds upon the world descend.

Our past is a prelude; we are never at the end of the road.

God redeems the people Israel; He rebuilds Jerusalem.

In the Warsaw ghetto,
Jews added an eleventh commandment:

Gevalt, Jews! You shall not despair.

We believe that justice and peace will reign.
God's splendor will then be seen in all humanity.

We believe in the sun even when it is not shining.
We believe in God even when He is silent.

We believe with perfect faith in the coming of the Messiah.

And though he tarry, as all of us have tarried,
nevertheless—and truly—we believe.

Though we walk in a valley overshadowed by death,
we shall fear no harm for You are with us.

Gevalt, Jews! Do not despair.

Those who dwell in darkness will be bathed in light.

Ruthlessness and arrogance will cease to be.

The glory of humanity will be revealed.

The upright will rejoice, the pious celebrate in song.

There will be peace within our walls,
serenity within our homes.

Hope in the Lord and be strong;
take courage, and hope in the Lord.

🙚 PEACE

I have lived among those who hated peace.
I sought peace, but they longed for war.

Often since my youth they have sorely afflicted me.

This is a refrain of the people Israel:
Often since my youth they have sorely afflicted me.

But they have not prevailed.

Let those who hate Zion be put to shame.

They have not prevailed.

Pray for the peace of Jerusalem.
May all who love her prosper.

May there be peace within her gates,
well-being within her homes.

Deal kindly with us, Lord, deal kindly,
for we have suffered enough.

Too long have we suffered the insults
and the contempt of haughty oppressors.

You have been forsaken and despised, says the Lord,
but I will make you majestic forever.

Violence will no more be heard in your land,
nor devastation within your borders.

May the Lord bless us from Zion.

May we witness the well-being of Jerusalem
all the days of our lives.

May peace embrace Israel, and the people Israel.
And let us say: Amen.

I AM A JEW

I am a Jew because my faith demands no abdication of the mind.

I am a Jew because my faith demands all the devotion of my heart.

I am a Jew because wherever there is suffering, the Jew weeps.

I am a Jew because whenever there is despair, the Jew hopes.

I am a Jew because the message of our faith
is the oldest and the newest.

I am a Jew because the promise of our faith is a universal promise.

I am a Jew because for the Jew the world is not completed;
people must complete it.

*I am a Jew because for the Jew humanity is not fully created;
people must complete it.*

I am a Jew because the faith of the people Israel
places humanity above nations, above Judaism itself.

*I am a Jew because the faith of the people Israel
places above humanity, image of the divine, the Oneness of God.*

SH'MA YISRAEL

The Lord is One.

His dominion is without limit,
boundless in space, endless in time.

Adonai eḥad.

God's unity encompasses life and death,
heaven and earth, light and darkness.

The Lord is One,

the sum of all that has been,
the promise of all that is to be.

Adonai eḥad.

God's Oneness unites us with nature,
the smallest grain of sand with the farthest star.

The Lord is One.

God's unity is sensed in the struggle
for human harmony, for harmony with nature.

Adonai eḥad.

We make God's purposes our own
when we dedicate body and soul to His service,
when we attain that love of other creatures
which is at one with the love of God.

THE LAND OF ISRAEL: A VISION

A vision of the prophet Ezekiel, overwhelmed by God.

The hand of the Lord was upon me.
He carried me off by His spirit
and set me down in a valley of bones.

He made me walk all around them, countless bones.
I saw that they covered the valley and that they were very dry.

He spoke: "Mortal, can these bones live?"
I replied: "You alone know, Lord God."

"Prophesy over these bones," said He. "Declare:
Listen to the word of the Lord, dry bones.
I will put the breath of life into you and you shall live.

"I will fasten sinews to you and cover you with flesh,
overlay you with skin and put breath into you,
and you shall live, and know that I am the Lord."

I began to prophesy, as He had demanded,
and as I prophesied there was a rattling sound
and the bones fitted themselves together.

As I looked, sinews appeared.
Flesh covered them, overlaid by skin;
but there was no breath in them.

Then He said to me: "Prophesy to the wind, mortal,
and say: These are the words of the Lord God.
Come, O wind, from every quarter;
breathe into these slain, that they may come to life."

I began to prophesy as I had been told. They came to life
and rose upon their feet, a vast multitude of them.

He said to me: "Mortal, these are the whole people Israel.
They say: Our bones are dry, our thread of life is broken.

"Therefore, prophesy and say to them:
These are the words of the Lord.
I will open your graves, O My people, and bring you out of them,
and restore you to the Land of Israel.

"You shall know that I am the Lord when I open your graves
and bring you up from them, My people.

"Then I will breathe My spirit into you and you shall live,
and I will settle you upon your own soil,
and you shall know that I, the Lord, have spoken and will act."

This is the word of the Lord.

EZEKIEL 37:1–14

 ## THE PEACE OF JERUSALEM

Jerusalem is a witness, an echo of eternity.

She is the city where waiting for God was born.

Jerusalem is waiting for the prologue of redemption.

She is the city where the hope for peace was born.

Jerusalem inspires prayer: an end to rage and violence.

She is holiness in history, memory and assurance.

The stones of Jerusalem heard the promise of Isaiah:

*"In time to come all people shall stream to Jerusalem,
eager to learn of God's ways and to walk in His paths.*

"For instruction comes from Zion,
the word of the Lord from Jerusalem."

*Jerusalem's past is a prelude.
She is never at the end of the road.*

Jerusalem is the promise of peace and God's presence.
The word of the Lord from Jerusalem declares:

*"They shall beat their swords into ploughshares,
their spears into pruning hooks.*

"Nation shall not lift sword against nation,
nor shall they experience war anymore."

*Jerusalem is the joy of the earth;
may her peace and prosperity lead us to song.*

May we witness the peace of Jerusalem;
may those who love her prosper.

*May we all be embraced by her promise:
peace and God's presence. Amen.*

FOR ZION'S SAKE

For Zion's sake I will not keep silent;
for Jerusalem's sake I will speak out

until her triumph shines forth like the sun,
her deliverance like a blazing torch.

May God make Jerusalem a theme of endless praise
for all humanity throughout the world.

Then all who love Jerusalem will rejoice with her;
all who once mourned her will celebrate and share her joy.

No sound of weeping, no cries for help shall be heard in her.

None shall injure, none shall destroy
in all My holy mountain, says the Lord.

The sound of violence shall no more be heard in your land.

No more shall you be called Forsaken;
no more shall your land be called Desolate.

Ancient ruins shall be rebuilt;
sites long abandoned shall be restored.

Desolation shall not be found within your borders.

Your sun shall never set; your moon shall never wane.

For the Lord shall be your everlasting light;
your God shall be your splendor.

Jerusalem shall be a delight; her people, a joy.

As a mother comforts her children,
says the Lord, so shall I comfort you.
And you shall find comfort in Jerusalem.

There is hope for the future, says the Lord;
your children shall return to their land.

Thus spoke the prophet: They shall rebuild the ruined cities
and inhabit them; they shall plant gardens and eat the fruit.
And the people who walked in darkness shall see great light.

THANKSGIVING

Worship the Lord in gladness, come before Him with joy.

Enter His gates with thanksgiving,
with gratitude sing out His praise.

The Lord, Creator of the heavens and the earth,
provides food for the hungry with mercy.
He brings justice to the oppressed.

Praise the Creator who works great wonders,
who ennobles us from birth, who treats us with compassion.

He covers the sky with clouds, sending rain,
bringing forth bread from the earth to sustain us,
providing wine to gladden the human heart.

He has brought peace to our borders
and has satisfied us with choice wheat.

He has blessed us with liberty,
with noble dreams, and with the pursuit of happiness.

Give thanks to the Lord, for He is good. His love endures forever.

He crowns the year with His goodness,
and the fields yield a rich harvest.

The hills are covered with happiness,
and the meadows are clothed with sheep;
the valleys, adorned with corn.

How shall we thank Him for our blessings?

Let us share our bread with the hungry;
let us not turn away from the needy.

Clothe the naked and shelter the homeless,
help those who have no help.

Let us not take our blessings for granted.
Let us share them with others, with thanks.

Sing a new song for the Lord.
Where the faithful gather, let God be praised.

His love endures forever.
Let us share in that love with our life.

THE TEN COMMANDMENTS

Gathered together in this sanctuary, we recall
a gathering of our people in ancient times.

Together they entered and witnessed a covenant
transmitted through our teacher Moses, who said:

The Lord God made a covenant with us at Sinai.

Not only with our ancestors
did the Lord make this covenant,
but with us, the living,
every one of us here today.

The Lord said: I am the Lord your God who brought you
out of the land of Egypt, out of the house of bondage.
You shall worship only Me.

You shall not make a graven image to worship;
you shall not bow down to idols or serve them.

You shall not use the name of the Lord your God
to take a false oath.

Observe the Sabbath day, to keep it holy.

Honor your father and your mother.

You shall not murder.

You shall not commit adultery.

You shall not steal.

You shall not bear false witness against your neighbor.

You shall not covet your neighbor's wife,
and you shall not covet your neighbor's house, or field,
or servant, or anything that belongs to your neighbor.

Not only with our ancestors did the Lord make this covenant,
but with us, the living, every one of us here today,
to remember and to fulfill it.

AMERICA, FOUNDED ON BIBLICAL PRECEPTS

We hold these truths to be self-evident, that all men are created equal, that they are endowed by their Creator with certain inalienable rights, that among these are life, liberty and the pursuit of happiness.

DECLARATION OF INDEPENDENCE

Have we not all one Father?
Has not one God created us?
Why should we be faithless to each other,
profaning the covenant of our ancestors?

MALAKHI 2:10

We, the people of the United States, in order to form a more perfect union, establish justice, insure domestic tranquility, provide for the common defense, promote the general welfare, and secure the blessings of liberty to ourselves and our posterity, do ordain and establish a Constitution for the United States of America.

UNITED STATES CONSTITUTION

Justice, justice shall you pursue, that you may thrive in the land which the Lord your God gives you.

DEUTERONOMY 16:20

Congress shall make no law respecting an establishment of religion, or prohibiting the free exercise thereof; or abridging the freedom of speech, or of the press; or the right of the people to assemble, and to petition the government for a redress of grievances.

THE BILL OF RIGHTS

Proclaim liberty throughout the land,
for all of its inhabitants.

LEVITICUS 25:10

Of all the disposition and habits which lead to political prosperity, religion and morality are indispensable supports.... Where is the security for property, for reputation, for life, if the sense of religious obligation desert the oaths which are the instruments of investigation in courts of justice? And let us with caution indulge the supposition that morality can be maintained without religion.

GEORGE WASHINGTON,
FAREWELL ADDRESS

It has been told to you, O mortal, what is good
and what the Lord requires of you:
only to act justly, to love mercy,
and to walk humbly with your God.

MICAH 6:8

For happily the government of the United States which gives to bigotry no sanction, to persecution no assistance, requires only that they who live under its protection should demean themselves as good citizens in giving it on all occasions their effectual support.

GEORGE WASHINGTON
LETTER TO NEWPORT SYNAGOGUE

Righteousness raises a nation to honor,
but sin is disgraceful for any people.

PROVERBS 14:34

We here highly resolve that these dead shall not have died in vain, that this nation, under God, shall have a new birth of freedom, and that government of the people, by the people, and for the people, shall not perish from the earth.

ABRAHAM LINCOLN
GETTYSBURG ADDRESS

How good and how pleasant it is
when brethren live in unity.

PSALM 133:1

With malice toward none, with charity for all, with firmness in the right as God gives us to see the right, let us strive to finish the work we are in . . . to do all which may achieve and cherish a just and lasting peace among ourselves, and with all nations.

ABRAHAM LINCOLN
SECOND INAUGURAL ADDRESS

Let justice roll on like a mighty river,
righteousness like a never-ending stream.

AMOS 5:26

In the future days which we seek to make secure, we look forward to a world founded upon four essential human freedoms: freedom of speech and expression, everywhere in the world; freedom of every person to worship God in his own way, everywhere in the world; freedom from want which will secure to every nation a healthy peacetime life for its inhabitants, everywhere in the world; freedom from fear, which means a world-wide reduction of armaments to such a point and in such a thorough fashion that no nation will be in a position to commit an act of physical aggression against any neighbor, anywhere in the world.

FRANKLIN DELANO ROOSEVELT
ADDRESS TO CONGRESS

They shall beat their swords into plowshares,
and their spears into pruning hooks.
Nation shall not lift sword against nation,
and they shall not again experience war.
People shall dwell under their own vines,
under their own fig trees,
and no one shall make them afraid.

MICAH 4:3–4

THE STAR-SPANGLED BANNER

O say, can you see, by the dawn's early light,
What so proudly we hailed at the twilight's last gleaming,
Whose broad stripes and bright stars, through the perilous fight,
O'er the ramparts we watched were so gallantly streaming?

And the rockets' red glare, the bombs bursting in air,
Gave proof through the night that our flag was still there.
O say, does that star-spangled banner yet wave
O'er the land of the free and the home of the brave?

O, thus be it ever, when free men shall stand
Between their loved homes and war's desolation;
Blest with victory and peace, may our heaven-rescued land
Praise the Power that hath made and preserved us a nation.

Then conquer we must, when our cause it is just,
And this be our motto, 'In God is our trust.'
And the star-spangled banner in triumph shall wave
O'er the land of the free and the home of the brave.

 ## AMERICA

My country 'tis of thee,
Sweet land of liberty,
    Of thee I sing;
Land where my fathers died,
Land of the Pilgrims' pride,
From every mountainside
    Let freedom ring.

Our fathers' God, to Thee,
Author of liberty,
    To Thee we sing;
Long may our land be bright
With freedom's holy light;
Protect us by Thy might,
    Great God, our King.

AMERICA, THE BEAUTIFUL

O beautiful for spacious skies,
For amber waves of grain,
For purple mountain majesties
Above the fruited plain!
America! America!
God shed His grace on thee,
And crown thy good with brotherhood
From sea to shining sea!

O beautiful for pilgrim feet,
Whose stern, impassioned stress,
A thoroughfare for freedom beat
Across the wilderness!
America! America!
God mend thine every flaw,
Confirm thy soul in self-control,
Thy liberty in law!

O beautiful for patriot dream
That sees beyond the years,
Thine alabaster cities gleam,
Undimmed by human tears!
America! America!
God shed His grace on thee,
And crown thy good with brotherhood
From sea to shining sea!

O CANADA

O Canada! our home and native land,
True patriot love in all thy sons command.
With glowing hearts we see thee rise,
The true north strong and free!
From far and wide, O Canada,
We stand on guard for thee.
God keep our land glorious and free!
O Canada, we stand on guard for thee.
O Canada! we stand on guard for thee.

≋ HATIKVAH

As long as in the heart
The Jewish spirit yearns
With eyes turned eastward
Looking towards Zion, then our hope,
The hope of two thousand years,
Is not lost:
To be a free nation in our land,
The land of Zion and Jerusalem.

כָּל־עוֹד בַּלֵּבָב פְּנִימָה
נֶפֶשׁ יְהוּדִי הוֹמִיָּה
וּלְפַאֲתֵי מִזְרָח קָדִימָה
עַיִן לְצִיּוֹן צוֹפִיָּה.
עוֹד לֹא אָבְדָה תִּקְוָתֵנוּ
הַתִּקְוָה שְׁנוֹת אַלְפַּיִם
לִהְיוֹת עַם חָפְשִׁי בְּאַרְצֵנוּ
אֶרֶץ צִיּוֹן וִירוּשָׁלָיִם.

✤ YOM HA-SHOAH

REMEMBERING THE HOLOCAUST

The twenty-seventh day of Nissan is the day on which Jews throughout the world formally recall the six million Jews of Europe who were tortured and murdered during the Second World War because they were Jews. It is a time when we recall the splendor of their lives, as well as the terror of their deaths. Countless memoirs and diaries written by survivors plead and demand that we remember the details of how they were degraded, brutalized, and killed. We recall part of what they witnessed, part of the horrors that they suffered, in order to remember them and to remind others. On this day, and not on this day alone, we perpetuate their testimony, recalling the words of Ignacy Schipper, who perished in Maidanek: "Nobody will *want* to believe us, because our disaster is the disaster of the entire civilized world. . . . We will have the thankless job of proving to a reluctant world that we are Abel, the murdered brother."

There is no adequate reaction to the Holocaust, but we must not ignore it and we must not forget its victims. These pages do not constitute a service or a fixed liturgy. It is suggested that they be used as a supplement that may be incorporated into any of the regular services on Yom Ha-shoah. The narrative portions in this section could be supplemented and varied from year to year.

If ever my grief were measured
or my sorrow put on a scale,
it would outweigh the sands of the ocean.
For God has hidden my way
and put hedges across my path.

I sit and gnaw on my grief;
my groans pour out like water.
My worst fears have happened;
my nightmares have come to life.
Silence and peace have abandoned me,
and anguish camps in my heart.

This happened to us at the end of the summer of 1943. A transport of Jews arrived from Tarnow. They wanted to know where they were being taken. They were told, "To die." They were already undressed. They looked grave and were silent. Then they began to recite a *vidui*. Then a young Jew stood on a bench and asked everybody's attention. "We are not going to die," he said. And they believed him, and they died.

O my children,
Death has run through your hearts
As through a vineyard—
Painted *Israel* red on all the walls of the world.

What shall be the end of the little holiness
which still dwells in my sand?
The voices of the dead
speak through reed pipes of seclusion.

It was Wednesday, August 5, 1942, when the Nazis came to the Ghetto for the children in Janusz Korczak's charge. It was not clear whether Korczak told the children what they might expect or exactly where they were going, but his staff of teachers and nurses had the two hundred orphans ready when the Nazis raided the orphanage at 16 Sienna Street. The children had been bathed, given clean clothing, and provided with bread and water to take with them. The Nazis burst in, but the children, though frightened, did not cry out or run and hide. They clung to Korczak who stood between them and the Germans. Bareheaded, he led the way, holding a child by each hand. Behind him were the rest of the two hundred children and a group of nurses clad in white aprons. They were surrounded by Germans and Ukrainian guards, and the Ghetto police. One could see how weak and undernourished the children were. But they marched to their deaths in exemplary order, without a single tear, in such a terrifying silence that it thundered with indictment and defiance.

. . . Here the train was waiting for us, with our escort for the journey. Here we received the first blows; and it was so new and senseless that we felt no pain, neither in body nor in spirit. Only a profound amazement; how can one hit a man without anger?

There were twelve box cars for six hundred and fifty. . . . Here, then, before our very eyes, under our very feet, was one of those notorious transport trains, those which never return and of which, shuddering and always a little incredulous, we had so often heard people speak. Exactly like this, detail for detail: box cars closed from the outside, with men, women and children pressed together without pity, like cheap merchandise, for a journey towards nothingness, a journey down there, towards the bottom. This time it is we who are inside.

There was one non-Jewish peasant woman. I do not know her name. I do not know her face. But she helped my mother save two children. There was the work camp. And the wire fence. On that day my mother could not bribe. On that day she had no choice. She could not bribe. If she left us in the barracks, they would take us away. And she had to go to work. No choice. She handed her children through the fence to one peasant woman. . . . My sister and I are here. That means the peasant lady kept us for whatever length of time and then she returned us to our mother.

We witnessed the arrival of transports from Bendin and Sosnowiec. An elderly rabbi was among them. As they came from nearby towns, they knew what was awaiting them. They knew. And the rabbi entered in the undressing room and suddenly he began to dance and to sing all alone. And the others said nothing and he sang and he danced for a long time and then he died for *kiddush hashem.*

Some of those sunk in abysmal misery were yet able to do as Moshe Borochowicz from Zelichow, near Warsaw, did. Most of his family had been destroyed—his wife, his daughter, his sisters and their children—together with all the other Jews and the study houses and prayerbooks and *taleisim,* all of which were burned. While in hiding, he decided to write, in Torah script, a prayerbook which would recall the memory of his martyred family and his memory as well. But most important of all, he wrote, he did it so that "the world should not be left, Heaven forbid, without a *siddur."*

It happened in Elul in 1942 in Zagrodski in the District of Pinsk. When I came to that place, we saw naked people lined up. But we were still hoping that this was only torture. Maybe there is hope, hope of living. . . . I also want to mention what my child said when we were lined up in the Ghetto. She said, "Mother, why did you make me wear the Shabbat dress; we are going to be shot"; and when we stood near the dug-outs, near the grave, she said, "Mother, why are we waiting, let us run!" Some of the young people tried to run, but they were caught immediately, and they were shot right there. It was difficult to hold on to the children. . . . The children were taking leave of their parents, and parents of their elders. . . . We were undressed, the clothes were removed and taken away; our father did not want to undress; he remained in his underwear. . . . Then they tore off the clothing of the old man and he was shot. I saw it with my own eyes. And then they took my mother and shot her too. And then there was my grandmother, my father's mother, standing there; she was eighty years old and she had two children in her arms. And then there was my father's sister. She also had children in her arms and she was shot on the spot with the babies in her arms. . . . I was searching among the dead for my little girl and I cried out for her . . . I was praying for death to come. I was praying for the open grave to swallow me alive. . . . I dug with my fingernails, but the grave would not open. I did not have enough strength. I cried out to my mother, to my father. "Why did they not kill me? What was my sin? I have no one to go to."

On May 7, 1942, the Germans decreed that those living in the Kovno Ghetto were not to have children. Every child born would be shot, together with the mother. Nevertheless, children continued to be born in the Kovno Ghetto. I shall never forget one *brit milah* ceremony in particular. A young couple who had been childless for five years was blessed with a child, a baby boy. They had decided to move to a building next to a technical high school so that the noise of the machinery and other noises would drown out the noises which would be made by the child. The *brit* was held there, in secret, of course.

As the *mohel* was about to begin, we heard the noise of screeching brakes and slamming doors in front of the building. A group of men from the Gestapo got out of their cars. We were panic-stricken. The hands of the *mohel* were shaking. We did not know what to do. How could we possibly save the mother and child? The mother was the most courageous amongst us. She shouted to the *mohel*: "Quickly! Circumcise the child. They are coming to kill us. The child at least should die as a Jew!

Thank God, the murderers did not come this time. They were merely visiting the school next door. The child was circumcised in the shadow of death.

Rabbi Leo Baeck wrote about his meetings with fellow inmates at Theresienstadt: It was dangerous for us to meet at night. There was an additional danger as well. During the day these men were involved in terrible, back-breaking work. And after such work, when they needed rest, they came together at night to listen to lessons and lectures, which could have weakened their bodies further.

I shall never forget those meetings. We would assemble in darkness. To light a candle there, or even a match, would have brought immediate disaster upon us. We spoke about matters of the spirit and eternal questions, about God, about Jews in the world, about the eternity of Israel. In the midst of darkness, I sensed light in the unlit room, the light of Torah. ... More than once I could not see their faces, but I did see great spiritual light.

I returned to Auschwitz in 1965, on the occasion of a commemorative celebration of the liberation of the camps. . . . The concentration camp empire of Auschwitz did not consist of just one camp, but rather of some forty camps. The real Auschwitz was constructed on the outskirts of the town of the same name. It had a capacity of about 30,000 prisoners, and was, so to speak, the administrative capital of the complex. Then there was the camp (or, to be more precise, the group of camps . . .) of Birkenau, which grew to contain tens of thousands of prisoners, and in which the gas chambers and the cremation furnaces functioned. . . .

I experienced a feeling of violent anguish when I entered Birkenau Camp, which I had never seen as a prisoner. Here nothing has changed. There was mud, and there is still mud, or suffocating summer dust. The blocks of huts . . . have remained as they were, low, dirty, with drafty wooden sides and beaten earth floors. There are no bunks but bare planks, all the way to the ceiling. . . . With me was a woman friend of mine, a survivor of Birkenau. She pointed out to me that on every plank, 1.80 by 2 meters, up to nine women slept. She showed me that from the tiny window you could see the ruins of the cremation furnace. In her day, one saw the flame issuing from the chimney. She had asked the older women: "What is that fire?" And they had replied: "It is we who are burning."

From what I've observed among the numerous camp survivors, there are two categories: those who left and those who are still there. I'm one of the latter. So on September 24, 1952, while I was giving birth, I didn't think of the joy that a child would bring me; I was thinking— and had been for days and months and years—I was thinking of the women of my age who had died in degradation without that joy.

Auschwitz, 1944. Not far from us, flames were leaping up from a ditch, gigantic flames. They were burning something. A lorry drew up at the pit and delivered its load—little children. Babies! . . . Around us, everyone was weeping. Someone began to recite the Kaddish. I do not know if it has ever happened before, in the long history of the Jews, that people have ever recited the prayer for the dead for themselves. . . . Never shall I forget that night, the first night in camp. . . . Never shall I forget that smoke. Never shall I forget the little faces of the children, whose bodies I saw turned into wreaths of smoke beneath a silent sky.

O the night of the weeping children!
O the night of the children branded for death!
Sleep may not enter here.
Terrible nursemaids
Have usurped the place of mothers. . . .
Instead of mother's milk, panic suckles those little ones. . . .

Yesterday Mother still drew
Sleep towards them like a white moon.
There was the doll with cheeks derouged by kisses
In one arm,
The stuffed pet, already
Brought to life by love,
In the other—
Now blows the wind of dying,
Blows the shift over the hair
That no one will comb again.

November, 1944. Jewish children were brought to Auschwitz. A truck stopped in front of the Political Section. A little boy jumped off. He held an apple in his hand. Two of the SS men were standing in the doorway. Suddenly one of them went over to the boy, grabbed his legs and smashed his head against the wall. Then he calmly picked up the apple. And the other told me to wipe "that" off the wall. About an hour later I was called by the first to interpret in an interrogation and I saw him eating the child's apple.

Between 450 and 500 persons were crowded into a chamber measuring 125 square feet in Treblinka. Parents carried their children in the vain hope of saving them from death. On the way to their doom they were pushed and beaten with rifle butts and gas pipes. Dogs were set on them, barking, biting and tearing them. To escape the blows and the dogs, the crowd rushed to its death, pushing into the chamber. The bedlam lasted only a short while, for the doors were shut tightly with a bang. The chamber was filled, the motor turned on and connected with the inflow tubes and, within five minutes at the most, everybody stood dead. There being no free space, they just leaned against each other.... Between ten and twelve thousand people were gassed daily.

Maidanek was an industrial factory for producing corpses: death, the destruction of the greatest number of prisoners in the shortest time at the lowest cost was Maidanek's purpose. Life was treated as something ephemeral and unimportant, as essentially worthless; in fact, contemptible. Death was our constant companion and not a terrible one, for quite often one wished passionately for it. It was life that was terrible, the long, agonizing process of parting from it after it had been shorn of dignity.

I am not a young man and I have seen a lot in my lifetime, but Lucifer himself could not possibly have devised a worse hell. Can you imagine three thousand corpses of people recently alive, burning all at once in an immense fire? Looking at the faces of the dead, one can ordinarily think that they might arise momentarily and awaken from their deep slumber. But here at a given signal, a giant torch was set on fire, and it burned with a huge flame.

One day when we came from work, we saw three gallows rearing up in the assembly place, three black crows. Roll call. SS all around us, machine guns trained: the traditional ceremony. Three victims in chains—and one of them a young boy, a sad-eyed angel. . . .

The three victims mounted together onto the chairs. The three necks were placed at the same moment within the nooses. "Long live liberty!" cried the two adults. But the child was silent. . . . At a sign from the head of the camp, the three chairs were tipped over. . . .

Then the march past began. The two adults were no longer alive. Their tongues hung swollen, blue-tinged. But the third rope was still moving; being so light, the child was still alive. . . . For more than half an hour he stayed there, struggling between life and death, dying in slow agony under our eyes. And we had to look him full in the face. He was still alive when I passed in front of him. His tongue was still red, his eyes not yet glazed.

Behind me I heard a man asking, "Where is God now?"

And I heard a voice within me answer him: "Where is He? Here He is—He is hanging on this gallow. . . ."

Maidanek. Black Wednesday. November 3, 1943. For three days 300
prisoners working in two shifts had been made to dig three ditches
two yards deep and about 1000 yards long. Approximately 100 SS men
were then lined up in two rows to form a gauntlet, and groups of 100
Jews at a time were made to undress, run the gauntlet to the
L-shaped barracks, and from there to the ditches, men and women
separately. SS men drove them into the ditches with rifle butts, forc-
ing them to lie flat. Other SS men standing above them raked them
with automatic-rifle fire. The next groups were forced to lie down on
top of the corpses of the previous ones. The killing went on for two
days, from 6 A.M. to 5 P.M., with SS men relieved at two-hour inter-
vals. During this process, two trucks were drawn up blaring gay bal-
lads, marches, songs and dance tunes through a loudspeaker to
drown out the victims' screaming. Eighteen thousand people were
killed in two days.

If the prophets broke in
through the doors of night
and sought an ear like a homeland—

Ear of mankind,
overgrown with nettles,
would you hear?
If the voice of prophets
blew
on flutes made of murdered children's bones
and exhaled airs burnt with
martyr's cries—
if they built a bridge of old men's dying
groans—

Ear of mankind
occupied with small sounds,
would you hear?

If the prophets stood up
in the night of mankind
like lovers who seek the heart of the beloved,
night of mankind
would you have a heart to offer?

Father, Adonai, Creator,
who set the round course of the world,
birth, death and disease—

Father, who caused veins, brains, and bones to grow,
who fashioned us air that we might breathe and sing—

Remember that we are incomplete
and inconsolable, our vision clouded by ashes.

Remember the chimneys, the ingenious habitations of death
where part of Israel's body drifted as smoke through the air.

Remember the mutilated music of their lives.

We lament in fields of loneliness
for six million of our number torn away.

Remember them.

There are some who have no memorial.
They are perished as though they had never been.

Forget them not.

Remember the landscape of screams
engraved at entrance gates to death.

Remember the unborn dreams.

Remember the terror of children, whose tears were burned.
Remember the agony of parents, whose blessings were consumed.

Remember the prayers of the dying,
the shame and the suffering of the innocent.

Remember. We have not forgotten You
though all this has befallen us.

Remember the God-forsaken millions in a silent world;
their loneliness was matched only by Yours.

Who is like You, O Lord, among the silent,
remaining silent through the suffering of His children?

Are You not God, O Lord, that we may hope in You?
Renew the light of Your creation, which has been dimmed.

Renew in Your creatures Your image, which has been desecrated.
Restore the covenant, which Your people have maintained.

Remember the hopes of the slain
by sending redemption to Your shattered world.

In spite of everything which strangles hope,
help us to continue the sustaining song of their lives.

We know that a time will come when there will be no strong and no weak, no hunters and no hunted, no oppressors and no oppressed, no slayers and no slain, no masters and no servants, no rich and no poor.

Are our enemies mightier than we?
Torah is stronger than their might,
and our dream is greater than their night.

We know that this world will be saved from evil.

Should this not be true, may we know nothing further,
as nothing will be worth knowing.

For we know how difficult, how dangerous, how piteous it is to be a human being. And we know how grand, how glorious it is to be a human being.

When we recall the pain of our past, we also must recall its splendor,
the foundation with which our lives began, and our debt to all those
of blessed memory who have come before.

Their lives and their teachings sustain us. As surely as something in all of us died with them, the merit of their lives stands at our side today.

Because of the strength and the beauty and the piety of their lives,
because of our hope for the future which they have planted within us,
we say Yes to creation and we say Yes to our Creator and to His eter-
nity and holiness.

We rise

יִתְגַּדַּל

Auschwitz

וְיִתְקַדַּשׁ

Lodz

שְׁמֵהּ רַבָּא

Ponar

בְּעָלְמָא דִּי בְרָא כִרְעוּתֵהּ,

Babi Yar

וְיַמְלִיךְ מַלְכוּתֵהּ

Maidanek

בְּחַיֵּיכוֹן וּבְיוֹמֵיכוֹן

Birkenau

וּבְחַיֵּי דְכָל־בֵּית יִשְׂרָאֵל,

Kovno

בַּעֲגָלָא וּבִזְמַן קָרִיב,

Janowska

וְאִמְרוּ אָמֵן.

יְהֵא שְׁמֵהּ רַבָּא מְבָרַךְ לְעָלַם וּלְעָלְמֵי עָלְמַיָּא.

We rise
Yitgadal
 Auschwitz
ve'yitkadash
 Lodz
sh'mei raba
 Ponar
b'alma di v'ra khir'utei,
 Babi Yar
v'yamlikh malkhutei
 Maidanek
b'ḥayeikhon u-v'yomeikhon
 Birkenau
u-v'ḥayei d'khol beit yisrael,
 Kovno
ba-agala u-vi-z'man kariv,
 Janowska
v'imru amen.

Y'hei sh'mei raba m'vorakh l'alam u-l'almei almaya.

יִתְבָּרַךְ וְיִשְׁתַּבַּח

Theresienstadt

וְיִתְפָּאַר וְיִתְרוֹמַם

Buchenwald

וְיִתְנַשֵּׂא וְיִתְהַדַּר

Treblinka

וְיִתְעַלֶּה וְיִתְהַלַּל

Vilna

שְׁמֵהּ דְּקֻדְשָׁא,

Bergen-Belsen

בְּרִיךְ הוּא לְעֵלָּא

Mauthausen

מִן כָּל־בִּרְכָתָא וְשִׁירָתָא,

Dachau

תֻּשְׁבְּחָתָא וְנֶחֱמָתָא

Minsk

דַּאֲמִירָן בְּעָלְמָא,

Warsaw

וְאִמְרוּ אָמֵן.

יְהֵא שְׁלָמָא רַבָּא מִן שְׁמַיָּא וְחַיִּים עָלֵינוּ וְעַל כָּל־יִשְׂרָאֵל, וְאִמְרוּ אָמֵן.

עוֹשֶׂה שָׁלוֹם בִּמְרוֹמָיו, הוּא יַעֲשֶׂה שָׁלוֹם עָלֵינוּ וְעַל כָּל־יִשְׂרָאֵל, וְאִמְרוּ אָמֵן.

Yitbarakh v'yishtabaḥ

Theresienstadt

v'yitpa'ar v'yitromam

Buchenwald

v'yitnasei v'yit-hadar

Treblinka

v'yit'aleh v'yit-halal

Vilna

sh'mei d'kudsha,

Bergen-Belsen

brikh hu l'ela

Mauthausen

min kol birkhata v'shirata,

Dachau

tushb'ḥata v'neḥemata

Minsk

da-amiran b'alma,

Warsaw

v'imru amen.

Y'hei sh'lama raba min sh'maya v'ḥayim aleinu v'al kol yisrael, v'imru amen.

Oseh shalom bi-m'romav, hu ya'aseh shalom aleinu v'al kol yisrael, v'imru amen.

REFLECTIONS ON PRAYER

SPIRITUAL SECURITY

To attain a degree of spiritual security one cannot rely upon one's own resources. One needs an atmosphere, where the concern for the spirit is shared by a community. We are in need of students and scholars, masters and specialists. But we need also the company of witnesses, of human beings who are engaged in worship, who for a moment sense the truth that life is meaningless without attachment to God.

We often discover that a human being is a being driven by alien pressures, by false fears. Living becomes drifting, aimless moving. To pray is to stand still, to rise above enforced digression, and to await signs of direction. Tearing off inner masks, imposed makeup, delusions, conditionings, conceits, a spark breaks through all thoughts: what is worth being thirsty for?

THE SYNAGOGUE

What does a person expect to attain when entering a synagogue? In the pursuit of learning one goes to a library, for esthetic enrichment one goes to the art museum, for pure music to the concert hall.

Many are the facilities which help us to acquire the important worldly virtues, skills and techniques. But where should one learn about the insights of the spirit? Many are the opportunities for public speech. Where are the occasions for inner silence? It is easy to find people who will teach us how to be eloquent. Who will teach us how to be still? It is surely important to develop a sense of humor. Is it not also important to have a sense of reverence? Where should one learn the eternal wisdom of compassion? The fear of being cruel? The danger of being callous? Where should one learn that the greatest truth is found in contrition?

Important and precious as the development of our intellectual faculties is, the cultivation of a sensitive conscience is indispensable. We are all in danger of sinking in the darkness of vanity; we are all involved in our own egos. Where should we become sensitive to the pitfalls of cleverness, or to the realization that expediency is not the acme of wisdom?

We are constantly in need of self-purification. We are in need of experiencing moments in which the spiritual is as relevant and as concrete as the esthetic, for example. Everyone has a sense of beauty; everyone is capable of distinguishing between the beautiful and the ugly. But we also must learn to be sensitive to the spirit.

DAILY PRAYER

Why are prayers recited three times each day? Said Rabbi Shmuel bar Naḥman: To coincide with the three times when the day changes. *At evening prayers* one should say: May it be Your will, Lord my God, to bring me out of darkness into light. *At morning prayers* one should say: I thank You, Lord my God, for having brought me out of darkness into light. *At afternoon prayers* one should say: May it be Your will, Lord my God, as You have favored me with the sight of sunrise, to favor me with the sight of sunset.

TO PRAY

Prayer, our Rabbis taught, is the Service of the Heart. Nothing is further from the truth than the widespread notion that to pray is synonymous with to beg, to request, or to supplicate. To be sure, to pray means to call upon God to help us. But we need Him not only when we are physically in danger. We need Him also when we are *spiritually* in danger.

To pray means to seek God's help, "to keep our tongue from evil," "to purify our hearts," "to understand, to learn and to fulfill in love, the words of the Torah," and thus to keep us unswervingly loyal to truth, goodness, and beauty.

To pray is to feel and to give expression to a deep sense of gratitude. No intelligent, healthy, normal human being should take for granted, or accept without conscious, grateful acknowledgement the innumerable blessings which God in His infinite love bestows upon him: the blessings of parents and loved ones, of friends and country, of health and understanding.

To pray is to express renewed allegiance to the moral and ethical principles which we accept as the guides of our personal lives, and which we recognize as the indispensable foundation stones for a decent human society.

To pray is to meditate on events of the past which testify to God's guiding spirit in the affairs of men, and which give us courage to fight for justice and freedom, and to look confidently and hopefully to the future.

To pray is to try to experience the reality of God, to feel the purity and exaltation that come from being near Him, and to give to our souls that serenity and peace which neither worldly success nor worldly failure, which neither the love of life nor the fear of death, can disturb.

SPIRITUAL INTENT

This people approach Me with their mouths and honor Me with their lips while their hearts are far from Me, and their religion is but a precept of men learned by rote (Isaiah 29:13).

Isaiah raises the fundamental question of what Judaism calls *kavanah*, spiritual intent and concentration in the act of prayer. The meaningfulness of prayer can be seriously threatened by lack of *kavanah*. Even a deeply pious Jew will rarely be able to say all prayers at all times with real *kavanah*. All of us, and the most pious persons perhaps even more than others, occasionally succumb to the danger of praying by rote. Martin Buber, in criticizing the way in which the Torah is frequently read in some synagogues, once spoke of "the leprosy of fluency." This leprosy of fluency threatens organized prayer, too. Prayer must be alive, not the mechanical mumbling of words. Routine destroys *kavanah* and transforms prayer from a dialogue with God into the mechanical fulfillment of a routine assignment.

A PRELUDE TO PRAYER

We are told that it was the practice of Rabbi Isaac Luria to begin his evening prayers by reciting, "I hereby forgive whoever has sinned against me this day." He then felt justified in reciting, at the start of evening prayers, "God, being merciful, grants atonement for sin." Only if you first forgive others do you have the right to ask God to forgive you.

What is the sin for which we ask forgiveness as we begin the evening service, declaring "God, being merciful, grants atonement for sin"? These words are taken from Psalm seventy-eight, where they appear in the following context: "They flattered Him with their mouths, they lied to Him with their tongues. But inwardly they were not loyal to Him and in their hearts they were not faithful to His covenant. Yet God, being merciful, grants atonement for sin. . ."

The context clarifies the nature of this sin. It is for the sin of insincere prayer, of praising God and of serving Him with our lips alone instead of with our lives, that we ask God's forgiveness as we begin to pray.

FIXED PRAYER

We can't all pray from our own creative resources because we are not all of us religious geniuses, and prayer and religion are as truly a form of genius, a gift from God, as poetry or music or any high endowment. We can't all write Shakespeare's poetry or Bach's music but we can still make it our own: we can open our hearts to it, and enrich and expand ourselves by sharing and appropriating it. And so in prayer we must turn to the great religious geniuses, the Isaiahs and Jeremiahs and Psalmists, and make our own the visions they have seen, the communion they have established, the messages they have brought back, the words they have spoken as having been spoken for us because truly spoken for all men. And by an act of sympathetic fervor, of loving contagion, to achieve their glow, and to fan the spark which is present in all of us at the fire which they have lighted.

THE TIME FOR PRAYER

A musician must practice by pre-arranged schedule, regardless of his inclination at the moment. So with the devout soul. It may not rely on caprice or put its hope in chance. It must work. The man on the other hand who folds his hands, waiting for the spirit to move him to think of God—who postpones worship for the right mood and the perfect setting, a forest or mountain peak, for example—will do little of meditating or praying. After all, how often does one find himself in a "cathedral of nature," and when he does who shall say that he will be in a worshipful temper?

THE INSTITUTION OF PRAYER

Prayer is, of course, not the invention of the Synagogue, It is, to use the words of an old mystic, as natural an expression of the intimate relations between heaven and earth as courtship between the sexes. Inarticulate whisperings, however, and rapturous effusions at far intervals are sometimes apt to degenerate into mere passing flirtations. The Synagogue, by creating something like a liturgy, appointing times for prayer, and erecting places of worship, gave steadiness and duration to these fitful and uncontrolled emotions, and raised them to the dignity of a proper institution.

LEVELS OF PRAYER

An island in this world are the words of prayer. Each time when arriving at the shore, we face the same hazards, the same strain, tension and risk. Each time the island must be conquered, as if we had never been there before, as if we were strangers to the spirit. Rugged is the shore, and in the sight of majestic utterances we stand, seeking a kindred word on which to gain a foothold for our souls. The words we face are lofty, and the humble ones are concealed, beyond our reach. We must not be shaken. We must learn how to crawl, if we do not know how to leap. Prayer does not complete itself in an instant, nor does it move on a level plane, but thrusts itself forward through depths and heights, through detours and byways. It runs its course as a gradually advancing action, from word to word, from thought to thought, from feeling to feeling. Arriving, we discover a level where words are treasures, where meanings lie hidden still to be mined. Restrained insights, slumbering emotions, the subdued voice of deeper knowledge bursts upon the mind. . . .

Genuine prayer is an event in which man surpasses himself. Man hardly comprehends what is coming to pass. Its beginning lies on this side of the word, but the end lies beyond all words. What is happening is not always brought about by the power of man. At times all we do is to utter a word with all our heart, yet it is as if we lifted up a whole world. It is as if someone unsuspectingly pressed a button and a gigantic wheel-work were stormily and surprisingly set in motion. . . .

Praying means to take hold of a word, the end, so to speak, of a line that leads to God. The greater the power, the higher the ascent in the word. But praying also means that the echo of the word falls like a plummet into the depths of the soul. The purer the readiness, so much the deeper penetrates the word.

PUBLIC WORSHIP

Public worship aids us by liberating our personality from the confining walls of the individual ego. Imprisoned in self, we easily fall prey to morbid brooding. Interference with our career, personal disappointments and disillusionments, hurts to our vanity, the fear of death—all these tend so to dominate our attention that our minds move in a fixed and narrow system of ideas, which we detest but from which we see no escape. With a whole wide world of boundless opportunities about us, we permit our minds, as it were, to pace up and down within the narrow cell of their ego-prison. But participation in public worship breaks through the prison of the ego and lets in the light and air of the world. Instead of living but one small and petty life, we now share the multitudinous life of our people. Against the wider horizons that now open to our ken, our personal cares do not loom so large. Life becomes infinitely more meaningful and worthwhile, when we become aware, through our participation in public worship, of sharing in a common life that transcends that of our personal organism.

WHEN YOU CAN BEGIN TO PRAY

A person of spirit may begin his prayer in awe and trembling, saying to himself: "Who am I, poor clod of earth, to stand before the King of kings in prayer?"

Such a person speaks only a partial truth. He does not yet know the higher truth, the truth that all things, even in the material world, are filled with God's Presence. Indeed, he cannot speak the words of prayer; better that he remain silent before the Lord.

Thus Scripture says: "God is in heaven and you are upon the earth; do not rush to speak, and let your words be few" (Ecclesiastes 5:1). As long as you believe that God is only in heaven and does not fill the earth, let your words be few. Only when you come to know that you, too, contain His Presence, only then can you begin to pray.

PERSONAL SUPPLICATION

Be not content with recital of the fixed prayers. After every benediction add some personal supplication; thus the heart is brought the more genuinely into the service. If you can add nothing of your own, find some pleasing melody, and say your prayers to whatever melody you like best: supplications in a melody that makes the heart weep, and praise in one that will make it sing. Thus you will be filled with love and joy for Him that sees your heart. Praise Him with an expansive love and joy.

A SINGLE WORD OF PRAYER

What a great wonder that we should be able to draw so near to God in prayer. How many walls there are between man and God. Even though God fills all the world, He is so very hidden. Yet a single word of prayer can topple all the walls and bring you close to God.

THE SELF IS SILENT

We never pray as individuals, set apart from the rest of the world. The liturgy is an order which we can enter only as part of the Community of Israel. Every act of worship is an act of participating in an eternal service, in the service of all souls of all ages.

In a sense, our liturgy is a higher form of silence. It is pervaded by an awed sense of the grandeur of God which resists description and surpasses all expression. The individual is silent. He does not bring forth his own words. His saying the consecrated words is in essence an act of listening to what they convey. The spirit of Israel speaks, the self is silent.

DEVOTION

The main thing is purity of soul and devotion of the heart. Better is a little that contains the heart than much that is devoid of it. Compliance with a religious duty should be attended by joy and delight in the Lord and knowledge of Him, and by a desire for His favor and rejoicing in His Torah and love for those that fear Him. Try above all to purify your deeds, no matter how few they may be, for the little that is pure is much, and the much that is impure is little, and of no avail.

THE MIRACLE OF PRAYER

Such is the miracle of prayer that we forget to think of the very presumption of all prayer. For in the inwardness of the act, the offering of a man and the gift of God are indistinguishable. With the Psalmist, one experiences "my prayer" to be "His mercy" (Psalm 66:20— "Praised be God because He has not rejected my prayer or removed His mercy from me"). He already answered us when He prompted our heart to pray.

Hence the sense of surprise and gratitude voiced by the medieval poet when he finds that God is invariably ahead of His children in the game of hide and seek.

> I have sought Thy nearness,
> With all my heart have I called Thee
> And going out to meet Thee
> I found Thee coming toward me.

THE FOCUS OF PRAYER

The focus of prayer is not the self. A man may spend hours meditating about himself, or be stirred by the deepest sympathy for his fellow man, and no prayer will come to pass. Prayer comes to pass in a complete turning of the heart toward God, toward His goodness and power. It is the momentary disregard of one's personal concerns, the absence of self-centered thoughts, which constitute the art of prayer. Feeling becomes prayer in the moment in which one forgets oneself and becomes aware of God. When we analyze the consciousness of a supplicant, we discover that it is not concentrated upon his own interests, but on something beyond the self. The thought of personal need is absent, and the thought of divine grace alone is present in his mind. Thus, in beseeching Him for bread, there is one instant, at least, in which the mind is directed neither to one's hunger nor to food, but to His mercy. This instant is prayer.

In prayer we shift the center of living from self-consciousness to self-surrender. God is the center toward which all forces tend. He is the source, and we are the flowing of His force, the ebb and flow of His tides.

GOD AND TRUTH

There is little we may claim to know about God, but this much is certain: one cannot come before Him save in integrity of heart and mind. It would not do to try to feign or fib for the greater glory of God. It cannot be required of man, and surely it can never be made a duty, to plead falsely to the God of Truth. . . . The fearless seeker of truth, even the honest blasphemer, is nearer to God than the liars for the benefit of religion.

REALIZE BEFORE WHOM WE STAND

It requires a great effort to realize before Whom we stand, for such realization is more than having a thought in one's mind. It is a knowledge in which the whole person is involved; the mind, the heart, body, and soul. To know it is to forget everything else, including the self. At best, we can only attain it for an instant, and only from time to time.

What then is left for us to do except to pray for the ability to pray, to bewail our ignorance of living in His presence? And even if such prayer is tainted with vanity, His mercy accepts and redeems our feeble efforts. It is the continuity of trying to pray, the unbroken loyalty to our duty to pray, that lends strength to our fragile worship; and it is the holiness of the community that bestows meaning upon our individual acts of worship. These are the three pillars on which our prayer rises to God: our own loyalty, the holiness of Israel, the mercy of God.

WHAT I NEED

Adonai
who possesses all power,
you do not need hosannas
from my lips.
I need to sing.

Elohim
who is our father
in lovingkindness,
you do not need my tokens.
I need to pray.

Shaddai
from whom all wisdom flows,
you do not need my meditations.
I need you to move the stars,
to bring order to the chaos of the void.

REFLECTIONS ON GOD

WE PRAISE BEFORE WE PROVE

Understanding God is not attained by calling into session all arguments for and against Him, in order to debate whether He is a reality or a figment of the mind. God cannot be sensed as a second thought, as an explanation of the origin of the universe. He is either the first and the last, or just another concept.

Speculation does not precede faith. The antecedents of faith are the premise of wonder and the premise of praise. Worship of God precedes affirmation of His realness. We *praise* before we *prove*. We respond before we question.

Proofs for the existence of God may add strength to our belief; they do not generate it. Human existence implies the realness of God. There is a certainty without knowledge in the depth of our being that accounts for our asking the ultimate question, a preconceptual certainty that lies beyond all formulation or verbalization.

THERE IS NO OTHER

I am the Lord, there is no other; besides Me there is no God. I will strengthen you though you have not known Me, that all may realize, from the east and from the west, that there is none besides Me. I am the Lord, there is no other. I form light and create darkness. I make peace and create evil. I, the Lord, do all these things (Isaiah 45:5–7).

THE PROBLEM

Every one of us is bound to have an ultimate object of worship, yet he is free to choose the object of his worship. He cannot live without it; it may be either a fictitious or a real object, God or an idol.

It is a characteristic inversion to speak of the "problem of God." At stake in the discussion about the problem of God is the problem of man. *Man is the problem.* His physical and mental reality is beyond dispute; his meaning, his spiritual relevance, is a question that cries for an answer. And worship is an answer. For worship is an act of man's relating himself to ultimate meaning. Unless man is capable of entering a relation to ultimate meaning, worship is an illusion. And if worship is meaningless, human existence is an absurdity.

THREE WAYS

There are three starting points of contemplation about God, three trails that lead to Him. The first is the way of sensing the presence of God in the world, in things; the second is the way of sensing His presence in the Bible; the third is the way of sensing His presence in sacred deeds. These three ways are intimated in three Biblical passages:

Lift up your eyes on high and see; who created these? (Isaiah 40:26). *I am the Lord your God* (Exodus 20:2). *We shall do and we shall hear* (Exodus 24:7).

These three ways correspond in our tradition to the main aspects of religious existence: worship, learning, and action. The three are one, and we must go all three ways to reach the one destination. For this is what Israel discovered: the God of nature is the God of history, and the way to know Him is to do His will.

To recapture the insights found in those three ways is to go to the roots of Biblical experience of life and reality.

SH'MA YISRAEL

"Hear, O Israel: The Lord our God, the Lord is One" (Deuteronomy 6:4). What is the meaning of the word "One" in Deuteronomy? In the first instance it means one and not many and therefore a denial of polytheism. There is only one God and there are no others. Allied to this is the idea that God in His essence is indivisible.

But there is a second meaning to the word "One." The Hebrew *eḥad* can also mean "unique," the *one* unlike any others. If this is the idea contained in the *Sh'ma* its significance is that God is different from all that men name as gods. He alone possesses the attributes of deity. He is totally different from all His creatures so that no creature can be compared with Him. . . . This second meaning—of uniqueness—is really implied in the first. Monotheism is not a mere mathematical reduction of gods until only one is left. It teaches that the proper understanding of what "God" means can only result in the belief that there *can* only be one God.

ON PRAISING GOD

A prayer-leader was leading a service in the presence of Rabbi Ḥanina. While chanting the first *berakhah* of the *Amidah,* the prayer-leader expanded upon the standard text which describes God as great, mighty and awesome. He added ". . . and glorious and majestic and revered, strong and powerful and dependable and honored." When he had concluded, Rabbi Ḥanina asked, "Have you exhausted all the praises of God? Why do you need all of those adjectives? Our tradition specifies three — great, mighty, awesome *(hagadol hagibor v'hanora)* — and we can say these three only because Moses stated them in the Torah and the Men of the Great Assembly incorporated them into the prescribed text of the *Amidah*. And yet you feel obliged to expand upon them so? There is a parable about a king who possessed thousands of gold pieces. He was praised for possessing thousands of silver pieces. Was this not disparaging him?"

YOUR IDEA OF GOD

Your idea of God may be something more than the mere result of a chain of reasoning pursued in total abstraction from the outside world. You may have beheld God directly in Nature or perceived Him in history. Holy Writ may have spoken to you as it did to generations before you in its God-revealing narratives. But you may have grasped all this only with your mind and stored it in your memory. This is not enough. So long as you do not receive God into your heart as *your* God, and embrace Him with your whole being as your God, so long as this concept is a mere denizen of your brain, so long will this sovereign idea be without influence on your actual life.

You may, again, recognize the world as the temple of God's omnipotence, without, however, feeling that every spot on which *you* tread in this temple is hallowed to God. You may recognize in the multitude of created beings a great concourse of the servants of God, without, however, regarding and feeling *yourself* as also a creature and a servant of God. You may have recognized the lofty vocation of Israel as God's instrument in history for the education of the human race, without feeling *yourself* to be in every fibre a son or daughter of Israel. So long as this is so, your knowledge is barren. The flower of actual life does not spring from it.

YOUR OWN QUEST

An allusion to the need for every man's own quest for God was seen homiletically in the Song at the Sea:
    This is my God, and I will glorify Him; the God of my father, and I will exalt Him (Exodus 15:2).
Out of his own insight a person must first arrive at the understanding: "This is my God, and I will glorify Him," and subsequently he will attain the realization that He is "the God of my father, and I will exalt Him."

GOD IS ALIVE

We must see clearly from the beginning that the minimum of meaning we associate with the word God is that He is alive, or, to put it negatively, He is not inferior to us in the order of being. A being that lacks the attributes of personal existence is not our problem.

This, then, is the minimum of meaning which the word God holds for us: *God is alive.* To assume the opposite, namely that the word God means a Being devoid of life and freedom—inferior to us in the order of being and more finite than ourselves—would immediately invalidate the problem we are concerned with in the same way as the premise that the universe is more finite than our own body would invalidate any effort to explore the meaning of the universe. . . .

The problem of religious thinking is not only whether God is dead or alive, but also whether we are dead or alive to His realness. A search for God involves a search of our own measure, a test of our own spiritual potential. To be sure, there are levels of thinking where we can comfortably maintain that God is not alive: on the level of conceit and callousness to the grandeur and mystery of living. In moments when we carry the load of radical amazement we know that to say God is alive is an understatement.

GOD AS A PERSON

The description of God as a Person is indispensable for everyone who like myself means by "God" not a principle and like myself means by "God" not an idea, but who rather means by "God", as I do, Him who—whatever else He may be—enters into a direct relation with us men in creative, revealing, and redeeming acts, and thus makes it possible for us to enter into a direct relationship with Him. This ground and meaning of our existence constitutes a mutuality, arising again and again, such as can subsist only between persons. The concept of personal being is indeed completely incapable of declaring what God's essential being is, but it is both permitted and necessary to say that God is *also* a Person.

SEEKING GOD

We shall not come to experience the reality of God unless we go in search of Him. To be seekers of God, we have to depend more upon our own thinking and less upon tradition. Instead of acquiescing passively in the traditional belief that there is a God, and deducing from that belief conclusions which are to be applied to human experience and conduct, we must accustom ourselves to find God in the complexities of our experience and behavior. "Seek Me and live" (Amos 5:4). To seek God is to inquire after Him, to try to discern His reality is religion in action. The ardent and strenuous search for God in all that we know and feel and do is the true equivalent of the behest, "Love the Lord your God with all your heart, with all your soul, with all your might" (Deuteronomy 6:5). Only by way of participation in human affairs and strivings are we to seek God.

JUSTICE ON EARTH

Thus says the Lord: Let not the wise man glory in his wisdom, let not the mighty glory in his might, let not the rich man glory in his riches. If anyone seeks glory, let him glory in this: that he understands and knows Me, that I am the Lord who shows unfailing love, doing justice and righteousness on earth. For in these things I delight, says the Lord (Jeremiah 9:23–24).

IMMANENCE AND TRANSCENDENCE

Where you find in the Bible the exalted nature of God you also find His humility. In the Torah it is written, "For the Lord your God is the God of gods and the Lord of lords" (Deuteronomy 10:17), and immediately thereafter we read, "He executes justice for the fatherless and the widow." In the Prophets it is written, "For thus says the High and Lofty One who inhabits eternity, whose name is holy" (Isaiah 57:15), and immediately thereafter we read, "I dwell with him who is of a contrite and humble spirit." In the Writings it is written, "Exalt the One who rides upon the skies, whose name is the Lord" (Psalm 68:5), and immediately thereafter we read, "A Father of the fatherless and a Judge of the widows."

Lord, where shall I find You?
High and hidden is Your place.
And where shall I not find You?
The whole world is filled with Your glory.

IDENTIFYING THE DIVINE

How do we identify the divine?

Divine is a message that discloses unity where we see diversity, that discloses peace when we are involved in discord. God is He who holds our fitful lives together, who reveals to us that what is empirically diverse in color, in interest, in creeds—races, classes, nations—is one in His eyes and one in essence.

God means: No one is ever alone; the essence of the temporal is the eternal; the moment is an image of eternity in an infinite mosaic. God means: Togetherness of all beings in holy otherness. . . .

When God becomes our form of thinking we begin to sense all men in one man, the whole world in a grain of sand, eternity in a moment. To worldly ethics one human being is less than two human beings, to the religious mind if a man has caused a single soul to perish, it is as though he had caused a whole world to perish, and if he has saved a single soul, it is as though he has saved a whole world.

If in the afterglow of a religious insight I can see a way to gather up my scattered life, to unite what lies in strife, a way that is good for all men as it is for me—I will know that it is His way.

SILENCE IS PRAISE

God, may He be exalted, cannot be comprehended by the intellect. None but He Himself can comprehend what He is. . . . Thus all the philosophers say: "We are dazzled by His beauty, and He is hidden from us because of the intensity with which He becomes manifest, just as the sun is hidden to eyes that are too weak to apprehend it." This has been expounded upon in words that it would serve no useful purpose to repeat here. The most apt phrase concerning this subject is the statement in the Book of Psalms, "Silence is praise to You" (65:2). Interpreted, this means, "Silence with regard to You is praise." This is a most perfectly put phrase regarding this matter. In regard to whatever we say intending to magnify and exalt, we find that while it may have some application to Him, may He be exalted, it does have some deficiency. Accordingly, silence is more appropriate.

KNOWING

The sum total of what we know of You is that we do not know You.

IN THE IMAGE OF GOD

The meaning of having been created in the image of God is veiled in a mystery. It is impossible to say exactly what it means to have been created in the image of God. Perhaps we may surmise the intention was for man to be a witness for God, a symbol of God. Looking at man, one should be able to sense the presence of God. But instead of living as a witness, man, in so many ways, has become an imposter; instead of becoming a symbol, he became an idol. In man's presumption he has developed a false sense of sovereignty which fills the world with terror.

Judaism demands that each of us be involved in study and action, regarding both of them as means for communion with God. We regard this demand for study and practice not as one to be fulfilled only by a small professional group who may be Jews for the rest of us. Each one of us must devote part of his or her day to Jewish thought and the Jewish mode of communion with God.

There may be those who feel that they can live quite happily without either religious discipline or communion with God. But they are in grave error. The restlessness which characterizes us, the confusion which has come on our times, and the general unhappiness of all of us in the midst of the greatest affluence the world has yet seen, has come upon us primarily because of the lack of that sense of communion with God which made our forefathers happy in spite of their poverty and their physical suffering. We resemble most closely those little children who, not having yet learned to interpret the symptoms of weariness and hunger, cry when bedtime or mealtime comes, and yet refuse either to go to bed or take their food. Living in a gilded palace, as it were, we are still miserable, for we are essentially orphans, having lost that most precious of all values in life, the sense of the Fatherhood of God.

The feeling of deprivation grows sharper and more poignant, instead of less severe, as we grow older. The time comes to each of us when the burdens of life seem far too heavy to carry, when the brightness of youth begins to fade, and we notice the lengthening shadows which presage our end.

More than ever then do we become homesick; homesick not for our houses or for our countries, but homesick for the universal Parent of all of us, for that deep affection which is the heart of the universe itself, for the mercy of God; yet a wall of iron has been placed between us and Him, and we cannot find Him. What greater good can a man achieve, either for himself or for the world, than to contribute his effort to piercing this wall, to bring the Father and the children once more into loving communion with one another.

✖ REFLECTIONS ON SHABBAT

HOLINESS IN TIME

What is the Sabbath? A reminder of every man's royalty; an abolition of the distinction of master and slave, rich and poor, success and failure. To celebrate the Sabbath is to experience one's ultimate independence of civilization and society, of achievement and anxiety. The Sabbath is an embodiment of the belief that all men are equal and that equality of men means the nobility of men. The greatest sin of man is to forget that he is a prince.

The Sabbath is an assurance that the spirit is greater than the universe, that beyond the good is the holy. The universe was created in six days, but the climax of creation was the seventh day. Things that come into being in the six days are good, but the seventh day is holy. The Sabbath is holiness in time.

What is the Sabbath? The presence of eternity, a moment of majesty, the radiance of joy. The soul is enhanced, time is a delight, and inwardness a supreme reward. Indignation is felt to be a desecration of the day, and strife the suicide of one's additional soul. Man does not stand alone, he lives in the presence of the day.

A DAY OF REST

Judaism has a strong bias in favor of the active and social life. It teaches that God is to be encountered in the world, not in escape from it. But Judaism, of course, knows of the great virtues of serenity. The name for the Sabbath in traditional Jewish literature is *yom menuḥah*, "a day of rest." . . . .The tempo of modern life is such that man can find neither his God nor himself, except with the utmost effort, amid its distractions. Only through the day of rest, involving a complete cessation from the manipulation of the material world, can man come to know life in its spiritual depths. Judaism does not encourage us to see man's week-day pursuits as a mad and futile scramble but there is a spiritual wholesomeness in a periodic acknowledgment of the ridiculous element in man's ceaseless preoccupation with means rather than with ends.

The Sabbath ideal of rest is not purely passive, a mere stoppage of labor. A special atmosphere of difference from other days is cultivated by refraining from week-day pursuits as well as by the wearing of special Sabbath clothes, by the lighted candles, the best tablecloth, the cup of wine over which God is hailed as Creator. . . . Traditionally even speech is controlled so that there are no references to mundane matters.

SHABBAT AND PRIORITIES

The commandment to observe Shabbat, like all other commandments, may be set aside if human life is in danger. Thus, if an individual is severely ill, whatever a local physician considers necessary may be done for him or her on Shabbat.

If it is unclear whether or not Shabbat must be violated, or if one physician states that it is necessary while another physician states that it is not, Shabbat should be violated, since the very possibility of danger to human life overrides Shabbat.

If on Shabbat the conclusion is reached that a certain treatment is required . . . the treatment should begin on that very Shabbat, and as long as the treatment is necessary and danger—or the possibility of danger—persists, even one hundred Shabbatot may be violated.

On Shabbat one may light a lamp, extinguish a lamp that is disturbing a patient, slaughter an animal, bake, cook or heat water for the needs of the patient. As a general rule, when considering the needs of a person who is dangerously ill, Shabbat is the same as a weekday.

It is forbidden to delay the violation of Shabbat which the situation requires on behalf of one who is dangerously ill, for the Torah states: "You shall keep My laws and My rules, by the pursuit of which man shall live" (Leviticus 18:5); that is to say, he shall not die by them. Thus we learn that the ordinances of the Torah were meant to bring compassion, lovingkindness and peace to the world.

THE SANCTITY OF LIFE

The restrictions of Shabbat may be put aside in order to save human life. What is the source of this law? Rabbi Yonatan ben Yossef cited the verse, "You shall keep Shabbat, for it is holy for you" (Exodus 31:14). Shabbat is given over to you; you are not given over to Shabbat. Rabbi Shimon ben Menasya cited another verse: "The people Israel shall keep Shabbat, observing Shabbat throughout the generations" (Exodus 31:16). The Torah thus declares: One Shabbat may be desecrated so that a person may live to observe many Shabbatot.

SHABBAT AT HOME

When a man comes home from the synagogue on Friday evening, he is accompanied by angels. Hovering over all of them is God's Divine Presence (the *Shekhinah*), like a mother caring for her children. When the *Shekhinah* sees that Shabbat candles are burning, that the table is set for a festive Shabbat meal, and that there is happiness between husband and wife, the *Shekhinah* declares: "This is Mine." And the *Shekhinah* then recites a verse from Isaiah which speaks of the people Israel "in whom I shall be glorified."

THE ART OF SURPASSING CIVILIZATION

Six days a week we are engaged in conquering the forces of nature, in the arts of civilization. The seventh day is dedicated to the remembrance of creation and the remembrance of redemption, to the liberation of Israel from Egypt, to the exodus from a great civilization into a wilderness where the word of God was given. By our acts of labor during the six days we participate in the works of history; by sanctifying the seventh day we are reminded of the acts that surpass, ennoble and redeem history.

The world is contingent on creation, and the worth of history depends on redemption. To be a Jew is to affirm the world without being enslaved to it; to be a part of civilization and to go beyond it; to conquer space and to sanctify time. Judaism is the art of surpassing civilization, sanctification of time, sanctification of history.

Civilization is on trial. Its future will depend upon how much of the Sabbath will penetrate its spirit.

SHABBAT AS BRIDE

Shabbat is like a bride. A bride comes to her groom bedecked, and perfumed and lovely; so the Shabbat comes to Israel bedecked, perfumed and lovely. A groom is dressed in his finest garments, so on Shabbat we dress in our finest garments. A groom rejoices all the days of the wedding feast; so we rejoice on Shabbat. The groom does no work on his wedding day, so do we abstain from work on Shabbat. Therefore the Sages and ancient saints called Shabbat a bride.

SHABBAT HOLINESS

Six days a week we live under the tyranny of things of space; on the Sabbath we try to become attuned to *holiness in time*. It is a day on which we are called upon to share in what is eternal in time, to turn from the results of creation to the mystery of creation; from the world of creation to the creation of the world.

Six days a week we wrestle with the world, wringing profit from the earth; on the Sabbath we especially care for the seed of eternity planted in the soul. The world has our hands, but the soul belongs to

Someone Else. Six days a week we seek to dominate the world; on the seventh day we try to dominate the self. . . .

To set apart one day a week for freedom, a day on which we would not use the instruments which have been so easily turned into weapons of destruction, a day for being with ourselves, a day of detachment from the vulgar, of independence of external obligations, a day on which we stop worshipping the idols of technical civilization, a day on which we use no money, a day of armistice in the economic struggle with our fellow men and the forces of nature—is there any institution that holds out a greater hope for man's progress than the Sabbath?

SHABBAT SHUVAH

Turning (teshuvah) is the fusion of repentance and grace. It points at one and the same time to man's action in abandoning his delusive self-sufficiency so as to turn to God, and to God's action in giving man the power to break the vicious circle of sin and turn to the divine source of his being. "Turn me, O Lord, that I may turn" (Lamentations 5:21). This is a prayer that brings its sure fulfillment. "The Lord is near unto those of a broken heart; He delivers those who are crushed in spirit" (Psalm 34:18). . . . Only those of a broken heart can find God. For the broken heart—repentance, complete emptying before God—is the breaking of the stubborn isolation and self-sufficiency that is the root source of our troubles. It releases the stopped-up fountains of faith.

Because it is the delusion of self-sufficiency that must be overcome before the healing work of God becomes available to us, we obviously cannot hope to achieve our salvation through our own works, however meritorious.

THE PLEASURE OF SHABBAT

To sanctify Shabbat you do not have to mortify yourself or feel hemmed in by restrictions. Unlike the Day of Atonement, Shabbat is not dedicated exclusively to spiritual goals. On the contrary, you should enjoy Shabbat with all your heart and soul, with all of your senses. "Sanctify Shabbat with food and drink, with splendid clothes. Delight yourself with pleasure and God will reward you for this very pleasure" (Deuteronomy Rabbah 3:1). Comfort and pleasure are an integral part of Shabbat observance.

The Sabbath expresses for the modern Jew as it did for his forefathers the thought that the world is so constituted that man can achieve salvation if, by adhering to valid ideals, he puts himself in contact with the creative forces that shape life and make it worth living. Since we identify God with that aspect of reality which gives to life its supreme value or holiness, this is but another way of saying in more traditional language that the Sabbath expresses for us the faith that man can achieve salvation by cleaving to God, the Source of salvation.

But the Sabbath is not only a symbol of the salvation to be achieved by communion with God. It is itself an instrument that we may employ to advantage in our pursuit of salvation. We need perhaps more than ever before to terminate each week with a day that shall stimulate our thirst for salvation and keep us faithful to the ideals that lead to its attainment. Otherwise our mere preoccupation with the business of "making a living," that is, of securing the conditions indispensable to life, tends to absorb all our attention, and life itself becomes empty and meaningless. We work to keep alive that we may work to keep alive, until our powers are spent in this weary treadmill, and death brings surcease of labor. If life is to be lived zestfully and to employ all those human faculties the full exercise of which calls forth true joy in being alive, we dare not permit life to sink to such a level of mere preoccupation with the problem of survival. The Sabbath, with its insistence upon interrupting the routine of our daily business and concerning ourselves with spiritual values, helps to save us from such a fate.

REFLECTIONS ON FESTIVALS

CELEBRATING HISTORY

One of the most important facts in the history of religion was the transformation of agricultural festivals into commemorations of historical events. The festivals of ancient peoples were intimately linked with nature's seasons. They celebrated what happened in the life of nature in the respective seasons. Thus the value of the festive day was determined by the things nature did or did not bring forth. In Judaism, Passover, originally a spring festival, became a celebration of the exodus from Egypt; the Feast of Weeks, an old harvest festival at the end of the wheat harvest (*ḥag ha-katzir,* Exodus 23:16, 34:22) became the celebration of the day on which the Torah was given at Sinai; the Feast of Booths, an old festival of vintage (*ḥag ha-asif,* Exodus 23:16), commemorates the dwelling of the Israelites in booths during their sojourn in the wilderness (Leviticus 23:42f.). To Israel the unique events of historic time were spiritually more significant than the repetitive processes in the cycle of nature, even though physical sustenance depended on the latter. While the deities of other peoples were associated with places or things, the God of Israel was the God of events: the Redeemer from slavery, the Revealer of the Torah, manifesting Himself in events of history rather than in things or places.

THE JOY OF MITZVOT

One is obliged to rejoice, to be of good cheer, during the seven days of Pesaḥ, the eight days of Sukkot and on the other holidays, during which time formal eulogies and fasting are forbidden. One's entire family and household shares this obligation. . .

How should this joy be expressed? Youngsters should be given roasted treats, nuts and sweets. Women should receive clothes and adornments according to the means of the household. Men should eat meat and drink wine. One who eats and drinks is obliged to provide food for strangers, orphans and widows, together with the other poor and unfortunates. Whosoever locks his door to eat and drink with his family without providing food and drink for the poor and the embittered is not expressing joy of mitzvot but only the joy of stuffing his belly. Such joy is shameful.

APPROACHING GOD THROUGH JOY

The Torah does not impose asceticism upon us. It rather desires that we maintain a balance, giving every mental and physical faculty its due, without overburdening one at the expense of another. Prolonged fasting is no act of piety for a weak person whose desires are lessened. Neither is diminution of wealth which has been gained lawfully.

To sum up, our Torah is divided between reverence, love and joy, through any of which one may approach God. Your contrition on a fast day does not bring you closer to God than your joy on Shabbat and Festivals, if your joy is devoted and wholehearted. Just as prayer requires thought and devotion, joy in His mitzvot and His Torah requires thought and devotion, for you should rejoice in the mitzvot themselves out of love for the One who gave them, realizing how He has benefitted you. It is as if you were a guest at His table. Thank Him in thought and in word. And if this joy should lead you to melody and dance, this becomes worship and a deep bond of union with the Divine.

A UNIVERSAL DIMENSION

The three Pilgrimage festivals have a universal dimension. They are rooted in the specific experience of the Jewish people, but the values proclaimed are directed toward all mankind. The ideal of freedom as envisaged in the traditions centering around Pesaḥ embraced all men and all nations. Its noblest expression is found in the Haftarah read on the last day of the Pesaḥ festival. It is Isaiah's messianic vision (Isaiah 10:32–12:6), which affirms the faith that a righteous leader is destined to arise "and the spirit of the Lord shall rest upon him, a spirit of wisdom and understanding, a spirit of counsel and might, a spirit of devotion and reverence for the Lord . . . and justice shall be the girdle of his loins, and faithfulness the girdle of his waist." And under his ministration there will finally occur the moral revolution of the world, "when the wolf shall dwell with the lamb, and the leopard shall lie down with the kid, and the calf and the young lion and the fatling shall graze together and a little child shall lead them. . . . They shall not hurt or destroy on all My holy mountain, for the earth shall be full of the knowledge of the Lord as the water covers the sea."

Indeed, the story of the Exodus has entered the stream of world history to become a saga of the universal struggle against tyranny and of the promise that freedom's cause is irresistible and is destined to prevail no matter how formidable the forces arrayed against it. "Let my people go!" has been reiterated by the oppressed of all the ages as they sought to break the shackles of whatever Pharaoh . . . was the tyrant who held them in bondage. And the vision of the children of Israel marching toward the Promised Land has been the inspiration all through the ages for peoples on the march toward the horizons of a better life enabling them to fulfill their God-implanted yearning to be free.

Shavuot too has a universal dimension. It commemorates the revelation at Sinai, but while the event occurred within the life of the people of Israel, its reference was not confined to one people. It was meant to be the light to shine for all people in their groping toward the truth. The Rabbis (Mekhilta on Exodus 19:2) express this in a well-known homily based on the fact that Sinai was a no man's land, part of the open world of the desert over which—at least in ancient times—no nation claimed an exclusive sovereignty. The Torah was given in the desert, a no man's land, we are told, to suggest that the Torah is not meant to be an exclusive possession of any particular nation. It speaks to men across every frontier, whether of land or of ethnic or national identity. The Jewish people are meant to be its protagonists and exemplars, but the Torah is intended to lead all men toward God.

Sukkot, too, has a universal reference. Both in its agricultural and its historical aspects, Sukkot stresses divine providence as the source of man's security and hope. It included, as part of the Temple ritual by which it was commemorated, a dramatic ceremony of water libation upon the altar. It also included prayers for rain. But the prosperity and well-being for which our forefathers prayed was not self-centered. It was extended to include all the nations of the world. A major theme of this festival was the offering of seventy sacrifices in the Temple to invoke God's blessings on all the peoples of the world.

THE EXODUS AND REDEMPTION

The new redemption to which Jews look forward involves the redemption of society in general from present ills. It implies the transformation of human nature and social institutions through the divine power of intelligence and good will. . . .

The opening words of the Ten Commandments imply that in redeeming Israel from Egypt, their God manifested the most characteristic phase of His nature. This is apparent from the use made of the allusion to the Exodus throughout the Torah. Thus the laws in Leviticus known as the Holiness Code (Leviticus 19:1 ff.) which relies on the sanction of imitatio dei, "Be holy, for I the Lord your God am holy," refer again and again to God as the redeemer from Egypt, concluding significantly, "I am the Lord who hallow you, who brought you out of the land of Egypt to be your God; I am the Lord" (Leviticus 22:32). There can be no question that in the Torah the story of the Exodus has the connotation that to help the oppressed is an essential attribute of godhood. This is verified by numerous allusions to the Exodus as exemplifying God's intervention in behalf of those who are victims of tyranny (Exodus 23:9; Leviticus 25:17, 38, 55, 19:33–37; Deuteronomy 24:19–22).

REVELATION NOW

Revelation is of the past, but it has no meaning unless and until it becomes operative in the contemporaneous present. If, to use a figure that must not be pressed too hard, Scripture is conceived as a recording of God's word, man-made but an authentic recording nevertheless, then we must remember that a recording is inert and silent until it is played and listened to: the Bible is simply a closed book until it is read with an open heart and a ready will. Scripture is not a body of abstract propositions that can be appreciated in intellectual detachment. It is God's summons to man, and only when it is heard in the context of present experience can it become an active force in life once more and impel men to make themselves the means whereby the redemptive history which it records is carried one step further according to the purposes of God. Revelation is a call to present decision and a guide to present action.

TWOFOLD CHARACTER OF REVELATION

Revelation is a twofold concept, part of a mutuality which needs both God and man. The fundamentalists, in order to save the absolute character of the Divine Giver of the Torah, deny the relativities of history, disregard scholarship and human development and freeze a particular historically dated embodiment as the only valid one. The modernists, realizing the relative time-conditioned character of all human enterprises including religion, give up all claims to eternal significance by dissolving the substance of God's Torah in the changing currents and eddies of the contemporary spirit. Being aware of the twofold character of revelation, one should remember the creative tension between the giving of the Torah (*mattan torah*) and the receiving of the Torah (*kabbalat torah*) which makes it a new challenge in every generation.

SHAVUOT AND TORAH

Rabbi Simḥah Bunam of Pshyscha asked: "Why do we call Shavuot the time of the *giving* of the Torah (*zman mattan toratenu*) and not the time of *receiving* the Torah (*zman kabbalat toratenu*)? And he answered his own question: "The giving of the Torah took place long, long ago in the month of Sivan, but the receiving of the Torah takes place every day." His disciple, Rabbi Menaḥem Mendel of Kotzk, added: "What was *given* is the same for everyone, but what is *received* varies according to each person's capacity."

The Feast of Booths is the feast of both wanderings and rest. In memory of those long wanderings of the past which finally led to rest, the members of the family do not have their merry meal in the familiar rooms of the house but under a roof which is quickly constructed, a makeshift roof with heaven shining through the gaps. This serves to remind the people that no matter how solid the house of today may seem, no matter how temptingly it beckons to rest and unimperiled living, it is but a tent which permits only a pause in the long wanderings through the wilderness of centuries. For rest, the rest of which the builder of the first Temple spoke, does not come until all these wanderings are at an end, and his words are read at this feast: "Praised be He who has given rest unto His people" (I Kings 8:56).

. . . On the first day of the Feast of Booths the majestic closing chapter from Zechariah is read, the chapter concerning the day of the Lord with the prediction that concludes the daily service: "The Lord shall be King over all the earth; on that day the Lord shall be One, and His name One."

. . . On the other days of the festival, these words are paralleled by the ones Solomon spoke at the dedication of the Temple. Solomon's concluding words wonderfully connect the hope for future recognition "that all the peoples of the earth may know that the Lord, He is God; there is none else" (I Kings 8:60), with a warning to the one people: "Let your heart, therefore, be whole with the Lord" (I Kings 8:61). And in the chapter from Ezekiel read at this festival, classical expression is given to this merging into each other of unity of the heart, unity of God, and unity of peoples which, in the concept of the sanctification of God's name through *the* people for all the peoples, forms the inmost basis of Judaism. This chapter is also the biblical source of the prayer which is primarily the prayer of this threefold sanctification, the Kaddish: "Thus will I magnify and sanctify Myself, and I will make Myself known in the eyes of many nations; and they shall know that I am the Lord" (Ezekiel 38:23).

Thus the Feast of Booths is not only a festival of rest for the people, but also the festival of the ultimate hope. It is a festival of rest only in that it breathes hope. In this festival of redemption there is no present redemption. Redemption is only a hope, only something expected in the course of wanderings. And so this feast cannot be the last word, since it does not include redemption in its own domains but only glimpses it and lets it be glimpsed from the mountain of revelation. As the Sabbath flows back into the weekday, so this close of the spiritual year is not permitted to be an actual close but must flow back into the beginning. On the festival of Rejoicing in the Law, the last word in the Torah gives rise to the first.

ROSH ḤODESH

The renascence of the moon at the beginning of our months has become the symbol of our own rebirth and of the redemption from sin and evil after which it is our task to strive. The renewal of the moon is a symbol of the *kapparah*, of the elimination to be effected by our own efforts, of all the dark stains that cloud our lives both material and spiritual, as a result of our past transgressions. . . .

The Feast of the New Moon is that *Mo'ed* institution which is fundamental to all the other *Mo'adim* (Festivals). It represents the basis of our Jewish consciousness, a guarantee of the deliverance from sin which can be attained at any time through reunion with our God, and its symbol is the perpetual rejuvenation of the moon as it breaks forth from the cover of darkness to strive after the light. Like the moon, Yisrael, too, shall never be lost even when it walks in utter darkness. Yisrael is forever assured the possibility of a return to the light, if only it will not stray from the paths which have been assigned it by the Word of God. This thought is expressed in the blessing which we are to recite each month on beholding the New Moon.

ḤANUKKAH

Ḥanukkah commemorates a war against tyranny and oppression, a war for independence and most especially for religious freedom. The Maccabees fought for their people's liberty against a brutal foreign regime. Against tremendous odds, they prevailed. So long as anywhere on earth Jews or *any* people are persecuted, this dimension of Ḥanukkah's truth remains passionately valid and urgent.

There is another aspect to Ḥanukkah too. The Hasmonean uprising was also a civil war, an inner struggle. Hellenism had subtly, insiduously subverted some of the best minds and souls of the Jewish people. It seduced them into assimilation, into a heedless or deliberate betrayal of self and people and God. It meant exchanging the gold of Jewish spirituality, ethics and law, for the tinsel of alien arts, philosophy and sports—a slavish and self-hating imitation of a foreign culture and foreign values. Ḥanukkah embodies victory over Hellenism, a rejection of assimilation, a joyous reaffirmation of the authentic, timeless truths of Torah. Overcoming the inner as well as the external enemy, cleansing the polluted sanctuary, rekindling the extinguished lights is a hard, almost miraculous endeavor. It must be accomplished anew in every age.

One is obliged to distribute charity to the poor on Purim day. "The poor" in this instance means not less than two persons. Each person should be given a separate gift—money or cooked food or something else to eat—for when Scripture speaks of giving "gifts to the poor" (Esther 9:22) it implies at least two gifts to two poor persons. One does not investigate applicants for Purim money; it should be given to anyone who stretches out his hand. Purim money may not be diverted to other charitable purposes.

It is preferable to spend more money on Purim gifts to the poor than on the festive Purim meal or on presents to friends. For there is no joy greater or more wonderful than that of gladdening the hearts of the poor, orphans, widows and strangers. Whoever gladdens the heart of these unfortunates emulates the Presence of God, whom Scripture describes as "reviving the spirit of the humble and reviving the heart of those who are crushed" (Isaiah 57:15).

Torah Readings and Haftarot for the Festivals and for other Special Days

PESAḤ	*First Day:*	Exodus 12:21–51, Numbers 28:16–25
	Haftarah:	Joshua 5:2–6:1
	Second Day	Leviticus 22:26–23:44, Numbers 28:16–25
	Haftarah	II Kings 23:1–9, 21–25
	First Day Ḥol Ha-mo'ed:	Exodus 13:1–16, Numbers 28:19–25 (If this day is on Shabbat, this Reading is read on Sunday and the next Reading is read on Monday.)
	Second Day Ḥol Ha-mo'ed:	Exodus 22:24–23:19, Numbers 28:19–25
	Third Day Ḥol Ha-mo'ed:	Exodus 34:1–26, Numbers 28:19–25
	Fourth Day Hol Ha-mo'ed:	Numbers 9:1–14, Numbers 28:19–25
	Shabbat Ḥol Ha-mo'ed:	Exodus 33:12–34: 26, Numbers 28:19–25
	Haftarah:	Ezekiel 37:1–14
	Seventh Day:	Exodus 13:17–15:26, Numbers 28:19–25
	Haftarah:	II Samuel 22:1–51
	Eighth Day:	Deuteronomy 15:19–16:17 (on Shabbat, 14:22–16:17), Numbers 28:19–25
	Haftarah:	Isaiah 10:32–12:6
SHAVUOT	*First Day:*	Exodus 19:1–20:23, Numbers 28:26–31
	Haftarah:	Ezekiel 1:1–28, 3:12
	Second Day:	Deuteronomy 15:19–16:17 (on Shabbat, 14:22–16:17), Numbers 28:26–31
	Haftarah:	Habakkuk 2:20–3:19
SUKKOT	*First Day:*	Leviticus 22:26–23:44, Numbers 29:12–16
	Haftarah:	Zechariah 14:1–21
	Second Day:	Same as first day
	Haftarah:	I Kings 8:2–21
	First Day Ḥol Ha-mo'ed:	Numbers 29:17–25
	Second Day Ḥol Ha-mo'ed:	Numbers 29:20–28
	Third Day Hol Ha-mo'ed:	Numbers 29:23–31
	Fourth Day Ḥol Ha-mo'ed:	Numbers 29:26–34
	Shabbat Ḥol Ha-mo'ed:	Exodus 33:12–34:26, Numbers 29:17–25 or 23–29 or 26–31 (depending on whether it is the first, third or fourth day of Ḥol Ha-mo'ed)
	Haftarah:	Ezekiel 38:18–39:16
	Hoshana Rabbah:	Numbers 29:26–34
SH'MINI ATZERET	*Torah:*	Deuteronomy 14:22–16:17, Numbers 29:35–30:1
	Haftarah:	I Kings 8:54–66

SIMḤAT TORAH

Torah: Deuteronomy 33:1–34:12, Genesis 1:1–2:3, Numbers 29:35–30:1
Haftarah: Joshua 1:1–18

ROSH ḤODESH

Weekday Rosh Ḥodesh: Numbers 28:1–15
Shabbat Erev Rosh Ḥodesh: Regular Shabbat Reading
Haftarah: I Samuel 20:18–42
Shabbat Rosh Ḥodesh: Regular Shabbat Reading, Numbers 28:9–15
Haftarah: Isaiah 66:1–24

ḤANUKKAH

First Day: Numbers 7:1–17
Second Day: Numbers 7:18–29
Third Day: Numbers 7:24–35
Fourth Day: Numbers 7:30–41
Fifth Day: Numbers 7:36–47
Sixth Day: Numbers 7:42–53
Seventh Day: Numbers 7:48–59
Eighth Day: Numbers 7:54–8:4
Ḥanukkah on Rosh Ḥodesh: Numbers 28:1–15, plus appropriate Reading for the day of Ḥanukkah on which it falls
Shabbat Ḥanukkah: Regular Shabbat Reading, plus appropriate Reading for the day of Ḥanukkah on which it falls
Haftarah: Zechariah 2:14–4:7
Second Shabbat of Ḥanukkah: Regular Shabbat Reading (always Miketz, Genesis 41:1–44:17), plus Numbers 7:54–8:4
Haftarah: I Kings 7:40–50
On Shabbat Rosh Ḥodesh: Regular Shabbat Torah Reading, Numbers 28:9–15, plus appropriate Reading for the day of Ḥanukkah on which it falls

PURIM

Torah: Exodus 17:8–16

TISHA B'AV

Morning: Deuteronomy 4:25–40
Haftarah: Jeremiah 8:13–9:23
Afternoon: Exodus 32:11–14, 34:1–10
Haftarah: Isaiah 55:6–56:8

OTHER FAST DAYS

Morning: Torah Reading as on Tisha B'av afternoon
Afternoon: Torah Reading and Haftarah as on Tisha B'av afternoon

ISRAEL'S INDEPENDENCE DAY

Torah: Deuteronomy 7:12–8:18
Haftarah: Isaiah 10:32–12:6

Psalms in the Siddur

For those interested in a particular psalm, the
following chart indicates the location of
translations and adaptations of the psalms
included in this Siddur.

Psalm	Page	Psalm	Page	Psalm	Page
6	135	93	33	125	671
8	811	94	27	126	673
15	802	95	255	127	673
19	61	96	255	128	675
20	155	97	257	129	675
23	523	98	257	130	677
24	425	99	259	131	677
27	41	100	61	132	679
29	425	104	35	133	681
30	51	113	381	134	681
33	75	114	381	135	69
34	63	115	383	136	73
42	45	116	385	145	81, 165
48	25	117	387	146	83
49	43	118	387	147	85
81	31	120	667	148	87
82	27	121	667	149	89
90	65	122	669	150	89
91	67	123	669		
92	33	124	671		

Sources

Unless otherwise noted, the selections listed below have been adapted or translated by the editor, who is also responsible for the English selections and new Hebrew compositions not listed. Sources for most of the basic Hebrew Rabbinic liturgical texts are not listed. As noted in the preface, the editor's translation incorporates passages and suggestions from the work of Rabbi Gershon Hadas. The translation of Pirkei Avot is by Rabbi Max J. Routtenberg.

Page 6: *Adon Olam* . . . Author of Hebrew unknown. Attributed to Solomon ibn Gabirol, eleventh-century Spain

Page 11: *I hereby accept* . . . Hebrew of Rabbi Isaac Luria, sixteenth-century Palestine

Page 46: *Hymn of Glory* . . . Ascribed to Rabbi Judah ben Samuel He-Ḥasid (c. 1150–1217), Germany

Page 121: *My God* . . . Hebrew based upon personal prayer of Mar bar Ravina (fourth-century Babylonia) in Talmud (*Berakhot* 17a)

Page 123: *May it be Your will* . . . Hebrew based upon passage from Talmud (*Berakhot* 7a) and passages from the Book of Psalms (119:29, 119:37, 27:11, 119:18, 71:18, 19:15).

Page 131: *Lord our God* . . . Hebrew from Prayerbook of Rav Saadiah Gaon, tenth-century Egypt

Page 133: *Grant us a generous spirit* . . . Hebrew from Order of Prayer by Rav Amram Gaon, ninth-century Babylonia

Page 165: *What happiness* . . . Translation by Rabbi Andre Ungar, Hungary, England, and the United States

Page 185: *My God* . . . See source for page 121

Page 187: *May it be Your will* . . . See source for page 123

Page 221: *My God* . . . See source for page 121; *May it be Your will* . . . See source for page 123

Page 232: *Alternative Amidah for Weekdays* . . . Rabbi Andre Ungar, Hungary, England, and the United States

Page 242: *Maoz Tzur* . . . Author unknown. Probably from thirteenth-century Germany

Page 252: *Yedid Nefesh* . . . Rabbi Eleazar Azikri, sixteenth-century Palestine

Page 253: *Soul mate* . . . Adapted from translation of Rabbi Zalman Schachter-Shalomi, the United States

Page 262: *Lekha Dodi* . . . Rabbi Solomon Alkebetz, sixteenth-century Palestine

Page 280: *The heavens* . . . Adapted from Rabbi Ḥanokh of Aleksandrow, Poland (1798–1870)

Page 281: *I am Weak* . . . A. M. Klein (1909–1972), Canada, *Hath Not a Jew; Beloved are You* . . . Rabbi Andre Ungar, Hungary, England, and the United States

Page 282: *Revelation is not vicarious thinking* . . . Dr. Abraham Joshua Heschel (1907–1972), Poland and the United States

Page 284: *Praised are You* . . . Ancient Palestinian berakhah. Hebrew text from fragment of a prayerbook in the Cairo Genizah as cited by Dr. Solomon Schechter in the *Jewish Quarterly Review*, Old Series, Volume 10, 1898

Page 286: *If you faithfully obey* . . . Version by Rabbi Andre Ungar, Hungary, England, and the United States

Page 287: *Cherish My words* . . . Version by Rabbi Andre Ungar

Page 289: *The world* . . . Adapted from Dr. Martin Buber (1878–1965), Germany and Israel

Page 290: *You cannot find redemption* . . . Adapted from Dr. Martin Buber

Page 293: *Creator of peace* . . . Adapted from the Hebrew of Rabbi Natan Sternhartz (1780–1845), Ukraine, *Likutei Tefillah* 1:95

Page 303: *My God* . . . See source for page 121; *Grant me the privilege* . . . Hebrew based upon passages from the Book of Psalms (86:4, 51:10, 16:11, 19:15) and teachings of Rabbi Naḥman of Bratslav (1770–1811), Ukraine

Page 313: *My God* . . . See source for page 121

Page 313: *Sovereign* . . . Based upon passages from Isaiah (61:10, 65:19), the Book of Psalms (40:17), 51:14), *Maḥzor Roma* (nineteenth-century Italy) and teachings of Rabbi Naḥman of Bratslav (1770–1811), Ukraine

Page 326: *Yigdal* . . . Daniel ben Judah, fourteenth-century Italy

Page 328: *Alternative Amidah for Shabbat* . . . Rabbi Andre Ungar, Hungary, England, and the United States

Page 331: *Alternative Amidah for Festivals* . . . Rabbi Andre Ungar

Page 335: *At dawn* . . . Hebrew by Solomon Ibn Gabirol, eleventh-century Spain

Page 365: *My God* . . . See source for 121; *Grant me the privilege* . . . See source for 303

Page 377: *My God* . . . See source for 121; *Sovereign* . . . See source for 313

Page 397: *Private meditation* . . . Navah Harlow, the United States. Hebrew on page 396 (*avinu malkenu*) adapted from Rabbi Nathan Sternhartz (1780–1845), Ukraine; *Praised be Your name* . . . Aramaic from *Zohar, Parashat Vayak-hel*

Page 415: *Prayer for our country* . . . English and Hebrew based upon Louis Ginzberg (1873–1953), Russia, Germany, and the United States

Page 417: *Prayer for Peace* . . . Adapted and translated from the Hebrew of Rabbi Nathan Sternhartz (1780–1845), Ukraine, from *Likutei Tefillot*, part two, 53

Page 421: *What happiness* . . . Translation by Rabbi Andre Ungar, Hungary, England, and the United States

Page 441: *My God* . . . See source for 121; *Grant me the privilege* . . . See source for 303

Page 448: *III* . . . Based on commentary (*Iyun Tefillah*) to middle berakhah of Shabbat Musah Amidah by Rabbi Jacob Z. Mecklenburg (1785–1865), East Prussia

Page 449: *IV* . . . Based upon words by Abraham Joshua Heschel (1907–1972), Poland and the United States

Page 455: *My God* . . . See source for 121; *Grant me the privilege* . . . See source for 303

Page 477: *My God* . . . See source for 121; *Sovereign* . . . See source for 313

Page 479: *Dew, precious dew* . . . Translation by Israel Zangwill (1864–1926), England. Hebrew by Eleazar Kallir, sixth- or seventh-century Palestine

Page 483: *Remember Abraham* . . . Translation by Rabbi Andre Ungar. Hebrew by Eleazar Kallir, sixth- or seventh-century Palestine

Page 503: *My God* . . . See source for 121

Page 505: *May it be Your will* . . . Based upon personal prayer of Rav (third-century Babylonia), Talmud (*Berakhot* 16b)

Page 524: *Our Creator* . . . Based upon words in Hebrew by S. Y. Agnon (1888–1970), Galicia and Israel

Page 526: *Akdamut* . . . Aramaic by Rabbi Meir ben Isaac Nehorai, twelfth-century Germany

Pages 603–665: *Pirkei Avot* . . . Translation by Rabbi Max J. Routtenberg, Canada and the United States

Page 720: *As I light these candles* . . . Navah Harlow, the United States; *Avinu she-ba-shamayim* . . . Navah Harlow

Page 730: *Yah Ribon* . . . Rabbi Israel Najarah (c. 1555–c. 1625), Syria, Turkey, and Palestine

Page 736: *Barukh El Elyon* . . . Rabbi Barukh ben Samuel of Mainz (c. 1150–1221), Germany

Page 739: *Yom Shabbaton* . . . Judah Ha-Levi (1075–1141), Spain

Page 740: *Dror Yikra* . . . Dunash ben Labrat (920–990), Persia and North Africa

Page 797: *The Gift of Shabbat* . . . Based upon phrases by Dr. Abraham Joshua Heschel (1907–1972), Poland and the United States

Page 798: *This is My Prayer* . . . Translated from the Hebrew of Dr. Hillel Bavli (1892–1961), Lithuania and the United States, by Rabbi Norman Tarnor, the United States

Page 799: *There is No Singing Without God* . . . Based upon phrases from Irving Feldman, Isaiah, Psalms, and Abraham Joshua Heschel

Page 800: *Help Me to Pray* . . . Adapted from Rabbi Naḥman of Bratslav (1770–1811), Ukraine

Page 800: *Teach Me to Pray* . . . Translated from the Hebrew of Lea Goldberg (1911–1970), Lithuania, Russia, and Israel

Page 801: *Praying the Sunset Prayer* . . . Translated from the Yiddish of Jacob Glatstein (1896–1971), Poland and the United States, by Ruth Whitman, the United States

Page 802: *The Whispered Prayer* . . . Rabbi Immanuel Lubliner, Germany and the United States

Page 804: *Where Shall We Find Glory?* . . . Based upon Jeremiah 9:22–23

Page 805: *Redemption* . . . Based upon phrases by Dr. Martin Buber (1878–1965), Germany and Israel

Page 806: *Seek Good and Not Evil* . . . Based upon passages from Isaiah, Jeremiah, and Amos

Page 807: *No Religion Is an Island* . . . Based upon an essay by Dr. Abraham Joshua Heschel (1907–1972), Poland and the United States

Page 808: *Holiness in Our Lives* . . . Based upon passages from Leviticus and Dr. Abraham Joshua Heschel

Page 809: *Torah and Love* . . . Adapted from version of *ahavah rabbah* prepared by Rabbi Arthur Green, the United States

Page 810: *On Fear and Praise* . . . Ruth Brin, the United States

Page 812: *Do Not Despair* . . . Based upon a phrase attributed to Rabbi Naḥman of Bratslav (1770–1811), Ukraine

Page 813: *Peace* . . . Based upon passages from Psalms 120, 122, 123, 128, 129

Page 814: I Am a Jew . . . Edmond Fleg (1874–1963), France

Page 815: Sh'ma Yisrael . . . Rabbi Gershon Hadas (1897–1980), Poland and the United States

Page 817: The Peace of Jerusalem . . . Based upon passages from Isaiah and the Psalms, adapted from Dr. Abraham Joshua Heschel

Page 818: For Zion's Sake . . . Based upon passages from Isaiah, Jeremiah, and Amos

Page 819: Thanksgiving . . . Based upon passages from the Book of Psalms, Isaiah, and Ben Sira

Page 821: America, Founded on Biblical Precepts . . . Compiled by Rabbi Morris Silverman (1894–1972), the United States, *The Sabbath and Festival Prayer Book*

Page 824: The Star Spangled Banner . . . Francis Scott Key (1779–1843); *America* . . . Samuel Francis Smith (1808–1895)

Page 825: America, the Beautiful . . . Katherine Lee Bates (1859–1929)

Page 826: O, Canada . . . Justice Robert Stanley Weir (1856–1926)

Page 827: Hatikvah . . . Hebrew by Naphtali Herz Imber (1856–1909), Galicia, Palestine and the United States

Page 828: If ever . . . Job 6:1ff., translated by Stephen Mitchell, the United States. *I sit and gnaw* . . . Job 3:23–26, translated by Stephen Mitchell

Page 829: This happened to us . . . Leib Langfuss, Diary; *O my children* . . . Nelly Sachs (1891–1970), Germany and Sweden, *O the Chimneys*, translated by Ruth and Matthew Mead; *It was Wednesday* . . . Alexander Donat (1905–1983), Poland and the United States, *The Holocaust Kingdom*

Page 830: Here the train was waiting . . . Primo Levi, Italy, *If This Be a Man*; *There was one non-Jewish peasant* . . . Cited by Hillel Goldberg, the United states; *We witnessed* . . . Leib Langfuss, *Diary*

Page 831: Some of those . . . Adapted from H. Leivick (1886–1962), Belorussia and the United States, *Mit der Sh'eiris Hapleitah*; *It happened in Elul* . . . In the district Court of Jerusalem, Criminal Case No. 4/61, the Attorney General of the Government of Israel v. Adolf Eichmann, Minutes of Session No. 30

Page 832: On May 7, 1942 . . . Adapted from Rabbi Ephraim Oshry, *Ḥurban Lita*; Rabbi Leo Baeck . . . Adapted from Rabbi Leo Baeck (1873–1956), Germany and England

Page 833: I returned to Auschwitz . . . Primo Levi, Italy, *Shema*, translated by Ruth Feldman, the United States; *From what I've observed* . . . Quoted in Charlotte Dembo, *Le Convoi du 24 Janvier*

Page 834: Auschwitz, 1944 . . . Elie Wiesel, Rumania, France, and the United States, *Night*; *O the night of the weeping children* . . . Nelly Sachs (1891–1970), Germany and Sweden, *O the Chimneys*, translated by Michael Hamburger

Page 835: November 1944 . . . Bernd Naumann, *Auschwitz*, translated by Jean Steinberg; *Between 450* . . . Yankel Wiernik, *A Year in Treblinka*; *Maidanek* . . . Alexander Donat (1905–1983), Poland and the United States, *The Holocaust Kingdom*

Page 836: I am not a young man . . . Yankel Wiernik, *A Year in Treblinka*; *One day* . . . Elie Wiesel, Rumania, France, and the United States, *Night*

Page 837: Maidanek, Black Wednesday . . . Alexander Donat (1905–1983), Poland and the United States, *The Holocaust Kingdom*; *If the prophets broke in* . . . Nelly Sachs (1891–1970), Germany and Sweden, *O the Chimneys*, translated by Ruth and Matthew Mead.

Page 839: We know that a time will come . . . Adapted from Soma Morgenstern (1890–1976), Galicia and the United States, *The Third Pillar*

Page 844: Spiritual Security . . . Dr. Abraham Joshua Heschel (1907–1972), Poland and the United States, *Man's Quest for God; The Synagogue* . . . Dr. Abraham Joshua Heschel (1907–1972), Poland and the United States, "The Task of the Hazzan."

Page 845: Daily Prayer . . . Midrash, *Genesis Rabbah* 68:11; *To Pray* . . . Rabbi Simon Greenberg, the United States, *Sabbath and Festival Prayer Book*

Page 846: Spiritual Intent . . . Dr. Ernst Simon, Germany and Israel; *A Prelude to Prayer* . . . Rabbi Jack Riemer, the United States; *Fixed Prayer* . . . Dr. Henry Slonimsky (1884–1970), Russia and the United States, *Essays*

Page 847: The Time for Prayer . . . Rabbi Milton Steinberg (1903–1950), the United States, *Basic Judaism; The Institution of Prayer* . . . Dr. Solomon Schechter (1847–1915), Rumania, England, and the United States, *Studies in Judaism*, Series II; *Levels of Prayer* . . . Dr. Abraham Joshua Heschel (1907–1972), Poland and the United States, *Man's Quest for God*

Page 848: Public Worship . . . Dr. Mordecai M. Kaplan (1881–1983), Lithuania and the United States, *The Meaning of God in Modern Jewish Religion*

Page 849: When You Can Begin to Pray . . . Rabbi Shlomo of Tolchin, *Hitorerut Hatefillah* (1911), translated by Rabbi Arthur Green and Dr. Barry Holtz, *Your Word is Fire; Personal Supplication* . . . *Sefer Ḥassidim* (ed. Wistenetski, p. 9), ascribed to Rabbi Judah the Pious (c. 1150–1217), Germany; *A Single Word of Prayer* . . . Rabbi Yeḥiel Michel of Zloczow (1731–1786), Galicia, *Likutei Yekarim*, translated by Rabbi Arthur Green and Dr. Barry Holtz, *Your Word is Fire; The Self Is Silent* . . . Dr. Abraham Joshua Heschel (1907–1972), Poland and the United States, *Man's Quest for God*

Page 850: Devotion . . . Baḥya ben Joseph ibn Pekuda, eleventh-century Spain, *Ḥovot Halevavot*, chapter 6, translated by Dr. H. G. Enelow; *The Miracle of Prayer* . . . Dr. Shalom Spiegel (1899–1984), Rumania, Austria, and the United States, *The Jews; The Focus of Prayer* . . . Dr. Abraham Joshua Heschel (1907–1972), Poland and the United States, *The Prophets*

Page 851: God and Truth . . . Dr. Shalom Spiegel (1899–1984), Rumania, Austria, and the United States, *Louis Ginzberg Jubilee Volume; Realize before Whom We Stand* . . . Dr. Abraham Joshua Heschel (1907–1972), Poland and the United States, *God in Search of Man; What I Need* . . . Peretz Kaminsky, the United States, *Adam and Cain and Other Prayers*

Page 852: We Praise before We Prove . . . Dr. Abraham Joshua Heschel (1907–1972), Poland and the United States, *God in Search of Man; The Problem* . . . Dr. Abraham Joshua Heschel, *Ibid.*

Page 853: Three Ways . . . *Ibid.*; *Sh'ma Yisrael* . . . Rabbi Louis Jacobs, England, *A Jewish Theology; On Praising God* . . . Talmud, *Berakhot* 33b

Page 854: Your Idea of God . . . Rabbi Samson Raphael Hirsch (1808–1888), Germany, *Horeb; Your Own Quest* . . . Dr. Abraham Joshua Heschel (1907–1972), Poland and the United States, *God in Search of Man*

Page 855: God is Alive . . . *Ibid.*; *God as a Person* . . . Dr. Martin Buber (1878–1965), Germany and Israel, *The Way of Response; Seeking God* . . . Rabbi Mordecai M. Kaplan (1881–1983), Lithuania and the United States, *The Meaning of God in Modern Jewish Religion*

Page 856: Immanence and Transcendence . . . Talmud, *Megillah* 31a. Verse by Rabbi Judah Ha-Levi (c. 1075–1141), Spain; *Identifying the Divine* . . . Dr. Abraham Joshua Heschel (1907–1972), Poland and the United States, *Man is Not Alone*

Page 857: Silence Is Praise . . . Rabbi Moses Maimonides (1135–1204), Spain, Palestine, and Egypt, *Guide of the Perplexed*, Part One, Chapter 59; *Knowing* . . . Rabbi Jedaiah Bedersi (c. 1270–1340), France, *Beḥinat Olam*, Chapter 24; *In the Image of God* . . . Dr. Abraham Joshua Heschel (1907–1972), Poland and the United States

Page 858: Communion with God . . . Rabbi Louis Finkelstein, the United States, *The Sabbath and Festival Prayer Book*

Page 859: Holiness in Time . . . Dr. Abraham Joshua Heschel (1907–1972), Poland and the United States, *God in Search of Man; A Day of Rest* . . . Rabbi Louis Jacobs, England, *Faith*

Page 860: Shabbat and Priorities . . . Rabbi Moses Maimonides (1135–1204), Spain, Palestine and Egypt, *Mishneh Torah, Hilkhot Shabbat* 2:1–3; *The Sanctity of Life* . . . Talmud, *Yoma* 85a–b; *Shabbat at Home* . . . Rabbi Isaiah Horowitz (c. 1565–1630), Czechoslovakia and Poland, *Shnei Luḥot Habrit* 65a

Page 861: The Art of Surpassing Civilization . . . Dr. Abraham Joshua Heschel (1907–1972), Poland and the United States, *God in Search of Man; Shabbat as Bride* . . . Israel Al-Nakawa, fourteenth-century Spain, *Menorat Ha-maor; Shabbat Holiness* . . . Dr. Abraham Joshua Heschel (1907–1972), Poland and the United States, *The Sabbath*

Page 862: Shabbat Shuvah . . . Dr. Will Herberg (1901–1977), Russia and the United States, *Judaism and Modern Man; The Pleasure of Shabbat* . . . Adapted from Dr. Abraham Joshua Heschel

Page 863: Shabbat and Salvation . . . Rabbi Mordecai M. Kaplan (1881–1983), Lithuania and the United States, *The Meaning of God in Modern Jewish Religion*

Page 864: Celebrating History . . . Dr. Abraham Joshua Heschel (1907–1972), Poland and the United States, *The Sabbath; The Joy of Mitzvot* . . . Rabbi Moses Maimonides (1135–1204), Spain, Palestine, and Egypt, *Mishneh Torah, Hilkhot Yom Tov,* 6:17–18; *Approaching God through Joy* . . . Rabbi Judah Ha-Levi (c. 1075–1141), Spain, *The Kuzari,* Part II, 56

Page 865: A Universal Dimension . . . Rabbi Ben Zion Bokser (1907–1984), Poland and the United States, *Judaism: Profile of a Faith*

Page 866: The Exodus and Redemption . . . Rabbi Mordecai M. Kaplan (1881–1983), Lithuania and the United States, *The Meaning of God in Modern Jewish Religion*

Page 867: Revelation Now . . . Dr. Will Herberg (1901–1977), *Russia and the United States, Judaism and Modern Man; Twofold Character of Revelation* . . . Dr. Fritz Rothschild, Germany and the United States; *Shavuot and Torah* . . . Rabbi Simhah Bunem of Pshyscha (1765–1827), Poland

Page 868: Sukkot . . . Franz Rosenzweig (1886–1929), Germany, *The Star of Redemption,* translated by Dr. Nahum Glatzer in *Franz Rosenzweig: His Life and Thought*

Page 869: Rosh Hodesh . . . Rabbi Samson Raphael Hirsch (1808–1888), Germany, *Comments on the Siddur; Ḥanukkah* . . . Rabbi Andre Ungar, Hungary, England, and the United States, *Megillat Ḥanukkah*

Page 870: Purim . . . Rabbi Moses Maimonides (1135–1204), Spain, Palestine, and Egypt, *Mishneh Torah, Hilkhot Purim V'Ḥanukkah*

ACKNOWLEDGMENTS

We are grateful to the publishers and authors listed below for having granted us permission to print excerpts from the following works. (In subsequent printings we would be pleased to correct any inadvertent errors, including omissions.)

Faith, by Louis Jacobs. Copyright © 1968 by Louis Jacobs. Reprinted by permission of Basic Books, Inc.

A Jewish Theology, by Louis Jacobs. Copyright © 1973 by Behrman House, Inc. Reprinted by permission of Behrman House, Inc.

Hath Not a Jew, by A. M. Klein. Copyright © 1940 by Behrman House, Inc. Reprinted by permission of Behrman House, Inc.

Judaism: Profile of a Faith, by Ben Zion Bokser. Copyright © 1963 by Ben Zion Bokser. Reprinted by permission of Mrs. Kallia Bokser.

The Holocaust Kingdom, by Alexander Donat. Copyright © 1963, 1968 by Alexander Donat. Reprinted by permission of the estate of Alexander Donat.

Judaism and Modern Man, by Will Herberg. Copyright © 1951 by Will Herberg. Reprinted by permission of Farrar, Straus and Giroux, Inc.

Man Is Not Alone, by Abraham Joshua Heschel. Copyright © 1951 by Abraham Joshua Heschel. *The Sabbath*, by Abraham Joshua Heschel. Copyright © 1951 by Abraham Joshua Heschel. *God in Search of Man*, by Abraham Joshua Heschel. Copyright © 1955 by Abraham Joshua Heschel. Reprinted by permission of Farrar, Straus and Giroux, Inc.

O, The Chimneys, (excerpts from "O the night of the weeping children," "The voice of the Holy Land," and "If the prophets broke in") by Nelly Sachs. Copyright © 1967 by Farrar, Straus and Giroux, Inc. Reprinted by permission of Farrar, Straus and Giroux, Inc.

The Third Pillar, by Soma Morgenstern, Copyright © 1955 by Farrar, Straus and Cudhay, Inc. Reprinted by permission of the estate of Soma Morgenstern.

Night, by Elie Wiesel. Copyright © 1958 by Les Editions de Minuit. Translation copyright © 1960 by MacGibbon and Kee. Reprinted by permission of Hill and Wang (now a division of Farrar, Straus and Giroux, Inc.)

The Hirsch Siddur, by Samson Raphael Hirsch. Copyright © 1969 by Philipp Feldheim, Inc. Reprinted by permission of Philipp Feldheim, Inc.

The Prophets, by Abraham Joshua Heschel. Copyright © 1962 by Abraham Joshua Heschel. Reprinted by permission of Harper and Row, Publishers, Inc.

Basic Judaism, by Milton Steinberg. Copyright © 1947 by Milton Steinberg; renewed 1975 by David Joel Steinberg and Jonathan Steinberg. Reprinted by permission of Harcourt Brace Jovanovich, Inc.

Studies in Judaism, by Solomon Schechter. Copyright © 1908 by The Jewish Publication Society of America. Reprinted by permission of The Jewish Publication Society of America.

Why Auschwitz? by Primo Levi. Translation copyright © 1976 by Ruth Feldman. Published by Menard Press (London). Reprinted by permission of Primo Levi.

Into the Whirlwind, a translation of the Book of Job by Stephen Mitchell. Copyright © 1979 by Stephen Mitchell. Reprinted by permission of Stephen Mitchell.

Your Word is Fire, The Hassidic Masters on Contemplative Prayer, edited and translated by Arthur Green and Barry W. Holtz. Copyright © 1977 by Arthur Green and Barry W. Holtz. Used by permission of Paulist Press.

The Meaning of God in Modern Jewish Religion, by Mordecai M. Kaplan. Copyright © 1937 by Behrman's Jewish Book House. Reprinted by permission of the Reconstructionist Press.

Franz Rosenzweig: His Life and Thought, by Nahum Glatzer. Copyright © 1953 by Schocken Books, Inc. Reprinted by permission of Schocken Books, Inc.

Man's Quest for God, by Abraham Joshua Heschel. Copyright © 1954 by Abraham Joshua Heschel; copyright renewed 1982. Reprinted by permission of Charles Scribner's Sons.

Barak Baboker, by Leah Goldberg. Hebrew copyright © 1959 by *Sifriat Ha-poalim*. Permission granted by *Sifriat Ha-poalim*.

Horeb, by Samson Raphael Hirsch. Copyright © 1962 by The Soncino Press, Limited. All rights reserved by The Soncino Press, Limited, London. Reprinted by permission of the Soncino Press, Limited.

If This Is a Man, by Primo Levi. Translation copyright by The Orion Press. Reprinted by permission of Viking Penguin, Inc.

The Selected Poems of Jacob Glatstein, translated from the Yiddish by Ruth Whitman (October House, 1972). Copyright © 1972 by Ruth Whitman. Reprinted by permission of the translator.